这就是长沙

唐之享　周鼎安　著

湖南大学出版社

内 容 简 介

　　作者在查阅文献、实地采访和调查研究的基础上,以散文笔调,采取以小见大的叙述方式,对长沙的历史变迁、发展变化、文化哲学、名人名篇、名胜掌故、物华天宝、风土人情等进行了介绍、品读、鉴赏,尽显长沙的动人魅力。

图书在版编目(CIP)数据

这就是长沙/唐之享,周鼎安著 . —长沙:湖南大学出版社,2013.4
ISBN 978 - 7 - 5667 - 0321 - 7

Ⅰ.①这⋯　Ⅱ.①唐⋯　②周⋯　Ⅲ.①长沙市—地方史—史料
Ⅳ.①K296.41

中国版本图书馆 CIP 数据核字(2013)第 075375 号

这就是长沙
ZHE JIUSHI CHANGSHA

作　　者: 唐之享　周鼎安 **著**	
责任编辑: 王和君　肖立生　祝世英　**责任校对:** 全　健	
特约编辑: 郑阳辉　**责任印制:** 陈　燕	
印　　装: 长沙鸿发印务实业有限公司	
开　　本: 710×1000　16 开　**印张:** 49.25　**字数:** 833 千	
版　　次: 2013 年 4 月第 1 版　**印次:** 2013 年 4 月第 1 次印刷	
书　　号: ISBN 978 - 7 - 5667 - 0321 - 7/K·68	
定　　价: 138.00 元	

出 版 人: 雷　鸣
出版发行: 湖南大学出版社
社　　址: 湖南·长沙·岳麓山　　　**邮　编:** 410082
电　　话: 0731 - 88822559(发行部),88821335(编辑室),88821006(出版部)
传　　真: 0731 - 88649312(发行部),88822264(总编室)
网　　址: http://www.hnupress.com　**电子邮箱:** presswanghj@hnu.deu.cn

作者简介

    唐之享——毕业于北京对外贸易学院（对外经济贸易大学），教授、博士生导师。曾任望城县人民政府副县长，中共望城县委书记，湖南省对外经济贸易委员会副主任、主任、党组副书记、书记，中共娄底地委书记，湖南省人民政府副省长，湖南省人大常委会副主任。湖南省湖湘文化交流协会第一会长，湖南省企业文化促进会会长。著有《以德治国论》、《调查与研究》、《耕耘湖湘》、《神州纪行》、《唐之享教育文丛撷英集》等著作。

    周鼎安——毕业于上海复旦大学。曾任湖南日报理论评论部副主任。湖南日报高级编辑。湖南省暨长沙市作家协会会员。著有《修身与纯美》（湖南人民出版社1987年版）、《情爱心理美学》（江西人民出版社1988年版）、《名人交友之道》（云南人民出版社1987年版）、《故乡吟》（太白文艺出版社1998年版）、《锦绣潇湘——走近永州》（与人合作，广东人民出版社2005年版）、《新世纪的冲击波——第一生产力论》（中山大学出版社1997年版，与人合作）等著作；与人合作编著有《名人爱情故事》（江西人民出版社1986年版）、《风范集》（湖南人民出版社1985年版）、《大众哲学新编》（广西师范大学出版社1991年版）、《风景这边独好——社会主义中国掠影》（广西师范大学出版社1992年版）等著作。

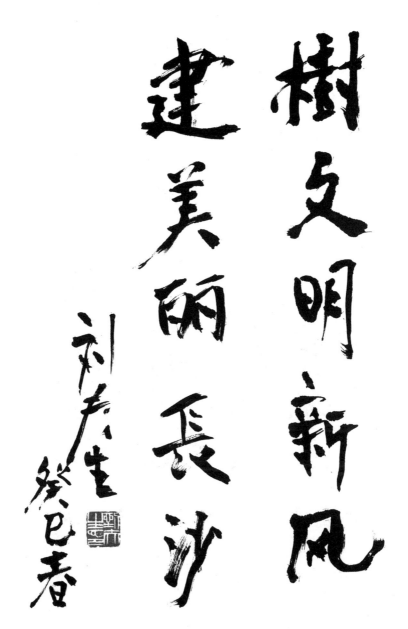

树文明新风
建美丽长沙

刘光生 癸巳春

（原中共长沙市委书记，原湖南省政协主席）

湘楚明珠

芙蓉奇苑

夏赞忠

蔡已春

（原中共长沙市委书记，原中共中央纪律检查委员会副书记）

心忧天下

敢为人先

秦光荣

二〇一三年元旦

（原中共长沙市委书记，中共云南省委书记）

为城市留下记忆　让文化引领未来

——《这就是长沙》序

陈润儿

城市的发展犹如奔腾的河流，时而激昂豪迈，时而跌宕起伏，时而婉转悠扬，留下生命的热度、岁月的痕迹、文化的积淀，构成别具一格的城市记忆、城市历史、城市品格。这其中既包括遗址、建筑、街区等有形要素，也包含内涵、个性、情感等无形元素，是物质果实与文化积淀的深度融合。

人创造环境，环境也创造人。延绵不断的城市历史，丰富多彩的城市记忆，源远流长的城市文化，记录着风雨历程和沧桑巨变，彰显出恒久魅力和时代光彩。当这些因子转变为城市内核和城市精神，就不仅原原本本地记录在历史书上，而且生生不息地植根于市民的集体性格中，成为驱动城市持续发展的动力源泉。正如马克思所言："没有城市，文明就很少有可能兴起。"

我们生活的长沙，是一座让人为之心醉、为之喝彩、为之向往的城市。那"山水洲城"的罕见风貌，勾勒出与众不同的城市形象，留下了挥之不去的城市记忆。那"历史古城"的丰富遗存，串起了"陶瓷之路"的铜官胜景、岳麓书院的千年弦歌、四羊方尊的精美绝伦、马王堆汉墓的举世惊叹和三国孙吴简牍的恢弘壮观，让长沙的文化辉映古今、驰名中外。那"楚汉名城"的人文光芒，汇聚了屈原、贾谊、杜甫、朱熹、辛弃疾、文天祥、王夫之等人在长沙的深深足迹和千古佳作，还有三千年来未曾迁移的城市遗址和老城骨架。那"革命圣城"的时代乐章，澎湃着无产阶级革命家毛泽东、刘少奇、彭德怀，维新派谭嗣同，辛亥革命元勋黄兴等志士仁人救国救民的爱国情怀。这些富有深刻内涵的城市记忆和城市历史，转化为"心忧天下、敢为人先"的长沙精神，延续文脉，引领未来。

唐之享、周鼎安同志虽为永州人，但长期工作和生活在长沙，深深爱上了这片热土。唐之享同志是我的老领导，20世纪80年代初曾主政长沙望城县，为长沙的发展挥洒汗水，为人民的幸福殚精竭虑，这里的一山一水都镌刻着他的足迹，一草一木都沐浴了他的情意。从繁忙的工作岗位上退下来之后，他与周鼎安同志结伴而行、深入长沙，把握过去、现在和将来，解读历史文化、风土人情和时代进步，将所见所闻所悟结集成《这就是长沙》一书。"问渠那得清如许，为有源头活水来。"该书全面而深入地介绍了长沙的历史变迁和发展变化，有详细的史料，有鲜活的人物，有生动的故事，有客观的评说，内容丰富，文笔优美，感情真挚，是一本思想性、文学性、纪实性兼备的好书。这在全国省会城市当中，极为少见。唐老、周老写作本书的过程，实质上也是传承文化、思考发展、启迪未来的生动实践，其精神可嘉、意义重大。

城市因文化而灵动，文化让城市更精彩。希望我们长沙人从《这就是长沙》一书中吸收营养、吸取智慧、吸纳激情，兼收并蓄，开放包容，把长沙建设得更加繁荣富饶、生态宜居、和谐幸福。

是为序。

2013 年 1 月 14 日
（作者系中共湖南省委常委、长沙市委书记）

目　　次

引　子

自古以来，人类最具有非凡魅力、最能激动心灵而且长盛不衰的活动，就是旅游。特别是在今天，当旅游已经成为一种时尚、一种休闲、一种爱好、一种享受，乃至一种事业，因此常常让人心旌摇动，随时都将整装待发的时候。

例如，眼前的这一次就是这样——

或许你是乘坐飞机，悠然地从天而降……

或许你是乘坐轮船，徐徐地从水上来……

或许你是驾驶汽车，匆匆地奔高速来……

或许你哪里也没去，自小便生长于斯……

无论如何，你已经立足于这个城市了。

展现在你眼前的，乃是具有三千年悠久历史，拥有巍巍青山，流过碧绿江水，怀抱香橘长岛，日渐南融西廓，被称誉为"潇湘洙泗"、"楚湘明珠"的湖南省的省会——长沙。

当然，你可能不是为旅游而来，而只是因为公务，或为探亲，为求学，为经商，或者什么也不为，仅仅是因为偶尔路过。无论如何，你都会有一种需求，有一种渴望，有一种情思，有一种念想，那就是：了解这座城市——她的容貌，她的风采，她的历史，她的实力，她的追求，她的性格，她的精神与未来……

不错，在京广大动脉上，在中南大都市中，长沙还不是一座特别引人注目的城市。但在近现代历史上，她是一座格外令人瞩目和神往的城市。尤其是在改革开放的今天，她正像一个豆蔻年华中的南国少女，正一天天地丰满、娇美、俏丽，并且日渐成熟起来。

想见识她，想欣赏她，想享受她，想探视她，想亲近她，想聆听她那银铃般优美的歌唱，想从她那里获得快乐、获得美感，获取休闲的消释以待奋进的力量吗？朋友，那就且随我们前行，由外而里去阅读她吧！

第一章 | 悠悠古邑

　　长沙枕冈面山，襟江带湖，此郡城之大势也。统全郡而指之，东则由醴陵而度萍乡抵袁州，由浏阳而越万载至吉安矣。西则左走滇黔、右达荆襄者有益阳；镇徭民通新化者有安化，接邵阳出武冈者有湘乡矣。南则洣攸二水合于湘，而发源于江右之安福，则茶陵与攸亦与江右为唇齿也。越南桂岭过斗飞泷，自分水岭以北，滔滔滚滚由永州达衡山，而湘潭实全汇之，则为交广之门户者，非湘潭耶。此则岳州之平江，崇山鸟道，石径天梯，千嶂万叠，而长沙实与接壤。洞庭八百，巨浪蹴天，顺风扬帆，不日而万艘毕集，维湘阴独障蔽焉。则北门锁钥，全在湘阴矣。独善化、宁乡二邑包裹腹内，不与他省钩联。然于长沙、湘潭、益阳、安化诸邑固自犬牙交错。此又长沙十二邑形势之大概也。

　　这是清代学者王文清在其《长沙全郡形胜论》一文中，对长沙地理形势的描写。虽然由于时代的变迁，其中所写的一些地理名称和行政建制及其隶属，与现在有所不同，但就地理形胜来说，"大概"是那样。要说千年古邑——长沙的历史，真是悠悠，漫漫，正如清代岭南著名诗人屈大均在《长沙》一诗中描写的——

　　　　熊绎开南楚，长沙应小星。
　　　　城临湘水碧，苑接岳山青。
　　　　帝了留笙鹤，皇娥隔洞庭。
　　　　徘徊秋月夜，玉殿见流萤。

　　据《左传·昭公十二年》载："昔我先王熊绎，辟在荆山，筚路蓝缕，以处草莽，跋涉山林，以事天子。"这里说的"天子"，即西周时代的周成王（诵）。《史记·楚世家》上记载说，西周初期，周成王盟会诸侯，楚人领袖

3

熊绎，出使受到冷遇，回来后立志发奋图强，发展生产。遂带领臣民，甘苦与共，跋涉山林，开辟疆土，国力不断增强，由一个方圆不足百里的小国发展成泱泱大国。周公曾经避祸于楚，楚人敬之如上宾，周公大感其德，回朝后诉说此事，感动了周成王，于是封熊绎为楚君，赐"子男"田地，姓芈氏，居丹阳，"俱事成王"，曾参加岐阳之会（今陕西岐山县东北），管理置茅缩酒，并与鲜卑酋长一起"守燎"，荆楚因此开始跻身于诸侯之列，楚国正式诞生。属于楚国的长沙，历史当然悠久了。

至于"长沙应小星"，那是指"长沙"地名的由来——

1. 天降星沙

- 星落人间，成就地名，所以代有传说，亮丽悠久历史
- 月映山河，朦胧人心，因此各赋诗文，深厚传统文化

历史地名，是一种历史文化，一种地方历史的胎记，深深地烙印着那里政治、经济和文化生活的历史痕迹。所以，历史学家和考古学家们，都十分关注历史地名，历史地理因此而成为一门高深莫测的学问。"长沙"这个地名的由来，就有这样的奥秘。

据说，全国有十几个"长沙"，多在南方。广东、江西及湖南境内许多地方，如衡阳市内，都有"长沙"这个地名。不过，那些"长沙"，多为小镇。像"长沙"这样的市级城，特别是省会城，则还是独一无二。不过，长沙最早也不叫"长沙"，而叫"青阳"。《史记·秦始皇本纪》中说，公元前221 年，秦始皇统一天下，楚王惊恐之余，"献青阳以西，已而畔约，击我南郡，故发兵诛，得其王，遂定其荆地"。也正是在这一年，设长沙郡，为全国 36 郡之一。但这还不是最早的定名年代。

传说，尧帝之前，长沙本为扬越之地，属古三苗国。黄帝"南至于江，登熊湘"，把熊湘封给他的儿子少昊，熊湘即为长沙。炎帝教耕，"崩葬于长沙茶乡之尾"，舜帝南巡，"葬在长沙零陵界中"。禹分九州，长沙在荆州境内，禹曾到过长沙，所以岳麓山上，还留有禹碑、禹迹蹊等胜迹。足见长沙仅就其地名来说，历史就够悠久的了。

那么，此地为何定名长沙泥？也有几种说法。

一种说法是：长沙作为城市的名字，有文字可考的记载，是从一只鳖开始的。有一本先秦史籍《逸周书》，也名《周书》。在性质上与《尚书》类似，是我国古代历史文献汇编。旧说《逸周书》是孔子删定《尚书》后所剩，所以又称《周书》。今人多以为此书主要篇章出自战国人之手。该书《王会解第五十九》中，所载贡品就有"长沙鳖"的名目，是地方上向周成王王室贡献的方物。物以地名，说明三千多年前，即有了长沙这个地名。但有的学者不赞同这种说法，因为长沙地方官向周王室献"长沙鳖"时，长沙这一地名应该是早就存在的了。

　　另一种说法是祭祀说。据民俗学说，用荆蛮语来解释"长沙"，"沙"是原始女神的意思；"长"是坛，"长沙"即指原始女神神庙的意思。这种与众不同的解释，听来倒是很新鲜的，也还是缺乏一定的根据，不能说服人。

　　再有一种说法是"沙洲说"，"缘于湘江有一沙洲，洲长如带"。此说也有两种，一种是说，在浏阳河与湘江汇合处，有一种长达六毫米的沙子，长沙即由这种沙子而得名。此说也没有什么说服力。倒是实缘于橘子洲，还有一些根据。因为湘江中间这片现在的橘子洲，其形成时间至少在一万年左右，最初肯定是片沙洲，所以《太平寰记》上记载说："橘洲在长沙县西南四里江中，时有大水，诸洲皆没，此洲独存。上多橘，故以为名。"由此沙洲取名长沙，倒是也有一些道理。

　　第四种说法是星宿说。古天文学根据天空方位，将天上的星辰分为二十八宿，《西步天歌》中就有"轸宿四珠不等方，长沙一黑中间藏"的记载。于是，长沙星相对应的这块地面就叫长沙，故长沙又名星沙。较多的人甚至认为，长沙是因为天上有一颗叫做"长沙星"的小星，按照"天则有列宿，地则有洲域"的古代认识，长沙就这样得名。要之，"长沙"之名，是天上的一个"星座"名称。司马迁在《史记·天官书》中，解说得更直白："轸为车，主风，其旁有一小星，曰长沙。"就是说，轸星中有颗小星叫长沙。于是楚境内长沙所处的这块地方，遂得此名。唐张守节《史记正义》云："长沙一星在轸中，主寿命"，又说长沙星明则"主长寿，子孙昌"，这当然是带有很强的美好愿望了。星相学本来就是中国传统文化中的一个内容，无论是在古代典籍，还是民间传说中，流传都很广泛，所以相信此说的人很多。因为此说既与传统文化相吻合，从民俗学上也讲得通，虽然还有很多别的说法，都不如星相学有说服力，所以自古以来流传此说，世间历来相信的人也多。如果真是这样，那么，长沙就是天下"掉"下来的一座"星城"了。

这当然是不可能的。但"星宿说",却向人们报告了一个重要的信息：长沙这座城市的历史,是十分悠久的。且不说尧舜时代,也不说禹汤文武,就从"长沙"之名开始出现的那个周成王时代算起,距今也有三千多年的历史了。

春秋时期,长沙就以产米著名,"长沙鳖"只不过是作为珍奇进贡周王室罢了。据历史学家说,最迟到楚成王时（前671—前626）,就以今湖南西北的武陵山区为中心,设置黔中郡。长沙当时就隶属于楚国的行政区划,纳入楚国的版图,到战国时已建城邑,为楚南重镇,是楚国雄踞南方的战略要地之一。在漫长的发展过程中,逐渐地发展为楚国南部的一个经济、文化、军事重镇。

秦始皇统一六国后（前221）,在全国各地推行郡县制,以郡辖县,郡设郡守,县设县令。全国初分36郡,后增至40郡,直属中央。黔中郡的东南部地区被划出,改为长沙郡,辖区相当于现在的湖南东部,治所定名湘县。湖南境内有两个郡,长沙郡和黔中郡。这是长沙在历史上列入全国行政区划的开始,自此,长沙作为地方一级行政区划的治所存世,被纳入中央政府所辖的区域组织系统之中,历代相传。

汉高祖刘邦建立政权后（前206）,全国实行州、郡、县三级制,并封一些王国。因为秦时番阳令吴芮以佐高祖攻打南阳有功,被封为长沙王,建长沙国,疆域相当于秦置长沙郡,并以临湘作为长沙国的都城。此后历朝历代均为湖湘省邑,长沙一名使用至今。不久,又从长沙国分出桂阳郡（郡治在今郴州）。吴氏在长沙筑城守土,共立五主,传了5代,约五十五年。汉文帝四年（前176）,贾谊被贬为长沙王太傅。吴著死,无子,国除。汉景帝前元二年（前155）,封庶子刘发为长沙王,复长沙国,是为定王,延续到西汉末年。王国的地位相当于郡,实权多操在中央派遣的"相国"手里。那时,州、郡与王并行。州设刺史（后称州牧）,直属中央。定王七传之后,公元9年,王莽篡汉,改长沙为"填蛮郡",改临湘为抚睦,显然含有侮辱少数民族的意味,很不得人心。不久,东汉建立,东汉光武帝（25—57）恢复长沙郡,郡治临湘（今长沙）,隶荆州刺史部。东汉末年,孙坚任长沙太守。三国时期,长沙为吴蜀争战之地。总之,长沙在汉时,为王国都城,前后达两百余年。从1972年长沙近郊马王堆一、二、三号墓出土的稻、粟、麦及大量纺织衣着和缯书、帛画、漆器等来看,当时长沙的手工业、农业、文化都比较发达。

西晋时期（265—316），武帝太康元年（280）置长沙郡，封子司马乂为长沙王。西晋永嘉元年（307）分荆、广西州置湘州，辖长沙郡，州、郡同城，治所都在临湘（今长沙）。古麓山寺就建筑于西晋泰始四年（吴宝鼎三年，即268年）。东晋时期（317—420），咸和年间，废湘州，长沙郡复隶荆州。由于长沙地理位置重要，当时督领八州军事的荆州刺史陶侃，常驻长沙，以战功封为长沙郡公。

南朝宋（420—479）、齐（479—502）、梁（502—557）、陈（557—589）四朝，长沙或置国、置州、置郡，治所均设临湘。

隋朝建立政权后，为了改变州县赋税减少的弊端，隋炀帝大业三年（607），简化官制，改州、郡、县三级为郡、县二级制，长沙郡隶今湖南境内辖地的八郡之一。

唐建立政权（618）后，唐高祖武德初年夏改郡为州，四年（621）长沙郡改为潭州。唐太宗贞观元年（627），又在州之上设全国为10道。唐玄宗开元二十一年（733）增为15道，道设采访使或节度使。道之下为州（郡），且州与郡同称，实为三级制，潭州属江南西道。唐代是我国发展的重要时期，长沙亦是当时江南人文荟萃之地，著名诗人李白、杜甫，书法家欧阳询、褚遂良、裴休等，都在这里留有佳作。其中杜甫在长沙留下的诗篇很多。裴休在长沙立《税茶十二法》，奖励茶农茶商，使长沙的茶叶业得到发展，至今不衰。当时，长沙铜官窑创造的釉下彩瓷器，品式新颖多姿，曾出口到阿拉伯和东南亚许多国家，反映了当时长沙经济文化的发达程度。

五代十国时期，马殷为楚王，定国都于长沙，成为当时十国之一，疆域兼有湖南及广西北部，并改潭州为长沙府。王都和府治均设长沙。公元950年（乾祐三年）划长沙县东部增设龙喜县（今望城）。公元951年，马氏楚国为南唐所灭。

宋朝太祖赵匡胤统一天下，建隆元年（960）建立政权后，复长沙郡。置潭州武安军，隶属荆湖南路。公元963年（乾德元年），以五代时期划出的龙喜县设常丰县。公元973年（开宝六年）常丰县并入长沙县。公元1098年（元符元年）析长沙县五乡和湘潭县二乡，增设善化县。

元朝于世祖至元十六年（1279）灭宋后，设中书省一个，行中书省11个，省作为最高一级地方行政区，是从元朝开始的。元朝实行省、路、县三级制。将宋置的荆湖南路、荆湖北路和广南西路合并为湖广行中书省。改潭州为潭州路，治所长沙。后由于元文宗图帖睦尔在立为皇储前曾在长沙设有宅第，故改潭州路为天临路。

明朝太祖洪武元年（1368）灭元后，全国除北京、南京外分设13省。省设布政使司。长沙属湖广布政使司。洪武二年（1369）改天临路为潭州府。洪武五年（1372）更名长沙府，辖长沙、善化、湘潭、湘阴、湘乡、宁乡、益阳、浏阳、安化、攸县、醴陵等县，府治长沙县。同年，守御指挥邱广改建长沙城垣，将前期的土城全部改为石基砖砌的城墙，周长14里有余。明王朝先后在长沙封有藩王10人。他们在长沙大兴土木，建造藩王府，宫殿楼阁，甚是奢华，王府占长沙城面积近十分之七八。今日的东牌楼、西牌楼、八角亭等街名，均与明代王府遗迹有关。

清朝灭明（1644）统一中国后，初分全国为18省，后增为23省。省设布政使司（后设巡抚），直属中央。清代地方政府都采行省、道、府（直属厅、直属州）、县（散厅、散州）四级制。长沙仍设长沙府，先属湖广布政使司，康熙三年（1664）分置湖南布政使司，抚署由沅陵迁长沙，改称湖南省，隶属湖广总督。省治、府治、县治同在长沙。省下设长宝、岳常澧、辰沅永靖、南永郴桂等4道。长宝道，治长沙，辖二府，有州县17个。长沙府，治长沙，辖1州11县（长沙县、善化县、湘潭县、湘阴县、湘乡县、宁乡县、益阳县、浏阳县、安化县、醴陵县、攸县、茶陵州）。宝庆府，治邵阳，辖1州4县（州领一县，即邵阳县、新化县、城步县、武冈州，领新宁县）。清康熙三年（1664），设为省会。鸦片战争10年后，道光三十年（1851）洪秀全在广西桂平县金田村起义，咸丰二年（1852）太平军入湖南境，西王萧朝贵率军于9月11日抵长沙南郊，歼灭一部分清军后分兵攻城。西王在南门指挥战斗中牺牲，太平军于11月撤长沙之围，西渡湘江出境。

民国初年废府。1933年设长沙市，不辖县。解放初期，长沙市也不辖县，另有长沙地区，不久改称湘潭地区。

长沙郡的首县，秦为湘县，汉改为临湘县，隋改长沙县，一直沿用至今。五代曾分设龙喜县，时间都不久。北宋曾划长沙县南部为善化县，相沿近千年，民国初并入长沙县。新中国成立后又将长沙西部划为望城县。由此可见，同一"长沙"，包括的范围因时代不同、建制不同而有广狭之分。读历史旧著，涉及有关人事时，常因不甚留意，造成某些误会。

今天的长沙，是湖南省的省会，地处湖南东北部，东西长约230公里，南北宽约88公里，地处长三角、株三角、中南地区三大经济板块交汇处，地域呈东西向长条形状，地貌北、西、南缘为山地，东南丘陵为主，东北以岗地为主；山地、丘陵、岗地、平原，大体各占四分之一。湘江自南而北贯穿长沙，另有 15 条河流汇入湘江，主要有浏阳河、捞刀河、靳江和沩水。最大的水库为宁乡境内的黄材水库和浏阳境内的株树桥水库。属亚热带季风性湿润气候，年平均气温 17℃，年平均降雨量 136 毫米。现辖芙蓉、天心、岳麓、开福、雨花、望城六区和长沙县、浏阳市及宁乡县，国土面积 1.18 万平方公里，市区面积 1938 平方公里，总人口 704.4 万人，城区人口 361.7 万人。是京广铁路的大站，又是石长铁路的终点，公路则有纵贯南北的 107 国道和横接东西的 319 国道，还有京珠高速，再加民航和湘江水运，位置适中，交通方便。

1982 年国务院公布的第一批 24 个历史文化名城中，长沙市名列其中。长沙也是首批对外开放的城市。因为自古便有历史传说，又有星相说的佐证，所以，在语言习惯上和艺术表现中，长沙也常常被昵称为"星城"。

2. 名人遗踪

- 帆去无痕，转瞬而杳，终究飘游江河一行，所以功成
- 雁过有声，稍纵即逝，毕竟豪迈天空一啸，因此名扬

既然是历史文化名城，就不但有历史，而且也一定有文化。如果说，城市是条船，那么历史与文化，就是这条船上的左右双桨，二者相辅相成，协调行动，这才推动了这座城在历史的长河里破浪向前。

从历史的最深处，悠悠漫漫地向我们行驶过来的长沙这座古城，不仅历史悠久，而且文化厚重，厚重得要用船拖车运。例如，仅仅是描写这座城市的诗、词、文，那就真可以说是汗牛充栋了。

写长沙的书和文章都很多。有晋代郭仲产的《湘州记》，有宋代赵善俊的《长沙志》52 卷，有明代扬子林的《嘉靖长沙府志》6 卷，有清康熙年间湖南巡抚赵中乔的《长沙地名赋》。从湖南全境看长沙，清人卞宝第曾有这样的描述："（湖南之地）演迤延属，周袤可三千余里。城邑屯戍以百计，绮交棋布，错若犬牙，而以长沙一郡为抚治。卫内则资乎衡、宝、岳、常，悍外则恃乎辰、沅、永、靖，（长沙）居中控驭，远驾不劳，斯亦形势之全胜

也。"按照卞宝第的说法，长沙后来成为湖南的政治、文化、经济中心，那是很自然的事了。

家喻户晓的《三国演义》一书中，第53回的"战长沙"，那写得何等有声有色啊！长沙地区民间，甚至还流传有关关羽的神话故事，说的是关羽追杀长沙太守韩玄，刀落水中，周仓下河追了十几里路，终于捞刀在手，因此这条河就名为"捞刀河"，现在捞刀河已成为新修的石长铁路的一个车站站名。这虽然是传说，但韩玄当时确是长沙太守，赤壁之战后，刘备乘机向南进兵，长沙、武陵、桂阳、零陵4郡太守均归降。于是吴蜀双方矛盾激化，在益阳一带几乎发生激战，只因"曹操在北"，双方最终还是妥协了，以湘水为界，河西属蜀，河东属吴。后来吕蒙袭杀关羽，长沙一带才全属吴国。那时代，长沙早就是鱼米之乡，出有好米，曾受到魏文帝曹丕的赞赏，说它"上风炊之，闻香五里"。

当然，写长沙最让人难忘的，还是北魏郦道元。这位地理学家，曾于公元526年秋来到长沙，而且一住就是一个多月。经他实地考察后写作的《水经注·湘水》里，对长沙的地理历史，是这样描写的——

> 湘水又北，左会瓦官水口，湘浦也。又经船官西，湘州商舟之所次也。北对长沙郡，郡在水东州城南，旧治在城中，后乃移此。……又右径临湘故城西县治，湘水滨临川侧，故即名焉。王莽改号抚（陆）〔睦〕，故楚南境之地也。秦灭楚，立长沙郡，即青阳之地也。秦始皇二十六年，令曰："荆南献青阳以西。"《汉书·邹阳传》曰："越水长沙，还舟青阳。"《注》："张晏曰：'青阳，地名也'；苏林曰：'青阳，长沙县也'。"汉高祖五年，以封吴芮为长沙王，是城即芮筑也。汉景帝二年，封唐姬子发为王，都此，王莽之镇蛮郡也，于《禹贡》则荆州之城。晋怀帝以永嘉元年，分荆州湘中诸郡立湘州治此。

> 城之内，郡廨西有陶侃庙，云旧是贾谊宅地。中有一井，是谊所凿，极小而深，上敛下大，其状似壶。旁有一局脚石床，才容一人坐，形制甚古，流俗相承，云谊宿所坐床。又有大柑树，亦云谊所植也。

郦道元在这里一口气提到了长沙历史上有名的四个人：吴芮、刘发、贾谊和陶侃。前面三人都是西汉时代的人。事实上，长沙城里最早的名人，却是屈原。虽然屈原没有到过长沙，但他写了"怀念长沙"的《怀沙》。

原来，屈原被流放后，沿长江下行，然后进入鄱阳湖，再进入修水，沿修水逆行至上游，接着从汨罗江上游顺江而下，经过汨罗，从洞庭一角进入湘江，再上溯至长沙。深秋的一天，他从陵阳出发，终于辗转到达汨罗，在这里暂时留住，途中先后写下了《悲秋风》、《渔父》等，他时时刻刻想到长沙去——因为楚的祖先熊绎封丹阳后，在开疆拓宇的过程中，曾以长沙为江南的据点，经营过很长一段时间，长沙也是楚人祖先生息的一个据点，是楚王族的发祥地之一，"鸟飞返故乡兮，狐死必首丘"，屈原在《哀郢》里已表示得很明白，他死也要死在祖先创业发迹的根据地。那时的汨罗、长沙一带，本是江南富庶之地，人民安居乐业。现在由于战争的威胁，已经显得有些荒凉了，如果不是楚国的衰弱，何至如此！屈原由对长沙的怀念，进而痛恨政治的黑暗，并坚定地表示在这混浊的世界上，自己将守节不移……屈原百感交集，写下了著名的《怀沙》——

滔滔孟夏兮，草木莽莽。伤怀永哀兮，汨徂南土。瞬兮杳杳，孔静幽默。郁结纡轸兮，离愍而长鞠。抚情效志兮，冤屈而自抑。

刓方以为圜兮，常度未替。易初本迪兮，君子所鄙；章画志墨兮，前图未改。内厚质正兮，大人所盛；巧倕不斲兮，孰察其揆正！

玄文处幽兮，矇瞍谓之不章；离娄微睇兮，瞽以为无明。变白以为黑兮，倒上以为下。凤皇在笯兮，鸡鹜翔舞。同糅玉石兮，一概而相量。夫惟党人之鄙固兮，羌不知余之所臧。

任重载盛兮，陷滞而不济；怀瑾握瑜兮，穷不知所示。邑犬之群吠兮，吠所怪也；非俊疑杰兮，固庸态也。文质疏内兮，众不知余之异采。材朴委积兮，莫知余之所有。

重仁袭义兮，谨厚以为丰。重华不可遻兮，孰知余之从容？古固有不并兮，岂知其何故也？汤禹久远兮，邈而不可慕也！

惩违改忿兮，抑心而自强。离愍而不迁兮，愿志之有像。进路北次兮，日昧昧之将暮。舒忧娱哀兮，限之以大故。

乱曰："浩浩沅湘，分流汨兮。修路幽蔽，道远忽兮。怀质抱情，独无匹兮。伯乐既没，骥焉程兮！民生禀命，各有所错兮。定心广志，余何所畏惧兮。曾伤爰哀，永叹喟兮。世混浊莫吾知，人心不可谓兮。知死不可让，愿勿爱兮。明告君子，吾将以为类兮。"

大约在春末夏初时，他曾实实在在动身往长沙进发。可是，由于秦国大军压境，长沙危急，屈原只好半道又折回了，终于未到达长沙。万般无奈之下，遂于顷襄王十六年（前283）五月初五，抱石自沉于汨罗江。

郦道元文章里提到的贾谊，是继屈原之后，长沙历史上影响深远，也是最早在长沙播下文化种子的文化名人。他的《吊屈原赋》，同屈原的《离骚》、《怀沙》一样，在历代长沙人中，也是家喻户晓的——

　　恭承嘉惠兮，俟罪长沙。侧闻屈原兮，自沉汨罗。造托湘流兮，敬吊先生。遭世罔极兮，乃殒厥身。

　　呜呼哀哉，逢时不祥，鸾凤伏窜兮，鸱枭翱翔。阘茸尊显兮，谗谀得志，贤圣逆曳兮，方正倒植。世谓随夷为溷兮，谓跖蹻为廉。莫邪为钝兮，铅刀为铦。吁嗟默默，生之无故兮。斡弃周鼎，宝康瓠兮。腾驾罢牛，骖蹇驴兮。骥垂两耳，服盐车兮。章甫荐履，渐不可久兮。嗟苦先生，独离此咎兮！

　　讯曰："已矣！国其莫我知兮，独壹郁其谁语？凤漂漂其高逝兮，固自引而远去。袭九渊之神龙兮，沕深潜以自珍。偭蟂獭以隐处兮，夫岂从虾与蛭螾？所贵圣人之神德兮，远浊世而自藏。使骐骥可得系而羁兮，岂云异乎犬羊？般纷纷其离此尤兮，亦夫子之故也。历九州而相其君兮，何必怀此都也？凤凰翔于千仞兮，览德辉而下之。见细德之险征兮，遥曾击而去之。彼寻常之污渎兮，岂能容夫吞舟之巨鱼？横江湖之鳣鲸兮，固将制于蝼蚁。"

贾谊（前200—前168），洛阳人。西汉初年著名的政治家、思想家、文学家。少时便以文著称，18岁即有才名，年轻时由河南郡守吴公推荐，20余岁被文帝召为博士。不到一年又被破格提为太中大夫。因才华出众受到朝中权臣的忌恨和排挤，被贬为长沙王太傅。故世称贾长沙、贾太傅。四年后被召回长安，为梁怀王太傅。梁怀王坠马而死，贾谊深自歉疚，33岁便因过度忧伤而死。其著作主要有散文和诗赋两类。散文如《过秦论》、《论积贮疏》、《陈政事疏》等都很有名，但以在长沙所作《吊屈原赋》、《鹏鸟赋》最为有名。他一生短暂，却为我们留下了《新书》10卷58篇。文学评论家刘勰赞曰："贾生俊发，故文洁而华清。"鲁迅先生也在《汉文学史纲要》中高度评价说："惟谊尤有文采……如其《治安策》、《过秦论》……皆为西汉鸿文，沾溉后人，其泽甚远。"

贾谊是公元前177年（汉文帝三年）来长沙的。他怀着忧郁之情南下，当他来到湘江边，屈原投江自沉的情景不由自主地在脑海浮现。当年才华横溢、忠贞不阿的屈原，受谗流放该地，如今自己也遭谪长沙，因此触景生情，感慨万分。于是特地跑到屈原投江的地方吊祭，并写作了上面这篇《吊屈原赋》，表示对前贤思想精神的崇敬和怀念以及对无耻小人的痛责。他将此赋抄录后，投入滔滔的江水……"自屈原沉汨罗后百有余年，汉有贾生，为长沙王太傅，过湘水，投书以吊屈原。"《史记》卷84《屈原贾生列传》里的这段记载，字字清新在目，贾谊就这样站到了屈原的行列里，使长沙人世世代代纪念着这两位文化名人。

贾谊是值得纪念的。他任长沙王太傅时，一直没有忘记他的国家和人民，时刻关注着朝廷内外的政治动向，一再上书文帝，继续提出治理国家的良策，及时向汉文帝提出自己的主张。难能可贵的是，文帝四年，贾谊获悉曾排挤他的丞相周勃获罪下狱，他非但没有幸灾乐祸，落井下石，相反立即上疏，建议文帝礼待大臣，"投鼠而忌器"，以保持统治集团的稳定，得到了文帝的采纳。文帝五年，贾谊又上疏《谏铸钱疏》，反对私人铸钱，指出私人铸钱的三大害处，建议国家将铜矿收归国有……在长沙，他协助长沙王，配合中央政府，极力缓和了长沙国与南越国的关系，在贾谊的支持下，长沙国的政局进一步稳定。

与此同时，他还做了几件让长沙人难忘的事。一是写作了著名的《鹏鸟赋》。二是在他居住的宅院里修了一口井，其状如壶，井水甘冽，据说他是用这井水来洗濯自己高洁的灵魂。三是种了两棵橘树，大概是因为他联想到屈原的《橘颂》，想以此来悼念或表示其思贤之情吧？

汉文帝七年（前173），文帝终于又想起了贾谊，将贾谊召回了京师长安。"宣室求贤"之后，让贾谊担任了梁怀王的太傅，希望他为刘家培养政治接班人。由于梁怀王坠马而亡，他深深地自责，愧疚中绝食而亡。

对于贾谊的死，后人有不同的观点。比较普遍的看法是，贾谊同屈原一样，他的所作所为，是爱国忠君的，屈原投江而死，贾谊绝食而亡。据说，毛泽东曾精辟地评价过贾谊之死："千古同惜长沙傅，空白汨罗步尘埃。"或许正因为两人既有相同的命运，最终的死因也相似吧，司马迁在《史记》中，将屈贾立于同一传中。连朱熹到岳麓书院讲学时，在《九歌序》中也赞扬说，"因彼事神之心，以寄吾忠君爱国、眷恋不忘之意"。正是屈、贾这种虽经挫折却不改初衷的坚毅精神，对君主的深切眷念以及对国家的赤胆忠心，为后世士人忠于国家树立了榜样，特别是异国入侵、民族矛盾空前尖锐的时代，屈贾更成为志士高举的一面旗帜。

> 长沙自古离骚国，太傅忠贞继汨罗。
> 大事疏陈拌泪尽，少年迁谪误才多。
> 寒林戚戚风吹雨，故井沉沉水不波。
> 礼乐承平关气数，明良知遇惜蹉跎。

清代诗人熊少牧这首《咏濯锦坊》诗，将贾谊与屈原联在一起。因为有一种传说，贾谊居住之处，曾经也是屈原下榻之所。旧志载，太傅里原名濯锦坊（楚汉时期城市居民聚居之区称为坊）。相传屈原放逐沅湘时，曾在这一居民区内与百姓谈心，并在一口古井旁洗涤染上灰尘的锦衣。屈原诗歌中也屡屡出现"濯发"、"濯缨"之类的词，濯锦坊于是得名。屈原对长沙确实怀有深厚的感情，以致在他投江之前，写下了一生最后的诗篇《怀沙》。因为屈原和贾谊都有如此忠贞的爱国心，又有如此恣意汪洋的才情，长沙自古以来，便具有了深厚浓烈的文化底蕴和悠久的历史渊源，后来的湖湘文化因此也充满了"民族魂"的血脉。

所以，两千多年来，长沙世世代代都铭记并且长久地祭祀着他们。贾谊故居因而成为神圣之地，随着历史的变迁，毁建相继，或为祠，或为宅，或同祀屈贾，或专祀贾谊，连名称都曾有濯锦坊、屈贾祠、贾谊祠、贾谊故居、贾太傅故宅、贾谊宅，等等。据说，晋代长沙郡公陶侃也曾在此住过，陶侃死后改为陶侃庙，晋以后仍恢复贾谊故宅之名。南朝刘宋时盛宏之所撰《荆州记》说："湘州南寺之东有贾谊宅，宅之中有井，井旁有局脚石床。"唐时一度荒凉，宋代复建贾谊祠。从宋到明又几度兴衰，明前期此地已成兵营。直到1465年（明成化元年）长沙太守钱澍赎回宅地，复建祠塑像纪念贾谊。1580年（万历八年）兵备道李天植在祠内增祀屈原，故又有屈贾祠之名。至嘉庆二十五年（1820）又有湖南巡抚左辅组织重修，并写一副对联流传千古——

> 亲不负楚，疏不负梁，爱国忠君真气节；
> 骚可为经，策可为史，出风入雅大文章。

清康熙、乾隆年间两度重修。光绪元年（1875）粮道夏献云、巡抚王文韶择地另建屈祠，此处专祀贾谊，称贾太傅祠。在祠后增建了清湘别墅、怀忠书屋、大观楼等，上楼可远望麓山湘水。祠内建有几处精舍：小沧浪馆

（又名不系舟）、寻秋草堂、佩秋亭。贾谊住房此时所凿井叫贾傅井，又叫长怀井，井上建有"长怀亭"，并叠石造池，形成典雅园林建筑群，一度享有"园林池馆之胜"美誉。王文韶题联云：

> 故宅重新，喜湘水天涯，依然三载栖迟地；
> 苍生无恙，对夕阳秋草，正与诸君凭吊时。

自魏晋以来，贾谊故宅就已成为官宦名流来湘的必访之处，因此留下了数以百计的诗词，或凭吊屈原，或咏叹贾谊，或写祠，或写宅，或专题抒发其胸臆，或借题寄托其情怀，即使未能亲临其地的，也有诗词表达他们对这两位文化名人的崇敬，因而形成了湖湘文化中别具一格的文化风景线。大唐时代，这道风景特别引人注目。看——

大诗人杜甫（712—770）来了。大历四年二月，杜甫从湖南岳州出发，沿湘江南来，路过长沙，当时正值清明时节。这次他在长沙停留的时间很短，然而他一上岸就到贾谊故居凭吊，写下了著名的《清明》：

> 朝来新火起新烟，湖色春光净客船。
> 绣羽衔花他自得，红颜骑竹我无缘。
> 胡童结束还难有，楚女腰肢亦可怜。
> 不见定王城旧处，长怀贾傅井依然。
> 虚沾周举为寒食，实藉严君卖卜钱。
> 钟鼎山林各天性，浊醪粗饭任吾年。

目前已知，最早在诗赋中咏叹贾谊的，是初唐才子王勃，其流传千古的《滕王阁序》中，就有"屈贾谊于长沙，非无圣主；窜梁鸿于海曲，岂乏明时"的丽句。但中唐以前，最早来贾谊故居参观凭吊贾谊的，则是杜甫。接着便是刘长卿（709—786），这位诗人长于五言诗，自称"五言长城"。那是个深秋的日子，太阳斜斜地照着。他是因事下狱而遭贬，远下潘州南巴（在今广东茂名县），途经长沙。面对萧瑟秋风，满怀悲愤的他，在贾谊旧宅里稍事休息，想起自己两次谪迁的命运，顿时诗兴泉涌，随即吟出一首让后人广为传唱的诗《长沙过贾谊宅》——

> 三年谪宦此栖迟，万古惟留楚客悲。
> 秋草独寻人去后，寒林空见日斜时。
> 汉文有道恩犹薄，湘水无情吊岂知？

寂寞江山摇落处，怜君何事到天涯！

中唐诗人戴叔伦（732—789）也来了，他曾在湖南租庸使刘晏幕下数年，也作有《过贾谊旧居》诗纪行：

楚乡卑湿叹殊方，赋鵩人非宅已荒。

漫有长书忧汉室，空将哀些吊沅湘。

雨余古井生秋草，叶尽疏林见夕阳。

迁客不须频太息，咸阳宫殿亦凄凉。

韩愈（768—824）也是被贬谪，在赴潮州路上，过长沙时专程前往贾谊故居参观，撰有《题张十一施舍井》诗：

贾谊宅中今始见，葛洪山下昔曾窥。

寒泉百尺空看影，正是行人渴死时。

韩愈之后，那位曾给岳麓山留下名诗《山行》的杜牧（803—852），也来到了贾谊故居。他的《送薛种游湖南》诗，反映了当时参观的情景：

贾傅松醪酒，秋来美更香。

怜君片云思，一去绕潇湘。

贾谊任长沙王太傅时，汉文帝在京城里有一天突然思念起贾谊来，于是特地召见，却是什么也不谈，而只问鬼神事于宣室殿，君臣谈至深夜。对此，唐代诗人李商隐（约813—约858）曾作一首脍炙人口的《贾生》诗调侃道："宣室求贤访逐臣，贾生才调更无伦。可怜夜半虚前席，不问苍生问鬼神。"后来，他也来到了贾谊故居，撰有《潭州》诗，反映故居衰落的情景：

潭州官舍暮楼空，今古无端入望中。

湘泪浅深滋竹色，楚歌重叠怨兰丛。

陶公战舰空滩雨，贾傅承尘破庙风。

目断故园人不至，松醪一醉与谁同。

那位以散文小品著称的诗人罗隐（833—909），不久来到贾谊故居，也喝到了贾傅松醪酒，其诗《湘南春日怀古》可证：

晴江春暖兰蕙熏，凫鹥莘莘鸥著群。

洛阳贾谊自无命，少陵杜甫兼有文。

空阔远帆遮落日，苍茫野树碍归云。

松醪酒好昭潭静，闲过中流一吊君。

大唐时代的许多诗人，虽然没有机会来长沙，但是也曾作诗怀念或者在诗里提起贾谊或屈原。例如，贾岛（779—843）自称是贾谊后人，并以此为荣，曾撰《送李余往湖南》诗，中有"若寻吾祖宅，寂寞在潇湘"的句子。白居易也有《咏史》诗咏屈贾——

楚怀放灵均，国政亦荒淫。

彷徨未忍决，绕泽行悲吟。

汉文疑贾生，谪置湘之阴。

士生一代间，谁不有浮沉。

良时真可惜，乱世何足钦。

乃知汨罗恨，未抵长沙深。

两宋时代，或来参观，或在其诗作里提到贾谊故居的诗人，也是越来越多，例如梅尧臣、乐雷发、刘克庄、王安石等都是，其中犹以王安石（1021—1086）的评论最为中肯：

一时谋议略施行，谁道君王薄贾生？

爵位自高言尽废，古来何啻万公卿！

到了清代，来的名人就更多了，或路过，或专程来参观，或特意来凭吊，都曾留下了众多的诗词纪行和抒怀。例如：

江西诗人熊文举有《过长沙口号》："绛灌粗疏霸业成，怀湘赋鹏太伤情。每思夜半虚前席，文帝犹知用贾生。"

江苏诗人黄景仁有《过屈贾祠》："雀窥虚幌草盈埠，日暮谁来吊古祠。楚国椒兰犹自化，汉庭绛灌更何知。千秋放逐同时命，一样牢愁有盛衰。天遣蛮荒发文藻，人间何处不相思。"

广东诗人黄遵宪有《长沙吊贾谊宅》："寒林日薄井波平，人去犹闻太息声。楚庙欲呼天再问，断流空吊水无情。儒生首出通时务，年少群惊压老成。百世为君一洒泪，奇才何况并时生。"

直到辛亥革命时期，自号鉴湖女侠的秋瑾（1875—1907），随父侍居长沙，与女友踏青时，参观贾谊故居，也有《踏青纪事》诗纪实："西郊也为踏青来，携手花间笑语才。昨日卿经贾傅宅，今朝侬上定王台。"

到了近代，著名作家郁达夫，也是经常借了贾谊的酒杯，浇他的块垒："与君此恨俱千古，拟赋长沙吊屈文。"在轰动一时的小说《沉沦》中，有一广为传诵的《席间口占》："醉拍栏杆酒意寒，江湖寥落有冬残。剧怜鹦鹉中州骨，未拜长沙太傅官。一饭千金图报易，几人五噫出关难。茫茫烟水回头望，也为神州泪暗弹。"其时正值乱世，当时心情可想而知。

著名诗人郭沫若（1892—1978）1938年第一次来长沙，也有诗咏屈贾："伤心最怕读怀沙，国土今成待剖瓜。不欲投书吊湘水，且将南下拜红花。"

至于本地诗人作家，来的可就更多了。这里有陈文远、贺长龄、贺熙龄、龚堃、郭嵩焘、李寿蓉、邹本然、左之瀚，等等，都留有凭吊屈原或贾谊的诗作。

总之，屈贾祠或者说贾谊故宅，几乎成了历代文化人的灵魂驿站。失意者固然从这里得到了宣泄与安慰，得意者也在这里找到了成就的渊源与慰藉；精神孤独的人，在这里得到了短暂的休息和疗救，壮怀激烈的人，也在这里获取了叱咤风云的豪迈与勇毅；安邦治国者在这里寻取了适乎时代的"治安策"，志于文史的学者，也从这里吸取了经天纬地的才华；哲学家们从这里找到了生死祸福的辩证思维，文学家们也在这里萌动过视通万里的灵感……历史上因此产生了那么多的诗篇，将长沙这座历史名城的华彩，涂抹得那么重，那么厚，那么亮丽，华夏大地上，有几座这样的历史文化名城？

长沙人怀念屈原，更感谢贾谊，"长沙有幸留才子"。正由于他们，长沙才有"屈贾之乡"的美誉，也正因为他们，长沙这片所谓的"卑湿"之地，孕育和催化了那么刚毅雄健的湖湘文化，湖湘大地上因此产生了那么多的社会精英，历史的天空中升起了那么多的时代明星。无论是谭嗣同、陈天华，还是曾国藩、左宗棠，无论是黄兴、蔡锷，还是毛泽东、刘少奇，有哪一个不是从这里吸取了思想的精华，并各自取得了他们巨大的成功？！

明代的湖南按察使秦瀛，曾为贾谊故居题写一对联：

绛灌亦何心，辜负五百年名士；
沅湘犹有恨，凭吊千万古骚人。

这副对联至今还悬于贾太傅祠正殿两侧，这既是湖湘人对贾谊的尊敬表露，也是湖湘子弟对人才受挫骄傲心态的描述。

这座安放灵魂的古建筑，也曾经历过无数历史的沧桑，见证了历史的发展和变迁。戊戌变法前后，湖南巡抚和长沙知府多以此作为选拔官员、才俊的考点，除正常科举之外，一些被举荐的士子、巡抚、知府都要在贾谊故居再行考试，以为国家择贤。晚清时，毛泽东的老师章士钊及护国元勋蔡锷都是在贾谊故居经过了严格的考试才开始步入仕途的。辛亥革命时期，又再一次处于历史的风口浪尖，成为湖南辛亥革命的中心。武昌起义胜利后的第二天，湖北革命党人迅速派代表到长沙，携有蒋翊武的介绍信，直赴贾谊故居找焦达峰。在湖南辛亥革命武装起义的紧要关头，革命党人和立宪党人在贾谊故居召开了紧急会议，确立了湖南政府以武力推翻清王朝的方针，并作出起义的最后决定。焦达峰、陈作新等革命党人在此活动。"文夕大火"前，贾太傅祠仍保留着较好的格局，中堂悬匾"治安堂"，颂贾谊《治安策》之壮举。祠右为湘清别墅，布局古雅。内有佩秋亭，亭侧壁上刻有诗词和祠记，正中壁上刻有屈原像。可是，1938年一场"文夕大火"，这里仅存太傅殿、古井、石床和神龛。大火之后，长沙人没有忘记贾谊故居，人们在极度困难的情况下，仍凑足资金，在废墟中重修了贾太傅祠一间。龛内供木雕描金贾谊坐像一尊……

三千年过去了，贾谊故居仍然屹立于长沙市太平街口，经过全面修葺，辟有长怀井、古碑亭、太傅殿、贾太傅祠、寻秋草堂等景点，祠内置有贾谊塑像，供人祭拜。

现在，这里已成为极其珍贵的历史文物，成为长沙市里最有历史意味的一道风景。

贾谊谪居的长沙这片土地，当时已经是吴芮后的刘姓长沙国了。

吴姓长沙国的第一代长沙王，是吴芮。

吴芮（？—前202）是刘邦最早所封的两个异姓王中的一个。其父吴申，楚考烈王时，因谏议事而谪居番邑，后迁余干善乡，吴芮出生于此。秦统一六国后，番邑首批置县，吴芮任县令，其治政甚得民心，被尊为"番君"。秦二世时，吴芮率百越之兵，佐诸侯，诛暴秦，又命女婿英布（即黥布）率越人武装入淮，与项梁军会合，随项羽定三秦、入咸阳，受封衡山王，都邾，但项羽侵夺其地，使吴芮坚定地站在了刘邦这一边，遂派梅销率水军随刘邦入武关。消灭秦军主力的巨鹿之战，是吴芮的女婿黥布充当先锋；垓下之战，又是黥布举九江兵与刘邦合围项羽，功不可没。所以，高祖五年（前202）二月，刘邦下诏封吴芮为长沙王。吴芮家族系春秋吴国王族之后，是江南望族。西汉其他异姓诸侯王如韩信、彭越之辈，无论身世、名望远不如长沙王。

吴芮受封后，改湘县为临湘县，为长沙国治所，并开始建筑王城。这是历史上长沙成为诸侯国的开始，对长沙历史的发展，产生了巨大的影响。但吴芮封王不到半年，就在这一年七月奉命率兵定闽时，病逝于途中。其后传了五代，约55年。不知什么年代，长沙北门外，建有"吴王祠"，祀这位西汉长沙王，晚清有位长沙著名诗人熊少牧有《吴王祠》诗写道：

> 长沙国小亦金汤，带砺绳承异姓王。
> 未必韩彭无反迹，莫将烹狗怨高皇。

后来，吴著被封长沙王，贾谊南来为其太傅。吴著死后，无子，国除。汉景帝前元二年（前155），封庶子刘发为长沙王，是为定王，复长沙国。

在这段历史中，长沙城里除了贾谊故居及其后来的定王刘发留下的"定王台"及其故事等历史遗迹外，其他几乎没有什么特别的"遗踪"。就是"吴王祠"，也早已毁灭，只留下上面一首诗。然而，后来的考古发掘，却爆发出惊天的新闻。这当然是后话了。

东汉末年，长沙城里来了个张仲景，又给我们留下了宝贵的踪迹。张仲景是河南人，来任长沙太守，所以有张长沙之称。他在长沙太守任上的事迹，史籍记载不详。但他的名著《伤寒杂病论》，是中医的经典。他确立的辨证论治原则，是中医临床的基本原则，是中医的灵魂所在。在方剂学方面，《伤寒杂病论》也做出了巨大贡献，创造了很多剂型，记载了大量有效的方剂。其所确立的六经辨证的治疗原则，受到历代医学家的推崇。这是中国第一部从理论到实践、确立辨证论治法则的医学专著，至今仍有重大价值。他死后，长沙人感激他的医德，曾建有张仲景祠，然不久也毁了。他当年行医制药的那条街还在，后人取名为"药王街"以纪念他，此街道在距离太平街不远处。

三国时代，长沙是古战场，吴蜀长期争战的地方。可能当时的人都去打仗了，兵荒马乱，民不聊生。公元192年，诗人王粲在一首描写他南下荆州所见所闻的诗里，曾这样真实地写道："出门无所见，白骨蔽平原。路有饥妇人，抱子弃草间。顾闻号泣声，挥泪独不还。'未知身死处，何能两相完?'"在这样一个人命危浅、朝不保夕的时代，即使留下有名人的踪迹，也都被踏没。长沙这片土地，肯定也好不了多少。所以，除了关羽那把"青龙偃月刀"及"捞刀河"与"铜官"等名胜外，留在世上可以让人回味的墨迹，自然也就不多了。即使有，也早已深深地埋藏在地底下，且待未来的考古吧。

直到东晋时代，长沙城里来了个名人，又使后人热闹了一阵。这个人就是陶侃（259—334）。

陶侃是江西九江人，初为县吏，因击败杜弢的反晋武装有功，任荆州刺史，镇武昌。旋为王敦所忌，调任广州刺史。他无事即朝夕运甓以习劳，常勉人惜分阴，造船时竹头木屑不肯丢弃，藏以备用，为人所称道，因此闻名于世。他是东晋名将，后任荆、江二刺史，都督八州军事，勤慎吏事，四十年如一日。后被封为长沙郡公，人称陶桓公，死后葬于长沙。他在长沙留下许多传说。长沙人曾为他立祠祭祀——陶公祠原在长沙市南门外惜阴学院后（今灵官渡一带），明嘉靖十四年（1536）建，今已不存。相传他的后裔陶淡、陶烜两叔侄，修道成仙，因此长沙县榔梨镇有陶公庙，历时千余年，至今仍是保存完好的一处胜迹。历代也有文人墨客，留下了他们参观凭吊的随想情思。例如——

> 运甓从知保令名，英雄心事最分明。
> 防江那用郏城戍，种柳争夸太尉营。
> 肝胆只期酬晋室，敦盘何必狃齐盟。
> 萧条旧垒湘天冷，愁见寒鸦向晚鸣。（清·张埴《陶公祠怀古》）

> 庙貌湘城侧，千秋俎豆临。
> 眠牛山岳降，射蟒鬼神钦。
> 素壁苔花暗，丰碑树影深。
> 风尘公不见，谁更惜分阴。（清·黄湘南《陶桓公祠》）

> 修竹一林雨，葵江四面风。
> 当时隐君子，今日古仙翁。
> 自信须眉在，尤怜咸籍同。
> 我来一瞻拜，鹤鹿许相从。（清·杨世芳《过榔梨陶公叔侄二真人祠》）

俯仰之间，这就又来到了唐宋时代。

大唐时代，是中国历史上一个辉煌的时代。那是一个可以登山长啸、临江放歌的时代，近三百年的时间里，文化史上仅仅是诗歌，就开辟了一条漫漫而悠远的长河，数以百计的诗人，纵横驰骋，走南闯北，神州大地上，山水林壑间，到处留有他们的足迹，长沙城自然也不例外。从现存的史料上看，至迟从初唐时代的骆宾王开始，前后就有杜易简、杜审言、宋之问、沈佺期、张说、张九龄、孟浩然、王昌龄、李白等三十几位诗人，加上本土诗人，他们或访亲问友，或旅游山水，或贬官路过，或南来任职……都各以其色彩斑斓的诗篇，记载了在这片土地上的所见所闻，无论他们的境遇和心情如何，文字直白还是隐晦，也不论是写景还是抒情，多少都会让我们从他们的字里行间，窥测或透视出当年长沙城非凡的历史风貌。且看——

这是杜甫的《清明》："著处繁华矜是日，长沙千人万人出。渡头翠柳艳明眉，争道朱蹄骄啮膝。此都好游湘西寺，诸将亦自军中出。"——他写的是长沙人倾城而出，登岳麓山游春的情景，那时的长沙人就好潇洒啊！

这是韩愈的《罗洋山》："绕廓青山一座佳，登高满袖贮烟霞。星沙景物堪凝眺，遍地桑林遍圃花。"——他写的是今长沙烈士公园北侧的风景，那时山青林秀，遍地鲜花，长沙的自然风景，真的是美轮美奂！

这是本地诗人李群玉的《石渚》："古岸陶为器，高林尽一焚。焰红湘浦口，烟浊洞庭云。迥野煤飞乱，遥空爆响闻。地形穿凿势，恐到祝融坟。"——他写的是长沙铜官窑大气磅礴的陶业生产场面，把人们带入到那个"焰红湘浦口"、"遥空爆响闻"的十里陶都。正是长沙铜官窑，在这个时代，开辟了中国历史上的海上"丝绸之路"，把湖南的釉下彩瓷器，输往中亚、北非、欧洲及世界各地。

唐代，长沙出了三位大书法家，这就是欧阳询父子及草书大王怀素。欧阳询是初唐四大书法家之一，他的楷书，"刚则铁画，媚若银钩"，所书《九成宫醴泉铭》等，对后世影响重大。其幼子欧阳通，继承其父书法，险峻过之，人称"小欧阳"，代表作有《道因法师碑》等。随后是怀素和尚，嗜酒善书，兴到运笔，如骤雨疾风，非常豪放，与张旭齐名，有"颠张醉素"之称。李白写诗赞美他"草书天下称独步"，"吾师醉后倚绳床，须臾扫尽数千张，飘风骤雨惊疯疯，落花飞雪何茫茫"。他传世的作品有《苦笋》、《自叙》、《千字文》等法帖。

晚唐时，长沙城里有个刘蜕，字复愚，自号文泉子。唐宣宗大中四年（850）中进士。在此以前，湖南地区虽然每年选送举人赴进士试，却从未有人及第录取，刘蜕是破天荒第一个，故称刘蜕为"破天荒进士"。当时的荆南节度使崔铉，特地送给刘蜕钱17万贯，名"破天荒钱"。刘蜕在答谢信中说："五年来，自是人废，一千里外，岂曰天荒。"据说，刘蜕文章奇奥，多愤激之辞，是长沙第一位文学家。相传泰安里就是刘蜕的宅院所在地，清代周达武曾在那里建筑楼台池馆，号曰"蜕园"。著名历史学家陈寅恪就出生于蜕园。昔日蜕园亭阁回环，池塘萦绕，假山嶙峋，异木争妍，奇花斗艳，间有乔木高耸，绿竹荫浓，风景十分绮丽。谭嗣同有《长沙蜕园》诗云：

> 水晶楼阁倚寒玉，竹翠抽空远天绿。
> 湘波湿影芙蓉魂，千年败草姜平麓。
> 扁舟卧听瘦龙吼，幽花潜向诗鬼哭。
> 昔日繁华徐柳枝，水底倒挂黄金丝。

诗圣杜甫在长沙逗留的时间最长，这是他晚年最后的岁月，充满了辛酸，也极具传奇的色彩，几乎可以写一部精彩的小说。

原来，他自四川出三峡，泛舟江汉，登临洞庭湖畔的岳阳楼，写下了"吴楚东南坼，乾坤日夜浮"；然后沿湘江进乔口，写下《入乔口》；过铜官时遇上大风，停船避风，写有《铜官渚守风》；风停开船进长沙，绕过橘子洲头，在河西古渡登岸，径直游岳麓山。在麓山寺前，发现一方巨碑，是阔别二十余年的故友李邕撰文并书写的，入殿后又读到约五十年前著名诗人宋之问的题壁诗。一连串的事，引起诗人意外的惊喜与感慨，随即写下《岳麓山道林二寺行》纪实。诗中联句"寺门高开洞庭野，殿脚插入赤沙湖"，后来被题刻在麓山寺观音阁前檐柱上，成为描绘这座古寺的千古绝响。

这一次时间不长，他很快便离开长沙，去衡州投奔韦之晋。却不料到衡州才知道，韦之晋刚调任潭州刺史，两人恰于途中错过。于是，匆匆赶回长沙，韦之晋却又不幸在日前暴卒。杜甫因此陷入困境，只得暂栖江边小舟，有时暂住于江边阁楼。

流寓长沙的日子里，他幸运地结识了一位朋友苏涣。苏涣是本地人，也爱写诗，很有才华，为人也很豪爽，遂成患难之交。随苏涣一道，杜甫遍游长沙古城，又意外地遇见大音乐家李龟年，兴奋之余，写下了著名的《江南逢李龟年》——

> 岐王宅里寻常见，崔九堂前几度闻。
> 正是江南好风景，落花时节又逢君。

这些日子里，他在长沙去的地方很多：有南湖港，旧称青枫浦，是湘江流过长沙时的口岸；有长沙驿，在今大椿桥一带；有潭州府署，在南湖港北岸；有江阁，据称即长沙驿前的南楼，是当时的官方"招待所"；有临观、湘西古渡，前者即灵官渡，二者分别立于东西两岸；有橘子洲、定王台、贾太傅祠，等等，几乎每到一处都写有诗，记载了当时的情景。例如，写定王台的："茅斋定王城郭门，药物楚老渔商市。市北肩舆每联袂，郭南抱瓮亦隐几。"如写青枫浦的《双枫浦》，记述了泊舟的地点和当时心境：他把船停在一个叫青枫浦的地方，那里的两棵枫树已经折断了。他希望江边的地方，能有个栖身之所，让自己像在长安一样。甚至希望在岳麓山上，建一座类似成都的那个草堂，在岳麓山上安度余生。他站在岳麓山上，俯望长沙城，"桃源人家易制度，橘洲田土仍膏腴"。

他寄寓于江边舟中。附近的长沙驿楼成了他与朋友相会的地方，从他的"杜陵老翁秋系船，扶病相识长沙驿"，"江畔长沙驿，相逢缆客船"等诗句中，可窥见当时的情形。稍后，在小西门外的湘江边，租佃了一间简陋的楼房，因楼房面临湘江，他将其取名为"江阁"，诗中曾多次对"江阁"有描绘。如《江阁对雨有怀行营裴二端公》："南纪风涛壮，阴晴屡不分。野流行地日，江入度山云。层阁凭雷殷，长空面水文。雨来铜柱北，应洗伏波军。"如《雨》："山雨不作泥，江云薄为雾。晴飞半岭鹤，风乱平沙树。明灭洲景微，隐见岩姿露。"

在颠沛流离的日子里，"江阁"成了他唯一可以安身的地方。这种"饥藉家家米，愁征处处杯，残杯与冷炙，到处潜悲辛"的艰难日子，使年老的杜甫心情倍增愁闷。但就在这样的困境中，他也没有仅仅悲伤自己的身世际遇，而是心忧天下，情系苍生。他写人民的疾苦，"万姓疮痍合，群凶嗜欲肥"；写吐蕃侵于外，藩镇骄于内，"开视化为血，哀今征敛无"；写战争的残酷，"丧乱死多门，呜呼泪如霰"；与死于战乱的百姓相比，觉得自己尚有一舟，可以栖身洗濯，"入舟虽苦热，垢腻可灌溉。痛彼道边人，形骸改昏旦"。这些诗，真实地描述了那个动乱时代的社会状貌，有助于我们今天认识当时的长沙古城。据后人考证，杜甫当年住的这个"江阁"，就是长沙驿附近的客栈，在今大椿桥一带，大概就是湘江路中段和西湖路交界处。2005年9月，为纪念杜甫，长沙市在这里建了座仿唐建筑——杜甫江阁，与橘子洲、岳麓山隔江相望，江阁距天心阁不足一千米。分四层，高18米，现已成为湘江风光带的一处风景。

公元770年（唐大历五年），诗人59岁了，生活凄惨，过着流浪的生活，晚上在船中度过，白天上集市去摆摊卖药，以维持生计。

四月里，湖南兵马使臧玠举兵为乱。为避战火，杜甫半夜溯湘江往郴州投靠为官的二十三舅崔伟。船至耒阳方田驿，遇大水不能前行，半旬不得食物。耒阳县令闻之，送了牛肉白酒。杜甫只好掉转船头返长沙，暮秋时节，思归故里，打算孤舟北上入洞庭。却因重疾复发，资费用尽，只得溯汨罗江往昌江（今平江）投友求医。就在这年冬天，因贫病交加，不幸病逝于县治寓所，葬于小田天井湖。其子宗武、孙嗣业留下守墓，杜氏自此在当地繁衍，一脉相传。

杜甫墓坐北向南，墓为圆形土堆，墓前立有青石碑，上刻"唐左拾遗工部员外郎杜文贞之墓"。墓前是清光绪十年重修的杜文贞祠，两进一天井，内有官厅、铁屏诗社等，祠门正上方有青石匾，上刻"诗圣遗阡"四字。宋朝王得臣有诗叹云："水与汨罗接，天心深有存。远移工部死，来伴大夫魂。流落同千古，风骚共一源。江山不受吊，寒日下西原。"对屈原与杜甫这两位伟大爱国诗人死于一地，葬于邻近，有无尽感慨。据长期照看杜甫墓的当地村民说，杜甫的后人在平江已经传了 60 代达一千六百多人，每年清明节，杜甫后裔都会在墓地举行大规模的祭奠活动。

还有一种说法是，杜甫因贫病交加，死于耒阳至衡阳的湘江舟中。给杜甫送食物的那位好心的县令为之治葬筑墓。所以，耒阳有杜甫墓，墓周砌石栏，正面有南宋石刻"唐工部杜公之墓"。此处墓地与杜甫遇大水而折返长沙和洞庭的记载不大一致，也有人存疑。是与不是，只好留待历史学家们去考证了。

有一点是肯定的，杜甫毫无疑问是在三湘这块他度过了最后岁月的土地上告别人世的。他在湖南逗留了一年多，度过了生命的最后一段日子，留下诗作近百首。这些诗篇是杜甫生命的最后年月、也是他一生中最潦倒的时刻所作的，因此大多是凄凉漂泊生活的写照，表现了他暮年落魄江湖而又关心天下安危与百姓疾苦的感情。其中一些诗篇生动地描述了当时长沙地区的风物人情，例如，"夜醉长沙酒，晓行湘春水"，"树蜜早蜂乱，江泥轻燕斜"，"著处繁华矜是日，长沙千人万人出"，"不见定王城旧处，长怀贾傅井依然"，"寺门高开洞庭野，殿脚插入赤沙湖"等名句，使人读来倍感亲切。

长沙有幸迎来了这位千古诗圣。杜甫在长沙留下的不朽诗作，既向世间展示了他那悲怆复杂的内心世界，又为后人记录下了唐代长沙的独特风情。

五代时，马殷割据湖南，号称楚王，在位 35 年，保境安民，提倡种茶，发展贸易，倒是也有一些贡献的。但他晚年腐化，大兴土木，其子马希范更奢靡无度，兴建宫殿、园圃和佛寺，兄弟之间为争夺王位，互相残杀，因此而有"诸马争槽"一说，使湖南惨遭兵祸，长沙城也曾一度破败，仅城北的开福寺保存了下来。

经过几百年的发展，到了宋代，长沙城的形势就更可观了。请看——

这是永州祁阳诗人陶弼（1015—1078）的《长沙碧湘门宫》：

> 城中烟树绿漫漫，几万楼台树影间。
>
> 天阔鸟行疑没草，地卑江势欲沉山。

他写的是站在长沙南门之临江侧的一处建筑物上，从那里眺望长沙，成千上万的楼宇亭台，掩映在树影婆娑的绿林中，鸟在高飞，花在盛开，好一幅山水洲城的美景！

这是历阳（今安徽和县）诗人张祁的《渡湘江》：

> 春过潇湘渡，真观八景图。
>
> 云藏岳麓寺，江入洞庭湖。
>
> 晴日花争发，丰年酒易酤。
>
> 长沙十万户，游女似京都。

他眼前所见识的长沙城，不仅风景秀美，而且经济繁华，满城美女如云，鲜花美酒飘香，与今天比较起来，何其相似乃尔！

当然，宋代长沙，值得大书特书的，还在于其本土湖湘文化的勃兴，这就是以张栻为山长的岳麓书院的崛起，成为当时中国著名的四大书院之一，高举起文化与教育的两面大旗，将湖湘学派推向了历史文化的最前沿，因此也开辟了一个文化教育的新纪元，使长沙城从此以后名闻遐迩。

"朱张祠"和"朱张渡"，就是这一页历史的见证。二处名胜古迹虽然都不存在了，但是，历来名人咏赞的诗，却持久地向后人宣讲着这段百听不厌的故事——

> 林闲憩白石，好风亦时来。
>
> 春阳熙百物，欣然得予怀。
>
> 缅思两夫子，此地相徘徊。
>
> 当年靡童冠，旷代登崇阶。
>
> 高情讵今昔，物色遗吾侪。
>
> 顾谓二三子，取瑟为我谐。
>
> 我弹尔为歌，尔舞我为偕。

吾道有至乐，富贵真浮埃。（明·王守仁《朱张祠书怀示同游》）

太极先天自古今，两贤同此共推寻。
须知至宝人人具，万象由来总在心。（明·张元忭《朱张祠》）

道脉千秋启，书堂万古名。
江河行地远，日月丽天明。
俎豆还存祀，弦歌尚有声。
我来怀旧德，奕世溯宗盟。（清·张仲举《朱张祠》）

风雨城南几十年，摩挲残碣思依然。
即今遥望朱张渡，犹是秋高月在天。（方维夏《朱张渡》）

宋代还有三位名人，一个是理学家真德秀，一个是"金戈铁马"似的著名爱国词人辛弃疾，还有一个是李芾，都在长沙城留下了不朽的遗踪。关于辛、李，我们将在另一章里介绍，这里且说说真德秀的故事。

真德秀（1178—1235），字景元，人称西山先生，建州蒲城（今属福建）人。他是南宋后期与魏了翁齐名的一位著名理学家，也是继朱熹之后的理学正宗传人，他同魏了翁二人在确立理学正统地位的过程中，发挥了重大的作用。但他在长沙留下的遗踪，却不是理学，而是廉政与教育。

原来，他是嘉定十五年（1222），以宝谟阁待制兼安抚使知潭州的。到任后，立即着手整顿政风、士风。他以"廉仁公勤"四字勉励僚属，积极振兴教育，用周敦颐、胡安国、朱熹、张栻之学术勉励读书人，对百姓实施惠政。首先，废除了榷酤制度，免征了苛重的酒税；其次，停止加收斛面米，废除了对农民的额外剥削，减轻了他们的一些负担；对生活严重困难的农民，给予适当救济。更值得一提的，是他仿照朱熹当年创立义仓的办法，立惠民仓，在青黄不接时，以平价卖给缺乏粮食的百姓，又在辖区内 12 个县普遍设立新仓，使之遍及乡村，以救饥民之急。此外，又专门设立了慈幼仓，储备粮食，专门用来赈济无依无靠的老人和儿童。这些措施虽然不能解决根本问题，但对那些处于饥寒交迫的穷苦人民，还是起到了一点解救的作用。他那首《湘江亭谕僚属》，是直到今天，都值得一读的——

从来官吏与斯民，本是同胞一体亲。

既以脂膏供尔禄，须知痛痒切吾身。

此邦自号唐朝古，我辈当知汉吏循。

今日湘亭一杯酒，敢烦散作十分春。

正因为真德秀守长沙时有惠政，感恩的长沙人，后来特意在南门内天妃宫侧的宋时府署旧址上，为他建一生祠，后又改建于路边井。宋末毁于兵火，明初又在府署旧址上修复。明人陈益（？—1454）在《西山先生祠堂记》中记载此事说：

嘉定五年，以宝谟阁待制兼安抚使知潭州。以廉、仁、公、勤励属，又有《湘亭谕属诗》（即《湘江亭谕僚属》），至今诵之不衰。核军实，罢榷酤，蠲斗耗，免和籴。立惠民仓，积谷至九万五千石；又于各县置社仓，及乡落别置慈幼仓。民有死不能葬者，立义阡以待之；凡婚嫁产子暨有疾病者，皆赡赐有差。潭之士民特祠祀之。一夕有留题者云：“举世知公不爱名，湘人苦欲置丹青。不须更作生祠祀，四海苍生口是铭。”祠在城南旧府故址，毁于兵，今复之，良有司之力也。

呜呼！先生宗正学源流，《宋史》不列之“道学”而列之“儒林”，谬矣！其守潭也，以周、程、张、朱学业勉士，教化大行。迄今潭之士笃于文、行有成立者，皆先生余泽也。《记》称：“有功德于民则祀之。”先生之道，不以易天下，而以泽一方，其功德在人，亦祠之，九里润也。

直到清光绪元年，大概又修葺过。这件事又一次说明，为社会为民众做了好事的人，民众和社会是永远都不会忘记的。此祠当然早已废弃，但陈益有《西山先生祠堂记》，特别是清人张先骏的《西山先生祠》诗，又一次记载了这一页耐人寻味的历史。诗曰：

斜日荒烟认古祠，何人不读谕僚诗。

流风此后谁兴起，湘水重摩德政碑。

湖湘学派撒播的种子，到了清代，终于开花结果。长沙地区，人才辈出，群星灿烂。较为著名的，如刘权之（1739—1819）、王先谦（1842—1917）、瞿鸿禨（1885—1918）、曾国藩（1811—1872）、左宗棠（1812—1895）、郭嵩焘（1818—1891），等等，都在长沙城里留下了踪迹。例如，开福区的三贵街（刘权之）、岳麓书院和城南书院（王先谦）、开福区的潮宗街（瞿鸿礼）、北正街西侧的"左文襄祠"（左宗棠）、六堆子的"养知书屋"、寿星街的"玉池别墅"（郭嵩焘），等等，或为公馆，或是故居，或为祠堂，虽然多已不存，但是考其历史，却是赫赫有名——它们都是长沙悠悠古邑的历史见证、历史胎记和历史记忆。历史虽然如江水一样，滔滔远去了，但是文化遗存却是永恒，不可磨灭的！

进入近现代社会，随着交通的便利，尤其是长沙特别的历史地位及其璀璨的文化风采，走进这座名城的名流也更多了，他们中很多人，都给长沙留下了珍贵的墨宝。

例如，著名诗人、历史学家郭沫若（1892—1978）有《长沙有感二首》（1938 年 2 月）：

> 洞庭落木余霜叶，楚有湘累汉靓臣。
> 苟与吕伊同际遇，何因憔悴做诗人。
>
> 伤心最怕读怀沙，国土今成待剖瓜。
> 不欲投书吊湘水，且将南下拜红花。

又如曾参加南昌起义的革命家朱蕴山（1887—1981），有《登岳麓山志感》（1944 年 2 月）：

> 湘江水落白鱼肥，岳麓峰高红叶飞。
> 岂屑稻粱谋异域，却披荆棘入重围。
> 英雄老去空山冷，竖子名成故国微。
> 幸有亡秦三户在，登临何事叹斜晖。

再如陈毅元帅（1901—1972），有《岳麓山顶眺望》（1956 年 11 月）：

> 岳麓山头任我行，三湘眼底绝风神。
> 西南云气来衡岳，日夜江声下洞庭。
> 战争破坏旧陈迹，建设峥嵘定太平。
> 终到山河澄清日，主持华夏是人民。

至于湖湘域内的名人，那可就更多更让后人津津乐道了。这里有创办船山学社的浏阳晚清进士刘人熙（1844—1919），有清末民初湘阴诗人黄铭功，有湖南大学教授罗庶丹（1874—1932），有著名戏剧家、国歌歌词作者田汉

（1898—1968），有与陈明仁一道率部在长沙起义的老省长程潜（1882—1968），有著名教育家熊瑾玎（1886—1973），有毛泽东在一师求学时的好友周世钊（1897—1976），有著名历史学家周谷城，有1930年率军攻打长沙的将军张平凯，有毛泽东的兼职秘书、前水电部副部长李锐，等等，他们的诗篇，从不同的角度，将长沙的风土人情、历史风貌和城市精神，淋漓尽致地展现在我们面前——

长沙旧是才人地，迁客骚人过化多。
一折一波皆绝倒，未能放胆泻银河。（刘人熙《长沙》）

汉代诸王国，星垣轸翼间。
九江通北渚，四塞控南蛮。
文藻湘灵庙，神功禹迹山。
漫言卑湿地，民气未全孱。（黄铭功《长沙》）

杨柳萧萧古渡头，朱张遗迹已千秋。
两贤道学惟循性，七种人情不说愁。
亭外卷云招老鹤，舫中听雨起浮鸥。
源流总属濂溪水，不尽余波绕橘洲。（罗庶丹《长沙怀古》）

长沙少先队，参战顶呱呱。
宣传支前线，帮助抬担架。
莫看年纪小，不比大人差。
少年作榜样，随军进长沙。（张平凯《随军进长沙》）

长驱尘雾过湘潭，乡国重归忍细谈。
市烬无灯添夜黑，野烧飞焰破天蓝。
衔枚荷重人千百，整瓦完垣户二三。
犹有不磨雄杰气，再从焦土建湖南。（田汉《重访劫后长沙》）

百万雄师奋迅雷，红旗直指洞庭来。
云霓大慰三湘望，尘雾欣看万里开。
箪食争迎空井巷，秧歌高唱动楼台。

市民啧啧夸军纪，只饮秋江水一杯。（周世钊《长沙和平解放》）

星沙大改旧时装，今日归来喜欲狂。
信步纵横皆马路，仰观重叠尽新房。
天心阁上乌烟灭，烈士园中浩气彰。
更是人民齐跃进，红旗无处不飘扬。（熊瑾玎《解放后初回长沙》）

年年有梦到长沙，不似孩提念老家。
胜水名山非旧貌，精神气魄换新华。
渊源南岳培根底，主义东来放好花。
万国工农争景仰，喜看遗泽润天涯。（周谷城《赴湘访革命胜地》）

万古多情湘水流，红于二月麓山秋。
千年城负天心阁，十里江浮水陆洲。
一片歌声飞阁上，满城风气泳洲头。
争观星火燎原地，战友嘉宾两半球。（李锐《忆故乡》）

当然，人们更忘不了伟人毛泽东，他留给长沙的诗最多，也最令人振奋，因而脍炙人口，家喻户晓。《七律·答友人》不就是这样的么——

九嶷山上白云飞，帝子乘风下翠微。
斑竹一声千滴泪，红霞万朵百重衣。
洞庭波涌连天雪，长岛人歌动地诗。
我欲因之梦寥廓，芙蓉国里尽朝晖。

3. 长沙考古

· 城上高楼，视通万里，回头却是三苗熊绎
· 井下竹简，藏埋千载，出土但见汉武秦皇

不知道是谁，说过这样的话："一个城市一定要有记忆，要有历史。完全是一个新城市是会被人瞧不起的。"

专家认为，历史文化名城之所以为历史文化名城，与一般的城市，特别是与新城市不一样的地方，就在于它有历史的特点。在它形成的历史过程中，保存了城市的特色和许多各个历史时期遗留下来的文物和历史遗迹。大约有这三个方面的内容：

一是历史的遗存，历史上遗留下来的老城区、古城遗址、古建筑、风景名胜等，这是历史文化名城的具体标志，举凡宫殿、园囿、坛庙、陵寝、衙署、会馆、书院之类；二是城市的风貌、城市的自然环境、城市的建筑风格（包括建筑的高度、体量、色彩、形式等）；三是城市的传统文化艺术，包括有地方特色、有价值的戏剧、曲艺、音乐、舞蹈、服饰、民俗以及烹调、饮食、工艺等。这些东西是多少年来历史形成的，从而反映出一个城市的历史文化。

上述三个特征，概而言之，也可以说是两个方面，这就是物质与精神。物质文化是指有体有形、可捉可摸的东西，也就是指的文物，所以把文物解释为物质文化的遗存，如古建筑、古遗址、古墓葬、碑刻、雕塑、青铜器、陶瓷、丝织品、印章、玉器、乐器等。它们的特点是以实物的形象来表现历史，说明历史，由于它们是在当时的历史条件下产生的，既已形成就不能改变，如果改变了，那就不能说明当时的历史了，也就失去了它的价值。精神文化的遗存，指的是传之于口、播之以声、思之以心，无体无形的东西，如诗歌、音乐、文章、小说、典章制度等。虽然它们可以记载在金石、竹帛之上，赋之以形，但那就成为物质文化遗存了。有时两者之间也难以分割。精神文化遗存的特点是以文字与手口相传，它往往随时代的发展而发展，随时代的变化而变化。这在过去没有音像记录的时代里，是很难固定相传的。因为前者有体有形，可捉可摸，往往也称之为硬件，传统历史文化是精神文化，因而称之为软件。历史文化名城如果缺少这两个部分，那就难以存在和发展了。

按照上述标准，对比长沙，我们可以骄傲地说：它无愧于"历史文化名城"的称号。

今天，人们走进长沙，无论你是凝视，还是远眺，是漫不经心地一瞥，还是全神贯注地观察，你将会看到，长沙恰如街市里那些如云的美女，她长高了，也长大了，长得更加俏丽，更加丰满，更加成熟，更加时新，也更加富于现代大都市的韵味了。

山，还是那山，依旧葱葱郁郁，青翠欲滴；水，还是那水，照旧波卷浪翻，滔滔北去；洲，还是那洲，恰如正待起航的军舰；城，也还是那"天降"的星沙。然而，在山的周围，新建了一个个社区公园，湘江两岸，长堤高筑，绿树掩映，风光如画；橘子洲上，青年毛泽东的塑像挺立，柳树成荫，翠竹丛丛，道路纵横，鲜花四季开放；星沙与株洲、湘潭融城后，又将望城县纳入城区，面积顿时扩大了两倍。现在的长沙城，到处是高耸的楼房，宽阔的街道，汽车穿梭如流，商铺鳞次栉比，商品琳琅满目，交通要道口上，红绿灯有序地闪烁，各色各样大大小小装饰漂亮的车辆，东西南北川流不息，花枝招展时髦的人群，有的匆匆，有的款步，有的携手并肩，有的踽踽独行，有的边走边打手机，有的戴着耳机独享音乐之美……人们处处都会感受到，现代化都市的情调，经济繁荣的特色，盛世开放和谐的氛围，与国外某些大都市比较起来，几乎毫无轩轾。全球化给长沙带来的，就是这样一个现代化百花盛开的花花世界。

然而，一旦深入到这个城市的深处，特别是当你走进博物馆，走进某某纪念地，参观某处名胜古迹，观赏某某刚刚出土的文物，或者听到媒体报道说某处工地上又发掘出土某某文物古迹的时候，你就会情不自禁地发出阵阵的惊叹：

"啊！这就是长沙！……"

是的，这就是长沙。与其说它是一座城市，不如说，它是一本书，一本厚重如山的历史文化的经典。

所以，走进长沙很容易——无论你是从空中来，从水上来，还是从高铁或者高速公路上来，甚至是步行而来。

认识现代化的长沙也不困难——你只要到街头、火车站、飞机场、农贸市场、超市、社区公园或者书市商铺里转悠一圈，看一场湘剧和花鼓戏，或者与任何一个市民交谈上一两个小时，很快你就会认识今天的长沙，其现代化的程度，是深还是浅，是浓还是淡，是趋时还是守旧，自会一目了然。

但是，你想要读懂长沙这本经典，乃至以为一夜之间便可通晓它的全部内容，那真可以说自不量力。即使是世界级考古学家，时至今日，在这部经典面前，都会感到心有余而力不足！

不是因为这部经典有多深奥，更不是因为它是"无字天书"，而是因为在它深处埋藏的历史文化，有的已经发掘，有的尚未出土。已发掘的，有的有考古成果，有的依然还是个谜。因此，要真正认识长沙，读懂这部历史文化的经典，不仅需要知识，也需要考古，更需要时间，需要不断深入的考古。

质言之，长沙历史文化遗产，是一座埋藏很深的宝库。已经发掘出土的，仅仅是一部分，甚至还仅仅是极少的一部分。但就是这极少的一点点历史文化的"胎记"，也足够人们欣赏，足够人们惊叹了。

不信吗？那就先去湖南省博物馆看看吧——

湖南省历史博物馆，是全省最大的综合性历史艺术博物馆，位于开福区，与烈士公园毗邻，占地面积51000平方米，公用建筑面积29000平方米。初建于1951年3月，1958年7月建成开馆。该建筑为框架结构，坐北朝南，长方形布局，两层内廊式，红砖清水墙体，水泥勒脚，双坡屋顶，上铺筒瓦，花岗石台阶突出的门庭，门前立有两座石狮。该馆陈列馆始建于1965年，下面呈倒"T"字形，坐东朝西，占地面积957平方米，总建筑面积1875平方米，两翼以门楼一线为轴线对称。结构及建筑室内灯均保存完好，采用砖木结构，人字歇山顶，青色筒瓦，两层之间设架空通风层，入门楼两侧檐口下饰精美雕饰，其门面窗户两侧及两层窗户之间以谷黄色的粉刷强调竖向线条，造型典雅庄重，规模较大，具有较强的时代性和较高的历史文化价值。新陈列大楼造型古拙，气势恢弘，设备先进，功能齐全，成为古城长沙标志性建筑之一。该馆馆藏文物丰富，荟萃了湖湘大地的文物遗珍，尤以蜚声中外的马王堆汉墓文物、商周青铜器、楚文物、历代陶瓷、书画和近现代等文物最具特色，现有以《马王堆汉墓》陈列为主体的五个常设展览及临时展览展出，是人们了解湖湘文明进程、领略湖湘文化奥秘的重要窗口。

长沙市内还有一个市级博物馆，经过提质改造后，焕然一新。据媒体报道，长沙市近期曾进行过历时三年的文物普查，全市登录文物点2608处（复查416处，新发现2192处），著名的西汉长沙国王陵墓群、明代吉藩王墓群及长沙近现代公馆群建筑等重大发现，在全国产生了重大影响，引起了学术界高度关注。市博物馆现布展的文物、设备及工作资料共六百余件，其中尤以西汉长沙国王陵墓群出土的长沙王印和玺引人瞩目，虽然二者是否为真身仍存疑，但其精美的造型，吸引了广大观众。

马王堆汉墓出土文物，是省博物馆中最精彩的一个展区，其中让人惊叹不已的内容，一是西汉辛追女尸，二是T形帛画和素纱禅衣。

观摩这两大展品之前，先得谈谈马王堆汉墓的发掘经过。

马王堆汉墓遗址位于长沙火车站东南两公里处、芙蓉区马王堆街道马王堆社区内，是西汉初期长沙国丞相轪侯利苍及其妻、儿的墓葬，三座墓葬呈品字形排列，早在1956年就被列为湖南省第一批重点保护文物。发掘纯属偶然。

1971年，湖南省军区一个医院挖建地下病房，当挖掘进行到地下十几米时，施工者发现了又软又细状如面团的白膏泥，遂停止挖掘，改用钢钎向下打眼钻探。当一个战士将钢钎从白膏泥中抽出时，钻孔中冒出一股呛人的气体。此时，正在洞内的一位干部划火柴点烟，引燃了这股气体，大家急忙跑出洞外。但这位干部还是被烧伤了，眉毛被烧焦，脸上也烧起了小泡。被点燃的气体，发出蓝中带红的火苗，像条扭动的蛇在燃烧。

当时正值全国备战时期，医院领导怀疑，是否发现了敌情。部队于是马上派出一个排的工兵，携带排雷仪器，前来助探。结果没有发现炸弹之类的危险物。有人想用水来浇灭火焰，但水泼上去却被强大的气体压力反喷出来。最后用泥袋堵住钻孔，才将火焰熄灭。

后经专家实地探察，初步确定，被挖的地下是座古墓。挖掘过程中，曾发现三个盗洞，其中两个呈方形，一个呈圆形。据当时参加发掘、过去曾有盗墓经验的师傅说，盗洞是"古圆近方"。这就是说那个圆形盗洞是古代盗墓者留下的，时间大概在元朝以前，两个方形盗洞是近代盗墓者留下的。这位师傅后来坦白说，有个方洞就是他当年盗挖的，因墓太深只好放弃了，他万万没有想到，竟然出土了那么多珍贵文物。

古墓发掘过程中，曾发生过两次险情。一次是战士挖洞时，出现了塌方，几名战士被埋在洞内，多亏医院抢救及时，才得以脱险。另一次险情是在下挖十几米后，墓穴即将显露时，指挥发掘的博物馆馆长急于求成，要打开墓穴，没有考虑雨后墓土松动的危险，结果被一块突然塌下来的土层埋下，口鼻流血，不省人事，经抢救方才脱险。

墓穴被打开后，人们发现，周围包有3米厚的白膏泥，白膏泥下面是厚厚的木炭，约有一万多斤，装了整整4卡车。挖出的木炭和现今的木炭一样，燃烧得很好，因此被当地老百姓拿去不少。木炭取完后露出了棺椁，棺椁上面铺着26张竹席。刚出土时，竹席颜色嫩黄，光亮如新，但暴露出后仅十几分钟，便神奇般变成黑色的朽物了。墓中有四层套棺，外面的大椁长6.7米，宽5米，高2.8米，这个大椁是用52立方米的木材做成的。

开棺是在湖南省博物馆进行的。当时挤着围观开棺的人很多。棺盖打开时，里面顿时冒出一种非常强烈的酸臭气体，观看的人都用手帕捂着鼻子，这手帕三天后还有气味。

后来，围观的人越来越多，每天高达 6 万人。一些外国专家和旅游者也赶来看两千多年前的"贵妇人"。接着拍电影、搞科研做切片的，都来了，仅仅是维持秩序的人就有二百多，真是费尽了九牛二虎之力，博物馆周围的铁丝网都被人踏平了，门窗玻璃也被挤碎了，一位老太太被碎片划破了胫间血管，险些丧命。最后，棺中尸体被转移到湖南医学院一处秘密地方，白天上锁，连研究人员也要晚上 12 点以后才准予进去。

马王堆汉墓一、二、三号墓于 1972—1974 年相继发掘，一、二号墓坑已经回填，三号墓坑对外开放。三座墓出土漆器、陶器、丝织品、帛书等珍贵文物共三千余件。那光彩夺目的漆器，薄如蝉翼的纱衣，神秘的帛画，失传已久的《黄帝书》、《五星占》以及医书、《相马经》，我国最古的地图和气功图等等，都具有重大的研究价值。其中西汉女尸、T 形帛画、素纱禅衣为世间罕有，马王堆汉墓的发掘因此轰动世界。如此众多的出土文物，反映了长沙当时的政治、经济、文化和军事以及社会生产的发展水平，展示了二千一百多年间长沙国的全部社会生活，为我国的历史和科学研究提供了极为重要的实物资料，其价值和影响，可与秦国兵马俑的发现相媲美。如果说，秦国兵马俑是以气概雄伟取胜，那么马王堆汉墓则是以文物丰富见长，特别是其中的西汉辛追女尸和帛画，在学术上具有崇高的价值，震惊了世界，被视为世界第八大奇迹，顿时使长沙名扬五洲。

墓中西汉女尸，入土至今长达两千多年，出土时身体外形完整无缺，皮肉润泽有弹性，内脏也都完好，与新鲜尸体相近，其防腐技术之高超，令现代科学家惊服。经过科学处理后，现陈列于湖南省博物馆内，中外游客无不以亲睹为快。

帛衣与帛画，是马王堆汉墓出土的最珍贵的文物，其中一件帛衣，薄如蝉翼，仅重 49 克，实为稀世之宝。几幅帛画中，尤以两幅"T"形彩色帛画，引人瞩目。它们分别表现的是，1 号墓主（女）和 3 号墓主（男）升天的情景。帛画构图复杂，人物众多，色彩斑斓，表现了当时人们对宇宙的看法。

1 号墓的 T 形帛画保存最完整。其上部宽 92 厘米，下部宽 47.7 厘米，长 205 厘米。可分天上、人间、地府三大界；而墓主则在人世与天宫之间，实际是四层。下部当中有一块圆形玉璧，两条龙于玉璧孔中交穿，下包地府，上托天门。圆璧之上有块平板，一贵妇身着彩袍，手持长杖，在三个侍女的陪侍下，缓步而行，前跪二人，似是天上派来迎接的使者。这贵妇即墓主——也就是长沙王国丞相、轪侯利苍之妻辛追。这块平板之下有两兽承托，圆璧之下又有两个人面鸟承托，托着墓主飞升。其下侧有多人分列两旁，桌上及桌旁摆着许多祭品，显然是恭送墓主升天。这是画面的中层。

画面上层：双龙之上，略与上面齐平，即是天门，左右各有一神守卫，神后各有一豹，可见天的森严。天门之外悬一华盖，上有一双孔雀，下有一只怪鸟，面似猫，口吐长舌，展翅欲飞，这可能就是文献中提到的"鸮"，即猫头鹰，古人认为是不祥的死亡之鸟，它正在迎接死者上天。天门之内又是如何呢？二鹤展翅，用力衔住一铎，两侧各有一神，兽首人身，跨神兽，掣铎绳，仿佛载歌载舞，欢迎墓主升天。天宫的当中，是一蓝袍蛇尾的尊神，很像传说中的伏羲，蛇尾红色，盘绕数圈，极为引人注目。两旁五只仙鹤，昂首欢鸣。左右两龙，捧着日月，日有九个通红的太阳，一大八小，显然表现的是"后羿射日"神话。大太阳中一只黑鸟，就是传说中的"金乌"，很可能是古人观察到太阳黑子后的奇想。月亮则画成大大的弯月，上有蟾蜍和玉兔，月牙下有女子，脚踩龙翼，手扳月沿，是否即墓主的灵魂呢？因为3号墓那幅T形帛画，整个构图与之相似，而此处则是袍服冠带的男士。

再看地府，它所占篇幅最小，内有蛇、鱼、龟兽等造型，中间为一大力士，手托大地。地上则是前面提到的正在人间祀礼的人群。奇怪的是，在3号墓帛画中，鱼形动物却飞到了天上。上下四层，有十多个人物和神怪，有龙蛇鱼鸟龟兔蟾蜍种种动物，还有日月、玉璧、华盖等等，都凭着奇异的想象，构成复杂的图景，浑然一体，既和谐又神秘。

其实，早在1942年，长沙楚墓就曾出土过一件帛书，共900余字，附有12个神怪的图像，四角饰有植物枝叶图像，学者初步鉴定，可能是战国时期的数术书，也是我国现存的最早的帛画，可惜被一个美国人骗走了，现藏于赛克勒美术博物馆。1949年和1973年，长沙战国楚墓中，还先后出土有《人物龙凤帛画》和《人物御龙帛画》，都是表现墓主死后灵魂升天的，因而也都可以说是那时代的肖像画。

《人物龙凤帛画》分上中下三层。上翅是龙凤，而以凤为主，昂首展翅伸腿，显然是向天上奋飞，而凤腿之下，即是一贵妇的侧身立像，她双手前伸合掌，身穿绣花长袍，细腰，裙边翻卷飘逸，给人以身材苗条、步履轻盈的美感。下翅有一弯月状几何图形，可能是表示大地，或者是载魂上天的舟。整个画面十分协调，表现了画技的高超。

《人物御龙帛画》构图较为复杂，表现了男墓主驾龙升天的情景。墓主头戴"切云"高冠，佩带长剑，令人想起屈原作品中的人物，"带长铗之陆离兮，冠切云之崔嵬"，那种高贵的形象。其头顶上有伞形华盖，脚下有龙，龙的整体弯曲，像一条船，龙首张口仰天，另伸出鸟首，对着墓主，龙尾上有一鹤，翘首独脚挺立，龙的两脚跨开，前肢这边又有一条鱼。整个画面突出了墓主的高贵，具有一种神秘的气氛。当年，郭沫若观后曾题《西江月》一首：

> 仿佛三闾再世，企翘孤鹤相从。陆离长剑握拳中，切云之冠高耸。
> 上罩天球华盖，下乘湖面苍龙。鲤鱼前导意从容，瞬上九重飞动。

上述两幅战国帛画，龙凤一图用的是深浅不同的各种色调。而马王堆1号墓出土的这幅T形帛画，仅仅晚出不过两百多年，绘画技术却有了巨大的飞跃。真是令人叹为观止啊！

由是而观，长沙地区至迟在战国时代，其经济文化就已经到了相当发达的程度。所以，到西汉时代，终于出现了"汉长沙"的辉煌。这不仅可以从上述马王堆汉墓出土文物中看到端倪，也能从西汉长沙王陵墓葬中找到确凿的证据。

汉王陵墓葬群，是20世纪70年代以后，在河西陆续发现的。

湘江西岸，咸嘉湖北侧的连绵山丘上，自20世纪70年代起，省市文物部门先后发现7座汉长沙国王（后）陵，它们都以山为陵，规模十分宏大，是西汉前期长沙国王室墓葬群。

——1975年，在陡壁山发掘出大型木构墓，墓主乃某长沙王妃曹氏，出土的三方王印，制作之精美，堪称汉印之冠。虽在唐代被盗，仍出土有玉器、玛瑙水晶器等三百多件。

——1978年，在象鼻山挖掘出规模更大的王室墓，为竖立穴岩坑，也在唐代被盗，出土文物仍很丰富，据推测墓主为吴姓末代长沙王吴著。

——1993年，在咸嘉湖南岸望城坡古坟垸，又挖掘出一座西汉长沙国某代王后墓，后推测墓主是"渔阳"王后。此墓规模巨大，结构严谨，气势恢弘，宛如一座汉代"地下宫殿"，虽在汉唐时三次被盗，仍出土有金扣饰、上乘玉器、大型玉璧、漆器、陶俑、汉砚、乐器漆"筑"等二千余件。其中被誉为"第一汉砚"的漆盒砚台，构思奇巧，装饰精美；三件长150至165厘米的漆"筑"，更是我国"筑"这一乐器实物的首次发现，它的出土结束了关于这一乐器长期争论不休的局面，从另一侧面再现了"荆轲刺秦王"的历史画面。"渔阳"王后墓，是迄今为止我国南方地区发现保存最为完整的一处王室墓葬，其墓主的身份等级、墓制规模等，均超过了马王堆汉墓。它的发掘，丰富了长沙历史文化名城的内涵，对研究西汉诸侯王的葬制，西汉长沙国的政治、经济、文化，研究中国古代音乐史、美术史、建筑史以及工艺史，均有十分重要的价值。

上述三座墓的规模之大，规格之高，都远远超过了马王堆汉墓，都是"黄肠题凑"的大型木结构墓。"黄肠题凑"是"天子之制"，三座长沙王、后、妃墓葬能使用，是汉天子对长沙王的最高礼遇，可谓恩宠之至。这种"黄肠题凑"墓葬极为罕见，至今在全国仅发现了十一座。三座墓葬全都被盗，但仍出土了大量珍贵文物，具有重大的考古意义。

坐北朝南，男西女东，是汉初典型的夫妻不同穴合葬墓。据此推测，吴臣、吴回、吴岩三个吴姓长沙王，应葬在狮子山、扇形山、咸嘉湖南岸望城坡古坟垸内或陡壁山一带，其他不大不小的墓葬，应是五王的王室成员或近臣爱将。

近年来，长沙市文物部门又调勘发现 20 处汉代大型陵墓遗迹。目前发现的汉长沙国王陵墓已累计达 27 座，主要分布在南起岳麓区天马山、北至望城县玫瑰园，沿湘江西岸低矮的山丘上，可分为 4 个片区，即：

——谷山片区，南起岳麓区东山和北津城遗址，北到望城县玫瑰园，西至望藕路，东抵银杉路，计 5 平方公里的范围内，拥有王陵墓 16 座和汉代城址 1 处；

——望城县戴公庙片区，拥有王陵墓 2 座；

——岳麓区咸嘉湖片区，拥有王陵墓 5 座；

——天马山片区，在天马山、凤凰山、牛头岭上，分布王陵墓 4 座。

在上述汉长沙王陵遗迹中，目前仍保存 24 座陵墓及城址 1 处。据称，望城坡西汉长沙王室墓主身份等级和葬制规模，均超过了马王堆汉墓，是我国迄今保存最为完整的西汉诸侯王墓葬之一。

长沙秦时设郡，到西汉时为长沙国，是从吴芮开始的。他在长沙王位上不到半年时间，死后葬丁何处，至今还是个谜。有文字记载说："前汉庙祀之存于长沙者，惟文王吴芮。定王发二庙，一在北关外，一在东关内。"（清·黄本骥撰《贾傅祠记》），旧府志上也曾记载说："在北门外祀汉长沙王吴芮，今北门外大道傍菜园内有极小之庙即其地。"吴芮这样一个功高德劭的开国之君，死后必定举行过隆重的葬礼，有传说其墓高逾 68 丈，墓旁还立有"吴王庙"。但到汉末时，孙权在江南建立吴国后，因其在长沙发迹的父亲、长沙太守孙坚暴死，临时掘取吴芮墓中的木头立庙，吴王墓与吴王庙俱被毁。旧府志中记载的那个"极小之庙"，可能是后人补建的，到清末时也毁了。据此，大致可以知道，吴芮墓址在今湘春路北附近，没有葬在河西汉王陵区。

汉长沙国自吴芮被封而建，都于临湘（今长沙），辖今湖南全境及黔、赣、桂、粤等省各一部分，是大汉帝国开国七大诸侯国之一。长沙从一个一般性的地方政权，一跃成为封疆裂土的王国，作为国家一级行政区域的中心，登上中国历史舞台，前后历经两百余年，先后有 13 代 14 王统治。其中，"吴姓长沙国"传了五代五王，五王中，除吴芮外，另四王都葬于"环咸嘉湖长沙王陵区"。马王堆二号汉墓墓主利苍为长沙国的丞相，马王堆一号汉墓墓主辛追为利苍夫人，贾谊为第五代长沙王吴著的太傅。至公元前157 年，因靖王吴著无嗣而国除。刘邦分封的八个异姓诸侯王中，吴姓长沙王是唯一善始善终的。各代长沙王及其子孙都得到了汉中央的高度重视。

直至汉景帝二年（前 155），朝廷又以长沙郡复置长沙国，封景帝之子刘发为长沙定王，共传七王，前后历 8 代 9 王，至王莽篡汉时绝，史称"刘姓长沙国"。刘姓七王葬在东关（今小吴门至砚瓦池一带）。就在刘发封王的次年，爆发了吴楚七国之乱。平叛前后，参与叛乱的诸侯王或被杀，或被废，连同没有参加叛乱的诸侯王，也从领地、政治、经济到军事各个方面，都受到了致命的打击，从此风光不再。因此，不可能再享受"黄肠题凑"的恩宠与殊荣，要找到并确定他们的墓葬就更难了。

据此，可知汉王陵墓群的时间跨度很大，包括公元前 202 年至公元 37年二百多年间，长沙王或王后的陵园建筑遗迹，即墓陵、丛葬坑、陪葬墓、陵园垣墙、陵庙、寝寮、便殿、神道等。主要分布于岳麓山和谷山二处临湘江的低矮山丘和谷地上，介于岳麓山、谷山之间的古咸嘉湖北岸、西南岸也有分布，分布平面略呈"┐"字形，南北宽约 12 公里，东西宽约 6 公里。迄今为止共发现 25 处陵墓遗迹点，大小墓葬 90 多座（其中已发掘 5 座，出土有长沙王金印、金缕玉衣等），其中以望月公园内象鼻山、狮子山、扇形山的墓葬规模最大，等级最高。每一座山都是一代长沙王及后妃的墓葬。它们南起岳麓山，北至望城县风篷岭，串起了河西近 20 平方公里的区域。长沙是汉代采用诸侯王葬制陵墓数量最多的地区之一，分布如此密集、保存如此相对完整的王陵墓葬群，真是罕见。这是中国继陕西汉唐帝陵、洛阳东汉帝陵和北京明清帝陵之后的又一次重大考古新发现，其规模之大、数量之多、规格之高，已引起学术界和国家文物局的高度关注。北京、河南、山东、江苏、安徽等地虽已发现、发掘诸侯王（后）陵数座，但就其规模、数量和完整度来说，均远不及长沙汉王陵，尽管部分王陵已遭盗掘，但长沙国王陵仍为蕴藏最丰富的考古类遗存，它对于探索长沙国的历史地理、廓清汉代长沙国的政治、经济、军事、文化面貌至关重要，对研究汉代中央与诸侯国的关系、各诸侯国之间的关系乃至整个大汉帝国的政治、经济、军事和文化都具有重大的价值。

所以，长沙市正在加强规划和保护，拟在此遗址上，建立一座绵延2平方公里的汉长沙王考古遗址公园，它将有望成为我省继长沙铜官窑、永顺老司城和湘西里耶古城、宁乡炭河里遗址后的第五座国家考古遗址公园。

未来汉长沙王陵考古遗址公园里，众多王陵的发掘，将给我们带来怎样的惊喜呢？

20世纪70年代发掘的马王堆墓葬，曾为我们展现了西汉文明的辉煌：那薄如蝉翼的素纱禅衣，那栩栩如生的彩绘帛画，那众多精美绝伦的漆器，特别是那历经二千多年的辛追老太太长眠安睡的形象……曾一度震惊了世界。长时间以来，汉长沙国这个南方诸侯国，似乎一直被忽视着，除了长沙国起止年代和数代国王名号外，人们很难从史书中找到"长沙国"的痕迹。等级远不如汉王陵的马王堆汉墓，虽然开启了其中的一点灿烂，已足够世人惊叹了。等级较之更高层次的汉王陵，肯定有更丰富、更珍贵、更惊天动地的宝藏。如是，在不远的将来，人们就会穿越历史的时空，真正"梦回汉朝"，去观赏二千多年前长沙国那灿烂、辉煌而神奇的楚汉文化。长沙历史文化名城的形象，又将有一个非同凡响的攀升。

长沙的考古，总是不断地爆发出意外的惊喜。而这种惊喜，又总是与城建联系在一起。几乎每一次大的城建工程中，都有珍贵文物的发掘，都有惊世骇俗的发现。

从1951年开始，长沙就曾陆续出土过战国简牍、西汉简牍、东汉简牍和三国简牍，数量都不是很多。不知从什么时候开始，长沙却被誉为"简牍之乡"。

或许正因为此吧，惊心动魄的大批竹简的再现，终于让世人信服这个称誉了。

那是 1996 年 10 月。位于长沙市中心的"平和堂"建筑工地上，挖掘机正夜以继日地紧张工作着。当时的走马楼 50 号房屋，本不在平和堂红线之内，不在征收范围中，但平和堂公司努力争取 50 号房屋的开发。挖掘机本来是靠近黄兴中路边方向作业的，17 日凌晨 4 点时，施工负责人突然想起走马楼工地东壁渗水严重，他害怕沾满泥浆的车轮会影响市容被罚款，于是临时抽调挖掘机，去东边挖蓄水坑。谁知刚挖几铲便出了故障，抢修了两个小时仍未修好。这正好为有关考古研究员及时发现淤泥中的简牍和古井，提供了难得的机会。

当时，藏有吴简的 J22 号古井已被掀去半边，其中的淤泥，被运出数车，卸到了城郊五里牌湘湖渔场一口废弃鱼塘里，简牍也散乱一地。考古工作者兵分两路，将这些简牍全部找回。其中一路赶到十里之外的建筑垃圾场，在方圆几里的范围内，采用开探沟的方式搜寻，最终找到了散落的吴简。正是这口古井，一次性出土了 14 万余枚三国吴简，引起国内外专家学者的广泛关注，荣膺当年"全国十大考古发现"之首，被誉为"中国历史文献第五次大发现"。遗憾的是，在古井中，竹简摆置原本是有一定顺序，层层相叠的，简牍原本用绳子系好，挂有写有文字的标签牌，还加有封缄。然而，施工建设破坏了这种文物的序列，经过多年时间，吴简才全面清理完毕。原来，这批吴简乃是长沙郡临湘侯国地方官府的行政文书，涉及户籍、赋税、徭役等内容，是极为重要的历史文献。因为吴简本身其实是独立的资料，它记载的绝大部分内容，都是传世文献中所没有的。例如，古籍中关于地方的记载比较简单，长沙走马楼的三国吴简，却详细记载了长沙郡辖地的户籍、赋税、田制等内容，以一个县为中心来记录。在这些鲜活资料中，有大量的人名、地名、小吏等，是以前所未见到的。传统研究是从中央看地方，吴简则开创了从地方看中央的研究方式，这对于推进史学研究的转向是有促进作用的。随着研究的深入，古长沙的社会面貌和生产生活诸方面的风情，都将逐渐清晰起来。正因为此，走马楼三国吴简出土的新闻报道后，日本学界意识到其重大的学术价值，立即成立了"日本长沙吴简研究会"，该学术团体目前有专家学者 22 人注册为会员，每年定期访华，与长沙简牍博物馆进行学术交流。

2010 年 6 月 22 日，长沙市地铁 2 号线"五一广场"站施工时，又于地表下 6 米深处发现一口汉代古井，埋藏有大量简牍，出土了较多的漆木器、陶器与瓷器，特别重要的是出土了大批简牍。简牍有竹简和木简两类，总数近万枚，其中木简较完整的有两千枚。这批木简质地好，字迹清晰可见，有"长沙大守""临湘令"等称署，初步推测，是当时的官方文书档案。东汉时期的简牍以往很少发现，此次出土的简牍填补了东汉简牍材料的历史短缺，具有重要的意义。

例如，简牍上的"长沙大守"、"临湘令"，就与历史记载很吻合。因为长沙有文献记载的最初建城时间，始于汉高祖五年，即公元前202年，当时长沙王吴芮率众在长沙国的国都临湘县修建了临湘故城，当时的临湘县就是现在长沙城区，其位置大概就在以五一广场为中心的周围两平方公里范围内。到西汉末期削藩后，长沙国变成了长沙郡，郡守就是"长沙大守"（大为太的通假字），相当于现在的市长，"临湘令"就是临湘县的县令，相当于现在的长沙县县长。东汉时期，吴国开国皇帝孙权的父亲孙坚曾当过长沙太守，另一位太守就是医圣张仲景。据史书记载，建安七年（202），张仲景任长沙太守，其名著《伤寒杂病论》就是在长沙成书的。

三国吴简上承两汉，下启两晋，如果把出土的简牍全部整理完，进行深入的研究，将对还原长沙早期的历史，有一个非常大的推进，可以书写一部详细的地方史。届时，古长沙的面貌，大到社会运转、自然环境、生产情况，小到家庭人口、赋税徭役、邻里关系，都将完整而清晰地呈现在世人面前。

长沙还有数量众多的楚墓，也是值得一说的。据媒体报道，长沙发现有楚墓3000余座，基本上分布在战国长沙楚城的周围，除湘江西岸的银盆岭、岳麓山有为数不多的战国晚期楚墓外，其他主要分布于湘江东岸。

原来，古代长沙湘江东岸，是冈峦起伏的丘陵，临江部分为冲积河谷平地，其地域大概是东起小吴门经浏城桥至天心阁一线，南至南门口，北至兴汉门，这一带或是河谷平地，或是连绵的低矮山冈，墓葬就分布于其冈丘上。从20世纪50年代初开始，就有一系列的考古发掘。例如：

1949年，陈家大山战国墓中出土有人物龙凤帛画；

1954年，左家公山15号墓出土有毛笔和天平砝码；

1973年，子弹库1号墓出土有人物御龙帛画；

1980年，五里牌1号墓出土有铭文铜戈等。

1971年发掘了著名的浏城桥1号墓，1982年又在1号墓周围发掘6座规模较小的墓葬。

据报道，长沙城南楚墓，则主要分布为3条带形。一是从天心阁往西南至燕子岭、劳动广场、妙高峰、雨厂坪、下碧湘街一带，20 世纪 50 年代修劳动广场时，曾发掘战国楚墓 80 余座，1991 年又在广场西北角发掘有战国中期的大型木椁墓；二是从天心阁往东南经回龙山、月亮山、小林子冲、侯家塘至东塘、赤岗冲一带，从 50 年代在月亮山发掘了 50 多座战国墓开始，至今在这一带已发掘的墓葬有数百座；三是从临湘江的大椿桥（冬瓜山）经仰天湖、扫把塘、黄土岭至砂子塘，这一带至今山势犹存，为长沙城区的脊梁，仰天湖、扫把塘则是楚墓葬较为密集的地方。城南区最重要的是 1957年曾出土大批竹简的仰天湖 25 号大型木椁墓，以及 1991 年发掘的马益顺巷木椁墓。

综合长沙楚墓中出土的文物，较有特色的主要是以下四类：

一类是铁器。据统计，1951—1964 年，186 座战国楚墓出土铁器共 241件，品种 30 多种，主要有锄、铲、石锛、斧、镬等生产工具及鼎、夹、带钩等生活用具，1964 年以后至今出土的铁器也不少，这在全国也是首屈一指。

二类是铜镜。长沙出土的战国铜镜，其数量之多、纹饰之精美，更是全国之最。仅是 1951—1964 年间，就出土有铜镜 470 面，加上 1964 年以后出土的，总数达 1000 面，可见古长沙制镜业的发达。

三类是琉璃器，即原始玻璃，也叫料器。我国最早的琉璃器出现于西周，在陕西、河南、山东的西周墓中，都出现有少量小件琉璃珠管，是当时的装饰用品。战国时期的琉璃，则主要出土于长沙，初步统计有近 200 座楚墓出土琉璃器，达 400 余件，其中作项链等装饰的琉璃珠、管近 300 件。仅是 1990 年浏城桥附近一座小墓中，就出土玻璃珠 140 余颗。通过化验，其成分以硅、铅、钡为主，虽然与当时西方的玻璃器在器形上有不少相似处，但玻璃的成分却有明显区别，后者成分以钠钙为主。可见长沙当时不但有发达的玻璃制造业，可能还与西方有一定的交往。

四类是漆木器，不仅数量多，而且品种丰富，特别是花纹精美，不少漆器上还有针刻文字及烙印。例如，1954 年杨家湾 6 号墓出土的 1 件漆盒，盒底外和盖内都阴刻着"王二"的字样。又如，1956 年发掘的沙湖桥 19 号墓出土的 1 件漆耳，底有漆书"某里×"字样。还有不少漆器的底部，烙印有圆形、三角形或方形的印章，有的在不同地点发掘出土的漆器中，其印章大小文字一致，似为同一印模烙出，很可能由同一作坊生产。

另外，长沙楚墓中还出土有大量仿铜陶礼器，均为冥器，一套至数套不等，1989 年中山商业大厦挖基础时，就曾发掘出制陶作坊的遗址。长沙楚墓中，还有 100 多座墓中出土有天平和砝码，有的 1 个或数个砝码，有的天平砝码同出，最完整的一套出土于 1954 年左家公山 15 号墓，除天平外，9 个砝码大小依次排列，共重约 250 克。这类天平砝码，除湖南楚墓（以长沙为主）外，其他地区基本未有发现。

数量众多的楚墓，出土如此丰富多彩的文物，这说明什么呢？它有力地证明：战国时期的长沙城，其手工业一定非常发达，不仅有铁器加工、铜镜制作，还有玻璃器、漆木器、陶器等生产作坊。据有关专家研究说，当时的长沙城，已开始初现市场，而且十分繁荣。这在先秦文献中，已有记载。例如，《左传·宣公十四年》记载："楚子伐宋，屦及于窒皇，剑及于寝门之外，车及于蒲胥之市。"《庄子·外物》上也说："索我于枯鱼之肆。"所谓"蒲胥之市"，应是蒲席之市，因为楚地多产蒲席。而"枯鱼之肆"，则是咸鱼零售商店。也就是说，战国时代的长沙城，不但有铁器、陶器、铜镜、琉璃、漆器等制作工场，还有交易的市场。天平砝码就是市场交易的工具。这些资料证明，长沙城不仅是楚南的军事重镇，也是楚国晚期商贸经济的一颗明珠。

类似于上述楚墓、西汉古墓、西汉王陵和三国吴简等地下珍藏，在长沙市还有长沙县的明吉王陵、宁乡县的炭河里、望城区的铜官窑，等等，幸好都早已被考古发现，有的并且正在或待建为遗址公园。

综上所述，人们不难看到，悠悠古邑长沙，地下的埋藏是何等的丰富而珍奇啊！这当然是有其历史原因的。按理说，像长沙这样一座具有悠久历史文化的名城，其地表上，应当遗存有众多的历史胎记，诸如城墙、园圃、坛庙、衙署、会馆、书院、寺观、古塔、牌坊、华表、楼、台、亭、阁、堂、轩、馆、廊、榭等古建筑，但是，由于历朝历代不断出现的兵火之灾，特别是 1938 年那场罪恶的"文夕大火"，致使长沙古城遭受到毁灭性的摧残，地表遗存的历史印记，终于大多荡然无存，唯有深埋于地下的，才得以较为完好地保存了下来。人们真该感谢沉默而深厚的大地，感谢平凡而坚实的土壤，感谢深邃而幽秘的古井！

历史的胎记，是城市的生命力。"文夕大火"，虽然使数千年的长沙古城遭受了浩劫，但楚汉名城之"古"，却是"考"不完，也说不尽的。它珍藏不露，沉默无语，躲过了兵火的劫难，穿过了历史的隧道，终于获得了盛世的长憩与安宁，获得了人间的抚慰与重视。长沙被查实的全国重点文物保护单位 7 个，省级文物保护单位 45 个，市级文物保护单位 10 个，现在都已载入保护的名列。蜚声国内外的岳麓书院，马王堆，开福寺，天心阁，等等，也都持有神圣的安保"铁券"和参观旅游"绿卡"。

过去，早在贾谊南来之前，古老的长沙就一直被视为卑湿蛮夷之地，文化也注定比中原落后。然而，众多考古的结果，终于纠正了这种历史偏见。已发现的 3000 多件商周的青铜器，从"四羊方尊"到人面纹方鼎，从千面铜镜，到战国古剑，还有从帛衣帛画到"兔毛笔"，从惊天女尸到王陵墓葬，从马王堆汉墓出土的古籍，到走马楼出土的三国孙吴简牍，甚至要专门建博物馆来收藏，等等，都为我们构筑起长沙"楚汉文化"那灿烂辉煌的圣殿。正如专家们所说：

——楚汉文化是长沙历史文化中最为厚重的组成部分；

——楚汉文化是湖南省会长沙的一个重要品牌；

——楚汉文化是建设国际文化名城的一个重要支撑；

——挖掘楚汉文化的丰富内涵，乃是现代人正在从事的提升长沙品位的伟大事业。

可以肯定，长沙市的历史文物考古，还将有人们预想不到的发现，那是历史学家和文物考古工作者们乐此不疲的事业，世人也在拭目以待……

4. 城街巷井

· 日月星辰，见证过城街风采，残垣生辉，岁月凝固经典
· 风雨雷电，剥蚀去井巷原色，汉井泛光，时间成就古董

恩格斯说过："在新的设防城市的周围，屹立高峻的墙壁，并非无故，它们的壕沟，深陷为氏族制度的墓穴，而它们的城楼已耸入文明时代了。"

城市是人类文明发展到一个重要历史阶段的标志，也是人类文明发展史上一个跨时代的巨大飞跃，它对于人类的进步、社会的发展都具有十分重大的意义。城市是人口最集中的地点，也是物质财富与精神财富最为集中的地方。城市的发展，逐渐成为一个国家、一个地区的政治、经济、文化的中心。无论是外国，还是中国，一部人类文明的历史，城市都占了非常重要的地位。

众所周知，中国是世界上著名的文明古国之一，有着悠久的历史和光辉灿烂的文化，也有许多著名的历史文化名城。这些历史文化名城，除了城市规划的本身就是一份珍贵的历史文化遗产之外，在城市之中和城市附近，都保存了大量的古建筑和文物史迹，例如宫殿、城墙、坛庙、陵墓、寺观、庙宇、衙署、府第、园林、石窟、民居、桥梁、关塞、驿站等。这些古建筑和文物史迹，是历史文化的胎记，是中国古老文明的形象化标志，是中国悠久历史文化的实物例证。

特别需要指出的是，在中国的历史文化名城中，除了大量的古建筑和文物史迹之外，还包含丰富多彩的文化艺术传统和特有的传统社会经济基础，如诗歌、音乐、舞蹈、戏曲、书法、绘画、雕塑、编织、印染、冶炼、商业、工艺以及烹调、风味饮食、衣冠服饰、民俗风情等，这些都是历史文化名城活生生的内容和生存的基础，是中国多民族国家、多民族历史文化与经济发展的生动体现。

长沙城就是这样一座著名的历史文化名城。

虽然，历史上经常出现的兵火之灾，曾经一度毁坏了许多弥足珍贵的历史文化的胎记；虽然，罪恶的"文夕大火"，早在 1938 年就曾将长沙古城焚烧得面目全非，按照文物专家们提示的"面、线、点"式的布局来看，众多古建筑和文物古迹等连成一片，如连成一片的街巷、街坊、城墙、寺庙群、民居群等"面"积较为宽大的文物古迹，在长沙可能很少找得到了；但有许多古建筑或文物相连成"线"的遗存，如一段古城墙，一条古街、古巷、古河岸、古道路等，倒还是可以找得到的；至于"点"式即单体的建筑或文物，例如一座寺庙、一个古塔、一座古桥、一所老住宅，以及一个石狮、一根石柱、一口古井等等，长沙城里倒还是遗存不少的。当然，由于历代城市的变迁，特别是过去在城市建设中，缺乏文物保护意识，其中不少"点"和"线"式的古建筑和文物，曾遭受人为的破坏，因此不复存在，有的只剩下一些名目，有的甚至连名目都不存在了，但就是这些剩余不多的遗存中，我们依然能够深深地感受到古城历史风雨的呼啸和文化长河中涛声的澎湃。

正是这些历史文化的胎记中，那隐约而现的三苗熊绎的风声、楚汉三国的雨声和唐宋元明清的涛声，将我们带进了一座令人迷醉的古城。

这种历史文化的迷醉，是一种对于传统和古典的迷恋与崇拜，是一种怀旧与寻根的执著与虔诚，是一种立足继承和志在创新的神往与陶醉，因此而有一种宗教式的神圣与庄严。

但是，当我们的目光凝注于"长沙古城"上时，我们却又感到迷惘而困惑了。因为，城市虽是实体，在历史上却是个变数。它随着社会的发展而发展，不仅在各个历史时期有各种不同的形态和建制，就是在同一个时期，由于经济的发展，集市商贸的繁荣，特别是军事防卫上的需要，其格局和地域也会发生相应的变化，永远不会停止在同一个平面上。至于城池，即该城市都邑中，为保护城市而修筑的城墙及护城河，那就更难有"固若金汤"的遗存了。悠悠三千年的历史中，有多少朝代，多少战争，多少迁徙，多少变故，一朝有一朝的建筑，一代有一代的规范，建筑，毁坏，毁坏，建筑，真是沧海桑田，要准确而详细地概括出长沙古城的昔日面貌，那可真就困难了。好在地方史研究专家们，为我们提供了一些宝贵的资料，使我们能够大概地了解到，长沙古城那依稀可辨的模糊面影。

据说，远古时代，长沙本是少数民族三苗之地。熊绎开辟草莱，创建楚国，到春秋战国时，长沙成为楚南重镇，大概就是一个称为"旧邑"的土筑军事城堡，而不是人烟稠密的城市。东汉应劭的《汉官仪》中说："秦……凡郡或以列国，陈、鲁、齐、吴是也；或以旧邑，长沙、丹阳是也。"这就是说，秦代长沙郡是以此前的旧长沙城为基础而建的，那时为长沙郡的郡城，是个名副其实的"小城"。到汉高祖刘邦封吴芮为长沙王后，长沙郡改为长沙国，附廓之县"湘县"改为"临湘县"，长沙首次成为诸侯王国的都城。也正是从这时开始，长沙走出原始的"旧邑"时代，开始了初级的城市建设。古籍上提到的"临湘故城"，无疑就是秦长沙郡城，是个约 1.5 平方公里的正方形的"土城"，比"旧邑"大了些。西汉长沙国灭亡后，长沙国故都作长沙郡治，西晋时分立湘州后，城内作了州治，郡治移到城南之外，长沙城因此逐渐向南边城外扩展。这个时期的长沙古城，大概呈东西长，南北窄。经历东汉、三国、两晋、南朝，城区逐渐向南北方向扩大。不过，扩大的还只是郡治、县治、津城等单元的向外扩张，城的本体却并没有扩大。这种状况持续了很长时间，是自东汉以来，集权衰弱，豪强兴起，群雄争斗，戍城林立，"地无百里，数县并置"的社会政治形态在城市建设上的反映。唐代是我国封建社会发展的高峰期。随着政治的稳定，经济的繁荣，城市也相应地得到了发展。几百年时间里，长沙城的范围虽经历了较大的扩展，南到今南门口一带，北到今潮宗街与营盘街一带。但要定型为一座城市的规模，却是到了宋代，才最终完成的。

到宋代时，长沙古城城墙的占地大小和形状格局已确定。南宋建炎四年

（1130），金兵曾攻破长沙并屠城而去。次年，调任长沙的李纲发现城垣破坏严重难以防守，奏请将长沙城北部缩小并重修。李纲离任后，在几个继任者的不断努力下，最终确定了长沙城垣的格局，即所谓"十四里有奇"的城周。此后直到民国初年拆除城墙时止，虽屡经兴废，基本上也没有再扩大地盘，所以其范围并无太大的改变。

明代长沙大规模重修城墙，首次普遍用砖石筑城。因为蒙古人曾毁坏过中国大地上的许多城池，到朱元璋建立明朝后，就大规模重修各地城墙。宋代虽然已有砖石筑城的先例，但普遍应用则是在明代。我们今天所能看到的砖石城墙包括长城，基本上都是明代以后留下的，历史上大量的土筑城墙，多已不复存在了。

长沙独特的地理环境，加上明初大规模的城池修整，将土筑墙改为砖石墙，使长沙城成了一座具有极强防御功能的"坚城"。明崇祯时的长沙知府、江苏无锡人堵胤锡（1601—1649）在《星沙城守议》中，是这样描写的：

> 大抵通郡形势，负山面江，有险足恃。上策以战为守：守南山而敌人不敢逾险；守捞刀河而敌人不敢越渡；守江洲而敌人不敢舣岸。樵采不竭，阛阓不坏，气展力余，居中四应。十万之敌不能攻也，屹然百二之雄矣。其次以守为守：南守冈，东守坡，东北守壕，西守岸。资高下山泽之势以为屏蔽，可进可退，立于无畏。养锐蓄力，伺隙而动，官民一心，财用不匮，一可当十，足支数岁称坚城焉。

明代修缮后的长沙古城，有城门九座，从正南往东环绕，依次为：南：正南（黄道）门；东：浏阳门、小吴门；北：新开（兴汉）门、湘春门；西：通货（通泰）门、潮宗（草场）门、驿步（大西）门和德润（小门）门。各城门都设有门楼，楼上建有更楼，有的城门还另建有钟楼、鼓楼；城外则有属于长沙县的湘水桥、小吴门桥等桥。

明末，张献忠攻破长沙，焚毁了吉王府，街市也遭到严重破坏。后来，明将左良玉击败张献忠入长沙，长沙又一次"蹂躏倍甚，城楼悉毁"。

清代长沙城墙沿袭了明代城墙，最大的一次修缮是在1654年，洪承畴拆掉明代吉土府的城砖，重修了长沙城。以后的几百年中，长沙又历经数次劫难，如清初吴三桂与清军三次在长沙激战，清末（1852）太平军与清军激战三个月，以至于战后的咸丰、同治年间，都有对城墙的修缮。到1917年，谭延闿下令拆除长沙城墙后，天心阁一段 251 米的城墙就成了这个城市唯一保存完好的古城墙。除了阁楼在"文夕大火"中烧毁后又重建外，城墙幸未遭破坏。天心阁的城墙砖上，许多刻着"咸丰"字样，应是清代修复，最早一块砖是明洪武年间。

长沙最大的一次破坏，是 1938 年的"文夕大火"。这一年，日寇攻陷岳阳，逼迫长沙时，国民党政府实行"焦土政策"，于 11 月 12 日深夜，在全城纵火。这场骇人听闻、惨无人道的大火，致使两万余人葬身火海，所有的建筑、房屋，除位于河西的岳麓书院得以幸免外，全城八九成以上建筑，皆付之一炬。据后来的确实消息，当时的湖南省政府主席张治中在 12 日上午就接到了蒋介石的密电，要他把长沙全城焚毁。其时，周恩来、叶剑英、郭沫若等正在长沙，都见证了这一惨烈的事件。郭沫若在其《洪波曲》中，真实地记载了这段历史，他愤怒地写道——

> 放火烧长沙，是国民党人在蒋介石指使下所搞的一大功德。他们是想建立一次奇勋，摹仿库图索夫的火烧莫斯科，来它一个火烧长沙市。只可惜日本人开玩笑，没有出场来演拿破仑。撒下了一大摊烂污，烧了成千上万户人家，更烧死了未有统计的伤病兵和老弱病废的市民，到底谁来负责呢？

所以，现在的长沙城，几乎可以说是一座新城，算来，城内最古老的建筑，也只有几十年的历史。

悠悠三千多年，长沙从春秋战国时期的楚南重镇发展而来，中经长沙郡、长沙国，到清康熙三年（1664）湖广分治后为省垣，直到 1933 年始设为长沙市，作为湖南省省会，真正是历经沧桑啊！

当然，作为历史文化名城，长沙毕竟与一般新建的城市不一样，它有其历史的特点。在它发展变迁的过程中，所形成并且保存下来的城市特色和许多各个历史时期遗留的文物和遗迹，例如老城区、古城遗址、风景名胜等城街巷井，有的可能尘封于地下，有的则已被考古发掘出来，有的则或记载于典籍，或散见于诗文和野史笔记中，所有这些，都为长沙描绘了历史文化名城的面貌。它们是历史文化名城的一个重要支柱。正是因为有了它们，才有了历史文化名城具体的形象化标志；有了它们，才有史可据，有物可看，有本可查，因此而体现出历史文化名城的本质和形象。例如，前文所引的北魏郦道元著《水经注·湘水》，就是最早记述长沙城的重要文献，为研究长沙城提供了十分宝贵的资料。

至于相应历史时代的诗文，则更是弥足珍贵的历史文化遗存了。诚如英国学者安诺德所说："一个时代最完美确切的解释，须向其时之诗中求之，因为诗之为物，乃人之心力的精华所构成也。"这就是说，诗歌也是历史，杜甫的诗就是例证。杜诗中许多对于唐代现实生活的描写，不就是那个时代的真实记录吗？杜诗因此而被称为"诗史"！中国文学史上，就有许多可以当历史阅读的诗词。例如，眼前就有一首明代俞仪的《天心阁眺望》——

> 楼高浑似踏虚空，
> 四面云山屏障同。
> 指点潭州好风景，
> 万家烟雨画图中。

这里所描写的，是长沙天心阁。它就坐落于古长沙城的东南端，既是一处风景名胜，也是长沙历史文化名城的印记。

现在，且让我们到天心阁去，领略一下长沙古城的历史标志吧。这个标志，就是天心阁古城墙。

天心阁古城墙，是长沙古城垣的历史见证物，是长沙历史文化名城的一段标志性建筑，它充分地展示了长沙城的历史风貌，为研究我国古代城防建筑提供了宝贵资料。这段古城墙呈半月形拱式双城格局。原来，西汉高祖五年（前202），吴芮被封长沙王后，即开始在长沙筑城，城墙原为土筑，由汉迄宋，逐次扩展，至宋基本成形。明洪武年间（1368—1398），长沙守御指挥邱广营建长沙城垣，将宋代所筑土城墙全部改用石基砖砌。清末太平军攻打长沙时，增建月城。辛亥革命后，长沙修筑环城公路，城墙拆除，仅保留天心阁一段月城、炮座。今存古城墙花岗岩墙基，青砖砌墙，砖墙内为夯土结构，长226米多，高13.4米，顶面宽6.1米，西北高9米多，顶面宽6.1米，深5.6米，占地5125平方米，分两层排列。除月城青砖有"咸丰三年"、"八年"、"九年"等字迹外，其余多为明代烧制的神砖。1983年湖南省政府、长沙市政府拨款全面修复，并公布为湖南省重点文物保护单位。天心阁就建筑在古城墙上。阁楼和城墙浑然一体，成为长沙历史文化名城的重要标志和象征。

关于天心阁的名称，据传源于星相之说。因为这里地形高峻，星相家认为地脉隆起，为文运昌隆之祥兆。于是在城墙上建二阁，取名"天心"、"文昌"，遥对岳麓，上应星象，以振其势。后来因为只有一块"天心"的匾额和一座阁楼被保留下来，故人们就将这座保留下来的阁楼称为"天心阁"，又名"天星阁"。

天心阁最初建于何时，为什么而建，这些历史上都没有记载。不过，读清人郭崑焘的《修天心阁记》，倒是可以窥测其中的某些端倪的。据郭崑焘说：

> 天心阁当省城东南最高处，所以察灾祥时观游也。岁久就圮。咸丰十一年，历城毛公来抚湖南，以城恶不足资守御，檄守城岳勇，自东迤南而西，次第修葺。同治二年，毛公擢督广州，阳湖恽公继之，既察城瓷、谯楼之侈者陁者，彻而更新。于是，度地阁前，垒石而上，视往制扩七丈有奇，支椽其间，崇五丈，广倍之，舒其外为行廊，缭以扶栏。同治四年四月，今中丞合肥李公履任，越五月迄工。

由此可以大胆推测，当初建筑城墙，具有北方万里长城那样的军事防卫目的，而阁楼也许就是居高而察灾祥和敌情的瞭望哨所的用途。说不定早在吴芮任长沙王后，开始在长沙国里筑城时就开始建筑了。在历史演进的过程中，因为毁建不断，代有增减，经数千年变迁而成经典。有人曾分别从乾隆十四年的《长沙府疆域图》和光绪三年《善化县志·府城图》中，查看过关于天心阁的图样。前一图样看去像一栋单檐平房，比城楼要矮小得多，后一图样就不同了，看去是二层重檐，比城楼大而气派。光绪年间的照片上的天心阁，已为三层，阁前有轩。轩的两端有云墙，阁外则是一片乱坟岗地。仅是清代的这两张修建图样，前后如此大相径庭，可以推想其最初的形象——

因为这一带山势绵延，又为古长沙城东南端的最高处，视野开阔，因而在岭上修筑城垣，城里城外哪里有风吹草动，一眼就能看到，谁占有了这块地方，谁就掌握了城防的主动权，因此，天心阁的初始形态，是一个瞭望哨所无疑，这个哨所恐怕在建筑城池时就有了。由此推测其原始建筑时代，是汉代吴芮为长沙王时，这也不是不可能的。

所以，在漫长的历史时代里，天心阁便以其险要高峻基址，占据全城最高的地势，加之坐落在百尺城垣之上，理所当然地成了城墙关隘的防护要塞，成为兵家必争之地。清时曾在此建筑炮台9座，并派有重兵把守。在清乾隆年间修建时为二层楼阁，到清嘉庆年间扩建为三层，阁下的城墙则加石增垒，筑成内外两城，外城又筑为南北两月城，城楼更为坚固。1852年（咸丰二年）太平天国西王萧朝贵率先锋部队围攻长沙，误把天心阁作为攻克长沙的主要障碍，在天心阁旁挖掘地道，多次埋设炸药，进行轰炸，虽使城垣与阁楼千疮百孔，损毁十分严重，然而最终还是未能进入城池一步，西王萧朝贵不幸在炮战中殉难。太平军在天心阁城楼下与清军鏖战两月余，因清兵增援，农民军被迫弃城而走，改变作战方针，转道湘阴，直下岳阳，建都天京。太平天国农民军乘胜进军途中，就这样不幸在天心阁上，演唱了一曲壮烈的悲歌。也正由于其地理上的军事优势，1930年彭德怀率红军攻长沙时，曾在此部署指挥，因而留下了辉煌的一页。

然而，这样光荣的历史印记，天心阁却并不多。其历史遭遇最频繁的，总是毁了又修，修了又毁。仅仅是明清以来，这座古老的阁楼，就与长沙城共有一个屡遭战火的命运，并以自己的毁与修，见证了长沙城的历史沧桑——

先是1636年（崇祯九年），临武、蓝山矿工起义军攻打长沙，致使城楼尽毁。继之1643年（崇祯十六年）8月，张献忠农民起义军攻克长沙，将占据大半个长沙城的吉王府悉数焚毁，近侧民舍亦受池鱼之殃。接踵而至的是，南明将领左良玉再陷长沙，烧杀掠抢更甚于前，城中居民备受兵燹之灾。1647年（顺治四年）清兵进入长沙，所到之处，"城中仍无一久居之民，初入城，一望沙场而已。偶有茅屋三四家，席门俱无，男妇雪中祖跣，并无卧榻衣被之属。县令短布蒙节茸，所居不蔽风雨。……极目萧条"。于是总兵徐勇、知府张宏猷开始在废墟中重建长沙城，首先修建加固了城墙。1654年（顺治十一年）经略洪承畴拆吉王府城之砖，加高加厚城墙，自是城墙愈加雄峻。

1673年（康熙十二年）12月，吴三桂在云南发动叛乱，不久即占据长沙。此后的6年中，清王朝为了平定吴三桂之乱，多次派兵与吴三桂的叛军在长沙城下激战。刚刚从废墟中站立起来的长沙城，再次毁耗殆尽。据《湖南通志》载，"康熙十八年（1679年）正月，清将贝勒察尼围岳州，伪将吴应祺食尽，弃城遁，复岳州。长沙伪将闻岳州恢复，相率奔溃，大兵入城，长沙平"。清政府从吴三桂手中收复长沙，从而使饱经兵火蹂躏达半个世纪之久，满目疮痍、百业凋零的古城长沙，得以休养生息，城市居民有了一段相对平静的生活。此后，历任长沙的官员，对长沙城墙进行了多次修建。1683年（康熙二十二年）知县朱前诒修建完固了城墙上的齿状矮墙；1737

年（乾隆十一年）巡抚杨锡绂对城墙进行了一次彻底的整修，新建了窝铺、更栅，内砌马道，外砌岸，加修了城楼、炮台、女墙、垛口，使整个城墙巍然坚固。1757年（乾隆三十一年）、1780年（乾隆四十四年）、1784年（乾隆四十八年）、1820年（嘉庆二十五年）、1835年（道光十四年），长沙知县、善化知县均对长沙城墙，进行了不同程度的增修和加固，以致"城池崇屹，甲于他郡"。

天心阁也随城兴衰，有毁有修。史载，最早修于明代万历年间（1573—1620），上引俞仪的诗，提供了有力的佐证，正是他最早为我们记载了天心阁这处"好风景"。到清乾隆四十二年（1777）又重修，清人李汪度的《重修天心阁记》曾记载说："会城东南隅，地脉隆起。崇垣跨其脊……冈形演迤，遥与岳麓对，上建天心、文昌二阁以振其势，后乃额天心于文昌而省其一焉。阁后下瞰平畴，稻畦鳞次。左右凝睐，则澄波环绕，沙岸参差，帆影樯风，与黛色烟鬟，如列户牖，盖极城南之盛概萃于斯阁。而位置适当书院之左，人文之盛所自来欤。"据说清代至民国，都曾数次大修。民国以前，长沙城窄小，天心阁一带为长沙的东南端，再往东南方向走，就是乱坟岗地，乡村田舍。1938年"文夕大火"前，天心阁和阁外旷野，一直保持着这个现状。

谁也没有料到，1938年的"文夕大火"，不仅毁了天心阁，也几乎毁了长沙古城。

天心阁虽然早在1950年就已辟为公园，却是直到1983年，才真正迎来了它最美好的时代。

这一年，长沙市在原址上按原貌重建天心阁，增建有两座辅阁，占地面积1450平方米，主阁三层居中，高14.6米，总高17.5米。辅阁南屏、北拱两层，高10米，南屏坐南朝北，北拱坐东朝西，均面阔三间，进深二间，花岗岩台基半米，中间以游廊连接。三座阁楼建筑形制相似，砖木结构，抬梁式构架，重檐歇山顶，黄褐色相间的琉璃瓦，朱梁画栋，飞檐翘角。主阁坐东南朝西北，面阔五间，进深三间，花岗岩台基高1.8米，阁上正中有"楚天一览"的巨幅横额。远望如大鹏展翅，十分壮观，今与岳阳楼、黄鹤楼、滕王阁相媲美。

所以，天心阁是一座在废墟上重建的楼阁。它的风景，不仅在于楼阁，更在于古城墙，在于楼阁与城墙深处的历史与厚重的文化底蕴。

自俞仪之后，来天心阁凭吊、游览的名人很多，因此也留下了许多纪实抒怀的诗篇。清代诗人李绍的《秋日登天心阁远眺》，就曾对这一胜景描绘道：

> 城南耸高阁，直与丹霄薄。
> 插顶上天门，扪觉星斗落。
> 我今一登临，极目真寥廓。
> 物色卷横空，烟霞飞漠漠。
> 湘流作带环，麓屏为扃钥。
> 远浦送帆来，晴岚疑翠幔。
> 雁字写长天，渔叟沿江泊。
> 塔峰指顾间，万望倚楼脚。
> 举目白云低，风动响铃铎。
> 胜迹昭古今，纵笔摇山岳。

清人毛国翰也曾登临天心阁，将他当年目睹的长沙城里的景象，铭记在他的《登天心阁》诗句里——

> 高阁平南斗，居人俯万家。
> 晴江春树外，古井暮云斜。
> 天路惭飞鸟，泥涂怨落花。
> 浮沉感往事，极目更尘沙。

清诗人谭国光的《城南晚眺》，则不仅记载了长沙城里城外的自然景象，而且将他游览时对历史的沉思，也和盘托出来了，令人读后，不胜感慨——

> 凉飔助我小登临，万户长沙一水浔。
> 远树日沉鸦墨淡，野花霜醉雁红深。
> 沧桑城郭留忠骨，风月江山付醉吟。
> 放眼潭州添感慨，是谁忧乐更关心。

此外，清代诗人李桢、孟彬、特别是近代的杨宗稷和张鉴秋等，都有记游诗，他们的诗情更是一个比一个深沉和浓烈，有的则将我们带进了不平凡的年代——

> 芒鞋竹杖许追寻，高阁重登寄概深。
> 四海更无容足地，百年空负救时心。
> 杯浮绿蚁悉应遣，风卷黄沙日已沉。

欲觅扁舟向东去，奔涛骇浪恐难禁。（清·李桢《左卿邀登天心阁小酌》）

片云生日脚，一阁峙天心。
欲遂游春兴，相将挈伴临。
新蓝侵古甃，远翠接遥岑。
山鸟知人意，时来报好音。（清·孟彬《登天心阁》）

卅年不到天心阁，今日归来丁令威。
城郭万家愁满眼，貔貅百战喜扬眉。
云迷灵麓波光暗，日冷荒陴草色凄。
誓墓何时遂初服，松楸南望岂胜悲。（民国·杨宗稷《登天心阁》）

峻阁俯城根，倥偬戎马喧。
一杯浮大白，万里此黄昏。
浩气兼窗隐，沧波带日翻。
偷生深愧我，何以慰忠魂？（张鉴秋《天心阁悼易大同烈士》）

　　长期以来，人们一直以为，天心阁古城墙就是长沙古城历史胎记中的"唯一"了。谁能料到，新发现的宋代古城墙，却在现代化建设中，打破了这个"唯一"。

　　那是 2011 年 11 月，长沙某公司在潮宗街工地的一次施工中，偶然挖掘出一段 120 米长的古城墙遗址。经考古人员初步判定，潮宗街工地新发现的这段古城墙，是南宋时代城墙。当时发掘时，发现是上下两层，它们叠压在一起，下面是宋代城墙，上面是明清城墙，恰如地质学中的沉积岩。沉积岩和其中的化石被称为地史的"书页"和"文字"，这段叠压的城墙与城砖正可以相类比。有关方面拟将通过科学合理的方法，将这段城墙保护起来。如此难得的历史文物，是应当予以珍惜和保护的。否则，我们将有愧于古人，也会有愧于后人。

　　中国有句古话："见了故物，如见故人。"文物史迹体形，是历史文化名城的第一个支柱，它们为我们提供了历史文化名城具体的形象化标志。有了它们，才能体现出历史文化名城的本质和形象。

　　这种实物所表现的历史、文化与感情，是一种有历史意味的文字记载。

　　历史文化，无论是文字的，还是非文字的，都是有生命的精神物质，它们所蕴藏的思想意义，是超越时空的。那是历史的记录，那是时代的绝响，那是人类在创造发展的历程中，用心血凝结的杰作。它的光华，它的灵魂，它内存的交响，它创造、进取、奋斗的脉络和自由奔放的旋律，乃至居临一切的豪迈与粗犷，没有任何东西可以替代。即便那只是一首诗，一支歌，一支曲，或者是一幅画，一块砖头，亦或是一副对联，都具有极其高贵而不可磨灭的价值。何况还是一堵城墙呢?!

据说，旧时，天心阁上曾有一副楹联："阁上九霄迎日月，城留一角看江山。"又传说，天心阁的周围，还有"高阁插云"、"麓屏耸翠"、"疏树含烟"、"池塘夕照"四景相随。现在，要找到这四景，恐怕很困难了。但即使可以找到，今天站在天心阁上"看江山"，却有比这四景更令人豪迈而兴奋的景象!

我们曾伫立于城楼上。看三层主阁，岿然屹立，两层副阁，左右映带，整座城楼如大鹏张翼，正待腾空翱翔，楼阁四周悬挂的 32 副铁马铜铃，不时发出阵阵铃响，清越而悠扬。清风扑面而来，夹着幽幽的清香……极目远眺，蓝天白云下面，湘江北去，岳色南来，长虹卧波，层楼云集，树影婆娑，园内则是绿树成林，芳草如茵，鸟语花香，游人如织……

我们也曾步下城楼，用手轻轻地，抚摸着那青苔斑驳的城墙，凝视着那爬满城墙的青藤，想从那里找到吴芮、刘发，或者是东汉长沙太守孙坚扬鞭催马带领长沙子弟率先北上讨伐董卓，还有张仲景，或者是张栻、真德秀，或者是李芾，岳麓书院的尹谷，或者是萧朝贵、焦达峰……的身影；不知不觉间，一股按捺不住的冲动和激情，穿胸而来——是零乱的，可也是有序的，是模糊的，但也是清晰的，时而像潺潺的溪流，时而如澎湃的洪波：

——想起了这片土地上，那名贤荟萃、人才辈出的时代；

——想起了汉代筑城夯土时，那此起彼伏的号子……唐代装满铜官窑彩陶驶出石渚湖港进入海上"丝绸之路"时的帆影……宁乡炭河里的青铜器……南宋时代朱张渡上的桨声与涛声……城墙上湖湘子弟抗击元兵的呐喊和刀光剑影……"文夕大火"中烧红天边的火光和满城的哀叫与呼救……还有那旌旗蔽空、歌声如潮的火红的年代……穿越三千年的时间隧道，自三苗以来，历代长沙人那些开辟草莱的壮举，那些英雄的豪气，那些文化的魂魄，那些浴血奋战的如火如荼的岁月，那些头脑迷乱的年代里无知而昏妄的蠢动……像潮水一样，奔腾澎湃于脑海，国家，民族，人生，荣辱，使命，今生，往昔，未来……真是百感交集啊!

红尘滚滚，江山如画。无论是金戈铁马的岁月，还是高呼万岁的年代，都已经远离我们而去了。但是，一代一代的人，又怎能忘记得了历史呢？有道是："以铜为鉴，可以正衣冠；以人为鉴，可以明得失；以史为鉴，可以知兴替。"所以，我们说，天心阁城墙的遗迹，不在于楼阁与城墙本身，而在于潜藏在深处的历史。它的"风景"是在历史文化的深处。只要有心观看风景，登上这座楼阁，必有心襟豁朗的快意与畅达，必有开智开慧的灵动与潮涌，即使你没有诗，也会有诗情，即使没有诗情，也会有思想与情感。

据地方文化史研究专家说，长沙古城虽然早在南宋就已基本形成，到明朝吉王时代，又进一步扩大，但由于宋末、明末、清初几次大的劫难，直到清嘉庆年间，才渐渐建设得有了相当的城市规模。那时，城内寺庙林立，街巷纵横，既有金碧辉煌、气宇轩昂的衙门，又有灰瓦覆顶、平静祥和的民居，还有鳞次栉比、列于街巷左右的店铺，其景象甚是繁华可观。

那时的城区，东以今建湘路为界，南以今城南路、西湖路为界，西以今沿江大道为界，北以今湘春路为界，面积约为 4.5 平方公里，较之汉初故城扩大了两倍多。在 7 公里长的城墙上，开有城门 9 座，有 150 余条大街，较为著名的是通泰街、营盘街、马王街、荷花池、落星田、里仁坡等，或东西或南北走向，构成了整个城市的骨架；此外，还有郭家巷、胡家巷、金线巷、木牌楼、兴隆巷、新安巷、吉祥巷、学宫巷等为数众多的小街小巷，纵横交错，形如蛛网。

那时当然还没有水泥，主要街巷的路面，多是用麻石铺砌的。史载，麻石铺路始于清雍正（1723—1736）年间，至 1875 年左右，无论大街小巷，均铺麻石，时人称之为麻石街。其石料就来自距离长沙不远的下游丁字湾，那里素称"花岗石之乡"，开采年代可上溯到二千多年前的西汉时期，省内外许多著名寺庙、碑塔所用石料，大多取材于此。

但麻石路面无法满足日益发展的交通运输事业的需要，所以，从 19 世纪 20 年代始，长沙开始改用砂石路面取代麻石路面，进展速度并不快。直到新中国成立后，市区所有街巷的麻石路面，才渐渐地改为三合土或水泥结构路面，到 20 世纪 60 年代末期，终于告别麻石路，仅剩下潮宗街、金线街、小东茅巷等几条麻石路面，作为历史见证物，被永久地留了下来，成为今天长沙城里一道特别的风景线。

现在，且让我们到潮宗街、金线街去，体会一下那种凹凸不平的麻石街道，领略一下那里遗留下来的历史风味吧。

这里就是发现南宋古城墙的那条潮宗街。

潮宗街位于开福区，原长511米，今长约400米，宽9米，是旧时最宽的街道。原名朝宗街，因临朝宗门而得名，又名草场门正街。朝宗，是朝拜祖宗之意。因旧时城门内街口聚居着许多挑河水卖的脚夫，满街常年潮湿，"朝"便渐渐演变成为"潮"字了。

潮宗街东起黄兴北路（原北正街），西至湘江风光带，南起于中山西路，北到湘春路，是迄今长沙市区仅存的几条古麻石街之一。麻石路面整齐平坦，与街巷两边的民房、店铺相接，显得十分古拙质朴，给人以舒逸之感。

潮宗街之所以成为著名的历史风貌区，不仅在于其麻石路面，更在于其政治经济地位。明清时，这里是长沙县署和临湘驿站的所在地，又是出潮宗门达湘江边河运码头的必经之道，行人往来，车水马龙，因而成为米业、堆栈业的集散地，尤以米市闻名于世，有永丰、协丰、吉丰、协和、德安、益华、恒丰、太丰、顺丰、义丰、友和、邓春生等十多家粮栈、米厂，旅店业因此也特别发达。

潮宗街又是历史文化底蕴深厚、旧时人文荟萃之区。清末军机大臣瞿鸿机宅第位于此街，人称"瞿相府"。戊戌维新期间，熊希龄、谭嗣同在这里建立了中国最早的新式学校——时务学堂。辛亥革命时期，黄兴、宋教仁在这里组织策划华兴会起义。1914年湘雅医学专门学校在这里创办，1920年该校迁走后，其校舍曾为毛泽东创办的文化书社社址，新中国成立后曾被列为湖南省重点文物保护单位。1923年，著名女权领袖唐群英在高升巷创办复陶女子中学。陈介石创办的《民国日报》，社址亦设在高升巷。1924年又有真耶稣教会堂在这里落户，方形麻石柱支撑着高大的教堂，体现了民国时期长沙的建筑风格。

潮宗街中部有条小巷，名梓园，原为刘权之公馆的后花园，清末成为布政使街道员张自牧的公馆。这里，现在仍保留有一处民国旅馆，大门内深藏有一个约200平方米的院子，院南耸立有一座由4个木柱支撑起的歇山式台顶、飞檐翘角的戏台。从梓园再往西拐个弯，那是九如里，因旧时有9户体面人家居于此巷而得名。两厢公馆多建于民国初期，用一色的机制红砖砌成，屋顶盖琉璃筒瓦，石库门内保持有天井回廊结构，阳台、甬道、歇亭、花园等一应俱全。自清代以来，此街巷格局尚存，文化古迹和古旧建筑也比较集中，较为真实地反映了古城长沙的历史风貌。

前面谈到刘权之（1739—1819），他是长沙人。乾隆二十五年（1760）

进士，授编修，参与编纂《四库全书》及《四库全书总目提要》，出力最甚。书成后，升为侍讲，累官左副都御史。其人为官廉正，多次上疏，反对舞弊。乾隆五十二年（1787）大挑直省举人，每使有才学者名落孙山，让奔竞之徒滥竽充数，刘权之上疏直言积弊。乾隆帝采纳其意，命其在午门办事，御史监视，步军严查，使大挑举人积弊大减。1799 年他任左都御史时，湖南派买仓谷，为患无穷，刘权之又奏请凡荒歉的地方，应向丰收的邻县公平采买，不得在本县苛派，并严禁贪污营私。清廷又采纳了他的意见，湖南百姓因此而受其惠。嘉庆帝念其忠直，擢其为吏部尚书、礼部尚书、协办大学士，加太子少保衔。潮宗街附近有三条街，都与他有关。

一条是三贵街。相传刘权之三兄弟，均为大官。三人的公馆建在一处，门朝小东街，一字排开，三座四合院式建筑，连成一片，中以风火墙相隔，"三贵街"由此而得名。这条街南起中山西路（原小东街），北接永清巷，刘权之公馆就位于此。

另一条是接贵街。刘权之晚年荣归故里，邻里数百人在街口迎接，中山西路旁这条街遂有了"接贵街"之名。接贵街南至藩城堤，三贵街北至连升街，连升街往西是福庆街。刘权之自中进士后，便仕途顺畅，平步青云，用长沙话来说是"连升再升"，"连升街"名由此而来。连升街两厢多老式公馆，其中 54 号、56 号为长沙市重点保护历史旧宅。

刘权之公馆遗址在三贵街口，是一套五进双层宅第，占地约 3000 平方米，构造宏阔，时称相府。刘宅周围的街道，如如意街、连升街、三贵街、福星街等皆因之得名，其时刘宅有"前有如意，后有连升，左有三贵，右有福星"之说。

这里，后来又成为湖南省文史馆前名誉馆长陈云章（1911—2004）公馆，公馆院内立有梁启超题写的"时务学堂故址"碑石。这是长沙市保存最好的一处公馆，其历史文脉传承清晰完整，经历了"刘权之府第——周桂午府第——时务学堂——泰豫旅馆——陈云章公馆"的演变过程。

原来，清同治光绪年间，刘权之宅第已转卖给益阳翰林周桂午（周谷城叔祖父），周桂午将之改造成三进四合院式公馆。光绪二十三年（1897），湖南维新运动期间，湘抚陈宝箴宣布办时务学堂，凤凰人熊希龄从同榜进士周桂午手中租得刘权之旧邸，权作时务学堂校舍。9 月，时务学堂录取蔡锷、范源濂等 40 名学生入学，熊希龄任学堂提调（校长），梁启超为中文总教习，李维格为西文总教习，许奎垣为数学教习。翌年，戊戌政变后，时务学堂停办。周桂午儿媳将宅第租予湘潭人言清华，办起了泰豫旅馆。1922年，梁启超应湖南省长赵恒惕之邀来湘讲学，8月30日抵长，次日在李肖聃（李淑一之父，曾任梁启超秘书）陪同下，专程寻访时务学堂故址，提笔写下"时务学堂故址二十六年前讲学处民国壬戌八月重游泐记梁启超"。言老板将梁任公题墨视为珍宝，装裱悬挂中堂，"泰豫"名声大噪，营业日盛。抗战爆发后，言老板儿子言泽坤将梁启超墨宝带到湘潭老家。第二年长沙遭受"文夕大火"，旅馆被毁，梁启超墨宝得以保存完好。

1946年，省参议员、省工业会理事长陈云章购得时务学堂故址地产，兴建天倪堂（纪念其父陈天倪）等建筑，并从湖南大学同班同学言泽坤手中购得梁启超墨宝（今藏岳麓书院）。1949年，陈云章公馆成为策划长沙和平起义的重要场所。该年4月25日，陈云章等赴东安县，接唐生智到长沙。陈云章公馆今为陈氏后人居住。2004年公布为长沙市重点保护历史旧宅。陈云章先生独尊儒学，建树甚多。他既是教育家、实业家、国学家，也是收藏家，当今有识之士称他为"一代文杰，吾湘大师"。他早年毕业于湖南大学，曾整理出版其父、民国著名学者陈天倪遗著《尊闻室剩稿》，后创办职业教育，接办《新潮日报》，开办中原建筑公司。1948年春，积极襄助程潜湖南和平起义，1949年2月，天倪庐成为中共湖南省工委策反组织联络点。十一届三中全会后，这里又成了台港澳及海外知名人士回湘接待站。改革开放后，78岁的云章先生出任湖南文史研究馆名誉馆长，为弘扬湖湘文化做出了积极贡献。1988年，他将梁启超书"时务学堂故址"真迹捐赠给湖南大学。同时，在"天倪庐"院中修建了一座牌坊，刻上梁任公的题词和李肖聃、李况松两位先生的跋，及自己为此写的"时务学堂牌坊记"。

因为以上种种历史因缘，2004年，潮宗街、连升街均被公布为长沙市11条历史街巷之一。2010年，长沙市拟将以潮宗街为中心，连同附近的连升街、三贵街、梓园、九如里等，北侧的寿星街、高升巷、泰安里等，规划为长沙市第二处历史文化街区。接贵街则划入"中山西路棚改区"。

出潮宗街，沿湘江风光带南行，过五一大道，就是长沙城区最早开辟的著名历史文化街区——太平街历史文化街区。

这片街区，北临五一大道，南到解放西路，西连金线街、孚嘉巷、马家巷等，东接太傅里、西牌楼、三兴街、三泰街。街区现基本保持民国初年的格局，街巷骨架较为完整地保留了清代初期的格局，街名沿用至今，保存有贾谊故居等历史建筑。

自长沙建城池以来，这一带一直是古城核心。因为长沙自古得"舟楫之便"，木帆船运输历二千余年，东通江淮，西接巴蜀，南及粤桂，北达中原，几度"转输半天下"。史载，北宋晚期，湘江已有承载"万斛稻米"的大船，到清雍正初年，湘江更是"千艘云集"。太平街紧挨湘江，夹在小西门、大西门与潮宗门之间，紧临驿步门外的清代长沙第一大渡，得地利之便，商贾云集，人文荟萃，繁华达千年之久。

清末，为满足货物和居民出入城的需要，在小西门大西门之间，新开一城门，名为太平门，此街因此得名"太平街"。旧时，街道两旁，行栈、货号、店铺鳞次栉比，以经销粮食、油盐、颜料、花纱、南货、鱼虾、鞭炮等为主。清咸丰年间，开设于太平街的利生盐号、杨隆泰钉子铺、老通义油漆号、杨福和豆豉鞭炮庄等都远近闻名。据1925年和1936年出版的《长沙一览》、《长沙指南》两书统计，这一时期太平街区的各类商号达132家，其中不少是清代以来的著名老字号。例如，原国务院总理朱镕基的曾伯祖父朱昌琳，最早就在这里开设有乾益升粮栈，后又转贩盐茶，开设钱庄，投资近代工矿业，成为长沙首富。朱昌琳乐善好施，耗巨资办义学，修义渡，捐巨资修驿路、疏浚新河河道，功授修补道员。乾益升粮栈旧址至今保存着。这是一座中西合璧的近代建筑，其立面造型运用了西洋近代建筑手法，而山墙做法又具有明显的长沙地方特征。

至20世纪初期，长沙通商开埠以后，太平街上更是洋行密布，盛极一时。其间，不乏列强疯狂掠夺湖湘人民财富的据点。当时的小西门，有文字可查的日本洋行、公司，达7家之多，如戴生昌汽船公司、大石洋行、盐川洋行等；太平门外，有日本的日丰洋行，英国的太古洋行；大西门、福昌门、潮宗门一带，有北正大洋油公司、慎昌洋行、美孚洋行等。此外，还有设于金线街的汽巴洋行（瑞士）、荷兰保险公司等，不一而足。

辛亥革命后，城西自北往南，沿湘江一线西城门及城墙，渐被拆除，沿江林立的洋行形成上河街、下河街，初步形成沿江大道之规模，行栈、旅店很多，孚嘉巷、马家巷内，至今仍能找到当时的旅店遗迹。

耐人寻味的是，经济繁荣，文化景象也甚为风光。太平街四周的文娱场所，一度兴起，红火非凡，先后办起了多家戏园剧院，日夜笙歌曼舞，很是热闹。清光绪末年办在孚嘉巷的宜春园，是长沙城里最早的戏院。随后又有同春园、寿春园、湘春园、景星园等湘剧名园问世，均开设在太平街四周。长沙最早的电影院——百合影院，则开设在西牌楼。到1934年，这里的电影院达6家，京剧院2家，湘剧院7家，话剧院3家，花圃店16家。

更值得一说的是，长沙素有"屈贾之乡"之称。当年，屈原与贾谊在长沙的生活休憩地，就在太平街上。有一个传说，公元前278年，秦国军队攻下郢都，楚军溃逃，百姓流离。忧国忧民、贫病交加的屈原，渡长江，过洞庭，徘徊于湘水，来到长沙附近，想把这里作为他的生命归宿之地。因为长沙本是楚国祖先生活过的地方，是楚王族的发祥地之一，楚国祖先熊绎在开拓疆土、迁徙不定中，曾在长沙经营，春秋之后才正式定都于郢的。据说，湘江东岸就有先王的古城遗址、宫殿、太庙等许多建筑遗迹。岳麓区一带还有先王陵墓、古坊、石兽等遗存。传说，屈原曾在太平街一带活动，到附近老百姓家做客谈心，并在一口古井旁洗涤染上灰尘的锦衣，濯锦坊因此得名。旧志有载，太傅里原名就是濯锦坊。

屈原魂归汨罗后，贾谊来了，他就住在濯锦坊——也就是现在的贾谊故居。这在北魏郦道元的《水经注》里，都有记载。贾谊在太平街筑石床、凿水井、植柑树，写作《吊屈原赋》、《鹏鸟赋》等名篇，故后人称其为"贾长沙"。魏晋以来，故居改建为贾太傅祠，是历代迁客骚人的必访之地，留下有许多名篇佳作，使太平街在经济的浓墨上，又增添了厚实的文化重彩。

这个历史文化街区的历史文化遗存，还有著名革命家李富春的故居，有时为辛亥革命的策源地的历史记忆，例如共进会、四正社、湖南体育会和学堂旧址，明吉王府西牌楼旧址也有迹可寻……

今天，修缮一新的太平街，无论是民居，还是店铺，其共同特色都是小青瓦、坡屋顶、白瓦脊、风火墙、木门窗，老式公馆则保留了较为原始的石库门、青砖瓦、天井四合院、回楼护栏等传统格局。

据康熙年间参与修订《明史》的著名史学家刘献廷在其《广阳杂记》中描述说：

> 长沙小西门外，望两岸居人，虽竹篱茅屋，皆清雅淡远，绝无烟火气。远近舟楫，上者下者，饱张帆者，泊者，理楫者，大者小者，无不入画，天下绝佳处也。

今坡子街与沿江大道交会的这片地段，原是小西门正街出西城的城门，又叫德润门。

当年，不仅小西门外风景美，而且，小西门内市井繁荣，有美记油行、楚盛米厂、玉和酱园等著名店铺及苏州会馆、鸿记钱庄等遗迹。相传，小西门外江滨，有古铁械，重数千斤，为许逊逐蛟过此，掷之以震慑之，水退时尚可扒泥见之云云。门外，旧有水府庙和娘娘庙，均毁于1938年"文夕大火"。2010年至2011年，小西门街口建筑，包括苏州会馆、鸿记钱庄等遗迹，已作为"南湖路棚改区北片"和华远集团商业开发用地的一部分而被拆除。

坡子街，现在是长沙市里最旺的商业宝地。来长沙游览，不去坡子街，那真是枉走一趟。

坡子街为何名气这么大呢？且让我们慢慢道来。

坡子街东起今黄兴南路商业步行街，西至湘江大道，北连解放西路，南接人民西路，全长640米。旧时，因街道地势东高西低，呈斜坡，故名。

清同治年间的《长沙县志》上说："北客西陕，其货毡行之属，南客苏杭，其货绫罗古玩之属，繁华垄断，由南关至臬署前，及上下坡子街为盛。"

事实上，自战国有城池始，坡子街一直是长沙城的核心地区，也是最为繁华的地段。公元前202年，汉高祖刘邦封开国功臣吴芮为长沙王，吴芮及其后代，就在原楚城的基础上，建筑了临湘故城，作为长沙国的国都。考古发现证明，临湘故城的南界已达今天的坡子街一带。唐代大诗人杜甫流寓长沙时，就曾住在坡子街小西门外，写下了著名的《暮秋枉裴道州手札率尔遣兴寄递呈苏涣侍御》，其中四句这样写道：

> 茅斋定王城郭门，药物楚老渔商市。
> 市北肩舆每联袂，郭南抱瓮亦隐几。

诗里的"药物楚老渔商市"，就在今坡子街沿河一带；唐代长沙城的"郭南"，也在今坡子街一带。可见，当时的长沙城，已经形成相当规模的城市轮廓，坡子街是其重要的组成部分。

五代十国时期，经历了唐代的发展，长沙大力推行重商政策，形成了"四方商旅往来不绝"的繁荣景象，坡子街一带成为当时著名的茶马交易地。从宋代起，长沙城以今五一大道为界，分属两个县，南属善化县，北属长沙县。小西门成为善化县靠湘江的唯一城门，加之善化县衙（今县正街）、善化县学宫（今化龙池）、长沙府学宫（今西文庙坪）以及臬台衙门（原臬后街）、粮道衙门（原粮道街）等，恰如众星环绕着坡子街。明代嘉靖年间，长沙府推官在距离坡子街不远的湘江西湖桥段，开凿港湾，以利停泊舟楫。外省客商，纷至沓来。到清初，坡子街一带已成为外省客商的聚集之地。是时，外省许多会馆，如上元会馆、山陕会馆等，都建在坡子街上。这些，在清同治《长沙县志》里都有记载。

商贸的繁荣，衍生了坡子街民俗小吃，其中火宫殿最是翘楚。火宫殿始建于清乾隆十二年（1747），前身是座祭祀火神的庙宇，又名乾元宫，后发展成集祭祀、看戏、听书、观艺、小吃、餐饮于一体的热闹庙市。自清末起，坡子街又成为金融业、药材业的集中地。光绪十年（1884）长沙钱业同业组织财神会设坡子街护国寺财神殿，光绪二十二年（1896）财神庙建成，改称福禄宫。民国时期，坡子街上及周边地区开业的钱庄，多达五十余家，中央长沙分行、大陆银行、聚兴城银行、农工银行、实业银行、金城银行也设在坡子街。著名的药号则有九芝堂、西协盛、东协盛、福芝堂、寿芝堂等。坡子街还有著名的师古斋书画店，时有"北有荣宝斋，南有师古斋"之说。

然而，1938年那场罪恶的"文夕大火"，却使坡子街大部分商铺被焚毁。战后重建，曾经一度恢复繁荣，到20世纪末，大部分房屋年久失修，有的已成危房，因此风光不再。

花落自有花开时，坡子街欣逢盛世。2002年，长沙市为振兴百年老店，仿明清风格，重建坡子街，与太平街、贾谊故居、李富春故居、药王街、三王街等接连为一片历史文化街区，又与新建的黄兴南路商业步行街、湘江风光带及杜甫江阁衔接，结构为一处旅游胜地，因此红红火火，盛况空前。

出坡子街，西行至湘江大道，那里就是湘江风光带，其中最引人瞩目的一道风景，就是杜甫江阁。早在清康熙年间，就有长沙文人名士，提出要为杜甫修建江阁、诗碑、塑像，纪念这位在长沙写作"诗史"的大诗人。然而，几百年过去了，却是直到2002年，长沙人民才实现了这一历史的夙愿。

杜甫江阁坐西朝东，主体建筑距湘江堤边五米，高有四层，上书"杜甫江阁"四个大字。阁上有杜甫纪念馆，一层露台南北有诗碑廊，碑上刻有杜甫诗歌。

站在阁楼上，举目可眺岳麓，翠色如醇；俯视一江碧波，柔情款款；江中橘洲如舸，待尔登临游览；东望太平街、坡子街一带，晴空丽日下，紫气氤氲，人歌如潮，那里既可以温历史文化之故，又能够赏现代时尚之新，有百鲜小吃，能漫步购物……如此古今交融、浑然一体的城街丽景，岂能不令人神往?!

像这样带有浓厚历史文化色彩的古街，长沙城里还有很多。例如，位于湘江大道与黄兴路步行街之间的古潭街，其北面是人民西路，南面是西湖路。在长沙的古街巷中，数它的名气最大。这是一条历史人文保护得最好的街巷，街道两侧的民居群落，都是"文夕大火"之后建成的，现在仍保存着明清时代的建筑风格，飞檐、走角、石库门、小里弄，里弄两厢楼房的房间很小。楼下是店铺，铺子连着铺子，茶楼、酒肆、小吃铺，处处散发着浓浓的明清江南风味。古潭街是旧时长沙最繁华的街道之一，留下的历史遗迹很多。史载，旧时长沙的狱司府、臬司狱、学宫衙门、长沙府学都在这条街的周边。臬司狱即旧时监狱，在古潭街附近的司禁港。后者取谐音雅化为师敬湾。大革命时期，这里成了反革命分子残害革命志士的地狱，1930年杨开慧被捕后，就曾被关押在这里。与师敬湾一街之隔的黎家坡上，便是专门培养士子官僚的学宫衙门和长沙府学。旧时长沙有三个学宫，即长沙府学宫、善化县学宫和长沙县学宫，其中长沙府学宫、善化县学宫就在这里。

又如位于今芙蓉区的鱼塘街。据清《湘城访古录》记载："端履街在湖北会馆前有塘一亩，俗曰鱼塘，即旧藩故址也。"鱼塘街由此而得名。

据有关专家介绍说，在明代，鱼塘就是省城的一处胜景。明清之际的诗人郭金台，作有《同陶五徵过旧藩坐马公新刹有感》诗二首，其一云：

> 旧识灵光殿，鱼塘幛幕开。
> 重门仍锁钥，环道此楼台。
> 厩草薰风转，官蔬照日培。
> 百年游豫地，会见象王哀。

当年，曾有一座殿宇辉煌的佛寺，名曰"马公新刹"，就矗立于鱼塘畔。这一带是祠庙、会馆及戏院酒楼的集中之地。祠庙有天后宫、大唐庵、天府庙、三宫殿等。天后宫位于鱼塘街与今黄兴路的交会地带，与南门口的天妃宫遥相呼应，祭祀的是另一位女海神妈祖。天后宫始建于清嘉庆年间，名为祠庙，实为福建行帮的会馆，清初闽粤一带信奉妈祖已成风尚。天后姓林，名默娘，福建莆田人，世居湄州，所以鱼塘街旧时也有"闽省巷"的街名。大唐庵在湖北会馆（鄂省巷）西侧。唐代长沙地区佛教鼎盛，尼姑庵因此以"大唐"命名。湖北会馆东侧并列着天府庙和三宫殿。天府庙与寿星观相仿。道教谓天有三宫，紫宫、太微、文昌，"三宫殿"即此意，鱼塘街因此又有一小巷名"三宫巷"。

清同治、光绪年间，那口鱼塘已经消失，鱼塘巷分成"东鱼塘"、"西鱼塘"两条街。西鱼塘街，东起东鱼塘街，西至黄兴南路。东鱼塘街曾名"箭道巷"，东鱼塘街北起东牌楼，南止解放西路，1922年开设于此街的寿春园戏园，曾经聘湘剧女子福禄坤班演出，一炮打响。鱼塘街上的"天乐居"，又是当时长沙著名旅馆，兼营餐厅、浴室。厅内悬有吴恭亨撰嵌字联：

画本妙天然，此楼真高百尺；
人生行乐耳，有酒更进一杯。

同街的"天然居"酒家也因李次青的一副回文联，为之增色不少，联云：

客上天然居；
居然天上客。

东鱼塘街则有"半仙乐"酒楼，因开始时不能与"天乐居"、"天然居"抗衡，故请清末长沙"落魄狂士"吴士萱为其作联，吴所撰"半仙"嵌字联果有几分狂气，悬于堂中，使"半仙乐"名气大增，联云：

半盏、半瓯、半醉、半醒，偷得半日清闲，也算人间半乐；
仙侣、仙朋、仙肴、仙酒，招来仙姬共饮，胜似天上仙家。

民国时期，鱼塘街形成独特的商业风貌，成为丧葬用品店铺的集中地，著名店铺有吴德顺棺材行、寿而康寿服店、长寿乐寿服店、永记寿服店、永年寿服店等。20世纪90年代形成"鞋料一条街"，寿服仍是此街的一大卖点。

令人遗憾的是，鱼塘街连同周围的闽省巷、鄂省巷、照磨巷、游击坪、尚德街、聚福园等街巷一起，已于2010年被列为"东牌楼棚改区"而被拆除了。

有城就有街，有街必有巷。巷，其实就是较窄的街道。任何一座城市，无论古今中外，都少不了街与巷，它们是城市这部交响曲中的一个个音符，各因其位置的不同，在历史上奏响过不同的乐音，展示出不同的风采，产生了种种传说与故事，直到今天还被长沙人津津乐道不已。例如，大古道巷就是这样。

大古道巷位于黄兴路步行商业街东侧，东起县正街，西止黄兴路步行商业街，旧时一直是善化县城主道之一。正因为它处于善化县衙一厢，善化城隍、善化学宫、洗药庵等重要建筑，都集于一巷，街衢网络密布，道路四通八达，是善化县的政治、经济、文化的中心，因而成为一条具有文化遗存的历史老巷。全巷虽然只有 330 米，但巷内有巷，最有趣的是，每条巷名都意味深长，如响柯巷，乐善巷，朗公巷，一步两桥塔，南倒脱靴巷……不仅听起来新鲜有趣，而且每个巷名背后，都有一个精彩的典故。"南倒脱靴巷"，讲的就是关公战长沙时，长沙太守韩玄命守将黄忠与关公应战的故事。大古道巷最有名的，还是药王孙思邈（581—682）。相传隋唐年间，号称"药王"的大医学家孙思邈曾辞官不受，隐居于长沙，关于他治病救人的故事，在长沙广为流传，因此留下"药王街"、洗药庵、洗药井等历史遗迹，至今仍历历在目。事实上，史书上并没有这个记载，长沙民间却一直流传不绝，不知何故？

旧时大古道巷上的古玩字画，曾盛极一时，清朝有名的徐永盛古玩店就位于此，直到 1949 年，徐永盛古玩店的老板徐崇贤，还一直是当时长沙城里最殷实的古玩家。

大古道巷北侧，旧有一园林曰趣园，相传园中还有趣香亭。据说，该地方曾是当时文人墨客吟诗作赋的园林胜地。现在，趣香亭早已不见踪影，残留的甘露井也废置了。

说到这个古"井"，那又是长沙这座历史文化名城的一个耐人寻味的重要话题了。

长沙古井多得令人惊诧，城里到底有多少古井，恐怕神仙也未必知道。仅以五一广场这块地方来说，据不完全统计，在以广场为中心的 8 万余平方米范围内，自 1998 年至 2004 年底，清理发掘的古井，已达 500 余口，这还没有算上未被清理的。据此推测，古城中心每百平方米就有古井 1～2 口，战国、西汉到魏晋、唐宋、元明清时代的井，都有，越是靠近广场中心，战国和汉代的井就越多。

古长沙城为何开这么多井，这些井是干什么用的？据说，大概是因为那时代的水受到污染，伤寒、痢疾流行，喝水比较困难，因此打井多。当时有官井、商井、民井、军井四种井。从西汉到三国，五一广场一直是长沙国的国都或长沙郡的郡府，是政治、经济、文化中心，权贵集中居住于此，所以打的古井比较多。这就是说，打井是为了饮用。

但是，从发掘的情况来看，古井里为何存放了那么多的简牍呢？专家分析说："当时官府的工作人员，将公文简牍和过了保管期限的简牍，作为垃圾，丢入古井中处理掉；另一种可能，是故意埋在古井中保存。前者的可能性更大。"

果真如此么？这也很难说。这个问题，还有待于进一步考古。不过，这是考古学家们的事，且让他们去研究吧。我们现在只想去见识长沙城里的古井了。

长沙城里的古井确是多多，已查明的，就有浜湖古井、藩后街古井、丰泉古井、遐龄古井、营山巷古井、雷打井、鸳鸯井、赐闲湖古井等。

浜湖古井位于芙蓉区东岸乡滨湖社区内，是一处具有长沙地方特色的清代古井。据当地老人说，该井已有一百多年的历史了，井水甘甜，至今仍然是当地居民饮用水的重要来源。该井井口为圆形，占地面积 1.54 平方米，由井盖、井口、井身组成，井口高出地面 0.55 米，直径 1.5 米，壁厚 0.12 米，井口北半部略高，井壁上部用红砖砌成，下部构造、深度和建凿年代不详。

藩后街古井位于芙蓉区浏正街，是清代建凿的具有长沙地方特色的古井，呈方形，该井两米见方，开有两井眼，井眼直径约 35 厘米，井眼上有两水槽盖，井深十米，至今使用。此井对研究清代长沙地区给水设施具有重要的历史价值。这一带自古就有一群古井，其中包括藩后街照墙苞口、藩后街西头街口、法院巷口、老干局内几口古井，不论长涝久旱，这些井都不盈不竭，水质洁净，清冽甘甜，汲以沏茶，香浓纯爽，数百年来一直为居民饮水之源。

丰泉古井位于解放路街道丰泉古井社区。丰泉古井街北起东茅街，西至丰盈里，丰泉古井掘于清道光八年（1828）冬季，由 60 户人家集资兴建。该水井掘成后，井旁竖有两块石碑以记其事。该井水质上乘，水清如镜。邻近丰泉古井的丰盈里、丰盈西里亦皆因丰泉古井而获名，由此可见当时该水井之盛。可惜的是，2000 年本市修建蔡锷中路时，丰泉古井全街拆除，古井同时被毁。有关部门在蔡锷南路另掘井一口，并砌石基石栏，井四周另辟大面积绿地，仍命名"丰泉古井"。

遐龄古井位于天心区古潭街黎古井巷口，双眼，原为遐龄庵水井。遐龄庵建于清康熙年间，光绪年间盐道熊某重修。该井至今水质尚好，巷内居民仍常用来洗涤。

营山巷古井位于雨花区左家塘街道营山巷区内，是一口清代单眼古井，为方形，占地面积 22 平方米，由井圈子和井体两部分组成，井圈原为木质结构，现改为水泥质地，高出地面 0.3 米，深约 6 米，内壁由枋木首尾相连，层层垒砌而成。该井开凿于清末，是当地居民生活饮水并使用至今。

此外还有很多，恕不一一列举了。事实上，长沙城里最有名气的古井，是下列三口——

一是城南古井。位于妙高峰湖南第一师范校内，因为此地位于城南，又是古城南书院旧址，故名城南古井，它与附近的白沙井、南沙井、老龙井属同一龙脉，井水常年不涸不溢。该井名气，现代之所以大震，是有原因的。

二是白沙井。

提起白沙井，人们很自然会想起清代周正权那首《白沙泉》诗：

> 石罅泻珠泉一勺，千年不竭响玲玲。
> 番人翊汉沙名国，天阙垂芒井是星。
> 酿酒最宜浮大白，绘图莫漫染空青。
> 怪他渔父沧浪曲，鼓棹江潭笑独醒。

关于此井，清代张九思的《白沙泉记》中，是这样描写的：

> 其泉清香甘美，夏凉而冬温。煮为茗，芒洁不变；为酒，不酢不滓，浆者不腐；为药齐，不变其气味。若他泉也则否。三伏日饮者，霍乱、呕吐、泄泻，病良已。城之居民咸汲取焉。余谓斯泉，功能厌物，而其出之也，甚约均之也，有渐君子之道也！

清人旷敏本在《白沙井记》中，曾将它与山东济南七十二泉之首的趵突泉、贵州贵阳市黔灵山背后的圣泉以及江苏无锡市惠山南麓被称为"天下第二泉"的陆子泉相比较，因此惊叹道：

> 予考宇内泉之著者，山左（即山东）之趵突，黔中之漏趵，江左（即江苏）之惠山，然以方兹泉之流而不溢，挹而不匮，疑未之或逮也。嘻，神矣哉！

该泉之水，也就是毛泽东在《水调歌头·游泳》词"才饮长沙水，又食武昌鱼"中所称誉的"长沙水"，已有一千多年历史，其水所含杂质较少，清香甘美，常饮益身，不盈不竭，有长沙第一泉之称，是我国四大名泉之一。它位于天心阁东南，回龙山西侧，为四眼古井。依山势南北向排开，每眼井井口长约67厘米，宽仅33厘米，深70厘米，井台铺花岗岩，井台低于地面，四周建立石栏。南北井中央横嵌"白沙古井"石碑，旧时碑后立有一小神龛。该泉水质纯清，泡茶、酿酒、煎药极佳。无论冬夏，泉水不涨不竭，随舀随涨，常有游客慕名而来观井，至今每日来此取水的市民更是络绎不绝，特别是自古以来多有文人骚客对其赞咏，因此积淀了深厚的历史文化，已成为长沙重要的文化品牌之一。1983 年政府进行了修缮，2001 年辟为"白沙古井公园"，省级文物保护单位。

三是贾公井，就是贾谊当年开凿的那口古井。

这口井的名气可就更大了。南北朝时，宋人盛宏之在他的《荆州记》中，曾这样记述贾谊在长沙修井的事："湘州南寺之东，贾谊有井，水深，上敛下大，状如壶，即谊所凿井。"到了北魏，郦道元在其《水经注》中，更详细地记载说："城之内，郡廨西有陶侃庙，云旧是贾谊宅地。中有一井，是谊所凿，极小而深，上敛下大，其状似壶。傍有一局脚石床，才容一人坐，形制甚古，流俗相承，云谊宿所坐床。又有大柑树，亦云谊所植也。"此后，历代几乎都有对此井的记述，或称太傅井，或称壶井。杜甫在《清明》诗中曾为此井吟道："不见定王城旧处，长怀贾傅井依然。"可见杜甫是亲眼看过这井的，后人将其诗中"长怀"二字刻在井台上，所以又称"长怀井"。自古以来，贾谊故居都是官宦名流必访之处，贾谊亲手所凿的太傅井，又在贾谊故居内，因此而被誉为"天下第一井"。诗人杜甫刚到长沙，一下船就来凭吊，触景生情，写下那首著名的《清明》诗。清代张应塾也有《贾公井》一首咏道：

> 故宅无存井半荒，当年谁共逐臣伤。
> 僇身晁错空筹策，白首冯唐老作郎。
> 莫怪吞声悲鹏鸟，可怜流涕吊沅湘。
> 汉文毕竟为中主，礼乐修明惜未遑。

长沙古井很多，除了上述三口名井外，一般也没有引起人们太多的注意。自从走马楼古井中发现三国简牍，湘西里耶也从井中发掘出大批竹简后，古井特别是长沙古井，才引起了历史学家、考古学家及更多的人关注。从发掘的古井看，其所集中的地方，正是西汉吴芮任长沙王后筑城所在的中心地段，这正印证了古人对市井的一种解释："古者相聚汲水，有物便卖，因成市上，故云市井。"可见，井在当时城市中的地位与作用。

贾谊是西汉时代人。他来长沙不久，就在自己所住的太傅府内凿井，还在井旁安石床，植柑树。对此，曾一度引起后人的思索与揣度，有人甚至从《易》中"井渫不食，为我心恻"这句话中，体味出贾谊凿井可能另有什么深意，清朝刘元熙就曾在《贾太傅古井歌》中写道："洛阳年少好才子，井渫不食我心悲。"意思是说，我凿下的好井，洁净而清澈，而饮者无人，因此比喻他洁身自持，不为人所知。这也不是没有道理。因为贾谊本来就与众不同，他坚持自己的理想，恪守自己做人的道德，既不与灌婴他们同流合污，当获悉周勃下狱后，也不曾落井下石，反而出手相救，可见他不仅文品好，人品也好，他所开凿的井，也当然是纯洁的。所以，这口古井，连同他的故居，他的文字，他的思想，都是留给后人的一份厚厚的值得咀嚼的遗产。贾公井无愧为"天下第一井"！

尤其令人难以释怀的是，从浩渺历史烟波中走过来的长沙古城，本来应当有许多珍贵的历史文化的遗迹，由于种种原因，经历的沧桑太多太多，现在人们所能看见的古建筑，毕竟不多了，此井真可以说是"唯一"。从西汉至清，悠悠千年，无论长沙昨天和明天如何变迁，"贾谊宅"都将永恒地立在那里。

所以，如果要追寻"汉长沙"的地标，要寻求楚汉以来，这座悠悠古邑的历史文化血脉，贾公井无疑是个永恒的历史坐标。对此，长沙人真该好好地叩拜和感谢贾太傅了。

5. 石刻史书（上）

· 音乐凝固了，在包围木石的静穆中，弹奏起时代的韵律
· 画卷流动着，于融合自然的旋涡里，描绘出历史的轨迹

古希腊神话中，有一则故事。说的是，缪斯和色雷斯王俄阿戈斯的儿子奥尔甫斯（Orpheus）是一位年轻的歌手。他的歌声美丽动听，为太阳神阿波罗所钟爱。后者便将第一把七弦琴送给了他。奥尔甫斯在一块空地上，弹起了竖琴，一阵阵悦耳的乐声，顿时像潮水一样弥漫开来。这时，周围的木石在美妙的音乐声中，翩翩起舞，组成了各种建筑，仿佛音乐凝固了下来，不再流动，但又永远在流动着……

后来，奥尔甫斯在一次祭酒仪式中，被迈那得斯杀害，他的竖琴便作为一个星座，被置于天上，那就是天琴星座。每当月朗星灿的时候，人们仰望着星空，仿佛又听到了那为建筑师们所梦绕魂牵的音乐……

当然，"凝固的音乐"，不是在遥远的天空，而是在脚踏实地的人间，在地球上那一座座鳞次栉比的建筑物中。

根据这则希腊神话，欧洲一位先哲概括出这样一句经典，常常为后人所引用——

"音乐是流动的建筑，建筑是凝固的音乐。"

建筑，之所以是"凝固的音乐"，因为那里有美的旋律和节奏，有对称与和谐，有音阶与乐调，有比例与平衡。古代建筑则还有历史的胎记，它与其他物质文化遗存一样，是社会不同发展阶段遗留下来的实物，它本身的发展，常常取决于生产力发展的水平，并且反映出不同社会的阶段性，是研究历史（包括社会发展史、科学技术史、建筑发展史和文化史等）的很好的实物凭证。正是在这个意义上，果戈理说："建筑同时还是世界的年鉴，当歌曲和传统已经缄默的时候，而它还在说话哩。"赖特也曾如是说：建筑基本上是全人类文献中最伟大的记录，也是时代、地域和人的最忠实的记录。雨果则更为直白，他赞美巴黎圣母院说："这个可敬的建筑物的每一个面，每一个石头，都不仅是我们国家历史的一页，并也是科学史和艺术史的一页。"

所以，在欧洲，人们也常常把建筑说成是"石刻的史书"。

中国的历史文化名城中，有许多这样的"石刻的史书"，长沙也不例外。

长沙作为一座历史文化名城，有着悠久的历史和光辉灿烂的文化，古建筑文化是其中一个重要的方面。虽然，其中许多重要的文物古迹，例如王府宫殿、坛庙、陵墓、寺观、衙署、府第、园林、民居、桥梁、关塞等，有的毁灭了，有的早已改观，有的残缺不全，有的有其名而无其实，有的只是在文献上有所记载，它们作为长沙古老文明的形象化标志，曾一度屹立于长沙大地上，现在则难于找到实物例证了，但从目前所能看到的为数不多的古建筑和文物史迹中，尤其是从某些古典诗文中，我们还是依稀可以想象当年的胜景，触摸到那在历史进程中一度跳跃的脉搏。例如，明代的藩王府就是这样。

明代潘王府建筑基址——遗址主要分两大部分，第一部分为发掘区北部，该区域可能为宫殿建筑的东部，目前发现的有大面积的红色土夯筑的平整高台。台基上有两道墙体用明代模印文字大青砖堆砌而成，其间使用大青砖铺设地面，大致是东西方向。第二部分位于发掘区南侧，该区域用明代模印文字大青砖堆砌而成大型房屋建筑遗址，从房屋结构来看，该房屋建筑可分为东西三列，有四道墙体间隔。

明太祖朱元璋立朝后，曾封诸子为王，到全国各地建立屏藩。1370 年（洪武三年）封第八子朱梓为潭王，在长沙城正中首建藩王府。此后随着藩王府的不断更主，王府建设的规模越来越大，成为长沙城建史上的奇观。1403 年（永乐元年）成祖徙封其弟于长沙，称谷王，建谷王府。1425 年（洪熙元年）仁宗封子瞻善为襄王，建襄王府。1457 年（天顺元年）英宗封第七子见浚为吉王。吉王府在潭王府故址上改建。当时吉王才两岁，到 1478 年（成化十四年）方正式就藩长沙。吉府就藩之初，又进行了大规模修缮。

据《湘城访古录》上记载说："考明藩邸制，五殿三宫，设山川社稷庙于城内，城垣周以四门，堂库等室在焉。总宫殿室屋八百间有奇，故省会几为藩府占其十之七八。"藩府在城中占地如此之大实属罕见。明长沙王府仿北京明故宫的形式，亦建有紫禁城，在长沙城内形成了一个城中之城，且在王城之外还有相应的建筑。

清人骆化麟有一首《过长沙故宫》诗，描写的大概就是这座建筑，诗中那种凄厉悲凉的景象，当然与昔日的繁华不可相比了——

　　　燕子何须问画梁，故宫瓦尽散鸳鸯。
　　　万春池上花俱殁，三洞山头石自僵。
　　　永巷无人吹玉笛，短墙有鬼泣香囊。
　　　许多歌舞承恩宠，输与芄狐作战场。

王城与北京故宫紫禁城相似，坐北朝南。以南门为正门，称为端礼门，大概是要求人们进王城要正衣冠重礼仪之意吧。其位置在今司门口处。城墙当在今皐后街至解放路一线，西起三兴街口，东至鱼塘街口。南门外还有一护城的御河，河上有三座青石砌的桥。民国初年，此地还有青石桥的地名，修解放路时所有遗迹全部湮没，桥亦不复存在，现仅存青石街地名。

王城北门为广智门，在今黄兴路与中山路相交处的南侧。北城墙在吉祥巷至府后街一带，西起藩城堤口，东至文运街口。广智门外有一座明吉王时修的大木牌楼，位置在今中山路邮局附近。牌楼梁柱皆以巨大楠木为之，高十余米，牌楼横书"护国佑民"四个大字，字径达两米。直到清代此牌楼还屡加修葺，至民国元年始拆毁。

王城东门为体仁门。体仁门旧址就是东牌楼街道。明朝末年，张献忠攻入长沙，富丽堂皇的吉王府被付之一炬，体仁门灰飞烟灭，仅保留了东牌楼地名。清代这里建了包公庙、古竹林、六合庵等庙堂。美国遵道会也在这条街上设立了教堂，还开办了遵道中学和遵道小学，后在抗日战争中被毁。新中国成立后，在美国遵道会旧址上建成儿童公园，即今少年宫的前身。1971年，街西头的白马巷也合并到了东牌楼，两条街道合称为东牌楼。长沙除了东牌楼以外，还有西牌楼、木牌楼、红牌楼、走马楼等地名，均是来自明王府。有好事者将这些地名连起来写进了对联：

> 东牌楼、西牌楼、红牌楼、木牌楼，东西红木四牌楼，楼头走马；
> 南正街、北正街、府正街、县正街，南北府县都正街，街上登龙。

联里嵌进了11个地名，妙趣横生，又似乎打开了长沙丰富多彩的历史长卷，引人深思。2000年，东牌楼地区被征收，拆迁后拟建金融中心，牌楼地名等自然消失。

牌楼外有一条南北方向的长街，与北京的东长安街相似，叫东长街，即今蔡锷中路。

王城西门曰遵义门，位于现药王街与三泰街相交处。西城墙在藩城堤至三泰街、三兴街一带，北起吉祥巷，南接阜后街。藩城堤从五一路口至盐道街又叫王城堤，或称紫金堤，传说此堤的北端今盐道街过去为一水港，称为落凼子，通湘江，船只可达此处的堤下街。这一带的民房多系吊楼，由于这一段的城墙兼有防洪堤的作用，因此称藩城堤。遵义门外有西牌楼，大约在今药王街和西牌楼与太平街相交处，牌楼上题有"万寿无疆"四字，民国初年此地尚残存高三米多、方六十余厘米的石柱两对。西牌楼外有西长街（包括现太平街）相当于北京故宫西华门外的西长安街，街中部有王府的观音寺，位置约在今西长街五一路口，寺前有雕刻精致的石坊，寺内观音铜像高约7米，另有十八罗汉铁像，寺至抗日战争时才被炸毁，佛像移开福寺内。

王城内，城中心有承运殿，为吉王府正殿，在今五一广场处。吉简王时由长沙通判陈钢监修。清雍正时将其改为万寿宫，至民国初年此宫仍在。现早已淹没于五一大道之中了。

承运殿以北为王府后门，内有紫金台，往西北一大片为当时王府的花园，俗称大花园，又叫紫金园，其园中有两大景观，一是紫金山，一是万春池。清《长沙县志》记载说："明吉藩堆石成山，名紫金山，嵌空磊，石径逶迤。"这里的"堆石成山"，就是长沙园林史上首次出现的人造石假山。

紫荆园是古代长沙继会春园之后的又一大型宫苑式园林。它给予长沙城建的最大贡献是打破了前所未有的石山堆砌造型艺术，而且这些石材又都是属于太湖石类的优质材料，到清代时，紫荆园也随明运而终，不复存世，至民国初，仅余荒塘半亩。

明人有首题为《登城东望园林》的诗，所描写的大概就是这座园林——

> 柳絮飞疑梁苑雪，花香啼尽楚台莺。
> 林林净绿烟如织，片片裀红蝶故迎。

明代王城，建在长沙古城的中心，占去了长沙城大部分地方，宫墙外的城市自然就所剩无几了。戒备森严的王府，将长沙古城四分五裂，给当时的百姓造成的不便和困难，可想而知，这种状况竟然维持了二百多年，真的令人匪夷所思。然而，历史无情，占据王城的王孙公主们早已被历史的长河淹没，他们的宫苑宅第，也已灰飞烟灭。不过，王城的建设却在长沙古城的发展史上，留下了辉煌的一页，至今不少街道仍保存着当时一些景点的名称，它们是历史的见证。

湖南巡抚衙门旧址——今长沙市青少年宫系清代湖南巡抚衙门所在地。明代曾为吉蕃四将军府。清顺治十四年（1657）洪承畴在湖南时住此地，建集思堂。康熙三年（1664）偏沅（湖南）巡抚移驻长沙，在此修建巡抚衙门。乾隆年间巡抚蒋溥扩建抚署，取陆游"柳暗花明又一村"之意，命名"又一村"。维新运动时期，熊希龄、谭嗣同办的南学会也在此。当时，"又一村"有东辕门、西辕门十几进，一百多间房，街内建三个亭，分别名双湘亭、丰乐亭、澄湘亭。三亭呈品字形排列，长沙大火后，亭子被毁。1940年重建，乾隆帝题写的"赐蒋溥巡抚湖南"谢笔碑得以保留。

在历史上，长沙曾一度被视为"卑湿"之地，南楚民族则被诬为"南蛮"，那当然是历史的偏见。事实上，南楚作为中华民族中的一员，是智慧的民族。这种智慧表现在各个领域和各个方面，其中一个重要而突出的表现，就是在建筑艺术上。从长沙历史遗留下来的许多古建筑，例如名人故居、公馆、会馆、公共建筑、宗教建筑和古桥、古亭、古塔等历史遗存中，都可以看到这种智慧，真可以说是卓绝而美轮美奂的。例如，在建筑中，古人十分讲究建筑的布局、造型、材料、结构、施工以及有关的科学技术；在结构方面，有木骨架的抬梁式、穿斗式，有框架结构，荷重墙，不荷重墙，砖石发券、叠涩及钢铁铸制等；在平面形式上，有方形，长方形，菱形，多边形，圆形，半圆形，日形，月形，波浪形，以及各种形状组合的复杂平面，屋顶则有庑殿、歇山、悬山、硬山、攒尖、卷棚、平顶、勾连等多种形式组合的屋顶。而在方位上，更十分讲究"风水"，在地基的选择，建筑的坐落，屋前屋后的环境，里里外外的布局上，尤其注意"天人合一"的总体格局。

所以，从古建筑这部"石刻的史书"里，不仅可以读到"历史"，懂得建筑是历史（即以往的时代生活）为人们在现实世界所看得见的真实面貌，是人类历史的一种特定的物质存在形式，在社会发展阶段的不同时期，随着社会生产力和社会关系的发展而发生变化，因此形成有历史变迁和发展的轨迹，而且可以读到人的心灵和智慧。

贾谊故居——位于长沙市太平街南出入口。公元前177年至公元前174年，西汉著名政论家、思想家和文学家贾谊就住在这里，时任长沙王太傅。两千多年来，湖湘人民极重视对故居的保护，历代毁建相继，从明朝成化元年始，形成祠宅合一的格局，1938年毁于"文夕大火"，仅余太傅殿。1996年重修，有门楼、贾谊井、贾太傅祠、太傅殿、寻秋草堂、古碑亭、碑廊等。省级文物保护单位。

张百熙故居遗址——在开福区沙坪乡照壁屋，其故居宅第宏大，当地居民称之为"宰相屋里"，新中国建立初期该宅第犹存，后改作粮仓，不复旧观。张百熙（1847—1907），字冶秋，同治进士，授编修，清末管学大臣、京师大学堂的创始人，他对京师大学堂教学和管理进行了一系列改革，成效颇巨。他还以管学大臣的名义，通令各省书院一律改为大学堂，各府、厅及直隶州均设中学堂，各州县均设小学堂，并多设蒙养学堂，为近代教育的发展做出了巨大贡献。

张仲景祠故址——位于蔡锷北路省中医学院附二院。张仲景祠又名张公祠，始建于清乾隆八年（1743），光绪二年（1876）改修。故址位于蔡锷北路省中医学院附二院，抗日战争时期，张祠毁于战火，1947年长沙中医界又捐款自建新祠3间，改名仲景堂。张仲景（约150—219），名机，字仲景，南阳涅阳（今河南镇平南）人，东汉杰出医学家，著有《伤寒杂病论》，被誉为医圣，汉献帝初，举为孝廉，建安七年（202）后出任长沙太守。

曾国藩祠旧址——位于今中山东路一带，占地约62亩，为清同治十一年（1872）奉清廷谕旨所建。建筑布局采用以中轴线为主、东西有序的对称手法，有大小房屋118间。清诗人曾希文有诗记其当年拜谒之感说："衡湘历历公犹在，江汉滔滔去不还。槛外春流分碧玉，石头斜日见青山。十年须发干戈里，一代君臣管葛间。太息汾阳兵罢后，津门遗憾水潺潺。"曾国藩

（1811—1872），字伯涵，号涤生，长沙府湘乡人，早年就读长沙岳麓书院，后成为湘军首领，官至两江总督、直隶总督、武英殿大学士，封一等毅勇侯。光绪七年（1881）郭嵩焘借曾祠西隅，辟为思贤讲舍，1912年曾祠一度改为烈士祠，1918年，曾国藩后裔曾葆荪、曾约农利用曾祠局关祠屋舍创办艺芳女中，即今长沙市实验中学。1926年湖南农民协会曾设此。1914年曾祠另一隅思贤讲舍则被浏阳刘人熙创为船山学社，1921年又改为湖南自修大学。

左宗棠公馆与左文襄公祠旧址——左宗棠于清咸丰七年（1857）定居长沙司马桥（今开福区司马里）。据左宗棠记述，此处"虽近城市，却似山村。种蔬数十畦，养鱼数百尾，差足自给"。民初及1938年，曾两次被毁。新中国成立后，前门、花厅、轿厅尚存，1988年11月建设"长沙服装城"时被毁。左文襄公祠为清光绪十一年（1885）奉清廷谕旨所建。祠址在北正街西侧西园一带，占地约60亩。正门坐西朝东，上书"左太傅祠"。正殿坐北朝南，殿内有左宗棠檀木雕像，外套礼服，形象威严。祠内有池塘、假石山、石舫，1938年祠堂建筑毁于"文夕大火"。20世纪50年代左祠旧址改建为工人文化宫，假石山今犹存。文化宫南侧的街巷改称"左文襄祠"，"文革"后改为"群力里"，今群力里还立着一块"左太傅祠"碑石。左宗棠（1812—1885），长沙府湘阴人，字季高，道光举人，长期出佐湘军，襄办曾国藩军事。同治元年（1862）起相继任浙江巡抚、闽浙总督、陕甘总督等职。光绪元年（1875）率兵收复新疆，光绪十一年（1885）病逝于福州抗法前线，追赠太傅，谥文襄。归葬于长沙石门乡柏竹村，后人辑有《左文襄公全集》。

养知书屋故址——养知书屋为近代学者郭嵩焘故居，位于开福区六堆子，建于同治九年（1870）。郭嵩焘（1818—1891），字伯琛，号筠仙，晚号玉池老人，长沙府湘阴人，道光进士，曾署广东巡抚。1876年出任中国首届驻英公使，1878年兼驻法公使。是湘系经世派的代表人物，力主学习西方科学技术，因而遭到守旧派的攻击，1879年辞职回湘，主讲长沙城南书院、思贤讲舍。著有《养知书屋遗集》、《使西纪程》等。

湘绮楼故址——湘绮楼为清末湖湘文坛耆宿王闿运建于开福区营盘街的宅院，有一厅一堂，书室二椽。王闿运自题居所为湘绮楼，故人称湘绮先生。"湘绮"表现了他对湖湘绮丽风光的眷恋之情。王闿运（1833—1916），字壬秋，长沙府湘潭人，近代学者和诗人，经学治《诗》、《礼》、《春秋》，宗法公羊。为汉魏六朝诗派的代表作家。早年就读于长沙城南书院，晚年在开福寺办碧湘诗社。光绪十二年（1886）主讲长沙思贤讲舍。民国建立后，被聘为国史馆馆长。

潮宗街公馆群——位于开福区的连升街九如里。九如里是百年前长沙城最繁华最具贵族气息的里弄之一。今天走在小巷里，依稀可见其当年的繁华身影。巷深不到百米，昔日有几座公馆呈"T"字状排列，取"九九如意"之意，计为九如里2号、4号、6号，连升街54号、56号（新62号），多建于1916—1918年，皆民国时期公馆式建筑，其最初的业主，多为民国时期的政要、商界巨子。左边三户依然保存完整，右边的房子已拆除，建成了小高层的居民楼。尽头的三家在40年代被日军炸为一片废墟，现在依然一片荒草。相对于周围修缮一新的麻石街、翘角灰墙的房子，原味本色的三座公馆显得更加苍老、厚重，耐人寻味。九如里4号现陈列有官宦大家庭贺"九如之寿"的场景，展示民间上层做寿文化的浓烈氛围；九如里6号陈列有普通居民做"孩子诞生"或"抓周庆生"民俗场景。连升街社区位于潮宗街历史文化街区的核心区域，内有清代清官、吏部尚书刘权之故居，时务学堂故址等众多著名遗址，历史文化遗存十分丰富，在此街上看门楼，依稀可见昔日繁华，更见岁月沧桑。

刘廷芳公馆——坐落于湘雅路二马路旁铁佛东街72号。刘廷芳于1930年建造，并曾在此居住。刘廷芳（1900—2000），湖南衡阳人，1926年毕业于美国哥伦比亚大学，1929年来长沙，在湖南省建设委员会任职，相继创办湖南省银行、湖南模范劝工场和湖南国货陈列馆。1949年赴美，后入美国籍。在美国创建廷兴公司，任董事长。1980年后6次回长沙，并于1994年94岁高龄时重游国货陈列馆（今中山路中山百货大楼）。2000年，刘廷芳公馆旧址公布为长沙市重点保护历史旧宅。

吊马庄予园公馆——天心区吊马庄1号予园公馆系民国名医刘建勋旧居，为怀念其父刘贲予而命名为"予园"，是长沙市保存最好的民国公馆建筑之一。建筑面积约600平方米，围在青砖围墙内，大门由双重门框组成，外门框突出，砖砌拱顶，内门框用花岗石建造，三围凿有线条，门额上书"予园"二字，大门两旁挂着"流水带花穿巷陌，归云拥树落山村"的对联，更显主人的文化品位。公馆为红砖平房，小青瓦，坡屋顶，中为厅堂，四角为伸出的厢房，呈对称形式，屋内铺木地板，设有防潮层，前院内种植藤树，环境十分幽雅。1940年，刘贲予在日本加入同盟会，回国后购置了吊马庄1号宅邸，1945年其子刘建勋在被"文夕大火"烧毁的原址上新建了一栋三开间的砖木结构中式公馆，名为"予园"，他们父子都曾在这里居住过。时至今日已近百年。

茶馆巷公馆群——位于长沙开福区通泰街盐坪社区，包括茶馆巷9号、15号、20号、22号四座民国公馆，连缀成片，建筑精美，结构纤巧，具有很高的文化文物价值。

9号公馆坐西朝东，两层砖木小青瓦结构，总占地面积约340平方米，原为民国长沙县县长住所，"文夕大火"后部分毁坏，后逐渐恢复。建筑门窗"井"字形，走廊等保持麻石地面，院落、防火墙、立柱、栏杆、楼梯等均保存完好，房屋结构基本保持原状。

15号公馆坐西朝东，两层砖木小青瓦结构，有房间14间，总占地面积218平方米，公馆原主人系国民党某军长，现为私人所有。整座公馆平面呈梯形，北宽南窄，主体建筑呈"L"形布局，风火墙等具有徽派建筑风格。公馆大门为石库门，门旁有石碑，石库门上有割线。现天井、风火墙、立柱、栏杆、楼梯等均保存完好，栏杆以上下错格花纹修饰，房屋结构基本保持原状。

20号系民宅，坐东朝西，一层砖木小青瓦结构建筑，红砖清水墙，占地面积为176平方米。新中国成立后收为公房，先后作派出所、公安局宿舍使用。"文革"期间，为房产公司所有。整座民宅平面呈长方形，门开右侧，进门依次为杂屋、院落、正屋、天井。现院落有一定程度改建，正屋砖缝密实，房柱较好，颇具民国时期建筑特色。

22号公馆始建于1949年初，坐北朝南，为两层砖木混合结构，占地面积约126平方米。原为一资本家所有。三大改造期间，该资本家将房产上交，现属长沙市轻工局所有，住有3户居民。公馆整体平面基本呈长方形，主体建筑与杂屋相对，仅以一过道相隔，含风火墙等，具徽派风格，石库门开于右侧，尚保存完好，木楼梯、木栏杆均保存较好。

上胡家花园公馆——位于开福区上胡家花园2号，为一小型两层公馆，坐北朝南，建筑面积173平方米，建于1949年，今为居民住宅。公馆青砖清水墙，砖木结构，木质楼梯扶手的雕刻手法和图案，明显仿西方葫芦瓶石栏杆做法，注重立体图案感，几何线脚分明，楼梯下部空间组织到居室内形成一个凹室，可作储藏用，西侧为一突出的阁楼，石库门开于东侧，侧楼房间后退，临街形成凉台，坡屋顶上开有错层小开窗，别具一格。为民国时期长沙普通民居的实证。

湖南省会警察纪念堂——位于岳麓山，与半山亭隔道相望，为一栋国民时期民居建筑，建于1935年，占地面积220平方米，坐西南朝东北向，主体建筑为砖木结构，二进，面阔三间，青砖清水墙，青砖地面，坡屋顶，小青瓦，外廊宽2米，方柱，台基高0.9米，三级花岗岩台阶，宽2.3米，74级踏步，歇台两处，拾级而上，即为外坪，以长条花岗岩石平铺。纪念堂全长19.6米，进深6.5米，其中辟陈列室3间，主要陈列三次长沙会战图文，正门花岗岩框门额，系时任省会警备司令部参谋长周翰于"民国二十四年乙亥八月"题书"湖南省会警察纪念堂"。

蓉园——原为民国时期湖南省主席何键公馆，占地面积230亩，建筑面积17000平方米，三面环水，绿树成荫，别墅式的楼房错落别致，景色让人流连忘返，到处都可以闻到花的芳香。春天百花齐放，姹紫嫣红，秋天桂花香味更让人如痴如醉，1955年11月，改为蓉园宾馆，隶属于湖南省委接待工作办公室，是一座园林多功能生态宾馆，被视为"湖南的钓鱼台"。

王东原公馆——位于岳麓山赫石坡，是一栋具有长沙地区中西合璧民居特色的公馆式建筑，建造于1946年，系时任湖南省政府主席王东原所建。公馆坐北朝南，呈方正形布局，占地面积159平方米，为单层砖混结构，坡屋顶，屋面起伏四折，上覆小青瓦，红砖墙体，外粉暗黄色石灰浆，厢房向外突出，花格木窗，前坪置花岗石圆桌、石凳，砾石红砖铺过道，公馆周围有小桥流水，树木葱葱，北面还存有哨卡遗迹。该建筑对研究王东原生平社会活动及民国时期长沙地区传统民居建筑具有重要的历史价值和艺术价值。王东原（1899—1997），安徽人，民国政要，历任国民革命军旅长、师长、长沙警备司令，"七七"事变后，调任湖南省政府主席，1948年6月去台湾，任"总统府"顾问。

唐生智公馆——位于橘子洲南段，是一座带八角楼的两层中西合璧外廊的公馆式建筑。建于1926年，系时任湖南省政府主席兼湖南省军事厅长唐生智所建。该建筑呈曲尺形布局，占地面积312平方米，建筑面积653平方米。屋顶样式为坡屋顶、平顶结合式，盖蓝色筒瓦，墙面上部喷水刷石，中部刷纸筋石灰浆，墙基为花岗石砌筑，设有1米高的架空防潮室，并配备通风设备和陶瓷水落管，既可作为战时防空洞，又兼有防潮、防雨和防水灾功能。房间内设有壁炉，外窗上设有混合型罩阳板，有利于冬季防寒和夏季隔热。唐生智（1889—1970），早年加入中国同盟会，国民党上将，北伐战争期间曾任湖南省代省长，抗日战争期间自告奋勇保卫南京，任南京城防司令，南京陷落后，长期在湖南赋闲，1949年参加湖南和平起义，此后在湖南军、政任职到湖南省副省长等。

方叔章公馆——位于橘子洲街道桃子湖附近。是一处典型的长沙民居风格的近现代公馆类建筑。建于1947年，坐西朝东，约呈长方形布局，占地面积247平方米，长18米，宽13米多，共有大小房间14间。整栋建筑为两层砖木结构，歇山顶，上覆小青瓦，青砖清水墙，外粉白石灰，木格大窗，正面为外廊结构，二层走廊有木栏杆围护。该建筑对研究民国时期长沙地区民居建筑具有重要的历史价值和艺术价值。方叔章（1882—1953），长沙人，1902年留学日本，入早稻田大学，回国后任广东警察学堂堂长，1928年后，任国民政府农矿部、行政院秘书，抗日战争时期，任天水行营秘书长，后辞职。1949年1月，方叔章曾在此设宴邀请程潜周边人士李达、程星龄、邓介松、萧作霖等漫谈时局，促进程潜下定和平起义的决心。新中国成立后，任省人民政府委员，省军政委员会顾问，省人民监察委员会委员，省文史馆副馆长等职。

蔡杞材公馆——位于长沙开福区望麓园街道蔡锷北路稻谷仓一条巷16号。坐北朝南，建于1947—1948年，总占地面积为168平方米，主体建筑为两层砖木小青瓦结构，呈"L"形布局。除主体建筑外，公馆修建时有院落、杂屋等，后围墙被拆除，现仅存杂屋4间。蔡杞材，字可庵，原国民党爱国将领，少将，民革湖南省委名誉副主委，抗日战争时期曾率部参加四次长沙会战。1949年8月，在益阳起义，为湖南和平解放做出了重要贡献。新中国成立后，又为促进祖国统一大业做了大量工作。

程潜公馆——位于韭菜园街道蓉园社区，是一座民国时期修建的，具有长沙地区地方特色的公馆类建筑，建于1930年，坐南朝北，呈半回廊院落布局，占地面积560平方米。公馆中西合璧，两层楼房，红砖清水墙，屋顶为两面坡山屋顶，盖大红瓦，木地板，楼梯、门窗、栏杆做工精巧，建筑前有门楼，后有望楼，具有很强的私密性。程潜（1882—1968），字颂云，长沙府醴陵人，早年就读于岳麓书院，入湖南武备学堂，后留学日本，参加同盟会。曾任湖南护国军总司令、国民革命军第六军军长等职。1948年4月任长沙绥靖公署主任兼湖南省主席，1949年8月4日与陈明仁联合宣布起义。新中国建立后，任湖南省省长，全国人大常委会副委员长等职。当年，此公馆是程潜与中共代表商谈湖南和平解放相关事宜的接头地点之一。

伍厚德堂——位于天心区坡子街，是一栋中西合璧的近代公馆建筑。伍厚德堂建于1946年，是长沙裕顺长钱庄经理伍芷清的公馆。1951年江南机器集团有限公司购得，现为该公司驻长办。该建筑坐南朝北，南北长43.4米，东西宽25.6米，占地面积731平方米。砖混结构，粉墙维护，坡屋顶盖琉璃瓦。公馆台基高60公分，正门前有如意踏垛，中为厅堂，两侧厢房。西北角有八角楼，东北角厢房突出，天井将公馆分隔为前后两部分，以走廊相连。楼梯设在天井东北，主体2层，中间4层包括阁楼和露台。南面为庭院，现修建客房，庭院下有藏金库和密道。伍厚德堂对研究近代长沙商业发展及长沙公馆建筑的形制演变，都具有重要的历史价值和艺术价值。2005年列为长沙市文物保护单位。

中苏友好馆——位于五一大道844号，现为长沙市口腔医院。建于1956年，坡屋顶，大红瓦，拱式门窗，正中的门楼面阔三间，向前突出，人字形屋顶与大楼大屋顶垂直，建筑装饰特色鲜明，门楼两侧门窗的形状、装饰和数量呈对称分布，这是苏式风格建筑的突出特点，打上深深的时代烙印。1959年，毛泽东回韶山路过长沙，在省委领导陪同下，来这里参加过联谊活动。20世纪50年代，中苏同盟关系确立，开辟了以后近十年两国间"亲如兄弟"的友好时期。半个世纪过去，五一大道几经扩建，当年的房屋基本不存在，只剩下这座苏式建筑，屹立于高层写字楼林立的繁华街边，为这段友谊作了无声的见证。

长沙古城里，从明至清还出现了一种带有明显的地域性和行业性文化特征的建筑，那就是会馆。

长沙城里的会馆，始于商业和手工业比较发达的明代中叶，到清代时开始兴盛发展。其建筑形式，类似于祠堂，一般由外地商人、迁徙的移民或手工业行会集资兴建。会馆里，每年要定期举行隆重的宗教祭祀活动，故会馆的名称也有以"宫"、"殿"相称的。这一类建筑，从另一个角度，例如其建筑风格、式样、装饰方法等方面而言，是对长沙古建筑文化艺术的一种补充与丰富。比较著名的会馆建筑有：

山陕会馆——位于坡子街，1664年（康熙三年）建，1794年（乾隆五十九年）和1845年（道光二十五年）曾两次重修，形成前后三栋（中为关帝大殿，后为观音阁，四边客厅）的建筑群。

苏州会馆——位于福胜街，建于康熙年间。该建筑规模宏大，进门为戏台、方坪；正栋关圣殿，左为文昌宫，右为财神殿，中为翠波阁；后进中为大雄殿，左雷祖殿，右杜康祠。

此外，福胜街上还有中州会馆、太平会馆，怡长街上有粤东会馆，鱼塘街上有湖北会馆（1684年建），西牌楼有云贵会馆（1866年建），太平街上有江南会馆，坡子街上有上元会馆等等，皆为外地商人兴建的地域性行业性会馆。

前面谈到，长沙城里古井多，其实，古桥比古井还多，而且影响更大，故事也动人。这种现象虽然奇特，却也不难理解。

长沙北临洞庭，湘江穿流而过，境内又有河汊溪流，自古以来便有"水乡"之称。为了克服"川泽之阻"，很早便有造桥之举，明清时代尤盛。据清同治《长沙府志》载，长沙县有清泰桥、学仕桥、范林桥、万古桥等253座；宁乡有玉潭桥、惠同桥、石灵桥、梅溪桥等472座；浏阳有沿溪、拱北桥、铜坑桥、老女桥、荣波桥等434座；善化有惊马桥、滦湾桥、桐木桥、暮云桥等255座。1937年的长沙《力报》上，有"长沙九井十三桥"的报道，所谓九井是青石井、螃蟹井、水风井、泉嘶井、伍家井、洪家井、路边井、桃花井、桂花井，十三桥则是指青石桥、司马桥、戥子桥、阴功桥、一步两搭桥、孙家桥、培元桥、活源桥、顺星桥、登瀛桥、文星桥、落棚桥、流水桥，这只是城内与公众生活息息相关的名井名桥，至于城外的，还不在"九井十三桥"内。

这些桥，或为木质或为石材，或许造型结构简单，却为古代长沙人的生产与生活，提供了极大方便，虽然早已踪迹全无，却给名城留下了形形色色带桥的街巷名称，展现出古长沙特有的历史文化风貌。例如，今天经常听到的"活源桥"、"培元桥"、"广济桥"、"浏城桥"等地名，就本源于桥。活源桥东起寿星街，西止高升巷，据考证原为唐代长沙城护城河上的一座石桥；培元桥西起寿星街，东止孙家桥，也是古代护城河上的桥，今尚存西头一段。设于培元桥边的"嘤鸣社"，乃是辛亥革命时期革命党人的秘密联络点之一。

据说，1952年，长沙修筑五一路时，曾在今天五一大道旁的湘华宾馆前，挖出一条城市中心的唐代河流遗迹，一艘4米多长近千年的唐代木船，就躺在青色的淤泥中。后来又在旧时长沙城外的伍家岭，发现有隋代的古船。试想，古代长沙城里，流水泱泱的河面上，架起一座座大大小小的桥梁，一只只或载物或载人的木船，缓缓地穿行于长沙古城，两岸街道纵横，店铺林立，那即使没有"清明上河图"的繁华，也至少有"小桥流水"的优雅吧？

还值得一提的是，长沙城桥梁建筑史上，那座被遗忘了的近代桥梁——键桥。那是 20 世纪 30 年代，长沙最长最雄伟的桥。当年，长沙城北郊新河镇，是长沙工商业最发达的小镇，为了沟通长沙城北与新河三角洲间的马路，时为湖南省主席的何键倡修了这座桥。这是一座"长二百七十五尺，广二十四尺，高四十尺"的 11 孔石拱桥，因 1938 年被日机连番轰炸而受损，又因新河淤塞，终被废弃掩埋，部分桥孔成为涵洞。比键桥更令人伤心的，是长沙河西的名桥望麓桥，当年为阻挡日寇铁蹄践踏长沙，不得不派出有关桥梁专家，于 1939 年奉命炸毁亲手修筑的桥梁。

长沙城里，关于古桥，还有许多感人动人的故事。有心者若能收集起来，足可以写出一本厚厚的"长沙古桥史话"。我们这里则要越过古代，去领略长沙那"九龙过江"的现代华彩了。

原来，自 20 世纪建筑第一座橘子洲大桥开始，湘江上接连不断地奏响建桥凯歌，"八桥一隧"——是为"九龙"。

橘子洲大桥（1971 年 9 月—1972 年 9 月）；

银盆岭大桥（1987 年 9 月—1990 年 12 月），当时中国最大的斜拉索桥；

月亮岛大桥（1994 年 9 月—1997 年 5 月），铁路公路桥；

猴子石大桥（2000 年 9 月—2004 年 5 月）；

黑石铺大桥（2000 年 9 月—2004 年 5 月）；

三汊矶大桥（2004 年 4 月—2006 年）；

营盘路过江隧道，2011 年 10 月 29 日通车，从湘江河底穿过，总长 2.8 公里，被誉为"湘江第一隧"……

即将建成通车的一座又一座湘江大桥，为长沙增添了一幅幅美丽的图画。新桥与古桥交织，恰如城市岁月深处的琴弦，正日夜地弹响着新时代的"山水洲城"交响曲。

在这部"交响曲"中，还有一些奇特的"音符"，这就是古亭，古塔，古花园，古驿站，古港，古牌坊，古旅社，古菜园，古龙宫，古枫楼，古堆栈，古塘，古卡，古书社，古路，古民居，古墓葬等。

长沙古城，从秦始皇设郡而治，三千年来，浓厚的文化底蕴，给长沙留下了众多的名胜古迹，有的历历在目，有的却已消失在历史的尘封中，不见踪影了。例如雨花亭、八角亭等，只闻其名，不见其亭。虽然有座中山亭，其建筑年代却并不很古，如果不是因为黄兴北路保护性改扩，也许将湮没于尘灰之中了。清同治《善化县志》载，雨花亭在城南黄土岭之东，祀李公普佑真人。咸丰三年（1853）毁于兵火，后由百姓重修。当地老人回忆说，雨花亭庙由李公庙、关帝庙（亦称慈善堂）和雨花亭三大建筑组成，外加杂屋和孝堂，占地约 6000 平方米，坐北朝南，地势高拔，规模宏大，气宇轩昂。庙前有大坪，约四五亩，坪前有条麻石路，为长沙通往醴陵、江西的驿道。路边有口塘，水面约八亩，名掩山塘。前坪绿树成荫，有百数株合抱粗的梧桐，庙前还有两株四五人合抱粗的大樟树，遮天蔽日，景色秀丽。庙门三拱，中门上方嵌有"雨花亭庙"四个白底黑字，外墙绘红龙白马、八仙过海等。雨花亭庙始建年代不详，旧时香火旺盛，1942—1944 年日寇四次进犯湘北，慈善堂、关帝庙及雨花亭均被日寇坦克夷为平地，仅李公庙保存完好。1952 年土地改革，李公庙收归公有，"雨花亭庙"四个字被铲除，1956 年庙址被国家征用建厂，庙前的掩山塘也全部被填平了。虽然有名无实，但雨花亭却留给星城市民一份难忘的眷念。

中国大地上，许多地方都保存有古塔。作为佛教的象征物，塔虽说是随着佛教的传入而产生的，但如同佛教中的禅宗一样，印度佛教中放"舍利"的古塔，其实也中国化，已成为中国古代建筑类型中一朵晚开的新花，它将外来的因素与传统的建筑艺术结合起来，反映了古代工匠们的聪明智慧和创造才能，其建筑艺术与施工经验，至今仍被广大建筑工匠使用着。长沙古城也有塔，例如湘春塔就是。湘春塔也称湘春阁或开元塔，系唐开元年间法华禅师铸佛 3 尊，并造塔祀之。其塔自下而上共 7 层，有铁柱如幢，上刊宋潭州判官李思明皈依慈氏佛发愿文，清咸丰二年（1852）毁于战火，铁柱移置长沙学宫内。此塔就在湘春门外，与塔同立的还有关帝庙，民国时关帝庙改为辛亥革命烈士祠，今为开福区少年宫所在地。清人熊少枚有《湘春阁》诗叹曰：

> 马王城外开元塔，片片苔花蚀铁幢。
> 劫火千里侵佛国，断云孤影插湘江。
> 林鸦如叶阵初散，檐马无风声自撞。
> 长啸振衣凌绝顶，离骚一卷酒瓢双。

旧时，长沙城里还有许多私家花园。中国私家园林建设，南宋时代是黄金时期，朝廷南迁，富商巨贾、文人才子云集江南，文人画和山水诗盛行，文化气氛活跃，有钱的富家和有钱又有闲的知识分子对自己的居所，进行如诗似画的设计，造园之风盛极一时。长沙城里的私家花园，虽然可能始于五代长沙王马殷时代，却也是在宋代形成规模和气势的，明清时代依然不衰。例如，潮宗街南侧中部有一处叫"梓园"，据载原为清乾嘉间礼部尚书刘权之公馆的后花园，清末民初花园荒废，形成街巷，仍名梓园。又有雷家园，南起中山西路，北止福庆街，相传旧时为雷姓家园。还有荷花池，清代的荷花池在形态上已与园林类似，建有远香亭、回廊，池中杂植菱荷，以飞桥将水面分割成不同区域，有依假山走势砌筑的花墙，门楣上挂有"纳凉深处"匾，有台榭名"有君子风"，巡抚杨锡绂还题写了对联："时依曲栏贪看水，不安四壁怕遮山。"传说荷花池从营造到清末变为废墟，历经近八百年雕琢，它的美与它的凋零，也像荷花一样。但是，道县人、清代诗人和著名书法家何绍基（1799—1879）题为"慈仁寺荷花池四首"的诗，却给我们留下了这家园林的历史痕迹。其一曰：

> 坐看侧影侵天河，风过阑干水不波。
> 想见夜深人散后，满湖萤火比星多。

荷花池的位置，就在今湖南日报社一带，那块地面曾经建过寺庙、学校、公馆、私寓，但留名至今的，只有"荷花池"。《宋史·五行志》上说，绍兴元年（1131），荆湖南路总管孔彦舟，曾在长沙府城荷花池内出土了一块玉石，可以刻御玺，要献给偏居临安的皇帝赵构。由此推想，最晚在南宋时期，这处园林已经出现了。

历代名人咏长沙的诗词中，咏驿站的不少。例如，唐代著名文学家柳宗元（773—819）有《长沙驿前南楼感旧》："海鸥一为别，存亡三十秋。今来数行泪，独上驿南楼。"明代江盈科有《临湘驿夜雨》："山馆支床梦未成，芭蕉叶上可怜声。居人争绘潇湘景，偏是今宵不忍听。"清代诗人姚鼐（1732—1815）有《由桥头驿至长沙》："杂树接行云，晨朝吐清气。遥望西峰顶，已上丹霞蔚。远山状一同，近岭形千汇。洞雾忽成荫，岩萝密如衣。冷风发空响，幽怀多骛骈。渐出深谷口，始纵秋泉沸。湘帆转昭旷，涂夷画经纬。遄往凑舟车，趋来孰泾渭。物象倏以迁，亭午待犹未。缅忆独居情，将毋拘俗畏。"

驿站，是古代传递公文的人和出差官员途中歇宿、换马的处所，这一建制和建筑，至少在唐代就有了，一直到清代还有。柳宗元笔下的"长沙驿"，有说在长沙县南，也有说是今南湖港一带。江盈科诗中的"临湘驿"，据

《湘城访古录》记载，"在长沙县前五里，明置"。明清时代的长沙县署，在今潮宗街附近，据此推测临湘驿当在今小吴门外一带。诗人杜甫也有"杜陵老翁秋系船，扶病相识长沙驿"，"江畔长沙驿，相逢缆客船"等诗句，据考证，其诗中的"长沙驿"，大概是今湘江路中段和西湖路交界处。姚诗里的桥头驿，在长沙城北 20 公里处，现为望城区桥头驿乡政府所在地，自唐宋以来即为长沙通湘阴、岳阳古道上的一个驿站，后发展为一个小镇。

对于现代人来说，驿站已是十分陌生的名词了。但在历史上，它却是极有意味的处所，读古典诗词，人们总会记得"一骑红尘妃子笑，无人知是荔枝来"的名句，《新唐书·杨贵妃传》里说："妃嗜荔枝，必欲生致之，乃置骑使送，数千里，味未变。"岭南的荔枝送到长安时，还是那么新鲜可口，这都是那派送荔枝人的功劳，他们骑着马，穿过一个又一个驿站，风驰电掣般疾奔而行的情景，可想而知。所以，在漫长的历史时空中，驿站所隐喻的气息，所含有的诗性和历史意味，真是令人揣想不已。史载唐代全国共有 1639 座驿站，其功能大概同现代的招待所差不多吧？历史上到过长沙的诗人很多，他们都肯定路经长沙的驿站，并且在那里住宿过。

长沙城里，许多"古"字号建筑，例如古港、古牌坊、古旅社、古龙宫、古楼、古堆栈、古塘、古卡、古书社、古路、古民居等，即使没有在"文夕大火"中毁灭，或者虽毁而后又重建了，但在历史的尘埃和飞速发展的现代化进程中，几乎都已淹没，或荡然无存了，即使留有口耳相传的掌故，甚至还有典籍文献的记载，也早已化为这座城市的氤氲底色。唯有几处古墓葬，倒是还保存得较为完好的。例如：

韩玄墓。位于天心区学院街街道登仁桥社区学院街，长郡中学西围墙边，是座东汉末期具有长沙地方墓葬特色的名人墓，坐西朝东，墓冢建于台基之上，以花岗岩垒砌四周，高 1.39 米，东西长 1.6 米，南北长 2 米，平面呈长方形，中间为土冢，墓前竖有花岗岩墓碑，阴刻楷书碑文"汉忠臣韩玄之墓"字样。韩玄，汉献帝时任长沙郡太守，建安十三年（208）赤壁之战后，率部将黄忠归附刘备。该墓对研究东汉末年长沙历史及东汉长沙地区墓葬形制具有重要的历史价值。

福王陵园。福王陵园为南宋福王赵汝愚墓，坐落于妙高峰北麓，葬于南宋庆元二年。赵汝愚（1140—1196），宋宗室，字子直，江西余干人，宁宗时为右丞相，以爱国忧君著称，力主抗金，后为权臣所忌，贬为宁远军节度使，赴永州途中于衡阳遇害，后遗体运至长沙，葬于此处。清宣统二年、墓重修。墓前有香炉、华表。民国丁丑年冬两次重修，嵌"福"字围墙，依山而立，内有青石小径环绕，东南"福"字山亭翼然。东边古朴石门上刻"福王陵园"四字。整个陵园绿草、青竹、古树掩映，更显幽静、肃穆。省级文物保护单位。

曾国藩墓。位于望城区坪塘镇桐溪寺后伏龙山上。清同治十一年（1872）曾国藩去世，灵柩运抵长沙，当年葬于长沙南门外金盆岭，次年改葬于此，与其夫人合葬。墓占地面积约300平方米，墓冢为三合泥拌碎石混合封堆，上铺砌花岗石，呈半球形，底径5米，高2米。茔地以花岗石墙围护。墓后立碑三通，主碑刻楷书碑文"皇清太傅大学士曾文正公·品侯夫人欧阳夫人之墓"，附碑为龙纹浮雕。墓前有拜台，祭坪约50平方米，东西两侧各立石阙一个，分别刻"曾太傅墓东阙"、"曾太傅墓西阙"，系李鸿章撰、黄自元书，叙述曾国藩生平功绩。省级文物保护单位。

何绍基墓。位于天心区新开铺石人村石竹坳东山坡上。那是一座具有地方特色的晚清墓葬，坐东南朝西北，冢为半球形，墓围花岗岩，正前面有墓栏，墓碑位于墓冢正后方，共三块汉白玉碑，花岗岩顶为四面坡庑殿顶，主碑高2.8米，宽1.8米，阴刻楷书"何公子贞大人墓"，两侧碑刻何绍基生平，墓前有华表、香炉、石凳、石桌等。何绍基，字子贞，号东洲居士，道州（今道县）人，晚清著名诗人、书法家。清同治十二年（1873）秋病卒于苏州。著有《东洲草堂诗钞、文钞》、《说文段注驳正》等。何绍基墓对于研究何绍基生平活动、晚清长沙艺术家人文心态及墓葬形制，都具有重要历史价值和艺术价值。已列为长沙市文物保护单位。

王易墓。位于天心区裕南街街道南站社区金陵墓园地，是一座现代名人墓葬。坐东北朝西南，包括墓冢、墓围、墓碑三部分。呈半椭圆形，东西长2.2米，南北宽0.95米，墓碑高0.95米，宽0.39米，厚0.14米。墓碑上纵向楷书阴刻"南昌王公易大人之墓"，墓冢外围用砖砌一周，并用水泥粉刷，中间为土质。据考证，王易（1887—1956），字晓湘，号简庵，前京师大学堂毕业，历任前中央大学、复旦大学、中正大学教授、院长等职，50年代后任湖南文史馆馆员，著有《国学概要》、《乐府通论》、《修辞学通诠》、《词曲史》等。王易墓为研究长沙近现代文化审美情趣与墓葬形制提供了实物资料。

6. 石刻史书（下）

· 庙宇占名山，香烟袅袅，晨迎暮送，但求梵呗普度苍生
· 教堂立闹市，祈祷声声，春去秋来，唯愿福音广播天下

　　北宋文学家王禹偁（954—1001）在《潭州岳麓山书院记》中，有几句话说得很有意思：他说："谁谓潇湘？兹为洙泗。谁谓荆蛮，兹为邹鲁。"他将当时的长沙与孔孟故乡相提并论，可见这位文学家对当时长沙文化教育的评价之高。长沙既为"潇湘洙泗"，当然少不了孔庙或文庙这类建筑。在独尊儒学的那个时代里，这是彰显一座城市教化水平的标志性建筑，旧时几乎每个县里都有，长沙岂能没有?!

　　文庙是供奉儒家学说的创始人孔子的庙宇，因而又称孔庙、孔圣庙、夫子庙。自唐以后，文庙与官学结合，以附"左庙右学"之制，故又称学庙、学宫。据史书记载，自宋以来，长沙先后建有长沙府学宫、长沙县学宫、善化县学宫等文庙建筑，明清两代曾多次修缮增建，其规模日趋完备，建筑形式主要采用官式做法，红墙黄瓦，在城市建设中形成显著标志和突出地位，巍峨而又庄严。

　　长沙府学宫。在古城正南门右（今学宫街左），始建于宋朝，元末毁于兵火。1374 年（洪武七年）重建，后屡有增修。史载，整座建筑的形制，外为棂星门、泮池，中为圣殿即大成殿，是祭祀孔子的殿堂。东边为教授署、明伦堂、文昌阁、屈子祠等，西边为训导署、名宦祠、乡贤祠等。东南角建有高大的魁星楼，俯瞰学宫。教授署、训导署是知识的殿堂，名宦祠、乡贤祠则是供奉本地著名官宦贤儒的场所。

　　长沙县学宫。宋时在定王台旧址，1276 年（至元十三年）移建长沙府学宫之右，1370 年（洪武三年）迁建于长沙县署东之烟霞巷，1378 年迁建于北门外，明末毁于兵火。1658 年（顺治十五年）重建于大西门内，1683 年（康熙二十二年）复迁于北门外旧址，1708 年巡抚赵申乔再建于新开门内（今红墙巷一带）。中建大成殿、启贤祠（1724 年即雍正二年改为崇圣祠）。左为名宦祠，右为明伦堂、乡贤祠。自1783 年（乾隆三年）始，长沙县学宫多次增修、改建，"圣集大成"、"圣协时中"的御书金字题额，始终高高

悬挂于殿堂之前。因四周有红墙围绕，又留下有红墙巷的地名。

善化县学宫。宋时在城南兴仁坊，元末毁于兵火。1370 年（洪武十三年）重建于长沙府学宫左，1562 年（嘉靖四十一年）迁建于南门左（今文庙坪一带），后因两次兵祸，屡建屡毁，规模渐阔。

后人所称的西文庙，位于天心区文庙坪巷西文庙坪。北宋治平元年（1064），潭州知府吴中复将庙学改为州学，开长沙府学之端。当年五月落成时，王安石闻讯后还写下《潭州新学诗并序》，此后长沙府学屡载入史册。此学宫大概于明清时代曾多次修缮，清同治五年（1866），湖南巡抚李瀚章修缮时还立有牌坊，但 1938 年毁于"文夕大火"，那里仅存牌坊以及文庙坪、修文街、登瀛桥、东学巷、西学巷、学宫门等街名，成为古城沧桑的见证。

这座古牌坊，坐东朝西，为三间四柱三楼牌楼式牌坊，重檐庑殿顶，仿木结构，柱与枋及各部分之间均为榫卯结合，所有构件都用长沙丁字湾的麻石制作。牌坊正门额坊的上部阳刻"道冠古今"四字，背面阳刻"贤关"二字。正门上下坊雕有"二龙戏珠"、"狮子绣球"等图案，其余枋及正脊上分别刻有麒麟、卷草等纹饰。正脊两端为龙头鱼身吻兽，中间有宝葫芦，檐下均有镂雕花板。西文庙坪牌坊是长沙老城区内保存完整的古牌坊，也是旧时长沙最高学府仅存的完整建筑。整个牌坊显得厚重，端庄大方，所有雕刻，刀法细腻，做工精致，体现当时高超的艺术水平，具有较高的艺术价值和文物价值。2005 年公布为市级文物保护单位。

长沙城里的文庙建筑，虽随历史的风云消失了，但浏阳市的圭斋路上，那座也是始建于宋、发展于明、成制于清的浏阳文庙，却至今保存较为完整，是长沙地区文庙建筑的最好历史遗存。先人留给我们的这份珍贵的历史文化遗产，真的应该好好保护了。

这里，又谈到"庙"了。

庙，是旧时奉祀祖宗、古代贤哲特别是神佛的地方。庙也就是寺。寺本来是古代的官署名称，除帝王的宫殿之外，要算是较高贵的了。佛教在东汉时代传入中国时，为印度高僧修建的房屋，就命名为寺。此后，佛寺这一名称便成了佛教建筑的一种用语。

宗教建筑则不仅有佛教，还有道教和其他宗教，在名称上或曰塔、庵、坛、观、宫、殿、祠等，在西方则有教堂，中国民间习惯于统称之为"庙"。

庙在中国古代，可真是一道特别的风景。说是"特别"，因为它历史悠久，又到处都有，而且多是建筑于风景优美的名山胜地，建筑十分宏伟壮观。有道是："天下名山僧占多。"那是一点不假。现在保存下来的大部分寺庙等，是中国古建筑技术与艺术的精华。这类建筑物的功能，虽然不是作为生产，也不是作为生活的物质资料，它却具有作为上层建筑意识形态方面的政治表现、艺术欣赏、历史见证等作用。这些作用并不因历史的发展而衰退，也不随社会的进步而落伍。相反，历史愈发展，社会愈进步，愈觉其光彩焕发。正如马克思说的："希腊艺术和史诗是与社会发展的某些形成相关联，供给我们以艺术的享受，而且在某些方面还作为一种标准和不可企及的规范。"恩格斯对法国唯物主义早期的文献，也作了这样的评价："如果考虑到当时的科学水平，那么就是在今天看来，它们的内容仍有极高的价值，它们的形式仍然是不可企及的典范。"今天，当我们参观一座庙宇或教堂时，对于那些奇特的建筑，那些至今尚保存完好的寺观坛殿教堂那种庄严、古朴、雄浑的技艺，人们不是常常惊叹不已，往往要被其非凡的创造力所吸引么?!

旧时的长沙城里，就有许多非凡的宗教建筑。例如——

佛教建筑有麓山寺、开福寺、铁炉寺、洪山寺、洗心禅寺等。

据说，佛教在湖南传播，大概是公元 3 世纪 60 年代。司马炎灭蜀，逼魏帝"禅位"，改国号为晋的第四年，敦煌菩萨竺法护的弟子竺法崇从江左来到长沙，创建麓山寺。于是，就有了"汉魏最初名胜，湖湘第一道场"的古麓山寺。该寺位于岳麓山腰，南朝刘宋时始为塔院形制，梁、陈两代不少名宦留书藏石，别构正殿，寺院规模日益扩大，唐代麓山寺更是气势磅礴，殿堂华丽。但 1700 多年来，历经刀兵水火，屡毁屡建，仅山门、观音阁和虎岑堂还是旧观，也只是清康熙年代的遗存了。大唐诗人杜甫留有名诗，唐大书法家李邕撰有《麓山寺碑》纪其胜，清人马续常所撰寺联概括了寺的地灵人杰，联云：

> 古刹出层霄，看岳色平分，湘流环绕；
> 名山留胜迹，有少陵写句，北海题碑。

开福寺是我国古代佛教禅宗临济宗杨岐派的著名寺院，始建于五代后唐天成二年（927）。当时，楚王马殷之子马希范将行宫会春园的一部分，施舍给僧人保宁，创建了开福寺。楚王在附近大兴土木，使开福寺一带成为著名的风景胜地，并形成开福寺十六景，即：会春园、紫微山、碧浪湖、白莲池、放生池、龙泉井、鸳鸯井、凤嘴洲、木鱼岭、祓褉亭、回步桥、舍茶亭、清泰桥、舍利塔、嘉宴堂、千僧锅。千余年来，经过多次改建重修，今存建筑为清光绪十三年（1887）重建，民国十一年（1922）又有改建修葺，20世纪50年代曾有两次修复，"文革"中损毁严重。1983年重新开放为佛教场所，进行了全面修缮。除大悲殿为现代建筑外，其余均为清代建筑。

据传，开福寺历史上高僧辈出，其中还有几个特别著名的人物。宋初有个擅长医药的洪蕴和尚（936—1004），俗姓蓝，长沙人，13岁出家，禅诵余暇，兼攻医术，后游京师，以医术知名。宋太宗赵光义太平兴国年间，诏求医疗经验，洪蕴录数十处方献之。宋真宗咸平初，洪任僧官，补右街（衔）首座，转左街（衔）副僧录，景德元年（1004）卒。

宋徽宗时，又出了一个著名禅宗人物，禅宗史上称为开福道宁（？—1113），是开福寺的中兴祖师，他是歙溪（今安徽省歙县）人，俗姓汪，初为道人，后在金陵（今南京市）蒋山削发为僧，属临济宗杨岐派。这时期该寺僧侣云集，达五百余人，其中还有入宋求法的日本僧人，法脉因此东传，与日本禅宗的传播发生过一定的关系。光绪末年，著名诗僧笠云（1837—1908），创办湖南僧立师范学堂于寺内，光绪三十一年（1905）他还应日本佛教界人士的邀请，率众僧人东渡日本，访问参观。

北宋末年，开福寺已成为一个别具特色的风景区。南宋时，著名理学家张栻，游览开福寺后，写过一篇《题开福寺》的散文，极言其风景秀美。历代都有官宦和文人墨客来开福寺参拜、游览，因此留下了许多名诗。例如：

> 最爱招提景，天然入画形。
> 水光函镜碧，山色拥螺青。
> 抱子猿归洞，巢云鹤下汀。
> 从容坐来久，花落满闲庭。（明·李冕《开福寺》）

> 古刹何年创，荒碑老杜蘅。
> 偶来参佛理，顿觉涤尘情。
> 锡振霜沉壑，钟敲月在楹。
> 老僧宣贝典，香雨落残更。（清·周烈《宿开福寺》）

> 秋入长沙气更增，上方深处羡枯僧。
> 吟诗兴待虚堂月，济世心依退院灯。

孤塔势浮苍霭外，疏钟声度白云层。

过江我欲寻黄独，岳麓山高好共登。（清·胡壮生《同诸寅丈游开福寺》）

招提宏敞大江边，选胜还疑结凤缘。

树老青岩频碍月，花深白社但闻泉。

绳床石几如相假，野火兔灯共一然。

甚笑尘踪成底事，好抛生计学逃禅。（清·王仕云《晚憩开福寺用壁间韵》）

良辰相约散春愁，近郭轻裾各自由。

百战岩都余宝地，千年胜建照湘洲。

却寻幽径还穿水，为惹闲情怯上楼。

淮北汉东俱在眼，白云飞鸟共悠悠。（清·徐则论《春日同杜振公登开福寺后阁》）

兰若幽深曲径通，秋飙招隐步林丛。

到来定衲闲清磬，听去归潮趁晚风。

新竹绕郭迎面绿，高霞映水入眸红。

不堪兴废惊林谷，却喜招提伴翠峰。（清·朱前诒《开福寺》）

漫游宁畏朔风狂，踏破深林上戒堂。

树色尚连湘水绿，烧痕疑带阵云黄。

衔花鹿自游仙界，酌酒人谁泛羽觞。

还约春明晴月上，梦回高阁听沧浪。（清·李佐《冬日游开福寺》）

　　开福寺位于开福区湘江东岸的凤嘴附近，即今开福寺路。坐北朝南，呈三进纵向中轴对称，天井院落结合布局，南北长，东西窄，主要建筑有山门、三大殿及两厢堂舍等。正殿为大雄宝殿，供奉释迦牟尼，法身高大，金碧辉煌，四周有十八罗汉簇拥。后殿供毗卢佛，左右两壁又有五百小罗汉，形态各异，栩栩如生。民间流传罗汉以测吉凶，即以任何一个罗汉为起点，按自己年龄，数到最后一个罗汉，寺内即按罗汉的号数，售予卦签一张，但文辞已有所修饰，虽有吉凶预测，仍以劝谕守正行善为主，这也可说是一种进步吧。光绪十二年（1886），王闿运等 19 人，在此组织碧湖诗社，一时传为文坛盛事。次年，徐树钧撰有《长沙开福寺碑》，今存。寺内有副楹联：

"斋鱼敲落碧湖月，觉、觉、觉、觉，先觉后觉，无非觉觉；清钟撞破麓峰云，空、空、空、空，色空相空，总是空空"，哲学意味甚浓。山门为三间四柱花岗岩牌坊式建筑，上作三层短檐，盖黄色琉璃瓦，中置宝顶，鳌鱼鸱吻。门枋上分栏为浮雕彩绘，或为人物，或为树木花草，色泽斑斓。殿宇宏丽巍峨，规模可观，山门横额"古开福寺"四字系陈海鹏于光绪十七年（1891）题，石联"紫微栖凤，碧浪潜龙"，据说是嘉庆年间一个叫韩封的书法家所写，乃文物、书法之上品。整体建筑布局严谨，规模宏大，风格典雅，装饰华丽，既体现了宗教建筑的庄重肃穆，又充分展示了南方传统寺庙建筑的独特魅力，是湖南地区现存寺庙建筑的重要代表之一。省级文物保护单位。

铁炉寺位于开福区捞刀河镇汉回村铁炉冲。此地四面环山，西边低阔，中为腹地，形状酷似古人烧饭用的铁炉锅，故名铁炉冲。铁炉寺大小建筑 60 余间，错落有致，依序建有大雄宝殿、念佛堂、清规堂、香积厨、斋堂、息心所、海会堂以及山门、寮房等。清康熙辛巳年间（1701）百隆普振禅师创建。寺中有一座光绪二十八年（1902）百隆堂子孙为十三世南泉清太和尚所建的普同塔，塔上所列徒众名单有 4 代 27 人之多。由此则可断定该寺在清末住僧不少，是一个颇具规模的中型佛教道场。寺中所存两通石碑，一系同治十一年（1872）所立，碑文内容是：本寺僧人开悟因故离寺，请人作证留下凭契，将寺院及屋契卖与僧人悟一名下。另一块立于民国二十年（1931），上载"铁炉寺深藏山谷，古茶蔚起，形似鹫岭祇园；水秀山环，恰似蓬莱方丈"。立此碑的是比丘尼妙谌、妙觉、真修等。可见民国时期铁炉寺已由禅宗改为尼庵。1995 年，铁炉寺在晓忏法师的主持下，全面修复，并举行了佛像开光典礼。这里的佛像排列与众不同，中为如来佛，后为观音菩萨，左右为普贤、文殊二菩萨，两边是二十四诸天，地藏菩萨建在大雄宝殿的右山。

洪山寺位于长沙市城北捞刀河畔，毗邻长沙大学和山鹰潭度假村。昔日每当山洪暴发，浏阳河、捞刀河水从南北两个方向呼啸而来，为山所阻，水石搏击，轰然巨响，浪高数米，声如洪钟，而山崖巍然屹立于洪峰之间，故名洪山。该寺始建于明代，原名麓峰寺，后于清康熙年间重修，改名为洪山寺。洪山寺现占地面积 20 亩，有山门、天王殿、大雄宝殿、佛光塔、地藏殿、伽蓝殿、玉佛殿、念佛堂、般若楼、凤鸣阁、一味亭、客堂、斋堂、僧寮等建筑，面积近 6000 平方米。寺院依山傍水，峰峦叠嶂，林木葱郁，白鹭飞舞，环境清幽，景色宜人。原庙毁于 1958 年。80 年代洪山寺得以自建，香火颇旺，加之山鹰潭度假村的映衬，游客渐多。

洗心禅寺位于望城区黄金镇。据《善化县志》载，洗心禅寺原名洗心庵，为清初汉月法藏禅师创建于明光宗泰昌元年（1620），至今已近 400 年。开山以来，寺院佛事兴隆，高僧辈出，如清末开福寺的方丈体辉大和尚，原中国佛教协会会长一诚大和尚等，都出自洗心禅寺。民国年间，寺院规模宏大，殿堂屋宇建有三进 10 间，住僧 70 余人，置水田 200 亩，山林菜地 200 余亩，实为长沙一大寺宇。1958 年"大跃进"中该寺被毁。一诚长者为回报故土恩情，从 2004 年开始主持修缮。新修的洗心禅寺占地面积 500 多亩，主体建筑 12 栋，建筑面积逾 3 万平方米，2006 年 12 月 28 日举行了盛大的落成开光法会。

道教建筑则有云麓宫、东岳宫等。

云麓宫位于岳麓山云麓峰顶，唐代为道教二十三福地——"洞真虚福地"。其始建年代不详，明成化十四年（1478）吉简王朱见浚就藩于长沙时曾予修复。该建筑取宫殿形制，但旧宫早已废圮。嘉靖年间（1522—1566）长沙府知府孙复命道士李可经主持修葺，并增植松、柏、桐、梓及篁竹千株，使观宇周围风景焕然一新。隆庆年间（1567—1572），又有道士金守分在这里修炼，并募捐拓地，增建堂殿，改名云麓宫，筑屋 5 间，凿石为柱，覆以铁瓦，以抗风雪。清康熙初年（1662—1722），长沙分巡道张璿重新修葺，以后续有增建。同治元年（1862）于门前筑一小亭，亭外又增五岳、天妃二殿。次年武当山太和宫道士向教辉来宫主教事，集道友募化捐资，按昔日规模重葺道宫。抗日战争时，宫观遭破坏，今仅存吕祖殿、祖师殿、三清殿部分建筑，石柱铁瓦仍在，拾石捌瓦，叮当有声。

东岳宫始建于唐开元十三年（725），距今 1200 多年。古时东岳宫南临熙宁街，北抵湘雅路，西距湘江，有古船码头做伴。清同治年间（1862—1874），东岳宫住持侯理年募捐重修道观，宫分三进，前为灵官殿，中为祖师殿，后为三清殿，占地 600 余平方米。1950 年，东岳宫几位道长响应政府号召，先后将宫中房屋让出，开办了积福堂小学和仁胜小学。1953 年，东岳宫全部成为学校。1966 年，两所学校迁出后，市政府将东岳宫划拨给长沙医用设备厂作厂房，东岳宫渐渐淹没在市区中，不为人所知。到 20 世纪末，东岳宫大部分已经坍塌。2009 年遵照"道教自给自养"的原则，住持甘罗道长自筹资金 200 多万元，对原本破损狭小的道观进行扩建改造，并且扩建了前主殿东岳殿，新增多宗神像，供信徒游客膜拜参观。神殿外墙为大理石砖结构，屋顶和主梁等全为木结构，没有使用一口铁钉，四周翘起的檐角，牵引出该建筑物的漂亮弧线，如在空中架起的大船。道观虽然身处闹市，但环境清静幽雅，观内香烟缭绕，晨钟暮鼓声声，别有一番神韵。

旧时长沙的宗教建筑中，除佛教和道教外，还有不少由具有忠孝节义品行的历史人物而衍化成的神庙。例如——

有因忠君而被奉为神的关帝庙，位于新开门内今营盘街一带，曾于1680年（康熙十九年）重建；

有祭祀元指挥使刘承忠的刘猛将军庙，位于城南书院旧址，1835年（道光十五年）建；

有奉祀汉太守张仲景的张公祠，1743年（乾隆八年）建于北门贤良里（今巡道街附近）；

有祀湖南巡抚李发申的李大中丞祠，于1717年（康熙五十六年）建于北门大街西；

有祀明兵部侍郎王伟的王公祠，1739年（乾隆四年）建于北门大街东；

有1824年（道光四年）重建于妙高峰的张南轩祠、真文忠祠、蒋周二忠祠、理灵祠、任赵公祠、郎公祠、五忠祠、昭忠祠；

有建于宝南街的鲁班庙，始建于1790年（乾隆五十五年），初时为一座小殿，经1850年（道光三十年）、1863年（同治二年）两次扩建，形成占地面积3000多平方米、三进殿宇的大型建筑，由山门、戏台、庙坪、五睦堂、观音堂组成，殿势雄伟、坚实华丽，尤其是奉祀鲁班仙师的五睦堂，横宽24米，进深8.5米，总高12米，是清代长沙著名的古建筑，长沙泥木两行建筑大师的杰作；

还有几乎每个城市都有的城隍庙，原在大古道巷东面的县正街，庙虽不大，只供着几尊菩萨，僧人也不多，因为地处闹市，庙前车水马龙，川流不息，不论春夏秋冬，雨夜雪夜，月朗星稀时，庙里都会准时地传出悠悠的鼓点声，木鱼声，竹梆子敲打的更声，声音不急不躁，如花开花落般自然，似月圆月缺一样守时。

此外，还有龙王庙、辖神庙、戴公庙，等等，真是不胜枚举。这些祠庙建筑，皆由于历史上的种种原因，现在早已踪迹全无，灰飞烟灭了。

如果说，以上这些神庙，基本上都是具有中国特色的古建筑，具有浓厚的民族文化艺术的特征，那么，带有明显外来文化特征的伊斯兰教、天主教、基督教，特别是其西方宗教建筑的传入，无疑是对中国传统文化的一种补充与丰富。所以，看过众多的东方神庙后，再来看看西方的教堂，倒也是很有意味的建筑文化艺术鉴赏。在这方面，长沙市能提供给我们欣赏的，倒是还有伊斯兰教的清真寺、真耶稣教会堂、天主教教堂、基督教城北堂、南阳街安息日会教堂、基督教永恒堂、北正街圣公会教堂。

清真寺——创建于 7 世纪初的伊斯兰教，约在唐代传入我国，14 世纪中叶的元末明初传入长沙。据清光绪《善化县志》记载："古清真寺建自前唐，祀天方圣人穆罕默德。古碑三座，字迹漫漶，不知年代。大可数围。寺基前抵官街（臬后街），后抵雷祖殿，左有铺屋抵朝阳巷。"明万历十九年（1591）在金线街建清真寺。清康熙三年（1664）再建于三王街，此时的清真寺规模较大，人们习惯上称其为清真古寺。康熙五十年（1711），来自晋豫陕等地的穆斯林商人集资于三兴街复建一清真寺，称客寺，这座清真寺为宫殿式建筑。1918 年，南京旅湘的穆斯林客商集资建金陵义学于客寺南侧，两寺皆毁于 1938 年"文夕大火"。火后重修，为普通民居式建筑，由礼拜堂及几间附设用房组成。长沙市穆斯林礼拜及三大节日等教事活动在此进行。1966 年"文革"中，寺内所有历代阿訇抄写的古兰经被焚，仅存明正德年间瓷香炉一尊，上燔阿拉伯文。为体现党的宗教政策，满足在长沙的伊斯兰教徒的需要，长沙市政府于 20 世纪 90 年代，先后两次拨款，择白沙古井上方白沙岭新建了一座规模宏大的清真寺，是为白色外墙大圆顶阿拉伯式建筑，高三层，一层为民族活动厅，水磨石地面；二层为接待、办公用房，铺地面砖；三层为礼拜殿，木板地面。三楼顶上有 5 个用绿色马赛克装饰的圆包，四周各一个小包，中间一个大包，正顶竖立不锈钢金属柱，柱顶饰"新月"，象征新的开始。由于伊斯兰教的教义与仪典的要求，其清真寺的建筑装饰方法，与我国历史悠久的佛寺、道观有着显著的区别。殿内不设偶像，仅设朝向圣地麦加的神龛（因教徒做礼拜时要求面向圣地麦加）。其装饰不用任何动物纹样，均用植物或几何纹样，墙面很少设窗，入口处设带尖券的高大的门楼，屋顶为圆形的，厅堂则为方形的，高而尖的塔与圆形的屋面在建筑构图上形成完美的对比与统一，具有浓郁的民族特色和神秘的宗教气氛。典雅大方的阿拉伯式建筑，为古城长沙平添了一份异域风情。

真耶稣教会堂——位于潮宗街 19 号，青砖清水外墙，拱式门窗，用方形花岗石柱支撑，二层木楼梯、木地板，保存较好。已恢复礼拜活动。"文革"期间教堂曾为长沙市高标线带厂使用。教堂正中悬"哈利路亚"匾，教堂门联云："真理刺透万人心；圣灵警醒千古梦"。二楼礼拜堂悬联云："浩水出锡安，澎湃分流东西海；灵恩先中土，丰盈普照亿兆民。"真耶稣教会长沙分会，成立于1919年，创立人为原基督教复临安息日会传道人李某，1924年购潮宗街今址建教堂。该会主张"国人自立、自养，绝不借助外力"。教堂东侧小巷潮宗里也因教堂的建立，曾经名为耶稣巷。

天主教堂——位于开福区湘春巷7号。天主教传入长沙，是在1690—1699年（康熙二十九年至三十八年）之间，葡萄牙耶稣会教士陆若瑟，第一个来长沙从事传教活动。1699年，陆若瑟在长沙修建了一座临时教堂。因清廷一再颁布禁令，驱逐传教士，从而大大抑制了天主教在长沙的传播。鸦片战争后，国门大开，西方教会势力在长沙得到很大发展。清光绪二十八年（1902）意大利籍传教士翁明德来长沙，利用光绪二十六年"衡州教案"赔款，在此修建一小型教堂。1909年建成修女院。1910年长沙"抢米风潮"中被焚毁。次年修复扩建，又在旁建天主堂医院，即今长沙市第二人民医院的前身。天主教堂坐北朝南，为仿哥特式教堂建筑，由教堂和钟楼两部分组成，呈群体庭院式格局，空灵、纤瘦和高耸是其主要特征。墙基为方形大花岗石，总长度32米多，层高16米，双檐单层空旷砖木结构，红平瓦铺盖，正立面为山墙山门式。中门设门檐，由两根花岗岩石圆柱支撑。大堂由12根花岗石柱承重，其中6根10多米高的圆形石柱和6根梅花磨石柱，托起两侧14个小穹窿顶和当中3个大穹窿顶，顶棚呈弧形，天蓝色星空，粉红色墙，空间开阔。南端入口为麻石台阶，近门为尖端石柱门廊及大门牌坊，堂外正面镌刻着"天主堂"3个红色大字，堂顶高耸的十字架，以其高而直的形象，直指上苍，表达了信徒们想脱离苦难、升腾上天的虔诚的心态。入内有唱经台。正中祭台竖圣母玛利亚油画像；左右长条木窗上挂有14幅耶稣苦难像。钟楼在教堂之后，砖结构，高23米，方形平面，共六层，1～4层四向开半圆拱形窗，第5层为圆窗，第6层上部为平台，砖砌栏杆。该教堂于抗日战争时遭日军炮击，战后修复。整座建筑奇异非凡，似有神灵之感，历经80多年保存至今，为古城长沙留下了一座典型的西方宗教建筑遗存。现为天主教湖南教区主教教堂，同时又是长沙市天主教爱国会和教务委员会办公场所，在国内外享有一定声誉。省级文物保护单位。

长沙基督教北正街教堂——位于长沙市开福区望麓园，原名长沙基督教圣公会礼拜堂，始建于1915年，总占地面积351平方米，教堂坐东朝西，具有典型的哥特式建筑特征：十字形平面布局，木石结构，四周以石柱为骨架，由扁六边形花岗岩砌成外墙，正面立4根尖顶石柱，中柱间为弹弓式石库门，左右柱间置半弧形窗，花岗石窗台线，其他均为弹弓式石窗口，安菱花格窗页，栗色油漆。室内布席纹木地板，前为圣经台，硬木平拱式屋架，红色平瓦屋面。整座教堂外观粗犷，结构坚实稳重，为长沙市区唯一的麻石结构教堂。该教堂为基督教传教长沙的历史见证，其典型的哥特式建筑风格，具有较高的艺术价值。省级文物保护单位。

长沙基督教城北堂——原名基督教永恒堂，位于长沙市开福区外湘春街。始建于1906年，初属英国教会。1912年美国基督教北美长老会接收，是年4月长沙基督教长老区会正式组成，1917年中外信徒捐款重建，1927年长沙区会加入中华基督教会，教堂定名为"永恒堂"。该教堂为中西结合式的砖混结构建筑，坐东朝西，三层砖木结构，外形为中国古代建筑形式，重檐起翘，筒瓦屋面，下无斗拱，分前后厅，前厅三层，屋顶为庑殿顶，一层为教堂，二层为接待室。后层为歇山顶。教堂平面为西方教堂的拉丁十字平面，西方结构形式与中国传统大屋顶相结合，别具一格。内部则以西方教堂形式装饰，栗色板门，几何图案，格局南北对称，天花板作穹窿状，东为牧师布道之讲台，西为教徒做礼拜活动之广庭，左右建有教会人员用房，空隙之地植树木花卉。1947年湖南基督教人会在这里成立。1958年9月长沙市天主教、基督教组成联合生产委员会，永恒堂部分房屋辟为生产场所。"文革"期间，永恒堂礼拜活动停止，教堂改作仓库，1980年2月恢复。此系长沙最古老的教堂之一，其中西结合的建筑装饰独具特色，具有较高的历史研究和艺术价值。省级文物保护单位。

基督教城南堂——位于天心区社坛街附19号。1902年中华基督教内地会在学院街建福音堂，牧师为葛荫华。1907年德籍传教士何伦卫、顾承恩在社坛街今址购地，建内地会教堂及住宅3栋。教堂建筑面积916平方米，前楼4层，后楼2层，上层为教堂。1901年长沙"抢米风潮"中焚毁，同年冬修复。1930年又被毁，翌年修复。1958年内地会更名为中华基督教城南堂，为城南地区基督教徒聚会礼拜的场所。"文革"中教会停办，房屋被某些单位占作仓库和车间使用。1982年，城南堂作为宗教活动场所重新开放，1987年进行大修，1988年正式举行复堂典礼。

南阳街安息日会教堂——位于府后街街道南阳社区，是一座20世纪20年代建立的具有欧式风格的基督教建筑。教堂又名警世堂，由挪威设计师设计，作为基督教教堂使用，新中国成立初期收归国有，后曾为东区医院。20世纪80年代落实宗教政策之后交还教会，作为省基督教会与市基督教会办公楼，也曾兼为圣经学校。2002 年后，为省基督教会办公楼。教堂坐东朝西，对称布局，占地面积 376 平方米。原教堂共二层，砖粉结构，歇山型屋顶，覆盖筒形琉璃瓦。正面为混凝土仿石材刷面，其他三面为红砖清水墙。石材贴面勒脚高约 1 米，内部入口对称分布两个三跑楼梯，一层内部为 9 个独立办公间，其中 8 个办公间 4 米宽、4.5 米长，内廊尽端为一个大房间。二楼为做周日礼拜的大堂，原为木楼板。侧门的窗户亮子为半圆形，窗户亮子为放射状与半圆弧结合的木框，简洁大方。教堂现保存完整，它的发展变迁也印证了基督教在长沙地区的存在状况。

北正街圣公会教堂——位于开福区北正街（今黄兴北路），全名中华圣公会礼拜堂。圣公会是基督教的一派，礼拜堂最初由教会负责人黄吉亭于 1902 年设于坡子街。次年迁吉祥巷。1905 年再建于北正街，1910 年长沙"抢米风潮"中为饥民所毁，翌年重建，由孟良佐（译名）设计，1915 年落成。占地面积 920 平方米，建筑面积 425 平方米，平面布局为十字形，坐东朝西，花岗石结构，高 15 米，四周以 22 根 1.1 米见方的石柱为骨架，由扁六角形花岗石砌成外墙。正向立 4 根尖顶石柱，中柱间为弹弓式石库门，左石柱间置半弧形窗，花岗石窗台线。其他均为弹弓式窗口，安菱形花格窗页，栗色油漆。室内木席纹地板，前为诵经台，高 0.5 米，宽 9 米，进深 5 米，硬木平拱式屋架，内钉里板，红色平瓦屋面，为长沙独特的石砌建筑物。1904 年黄兴领导华兴会策划长沙起义失败，曾躲避于圣公会礼拜堂，1912 年返湘时，特地前往圣公会拜访，感谢当年教会的救命之恩，并为其题词："耶稣圣名，敬拜宜诚；辞尊居卑，为救世人"。1938 年长沙大火，圣公会礼拜堂仅烧毁一些门窗，建筑构架无损。"文革"后为长沙百货公司作火柴仓库，20 世纪 80 年代后期归还教会。

旧时，各种宗教建筑遍布于长沙古城，是那时代的一大景观。这些建筑，虽然带有深深的意识形态烙印，但作为建筑艺术来说，的确是一段辉煌的历史。虽然随着历史的演进，它们大多已经消失了，但遗存的这些历史文物，对于新时代的城市建筑来说，是有借鉴意义的。马克思说过："人们自己创造自己的历史，但不是随心所欲地创造，不是在他们自己选定的条件下创造，而是在直接碰到的、既定的、从过去继承下来的条件下创造。"毛泽东也曾说过："有这个借鉴和没有这个借鉴是不同的，这里有文野之分，粗细之分，高低之分，快慢之分。所以我们决不拒绝继承和借鉴古人和外国人，哪怕是封建阶级和资产阶级的东西。"

从下面的一组近代建筑中，可以看到西风东渐后，西方建筑艺术对于长沙城市建筑产生的影响。

国货陈列馆——湖南省国货陈列馆的前身为模范劝业工场。模范劝业工场创建于1912年，为一综合性的营业商场。原设于白马巷，内有各业商户127家，因地址偏僻，门市萧条。1928年国民政府工商部为提倡国货，下令各省同时成立国货陈列馆。据此，1929年湖南建设厅向省政府提出议案，拟将模范劝业工场改为国货陈列馆，并重新选址兴建，以振兴和发展长沙的民族工商业。是年，经省政府通过，决定在长沙市中山路前教育、司法两厅旧址兴建国货陈列馆。自1929年动工至1934年1月落成，历时4年，耗资20余万元。这座高13丈、8层，营业面积3000平方米的大型建筑，巍然屹立于中山路的北侧，成为轰动全城的三大建设（国货陈列馆、中山马路、木炭汽车）之首。国货陈列馆建筑的构图，采用中国传统的四合院型，分前后两进。前进为8层，即一、二层为国货商场，三、四层为国货陈列室，五层为办公室，六层为仓库，七、八层为无线电收发报室；后进为二层，中设天井，两侧为偏房。其建筑结构与外形装饰，则采用了古罗马的建筑风格。由52根方柱组成的钢筋混凝土框架构成了高3层、平面为长方形的整座建筑的主体，馆前台阶上有16根直径70厘米、高3层的钢筋水泥大圆柱衬托门面，3楼平台以上5层，下为一方形基座，6根方形柱上是个八角椎形建筑，顶部尖端为钢管旗杆，构成直入云霄的尖塔形，与下面16个圆柱配合，整座建筑显得十分雄伟壮观，被誉为长沙市新型高层商业建筑的首创。可惜在1938年的长沙大火中，前栋尖塔和旗杆不幸被焚，随后在日军进攻长沙的战火中，6层以上又被日军飞机炸毁，所幸余下5层为钢筋水泥建筑，历经"四战"、"一火"仍四壁高耸，安然无恙。

咨议会大楼——位于长沙市民主东街，为民国初年湖南省议会场所，1913年由湖南督军汤芗铭主持兴建，1918年落成。建筑面积2500平方米，为长沙第一栋西式议会建筑。1926年后为国民党湖南省党部所在地。大楼工程仿上海太古洋行设计。其布局为前后两进，背北面南。前为3层砖混结构的办公楼，高14米，门厅、外廊及地下室系现浇钢筋混凝土。1.2米高的花岗石勒脚上砌砖墙带直垛，半弧形窗洞，以花岗石作窗框，木制玻璃格窗，具有浓郁的西方建筑风格。后部的议会大厅兼舞厅系12米高的单层建筑，由12根混凝土圆柱支撑，四面砖墙，轿式屋顶上盖栗色筒瓦。整个建筑设计新颖，布局合理，基础坚实，工艺精细。新中国成立后，大楼由中共湖南省委接管，1953年大修后为湖南省总工会所在地。

湘雅医院——位于北站路留芳岭。1914年为美国雅礼协会与湖南育群学会联合创办，初名湘雅医学专门学校，后改为湘雅医科大学、湘雅医学院。其1917年建成的3层病房大楼及附属建筑，是进入20世纪后，在长沙市出现最早的近代公共建筑。1944年长沙沦陷时，该楼屋面被日军破坏，但结构及门楼完好。1946年，医院将原3层的病房大楼加高为4层、高21米，另在病房大楼西面加建一栋4层病室，与原建筑相连，组成马蹄型布局。整座建筑为砖木结构，建筑面积7万平方米，四周红砖清水外墙，顶面以钢筋混凝土紧固，人字歇山屋顶，五处挑檐靴头爪角，上饰回纹收尾，盖栗色筒瓦，谷黄色正脊。室内为水磨石地面，楼梯嵌铜防滑条，大理石台阶，墙面粉白色石膏。这是一座典型的"现代化的中国建筑"。建筑师们在采用西方先进的建筑构图的同时，通过局部点缀某些中国传统式的小构件、纹样、线脚等，以便取得民族的格调，把西方先进的建筑技术与中国传统的建筑风格、建筑装饰手法相结合，从而在创造新建筑的民族风格方面，迈出了成功的一步。因此从某种意义上说，这一建筑是长沙城市建筑风格、建筑形式近代化日益成熟的一个标志。

乐诚堂——位于长沙市西园泰安里明德中学内，为纪念该校创建人著名教育家乐诚老人胡元倓（1872—1940）而命名。这座始建于1932年的大型建筑，系长沙市当时最坚固的钢筋混凝土框架式建筑，4层内廊式钢筋混凝土框架结构，长71米，宽19.7米，高21.9米，建筑面积5595平方米，共有教室59间。整座大楼由48根钢筋混凝土柱组成框架的横条状布局，长条形青砖清水外墙体，每层安装32个四联木制玻璃窗、木桁架构成双坡屋顶，上铺筒瓦。正门朝北，由18级花岗石阶上至门庭，门前竖两根铜制灯柱。厅内为水磨石地面，全部楼板、门窗均用梓木。建筑结构坚实，工艺精湛。抗日战争期间，日军将楼内木结构全部烧毁，所幸框架主体仍保持完好。新中国成立后经两次修葺，除木楼地面改成混凝土楼面，筒瓦换成红平瓦外，其他均保持了原貌。

中山纪念堂——为纪念中国资产阶级民主革命的伟大先驱者孙中山先生，1926年9月2日，国民党湖南省党部及湖南省政府决定在长沙兴建孙中山总理铜像、中山公园及遇难同志纪念碑，并为孙中山总理铜像选址于省教育会坪。后经多次讨论，最后议决在省教育会坪（今省农业厅内）兴建一座气势宏大的中山纪念堂。1927年建成，1930年不幸被大火破坏。1932年又由湖南省政府拨款重修，基本恢复原貌。该建筑占地 1436 平方米，建筑面积 2434 平方米。南面是仿罗奥尼克式的花岗石柱廊，门窗均是花岗石精雕细刻而成，是湖南建筑中麻石文化的一件精品。浓郁的古罗马风格，展示了中西文化交流中的成果和洋为中用的湖南建筑文化特色。中山纪念堂是"长沙大火"后幸存下来的，最能体现名城长沙建筑文化延续性的少数建筑之一。

黑格尔认为，建筑艺术是象征艺术的代表，是美的历程的第一阶段。因此，建筑最容易最鲜明也最能集中地表现出人类在这方面的智慧和美的创造力；在源远流长的发展过程中，人们也总是要通过建筑，来展示人类的智慧和历史文化的光辉。正因为此，建筑被誉为"人类历史文化的纪念碑"，或曰"石刻的史书"。

中国长期的封建社会中，发展起来的中国古代城市建筑，形成了一整套具有中国作风和中国气派的建筑文化艺术，其独特、完整、成熟的体系，也是世界闻名的。我们从历史遗留下来的一些古建筑，例如北京的故宫、苏州的园林、河南的赵州桥、应县的木塔等古建筑中，不难发现民族传统建筑文化艺术的精华。长沙作为一座历史文化名城，在建筑文化艺术上，自然离不开民族的传统。那具有深厚湖湘文化内涵，又具有鲜明民族风格的古建筑，如岳麓书院，如浏阳文庙，如开福寺，特别是那众多的古墓葬，都从不同的角度、不同的时段上，充分展示了楚汉名城的独特风采。它们是长沙这座千年古城在建筑风格、建筑艺术上最好的历史见证，在长沙城发展的历史上，占有极其重要的位置。作为后人，我们应当倍加珍惜和爱护。

当然，也要承认，在这方面也有许多不足之处。例如中国古代建筑在类型、技术发展、建筑材料等方面的停滞和落后状态，也是显而易见的。这种状态直到 19 世纪中叶，仍未见有改变。但长沙毕竟又是一座"敢为人先"的城市，所以，当欧风美雨扑面而来时，也很快便"与时俱进"了。

先是外国宗教特别是其宗教建筑艺术的传入，接着便是外国列强的蜂拥而来，特别是 1904 年开埠后，外国殖民主义者兴建的领事馆、洋行、商店、仓库、教堂、俱乐部和独院式住宅等西式建筑，遍布于水陆洲、西城区和城北一线，这对民族传统的建筑文化，无疑是个强大的冲击，对于长沙的城市建筑，影响确也是深远的。正如毛泽东所说的，有这个借鉴和没有这个借鉴，效果是大不相同的。长沙城继承民族传统，也不拒绝借鉴外国，于是很快也产生了具有西方建筑文化艺术风格的国货陈列馆、咨议会大楼、湘雅医院、乐诚堂、中山纪念堂等近代建筑。当代的长沙城里，这更是司空见惯了。

然而，我们的忧虑也正在于此。因为满城的"火柴盒"，四处可见的"搭积木"，互相竞攀的高层建筑和玻璃幕墙，如此轰然而来的"现代化"，终于使"民族性"荡然无存了。"只有民族的才是世界的"这句名言，也早已被抛到了九霄云外。

歌德说："建筑是凝固的音乐。"

中国一位建筑学家张家骥先生却在其《中国建筑论》中挑战说：

> 中国建筑的时空统一性，就是空间与时间的融合，而与时间融合的空间，就是流动空间。从空间上，中西方建筑非常重要的区别就在于，西方建筑的空间是相对静止的，是包围在自然空间里的"凝固音乐"；而中国建筑的空间则是运动的，在群体建筑组织的空间序列，层次和时间的延续之中具有时空的统一性，广延性和无限性，是融合在自然空间中的"流动画卷"。

无论是"凝固的音乐"，还是"流动的画卷"，它们都是人类在大地上创造的杰作，是一部部"石刻"的却也是无字的"史书"。其文化艺术的价值，有历史的评价和鉴定。

7. 溢香流彩

- 物质溢香，飘荡着历史的音容，文明因此千秋永续
- 精神流彩，彩绘出岁月的笑貌，薪火终于百代承传

旅游中最惬意的事情，莫过于登高望远。

有人可能会问：荷田赏花，林中漫步，湖上泛舟，月下聆涛，抑或是江河漂流，龙洞探幽，等等，那不是很快意的事吗？

不错，那些是其乐无穷的。但若与登高望远比较起来，肯定逊色多了。

登高望远之所以有如此魅力，因为人立高处，头顶蓝天，伸手可摘白云，极目远眺，无边无际，偌大一个世界，就在眼前。此时此刻，胸襟是舒展的，似乎可容天纳地，包括宇宙一切；眼睛是畅视无阻的，前方上下辽

阔，毫无障碍；神情是凝聚的，心无旁骛，人生中的一切，好像都已放下，或者早已置之度外。展现在眼前的，是如画的风景，那么高远，那么空蒙，而又那么活生生，自由自在，彩云飘空，江河行地，绿树森森，林涛隐隐，鸟在高飞，花在盛开……立于这样的境地里，真有一种飘飘若仙的放荡之感。清风不时扑面，吹来阵阵的幽香——那可不是法国的"香奈尔"，也不是英国的"巴宝莉"，不是美国的"雅诗兰黛"，也不是德国的"波士""安格尔"，更不是意大利的"古琦""范思哲"，而是大自然的花香，草香，树香，果香，稻香，根香，甚至可以说是天香，地香，太阳香，乃至是莫名其妙的天籁之香。人的审美器官因此生有一种错觉，眼前所见所感的一切，已化为一片香气氤氲的世界，到处都在溢香，四处都在流彩，那情景，虽然不如漂流那么刺激，不似泛舟那样浪漫，但是，令人恬适，舒心，惬意，自有一种难以言传的透骨入髓的快感，那才美呢！

走进长沙市，接触到它那多姿多彩的历史文化，我们就有这种美感。

最先进入我们视线的，是那古老而神秘的青铜文化，还有那开辟"海上丝绸之路"的釉下彩陶文化。前者，在宁乡的炭河里，向我们报告了"三苗"时代，先民自强不息建设家园的风采；后者，在望城区的铜官窑，为我们展示了早在大唐时代，前人便开拓创新，远渡重洋，将釉下彩陶打入世界市场的壮举。这两种文化，虽然内容色彩各有不同，却都彰显了长沙古代文明的璀璨与瑰丽。

青铜文化虽然不是本土文化，但它带来了中原的文明，在与本土文化的结合中，启迪、促进和推动了南楚文明的崛起和发展，因此而有铜官窑釉下彩陶文化的辉煌。两者一前一后，开启了长沙古老物质文明的先河。由此而下的物质文明的历史长河里，于是百舸争流，满载着各个历史时期劳动创造的奇珍异宝，或本土的，或异域的，或南来，或北去，致使长沙这一古城，从楚汉时代起，便蜚声于历史的舞台上。

春秋战国时，长沙为楚南的军事、经济重镇。《史记·越王勾践世家》上有载："长沙，楚之粟也。"可见长沙在当时就是楚国的重要产粮区。新中国成立后，长沙发掘大批楚墓，又出土了一系列精美的帛画、帛书、织锦、漆器及竹简、毛笔、铜剑等文物。我国第一把钢剑、第一枝毛笔、第一张地图、最完整的汉墓、最完好的古尸、最早的青铜乐器，也是在这里发掘出来。中国古代四大书院，长沙占其一。在这块土地上，还发现了大量的新石器时代的文化遗存。所有这些，说明长沙这片土地，开发的时间很早，反映了长沙经济文化的发展，绝非偶然，其历程也正是中国经济文化发展的一个缩影。

长沙值得骄傲的是，其区位独特。在以水运为王的时代，它具有天然的条件——湘江，因而成为湖南第一大港，成为湖南交通枢纽，北可以进出洞庭，入长江，下扬州，走南洋，西可入川，加入"丝绸之路"，因此可以沟通鄂、豫、粤、桂、赣、黔、蜀、滇等省，又有"荆豫唇齿，黔粤咽喉"之称，为商业贸易乃至古代旅游业的发展，提供了舟楫之便。

据专家介绍，到唐代时，湖南的矿冶、造船、纺织、制瓷、制茶等手工业，已有了很大的发展，唐王朝在此置有桂阳监，主持铁矿开采、冶炼。开元以后，银矿开采在全国名列前茅。唐宰相裴休曾在长沙立《税案十二法》，长沙曾用茶叶与西北少数民族交换马匹，长沙茶亦得以从"丝绸之路"输往世界各地。据悉，唐代湖南苎麻产量居全国第二位，长沙是全州苎麻的主要集散地。茶叶、粮食、苎麻为早期长沙市场的三大商品。诗人杜甫的诗句，"茅斋定王城郭门，药物楚老渔商市"，证明唐代长沙已是多处集市，货肆行铺鳞次栉比的商城。每年有大批稻米运往京都，"淮商载盐而来，载米而去"，真不愧为鱼米之乡。

唐朝后期至五代，北方遭遇近百年的战乱，改朝换代，皇帝像走马灯一样替换，南方则基本上无大的战祸。中国经济、文化的重心，因此便从黄河流域移到长江以南，五代十国时期的南方9国，城市发达程度均超过了北方，长沙当时就是几个最大的经济区之一。以马殷为王的楚国，据有潭、衡、桂、管等州，定都长沙，马殷以天子的礼制造宫殿，置百官，依靠卖茶通商，不抽茶税，同时还发展了丝织业、棉织业，产铅、产铁，并铸铁钱在境内流通，招徕各国商人，一时商旅往来不绝，致使湖南颇为富足。

据《长沙商贸史纲》得知，咸丰八年，汉口开为通商口岸，波及长沙，致使长沙茶行大增，至同治六年，发展到100家，到光绪年间，仅湘茶一项运汉口，外销年售银就达600多万两。长沙源远流长的工艺品，至光绪年间已达登峰造极的地步。湘绣、纸伞、铜官陶瓷、菊花石雕、夏布、花炮等已成大路商品，大量外销。光绪三十年，长沙正式开为商埠，设海关于水陆洲，日、英、法等国均在长沙设有领事馆。长沙开埠后，洋商更是蜂拥而至，仅1935年，长沙商业、饮食服务业，已达312个自然行业，城内从太平街、药王街到八角亭、司门口、红牌楼、南正街、坡子街、阜集后街连成为一片繁华的商业区。长沙米市与无锡、芜湖、九江米市被誉为全国四大米市。长沙米市形成于清雍正四年，并历久不衰，至 1934 年已有米厂 78 家，粮行 48 家，豆麦杂粮行 62 家，形成商贾云集、购销两旺的局面。粤汉铁路通车后（1936 年），长沙米市进入鼎盛期，粮行、米厂大小近 700 家。1937 年，湘米大量销于穗，压倒洋米市场，一时传为佳话。长沙享誉全国的名老字号也多，其中最有特色的当数书刊业、纸墨业、百货业、绸布业、粮食业、饮食业和南货业。

长沙的商贸，有个显著特点，那就是聚街为市，街市因此特别发达，这是其商贸经济发展的历史必然。

据《水经注》"湘水"条说："城之西北有故市，北对临湘县之新治。"专家认为，这里所记的"故市"，应是汉以前的"市"，是古代的一种交易场所，它的出现要早于城。古文献中有"神农作市"、"祝融修市"的记载，据《易经》记述，神农氏以日中为市，"致天下之民，聚天下之货，交易而退，各得其所"。可见，在远古时代，市的规模已相当可观了。城出现后，市更成为其重要的组成部分。文献记载早在西汉时期，就出现有槐市，即没有院墙仅以槐树为界和标志的市场，南北朝出现有草市，唐代又出现有夜市，都是不设在城内的市场。《水经注》上记载的古代长沙的"故市"，专家认为大概就是在今西长街、藩城堤往北一带，那时还在城外。长沙位于湘江之滨，境外有资、沅、澧三大水道，境内有浏阳河、捞刀河、沩水等，使这座以水运为主的古都，自古便得舟楫之利，南来北往的大宗商品如粮食、茶叶、苎麻等，源源集中于沿江地段。所以，沿江岸一带兴建有福兴街、西长街、太平街、福胜街等，成为十分繁华的商业街道，从西向东形成了数十条商业街市，同行业汇集在一起的现象十分突出，成为清至民国长沙街市经济的一大特色。

如粮行、米厂集中在潮宗门一带，小吃群是火宫殿，水果行在下河街，油盐花纱号多设大西门，鞭炮土布庄分布在太平街，绸布、百货在八角亭、司门口，买书可到南阳街，从下坡子街往上走有药材、钱铺、首饰店，老照壁全街是制纸伞业，木制家具业高档的在新坡子街，中档商品在皇仓街，低档的在藩城堤。此外，还有伏龙池的木屐，青石桥的糕饼，西牌楼的夏布，东牌楼的蚊烟，箭道巷的寿服，寿星街的棺材等等，不一而足。这种聚集的经营方式，既能招徕顾客，也有利于同行业的竞争。这种状况，至今仍有余风。

街市里，车水马龙，商贾云集，行人如潮。来自江苏、陕西、江西、广东等省的客商，络绎不绝，有的在城里列肆盈廛，建筑会馆，至于货毡皮之西陕北客，货绫罗古玩之苏杭南客，更是比比皆是，繁华垄断，盛极一时。本地人则在旧地重操"祖业"，使其有特色的物质文化有所延续，并有了新的发展。

长沙历来是全省政治、经济、文化的中心，也是帝国主义梦寐以求的通商口岸。特别是《辛丑条约》签订后，英帝国主义1902年1月在上海举行的中英谈判中，率先提出增开北京、长沙、常德、成都等城市为新的通商口岸的条款，接着逼迫腐败无能的清政府再签订有关条约，其中规定湖南之长沙、四川之万县、安徽之安庆、广东之惠州及江门为通商口岸。从此，长沙的门户洞开。

于是，列强蜂拥而入。外国资本主义加大其由商品输出到资本输出的经济侵略，其商业和金融业尤其处于领先地位，不断地加大对民族经济和本土经济的打击和侵略，从1904年到1924年，短短的20年间，外国商团在长沙开设的洋行，由最初的17家激增至75家。在近代交通运输未发达之前，长沙港成为"南联海域，北达中原"的水上运输枢纽和全省物资集散地，长沙城外沿江一带（包括橘子洲），洋行商栈盘踞，粮栈、米厂、油行、盐号及土果杂货店云集，辛亥革命后，自北往南沿湘江一线西城门及城墙逐渐拆除，上河街、下河街沿线便渐渐形成沿江大道的商行规模。洋行沿江林立，对外商品交往日益增多，市场逐渐扩大，其中当然不乏帝国主义和外国资本对中国经济的盘剥，特别是对民族经济和本土经济的冲击与排挤。

街市终于成了闹市。在发展的过程中，不断从西往东向市区延伸，又由南往北扩大，初步形成长沙商业荟萃区，市场渐入繁盛局面，至1934年，长沙开埠30年时，全市有各类商店14424户。商业经济的发达，又促进了文化业特别是文娱场所的繁荣，蜂拥而起的电影院6家、京剧院2家、湘剧院7家、话剧院3家，花圃店16家，均分布于小西门、又一村、西牌楼、中山路、坡子街、太平街、兴汉门、福星街等商业繁华地段。整个城区则由各类商业建筑与各式新型娱乐场所，组成为新的城市中心，完全替代了旧城格局，成为近代城市的突出标志。

前面，我们借助了近年来地方文化史研究中的一些成果，对长沙经济商贸的发展脉络，作了一个简略的概述。这对于了解长沙这个历史文化名城，是很有必要的。因为，历史文化名城有两个重要内容，一个是传统的经济基础，一个是传统文化。它们不像文物古迹、古建筑、城市建筑那样，有体有形，可捉可摸，因此又称之为软件。软件特点也是历史文化的一个重要内容，如果历史文化名城缺少了这两部分，就难以存在和发展。

例如商贸文化，在长沙历史发展的进程中，这是一个特别引人注目的显著特色。从下列一些商贸踪迹中，不难看出当年，长沙城里那一派百花齐放、争奇斗艳的景象——

黄兴路商业街——今黄兴南路南门口至织机街口段，古称南正街。南正街至八角亭，是近代长沙商业最繁华的街市，各类商店达数百家，其中德茂隆酱园、德园包点店、徐长兴烤鸭店、李文玉金号、寸阴金钟表行、太平洋百货庄、九如春茶馆、九如斋南货店、介昌绸布庄、大盛绸布庄等都颇有名气。那时路宽仅10米，极大地阻碍了交通和商业发展。1932年，市政当局遂将南正街道扩宽至17米，为纪念辛亥革命领导人黄兴而命名为黄兴路。2002年市政府将其修缮为步行商业街，司门口立有黄兴铜像，街道全长838米，街面宽23～26米，包括近万平方米的黄兴广场，商业总面积25万平方米，是集购物、休闲、娱乐、文化及旅游多项功能于一体的综合性场所。分为内街和外街，内街又有三层。商铺众多，品牌齐全，除各种常规服装店、饰品店以外，这里还汇集了全国各地的小吃美食，旁边的坡子街更是长沙特色小吃的齐聚之处，有长沙人民耳熟能详的火宫殿、双燕楼、红梅冷饮等。数不胜数。

和丰火柴公司——旧址位于开福区工农街，夹杂于民房群落中。工农街原名洋火局，当时火柴旧称洋火，洋火局为"善记和丰火柴股份公司"的俗称。在长沙近代工业中，火柴工业发起最早。光绪二十一年（1895），长沙地区遭受严重旱灾，巡抚陈宝箴拨工赈银一万两，委托长沙士绅张祖同、高国泰、杨巩等办火柴厂，实行以工代赈。次年3位士绅又筹资金12000两，另招商股8000两，成立"善记和丰火柴股份公司"，厂址设在北门外开福寺和迎恩寺之间，正式开工制造火柴。公司有工人1000余人，年产火柴1万箱左右，每箱售价白银12两8钱，除销本省外，还销滇、黔诸省，此为湖南火柴工业之始，亦为湖南最早的近代工厂之一。

菲菲制伞商社——1921年，湘乡人潘岱清变卖田产，在北正街办起了菲菲伞厂，有意仿制杭州绸面花伞。1924年菲菲伞厂正式投产，工场设在长康路。"菲菲"伞分为雨伞和阳伞两大类，款式多样，图案造型新颖，伞面装饰千姿百态。"菲菲"伞不仅是一种轻便适用的日用品，而且是一种美观雅致的工艺品，产品除销长沙和本省外，还远销港澳和东南亚一带。1925年

"菲菲"伞扩充为长沙制伞商社，有职工 67 人，1929 年在中华国货展览会上，长沙"菲菲"伞获优等奖。30 年代长沙纸伞店不下百余家，多开设于老照壁、北正街、炮队坪一带，以"菲菲"和"陶恒茂"两家最为有名。

国货陈列馆——这就是长沙市中山百货大楼的前身。1928 年长沙抵制日货高潮迭起之时，湖南模范劝工场场长刘廷芳向省建设厅建议，在原模范劝工场的基础上，扩建为湖南省国货商场。省建设厅拨款 62.64 万银元，于 1932 年 10 月 1 日建成。1934 年 1 月 29 日，举行盛大开馆典礼，大楼主体建筑 8 层，钢筋水泥结构，16 根圆柱耸立在商场前部，雄伟高大，颇为壮观。陈列室设在 3～5 楼，展出国货 2 万多种。一、二楼则出租给商人作营业铺面，以百货为主，一律限售国货。一楼临街的 5 个号子十分注目，分别由商务印书馆、江西瓷器店、三友实业社、湖南商药局和丁制鸭绒厂租赁。店员一律着灰色长衣，衣冠楚楚，颇具风度。后部商场于 1935 年竣工，自营餐馆、浴室等。商场实行统一管理，顾客如潮，一时名气远扬。新中国成立后复建为长沙市最大的百货商场，是长沙首家年营业额过亿的商店。

泰豫旅馆——位于小东街（今中山西路）三贵街口的泰豫旅馆，是民国时长沙著名的旅馆之一。旅馆原为清乾嘉间礼部尚书刘权之的府第。1897 年租给时务学堂作校舍，时务学堂停办后，又租给湘潭人言清华，办起泰豫旅馆。1922 年，曾任时务学堂教习的梁启超应邀来湘讲学，8 月 30 日抵长，次日专程去寻访时务学堂故址。梁启超在蔡锷住过的宿舍内伫立良久，泣不成声。旅馆老板言清华已恭候多时，早已摆好笔墨纸砚，请梁挥毫留念。梁提笔写下了"时务学堂故址二十六年前讲学处民国壬戌八月重游泐记梁启超"。言老板将梁任公题墨视为珍宝，装裱悬挂于中堂，"泰豫"遂名气大噪。抗日战争爆发后，言老板将梁书带到湘潭老家，第二年旅馆在"文夕大火"中被毁，梁启超墨宝却完好如初，今藏岳麓书院。

云芳照相馆——云芳照相馆创办人为郑云芳，"云芳"原为安徽省安庆市照相业中的独资大户。抗日战争爆发后，郑逃难到长沙，先在北正街美西司澡堂四楼营业，仅 100 天，即遇长沙大火，一度转到乡间。不久回到长沙，利用民众俱乐部（今青少年宫）火后残垣临时营业。抗战胜利后，才在伯陵路（今蔡锷路）租用安徽会馆余址，自建简易店房正式营业，备有摇头照相机，一度成为长沙颇负盛名的大照相馆。旧时湖南的军政要人，常去该店照相，一些重要会议的团体大像，几乎全由该店包揽，因而业务盛极一时，先后经营 43 年。

凯旋门摄影社——由摄影行家朱振三为首集资创立，于 1946 年 3 月 1 日开业，取名"凯旋门"，寓意长沙抗日战争胜利。1947 年被誉为"著名商号"。1954 年该店与白宫照相馆合并，迁址五一广场，定名为"凯旋门摄影社"。20 世纪 80 年代初，成立"长沙凯旋门摄影公司"，1993 年其营业收入突破千万元。1996 年公司迁至蔡锷中路营业。2002 年公司顺利完成转体改制，成立新的"长沙市凯旋门摄影有限责任公司"。2003 年 3 月，公司在东塘开设全省第一家全数码摄影店。凯旋门先后荣获"中华老字号"，"中国十大杰出影楼"、"中国取景业百强企业"等称号。

临湘会馆——旧址位于开福区望麓园街道水风井社区北墙湾 2 号，坐北朝南，建于 1947 年，两层砖木小青瓦结构，共有房间 15 间，长方形布局，总占地面积约 377 平方米，石门框，前后设天井各一，房屋整体布局、立柱、楼梯等均保持原貌，走廊等保持麻石地面。临湘公馆始建年代不详，1938 年毁于"文夕大火"，1947 年重修。原门框处嵌有石碑，在城市建设中被毁。

苏州会馆——位于长沙福胜街 2 号，以城墙砖料打基础，青砖风火墙门面，从右至左四个大字老招牌"颜料靛青"依稀可辨，戽界碑嵌入门面右下方砖缝。房屋前部三层，后部两层，中间以漏顶小天井分隔，天井间壁嵌有石碑，字迹阴暗难以辨识。房屋内部全部为砖木结构，砌砖为"裕湘"青砖。据调查，该房民国时期曾用作苏州会馆，房产为一梅姓颜料经销商所有。梅氏家庭在福胜街一带至少拥有五处房产，20 世纪末和本世纪初，梅氏后人均来过会馆驻足探视。

九芝堂药号——其前身是"劳九芝堂药铺"，创建于 1650 年，清朝顺治年间，江苏劳澄举家迁至湖南，在长沙坡子街西关圣殿对面开办了一家小药铺，行医兼卖药。由于劳家医术高明，店子越来越红火。劳澄之子劳楫取其父所绘《天香书屋图》（图中植双桂、桂生九芝）之意，给药铺取名"劳九芝堂"，另赁大铺面，扩大经营。其成药秘方有 300 多种，都独具疗效。1956 年公私合营，成立"劳九芝堂加工厂"。1999 年成立"湖南九芝堂股份有限公司"。2006 年"九芝堂"被国家商务部首批认定为"中华老字号"，其传统中药文化被列入国家级非物质文化遗产保护名录，"九芝堂"商标被国家工商行政管理部门认定为中国驰名商标。

湖南商药局——创立于 1919 年，店址设于小吴门中山东路南侧，系王翰萍等集资兴办，1923 年与邻店悦中和合并，改名"悦记湖南商药局"，由郭厚坤任经理。20世纪30年代扩大销售网点，在中山西路开设支店，在东长街（今蔡锷路）口开设悦记鹿茸号，又在国货陈列馆内设参茸补品部，营业日渐旺盛。经反复试验，制成的温助补肾丸、当归补血精、人参补脑汁、参桂鹿茸丸等中成药，一经问世，迅速流传，取得很好的经济效益和社会效益。其广告宣传也走在同行的前列，招牌系湘督谭延闿所题，石库型门面上绘砌着"翰康卖药图"，从上海定做大型霓灯，夜间格外引人注目。还印刷有湖南商药局牌名的彩印铁皮日历牌，赠与茶楼、旅社，四处悬挂，使商药局名传遐迩。又在药品包装上大做文章，将原用纸盒包装的膏、丹、丸、散等成药，改用彩印马口铁筒或特制瓷罐包装，便于药品保存和携带，而且装潢美观，以致销路大增。

　　介昌绸布庄——位于开福区黄兴中路八角亭地段西侧。旧址于20世纪90年代改作"百信鞋业大楼"，今存残迹。民国二年（1913）初期，为打破南京、苏州独资大户对长沙绸布业的垄断，长沙绸布店由陈莩泉资助，集20余家小店财力共30万银元，在八角亭新建一占地面积达1100平方米的绸布庄，取名"介福昌"，后又改作"日新昌"、"介昌"，有长沙绸布庄第一庄之称，年营业额达300余万银元。其经营作风颇具文化色彩，门前竖一时钟楼，指针到点，当当鸣响，行人争相仰头观赏。店堂按新式商场布置，顶端装饰中外风景画，堂中设玻璃橱窗橱框，陈列高档商品。店员均着长衫，戴瓜皮帽，为长沙当时别开生面的装束。店内设有专供接待大户的客厅，客厅壁上挂有名人字画。

　　吴恒泰酱园——浙江帮酱园有青石桥"吴元泰"、南正街"南吴恒泰"、宝南街东"吴恒泰"、北门头卡子"北吴恒泰"等4家，全系浙帮湘潭酱园在长沙开设的分店，但首推1913年设立的北吴恒泰酱园。该园以湘潭总店参加巴拿马国际博览会获得名次的绿凤牌酱油而得名，酱菜质量也不错，品种有冬菇茶干、菌油、甜什锦、辣椒油、子油姜、子油萝卜等，除销本市外，还缸装销往南京及南洋各地。

　　德茂隆酱园——清同治三年（1864），富商魏鹤林在天心区南门口创设，取名"魏德茂"，生意十分兴隆。至1887年由张子林独资经营，改名为"德茂隆"，旨在"因德而茂，因茂而隆"。民国时期得到当时军需处长的宗族张炳生的资助，先后增设48个支店。主营香干，其他酱菜如辣椒、萝卜、芝麻油等，占据了长沙的绝大部分酱食市场，形成垄断局面。1938年"德茂隆"毁于"文夕大火"，后在原址重建。"文革"期间，改为"人民酱园"。

1978 年重新恢复"德茂隆酱园"的招牌。1998 年成为全国第一批"中华老字号",以崭新的面貌再次呈现在世人面前。

星沙池澡堂——旧时长沙澡堂以 1930 年陈禹聊开设于中山路的"星沙池"规模最大,服务项目也最齐全,该澡堂共有座位 200 多个,分雅、正、优、客四等座位,并附设女座,设有理发室、修脚室和南食部,工人达 100 余人。雅、正座均为瓷盆,置有沙发;客座为大池。服务态度优良,入浴时,替客围上浴巾,代客整理换洗衣服,扎叠成卷,便于携带。客人浴毕入座,递上擦面毛巾,并帮客人擦去背上水渍。浴室休息时为之盖好浴巾,以防感冒。客将离座时再递上毛巾,然后结账。男澡堂用男服务员,女澡堂用女服务员。

民国旅社戏楼——位于通泰街街道连升街社区梓园巷 6 号,始建于 20 世纪 30 年代,坐北朝南,半拱形石库大门,砖木小青瓦四合院结构,占地面积约 1311 平方米,西边为三层主楼,顶层南北两侧各突起一座阁楼,北面为两层侧楼,与主楼相连。院南侧为一座 4 个木柱支撑起的戏楼,歇山屋顶,小青瓦,屋脊上有透雕砖雕装饰,飞檐翘角,戏楼内部有木构藻井,院东为一排从北向南逐步下降的风火墙,墙内为走廊,连接北面的住房和南面的戏楼。梓园街名源于清乾嘉年间礼部尚书刘权之在这里修建的后花园"梓园"。清末,"梓园"为布政使街道员张自牧的宅园,名"絜园",民国时改成旅社,20 世纪 50 年代初曾作陆军医院和二轻干校等。

乾益升粮栈——粮栈建筑呈长筒形,门面为高约 8 米的风火墙,宽约 10 米,左右墙壁体都用 3.5 寸的老火红砖砌成,粉砂灰,异常坚实干燥,地面全部以麻石条铺砌,平整坚固,长约百米左右,前部为铺面,中部为堆栈,在后部升起的八级石阶上垒三层木构房屋为办公房居住区,采光来自屋顶。该粮栈系朱镕基的曾祖伯父朱昌琳所建,新中国成立初曾改建为法庭,改建后的乾益升粮栈外观已非原貌。

美孚洋行——位于橘子洲中部,是一栋民国时期建造的中西合璧式的美式建筑,建造于 1924 年,为当时以经营"洋油"为主的美孚洋行所建。该建筑坐北朝南,呈不对称布局,占地面积 446 平方米,建筑面积 892 平方米,建筑物为砖混结构,歇山屋顶,盖大红板瓦,红砖清水墙,墙脚用砖砌饰,外墙有带状装饰。一层窗顶作弧形拱饰,做工精致。门庭向外突出,用四根圆形石柱支撑,门庭阳台上标有"美孚"标志,内部布局规整。

裕湘纱厂——湖南第一纱厂。早期建筑群位于长沙市岳麓区银盆岭湘江河畔，为长沙市民国初年近代工业代表性建筑群。纱厂于1912年由老同盟会员、湖南都督府参议吴作霖创办，最初为官商合办的经华纱厂，1932年改名为湖南第一纱厂。原厂房、机器毁于1938年"文夕大火"，抗战胜利后复建，改名裕湘纱厂。其早期建筑包括工厂大门、钟楼、两侧办公楼、码头、栈道等，门楼宏伟高大，充满西式建筑风格，造型为凯旋门式，门楼建筑面积41平方米，高13.4米，进深4米，砖墙、混凝土平顶屋顶。因形制与当时武汉国棉六厂、石家庄纺织厂的大门相仿，号称全国"三大门"。办公室为二层砖木结构，设架空防潮层，通透式外廊开拱形大窗，门厅突于楼前，坡屋顶前方一字排开9个天窗，与主屋呈垂直交接，造型十分独特。

华昌烟厂——1927年，长沙市望城区雷锋镇坪山村人彭虞阶集资2万银元，在天心区上碧湘街租赁一栋二层西式楼房作为厂房，创设了湖南第一家机制卷烟厂——华昌烟厂。设备有上海制造的大型卷烟机1台，配有磨刀机、压梗机、切丝机、烘丝机等，初有工人200余人，其兄尧阶长子瑞初任经理，技师从上海聘请，烟叶购自河南许昌，生产乙级烟"美曼丽"牌，烟盒在上海印刷，深受烟民喜爱。后又生产大众化烟"岳麓"、"革命"等牌低档烟，以适应城乡广大劳动者的消费水平。当时，英美烟草公司占领着长沙大半卷烟市场，在通衢要道、车站码头、集镇闹市和商店橱窗，张贴大幅彩色广告，甚至购买船票、戏票，也免费赠送卷烟。"华昌"以质取胜，以价推广，逐步占领市场。1939年，"华昌"迁至宝庆（今邵阳），1945年迁回长沙，并增添卷烟机2台，改名复兴卷烟厂，月产烟500箱左右，1947年更名为联兴卷烟厂。1949年8月，联兴卷烟厂获得新生，1951年秋季起，产品全部由长沙市百货公司定购包销，1953年转入华中烟厂，后迁郴州，更名为"郴州烟厂"。

吴大茂针号——创立于清道光二十四年（1844），今名为吴大茂小商品公司，是长沙百货业老字号中仅存的一家，今址位于解放中路高架桥下。在经营管理上，坚持"信誉至上、质量第一"的原则，在产品用料上，享"老牌钢针，货真价实"之美誉。到1956年公私合营时，吴氏已传至第五代。"文革"初，招牌被砸，1985年恢复营业，仍坚持经营小商品传统。1995年国内贸易部授予"中华老字号"称号。

老杨明远眼镜店——明万历末年（约1618），在长沙开业，其时眼镜与珠宝、玉器属同一行业，至清末，眼镜才从珠宝、玉器行业中分离出来。抗日战争爆发后，原老杨明远眼镜店辗转至沅陵、津市。20世纪30年代，老板周元凯于南阳街口再建老杨明远眼镜店。50 年代，该店更新设备，形成验光、制片、配镜成套工艺，为当时湖南眼镜业所独具。20 世纪 80 年代初，由于验光测试技术精湛，"老杨明远"声名渐起。1997 年国家内贸部为之颁发全国首批《中华老字号》证书与相关牌匾，成为湖南省民营企业中唯一经国家认证的中华老字号企业。

"南北特"副食公司——清末年间，长沙谭氏在长沙南门正街（现黄兴南路）创建作坊，生产传统糕点，新中国成立后改名为"长沙国营零售总店南一门市部"，1964 年更名为南北特产食品商店，简称"南北特"，荟萃国内各地名特食品，与全国 100 多家大型食品生产厂家建立了业务联系，经营糕点、糖果、调料、烟酒等副食产品。20 世纪 70 年代，其名牌"怪味豆"一时誉满全国，不仅长沙人喜欢吃，来长沙的外地人都以能购得为幸。2000 年搬到长沙市天心区裕南街 124 号营业。

九如斋南食店——创建于 1915 年，创始人饶菊生，原址在八角亭，迄今已有近百年的历史。饶菊生原是绸布店的股东，深感长沙南货业滞后，遂集股创办一家南食店"九如斋"，除自制特色产品，如辣椒油、酱油、光酥饼、五香牛肉干外，还购进全国各地特色产品，如火腿、蜜饯等，甚至从国外进了一些名酒、罐头，为长沙市民所罕见，远远超过其他同行。市民中有谚云："三元斋，三吉斋，三多斋，三三如九九如斋"。20 世纪 50 年代，九如斋改为国营，扩大营业，又在五一广场西北角设二店，"文革"中改称东方红食品店，80 年代恢复店名，2002 年建黄兴南路步行街时，从八角亭迁出至中山西路营业。

玉和酿造——建于清顺治六年（1649），创始人董玉和，店址在小西门（今坡子街），旧址仍有"董玉和酱园光绪贰年立"的碑文，清朝中晚期至民国初年，玉和醋成为与山西醋、镇江醋齐名的全国三大名醋之一。玉和酱园几易其主，但牌名一直保存，新中国成立后玉和醋得到进一步发展，1953 年更名为长沙玉和醋厂，1958 年年产玉醋达 200 吨，产品行销全国 17 个省市（自治区）及东南亚等国，自 80 年代以来多次被评为部优、省优产品称号。

再如饮食文化。这更是长沙历史文化中一道最亮丽的风景。

如果说，街市之旺，是长沙历史文化中的一座百花园，那么，饮食特别是风味小吃，就不仅在历史上，而且直到今天，依然是这座百花园中一朵最艳丽最芳香的奇葩。

提起饮食文化，自然会想起 1972 年马王堆西汉古墓出土文物中的竹简。

据媒体报道，其中一批竹简记录有109种菜品和九大类烹调方法，那大概是迄今已发现的最早菜谱了。可见古代长沙乃至湖南的饮食文化，真是源远流长。因而发展到清代时，形成我国八大菜系之一的湘菜，能与京菜、津菜、苏菜、鲁菜、辽菜、粤菜、川菜齐名，那就不足为奇了。

长沙乃至湖南，自古以来，本就是"鱼米之乡"，物产丰富，早在西周时，"长沙鳖"不就是见诸典籍的贡品么?! 古人又早就注重烹调，美食之风肯定也是古已有之的。所以，三国时魏文帝曹丕特别赞誉长沙米饭"香闻十里"，晚唐大诗人李商隐也在诗中形容"洞庭鱼可拾，不假更垂罾，闹若雨前蚁，多如秋后蝇"，宋代诗人张辑，还有"口腹累人良可笑，此身便欲老湖湘"之叹。据说，湘军崛起后，其中湘籍官僚多，他们特别讲究饮食，更将湘菜发展到极致，因此日益丰富。谭延闿父子俩特别讲究美食，传说他们府上所制的鱼翅，其味鲜美无比。湘菜中还有著名的"东安鸡"，则因东安人唐生智而著名。传说唐生智在南京任官时，厨师擅长这道菜，深得宾客赞赏，"东安鸡"因此而声名鹊起。

据说，民国前后，"美食"之风，几乎吹遍长沙城，还酿出了许多耐人寻味的轶事佳话。例如，创建于光绪年间的玉楼东，20世纪30年代即以"汤泡肚"一菜名震长沙，"麻辣子鸡汤泡肚，令人长忆玉楼东"的诗句，至今传为美谈。新中国成立后传到北京，著名京剧研究家、梅兰芳的秘书许姬传先生深为欣赏，赋诗赞美说："易牙手段湖南味，汤泡肚尖冠首都。"又如，始建于光绪十一年（1885）的清真菜馆李合盛，其拿手好戏是"牛中三杰"（发丝牛百叶、红煨牛蹄筋、烩牛脑髓）。牛百叶即牛肚，切细若发丝，入口酸、辣、咸、鲜、脆五味俱全，当年诗人田汉嗜此，常与友人会饮，某日酒酣，友人脱口出上联："穆斯林合资牛肉餐馆"，田汉应声对曰："李老板盛情款湘酒徒"。联中嵌"李合盛"三字，李老板闻之大喜，即请田汉书赠留念。

还有风味小吃，最著名的当然是坡子街的火宫殿了。

火宫殿创于乾隆年间，本来是祭祀火神的，后来逐渐成为娱乐场所，艺人摊贩荟萃于此，更以八大小吃为主体而闻名于世，成为长沙小吃的代表。八大小吃是：油炸白豆腐（即臭豆腐）、姊妹团子、龙脂猪血、三角干子、牛肉煮徽子、荷兰粉、红煨蹄花、八宝果饭。八大传统小吃制作工艺独特，别具风味，尤以"臭豆腐"为最。

臭豆腐。取浏阳豆豉青菜卤水等泡料，先将豆腐用青矾（硫酸亚铁）水浸泡，再泡入卤水，卤好后又用冷开水漂净沥干，用茶油炸至豆腐外焦内软，捞出沥油装盘，逐片在中心钻一小孔，将辣椒酱、芝麻油等注入，望之黑如墨，远闻奇臭，食之浓香。

红煨蹄花。清宣统年间，火宫殿的邓氏将猪脚加桂皮、干椒、八角、香叶等配料煨之，其口味独特，色泽红亮，肥而不腻，味浓鲜香，总能引得顾客驻足品尝。

荷兰粉。清乾隆年间，火宫殿刘氏用蚕豆磨粉制作成通明剔透、色白如玉的粉坨，再切成薄片加入上等汤料，鲜香清醇，食味浓郁，嫩滑鲜香，深受欢迎。

八宝果饭。早在唐代，湖南人过大年时，使用糯米、红枣、湘莲、核桃仁等八种原料蒸熟，掺入白糖做成一道甜菜，软糯油润，香甜可口，以庆五谷丰登，又兆来年吉祥。

龙脂猪血。清同治年间，长沙胡氏一家在火宫殿经营的猪血因口感好，有如龙肝凤脂之细嫩，故而得名，其特点细嫩滑爽，鲜香可口。

牛肉煮馓子。清同治年间，火宫殿周氏独创馓子放入原汤内煮食的方法，并用牛内盖码佐以麻油、葱花等，其制作方法独特，色香味美，落口消融，备受食客青睐。

三角干子。又名三角豆腐，制作过程分为解切、油炸、调味烹制等工序，柔软香嫩，味道鲜美。明代诗人苏雪溪有诗赞曰：

> 瓦缸浸来蟾有影，金刀剖破玉无瑕。
> 个中滋味谁知得，多在僧家与道家。

火宫殿里，还有莼菜、煲汤、包点、凉菜、蒸菜等多个系列 200 余个品种，多是来自民间，出自民食，经市民大众品味检验，不断丰富、提高、发展，特征鲜明。其制作技艺多由师徒之间口手相传，有许多独到的技术特点和复杂的工艺要求，是不可多得的民间手工技艺瑰宝，已列入湖南非物质文化遗产名录。1958 年毛泽东返湘，曾来此重温乡梦，其名声因此更加遐迩驰名，生意也更加火爆。

此外，长沙城里的小吃，还有甘长顺、杨裕兴和新华楼的面，向群的锅饺，和记的粉，德园的包子，柳德芳的汤圆，以及玉楼东的"柴把桂鱼"、"发丝百叶"、"酱汁肘子"、"龙舟载宝"、"洞庭龟羊"、"金鱼戏莲"等名菜，都是百年老店的经典名品。旧时，还有个马明德堂的酱汁肉，可惜已消失多年，老辈人常常津津有味地谈起它。该店创业于咸丰年间，店堂很小，只做酱汁肉、酱汁肘子、粉蒸肉和各种卤味，每到午炮一响（中午）即售完休息，尤以酱汁肉最受欢迎。其出名全靠一口百年陈卤锅。据说所用香料达72种，含有人参、三七、冬虫、灵芝、首乌等珍贵药材。1938年长沙大火时，马老板挑着一担箩筐逃难，后挑是衣被，前挑就是那口满盛卤汁的大沙锅。1945年长沙光复后，马明德堂复业，有人问他："你挑着卤水过河，剩了多少？"他说："这是祖宗三代传下来的，是我的命根子，哪怕剩一碗也好。"

饮食文化，作为社会的风，民情的雨，滋润着一代代人，塑造着一代代人，即便像毛泽东那样的伟人，也都受其影响之深。早在他青少年时代时，被父亲强制实行形成的饮食习惯，根深蒂固地留在他的身上，以至几十年后，成了党和人民的伟大领袖，依然不改不悔，一以贯之。他从1954年到1974年，曾二十来次回故乡湖南，身为一代伟人，不吃人参燕窝，不吃生猛珍稀，却迷恋着当年家常饭菜，尤喜欢吃长沙火宫殿的"臭豆腐"，这事后来被前美国总统布什写进了他的笔记。

历史文化也分作物质和精神两个主要方面。物质文化是指有体有形、可捉可摸的东西，这就是指的文物。精神文化的遗存，指的是传之于口中、播之以声、思之于心，无体无形的东西，如诗歌、音乐、文章、小说、典章制度、民俗风情、技艺，等等，其特点是以文字与手口相传，它往往随时代而发展，在过去没有音像记录是很难固定相传的。历史文化名城的文化传统，或者说精神文化的遗存，是历史文化名城中有声有韵的活的内容。作为历史文化名城的长沙，这方面的内容，也是丰富而流光溢彩的。例如——

杨裕兴鸡蛋面和五大油码技艺——杨裕兴鸡蛋面和五大油码技艺是指现存的、为广大市民所熟知的鸡蛋手工面和牛肉煨码、肉丝煨码、酱汁煨码、杂酱煨码和酸辣煨码等为主的五大油码技术，因制作工艺独特而且考究，口味历来受到广大消费者喜爱，故有深厚的群众基础，同时也是外地游人了解湖湘面食文化的一扇窗口。已列入长沙市非物质文化遗产名录。

玉楼东六道经典湘菜制作技艺——玉楼东的麻辣子鸡、发丝百叶、酱汁肘子、洞庭龟羊、柴把鳜鱼、腊味合蒸六道经典湘菜，涉及炒、蒸、熘、炖、煨这些烹调手法，其对原材料、刀功、火候、口味的要求，为湘菜烹饪中的技术尖端，作为湘菜手工技艺的全面代表，列入长沙市非物质文化遗产名录。

九芝堂传统中药文化——清顺治七年（1650），一位名叫劳澄的江苏人来到长沙古城坡子街，开了一家未名小药铺，这就是劳九芝堂的前身。他的这份家业绵延不衰。劳九芝堂是既制药又卖药，劳氏家族创业伊始就制定了严格的操作规程，从不马虎。无论是胶、丹、丸、散、饮、片，还是各种中草药的制作，均是如此。劳九芝堂进货是十分考究和较真的，非正宗的药材不采，决不以乙地货充甲地货，以次充好。切制环节更是十分考究，洗、润、抖、折、切、烘烤，及至熬胶、成丸，严守操作规程，务求质精型美。他们秘守独特处方，生产出一批批同行同名药品所不具备的"神效"成药。如"大活络丸"、"生龙活虎精"等在清朝中叶就已负盛名。九芝堂特有的中医药文化，已列入国家级非物质文化遗产保护名录。

玉和酿造技艺——"玉和"是长沙最古老的酱园之一，由苏州人董玉和于清顺治六年（1649）创办于原小西门正街46号，名为董玉和酱园。玉醋是以优质糯米为主原料，以紫苏、花椒、茴香、食盐为辅料，以炒焦的草米为着色剂，从原料加工到成品包装各道工序的操作规程极为严格，产品制成后要储存一两年后方才出厂销售。玉和酱园用压印有"玉"字的泥团封坛口，既是原始的商标品牌，防伪标记，又可确保醋的风味不变。玉醋具有浓（浓而不浊）、复（芳香醒脑）、醇（越陈越香）、鲜（酸而鲜甜）四大特点，不仅是日常烹调佳料，还具有开胃生津、和中养颜、醒脑提神等多种药用价值。据长沙市地方志等史料记载，民间曾广泛流传"陈年老醋出坛香，'玉'字封泥走四方"的说法。玉和酿造技艺列入长沙非物质文化遗产保护名录。

长沙粽叶编制技艺——长沙的粽叶编制技艺别具一格，民间艺人给一片片随手可摘的粽叶赋予了鲜活的生命力，三下两下，编出个蚱蜢、螳螂、青蛙等，深受儿童喜爱。老艺人易正文独创了"肚皮"编织法，编出的昆虫惟妙惟肖。还有铁丝作骨架，增加了清漆涂刷工艺，使作品能长期保存，从而把这种雕虫小技引入了大雅之堂。后来，这门手艺由游方艺人带到了很多地方，艺人们充分利用当地的植物，产生了用蒲草、还魂草、竹叶编织的虫鸟玩具。该技艺列入长沙市非物质文化遗产保护名录。

湘绣——湖南精美的工艺品中，有瓷器、石雕、竹雕、竹席、草席，少数民族中还有织锦、蜡染、挑花，但最精彩的，首先还是名扬中外的长沙湘绣。

湘绣是长沙刺绣产品的总称，中国四大名绣（苏绣、湘绣、粤绣、蜀绣）之一。清末在湖南民间刺绣工艺的基础上，吸取苏绣和粤绣的精华发展而来。在漫长的发展过程中，逐渐培养了质朴而优美的艺术风格。随着湘绣商品生产的发展，经过广大刺绣艺人的辛勤创造和一些优秀画家参与改革提高，把中国画的许多优良传统移植到绣品上，巧妙地将我国传统的绘画、刺绣、诗词、书法、金石等各种艺术融为一体，从而形成了湘绣以中国画为基础，运用七十多种针法和二百多种颜色的绣线，充分发挥针法的表现力，精细入微地刻画物象外形内质特点，从而成为独一无二的中国刺绣流派。

在绸缎等高档的面料上，以纯丝、硬缎、软缎、透明纱和各种颜色的丝线绒绣制，其显著的特点是：强调用概括、写实的手法，突出绣线的光学特性；抓住本质，精细入微地刻画物象外形和内质；构图严谨，色彩鲜艳，形象逼真，质感强烈，形神兼备，风格豪放，各种针法富于表现力。通过丰富的色线和千变万化的针法，使绣品无论是飞鸟、走兽、人物、花卉、山水、林木、虫鱼、书法、肖像、金石等，皆入画面，并熔为一炉；无论工笔、写意、水彩、版画、油画、照片，无不可绣制者；无论平绣、织绣、网绣、结绣、打子绣、剪绒绣、双面绣、乱针绣等，都注重刻画物象，即使一鳞一爪、一瓣一叶之微，也一丝不苟。其绣线的运用，粗细相间，色泽有别，兼以适当夸张，求得对比统一，突出主题，强调逐渐变易色级，达到明暗的自然变化，阴阳浑然一体。因而使绣品具有特殊的艺术效果，"远观气势宏伟，近看出神入化"，因而有"绣花花生香，绣鸟能听声，绣虎能奔跑，绣人能传神"的美誉。其名牌产品狮、虎，在国际上享有盛誉，被视为"巧夺天工"的艺术珍品。

从1958年长沙楚墓中出土的绣品看，早在2500多年前的春秋时代，湖南地方刺绣就已有一定的发展，1972年又在长沙马王堆西汉古墓中出土了40件刺绣衣物，以纺织品来说，由平纹、斜纹和横纹三种基本技法，演化为矩纹、几何纹、花卉纹、动物纹、写意纹等，搭配成各种图案，又有朱红、深红、金棕、深黄、银灰、粉白等20多种色彩。刺绣的图案和针法也多种多样，技艺高超。尤其是那件素纱禅衣，长160厘米，袖长190厘米，重量仅有49克，其纤维的精度，接近近代缲丝技术的高水平，真是"轻如烟雾"、"薄如蝉翼"。这样精巧的织物，令两千年后的人们惊叹不已。当时如何用手工制成，简直是个谜。这说明，远在2100多年前的西汉时代，湖南地方刺绣已发展到较高的水平。

现在的长沙市湘绣总厂，前身即为驰名中外的"锦华丽绣庄"，创建于1917年4月，由艺人唐仁甫等在长沙药王街开设，为一幢自建三层西式楼，于长沙"文夕大火"中被毁，后迁入八角亭黄兴路。1944年长沙沦陷于日寇铁蹄之下，大部分绣庄歇业、倒闭或外迁。新中国成立后才恢复生产营业。

湘绣源远流长，其魅力很早便被认知。早在1903年，湘绣开始出口，并在国际博览会上多次获奖。1919年在南京南洋劝业会上展出的湘绣作品，便赢得了"浑笔墨于无痕"的赞誉。辛亥革命后，湘绣曾多次参加在日本、法国、美国、意大利等国举行的博览会和赛会，频频获得好评和奖励。1932年，在美国芝加哥举办的"百年先进博览会"上，由唐仁甫手绘，杨佩珍（1888—1972）、杨培宽刺绣的美国总统罗斯福绣像参加展出，曾轰动一时，该绣像被总统本人高价购置收藏，现藏于芝加哥亚历山大博物馆。1982年艺人彭剑淳随"中国古代传统技术展览团"赴加拿大表演"双面全异绣"，美国画家史密斯注视达两个小时之久，临别时题词说："过去怎么也想象不出人类还能创造出这样优美的魔术般的艺术。"同年在加拿大展出的两面异色的人物双面绣，表现的是唐玄宗宠妃杨玉环入宫前在闺中弹琴排遣情怀的情景，一面是窈窕多姿的少女背影，另一面却是抚弹筌篌的秀丽佳人，其人物神情刻画入微，绣面不露针痕，转动框架，宛如立体雕塑，再度在加拿大引起轰动，称其为"魔术般的艺术"，"最珍贵的刺绣品"。

新中国成立后，湘绣又先后在26个国家展览。谌桃秀（1910—1955）所织花纹篾席，1955年获莱比锡国际博览会银奖。现在湘绣许多产品远销日本、意大利、瑞士等10多个国家和地区。被称为"奇异的手，绝妙的作品"。

长沙市芙蓉区、开福区、长沙县湘绣产业发展较好，开福区的沙坪还是著名的"湘绣之乡"。湘绣已列入国家级非物质文化遗产保护名录。

洞井龙舞——雨花区洞井镇盛行的洞井龙舞，保留着一种原生态的龙舞表现形式，是整个长沙地区民间龙舞的缩影。大致分为"布龙"、"三节龙"、"人龙"、"长龙"等，各种龙舞都有它不同的表现形式、流派和风格，表现套路各不相同。"布龙"是受群众欢迎并广为流行的一种风俗集体舞。布龙，龙头小，分九节和十一节两种，主要舞法有：打纽丝、摆图案、排字等，起舞时气势磅礴，雄伟壮观。"人龙"系一种由成人和儿童徒手交错的舞蹈，起舞时动作简单；"长龙"又称"摆龙"，一般有13节至15节，表演展示主要是跑动；"三节龙"主要是高台表演，动作更为简单。洞井龙舞已列入湖南省非物质文化遗产保护名录。

长沙弹词——湖南曲种之一，在清同治年间就已经形成，流行于湘江、资江流域的长沙、益阳、湘潭、株洲、浏阳等地。长沙弹词源于道情，用方言说唱，也有称长沙弹词为道情的，初"以鼓板唱道情"，"惟妙惟肖"。后来有了一人弹月琴、一人以渔鼓简板和小钹击节，二人对唱的"渔鼓道情"。艺人在秋收后串村说唱，平时在城镇街头卖唱。20世纪20年代中期，进入茶馆茶社"坐棚"说书。50年代以后定名为"长沙弹词"，包括平腔、欢腔、柔腔、悲腔、大悲腔、怒腔、神仙腔等唱腔，"文革"后迅速衰落。长沙市已将长沙弹词列入受保护的历史文化遗产，进行抢救整理。

长沙剪纸——是一种在平面的红纸上，进行镂空的纯手工艺术品，盛行于长沙、望城、浏阳、宁乡、株洲和湘潭市地区，其艺术造型夸张、奔放，富于生活气息，一般用于春节窗花、新婚、居室装饰，现也用于舞台美术、动漫等领域。

湖南皮影戏——人称"灯戏"、"影戏"。由演员操纵由牛皮、胶片等物制作的影人在布幕后表演，通过灯光映出影人形象。清末，全国皮影戏衰落，而湖南仍盛行，并从农村进入城市。新中国成立后，与杖头木偶戏共建省团。经过历代皮影艺人革新改良，影人形象鲜明，音乐更为丰富。演出用戏曲声腔或创作音乐，善于以动物形象表演剧情。其作品《鹤与龟》、《两朋友》等影响极大。湖南皮影戏列为国家级非物质文化遗产保护名录。

湖南杖头木偶戏——有提线、布袋和杖头木偶三种，但流行最为普遍的是杖头木偶，一般高三尺左右，装有两根操纵杆，艺人一手操纵两根操纵杆，一手操纵木偶头在一个红布台内进行表演。木偶戏的衣甲、冠戴、武器、道具都是特制的，戏中又以武将、武旦尤为光彩照人。《拦马》、《鸿门宴》、《芦花荡》、《盗仙草》、《水漫金山》、《打面缸》等，都是很有艺术特色的剧目。湖南杖头木偶列为国家级非物质文化遗产保护名录。

长沙花鼓戏——是劳动人民创造的一个民间小戏剧种。形成于清代，流行于湘中、湘东和洞庭湖滨，随着花鼓戏艺人的创作实践逐渐形成许多路流派，其中以浏阳、宁乡、益阳、西湖、醴陵等五路为主要流派。长沙花鼓戏音乐曲调有川调、打锣腔、牌子、小调4类约200余支，传统剧目多以表演"两小"（小旦、小丑）和"三小"（小旦、小生和小丑）戏为特色，反映民间生活为主，语言生动，幽默诙谐，通俗易懂，富有浓厚的乡土气息，有《刘海砍樵》等多种著名剧目。长沙花鼓戏已列入湖南非物质文化遗产保护名录。

湘剧——湖南省地方戏曲剧种之一，主要以长沙、湘潭为活动中心，流行于"长沙府十二属"（即长沙、善化、安化、湘阴、醴陵、湘潭、湘乡、宁乡、益阳、攸县、茶陵、安乡）以及湘南东部 17 个县市，江西与湖南毗邻的部分区域，粤北的犁市、韶关等地。当时民间习称为"大戏班子"、"长沙班子"或"长沙湘剧"。湘剧发源于明代，至清代中叶已逐渐形成为多声腔的剧种，又历经变化而形成以高腔和乱弹为主要声腔。湘剧现有传统剧目682 个，加上散折戏，多达 1155 个。湘剧的角色现形体制一般有十二行，分别为头靠（又称大靠）、二靠、唱工、小生、大花、二花、紫脸、三花、正旦、花旦、武旦和婆旦。湘剧已列入国家级非物质文化遗产保护名录。

长沙人唱戏的历史渊源是很深的。早在春秋战国时期，绮丽神奇的楚文化便滋养出湖南戏剧艺术的萌芽。其时，楚国的沅湘之间，盛行信鬼喜祀之风俗，巫风尤盛，祭祀之时必以歌舞娱神，流放沅湘一带的爱国诗人屈原，曾吸取这些歌舞的营养，写出著名诗篇《九歌》。长沙的地方戏艺术，也在这神秘的祭祀歌舞中萌芽。至清末，长沙戏曲达到鼎盛。当时，大批在战争中获得军功、敛得财富的湘军官兵返乡购田买屋，聚宴游乐，演戏唱曲之风由此大兴，不仅著名戏班众多，地方绅士还倡办票友班，"相率粉墨登场"。相传曾任过国子监祭酒的王先谦 60 大寿时，演戏酬宾，湘江两岸观者如堵。新中国成立后，长沙的戏曲迈入新的辉煌，全城的各个文化场所，都可以听到咿咿呀呀的唱腔，见到热情的观众。

长沙市有条古街，叫做光裕里，唱戏之风尤为特出。20 世纪 80 年代初，当时的南区文化馆坚持戏剧演出，深得群众喜爱，称此地为"戏窝子"、"南馆现象"。每每有新戏上演时，"戏窝子"里总是高朋满座，卖瓜子的，倒茶水的，穿梭不息，丝竹锣鼓，有滋有味。光裕里这条巷子，不深，却因为戏曲扬名国内外，因为它不仅是长沙有名的"戏窝子"，更是中国映山红艺术节的发源地。原来，1989 年，南区文化馆曾提议并获得省剧协支持，联络社会各界 180 个单位，创办了湖南省首届"映山红"民间戏剧节，由于影响深远，自 1999 年开始，戏剧节成为由文化部艺术司、中国戏剧家协会等单位联合主办的全国性的民间戏剧节，改名为"中国映山红民间戏剧节"。

彭俐侬表演艺术——彭俐侬（1930—1985），湘剧表演艺术家，湖南长沙人。师从湘剧名琴师彭菊生、吴绍芝、萧全祥，10 岁登台，在桂林和滨湖一带颇负盛誉。她以正旦、青衣、花旦见长，兼习工旦。嗓音清亮，功底深厚，讲求韵味，吐字行腔自成一派。代表剧目有《又拜月》、《打雁回窑》、《打猎回书》等。除演出外，还从事艺术教育工作，培养了左大玢、陈爱珠、颜燕雨、李自然等一批湘剧艺术家。彭俐侬表演艺术已列入湖南非物质文化遗产保护名录。

旧时的长沙城里，有许多民俗，庙会即其一，尤以坡子街上火宫殿的火神庙会与财神庙会最为红火。

原来，古代长沙人自认为是炎帝（神农）、祝融的后裔，因而拜日、崇火。最初是一种以敬火、拜火、用火、管火为主要活动形式的祭祀礼仪。乾隆以前，长沙城就有许多火神庙，年年举行火神会，但小型分散，不成规模。乾隆十二年（1747）坡子街建火神庙后，火神会一年胜过一年。清道光六年（1826），火神庙（即乾元宫）又曾扩建，百姓对火神既尊敬又畏惧，无论哪家失火，都要到火宫殿谢火神；客商失火，还要到火神庙前唱3天大戏，以祈平安。每年农历春节和六月廿三日祝融大帝诞辰，信徒们总要邀班唱戏谢神。庙会期间，从中和街起，到三王街口止，由庙董事会搭成竹木凉棚，以遮阳避暑。此时观众群集，各色零售摊担在此吆喝贩卖，卖艺的，说书的，相面的，测字的，群集于此，热闹非常，此处遂逐步形成闻名遐迩的小吃市场。这种融宗教、民俗、饮食、消防于一体的多元文化现象，对传承长沙小吃、民间艺术和湖湘文化，都起到了极其重要的作用，成为长沙历史文化名城一个重要的历史音符和不可或缺的文化元素。火宫殿庙会每举办一届（7天），游客如织，极大地促进了长沙旅游经济的发展。火宫殿火神庙会列入国家级非物质文化遗产保护名录。

还有财神会呢！

传说三月十五日这一天，是财神赵公明的寿诞。每逢这个日子，坡子街福禄宫财神殿前，人头攒动，香火袅袅，无论是穷人还是富人，都要来这里向财神拜寿，求财求福。不仅平民小户要拜财神，殷实商户更要拜财神，以求来年财运亨通。因此，很多行业，如钱业、典当、南货、杂货、厨业、酱业、干果、盐业等业，都敬奉财神为祖师。当然，各业祭祀的财神，也因信仰有异而不同，有的是文财神，有的是武财神。文财神有比干和范蠡。比干，是商纣王的叔父，因进忠言劝阻纣王却落了个剖膛挖心的下场，他被摘心后为姜子牙所救，于是便散尽家财，来到民间，成了商人的保护神。因为他没有心，所以办事公道，深受爱戴。范蠡，是春秋时越王勾践的重要谋臣，助越王打败吴国后，拒绝越王封官，带着西施飘然而去，据说到了齐国，经商务农，发了大财，成了富有的"陶朱公"，后来便被奉为财神。但长沙各业和百姓信奉得更多的，却是武财神。武财神也有两种说法，一曰赵公明，二曰关公。在《封神演义》中，赵公明被姜子牙封为"金龙如意正一龙虎玄坛真君"，相传他手下有招宝、纳珍、招财、利市四神，专管"迎祥纳福"的好事。关公曾在长沙大战黄忠，并以诚义之举招降了黄忠，深得民间赞誉。成了神的关羽，据说能保护商人，使之招财进宝，商家因此无不虔诚供奉之。因而，旧时坡子街除了福禄宫外，还有一座关帝庙，每年农历六月二十三日，与火神庙会同日，举行关帝庙会，少不了也要演戏酬神。

长沙婚礼——旧时长沙的婚俗，首先是靠媒人出面说媒，约定见面时间。男方第一次去见女方要化装成买猪肉的，女方不能挑选男方，要躲着或者在门缝里看，或者借泡茶的机会偷看。相中后，互相写生庚八字，请算命先生看命相合不合，符合就下聘。算命先生再挑选吉日成亲。结婚当天，女方爹娘不能送亲，必须是女方的姊妹。闹新房时，三天不分大小，大嫂不能发脾气。还要看新娘的手艺，就是在一个大锅里面，放满筷子，新娘用大长勺一次性捞起来所有的筷子，这就说明新娘很能干。三天后回门，女方娘家办饭并赠送给媒人一双鞋子和一个红包。

此外，还有老郎庙和老郎会等，这也是长沙古城的民俗。老郎庙是戏曲艺人祀奉师爷的庙宇，长沙老郎庙位于坡子街火宫殿西侧的三王街，建于清乾隆十六年（1751），光绪十八年（1892）重修，毁于1938年的"文夕大火"。长沙戏班供奉的老郎神为唐明皇。传说唐明皇曾大兴梨园教坊，亲自授艺、演戏，故人奉其为祖师。老郎会设在坡子街有其历史渊源，长沙主要地方剧种湘剧就发源于坡子街一带。长沙湘剧历史悠久，明代由江西弋阳腔传入，与长沙等地的民间音乐结合后逐渐形成当地群众喜闻乐见的一种艺术剧种。

由是而观，长沙的历史文化，真是丰富多彩，壮观至极！

那些来自悠远时代最深处的历史文化的幽香，无论是商贸文化，是饮食文化，还是非物质文化，抑或是宗教文化和古建筑文化，都具有其特定历史时代的特殊芬芳，焕发过曾令古人如痴如醉的美感。今天看来，那些固然已成为历史的陈香，但正是这种陈香，折射出一座历史名城昔日曾经有过的靓丽风采。或许正因为这种陈香，是存放在历史档案库里的，恰如珍藏于酒窖里百年千年的佳酿，时间愈久，其幽香愈浓愈冽，因此而令人迷醉，令人豪迈，令人振奋。何况，其中的饮食文化，今天早已发扬光大，成为长沙城里令人闻之垂涎不已的美食呢！

8. 浪漫传说

· 漫漶传说，终非空穴来风，流于民间广竖口碑
· 精彩故事，原本道听途说，录为轶闻终成野史

倘说，城市是一条河，那么，其传说故事就是河上的波浪；
倘说，城市是一首诗，那么，其传说故事就是这诗的韵脚；
倘说，城市是部交响曲，那么，其传说故事就是曲的旋律；
倘说，城市是一幅画，那么，其传说故事就是这画的颜色。

任何一座城市，无论是古今中外，还是大小新旧，都会有其浪漫的故事与传说。如果没有，那就正如没有波浪的河流，没有旋律的音乐，没有色彩的图画，没有韵律的诗歌，这座城市就真是太乏味了。

我们曾经说过，长沙是一本书。在这本书里，载满了历史文化的传说与故事。不管你爱读还是不爱读，也不管你喜欢听还是不喜欢听，一踏进这座城市，你就会读到或听到那个令人怀思母之情的"定王台"故事——

> 珍重南山路，驱赢几度来。
> 未登乔岳顶，空说妙高台。
> 晓雾层层敛，奇峰面面开。
> 山闲原自乐，泽畔不须哀。（张栻《定王台》）

> 寂寞番君后，光华帝子来。
> 千年余故国，万事只空台。
> 日月东西见，湖山表里开。
> 从知爽鸠乐，莫作雍门哀。（朱熹《定王台》）

南宋两位著名理学家当年这一唱一和，将我们带进了一个遥远、模糊得被人遗忘了的年代……

那是西汉时代的某天晚上。时为太子的刘启，因为喝酒醉了，便召幸宠姬程姬。程姬因身体不适，便令其侍婢唐儿代替"侍其寝"，结果怀孕生下刘发。母子俩在宫中都不受宠，经常受到歧视和冷遇。刘发毕竟是汉景帝第

十子，所以刘启登基后，便封刘发为长沙王——是为定王，这事大概发生在公元前155年。

刘发长大后，离开母亲唐姬，来到长沙就职。当时的长沙，相对于王都西安来说，是极端偏远而不发达的地方。刘发被封至此，是他自小受到的歧视和冷遇的继续，心情自然十分痛苦和抑郁。有一年景帝做寿，诸王到京都朝拜，依次按朝觐之规手舞足蹈。大家都翩翩起舞，至刘发时，他却只举举手，应付几下了事。对此，景帝十分奇怪，问他这是为什么，定王委婉地回答说："臣国小地狭，不足回旋！"景帝遂生怜悯之情，将武陵、零陵、桂阳三地都划给他管辖。此说虽表达的是定王受排挤的心绪，但隋唐之前城小地狭，确是实情，内城只供统治者居住，民众、商人都聚集在城外。

事实上，刘发心中最大的痛苦，是因为远离了母亲，他非常想念。但他既不能常回长安去，又不能接母亲到长沙居住，更加深了对母亲的担忧和思念。于是，他年年都要挑选出上好的大米，命专人专骑送往长安孝敬母亲，然后专人专骑再运回长安的泥土，在长沙筑台。如此年复一年，运回的长安泥土竟然筑成了一座高台。每当夕阳西下时，刘发便登台北望，希望透过千山万水，给母亲以问候，寄托他的思念之情。刘发在位27年，死后葬在长沙，谥号定王。人们称刘发当年所登的那个高台为"定王台"，也叫"思母台"、"望母台"。定王台后来坍废了，在那里修了座定王庙，建了庭院。定王七传之后，王莽篡汉，公元25年，光武中兴，汉光武刘秀乃定王刘发第六世孙。所以，唐人萧尧有诗曰：

> 王已分封受汉恩，长沙终不及中原。
> 后来争得三分气，却是东都六世孙。

身为定王的刘发，没有因为母亲出身卑微而自卑，更没有因此而舍弃，相反，他一往情深，筑台思母这件事，映射出他的赤子心，体现了中国传统的思想道德——孝道。这个故事一直流传下来，为历代文人所推崇，写作有许多诗，歌咏定王台，赞颂定王的孝心，除张栻、朱熹的唱和诗外，还有——

> 黄叶纷飞弄蚤寒，楚山湘水隔长安。
> 荒台蔓草凝清露，犹似思亲泪未干。（宋·许有壬《定王台》）

> 登临远眺客心愁，夜月寒帏几度秋。

台榭已同湘水渺，孝思恒在岳峰头。
白云岭畔猿声断，绿树池边鹃泪流。
寂历荒烟无限恨，古人陟屺与同游。（清·王文清《定王台怀古》）

台上风烟自渺茫，台边草树倍凄凉。
若令别子宜为祖，肇祀还应及定王。（清·周有声）

城东百尺倚崔嵬，迢递长安载土来。
一片夕阳春树绿，慈乌飞绕定王台。（清·熊少牧《定王台》）

白云长绕汉宫址，定王高台从此起。
当年邱垄生莪蒿，渭水湘江隔千里。
湘南慈竹绿丛丛，尽入崇台望眼中。
自憾不能为孝笋，相依长此护青葱。
台上思亲何日已，秋去春来如陟屺。
千秋孝思永不磨，唐妃程姬幸有子。（清·黄理元《定王台怀古》）

　　亲情，或者说孝心，是传统道德中的重要坐标。孔子说："仁者，人也，亲亲为大。"又说："孝弟也者，其为仁之本与！"仁者，离不开亲情与孝道。因为只有尊老爱幼，懂得爱自己的父母和亲人，才会爱其他的人，才会"老吾老以及人之老"，"幼吾幼以及人之幼"。一个人，不管他是从政居官，还是经商执教，乃至是一个普普通通的老百姓，都必须恪守这个道义。不管这个社会如何发展，人类认识世界和改造世界的客观环境会发生什么样的变化，亲情与孝道是永恒的，永远不会改变。正因为此，定王台所洋溢的人伦温情，才会越过那么遥远的时空，流传到今天。据《善化县志》记载："定王台，在浏阳门内。汉景帝子定王发分藩长沙，筑台望母……俗传定王载土长安，筑台于此。"又说："筑台望母，但云望唐姬墓为是。"至于历代咏诗，更是长久地被传诵着。

　　传说，定王晚年时，因为思母心切，程姬和唐姬也被安排来到长沙，母子三人相依为命。她们死后，同时葬于长沙城东门外，是为唐姬墓，又称双女墓，世称汉程唐二姬墓。此说不知是否真实，且待考古学家们去考证吧。

　　定王台是旧时长沙负有盛名的游览胜地，台早已毁于战火，仅存基址，近百年来是图书馆所在地。1904年，湖南图书馆兼教育博物馆就建于此，

1912 年秋至次年春，毛泽东当时 19 岁，在这里自学半年，博览群书，是他"学习历史中值得纪念的半年"。湖南图书馆毁于"文夕大火"，后迁新址。长沙市政府于 1985 年在此建长沙市图书馆，曾经热闹一时的全国著名黄泥街书市，亦迁此延续着湖湘文化的传统。

长沙自古以来是兵家必争之地，因此又有"古战场"之称，仅是《三国演义》中描写的"战长沙"一战，就给长沙留下了许多历史文化的印记。其中大多与关羽有关，"捞刀河"、"落刀嘴"就是。

捞刀河原名"涝塘河"、"潦浒河"，是湘江的一级支流，发源于浏阳市石柱峰北麓的社港镇周洛村，流经浏阳市社港镇、龙伏乡、沙市镇、北盛镇和永安镇，长沙县的春华镇和黄兴镇，开福区捞刀河镇，于长沙市境内的北洋油池汇入湘江，全长 141 公里，流域面积 2543 平方公里。传说关羽率领重兵攻打长沙时，来到涝塘河一带屯兵缓进，以探虚实。有一天，关公与部属乘小船沿着捞塘河进入湘江，然后往南径直而去，想从水路打探长沙城河防情况。但由于宽敞的湘江上，战船密布，戒备森严，关公私下想，若从水路进军攻打长沙，肯定行不通，因此闷闷不乐，率部属倒桨回营。不料，船行至捞塘河入湘江口时，一个大浪将小船颠了起来，向来稳重的关公因来不及提防，手中的青龙偃月刀不慎落入水中。部将周仓跟随关羽多年，深知青龙偃月刀的性能，便一头栽入水中，一口气逆水追了 7 里。宝刀为何掉在水里又逆行呢？原来，传说关公宝刀上镶嵌的青龙入水而活，青龙荷着宝刀进入湘江，逆水而上，游到涝塘河入湘江口，再逆水游到涝塘河。周仓下水一口气逆水追了七里，才把宝刀捞上来。从此，关公落刀之处就名"落刀嘴"，周仓捞刀的这条河，就叫捞刀河了。"捞刀河镇"也因此而得名。

当时，关羽率军还曾一度驻扎在距长沙 30 公里外的石渚湖畔，随军的义母因不服南方水土，身患重病而亡。关羽万分悲痛，请匠人铸了一口闪亮的铜质棺材，将义母就地安葬。从此，这个地方就叫"铜棺"，后因"棺"字不吉利，改名为"铜官"——这是今日铜官镇名的又一个说法。

关羽攻打长沙的时候，长沙太守韩玄命黄忠（字汉升）出战。两人斗了百余回合，全无破绽，云长暗忖："老将黄忠，名不虚传。"遂拨马退走，欲以拖刀计赢之。汉升赶来，云长背对，方欲用刀砍去，忽听脑后一声响亮，回头看时，黄忠马失前蹄，掀翻在地，乃举刀近前道："关某不杀落马之将，速换战马前来厮杀！"黄忠奔回城中，太守韩玄责问："汝箭百发百中，何不射之？"并将自己良马给了黄忠，命复出再战。两人又斗了好多回合，汉升

130

诈败，云长赶来。黄忠想起前番不杀之恩，不忍射杀，只虚拽弓弦。云长闻声急闪，却不见箭。继之又虚拽，又急闪，仍不见箭。关羽以为黄忠不善射，追赶至近时，响声未起，箭却射来了，射断的是云长盔缨。云长一惊，方知黄忠有百步穿杨之能，乃引兵而退。韩玄城头观战，觑破黄忠虚拽，斥其预谋勾搭，拿下黄忠就要问斩，素与黄忠交谊甚好的魏延大怒，一旁闪了出来，拔刀相助，先是袒臂一呼救下黄忠，接着返身刺杀韩玄。

　　韩玄见势不妙，窜下城楼，意欲从城南向北跑。为骗过魏延，跑过小古道巷一小巷时，有意将一靴子脱下，靴尖朝南放着，以示南遁时靴子脱落掉地，这条巷子后来即称为"南倒脱靴"。魏延识破了韩玄的欺诈，朝北追去。韩玄经过城西臬后街的一条小巷时，又脱掉另一只靴，仍将靴尖朝南放着，自己朝北门逃去，此巷后来被人们称为"西倒脱靴"。魏延追杀韩玄到一湖边，这个湖后来又被称为"刺韩湖"。韩玄最终还是未能逃过魏延的追杀，死在其刀下，死后埋在长沙，据说今长郡中学内就有韩玄墓。清人汪应铨在《韩玄墓记》中说：韩玄"威信智略，必足以服人"，"宽厚爱人"，"玄与三郡俱降，兵不血刃，百姓安堵，可谓知逆顺之理，有安全之德"。对韩玄评价甚高，好像要为其正名。

　　与此相关的，还有一口古井，叫"赐闲湖古井"，位于开福区，南起五堆子，北至营盘街。据《湖广通志》载："明湖广督学颜鲸，退居长沙城北，古藩赐以园地，名赐闲湖。建有亭桥榭，清时已废，残留小湖亦称四方塘。"清光绪二年（1876），贡院曾在此填塘修建号舍，今已不存。巷侧原有水井，亦废。有石碑"赐闲湖古井"嵌街壁，井台残迹尚存。

　　又有一则故事说，望城区茶亭镇有座九峰山，距离长沙26公里，是长沙城北的一座画屏。当年，关羽在华容道放走曹操，受到责罚后，心里郁郁不乐，一度游览山水，带领随军将士驱舟南下。当他所驾的船只来到九峰山前，忽见奇峰突起一块嶙峋怪石，便弃舟上岸，将赤兔马拴在山下小溪边。但当他们一行游完山水，回到登岸处，却不见了船。他哪里知道，八百里洞庭，风大浪大，吊船的绳索早被岸边的石头勒断，船被风吹得无影无踪了。关公和将士们望湖兴叹，束手无策。他情急生怒，回头问将士怎么办，待转过身子，看见山上一片竹林，顿时有了主意，"伐竹作舟。"于是，举起青龙偃月刀砍去，楠竹应声劈开，再举刀欲砍，忽见从裂开的竹节中，跳出几只小马来。不等他回过神来，那些小马瞬间变成了战马，一时间，竹林中出现了无数战马。大家高兴万分。关公将战马分给将士，向竹林深深一揖，打道回汉川去了。后人将这片竹林取名为竹马冲。

这些故事，千百年来，一直在长沙民间流传，虽然有些牵强附会，长沙城里城外确是保存有三国时的一些历史遗迹，倒也是一点不假。

像关羽一样，在长沙留有好名声和故事的，还有陶侃与孙思邈。

据《岳麓志》载：晋时，岳麓山抱黄洞（也称蟒蛇洞）里，有条妖蟒，每逢七月十五日夜晚，它便熠目为炬，吐香为桥，横跨湘江，诱骗百姓登桥，致使大胆上桥的人，一个个都落入其腹中，成了它的佳肴。陶侃为荆州刺史封长沙郡公时，察觉并且识破了这妖蟒的阴谋。他便选定了七月十五日夜这个日子，待天桥出现，妖蟒作恶时，弯弓搭箭，朝桥上的灯炬射去，那灯顿时熄灭，大桥缩回。陶侃断定是射中了恶蟒的眼睛，立即传令全城药店，如有烂眼道士来买眼药时，一概不卖真药，只卖毒药。后来，恶蟒敷了药店卖给的药后，终于死在岳麓山的洞里了，山上现在还有这个蟒蛇洞。长沙人为歌颂陶侃为民除害之功，便在他当年射杀恶蟒的地方，建了一座射蛟台。《通志》上称为射蟒台。此台不知何时早就废了，后来却成了诗人怀古抒情的好题材。有诗为证——

> 烧丹人去但空崖，古洞年深锁绿苔。
> 我有强弓无处用，春风闲上射蛟台。（明·陆相《射蟒台》）

> 城西一带水烟斜，不见蛟台见物华。
> 岳麓晴峰山翠积，潇湘晚浦月明赊。
> 千年忠骨埋荒草，十亩林皋绣野花。
> 都督遗声今尚在，禹碑同此照幽霞。（清·杨照徽《射蛟台怀古》）

据说，陶侃的射蟒台，就在湘江大道与黄兴路步行街之间的古潭街上。自古以来，这条街的名气就很大，其中每条巷子，每条里弄，每栋古建筑，都有美丽的传说。除了射蟒台外，还有白鹤观的传说，也很神秘。说的是，明朝俞允谪判长沙时，就住在古潭街西侧。有一天突然病倒了，无论吃什么药，都不见好，眼看快要不行了，七天后，突然来个江湖郎中，直闯俞府，将一粒丹丸放入俞允口中，不久，俞允竟开口说话，死而复生了。民间传说，这个江湖郎中就是白鹤大仙，"白鹤观"因而得名。

这里，千百年来还流传着陶侃之母"截发迎宾"等故事。后人为纪念陶侃贤母，遂将陶侃母亲居住之地，即黄兴南路西侧的一条街命名为礼贤街，

1902 年不知何故改为沙河街了。不过，至今仍有两个古地名，与陶侃有关。明嘉靖年间（1522—1567），长沙知县吕延爵于城南建惜阴书院，以倡陶侃惜"分阴"精神。其所处街道亦以"惜阴"为名，流传至今。陶侃后来卒于武昌，遗命归葬长沙，今城南树木岭有"陶公山"，相传即为陶侃之墓。

孙思邈（581—682）的故事就更离奇了。他本是京兆华原（今陕西耀县），隋唐时代著名的医药学家，著有《千金方》，人称"药王"。隋文帝辅政时，征为国子博士，力辞；唐太宗即位后，授予爵位，也不受；高宗召拜为谏议大夫，仍不受。传说他辞疾归家后，不知为何，来到长沙隐居。对此，史书并无确切记载，长沙民间却流传着他许多治病救人的故事，尤以下面这个传说最为神秘——

相传有条龙，在浏阳洞阳山的九溪洞里，修炼了 8100 年。正当它要造河出山，入湘江，下洞庭，去东海时，忽发一身恶疮，疼痛难忍，只得上门请药王孙思邈治疮。药王见它是条善龙，欣然应允，但是有个条件，那就是：出山时，要善出，既不能造河出山毁没田庄，伤害生灵，也不能显出龙形，吓了百姓。龙答应了。于是药王以九溪洞的樟叶为药，治好了龙疮。这条龙果然按照药王的要求，将自己变成 9 只飞鸡，从九溪洞中飞出，其中有一只从北盛仓经过时，尾巴在地上一拖，即变成现在的拖塘；其翅膀在拖塘两边扇了一下，拖塘两边又出现两口小塘。还有一只鸡，飞到岳阳后歇下脚来，却再也未能飞起，变成了水边的一块陆地，就是现在的城陵矶。

古长沙城里，有条大古道巷。传说淡泊名利的药王孙思邈，当年就隐居于此。那里现在还有药王当年的"洗药庵"、"洗药井"和"药王街"等历史遗迹。

前面这些故事，真真假假的，说是假的吧，可人名地名又都是真的，说是真的吧，世上又哪来恶龙妖蟒……传说本来就是这样，浪漫主义与现实主义相结合的民间创作，不失为历史文化名城的"精神遗迹"。下面要讲的，就是有根有据的名人轶事了。

第一个故事，是张鸿模挑水发家。

张鸿模，又名正材，原先是一个靠挑卖河水为生的人，后来一跃而开起了银行。其银行就设坡子街，分行则普及上海、汉口、重庆、贵阳、衡阳、湘潭等地，家财巨万，成为长沙金融业传奇人物。他居住在小西门（今坡子街）12 号，所置的公馆、地皮、铺面达 10 多处（樊西巷、小西门、坡子街、福胜街都有），在河西还购有田产。

他本是江西抚州金溪县人，生于清光绪元年（1875），卒于民国三十七年（1948），终年73岁。幼年家道贫苦，父亲早丧，母亲靠与人做些女红针线，抚养张鸿模长大成人。他从小就聪明伶俐，读了3年私塾，记忆超群，长大后行事果断，谨慎有为。光绪十六年（1891），他16岁了，按家乡风俗，"男子十五十六当门户"，到这个年龄，已长大成人，身强力壮，不"当门户"，就要离家自闯乾坤，不能老呆在家里。这个规矩很古老，据传是战国时秦国商鞅变法订下的。祖辈定的规矩不能擅越，张鸿模因此要出去闯世界了。他听人说，湖南是个好地方，土地肥沃，物产丰富，江西人到那里定能发财。于是，他辞别母亲来到了长沙。

初来长沙，举目无亲，摸摸口袋，只剩500文钱，他想这财如何发呀？幼稚的小张鸿模，越想越难，不觉潸然泪下。这时，前面走来一个挑河水卖的，操江西口音，问他为什么哭，张鸿模抽泣地把事情说出。挑水人听他口音也是同乡，便向他肩上一拍说："不要难过，随我来。"他将张鸿模带到小西门河街，两人住在茅棚里，每天靠挑卖水谋生。

一天，他挑着白沙井水，一路叫喊着，来到樊西巷的钱铺门口。钱铺正要白沙水泡茶。双方说妥后，张鸿模将水倒入缸内，水满缸溢了出来，老实勤快的张鸿模连忙拿把铁锹铲上煤灰，把水激干，同时将厨房扫得干干净净的。

正在此时，钱铺老板走进来，看得真切，又见张鸿模品貌端正，便和蔼地问道："小伙子，你多大了？"张举目一看，像老板模样，称他一声"老爷"，答说："今年16岁了。"岂知这人最喜欢人家喊他老爷，听张口音是江西同乡，一时心花怒放，接着问他家里还有什么人，读书没有，张鸿模放下扫帚，把经过一五一十地说与老板听。老板捻了捻胡须，踟蹰良久说："我店里正缺少个学徒，你愿意吗？"张鸿模听罢，连忙跪下口称师父，老板慌忙搀起他说："慢来，慢来，要找个保才行。"

张鸿模与一同卖水的伙计商量，决定找铜铺街万寿宫江西会馆抚州帮同乡会帮忙。二人来到万寿宫，把来意说明，要求会长念乡党之情，为之作保。早年外地人在长沙，最讲"帮口"，看张鸿模外表不错，会长就盖了保戳印成全了这件事。这样，张鸿模便来到钱铺学生意了。

此后，三年学徒，勤敏奋发，深得店主欢心，年近弱冠，仪表非俗，已任上街职务，在行业中渐露头角。11年后，他离师自立，与人合伙开一小型钱铺。有了积攒后，又与人合伙开钱庄，渐渐地发展，终于事业有成。

第二个故事，陶澍娶妻。

陶澍（1779—1839），长沙府安化人，早年就读于岳麓书院，嘉庆进士，由翰林院编修入御史，道光时官至两江总督加太子少保，兼管盐政，为官清正，多有政绩，卒谥文毅，是清中期湖南经世派代表人物之一。

据说，民间流传不少关于陶澍的故事，其中一个是娶妻。

原来，陶澍年轻时，因为家境贫寒，在家乡很有些受人欺侮。开始，家里将他与当地一黄姓女子订了婚，但当地有个姓吴的富翁，听说黄氏女子颇有姿色，便想将她夺过来，做他儿子的继室。吴家先以重利诱黄父，黄父心动了。后来，连那位黄氏女子，也挡不住物欲之惑。陶澍无奈，只得任其自然。有意思的是，黄家有个养婢，愿以身相代，陶澍也不反对。后来，这位养婢出身的太太，跟着陶澍夫贵妻荣，做了一品夫人。而那位黄氏女子呢，她嫁到吴家后，结果却是非常悲惨。开始是吴氏父子恃强凌弱，霸占了某曾姓人家的田产，两家因此发生械斗，吴氏之子被打死，吴老翁因为受气，刺激太深，很快也一命呜呼了。剩下黄氏孤儿寡母，日子过得十分艰难。

后来，陶澍衣锦还乡。闻知此事后，心里甚是同情，便托人送给黄氏五十两银子。黄氏愧悔莫及，时常暗里见银哭泣。这些银钱，她一直舍不得用，没多久，竟然被小偷偷去了。黄氏更加无法忍受，羞愤交加，终于自缢身亡。黄氏逝世后，陶澍还继续接济黄氏后人，这在当地一直传为佳话。

第三个故事，易培基误交卖友客。

易培基（1880—1937），字寅村，别号鹿山，善化县（今长沙市）人，家住白沙井枫树亭，是著名的教育家。

早年，他在湖北方言（外国语）学堂毕业后，东渡日本留学，曾参加辛亥武昌起义。1913 年 6 月，宋教仁被刺。7 月，孙中山、黄兴在南京高举义旗讨袁（世凯）。由于黎元洪叛变孙（中山）、黄（兴）而附袁，易培基不愿再做黎元洪副总统兼湖北都督的秘书，便弃职回乡执教，初任湖南高等学校国文教员，后任长沙师范和湖南省立第一师范学校教员。毛泽东在该校第八班读书，易培基曾教过该班，对毛泽东非常赏识和器重，两人过从甚密，感情颇深。

北洋军阀张敬尧 1918 年 3 月 27 日出任湖南督军后，横征暴敛，鱼肉人民，湖南人民一致认为："张毒不除，湖南无望。"于是，1919 年冬，在以毛泽东为首的新民学会的发动和领导下，掀起声势浩大的驱张运动。12 月 3 日，毛泽东等在易培基家里开会，决定发动全省总罢课。当时，易培基为绅商学界总代表，大力支持和参加这一正义行动，并陪同驱张代表去衡阳筹款。驱张通讯联络站就设在他家，易将各地驱张消息交学联，编成《驱张通讯》，广为散发。1920 年 6 月 11 日，张敬尧仓皇出逃，6 月 29 日被免职。驱张运动取得胜利。

谭延闿继任督军兼省长，因易培基在驱张运动中有功，委之为省长公署秘书长，旋兼任教育行政委员会委员长和省立图书馆馆长。

1920 年秋，谭延闿同意毛泽东等进步学生的请求，委派易培基为省立第一师范学校校长。易接任该校校长后，进行了大刀阔斧的改革。一是聘任毛泽东为一师附小主事，后为一师国文教员；二是撤换思想陈腐的教员；三是聘请进步人士为教员，如周谷城、匡互生、徐特立、李达、李维汉、熊梦飞、夏丏尊、陈昌、田汉等；四是废除学监，设立学生自治会；五是允许组织各种学术团体；六是开放女禁，允许男女同校。

1922 年，易培基辞职赴广州，任孙中山大元帅府高等顾问，1924 年任广东大学教授。同年 9 月，第二次直奉战争爆发，冯玉祥反戈回京，驱逐曹锟，由黄郛组织摄政内阁，任命易培基为教育总长。1925 年 12 月 24 日，易培基出任北京女子师范大学校长。1927 年 4 月 6 日，李大钊被军阀张作霖逮捕，28 日被绞死后，他化装前往天津，不久回住长沙。

上海"4·12"反革命政变后，易培基任上海劳动大学校长；南京国民政府成立，任中央政治会议委员兼农矿部长；由于四大家族的排挤，仅保留故宫博物院院长之职。

由于统治阶级内部斗争激烈，司法院副院长兼故宫文献馆馆长张继和他的夫人崔振华等人，于 1933 年 5 月制造了一桩骇人听闻的盗宝冤案，10 月 14 日易培基被迫由其女婿李宗侗代其电话辞职，由马衡出任院长。

易培基蒙冤被通缉，失掉人权，秘潜天津，后移居上海法租界，形同犯人，曾几次反诉，毫无结果。他多年抑郁，新旧疾病并发，于 1937 年 9 月在上海含冤逝世，终年 57 岁。

当时，无人送挽幛，只有吴稚晖致送一副挽联云：

> 最毒悍妇心，沉冤纵雪公为死；
> 误交卖友客，闲官相攘谋竟深。

联中"悍妇"指崔振华，"卖友客"指马衡。马衡是参与制造"盗宝案"的阴谋家。

易培基在临终前，曾托人写了"自传式"的遗嘱，后由吴景洲呈交国府主席、行政院长，请求明令褒恤，却如石沉大海。

第四个故事，齐白石在长沙算命。

齐白石57岁那一年（即1920年），接受北京美术专科学校的聘请，担任教师，定居北平，业余则卖画治印。1937年，曾回湘潭县白石乡小居。为了访亲问友，是年9月，他从白石乡雇轿经湘潭郭家桥、双板桥至河口，90华里的路程，直到下午6点才到县城，在一家小旅店食宿，次晨到湘潭十三总轮船码头，乘"新鸿运"轮船（当时叫洋船）到达长沙，住在三王街泰安商号里。当时的商号是包吃包住的旅社，付18元现洋，可以住一个月。

一天，齐白石从三王街向南行，到了坡子街。当时坡子街是长沙钱铺集中的地方。这条街，还有一家小铺面，摆设一个书桌，挂牌的陈半仙看相算命，远近闻名。白石先生也许是慕名而来，当即恭请陈半仙算命。

陈半仙替他算了，说他75岁流年不利，有灾难。他想回避75岁，瞒天过海，75岁时假称77岁。1957年9月，齐白石在北京逝世，全国性的报刊都记载他终年97岁，其实他死时只有95岁。

最早发现齐白石瞒天过海这个"秘密"的，是胡适先生。

1946年秋，齐白石在北平亲自登门拜访胡适，请胡适为他撰写传记。齐白石把《自状略》、《白石诗章》、《日记》等资料交给胡适。胡适在编写过程中，发现《自状略》记载的老人年岁，与其他资料记载里的年岁，往往有两岁差异。胡适又研究齐白石母亲周太君身世，知道白石先生是清同治二年癸亥年（1863）生，也证实这个"两岁差异"是正确的。他带着这个问题，去问齐白石的同乡黎锦熙（劭西）先生。原来，齐白石和黎锦熙父亲黎旦安是两代父子世交。胡适当时和黎劭西、邓广铭三人合编《齐白石年谱》，黎劭西便向胡适讲述了白石老人长沙算命的故事，他说："白石老人因为相信长沙算命先生替他算的命，说他75岁流年不利，有灾难，故而回避75岁。"谜终于揭开了。

1980年2月出版的《中国美术家人名辞典》，在齐白石条目下，有这么一行赫然入目的文字："卒年97岁（实为95岁，因信术者言，跳过2岁）。"

细心的读者，稍加思索，不难察觉，括号里的注释，乃是以胡适的调查为据而加的。

第五个故事，张敬尧一门七"帅"。

张敬尧（1880—1933），字勋臣，安徽霍邱人，保定军官学校毕业。

1918年3月，北京政府任命张敬尧为湖南督军兼省长。按当时的习惯，统辖两三个省以上的军事首领，才有资格称"帅"，统辖更多的省份以至全国军事大权的，才有资格称"大帅"。张敬尧只是一个省的督军，他却命令左右、部属称他为"大帅"。他既然自称"大帅"，也就妄称他二弟张敬舜为"二帅"，三弟张敬禹为"三帅"，四弟张敬汤为"四帅"。更为荒唐的是，连他妹妹也称"姑帅"，"母舅"到了长沙又称"舅帅"。他的妹妹原已嫁给一个姓杨的官僚之子为妻。张敬尧有个义子毛思忠，改名叫张继，年纪不大，长相还好，"姑帅"就与他姘居，并要大帅给他一个团长衔，于是皆呼之为"少帅"。这便是张氏一门"七帅"的由来。"姑帅"不久就与杨姓丈夫脱离关系，"少帅"恢复毛姓，二人正式结婚。当时，长沙城里有首歌谣，讽刺张敬尧说：

> 儿作妹婿，妹充儿媳；
> 一门七帅，不如狗屎。

张氏"帅"们，仗着督军权势，骄奢淫逸，狂嫖滥赌，贩毒吸毒，敲诈勒索，无恶不作。张敬尧有3个老婆，大的叫胖太太，次的叫瘦太太，第三个原是他的使女，名大洪，便称洪太太，都是贪贿敛财的"抓钱手"。张在湖南除了纵兵劫掠外，又开设"裕湘银行"，发行害民的"惠民奖券"，还兼湖田督办，盗卖滨湖垸田，镇压学生运动，勾结帝国主义，大肆搜刮民财，在湘期间，人民恨之入骨，有歌谣讽刺说：

> 尧舜禹汤，男盗女娼；
> 张毒不除，湖南无望。

1920年6月，在毛泽东等发动的驱张运动中，这个恶魔终于被驱逐出境。

第六个故事，蒋总司令长沙落马。

这个故事鲜为人知。但在大革命时期的长沙，却广为流传，一度成为人们的热门话题。

那是1926年8月12日，时为国民革命军总司令的蒋介石第一次来到长沙，定于8月14日在协操坪举行阅兵仪式。

那天天高气爽，万里无云。一清早，国民革命军第七、八两军全副武装，精神抖擞地排列在从清代起就是湖南阅兵场的协操坪上。9时左右，礼炮齐鸣，蒋介石一身戎装，戴白手套，骑着高头骏马，在卫队簇拥下，来到协操坪。陪同他的是第七军军长李宗仁、第八军军长唐生智，随后有何键、鲁涤平、张辉瓒等。

阅兵从第七军开始。受阅官兵依照口令举枪敬礼，蒋介石也频频举手答礼，笑容可掬。检阅完第七军，蒋介石打马来到第八军，军号劲吹，加之整齐统一的举枪仪式发出的声响，使得本来在悠闲中踏步的那匹坐骑，猛然受惊，吓得前蹄高举，昂首嘶叫，一下子将坐在马背上缺乏思想准备正装腔作势的蒋总司令掀落马下，一只穿着长筒马靴的脚，还套在马镫里，这匹马惊魂未定，拖着落了马的蒋介石，在坪中狂奔，吓得侍从人员赶忙追赶过去，几位军师长也在一阵目瞪口呆之后，急忙下马奔上前去搭救总司令。

蒋介石被马拖了几丈远，惊马渐渐平静下来，放慢了脚步，他这才把脚抽了出来。蒋介石毕竟是日本士官学校毕业生，虽已威风扫地，还是故作镇定，在各位将领陪同下，步行检阅完毕。

几个月以后，蒋介石便背叛革命，在上海发动了"4·12"反革命政变。不知道其在长沙的"落马"，是否预兆什么？

前面谈到，长沙古城里，"井"特别多。不仅如此，这些井大多还都有神话或传说。例如，有一口井就叫"平地一声雷"，位于芙蓉区，西起古家巷，东至建湘南路，原在定王台后面。据清光绪《善化县志》载："高井，城东墙根，定王台左，井可见底，水注旁穴，投瓮入汲，瀿然有声，俗称平地一声雷。"民间传说，此地有口大井，一日忽然爆震，井壁突易常状，泉流遂绝，深仅3米多，周宽数米，窟中绿草如茵，投之以石，其声轰然如雷，故名"平地一声雷"，又称"雷打井"。街以井名，"文革"中曾改名"红光街"。1997年此地已拆建为住宅区和解放中路立交桥。

还有一口井，叫"鸳鸯井"，位于开福区新河福寿桥（今名幸福桥）。原是开福寺十六景之一，因为有两个并列较大的泉眼，俨然一对鸳鸯，故名鸳鸯井。此井历史悠久，据明崇祯《长沙府志》载："鸳鸯井，县学后，清冽甘美，汲者如市，昔有亭覆盖，今毁。"该井之南有老街，名文昌阁，即当时长沙县学宫所在地。传说井内有一对鸳鸯神，人们取水时可见水中有对鸳鸯并列嬉戏，将井水倒在缸里，盛在碗里，都是如此。虽然井深不及人高，但常年不涸，旧时是当地居民的主要饮用水源。传说旧时代有人看中了它的风水，曾偷偷地葬尸于井旁，结果即日起水便变坏而不能饮用。葬尸者见事情不妙，便又偷偷将尸移走，水又清新如故。1978年，有关方面将原井台提高0.8米，增建有泵房，方便群众取水。20世纪90年代后，因为此地搞建筑，泵房和井台先后被毁。但井还在，只是被某单位的自行车棚盖住了。

类似这样的神话故事，旧时长沙还多的是。下面不妨再说几则——

旧时长沙有座"詹王宫"，就在都正街天心阁墙下，是长沙酒席业供奉的食神易牙祖师庙。原为酒席业同业会的驻地，现仅存残垣。因为易牙烹杀自己的儿子讨好国王，因而留下恶名，后代厨师忌讳易牙的名声不好，故将庙号取名詹王宫。此宫早已消失，仅留下"詹王宫"地名，直到1971年才改为都正街四条巷。

城里有处地名叫"凤凰台"。那里原本叫凤凰山，为什么又叫"台"呢？相传在很久以前，凤凰山上有块大石头，一天，一只美丽的凤凰飞落到这块石头上，被当地居民看见了，于是就称这座山为凤凰台。

解放路街道边，有条巷子叫"百果园"，也有一个传说。远古时代，有位七仙女下凡，路过一条古巷时，见老百姓皆坐地观天，嘴枯唇裂，原来是在祈望苍天降雨。七仙女禁不住慈悲催泪，拔下发钗戳地数下，戳处即成一眼眼丰泉，她玉臂一挥，数株白果树拔地而起。百姓携老扶幼，饮此琼浆玉液，一齐跪谢这位好心的仙女时，她已翩然而去，人们遂将此巷命名为白果园，沿用至今。

长沙还有一处地名，叫冬瓜山。提起它，当地居民又有故事了。说是南湖路旁，原来有三座高大的山堆，南面为古堆山，北面为宝塔山和冬瓜山。有一年南岳大帝要太乙真人去南岳建个宝塔，以镇妖祛邪。当时，太乙真人急着救他的弟子哪吒，就顺手搬走了陈塘关黄帝战蚩尤的宝塔。他担心南岳大帝看出是旧宝塔，想在鸡叫之前送去，没想到这时南湖港的土地公公正为港中妖龙作孽而唉声叹气呢，忽见空中太乙真人托着宝塔匆匆经过，知道是要赶在鸡叫前飞往某地，于是就学金鸡高叫，引得周围金鸡全都跟着叫了起来。太乙真人大惊，手一抖动，宝塔从空中掉下，就成了南湖路北面的宝塔山，宝塔下的泥土落下来，成了古堆山。太乙真人恼羞成怒，甩了土地公公一耳光，把他打成了歪嘴巴。据说，新中国成立前夕，南湖港旁枣子园的这座土地庙还在，那里面的土地公公是歪嘴巴。宝塔下面残留的泥土里，有颗种子长出个大冬瓜，这座山就取名为冬瓜山。传说曹操曾来过这里，在冬瓜山吃了冬瓜还想带走，但这里的冬瓜是仙果，没有种子，他火了，下令拔光瓜藤。从此，冬瓜山就只有冬瓜名，再也不见长冬瓜了。

长沙西南有个地名叫金牛冈。传说汉武帝时，有田父牵赤牛要过河去，他对驾船的渔人说："寄渡江。"渔人说："船小，岂胜得了牛？"田父说：

"但相容，不重君船。"于是，人牛俱上，及至半江，牛拉粪于船，田父说："以此相赠。"渡过河后，渔人怒其污船，以桡拨粪弃水，快拨完时，才发现都是金子，后悔极了，马上去追，但那田父和牛入岭而去，立刻掘之，莫能及也。据说那里掘处犹存。

　　长沙某地还有个怪地名叫"烂排港"，也有一则故事。说是附近湘江里常有排客放排，有个排客依仗自己有本事，强买强卖，欺行霸市，木行的人都对他恨之入骨。一天，有个叫"殿矮子"的人，用花篮子挑河水，竟滴水不漏，轰动了街坊民众。这时，某个木行老板对殿矮子说："你这么好的本事，能不能替我们出口气？"殿矮子问他怄了什么人的气，木行老板指着河心的一溜木排说："那排上的排客，专门欺负我们，你想办法治治他。"殿矮子抬头一看，见那排客正在烧鲤鱼，便运了神，从水面上走过去，上了木排，脚上没沾一滴水。走到餐桌边，他端起那碗鱼往河里一倒，红烧鱼立刻变成活鱼游走了。那排客赔着笑脸，一边拍着殿矮子的背，一边称赞说："好本事。"殿矮子马上感到一阵肉麻，心想"糟了"，当即扯根头发，将木排吊住，急忙回到屋里，对老婆说："唉，贤妻，我一时大意，被排客在背上打了五颗铜钉，要坐在甑里蒸七七四十九天。你可要好好照看，不到时候，千万不要揭甑。"一眨眼过了四十八天，那排客到处找不到殿矮子的屋，晓得殿矮子使了法，于是拿出钱来，哄骗一个看牛伢子，叫他去殿矮子家，将神龛上那碗法水泼掉。看牛伢子不懂事，真的跑去泼了那碗法水，殿矮子的房屋便露出来了。那排客扮成游方和尚，上门化斋。殿矮子老婆晓得他不怀好心，推说没有剩饭了，叫他下次再来。排客一把推开殿矮子老婆，闯进伙房，揭开甑盖，嘴里说："你这不是蒸的饭吗？"殿矮子老婆跟进来，连推带打，才将排客赶走。殿矮子背上那五颗铜钉本来快要拔出来了，排客把甑盖一揭，铜钉又钻进肉里去了，他晓得自己活不长了，铜钉是再也拔不出来了，临死前嘱咐老婆，把他睡的篾簟子拿到码头上，扯散后丢到湘江里去。他老婆把殿矮子埋了以后，拿着篾簟来到河边。那排客的木排仍吊在河中，行驶不动。殿矮子老婆哭一声夫，扯一片篾丢到河里，那竹篾顿时变成毒蛇，游到排上，排客慌忙举刀砍杀，谁知那蛇砍断一条，立即变成两条，越砍越多，围住排客又缠又咬，活活将他咬死了。排客死后，木排一直吊在河里，年深月久，木排全部烂掉。至今，那个地方仍叫"烂排港"。

　　前面写的那座九峰山，还有一个传说。其正南边有座山峰，叫砣石岭，上面有两块石头，上大下小重叠，中间有七粒石子，每个都能用手挪动。传说姜子牙封神时，土地公公不愿做小神，要争大神之位。姜子牙知道土地公公喜欢下棋，于是两人比棋，如果姜子牙输了，就封土地公公为大神，如果土地公公输了，就将土地婆婆送给姜子牙。仙家一言九鼎，当即就在这座山顶的石头上摆棋对阵。几个回合后，土地公公败下阵来，但他很不服气，从山中挪来一块三丈见方的大石头，将棋盖住，约定下次再比，一定要胜姜子牙。说罢，各自分手。土地公公回到家里，闷闷不乐，将事情原委告诉婆婆。婆婆一气之下，化作一缕红霞，冲向九峰山顶，将原形隐于大石板中……此后，每当雨后初晴，夕阳西下时，这块石板就反射出万道红霞，后人称为"九峰夕照"，是当地一处风景名胜。

类似"烂排港"和"金牛冈"这样的地名及其故事，长沙城里还有个"化龙池"，位于长沙芙蓉区，原名叫玉带街。传说，这条街上，古代有家铁匠铺。铺里有个老店主和一个小学徒。店主为人自私、贪婪、恶毒，学徒则善良、忠诚、老实。这位店主不知出于什么目的，要变孽龙水淹长沙，学徒知道后，夫妻俩为拯救全城人民，毅然将铁水倒进水井，化了孽龙，自己却被孽龙害死了。这条街就更名为化龙池。这里，后来又衍生了许多有趣的故事，几句话也说不清楚，还是接过"龙头"，来说说长沙龙脉的故事吧。

龙，是中国古代传说中的神异动物，身体长，有鳞、有角、有脚（爪）、能走、能飞、能游泳，能兴云降雨。旧时堪舆家以山势为龙，称其起伏绵亘的脉络为龙脉，气脉所结为龙穴，是中国传统文化风水学中最为讲究的风水宝地。据古代堪舆学家说，长沙龙脉，从四川岷山发脉，历南粤梅岭，分为东西两条：

西龙脉，经九疑、衡山，盘绕于岳麓山，后到常德、武陵而尽。所以，岳麓山即为西"龙穴"，这里因此早有岳麓书院，自古以来，是长沙河西的一处文化高地。

东龙脉，从江西吉州、袁州，入湖南醴陵到善化龙头铺、白石冈成为长沙府祖脉高耸的婆仙岭，再从老关山（跳马涧）和昭山之间，北进到长沙城边回龙山的回龙庵前，又从白沙井上跌断，穿田起峰，至醴陵坡（今里仁坡、天心宾馆一带），沿天心阁双楼城边盘绕，又为东"龙穴"，这个位置正好是天心阁、定王台一带。今天这里有天心阁、简牍博物馆、湖南图书城、定王台书市、长沙市图书馆等，汇聚着长沙楚汉灿烂文化的精华。

所以，长沙人说：旧时的龙脉，其实就是长沙历史文化的"文脉"。这也正是长沙乃至湖南自近代以来人才辈出、群星灿烂的因缘。在建设和发展

"山水洲城"的今天，东西"龙脉"汇合的历史必然，是长沙走向国际文化名城的新"文脉"，又将有大批的人才，如雨后春笋般涌现出来。

浪漫的传说，不仅让我们解读了这座"悠悠古邑"历史文化厚重之所在，而且推演出其复兴发展的轨迹——

长沙哟，你让我们兴奋，我们为你而自豪。

第二章 | 驰名圣地

今河南省临汝县，旧时也称"阳人城"。那里，曾经是古战场。

东汉末年，汉献帝刘协执政的第二年，即公元 190 年，袁绍号召诸侯讨伐董卓。时任长沙太守的孙坚，率先带领长沙子弟响应，北上参加讨董，于阳人城大破董卓兵。这段历史，（晋）陈寿在《三国志·吴书》中，是这样记载的——

> 灵帝崩，卓擅朝政，横恣京城。诸州郡并兴义兵，欲以讨卓。坚亦举兵。……合战于阳人，大破卓军，枭其都督华雄等。……卓惮坚猛壮，乃遣将军李傕等来求和亲，令坚列疏子弟任刺史、郡守者，许表用之。坚曰："卓逆天无道，荡覆王室，今不夷汝三族，县示四海，则吾死不瞑目，岂将与乃和亲邪？"复进军大谷，拒雒九十里。卓寻徙都西入关，焚烧雒邑。坚乃前入至雒，修诸陵，平塞卓所发掘。讫，引军还，住鲁阳。

唐诗人吕温（772—811）曾经来到阳人城，凭吊这处古战场，想起孙坚破卓的故事，顿时诗兴大发，口吟一首《阳人城》诗：

> 忠躯义感即风雷，
> 谁道南方乏武才。
> 天下起兵诛董卓，
> 长沙子弟最先来。

吕温的诗，不仅给这段历史作了一个诗性的概括，而且预言般"定格"了长沙这座历史文化名城的未来。

在中国的版图上，长沙始终是一个亮点；就是在世界版图上，长沙也始终是一颗耀眼的明珠。她的历史的悠久，她的文化的厚重，她的街市的繁华，她的革命传统的伟岸，是世界上许多城市不能与之相比的。中国和世界上，当然有许多美丽的城市，它们的整洁亮丽，风姿绰约，充满了现代化的浓浓气息，诚然很吸引人，但我们最喜爱的，还是长沙，这不仅因为，她是中国现代史上众多伟人的故乡，而且更因为她是神圣而驰名的革命圣地之一。

1. 峥嵘岁月

- 明灯除暗，寻觅千年。思想乃是金石，星火闪烁已燎原
- 睿智破愚，求索百代。主义本为旗帜，赤色飘扬成经典

现代史上的长沙，是与伟人毛泽东联系在一起的。或者说，是毛泽东，给长沙这座历史文化名城，增添了历史上最浓重、最深厚、最靓丽、最有意味也是最永恒的一笔华彩。

这笔历史华彩，是长沙的无价之宝，是一笔取之不尽、用之不竭的精神财富。

人是为理想而活着的。即使是三苗、熊绎时代的先民，他们也肯定有他们崇高的理想。人类前行的历史，就是为理想而奋斗的历史。虽然，这种"理想"，因人而不同，因时代而不同，也因民族而不同，但在先知先觉者那里，他们是可以为理想而"上下求索"不已的，即使在求索中，"虽九死亦不悔"，历史上的屈原是这样，贾谊亦何尝不如是?!

在长沙发展史上，有许许多多屈原、贾谊这样，为理想而活着，而求索，而奋斗，最后也为理想而死去的志士仁人。胡宏是这样，张栻是这样，王船山是这样，谭嗣同是这样，蔡锷、黄兴也是这样!

当历史发展到谭嗣同时代时，我们这个国家和民族，已经到了要当"亡国奴"的危急时刻了——这可是与秦始皇吞并六国不同啊，当然也与中国历史上那走马灯式的清灭明、明灭元、元灭宋、唐灭隋、汉灭秦不同!!! 求民族的独立，求国家的富强，成为那时代志士仁人的崇高理想，谭嗣同及其以后的一大批长沙人和湖南人，因此而毅然地抛头颅，洒热血。长沙古城，就是在这一片刀光剑影中，在一阵阵先行者那可歌可泣的呐喊声与厮杀声中，拉开其近代史的悲壮序幕的。

也正是在这片序幕拉开的时候，青年毛泽东走进了长沙城!

于是，长沙这座历史文化名城，从这片序幕开始，才真正掀开了其"时

势造英雄，英雄造时势"的崭新的一页。

他，本是湘潭"韶山冲"里一家农民的儿子。据说，他出生于清早旭日初升时，按毛氏族谱排辈分，属"泽"字辈，所以取名泽东，这是一种说法；又因他虽排行第三，却是兄弟中居长，所以为"东"，这是又一种说法。后来，大文豪郭沫若，出于敬佩，写过一副对联，把"泽东"和"润之"四字，巧妙地嵌于联首与联尾：

> 泽及中华，十亿万人民皆被润。
>
> 东升红日，五千年瘴气尽收之。

他在乡里长大，对乡村、农民、劳动生产有着深刻的体悟。6 岁就开始在田间干零活，读私塾以后，清早和傍晚仍然在地里劳动——"做功课"。少年时代在家乡留下感人的故事，后来被送到外婆家湘乡东山学校读书。

湘乡的涟水河畔，东台山麓，坐落着有百余年历史的东山学校，其前身是 1895 年秉承湘军精神始建的东山精舍，1900 年又易名为东山书院，曾国藩题写的匾额还在。书院正厅左廊壁上，保存有 1907 年嵌刻的《东山书院记》石碑，作者是曾经两任湘乡县令的陈吴萃，碑文自然是那时代文化人的理想："文教育人、来轸方遒，湖湘奋起、共拯时艰。"文中强调的，"用能实事求是，以称雄于五大洲"，恰如黄钟大吕，振聋发聩。年轻的毛泽东，或许正是从这里很早便受到了思想的启迪和激励吧，16 岁的他，便写下了这样的句子："埋骨何须桑梓地，人生无处不青山"。还写了一首题为《咏蛙》的诗，表达其强烈的情绪——

> 独坐池塘如虎踞，
> 绿杨树下养精神。
> 春来我不先开口，
> 哪个虫儿敢作声！

所以，从这时开始，他便每天坚持跑步，爬山，冷水浴，常常伫立于那块石碑前，或者揣摩思索，或者凭栏远眺。东山书院里，从此留下了一个执著前行永不磨灭的背影，是那么修长，那么坚毅，直到今天，还让那里的师生们，心中充满了难以言说的温馨和代代相传的回忆。

大半年后，这位一度被师生们赞为"栋梁之材"的青年，辗转来到长沙，走进了湖南省立第一师范。此后，虽然他再也没有回过母校，但他常常怀念着这里，1958 年还亲笔题写了校名——以示他于 1910 年离开韶山冲来这里求取新学的一段生活的感念。随后而来的，是陈赓、谭政、易礼容和毛泽覃等，也都在这里留下了求索的背影和奋进的脚印，让一代又一代人，走进这所学校时，都要喟叹历史老人在这里留下的从容与造化。

提起湖南第一师范，印象最深的，是那幢"火炬楼"。当年，我们走进长沙时，站在毛泽东曾经"独立寒秋"的"橘子洲头"，朝东望去，可见那正在"燃烧"的闪闪的"火炬"。那栋典型的"文革"建筑，据说建于1967年，今为一师图书馆，坐东北朝西南，砖石钢筋混凝土混合结构，呈"回"字形，中央是天井，围绕天井有走廊、琉璃镂空栏杆。正面门廊立8根大方柱子，形成通高三层的大门厅，门廊上方塑有毛泽东手写的"改造中国与世界"七个大字。整个建筑以屋顶的"地球红旗"为中心，屋顶四角立有瓷质火炬。其建筑风格典型，装饰十分精美。长沙的同学告诉我们：那里就是毛泽东当年求学的"第一师范"。

城南妙高峰下这所名校，原为南宋城南书院旧址，最早是宋代张栻创办的，历代多有变迁。清代嘉庆年间重建，原在天心阁下，后又迁回妙高峰。著名学者何绍基、王先谦、郭嵩焘等先后在此主讲，左宗棠、曾国荃、黄兴等都曾在这里读书。城南书院原校舍在1910年长沙抢米风潮中被焚毁。第一师范建立后，校长孔昭绶主持兴建了新的校舍。孔昭绶曾留学日本，一师新校舍也按日本青山学校建筑，由教学楼、礼堂、学生宿舍和附属小学几部分组成，砖木结构，圆拱式门窗，各栋之间由走廊连接。清朝末年，改书院为学堂，城南书院改称湖南师范馆，1912年更名为湖南一师，徐特立、杨昌济等曾在此任教。原校舍毁于1938年"文夕大火"。1968年在原址按清末民初原样恢复。

这是一组中西结合的学校建筑，中式庭院布局，西式装饰风格。主体建筑坐东朝西，南北长，东西短，总平面呈"凹"字形，位于校园中部，由毛泽东青年时期的教学楼、自习楼、阅览楼、礼堂、寝室等组成，建筑大小不一，高低错落有序，平房、楼房相间搭配，至为雅观。平面布局或呈"凹"字，或呈"凸"形，或呈"H"形。外观庄重典雅，建筑与建筑之间，长廊迂回，互为贯通，廊柱硕大，成双顶拱，拱距卷顶跨度适中，青麻石屋基高出地面，起到良好的防雨、防潮作用，阶基、柱础、廊檐、屋脊棱角分明，衬托墙体。围墙和各栋外墙为黑灰色，门框、窗框为白色，黑白相间，相映成趣。主体建筑左侧为一师附小，右侧为工人夜校，南北两条东西走向的大道，将整个旧址一分为三，建筑风格与主体建筑协调一致。现为全国重点文物保护单位。

第一师范以"造就小学教师"为目的，一百年来，培养了大批合格人师，遍布全国各地。他们当中后来不少人成为优秀的革命家、科学家、教育家，师生中载入《辞海》者达 46 人之多，除毛泽东外，还培养了何叔衡、蔡和森、任弼时、李维汉、萧三等一大批革命家。1950 年 12 月，毛泽东为母校题写"第一师范"校名，并题词"要做人民的先生，先做人民的学生"。

这里，就是毛泽东当年求学的地方，也是他早年从事革命活动的主要场所。1913 年至 1918 年，他在这里学习五年半，毕业后又一度任该校国文教员和附小主事，并开展革命活动。校内现设有毛泽东青年时期革命活动陈列馆。

当年，在延安，与美国记者斯诺谈话时，他曾深情地回忆说——

"我没有正式进过大学，也没有到外国留过学，我的知识，我的学问，是在一师打下的基础。一师是一个好学校。"

"我在这里——湖南省立第一师范——经历了不少事情。我的政治思想在这个时期开始形成，我最初的社会经验也是在这里取得的。"

那是 1911 年春，18 岁的毛泽东，怀着"学不成名誓不还"的决心，说服父亲让自己到长沙求学。毛泽东在长沙就读的第一所学校，是湘乡驻省中学。不久，辛亥革命爆发，像许多热血青年一样，他毅然参加新军，投入辛亥革命。在新军里，虽是一名普通列兵，每个月可以拿到七元军饷，除去三元用于伙食外，余款全部用来买报阅读。此前，他曾读过一些揭露帝国主义瓜分中国欺压中国人民的书报文章，产生了强烈的忧国忧民、救国救民的意识。那些书籍报刊，使他对本国的封建统治者和外国侵略者，产生了强烈的不满和愤慨。特别是当他读完一本关于列强瓜分中国的小册子以后，其影响更巨大更深刻。20 余年后，他曾回忆说：

"我现在还记得这本小册子的开头一句：'呜呼，中国其将亡矣！'这本书谈到了日本占领朝鲜、台湾的经过，谈到了越南、缅甸等地的宗主权的丧失。我读了以后，对国家的前途感到沮丧，我开始意识到，国家兴亡，匹夫有责。"

"社会主义"这个新名词，就是他从买来的《湘汉新闻》上第一次看见的，这在当时虽然还不是科学社会主义概念的介绍，却引起了他钻研的兴趣，并同意见相左的士兵争议起来。这是他最早接触社会主义学说。

在班上，他是文化兵，却喜欢跟排长和大多数士兵交朋友，尤其是那些出身铁匠和矿工的几个湖南兵，成了他的好朋友。他发挥个人所长，经常帮助不识字的士兵写家信，向大家讲解报纸上的新闻时事。这是他对士兵宣传工作的最初练习。由于他对新知识和新思想的追求，对人生、事业的执著和认真，即使是在枯燥单调的军营生活环境中，也没有丝毫改变。相反，为时半年的军营行伍生活，丰富了他的人生阅历和社会知识，为他继续学习和追求打下了基础，使他在同一代知识青年中，具备了与众不同的素质，显得更为成熟、办事更有章程，更有方向。1955年7月，他对身边的警卫战士谈起这段生活时，曾坦率地说："在辛亥革命时期，我当过半年兵，那时不像你们现在，严格得很，也学不到什么东西。但也学到了不少政治上的学问。"

他因此退出了新军，想找个学校继续求学，曾先后报考警察学堂、肥皂制造学校、法政学堂、商业学堂、公立高等商业学校，最后以第一名的成绩，考入湖南全省中学校（即今天的长沙市一中）。他写了一篇作文《商鞅徙木立信论》，后收录为《毛泽东早期文稿》第一篇文章，只有600字，却表现了忧国忧民的思想情怀和"利国福民"的改革抱负。但他在这里只读了半年，不知为何又主动退出，在定王台下的湖南省立图书馆度过了"极有价值的半年"刻苦自学生活。在这里，他读了很多有益的书，发现人类生活的这个世界很大，人口很多，问题也很多。进而思考：这样多的人如何生活，有些人生活得好，大部分人却生活得不好，要改革这种不合理的现象，怎么办？"就要革命，革命靠谁？就靠青年！"后来在延安时，他跟斯诺谈到这件往事时说：

> 我由此想到，我们青年的责任真是重大，我们应该做的事情真多，要走的道路真长。从这时起，我就决心要为全中国痛苦的人，全世界痛苦的人贡献自己的力量。

正是从这时开始，他比较自觉地意识到中国青年对国家和世界、对民族和人类所负的重大使命，并由此确立下他自己的人生志向和社会理想。

1913年春，他20岁，已是成熟的青年了。在报纸上看到湖南省立第四师范的招生广告，上面说其办学宗旨是"教育乃立国之本"，"毕业之后为教育服务"，这引起了他的共鸣，于是报考进入湖南公立第四师范，后该校合并入公立第一师范。他就这样满怀一股激情，踏进了这所学校，学习、生活、工作，从事早期革命活动，前后五年半时间，那正是"同学少年，风华正茂"时，其人生便掀开了壮丽的一页。

那是何等辉煌壮丽的"峥嵘岁月"啊！

有道是："自古英雄出少年。"民族英雄、时代豪杰的产生，离不开客观条件和主观因素。就客观因素来说，那正是辛亥革命之后，"五四"运动之前，用狄更斯《双城记》中开卷的话来说——

> 那是最美好的时代，那是最糟糕的时代；那是智慧的年头，那是愚昧的年头；那是信仰的时期，那是怀疑的时期；那是光明的季节，那是黑暗的季节；那是希望的春天，那是失望的冬天……

辛亥革命把皇帝拉下了马，推翻了统治中国几千年的封建帝制，民主共和的思想开始深入人心，正日益磅礴于中国大地，但胜利果实很快就被窃国大盗独霸，正在紧锣密鼓地准备上演复辟帝制的丑剧，各路新旧军阀则沆瀣一气，心怀鬼胎，明争暗斗，国外帝国主义正虎视眈眈，企图重新在中国寻找他们的代理人，以便实施其吞并和瓜分中国的阴谋，新的民族危机又摆到了人民的面前。孙中山、黄兴、蔡锷等革命者，虽然已经窥破窃国大盗的野心，正在筹谋并掀起新的反袁护国的斗争，其不懈奋斗的精神，可歌可泣，但由于时代和他们思想的局限性，却并没有找到真正的出路和最广大的力量。所以，国家向何处去，民族向何处去，全国人民在企盼着，革命者自己也在思考和寻找着，正如毛泽东后来所写的那样：

> 问苍茫大地，谁主沉浮？

然而，时代毕竟不同了！虽然异域"十月革命"的炮声，将要响而尚未响起，但是新文化的思潮，却正如大江东去，正以排山倒海之势，席卷全国。激进的知识分子，高举起"德先生"和"赛先生"的旗帜，呼啸着，呐喊着，恰如在漫漫的黑夜中，点亮起划破黑暗的明灯。在一阵阵排空而来、有声有色的摇旗呐喊声中，新文化新思想的春风，吹遍了大江南北，先知先觉的人们，特别是大批血气方刚的青年，在新文化的洗礼中，开始思考民族的前途和国家的命运。也正是在这个历史的转折点上，"十月革命"的炮声响了，一种全新的思想，像闪电一样，射进了东方这块古老而又布满干柴的大地，在新文化新思想的潮流中，注入了其势不可阻挡的新的洪峰和荡涤一切污泥浊水的惊涛骇浪，先进的人们终于从这里看到了新世纪的曙光，并因此投入了要旋乾转坤、改造世界的斗争。

毛泽东就是在这样的时代背景下，来到长沙，来到第一师范的。

这时的第一师范，当然早已不是"城南书院"了。在这里任教的，是徐特立那样以断指倾泄其对列强"亡我之心"的愤慨而力志报效民族国家的爱国者，是杨昌济那样曾留学日本、经过欧风美雨熏陶新文化根底雄厚的传播者和爱国主义者。妙高峰下的城南书院，与一江之隔的对岸岳麓山中的岳麓书院，虽然是两座旧的书院，诚然不代表新文化，但他们曾经孕育了以"屈贾文化"为灵魂的湖湘哲学、湖湘学派和湖湘文化，其"经世致用"的湖湘文化的传统品格，特别是那"路漫漫其修远兮，吾将上下而求索"的不懈精神和"虽九死而不悔"的"民族魂"，是助力于新文化的，并且哺育了辛亥革命的一批精英。何况，其时辛亥革命的烈火虽已熄灭，但其"舍得一身剐，敢把皇帝拉下马"的杀身成仁精神，早已与谭嗣同的"我自横刀向天笑"，汇合为一种更深层次的湖湘精神。特别是黄兴蔡锷的奋斗，尤其是他们中道而卒的人生悲剧和魂归岳麓的悲壮，不仅加速推进了湖湘文化与新文化的融合，而且使这两座新学校乃至整个长沙城，都弥漫和浸润着一股前所未有的时代精神，用当时流行的一句话来说，那就是——

国家兴亡，匹夫有责。

所以，当毛泽东踏进这座城市，走进这所学校时，他很快便将学习的目的和人生的理想，定位于"改造中国与世界"的思想高地。这就意味着，他虽然在父亲面前表达了"学不成名誓不还"的决心，但他学习的目的，不是旧时代那种"光宗耀祖"和"衣锦还乡"，更不是要"青云直上"为封"万户侯"，相反，他以为"粪土当年万户侯"。也正是怀抱着这样一个崇高的理想和远大的抱负，所以，在一师求学乃至后来工作的日子里：

——他孜孜不倦地学习，如萧三后来所说的，像一头牛闯进了菜园，如饥似渴地学习、研究，不仅仅是追求知识，增长学问，而是要探求救国救民的真理，掌握安邦治国的方略；

——他关心时事，绝不像当时某些学子那样，"两耳不闻窗外事，一心只读圣贤书"，而是从对时事的了解研究中，把握形势发展变化的规律，以便能够获得审时度势、运筹帷幄的观察力和主动权；

——他锻炼身体，磨砺意志，以便"文明其精神，野蛮其体魄"，从而为以后艰苦的革命斗争，作好体力和意志的准备；

——他组织团体，创办书社，以文会友，团结有志之士，以便联合起来，形成强大的力量，不至于单枪匹马、孤军奋战，像旧时代的草莽英雄那样；

——他创办报刊，开展舆论宣传，抨击丑恶，揭露黑暗，张扬真理，推动文明与进步的时代新风；

——他开办工人夜校，唤醒民众觉悟，使自己置于民众之中，以便有一天，能够实现民众的大联合，组织起浩浩荡荡的革命大军；

——他利用假期时间，深入山乡"游学"，了解农村状况和民生疾苦，为日后与工农结合打下初步的基础；

……

所有这一切，他都是以一个新思想为出发点的，是以最广大人民为根本利益与核心的，是服从和围绕其"改造中国与世界"这个总目标和理想的。正是这一系列杰出的作为和活动，使他在"第一师范"和长沙城这样一个充满"国家兴亡，匹夫有责"的浓浓时代氛围中，接受了新文化新思想的洗礼，在孜孜不倦地求索中，不仅确立了"改造中国与世界"的人生目标，而且找到了实现这个目标的思想武器和伟大真理。这就是他高出于其前辈和同时代杰出人物的杰出之处，是他后来成为党和国家缔造者之一的根本之所在。

满怀对这位已逝伟人的敬意，我们走进了第一师范，来到他当年就读的第8班教室，看到了他当年那个普普通通的座位。凝视着这个座位，聆听着讲解员的介绍，毛泽东当年在一师的情景，便如影片一般，一幕幕栩栩如生地展现在我们的眼前……

湖南第一师范，素有"千年学府，百年师范"的美誉。当时，学校以其"民主教学，自由学术，互相竞争"的新风气，引来一大批思想开放、作风正直的教师，吸纳了大批怀有济世救国远大抱负的学子，除毛泽东外，还有蔡和森、何叔衡、任弼时、李维汉等一大批中国现代史上的风流人物，相继走到了这里。

从1913年春到1918年夏，在一师求学的5年半时间里，毛泽东学习非常刻苦，坚持多读、多写、多想、多问，他写的"讲堂录"、"读书录"、"随感录"等抄本，有满满一大网篮。他自学能力很强，除必修功课外，还广泛地阅读。他喜欢国文、历史、地理、哲学、伦理学等社会科学，对屈原、贾谊的事迹和精神更是情有独钟，在《讲堂录》中，他恭恭敬敬地抄录了屈原的《离骚》和《九歌》全诗，写了心得、提要。经杨昌济介绍，他还利用假期，两次入岳麓书院寄读。讲堂正门上的"实事求是"匾额，给他留下了很深的印象。事实上，他在东山学堂读书时，就看到了"实事求是"的题词，这时更引起他深深的思索。书院里几代湖湘学人培育的"教之以实事，程之以实功"的经世致用思想品格，尤其是其务实精神和实事求是学风，使他受到了深及灵魂的熏陶与濡染。20多年后，他在延安的一次报告中，特别对"实事求是"作出了新的哲学解释，使之后来成为毛泽东思想活的灵魂，成为我们党的指导思想的精髓。这4个大字，就镶嵌在延安中央党校的大门口，永恒地铭刻和揭示着中国共产党思想路线和思想方法的主旨，培育了一代又一代党政军领导人才，直到今天，仍然是我们必须遵循的思想路线的指南与核心。

他不仅读有字之书，而且重视读无字之书。学校距屈贾祠、贾谊故居、定王台、天心阁都不远，他经常约了同学，寻访古迹，凭吊古人，激励自己和同学的爱国主义思想，探求国家、民族的兴盛之道。顾炎武的"天下兴亡，匹夫有责"，左宗棠的"身无半亩，心忧天下"，是铭刻于他心中的格言，同学们则戏说他是"身无分文，心忧天下"。多年后，他仍然用取之于岳麓书院的这副楹联，来表达与描述他学生时代的心态：

"四面云山来眼底，万家忧乐到心头。"

他特别热衷于"游学"，那其实就是一种社会调查研究。他两次利用假期时间，与萧子升等同学，步行到宁乡、望城等地农村，接触社会生活，了解农村和农民境况。在宁乡密印寺里，他与住持交谈到深夜，请教有关佛教的知识和思想，翻阅了有关的佛经典籍。从社会这本"无字之书"里，他广泛地学习课堂上学不到的东西，进一步接触和了解当时中国社会乡村的情况，因而增长了许多感性知识和学问。

在学校里，他不仅功课好，而且知识面广，文学才能尤其突出，所做文章常常被老师批上"传阅"，供同学们争相阅读。在一师就读期间，他总是以自己敏锐缜密的思维、不凡的胆识、积极进取和敢于承担的精神以及超群的才华，赢得同学们的尊敬。1917年，全校进行"人物互选"，当选的34人中，数他得票最多，是全校师生所公认的品学兼优的佼佼者。

现在的大礼堂，是当年毛泽东经常组织学友们讨论时事、讲演文学、锻炼身体的地方。墙上有幅油画，描绘的就是他当年讲演时的情景。

在校学习时，他生活非常艰苦朴素，盖的、垫的都是农村家里带来的土布，衣服鞋袜破了补，补了穿。为了引导同学们关心国家和世界大事，他在寝室里提倡"三不谈"，即不谈金钱，不谈男女问题，不谈家庭琐事。

据他自己后来回忆说，在一师五年半时间里，总共用了父亲 162 元钱，其中多半用于购买书籍和订阅报纸，没有其他零花的余地。教室的一张照片上，毛泽东身着灰布长衫，那是他经常穿在外面的一件长衫，冬天时里面加衣，夏天时里面减衣，同学们戏说他穿衣也有"名堂"——善用加减法。其实，这正是他清贫朴素、一心求学的真实写照啊！

1952 年 6 月 10 日，毛泽东为中华全国体育总会成立大会题词："发展体育运动，增强人民体质"。这个题词高度概括了他的体育思想，明确了我国体育事业的根本任务是增强人民体质，促进人的全面发展，为新中国体育事业的发展指明了方向。

他一贯重视体育锻炼。当年进一师时，就有一个思想，认为体育可以"变化民质"，振奋民族精神，并且因此萌发了健身救国的思想，1916 年撰写了《体育之研究》的论文，发表于 1917 年 4 月 1 日的《新青年》第 3 卷第 2 号上。在这篇论文中，他引用大量历史、哲学、心理、生理、解剖等知识，对体育本质、原理、方法、价值等进行了精辟的分析和研究，阐述了健身救国的体育思想。他指出，当时中国饱受列强欺压、民不聊生的重要原因之一，是国民体质不强。国要强，则民必壮；民要壮则必须崇尚武风，动员国民经常参加体育活动，认为体育能"强筋骨"、"增知识"、"调感情"、"强意志"，使人"身心并完"。他主张学校教育德、智、体并重，认为"体育一道，配德育与智育，而德智皆寄于体。无体是无德智也"。这可以说是我国最早以近代科学观点系统论述体育的专论，开一代新风，他自己就是这方面最杰出实践者。

他之所以对体育锻炼如此重视，这与他的亲身体验也很有关系。据说，他 12 岁时曾害过一场大病，人很瘦弱。到一师后，对当时"徒有其名"的体育十分反感，他认为体育的目的在于使身体全面发达，不仅要强筋骨，还要强意志，不仅在于养生，还在于卫国。直到抗日战争时，他还喊出了"锻炼体魄，好打日本"的口号。

所以，谈到毛泽东在一师锻炼身体的故事，那真是说不尽、道不完呢。下面，且让我们举几个例子吧。

第一，是坚持以"三浴"来磨炼意志。

在一师求学时，他就倡导"文明其精神，野蛮其体魄"，是全校最顽强的锻炼者，无论严寒酷暑，都坚持以独特而严酷的方式，锻炼身体，磨炼意志，因此而闻名全校。他的锻炼方式丰富多彩，其中有野游、爬山、游泳和"冷水浴"、"风雨浴"、"日光浴"。校园里有一口古井，每天清晨，他早早起来，带着毛巾走到井旁，用吊桶打来冷水淋身。在一师的 4 年多时间里，无论冬夏雨雪，从未间断。

他特别喜欢爬山、游泳。经常约了同学登岳麓山，与同伴露宿野外，有时会一个人在狂风暴雨的夜晚，爬上岳麓山，磨炼意志；常常约了同学，畅游湘江，游泳后便躺在沙滩上，任太阳暴晒，进行日光浴；还会无所畏惧地立于狂风大作之中，体验"胸襟洞彻，旷然有远俗之慨"的意境。

1936 年，在延安接受美国记者斯诺采访时，他曾怀着深深的激情，回忆起自己在一师的这段生活。他说：

> 寒假里，我们脱掉衬衫让雨淋，说这是"雨浴"。烈日当空，我们也脱掉衬衫，说是"日光浴"。春风吹来的时候我们大声叫喊，说这是一种叫做"风浴"的新体育项目。在已经下霜的日子里，我们露天睡觉，甚至于到 11 月份，我们还在寒冷的河水里游泳。这一切都是在锻炼身体的名义下进行的，这对于增强我的体质也许很有帮助，我后来在中国南方的多次往返行军，以及从江西到西北的长征路上，特别需要这样的体质。

第二，游泳，是他终生最爱的运动，"自信人生二百年，会当水击三千里"，因而经常"中流击水"。

他也爱好乒乓球，打篮球是最优秀的，但他最喜爱的，是游泳，这几乎是他终生最喜爱的运动。一师求学时，时常约二三好友到湘江挥臂击水。他回忆说："那时初学，盛夏水涨，几死者数，一群人终于坚持，直到隆冬，犹在江中。当时有一篇诗，都忘记了，只记得两句：自信人生二百年，会当水击三千里。"因此，橘子洲几乎成了他们几个同学好友的乐园。特别到了假期，经常邀集志同道合者，到水深流急的橘子洲东侧，搏浪击水，累了，就在洲边沙滩上作日光浴，交谈读书心得，纵论天下大事。他的同班同学罗学瓒（1893—1930）有首题为《咏怀》的诗，就是记载他们这一活动的，从其诗里可以看出他们当年的宏伟抱负。诗曰：

> 龙蛇争大地，豹虎满怀瀛。
> 蹂躏无余隙，巢空草木惊。

安得异人起，拔剑斩妖氛。

　　倾洋涤宇宙，重建此乾坤。

　　一同登乐园，万世庆升平。

　　交友，是毛泽东在一师特别注意的大事。他认为，救国必须有一大帮志同道合、坚定不移的人，结成一个力量，才能有所作为。1915年秋，为了结交更多有作为的朋友，他以"二十八画生"的名义（"毛泽东"三字的繁体共28画）发出了有名的"征友启事"，邀请那些热爱祖国、能耐艰苦、有为祖国牺牲决心的青年做朋友，因此结识了一大帮早期革命人士。罗章龙（1896—1995）当时也是被邀请者之一，在《长沙定王台初晤二十八画生》一诗中，曾这样记载说：

　　白日城东路，娜嬛丽且清。

　　风尘交北海，空谷见庄生。

　　策喜长沙傅，骚怀楚屈平。

　　风流期共赏，同证此时情。

　　岳麓山下有个叫刘家台子的地方，是蔡和森的家，现在那里挂着"新民学会成立旧址"的牌子。因为，这里是毛泽东与志同道合的学友们经常聚集的地方。他们在这里分析议论时事，交流学习心得和思想。1918年4月14日，那是个礼拜天，他邀集了何叔衡、邹沸真、萧子升等13人涉湘江，过橘洲，又来到了麓山下蔡和森这里，宣布新民学会正式成立，选举萧子升为总干事，毛泽东、陈书宏为干事。罗章龙后来也写有题为《新民学会成立大会》的诗，记载这一事件说：

　　济济新民会，风云一代英。

　　沨痴盟众士，溁水泛流觥。

　　佳气郁衡麓，春风拂郡城。

　　庄严公约在，掷地作金声。

　　新民学会是湖南第一个进步知识青年的革命团体，具有奋斗进取精神，求知欲和发展、创造及开放精神都特别旺盛。他们朝气蓬勃，目光远大，"真心求学、实意做事"，树立了革命的人生观，具有为改造国家、改造社会作一番事业的远大理想。毛泽东为新民学会确定的"国外发展"和"国内研究"并重的开放战略，使这一群年轻人在中国新旧时代、新旧社会激烈碰撞之际，怀着一腔热血豪气，无所畏惧地去创造新的生活，后来成为湖南赴法勤工俭学运动和五四爱国运动的领导中坚。正如他后来在延安同斯诺说的：

> "我逐渐在自己周围团结了一批学生，人数不多，但都是思想上很认真的人，只乐于谈论大事——人的性质，人类的性质，中国的性质，世界，宇宙！"

> "这个学会对中国的事情和命运产生了广泛的影响。他们人数不多，但都是思想上很认真的人。"

> "学会有七八十名会员，其中许多人后来都成了中国共产党和中国革命史上的有名人物。"

新民学会中的蔡和森、何叔衡、陈昌、张昆弟、罗学瓒、向警予等，特别杰出和优秀，他们都是毛泽东早年革命实践的坚强支持者，是一支旨在"改造中国与世界"的有生力量，后来成为中国共产党早期的中坚力量，在中国革命史上功不可没。

面对这群朝气蓬勃的青年，身为一师教师的杨昌济无比欣慰，他断言：毛泽东、蔡和森"二子是海内的人才，前程远大"。

李大钊因此也十分称赞，说毛泽东是"湖南学生青年的杰出的领袖"。

1917年11月，他又积极倡导办工人夜校，以改变国民素质。起初，由于工人不理解夜校的性质，应者寥寥。他就亲自到铁路沿线、湘江边甚至从"朱张渡"（相传朱熹和张栻会讲岳麓书院时相送相迎之处）涉江上橘子洲头，去宣传发动，终于将一些工人动员进来。所以，湘江边上一些市民，对"毛先生"有十分深刻的印象。他也借此建立了广泛的群众基础，同工人阶级建立了最初的感情。

1918年6月，毛泽东从第一师范毕业了，与蔡和森、张昆弟等学友们寓于岳麓书院的半学斋。半学斋与书院的讲堂曲廊相连，互为表里。讲堂檐下，悬挂的是1907年由宾步程制成的"实事求是"匾额。虽然大家都很穷，常常吃了上餐没下餐，但精神十分振奋。湘江和橘子洲，是他们每天必到之所，晨曦初起时看日出，渔舟唱晚时观落晖，朝沐曙光，夜披月色，或在爱晚亭极目楚天，或在赫曦台扣问苍茫……然而，每天穿梭于这匾额之下，大家的心情并非是悠闲的。特别是毛泽东，站在橘子洲头，看到湘江河里，到处停泊着"太阳旗"、"花旗"、"半子旗"，湘江边上，到处是"日清"、"太古"、"怡和"等外国公司的洋房，1917年到1918年，军阀张敬尧进入湖南后，横征暴敛，兵灾惨烈，湖湘民众恨之入骨。自己要向何处去，湖南要向何处去，中国要向何处去？他的心情最不平静，一种代表新时代强音的思想，像潮水一样，早晚都涌动于他的心怀里……

最先躁动于他心灵的，是刚成立的新民学会如何行动。这一群志同道合的青年，已经"扎堆""抱团"，他们还年轻，要继续学业，要寻找毕业后的人生出路。怎么办？他与蔡和森等经过谋划，一致认为新民学会会员应该大力向外发展，于是决定组织湖南青年赴法勤工俭学。他强调说：我们应当放开眼光，散开到世界各处去考察，天涯海角都要去人，不应该堆积在一处。最好是一个人或几个人去开辟一个方面。各方面的"阵"，都要打开。各方面都应该有去打先锋的人。为此，他曾上北京，找师友，求帮助，筹集资金。

在北京的一段时间里，杨昌济先生给他指导和帮助最多。当时，杨先生在北京大学任教，特意为他在北京大学图书馆里，谋到管理员的职位，一边工作，一边推进赴法勤工俭学运动。这不仅使他有机会接触大量进步书籍，阅读到传播新文化新思想的报刊，而且还有机会结识了当时一些具有新思想新文化的进步知识分子，这更使他眼界大开，思想更激进开阔了。

也就是在这个时候，震惊全国的"五四"运动爆发了。

"五四"运动，是在"十月革命"炮声的感召下，由进步的知识分子组织和发动起来的彻底的反帝反封建的爱国运动，也是彻底的反对封建旧文化的新文化运动，是中国旧民主主义革命转变为新民主主义革命的转折点。一些激进的知识分子，如李大钊、陈独秀等，大力创办刊物，发表文章，竖起民主和科学的旗帜，反对旧道德，提倡新道德，反对旧文学、提倡新文学，广泛地传播马克思主义，促进了马克思主义同工人运动的结合，为中国共产党的成立作了思想上和干部上的准备。毛泽东是五四运动中杰出的人物，是五四运动的湖南主将。

新民学会成立前后，在毛泽东的心灵深处，早就躁动着一个新思想，北京之行更使他接触到更多的新思想新文化，使他深深地感觉到，中国必须有一个前所未有的革命。但是，如果不提高人民群众的思想认识，不巩固其革命热情，这个革命是发动不起来的，就是发动起来了，也不可能持久和深入发展。所以，送走出国勤工俭学的同学后，从北京回到长沙，便迅速地与北京进步思想接轨，组织新民学会会员，创办《湘江评论》，扩大新思想新文化的宣传。

恰好这时，邓中夏来到长沙。他会见了毛泽东，介绍北京五四运动情况。毛泽东当即召集各校的20多名学生，集会于储英园楚怡小学，号召长沙和湖南学界实行总罢课来声援北京。5月28日，以第一师范、湖南工业专门学校、湖南商业专门学校、明德中学等校学生为基础的湖南学生联合会在长沙落星田湖南商业专门学校成立。学联会章以"爱护国家、服务社会、研究学术、促进文明"为宗旨。6月2日，学联发出《罢课宣言》，自6月3日起，全体罢课。随即湘雅、商专、第一师范、省立第一女校、第一中学、岳云中学、第一甲种农校、湘乡驻省中学等校学生纷纷罢课。学生的爱国运动，遭到了军阀张敬尧的粗暴干涉，张敬尧通令各校提前考试，6月12日放假，以达到瓦解学生组织、涣散学生救国行动之目的，学联即以抵制日货作为暑假期间的中心工作，经过焚毁日货示威游行以后，湖南学生联合会与各界尤其是工界有了初步的联合。湖南省学生联合会遗址，就位于今五一大道与落星田交会处，原省交通厅招待所所在地。因为"文夕大火"和几十年的风雨沧桑，该遗址已不复存在了，但它却永远地留在长沙人民的记忆中。

1919年7月14日，经过一番努力，毛泽东主编的刊物《湘江评论》创刊了，该刊就是以湖南学生联合会的名义编印发行的。在《创刊宣言》中，他高瞻远瞩而又充满激情地，发出了充满时代精神的呐喊——

> 时机到了！世界的大潮卷得更急了！洞庭湖的闸门动了，且开了！浩浩荡荡的新思潮业已奔腾澎湃于湘江两岸了！顺他的生，逆他的死，如何承受他？如何传播他？如何研究他？如何施行他？这是我们全体湘人最切最要的大问题，即是"湘江"出世最切最要的大任务！

什么是黄钟大吕，这就是！什么是晴空霹雳，这就是！！什么是震古烁今的交响诗，这就是！！！

《湘江评论》的出版，受到了广大读者尤其是青年学子的热烈欢迎。创刊号印了两千份，当天即销售告罄，再印两千份，仍不能满足需要。第二期加印至5000份仍一报难求。接着而来的，又是《民众的大联合》等一系列文章，像排炮一样发出。他指出：革命阶级的共同利益是要求解放，要求自由。这种大联合要以工人、农民为主体。无产者民众的大联合，原有伟大的能力！压迫愈深、反抗愈大，蓄之既久，其发必速，中华民族的改革，将较任何民族为彻底，中华民族的社会，将较任何民族为光明。如此明确、新颖、激进的思想，是多年来学习、思考、积淀、郁积和躁动于他心中的"金石"，终于借机爆破而出，喷为炽烈的思想火花，这是那时代中国思想界最可宝贵的收获，也是后来构成毛泽东思想大厦的最初基石之一。中国革命史上赫赫有名的人物，如任弼时、郭亮、萧劲光，都是通过《湘江评论》得到革命的启蒙，北京、上海、成都的一些报刊，也都转载或评论《湘江评论》发表的那些犀利如匕首、痛快淋漓的战斗檄文，陈独秀、李大钊、胡适这些五四运动的领袖人物，都曾对《湘江评论》给予充分的肯定和高度的赞赏。陈独秀称赞毛泽东、邓中夏等人是"一班可爱可敬的青年"，特别撰文高呼《欢迎湖南人底精神》。五四大潮席卷下的湖南大地，涌现出大批青年精英，发扬敢为天下先的革命精神，勇敢地参加斗争。

但是，湖南的军阀势力害怕了，采取铁血政策，给予残酷镇压。8月中旬，毛泽东费心竭力编印出的《湘江评论》第五期，没能与广大读者见面，就被湖南督军张敬尧冠以宣传"过激主义"的罪名查禁了，销毁了，湖南省学联也被强行解散。

当时，承印《湘江评论》的是湘鄂印刷公司，其旧址就在今解放路街道化龙池社区白果园 33 号。此处最早为 1916 年民国开明实业家章克恭（1879—1935）创办的湘鄂印刷公司印刷车间旧址。该建筑坐东朝西，砖木结构，占地面积约 196 平方米，建筑为两进青瓦房，屋顶为两面坡歇山顶，地铺青砖，墙面粉刷，前后墙壁有扇对开的红漆门，头一进是公司营业室，西花厅为食堂，东花厅为仓库，二进的中间是客厅和业务室，西边是经理室，东边为账房。《湘江评论》在这里总共只印刷了五期即被张敬尧查封。在查封的那一夜，未曾想到有位进步青年捷足先登，他是《湘江评论》的忠实读者，他知晓这份革命刊物是在自己所居住的这条陋巷内印刷的，于是将消息报告给毛泽东。毛泽东当机立断，迅速将工厂转移，当大批军警赶到时，早已人去楼空。

如今，坐落于白果园巷 33 号的这所印刷厂旧址依然存在，保存也还完好，它就在距离新修复的程潜公馆不远处，那青砖清水外墙包裹的这幢普通平房，两扇油漆斑驳的大门，似乎还在向人们讲述着一个久远的故事。沿着麻石小巷经过这里的时候，人们仍禁不住驻足停留，触摸那已逝的历史沧桑……

《湘江评论》被迫停刊后，毛泽东接手主编《新湖南》杂志，继续宣传革命思想，并组织发动了声势浩大的"驱张运动"，同军阀张敬尧进行了正面斗争。最后，将张敬尧驱逐出湖南。

为了发扬五四运动的革命传统，更广泛地宣传新文化，毛泽东又于1920年8月，在潮宗街成立了文化书社。该组织由易礼容任经理，毛泽东为特别交涉员，曾以省内外70多个单位书报营业往来，并在平江、浏阳、宝庆、衡阳、宁乡、武冈、溆浦等7县设立分社，后由于业务扩大，曾搬到贡院东街（今中山路），再迁水风井。1921—1923年，这里还曾是中共湖南党组织联络和活动的场所。1927年5月，在"马日"事变中被捣毁，房屋则毁于"文夕大火"，幸有《文化书社社务报告》等文物遗存。

毛泽东在延安时，对采访他的美国记者斯诺说：

> 五四运动以后，我把自己的大部分时间用在学生的政治活动上。我是《湘江评论》的主编；这是湖南学生的报纸，对于华南的学生运动有很大的影响。我在长沙协助创办了文化书社，这是一个研究现代文化和政治趋势的组织。这个书社和新民学会——特别是新民学会，都强烈地反对当时的湖南督军张敬尧（一个坏蛋）。

经过五四运动的洗礼，在长沙从事青年运动和社会活动的这些日子里，毛泽东终于成功地完成了从青年学生、教员到职业革命家的转变，实现了从民主主义者到马克思主义者的转变。最后，在1921年那个不平凡的日子里，胸怀崇高的目标，毅然与战友、同学何叔衡一道，奔赴上海，出席党的一大，去开创中国革命的新纪元。中国革命的航船，就是从这里起航的，他那辉煌的人生道路，也是从这里开始其新的里程的，不仅改变了他自己的命运，也改变了中国的命运。

从上海回到长沙，毛泽东与何叔衡旋即投入建党建团的事业中。为了培养骨干队伍，于1921年8月，他与何叔衡、易礼容等，利用船山学社的房屋和经费，开办了"湖南自修大学"，李达为第一任校长，李维汉、夏明翰等，都曾在校自修并在其附设的实习学校任教。该校取古代书院及现代学校二者之长，以自修的方法，研究学术，造就人才。自修大学旧址在长沙市中山东路原船山学社内，原址房舍始建于清光绪初年，是曾国藩祠的一部分，郭嵩焘曾在此建思贤讲舍。此为单层三进四合院，坐北朝南，砖木结构。但开办只有一年多时间，便于1923年11月被时任湖南省长赵恒惕借口"自修大学所倡学说不正，有关治安"，将其查封。1938年又毁于"长沙大火"。直到1964年才在原址上修复，复原了毛泽东、何叔衡的卧室和湖南学生联合会办公室、自修大学图书馆。1965年对外开放，现为湖南省重点文物保护单位。

创办自修大学的同时，建党、建团活动进展很快，先后创建和领导了中共湖南省支部、中共湘区执行委员会（湘区辖今湖南全省及江西萍乡地区），毛泽东任书记，何叔衡等为领导成员。毛泽东以湖南省立第一师范教员身份，租佃了城郊清水塘22号房屋一栋，这是坐落于大菜园中的青瓦平房，砖木结构，面积118平方米，坐北朝南，门开东壁，中间为堂屋，两侧为住房，共6间，前有围墙庭院，后有杂屋竹林。此即区委机关所在地，毛泽东偕夫人杨开慧在此居住并开展工作，后来其长子毛岸英即诞生于此。刘少奇、李立三、李维汉等，都曾来此开会、联络，开展湘区的革命活动。一批杰出人物，除刘少奇、李立三、李维汉外，还有郭亮、罗学瓒、易礼容、彭公达、朱锦棠和杨开慧，以及谢觉哉、王凌波、姜梦周、夏曦等，都成为中坚力量，又有任弼时、罗亦农、萧劲光、任作民等，先后也参加到了共产党的队伍里，湖南因此英才辈出。

在那些峥嵘岁月里，他团结同志，依靠党的力量，开展工人运动，先后组织了安源17000多工人大罢工（1922年9月14日）、长沙泥木工人罢工（1922年10月6日）。他身穿对襟衫，脚踩青布鞋，走在长沙泥木工人队伍中，为工人争得了增加工资和营业自由的权利，使这次斗争取得了胜利。1923年6月，为推动国共合作，推动国民革命，开辟统一战线，他奉命离开长沙，南下广州，以湘区党代表的身份，出席了在那里召开的中共三大。由于他在湖南建党建团和群众运动工作中成绩卓著，得到中共中央局书记陈独秀和共产国际代表马林的称赞。三大选出了由5人组成的中共中央局（相当于以后的中央政治局），正值而立之年的毛泽东跻身其列，担任中央局委员、中央秘书。

国共合作正式建立的标志，是1924年1月国民党第一次代表大会的召开。毛泽东和李大钊、林伯渠等20多位有影响的共产党员，参加了这次国民党一大。其中李大钊被孙中山指定为大会主席团成员，毛泽东则被选为国民党章程审查委员、国民党中央候补执行委员，后到上海主持中共中央局的日常工作，也参与国民党上海执行部的领导工作，代理国民党中央宣传部部长，其间，主编国民党政治委员会的机关报《政治周报》，这是他在代理宣传部长任上做得最为出色的工作之一。在《发刊理由》中，他旗帜鲜明地提出"向反革命派宣传反攻，以打破反革命宣传"的号召。1925年12月，发表《中国社会各阶级的分析》一文，从理论上对统一战线的组成部分和它的敌人作了科学的分析。

这个时期，党领导的国民革命迅猛发展，特别是农民运动，在湖南如火如荼。1926 年下半年，湖南农民运动正值高涨时，12 月 1 日至 28 日，省第一次农民代表大会在长沙召开，大会接受中国共产党政纲，通过了《湖南省第一次农民代表大会宣言》和减租减息、解放团防、铲除贪官污吏土豪劣绅、组织农民武装等 40 个决议案。大会期间，毛泽东应邀回湘，在欢迎会和闭幕会上作重要讲话，指出国民革命的中心问题，就是农民问题。这次会议还选出了农民协会执行委员，正式成立湖南农民协会，原址最初在长沙市小东街（今中山东路红色剧院），后迁至局关祠曾国藩祠（今长沙市实验中学），又于 1938 年毁于"文夕大火"。

就在农民运动广泛深入发展时，以陈独秀为首的党内右倾机会主义者，却被国民党的反动潮流所吓倒，不敢支持已经起来的伟大的农民革命斗争，为了迁就国民党，他们宁愿抛弃农民这个最主要的同盟军，使工人阶级和共产党处于孤立无援的地位。就在这个关键时刻，为了答复当时党内党外对农民革命斗争的责难，毛泽东回到湖南，从 1 月 4 日至 2 月 5 日，做了 32 天的考察工作，在乡下，在县城，找有经验的农民和农运工作同志，开调查会，仔细听取他们的报告，最后写作发表了《湖南农民运动考察报告》一文。当时，党内以陈独秀为首的右倾机会主义者，不愿意接受毛泽东的意见，而坚持他们的错误见解，国民党蒋介石在 1927 年春夏之所以叛变，发动"清党运动"和反人民的战争，主要就是抓住了共产党党内的这个弱点。

这段时期，党内和国内斗争都十分复杂。面对如此复杂的形势，特别是党内错误思想的抬头，毛泽东十分忧虑。1925 年初秋，他因事回到长沙，来到橘子洲头，望着滔滔江水，思潮起伏……湘江，这条流贯湖南腹部，汇于八百里洞庭的母亲河啊，哺育了他，也孕育了他的革命思想，回顾这些年来学习战斗的生活，他诗思如潮，奔涌于胸，著名的《沁园春·长沙》就是在这种情境下创作的。不久，他就离开长沙，后来虽曾几次回长，都因党的工作和战斗需要，匆匆而来，又匆匆而去了，这一别就是三十年。等到重返故园时，那已经是全国"一唱雄鸡天下白"的 1955 年了。

这一年的 6 月 20 日，在周世钊先生的陪同下，他才有机会重游岳麓山，回首往事，情不自禁，又欣然命笔，写下了这首七律：

春江浩荡暂徘徊，又踏层峰望眼开。

风起绿洲吹浪去，雨从青野上山来。

尊前谈笑人依旧，域外鸡虫事可哀。

莫道韶华容易逝，卅年仍到赫曦台。

2. 浩气长存

- 焦土政策，功耶罪耶，余烬铸就明镜，尘埃早已落定
- 忠烈抗战，悲兮壮兮，墓冢筑为丰碑，浩气永恒长存

湘江水落白鱼肥，岳麓峰高红叶飞。

岂屑稻粱谋异域，却披荆棘入重围。

英雄老去空山冷，竖子名成故国微。

幸有亡秦三户在，登临何事叹斜晖。

这是国民党元老、著名革命家朱蕴山的《登岳麓山志感》诗。

朱蕴山（1887—1981），安徽六安人，早年参加光复会，进行反清活动，加入同盟会，后参加南昌起义。1948 年 1 月与李济深、何香凝等发起组织中国国民党革命委员会。他的这首诗，作于 1944 年 2 月的长沙，那正是抗日战争后期，第四次长沙会战（1944 年 5 月）前夕，诗中表现的抗日救亡爱国思想，也正是长沙军民及湖南人民抗战到底的共同心声。

抗日战争（1937—1945），是在中国共产党领导的、以国共两党合作为基础的抗日民族统一战线旗帜下，中国各族人民参加的抗击日本帝国主义侵略的民族解放战争，是世界反法西斯战争的重要组成部分。

1931 年 9 月 18 日，日军进攻中国沈阳，由于国民党政府采取不抵抗政策，日军迅速占领东北三省，继又进一步侵入华北。中国共产党领导了东北抗日游击战争，推动了全国的抗日救亡运动，并一再呼吁国民党当局停止内战、团结抗日，但蒋介石坚持"攘外必先安内"的政策，直至"西安事变"和平解决，才为国共两党合作抗日打下了基础。1937 年 7 月 7 日，日军自北平（今北京）西南卢沟桥发动进攻，8 月 13 日又在上海发动大规模进攻，企图迫使国民党政府投降，以实施其"三个月灭亡中国"的狂妄计划。中国军队奋勇抵抗，从此开始了全国抗日战争。23 日蒋介石发表谈话，承认中共的

合法地位。至此，以国共两党为主体的中国抗日民族统一战线形成。8 月 25日，中共中央在陕北洛川召开政治局扩大会议，通过了《抗日救国十大纲领》，确立了共产党领导的军队执行独立自主的山地游击战的战略方针，担负开辟敌后战场，配合正面战场，建立抗日根据地的基本任务。根据同国民党达成的协议，将陕甘宁边区红军改编成国民革命军第八路军（又称第十八军团军，简称八路军）。10 月 12 日，将南方八省红军和游击队改编为国民革命军陆军新编第四军（简称新四军）。而对日军的大规模进攻，中国军队实施战略防御。八路军、新四军开赴华北、华中敌后，广泛开展游击战争，配合国民党军队作战，先后取得平型关、阳明堡、韦岗、蒋家河口等战斗的胜利，建立了许多敌后抗日根据地。国民党以一部分兵力在华北作持久抵抗，集中兵力于华东力保上海、南京，先后在上海、忻口、台儿庄等地给日军以打击。但是，在拥有武器装备优势的日军进攻下，北平、天津、上海、南京、武汉、广州等城市相继失守，华北、华中、华南大片国土沦陷。日军于1838 年 10 月侵占广州、武汉后，被迫停止战略进攻，战争进入相持阶段。此时，日军对国民党采取以政治诱降为主、军事打击为辅的政策，逐步加强对敌后战场的"扫荡"。同年 12 月，国民党副总裁汪精卫公开投降日本，后来成立傀儡政府。国民党当局从战争初期比较积极抗日转变为消极抗日、积极反共的政策。在相持阶段中，日军对正面战场发动过南昌、长沙、桂南、豫南、枣宜、上高、中条山、浙赣和常德战役。在上述战役中，国民党军只在日军直接威胁到国民党重大利益时，实施了一些较为积极的抵抗，但也处在很为被动的地位。在此期间，敌后抗日根据地军民，坚持敌后游击战争，积极打击日伪军，先后取得了齐会、香城固、陈庄、黄土岭战斗的胜利，有力地支援了正面战场的抗战和同盟军在太平洋战场上的作战，同时打退了国民党当局发动的多次反共摩擦，度过了极端困难的 1941 年和 1942 年。1943年敌后抗日根据地军民积极展开拔除与逼退日伪军据点，破坏日伪军交通的斗争，粉碎了日伪军大规模"扫荡"，开辟了部分新区，恢复和扩大了抗日根据地。1944 年日军发动打通大陆交通线的战役，由于国民党当局避战，致使鄂、湘、桂、粤等省大部国土丢失。抗日根据地军民从 1944 年起，展开了声势浩大的攻势作战，将日军压缩包围了主要城市和交通线上。至 1945年 8 月，解放区扩大到 95 万平方公里，人民军队上升到 91 万，民兵 220万，为转入全面大反攻创造了重要条件。1945 年 8 月 6 日和 9 日，美国在日本广岛和长崎各投下一颗原子弹，8 月 8 日苏联对日宣战，随即出兵中国东北，对日本关东军发起进攻，日伪军迅速土崩瓦解。8月15日，日本正式宣布无条件投降，9月2日日本在投降书上签字，中国人民伟大的抗日民族解放战争胜利结束。

八年抗战，日军被毙伤俘133万余人，其中敌后战场毙俘日军52.7万余人，战败后向中国投降的日军共1283240人。此外，抗日根据地歼灭伪军1186000余人。

八年抗战，中国人民伤亡1800余万人，中国军队伤亡380万人，财产损失600多亿美元。

中国战场是反对日本法西斯侵略的主要战场，中国人民对世界反法西斯的胜利做出了不可磨灭的历史贡献。

在这个伟大的历史贡献中，也有长沙和湖南军民的不可磨灭的功劳。

抗日战争留给长沙的历史印记，是刻骨铭心的。最使一代代人难以忘怀的，主要是这四件大事：

一是抗战初期的"文夕大火"；

二是共产党领导下的抗日救亡运动；

三是四次长沙会战；

四是日本帝国主义在长沙和湖南犯下的滔天罪行。

震惊中外的长沙"文夕大火"，发生在1938年11月12日夜间。当时，日寇尚在湘阴，国民党守军惊慌失措，放火烧毁了整个长沙城。据时任中央社战地记者兼长沙"国际新闻社"社长的刘尊棋（1911—1993）报道说：

> 记者十六日深夜重入长沙时，恍如置身火海中。第二天早晨，同陈辞修、周恩来两先生在焚烧了的天心阁废墟上登高凭眺，但见昨日如锦如织的湘垣，已成今日的邦贝。劫后余生的灾民们，扒着炙热的灰堆，寻觅骨肉的亲尸，挖掘或许还未毁灭的一些物件，有的怅然踟蹰于自己家屋的故址，有的悲楚咽哭于不可辨认的街头。最不忍卒睹的，那是些陆陆续续沿着铁道公路河边策杖匐行，满以为可以得到休养医疗的负伤官兵。（《一片焦土之长沙》，重庆《新华日报》1938年11月21日）

大火烧过5天后，虽然大部分熄灭了，但长沙城里，依然余烬尚燃，烟雾弥漫，夜里则一片漆黑。著名戏剧作家诗人田汉、洪深等，奉命率两个抗敌演剧队重返劫后长沙，开展善后救灾工作。目睹全城惨不忍睹的景象，诗人在题为《重访劫后长沙》（1938 年 11 月）的诗里，如此描写道——

> 长驱尘雾过湘潭，乡国重归忍细谈。
>
> 市烬无灯添夜黑，野烧飞焰破天蓝。
>
> 衔枚荷重人千百，整瓦完垣户二三。
>
> 犹有不磨雄杰气，再从焦土建湖南。

诗人以无比愤恨的心情，痛斥当局给故乡长沙造下的这一罪恶劫难，同时也表达了要在这片废墟上重建家园的英雄气概和不折不挠的奋斗精神。

现在，且让我们回过头来，看看这场"大火"是如何燃烧起来的，它在长沙历史上产生了何等悲惨的后果。

1938 年 10 月 25 日，武汉沦陷。武汉的机关、工厂以及大批难民和伤兵拥入长沙，使当时 30 多万人口的长沙骤增至 50 多万，加上此前长沙作为上海、南京等会战的后方，已经积累了许多战略储备，商业也很繁荣。但长沙有限的铁路、公路和水路交通根本难以承载如此大量的迁入，这些都给日后的巨大损失埋下了隐患。

1938 年 10 月，日军继续南犯，进逼湘北，11 月 8 日，攻入湖南北部，并轰炸长沙和衡阳。9 日至 12 日，临湘、岳阳接连失守，湘北门户洞开，中日两军对峙于新墙河，长沙局势十分严峻。长沙作为湖南省会，日军势在必夺，战争迫在眉睫。

据传，11 月 11 日上午 9 时左右，蒋介石密令到达湖南省政府主席张治中手中："长沙如失陷，务将全城焚毁，望事前妥密准备，勿误！"旋即又接到蒋介石侍从室副主任林蔚电话，内容是"对长沙要用焦土政策"。张治中立即召来警备司令酆悌和省保安处长徐权，下午 4 时就拿出了一份"焚城计划"，布置放火事项，组织放火队伍，准备放火工具。当日深夜，南门外伤兵医院不慎失火，预先守候各处的放火队员，一见火起，纷纷将点燃的火把投向油桶和民房。霎时间，冲天的火炬接连出现，火光照天，热浪灼人，长沙城顿时成为一片火海。

是时，已经入睡的市民陡闻火起，初以为是普通火灾，不以为意，后见全城火起，方知情况严重，以为日军已攻进城来，遂在慌乱中扶老携幼，扛箱抬柜，像潮水一样往外逃奔，但烈火已经临门，大多数街巷已被烟火封住。熊熊大火中逃命的人们，在拥挤和混乱不堪中，有的被人群踩死，有的被汽车压死，有的被大火活活烧死。一位 60 多岁的老太太被大火逼进水缸后惨死。一位带着孩子的母亲躲进水缸避火，双双被活活煮死。30多名余太华金号员工躲进防空洞，全被烤焦致死。凄厉的哭喊声，恐怖的嘶叫声，连同建筑物燃烧时的爆炸声，交织成为一个悲惨世界。大火已无法扑救，只能宣布弃城。最终长沙大火持续五日五夜后，自行熄灭。

这场大火，对长沙造成了空前的浩劫，长沙的地面建筑基本荡然无存，直接死于大火的有3000多人，数十万人失去家园。据国民党湖南省政府统计室编印的《湖南省抗战损失统计》估计，大火造成的经济损失约10多亿元。

——原来繁华的南正街（今黄兴路）、坡子街、臬后街，八角亭、药王街、太平街、西长街、大西门正街及沿江一带，剩下的全是断壁残垣；

——医院除湘雅医院外，全市公私医院均被烧毁；

——政府机关被烧毁的有省政府、民政厅、建设厅、警察局、警备司令部、省市党部、保安处、地方法院、高等法院、电报局、电话局、邮政局、市商会、中央通讯社、中央广播电台和在长沙各家报馆等大部或全部建筑；

——被烧毁或大部烧毁的学校有湖南大学、明德中学、岳云农工、楚怡工业学校、兑泽中学、第一师范、南华女中、明宪女校、妙高峰中学、省立长沙高中、民众教育馆等31所；

——被毁的银行有湖南省银行、江西裕民银行、上海银行、交通银行和中国银行等十余家；

——被烧毁的工厂有40多家，其中损失最大的有湖南第一纺织厂，其厂房损失达27万余元，原料损失达96万余元，机器设备损失达60多万元；

——长沙作为全国四大米市之一，190多家碾米厂和粮栈仅存12家半；

——绸布业损失约200余万元，约占全行业资产的80%，湘绣业40家全部毁灭；

——"文夕大火"使这座自春秋战国以来文化积累丰富的中国历史文化名城完全毁于一炬，地面文物毁灭到几近于零，这座为数不多的2000多年城址不变的古城，文化传承也在此中断，在历史研究上造成无可估量的损失；

——人民流离失所，商业贸易、政府机关、学术机构等几乎完全被摧毁。

但这只是大摧毁的开始。"文夕大火"加上四次长沙会战，使长沙彻底成为一片焦土，长沙也成为第二次世界大战中四个破坏最严重的城市（另外三个是斯大林格勒、广岛、长崎)。更使这座从明清以来一直繁荣的著名城市元气大伤,人才财富流失殆尽,以至于长沙市场始终没有恢复到大火前的水平。当时,连《中央日报》社论也不得不说:"长沙近30年来,物质、人力欣欣向荣。全国都市中,充实富庶,长沙当居首要。百年缔造,可怜一炬。"

然而,当时日本侵略军并未立即进攻长沙,只是在大火之后,派飞机到长沙上空拍照,又在广播报纸中大加渲染,说火后长沙"全城如舔",极尽奚落挖苦之能事。

长沙大火引起了长沙市民和全社会的强烈愤慨及对火灾真相的迫切怀疑。为平息民愤,1938年11月16日蒋介石赶到长沙,下令速捕事件有关人员,依法严惩,并限两天内结案。据曾参与长沙大火案审理的第九战区司令部调查室主任张振国回忆,11月18日的审判结果,原本是酆悌处有期徒刑10年,徐昆、文重孚二人各判7年,但专案组报呈最高当局后,蒋介石的批示为:"渎职殃民,一律枪决,张治中撤职查办。"11月20日,三人在南门口外侯家塘刑场被枪决。

长沙大火后,中国共产党对国民党当局不顾人民死活,实行所谓"焦土抗战"政策而造成重大火灾进行了严正的谴责。以周恩来、叶剑英为代表的中国共产党人,就长沙大火的责任与善后问题,与蒋介石进行交涉。当时,周恩来和叶剑英等都在长沙,起火时他们带着重要文件急忙撤离,13日下午到湘潭,16日在衡阳召开军委会政治部第三厅和八路军驻湘通讯处的干部会议,决定派抗敌演剧一、二、八、九队和抗宣队、湘剧宣传一队和三队共200多人,组成善后救灾,又于17日最先赶到长沙,领导救灾善后工作。

在周恩来、叶剑英的指挥下,善后工作突击队紧张抢救伤病员,抢救粮食和各种物资,清理街道,清查、掩埋死难者的尸体,开设临时供饭点,动员灾民回城重建家园,发放赈灾款等。在整个大火的善后工作中,周恩来、叶剑英和他们率领的善后工作突击队发挥了重要的作用。据郭沫若在《洪波曲》中回忆说:

> 十六日我们到达衡阳三塘之后,十七日便奉到命令,要三厅派人火速赴长沙从事善后。这一工作,周公(即周恩来)他带领若干得力的人员和两个抗剧队在当晚便赶赴长沙。当大家上卡车的时候,田寿昌(即田汉)自告奋勇,临时参加了。洪与田(即洪深和田汉)是大火后最初入长沙的人,掩埋死尸,抚慰居民,安插伤

病,恢复交通,实在做了不少的工作。由于工作繁忙,人手不够,十九日又由乃超和我另外带了一批人支援。

郭沫若等回到长沙后,同八路军驻湘通讯处的工作人员一道,组成了"善后工作突击队",开展善后救灾工作。22日,湖南省政府也成立了长沙市临时救济委员会。整个善后工作至11月底完成。

11月19日,火后长沙开始出现最早的市场,其中有卖肉者3人,卖菜者2人。12月21日《新华日报》报道,长沙市内"小本营业、露天商场、旅社饭馆、均颇发达,日用必需品应有尽有,并组织盐米公卖处,凭证供给;银行设有兑换所,流畅金融"。被阻隔的交通也逐渐开始恢复,长沙车站11月29日开始恢复营运,南行火车每日2次。12月初,长沙至湘潭、浏阳的班车恢复。

张治中后来回忆,蒋介石在长沙处理大火案后,曾做训示:"就这一次事件的根本成因研究,可以说不属于哪一个个人的错误,而可以说是我们整个集团的错误。这一错误的造成,不能不认为是我们的失败。"由此想起,这位"总司令"当年在长沙阅兵式上落马的故事,真让人感慨欷歔!

1937年9月,在中华民族生死存亡的危急关头,第二次国共合作正式形成。为了更好地动员群众,团结各界爱国人士参加抗日斗争,支援敌后抗日游击战争,中共征得国民政府的同意,决定在西安、武汉、重庆、长沙等十几个重要城市,公开设立八路军办事处或通讯联络机构。11月,受中共中央委派,徐特立和王凌波来长沙,建立八路军驻湘通讯处,徐特立为八路军少将参议、驻湘代表,王凌波为通讯处主任。

八路军驻湘通讯处于1937年12月初设于长沙市东长街(今蔡锷中路)徐祠巷19号徐家祠堂,原为徐氏家族祠堂,砖木结构,始建于清末,为南方氏族祠堂格局建筑。当时一直作为长沙私立明达中学的学堂。1938年2月迁移至寿星街2号。这一年10月27日,周恩来、叶剑英来湘指导工作,就住在这里。11月13日凌晨长沙大火时,周恩来、叶剑英被惊醒时,四周已是一片火海……

八路军驻湘通讯处与中共湖南省工委(后改称中共湖南省委)密切配合,坚决贯彻执行中共中央的抗日路线、方针、政策,宣传中国共产党的抗战方针,开展统一战线工作,推动各界爱国人士参与到抗日战争中来,动员群众募捐物资支援抗战。同时,利用公开合法的地位,恢复与发展湖南党的组织,开展抗日救亡活动。1939年8月,国民党顽固派逼迫日甚,第九战区两次通令撤销八路军驻湘通讯处，1940年徐特立、王凌波相继回到延安，八路军驻湘通讯处的工作结束。

1972年，省政府将徐祠巷19号（徐家祠堂旧址）确定为八路驻湘通讯处，作为革命纪念地，并重新修缮，对外开放。旧址坐北朝南，为氏族祠堂式建筑，占地面积460平方米，建筑为砖木结构，屋顶为青瓦硬山顶，有风火墙，进深两间，面阔三间。一进为二层木结构楼房，底层为过厅，左右配房各一间。二进为堂屋，过厅与堂屋之间有天井相隔。堂屋十扇花格朱漆木门作屏墙。现堂屋陈列有八路军驻湘通讯处的相关历史文物、资料等。这一旧址，对研究抗日战争时期中国共产党在湘的革命活动具有重要的历史价值。

为了追寻这一段珍贵的历史，我们一行怀着虔敬的心情，冒着七月流火的炎热，来到了这处纪念地。

轻轻地踏进玄色的大门，一眼便见二层木结构的楼房，底层是过厅，大门两侧左右配房各一间，那是传达室和机要室，天井东西两侧有木楼梯上至二楼；天井上三级石梯进入堂屋，有十扇花格朱漆木门作屏墙。大门左侧的房间，就是八路军驻湘通讯处的工作人员办公室，里面陈列着发报机、电话机和油印机的复制品……据解说员介绍说：

——当年，工作人员经常在这里通宵达旦地工作，徐特立宣传抗日方针的讲演稿和文章，就是在这里打印的；

——徐特立等在此工作时，为扩大和巩固抗日民族统一战线，努力宣传抗日救国的形势和中国共产党积极抗日的主张，与国民党湖南地方当局交涉释放被捕的共产党人和爱国人士，吸收革命青年奔赴抗日前线；

——配合中共湖南省工作委员会，大力发动湖南的抗日救亡运动，与平、津、沪、宁等地回湘的文化教育界人士和青年学生中的共产党员取得联系，建立起组织关系，并依靠他们建立长沙临时大学和文化界抗敌后援会党支部，派人深入铜官、樟树湾、益阳等地，整顿党的地下组织，在常德、湘潭、浏阳等地恢复、重建和发展党的组织；

——联系失散的共产党员，将分散隐藏在各地的党员力量重新组织起来，到1938年底，在长沙、益阳、常德等地恢复和重建了党的一批基层组织，先后成立2个区委、24个支部，共有党员200多人；

——为让更多的人了解中国共产党的抗日救国主张，徐特立多次在长沙市银宫电影院、第一师范、湖南大学等处公开演讲。每次讲演，听众都挤满会场。他也深入到劳动群众经常聚集的火宫殿演讲，以通俗生动的语言，讲解党的团结抗日的道理，使在场的群众深受教育，他在不同的地方，采取不同的方式讲演。在长郡中学演讲时，他言辞谨慎，不采用过激的语言，而是结合长征、抗战以及自身的革命斗争经历，向青年学生讲演，引导他们走上革命的道路；

——八路军驻湘通讯处共招收学员 680 人，培训人员 2220 人，营救人员 65 人，接待国内人士 20000 余人，国外人士 20 人，接收转运物资 50000 余件，为抗日救亡运动做了大量卓有成效的工作。

正是通过广泛宣传中国共产党的抗日主张，发动群众，开展抗日救亡活动，推动了全省抗日民族统一战线的建立，全省很快营造出国共合作抗日的政治局面，为全省党组织的恢复和发展创造了良好的条件。这段历史，虽然很短，但在长沙的革命史上，也在络绎不绝的参观者的心田里，留下了永不磨灭的印记。

长沙的抗日战争史上，印记最深也是最具长沙精神的，则是长沙会战。

1938 年武汉、广州沦陷后，中国的抗战进入了战略相持阶段。位于武汉与广州之间的长沙，成为这一时期中国阻止日本打通"大陆交通线"的最前沿堡垒。因为长沙地处京广铁路线上，是通向东西南北的交通枢纽，因此具有重要的战略地位。为了攻取长沙这一战略要点，日军以第十一军为主体，从 1939 年 9 月至 1944 年 5 月，先后四次疯狂地进犯长沙，以第九战区为主体的中国军队，采取"后退决战"战略，与日军展开了四次大规模的殊死战斗。这是长沙反侵略战争中，最具代表性也是最有历史意义的大事件。

第一次长沙会战，于 1939 年 9 月 14 日揭开序幕，日军为消灭我第九战区主力并占领长沙，首先在赣北、湘北发动猛烈进攻。我国军队以"后退决战"的方针，先后在赣北高安、湘北新墙河英勇阻击，后撤退至长沙近郊。18 日日军主力由湖北正面向我守军阵地发起猛攻，26 日占领汨罗防线，然后继续南侵，小部进至离长沙约 30 公里的捞刀河，大部进入我军伏击圈内。10 月 4 日，中国军队突然发起反攻，在福临铺、三姐桥、青山市伏击敌军。此时，孤军深入的敌军既没有捕杀我军主力，又缺乏后续增援，形势十分不利，被迫撤退。国民党第九战区司令官薛岳组织全力追击，10 月 7 日日军被迫退回战前阵地新墙河，凭险据守。第一次长沙会战结束。此次会战，中日双方投入兵力共 40 余万人，我军英勇作战，粉碎了日军企图，在当时产生了重大影响，史称"第一次湘北大捷"。叶剑英在为《新华日报》所写的

"社论"《论长沙的胜利》（1939 年 10 月 7 日《新华日报》）中，高度评价这次会战胜利的意义，指出：

> 长沙会战胜利了！应该正确地说，这是抗战三年来第一个伟大的胜利！这一伟大的胜利，击败了敌军贯通粤汉横截中华的企图，光荣地保卫了湖南省会，歼灭了敌寇南犯师团的实力，斩杀敌军达三万余，给全国人民以愉悦，给全国将士以战则必胜的兴奋，给世界援助中国的友人以满意的答复，给一切反对侵略的人们证明中国军队英勇的作战，是可以把侵略军击退的。

第二次长沙会战于 1941 年 9 月上旬展开。这一年的 6 月，苏德战争爆发。日本为与英美争霸远东和太平洋地区，侵华日军第十一军司令阿南惟畿调集 10 余万大军，改用"中间突破"、"两翼迂回"的"雷击战"战术，于 9 月上旬对长沙发动第二次大规模进攻。薛岳仍采用"诱敌深入"的战术，在长沙及周围地区部署 30 万兵力，计划"诱之于汨罗江以南、捞刀河西岸反击而歼灭之"。7 日晚，日军主力向湘北全线猛攻。由于对日军估计不足，选择决战地区不当，加之日方破译我方几个指挥密电，因而会战前期，我方处处被动，新墙河、汨罗江、捞刀河防线被突破。日军迅速挺进长沙外围，逼近株洲，27 日晚攻入长沙城。日军占领长沙后，敌我形势逆转。日军后方遭到我第六战区主力攻击。我军各军重整旗鼓，3 天后日军撤退。薛岳令各部乘势追击，予敌以大量杀伤，敌我双方回复到战前状态。是役敌军死伤 7000人，我军损失近 7 万。但日军迫使我方屈服的目的没有达到，近卫内阁也因此下台。史称"第二次湘北大捷"。

第三次长沙会战于 1941 年 12 月至 1942 年 1 月进行。1941 年 12 月 8日，日军偷袭珍珠港成功。12 月 24 日，日军再犯长沙，声称"要到长沙过新年"。薛岳制定"天炉战"计划，决定将敌人诱至炉底，即捞刀河与浏阳河之间，予以围歼。会战开始时，湖南民众以"焦土抗战"、"与日俱亡"的悲壮气概，使日军在战区内无法获得一粒米、一根草，大小公路也沟壑纵横，日军重武器无法通行。长沙守军誓与敌人拼死抵抗。我军三面合围日军，弹尽粮绝的日军狼狈突围。我军以秋风扫落叶之势，杀得敌人溃不成军。是役日军死伤更惨，达 5 万余人。这是太平洋战争初期同盟国军一连串失败中首开胜利的记录，大大提高了中国的国际地位，也有力地支援了南洋英美友军。当时，英国《泰晤士报》评论指出："12 月 7 日以来，同盟军惟一决定性胜利系华军之长沙大捷。"蒋介石也说："此次长沙胜利，实为'七七'以来最确实而得意之作。"

上述三次会战，天心阁都是主阵地。因为它占据长沙城的制高点，这座古城墙便成了湖南军民反击日寇的战场，因此也见证了这段反侵略战争的历史，使这座古城成为坚持抗战达5年之久的英雄城市。特别是在第二次会战中，日军曾于9月27日晚攻入长沙，天心阁阵地直接面临敌军的强攻时，中国第六、第七战区的增援部队迅速向长沙集结，同守城的第六战区部队一起，在长沙外围和市区内与日军展开激烈战斗，几乎是逐街逐巷地争夺，据守天心阁的官兵在"文夕大火"后的残垣断壁下，抱定与长沙共存亡的决心，誓死拼杀，敌军始终未能占领长沙城的这一制高点。3天后，伤亡惨重的日军被迫撤退，中国军队乘势追击，迫使日寇于10月9日又一次退回新墙河北岸。在第三次会战中，日军为了打通在长沙受阻4年之久的粤汉交通线，又出动了12万兵力，于1942年元旦猛攻长沙城，中国军队再度抱定与长沙共存亡的决心，凭借天心阁古城墙誓死抵抗，与敌血战4天4夜，再次击退日军，这是继台儿庄大捷后，中国军队与日军在正面战场的又一次重大胜利。当时，正处于美国、英国在日军进攻下节节败退之际，中国的胜利对他们是一个巨大的鼓舞。所以，英国《泰晤士报》称："12月7日（指美国珍珠港被袭）以来，同盟军唯一决定性之胜利，系华军之长沙大捷"，"际此远东阴雾密布中（指香港陷落、马尼拉失守、马来亚危急等），唯长沙上空之云彩确见光辉夺目"。中国共产党《新华日报》亦盛赞此次胜利："长沙保卫战……与今日反法西斯战争欧洲战场上，伟大苏联军民打击希特勒匪军遥相呼应，所以此次长沙大捷，是有国际意义的。"

值得一提的是，上述三次会战，指挥官都是薛岳将军。薛岳（1896—1998），原名仰岳，字伯陵，广东乐昌人，早年参加同盟会。1939年4月任第九战区司令长官兼湖南省政府主席，就是他指挥了三次长沙会战，他后来写作的《第三次长沙会战》一文，对此有生动的战事描写，还有《梨江双渡》一诗，也值得一读。薛岳将军1950年去台湾，后任"总统府"战略顾问，以及"中监委"、"中评委"及"中评委"主席团主席等职。

第四次会战是在1944年5月。各路日军避开我军的侧翼迂回，分途向长沙外围发起攻势。6月16日开始向长沙城和岳麓山主阵地发起猛攻。守军顽强抵抗，但由于隔江分阵，力不能支，日军以优势兵力自背后攻破岳麓山阵地，城内守军被迫突围，长沙沦陷。

从 1939 年 9 月至 1944 年 8 月，日寇先后发动四次长沙会战，仅是飞机轰炸长沙就致使长沙在"文夕大火"损毁严重的情况下，一次又一次遭受日寇摧残，几乎被炸成一片废墟。刚刚从大火劫后余生返回市区的居民，很多人无家可归，纷纷从火场中觅取烧焦了的树条木板、残砖破瓦及芦苇、篾片等材料，搭起简陋棚屋，以为栖身之地，正准备从废墟中再建长沙时，又受到日寇 4 次大举进攻，特别是日寇在第四次会战中进犯长沙城后，更加倍地进行破坏与蹂躏。据记载，八年抗战期间，日机轰炸长沙不下百余次，被炸街道区域极为广泛，计有文昌阁、清泰街、湘春街、北大马路、火车北站、福寿桥、六堆子、又一村、油铺街、荷花池、学宫街、兴汉门、西湖路、小吴门、半湘街、小西门河街、坡子街、藩后街、浏正街等 120 余条街巷，致使早已断壁残垣的长沙城惨遭破坏。如 1938 年 4 月 10 日，日机 27 架第 4 次侵袭长沙时，狂轰滥炸河西的岳麓文化区，把湖南大学的图书馆全部炸毁，科学馆毁掉 2/3，学生宿舍 2 栋被炸，全校精华设施无一幸免。校区及附近学生、职工、居民、游人死伤 100 余人；同年 8 月 17 日，日机 18 架第 7 次轰炸长沙，在市中心繁华地段中山路、宝南街及南门外投下炸弹 120 余枚，死伤平民 800 余人，炸毁商店、民居 300 余栋，1000 余人无家可归。据 1945 年 11 月长沙市工商会部分统计表记载：全市 33 个行业总计 9016 户，损失铺屋 3663 栋，货物财产价值折合银元 106546700 元。这仅仅是长沙工商业能够统计出来的部分损失。这座历千年沧桑、百年构造的繁华都市，备受摧残打击，市政建设至此元气大伤，无复旧观。再如北部宁乡县，早在 1938 年 1 月、9 月、12 月，日本飞机旅就多次轰炸县城，1945 年日军入侵县境，烧杀奸污，无恶不作，数日内日军奸淫妇女 60 余人，年老的 70 多岁，年幼的仅 12 岁，一农妇被日军逼其脱衣舂米后又绑在长凳上轮奸，日军抓到一对新婚夫妇，将新郎杀死后轮奸新妇。将农民当作拼刺刀的靶子，一个个刺死，正月里又将 12 个农民蒙住眼睛用刺刀捅死，日军践踏宁乡一年零两个月，杀死百姓 8451 人，杀伤 73231 人，抢走猪、牛一万多头，粮食 266 万石。东边的浏阳市也是这样，在日本侵华战争中，日机数次轰炸浏阳城，当时横卧浏阳河上飞架南北的大桥也被炸毁……日寇在长沙的暴行，真是罄竹难书！

但是，长沙并没有在铁骑下屈服！失陷后的长沙，既没有出现汉奸，也没有出现维持会，湖南人在最危难的关头，宁可舍生取义，也绝不苟且偷生，长沙会战所表现的视死如归的奋斗精神，毕竟给予日寇以沉重打击，让以武士道精神自居的日本人领教了湖南人的不怕死的精神。诚如中国一句古话所说的："多行不义必自毙"！灭绝人性的日寇，最后还是在中国人民和世界人民英勇不屈的抗战中投降了。长沙城里，因此在岳麓山上，留下了这一处永恒不灭的历史印记：

日军受降处旧址——该旧址就位于岳麓山湖南大学校园内，是抗日战争胜利后国民政府第四受降区接受日军受降所在地。这一建筑由国立湖南大学土木系蔡泽奉教授设计，1933 年 6 月正式动工，1937 年竣工，时任湖南省国民政府主席的何键题字"学以致用"石刻于东门门厅的墙上，整栋建筑坐南朝北，呈长方形布局，共有大小房间 41 间。建筑物为砖木结构，原为二层平屋顶，1944 年增建一层，并改为青筒瓦双坡悬山顶，墙体红砖清水墙。1945 年 8 月 15 日，日本宣布无条件投降，国民政府将全国战区分为 15 个受降区，长沙、衡阳、岳阳为第四受降区。9 月 15 日，国民政府第四受降区受降典礼就在长沙国立湖南大学科学馆二楼举行。第四方面军司令官王耀武中将任国民政府第九战区长衡地区中国陆军司令部受降主官，日本第二十军司令官坂西一郎（乙级战犯、陆军中将）为长衡地区二十余万日军投降主官。坂西一郎签署投降书，王耀武中将在受降书上签字。日军第 20 军参谋长伊知川庸治（陆军少将）呈上日本表册，恭听王耀武将军宣读受降书，并接受训令。

长沙会战碑——位于岳麓山北侧响鼓岭，是为纪念"长沙会战"胜利而设立的纪念性碑刻。该碑设立于民国三十七年（1948），原置于云麓宫前。20 世纪五六十年代，碑刻被移至岳麓山北侧的响鼓岭，并建六角护碑亭予以保护。护碑亭为花岗岩结构，六面坡单檐攒顶，上覆琉璃瓦。亭高 12 米，亭基高 0.6 米，设六边形立柱六根，周边设有护栏，南北辟有出入台阶。会战碑置于亭内，花岗石镶边，下置基座，通高 2.6 米，宽 1.46 米，厚 0.3 米，碑主体高 2.25 米，宽 0.95 米，青石质地。碑刻上方篆体从右至左横书：长沙会战碑。碑文阴刻直书 530 字，记述了 1939 年 9 月陆军第九战区全体将士奋勇抗日的悲壮事迹，并刻纪事诗 10 首。

赫石坡抗战防御工事——位于岳麓山赫石坡，是一处"长沙会战"期间遗留下来的军事防御设施。据考证，该防御工事修建于 1939 年至 1942 年间，系国民革命军第九战区抗战部队为抵御日军进发岳麓山而构筑，构筑物呈南北走向，半环状布局，长 51 米，宽 12～17.4 米。壕沟深 1.8～2.2 米，占地面积 887 平方米，均为花岗岩石垒砌，外侧为六层梯形台阶，台阶宽

1.2 米，高 0.6 米，该防御工事对研究"长沙会战"及抗战时期军事设施构筑具有一定的历史价值。

长沙会战岳麓山炮台——位于岳麓山顶端观景台西侧，是"长沙会战"期间遗留下来的一处重要军事设施。长沙会战期间，国民政府最高统帅部为加强第九战区的防务，将当时全国仅有的两个重炮部队抽调一个配属到第九战区，并配置在岳麓山一带。重炮部队为两团美式装备炮兵，配以 180mm 榴弹炮，利用岳麓山有利地形和战前早已标记好的射击目标，在战斗中弹无虚发，给日军以毁灭性打击，取得长沙会战的重大胜利。

第九战区长官司令部战斗指挥所旧址——位于岳麓山清风峡爱晚亭后，是长沙会战期间遗留下来的重要军事设施。第三次长沙会战期间，薛岳为就近指挥督战，遂于 1941 年 12 月 30 日将第九战区长官司令部战斗指挥所迁至岳麓山清风峡，成为第三次长沙会战最高指挥枢纽。该指挥所为防空洞式建筑，占地面积 30 平方米，外门系卯榫门框，花岗岩质地，厚重坚固。门框高 1.8 米、1.5 米，室内宽 2 米、2.2 米，进深 15 米，花岗岩券顶，沙石地面。该防空洞是一处重要的抗战遗迹。

陆军野猫坡 73 军抗战阵亡无名将士墓群——长沙会战期间，国民党陆军第 73 军与其他兄弟部队一道参加第九战区的长沙保卫战，全军官兵与日军展开殊死搏斗。由于当时恶劣的医疗条件和紧张战局，近 300 名重伤将士牺牲后，遗体被抬到今岳麓区永安村附近的野猫坡、苏家塘一带草草掩埋。

陆军第 73 军抗日阵亡将士纪念碑——位于岳王亭后山坡上，系岳麓山大型墓葬之一，始建于 1946 年。前有百数十级宽阔的石级导入，左右各有墓门。公墓底座呈四方形，底座上矗立着长方形墓碑。墓塔高约 6 米，正面刻有王东原题写的"陆军七十三军抗战阵亡将士公墓"的墓名，左右侧刻有"精神不死"、"风云长护"的赞语，塔座四面皆有文字，正面文字为原湖南省政府主席程潜隶书题写的一副挽联："誓死卫国家，以昭来者；壮气塞天地，是曰浩然。"其余三面分别为："名山忠骨，万古长青"，"碧血丹心，光耀天地"，"凛冽万古"。墓塔之后，为存放阵亡将士骨灰的洞穴，题额："忠义观"。两侧有对联："忠昭大麓，义塞苍冥。"进入观内有长约五六米的甬道，正对甬道后居中一室上书"军司令部直属部队"字样，这里存放的是七十三军司令部直属部队阵亡将士的遗骨，左右各有二室，每室两进，每室四壁均有多层隔板用作存放骨灰坛，从左至右分别存放着"暂编第五师"、"第十五师"、"第七十七师"、"第一九三师"阵亡将士的遗骨。由于"文革"的破坏，所遗骨灰全部被毁，题款人的名字全部被凿去。墓塔南北两侧有甬道，题额为"蹈仁"、"履义"，甬道外有分层排列的七十三军官兵坟墓。其墓区内还有纪功柱、长明灯、王东原公馆、七十三军及七十师抗战阵亡将士纪念碑、田广真墓、归宿墓、纪忠亭等。

早在 1936 年，湖南省国民政府就曾在岳麓山中建有一座岳王亭。该亭位于湖南师范大学院内，是一座亭阁式建筑，建在四面绿水环绕的池塘中央，呈六边形状，高约 4 米，周长 24 米，对角线 7.6 米，占地面积约 9.5 平方米，石木结构，六角攒尖重檐顶，顶盖黄色琉璃瓦，六角起翘，六面额枋下配有实木镂空挂落，内顶为彩绘藻井。亭四周设有石雕护栏，亭内立青石石碑一座，长 1.4 米，宽 0.45 米，高 3.01 米，其阳面线刻岳王遗像，阴面阴刻颜昌尧题书的《岳忠武王年谱》，另有石桌一方，石凳 4 个，东向亭柱外侧刻有楹联一副。岳王即岳飞（1103—1142），字鹏举，为南宋抗金名将，被誉为民族英雄，其抗金故事在民间广为传诵。建此亭的目的，是为了以岳王的精神唤起民众，号召民众投身民族抗日运动。在长沙四次会战中，中国军民团结奋斗，英勇抗击日寇，正是这种民族精神的集中表现。抗战胜利前后，为了纪念抗日战斗中的死难烈士，国民政府又在岳麓山和天心阁，建筑有忠烈祠、纪忠亭、崇烈亭。

忠烈祠——位于湖南师范大学院内，原为岳王庙，是一处中国传统建筑风格的祠庙建筑。1939 年，国民政府第十集团军总指挥、第四路军总司令刘建绪为祭祀第四路军抗日阵亡将士，将岳王庙进行改建，并改名为忠烈祠。2004 年由湖南师范大学重修。该祠建筑在高 60 厘米的台基上，坐西朝东，面积 304 平方米，砖木抬梁结构，歇山顶、卷棚、黄色琉璃瓦、四周石柱回廊，门向 105 度，面阔三间，整个建筑高 15 米，长 16 米，宽 19 米，饰有麒麟山花、琉璃鳌吻、雕花雀替等。回廊檐柱阴刻对联数副，正门上方悬挂横匾，书"麓山忠烈祠"，箔金字，门外立石狮一对，南端外侧嵌汉白玉制石碑两块，祠内陈列湖南人民抗战历史展览。

纪忠亭——位于岳麓山赫石坡，是一座民国时期建造的亭式纪念性建筑，该亭建筑于 1946 年，系湖南省政府主席王东原为纪念在湖南抗战中阵亡的将士而建筑。该亭坐西朝东，平面呈八边形，占地面积约 25 平方米，亭为全石结构，通高约 7 米，边长约 1.8 米，由 8 根圆石柱支撑，单檐八角攒尖顶，檐角起翘，盖绿色琉璃瓦，中立宝瓶，亭的正面圆柱上刻有对联："赫石嵯峨严正气，麓云平远荡腥风"。

崇烈亭——位于天心公园内，是中国传统风格的亭和牌坊。原为午炮亭、国耻纪念亭，始建于清末民初，为统一全城时间，亭中置黄铜火炮一门，每日正午鸣炮三响。1929年为纪念济南"五三惨案"，移除午炮，改建为国耻纪念亭，后毁于"文夕大火"。1946年为纪念抗日战争长沙会战中阵亡的将士，在国耻纪念亭原址新建崇烈亭，并在北65米处加建崇烈门。崇烈亭坐南朝北，为十六柱子斗拱、八角歇山顶亭，平面近正方形。亭建在高1米的花岗岩的台基上，花岗岩栏板栏杆围绕台基一周，南北向有带栏杆的踏跺。立柱间双重额枋，北向檐下挂蒋介石题"崇烈亭"匾额。崇烈门为三间四柱冲天牌坊，全花岗岩打造，高6.32米，宽8.55米，坐南朝北，中间额枋上北刻蒋介石题"崇烈门"匾额，南书"义生于死"，两侧各刻一面国民党党旗。两副对联刻于立柱上，立柱顶各雕一石狮。崇烈亭和崇烈门结构完整，造型古朴，对研究长沙历史文化和中国古代建筑形制，都具有重要的历史价值和艺术价值。

忠烈浩气壮名山，义旗凌云载青史。英烈们的鲜血没有白流，在八年抗战的凯歌声中，很快又吹响了解放战争的号角。近百年来，无数志士仁人为之奋斗的民族独立和人民民主富强的新时代的曙光，恰如东方喷薄欲出的旭日，正在冲破黎明前的黑暗，冉冉地闪烁在东方。

就在这个重要的历史时刻，"长沙子弟"又一次以其历史的睿智，酝酿和谋划着一项划时代的"义"举，其凌云浩气，也是名垂青史的。

首先，为这一"义"举埋下伏笔的，是毛泽东。

早在1945年国共重庆谈判时，毛泽东就与程潜曾经互相拜访和晤谈。当时，毛泽东对程潜说，你是国民党元老，可以参加副总统的竞选。搞成了，好主持和谈；如果搞不成，也可以争取回湖南搞和平自救。毛泽东这一席话，为程潜后来的政治生涯，打开了一扇明亮的窗子。

程潜（1882—1968），字颂云，长沙府醴陵人，早年就读岳麓书院，入湖南武备学堂，后留学日本，参加同盟会。曾任湖南护国军总司令、国民革命军第六军军长等职。1948年4月任长沙绥靖公署主任兼湖南省主席。但他回湖南上任，却是在这一年的7月。

原来，此前在南京举行的总统竞选中，是李宗仁胜出。在帮派林立的国民党政府中，程潜竞选国民政府副总统失败了，于是决定回湘任职。作为湘籍湖南醴陵的国民党元老，他在湖南还是有巨大影响力的，当时的报章上，甚至称他是"湖南的家长"。

作为"家长"，66岁的程潜此时主政湖南，当然不得不考虑家乡的出路。何况当年毛泽东在重庆的那一席话，一直响在他的耳边；更何况，毛泽东领导的解放全中国的炮声，已经在北方响起。在迅猛发展的革命形势面前，他是得考虑自己的前途。所以，回湘后，在公开场合虽然也唱一些反共高调，但却先后将坚决反共的省参议会议长赵恒惕等人逼走或调离，将党政军大权抓在自己手中；随即，又发布了"限租护佃"的布告和《告湖南省属县市土豪劣绅书》，下令撤销反共的"戡乱建国动员委员会"组织；并于1949年1月，接连办了停止征兵、抗缴军粮、截留黄金三件大事，彰显出他当时一种特别的心态。

从程潜上述种种举动分析，中共湖南省工委认为，程潜是可以争取的对象，遂于1948年9月，成立了军事策反小组，由省工委书记周里领导，精心挑选了地下党员、程潜的醴陵同乡余志宏，主要做程潜的工作。余志宏毕业于中山大学，曾任前湖南省政府主席王东原的秘书，认识一些上层人士，办事聪敏、机智。

这么重大的策反任务从何下手呢？余志宏想到了程潜的堂弟、亲信程星龄。程星龄此时因共产党嫌疑被蒋介石拘禁在台湾，余志宏托人带信给程星龄。程星龄得信回到长沙后，周里破例亲自与程星龄见面，商讨策反程潜的方略。1948年12月31日，程潜慎重地向程星龄表示走和平道路的意向，并委托他为全权代表，正式同中共湖南地下组织联系。随后，余志宏又结识了省政府顾问、程潜的挚友方叔章，省政府秘书长邓介松等人。周里指示余志宏经常邀请他们在王家菜园举行一系列时事座谈会，遍请程潜周围的社会知名人士，提高大家对时局的认识。最重要的一个动作是，1948年底著名的"桃子湖家宴"。

桃子湖也称飞来湖，在湘江西岸，凤凰山前，那里有方叔章公馆，远离市区，十分清静。1949年初的一天，经周里和地下党员余志宏安排，由深受程潜器重的省政府顾问方叔章出面，在其公馆里设家宴，请了程星龄和接近程潜的省政府秘书长邓介松，还有湖南大学教授李达、伍薏农，民盟湖南地下组织负责人肖敏颂，程潜的亲近下属湖南省保安司令部副司令肖作霖等人。

据说，这一天，方叔章安排大女儿方俟在厨房里做菜，她将两个孩子招到公馆旁边的厨房里，不准他们拢客人的边，还时不时打发他们到外边看看有没有陌生人来。小孩因为嘴馋，只关心锅里的佳肴，并不知道其外公正在与国共两党代表秘密策划湖南和平解放的重大事宜。

在宴会上，大家对时局走向以及程潜个人利害关系进行了分析，多认为湖南不可兴兵，曾为中共一大代表的李达特别直率，一语破的说：

"颂公（程潜）应当替三千万湖南人民着想，湖南不能打仗，只有走和平的道路！"

宴会后，由程星龄和邓介松及方叔章与肖作霖等，分别以不同方式，将便宴的情况告诉了程潜，对当时的程潜影响很大。地下党又了解到程潜对惩治战犯有顾虑，于是又动员程潜长子程博洪回湖南做其工作。方叔章还多次与程潜谈话，对他说：蒋介石几百万军队都被打垮了，为湖南人民着想，你也是不能打的；跑吧，你一家 20 多口人，以后的日子将是颠沛流离；况且蒋介石也容不下你，往哪里跑？只有和平才是唯一出路。

经过多方面多途径地做工作，终使程潜的心动了。他听后连连点头说：

"本来就是他说的这样，现在的确没有别的什么路好走了。"

不久，程潜又接受了湖南地下党组织通过余志宏提的一些建议，撤换了省政府中的一些反共分子，释放了一批政治犯，并资助了省工委活动经费800 块银元。这样的策反成果，在中共党史上，恐怕也是少有的。

当时，还有另一位关键人物，那就是手握湖南兵权的国民党第一兵团司令陈明仁，他于 1949 年 2 月，率国民党军第一兵团移驻湖南。他可是国民党的一员悍将，曾在四平战役中与解放军激战而闻名，却因陈诚等人的嫉妒陷害而被蒋介石疏远。地下党了解到，他到长沙后，一面以晚辈身份表示愿意听从程潜的指挥，一面对转向人民立场与中共合作顾虑重重，生怕共产党算他在吉林四平与人民解放军作战的旧账。对此，湖南省工委认为，陈明仁也有被争取的可能。于是派余志宏先后跟陈明仁的亲信、旧部兼挚友的关系接触，动员他们出面劝说陈明仁，省工委同时还通过另一位地下党员涂西畴联络了陈明仁所在的第一兵团参谋长，形成了对陈明仁的策反工作线。向他宣传共产党对国民党起义人员"既往不咎，立功受奖"的政策，帮助陈明仁消除思想顾虑。

1949 年 6 月中旬，周里决定让程潜递交一份"备忘录"，向党中央和毛主席正式表明态度。程潜立即让程星龄起草了一份"备忘录"，并亲笔修改签名，备忘录写道："爱本反蒋、反桂系、反战、反假和平之一贯态度，决定根据贵方公布和平八条二十四款之原则，谋致湖南局部和平。"

湖南地下党为了将这份重要的绝密件，安全地送交党中央，特地请做篾匠的地下党员赵连生特制了一担夹层篾篓，将密写的省工委向华中局的报告和程潜备忘录，一起藏在篾篓夹层中，计划派地下党员黄人凌、张友初扮成商人，将之送到汉口华中局。6月22日，周里等人正在商量路上的计划，意外发生了：4名国民党宪兵突然闯了进来。在场的人迅速一同坐下，打起麻将牌来。宪兵上楼时，已经开打半圈。在场的"唐太太"常杏云（即周里夫人）见势忙打招呼，拿起"哈德门"香烟忙不迭叫老总也来两圈，并塞上一包银元，宪兵掂了掂银元的分量，搜查一圈就走了，备忘录连夜安全送出。

中共中央收到程潜的《备忘录》后，毛泽东于7月4日复电程潜："先生决心采取反蒋反桂及和平解决湖南问题之方针，极为佩慰。所提军事小组、联合机构及保存贵部予以整编教育等项意见均属可行。"并表示："如遇桂系压迫，先生可权宜处置一切，只要先生决心站在人民方面反美、反蒋、反桂，先生权宜处置，敌方均能谅解。"可见毛泽东对程潜的信任。据说，复电的内容也是写成密信，由党中央派来参加和平解决湖南问题的李明灏带到长沙交给程潜。密信用薄纸小字抄写，卷在电锌筒上，覆以薄油纸，再贴上"大公牌"商标，装在手电筒内，带到了长沙。

程潜拿到毛泽东复电，反复看了几遍，兴奋地站起来说："毛主席的指示让宝盒子揭盖了！不只是我吃了定心丸子，全湖南的问题也可以迎刃而解了。"

程潜随即又派程星龄等人去香港，拜会了湘籍知名人士章士钊。章士钊委托程星龄转达毛泽东此前与他的谈话："当时，陈明仁是坐在他们的船上，各划各的船，都想划赢嘛！这是理所当然的，我们会谅解。"

毛泽东这番话，让一直担心共产党秋后算账的陈明仁也吃下了"定心丸"。

7月初，党中央、毛泽东从湖南的实际出发，又明确作出了"极力争取程潜，用和平方法解决湖南问题"的英明决策，并指示湖南省工委：单做程潜、陈明仁的工作不行，要发动湖南人民，争取地方势力，和平解决湖南问题才有希望。

按照党中央的指示精神，中共湖南省工委在农村发动武装斗争，开展游击战，在城市发动了以"反对假和平、争取真和平"为中心的群众运动，敦促程潜向傅作义看齐，要求陈明仁"顺从民意，英明果断，仿效北平中共所提之八项二十四款，立即签订湖南和平协定"，大造和平声势。到湖南和平解放前夕，出入长沙市的水路、公路、铁路和空路，都已基本上为中共的统战对象所控制，为湖南实现和平解放准备了重要条件。

1949 年春，人民解放军渡过长江，兵锋南指。国民党白崇禧率 3 个兵团退守湖南后，放言构建"湘粤联合防线"。白崇禧唯恐程潜起义，一直在长沙盯着程潜不走。经与湖南省工委商议，兼任长沙绥靖公署主任的程潜使了个调虎离山之计，以把长沙绥靖司令部迁往邵阳为由，主动提出去邵阳。7 月 21 日一大早，白崇禧亲自送走程潜后，放下心来，自己随即去衡阳，命陈明仁坚守长沙。

陈明仁随程潜走和平道路已有默契，却始终不露声色，一直以主战的面貌出现，取得了白崇禧信任。白崇禧 7 月 21 日退走衡阳当天，陈明仁即下令取消白崇禧部署的对湘中游击队的"围剿"行动。

7 月 29 日，陈明仁急电程潜，请他回长沙主持起义大局。程潜在邵阳又使了个金蝉脱壳之计。早上，他如常带着警卫排出外散步，却在走出住所后迅速上车，神不知鬼不觉地直奔长沙。专车到达湘潭县，程潜又转乘"洞庭号"巡艇，从水路秘密进入长沙。

此时，人民解放军第四野战军已进驻长沙县春华山，各方面条件均已成熟。程潜、陈明仁下定决心，断然与国民党集团决裂，投向人民怀抱。于 8 月 3 日，致电毛泽东主席和朱德总司令，宣布正式脱离广州政府。

8 月 4 日，长沙各大报纸发表了程潜、陈明仁领衔、37 名国民党将领联名向全国发出的正式起义通电，宣布："正式脱离广州政府。今后当以人民立场，加入中共领导的人民民主政权，与人民军队为伍，共同为建立新民主主义之中国而奋斗。"

毛泽东、朱德致电程潜、陈明仁等起义将士，对他们的起义表示称赞和祝贺："诸公率三湘健儿，脱离反动阵营，参加人民革命，义声昭著，全国欢迎。"

8 月 5 日晚，中国人民解放军第一三八师在长沙市小吴门举行入城仪式，红旗飘扬的 2 部卡车，载着解放军文工团奏乐先行，接着以 18 支军号为前导，部队分 3 路浩浩荡荡进入城区。长沙 10 多万群众高举红旗，敲锣打鼓，燃放鞭炮，长沙城彻夜不眠，盛况空前。

新华社报道说："当长沙市民带着一天一夜的疲劳走进自己的家门时，眼望着东方的晨曦，他们不禁兴奋地说：天真正亮了。"

周世钊（1897—1976）的《长沙和平解放》（1949 年 8 月）一诗，以无比喜悦的心情，真实地记载了长沙"天真正亮了"：

百万雄师奋迅雷，红旗直指洞庭来。

云霓大慰三湘望，尘雾欣看万里开。

箪食争迎空井巷，秧歌高唱动楼台。

市民啧啧夸军纪，只饮秋江水一杯。

多年后，程潜大概是想起了当年在重庆时，毛泽东的那一席谈话吧，顿时诗潮起伏，提笔写了一首七律，欣喜地记载这一伟大的历史性事件——

大军南下气恢张，群丑如鼷早自扬。

东起淮扬通百粤，西包滇藏到新疆。

远亲近悦兄迎弟，女跃男歌酒有浆。

我本多年邀默契，喜从中夜把明光。

1949年8月25日，新华社发表经毛泽东亲自修改的时评《湖南起义的意义》，对程潜、陈明仁起义和湖南和平解放给予高度评价。指出："程潜、陈明仁两将军在湖南起义，严重地震撼了华南、东南、西南、西北的国民党残部。"湖南和平解放，创造了北平和平解放之后的"长沙方式"，使湖南人民免遭一场战争浩劫，给予国民党反动政权以沉重打击，对于大西南的解放和全国解放战争的最后胜利以及新湖南的经济社会发展产生了深远影响。

1949年8月30日，毛泽东亲自草拟电文发给程潜："新政协召开在即，拟请颂公及仇亦山、陈子良出席，共商国是，倘能命驾，毋任欢迎。"9月9日，程潜乘坐的火车抵达北平，毛泽东、朱德、周恩来、林伯渠等到火车站迎接。在北平的前门火车站，毛泽东握住程潜的手说："颂云兄，久违了，可好啊！"毛泽东亲自到火车站迎接的民主人士，一个是宋庆龄，另一个就是程潜。政协会议之前，毛泽东单独接见与程潜一同起义的程星龄，对他说："颂公搞了几十年，几起几落，始终没有被打倒，不简单。"1954年，程潜担任了湖南省人民委员会主席，后来改称省长，他这个湖南省长前后当了14年，同时任全国人大常委会副委员长等职，直到1968年。

在红色追寻的那些日子里，我们一路参观了长沙和平解放的部分历史遗址，也曾在那里流连忘返。虽然，旧史如流，但在我们的心里，却是涛声依旧。无论是旧式建筑，还是街道，渡口，渡口边的古樟，凤凰山边，桃子湖畔……那一砖一瓦，一草一木，它们不仅见证了历史，而且好像在向我们诉说着什么……倘有机会，还想再去看看，或许真有新的感悟吧，例如下列几处——

中共湖南省工作委员会旧址——位于开福区熙宁街三角塘 28 号，是抗战胜利后湖南地下党领导机关在长沙的秘密据点。省工委成立于 1942 年 12 月，抗战胜利后机关据点迁驻于此。省工委由书记周里以及刘亚球、张春林、刘鼎组成。周里等曾在此居住工作。旧址系一栋板壁构成的两层楼房，坐西朝东，上下正房各两间，保存完整。

中共湖南省工作委员会旧址——位于三角塘 32 号，是解放战争期间中共湖南省工委机关所在地。旧址坐西朝东，砖木结构，青砖外墙，小青瓦的建筑特征等均具有典型的江南风格，上下正房各 2 间，楼上东向为木栏走廊。省工委旧址是湖南地下组织领导机关，是反映周里等同志组织、领导开展反内战爱国民主运动进行革命活动的地方，具有重要的革命历史意义和文物保留价值，省级文物保护单位。

程潜公馆——位于韭菜园街道蓉园社区，是一座具有长沙地区地方特色的公馆类建筑，建于 1930 年，坐南朝北，呈半回廊院落布局，公馆中西合璧，两层楼房，红砖清水墙，屋顶为两面坡山屋顶，盖大红瓦，建筑木地板、楼梯、门窗、栏杆做工精巧，建筑前有门楼，后有望楼，具有很强的私密性。当时，此公馆是程潜与中共代表商谈湖南和平解放相关事宜的接头地点之一。程潜公馆于 2011 年 8 月修缮。

桃子湖方叔章公馆——参阅第六章第 5 节《石刻史书（上）》。

李觉公馆——今为周南中学办公楼。公馆建于 20 世纪 30 年代，为青砖清水墙二层中西合璧式楼房。屋顶形式及局部装饰为中国传统形式，但在建筑风格上引入了三段五部式的西方古典建筑构图法则。李觉（1900—1987），字云安，抗日战争时期参加过上海淞沪会战、长沙会战。抗日战争胜利后任总统府中将参军等职。1948 年冬回湘，参与湖南和平解放运动。共和国成立后任中国人民解放军第二十一兵团副司令员。2005 年李觉公馆旧址公布为长沙市文物保护单位。

东屯渡——位于芙蓉区远大路浏阳河大桥西北侧，原浏阳河东屯渡渡口，旧时为东面出入长沙的主要渡口。1949 年 8 月 4 日，国民党元老程潜和将军陈明仁领衔通电起义，宣布长沙和平解放。8 月 5 日下午 5 时，长沙各界代表在东屯渡迎接解放军 46 军 138 师入城，10 万群众从东屯渡排到小吴门，夹道欢迎，盛况空前。河渡口有一棵香樟古树，树龄二百余年，建设浏阳河风光带时得以保护，树下立有"迎解古樟"字样，成为解放军入城的历史见证。

小吴门——位于中山路和建湘路交汇处，地名叫小吴门，又名小乌门，原系长沙东门之一，民国初拆除，进城之街称为小吴门正街。湖南和平解放时，解放军进入长沙市区之处。1949 年 8 月 4 日，程潜、陈明仁将军通电起义，8 月 5 日晚 8 时许，解放军 138 师先头部队从小吴门进入市区。长沙市民手持火炬、花灯、旗帜、彩牌，舞狮舞龙，扎起花船、花车等，热烈欢迎解放军入城，长沙人民狂欢至次日凌晨。2006 年 11 月，长沙市人民政府在此立碑纪念解放军入城这一重要历史事件，纪念碑坐东朝西，碑座长 3.2 米、宽 1.4 米，碑身长 2.64 米，厚 0.79 米，高 1.5 米。碑体正面右边嵌有当年解放军入城盛况的照片，左边有文字简介事件始末。

3. 十日千秋

- 风云涌辛亥，气冲霄汉，枪林弹雨推帝制，精英高风亮节
- 忠魂归故里，骨葬岳麓，山河大地归民主，薪火承前启后

辛亥革命是中国近代史上一道摧枯拉朽、开天辟地的时代狂飙。

正是这道狂飙，推翻了统治中国两千多年的封建帝制，开辟了民主共和的新天地。虽然，由于资产阶级的软弱性和妥协性，它最终没有完成也不可能完成历史赋予的伟大使命，但是它毕竟唤醒了国民的民主共和的思想意识，为中国新民主主义革命，点燃了最初的薪火。

在辛亥革命的历史狂飙中，长沙虽然不是直接的发生地，却是最重要的策源地。这个革命的策源地，严格地说，是从谭嗣同在北京菜市口刑场上那一声仰天长啸酝酿起来的——

我自横刀向天笑，
去留肝胆两昆仑。

谭嗣同的这两句诗，所凝聚和表现的，就是长沙—湖南人不畏惧死亡而敢为人先的奋斗牺牲精神。如果说，这种精神在戊戌变法时代还只是个人冲决历史罗网的孤鸣，那么，在辛亥革命中，就已涌汇为大江东去、掀天揭地的群体狮吼了。

民主革命的序幕，就是在群体一阵阵由小到大的"狮吼"声中徐徐拉

开的。

现在，且让我们进入史称湖南"辛亥革命的策源地"的明德中学。

长沙湘春西路的明德华兴中学最东边的一角，有座青砖黑瓦小平房，朝南开的一个月洞门上刻着"龙府"二字。这就是新修复的"华兴会成立会址纪念馆"。这里曾是晚清长沙巨族龙家大宅院，南起西园巷，北至湘春路，东起北正街，西至西园北里，当时为长沙明德学堂董事龙璋住宅。据《湖南省志》记载，明德中学开办后，黄兴、周震鳞等革命党人曾执教其间，对学生宣传革命，并秘密组织华兴会，筹备反清起义。对此，龙家八爷龙绂瑞（1874—1952）"极表同情，并竭力维护"。1903 年 11 月 4 日，黄兴、陈天华、宋教仁、谭人凤、周震鳞等 30 余人在明德学堂附近的连升街保甲局巷彭渊洵家中集会，商议成立革命组织，定名为华兴会。次年 2 月 15 日（农历春节），黄兴、宋教仁、陈天华等 100 余人，在这里以聚餐为名，举行华兴会成立大会。华兴会作为旧民主主义革命时期国内第一个革命组织，不仅提出了革命纲领——"驱除鞑虏，复兴中华；同心扑满，当面算清"，还提出了革命方略，这就是黄兴在成立大会上发表《革命发难之方法》的演说中提出的："一省发难，各省响应。"可以说，以后同盟会的革命行动，都是按照这个套路进行的。在这个成立大会上，黄兴被推为会长，宋教仁、刘揆一为副会长。

华兴会成立后，策划了长沙起义：决定在 11 月 16 日（农历十月初十），即慈禧太后七十岁生日"万寿节"那天，于省城万寿宫（又名皇殿，原址在今五一广场）埋置炸药，炸毙来行礼的湘省大吏，乘机起事。为此，黄兴亲赴湘潭，会见洪江会首领马福益，商洽起义计划。随即派宋教仁、胡瑛赴鄂，设华兴会支部于武昌；派陈天华、姚宏业赴赣，游说防营统领廖名缙届时响应；派周维桢赴四川联络会党。同时，杨毓麟、章士钊在上海设爱国协会，作华兴会外围；两湖留日学生刘道一、田桐等组织新华会，拟择机回国参与华兴会起义。湖北革命团体科学补习所成立后，黄兴亲往联系，商定湘省发难，湖北响应。稍后，又设同仇会，专门负责结纳会党；更在长沙小吴门正街设东文讲习所，借教授日语、算学为名，作为培训会员和秘密联系据点。各方联络工作，日益频繁。

可是，这个计划泄露了，官府开始抓捕黄兴。在胡元倓、龙绂瑞的帮助下，黄兴最终脱险。大致经过是：这天，恰好龙绂瑞设宴请客。在宴会上，黄兴表现得不惊不慌，然后对龙绂瑞说："近日，我相了一面，相士说，我有缧绁之灾，你能不能援手相救？"龙绂瑞以为黄兴开玩笑，便说："你平日豁达明理，今天怎么相信这种无稽的谰言。"到了下午，有人来报信，黄兴的寓所紫东园被兵役围守，搜捕甚急。原来，这信是黄兴长子、12 岁的黄一欧报的，只是一欧没有找到父亲，因而告诉了另一位老师，那老师便来相告。此时，黄兴才将起义之事告诉龙绂瑞。于是，龙绂瑞便来了个复壁藏宾，将黄兴安排在龙宅地下室的夹墙中。这是一种说法。还有另一种说法是，10 月 24 日那天，是黄兴 30 岁生日。租住北正街紫东园的黄兴亲自下寒菌面招待来城里庆贺的亲戚。当时正是早晨 7 时，西园龙家差人持帖请黄兴赴宴，几趟请不动，又连下一道帖子。黄兴的继母看到龙宅连续催促，觉得有事，就立即催促黄兴到龙家赴宴。原来，龙绂瑞得知官府派兵捉人，北正街紫东园、西园、西园北里一带都有军警把守，禁止闲人出入。因此，他不好对差人明言，只得叫他们持帖去急请，抢在清兵围困紫东园前接出黄兴。黄兴坐上三人抬的三丁拐轿，一出门就碰到抓黄兴的差役。差役不认识黄兴，黄兴就对差役说："黄兴到明德学堂去了，我也是来会他的。"于是，他带着差役到对面的明德学堂一起去找黄兴。他要差役在学堂门口稍等，他去叫黄兴快点出来。他便趁机进入明德学堂校区（当时明德学堂租借左文襄祠堂办学），并从明德学堂教师金祝华家的侧门逃到西园龙宅。龙绂瑞见到黄兴后，马上带他躲进西园密室。

黄兴告之龙绂瑞，他有一口重要的箱子放在西长街长沙中学办公室内，不可丢失。第二天，龙绂瑞身着礼服出门，装作外出会客的样子，直接到长沙中学将箱子带回。黄兴将箱子中政治纲领性文件及华兴会会员名册等悉数焚毁，不留痕迹。又取出一枚水晶小印章赠给龙绂瑞，将龙绂瑞顺手从他办公室捎回的长枪和短枪扔到西园小池。黄兴在龙家一住 3 天，在密室中安静读书，待胡元倓等将带兵搜捕的官员"摆平"后，搜捕不那么紧急了，经曹亚伯与长沙圣公会黄吉亭牧师商议，认为当时清政府官吏尚不敢触犯教会，故于第四天由黄吉亭牧师乘轿垂帘径入龙家内室，随换黄兴乘轿子经小街而至圣公会后门之一小巷，经小巷进后门入住圣公会楼上。整个过程，极其保密，甚为安全。黄兴隐居圣公会将近 1 个月，拘捕空气稍缓后，黄兴与黄吉亭等人均化装成海关办事人员，晚餐后两黄同登日本轮船，前往上海，旋赴日本，在那里认识了孙中山。次年在东京成立中国同盟会，以"驱除鞑虏，恢复中华，建立民国，平均地权"为纲领，同资产阶级改良派作尖锐的斗争，并在各省和海外建立革命组织，多次发动武装起义，为辛亥革命做好了多方面的准备。

这里，顺便交待一下龙绂瑞（1874—1952）。他是湖南攸县人，字荚溪，晚号希静，龙湛霖之子，华兴会成员之一，湖南图书馆主要创始人之一。他从学于欧阳中鹄、沈业祉，1903年春捐助胡元倓创明德中学，任监督，旋又办经正学堂。光绪二十九年（1930）时任候选知县的龙绂瑞与留日学生俞蕃同、胡子靖、许直等集资创办湖南第一女学堂。他对华兴会及黄兴等多所赞助，曾主持长沙府中学校，先后任四川洋务总办、湖南交通司司长、湖南官产处处长，抗战期间，流寓湘西，抗战胜利后，与共产党人和进步人士往来，力主革新，促进民主，为湖南和平解放做过贡献。新中国成立后任湖南文史馆员，后病逝于长沙。

人们之所以称长沙明德学堂是湖南"辛亥革命的策源地"，因为这里不仅有华兴会成立旧址，而且，辛亥革命中的一大批杰出人物，都出自明德。例如：

——后来手握重兵，准备率师直捣北京的吴禄贞，是明德的教员；如果不是被袁世凯谋害，让他打进北京，中国的历史可能要改写；

——"同盟会第一烈士"刘道一，是明德学堂学生；

——与黄兴指挥广州黄花岗起义的赵声，是明德学堂早期教师；

——辛亥反正时做过吴淞都督、光复军总司令的李燮和，被称为"中国第一任外交部长"的胡瑛，是明德经正一班的学生；

——后来成为民国政坛名人的谭延闿是明德早期负责人；

——张继、王正廷是明德早期教师，陈果夫是明德的学生；

还有更多响亮的名字：秦毓鎏、苏曼殊、周震鳞、李书城、宁调元、杨德麟、阎鸿飞……据统计：1904年2月，华兴会成立时，首批会员一百余人，其中有明德师生40余人；1905年8月，中国同盟会成立时，首批会员170余人中，其中有明德师生19人；湖南辛亥英烈300多名中，其中就有明德校友40多人。

武昌起义之后，长沙籍革命志士分别在湖南、湖北、福建、贵州、上海、甘肃、广西领导或策动反清革命，有七人担任新成立的革命军政府都督、副都督，枢密院院长和政务院总长，都对辛亥革命做出了重大贡献。

再从辛亥革命的舆论宣传来看。

辛亥革命史上，长沙—湘籍志士中，不仅产生了闻名遐迩的政治家和军事家，如黄兴、蔡锷、蒋翊武等民族英雄，而且涌现了不少杰出的舆论宣传家。他们或翻译介绍西方各种社会思潮的作品，或创办报章杂志，或翻印散发革命书刊，或四处演说、奔走呼号，冲破了封建舆论的一统天下，使康有为、梁启超的保皇邪说偃旗息鼓。其卓有成效的舆论宣传，为唤醒国人投身反帝反封建的资产阶级民主革命洪流，起到了振聋发聩的作用，不愧为舆论界的骄子，在辛亥革命史上留下了弥足珍贵的一页。

辛亥革命之前，就有杨毓麟的《新湖南》。该书于1902年冬在东京刊行，早于邹容的《革命军》、章炳麟的《驳康有为论革命书》等著述。《新湖南》虽以省区命名，但其出发点并非仅仅论述湖南省范围内的区域自治，而是基于作者深厚的国学根底和对世界历史与现状的深刻了解，以其广阔的政治视野，探索了20世纪的时代特征。在这本书里，他论述了列强之所以推行侵略扩张政策的帝国主义本性，揭示了帝国主义利用清政府统治中国人民的卑劣手段，论证了反清革命的历史必要性，批驳了康、梁等保皇党人所谓"合则强、分则弱"实为反对"排满革命"的谬论，批评了国内某些人思想上存在的害怕革命的恐惧心理，同时把湖南人的历史责任放到民族运动的整体中进行考察，把振兴中华的事业放在新世纪的世界全局中来认识，使自己的著作具有超越同时代革命党人的思想深度。所以，该书一出版，便"风行于世"，大量"传布内地"，成为当时散布"最多"、影响最大的读物之一。从1907年4月2日始，杨又协助于右任在上海创办《神州日报》，该报是这一时期同盟会在东南八省进行革命宣传的一个重要"喉舌"，日发行量在万份以上，是当时上海地区销路最广的报纸，他主编的一年时间里，在该报发表的文章至少在50篇以上，共计超过10万字，社长于右任对他的工作曾给予高度评价，赞扬杨毓麟"是对于《神州日报》最努力的一人，长于小学，熟谙国史，血性尤热烈过人，故其为文，能以坚确之词义，抒其真挚之感情，深切地注入读者"。

人们当然更忘不了陈天华的《猛回头》、《警世钟》，这两本书中所蕴蓄的强烈的反帝爱国思想，透过字里行间喷射而出。特别是《猛回头》，以唱词的方式痛陈了列强瓜分中国领土的危急形势，号召人民紧急行动起来，与敌人开展针锋相对的斗争——

> 洋兵不来便罢，洋兵若来，奉劝各人把胆子放大，全不要怕他。读书的放了笔，耕田的放了犁耙，做生意的放了职事，做手艺的放了器具，齐把刀子磨快，子药上足，同饮一杯血酒，呼的呼，喊的喊，万众直前，杀那洋鬼子，杀投降那洋鬼子的二毛子。

据说，这两本书出版后，在城乡广为流传，军学各界为之轰动，有的学堂将其"备作课本传习"，学生读之"如同着迷"，"时以偷看《猛回头》为乐"；士兵读之"即奉为至宝"，革命派在新军中的代表，甚至以此为政治教材，士兵退伍，"散至民间，则用为歌本，遍行歌唱，其效力之大，不可言喻"。凡"舆夫走卒皆能读之了解，故其文字小册散播于长江沿岸各省，最为盛行，较之章太炎《驳康有为〈论革命〉政见书》及邹容的《革命军》，有过之无不及"，因而使他赢得了"革命党之大文豪"的美誉。两书再版 10余次，仍然供不应求。

1904 年冬，华兴会领导的长沙起义失败后，华兴会主要成员陆续来到东京。为了坚持和加强舆论宣传，黄兴、宋教仁、陈天华、仇式匡等人，在东京与其他革命党人一道，于 1905 年 6 月 3 日，创办了《二十世纪之支那》杂志，开宗明义地提出："提倡国民精神，输入文明学说"——"以正确可行之论，输入国民之脑，使其有独立自强之性，而一去其旧染之污，为世界最文明之国民，有同一程度，因得以建设新国家，使我二十世纪之支那，进而为世界第一强国。"特别是创刊号上，宋教仁的题词所表现的爱国主义精神，恰如黄钟大吕，声震华林——

　　呜呼！起昆仑之顶兮，繁殖于黄河之浒。借大刀与阔斧兮，以奠定乎九有。使吾世世子孙有啖饭之所兮，皆赖帝之栉风而沐雨。嗟我四万万同胞兮，尚无数典而忘其祖。

该杂志第二期因登载蔡序东所撰《日本政客之支那经营谈》抨击了日本的侵华政策，被日本政府没收停刊，但经黄兴提议，趁同盟会成立之机，又于 1905 年 8 月 20 日将《二十世纪之支那》杂志改名为《民报》，作为同盟会的机关报，陈天华、宋教仁等湘籍志士，都是该报的主要撰稿人，在与资产阶级改良派的论战中，宣传三民主义、爱国主义和革命思想，其锋芒更是所向披靡。

特别是 1902 年底，由黄兴、蔡锷、杨毓麟、张孝准、魏肇文、许直等创办的湖南编译社，在介绍西方近代自然科学知识和宣传民族主义革命思潮方面，厥功甚伟，较之当时著名的启蒙大师严复来说，无论在广度和深度方面，都有所前进。所以，现代著名学者章开沅教授评论说：湘籍志士"对于帝国主义的认识，对于民族主义和民主学说的传播，以及对于欧洲各种社会主义流派的介绍，都已经把严复远远地抛在后面了"。

谈到辛亥革命的舆论宣传，人们更忘不了长沙人章士钊及其《苏报》案。1900年《苏报》创始人将报社的全部设备转售给湖南衡山人陈范，陈接办《苏报》后，于1903年5月将章士钊聘入《苏报》馆主笔政，遂大刀阔斧改革《苏报》，始以"鼓吹革命为己任"，于是，就有了《序〈革命军〉》、《论中国当道者皆革命党》、《驳〈革命驳议〉》、《驳〈康有为论革命书〉》、《呜呼保皇党》等一系列檄文，从而使《苏报》成为当时"最富于种族思想的报纸"。章士钊则因在《苏报》上发表的一系列激越言论引起了清廷的嫉恨，于是勾结上海公共租界工部局，于6月30日逮捕了章炳麟等人，邹容激于义愤于7月1日自动投案，是为震惊中外的《苏报》案，成为近代报刊史上的绝响！《苏报》被封禁后，章士钊以及张继等人不畏强暴，又于1903年8月7日在上海创办《国民日报》，由章士钊主编，公开打出了"图国民之事业，造国民之舆论"，"收全国之观听，挽全国之倾势"的旗帜。

总之，辛亥革命前后，即从1900年到1916年袁世凯帝制覆灭为止，由湘籍志士创办或主编的宣传民主革命思想倾向的报刊，总数至少在34种以上，湘籍志士始终把创办报刊作为民主革命事业的一个重要组成部分，使革命派始终拥有自己的"喉舌"，不断地发出响遏行云的呐喊与呼号。

在舆论宣传上，更让人瞩目的，是湘鄂联手。这主要表现在湘籍志士参与湖北革命团体所办报刊的编辑和发行工作上。例如，宛思演和詹大悲接办的《商务日报》里，协助宛、詹担任编辑和发行工作的，就有刘复基、蒋翊武、何海鸣、杨王鹏等人；曾经闻名一时的《大江报》，在詹大悲担任总经理和总编辑时，衡阳人何海鸣任副总编辑，报上的论说和时评，就由他和詹大悲"轮流包办"。1911年7月，该报发表的何海鸣的《亡中国者和平也》和黄侃的《大乱者救中国之妙药也》两文，无异于在一触即发的火药堆中投入了一剂强烈的催化剂。

正是在这一阵阵排空而起的呐喊与呼号声中，也正是詹、何二人因激越的革命言论被捕入狱、报社也以"言论激烈"等罪名被查封不到三个月时，武昌起义的枪声响了。

那是惊蛰的雷鸣，那是冲锋的号角，那是进军的排炮，那是怒海狂涛的呼啸——对于策源地长沙来说，那是联手举旗的召唤！

所以，长沙闻枪声而行动了。

可惜那时候还不是信息的时代，人们手里既没有手机，就是电报电话也很不发达，更没有广泛普及城乡，信息的传播没有现代这么神速。何况按照湘鄂革命党人预谋的行动计划，也还不到时候。因此，武昌起义的消息传到长沙时，是几天以后了。

原来，1911年5月4日（农历三月），焦达峰、孙武等人在武昌召开了湘鄂革命党人紧急会议，商讨发动两湖革命，一致认为，此前东南沿海地区的起义屡屡失败，此路行不通，应在长江腹地、两湖地区发动起义，焦达峰更是语出惊人："苟无广东，中国则无革命乎……我两湖亦能革命，何必倚仗别处。"于是，订下一省发动起义、一省立即响应的盟约，"长沙先发难，武汉立即响应；武汉先发难，长沙立即响应"。并且定于是年农历八月，两湖同时发难。还在3天前，相互商定好了起义的暗号。

与孙武等人订盟后，焦达峰匆匆赶回长沙，召集陈作新等20余人，密商起义大计，决定兵分两路，陈作新（时任新军四十九标二营排长）在新军中筹划运动，焦达峰则负责调动会党势力。

与以往湖南人发动的革命起义不一样，这次的主要领导者不是大人物，唱主角的是焦达峰与陈作新。因为，革命领袖式人物黄兴4月间刚指挥广州起义，在攻打总督府时被打断两根手指，于香港疗伤出院后，此时在上海暂住。另两个大革命者宋教仁和谭人凤，也在上海与陈其美等领导同盟会中部总会。

此时的焦达峰，身为同盟会湖南分部会长，虽然只有25岁，却是个"老革命"了。他19岁就参加了洪门会，后来到日本铁路学校留学，加入同盟会，对于革命，他有自己的理念，深谙"群众的力量是无穷的"这一道理，而且认为革命的基本力量还是帮会组织，也就组织了一个有实力的团体，照绿林开山立堂办法，在长江流域开展活动，与湖北革命党人孙武组织了共进会，以会党首领为骨干。所以，会后不久，他与焦达人、彭友胜等，在贾太傅祠、福源巷内的文明绣业学堂、路边井的武城试馆等地，设立了革命党的秘密机关。7月间，又在长沙孚嘉巷一幢中西合璧的公馆里，设置有秘密革命组织"四正社"（心正、身正、名正、旗正），招募了大量社员，将新军中许多士兵拉入该社，后来参加长沙反正的许多骨干人员就是"四正社"成员。这次起事前，他再度赴浏阳、醴陵、萍乡联络洪江会、洪福会会员，以洪江会名义统一湖南会党组织，准备调集会党入城。可以说，他手里有着雄厚的革命实力。不过，尽管他依靠的基本力量是会党，内心也晓得会党容易聚也容易散，萍醴浏起义不是就聚得快，散得也快么？因此，他和其他几个核心人物对这场革命作有精心准备，他的"大本营"、"中军帐"，就设在长沙的太平街。早在 1909 年 8 月，就在太平街马家巷同福公栈，设立共进会湖南总机关。这是一座具有典型长沙地方特征的天井四合院，四周木制护栏楼阁油漆虽然已经斑驳，但构件仍很完整。焦达峰、陈作新等革命党人，就在这楼里组织"两湖联盟"，策划"两湖暴动"。

那时候，太平街里，革命机关林立，革命党人在这里落脚，许多革命决策在这里作出，革命党人的智慧在这里发挥，革命党人的潜能在这里释放，革命党人的血性在这里体现。正因为此，太平街作为革命文物载入史册，作为革命文化遗存散发出无穷魅力。从某种意义上说，太平街是重要策源地，是革命的大本营。现在的太平街贾谊故居，晚清时期却是个公共场所，大家在这里都可以组织公众活动，甚至设立办事机关。革命党人、立宪党人都在这里设机构办事，四家反清革命机构也就在这里扎营。焦达峰的体育社，招有学生 40 名，并联络长沙各校体育教师，在这里进行体育活动，实际上却是训练军事干部。湘省士绅以维护主权名义，在这里组织了湘路协赞会，成为湖南地方势力向清廷争夺铁路权的指挥机关。立宪党人罗杰等在这里组织了辛亥俱乐部湖南分部等，都在贾谊祠一起办公。湖南若干个以各种名义创办的团体，也是革命党、立宪派不分家，革命党的团体里有立宪派，立宪派的团体里有革命党。贾谊故居又是立宪党人与革命党人走向联合的见证。革命党人有力量：新军、会党，甚至一部分巡防营部队，更有一腔推翻清廷、建立共和的热血青年，可他们没有金钱，也没有理政经验。地方士绅没有力量，却有金钱，也有理政经验。两派虽有分歧，但在推翻皇帝、走向共和这一点上却是共同的。两派也明白，要想革命成功，必须联合。于是，贾谊故居就成了他们的结盟地。辛亥革命前夕长沙起义的准备工作，也是革命党和立宪派一起在这里完成的。当然，核心还是革命党人焦达峰、陈作新，他们分别在会党和新军里做了广泛的联络发动工作。

焦达峰返回湖南进行了一段时间的准备工作后，原本计划 10 月 16 日共同发动起义，没想到湖北革命党人孙武制造炸弹时发生爆炸，导致起义计划泄露，不得不于 10 月 10 日发动了起义。

武昌的枪声响过，现在该长沙行动了。

但长沙的焦达峰三天后才得知消息。而湖南的清军高层显然消息灵通，巡抚余诚格则是当天就从电报中得到了消息，正加紧防备。当时，长沙城驻扎着一个新军混成协，辖有第四十九标、第五十标，共计 4000 人，余诚格为防兵变，将四十九标的一营和三营分别调往岳州和临湘，五十标的一营和二营调往宁乡和益阳。

消息第三天通过从武汉来的轮船传到了长沙，人心躁动，学生们自动停课，有的去江边从武汉来船乘客那里获取起义消息。恰好这时，湖北革命军代表终于来到长沙，焦达峰却去了浏阳，湖北代表只好去找阎鸿飞，阎鸿飞带他们去找立宪派代表、咨议局议员左学谦、常治等人，报告了湖北方面的消息。10月13日和14日，焦达峰、陈作新等革命党人与左学谦、黄锳、常治等立宪派一起，商讨起义。此时的关键无疑是时间问题，在13日的会议上，面对许多人的犹豫不决，焦达峰大声疾呼："武昌首义多日，我们湖南岂可袖手旁观，中国存亡在此一举，再不动手，更待何时！"终于得到一致响应。当日，焦作峰迅即派人前往浏阳，通知洪江会成员进入长沙，陈作新则召集新军内革命党人商议兵变方案。14日的会议更为复杂，因为与会的除了革命党人外，还有包括立宪派在内的各界代表。在独立过程中，拥有经济基础和民间声望的立宪派所起作用极大。

起义前最重要的一次碰头会，就是在贾谊故居召开的。焦达峰说要采用暴力革命，立宪派的成员则担心破坏性太大，以至痛哭规劝，希望不放一枪一炮，争取长沙走向共和的道路更平坦。也许是革命党人觉得立宪党人说得有理，也许革命党人是为了联合顺利，也就让步了，决定在10月18日发动起义，当讨论起义的方案时，双方决定长沙城中数处点火，以为信号，一些人甚至认为，为了革命，可以不惜烧掉太平街上的贾谊故居。因为这次起事极其机密，绅士们参与了革命，他们的雇工并不知情。所以，当绅士粟戡将贾谊故居点燃时，粟戡的雇佣工人郭冬生却将火极力扑灭。这次起义没有发动成功。

此后又开会商议起义计划，在紫荆街的茶楼（今长沙市五一广场附近）开会时，被清军派的侦探发现，没商量成。后来他们不得不三更半夜在小吴门外的一处坟堆里开会，才确定了起义计划。会上焦达峰本来想，要像在抢米风潮中那样，发动会党，焚烧外国人的教堂、商店和新式学校，造成混乱，趁机夺取政权，但立宪派绅士主张通过军队和平执行这一计划，最后焦达峰被说服。又有巡防营的代表徐鸿斌提出，必须以杀掉阻碍革命的湖南巡防营统领黄忠浩为条件，才肯带领巡防营的士兵一起加入革命军，龙璋等立宪派绅士本来打算推举黄忠浩当都督，黄忠浩却始终不肯合作，在非常为难的情况下不得不答应徐鸿斌的要求。

当时的湖南咨议局局长谭延闿，并没有直接参加革命。起义前，湖南巡抚余诚格拿着一份黑名单，上面有立宪派绅士，也有革命党人，第一个人就是咨议局副议长粟戡，询问谭延闿的意见，谭说"都是一帮好议论者"，"他们能干什么事，命是容易革的吗"，劝余诚格不要追查以免引起事变。余诚格加强了戒严，没有搜捕名单中的人。谭延闿还提出了"文明革命"的观点，"文明革命与草寇异"，认为革命者"当与巨家世族、军界长官同心努力而后可"，他的这些观点，无疑影响了革命的成色。

同盟会湘分会又一次秘密集会，40余名到会新军代表、咨议员一起谋划有关起义事宜，起义时间的确定，又是一波三折，本定10月20日，因担心会党徒众无法如期到达，故拟延期至24日，又因革命党饶运钧前往巡防营运动对方起义时被捕，导致事泄，在此紧急关头，焦达峰决定起义提前至22日。

10月22日是星期天，起义新军却如平常一样操练，一早整装待发，集合号一响，便于操场列队，随后出发。焦达峰率领第四十九标炮营进攻小吴门，陈作新率领第五十标进攻北门。有意思的是，陈作新率领的第五十标到达北门时，守城的巡防营士兵不仅不反抗，反而主动将城门打开，起义的新军给他们戴上象征起义的白布条时，他们也一一笑纳，态度友好；而在进攻小吴门时，巡防营士兵开玩笑说，没有钥匙开城门，新军则作势要打，这时从北门进城的新军赶到，巡防营士兵见状便开了城门。两军攻破城门后，又攻占军械局，城内巡防营宣布反正，巡防营统领黄忠浩被杀。

说起这个黄忠浩，也真有意思，他的被杀，是咎由自取。他是黔阳（今洪江市）人，也是个立宪党人，是清廷官员中素质较高的，能文能武，也能办实业，还热心教育，担任过明德学堂校董，后又兼任明德小学总理，一度担任湖南教育会会长，又是湖南"保路运动"的骨干之一，曾经当面斥责过清廷邮传部大臣盛宣怀，因为后者是将铁路卖给外国人的操盘手，还掩护过革命党人、援救禹之谟的陈荆。当年，陈荆和革命领袖黄兴同被通缉时，他的部下抓到了陈荆，黄忠浩见陈长得其貌不扬，不修边幅，就说"这个陈荆应该是假冒的吧"，有意把他放了。革命前，因为母亲去世，黄从四川提督的任上，回家为母守孝。湖南巡抚余诚格刚上任没多久，接替因为咨议局弹劾和保路运动辞职的巡抚杨文鼎，余诚格被朝廷免去了统兵的权力，面对日益高涨的革命活动，他再三说服黄忠浩出山。辛亥年六月，黄忠浩应余诚格之邀，出任中路巡防营统领，镇守长沙。应该说，黄忠浩并不是顽固不化的人，只是他太自高自大了，平日自比曾国藩，视革命党人为"毛娃娃"。就在起义前不久，革命党、立宪党两派为了减少革命阻力，让革命少付些代价，派出文斐、吴作霖，经由与革命党人和立宪党人都联系密切的绅士龙璋作中介，与他会面、摊牌。文斐开门见山对他说："只要军门反正，革命党人愿意推你为司令。"可他根本瞧不起这两个年轻人，当面训斥说：

"你们好大的口气，就凭你们几个毛娃娃，还想造反，还想坐江山？"

"我们知道黄军门昔日也是赞同变法的，今日也赞成共和，现在正是时机。不可错过当开国元勋的机会啊！"文斐说。

"你们都是读书人，这'忠君爱国'可是本分。我么，食君之禄，为君尽忠，是不会跟着你们瞎混的。"黄忠浩一副傲气。

吴作霖见话不投机，就对黄忠浩说："人各有志，不必相强，你不参加革命，是你的自由，还望莫与我们为难。"

文、吴二人走后，龙璋责怪黄忠浩出尔反尔。原来，黄忠浩曾在他面前表示了愿意革命的态度，这才约了文、吴二人前来联络的，没想到却突然变了卦，让自己得罪了朋友。

就在新军包围巡抚衙门之际，余诚格逃之夭夭。黄忠浩只好带着护兵，骑马匆忙走出巡抚衙门，准备调兵与新军一搏。没想到刚出门，与包围巡抚衙门的新军相遇。新军都是些士兵和下级军官，谁也不认识"黄军门"，只想上前去盘查一下。这一查就让黄忠浩露了真相。关于黄之死，有几种说法，事实是：黄的护兵有意向新军指认了自己的主人，黄当即被新军刺伤，后在小吴门被砍了头。

这么轻易就入了城，不但焦达峰等人意想不到，巡抚余诚格也没有想到。当有人禀告"新军攻城"时，他还不信，直到新军冲入抚署，他才退入内室，从衙后围墙上新开的一个洞里，带着家属逃出了院子，躲进小西门的一个外国洋行里有3个多月。他自己表白说，没有与革命党人为难。其实，并不是他不想镇压革命，只是心有余而力不足罢了。事实上，就在武昌"首义"后，他就采取了几项应对措施：一是严密封锁消息，不准报纸刊登武昌"首义"的片言只语，他怕那种消息将湖南人的革命热情鼓动起来；二是将回家守孝的黄忠浩安排为巡防营中路统领，镇守长沙，以防范革命党起事，同时，将满腔革命热情的新军调出长沙，到10月22日这天，新军步兵六个营中，留在长沙的只剩下一个营加一个队，其余的则分散到了各地，又将原驻在各地的巡防营源源不断地调来长沙；三是派出密探追踪革命党人，风声紧时，准备杀一批革命党人和立宪党人，他已同地方官吏拟订了一份捕杀名单。

当时，革命党人也没有去追击余诚格，衙署里的官员早已闻变潜逃。大家争先恐后地迅速将抚署前坪旗杆上的龙旗，换上了象征革命的"汉"字大旗。

看到巡抚衙门挂上了"汉"字旗，人们知道不必再动武了，于是欢声雷动，奔走相告：

"革命成功了！"

"湖南光复了！"

下午三点，焦达峰带兵冲入抚署，宣告湖南军政府成立。湖南成为最早响应武昌起义并且成功了的省份。当晚，各界代表在咨议局开会，确定焦达峰和陈作新为正副都督。

当时的省咨议局，就是现在的蔡锷北路民主东街 24 号，即省总工会院子。省咨议局大院的前身是长沙县学宫明伦堂，不过现在的建筑是 1913 年后才开始兴建的。据有关当事人回忆：当天晚上，来开会的人还真不少，"会议厅到了六七十人，穿长褂子的最多，有的交谈，有的私语。随即开会。"所谓"穿长褂子的"就是指立宪党人的绅士们。大会临时主席是文斐，主题是讨论湖南军政府组成和推举军政府负责人的事宜。

辛亥革命前，同盟会就规定，如果哪个省光复了，政权机构名称为"中华民国某某省军政府"，军政府的最高长官为都督，也是地方最高军政长官，用通俗的话说，就是上马管军，下马管民。武昌联席会议上，还确定了焦达峰为湖南都督。所以，会议一开始，革命党人自然就提出焦达峰为都督人选，而焦达峰却认为自己年轻，就把此时已来长沙的同盟会中部统筹会总务会长谭人凤推了出来。谭人凤虽然是湖南人，资望也高，但因为他的革命活动主要不在湖南，许多革命党人对他并不熟悉，还是提议焦达峰。起义之前，负责联络新军的陈作新也曾对焦达峰说："你当都督，我来当副都督。"这一毛遂自荐，也有他的道理，因为他是兵运的负责人，与新军中的下级军官和兵目关系融洽。事实证明，这次起义的主力军是新军及下级军官，会党中人很少，他们是听说光复后才拥入长沙的。也不知经过了多长时间议论，人们就听见绅士常治高声喊道：

"公推焦达峰为都督，陈作新为副都督。"

顿时，一阵热烈的掌声响起，新政权的负责人就这样定了。

在一片掌声之后，立宪派代表常治又跳上讲台大喊："都督是临时的。

即请谭议长延闿讲话。"

谭延闿倒也很得体地说："今日我湖南革命成功，是一件大大的喜事，但革命是要打仗的，延闿是文人，关于打仗的事，自愧不懂。但今日是要维持秩序，保全治安。"

据有关当事人后来回忆说："后见一个人拿着一张大红纸铺在桌上，另一个人执笔写，有些人围着看。写完，墨汁未干就贴在墙上，上面写着：'公举焦达峰为正都督，陈作新为副都督'。"

湖南就这样，成立了新的政府，也选出了正副都督。这是湖南近代史上的一件大事。它的出现，意味着湖南两千多年来封建皇权政治的结束，一个新的时代开始。今天，我们来看这个新政权，固然觉得有些幼稚，无论从哪个方面看，都显得准备不足。可这是那个时代的局限性，岂止湖南长沙，在湖北武昌那边，又何尝不如是?! 尽管这场革命只是换了一面旗帜，但禁锢这个社会发展的锁链已被砸断，思想解放的闸门已经打开，民主共和的曙光，开始射进这片被封建专制禁锢了很久的古老的土地，此后将日益深入人心，国人所蕴藏的创造性潜能、积极性与革命精神，从此被日渐广泛地开掘和焕发出来。历史终于开创了一个新的纪元。

因此，这天晚上的长沙，城里到处是一片欢呼声和鞭炮声。一队眼神明亮的新军士兵提着步枪，右臂系着白带子，步伐轻快地急行，沿街喊话："你们不要怕，不要在街上乱走，巡抚已逃，革命成功。"很多居民"亦争裂白布或纸作小旗，书'汉'字竖门前，虽人烟稀落之地，招展飘扬，俄顷已遍"。后来成为著名新闻报人的陶菊隐先生，曾激动地回忆长沙光复的情景说：

> 新军占领抚台衙门，驱逐巡抚余诚格后，只杀了几个抗拒革命的官吏，省城秩序没有受到影响，人民群众热烈欢迎革命，彼此互道"恭喜"，就像过新年和办喜事一样，没有人害怕杀头充军，只有极少反动官僚，逃往乡下避难。

相反，巡抚衙门那边呢，此时顿时冷落，没有灯光，因为人都走光了，余诚格逃命，官僚幕僚离开衙门"躲难"去了，卫兵见无人可卫，也一个个换上便装，悄悄地走出衙门，各奔东西，清朝在湖南统治的时代从此一去不再复返。

长沙光复这天，据说天空曾出现日食，王闿运在日记中有记载，但人们却无暇顾及，城里最热闹的景象之一，是满城当街剪辫子。据陶菊隐说："剪辫子是光复后最早形成的一种风气，大家认为不剪辫子就是甘心当亡国奴的明显标志，于是在学校中剪掉同学的辫子，当街剪掉路人的辫子。施者每每引以为乐，受者亦或啼笑皆非。有些遗老和顽固派害怕没有辫子见不得皇帝，就把辫子盘在头顶上用帽子遮盖起来，或者索性把头发全部留起来，改作道士装，借以躲过一劫。"有人则在当时的《大汉民报》上载文说："我的辫子是在反正这天就剪了的，剪辫之后，还同几个热心朋友一起，当街拦住路人，一刀剪掉他们的辫子。"

这时的城市秩序，似乎也并不混乱，城里既没有抢劫的事，也没有因为革命而成为废墟和衰落之地，商业反倒异常繁华，社会风气也发生了转变。有人曾这样记载说：城内"军队如云，学子政客，风起云涌，国会选举，麇集省会，不啻为商业上增一大销场，昔人谓巴黎革命后，奢侈日增，观于近日湖南酒楼、女闾、剧园、洋货、绸缎，凡足供人消耗者，较清之季世，殆过十百倍，然社会愈奢靡，货殖虽愈阗溢，而其隐隐亦遂不可救药矣"。（唐乾一《湘事录》）

10 月 23 日，焦达峰在都督府宣告就职，随即致电湖北、电告湖南境内各道府州县，饬令光复，发布讨清檄文。

从开福区的兴汉门沿蔡锷北路南行百米左右，西拐进入红墙巷，再前行二三百米，就是民主东街 24 号，现在这里是湖南省总工会院子，也即是当年的省咨议局。刚刚成立的湖南省第一个共和政权——中华民国湖南省军政府，就在这里办公。都督府却是设在原来的巡抚衙门，焦达峰、陈作新等人在里面摆了几张桌子，据目击者说，焦达峰的办公桌在里面，陈作新的在外面。他们按照事先的约定，向"首义"后成立的湖北省军政府致电：

"黄帝四千六百零九年九月初一日，湖南全省人民宣告独立，公推焦达峰、陈作新为正、副都督。特此电闻。湘军政府全体叩。"

随即又电告湖南境内各道府州县，饬令光复，同时发布讨清檄文，安民告示。据说，军政府的"安民告示"中，一是宣布保护外国人在湖南享受的各种利益和权利，这项措施是相当理性的，便于将革命严格控制在"内部"，免得外国人对革命进行干涉破坏，二是宣布如何保护人民生命财产，要求市面照常贸易，各学堂、公司、会社及一切衙署应照常治事。另外并告示通饬各级军官迅速归队。

在湖南各地，先是应湖北代表邀请一起去武汉的阎鸿飞返回湖南时，在岳阳迫使岳阳当局投降，岳阳光复；衡阳会党刘恩普等人则迫使衡州府反正，宣布光复；邵阳、新化则是革命党人邹永成等人，发动起义光复；焦达峰上任后，任命杨任为湖南西路招抚使，前去光复常德，驻守常德的巡防营首领陈斌生佯装投降，却在杨任骑马去参加黄忠浩的追悼会时，贸然发动兵变，杀害了革命党人杨任、余昭常等人；驻扎在湘西凤凰的辰沅永靖兵备道道台周瑞龙的女婿田应全是同盟会员，最高长官道台朱溢做了防备，监视田应全等革命党人和当地绅士张胜林、沈宗嗣（沈从文的父亲），最后田应全联络当地会党和周边地区苗民发动起义，迫使道台周瑞龙投降，湘西光复——湘西是湖南最后一个光复的地区。几天之内，湖南各重镇（除常德外）相继光复。

此时，湖北那边，武汉的革命军正在汉口节节抵抗清军，于城内展开巷战。湖北军政府急盼光复后的湖南派军支援，求援电报"日必数至"。

湖南局势稍定后，焦达峰和陈作新开始积极运作援鄂和援赣。

湖南的会党势力，这时才初次显示实力。焦、陈仅3天之内，便招兵六万余人，应招者绝大多数是会党，还有很多青年学生，他们都抱着一腔热血投效革命。焦达峰、陈作新当即将原有及新招募的军队进行整编。以新军第49标为基础，组成第一批援鄂军，命王隆中统率援鄂，另有第三镇军援赣。

现在的长沙市湘江大道与五一大道交会处，原是老城大西门，门外渡口为清代长沙第一大渡口即大西门码头。10月28日，王隆中率领首批援鄂军，由此登船出发，誓师出征。焦达峰、陈作新亲至江岸，并发表檄文，表示要"灭此朝食，与诸君同为黄龙之饮；建兹民国，俾万邦共睹赤日之光"。此后，湖南军政府又先后派出刘玉堂、甘兴典、刘耀武三批援鄂湘军，前后共四批计8000余人。

11月9日，援鄂湘军甘兴典部到达武昌，领取武器后驻防汉阳，加上此前到来的湘军王隆中部，使黄兴认为有实力反攻汉口，命令湘军与鄂军熊秉坤部在汉江琴断口搭浮桥，渡江夺回汉口。渡河后，黄兴忽然找不到甘兴典部的踪迹，后来发现那些士兵都躲在民房内避雨，背上负着稻草当做雨衣，状似难民。黄兴派部下召集士兵，但聚集完毕时已经拂晓，大大延误了战机。但是接下来的"阳夏保卫战"（"阳"指汉阳、"夏"为夏口，汉口的旧称）中，湖北革命军，还有来自湖南的八千子弟和广西的桂军、江西的赣军等，并肩战斗，湘军协统刘玉堂和千余名将士不幸战死于汉江两岸。

援鄂牺牲的千余人湘军官佐及士兵中，姓名可考的仅有292人，其余均为无名烈士，他们的遗体，集中埋在汉阳"辛亥铁血将士公墓"、长沙岳麓山"辛亥援鄂阵亡将士公墓"和"辛亥援鄂民五护国阵亡将士公墓"里。因为当时填埋阵亡将士遗体时，并未分湘军、鄂军，这让今天的我们无法辨别了。1956年，因建设武汉长江大桥，湖北方面又将汉阳"辛亥铁血将士公墓"移葬于汉阳扁担山，分成四个大冢，上有黎元洪题写的"铁血精神鄂军起义阵亡诸烈士墓"。扁担山现已成为公墓区，漫山遍野都是墓园，分成十几个区，烈士墓只是其中一小块区域，占地不过几十平方米。"扁担山"因此也成为武汉人最后归宿的同义语。

湖南革命军北上援鄂之举，对整个辛亥革命的成功，起到了极为关键的作用。在革命首义之地湖北，当时，北洋军已攻下汉口，并以大炮隔江封锁了革命军所占的汉阳和武昌，革命军军心散乱。此时此刻，援鄂军无异于一剂强心针，不但稳定了军心，也让袁世凯投鼠忌器，令北洋军采取观望态度。这就不但使湖北革命军得到了喘息之机，也牵制了一部分清朝军队的反扑，从而为其他各省纷纷起而响应独立争取了时间。

顾全大局的焦达峰和陈作新，这时却忽视了一点：援鄂又援赣，内部便空虚了。早在援鄂军出发前，就有人建议陈作新，留下首义军队保卫都督府。陈作新却不以为然，他对焦达峰说："吾辈志在推翻专制，今湖南虽反正，而南北各省多在虏尘之中，公其请师援鄂，我则伐赣。"——如此大公无私的精神，如此胸怀坦荡的气度，何等感人肺腑！但是，他们毕竟疏忽了，这是翻天覆地的革命，是一个阶级推翻另一个阶级的斗争。新的政权刚刚建立，且不说百废待举，里里外外有多少急迫的事情要做，政权机构并不健全，干部队伍尚未形成、鱼龙混杂，泥沙俱下，良莠不齐，内外持不同政见者，各种心怀鬼胎的人群，想从中捞取一把者，更是大有人在，特别是那些刚被赶下台的反动军官和那些效忠清廷的反动官僚及其遗老遗少，都在窥测时机，甚至企图卷土重来……如此复杂而严峻的形势，他们缺乏充分的思想准备，更不待说胸有成竹、应付裕如了。

据说，当时前来要官的人，其中不乏焦达峰所联络的会党中人，每天络绎不绝，说什么"焦大哥当都督，今日我洪家天下矣"，有的会党人众，拥入都督府要官，甚至有人还带着桌椅板凳，在都督府院子里，装模作样地作露天办公样，死赖不走；招募新兵，要吃要喝，都督府每天摆开流水席招待，最多每天要开四百多桌，不分昼夜，颇受人诟病，给人留下口舌；更为复杂的是，要组织临时参议院、军政部和参谋部，要筹集军饷，要安排民生，要整顿治安，要组织和发展经济……处于草创时期的军政府，仅仅靠二都督管理，未必面面俱到，事事妥帖，更不可能人人俯首帖耳了，其中管理之混乱，问题多多，矛盾重重，是可想而知的。

特别是，先有几个不愿合作者，这就是长沙县知事沈瀛、营务处处长申锡绶、劝业道道员王毓江，在革命浪潮不可阻挡时，他们偏偏要为清王朝尽忠，全身披挂跑到街头来督战，鼓动巡防营与起义武装对抗，让革命党人抓了个"现场"，被押进了咨议局。军政府既然发布了"官吏非满人皆如旧"供职的通告，而且革命者中，也有人劝沈瀛回去办公，可他只是哭。另外两个就更顽固了，对革命党人大骂起来，左一个"逆党"，右一个"土匪"。这一下犯了众怒，革命党人都看不下去了，便质问："你们难道要与革命作对？"于是，一把将他们拖出去杀了。

又特别是，原来的清军五十标二营管带（营长）梅馨，此时也跑来了，找焦达峰要求升官。他和他的部队，在长沙光复之前，被巡抚余诚格调往益阳，长沙光复后才调回长沙。他去都督府找焦达峰要官，因为他打听到参加光复的下级军官都升了级，不是三级就是两级，他手里掌握的是一支训练有素、装备优良的新军劲旅，升官的期望值自然很高。没想到，焦达峰只许诺他升为标统（团长），梅馨要当协统（旅长），焦达峰也毫不犹豫地答应了，但须编入第三镇，梅馨又不愿意了，因为第三镇镇统（师长）易堂龄，原是他五十标右队的队官（连长），地位比他低，他不愿接受易的指挥；焦达峰说，那就编入第四镇，梅馨又不愿意，说是与镇统阎鸿翥素昧平生，共事不便；他恬不知耻地直接说，要当独立协的协统。焦达峰说，独立协的名目，原议是没有的，等和大家商量后再说。梅馨眼见达不到他的目的，怒气冲冲地走出都督府，对着下面的人说：焦达峰没有都督之才、之能、之威；陈作新么，不过是一个酒疯子……梅馨因此埋下了杀机，开始密谋。据当时的军官戴凤翔事后回忆说，10月28日，他接到梅馨等人的请帖，去参加了一个军官会议，除了他之外，参加会议的都是日本士官学校毕业生，梅馨说"这个王八蛋把他杀了算了"。当时，起义时很多高级军官外调或没有参加起义，起义后回来，对一些中下级军官升了官都感到不满；还有人认为焦达峰以前是会党首领，陈作新以前只是个排长，看不起他们。梅馨便乘机拉拢他们，预谋杀害焦达峰、陈作新。

终于，在这一天，梅馨的反动面目毕现，他举起了屠刀——

梅馨先是将自己管的叛兵分为两队，一队由袁荣富率领，事先在文昌阁附近埋伏，然后，制造和丰洋火局挤兑的传言，为的是调出焦达峰和陈作新。

10 月 31 日上午，焦达峰和陈作新都在咨议局礼堂开会讨论援赣与援鄂的事。会一完，都督府接到了和丰洋火（火柴）局挤兑的报告，这可是影响全局的大事，自然必须马上处理，拖延不得。焦达峰于是决定："要城防司令快派人去弹压，并派人开导一下，说有都督府负责，挤兑的人自然就会散去。"这时忽然有人对陈作新说："事关省城治安，挤兑之风，平息越快越好。你如果亲去弹压，百姓看到副座的威风，一定可以放心，不会扩大风潮。"

焦达峰失去警惕，派副都督陈作新前往调处。陈作新急忙调集自己的两棚（班）卫队，亲自乘马向城北的和丰洋火局进发。出湘春门，来到文昌阁，突然从一个裁缝铺里窜出许多武装士兵，以迅雷不及掩耳之势，将卫队全部缴械了。陈作新还没来得及反应，左额就被劈掉了一块。挥刀者是一个凶神恶煞般的大汉，一砍得中，又挥刀朝陈作新砍了过来，这是有武功的人。陈作新拔枪不及，忍着疼痛，跳下马来，突入裁缝铺里抄起一条板凳，直朝那个大汉当胸砸去，将那人砸翻在地，接着又朝那人头上一下，那人倒地而毙……就在这时，枪声响了，一排子弹袭来，陈作新连中几弹，顿时气绝。另有一种说法是，这天，陈作新十分大意，未带一兵一卒，"单骑行视"，途中被梅馨预先埋伏的叛军乱刀砍死于北门外铁佛寺前（即今长沙市湘春街北二马路一带）。

随后，梅馨暗中指挥的另一队叛军一百多人，由吴家铨率领冲进都督府，先行缴了军政府卫队的械。大家劝焦达峰逃走，他却表示："余惟有一身受之，毋令残害我湘民。且余信革命终当成功，若辈反复，自有天谴。"说罢挺身而出，规劝叛军反正，但叛军不听，将他刺伤后挟持到都督府前坪准备处决。

焦达峰问："你们要怎么办？"

那个军官说："要杀你！"

"要杀就在这里！"焦达峰毫无惧色。说罢，他从容不迫地向飘扬在前坪的大旗敬了个礼，之后在被叛军一阵乱砍中倒下了，死时距离他 25 岁生日还有 16 天。

两位年轻的革命党人担任正副都督的时间，前后还不满十天。

焦、陈被害，革命党人都义愤填膺，据说长沙附近会党，"声言将毁都督府，四城竖红旗"，要为都督报仇，一时间局势显得十分紧张。长沙政局更是陷入混乱之中，许多百姓以为大战将来，纷纷逃往乡下。乱兵、流氓趁机打劫，店铺关门，谣言四起，乱局大有蔓延全省之势。特别是手握重兵的高级军官们，都虎视眈眈地盯着都督的宝座。如果没有一个有声望的人出来收拾残局，后果将不堪设想。尤其让革命党人最担心的是，武汉三镇仍在血战中，急待湖南支持，湖南如果混乱，就不能再为那里提供支援，坐镇长沙催促湖南继续发兵援鄂的谭人凤也颇觉为难……消息大概传到了黄兴那里，是他给湖南的同盟会领导人谭人凤等来了一封长信，大意是说要安定湖南，权且让谭延闿出任，并维护其威信，首要任务则是迅速出兵援鄂。在这种情况下，革命党人与立宪派绅士紧急磋商后，决定推举谭延闿出任湖南都督。后来的三批援鄂湘军就是谭延闿派出的，他接受了革命党的一些主张，同湖北军政府保持了合作的关系，湘军援鄂因而得以继续。

然而，革命党人没有忘记焦达峰、陈作新被害之仇，当然想查个水落石出，特别是当上都督的谭延闿首先成了怀疑对象。后来，有人披露，政变发生10多年后，梅馨在上海病逝，临终前有人提起当年焦、陈被杀之事，据说梅馨曾含糊其辞，说自己是当了别人的"猎狗"，他是受人指使，有人拿钱收买了他们。无论怎么说，他是凶手，这是无疑的——他的名字就这样钉在历史的耻辱柱上了。

谭延闿是湖南立宪派首领，此前被安排担任临时参议院议长。传说，当天，他被人从外面"拥赴"到都督府，忙不迭地作揖打拱说："无论派我何事，均不敢辞，只不能做都督。"同盟会会员谭人凤拔出刀子，掷在案板上，厉声说："今日之事，你干就干；你不干，刀是现在在这里。"谭延闿就这样执掌了湖南政权。

中华民国临时政府成立后，为缅怀革命元勋，临时大总统在南京追赠焦达峰为"开国陆军上将"，将遗体安葬于长沙岳麓山。1916年，刘人熙督湘，感于焦达峰死之悲壮，在长沙岳麓山其墓前，特立"浏水坠泪碑"。湖南各界追悼焦、陈两人大会的会场，大门的对联是：

三湘二杰

十日千秋

在长沙经历了辛亥之变的毛泽东，1936年在陕北接受美国记者斯诺的采访时，对于焦达峰、陈作新之死，曾作这样的评价："两位哥老会的重要成员任都督和副都督，他们分别是焦达峰、陈作新"，"新都督和副都督当政不长。他们不是坏人，有些革命的意识，但他们很穷，代表着被压迫者的利益，地主和商人们对他们不满，没过几天，我去看一个朋友时，就看见他们横尸街头，谭延闿代表着湖南地主和军阀势力又组织了暴动推翻了他们"。

焦达峰和陈作新之被害，谭延闿是否为幕后主使，一直缺乏证据，因而成为一大疑案。

4. 山崇忠烈

· 英雄碧血，渗入大地，生长人间自由花，因此春秋红烂漫
· 壮士豪情，洒向云天，抒发乾坤龙虎气，所以早晚显彩霞

辛亥革命留给长沙的最重也是最永恒的纪念，是一座青山。

正是辛亥革命，使这座风景名胜山和文化名山的历史头衔上，又增添了一顶万世膜拜的桂冠——"英雄山"。从而，不仅揭示了中华民族传统道德和民族心理的底蕴，而且持久地承传着英雄崇拜、灵魂不灭和精神不朽的宗教式的理念，这是中华民族的凝聚力之所在，也是中华民族的民族魂的最基本最核心和最有价值的精髓。

自古以来，中国人就有一种崇山的心理。或许是因为它的高大，或许是因为它的雄伟，或许是因为它的巍峨，或许是因为它的神秘，或许是因为它的万古长青吧，从我们远古的祖先开始，就把山视为"大山"、"天山"、"神山"，因此而顶礼膜拜，并且世代祭祀着，泰山就是这样的山，因而成为"国山"——最迟从秦始皇开始，就是这样。

所以，世世代代的中国人敬山，爱山，崇山，乃至将自己的胴体交予青山，也将传说不灭的灵魂寄托于青山，是为故园家山。传说中的帝尧、帝喾、帝舜，均葬于泰山。即便像舜一样，事实上不葬于泰山，也是安葬于湘南神圣的九疑山。至于"青山埋忠"的传统，则更昭示着：只有忠烈，只有英雄，只有不平凡者，才配享这一殊荣，有资格在青山中占有一块神圣的位置。

长沙祖祖辈辈、世世代代人心中，岳麓山就是这样一座"天山""大山"和故园家山。辛亥革命中成百上千的忠骨，抗日战争长沙会战中阵亡的将士

的遗骨，就安放在这座山上，因而使这座山成为一代代人清明节里祭祀的"英雄山"。

青山，当然是永恒不老的，英烈们忠贞的灵魂和视死如归的奋斗精神，也当然同青山一样，是永垂不朽的。这是岳麓山的青山文化中最具时代精神和民族气节，因而也最让人崇敬和络绎不绝登览之的根本原因。

现在，且让我们再上岳麓山，沿着辛亥革命人物的足迹，去凭吊一番志士的英灵吧。

这是黄兴墓。位于云麓峰北侧，小月亮坪上方，是岳麓山中的大型墓葬，沿石级可达。墓表壮丽，墓区中央有四棱形墓塔，高 10 余米，由整块花岗石雕刻而成，状如一柄浩气纵横的丹心碧剑，昂然矗立，直插云天，东面的中央嵌有"黄公克强之墓"的紫铜墓碑，墓塔四周建有护栏，石栏刻各省巨公志铭。由于墓地地势高峻，安睡的英灵和醒着的墓碑，正好遥对古城长沙。黄兴（1874—1916），这是大家很熟悉的了，本书第四章里有他的故事。这位中国近代史上著名的民主革命家，在辛亥革命中与孙中山齐名，同为中国民主革命的重要领袖，先后组织、发动并参加了廉防城、镇南关、钦廉上思、云南河口和广州等起义，武昌起义后，从香港赴武昌，任革命军总司令，在汉阳、汉口指挥对清军作战 20 余日，上海、苏、杭等地相继光复后，被推为副元帅，主持南北议和谈判，1912 年南京临时政府成立，任陆军总长兼参谋总长，临时政府北迁，任南京留守，主持南方军队整编，"二次革命"中任江苏讨袁军总司令，失败后赴日本。1916 年 10 月 31 日病逝于上海，享年 42 岁，1917 年 4 月 15 日遗体移于此国葬。

这是蔡锷墓。位于白鹤泉左后方，也是岳麓山大型墓葬之一，外围为麻石挡土护坡，辅以石砌围栏，以花岗岩砌圆形墓座，墓座上立有棱形墓塔，通高 9.1 米，正面嵌"蔡公松坡之墓"碑，围栏上刻有湖北、湖南、吉林、新疆、陕西、福建、江西、贵州、广西、广东、热河各省省长、督军献赠的铭文及民国六年（1917 年）4 月 26 日建墓志文，整个墓区为古枫、松柏掩映，尤显庄严肃穆。蔡锷（1882—1916），也是大家熟悉的中国近代民主革命家、杰出的军事家，湖南邵阳人。1895 年未满 13 岁即以优异成绩考取秀才。1898 年入时务学堂，师从谭嗣同、梁启超。戊戌政变后至上海，入南洋公堂，次年东渡日本，入东京大同高等学校及横滨东亚商业学校肄业。1900 年回国参加自立军起义，事败后复去日本，转入成城学校及陆军士官学校学习军事。1904 年毕业回国，在上海加入杨笃生等所创建的爱国协会。1905

年春，任湖南新军教练处帮办，同年夏先后任广西新军总教练官、陆军小学总办、混成协协统等职。黄兴、谭人凤、邹永成等皆潜入其营活动。由黄兴联系，秘密加入同盟会。1911年春至云南，任新军第十九镇三十七协协统。10月，武昌起义爆发，蔡锷在昆明举兵响应，云南光复，被推为云南省政府都督，组织军队援川、黔。旋受袁世凯疑忌，被调入京，任陆军部编译处副总裁、总统府高级军事顾问等虚职。1915年与梁启超策划，反对袁世凯称帝，潜离北京，取道香港去昆明，12月25日与唐继尧等宣布云南独立，通电讨袁，组织护国军，任第一军总司令，率兵入川。促使西南各省相继独立，迫使袁世凯取消帝制。被任命为四川督军兼省长，因积劳成疾于1916年11月8日病逝，时年34岁，1917年4月12日遗体由日本运回湖南，国葬于此，著作有《蔡锷集》传世。

黄蔡二公几乎同时归葬于岳麓山，傅熊湘（1882—1930）有诗记载，又有程潜凭吊诗曰：

> 谁与重挥落日戈，江山憔悴泪痕多。
> 一时龙虎都消歇，凄绝临歧薤露歌。（傅熊湘《送黄兴蔡锷殡归麓山》）

> 奋起扫浊秽，两公真健者。
> 英气迈千古，大年天不假。
> 我来拜山陬，墓道长松槚。
> 层崖云气鲜，幽涧湍流泻。
> 缅维道义交，执信锲不舍。
> 振我皇汉灵，明德光九夏。
> 如何忽殂谢，万类失陶冶。
> 抚世悲艰屯，沉忧浩难写。（程潜《岳麓山礼黄蔡墓》）

这是焦达峰墓。焦达峰（1887—1911），原名大鹏，字鞠荪，浏阳人，中国近代民主革命家。少时深受谭嗣同、唐才常思想影响，倾向进步，1903年进长沙高等学堂预备科，加入哥老会。1905年东渡日本，次年被推为同盟会联络部长，专司联络各省会党之职。1907年入日本东斌步兵学校学习，与张百祥、孙武等在东京成立共进会，谋划在中部省区发动起义。1909年归国，设湖北共进会机关于汉口，与湖北同志策划湘鄂同时举事，虽屡受挫折，从不气馁。1911年武昌起义爆发时，与陈作新一道组织湖南会党及新军积极响应，10 月 22 日率军攻占长沙，次日成立军政府，被举为都督，旋即派军增援武汉，因反动军官乘机策动兵变，31 日与副都督陈作新同时被害，时年 24 岁。1912 年南京临时政府追赠为大将军。1912 年安葬于岳麓山。其墓位于黄兴墓北侧，与陈天华、姚宏业、禹之谟墓区相邻，是岳麓山中型墓葬之一。墓区地势高峻、视野开阔，墓冢呈圆形，以花岗石砌成，墓后竖有民国二年（1913）刘人熙所题"浏水堕泪"碑。"浏水"指浏阳河。碑左右刻有焦达峰生前自撰对联：

> 达向九霄云路近；峰连五岳众山低。

另有"陆军上将光复湖南大都督焦公达峰之墓"的墓名。墓名左右各竖一碑，分别刻有生卒年月、落葬年月及竖碑时间。墓前正中竖有焦达峰铜像，今已不存。墓园南北两向辟有入口，各刻有对联：

> 大翼垂天九万里，长松拔地五千年。
> 无大牺牲心何能发难（北向入口）
> 有少成败见岂是论人（南向入口）

这是陈作新墓。陈作新（1885—1911），字振民。浏阳人，中国近代民主革命家。早年曾任塾师，1900 年参加自立军，被派往湖北联络会党，事败后潜归。1905 年入同盟会，后任新军二十五混成协炮兵营排长，因倡导革命被撤职，1909 年该协创办随营特别班及测绘班，他任教员，次年长沙发生抢米风潮，他拟趁机起义，又被革职，仍居留长沙，以教书作掩护，继续在新军中进行革命活动。武昌起义爆发，在焦达峰策划下，召集新军中革命骨干开会，积极准备起义，10 月 22 日新军占领长沙，湖南军政府成立，他被推为副都督，积极谋划援鄂、援赣事宜，31 日因新军兵变被杀害，年仅 25 岁。1912 年公葬于岳麓山。其墓位于"印心石屋"石刻左后，墓冢为球弧形，墓后正中镌刻"恤赠左将军湘军首义都督陈公作新府君之墓"，左刊"民国元年十一谷旦"，右刊"孤子基立"，墓前竖有陈作新铜像，今已不存。

这是禹之谟墓。禹之谟（1866—1907），字稽亭，湘乡县（今属双峰）人，辛亥革命前期民主革命家。早年曾入营幕，1894 年随军参加中日甲午战争，襄办转运粮秣弹药事务，授候选县主簿，辞不受。战后至上海，专心研究实业，1900 年在汉口参加自立军活动，事败赴日本，入大阪千代田工厂学习纺织工艺，1902 年回国，1903 年在湘潭创办毛巾厂，次年成立同盟会湖南分会，为首任会长，并推销《民报》，又参加收回粤汉铁路运动与抵制美货运动，创办湘乡旅省中学堂与唯一学堂，被推为湖南商会会董和教育会会长。1906 年发动长沙各校师生迎接陈天华、姚宏业灵柩公葬于岳麓山。清廷对公葬横加干涉，他拔刀激昂对曰："今台湾、胶州、大连、广州湾等地皆为外人所占领不惜，独以中国人葬中国一土反不能容乎？"是年 5 月 29 日，二烈士出殡，禹之谟亲写挽联，举在队伍前头，长沙全城学生送葬，队伍 2 万多人，长达 10 余里。毛泽东后来评价说："这次毕竟将陈、姚葬好，官府也忍气吞声莫可谁何，湖南的士气在这个时候几如中狂发癫，激昂到了极点。"禹之谟随即又参加湘乡学界反对盐捐浮收斗争，清廷对此气吞不下，决定杀一儆百。8 月 10 日，禹之谟被捕，在狱中"断指割舌，体无完肤，而终不屈服"，长沙各界纷起营救，清吏深恐激成事变，遂秘密将其押解靖州。他在狱中屡受酷刑，但坚贞不屈，以致体无完肤，并写就多封感人至深的书信和正气凛然的绝命书，1907 年 2 月 6 日被绞杀。临刑前，禹之谟怒指官吏："我要流血，为何绞之？！辜负我满腔心事矣。"清吏凶残地说："尔辈素讲流血，今天偏不把你流血如何？"禹之谟大笑着说："好！好！免得赤血污坏！"于是慷慨赴义。民国成立后，黄兴呈请临时大总统，追赠禹之谟为"陆军左将军"。禹之谟就义后，烈士遗体被运回故乡双峰安葬，1912 年 10 月由双峰青树坪移葬岳麓山。其墓与陈天华、姚宏业墓毗邻，上为焦达峰、陈作新的墓。禹之谟真想不到死去 5 年后，被公葬到二位烈士身边，为他主持公葬的竟是革命元勋黄兴。墓冢为花岗岩砌成，墓后嵌有"烈士禹之谟墓"碑及禹之谟在靖州狱中遗书《告在世同胞书》、颜昌峣撰《墓志铭》、朱杞《墓志铭序文》碑。

这是蒋翊武墓。蒋翊武（1885—1913），原名保襄、伯夔，澧县人，中国近代民主革命家，辛亥武昌起义的主要领导者。1903 年肄业于常德西路师范学堂，因策应华兴会起义，被开除，1905 年参与马福易洪江起义，事败后赴上海，次年入中国公学，与杨卓林等创办《竞业旬报》，并加入同盟会，宣传革命，不久潜回湖南，1909 年入湖北新军，从事兵运工作。1911 年，铁路风潮起，湖北新军入川镇压，武汉空虚。他与党人密谋发难，联合共进会，被举为总司令。武昌起义的前一天，蒋翊武由岳州驻防地赶赴武昌小朝街机关部召集各标营代表商议起义事宜。临近中午，突然传来孙武在汉口俄租界参谋总部带人制造炸弹失事，起义名单、旗帜、文告全部落入俄巡捕之手的消息。于是，蒋翊武立即以总司令身份下达"10 条 10 款"起义命令。当晚，小朝街总指挥部遭到破坏，蒋翊武与刘复基等人被捕。蒋翊武运气不错。由于他蓄有长辫，穿着一身破旧棉袍，貌似三家村先生（指小地方来的学究）。警察把他拦住后，他解释说自己上街来看热闹。看他其貌不扬的样子，军警不疑有诈，抬手给他一棍，让他快滚。脱险后，蒋翊武藏匿在后马家巷蔡大辅寓所，天亮时即派人去各标营传令，"改在当天夜间，依照九日原令的程序起义，以争死生于须臾"。晚8时，工程营在营代表熊秉坤的带领下打响了首义第一枪。起义成功，任湖北军政府军事顾问，后继黄兴任战时总司令及驻汉招抚使、军务部副部长等职，不久被排挤出湖北，他不居功、不争权，为革命东奔西走，前往北京，被袁世凯授以高等军事顾问、陆军中将加上将衔，均坚拒不受。赞成宋教仁责任内阁制主张，往来沪、鄂之间，为国民党竞选国会议员尽力，1913年二次革命爆发，任鄂豫招抚使，回岳州策动反袁，失败后在全州被捕，10月19日就义于桂林丽泽门外，享年不足29岁。1916年，归葬岳麓山。1921年孙中山过桂林时，特为之立碑，亲题"开国元勋蒋翊武先生就义处"，落款"孙文敬题"，高度评价"辛亥武昌发难，以公功为冠"。该碑系一座塔式青石建筑，正面刻孙中山手书，其余三面刻胡汉民书撰蒋翊武事迹，称蒋翊武"笃志革命，辛亥武昌发难，以公功为冠。以武昌防御使守危城，却强敌，事定即引去，当道縻以官爵不受"。蒋翊武墓位于古麓山寺山门下方，由半山亭循石级而上，至一宽敞平托之区，即为烈士墓地，墓基以花岗石砌成，上层平台建有4米高的方型墓塔，东向墓塔中嵌以"蒋公翊武之墓"的汉白玉墓碑。

这是刘道一墓。刘道一（1884—1906），字炳生，号锄非。湖南衡山（一说湘潭县）人。幼年入私塾读《孟子》，能琅琅成诵，性格开朗，能言善辩，锋芒毕露。后入湘潭美国教会益智学堂学习，受时潮和兄长刘揆一影响，思想激进，读《汉书·朱虚侯传》，对"非其种者，锄而去之"这句话非常欣赏，便自号"锄非"。1904年春，与刘揆一参加黄兴在长沙组织的华兴会，受黄兴指令与会党成员万武回湘潭，劝说哥老会首领马福益与华兴会合作，共同反清朝帝制。刘道一陈说反清道理，当看到马福益还在犹豫不决时，遂正色问道："马大哥，我们听说您是个人物，于是登门拜望。现在小弟有个问题要请教。"马福益说："请问。"刘道一说："大哥是打算按照哥老会宗旨反清扶明呢，还是准备接受招安，作清土朝的爪牙？"终使马福益醒悟，慨然相许参加反清武装起义。原定在11月16日慈禧太后寿辰时起事，以武备学堂学生为主，联络新军和巡防营，城外由哥老会分兵五路响应，向长沙进军。公推黄兴为主帅，刘揆一和马福益为正副总指挥，同时相约湖北党人响应，先占两湖，再图北伐，直捣幽燕。因内部组织不严密，许多活动处于半公开状态，计划被泄，衙门立即四处搜捕党人，起义因而流产，马福益逃往广西，黄兴、刘揆一等流亡日本。不久，刘道一考取留学公费，东渡日本入日本东京清华学校学习。在日本，他与秋瑾等组织"十人会"秘密团体，赞成暴力革命，又参加冯自由组织的"洪门天地会"，任"草鞋将军"。1905年7月在东京参加由孙中山召集的中国同盟会筹备会，是同盟会的创始人之一，在同盟会中担任书记、干事等职。他善于交际，长于辞令，又通英语、日语，被黄兴和党内众人称之为"将来外交绝好人才"。同盟会准备发动萍浏醴起义，孙中山让黄兴出面找刘道一谈话，要刘道一由日本横滨潜回国内，在长沙再发动一次起义。刘道一与江西人蔡绍南受命于1906年秋潜回长沙，"运动新军，重振会党"，约集龚春台等数十人在长沙水陆洲船上举行秘密会议，转达黄兴意见，并提出五点具体计划。刘道一的计划是，发动马益福在萍乡的余部"发难于萍浏醴，而直扑长沙"，使湖北、江西、江苏等省响应，并基本确定了同时发动起义时间。会后，联络哥老会各部举行开山大典，将哥老会改称"六龙山号洪江会"，誓词是："誓遵中华民国宗旨，服从大哥命令，同心同德，灭满兴汉，如渝此盟，神人共殛。""洪江会"成立后，会员很快增到10多万人，由于入会人员庞杂，引起清廷注意，"洪江会"不少头目遭清政府逮捕杀害。在此紧急情况下，1906年12月3日，龚春台在萍乡高家台召开各路首领会议，商议起义具体日期。会议争论到天亮还没结果，无法确定具体起义时间，没想到12月4日凌晨，"洪江会"首领之一的廖叔保急不可待，首先在浏阳麻石聚众两三千人举旗发难。他们头缠白巾，手持白旗，以白色为起义标志。龚春台闻之只好仓促跟着宣布在萍乡、醴陵地区发动起义。起义军成立后，定名为"中华国民军南军革命先锋队"，第一件事就是发布檄文，历数清政府十大罪恶。起义军声势震动了长江中游各省，没几天队伍便发展到了3万多人。面对浩浩荡荡的起义军，清政府十分惊恐，调集湘、鄂、赣、苏四省部队"义勇"共5万人前往围剿。起义军奋战一个多月，最终失败。参加起义的群众一万多人被清军屠杀。刘道一因在长沙、衡山等地运动新军，筹集枪饷，引起清吏注意，在由衡山返长沙途中被逮捕。

清廷官员抓到刘道一后，弹冠相庆，以为抓的是他哥哥刘揆一，立即将他解送到长沙审讯。刘道一就自认是刘揆一，在狱中与友人的书信中写道："彼若刑讯，吾则自承为刘揆一，以死代兄，吾志决矣。"他在监狱的墙上题诗，以示心志。诗曰：

> 大地方兴三字狱，但期吾道不终孤。
> 舍身此日吾何惜，救世中天志已虚。
> 去国齐夷泣孤竹，对床风雨误高梧。
> 海山珍重原鸰翼，莫作天涯寄弟书。

意思是，在清廷用"莫须有"的罪名对付爱国志士、证据不足就乱杀人的情况下，我们要像岳飞那样立场坚定。想到我死了不足惜，只要革命后继有人。我坚信这一点，因为孔子说过，道不孤必有邻。我今天舍弃了身躯并不可惜，可惜的是我救世的志愿却半途而废了。我与胞兄就像当年的叔齐和伯夷一样，同到异国日本哀伤祖国（按：孤竹君是伯夷、叔齐的父亲，此处喻祖国），又像苏轼、苏辙兄弟风雨之夜对床共话，可是我却误了大事，对不起胞兄。但愿吾兄在海外多多保重，不要挂念我，为避免连累，也不必从远地寄信给我了。

清吏后来发觉他不是刘揆一后，便刑讯逼供。他在供词中大书清政之残暴、中国之危亡及世界政治要略数千字，使审讯官瞠目结舌。清吏又开列出数十人名单，逼令供为同党，他坚决拒绝，大声叱斥说："士可杀，不可辱，死则死耳！"清吏便将搜得他刻有"锄非"二字的印章，作为谋反的罪证，判处其死刑。1906 年 12 月 31 日，被清政府杀害于长沙浏阳门外，年仅 22 岁，被称为"同盟会死难第一人"。

刘道一牺牲的消息传至东京后，同盟会总部为之举行追悼大会。黄兴、刘揆一相抱痛哭。孙中山、黄兴、宋教仁均赋诗哀悼。

孙中山哀挽诗——据说这是"孙中山留世的唯一完整诗歌"，足见对刘道一的敬重：

> 半壁东南三楚雄，刘郎死去霸图空。
> 尚余遗孽艰难甚，谁与斯人慷慨同。
> 塞上秋风悲战马，神州落日泣哀鸿。
> 几时痛饮黄龙酒，横揽江流一奠公。

黄兴的哀挽诗为：

> 英雄无命哭刘郎，惨淡中原侠骨香。
> 我未吞胡恢汉业，君先悬首看吴荒。

啾啾赤子天何意？猎猎黄旗日有光。

眼底人才思国士，万方多难立苍茫！

宋教仁的哀挽诗为：

侠骨亭亭立，湖湘一少年。琴书辉白日，肝胆照青天。

竹箭壮逾直，松心寒更坚。何当化精卫，终古泣桑田。

不作楚囚泣，阶前恐辱身。脱骖无一士，挂剑又何人？

姓字空传恨，功名已化尘。元方空洒涕，后死尚艰辛。

再有高堂祸，凶耗不食新。西河空添痛，东海隔昏晨。

乱世扬豺虎，时乖失凤麟。苍天诛孝子，冤仰向谁伸？

懿训传贤母，千秋仰范滂。台荒思子地，石化望夫冈。

皓首伤孤鹄，慈怀动乳羊，纱幨频徒倚，老泪落微茫。

镜破鸣鸾景，鬟停堕马妆。无波古井水，微月老梅霜。

…………

刘道一的牺牲，最哀痛的是与烈士具有手足之情的刘揆一。他们不仅是兄弟，是"战友"，弟弟又有代兄死难之意。刘揆一遂将满腔哀痛，融入组诗八首《哭炳生弟》中，其末章曰：

夜阑灯暗泪清然，吊季魂兮宛在前。

早日深情棠棣赋，清流遗恨豆其篇。

苦心漫说仇三世，掩面还当入九泉。

速死倘能重聚首，人间无复弟兄缘！

刘道一牺牲时，他的未婚妻曹庄时在长沙周氏家塾读书，闻噩耗，自杀以殉，被人救了下来；两年后，一直沉浸在悲哀中的曹庄，还是在湘潭家中自缢。

刘揆一的妻子黄自珍闻曹庄自缢后，作《哭娣妇曹守道》七言绝句18首悼之。其中四首是：

衡云暗淡湘波咽，夫死国家妻死节。

啼鹃血尽冤禽枯，饮恨千秋向谁说。（其一）

年华十八入名门，多少金闺妯娌恩。

白发堂前劳问讯，红裙队里见温存。（其二）

纸窗灯火问父婿，见说中原久沧替。

母为儿女误英雄，请抒肝胆照天地。（其三）

万里风霜一国民，巾箱脱尽赠长征。

陌头杨柳春无怨，塞上烟云日有心。（其四）

1922年，刘道一、曹庄夫妇的灵柩移葬于岳麓山。从枫林亭折入半山亭游道，行至中途，就可以看到刘道一曹庄合葬墓。墓冢为球弧形，周围有花岗岩围栏，墓碑"烈士刘道一、曹庄墓"系谭延闿题书，旁边有刘道一哥哥、岳麓书院学生刘揆一撰写的《烈士刘道一夫妇合墓碑记》，墓前立有石柱一对，四面皆有文字。

这是覃理鸣墓。覃理鸣（1885—1947），即覃振，又名道让，一字竞存，桃源人。1902年（光绪二十八年）入县漳江书院，1904年留学日本宏文学院，1905年参加同盟会成立会，被推为评议员，1908年回国进行革命活动，在长沙被捕入狱。1911年（宣统三年）10月长沙起义胜利后获释，任湘桂联军督战队队长，抵武昌，任湖北军政府秘书，不久被黎元洪派赴南京任军事代表，当选临时参议员。"二次革命"时，与蒋翊武回湖南策动讨袁，失败后亡走日本，1914年加入中华革命党，任湘支部长，回国发动湖南独立。反袁胜利后，又参与护法运动，历任湖南检阅使、总统府参议兼法制委员，1924年支持孙中山改组国民党，被选为中央执行委员，次年参加西山会议。蒋介石叛变革命后，他历任南京政府立法院副院长、司法院副院长兼中央公务员惩戒委员会委员长。他是国民党元老，从抗日战争起，真诚与共产党合作，创办塘田战时讲学院，为革命培养了一批人才，抗战胜利后反对蒋介石发动内战。1947年病逝于上海，1948年灵柩迁回岳麓山安葬。其墓于刘道一墓左后方，墓冢用石片镶嵌而成，呈半球状，墓后竖有"覃公理鸣之墓"的花岗岩石碑，没有刻其显赫的官衔，表示他对蒋介石独裁的鄙弃。

这是林修梅墓。林修梅（1880—1921），字浴凡，号祖坤，临澧人，系林伯渠堂兄。1903年考入湖南武备学堂，1906年留学日本陆军士官学校，入同盟会，1908年回国，分发四川新军，次年随军入藏。1911年9月闻武昌起义爆发，急返湘，在参谋部参预军事，"二次革命"时任湖南守备队第三区第六营营长，驻守岳州、临湘前线，事败后亡走日本，肄业于东京政法学校，1914年加入中华革命党，任湘支部军司令部参谋长，1916年随程潜返国，任湖南护国军参谋长，后任湘军第一师第二旅旅长，驻军衡阳，1917年秋与署零陵镇守使刘崐涛同时宣布衡、永"自主"，反抗段祺瑞军阀政府，率左路军转战衡山、长沙、岳州等地，战功卓著。1920年秋，受孙中山命赴湘西，被推为湘西靖国军总司令，旋改为湘西讨桂军总司令，1921年任广州军政府顾问、国民议会参议员、总统府代理军长，因病逝世。同年11月2日，孙中山大总统发布命令，追赠其上将军衔。其前期著有《西藏游记》、《治藏策》，晚年思想益趋激进，倾向信仰马克思主义，1918—1921年间，先后著有《精神讲话》、《社会主义之我见》、《社会主义与军队》、《农工军组织大纲草案》等著作。1928年，棺椁自广州经上海运抵长沙，安葬于岳麓山。其墓位于赫石坡右侧、岳麓山东麓高坡橘园陵墓区，系中型墓葬。

这是陈天华、姚宏业合葬墓。

陈天华（1875—1905）是中国近代杰出的革命家、宣传家。原名显宿，字星台，又字过庭，别号思黄。新化人。其母早逝，父亲是乡村塾师，家境贫寒，15岁始入蒙塾，曾辍学在乡间做小贩，喜爱小说唱词，常仿其文体作通俗小说或山歌小调，正是这种爱好和特长，奠定了他日后写作《猛回头》、《警世钟》的语言风格。后得族人周济，乃入资江书院读书，1897年春考入新化求实学堂，深受维新思想影响，1900年就读于岳麓书院，1903年获公费留学日本，入东京弘文学院师范科。到日本不久，逢沙俄企图侵占东北三省，引发拒俄运动，祖国处于主权沦丧境地，陈天华愤而破手血书，寄示湖南各学堂，湖南巡抚赵尔巽亦为感动，亲临各学堂宣读，并刊登于官报，还饬令各府、州、县开设武备讲习所，使湖南全省拒俄运动士气更加高涨。陈天华在校参与组织拒俄义勇队和军国民教育会，先后撰写《猛回头》、《警世钟》两书，以血泪之声，揭露帝国主义列强侵略中国和清廷卖国投降的种种罪行，宣传革命，主张反对帝国主义，推翻"洋人的朝廷"清政府，建立民主共和国，其思想风行于世，影响甚大。两书通俗易懂、朗朗上口。例如《猛回头》中的片段——

> 傥若是，现政府，励精图治；保得住，俺汉种，不遭凶殃。
> ⋯⋯⋯⋯⋯⋯
> 怎奈他，把国事，全然不理；满朝中，除媚外，别无他长。
> 俺汉人，再靠他，真不得了！好像那，四万万，捆入法场。
> 俄罗斯，自北方，包我三面；英吉利，假通商，毒计中藏。
> ⋯⋯⋯⋯⋯⋯

这中国，那一点，我还有分？这朝廷，原是个，名存实亡。

替洋人，做一个，守土官长；压制我，众汉人，拱手降洋。

··········

次年初，陈天华回到长沙，协助黄兴开展华兴会革命活动，并任《俚语报》编辑，次年秋，华兴会策划长沙起义流产，又被迫流亡日本，入东京法政大学，1905 年与宋教仁等在东京筹办《二十世纪之支那》杂志，并结识孙中山，参加组建同盟会，任会章起草员，担任书记部工作和《民报》撰述员。1905 年 11 月 2 日，日本文部省颁发《取缔清韩留日学生规则》，严厉禁止中国留学生的革命活动。次日，8000 名留学生群体集会抗议，关键时刻，中国留学生总会负责人纷纷趁机隐退，不肯担负领导责任。12 月 7 日《朝日新闻》又刊文污辱"清国学生放纵卑劣，乃乌合之众"。陈天华义愤填膺，于 12 月 8 日毅然在东京大森海湾投海自杀身亡，以身殉国，目的在于：用自己的生命告诉人们，在这个世界上，有比生命更重要的东西，让每个中国人在羞愤中意识到民族的缺陷与陋习，督促、劝诫、警醒国人务必正视这些缺陷与陋习并加以改变，中华民族到了最危险的时候，要勇敢起来抗争。死时未满 31 岁，留下《绝命书》万余言，勉励同学"坚韧奉公，力学爱国"，并致留日学生总会一信，要求支持斗争。著作有《陈天华集》传世。

姚宏业（1887—1906），中国近代民主革命家。字剑生，号竞生，因仰慕朱洪武、洪秀全，改名洪业，益阳人，1904 年与陈天华留学日本，1905 年加入中国同盟会，并于日本神田之青年会组织路矿学校，首倡保护路矿主权。同年冬，参与抗议日本文部省颁发《取缔清韩留日学生规则》风潮，愤而于 1906 年归国。得知亲密战友陈天华为惊醒国人以身蹈海后，他决心继承其遗志创办公学兴国。然而办学过程中却困难重重，求助政府无效，求助绅、商、学界又无效，遂于 1906 年 5 月 6 日（一说 3 月 27 日）留绝命辞千言，投黄浦江自杀，希望以自己的死唤醒国人的觉悟。

1906 年夏，他们的灵柩经革命党人黄兴、禹之谟倡议并筹办运回长沙。湖南学生自治会闻讯后亦选派代表到东京、上海，迎接陈、姚烈士灵柩回湘公葬，这个活动的组织者就是禹之谟、宁调元等，湖南各界不顾官方阻挠，将他们公葬于岳麓山。据辛亥革命元老宁调元回忆：陈天华、姚宏业蹈水后，"越四十七日，余等扶柩，合葬于麓山之阳"。陈、姚爱国之举，感动了家乡人民，5 月 23 日这天，长沙全城学校师生，不顾清政府的百般阻挠和破坏，主动为陈、姚送葬，人数逾万，致哀队伍长达十余里，因学生皆着白色制服，"自长沙城中望之，全山为之缟素"，"军警站立一旁，亦为之感动，不加干涉"。

后来，毛泽东在《湘江评论》中记述当时情景时，称此举是"惊天动地可记的一桩事"。后人也曾评价说："由禹之谟、宁调元等领导的公葬陈天华、姚宏业事件是一次外争国权、内争民主的伟大爱国壮举，是同盟会成立后国内最早的有影响的学生运动，被誉为'湖南的五四运动'，在辛亥革命史尤其是湖南近代史上写下了光辉的篇章。"

陈天华、姚宏业合葬墓，位于古麓山寺左后方，沿寺左侧拾级而上约百余米，即到墓所，两墓并列，以花岗岩砌成石棺，墓后正中嵌有"陈烈士天华之墓"、"姚烈士宏业之墓"的墓碑，墓前立有公元 1921 年曾继梧所撰《陈天华先生墓碑》。这是岳麓山上极为特殊的墓葬，"分冢合葬墓，各有自己的墓冢，但又共处一茔"。这表明，虽然两个墓主没有血缘关系，却有着相同的人生经历，或者相同的人生落幕。

这是刘崐涛墓。刘崐涛（1887—1918），名建藩。醴陵人，保定陆军速成学校毕业，同盟会会员，先后任广西新军学兵营骑兵队队长、混成协骑兵营管带，武昌起义后随赵恒惕出师援鄂，后移军南京，任第八师骑兵团团长，1913 年参与"二次革命"，赴蚌埠、徐州前线作战，事败后亡走日本，肄业于早稻田大学，1916 年返国，任湖南护国军第一军第三梯团长，改湘军第一师第一旅旅长，1917 年 8 月署零陵镇守使，拥护孙中山"护法"主张，联络驻衡阳湘军第一师第二旅旅长林修梅，于 9 月 18 日宣布衡、永"自主"，武装反对北洋军阀，揭开护法战争序幕。继后，率零陵镇守使署守备队出右路，转战攸县、醴陵、平江、岳州等地，屡败敌军，1918 年 5 月不幸在株洲齐家桥中敌军埋伏，坠水牺牲。1920 年迁葬于岳麓山。顺飞来石旁的曲径下行，可直达刘崐涛墓，其墓区地势空旷，规模宏敞，墓座为三级圆台，上有剑形墓碑，正面刻"刘公崐涛之墓"，墓后刻有"护法元勋"及广东、广西、江西、云南等省督军所赠铭文。

这是谭馥墓。谭馥（1878—1909），又名绍基，字文炳，湘乡人，早年加入哥老会，1906 年参加萍浏醴起义，事败赴广州，在清军巡防营中设立保亚会，加入同盟会，1907 年与葛谦等赴钦州，运动清防营统领郭人漳部士兵反正，响应钦廉防城起义，事泄再逃广州，继续在清军中进行活动，次年 10 月，光绪帝与慈禧太后相继死亡，他与邹鲁、赵声、朱执信等拟趁机发动起义，并散发保亚票以资联络，事败后避走郴州，1909 年被捕，押回广州，遭刑讯 80 余次，坚不吐实，于这年 7 月壮烈牺牲，终年 31 岁，葬于广州市黄花岗，民国成立后，1912 年迁葬岳麓山。其墓位于黄兴墓小月亮坪下，墓冢以花岗岩砌成，墓左竖有邹鲁所撰《谭烈士馥纪念碑》，墓后嵌有烈士墓名，墓名碑两侧有对联曰——

> 名山有幸埋忠骨
> 黄土无情化国殇

岳麓山东麓原有葛谦墓。葛谦（1885—1908），字树安，号诞麟，湘乡人，是有名的辛亥革命志士。早年就读于长沙农业学堂，旋入湖南弁目学堂，与陈作龙等组织湘省光复会，密谋革命，1903 年留学日本，入大森体育会兼习军事，并发展光复会组织（后更名光华会），次年回国，参与万福华谋刺王之春事件，事败后避走武汉，后谋刺铁良未果，返湘参加萍浏醴起义，失败后到桂林，任教广西陆军小学堂，旋赴广东与谭馥等组织保亚会，1908 年又与邹鲁、赵声、朱执信等密谋乘光绪帝与西太后相继死去之机在广州起义，并散发保亚票以资联络。事泄被捕，从容就义，民国时移葬岳麓山。圆形墓葬，花岗岩墓塔，2 米多高，有邹鲁撰写的《葛烈士谦纪念碑》碑文。其墓被毁，今址不存。目前，已找到被毁葛谦墓的一块墓碑和一块石碑，麻石墓碑上刻有"烈士葛谦之墓"六个大字，石碑则已断掉一截，碑文内容不全，有关方面拟将葛谦墓在原址复原。

这是杨卓林墓。杨卓林（1876—1907），醴陵人，同盟会会员，孙中山得力助手、辛亥革命先驱，湖南醴陵浏阳和江西萍乡起义领导人之一。他从小拜高师习武，武技高强，1893 年投入清军江南福字营当目兵，翌年中日甲午战争爆发，随军北上，参与抗击日本侵略者的战争，失败后曾至广东、香港等地活动，复投入张春发营为目兵，1900 年升任武卫左军队官，并随张春发开赴京、津一带，与八国联军接仗，奋勇当先，勇敢杀敌，在张家湾战役中，刺死日本骑兵斥候等多人，左脚亦被枪伤，因伤不能行走，"睡卧荆棘中，各国兵队在身旁行过，亦不觉得，天明复逃至运粮船上"，得以幸免。抗击八国联军战争失败后，目睹帝国主义侵略者的凶残，"愤清廷乱政误国"，从而由爱国产生反清革命思想，遍游各省，广交江湖豪侠，通过一段时间与会党联络，认识到会党群众虽具有革命性的一面，又具有落后散漫的一面，无法约束，"不足与有为，遂决心转学陆军"，以期将来从清军内部夺取军权，实行反清革命，于是再投张春发营内，充随员，并在张春发所开办的随营武备学堂学军事整两年，后闻江南开将备学堂，经标统杜云秋举荐，入南京将备学堂，1905 年 7 月卒业，是年秋负笈东瀛，入日本神田区高等警监学校，经常利用节假日到横滨从粤人李植生学制炸药、炸弹技术，为武装反清作准备。他在日本深受中国留日学生民主革命思潮影响，曾与孙中山、黄兴晤面，极得孙、黄信任，常听孙中山演说三民主义，孙亦多次向他询问革命军起事的战术及有关军事方面的知识，杨每问必答，将自己所学的军事知识毫无保留地告之，颇得孙中山赞许，嗣后由黄兴介绍加入同盟会，成为同盟会的重要骨干。陈天华蹈海自杀后，他痛不欲生，极思有所作为，于是迁居横滨，继续研制各种炸弹。是年 12 月底，姚宏业被留日学生推举为归国代表，路过横滨时与杨卓林道别，两人"相对泣下，各以死相勖"。1906 年 3 月 27 日，姚宏业自沉黄浦江死难后，悲愤交集的杨卓林受同盟会指派，于这一年的夏天偕同志李发根、廖子良两人由日本返国组织力量，准备在长江流域发难。1906 年萍浏澧起义爆发，他在南京谋刺两江总督端方，不幸被人出卖，于 1907 年 3 月 20 日在南京英勇就义。萍乡人叶钧与醴陵人潘晋收其尸葬于南京。辛亥革命后，1912 年 2 月，南京临时政府陆军部呈请以南京太平门外玄武湖原端方私宅改建烈士祠，主祀先后被端方杀害的杨卓林和郑子瑜，并附祀曾谋炸端方等五大臣而殉难的吴樾、谋刺载洵而被害的熊成基以及蹈海的杨毓麟、陈天华等烈士，此呈经孙中山批准施行。不久，黄兴复派人护送杨卓林灵柩回湘，安葬于岳麓山。其墓位于五轮塔东向入口处，花岗岩墓塔 2 米多高。

这是彭遂良、彭昭墓。彭遂良（1880—1911），字若海，宜章人，1905 年至长沙，入禹之谟所办的唯一学堂，次年夏，随禹之谟发动公葬陈天华、姚宏业于岳麓山行动，被放逐回乡，1907 年冬，在族叔彭邦栋策动下，与李国柱等合组东兴造纸公司于嘉禾、临武边境，为革命交通机关，事泄后复于湘粤边境山区潭源洞组织"土著垦牧团"，进行秘密活动，1911 年 11 月初，与彭邦栋等在宜章发动起义，率部入城，遭防兵袭击殉难，1912 年民国政府追赠为陆军上校军衔，1913 年公葬于岳麓山。彭昭（1886—1911），系彭遂良胞弟，随兄至长沙唯一学堂就读，后回乡参加推翻清朝的革命活动，1911 年与兄遂良同时殉难。这对兄弟墓葬位于禹之谟墓左侧，墓冢以花岗岩砌成长方形，墓后嵌有烈士墓碑，左右刊有新化苏鹏撰《墓志铭》。

这是董健吾墓，位于张辉瓒墓附近。董健吾（1884—1911），名杰，岳阳人，清末毕业于岳阳速成师范学堂，在岳阳城乡小学堂教课，他不论上任何课，均结合宣传革命、排满的理论，平日结交革命人士，尤其是教军事操时，常对学生说："我们要发奋图强，唯有精究科学，致力武备……若不推翻满清专制，则锦绣河山要瓜分，堂堂的华夏，亦将步于黑奴红番的后尘。"他每次唱起军歌来便痛哭流泪，把学生感动到哽咽不能语，当时岳阳社会上不了解其爱国热情的人，都怀疑他患了神经病，称他为"健疯子"，1911年10月拥焦达峰、陈作新起义，1911年11月10日遭兵变而被杀，1913年孙中山、黎元洪为其昭雪，将遗体送往岳麓山举行国葬，并亲撰挽联——

千古旧名门，兄成仁，弟起义，母老慈悲，一家数月，三死人，奇烈、奇情、奇祸，转成奇福征，君等占完全，如录荣哀，编史册；

万年新世界，陈溺海，徐剖心，孙黄盛业，四五首领，六君子，民主、民族、民权，遂重民生策，我来无讪唔，痛呈时事，慰灵魂。

这是李仲麟墓。李仲麟（1886—1920），1916年随程潜由云南回湘招抚，任招抚使署总务处长，后任铁道守备队司令官，民国九年（1920）11月25日，在六区司令任上被赵恒惕杀害，1928年国葬于岳麓山。其墓位于穿石坡下方，墓区范围较大，墓冢呈球弧形，墓后正中嵌有"李公仲麟之墓"碑及李将军夫人撰写的碑记，墓前围栏上有"浩气长存"石刻，墓后上方有墓坊，前方有石刻立柱。

这是余昭常墓。余昭常（1868—1911），字华禄，亦作华麓，浏阳人，幼年读书勤奋，学业长进很快，深受老师称许，成年后体型魁伟，臂力过人，爱好武术，经教师专门指教练习，具备相当的武功根底，其为人正直豪爽，深受当地人士推重，1890年受谭嗣同之父湖北巡抚谭继洵的委派在武昌、汉口一带查核税厘，他性情刚直，以公正廉洁自勉，不接受任何馈赠，因此得罪了不少权贵，他们在谭继洵面前诉苦，说长道短，谭继洵劝余昭常"通融办事"，见官场、商场黑暗腐败，遂愤而辞职回乡，从事木材生意，往来于长江一带，广交会党徒众，从事反清革命活动。1908年8月在长沙结识革命党人焦达峰，两人一见如故，焦达峰当即介绍他加入同盟会，他慨然将家资数千金捐作革命经费，自此成为焦达峰的知心朋友和得力助手。他比焦达峰年长20岁，焦达峰把他视为兄长，非常尊重他的意见，凡事都与他商量，他协助焦达峰在平江、浏阳、醴陵、长沙一带联络会党，为反清武装起义作准备。1911年四川保路风潮兴起，四川革命党曾派人来湘，要求湖南革命党人采取相应的行动支援四川保路运动，余昭常拟入川直接参加武装斗争，后因两湖形势迅猛发展，未能成行。1911年10月武昌首义成功的消息传到长沙，革命党人欢欣鼓舞，焦达峰委派余昭常去浏、醴联络会党，10月22日，长沙起义时余昭常率兵随焦达峰攻城，奋勇当先，用大铁锤击破城门，扫除障碍，占领荷花池军装局。长沙光复第二天，杨任抵达长沙，焦达峰即以军政府名义委派杨任为西路招讨使，余昭常为参谋总长，前往常德招抚。杨任、余昭常与焦达峰商量，拟带军队一同前往，但被立宪派阻挠未成，于是议决到常德后再成立新军一师。10月27日下午，杨任、余昭常、凌汉秋、张锡先、张绍先、钟杰、涂鉴衡、刘汉庭诸人，率领实业学堂、陆军小学堂等校学生和随行人员100余人，前往常德。10月29日早晨，余昭常、杨任一行到达常德，受到商民欢迎，杨任等入城后，即于常德府考棚内设立招讨使办公处所，余昭常善于辞令，到常德后分别召集官员和群众开会，宣传革命党的主张，并大力整顿，使革命秩序井井有条，清军西路巡防营统领陈斌生独霸常德、辰州一带，伪装顺从革命，亲自拜访杨任等人，以掩盖其反革命面目，得知焦达峰、陈作新被杀害后，遂夺取政权并以极其残忍的手段将杨任、余昭常等13人杀害。民国南京临时政府成立后，为表彰余昭常的功绩，将其遗骸移葬于岳麓山。其墓就位于焦达峰墓下方。

这是易本羲墓。易本羲（1887—1911），湘乡人，是辛亥革命时期华兴会、科学补习所最早的成员之一，1903年入长沙武备学堂，年仅16岁的他到长沙不久后即追随黄兴从事民主革命活动，深得黄兴器重，次年黄兴、宋教仁、刘揆一等在长沙秘密成立反清革命团体时，17岁的易本羲毅然加入，成为华兴会最年轻的会员之一，在他的影响下，明德、经正等学堂涌现了一大批同情革命的进步师生，他与胡瑛利用这一有利条件，在经正学堂组织义勇队，但不慎为清政府侦知，被迫避走武昌，入清军工程营当兵以掩护身份，不久胡瑛与吕大森等深感非组织一机关不足以联络同行以促革命，与易本羲、宋教仁等在武昌加紧筹组革命团体。1904年5月，一个以补习科学知识为名的"科学补习所"便在武昌正式成立。科学补习所的创办，对此后长江中游一带革命形势的发展，具有十分深刻的影响。数年后在武昌组织打响辛亥革命第一枪的文学社和共进会的成员，早年多因参加科学补习所或受科学补习所传播的民主革命思想影响而走上反清革命道路。1904年黄兴、胡瑛等组织长沙起义，并决定由易本羲行刺张彪、王怒行刺张之洞，关键时刻长沙起义事泄，易本羲与黄兴等遭清政府通缉，黄兴亡命日本，易本羲被迫匿迹湖北各地。起义受挫，使易本羲大受刺激，遂决定加入暗杀行列。是年底听说清朝的死硬派大臣铁良即将巡视南方，以镇压南方日益高涨的民主革命运动，他以为是天赐良机，便在南京下关潜伏准备击杀铁良，此事被李茂桢得知，李是当时两江总督李兴锐的孙子，又与组织暗杀铁良的章士钊、俞大纯等过从甚密，李茂桢苦苦劝章、李等人不要在他祖父任地发难，以免连累李氏家族，革命党人为了日后利用李茂桢筹款及交通等便利，便接受了其建议，暗杀铁良的行动遂告中止，易本羲只好将暗杀器械运回上海，不料途中被清军密探侦知，清廷悬赏两万元捉拿，易本羲应革命党人之邀，南下桂林伺机起义，又因事泄而告败北，因迭遭通缉而亡走香港，后入日本早稻田大学学习，生活艰难但没能动摇其为革命的心志。1905 年 9 月，他由宋教仁主盟宣誓加入同盟会，成为湖南留学生早期加入同盟会的最年轻会员之一，后因陈天华、姚宏业事件激励，易本羲愤而回国，为反清革命日益奔波，吸纳志士，因他屡次参加革命行动，且多系骨干，早已被列入清吏逮捕名单，于是被迫再次去国离家，赴南洋，以教书为掩护，继续从事反清活动，还为同盟会在南洋华侨中募捐数十万元以支持革命。由于他长期奔走革命，辛苦劳瘁，久羁异国他乡，心情抑郁不伸，以至积劳成疾，每每念及祖国现状及革命前途，常常忧愤不能自已，最后竟至吐血，1911 年不顾体弱多病，冒险毅然回到长沙，与同盟会湖南分会主要负责人曾杰等秘密策划，准备在广州起义成功后，鼓动长沙、湘潭的湘军和防军发难响应起义，又与王荷亭、杨阜青等人在长沙路边井开设武城试馆，作为革命的联络机关，秘密商讨策动新军响应广州起义事宜，不料黄花岗起义失败，给易本羲以极大刺激，他忧愤交加，以致旧病复发，吐血不止，于 1911 年 5 月 19 日在长沙病逝，时年仅 24 岁。辛亥革命后，谭延闿督湘时，为之亲笔题字"就义成仁"，并将他改葬于岳麓山云麓宫左侧，"印心石屋"石刻上方。作为革命前驱，易本羲似乎没有什么惊天动地的伟业，他所直接从事的反清活动又多以失败告终，也许正因如此，后人很难在有关史书中找到其生平事迹。然而，正是这些先驱的鞠躬尽瘁，启迪鼓舞了后来者，他们的奋斗精神是永垂不朽的。

这是胡子靖墓。胡子靖（1872—1940），名元倓，号耐庵，晚年自署乐诚老人，湘潭人，1897 年（光绪二十三年）拔贡，1902 年留学日本弘文学院速成师范科，1903 年返国，在长沙创办明德学堂，为湖南私立学堂之始，继又设立经正学堂，1904 年明德于中学外增开高等小学班，1908 年又开设高等学堂银行科，规模渐臻完备，1911年赴日就任留日学生监督。辛亥革命爆发后即返国，继续致力于教育事业，1913年创办明德大学于北京，设商科及政治经济科，1915年停办。五四运动时期，他支持爱国学生运动，反对北洋军阀的残暴统治，同年再设明德大学于汉口，1926年因经费拮据停办，1929年任湖南大学校长，极力谋求湖大的发展与提高，1930年辞职，此后专意致力办中学，志在培养人才，以"坚苦真诚"四字为校训，抗日战争时期出任国民参政会参政员，1938年长沙大火，明德校舍被毁，他将明德迁湘乡县霞岭乡继续上课，1940年冬以高血压症猝逝于重庆歌乐山寓所，有《耐庵言志》诗集传世。1948年归葬岳麓山，墓葬位于云麓峰西侧公路下方湖南教育公墓区。

岳麓山黄兴墓附近，与谭馥墓相邻，原有黎尊墓，今址不存。黎尊，字建侯，长沙人，早年入江西陆军随营学堂，1906年在湘与宁调元、葛谦、谭馥交游，走上反清革命道路，1907年入广州新军营，1908年参与"保亚会"活动，事败后避走广西，1909年在广州密谋起义被捕，系狱二年，1911年广州光复后始出，被委为粤军建字军统领，未久任北伐军第三混成协协统，1912年任中央第五独立旅旅长，1913年解职赴粤参加"二次革命"，事败流亡香港，1914年入中华革命党，策动潮梅独立，1916年参与策动肇和军舰起义，护法期间任孙中山大元帅府参军，1923年任桂军第十二师师长，1931年任广东国民政府参军。2005年，其海外亲属前往岳麓山寻墓未果。

此外，岳麓山上还有辛亥援鄂汉阳阵亡将士公墓和辛亥援鄂民五护国阵亡将士公墓。

辛亥援鄂汉阳阵亡将士公墓。1911年辛亥革命爆发，湘军北上援鄂，与清军浴血奋战。革命胜利后，将牺牲在汉阳的烈士遗体运归故土，1912年公葬于岳麓山。墓区位于岳麓山景区管理处后方山坡，范围较大，阵亡将士分三排并列安葬，墓后正中嵌有"汉阳阵亡将士公墓"碑，所葬烈士有：贺汉云、李国卿、王炳初、石玉亭、刘冤生、彭德安、文光斗、严少全、罗清云、曾宽之、冯以义、冯润臣、王贵卿、左永兴、杨义胜、邓皇桂，另有无名烈士2人。

辛亥援鄂民五护国阵亡将士公墓。1911年（辛亥年），10月10日，武昌起义爆发，各省纷纷响应，起兵赴鄂增援，形成全国规模的辛亥革命，为封建清王朝奏响了丧歌，革命胜利之后，北上援鄂的烈士遗骸，运回长沙，公葬于岳麓山，墓区位于五轮塔下方，所葬烈士有：熊亮、黄心田、王晃秋、许在堂、熊毓瑶、周国宾、徐履中、刘亚清、谈星堂、宁××、熊南生、谢贤士、朱积达、郭长贵，另有无名烈士4人。

辛亥革命群英中，还有几个重量级著名人物，可惜未入葬于岳麓山。这就是：宋教仁、谭人凤、杨王鹏、杨毓麟。

宋教仁（1882—1913），字钝初，号渔父，桃源县人，是辛亥革命时期著名的资产阶级革命领袖，中华民国的主要缔造者，民国初期第一位倡导内阁制的政治家，在发扬资产阶级革命思想、领导推翻帝制的武装斗争、草拟资本主义宪政纲领、以议会方式反对袁世凯专制等方面的业绩，常为世人道及，在25岁之龄，即为中国领土的完整做出过杰出贡献。他先后担任过华兴会和同盟会的主要领导，中华民国临时政府唐绍仪内阁的农林部总长，也是国民党的主要筹建人。曾留学日本法政大学、早稻田大学，1913年3月20日，时任国民党代理理事长的宋教仁在上海火车站（老北站）遭枪击，22日不治身亡，终年31岁。1924年6月安葬于上海闸北公园内，墓呈半球形，立有"宋教仁先生之墓"的石碑，墓顶塑一展翅雄鹰，象征先烈革命的凌云之志，四周遍植龙柏，绿树成荫，庄严肃穆，墓前方立有宋教仁先生的石雕像，作支坐侧思状，下为石座，石座上有章太炎的阳篆"渔父"二字，于右任撰书刻铭曰：

> 先生之死，天下惜之。先生之行，天下知之，吾又何纪，为直笔乎？直笔人戮。为曲笔乎？曲笔天诛。嗟嗟九泉之泪，天下之血，老友之笔，贼人之铁。勒之空山，期之良史，铭诸心肝，质诸天地。呜呼！

谭人凤（1860—1920），亦名有符，字符善、石屏，号石叟、雪髯，新化人，自幼喜读《船山遗书》，很早便接受民族气节熏陶，13岁中秀才，后加入洪门会党，1896年在村塾任教，常读《时务报》等新学书刊，慨然兴救国匡时之志，1903年至1904年间，参与发起成立华兴会，复在邑设福田小学，联络本邑及附近各县洪门会党，响应华兴会长沙起义，未成，1905年10月助宝庆会党举事未遂，次年12月东渡日本，经黄兴介绍，加入中国同盟会，旋奉黄兴命，偕宁调元、胡瑛等返国策应萍浏醴起义，事败，重返日本，1907年入东京法政学校学习，回国后曾先后奔赴广西、云南、香港，参与策动一系列反清起义，1911年至武汉，力促共进会与文学社联合，7月与宋教仁等在上海发起成立中部同盟会，被举为总务会议议长兼干事，积极推

225

动长江各省革命势力的发展。武昌起义后，抱病于 10 月 14 日晨莅鄂，参与制订《中华民国军政府暂行条例》。汉口战事吃紧时，一度赴湘请援。汉阳失守后，黄兴去沪，黎元洪避走城外，谭人凤临危受命，出任武昌防御使兼北面招讨使，指挥武昌各军布防御敌，布告安民，旋代表湖南出席各省都督府代表会议，被推为议长，主持制订《中华民国临时政府组织大纲》，南京临时政府成立前后，反对南北议和，主张继续北伐，并在上海设立北伐机关，后任川粤汉铁路督办、长江巡阅使等职，1913 年 3 月 10 日袁世凯授陆军上将衔及勋章，辞不受。"宋案"发后，力主武力讨袁，6 月奉黄兴之命，回湘策动都督谭延闿反袁独立，扩军备战，失败后遭缉捕，流亡日本，1914 年孙中山、黄兴因筹组中华革命党事渐生抵牾，谭居间调解，尽力维护党人团结，孙、黄俱感佩，誉为"正大稳健之至"。黄兴曾赠诗谭人凤，对其谋划武昌首义给予高度评价——

> 怀锥不遇粤途终，露布飞传蜀道通。
> 吴楚英豪戈指日，东南侠气剑如虹。
> 能争汉上为先著，此复神州第一功。
> 愧我年年频败北，马前趋拜敢称雄。

1916 年春回国，因年迈体衰于 1920 年 4 月 24 日病逝于上海。当时哀挽吊丧者众，其中一副挽联对他评价道：

> 事成公去，事败公来，只手斡乾坤，禾黍当场多感慨；
> 邪乱不居，邦危不入，大名匿游侠，江湖满地哭英雄。

后人根据其遗愿，将他安葬于新化县茅田村老马塘山（后名为"谭家山"）。现其墓前有新化县政府立汉白玉文物保护碑，碑刻"民主革命先驱，武昌首义功臣"，是中国共产党人给他的真实评价。

杨王鹏（1887—1916），复姓杨王，名鹏，字子邕，湘乡人，20 岁时投湘军当兵，因有反清言论被开除，后投湖北新军第四十一标当兵，相继加入湖北军队同盟会和群治学社。1910 年群治学社改组为振武学社，被推为社长，不久因黎元洪察觉被开除军籍。1911 年加入文学社，任参议，武昌起义爆发后，与焦达峰在长沙响应，任湖南军政府秘书，焦达峰遇害后，避走武昌，任湖北军政府军令部人事局长。南北议和后辞职，任《民心报》经理，后任国民党汉口交通部主任。1913 年宋教仁遇刺，遂于武昌密谋起事，未成，赴长沙游说谭延闿独立，失败后赴日加入中华革命党，1916 年奉命回国，于长沙组织护国军讨袁，被湘督汤芗铭逮捕杀害。葬于其故乡湘乡县梅桥镇峰城村。

对于杨王鹏的一生，一位革命党人曾给予高度评价，赞曰：

子岂革命，素志坚决。

身虽短小，骨侠而烈。

既倒满清，复揿袁贼。

虽罹极刑，骂贼不绝。

衡岳钟灵，孕兹人杰。

千秋万岁，照耀史册。

孙中山在日本听到杨王鹏等被捕的消息后，几次急电国内党人"要不惜一切代价予以营救"，得知杨等被杀害的噩耗后仰天长叹，连声痛呼："失我精英，断我股肱"！当即疾笔愤书悼联：

忍将麟凤供庖脯；

如此江山待拂除。

正在云南指挥讨袁战役的蔡锷，得知杨王鹏被害的噩耗后，也慷慨大呼："还我挚友，还我国家精英，还我民族正气！"

杨毓麟（1872—1911），即杨守仁，长沙县人。本书第四章里，介绍过他。这里要补充的是，他是老资格的革命党人，在辛亥革命时期，以一本书即《新湖南》和一份报纸即《游学译编》而出名，前者被史家评价为"辛亥革命准备时期最具鼓动力的著作之一"。早在戊戌变法时期，他就担任过《湘学报》时务栏的编撰，被湖南时务学堂聘为教习。1902年春留学日本。1907年4月2日，《神州日报》在上海创刊，它是继《警钟日报》之后，革命派在国内出版的第一份大型日报，是这时期同盟会在东南八省进行革命宣传的一个重要言论机关。该报文字"以沉郁委婉见长"，"激发潜伏的民族意识"，杨毓麟为该报总主笔，他撰写的社论和小品文，揭露和鞭挞清政府的专制统治和帝国主义侵略中国的阴谋，文章生动活泼，幽默滑稽，抒发真挚感情，时人誉为："公之文欲天下哭则哭，欲天下歌则歌。"1908年春，被留欧学生监督蒯光典聘为秘书，随行至英国，第二年冬天，蒯光典因故罢归，杨毓麟亦辞秘书职，转赴英国苏格兰爱伯汀大学学英文及数学等科，同时担任同盟会机关报《民立报》特约通讯员，为国内读者介绍西方各党派的活动情况。1909年8月至10月，孙中山流亡伦敦期间，他曾向孙中山建议设立欧洲通讯社，孙中山表示赞成，并致函当时在布鲁塞尔的同盟会员王子匡，嘱其与杨毓麟"共同担任之"。虽然身在国外，但他对国内的革命十分关注。但国内传来的都是革命失败的消息，特别是1910年3月汪兆铭、黄树中等谋刺摄政王载沣的行动失败，此举不仅让汪等入狱，也暴露了武器的来路，因为炸弹里的炸药出自苏格兰，是杨毓麟特地从英国购买而来，1911年4月间黄兴发动的广州起义又以失败告终……杨毓麟悲愤已极，目睹列强妄图瓜分中国，心里更是又急又恨，自己势单力孤，无法报国，便留下遗书，托石瑛、吴稚晖两人将留英数年所积之130英镑中的100英镑转寄黄兴作为运动革命之费，余30英镑转寄其老母以报养育之恩，然后在大西洋海湾蹈海自尽，走上了陈天华和姚宏业的以身殉国之路。人们将其遗体打捞上来，旅居利物浦的华侨次日召开追悼大会，并厚葬于利物浦公墓里。墓前树有纪念碑，上面用中文写着"中国蹈海烈士杨先生守仁墓"，碑上一块用花岗岩制成的碑石上，用英文写着："中国烈士杨守仁，是因政治思想而死的。死时40岁。1911年8月5日。"老同盟会员古直，写悼诗刻画其蹈海心理曰——

> 曾把心香爇到君，亡秦三户识雄文。
> 洞庭秋色连天暮，沧海哀涛匝地闻。
> 含口岂忘精卫恨，怀沙空怅楚江云。
> 故山何处堪埋骨？未忍生还入国门。

辛亥革命给长沙留下的，不仅有座"辛亥山"，而且还有许多历史遗迹。我们在友人的指引下，一一走过。

西园、华兴会成立旧址。西园位于开福区湘春路南段，东起北正街，西至西园北里，因唐宰相裴休在此建西楼而得名。清末民初，明德学堂董事龙璋在此建筑一处四合院公馆，是为龙宅，后亦为经正学堂校址。1903年11月，黄兴、宋教仁、陈天华、张继、谭人凤、周震麟等人，在保甲局巷彭渊恂家集会，决定组织华兴会；1904年2月15日（清光绪二十年除夕），黄兴、宋教仁、陈天华、张继等聚会于此，成立革命组织华兴会，是为清末民主革命初期的第一个重要革命组织，首开中国内地革命之先声，使革命风潮弥漫三湘。会上，黄兴被推为会长，宋教仁、刘揆一为副会长。1904年10月，华兴会谋划长沙起义，事泄失败，会员被迫避走各处。旧址曾于1986年被征用拆除。2011年10月9日明德中学将其修复为华兴会纪念馆，作为湖南省爱国主义教育重要基地对外开放。会馆入口有黄兴、陈天华、宋教仁等华兴会主要成员雕像，馆内通过场景复原、史实布展、主题创作、音视频播放等方式，再现一百年前华兴会成立前后的种种历史事件。

太平街、四正社旧址、共进会旧址。太平街西侧有金线巷、孚嘉巷、马家巷等，东侧有太傅里、江宁里和西牌楼等。清末，为方便货物和居民出入城，在小西门和大西门之间新开一太平门，太平街由此得名。太平街一带自古为人文荟萃和商业繁华之区。街区内，小青瓦、坡屋顶、白瓦脊、风火墙、木门窗，是这一带民居和店铺的共同特色。老式公馆则保留了石库门、青砖墙、天井四合院、回楼护栏等传统格局。太平街街区较好地体现了长沙历史文脉和特色，街区内历史文化遗存也有很多亮点，辛亥革命时的共进会、四正社旧址即其一。

四正社旧址位于太平街孚嘉巷42号，原址1938年"文夕大火"中烧毁，1946年光复重建，又名"兰庄"，与同街的"端庄"、"朱（培训）家公馆"、"大同油行"、"陈（再法）家公馆"、"翠庄"同为长沙著名公馆建筑，入住的多为湘乡行商。"兰庄"占地面积约200平方米，南北向长条形双层建筑，四级台阶，进门为左右舒展方砖铺地前厅，即可见壁立上方各两层六套厢房，双层楼幅，燕子瓦顶，木窗爽豁，天井通透，左手有侧门，私静隐秘。焦达峰在1904年入长沙高等普通学堂时即加入哥老会，自命梁山泊天罡，1906年焦达峰留学日本东斌学校，入同盟会，成立"四正学会"，1909年初，与孙武回国进行反清革命活动，曾在这里从事革命活动。

太平街马家巷17号系清末旅社同福公馆旧址，民国时期重修。辛亥革命时期湖南革命组织秘密机关共进会曾设于此，今为居民住宅。建筑面积450平方米，为典型的"口"字形四合院天井住宅。建筑格局十分清晰简洁，天井地面由长条形花岗石铺成，建筑细部犹存。两层木栅回廊上的竖木条做工精细，颇具地方特色。一色的木楼梯、木地板，木板隔成10多间房间，油漆虽已剥落，但构制仍很完整。1909年8月湖南革命党首领焦达峰，从汉口回到长沙，在太平街马家巷同福公馆设立共进会湖南总机关，曾多次在此秘密集会，策划反清革命。

协操坪。位于东风广场体育馆侧，今为体育馆路，原是清末新军二十五混成协驻地操坪，故名协操坪。1939年、1944年日本侵略军两次攻占长沙时，曾在此修筑机场，1946年国民政府将临时机场正式扩建为机场，后为省会人民举行大型集会场所，名东风广场，现为湖南省人民体育场。

民主东街。位于开福区，南起学宫街，北止民主后街，1909年湖南巡抚在此处的长沙县学宫明伦堂设咨议局，1913 年湖南省咨议会大楼建于此，因而此地被誉为湖南近代民主的发祥地，此即街名由来，又曾名议会东街，建筑今犹存，在省总工会院内。1926 年北伐军进入长沙，国民党省党部驻此，此街因此改称党部东街，1950 年定名为民主东街，与之相邻的还有民主西街、民主后街、民主巷等。

兴汉门。即今蔡锷北路与湘春路交界的地段，为古长沙城北二门之一新开门的所在地。1911 年 10 月 22 日焦达峰、陈作新领导的湖南新军响应辛亥革命，即从湘春路入城，赴新开门夺取军备局，一举成功，遂将新开门改为兴汉门。

黄兴路。1933 年 10 月 1 日，长沙市作为一级行政区域正式成立，第一任市长何元文为使长沙成为一个略具现代化规模之都市，遂在市内开始修筑街市马路，黄兴路、蔡锷路、新湘路、河西大马路、中山大马路等，就是这时期修筑的，其功不可没。黄兴路南起劳动西路，北至中山路，全长 2136 米，南门口以南宽 40 米、以北宽 17 米，以解放路口为界，以南称黄兴路，以北称黄兴中路，因纪念辛亥革命领导人黄兴而命名。20 世纪 90 年代在此建设商业步行街，步行街与解放路交界处塑立有黄兴铜像一尊。

蔡锷路。南起解放路，北至北站路，全长 2537 米，路宽 17 米。以中山路为界，以南称蔡锷中路，以北称蔡锷北路，因纪念讨袁护国名将蔡锷而命名。蔡锷路是在原理问街和东长街等老街的原址上修建起来的，抗战胜利后在蔡锷中路北端街口建有一抗战胜利纪念牌坊，20 世纪 50 年代中期被拆除。蔡锷中路是穿越长沙老城区的一条主要通道，商业较为发达，民国时期，易天凤金号、奇峰阁酒家、沙利文西点店、柳德芳汤圆店等著名店铺都开设在这条街上。20 世纪 50 年代以后，长沙晚报社、邮电大楼、中国人民银行湖南分行、长沙饭店、外文书店、湖南省公安厅执行所先后迁到了这条路上。位于五一大路口的蝴蝶大厦于 20 世纪 80 年代拔地而起，是长沙城较早落成的一处高层建筑，给蔡锷路这条老街带来了浓郁的现代气息和勃勃生机。

先锋厅。先锋厅今指黄兴北路与中山东路交会的三角地带，原名选钎厅，先锋为清代绿营兵种，清巡抚衙门卫队驻此，民国后，湖南省军事厅曾一度设于此，1930 年修筑中山路时，在先锋厅建中山纪念亭，亭楼上装有标准时钟，故又叫先锋厅钟楼，1948 年修筑黄兴北路时，至先锋厅地段呈"八"字形与中山路相接，保留了中山亭的完整。

中山路。是长沙市第一条次高级柏油马路，东起小吴门、西止沿江大道，全长 1470 米，宽 17 米，为纪念民主革命的伟大先行者孙中山而命名。1926 年，长沙市为开辟湘江航线与粤汉铁路水陆联运交通捷径，改修"东西干线"，于 1929 年 2 月将原小吴门正街、贡院街、辕门上、小东街进行扩建拆迁，历时 1 年，至 1930 年 2 月即完成了路面柏油敷设，修筑了边沟、人行道，设置了灯柱，从而建成了长沙市最早的东西干道。先后有国货陈列馆、银宫电影院、德和酒家、华中理发店等建筑新颖、豪华舒适的商业和文化娱乐设施在此街路两边落成，中山路迅速成为长沙城区又一繁华商业区而闻名于市。

中山亭。位于中山西路先锋厅街心，中山路与黄兴路交会处，原为市立民众教育馆旧址，始建于清代中期，坐北朝南，为三层砖木结构的主楼，1930 年 7 月改建为钟楼，7 月即告竣工，为纪念伟大的革命先行者孙中山而命名为中山亭。亭高十余米，五层，为西式方形建筑，是长沙市区保存至今较有特色的一幢近现代著名建筑，附楼北向三层。此前，长沙习相沿，向以天阁城楼午炮为标准时间，每至午时，霹雳一声，惊天动地，于人民生活殊多妨碍，钟楼建成后，四向各装有从德国购进的电动标准时钟，人们从此经过，举目遥望，即可获知时间。所以，中山亭的建成是长沙城市使用公共标准时钟之始。当时的四面钟什么时候毁掉的，已无从考证，现在钟楼上的时钟是青岛烟台产。晚清拔贡王选豪有对联描写中山亭曰——

> 一览凌空，城郭万家归眼底；
> 九宫在望，云山四面豁胸怀。

中山亭是近百年来长沙城市变迁的历史见证。修建中山亭的当年，曾在其南向修了条 10 米宽的马路，通往吉祥巷，又于两旁各修一支线，与中山路相连，1948 年修筑黄兴中路，先锋厅又与八角亭、司门口连成一线，成为通途。现在的中山亭，是 2007 年重新修复的，外观大致未变，布局稍作细节变动，以前从北门入，从南面拾级而上，现在为配合主题展览，改由北门往左拐上楼，为保护这一片城中的圆形绿岛，四周最初用的 20 厘米高水泥柱也换成了 2 米高的铁栅栏，仅留两门出入，钟楼内部有《孙中山纪念专题陈列展》、《辛亥革命与湖南专题陈列展》展厅，因其独特的建筑风格和地理位置而成为具有代表性的旅游参观景点，省级文物保护单位。

中山纪念堂。原址位于长沙市教育街省农业厅院内，今已不存。民国初期，省农业厅所在地被称为教育会坪，是当时有名的集会场所，1927 年为纪念孙中山，国民党湖南省党部及湖南省政府在此立一座孙中山铜像，建筑一座砖木结构的"中山纪念堂"，虽于1930年战火毁坏，但两年后重建，基本恢复原貌。中山纪念堂南面为爱奥尼克柱式门廊，立有6根石柱，全部用花岗石精雕，清水砖墙，具有浓郁古罗马风格和湖南建筑文化特色，是湖南近代麻石艺术的精品。抗战初期，这里是湖南人民抗敌后援会驻地，1944年5月14日在常德会战中牺牲的国民党第五师师长彭士量烈士遗体运至中山纪念堂，长沙军政工商学各界人士过万人汇集于此举行公祭活动，后葬之于南岳。1949年8月4日程潜、陈明仁将军在这里宣告湖南和平起义。新中国成立后，中山纪念堂一度作为省人民政府驻地，后被省农业厅用于仓库，1995年9月被拆除建筑宿舍。据媒体报道，全国有四座现存"中山堂"：位于北京天安门西侧中山公园内的北京中山堂、位于广州越秀山南麓东风中路的广州中山纪念堂、位于台北市西区的台北中山堂和位于湖南省武冈二中内的湖南武冈中山堂，后者曾于1991年局部维修。

湖南辛亥革命人物纪念馆。该馆尚在建设中，位于黄兴故居西北角，馆区占地100亩，主体分上下两层，总建筑面积约3000平方米。建成后的纪念馆将集教育、文化研究、纪念等功能于一体，以图片、文字及实物等全面展示辛亥革命历史及革命人物生平事迹，以便缅怀先烈、激励后人，使之成为长沙市重要的爱国主义教育基地。

湖南在辛亥革命中牺牲的知名人士，前后共有300多人，其中只有60多位埋葬于岳麓山的层林深处、青松翠竹之间，他们长眠于此，魂归岳麓，其英雄气概、铁血丹心，恰似深秋麓山的红枫，舒展着不屈的灵魂和生命浓烈的激情。

上述二十几位著名的辛亥革命英烈，大部分是年轻人，例如刘道一22岁、蒋翊武28岁、蔡锷34岁、陈天华30岁、姚宏业25岁、焦达峰25岁、禹之谟40岁，黄兴最长也不过42岁，他们的平均年龄二十七八岁，还不到"而立"之年——这在一个人的生命中，正是青春烈火正熊的黄金时代，而他们却长埋于地下了。

他们的生命虽然短暂，但是很有价值，如山岳一样重，是无法计量的。

由此想起关于人的生命的价值问题，因此又想起了以前读过的两句名言。

一句是保尔·柯察金的，出自《钢铁是怎样炼成的》这本书里，原话是：

人最宝贵的东西是生命，生命属于我们只有一次。人的一生应该是这样度过：当他回首往事的时候，也不会因虚度年华而悔恨，也不会因为碌碌无为而羞耻，这样，在临死的时候，他就能够说："我整个的生命和全部精力，都已经献给世界上最壮丽的事业——为人类的解放而斗争。"

还有一句是毛泽东的。在《为人民服务》这篇短文里，他说：

人总是要死的，但死的意义有不同。中国古时候有个文学家叫司马迁的说过："人固有一死，或重于泰山，或轻于鸿毛。"为人民利益而死，就比泰山还重；替法西斯卖力，替剥削人民和压迫人民的人去死，就比鸿毛还轻。

毫无疑义，辛亥革命的英烈是为民族、为人民而死的，他们的死比泰山还重，将他们安葬于岳麓山上，就意味着他们的生命虽然短暂，却与岳麓长存。

漫步于岳麓山上，徘徊于英烈墓前，缅怀前人，思想人生……与其说我们在漫步，在凭吊，不如说我们是在阅读烈士的传记。这一篇篇传记的作者，就是墓主，是他们用自己的生命和鲜血，写作了这么多壮丽的人生篇章，让我们后人千秋万代都铭记于心。与其说岳麓山是座自然山，风景山，文化山，英雄山，不如说它是一本书。在这本书里，不仅记载有绝美的风景，有厚重的文化，有传统的和现代化的教育，还有革命奋斗的历史和英烈前仆后继的故事。这些历史和故事，是现代人想读，爱读，应当读，也必须读的……无论时代如何变革，社会如何发展，文化乃至观念如何更新，中外图书如何汗牛充栋，岳麓山上这本书，是一代代人首选必读的书，是永远永远也读不完，读不够，读不厌的！

我们正这样思索和议论不已时，头上的天边，此时正燃起一片灿烂的红霞。

啊，那是何等壮丽辉煌的晚霞呀！

再也没有比走向黄昏的晚霞更富丽更辉煌的时刻，这是世界最凝重最浑厚而壮烈的时刻，它像一股气势磅礴的英雄主义的乐潮，把金色的声浪，拍打在那史诗般的岳麓峰顶，在这种时刻，人和大地和江河和古老的文化古老的城市古老的日月一同融入宇宙自然的和声，接受最神圣时刻的检阅。

太阳向岳麓山巅滑落之际，山巅的浮云猛烈地膨胀，天地间一派辉煌。

湘江南来时与天相连处，同时燃起一抹烁目的霞光，如红旗飘扬的海洋，清风峡下面的大学城里，则响起了欢快而宏大的音乐，湘江对岸的市区里，隐隐传来人潮般低沉而浑厚的合唱，自然的和声回荡在湘江两岸。岳麓山间此时则因暮色初降而烟岚酝酿，恰如从地下悄没声儿腾涌而出的精灵，应和着某种起伏不定的节拍，在默然狂欢，在翩然舞蹈，又像淡淡的炊烟一样，随着日落的霞光烘托而起，缓缓而又有序地飘升着，飘升着，飘向俯瞰万里群山的高空，汇合着正在燃烧的晚霞，迎接一个新时刻的到来。

此时的湘江，似乎与岳麓山有一种历史的默契，又好像承载有一种哲学的使命，正欣然静默地流淌着，有的放矢地从猴子石那边铺陈而来，它穿过市区，在岳麓山前敞开柔情的胸怀，伸开宽大的手臂，将橘子洲拥抱一阵后，又持续向北铺陈而去，渐渐地消失在湘江二桥的高索剪影中，最后越过人们无法目及的视线，流过三汊矶，流过霞凝，流过铜官，流过靖港，流出乔口，流进洞庭，流入长江，汇合为滔滔滚滚的洪流，直奔烟波浩渺的东海……

沐浴着晚霞，我们一步步走下山来。只见山道上，被书斋关闭了一天的年轻学子，还有从四面八方赶来休闲的人们，或三五一群，或五六一伙，像潮水一样，正谈笑风生，兴致勃勃地往山上走去……

去岳麓山吧！那里有辛亥革命和长沙会战的英烈传，那里有长沙、湖南和中国近代史，那里有中华民族的正气歌，那里有自然风景和人文历史的无声交响乐。

5. 水照丹心

· 星月同辉，夜色如许，云开岳麓千层碧，何处得寻芳草
· 山河共丽，风景这般，水照丹心万古赤，今朝又见忠烈

长沙是座古城，也是一片热土。这里，世世代代涌现出数以千计的英雄豪杰，因此也留下了许许多多名人墓葬。除了前面大家熟知的辛亥革命和长沙会战等一系列墓葬和历史遗迹外，还有许多其他历史名人的墓葬和遗迹，散布在长沙城里。有的虽然已经毁于兵火，但关于他们的传说和故事，却世世代代流传于民间，或者记载于文献典籍之中。沿着那些历史遗迹，去探访

一番，或者翻阅一遍，倒也是很有意味的。

例如，下面一段文字：是明清之际的宁乡学者陶汝鼐撰写的《熊湘阁》：

> 宋末景炎元年，元围潭日久。知州李芾慷慨登陴，力率兵民画
> 守，日以忠义勉其将士，插（歃）血殊死战。有来招降者，辄奋骂
> 杀之以徇。数月力不能支，至除夕，元兵登城。衡守长沙尹谷，时
> 寓城中，乃为子行冠礼毕，与其家人举火自焚。芾命以酒酹之，因
> 留宾佐会饮，夜传令手"尽忠"二大字为号。达旦，芾坐熊湘阁，
> 召帐下沈忠，遗之金，曰："吾力竭，分当死，吾家人不可辱于俘。
> 汝尽杀之而后杀我！"忠泣而诺，取酒饮，其家人尽醉，次第手刃
> 之，芾亦引颈受刃，纵火焚其居。回家杀其妻子毕，乃复至火所，
> 大恸而自刎。潭民感之，多举家自尽，城无虚井，其缢于林者相
> 望。烈矣哉！赋熊湘阁：
>
> 熊湘高阁不可迹，罗雀掘鼠作除夕。熊湘高阁不可下，焚王燔
> 珠作除夜。作除夜，悲可极。三家举火千烟熄，旦日长沙比寒食。

熊湘阁，本是长沙城内一处古迹。据《图书集成·职方典》记载：在府
治北，宋为露仙观，后改为熊湘阁。后毁。遗址在今天心区路边井小学。陶
汝鼐这篇短文记载的，就是宋末长沙知州李芾誓死抗元的动人事迹。

李芾（？—1276），字叔章，南宋湖南衡州（今衡阳）人，历任永州、
湘潭等处地方官，1275 年调任湖南安抚使，知潭州（即长沙），世称"李潭
州"。他率兵民三千，抵抗元兵入侵长沙的故事，就发生在宋末景炎元年
（1276）。

德祐元年（1275）7 月，元大将阿里海牙率数万大军南下，进逼长沙。
当时，长沙城的宋军已外调征战，城内空虚。李芾临时募兵不足三千人，与
元军展开了一场英勇的保卫战。在敌我悬殊，危如累卵的情势下，那当然是
一场无法打赢的战争。当数万元军兵临城下，有人劝他逃跑，李芾正色道：
"吾世受国恩，虽废弃中，犹思所以报者，今幸用我，我以家许国矣！"（《宋
史·忠义传》）9 月，城被围困，李芾亲冒矢石，与诸将分兵死守，城中百姓
亦纷纷助战。城中矢尽之时，他令百姓将废箭磨光，配上羽毛，用以再射；
盐尽，则将库中盐席焚毁，取灰再熬，分给兵民食用；粮绝，则捕雀捉鼠充
饥。有将士受伤，他亲自抚慰，给以医药。他日夜巡视城郭，深入兵民之
中，以忠义勉励部属。元兵派人来招降，被他抓住，当场诛杀，以示坚贞。

因此，部属皆同仇敌忾，誓作殊死战斗。

长沙全城死守百日余，援兵不至，城池危在旦夕。农历除夕那天，长沙人尹谷，字耕叟，曾官崇阳、衡阳知县，李芾知潭州时，聘为参谋，当时正好在家，得知元兵已登城，便积薪扃户，举火自焚，邻人来救，但见尹谷正冠端笏坐于烈焰中，全家老少也葬身火海。李芾闻讯赶到，感叹不已，洒酒祭奠，哭道："尹谷真男子也，先我就义矣！"李芾传令，手书"尽忠"二字为号，决心与长沙共存亡，眼看城破在即，他端坐于熊湘阁，留宾佐会饮，众人皆悲愤刚介，誓与长沙共存亡。随后，李芾召来部属沈忠，给他一些银两，令他处死自己一家。沈忠无奈，怀不忍之心先将李芾全家人灌醉，然后逐个杀之，大小共19人，李芾也从容就戮。沈忠放火焚烧了熊湘阁，再回家杀了自己妻子，继而跑到火场，放声大哭，自刎而死。

消息传出，全城杀身殉国者众。岳麓书院的几百名学生，在保卫长沙的战斗中，英勇无畏，城破后，大多自杀殉国。与李芾协力围守城池的安抚使参议杨霆，善于出奇应变，奋勇守城，多次立功，城破后也跳水自尽，妻妾奔救不及，一道殉难。长沙百姓誓死不为元军俘虏，"多举家自尽，城无虚井，缢林木者，累累相比"（《宋史·忠义传》）。

后来，到明朝时，长沙人在李芾殉难的熊湘阁，修建了李忠节公祠，大学士李东阳为此作《宋知潭州李忠烈公祠记》，"为之作楚歌以祀公，以抒潭人之思"，歌曰：

> 荒江澹兮冥冥，悲风起兮洞庭。灵之来兮扬舲，载风旗兮驾云旌。纷胡马兮如云，奋前驱兮我军。宁为宋鬼兮生不为胡，彼雄而烈兮什伯其徒。朝鹤唳兮水滨，暮猿啼兮木下。莽空城兮落日，痛三户兮南楚。楚之水兮荆之山，灵之去兮奄复还。酹桂酒兮三酌，泛予泪兮潺湲。余怀兮何极，公之亡兮誓天与日！芬菊兰兮蕉荔，灵缫祀兮终吉。

李芾等长沙子弟，拼斗之惨烈，气贯霄汉，用血与火照亮了历史。他们的民族气节，真是可歌可泣，撼人心魄。所以，历代都有诗人，歌咏李芾的壮烈事迹——

> 举家自杀尽忠臣，仰面青天哭断云。
> 听到北人歌里唱，潭州城是铁州城。（元·郑思肖《咏制置李公芾》）

丁卯科中第一人，誓将孤壁障妖尘。

百年事业归儒者，万里江山泣老臣。

肝胆当时绍余阙，英灵此日配张巡。

我来近就船头拜，一盏寒泉荐绿苹。（明·杨基《经潭州哭李太守芾》）

马殷官前江水流，定王台下暮云收。

有井犹名贾太傅，无人不祭李潭州。（明·李东阳《长沙竹枝词》）

宋代留给长沙的历史记忆比较多，而且十分精彩与永恒。除李芾的故事外，还有一个辛弃疾，那也是令后人仰视不已的传奇人物。

辛弃疾（1140—1207），字幼安，号稼轩，历城（今山东济南）人。他生活的那个时代，是风雨飘摇的南宋王朝，早在他出生时，山东已为金兵所占，所以他 21 岁就参加了抗金义军。他是个有爱国理想和抱负的人，力主抗金，要求恢复中原，统一中国，因此向皇帝上《美芹十论》、《九议》等著名奏疏，提出了不少恢复失地的建议，要求加强作战准备，激励士气，对于那些主和派和投降派的谬论，进行了有力的批驳。但在朝廷内部，却始终是主和派占上风，他们夸大金兵力量，鼓吹妥协投降。辛弃疾所提出的一切抗金建议，自然都未被采纳，反遭到他们的打击和排挤，他因此长期落职闲居于江西上饶一带。在这种处境和情势下，他的词自然多抒写力图恢复国家统一的爱国热情，倾诉壮志难酬的悲愤，对南宋上层统治集团的屈辱投降进行揭露和批判，对祖国的美好河山充满热爱的激情，艺术风格因而豪迈奔放，热情洋溢，慷慨悲壮，笔力雄厚，与苏轼并称为苏辛。

例如“淳熙己亥，自湖北漕移湖南，同官王正之置酒小山亭，为赋”《摸鱼儿》词——

更能消几番风雨，匆匆春又归去。惜春长怕花开早，何况落红无数。春且住，见说道，天涯芳草无归路。怨春不语。算只有殷勤、画檐蛛网，尽日惹飞絮。

长门事，准拟佳期又误。蛾眉曾有人妒。千金纵买相如赋，脉脉此情谁诉？君莫舞，君不见，玉环飞燕皆尘土。闲愁最苦。休去倚危栏，斜阳正在，烟柳断肠处。

词中这两句“斜阳正在，烟柳断肠处”，就是对南宋偏安凄凉景象的感叹。和那个时代所有的爱国主义者一样，他时刻都没有忘记苦难中的祖国，随时精心喂养着马匹，打造着弓箭，日日舞剑，夜夜磨刀，喊着："醉里挑灯看剑，梦回吹角连营"！毕生都以"英雄立马"的精神方式处世，如同一个战士，连梦中都在设计着横刀进攻的战斗形象，因此留下了那么多的杰作——著有《稼轩长短句》，今人辑有《辛稼轩诗文钞存》，使他的生命，在这个领域里焕发出夺目的光彩，这是那个悲剧时代所决定的。

但是，这个爱国者的本意，却并不仅仅是做个词人，他一心一意要做的事业，是要策马扬鞭、驰骋沙场、匡复社稷。他先后在湖北、江西、湖南、福建、浙东安抚使等职位上，采取积极措施，搜集流亡，训练军队，奖励耕战，打击贪污豪强，注意安定民生。淳熙六年（1179）在任湖南转运判官又知潭州兼湖南安抚使时，便令各州郡动用官粮，以工代赈，浚筑陂塘，整顿乡社，弹劾贪官，兴办教育，但影响颇大的，是他在长沙"奏乞别创一军，以湖南飞虎为名，军成，雄镇一方，为江上诸军之冠"。

这是辛弃疾在长沙任上，最得意的一件大事。据说，他到长沙的第二天，就去了贾谊祠，那时的贾谊祠里，还供着贾谊的像，他在那里久久地徘徊，沉沉地思索，始终没有说一句话。那时，他39岁，此前一直郁郁不得志，现在来到长沙了，历史终于给了他一次机会，所以，他怀着一颗赤子心和强烈的爱国情，决心在这里创建一支以"飞虎"为名的军队，以便有朝一日能够实现他的远大抱负。

但是，他的这个请求，却在朝廷引起了争论。负责军事的官吏表示反对，皇帝的态度是模棱两可，幸好，还有人支持他，请求最后还是得到了批准。于是，便马上开始了行动，先是利用五代楚王马殷的旧垒，起造营栅、堡垒，置办充足的战马、铁甲。但是，反对他的人仍在不停地活动，以"用钱如泥沙"为理由弹劾他，皇帝又撤销了先前的支持，特颁发御前金字牌，命令即刻停止飞虎营的修造工作。然而，他哪会善罢甘休，好不容易才找到机会，岂能轻易放弃，于是他既不害怕，也不声张，将金字牌悄悄地藏了起来，督令部属加速建营，限期一个月内完工。时值秋天，淫雨霏霏。建房所需的20万片青瓦，无法烧制，垒筑营房和扩建道路所需的石料，也无着落。辛弃疾却成竹在胸，他令部下号召长沙居民每户献瓦20片，官府付瓦价一百钱，长沙居民纷纷响应，两天之内屋瓦如数交齐。接着他又调出在押囚徒，命他们到城北驼嘴山采石，并以采石多少作为减刑赎罪的依据，这又是绝妙的一招，在押囚徒积极性高涨，所需石材也如期凑齐，营房因此如期建成。完工以后，他才上陈经过，令皇帝释然于怀。辛弃疾借此机会，在长沙招募步军 2000 人、骑兵 500 人，又派人到广西购战马 500 匹，配备精良武器，日夜严格操练，致使飞虎军士气旺盛，骁勇善战。据说，飞虎军在南宋的影响很大，实力和威望都超出了同时代的各路军队，金人称之为"虎儿军"，闻之十分畏惧。这支地方军前后维持了 40 年之久，守卫长沙沿线 30 多年，是维护南宋政权最重的军事支柱，史载"威镇一方，为江上诸军而冠"。

腐败无能的南宋统治者，特别是那些投降派主和派是不会让辛弃疾指挥这支军队的。所以，不久就设法将他调出了湖南，他那收复失土、统一祖国的理想终于化为泡影。

淳熙八年（1181），南宋政府罢免了辛弃疾的一切职务。他是含着眼泪，离开湖南、离开长沙的，其依依不舍的惜别情，在他的词里留下有这样的句子："盈盈泪眼"，"日暮行云无气力，立尽西风雁不来"……此后在 20 多年的隐居生活中，他常常怀念着在长沙的时光，在这里的时间虽然短暂，却是他一生中最有意义的年华，长沙的山水，因此不时地出现在他的梦里，也曾在他的诗句里时露"峥嵘"。例如，他在福建写作的《水调歌头》中，如是说道："长恨复长恨，裁作短歌行。何人为楚舞，听我楚狂声。"他以"楚狂"自许，以做长沙人自豪！

长沙人也没有忘记这位爱国词人。"辛弃疾与营盘街"的传说，在长沙世世代代广为流传。1999 年，长沙市在城建中，为拓展城区道路，虽然拆除了营盘街，但在多位学者和众百姓的强烈要求下，还是将新修的这条道路，特意命名为"营盘路"，现在这条路的西头，有地下隧道穿过湘江。也正是在这条路的五堆子巷口，专为他立有一尊铜像——那位长须飘风、腰别长剑、旁倚骏马、手持缰绳，正意气风发地目视前方的古代骁将，从此永恒地屹立于此，他给长沙人留下的历史记忆，也当然永远是那豪气直冲云天的《破阵子》名篇——

> 醉里挑灯看剑，
> 梦回吹角连营。
> 八百里分麾下炙，
> 五十弦翻塞外声，
> 沙场秋点兵。

南宋力主抗金，时在长沙的名人中，还有张浚和张栻父子。关于他们的事迹，我们在后面有关章节里还会写到，这里就从略了。

长沙作为一座驰名的历史文化古城，是不同凡响的。在这片热土上，历史和文化的遗存，不仅刻录于那些断砖、残瓦和竹简上，不仅遗留于那些井、亭、楼、馆中，不仅埋藏于那些大大小小不同时代的墓葬里，不仅记载于那些诗词文献中，而且渗透在城里城外那众多的地名和路名中。虽然，不能说每处地名和每条路名，都有历史和文化，但某些地名和路名，确是古迹斑斑、史事凿凿的。在这座历史文化底蕴丰富而沉厚的名城里，从表面上看，人们诚然耳闻目睹的，是那高耸云天的建筑，是那车水马龙的街市，是那鳞次栉比的商铺，特别是那琳琅满目的各类商品和繁华盈耳的市声，使人们感受到处处都是现代化都市固有的特别格调与浓浓的浪漫风情，人们当然压根儿也不会想到，其深层隐藏的历史文化的种种故事和传奇。

然而，如果稍许知道一点长沙的历史，或者与长沙地方文化史研究专家漫步于街市，你就会有一种沧海桑田之感。这种沧桑，像河水一样，从你的脚下潺潺地流过，像一支交响乐，在耳畔隐隐地响起，使人不知不觉之间，仿佛在默默地念诵着一首莫名的长诗，几乎每走几步都会从诗句里，读到某处地名或路名，甚至可以从脚下的沙沙声中，体味到长沙历史文化的脉搏，听觉到历史深处阵阵入耳的声音：或叹息，或高歌，或呐喊，或呻吟，或咏赞，或呼啸，或厮杀，或安抚，或倾诉，或抱怨……顺着其中一种声音，一路走下去，甚至可以看到广袤的原始森林，见到从来没有见识过的绿叶，拣拾到想要或不想要的那片红叶或落英……这并非是人生的一种病态的幻觉，而是厚重的历史文化积淀，在地名或路名的触觉中，由知识所生发出来的一种超越时空的忆念和畅想。

例如，五一大道北段，藩城堤下，有一弯形的街巷，其地名叫做"明月池"。那里本来原为一口古井，其水甘洌，是附近居民饮用水源，明月池街因此得名。那口废弃的古井现在尚存，是明月池的一处遗迹。据说59号民房上还曾发现有竖立的"古明月池"石碑一通，明崇祯《长沙府志》载："明月池世传在长沙星下，故不涸。宋政和中令取醴陵明月石置池上，因名。"也就是在这里，历史上发生了一件长沙城里轰动一时的事件。

那是明崇祯十六年八月二十五日（公元1643年10月7日），张献忠领大西军攻陷长沙，总兵尹先民出城投降了。长沙府推官蔡道宪则孤城独守，不久城陷被俘，蔡道宪宁死不降，后被张献忠凌迟处死在明月池。蔡道宪（1615—1643），字元白，号江门，崇祯十年进士，初授大理推官，后补长沙推官，张献忠破长沙时拒降被杀，时年 29 岁，谥为忠烈，历届湖南巡抚誉之为"忠臣烈士"。清人丁思孔撰写的《重修蔡忠烈公墓记》中，是这样记载的：

> 而献贼破武昌，陷岳州，蜂拥南下，声势震骇，人无固志。公力度不支，令百姓窜山谷，以孤城独守。时总兵尹先民翻城应贼。贼入城，百计胁降公。公终不屈，因断公手足，剜眼劓鼻，极惨毒以死。义役凌国俊脱衣裹公骸骨，瘗城南醴陵坡，亦自经以殉。

这里将农民起义军污称为"贼"，是那时代封建卫道士惯用的语言，不足为奇。当时张献忠确是杀人太多太惨，这在历史上倒也是有记载的。29 岁的蔡道宪因为不肯投降而被断手足，又剜眼劓鼻，确是"极惨毒"的。在那时代的正统观念中，他当然列于"忠烈"，为后人所纪念。其墓就在长沙南门外，原为长沙去醴陵的要道，所以旧称醴陵坡，因蔡公墓在此而改名理灵坡，今称里仁坡，在天心街 23 号对面，与天心阁仅一路之隔的小巷深处。其墓多次修缮，明末官员堵胤锡和清代官员丁思孔先后分别撰有《江门蔡公墓志》和《重修蔡忠烈公墓记》。现墓为同治十二年（1873）重修，是一座具有地方特色的明代墓葬，墓基保存完整，由七行花岗岩砌成，近西端上方嵌石碑一通，楷书阴刻"蔡忠烈公墓石"6 个苍劲的正楷大字。小巷临街的巷口处，还特意立了一块碑，上面刻有蔡道宪的生平事迹以及个人头像浮雕，落有"同治十二年"的纪年款，墓前原留有牌坊一座，已砌入附近居民房屋墙内。蔡道宪公忠体国的精神，确实值得称道，其死其墓都见证了明末张献忠大西军攻打长沙的重要历史，对研究长沙明代阵亡墓葬形制，也提供了直接例证。2010 年，长沙市文物局在此地挂上了"长沙市不可移动文物点"保护牌。

历代曾有诗人，曾来此凭吊，并且作诗咏赞之。例如：

> 步署城隅更向东，崔嵬高冢啸薰风。
> 魂飞南国湘流洁，气挺西山麓寺空。
> 碧血荧荧霜并烈，丹心炯炯日争红。
> 先民卖国惭何极，义仆还欣似沈忠。（清·阎世亨《谒蔡江门先生墓》）

> 翠柏森森映碧渠，孤臣遗祀古城墟。
> 哭将贾傅同遗策，揖将灵均共卜居。

香骨纵埋卑湿地，丹心常照汗青书。

男儿几个真忠死，一笑风前竟自如。（明·吴应台《吊蔡忠烈公》）

等闲一死付轻尘，慷慨从容两义成。

不许偷生人借口，君恩母养最分明。（清·周有声《江门墓》）

……请看兰芷异时节，岂有臭味殊芬芳。

惟有城南碧血掩，黄土屐痕不到别后心徬徨。（清·何绍基《辛卯重阳，在长沙登天心阁，步游城外，归观邓子敬与陈乃锡两先生诗墨，即与子敬别，兼呈沈栗翁、邓湘翁、杨紫卿、陈尧农》）

当时，像蔡道宪一样，因为拒绝招降而被杀的，还有一个叫冯一第的长沙学者，其故事在当时也很出名，清代学者余廷灿所撰《冯一第传》里记载甚详。

长沙明末清初的历史上，还有两个人，那就是大学者王夫之和他的老师吴道行。后者时为岳麓山山长，张献忠克长沙后，逃往山中，清政权建立，匿迹不出，不食而卒。前者曾一度组织力量，反清复明，失败后隐匿深山，潜心著述，数次拒绝清政府的招抚，后为一代宗师。他们的精神，也曾流芳青史与后人口碑。

走进天心区梅岭社区南园小区，沿着一条干净的石板路前行，很容易看到一个宽约10米的大型椭圆形墓葬。该墓葬被高楼包围着，古墓旁依攀着一棵年代久远的古樟。除了古墓与古樟，周围的凉亭、文化浮雕墙都是新建筑。最引人注目的，是那面近10米长的文化浮雕墙，上面栩栩如生地再现出100多年前长沙城里发生的一个历史事件：

——东边是西王萧朝贵率领的太平军立马横刀，与清军血战石马铺的场景；

——西边是清总兵福成诚、副将尹培立率兵奋力抵抗；

——背景是有城门的长沙古城墙……

原来，清咸丰二年（1852年）7月，太平天国西王萧朝贵率领太平军进击长沙，湖南巡抚骆秉章为应对太平天国农民起义军对长沙的进改，紧急奏报清廷批准，调遣陕西西安等镇绿营官兵2000余人驰援，驻防于长沙城南十里之石马铺。同年7月27日，萧朝贵率太平军突袭，大溃清军，阵斩清总兵福成诚、副将尹培立等及弁兵900余人。战后，湖南官绅协同陕西将领收殓尸体，分葬于石马铺、梅岭、骆驼嘴等地。其中梅岭社区这处墓葬，合葬清兵 200 名。

梅岭陕西忠义官弁兵夫合墓，是一处极具长沙地区墓葬特色的晚清军人合葬墓，该墓坐北朝南，为半球形三合土构筑的墓冢，直径 8 米，高 1.1 米，占地面积约 65 平方米。半球形墓冢外围有一圈花岗岩砌的墓围，正南面有墓栏。墓围有隶书阴刻的"陕西忠义官弁兵夫合墓"两行。柱式墓栏 4 根，中间两根上有楷书题联曰：

> 秦云寒白骨
>
> 湘水照丹心

现存墓碑两通，南北各一通。位于墓冢北面嵌入墓围中间的墓碑楷书"陕西忠义官弁兵夫合墓"，为清光绪六年（1880）立；位于墓冢南，墓栏北的墓碑楷书阴刻"陕西忠义官兵合墓"，带四面庑殿顶，正中有宝葫芦，为清同治七年（1868）立。该墓反映了太平天国攻打长沙的重要历史，对研究长沙晚清异地阵亡官兵合葬墓形制提供了直接的例证。

这座官兵合葬墓于 2009 年进行过修缮。修缮时拆除了原来的围墙，用花岗岩石铺砌了周围数百平方米地面，还建了亭子和文化墙。通过墙上的浮雕以及介绍，可以了解 100 多年前那段历史以及这座古墓的由来。

长沙市天心区书院路街道青山祠社区青山祠 19 号南，还有一座具有地方特色的宋代墓葬。墓主赵汝愚（1140—1196），系宋朝宗室，字子直，官右丞相。因为被诬以谋害社稷，贬为宁远军节度使，但行至衡州时暴卒，追封为沂国公，宋理宗时追封为福王，谥忠定。该墓占地面积约 160 平方米，坐南朝北，南依妙高峰，北砌高约 4 米的石基，有台阶 30 余级，使墓地成为依山之台地。台地中部有圆形墓冢，直径 8.8 米，以花岗岩砌墓围，北面有石护栏，东西各立华表一根。墓碑高 3 米，嵌在墓南的墓围中，主碑刻有"南宋忠定赵福王墓"，下首刻"南宋庆元二年丙辰安葬"，清宣统二年庚戌续修，中间为叶德辉所撰碑记。台基前方右侧有墓庐。此墓对研究宋史及宋代长沙墓葬形制具有较高的历史价值，1988 年公布为省级文物保护单位。

长沙历史上还有一件惊天动地的大事件，放在这里说一说，是很有必要的。因为，那也是一面镜子，映现出历史的方方面面。

这个历史事件，就是发生在辛亥革命前夕的抢米风潮。

长沙抢米风潮的发生，表面上看，起因好像很简单，事实上其背后隐藏着很深的历史因素。

众所周知，腐败无能的清政府，自鸦片战争以后，一直处于风雨飘摇之中，致使中国一天天陷入半殖民地半封建社会的深渊。一连串的丧权辱国事件，甲午战败，八国联军入侵，《辛丑条约》签订……致使群情愤怒到了极点。仅仅是湖南，每年就要分摊 70 万两赔款，地方当局巧立名目，增加捐税，大小官吏乘机勒索、贪赃枉法，弄得民不聊生。湖南这时修建咨议局大楼，不但要老百姓纳税出钱，外国建筑的样式还不能雇湖南本地的建筑工人，要从上海、武汉、广州等地请工人，北门外和西门外沿江一带修建大量外国建筑，也是请外地建筑工人，长沙的建筑工人曾找到英国驻长沙领事，希望承包新建的英国领事馆，但因长沙工人无法掌握修建领事馆的关键技术，英国领事只答应让他们做些附属性的工作，这更是引发长沙建筑工人的普遍不满，他们后来因此成为抢米风潮的中坚。全国范围内，在 20 世纪初年，下层群众的自发反抗斗争，早已风起云涌。1910 年（宣统二年）发生在长沙的抢米风潮，是这些民变中影响最大的一次。

这一年，洞庭湖区发生了特大洪灾，华容、南县、澧县等湖区县十垸九溃，洪水泛滥成灾，灾民无家可归，死人无数，饿殍遍野，人们吃树根、树皮、观音土，甚至出现了易子而食的惨剧，长沙街头上，到处是乞讨的穷人，凄惨景象不忍目睹。在自身粮食不够的情况下，还要外运到其他省，湖南巡抚岑春蓂和英日等国领事签订了一项粮食采购协议。以王先谦为首的省城四大豪绅向巡抚提出禁运，可据说这四大豪绅自己也囤积了大量粮食，巡抚不同意禁运，反而要求四大豪绅开仓义卖。在保守的四大豪绅和咨议局开明绅士的压力下，巡抚被迫同意禁运。这期间掀起的抢运浪潮，加剧了米价上涨，由平时的两三千文一石涨到七八千文一石，数百年来未见。到了 4 月初，米价已经到了早晚不同，一日数涨，各米店皆悬牌"早晚市价不同"，甚至到了有价无市的地步，长沙城内人心恐慌，局势动荡，迫于饥饿的民众，铤而走险的征兆日益明显。一件南门外发生的事，终于点燃了日益炽热的公众情绪。

4 月 11 日，住在南门外靠挑卖河水为生的黄贵荪的老婆，到南门外碧湘街戴义顺碓房（那时的米靠石碾，有碓房）买米，上午米价 80 文一升，她钱不够，等她下午把钱凑齐来买时，已经涨到 85 文一升，黄贵荪的老婆想不通，跳老龙潭自杀了，黄贵荪见劳累数日，所得竟无法买回一升米，极度悲愤之中，带着孩子一家自杀身亡。

这件事很快传遍全城，引起纷纷议论。第二天米价有所下降，一位老太太又到戴义顺碓房买米，米价70文一升，店主戴义顺以老太太给的钱里面有几枚烂钱为由不收，要她去换几枚新钱，老太太换来钱后，米价又涨到75文一升，双方发生争执，引起附近在庙里看皮影戏的民众围观，一位叫刘永福的木匠路见不平，出面讲了几句公道话，周围的人都应声附和，店主反倒无理辱骂，饥饿的群众再也无法忍受，一声怒吼，冲进碓坊，揪住店主就是一顿痛打。戴义顺的老婆叫来警察，把刘永福抓了起来，但在众人的阻拦下刘永福被释放。于是警察报告善化县（今长沙县）知县郭某，待郭某闻讯赶来时，碓坊已捣毁，大米已抢光，愤怒的群众还将前来弹压的郭某团团围住，要求他立即开仓平粜，以维民食。郭知县一看形势不对，急忙答应，然后赶忙抽身，打轿回衙，信以为真的群众雀跃欢呼而散。

郭和巡警赖承裕将此事向巡抚岑春蓂汇报，岑怪郭太软弱，命令赖承裕前去抓刘永福归案。第二天早上，刘永福在南门口一带被捕。

4月13日一早，获得郭知县许诺的饥民，都提着米袋，挑着米桶，拥向碧湘街，人数上千。时间一分一秒地过去，可是平粜却杳无音讯。众人连呼上当，怒不可遏，大骂"狗官"。这时，又得知前日率众动手捣毁碓坊的刘永福被捕，听说是关在鳌山庙的巡警分局（刘永福所住之地属该分局管辖），有民众跑到鳌山庙要求放人，被拦住。这时，赖承裕坐着一台绿呢大轿来了，气势汹汹，指责民众闹事，无法无天，并对在场民众说："你们这些刁民，百钱一碗的茶有人吃，八十个钱一升的米就嫌贵，我非要办人不可，不信，你们试试看。"据称，这句话是转述岑春蓂的，惹得民众怒火中烧，把赖承裕一只脚一只手吊在鳌山庙旁的柳树上，赖的下属也不敢出声，众人上前拳打脚踢，赖连呼救命，副将杨某上前救护，也被殴伤，所带差勇皆被吓散。这时，赖承裕的一个亲兵情急之中，趁人不注意，脱去号衣，换上一套烂衣裤，诡称殴之无益，不如扭送抚署找岑春蓂论理，随即背起赖承裕疾驰入城。群众不知是诈，便浩浩荡荡地，跟着几个背赖承裕的便衣警察，穿过南正街，经红牌楼、司门口，从城南向城北的巡抚衙门拥去，一路上加入的人越来越多，赖承裕反而在路上溜了。

这时天色渐黑，但愤怒的群众仍是络绎不绝地拥向巡抚衙门，要求开仓平粜，释放刘永福。岑春蓂闭门不见。群众忍无可忍，打破辕门，摧毁照壁，锯倒旗杆，掀翻石狮，有的人则直向内堂冲击。岑春蓂打电话调来的常备军，从屋内冲出来，对着民众开枪，当场打死十多人，伤几十人，饥民愤恨极了，拥向街头，一夜之间，将长沙800家米店、碓坊、堆栈里的存米，抢得干干净净，将警兵站岗的木棚打毁殆尽，直到天亮才散去。

第二天，即4月14日，风潮更趋高涨，民众继续聚集巡抚衙门，人越来越多，有的已拥入抚署大堂。岑春蓂再次下令开枪，又打死20多人。面对血腥屠杀，群众更为愤恨，行动也更加激烈，首先放火焚烧巡抚衙门，顿时抚署内的号房、赍奏厅、文武巡厅、大堂、二堂、一堂等处，浓烟滚滚，直至下午，余烬犹炽。接着，饥民们又将日本领事署、美商美孚洋行、英商怡和洋行、日商东情三井洋行及教堂、趸船等，都予以捣毁或焚烧。清政府的大清银行、长沙海关等衙署也遭到同样的命运。

此时，岑春蓂和省城官绅正在席少保祠开会，商量对策。顽固绅士孔宪教、杨巩等，提出停止修铁路、办学堂、设警察、建新军，想借此机会逼迫当局废除新政。但会还没开完，巡抚衙门被烧了……

一向和岑春蓂有矛盾的布政使庄赓良，开始在省城绅士的支持下逼岑下台，组织了一帮人为自己造势。据说，当时有人抬着"众绅公议，平价伸冤，藩台担任，诸君请退"的牌子游街，藩台即庄赓良。岑春蓂见事情闹大，打电报向清政府申请辞职，还没获准，就把官印交给了庄赓良，由庄代理巡抚职权。

风潮发生后，清政府惊恐万分，连忙调集军队，开进湖南，动用武力镇压；英、日、美、德等帝国主义国家也纷纷从上海、厦门、武汉调来10多艘兵舰，帮同清政府镇压群众。刽子手们举着"放火捣乱者，就地立杀无赦"的高脚牌，扬起沾满鲜血的马刀，提着血淋淋的人头，在大街小巷杀气腾腾地对人民进行恐吓，连日间，"无辜受戮者，时有所闻"。不久又将湖北布政使杨文鼎调任为新湖南巡抚，接着是刘永福等群众被杀害。轰动一时的长沙抢米风潮，最后就这样被中外反动派残暴地镇压下去了。

长沙抢米风潮是长沙近代史上的重大历史事件，也是清朝覆亡、民国建立前最大的一次民变，是广大人民群众举行的一次自发的反帝反封建斗争。它从饥民要求官府减价平粜开始，斗争逐步深入，以致殴辱官府人员、烧毁抚院，进而将矛头指向在长沙的帝国主义势力，充分反映了当时社会矛盾的严重性和人民群众斗争情绪的蓬勃高涨，持续的时间虽然不长，却显示了人民群众的力量，给予中外反动势力以沉重打击，同时预示着一场政治剧变的到来。

1936年，毛泽东在延安接受美国记者埃德加·斯诺的采访时，曾这样回忆道：

"这时，湖南发生了一件事，影响了我的一生。就在我读书的那所小学堂外面，我们学生看到许多从长沙回来的豆商。我们问他们为什么全离开那里。他们说城里发生大暴动。

"那年发生了相当严重的饥荒，长沙城里成千上万人没有粮食吃。饥民派了一个代表团到巡抚衙门请求救济，但巡抚却蛮横傲慢地答复说：'你们为什么没粮吃？城里有的是，我就总是吃得饱饱的。'巡抚的话一传开，人们非常愤怒。他们召开群众大会，并组织了示威。他们攻击满清衙门，砍断了作为官府象征的旗杆，将抚台赶走。之后，一个姓庄的布政使骑马出来，晓谕众人说，官府将采取措施帮助他们。庄的应允显然是有诚意的，但皇帝却不喜欢他，传谕说他密通'暴民'，将其革职。新巡抚一到任，即刻下令，缉拿'暴乱'的领头者，许多人被杀了头，挂在柱子上，以警告后来的'造反者'。

"这件事在我的学校里议论了好些天，给我留下很深的印象。大多数学生都同情'造反者'，但他们只是从旁观者的观点出发，而不明白这也与他们自己的生活有关，他们感兴趣仅仅是因为这是一件很有刺激性的事情。我永远忘不了这件事，我感到那些造反的人都是像我自己家里人一样的普通老百姓，我对他们所受到的非正义的对待深抱不平。

"此后不久，韶山也发生了秘密会社哥老会会员和本地一个地主之间的冲突……

"第二年正值青黄不接的时候，我们这一带也发生了粮荒。穷人要求富户帮助，他们开始了一场'吃大户'运动……

"当时另一件对我有影响的事是本地小学来了一位'激进'的教师……

"这些接二连三发生的事情，在我这个已有造反意识的年轻的头脑里，留下了深深的印象。我也开始了相当程度的政治觉悟，特别是在我读了一本讲中国被瓜分的小册子之后……我感到十分抑郁，忧虑我的祖国的前途，开始意识到参与救国，人人有责……

长沙抢米风潮是一次伟大的壮举，是湖南辛亥革命的先声，它从一个特

别的角度上，照亮了前驱者奋进的道路，也同时唤醒了长沙子弟在民族危机面前奋起救亡的一片赤子丹心。即便是从纯粹突发事件的角度上看，它也是值得后人深刻铭记的，更不待说其历史意义了。

其实，历史是很无情的，它不是某些人随意想象的那样"规范"，那样"笔直"，那样"纯粹"，那样"善良"，但也不是如某些人所认为的那样"恐怖"或"不可捉摸"。历史就像一条河流，鱼龙混杂，泥沙俱下，有湍滩有激流，也有旋涡有暗礁，有一平如镜的时段，也有一泻千里的阶段。无论它如何前行，都毫不遗漏地载录着其固有的一切，同时像明镜一样，最后总要分辨出忠奸，真假，善恶，美丑，是非……无论什么样的人物，不管其在当时的表演如何，最终都会显示出各自真实的面目。它就像我们眼前这条湘江，是我们的母亲河，同时也是一面硕大无朋、泾渭分明的明镜，映照过历史，也映照着现实，映照过古人，也映照着今人，映照过过去，也映照着现在，因而成为历史的见证，永远是历史的证人。虽然这个历史的见证者，没有语言，没有思想意识，但它哺育的民众却是历史的真正的审判官，是湘江的真正的代言人。正是他们，创造了历史，也最后评价和判断着历史。

所谓"水照丹心"，如同"山崇忠烈"。历史永远铭刻在这些山水中，成为一代代人可以触摸和照面的实体。存在总是会被感知的。任何人在这些实实在在的山水面前，都不可能忘却，不可能遗落，不可能失语，更不可能无动于衷。所以，为了将来的历史，我们今天应当懂得如何生活，如何做人。无论为官为民，经商执教，还是做工务农，行医从政，不论是清贫的日子，还是富有的时候，都堂堂正正，清清白白，纵使无功于国家，也无愧于为人的道德。

"子在川上曰：逝者如斯夫！"

历史消逝的景象，恰如滔滔的江水，固然一去不复返了。但其河床——特别是它在两岸留下的痕迹，却是永恒的。只要山河还在，历史就永远不会涸竭，不会断裂，不会消失。所以，有句俗话说：

"青山不老，绿水长流。"

6. 韩国遗英

· 飘泊千里，异域精英，志在立国，何惧山高水远

· 流亡数载，韩国赤子，心怀革命，岂畏枪林弹雨

在长沙生活了几十年，走过的地方也不算少，如果不是因为开福区朋友精心安排，我们还真不知道，长沙城里居然有个与韩国有关的地方。就算知道长沙有这么一处特别的地方，如果没有熟人带路，也不见得能够顺利地找到这处地方的。

这处与韩国有关的地方，就是位于长沙市开福区的韩国临时政府遗址。

开福区有条长沙城里著名的古街，叫做潮宗街。这条街东起黄兴北路（原北正街），西至湘江大道，路面全部是麻石铺成的。旧时，潮宗街是出潮宗门达湘江河运码头的必经之道，因而又成为米业、堆栈业的集中地，尤以米市闻名于世，有 10 多家粮栈、米厂，至今那里还有不少古代至近代遗迹，如清乾嘉间礼部尚书刘权之公馆的后花园，民国旅馆，大戏台，清末军机大臣瞿鸿礼旧居，还有 1920 年毛泽东也曾在这里创办的文化书社。现在，这里正按照市里的统一规划，建设"潮宗街历史文化风貌保护区"。

这区域南起中山西路，北至湘雅路，东起蔡锷北路，西至湘江风光带，潮宗街是核心保护区，以此为中轴线，南侧有连升巷、三贵街、梓园、九如里等街巷，北侧有寿星街、高升街、玉皇坪等街巷，由梓园往西拐个弯，就是九如里，它止于连升街。

"九如"是吉祥用语。原出自《诗·小雅》中的"天保九如"的祝寿辞，诗中连用了 9 个"如"字："如山如阜，如岗如陵，如川之方至，以莫不增……如月之恒，如日之升，如南山之寿，不骞不崩，如松柏之茂，无不尔或承。"因为旧有 9 户体面人家居于此，因此这条街巷就取了这个名。例如，民国时中央银行长沙分行经理辛衡若，原"国大代表"万衡，原黄维兵团副司令吴少渊等人的公馆，就建筑在这个巷子里。街道两边的公馆多建于1916—1918 年，用一色的机制红砖砌成，石库门，屋顶盖琉璃瓦，内部保持有天井回廊结构，阳台、甬道、歇亭、花园等一应俱全。巷口有座九如里门坊，也称为九如里门楼，是连升街进入九如里巷口的门坊，是长沙城仅存不多的一处里巷门坊，也用机制红砖砌成，与巷内公馆建筑同一材料，建于民国初期，高 6 米，宽 2.5 米，顶部呈山字造型，门框上方砖块围成双层长方形，四角凸出的牌额，中嵌汉白玉石碑，上面阴刻正楷空心"九如里"三个字，为著名书法家黎泽泰所书。

找到这处门坊，离楠木厅就不远了。因为楠木厅 6 号，就位于连升街社

区，它西起群胜里，东止永清巷。这里原来有明吉王府广智门外的一座大木牌楼，牌楼梁柱皆是巨大的楠木建筑，高 10 余米，牌楼横书"护国祐民"四个大字，直径达 2 米，牌楼在民国初年拆毁，只留下楠木厅的街名。楠木厅 6 号建于 20 世纪 30 年代，为木质结构民居，内有小天井，主体二层，局部三层，全为木构楼梯与地板，木板房，青砖白粉外墙，占地面积 353 平方米，房屋共计 18 间，20 世纪 90 年代被拆除了一部分，现存建筑约 200 平方米。这里就是原韩国金九活动旧址。

金九（1876—1949），号白凡，又名金昌洙、金龟、金半米，韩国著名民族独立运动领导人，韩国临时政府主席。他是韩国的一个传奇人物，出生于黄海道海州白云房的一个农民家庭，早年参与反对朝鲜王朝的东学党运动，之后因不同原因数度入狱，后来由于出色的政治领导力，加入韩国独立运动，且成为领导人。1919 年金九随大批抗日救亡的韩国爱国人士流亡到中国，在中国生活 26 年。1937 年抗日战争爆发，金九随大韩民国临时政府由上海西迁至长沙。当年，就住在楠木厅 6 号，这里还是原朝鲜革命党总部所在地。1937 年至 1938 年金九在长沙从事抗日和国家独立运动，此举得到了湖南省政府的热情帮助和大力支持，与中华民国政府关系良好。然而，由于他在民间的声望远比其他政敌高出许多，因此受到敌视，最后于 1949 年 6 月 26 日被暗杀而死。他在韩国本土被誉为抗日英雄，被现代韩国人尊称为"韩国国父"。著有《白凡逸志》、《屠倭实记》等著作。

韩国临时政府则设址于西园北里。西园位于开福区湘春路南段，东起北正街，西至西园北里。西园因唐代宰相裴休在此建筑西楼而得名，后由清末民初明德学堂董事龙璋在此建筑住宅，清光绪二十年除夕（1904 年 2 月 15 日），黄兴、宋教仁、陈天华、张继等就曾聚会于此成立革命组织华兴会，1986 年华兴会旧址被省交通勘测设计院征用拆除，2011 年 9 月明德中学修复部分龙璋住宅，展示这段历史。这里旧为公馆集中区，杜心武公馆曾在此，街道两侧基本上都是独院式的两层楼建筑，麻石门框，内有天井，均已拆除，著名金石书画艺术家李立的公馆也位于此街，西园北里曾为抗日战争时期韩国临时政府故址。1937 年中国抗日战争爆发，韩国临时政府从上海西迁于此。1938 年冬，战火逼近长沙，韩国临时政府迁至重庆。

经中华人民共和国外交部批准，韩国独立运动长沙旧址楠木厅 6 号近年按原貌修复并正式对外开放。西侧重建有辅助陈列室，陈列金九在长沙活动的图片、实物及图表；东侧主楼原貌修复后，陈列金九当年开展活动和居住时的情景。

7. 长沙精神

• 三湘四水，承传忧患，英烈因此前仆后继，负重致远
• 七情六欲，贯穿真爱，众志所以齐心协力，继往开来

法国地理学家潘什梅尔曾感叹说——

> 城市既是一个景观、一片经济空间、一种人口密度，也是一个
> 生活中心和劳动中心，更具体地说，也可能是一种气氛、一种特征
> 或者一个灵魂。

这句关于城市的名言，不仅揭示了城市的本质特征，而且启迪了城市建设的方向，很值得人们深思。

就城市的基本特征来说，城市自古以来当然是人口集中的地方，是政治、经济、文化的中心，但这些还只是一种表象。如果深入到一个城市的深处，或者在一个城市住久了，人们就会发现，城市也同人一样，确是有气质，有灵魂的。因为，城市既然是人的居住之地，是人在这里生活、生产和活动的地方，在这里创造了城市的一切，人的气质、性格、思想、意识和灵魂，就肯定会投射、渗透和反映到"一切"之中，因而形成一定的城市气氛，一定的文化形态，并且因此成为某种可以感觉或视觉的城市形象。这就是通常所说的城市精神。

世界上任何一座城市——特别是那些古老而著名的大都市，肯定都有自己的城市精神，或者说有其固有独特的气氛、气质、性格、思想、意识和灵魂。作为全国著名的历史文化名城，长沙当然也不例外。

那么，长沙城的精神是什么，这种精神是如何形成的，它又表现在哪里呢？

1995年，长沙市发动十万市民投票，经过几次反复，广泛征求意见，最后确立了这样八个大字的长沙精神——

> 心忧天下，
> 敢为人先。

"心忧天下"这四个字，典出于清代左宗棠爱国忧民的事迹。左宗棠年轻时自拟有一副座右铭联："身无半亩，心忧天下；读破万卷，神交古人。"他就是用这副铭联来激励、鞭策、涵养自己的，从求学做人，到从政为官。在湖南，他是个传奇式的人物，一生中最精彩的故事，就是65岁高龄时自动请缨，抬棺出征收复新疆；后来，当闻知东南海防不靖，常遭倭寇侵扰时，又奔赴福建前沿抗倭，最后逝于任上，归葬于长沙市长沙县境内。他一生满怀"忧国"和"保卫桑梓"之心，屡建奇功，给湖南人争了面子，给知识分子树立了读活书的典范。他的故事和座右铭，对后来的毛泽东启发影响很大，在长沙第一师范读书时，就被同学们称为"身无半文，心忧天下"的榜样。

　　事实上，"忧国忧民"之"忧"，并非左宗棠的"专利"或"独创"，这本来就是"屈贾之乡"的精神传统和灵魂，它源自屈原和贾谊。

　　是屈原和贾谊，特别是屈原，终其一生都赋有一种"忧国忧民，无私无畏"的典型性格和爱国精神。在职时，他以楚的兴亡为己任，积极要求改革内政，变法图强，出使齐国，订立齐楚联盟，共抗强秦；然而，屈原的一系列主张却遭到楚国许多权贵的嫉恨，楚怀王更是听信谗言，贬之为"三闾大夫"；楚王死后，继位的顷襄王又听信令尹子兰、上官大夫靳尚谗言，再次将屈原放逐江南；在流放中，屈原过着贫病交加的生活，环境十分恶劣，但他的心没有屈服，表示"吾不能变心而从俗兮"，"余将董道而不豫兮"，"虽九死其犹未悔"，决不改变志向随从流俗，仍循正道一如初心，虽九死而不悔，对祖国和故乡满怀赤诚，最后怀石投江，以身殉国。正是屈原及其后来者贾谊，将这种对于民族和国家的忧患意识和炽热的爱国情怀，深深地播种于长沙这片土地，哺育了一代代长沙乃至湖湘人的思想、意识、气质、性格，不仅成为一种地域性而且普及为民族性的血脉，成为世代共识的"民族魂"。因为忧国忧民，所以无私无畏，为了民族和国家，不苟且偷生，关键时候能够挺身而出，负重致远。屈原的这种品格，随其作品薪火相传，成为后来湘籍志士立身处世的人格理想，成为历代贤杰立德、立功、立言的精神支柱。也正是这种忧患意识，积淀和升华为"国家兴亡，匹夫有责"的民族道义，使一切有志之士，为民族和国家含辛茹苦，赴汤蹈火，抛头洒血，宁死不屈，辛亥革命中的陈天华、姚宏业、杨毓麟等，不就是这样的典范么？！在抗日战争、解放战争、抗美援朝中，这样的英烈，更是成千成万！

　　"敢为人先"，也就是"敢为天下先"。这种精神，就滥觞于"天下起兵诛董卓，长沙子弟最先来"这两句诗。这虽是唐代著名文学家吕温的诗句，但他描写的，却是真实的历史事实——那是东汉末年，长沙太守孙坚最早带领长沙子弟进京声讨奸臣董卓的历史，陈寿的《三国志》里有记载，《三国演义》里也有生动的描写，本章开篇也曾引述。"敢为人先"的长沙精神，也可以说就是从孙坚开始，在率先进京讨伐董卓的战斗中展示出来的。

当然，作为一种精神，它是动态的，是随着历史的发展而发展的，永远不会停止在一种形态上，不可能囿于某个领域或某个方面。在历史发展的进程中，它会随着时代进步、社会发展和人群的需要，而有种种不同的内容和表现。

湖南历史上，最早弘扬"敢为人先"精神，在思想学术领域标新立异的，是永州道县人周敦颐（1017—1073）。他研究并继承《易传》和部分道家以及道教思想，大胆标新立异，创立新学，提出一个前人所没有想到的简单而有系统的宇宙构成论。这就是："无极而太极"，"太极"一动一静，产生阴阳万物。"圣人"又模仿"太极"，建立"人极"，"人极"即"诚"，"诚"是"纯粹至善"的"五常之本，百行之源也"，是道德的最高境界，只有通过主静、无欲，才能达到这一境界。他的这一学说开启了后来理学思想的法门，使之成为中国哲学史上的一大宗派，影响至为深远，周敦颐因而成为理学的开山祖师。周敦颐之后，在思想文化和学术领域，"敢为人先"，大胆开拓创新、标新立异的"长沙子弟"和湘籍学者，还有很多，例如湖湘学派的开创者胡宏、张栻，哲学家王夫之，思想家魏源，等等。

曾经在岳麓书院师从过吴道行的王船山（1619—1692），是大家很熟悉的。当年洋务派后期领袖人物，曾经担任过湖广总督、军机大臣的张之洞，在题船山草堂楹联时，曾这样评说他——

自滇池八百里而下，潇湘泛艇，峋嵝寻碑，名迹访姜斋，风月湖山千古；

孕衡岳七二峰之灵，挥麈谈兵，植槐卜相，雄才张楚国，文章经济一家。

张之洞之所以如此高度评价，因为正是王船山，在阳明理学一统学术界数百年的那个时代，以一种"敢为天下先"的创新精神，"以其坚贞刻苦之身，进退宋儒自立宗主"，不仅对"阳明学说"唯心主义哲学进行了尖锐的批判，而且对于佛教和道教中的唯心主义思想也进行了系统的批判，在此基础上，创立了一种将朴素唯物主义与朴素辩证法相结合的哲学体系，将中国古代唯物主义哲学推到了最高峰，这当然是一种极大的创新。邵阳学者魏源（1794—1857），在中国近代史上第一次提出了"师夷长技以制夷"，倡导学习外国先进的科学技术，建议制造枪炮、轮船和其他"有益民用"的机器工业产品，加强海防，抵抗外国侵略；曾国藩、左宗棠等人开创的洋务运动，则是将魏源"师夷长技以制夷"的口号变成了实际的行动。曾国藩于清同治九年（1870）在处理天津教案，目睹法国公使仗势欺人的凶恶气焰时，心里萌发出一个想法，第二年便与门生李鸿章一道给朝廷上一道奏折："拟选聪颖幼童，送赴泰西各国书院，学习军政、船政、步算、制造诸书，约计十余年，业成而归，使西人擅长之技，中国皆能谙习，然后可以渐图自强。"可见他是"敢为人先"，力主派遣留学生出国学习的首倡者。

说到"敢为人先"，人们当然不会忘记"戊戌六君子"之一的谭嗣同，正是这个长沙浏阳人，在中国历史上最黑暗的时代里，敢于奋袂而起，毅然冲决历史网罗，成为中国近代史上第一个为了中国的维新变法而流血牺牲的猛士。用杨毓麟的话来说，谭嗣同继承了王船山精神，"无所依傍，浩然独往，不知宇宙之圻堮，何论世法"，这就是说，他不去模仿任何现成的模式，敢于勇往直前，不知道宇宙有什么界限，当然更不会顾及世俗间通行的那些规范和条条框框。这种"无所依傍，浩然独往"的精神，正是长沙—湖南人"敢为天下先"创新精神的集中体现，谭嗣同这种"特别独立之根性"形成的原因，就在于其对同胞诚挚的爱，对仇虐刻骨的恨，"时时迸发于脑筋而不能自已"。由此可见，谭嗣这种敢为天下先的创新奋斗精神，是与对民族和同胞的高度责任感紧密地联系在一起的，换言之，其冲决历史网罗的精神，是本源于屈原"忧国忧民"的"民族魂"——或者说是从屈原民族魂的"忧"根里生长起来的一棵参天大树。

让长沙—湖南人振奋、骄傲而自豪的是，在长沙精神的践行者和代表者中，不仅有谭嗣同这样的参天大树，而且涌现出黄兴、蔡锷、陈天华、姚宏业、杨毓麟、焦达峰、陈作新等等一大批辛亥革命中的英烈，还有抗日战争长沙会战中浴血奋战的忠烈，至于毛泽东等革命领袖所领导的共产党队伍中"为有牺牲多壮志，敢教日月换新天"的湖南—长沙子弟，那就真可以说难以数计了，他们在民族解放战争中所表现出来的"心忧天下，敢为人先"的革命奋斗精神，那不仅是耸入云天的大树，而且是成千上万参天大树连绵无尽的莽莽林海，是与山河共存，也与日月同辉的。

前面，我们对长沙精神进行了简略的历史性考察，由此不难发现，"心忧天下，敢为人先"的长沙精神是客观存在，是有源有流且源远而流长的，其源博大精深，其流浩浩荡荡，这是长沙之所以成为"驰名圣地"的根本所在，也是长沙这座历史文化名城之所以为世人瞩目的一个根本原因。

有人可能会问：长沙精神是如何形成的，这种精神的形成对于我们又有什么意义呢？

问得好！这正是我们要进一步探讨的课题。

有学者曾经从民族学的角度上探讨，认为长沙精神乃至湖南精神的形成，首先是人的因素，质言之，长沙精神之所以自近代以来特别勃兴，是与移民有关。

据说，在宋代以前的漫长历史时期里，长沙—湖南人的人源，主要是"楚越"民族。原来，在商周之前，活动于长沙一带的是三苗部落。《战国策·魏策》上记吴起的话说："昔者，三苗之居，左彭蠡之波，右洞庭之水，文山在其南，而衡山在其北，恃此险也，为政不善，而禹放逐之。"彭蠡即今鄱阳湖。左彭蠡，右洞庭，其范围在今湖南、江西的北部。越族是三苗后裔的一支，商周时期开始盛兴。据有关史籍记载，越族的种属很多，当时分布在汉水下游以南至湘江流域一带，甚至分布于长江以南各地，其分支和分布情况大概为：扬越，约分布于湖北南部、湖南北部地区；夔越，约分布于楚国西部即今湖北西部至四川东部地区；于越，约分布于楚国东部的浙江沿海一带；干越，约分布于长江下游的苏南至江西一带。另外，在福建一带的称闽越，广东的称南越，广西的称骆越，等等。长沙当时是属于扬越分布的范围。当时的越人尚处在一种部落社会组织时期，有聚居群居，但没有定居，"多无君"。古代文献中提到的蛮、濮，都是指居住在江南的人民，其中包括越人，或者就是指越人，如《史记索隐》说："蛮者，闽也，南夷之名，蛮亦称越。"根据湖南地区考古发现的资料，商周时期在澧水流域和沅水下游，已是楚人活动的范围，沅水中上游"古文化创造者的族属"主要是濮，湘江中上游的土著居民当为百越的一部分。长沙地区在商周时期，主要以越人为主体，但这种状况自春秋晚期开始，随着楚人向南扩张，被逐渐破坏。楚人进入长沙后，没有将当地土著越人赶尽杀绝，而是融洽相处，用钢剑、铁锄、铁削等武器和工具，"筚路蓝缕，以启山林"，他们是开发江南的先驱者，为开发长沙做出了巨大贡献。在共同努力下，长沙一带的经济、文化迅速发展，使楚国的战略和经济地位不断提高，因而有后来的楚南重镇之称，也为千年古城的诞生创造了条件。所以后来发掘的长沙墓葬中，以这时期的楚墓为多。这种人源状况基本上延续了很长的历史时期，没有发生大的变化。

进入宋代以后，情形开始有所变化。由于宋王朝始终未能统一中国，北部经常遭受来自北方少数民族的侵扰，加上连年的战火与自然灾害，人口迁徙渐成趋势，湖湘文化的最早开拓者胡安国父子，就是这时期从外地移民来到湖南湘潭的。特别是，长沙—湖南自古以来又是南北兵家首争之地，宋末元初及明末清初，湖湘大地遭受战火多次蹂躏，土著族十室九空。元代和清代，就有两次在中央政府鼓励和安排下的大规模移民，移民主要来自江浙、江西和四川等地。所以，湖南省境内至今有四十多种方言，如湘乡、新化、常德、湘西、衡阳、平江、浏阳、醴陵等方言，可以说没有一个湖南人能听懂省内的所有方言。移民的进入，在族源和血缘方面，便有了此前与湖南本土居民基本上没有联系的新居民，他们中既有汉族，带来了文明多样的外地文化，给湖湘文化提供了厚实多元的基础，又有少数民族，具有强韧、犷悍和刻苦的习性。以楚越民族为本源的湖南—长沙人，吸收了外来移民的进步文化和强韧、犷悍及刻苦的习性，从而使长沙—湖南人渐次形成一种有别于他省的朴实勤奋、劲直勇悍、好胜尚气、不信邪甚至流于褊狭任性的乡俗民气，在同豪绅的守旧习气抵牾冲撞的过程中，这种士气文风又弥坚弥笃，其延伸外铄，构成为一种"火辣"的性格和"骡子"般的精神气质。所以，近代有人说，湖南之所以名人辈出，盖因湖南是移民省的缘故。不管移民来自哪里，最根本的特点，则是吃苦耐劳的心理基因和拼搏的精神，它附丽于近代一系列事变中，造就出令人瞩目的形势和成就。

第二个因素，是文化，具体地说，是湖湘文化。

文化是人类文明发展的血脉和推进器，是社会进步的阶梯。它是有形的，也可能是无形的；是物质的，也可能是非物质的；是全民族共有的，也可能是地域性的。就文化的具体体现或形态来说，或许是一种知识，或许是一种学说，或许是一种理论，或许是一种技能，或许是一种手段，无论是哪一种形态和表现，都具有一定的创造力，而且一定会集中地表现在人的精神品质上，并且必须通过人才能展示和表现出来。所以，俄国哲学家别尔嘉郁夫在《历史的意义》一书中说："任何文化（甚至物质文化）都是精神文化，任何文化都具有精神基础——它是精神对自然界之自然物进行创造性加工的产物。"

任何精神都是一种文化的高级形态，也是价值观、人生观、世界观的集

256

中体现。文化是基础，精神是表现，精神只有附丽于文化，才能展示其风采，才能显示其力量。所以，文化的状态、程度如何，决定了人的精神特性，而人的精神状态如何，则直接决定着事业的兴衰成败。因此，现代从事任何一项重大的事业，都必须进行精神动员，高明的领导人总是把精神动员和文化建设作为事业的先导工程，做足做好。

因为文化是一种精神力量，代表一种文明的程度和深度，因而往往成为一个民族的灵魂，一个地域的品位，一座城市的形象和气质。每个城市，无论大小，都会有自己的形象气质，这种形象气质，从根本上说，其实就是精神，用法国地理学家潘什梅尔的话来说，是城市的"灵魂"。这种"灵魂"或"精神"，既是一定文化的集中表现，又是一定文化长期哺育、熏陶的结果。它是精神的，却也是物质的，或者说精神转化为物质，因而具有一定的物质力量，代表一个国家的综合国力，一个地域的产业资源，一个城市的风貌、生活条件和质量。

长沙，作为湖南省的省会，是全省政治、经济、文化的中心，就其文化本体来说，毫无疑义是中华民族的传统文化。这种本体文化，是通过或者说借助于湖湘文化而表现出来的。湖湘文化虽然是地域性的文化，但其核心和灵魂，则是中华民族的传统文化，是中华民族文化圈中一个拥有辉煌成就和显著特色的地域性文化。

诚如别尔嘉郁夫所说，"任何文化（甚至物质文化）都是精神文化"，湖湘文化自然也不例外，就其文化精神来说，与长沙精神乃至湖南精神是一脉相承的，或者说是一而二、二而一的事情。湖湘文化有许多显著的特点，对此有许多专家学者的分析和研究，在前面有关的章节里，我们也曾作过简略的介绍。如果要从文化精神的角度上考察，我们认为则主要是这两个方面：

一是刚韧坚忍、务实求是、敢为人先；

二是厚德重义、开放创新、自强不息。

正如一些学者所分析的，湖湘文化的渊源，主要来自两个方面，一是唐宋以前的本土文化，包括荆楚文化，二是南下的中原文化，即常说的儒家传统文化。

本土文化，培育、熏陶的是地方民风民俗和心理性格，这与长沙湖南的自然地理环境有极大的影响。最早注意到这一点的，是著名学者钱基博先生，他在《近百年湖南学风》中说：

"湖南之为省，北阻大江，南薄五岭，西接黔蜀，群苗所萃，盖四塞之国。其地水少而山多。重山迭岭，滩河峻激，而舟车不易为交通。顽石赭土，地质刚坚，而民性多流于倔强。以故风气锢塞，常不为中原人文所沾被。抑亦风气自创，能别于中原人物以独立。人杰地灵，大德迭起，前不见古人，后不见来者，宏识孤怀，涵今茹古，罔不有独立自由之思想，有坚强不磨之志节。湛深古学而能自辟蹊径，不为古学所囿。义以淑群，行必厉己，以开一代之风气，盖地理使之然也。"

因为自然地理上的缘故，长沙乃至湖南在历史上早有"蛮夷"之称，相对于中原文明而言，确有其愚昧落后、文明开化较晚的一面。然而楚之先祖也是炎黄正宗，自有其文明的发轫和传承，在蛮荒时代便开辟草莱，悍然立国，终于屹立于姬姓天下为代表的中原，公称"我蛮夷也"。这种公然自称"蛮夷"，并非自暴自弃，亦非自甘落后，而是一种对于中原文明局限性的不满与挑战。因为，在炎黄文明的历史发展演进过程中，始终存在有"文质"对立的倾向，中原文明注重"文质彬彬"，实以"文"统"质"为导向，因此弱于本能生命张力而发展，而"我蛮夷"则是要以"质"统"文"，并强调"文""质"并重发展，因而充满原始理性生命的活力。这种"我蛮夷"的文化精神，虽然因为楚之灭亡受到了影响，但并没有消亡和消失，相反一直在荆楚大地上遗存和发展着。湘楚，虽然因为地处"四塞之国"，"重山迭岭，滩河峻激，而舟车不易为交通"，"风气锢塞，常不为中原人文所沾被"，"顽石赭土，地质刚坚，而民性多流于倔强"，"风气自创，能别于中原人物以独立"。从而在华夏文明中，形成了一个迥异于中原的特殊文化——湘楚文化精神。

正是这种湘楚文化，造就了湖湘人士的血性与灵魂。湘楚的独特自然地理环境，固然同蒙古高原、中原乃至北方平原的辽阔、粗犷与雄浑不同，那里是"骏马，秋风，塞北"，这里是"杏花，春雨，江南"。湖湘山清水秀，也有其挺拔刚直、峣然屹立的雄浑和恣肆汪洋、奔腾一泻的豪迈。东西南三面环山、对北敞开的地形，致使冬季里凛冽的西伯利亚寒潮能够滚滚南下，长驱直入，到南岭脚下的郴州、永州一带被阻，夏天则是烈日阳光，加上湘北洞庭湖水的蒸发，使三湘大地热气郁积而不得散发，盛夏酷暑可达41摄氏度，夜晚气温高达33摄氏度，春秋两季时而受西北的冷锋控制，时而受西南的暖湿气流影响，气候因此多变，时晴时雨，骤冷骤热，因而有"卑湿"之说，属于居住条件恶劣的荒蛮之地，以至贾谊被安排到长沙做王太傅

258

时，以为是"流放"而痛苦。汉代以后逐步开发，成为"鱼米之乡"和著名粮仓，三国时代的曹丕还盛赞长沙米，但长沙和三湘人民祖祖辈辈所感受到的气候的恶劣，特别是冬寒夏暑和春秋两季变化的无常，尤其是"春来遍是桃花水"的过量酿为滔滔洪流的澎湃及其所造成的灾害，更铸就了长沙及湖南人既认同天道变化无常的道理、又企求福音降临的迫切愿望，特别是与自然灾害顽强抗争的不屈不挠的奋斗精神。《楚辞》中的《离骚》、《天问》、《招魂》，湘楚巫文化中的祭祀，长沙马王堆汉墓中的漆画等，其所以不同于黄河流域文化的最大特点，就是不追求对称和工稳，而是更跳跃、更激情、更澎湃、更奔放，特别是其中所表现出的对天道无常变化的环境既疑问又适应更加以反抗的情怀尤为突出。经历三千年历史沧桑的熔炼，终于积淀和铸造为一种"特别独立之根性"。这种特别独立的地方民族社会心理根性，是一种充满原始野性生命张力的血性魂魄，也是一种随遇而安又百折不挠的人性骨骼。其根本特点，概而言之是：刚毅坚忍的性格，厚德重义的秉性，兼容并包的胸怀，独立自由的思想，坚强不磨的气节，笃行践履的志向。三千年过去了，长沙湖南的地理和自然环境依旧，人则从屈原到贾谊、周敦颐、欧阳询、怀素，到王船山、魏源、曾、左、彭、胡，到谭嗣同、王闿运、齐白石，到黄兴、蒋翊武、蔡锷，直到毛泽东、刘少奇、胡耀邦、彭德怀，这种心理根性和精神一以贯之。我们在研究和认知湖湘文化的精神时，决不能忽视或者低估了这种环境对湖湘文化的影响。这是一方面。

另一方面，这种"民性"和"我蛮夷"的民族社会心理根性，又受到屈原、贾谊、韩愈、柳宗元等寓湘贤哲及其所代表的中华民族传统文化的熏染，特别是宋以后中华文明重心南移，在此大背景下，由胡安国、胡宏父子开拓而由张栻完成的湖湘学派的崛起，使湖南成为以儒家文化为正统的省区，被学者称为"潇湘洙泗"、"荆蛮邹鲁"，岳麓书院讲堂悬挂的"道南正脉"匾额，正一语道破和显示出湖湘文化中所拥有的这种儒学正统，终于使湘楚文化在中原文化不断地开化充实下，以近两千年之厚积，孕育出大儒濂溪以开风气之先，成就以"体用合一"、"性气合一"为中心，以心性之学与经世致用之学相结合、内圣与外王并重且以实事求是为思想方法等特征的湖湘学派及其独特的湖湘文化，因此而屹立于中华民族传统文化的儒林之中，同时受到世界的瞩目与认同。这种文化，就其思想来说，当然是承继了"我蛮夷"的荆楚血脉，又融汇有儒释道三家的新儒家思想，有着浓厚的以儒家政治伦理为中心的价值取向，是以"质"统"文"与以"文"统"质"的文化相融通的综合创新，其形态虽然带有地域色彩又突破了地域而对整个华夏产生了深远影响。此后，历两百年之寂寥与酝酿，奋然复兴于明清之际的王船山。船山先生以"为往圣继绝学，为万世开太平"的壮志，以"六经责我开生面，七尺从天乞活埋"的大无畏原创气魄，承其血脉，破门而出，推陈出新，融会贯通，铸造出代表古代中国哲学巅峰形态的湖湘文化。尤其值得注意的是，在中华民族面临亡国灭种之际，我湖湘学人和长沙子弟，又在欧风美雨中接受了西方文明血与火的洗礼，终于彻底摆脱了地域的局限，以"其人为天下士，为事亦天下事"的情怀，迎来了全方位脱胎换骨的铸冶，将湖湘文化推向了一个前所未有的新高峰，并且很快地又在"五四"新文化的潮流中，迎来了新思想新文化的曙光，因此也找到了它应有的归属。

由是而观，上述两个文化渊源，分别影响并且培育着湖湘文化。但在这二重文化的属性当中，以本土文化为最初源头的刚强、铁血、诚朴、雄伟、厚德、重义的成分，毕竟是占主导地位的。这就是为什么湖南人无论走到哪里，骨子里还是湖南人的根本所在。是啊，一方水土养一方人，吃着湘江母亲河水长大的长沙—湖南人，自近代以来，在哪一次拯救民族的伟大事件中不是"敢为人先"的呢?!

正是这两道源流的汇合，在历史发展的洪流中，导致一种独特的区域文化的形成。所以，在探讨湖湘文化的精神时，能发现其中浓浓的儒学正统特色，无论是周敦颐、胡宏、张栻，还是王船山、曾国藩，他们的学术思想、学术追求，都是以正统的孔孟之道为目标的；而考察湘人时，则更会感觉到荆楚山民刚烈、倔强、坚韧的个性。当然，这两种文化的组合，是相互渗透的：湘学的学术思想总是透露了湘人那种刚劲不挠、务实求是、敢为人先的实学风格和拼搏精神，而湘人的性格特质，又受到儒家道德精神的熔冶与修炼，故而能表现出一种人格的魅力和精神的升华。如曾国藩在自我人格修炼时，追求"血诚"、"明强"，常使人体味到这种二重文化组合的妙处。"诚"、"明"的理念，均来自儒家典籍和儒生对人格完善的追求；而"血"、"强"的观念又分明涌动着荆楚蛮民的一腔血性！包括曾国藩组建的湘军，其成员主要是湖湘之地的山民，曾国藩既看中了他们的质直、刚劲的湘人性格，又要求他们学习儒家道德和文化修养，体现了他对这种二重文化组合的自觉运用。

要而言之，综观湖湘文化的精神，可以看到其中所贯穿的一条红线，那就是三千年来长沙及湖湘人的精神发展的血脉。那是一种血性的精神，充满着野性的生命力。那是一种自初民以来奔流于湖湘血管中的蓬勃不息的野性生命力，是一种独立自由、坚忍不拔、勇于开拓和敢于进取的创造力，是一种"无所依傍，浩然独往"以及发自生存本能不以空谈心性为标签而讲究务实致用和求是格知的生命灵魂。它不仅充满了血性与生命张力，而且因紧贴生存本能有着强烈的经世致用的倾向，既有楚文化也有与中原文化的交融同时受到近代以来西方文明的洗礼所融汇的特质。因此，容易凝聚成既为天下士又为天下事而放眼天下的情怀，结为"以天下为己任"而"敢为天下先"的强烈担当意识，铸冶出湖湘文化中那种具有有独立自由思想、坚强不磨气节、笃行践履志向、敢为人先的精气神。

第三个因素，是人才。

人类创造了文化，文化又造就了人才，文化这种造就人才的力量，就是常说的"教化"之力。人才是榜样，是典范，"榜样的力量是无穷的"。榜样的力量，本质上就是精神的力量。所以，我们说，人才是精神的一大源泉。长沙精神乃至湖南精神，就蕴藏于人才群中。哪里人才最集中，最能发挥其作用，那里的精神状态就最旺盛，那里的事业肯定兴旺发展，因而有举世瞩目之功。对此，毛泽东的老师杨昌济曾有一段精辟的论述，他说：

"湘省士风，云兴雷奋，咸、同以还，人才辈出，为各省所难能，古来所未有。……自是以来，薪尽火传，绵延不绝。近岁革新运动，湘人靡役不从，舍身殉国，前仆后继，固由山国之人气质刚劲，实亦学风所播，志士朋兴，夫支持国势原不限于一地之人，然人才所集，大势所趋，亦未始无偏重之处。"

这话说得很明白，是源远流长的湖湘文化，熏陶和培育着人的性格气质、审美情趣、艺术思维方式，因而孕育出一定的人才群体——长沙精神，乃至湖南精神，就是由他们所代表，由他们而弘扬，并且通过他们而影响全体人民的。

据有关学者研究说，湖南人才之盛，始于鸦片战争前不久。当时有三个人最为杰出，一是溆浦的严如熤（1759—1826）。现在湖南人很少知道他，其实他是中国最早的民族学家，所著《苗防备览》24卷，深受《剑桥中国晚清史》的赞扬。一是益阳的陶澍（1778—1839），任两江总督16年，勤政爱民，勇于改革，尤其是他将南方供应北京的粮食河运改为海运，收到利国利民的大效，因此有的学者将他列入"中国十大理财家"之列。一是邵阳的魏源（1794—1857），他曾编辑《皇朝经世文编》一书，引导中国知识分子睁开眼睛看中国，开创一种务实的学风，继而又编写《海国图志》，引导中国知识分子睁开眼睛看世界，"师夷之技以制夷"。他是主张中国向西方学习的第一人。魏源之后，湖南人才连续出现了三个高潮。

第一次高潮，是因湘军崛起而勃兴的，形成了"中兴将相，什九湖湘"的局面，《长沙名人》前言有个统计，湘军系统中，位至总督者15人，位至巡抚者14人，这在当时确是分量很重的数字。除了曾、左、彭、胡之外，最杰出的人物，还有郭嵩焘（他是中国首任驻外公使，力主向西方学习）、曾纪泽（他是晚清唯一能在谈判桌上料敌制胜的外交家）、王闿运（他敢于在《湘军志》中批评湘军军纪，善于在下层社会中选择人才），等等。

第二次高潮，是在维新运动中和辛亥革命时期。在维新运动中，湖南是全国最富有朝气的一省。辛亥革命时期，湖南留学日本的学生最多，参加革命的也最多，兴中会的创会元老79人，湖南竟占20人。这时期湖南不仅涌现出了一批改革家和革命家如谭嗣同、黄兴、蔡锷等，而且有多方面的杰出人物，以教育方面的人才为多。谭嗣同是既勇于冲决罗网又具有世界眼光的大思想家，熊希龄早期是维新志士，湖南航运、工矿业、报纸、学校的先驱，晚年又成为我国少有的慈善家和杰出的平民教育家，他创办的香山慈幼院，在20多年中培育6000多孤苦儿童成材，成为我国历史上空前的壮举。

这里值得一提的，上述二次高潮中涌现出来的湖南近代的几个人才群体中，大多曾就读于岳麓书院、城南书院，例如贺长龄、贺熙龄、陶澍、魏源、曾国藩、胡林翼、左宗棠、罗泽南、郭嵩焘、曾国荃、刘长佑、唐才常、沈荩等。谭嗣同虽然没有直接在书院就读，但其师欧阳中鹄深受湖湘文化影响。杨昌济本人就曾于光绪二十四年肄业于岳麓书院。所以，岳麓书院的门口，挂有"惟楚有材，于斯为盛"的门联。

第三次高潮，因五四运动和新民主主义革命而引起，时间最长，规模最大，人才最众。《长沙名人》前言举出的三项统计数字，很有代表性。一是1919—1920年留法勤工俭学，湖南学生达346人，占总数的22％，仅次于四川；二是在国共第一次合作时期，黄埔军校前五期学员，湖南青年占2189人，占总数的1/4强；三是1955年中国人民解放军第一次授军衔，10位元帅湖南有3位，10位大将湖南占6位，57位上将湖南占19人，100多名中将中湖南人有15位。领导者有毛泽东、刘少奇、彭德怀、胡耀邦等党政军领导人。著名的革命先烈，有蔡和森、何叔衡、邓中夏、郭亮、毛泽民、毛泽覃、杨开慧、黄公略、王尔琢、左权、段德昌、向警予……此外还出了一批科学家和文学艺术家。

所以，著名历史学家谭其骧这样评价湖南人才在近现代的历史作用说，"自清季以降，湖南人才辈出，举世无出其右者"。章士钊说："湖南人有特征，特征者何？曰：好持其理之所自信，而行其心之所能安；势之顺逆，人之毁誉，不遑顾也。"宋教仁说："湖南之民族，坚强忍耐富于敢死排外性质之民族也。"现代著名学者钱钟书甚至说，中国只有三个半人，两广算一个人，湖南算一个人，江浙算一个人，山东算半个人。湖南人才之盛及其精神影响之深远，由此可见一斑。

长沙自近代以来，当然更是人才辈出了。就革命家来说，先有谭嗣同、唐才常，接着便是辛亥革命一大批先驱，如黄兴、毕永年（1869—1901）、秦力山（1877—1906）、杨守仁（1872—1911）、陈家鼎（1878—1928）、焦达峰、陈作新等等；新民主主义革命和社会主义革命中，有刘少奇、胡耀邦、何叔衡、谢觉哉、徐特立、王凌波、姜梦周、郭亮、李维汉、李富春（1900—1975）、萧劲光（1903—1989）、许光达、杨立三（1900—1954）、杨勇、女将军李贞、甘泗淇和共产主义战士雷锋，等等。

近代政治人物还有贺长龄（1785—1850）、瞿鸿禨（1850—1918）、张百熙（1847—1907）、鲁涤平（1887—1935）、贺耀祖（1889—1961）。还有章士钊（1881—1973）、罗章龙（1896—1996）等；近代长沙还有两位著名的工商界人士，朱昌琳和左学谦（1876—1951）。

近代著名学者则有王先谦（1842—1917）、皮锡瑞（1850—1908）、杨树达（1885—1956）、杨昌济、易白沙、金岳霖、叶德辉、杨端六（1885—1966）、周鲠生（1889—1971）、李肖聃（1881—1953）等，作家如欧阳予倩和田汉，新闻界如沈荩、陶菊隐，科技界如周凤九。

在自然科学方面，长沙人才更是济济一堂。到1998年止，长沙先后有25位院士，金岳霖、杨树达为人文学者，其余23位均属自然科学家，其中医学有张孝骞（已故），沈其震（沈荩之子，已故）、黎鳌（已故）、黎介寿、黎磊石，物理学有周光召（周凤九之子）、萧健（已故）、黄祖洽、朱健士，化学有俞汝勤、陈耀祖、姚守拙，生物有杨弘远（杨端六之子）、范云六（女），机械工程有雷天觉、沈志云，电气工程有曹献（已故）、俞大光、张履谦，地学气象学有丑纪范、何继善，数学有陈希孺，电子计算机有唐稚松。这里要特别介绍的，一是上举黎姓三院士是浏阳一家三兄弟，这在中国目前恐怕还只有此一例；二是周光召院士，为献身两弹，隐姓埋名19年，直到"文革"结束后才在学术界亮相，晚年又任中国科学院副院长、院长多年，后曾任全国人大常委会副委员长。

写出这一大批人物，可见长沙人才之众。如果说，自近代以来，湖南人才辈出，那么，作为省会的长沙更是人才的渊薮。这里，可真是群星灿烂，若出其里，英才辈出，蔚为壮观。他们是长沙人的代表，是长沙精神的人才见证。

所以，有人说，长沙的魅力，不仅在于岳麓之高耸与葱郁，不仅在于湘江之碧绿与澄澈，不仅在于橘洲之浪漫与芬芳，不仅在于其历史名城所固有的悠远与神秘，更在于那代代薪火相传的长沙城市精神——

"心忧天下，敢为人先"。

虽然仅仅是八个字，却将三千年长沙永恒不灭的灵魂烘托而出。

8. 塔前三思

- 历史若流，波卷浪翻，鱼龙混杂，泥沙俱下，涛声即为人生
- 文化如歌，抑扬顿挫，快慢交替，高低起伏，旋律就是神韵

精神是文化的核心，是哲学的智慧，是伦理的美德，是人格的力量。一部人类的哲学史、文化史、伦理史，其本质就是一种精神史，既是探索精神的历史，也是用精神来书写精神的历史。

由是而观，长沙乃至湖南的近现代革命史，则更是千百万革命者和人民大众用精神"书写"出来的。他们在用精神书写这部历史的过程中，不仅付出了艰辛的劳动，付出了聪颖的才华与智慧，有的甚至付出了珍贵的鲜血和宝贵的生命。他们中许多人早已长眠于地下了，有的并没有回归故里，或在他乡，或在异国，有的则连姓名和墓碑都没有留下，有的甚至并非死于敌人的刀枪或魔掌之中……每想到这里，每想起他们，我们心里总是沉甸甸，总是阴郁郁，总是苦涩涩的，因此而心潮澎湃，久久难以平静，其中当然有深深的崇敬，有默默的悼念，有难以言传的思索，还有"思君如流水"般绵绵不尽的缅怀。

所以，走下岳麓山，我们又来到了长沙烈士公园。

从西大门走进公园，沿着那一级级台阶，拾级而上，远远地便可以看见一碑耸立，待走近一看，上镌毛泽东手书"湖南烈士公园纪念碑"九个大字，这里就是为纪念近百年来特别是新民主主义革命以来为中国人民解放事业而英勇献身的湖南革命烈士而修建的塔堂合一式纪念性建筑——湖南烈士纪念塔。

湖南烈士纪念塔位于开福区东风路 32 号烈士公园内，处于公园南、西门中轴线交会点的山坡上，东、西、南、北均有石阶可达。该塔于 1951 年 12 月奠基，建于 1958 年，主要由塔基、栏杆、塔堂、塔楼四部分构成，占地面积约 1032 平方米。塔身呈八方柱形，高 58.7 米，由 2932 块白玉石和花岗石砌成，雕栏刻柱，雄伟高峻，塔顶为朱色斗拱，绿琉璃瓦宝顶，塔身南向正南嵌有祁阳石碑，碑上刻有毛泽东手书。碑下为纪念堂，全部用水磨花岗石贴面，两侧为陈列厅，陈列着杨开慧、夏明翰、郭亮等湖南近百年著名烈士 90 余人的遗像、遗物与事迹，并陈列有全省 76000 多位烈士的名册。烈士塔后方建有纪念亭，两阁分耸，长廊相接，碧瓦朱栏，雕梁画栋，周围丛绿簇拥，使烈士塔更显庄严。湖南烈士纪念塔是湖南省爱国主义教育基地，1990 年被国务院定为全国重点烈士纪念建筑，是全国为数不多的大型纪念碑之一。同时，也是湖南省级文物保护单位，每年清明节前后，湖南省党政军领导都在此举行重大纪念活动，各社会团体及广大群众均自发前来悼念革命先烈。

站在烈士塔前，缅怀先烈，又想起了长沙精神，并由此想起了湖南人的精神。

2012 年 7、8 月间，湖南曾通过媒体开展过一次征集湖南精神语词的活动，据说群众十分踊跃，先后提出有上百条。其实，在我们看来，湖南精神也就是长沙精神，或者说湖南精神中包括有长沙精神，甚至还可以说长沙精神就是湖南精神，不管语词有何不同，本质上是一致的。因为，回溯历史，长沙人为民族的觉醒，为挽救民族的危亡，所付出的血的代价，在全省是最著名的。不仅是长沙人，全湖南人救亡图存的爱国思想和献身精神，在全国也都是表现得最为突出的。所以，早在 20 世纪初，陈独秀在《湖南人的精神》中，就曾引用湖南人杨度《湖南少年歌》中的一句说，"若道中华国果亡，除非湖南人尽死"，并且断言："湖南人这种奋斗精神，却不是杨度说大话，确实可以拿历史证明的。"

精神的确写作了历史。且不说"我自横刀向天笑"的谭嗣同，且不说年近六十抬着棺材进新疆收复伊犁的左宗棠，且不说辛亥革命中的黄兴、蔡锷等一大批潇湘赤子，中国近代史上几乎所有的大事件，湖南人都处在风口浪尖上，力挽狂澜于既倒；每当国难当头，多有湖南人成为中国的脊梁。湖南人因此享有"若道中华国果亡，除非湖南人尽死"之美名。所以，有历史学家如是说，中国的近代史有一半是湖南人给写出来。著名学者钱钟书因此说，中国只有三个半人，两广算一个人，湖南算一个人，江浙算一个人，山东算半个人。如此描写湖南人精神，可见湖南人在中国近代历史进程中所担负的中流砥柱的作用。

事实上，毛泽东的诗，也早就奠定了湖南人精神，这就是：

"为有牺牲多壮志，敢教日月换新天。"

是啊！正是无数革命先烈的流血牺牲，换来了社会主义的新湖南，换来了社会主义的新中国。所以，认真总结概括好湖南精神，用以激励教育一代代湖南人，的确很有必要。

但是，反思历史，无论是长沙人，还是湖南人，都有人性的弱点。在肯定、张扬长沙精神和湖南精神时，也不能不反思一些令人铭记于心的问题。

诚如许多学者所说的那样，历史上，湖湘文化属于典型的农耕文化类型，受种种条件的限制，工业经济和商业贸易一直不够发达。进入近代后，湖南虽有激进的思想，却多发声于境外，并未启蒙于境内。相反，境内的守旧势力异常顽固，对于来自沿海地区的欧风美雨，往往加以强力排拒，近代化起步因而较之沿海地区至少晚 30 余年。近代急剧变化的社会环境，虽然为湖南政治人才的成长提供了绝好机会，经世致用的学术心理与积极面世的价值取向，又为政治人才的成长提供了思想养料，却由于湖湘文化到近代依然侧重于探讨人与社会的关系，相对轻视了人与自然的关系，忽视了生产和流通领域。特别是，湖湘文化的熏陶与影响，长沙、湖南人尚武尚勇的同时，也热衷于崇文崇政，轻商鄙贸，摒弃技术，以致连梁启超当年都感慨道："湖南人遍地人才俊杰，人人都是政治。"相比之下，经济型技术型人才十分匮乏。加之时局不稳，没有安定的社会环境，使投资者心存疑虑，观望不前，湖南人又不能迅速摆脱以农为本的思想观念束缚，因而多方面促成了此等局面。有材料说，甲午战争后十余年间，湖南创办近代矿厂已有 72 家，其中 39 家短短几年就倒闭了。大官僚袁树勋（湘潭人）手中积累了大量货币，不去发展近代实业，却以少量资金在家乡开设粮行与典当行。1904 年，湖南留日学生 401 人，其中学习实业技术的不足 20 人。新中国成立后的第一届中央人民政府 63 名领导人中，湖南籍有 11 人，1950 年成立的中国科学工作协会第一届 15 名理事长和理事中，却无一个是湖南人。历史上有个这样更典型的例子：19 世纪末，广东人黄遵宪在湖南推行新政，他曾担任驻外使节，为长沙带来了许多新思想，但以熊希龄为首的本土士绅，却容忍不了他，看不惯外籍人在自己头上指手画脚，硬是将他排挤走了。提出睁开眼看世界的是湖南人，被挪威传教士称为"铁门之城"的也是湖南。最不可思议的是，郭嵩焘提出了开放的洋务思想，大胆提出要学习外国，年老返乡时，长沙却不接纳他，不准他的船靠近码头……所以，在当时就有人在报上写文章，说长沙人偏激，狭窄，封闭，自大，因此而重提梁启超的感慨。冷经济，冷商贸，冷实业而热政治的两极化倾向，直到改革开放初潮涌动，商品大潮滚滚而来时，长沙和湖南却又一次错失了良机……时至今日尚未能彻底改变。这难道不值得深长思之么?!

　　湖湘文化经世致用的学风有其杰出的一面，在于它能与时俱进，务实求是，关注现实，不尚空谈。然而，也在不知不觉间在某种程度上造成了急功近利之病，缺乏对人的终极关怀，过于强调经验与实用而忽视了理念的建构与长远课题的规划和钻研。许多人把从政视为人生价值的最高体现，求官要官，以此为荣，读书只求当官仕进。特别是，儒家文化强调以仁政为内核的人治思想浓厚，过于关注眼前现实，缺少理性的思辨，缺少对于宇宙问题和人生终极作理论的探讨。所以，或许也有闪光的思想，许多思想观念却陷于无序，难免显得杂乱，也就很难服人。过分讲究实用，也难以摆脱政治功利的影响，容易失去独立的学术品格。近代以来，虽然人才辈出，却绝大多数是政治、军事类人才，很少有人在思想界学术领域引领风骚。湖南和长沙尽管都有钟灵毓秀的人文传统，继承岳麓书院千年文化传统的湖南大学，新中国成立后居然改造成了一所以工程机械为主的工科大学，不能不说是一个反讽，提起这件事也是湖南人心头说不出来的一块伤疤。而以理论、政治和文艺人才领航中国的湖南人，竟然没有能在省会长沙办出一所与湖南文化地位相称的文理科综合大学，也不能不说是一种遗憾。尤其令人费解的是，当代诚然多有湖南人是中国最重视实学和理工技术的人群，重理、重技术固然是一种良好的文化时尚，但又反过来出现了轻文、轻社科的弊端，不能不说是与湖湘文化中急功近利的倾向有必然的联系。

　　尤其令人怵目的，是"楚材晋用"的怪现象。审视湖南古往今来的人才发展脉络，不难发现，许多湖南人的事业与成果，多是在湖南境外成就的，这就是所谓的"楚材晋用"现象，即俗话说的"墙内开花墙外香"。探究个中原因，不难发现湖南的闭塞保守、因循守旧、不具备人才成长的良好环境，但从人性上考察，则主要是胸怀狭窄、嫉恨心强、容不得人的弱点作怪。几乎从晚清时起，湖南的有识之士便形成了这样的共识，即湖南人要想有所作为，必须冲出洞庭湖。湖南人只有走出洞庭湖，才能成才与成事，这不能不让人产生这样的认识，湖南不仅不重视人才，甚至也容不得人才，容不得高人，容不得他人超越自己。因此而缺乏大局意识，因此而有窝里斗，因此而不合群，因此而团结精神差。再加性情急躁，不能虚怀若谷，不善于纳言和向他人求教，当然也不善于包装和推销自己。这些，都是司空见惯的事实，甚至连长沙人和湖南人自己也深知其弊。

　　还有走极端，这可以说是湖南人最普遍也是最坏的一种性格。据有关学者分析研究说，这早在甲午战争前后，就已表现得十分显了。甲午战前，湖南人的保守在全国是有名的，不仅表现为对于沿海省份开展了30年的洋务运动无动于衷，而且表现在对于"反教排外"异乎寻常的积极，常常走在全国各省的前列。湖南人不仅反洋教，甚至对与外洋相关的一切人和事都要反击。耐人寻味的是，甲午战争后一场轰轰烈烈的湖南维新运动，使湖南一改昔日封闭守旧的格局，开始大力学习西方，广开学会，创办报刊，设立学堂，成为全国最富有朝气的一省。当时湖南维新派中的激进人物及其主张，在全国特别引人瞩目。湖湘文化是一种以农耕经济为基础的地域文化，湖南又是一个三面临山、一面临湖的"四塞之国"，内部多山而舟车不便，故而表现出很重的内陆性文化特征，加上湖湘文化又过于强调务实，这就更显保守，重视经世而轻商利，在明清之际大思想家王夫之那里，表现得最为突出，与同时代的黄崇羲、顾炎武、李贽、戴震相比，显然有所距离，因为既务实又重农，他曾严厉地批评商业活动。湖湘文化的这个弱点客观存在，而且影响深远。近代湖湘文化虽然表现出通变、求新的开放精神，并在近代史上大放光彩，但这并不能掩盖近代湖湘文化保守的一面。所以，有学者说，近代湖湘文化是一种内部反差强烈的合"保守性、开放性"为一体的二元结构文化，那些走在时代前列、特别是"走向世界"的湖湘人士，表现出很强的通变、求新的开放精神，但湖湘文化的封闭、排外、保守倾向也表现得最为鲜明。例如，洋务运动的首领是湖南人，但排斥洋务最力的也是湖南人。当时的湖南人曾以首恶洋务而闻名于世。因此，在中国近代化过程中，湖南总是落后于其他许多省区特别是沿海地区。这也是不争的事实。

最让人注目的，是现代史上的政治狂热。因为是"驰名圣地"，因为是伟人故乡，因为是红色热土，因为这里的历史天空上群星灿烂，来参观者多，歌颂赞美者众，宣传和张扬也是一度热气腾腾，热火朝天，于是成为一种"包袱"——其中装满了荣耀，也充满了自负，难免忘乎所以，难免夜郎自大，难免故步自封！所以，在大道改辙、大潮涌流的关键时刻，往往醒悟太迟，往往迷失方向，往往停滞不前，即使与时俱进了，也多有随波逐流之举。例如，时下浮躁风的一个表现就是"焦躁"。当此风弥漫神州时，长沙和湖南人更显得焦虑忡忡，浮躁盈天。当然，这种焦虑并非焦虑民族与国家，而是个人及小家。许多人因为找不到工作而焦虑，因买不到房子而焦虑，没有被提拔为"官"或提拔得慢很焦虑，钱挣得少也焦虑……过去追求的是"三十而立"，现在渴望的是"三十而升"；不是想自己能干什么，干了什么，贡献了什么，而总是想着社会欠我什么，自己应该得到什么，还想再得到什么……如此种种，难道不就是常说的是一种"忧患意识"的异化么?！

其实，还远不止上述这些。

但就是这些，也足够长沙和湖南人警醒的了！

第三章 ｜ 湖湘明珠

独立寒秋，湘江北去，橘子洲头。看万山红遍，层林尽染；漫江碧透，百舸争流。鹰击长空，鱼翔浅底，万类霜天竞自由。怅寥廓，问苍茫大地，谁主沉浮？携来百侣曾游。忆往昔峥嵘岁月稠。恰同学少年，风华正茂；书生意气，挥斥方遒。指点江山，激扬文字，粪土当年万户侯。曾记否，到中流击水，浪遏飞舟？

毛泽东的这首《沁园春·长沙》，是他留给长沙的一张金光闪闪的历史名片。

无论历史如何变迁，社会如何变革，时代如何变化，也不论这张名片所描写的时代和生活距离我们会有多么遥远，长沙的"山水洲城"的地理格局，都永恒地烙印和定格在这张亮丽的历史名片上，所不同的，只是深度、广度和色彩罢了。

现在，且让我们沿着这张名片所提示的路径，步入长沙市，去领略她那天上人间所共有的绝色风采吧——

1. 独一无二

- 山魂水魄，氤氲洙泗，云起云飞，朝霞腾涌东方红
- 洲风城雨，淋浴芙蓉，花落花开，湖湘朗诵沁园春

我们没有机会巡视世界上那些遐迩驰名的城市，也没有机会在世界的大都市中旅游或漫游，仅凭有限的自然地理和历史知识，却也知道——

世界上有山的名城很多。例如伊朗首都德黑兰，其北部是厄尔布尔士山，市区就坐落在平缓的山坡上；在我们中国，则武汉有珞珈山，南京有紫

金山，广州有白云山，至于重庆则是名副其实的山城……

世界上有河的名城也很多。例如，德国的魏玛有伊姆河，伊拉克第三大城摩苏尔有底格里斯河，印度名城新德里有恒河支流亚穆纳河从城东缓缓流过。至于靠湖临海的名城，那就更多了，意大利名城威尼斯因此而被称为"水都"；在我们中国，上海有黄浦江和长江，广州有珠江，南京有秦淮河与长江，武汉有长江……

世界上有山有水的名城也不少。例如，意大利名城、罗密欧与朱丽叶的故乡维罗纳，其北部是阿迪杰河与莱西尼山，德国名城慕尼黑则坐落在阿尔卑斯山北麓和多瑙河支流伊萨尔河畔；这样依山傍水的名城，在我们中国有重庆、南京、广州……

世界上有洲（岛）的大都市，当然也不少。但这个（岛）洲屹立于河中，该河穿城缓缓而过的名城，却似乎没有，即便有也肯定不多。

至于历史文化悠久的名城，无论是在世界上，还是在中国，那当然是数不胜数了。

以上说了这么多，目的无非是，想提出一个对比条件——名城所拥有的"山、水、洲、城"这四个因素，这种城市的历史格局，或者说是自然形势布局。

因为，长沙市虽是中国著名的历史文化名城，但无论从哪个角度上，她都无法与世界（当然也包括中国）上那些著名的城市相比较。例如，她无法与华盛顿、纽约、伦敦、巴黎……比拟，也不能与北京、上海、广州……比较，那距离相差太远，太远了。

然而，如果以"山水洲城"这样的自然、历史格局为条件，那么，我们却敢于自豪而骄傲地说：在一座城市里，有山有水有洲有城，四者有机地融为一体而且还是一省之首府的历史文化名城，那在中国和世界上，除了长沙市，恐怕找不到第二个了吧！

何况——

其山——是历史和文化厚重的青山；

其水——是流淌着哲学思想的长河；

其洲——是诗化的人歌动地的长岛；

其城——是焕发着不朽精神的星城。

山不在高，有"神"则灵。这个"神"，是精神，是灵魂，是壮士的灵魂，是自强不息的革命者奋斗的精神。登上岳麓山，你自然会看到，感到，想到，体验到——弥漫和笼罩着这座山的传统文化的血脉和历史的精气神。

水就是湘江，这是长沙的母亲河，她是一条流淌着湖湘文化哲学的河流，她以独特而丰富的思想、理论、学术的乳汁，哺育了一代又一代的时代精英和才俊之士，他们各以其举世瞩目的"风骚"，彰显了湖湘子弟的"屈贾"本色，亮丽了历史的时空。

洲是橘子洲。与其说它是一个小岛，是一处沙洲，不如说它是一首诗，一首永恒地脍炙人口的长诗。在这首诗里，其文化的色彩和成分是丰富多样的，如彩练一般——赤橙黄绿青蓝紫，在文化青山与历史名城的当空，演化着"人歌动地"的时代精神与社会人生的画面。

城是历史名城。其城之悠久而古老，不仅天上人间共享，而且经历了2000多年。且不说秦皇的"长沙郡"，也不说汉武的"长沙国"，仅仅是千年不腐的辛追女尸、T形帛画和素纱禅衣，更是世界唯一。

更值得注意的是，这"山水洲城"合一的历史文化名城，是一座英雄城，它不仅展示了湖南人的精神，而且开启了湖南乃至中国近代革命史的序幕，因此而成为革命的策源地和驰名的革命圣地。

诗曰——

> 忠躯义感即风雷，谁道南方乏武才。
> 天下起兵诛董卓，长沙子弟最先来。

唐代文学家吕温的这首《阳人城》，早在1200多年前，就将"长沙"的历史文化的"肝胆"，淋漓尽致地"解剖"在世人面前了。

今天，当这座名城正朝着"最具国际影响力"和"诗意栖居"的目标奋进的时候，我们却要以回眸的眼光，去翻阅她苍茫的历史篇章了。

因为，回眸的目的，是为了眺望。

2. 岳麓之胜

- 雄峙江滨，年年纳绿拥翠，春秋贡献人间，无怨无悔
- 妩媚都市，岁岁推陈出新，落叶召唤风雨，有色有声

自然风景是大自然对人类审美心理的馈赠。它将山、水、林、树、云、

雾、霞、虹、风、雨、雪、霁、日、月、星、辰等等实体，以美的种种形态，呈现在具有审美感觉器官的人面前，使之在人的思想意识深处，形成不同质感的体验。这种审美体验，具有让人舒心悦目、难以言表然而却是激荡心灵的阵阵快感，美学家们称这种心理快感为"美感"。文艺家们则将其所感觉到的激荡心灵的种种审美快感，通过文字或图画表现出来，因而创作了或诗或词或文赋或书画的文艺作品，于是产生了文学史上所称道的"山水文学"、"山水画"——我们统称之为"山水文化"，山文化是其中的一个内容。

如果说，"自古名山僧占多"的话，那么，天下名山自古以来也是文艺家们"独占"的地方。当然，他们这种"独占"，是描绘，是摹写，通过对于名山的描摹，抒发其胸中的"块垒"，表达某种情怀、思想和意境。其山因此更彰显其魂，也因此而积淀了厚重的历史文化。所以，愈是有名的山，其历史文化也愈厚重悠远，反之亦然。岳麓山就是这样的名山。

岳麓山，又名"麓山"、"灵麓峰"，是南岳衡山七十二峰之一，因南岳衡山以"回雁为首，岳麓为足"，故而得名岳麓。总面积约 31 平方公里，主峰海拔 300 多米，位于古城长沙市湘江西岸。时人所题山联赞道："大翼奋天九万里，长松拔地五千年"，"江城秋放鹤，山寺夜鸣钟"，"古刹出层霄，看岳色平分，湘流环绕；名山留胜迹，有少陵写句，北海题碑"，实为少见的城市山岳型风景名胜区。山中植物资源丰富，现有植物 174 科 599 属 977 种。她襟湘江而带洞庭，下临长沙古城，其间湘流环绕，滔滔北去，自得山川天地之灵气。峰峦叠嶂，势若峻奔，或急或缓，壑谷幽深，螺髻峨眉，涧泉清洌，林壑深幽，曲径逶迤，千岩竞秀，绿树荫日，百草流芳，送青滴翠，自古就有"碧嶂屏开，秀如琢玉"之美誉。尤其是那满山普岭的树木，遮天蔽日，一年四季，葱翠青绿，春有杜鹃花红，夏有幽静绿荫，秋有枫叶如丹，冬是银装素裹，四时之景具备，使人乐而忘返。有人曾这样说过："如果要赞美岳麓山，你就是穷尽世界上最美丽的词汇，也不会为过。"

"山不在高，有仙则名。"岳麓山之所以著名，不仅仅是由于其风景秀美，更因为此地为千古以来文人墨客云集之所，开湘学一代之先。据《岳麓志》记载，在西晋之前，此地"香风紫雾，曲涧清泉"，"为仙为佛托迹之地"，"动人世外之思"。相传张抱黄在此修道成仙，东晋陶侃引弓射蟒，陶侃、裴休、朱熹等人的寓所有迹可寻；历代名儒，如巫贤、杜甫、怀素、李邕、柳宗元、朱熹、张栻、辛弃疾等，或游学或主讲，或题诗或写碑刻文，自古文风鼎盛。尤其是诸多革命英烈，如黄兴、蔡锷、陈天华、姚宏业、焦达峰、蒋翊武等，及一些抗日阵亡将士皆葬于此，为世人所敬仰。更值得注意的是，这里还是老一辈无产阶级革命家早期的革命活动地，毛泽东、蔡和森、罗学瓒、张昆弟等常聚会于此山的爱晚亭、清风峡等处研讨国事，探求真理。

所以，在长沙人的眼里，岳麓山是荟萃了湘楚文化精华的一处圣地。在群峦叠翠之间，错落着各种名胜古迹，儒佛道三教集于一山，长期共存，遗存比比皆是，数不胜数。这里，有西晋初年所创的麓山古寺，隋朝创建的舍利塔，唐代李邕的麓山寺碑，北宋四大书院之一的岳麓书院，南宋摩崖石刻禹王碑，明朝二十洞真虚福地云麓宫，清代所建的爱晚亭等，还有白鹤泉、飞来石、啼笑岩、蟒蛇洞、响鼓岭、道林寺等数十处，每一处都有其神奇而美丽的传说。岳麓山自 1976 年辟为公园以来，核心景区不断扩充，陆续修葺开放，岳麓书院、爱晚亭、麓山寺、隋舍利塔、五轮塔、禹王碑、响鼓岭、飞来钟、蟒蛇洞、清风峡、道中庸亭、云麓宫、极高明、黄兴墓、蔡锷墓等数十处引人神往的胜迹景点，吸引来一批又一批游客。难怪清代学者朱滋丹的《岳麓山赋》如此赞美说——

岳麓之胜，甲于湘楚。……

稽翼轸之象纬，系长沙之一星。照荆楚之疆域，延下土之万氓。厥地之上应呼列宿，郡邑遂因之而得名。舆图莫位，山川汇精，襟三湘而带七泽，簪九嶷而冠百城。粤维名胜，岳麓辣尊，秀本岣嵝，高拟昆化。谷盘旋而蛇曲，石突兀而虎蹲。

书院耸乎冈阜，梵阁矗乎林樊。以是骚人神往，游士心赏，见则留咏，闻则结想。予以憾星渚之久栖，怅名山之未上。欣主人之予情，幸追陪之有党。于时泽兰香郁，娇荷水掬。纨扇风摇，炎曦云复。一苇将杭，八珍亦簇。就轻舠兮荡漾，挂片席兮迅速。底曲湾兮岸西，登陆程兮步北。尔乃循芳径，蹑深蹬，谘农樵，听钟磬。睹坊柱之卓峙，知寺院之聚胜。道范可宗，讲堂犹在；文风可挹，箴亭尚崇。时习日新，朱、张昭其阐教；开来继往，曾、李奂其栋隆。曲道细流，亭贮及泉之水；方圭嵌壁，堂留成德之风。拂拭禹碑，宛似当年之结构；追寻古迹，方知今日之躬逢。

是迤逦而西，崎岖逼仄，层累而进，峭峰嶙峋。望之峃然而坦削者，石之壁；就之虬然而屈曲者，禹之笔。其文蟠皇，其灵炳日。既再拜而稽首，亦神悚而股栗。少焉转山腰之晚阴，度谷口之滃沆。贾步武之余勇，跻窈窕之修岑。且行且德，豁目开襟。殿纳千山之翠，禅开万寿之林。黛壑苍松明霁景，紫崖绿竹映清浔。鼓钟寺内严香火，笑语窗前听鸟音。因复还探邃秀，玩狎入昼。入耳潺潺，泉响幽深之涧；凝眸朗朗，江卧嵯岈之岫。礼真君而肃穆昭虔，登岳石而拜瞻恐后。俯瞰而岞崿如鳞，仰观而云霞若绣。岚光拥翠，拓开天地之奇；云气漫空，锁然尘寰之陋。

当斯时也，可以消迁沙之限，可以解离骚之忧。可以释湘妃之怨，可以蠲宋玉之愁。景物意遇，奇胜目收。于是憩东山之屐，设北海之席，擎琥珀之红，泛葡萄之碧。畅我郁襟，乐我嘉客，事仿佛乎兰亭，醉徜徉而岸帻。

方今天子圣武神文，英谟胜算。廓清妖氛，声教翔洽，德化流恩。东渐出日之表，西被无雷之垠，南穷炎鼠之域，北尽乌喇之郡。文章则昭回云汉，膏泽则汪喊河汾。景庆耀其辉彩，川岳蔚其氤氲。乐升平于化日，获游衍于夕曛。

噫嘻！胜景难逢，韶光易转，翰墨罔识，山灵窃羞。虽寡陋之是怍，然睹记之可求。驰情文苑，遂记事于笔簪。

若夫岩花艳吐，崖树阴浓，枫岭飘红，松峦积素；金燃晓光，珠点夕露，雨洗烟空，月明云路。此又四序之芳华，非一时之可遘。请以俟班、马之奇才，补余情之所不足。

据说，有人曾将岳麓山的自然风景之美，概括为"岳麓八景"。清代有一首题为《岳麓八景》的诗，就曾这样写道——

> 晓烟低护柳塘宽，桃坞霞烘一色丹。
> 路绕桐荫芳径别，香生荷岸晚风抟。
> 泉鸣涧并青山曲，鱼戏人从碧沼观。
> 小坐花墩斜月照，冬林翠绕竹千竿。

其实，诗人俞超这首诗所写的，实际上仅仅是岳麓书院的八景。描写岳麓山最有名的诗，是清代临澧人黄道让的《重登岳麓》：

> 万壑风来雨乍晴，登高一览最松惺。
> 西南云气来衡岳，日夜江声下洞庭。
> 我发实从近年白，此山犹似旧时青。
> 读书老友今何在，古木秋深爱晚亭。

事实上，描写岳麓山的诗还有很多，例如清末民初宁乡人程颂万的《岳麓》就很有特色：

> 秀插玉芙蓉，青葱几万重。
> 岭堆残腊雪，涛响隔江钟。
> 日暮迥孤艇，苍茫见远峰。
> 欲寻高士隐，缥缈白云封。

在游记方面，明代教育家吴道行的《岳麓山水记》、清代学者罗文俊的《游岳麓记》和同时代另一位湖南攸县人陈葵的《春夜游岳麓记》，都是上乘之作。这里，且让我们选取其中几个片断，领略一下岳麓山的胜境吧——

……

返峡（按：指清风峡）南趋，皆奇石，块而伏者、锐而昂者，如狮如貉、如鱼鸟者。几经转曲，层累上云麓峰绝顶，昔金道士禁足处，后冶铁为瓦，凿石为柱，建宫祀玄帝，右五岳帝祠附焉。四面环绕多珍木茂树，轮囷扶苏，而南首琅玕近千。人倚栏凭眺溪谷田径、岗阜林泉、江河波涛、洲渚城郭、室居庐井，俱在紫气青烟中。既降，有石飞岩外，如伸螭首，面平如砥，约二丈。土人竖石为柱为栏覆其上，拜衡岳。石下空深数丈，瞰之毛发皆竖。百千簇竹，树自下迸起，劲挺凌霄，姿态百出，又转一奇观也。从石趋南降百十级，山自峰顶累累下，围垣高护其中，土石文致，控昭霞而襟湘水，其野色更异他山。

自山左伏渐趋渐下，过咏归桥，越桃园至道林坪。古有道林精舍、四绝堂、石浴池、道林寺，又别有天地也。四面高山环合，异石悬岩，若舞兽翔禽，云霞映照，五色氤氲，涧流山泉，飘风激溃，濑石铿铿，可当一部鼓吹。远望樵夫牧竖，隐跃如画阁中人。对面，三洲水陆等屹然江心，为麓山闭捍。渔舫巨舰缭绕，上下水光烟波，呈巧献奇有是哉。

岳麓之胜，甲湖湘而光古今也！然而岳麓之传自书院，其重以朱张，况乎禹碑蝌蚪，千秋欣慕，递汉晋唐宋以迄于今，帝子名贤，禅宗羽客，风韵如斯。夫岂非山川奇异，足畅胸襟而开清旷之致也！（吴道行《岳麓山水记》）

……暮春一日，棹扁舟，绕橘洲而西。洲横江心，每春夏水涨，不能没，与波上下，盖昔人所谓地肺焉。抵岸，芳草迎风，鲜花映日，隔江所望岳麓寺者，反杳然不可见。循山径迤逦而行，四无人声，唯闻百鸟和鸣，令人作桃源想。数折至道林寺，寺门窈窕，唐人游览赋诗，必与岳麓并称，观其宏敞幽邃，自是一清静佛地也。

……抵暮，寻旧路归。鹧鸪声朗然可听，林间白鹇，忽隐忽现。时值朔日，尚无新月可观，因想三五之夕，据岗长啸，松声响应，情景又当倍增。归寺，宿僧房。万壑松涛，翻然到枕……（罗文俊《游岳麓记》）

……

夜已分，环山无居民，鸣吠四绝。当是时，春欲暮，风不甚劲寒，是夜气尤澄澈。纤云不起，明月孤悬；草木露凝，山谷肃穆；万籁俱寂，俯仰无著；苍苍沈沈，乍有乍无；天乐天香，如晤如闻；回顾茫茫，相对无言，不知月之已西垂矣。回视禹碑亭，已隔数峰。禹碑亭，寺北偏也。随峰随憩，随憩随望，是时已绕寺后达寺西矣。

峰势皆相埒，惟寺阳有峰稍昂，绝顶空旷无竹木，山腰皆深林耸拔，故环山皆不见寺，亦竟不能与寺通。峰陡且多悬岩也。月既西垂，仍逐月西行。山穷左转，长林郁郁蔽天，淡月不辨，惟闻谡谡松风而已。

东、西与寺并高，差拟高明亭，即寺西岳麓最高峰山腰也。多怪石，错杂古树间，遇石即暂憩。有流水，夜色不见，隐隐与江声相薄。

山南尽处若有钟声出林木间，邓子曰："雷祖殿也。"殿在飞来石后，坐石可送月落。西南行，绕雷祖殿右，出其前，绝壁数十丈，有亭插空，仰视若隔绝不可通，即飞来石也。

月朦胧，惝恍望难定……（陈葵《春夜游岳麓记》）

古人描写岳麓山的诗文中，真正著名而且脍炙人口的，还是杜牧那首《山行》——

远上寒山石径斜，白云生处有人家。
停车坐爱枫林晚，霜叶红于二月花。

岳麓山最著名的景点，是爱晚亭。出湖南大学，我们首先来到爱晚亭。

爱晚亭，是中国四大名亭之一，位于清风峡谷小山丘上。那是一座十分美观别致的亭子，坐西朝东，原名"红叶亭"，也称"爱枫亭"。初建年代不详，清乾隆五十七年（1792）重建时，岳麓书院山长罗典取唐代著名诗人小杜（牧）《山行》中的句意，改名为"爱晚亭"。又经过同治、光绪、宣统、民国至新中国成立后的多次大修，逐渐形成了今天的格局。今亭与安徽滁州的醉翁亭（1046年建）、杭州西湖的湖心亭（1552年建）、北京陶然亭公园的陶然亭（1695年建）并称中国四大名亭，为省级文物保护单位。

亭台楼阁，是中国古代园林建筑的重要因素。据专家考证，建亭始于周代，相传最初的亭是设在边疆要塞，作为防卫、瞭望之用的。明《园冶》上载："亭者，停也，所以停憩游行也。"古人筑亭多从交通、战备来考虑，是传递官府文书和信件的驿站。大概是由于它的别致，后来渐渐地融入园林建筑。中国的园林建筑中，特别讲究风水，因此山、水、建筑和花木，是必不可少的要素，其中尤以亭为胜。可以说，无园不有亭，有亭即成景。爱晚亭之所以成为岳麓山风景中一大名胜，就是一个例证。湖湘古亭类的建筑，大多是明、清时所建。其造式也多姿多彩，有三角、四角、五角、六角、八角、方形、圆形、梯形、长方形、梅花形等，还有一柱的伞亭，三柱的角亭，四柱的方亭，五柱的圆亭，六柱的重檐亭，八柱的鸳鸯亭，依墙（岩）的半亭，骑岸的楼亭，建在水上的桥亭，还有两亭连在一起的双环亭等。据说，古城长沙城里城外都建有许多亭，今湘春北路与新河之间，原有一座"迎恩亭"，是昔日城内官员出城迎接皇帝或钦差的地方，可惜早已不存。雨花区的"雨花亭"，也是有其名而无其亭了。

爱晚亭在我国亭台建筑中影响甚大，堪称亭台之中的经典建筑。该亭在抗日战争时期曾一度被毁，1952年重建，1987年大修。亭形为重檐八柱，内柱为红色木柱，外柱为花岗石方柱，呈方形，重檐飞角，琉璃碧瓦，自远处观之似凌空欲飞状。内为丹漆圆柱，外檐四石柱为花岗岩，亭中天花彩绘藻井，十分秀丽、玲珑。东西两面亭枋悬以红底鎏金"爱晚亭"额，是由当时的湖南大学校长李达专函请毛泽东主席所书，苍劲而潇洒。亭内立碑，上刻毛泽东主席手书《沁园春·长沙》诗句，笔走龙蛇，雄浑自如，更使古亭流光溢彩。该亭背靠青山，东向开阔。游客到此，远远地看见那三个红底金字，便会兴致雀跃，情不自禁地诵念起亭前石柱上刻写的一副对联——

　　山径晚红舒，五百夭桃新种得；

峡云深翠滴，一双驯鹤等笼来。

悬挂在亭子两边的这副亭联，是清代学者程颂万所撰。据说，原先曾有人为该亭撰写过许多具有诗情画意的亭联。例如，秦瀛撰有："无限夕阳千树叶；四围空翠一亭山。"祝钦坡撰有："晚景自堪嗟，落日余晖，平添枫叶三分艳；风光无限好，生花妙笔，难写江天一色秋。"还有佚名所题的："夕阳虽好近黄昏，白日依山，莫若晨曦出海；秋气从来多肃杀，丹枫如画，何如红芍飘香。"还有一副长联是："爱日喜雨，蒸润着锦绣河山。汇八百里洞庭，耸七二峰衡岳，归楼听叶、古寺飞钟、林下停车、亭前放鹤；雪汉魏最初胜迹，览湖湘首著名城，大可搜芷搴兰，岂惟赏心惬足？岁月莫蹉跎，直兹风和景淑，且登临看东流帆转、南浦雁回、北麓斗横、西峦光霁。晚烟朝霞，烘笼过繁华厦宇。溯三千年历史，数廿四代英豪，泄恨鞭尸、离骚忧国、遗书匡世、评论兴邦；乃周秦以还贤哲，皆吴楚群知硕彦，当骄地灵人杰，应惜寸时分阴。平生须砥砺，到此游目骋怀，安能负这春圃桃红、夏池莲脂、冬阁梅素、秋岭枫丹。"比较而言，倒是程联似乎更为凝练和谐，富于想象。至于咏赞爱晚亭的诗词，那就更多了，比较著名的是——

旧园深翠一亭空，卓午来乘树底风。

驯鹤依依如我静，此时身在画图中。（清人俞敬之《盛暑憩爱晚亭》）

一亭幽绝费平章，峡口清风赠晚凉。

前度桃花斗红紫，今来枫叶染丹黄。

饶将春色输秋色，迎将朝阳送夕阳。

此地四时可乘兴，待谁招鹤共翱翔。（欧阳厚基《岳麓爱晚亭》）

闲把名山胜迹寻，亭前池畔自行吟，霜天红叶白云深。

恰值新晴宜爱晚，莫伤迟暮动归心，快拈彩色画而今。（戴兰斋《浣溪沙·爱晚亭》）.

著名革命家林伯渠也曾于1906年9月和1959年12月，两次游览爱晚亭，并且写有两首记游诗，将它们对照起来读，倒是很有意味的——

到处枫林压酒痕，十分景色赛天苏。

千山洒遍杜鹃血，一缕难招啼子魂。

欲把神州回锦绣，频将泪雨洗乾坤。

兰成亦有关河感，愁看江南老树村。（《游爱晚亭》）

重来不是旧山村，耳目一新爱晚亭。

公社标名用岳麓，遍山种树尽冬青。

韶光正是多佳日，化雨群欣出岫云。

看到萌芽即发展，能宁大地可胜春。（《重游爱晚亭》）

爱晚亭是具有传奇文化色彩的胜地。一方面，它遗存着湖湘文化瀚墨的芬芳，例如：亭中方石上，保存南宋张南轩（张栻）《清风峡》和清人钱南园所题《九日游岳麓》两首七律诗即"二南诗刻"；亭右清风桥玲珑剔透，飞岸卧波。桥下一溪名"兰涧"，穿石流淇，漱玉浮花；云影婆娑，锦鳞游弋；当年朱熹尝题《兰涧》诗云："光风浮碧涧，兰杜日猗猗。竟岁无人采，含薰祇自知。"盛赞边兰草、杜若的绿叶紫茎，似君子，如美人，素淡清高，孤芳自赏。

尤其令人难以忘怀的是，这里留下有毛泽东、蔡和森等革命家的足迹。当年，毛泽东在湖南省立第一师范学校求学期间，与蔡和森、张昆弟等常常聚于此，研讨、纵论国家大事，读书、雨浴、露宿，锻炼身体，以文会友，探求真理，今"爱晚亭"三个字，就是他的手笔。周世钊后来重登爱晚亭时，有诗写其所见所闻——

秋来岳麓尚峥嵘，为爱枫林憩古亭。

小雨初收斜阳晚，满山都见读书声。

爱晚亭真不愧是岳麓山的胜景之至。这里，四周古枫参天，四时景好，曲涧鸣泉，与放鹤亭、清风泉等浑然一体。春初，杜鹃花红似火焰，深秋，则满山红叶，真有"万山红遍"的气概，是欣赏秋景的佳处。无论是坐于亭中，或凭倚亭栏，也不论是漫步亭周，或昂首远眺，所见四时朝暮景色，无不美不胜收，赏心悦目，怡情荡性。

爱晚亭处于清风峡。这里是一片谷地，林木茂密，古树参天，一边是岳麓书院，另一边是麓山寺，中间两条涧泉，从幽壑中潺潺流入亭前的池塘；池塘中，爱晚亭倒影清晰；池塘边，簇簇鲜花阵阵飘香，一片诗情画意，饶有佳趣。《岳麓书院志》记载说：当溽暑时，清风徐至，人多休息，故名以此得。历朝历代的人们，都将这里看成是避暑的天然胜地。其风物景色，随着气候和季节的转换，呈现出千变万化的姿态。峡内还有众多的文物古迹，例如历史悠久的佛寺名塔——舍利塔，名亭诗刻，还有刘道一等近代名人墓葬，都为人所瞩目。

宋代理学家张栻和爱国词人辛稼轩等，都有诗赞：

扶疏古木蠹城梯，开始如今几摄提。

还有石桥容客坐，仰看兰若与云齐。

风生阴壑方鸣籁，日烈尘寰正望霓。

从此上山君努力，瘦藤今日得同携。（张栻《清风峡》）

两峡崭岩，问谁占清风旧筑。满眼里，云来鸟去，涧红山绿，世上无人供啸傲，门前有客休迎肃。怕凄凉，无物伴君时，多栽竹。

风采妙，凝冰玉；诗问好，余膏馥。叹只令人物，一夔应足。人似秋鸿无定住，事如飞弹须圆熟。笑君侯，陪酒又陪歌，阳春曲。

（辛稼轩《满江红·游清风峡》）

从爱晚亭走出，沿石径往上登攀，不久就到了半山亭。亭在清风峡上，白鹤泉下。石砌朱栏，飞檐翘角，古朴雅致。明人董策《半山亭》诗云："石磴羊肠险，云门鸟道悬。半山环翠盖，万壑响清泉。炽热高僧偈，应怜对月眠。还期登绝顶，不负探幽玄。"极言亭境之清幽与山势之崔嵬。清人李拔的《半山楼铭》则写得更有哲理："人亦有言，为善如登。况虞蹉跌，惕厉战兢。何当得半，志满气矜。为山九仞，一篑未增。昔贤处此，欲罢不能。愿贾余勇，更上一层。"说到半山亭，自然会想起自卑亭（此亭在湖南大学图书馆前）。因为也是这个李拔，作有《自卑亭铭》诗："窃闻圣教，登高自卑。伦常日用，百姓与知。率由践履，变化因之。宫墙何奥，美富何奇。毋悲道远，毋泣路歧。循循下学，入圣之基。"

经半山亭往上就到了麓山寺。

麓山寺，又名岳麓寺、慧光寺、麓苑、万寿寺，是湖湘佛教的发源地，坐落于古树丛中。这里古木参天，山峦秀美，深秋时节，层林尽染，枫叶似火。杜牧诗中"停车坐爱枫林晚，霜叶红于二月花"的名句，所描写的就是这里的景色。

麓山寺始建于西晋泰始四年（268），距佛教传入中国仅200年左右，初名"慧光明寺"，是第一个到湖南传播佛教的僧人竺法崇所建，距今已有

1700余年，它不仅是湖南第一所佛教寺庙，也是我国早期佛寺之一。因此，麓山寺山门上有一副"汉魏最初名胜，湖湘第一道场"的对联，说明了它的历史地位。继开山祖师竺法崇之后，历代驻锡的高僧还有法导、法愍、摩诃衍那等，佛事日弘，古刹不断得到各朝的护持，建筑更加完备。

南北朝时期，麓山寺得到历朝统治者的护持，不少官宦留书藏石，别构正殿，"建涅槃像于寺中"，"献贝叶经于层阁"，使这座寺庙建筑更加完备。

麓山寺鼎盛于隋唐时期。它左临清风峡，右饮白鹤泉，前瞰赫曦丹枫、长岛湘流，后倚禹碑风云、深壑林海。头山门设在湘江滨之牌楼口，二山门即今麓山门。山门作牌楼式，额书"古麓山寺"，藏经阁又名观音阁，阁前有古罗汉松二株，传为六朝时期所植，又名六朝松，成为麓山寺悠久历史的活证。现在寺由山门、弥勒殿、大雄宝殿、观音阁、斋堂等主要建筑组成。

隋文帝开皇九年（589），天台宗创始人智顗游化荆、湘二州，来寺开讲《妙法莲华经》等天台名著，弘扬天台宗"一念三千"和"三谛圆融"教义及"圆顿止观"禅法，一时听众云集，对三湘佛教影响深远。后人将他讲经处命名为讲经堂。今讲经堂已毁，原址在今蔡锷墓处。隋文帝仁寿二年（602），文帝在麓山寺赐建舍利塔一座，供奉印度僧人带来的舍利。

麓山寺在唐朝初期改为今名，建有大雄宝殿、观音阁、藏经阁，麓山寺盛极一时，寺院规模宏大，气势磅礴，殿堂华丽，声名大噪，文人雅士竞相携游，或赋诗，或作文。诗圣杜甫有"寺门高开洞庭野，殿脚插入赤沙湖"之吟咏，刘禹锡亦有"高殿呀然压苍巘，俯瞰长沙疑欲吞"之惊叹。头山门开在湘江之滨，大雄宝殿在今岳麓书院处，前有放生池，两侧为钟、鼓楼，沿清风峡回廊蜿蜒而上，经舍利塔、观音阁、藏经楼、讲经堂、法华泉，直至山顶之法华台。活动于麓山寺的著名僧侣有昙捷、权武、智谦、摩诃衍那、首楞严、惠镜、惠齐、兴哲等。摩诃衍那是唐代高僧，唐德宗时曾入藏讲经，力倡禅宗，一时西藏僧人风靡相从，贵族妇女30余人从其出家。后赤松德赞派人从印度请来寂护的弟子莲花生，传印度佛教，于是发生了长达三年之久的两派辩论，史称"顿渐之争"或"拉萨法争"。据西藏史书记载，摩诃衍那辩论失败后，返回内地。摩诃衍那与莲花生的这场辩论，至今还是国际佛教学者研究的课题。杜甫、韩愈、李邕、沈传师、唐扶、韦蟾、刘长卿、宋之问、曹松、罗隐等许多著名文学家、书法家和诗人来寺游览，留下了千古传诵的佳作。唐书法家李邕曾为古寺撰写并书的《古麓山寺碑》，亦称"北海三绝碑"，字体秀丽，遒劲有力。

唐武宗会昌五年（845）灭佛时，麓山寺殿堂全部被毁，僧侣离散。唐宣宗大中元年（847）景岑禅师于旧址上重建，改名"麓苑"，现寺内"虎岑堂"就是为纪念他重修麓山寺而建的。寺院的建筑范围在清风峡以上，清风峡以下殿堂未能修复。

宋代来麓山寺弘扬佛法的高僧有山恽、文袭、从悦、清素、慕哲、悟新、惠洪、智才、智海等。

明朝时，麓山寺两废两兴，明神宗万历年间（1573—1620），妙光和尚于清风峡寺旧址重建大雄宝殿、观音阁、万法堂、藏经楼等，更名为"万寿寺"。明末高僧憨山大师德清（1546—1623）曾住寺讲经。李东阳、张洵、张邦政、蒋希禹、陶汝鼎、冯一第、胡尔恺等诗人留下了佳句。

麓山寺自晋代创建以来，经过隋唐的发展，宋元的延续，至明代中期已成为全国佛教禅宗派著名的胜地。为彰扬麓山寺的功绩，明神宗于万历年间，特赐名"万寿禅寺"。明末，禅寺毁于兵火，后于清康熙年间又重新修复，但规模远小于前。

清朝时，在智檀、文惺等法师主持下，对麓山寺进行了几次大规模的修建，前殿、大雄宝殿、法堂、方丈室都焕然一新。弥篙、天放、笠云等诗僧辈出，他们能诗擅文，工于书画，并著述行世。智檀法师有《岳麓衡书》、《剪曼篇》、《滇游集》、《望云草》行世，文惺法师著有《妙法莲华经笺》、《南岳游仙记》、《岳麓杂咏》、《晓云诗集》，弥篙著有《三会语录》、《南岳山居诗》、《岳麓山居诗》等，天放著有《十笏斋诗集》，并编纂《麓山寺志》3卷，使我们对麓山寺历史能有较多的了解。民国初年复名"古麓山寺"，抗战时期，麓山寺的弥勒殿、大雄宝殿、禅堂和斋堂等大部分建筑被日军炸毁，仅留山门、观音阁、虎岑堂等建筑。

近代著名爱国诗僧、世称"八指头陀"的中华佛教总会首任会长敬安长老曾驻锡麓山古刹，并留下了不少诗作。

麓山寺观音阁前，左右各有一株罗汉松，称为"松美"，为六朝遗物，故又称为"六朝松"。昔人呼为松（谐音"僧"）关，亦曰松门。乾隆时大风拔其一，后人补栽之，现仍两株并存，至今枝干遒劲，青苍挺秀；鸾倚龙盘，瘦甲苍髯；擎日月，撼风雷。古人游览至此，常常驻足流连，多有诗词咏赞。例如清代几位诗人所作赋，多是借此松而浇其块垒的，写得很有思想，值得一读——

翻风啸雨插云根，百尺森然独踞尊。

共说六朝留古迹，已非双树立僧门。
虎岑堂护虬髯影，鹤井泉空蜕骨痕。
倚石坐看偏缺一，眼前灰劫竟谁论。（张九镒《麓山寺六朝松大风拔一感赋》）

倚傍全空盖影超，乱槎枒剩怪枝条。
参天黛已森千尽，入世年犹记六朝。
王气看他江左尽，群材都逐岁寒凋。
麓灵呵护无千古，肯让风雷一动摇。（宋灿《六朝松》）

孤松托层巇，枝干何青青。
风霜炼奇骨，天地留元精。
经冬不改色，入春仍向荣。
岂不怀雨露，雨露损坚贞。（黄维同《咏六朝松》）

碧栏无恙雨中看，又对山灵诵道难。
落尽长枫三百树，一松高立大江寒。（吴淮《望麓》）

古翠郁森森，风疏龙一吟。
参天凭直干，满院托清阴。
我欲邀明月，因之弹素琴。
江山摇落处，同守岁寒心。（杨季鸾《岳麓寺古松》）

岳山之麓湘之旁，屹立青松蟠青苍。
灵根下入蛟龙窟，酝酿元气涵风霜。
高枝轮囷逼南斗，旁枝晻暧阴边亩。
月明影作黑蛟蟠，涛飞声讶苍螭吼。
唐槐汉柏相比量，阅历人生经沧桑。
盘桓为话永平事，满袖松花落古香。（黄理元《六朝松》）

群山阴阴连道林，一株旁立气萧森。
无心与众斗高古，自爱萧闲云岫深。
游人但讶色苍怪，水经湘志无年代。

284

晋寺重兴宋及梁，六朝电逝山如黛。

岱华犹无三代松，此松兼耻爱秦封。

屈作南朝一名品，泠泠洒洒生清风。

自唐及明少题咏，僻生山峡幽人性。

近来唐罗始知敬，百年游屐破苔径。

谁知贞性不好名，楚风始盛天下惊。

空山偃蹇惯岑寂，安能时听世俗评。

从来千年饱霜雪，去年微冻虬枝折。

亦如老聃去流沙，非仙非死凭人说。

世中俗人不见松，犹道山光云气同。

寄言知者莫叹息，君不见许由巢父无人说。（王闿运《麓山寺六朝松折后作歌》）

黛色无今古，空山有岁年。

纵令奇骨朽，终异不材全。

剪伐难辞劫，荣枯只任天。

好持霜雪干，留蜕寄贞坚。（邓国献《麓山万寿寺六朝松颓于风雪感赋》

夫何黄云大野之漫漫，凛然见古大英雄参天地而独立。六朝送金粉之灰，百战走龙蛇之血。既雷电丁甲而长呵卫兮，又神奸古鬼子魄。朝往来于七十二峰云兮，夕形影于三十六峰之月。蛇子蛇孙，蛮烟蛮雨，逍遥兮不计岁年，倔强兮不随仰俯。金碧斜阳，江山千古。石号飞来，碑名岣嵝。不见入地四十围，擎天一尺五。衣冠非故人，第宅皆新主。剩支离兮此身独，抑郁而谁语。重为告曰：

太上无功，至德无名，其用也，以无为：流水不腐，户枢不蠹，其天也，以劳全。自今而后，吾与子，将或推或挽，超趋焉以媚世而取寿乎？抑将不雕不琢，睢睢焉而忍以终古也？（蔡以偁《六朝松赋》）

麓山寺保存下来的珍贵文物是麓山寺碑。碑为长方圆顶，高 2.72 米，宽 1.33 米，为唐开元十八年（730）大书法家李邕撰文并书，碑额为篆书"麓山寺碑"四个大字，碑文为行楷，内容叙述自晋泰始年间建麓山寺至唐开元立碑时，寺的兴废修葺和历届禅师宣扬佛法的经过，还描写了岳麓风光，全文共 1413 字，极具史料、艺术价值。因其文章、书法、雕刻极美，俱为上乘，世称"三绝碑"，又称"北海碑"，明代砌亭覆盖，清咸丰年间移嵌于岳麓书院楼壁间，至今仍保存完好。李邕（678—747），字泰和，扬州江都人，工书善文，名满天下，善以行、楷书碑，自成一格。此碑对后人影响较大，宋代苏轼、米芾稍袭基法，元代书法家赵孟頫"每作大字，一意拟之"。明董其昌誉其"右军如龙，北海如象"。该碑是我国著名的唐碑，属省重点保护文物。现保存在湖南大学。为方便读者查阅研究，现将全文抄录如下。

麓山寺碑（李邕）

夫天之道也，东仁而首，西义而成，故清泰所居，指于成事者已；地之德也，川浮而动，岳镇而安，故耆阇所临，取于安定者已。兹寺大枑，厥旨玄同。是以回向度门，矐于郭右；仰止净域，列乎岩巅。宝堂炭□于太虚，道树森捎于曾渚。无风而林壑肃穆，不月而相事澄明。化城未真，梵天犹俗；名称殆绝，地位尝高者，不其盛欤！

麓山寺者，晋泰始四年之所立也。有若法崇禅师者，振锡江左，除结涧阴。尝与炎汉太宗长沙清庙栋宇接近。云雾晦冥，赤豹文狸，女萝薜带。山祇见于法眼，窆后依于佛光。至请旧居，特为新寺。禅师洎翌日，弘聚谋介众表之。明诏行矣。水臬有制，丘墟尽平。太康二载，有若法导禅师，莫知何许人也。默受智印，深入澄源。不坏外缘，而见心本。无作真性，而注福河。大起前功，重启灵应。神僧银色化身丈余，指定全模，标建方面。法物增备，檀供益崇。广以凌云之台，疏以布金之地。有若法愍禅师者，江夏人也。空慧双铨，寂用同趣。慈目相视，净心相续。综覈万法，安住一归。注大道经，究上乘理。永托兹岭，克终厥生。

逮宋元徽中，尚书令湘州刺史王公讳虔，右军之孙也。信尚敬田，作为塔庙。追存宝相，加名宝山。矧乎弓冶笔精，陶甄意匠。留书藏石，缄妙俟时。候法宇之倾伪，期珍价以兴葺。远虑将久，遗事未彰。

梁天监三年，刺史夏侯公讳详，了义重玄，别构正殿。绍泰二年，刺史王公讳琳、律师法贤，或在家出家，或闻见眼见。建涅槃像，开甘露门。长沙内史萧沇，振起法鼓，弘演梵言。继楗槌于景钟，纳贝叶于曾阁。陈司空吴明彻，隋侍中镇南晋安王、乐阳王，并佛性森然，国桢秀者。壮回廊以云构，蔚悬居以天覆。

开皇九年，天台大禅师守护法庭，清澄悲海。严幢标耸，智火融明。袭如来堂，坐法华定。四行乐而不取，三贤登而更迁。有若昙捷法师者，伐林及树，染法与衣。不坠一滴之油，有霈六根之雨。总管大将军齐郡公权，公讳武，福德庄严，喜慧方便，疏写四部，镇重百域。有若智谦法师者，愿广于天，心细于气。诵习山顶，创立花台。有若摩诃衍禅师者，五力圆常，四无清静。以因因而入果果，以灭灭而会如如。有若首楞法师者，文史早通，道释后得。远涉吴会，幽寻天台。法界图于刹中，真诀论于湘上。具究竟戒，敷解说筵。一法开无量之门，一章警无边之众。方等有以复悔，双林有以追远。并建场所，互为住持。惟慧龙禅师者，迹其武，凭其高，超乎云门，绝彼尘网。深以为性有习，道有因；止于心，反于照。习也者，坐乎树，居于山；因也者，固习而无因则不住，因而无习则不证。是浮沤和正觉，阿若冥搜，想息而精进甲坚，受除而烦恼壳散。百川到海，同味于咸；千叶在莲，比色于净。起定不离于平等，发慧但及于慈悲。故能闻者顺其风，观者探其道。牧伯萃止，皇华洊臻。启焚香之上缘，托成佛之嘉愿。上座慧杲，寺主慧亶、都维那兴哲等，皆静虑演成，妙轮转次。因差别而非法，随品类而得根。去二见而孰流，率一心而办事。咸以形胜之会如彼，修行之迹如此，而丰碑未勒，盛业不书，安可默而已哉？将何以发挥颂声，披扬宿志者也？司马西河窦公，名彦澄，硕德高闻，绍贤远识。器宇岳厚，检操冰清。属以师长阑官，摄行随手。以家而形于孝友，以己而广于诗书；以重而雅俗自兴，以明而至道丕若。且犹归心净土，膜拜佛乘。摧悁慢之外幢，兴开示之真语。建谋群吏，乃命下寮。顾蚁山之易疲，叹龙宫之难纪。其词曰：

天地有象，圣贤建极。宴坐中岩，成道西域。后代袭武，前良作则。安乐是依，灵鹫是式。一想冥契，三归愿塞。其一。

金方置庙，衡麓开场。龙象拥锡，人天护香。鬼神赐土，灵化度堂。重镇牧伯，上游侯王。光昭法侣，大起禅房。其二。

　　幽岩左豁，崇山右峙。瞰郭万家，带江千里。玉水布飞，石林云起。雷激庭际，月窥窗里。花台随足，天乐盈耳。其三。

　　人与地灵，心将法灭。既往在此，比明齐哲。佛日环照，牛车结辙。连率顺风，驷骊钦烈。访道追胜，形驰目绝。其四。

　　碑版莫建，轨物未弘。和合是请，佐贰是膺。政敷大郡，信发广乘。愿言有述，以访无能。惟石可久，与山不崩。其五。

前陈州刺史李邕文并书

　　大唐开元十八年岁次庚午九月壬子朔十一日壬戌建

　　别乘乐公名光祖，上计于京，不偶兹会。赞曰：

　　英英披雾，其德允烁。卓立隽才，标举明略。雄辩纵横，神情照灼。备闻政理，深悟禅乐。

江夏黄仙鹤刻

　　对此寺，历代诗人均有题咏。阁联为近代王闿运所撰："汉魏最初名胜，湖湘第一道场。"佚名题"观音阁"，联为"音亦能观，方算聪明无二用；释而称士，须知儒佛有同源"。阁联又有"万亿香水海，百千日月光"，还有摘自杜甫《岳麓山道林二寺行》的诗句："寺门高开洞庭野，殿脚插入赤沙湖。"至于诗人的题咏，如唐代刘长卿《自道林寺西入石路至麓山寺过法景禅师故居》："香随青霭散，钟过白云来。野切空斋掩，山风古殿开"，又如明人李东阳《游岳麓寺》"万树松杉双径合，四山风雨一僧寒"，清代八指头陀《题麓山寺》"迢遥钟梵下斜阳，寂寂岩花渡水香。殿角一铃风自语，留前万木雨初凉"等。

　　1953年9月，长沙市人民政府把麓山寺交给佛教团体管理使用，"文革"前仍有7名僧人住寺。"文革"中停止佛教活动，改成公园。1983年，麓山寺被国务院确定为汉族地区佛教全国重点寺院。岳麓公园将麓山寺移交给长沙市佛教协会管理。1985年1月，僧人进驻寺内，恢复了中断许久的佛事活动。这些年来，政府拨款重修了大雄宝殿、弥勒殿、讲堂、神堂，使这座佛教古刹粗具规模。1994年8月，圣辉大和尚任住持方丈。1999年，经国家宗教局批准在麓山寺创办了湖南第一所佛教院校。现在，寺内僧众济济，塑像齐备，藏书甚丰，佛教丛林制度得到恢复。僧人还兴办了"麓山寺服务部"，向游人香客供应名菜、素菜和各种副食品，增加了以寺养寺的能力。

　　古刹历经沧桑，其规模虽未及想象中的壮观宏丽，也无哗众取宠的过分雕琢粉饰，但古朴中透着厚重，雅致中透着庄严。幽深灵寂，梵呗悠悠，钟鸣板响，颇具名寺气象。自创建伊始，从古寺流出的佛法活水，便滋润着灵秀麓山、三湘大地，源源不断地饶益着广大众生。其在中国佛教史上具有无可替代的地位和深远的影响。现今的古麓山寺，殿堂掩映在层林叠翠之间，四周林木翁郁，花草点缀；殿内烟笼烛火，进香拜佛者络绎不绝。晨钟暮鼓，梵音阵阵。

麓山寺右方，是白鹤泉。原系一古井，山泉从地下不断涌出。漱玉跳珠，鸣琴抱练，甘洌清凉，冬夏不涸。凿石以贮，始终保持同一深度，随舀随满。相传古时曾有一双仙鹤飞止其上。此后，泉中就一直留有双鹤倩影。而且任舀一碗，碗中仍可见双鹤影，故称为"白鹤泉"。历代都有名人诗赞。如：

宋朝赵忭有诗云：

> 灵脉本无源，因禽漱玉泉。
> 自非流异禀，谁识洞中仙。

张栻常在此憩息，汲泉水煮香茗，题《酌白鹤泉》诗云：

> 谈天终日口澜翻，来乞清甘醒舌根。
> 满座松声闻金石，微澜鹤影漾瑶琨。
> 淡中知味谁三咽，处处相期艺一樽。
> 有本自应来不竭，滥觞端可验龙门。

又作《兰涧》、《石濑》诸诗。朱熹亦有《兰涧》、《石濑》应和诗。如后者云：

> 疏此竹下渠，濑彼涧中石。
> 暮馆绕寒声，秋寒动澄碧。

清人张九镒《白鹤泉》诗中写道：

> 沙井汲寒渌，何如山上泉。
> 旧闻来白鹤，此事渺千年。
> 我欲呼明月，相将浣碧天。
> 僧雏延客坐，煮茗意欣然。

清光绪三年（1877），粮道夏宽云建"白鹤泉碑"，将张栻和朱熹所题诗镌刻于石，在泉上建亭遮护。碧瓦朱槛，颇为雅致。亭顶部天花板上绘双鹤比翼翻飞图案，形神毕肖，美轮美奂。倒影泉底，楚楚生风。近人曾广言题亭联云："鹤去泉仍洌，山深亭自幽。"罗求慎又题有《白鹤泉》诗云：

> 诗瓢一勺试甘泉，芳洌清心彻骨凉。
> 灵脉有源来漱玉，圣山无主比倾觞。
> 松声满座添风韵，鹤影微波漾碧琅。
> 他日清缨斯一酌，仙禽助我捣扶桑。

泉附近有鹤园。粉墙幽径，花木掩映，轩室回照，点缀其间。游人可在此憩息品茗，琴音袅袅，茶香郁郁。

沿石阶往西北方向攀登，远远就可望见丛林掩映着的一座丈余高的碑亭，竖于亭内的一块古老的石碑，就是有名的禹王碑。据《吴越春秋》载：大禹治水，久不成功，后于梦中得苍山使者指点，获知南岳衡山峰顶有金简玉书，内有治水之策。便不辞劳苦，登上南岳祝融峰，在山顶搬开一块磐石，果然获得此金简玉书，并在此立碑刻铭。这个岣嵝山铭，就是岣嵝碑。据说原碑早佚，宋人何致曾摹碑文传刻至岳麓山，现岳麓山禹王碑，就是今存年代最早的岣嵝碑。碑文共七十七字，笔画圆润婉转，字形苍古难辨。历代学者曾对碑文做过研究，译文释义者不少，但至今仍无定论。惟其如此，禹王碑自古以来就被视为珍品。一般认为，碑上刻的是夏朝文字，它记载了大禹治水的功绩。据说立石碑处是大禹当年指挥治水的地方。人们为纪念这位英雄，还把附近大禹泊过船的那个山坳命名为拖船坳，把他疏凿过的那个山口命名为禹迹溪。历代咏此碑亭的诗作很多，例如：

> 大哉神禹，中天而兴。
> 洪水方割，怀山襄陵。
> 受帝天命，夙夜匪宁。
> 九载疏凿，四海底平。
> 遗迹麓巅，万代峥嵘。
> 奚窬关觌，华翰纶音。
> 稽首阅诵，仰止仪刑。（明·长沙宣王朱翊鉴《禹迹亭》）

> 岳巅牟石壁，苍异映星云。
> 象画知何自，蝌文迥不群。

由来天地秘，未许鼎彝分。

已溺铭神远，瞻衣思正殿。（明·崔应科《禹碑》）

为觅神碑夏后铭，丹梯陡绝屡回经。

包峰拔地雄南楚，远水蟠天漾北溟。

渺尔城寰犹列俎，飘然身世此孤亭。

九州何处罡风吐，环佩空疑拱万灵。（明·石公阴《登禹王碑憩望》）

吾闻：岣嵝之山图牒古，神禹按之平水土。元彝一夜发简书，海若天吴莫敢睹。金符玉册奏成功，天地成平四海同。未向会稽藏简字，先勒名岳播神工。衡山古镌今明灭，吊古雄才空填咽。千秋万载不复闻，七十余字谁称说。近年至宝出人间，此碑乃落岳麓山。神物守护在苍莽，霜凌雨溜赤石斑。樵人亟见不相识，太守闻之长太息。披榛剔藓叹大奇，岂是苍冥移鬼力？鬼力谁能移，神理空自如。鸾轩凤举翩然下，虎攫龙腾争为驰。我昔持之不能读，空堂一幅开岳渎。即今倚石摹赤文，海水欲翻泰山覆。山阿含睇已无人，洞庭萧萧落黄木。（明·刘汝楠《读神禹碑歌》）

平城绩奏几千年，石壁遗文尚宛然。

岂是后人偏好事，应知古圣示心传。

龙蛟影动云烟乱，珠露光凝日月悬。

愧我读书无万卷，空来拟议未能诠。（清·沈一揆《禹碑》）

禹王亭畔草离离，蜡屐扪萝取径危。

自昔神功留楚泽，至今遗迹寄湘湄。

光悬日月磨奇字，气挟云岚护古碑。

竟日手摹岣嵝下，秋风兰涧步迟迟。（清·高拔《禹碑》）

从鹤园走出，沿石径往上登攀，就到达山的主峰云麓峰峰顶的云麓宫。这里峰峦耸峙，石骨盘迂，木竹青葱，为诸峰之最，相传为道家七十二福地之真虚福地。历史悠久，香客不绝，建筑精美，有联为证：

古刹出层霄，看岳色平分，湘流环绕；

名山留胜迹，有少陵写句，北海题碑。

云麓宫始建年代不详，明成化十四年（1478）吉简王朱见浚就藩于长沙时曾予修复。建筑取宫殿形制，旧有宫殿毁废，明嘉靖年间（1522—1566），长沙府知府孙复命道士李可经主持修葺，并增植松、柏、桐、梓及篁竹千株，使观宇周围风景焕然一新。隆庆年间（1567—1572），又有道士金守分在这里禁足修炼，并募捐拓地，增建堂殿，改名云麓宫，筑屋 5 间，凿石为柱，覆以铁瓦，以抗风雪，现旧址尚存部分。清康熙（1662—1722）初年，长沙分巡道张璿重新修葺云麓宫，以后续有增建。同治元年（1862），于门前筑一小亭名"望湘亭"，亭外又增五岳、天妃二殿。次年，武当山太和宫道士向教辉来云麓宫主教事，集道友募化捐资，按昔日规模重葺道宫。宫门曾悬刘炳凡所撰楹联：

云海钟奇，道法自然呈万象；
麓峰耸秀，宫藏玄妙着三清。

又有清末临湘进士吴獬所题为：

对云绝顶犹为麓，求道安心即是宫。

"望湘亭"亭联取清人黄道让《重登岳麓》诗中颔联：

西南云气来衡岳，日夜江声下洞庭。

这里是游人必到之处。晴日里凭栏远眺，可尽览河山胜概。倘是细雨蒙蒙时，则是一片雨帘，古城长沙，橘子洲头，笼罩在雨雾中，若有若无，似影似幻，则又有另一番情趣。人们都说，岳麓山最美的时候，是在深秋季节。那时，天高云淡，风和气清，层林尽染，万山红遍，景色格外壮观。

亭下有一石，长宽各丈余。因亿立其上可瞻望衡岳而拜，故名"拜岳石"。上刻宋朝赵忭所题之诗"片石倚中天，云深鸟道间。人多祝尧寿，登此拜南山"。据说此石是从天外飞来，故又称"飞来石"。据《岳麓旧志》载，石平如砥，约两丈，土人凿石为柱为栏，复亭其上，现亭已毁，石尚存。明代，有蒋希禹的《飞来石》诗云："巨灵劈山石，石砭平如掌。仰望祝融峰，不尽真人想。"又有杨德远的《飞来石》赞道："我闻岳麓峰，上有飞来石。不知是何时，尚有行人迹。群动相往来，未觉形神隔。以此望南岳，只如离咫尺。南岳岂不远，与我相主客。云烟了一隅，山青水愈白。林木蔚四时，引胜投鞭策。安知一片石，不自鬻畴昔。遥遥望相似，但见天空碧。"

至于前人咏赞云麓宫的，有明末清初长沙人廖元度的《宿云麓宫》："林深宵气重，一枕对灯青。月色如秋瘦，虫声触梦醒。壁铭嗟故宅，天问补遗经。乐死吾知勉，云山足典型。"清人严正基也有《夜登云麓宫》："云麓峰巅跂足眠，征衫犹带五溪烟。当头华月三千里，弹指东风念四年。暝色暗投游屐外，松涛清到杵钟边。故园计买青山宅，便与人间作散仙。"该作者系湖南溆浦人，早年肄业于岳麓书院，历任常州知府、湖北布政使、广东布政使等职。

抗日战争时期，宫观遭破坏。仅存吕祖殿、祖师殿、三清殿等部分建筑。石柱铁瓦仍在，拾石掷瓦，叮当有声。

现在，云麓宫已改成新式建筑，石级回廊，名花佳木。殿堂改为茶厅，另建轩屋一座，芬花净几，白云当窗，临风而坐，有凌虚缥缈之感。来到宫前，倚石栏而远眺环观，只见云峰霞壁，绵连起伏，湘江似带，青浪绿波；百舸争流，长桥道道；广厦如林，直插云霄……真是气象万千，风景这边独好。清人黄性震《登岳麓绝顶》道：

> 乾坤灵迹自何年？疏凿神碑斗际骞。
> 壁立千寻疑就日，削成一柱欲承天。
> 人家烟火星沙郡，客渡帆樯湘浦船。
> 气象苍茫归指顾，还瞻北极紫云边。

此外，还有抱黄洞、岳王亭、桃子湖等名胜古迹和景点，前人也都留有大量的诗词，很值得游览的。

抱黄洞即蟒蛇洞，在禹王碑北面山谷中。据《南岳总胜集》载：宋祥符中，秀才黎白于此遇道士张抱黄，传内八卦系辞，修之成道。故名抱黄洞。宋代有赵忭的《抱黄洞》诗："灵洞古坛基，烟萝接翠微。日西春又晚，不见羽人归。"又有著名书法家米芾的《抱黄洞》诗："我思岳麓抱黄洞，飞泉元在半天落。石鲸吐出流一里，赤日露下阴云薄。我曾坐石漫足眠，肘项抵水洗背肩。客时救我病欲死，一夜转筋着艾燃。如今病渴拥炉坐，安得缩脚三十年，重往石山浸足眠。"还有宁乡才子易祓的《抱黄洞》诗："连天七十二云屏，真境先于翠麓呈。洞发金光丹气结，泉流乳白玉华生。江心雁影重临宇，谷口禽呼自答名。闲步不教方外觉，破烟双鹤已来迎。"又据《岳麓志》载：抱黄洞在禹碑北邃谷中，穹石虚杳，亦堂亦奥，自昔为炼师所居。

后来，蛟蟒之妖窃据以为室，能吐舌为桥，熹目为炬，以惑羽流。晋都督陶桓公镇郡时引弓射蛟，毙之。后人因建台颂其功曰射蛟台。所以，明代有陆相的《射蟒台》诗："烧丹人去但空崖，古洞年深锁绿苔。我有强弓无用处，春风闲上射蛟台。"台久废，洞亦芜塞，但此处泉水清冽，附近常有人来此提水饮用。

岳王亭，位于湖南师范大学校内，为一座亭阁式建筑。该亭建在四面绿水环绕的池塘中央，呈正六边形状，石木结构，六角攒尖重檐顶，顶盖黄色琉璃瓦，六角翘起。六面额枋下配有实木镂空挂落，内顶为彩绘藻井。亭台四周设有石雕护栏，亭内立青石石碑一座，长1.4米，宽0.45米，高3.01米，其阳面线刻岳王遗像，阴面线刻颜昌尧题书的《岳忠武王年谱》。另有石桌一方、石凳四个，东向亭柱外侧刻有楹联一副。岳飞（1103—1142），字鹏举，为南宋抗金名将，被誉为民族英雄，其抗金故事在民间广为传播。1936年，湖南省国民政府为号召民众投身民族抗日运动而建此亭。

桃子湖也称"飞来湖"。宋代有洪觉范题为《湘西飞来湖》一诗咏赞："武林散烟鬟，一峰螺髻孤。烟云有奇志，草木秋不枯。理公何许来，望见辄轩渠。曰此灵鹫峰，何年飞来湖。个中有百猿，为予抵掌呼。至今呼猿涧，飞波跳碎珠。揭来楚南国，万山争走趋。精庐开横塘，清可照眉须。高人家武林，致此从东吴。那知湘水西，乃有飞来湖。连荡满秋色，小艇藏菰蒲。闲来倚危栏，对立鸥炯如。我与湘峰色，俱堪入画图。"桃子湖在湖南师范大学附属中学对面，凤凰山前，现已组建成风景宜人的桃子湖公园。

岳麓山在历史上曾是佛教三大圣地之一，佛事兴隆，寺庙接踵，至今有名可考者仍有道林寺、南台寺、西林寺、景德寺、真身禅寺、兴化寺、龙安寺、大安寺、明白庵、香雨庵、半云庵等十余处。这些寺庙大多建于唐代，都留有历代许多文人墨客的足迹，因此也留下许多传世诗作，这些都是那个旧时代的精神物质，使这座甲于湘楚的名胜之地，充满了浓浓的历史文化的气息，如同船舰上的桅樯，有一种不动声色的想象力，并给予了那个时代无与伦比的关怀。

近年来，长沙市先后对岳麓山景区及其周边进行了大规模提质改造和环境整治：将周边的梅溪湖、谷山、天马山、凤凰山、桃花岭、石佳岭、西湖、洋湖、王陵公园、滨江新城等纳入其中，形成岳麓山—橘子洲旅游景区，由岳麓山、橘子洲、岳麓书院、新民学会4家单位"抱团"整体申报国家5A级旅游景区，潇湘南路、含浦大道、学仕大道、枫林西路、坪塘大道、龙王港路、黄桥大道、岳麓大道、莲坪大道等 10 多条骨干道路建设，拉直拓宽了大道，增加了梅溪湖、西湖、后湖、桃子湖、尖山湖、泉水湖、龙王港、靳江河、咸家湖等新的景点，与岳麓滨江新城以及多桥面及过江隧道和地下铁道相连，其总体面积已达 36 平方公里。

登上岳麓山，远眺整个岳麓山风景名胜区，南接衡岳，北望洞庭，西临茫茫原野，东瞰滔滔湘流，玉屏、天马、凤凰、橘洲横秀于前，桃花、绿蛾竞翠于后，金盆、金牛、云母、圭峰拱持左右，静如龙蛇逶迤，动如骏马奋蹄，凌空俯视如一微缩盆景，侧视远观如一天然屏壁。可谓天工造物，人间奇景。

当然，最美的还是岳麓山。她是湖湘的明珠，是长沙的灵魂，是人们心目中的圣地。她正以新的高雅品质、高端品位、高远品格，展示在世人的面前。

3. 青山文化

• 青山不老，处处吐故纳新，因此郁郁葱葱
• 茂林永续，年年新陈代谢，所以蓬蓬勃勃

据说，世界上有一种"滨海文化"。

这种滨海文化，曾经孕育了中外数不胜数的古代神话，创造了无与伦比的古代文明。如濒临地中海的古希腊，诞生有灿烂的古希腊神话，马克思和恩格斯在其著作中一再谈起过；又如滨海孟加拉湾的古代印度，诞生有古印度神话；再如在岛国日本，诞生有古代日本的创世神话；而在我国东部的濒海地区，也产生有美妙的中国古代传说——说是在渤海中有三座神山，名曰蓬莱、方丈、瀛洲，那里住着许多神仙，曾一度引起了秦始皇的神往……因此还有脍炙人口的"八仙过海"的传说。

中国历史上则有一种"青山文化"，像滨海文化一样。所不同的，只是这种青山文化不仅创造了古代文明，而且这种文明所产生的思想光焰直到今天依然还在闪烁。这是因为，中国独特的"青山文化"中，不仅有秀美的自然风景，有描绘山水的浩如烟海的诗词文赋和绘画，有传播久远的宗教文化，尤其让人仰视不已的，是其源远流长的教育——它真正是万古长青而永

续秀美的，像永恒不老的青山一样。

岳麓山文化，就是这种"青山文化"。

如上所述，岳麓山上，不仅有那甲于湘楚的风景名胜，漫山遍野的景点中，有令人百读不厌的诗、词、文、赋，而且有建筑于这座青山上的名校——这就是自古以来全国驰名的岳麓书院。

岳麓书院，是岳麓山"青山文化"的载体。其在长沙、湖南乃至中国历史上的地位、作用与贡献都是值得铭记的。因为正是这种地位和贡献，将岳麓书院永恒地定格在"千年学府"的历史坐标上，一头系着"十年树木，百年树人"的文化教育，另一头系着"为往圣继绝学，为万世开太平"的"实事求是"哲学思想研究。两者相辅相成，互为轩轾，开启了湖南文化教育和哲学社会科学面向实际即社会和人生的先河，并且以其"唯楚有材，于斯为盛"的凌空呐喊，召唤出一批又一批呼风唤雨的社会名流和革命先锋及时代伟人——他们，有的挺身而出，力挽狂澜于既倒，有的奋袂而起，义无反顾地冲决历史的罗网，有的挥笔呼号呐喊，心力尽瘁地唤醒东方的睡狮。最能代表湖湘文化精髓，也最显示湖湘子弟本色的，则是那高举红旗改天换地的时代精英，因此而演出的中国历史上一幕幕惊天地、泣鬼神的活剧，终于以其不懈的奋斗，开创了中华民族走向真正繁荣富强的新纪元。

岳麓书院位于岳麓山东麓，背靠清风峡，与爱晚亭相邻。岳麓书院因岳麓山而得名，历千年而不衰；岳麓山则以岳麓书院而驰名，览胜者络绎不绝。

在历史上，岳麓书院的占地面积曾一度扩大至四五万平方米，院外尚有1600余亩田产。现在田产自然早已不存，占地面积也缩小到两万平方米左右，现存建筑的规模，大约也只有鼎盛时期的一半。

岳麓书院始建于宋开宝九年（976），由潭州太守朱洞创建，是我国四大书院之冠。

事实上，早在五代时，就有僧人在此办学。据南宋理学家、教育家欧阳守道在《赠了敬序》一文中说，他当年在岳麓书院任副山长时，曾看到一块古碑，"碑言书院乃寺地，有二僧，一名智璿，一名某，念唐末五季湖南偏僻，风化陵夷，习俗暴恶，思见儒者之道，乃割地建屋，以居士类。凡所营度，多出其手。时经籍缺少，又遣其徒市之京师，而负以归。士得屋以居，得书以读"。此记载应当是可信的。早期的书院得益于佛教禅宗，岳麓书院的创办正与佛家弟子有着说不尽的渊源。

原来，唐代以前，岳麓山早就是佛教与道教的活动场地，寺观接踵，殿阁相望，香火连云。著名的寺庙有麓山寺和道林寺。后来，这些寺庙渐渐发展成为文化旅游的场所。杜甫诗说："著处繁华矜是日，长沙千人万人出。渡头翠柳艳明眉，争道朱蹄骄啮膝。此都好游湘西寺，诸将亦自军中出。"可见当时游览的盛况非比寻常。由于游客中大量的文人学士留居山中，寺观中的客堂已无法容纳，于是便有智璿等僧人出来，主动割舍僧地，建立专供文化人读书研修的馆舍，又派人到京都购买图书，供人阅读，早期的书院便诞生了。立于院内的由唐代著名文学家、书法家李邕书写的麓山寺碑，足以证明今天书院的地界曾为麓山寺所有。但由于记载此事的古碑已佚，二僧办学的具体年代又难以确定，加上当时可能也还没有"岳麓书院"这个名称，所以一般的说法是：时任潭州知州的朱洞创辟书院，建有讲堂 5 间，斋序52 间。

其时，大宋王朝的建立还只有 20 年的时间，大概政局尚未稳定，国家始终未能统一，朝野还在动荡，战祸依然连年，民不聊生，官学废弃，百废待兴。正是在这样一种背景下，有远见的官僚，或出于读书人的本能和理想，或受"他山之石"的影响和启迪，或鉴于创造政绩的动机和需要，1000多年前的朱洞，居然想到创建这么一个书院，在"背陵而面壑，木茂而泉洁"的岳麓山间，在梵音弥漫的寺院旁边，"首度创置"，开辟这么一块"为士子肄业之地"，"以待四方学者"，不知道他是否意识到此举的深远意义，抑或预见到后来的影响，可惜史料语焉不详，岳麓书院初创以后的境况如何，例如书院的办学方向、管理、教学情况怎样，藏书几何，生员来自何方又走向哪里，这些我们都不得而知了。能让我们对岳麓书院有更多一些了解，或者说岳麓书院真正从原始的意义上复兴起来，并且因此震动朝野的故事，是此后四十余年由周式出任第一任山长开始的。对此，张栻在其《潭州重修岳麓书院记》中，载记了真实的脉络。这是关于岳麓书院的一篇重要文献，对于我们认识岳麓山"青山文化"的原初面目，具有洞若观火的价值和意义，所以，且让我们在这里全文录出——

湘西故有藏室，背陵而面壑，木茂而泉洁，为士子肄业之地。始，开宝中郡守朱洞首度基创业，以衔四方学者。历四十有一载，居益加葺，生益加多。李允则来为州，请于朝，乞以书藏。方是时，山长周式以行义著。祥符八年，召见便殿，拜国子学主簿。使归教授，诏以岳麓书院名，赠赐中秘书，于是书院之称始闻天下，鼓箧登堂者相继不绝。自绍兴辛亥更兵革灰烬，什一仅存。间有留意，则不过袭陋仍弊，而又重以撤废，鞠为荒榛，过者叹息。乾道改元，建安刘侯下车，既剔蠹夷奸，民俗安静，则葺学校，访儒雅，思有以振起。湘人士合辞以书院请。侯竦然曰："是故章圣皇帝加惠一方，本劝励长养以风天下者，亦可废乎？"乃命郡教授婺源郭颖董其事，鸠废材，用余力，未卒岁而屋成。为屋五十楹，大抵悉还旧规。肖阙里先圣像于殿中，列绘七十子，而加藏书于堂之北。

既成，栻促多士往观焉，为爱其山川之胜，栋宇之安，徘徊不忍去，以为会友讲习，诚莫此地宜也。已而与多士言曰："侯之为是举也，岂特使子群居佚谈，但为决科利禄计乎？亦岂使子习为言语文辞之工而已乎？盖欲成就人才，以传道而济斯民也。"惟民之生，厥有常性，而不能以自达，故有赖圣贤者出。三代导人，教学为本，人伦明，小民亲，而王道成。夫子在当时虽不得施用，而兼爱万世，实开无穷之传。果何欤？曰：仁也。仁，人心也；率性立命，位天地而宰万物者也。今夫目视而耳听，手持而足行，以至于饮食起居、言动之际，谓道而有外乎？是乌可乎！虽然，天理人欲，同行异情，毫厘之差，霄壤之谬。此所以求仁之难，必贵于学以明之与。善乎！孟氏之发仁深切也。齐宣王见一牛觳觫而不忍，则教之曰："是心足以王矣。"古之人所以大过人者，善推其所为而已矣。论尧舜之道，本于孝弟，则欲其体夫徐行疾行之间。指乍见孺子匍匐将入井之时，则曰："恻隐之心，仁之端也。"于此焉求之，则不差矣。尝试察吾事亲从兄，应物处事，是端也，其或发见亦知其所以然乎？苟能默识而存之，扩充而达之，生生之妙，油然于中，则仁之大体，岂不可得乎？及其至也，与天地合德，鬼神同用，悠久无穷，而其初则不远也。是乃圣贤所传之要，从事于兹，终身而后已可也。虽若闲居屏处，庸何损于我，得时行道，事业满天下，而亦何加于我，岂特为不负侯作新斯宇之意哉！既侯属栻为记，遂书斯言，以厉同志，俾毋忘侯之德，抑又以自励云尔。

张栻文中所提到的李允则，字垂范，是并州孟（今属山西）人，唐济南团练使李谦溥的儿子，在宋真宗年间知潭州。他在此任上的主要政绩是：废除苛捐杂税，鼓励开荒垦田，并主持重修岳麓书院。正是他向皇帝报告了这件事，宋真宗便将书院的山长周式请到汴京，当面问明情况后，欣然批准了李允则的奏疏，决定留下周式在京城做官，却遭到了周式的婉言拒绝，最后宋真宗赐给他书籍马匹，并且书写了"岳麓书院"四字相赠。这件令人看了感动的故事，就发生在祥符八年，即公元1015年，岳麓书院头一次得到当时最高统治者的垂青和关照。"于是书院之称始闻天下，鼓箧登堂者相继不绝。"岳麓书院因而成为宋时全国四大书院之首（余为河南嵩阳书院、应天书院与庐山白鹿洞书院）。

这大概就是岳麓书院创立后兴旺发达的第一次高峰吧！不管史学家们对宋真宗如何评价，至少在这一点上他是值得称道的。由他书写的匾额，至今仍高挂在岳麓书院的大门上，'的确是难得的历史文化遗物。而周式有官不做、一心一意致力于办学的高风亮节，自然成为后来历代书院山长们效法的榜样。岳麓书院此后自然也就成为读书人文化人格和学术人格的冶炼场。这是岳麓书院历史上光辉的一页，也是这座庭院特别令人瞩目之处，它因此而有历史的骄傲感，的确不俗！

历史当然没有结束。又过了一百多年，这时北宋已改称为南宋，也就是张栻写上面这篇记的时候，"刘侯"来了。张文中所说的这个"刘侯"，即刘珙，字共父，建安（今福建崇安）人，于公元1165年（乾道元年，即文中的"乾道改元"），出任湖南安抚使兼潭州知州。他曾两次出任此职，第二次是在1172年（乾道八年）。不知道是第一任上，还是第二任上，他看见岳麓书院因金兵屠潭州城事件（于1131年）而惨遭破坏，遂着手修复，并且聘请张栻主持岳麓书院的工作。岳麓书院历史上一个重量级人物——张栻，就是这样登场亮相的。

历史终于给了张栻一个施展才华的舞台和革故鼎新的机遇，因此也给岳麓书院带来了第二次掀天揭地的潮涌。这个张栻，也的确是个非凡的人物，在他还没有进入这方庭院，尚未登上这个讲坛时，便向潭州长官提出了他的"施政纲领"——不，应当说是"办学方针"吧，这就是："成就人才，传道济民。"应当肯定，张栻这个办学方针是很杰出的，他一语道破了书院安身立命的根本，指明了书院发展的方向和道路。是啊，作为书院——那个时代的最高学府，除了"传道授业"和"培养人才"，还能有什么呢！

张栻主持岳麓书院的消息，很快便传到了福建。全国知名的理学大师朱熹闻讯后，千里迢迢地从闽南赶来了。这里必须补上一笔的是，千里之外的这位闽学大师，之所以不远千里之劳苦，跨越省际，从福建赶到湖南来，肯定是冲着张栻来的，这一方面说明张栻的学问在当时学界的名声之非同一般，另一方面也显示出，他主持岳麓书院后，这里所发生的革故鼎新的变化之大，在交通还没有汽车、火车当然也不可能有飞机的那个时代，文化信息之所以传播得那么快速，除了事件本身的轰动效应外，不可能有别的解释。由于这方面的史料不是十分丰富，有关张栻掌教岳麓书院后如何革故鼎新的事实，我们就只能如此揣测了。

但是，朱熹之来，并且与张栻一道，唱响了岳麓书院历史上也是湖南文化学术史上最具有时代绝响的这一幕活剧，则是千真万确的。

那是乾道三年（1167），37岁的朱熹来到岳麓书院后，与34岁的张栻，在院内进行了长达两个月的学术会讲。二人同时登坛，面对面地对当时理学上争论不休的“性命天人之旨，修齐诚正之微”，进行了针锋相对的论辩，就像早几年我们一些电视节目里所报道的，那种甲乙两方的专题辩论赛一样。所不同的只是，这里的甲乙两方，是朱熹与张栻，双方互为论敌，虽然没有真刀真枪，但气氛剑拔弩张，确有“硝烟弥漫”之势。虽然他们的年龄相差只有几岁，学术思想也同宗同源，但由于各自生存背景、生活经历不同，性格、才情有异，加以不同的师承，各属于闽学和湖湘学两个不同派别，学术观点肯定也存在很大差异，所以，一开讲便出现了对峙。争辩的焦点，涉及“中和”、“太极”、“知行”、“仁”等命题，各持己见，“二先生论《中庸》之义，三日夜而不能合”（《朱熹年谱》第32页，中华书局1993年版）。

传说书院内外，到处挤满了来听讲和看热闹的人，紧临书院的四周到处搭满了帐篷，载人的马匹多到将池塘里的水都喝干了，一江之隔的长沙古城，则万人空巷，人们竞相结伴，奔来书院观战。那时，正值深秋，岳麓山上，红枫如火，晨钟暮鼓，梵音连绵，哪比得上书院里这场论战的激烈与红火呢？

诚如朱熹与张栻的联句诗里所写的那样——

> 偶泛长沙渚，振衣湘山岑。（朱熹）
> 烟云渺变化，宇宙穷高深。
> 怀古壮士志，忧时君子心。（张栻）
> 寄言尘中客，莽苍谁能寻。（朱熹）（朱熹《与张南轩登赫曦台联句》）

两位重量级大师，都怀抱有远大的雄心壮志和心忧天下的君子心，所以彼此都虚怀若谷，求知若渴，虽然学术观点不同，争论十分激烈，但彼此都很尊重，不曾贬损对方，反而加深了友谊。争论之余，他们双双登上岳麓山顶。因为高兴，朱熹提议将岳麓山顶命名为"赫曦"，将山顶的一处"台"改名为"赫曦台"——这就是此台之名的由来。《岳麓志》载，台上悬崖有篆字数十隐见不明。嘉靖戊子，知府孙存建亭于山下，后人建祠道乡，旧址改建为高明亭。道光元年修葺岳麓书院时，改前亭为台，榜之曰赫曦。现赫曦台仍在岳麓书院前。

这场学术论辩的最大收获是，通过论辩，各自梳理了思想，从对方吸取了灵感，彼此拨去了笼罩于头脑里的学术迷雾，思想渐渐豁然开朗，从而打通了通向真理的路径，拓宽了精神领域，感性的认识渐渐深入到事物的内核，终于获得质的理性飞跃，为彼此后期的学术嬗变，为完整的理学体系的形成奠定了理论基础。所以，《宋史》评价说：张栻见到朱熹之后，"相以博约"，学术大有进步；而朱熹见到张栻之后，则是"反复开益良多"，认为张栻的学说，"卓然不可及"。

史称朱熹的学说为闽学，张栻的学说则为湖湘学。朱张会讲，是岳麓书院创建以来的一大盛事，也是湖湘文化发展史上一道重要的里程碑，无论怎么评价，都不为高。因为正是这个会讲，不仅确定了这座书院学术文化的传播方式，加快和深化了张栻所倡导的岳麓书院传道求仁、践履务实、不尚空谈、经世致用、不囿成见、兼容并蓄学风的形成，而且从哲学意义上有力地推动了湖湘学派的创立、发展和传播，因此也为建立岳麓书院乃至湖湘学派共同的文化精神结构，奠定了最初的基石。

朱熹离开后，以张栻及其学说为核心的湖湘学派人才群，继续保持了与朱熹、吕祖谦、叶适等一流学者在广泛意义上的学术磋商与交流。可惜张栻英年早逝，历史没有给他更多的机会和时间，否则，岳麓书院和湖湘学派都会有更精彩的故事和更华美的篇章。

张栻逝世后 14 年，即绍熙五年（1194），朱熹被朝廷任命为湖南安抚使。他上任后的第一件事，就是整顿书院的教学秩序，发布《措置岳麓书院牒》，颁布《朱子书院教条》，购买学田，改建校舍，进一步拓宽这座庭院的教育和学术疆域。传说这时期的岳麓书院，教育循规蹈矩，教学双赢无误，学术空气也异常活跃。朱熹自己，白天在河东衙门处理公务，晚间横渡湘江，到西岸的书院讲学，一如当年张栻在城南书院和岳麓书院之间，往来奔波，毫不倦怠。湘江岸边后来建筑的"朱张渡"，铭记了湖湘教育和文化学术史上朱张会讲这一重要的历史事件。

朱熹逝世又 307 年，即公元 1507 年（明正德二年），哲学大师王阳明，风尘仆仆地也奔岳麓书院来了。

这位胸怀"心学"，文气正旺而仕途不旺的王阳明，因得罪权贵被贬贵阳，在绝望与寂寞之中，一口气赶到株洲，遥想岳麓山间，朱张当年唇枪舌剑、名扬学界的旧地，曾经徘徊，不忍离去。再三思忖之后，终于毅然折道策马而来，冒着再度重刑流放的风险，奔驰 120 华里，义无反顾地踏进岳麓书院，在朝廷权奸的监视下，登上讲坛，就"致良知"等哲学命题发表演说。湖湘学人顿时闻风而来，个个含泪听讲……讲学完毕，书院留他寓居数日，院长以素食薄酒为他饯行。那种感人的历史场景，至今想来，无不令人感慨嘘唏。岳麓书院就是以这样一种海纳百川的胸怀和开放、自由、独立的气度，在风雨如磐的岁月里，以此为契机，再次掀起了学术文化交流的高潮。

王阳明之后直到清代初期，岳麓书院的学术讲坛空前活跃和繁忙。即便在康、雍、乾文字狱横行，民众特别是学界噤若寒蝉的那一百多年时间里，这处讲坛也从未寂寞过，甚至还取得了独领风骚的至尊地位，以至继宋真宗之后，二朝皇帝接踵嘉奖。先是康熙，尊岳麓书院的学术为"学达性天"（达到了天人合一的至高境界），接着是乾隆，尊岳麓书院的学统为"道南正脉"（南传理学的正宗），至今这两块匾仍然高悬在讲堂上。

当然，江水有旋流乃至是逆流，短暂的迂回和弯曲是难免的。无论是教育和学术发展史，都会有停滞、回旋和徘徊的现象，岳麓书院和湖湘文化就曾有过这样的时候。那是王阳明之后，理学逐渐式微，书院的学术重心渐渐由理学转为朴学，学术风气也渐渐由阐发义理变为考据训诂，一流的读书人的精力相继转向对古典经史文字、音韵训读、考证辨伪等工作中去，出现了王文清等一大批著名的经史学家，他们的思想因此无法从那个时代的禁锢中解放出来。打破这种僵局的，是湘水校经堂的出现。

湘水校经堂即校经书院，是清道光十一年（1831）湖南巡抚吴荣光创建的，最初设在岳麓书院，所题"湘水校经堂"匾今仍藏岳麓书院。咸丰二年（1852）校经堂毁于兵火。咸丰末年恢复。到光绪初年，湖南学政朱逌然将校经堂从岳麓书院分离出来，改设在天心阁侧的原城南书院旧址。但城南旧址狭窄，不能适应培养新式人才的需要。光绪十六年（1890）湖南学政张亨嘉与巡抚张煦在湘春门外另建新舍，并改名为校经书院。学额从 20 名增至 40 名，分经义、治事两斋，培养"有体用之士，以备他日吏干军咨之选"。

1894 年，江标任湖南学政，校经书院得到进一步发展。他在书院内建书楼，购教学仪器，"以舆地、掌故、算学试士"，还在院内设学会，创办《湘学报》，使校经书院成为集学堂、学会和报馆三位一体的维新活动阵地。光绪二十九年（1903），湖南巡抚赵尔巽将校经书院改为校士馆，完成了书院向新式学堂的演变。这个当时专门招收岳麓和城南两书院高才生、具有研究生院性质的学术机构，一改专重科举仕进的陋习，致力于经世致用的人才培养，学风渐渐回归清纯与务实。

有关专家认为，那时期岳麓书院的教育与学术文化的历史，可以说是中华文化教育学术界唯一剩存的最有光彩的历史。可以毫不夸张地说，岳麓书院的教育与学术文化史，是过去千年整部中国教育与学术文化史的光荣与缩影。千年对于整体时空来说十分短暂，而对于一座书院来说是漫长的，经历千年风雨而其教育与学术文化的光芒始终不熄，这不仅需要相当的韧性与耐力，更需要薪火相传的传统、文脉与智慧。在这方面，岳麓书院是个传奇，是一部早在张栻时代就已定稿的书，虽然此后曾有过这样那样的修改，但是其"成就人才，以传道而济斯民"的根本旨意，是公认的铁律。

对于历史往事的回顾与追述，是令人百感交集的。回溯岳麓书院的历史，我们清晰地看到，自宋初创以来，经历了元、明、清漫长的时代，岳麓书院曾经几度兴废与冷热，其中的原因，一言难尽。一旦沉寂的阵痛消失，兴旺便如春潮滚滚，其势无法阻挡。所以岳麓书院一度兴旺的那些岁月里，一批又一批志趣相同的学者，如潮水般从各地奔腾涌来，聚集于这个庭院里，由此形成了被称为"湖湘学派"的学术团体与学者群，直到康熙用了"学达性天"来评价这一学派的学说，乾隆也尊这一学派的学说为宋明理学中的"正脉"，朱熹和张栻的学说，终于在岳麓书院被称为朱张正学、湖湘道统。尽管学界对于他们的学说持有不同见解，也不论当局曾一度采取过什么批判的态度，例如朱熹晚年曾遭不幸，其在岳麓书院宣讲的理学，被朝野奸佞称为"伪学"，学生或被捕入狱，或死于流放途中乃至贬所，朱熹本人也被免去官爵，郁郁不可终日，最后在凄风苦雨中于庆元六年（1200）病逝于建阳，享年 71 岁。然而，正如著名爱国词人辛弃疾所评论的：朱熹"怕不朽者，垂万世名，孰谓公死，凛凛犹生"。他们的学说，特别是由张栻初创的湖湘学派及其所代表的湖湘文化，却哺育了一代又一代湖湘子弟，造就了一批又一批英杰贤才，其文化价值持续千年，至今余波犹存；这座庭院的讲坛，因此成为天下文化人渴盼登临的讲坛，历朝历代的大师频频往来于斯，在朱张论讲的胜地，一展他们勃然不磨的英气。至今"于斯为盛"的这番底气，正是岳麓"青山文化"永恒不老的一个象征，是朱熹和张栻都无法料想到的。历史就是这样："道是无情却有情！"

所以，今天当我们走进这座古老的书院时，自然感到一种令人肃然起敬的厚重与沧桑。其现存建筑当然不是初创时期那5间讲堂和52间斋舍了。经过千百年间，一次又一次地重建、修葺，基本上已定位于明清古建。即便在抗战时期，日军不知从哪里搞来的假情报，说国民军指挥部设在御书楼里，于是将罪恶的炸弹专门瞄准岳麓书院，致使三分之一的建筑被毁。到"文革"时，又被自己人当成"四旧"砸，部分文物被视为破铜烂铁毁了。直至1981年开始修复，也还是按照明清时代那个由门、堂、亭、台、楼、轩、斋与祠等组成的建筑群格局复制，占地一万多平方米。主体建筑分为讲学、藏书、供祀三大部分，每一部分都独立成一个完整的院落，大院落又分若干小院落，相互交错，连环往复，仿佛一座迷宫，不见尽头。其规模之宏大，造型之优雅，色彩之庄重，布局之深幽，一如明清模样。

"唯楚有材，于斯为盛"的门联，依然澹定地傲视着一切过路人。这是袁岘冈、张中阶合撰的楹联。

此外，又有罗典的"大泽深山龙虎气，礼门义路圣贤心"；有旷敏本的"是非审之于己，毁誉听之于人，得失安之于教，陟岳麓峰头，朗月青风，太极悠然可会；君亲思何以酬，民物命何以立，圣贤可以传？登赫曦台上，衡云湘水，斯文定有攸归"，有程颂万的集句："纳于大麓，藏之名山"——其为二门门联。

"千年学府"的横匾，也还是高高地悬挂着，仿佛是正待敲响的暮鼓晨钟，以一种悠然的神态，自远而近地晓谕着每一个参观者。

书院的核心部分是讲堂。这里才是岳麓书院真正的神圣之地。迈入讲堂，举目可见——

"实事求是"的巨匾，仿佛是思想者的头颅，依然高悬在讲堂的檐前。无论是前瞻，还是后顾，是左观，还是右看，都有一种务须透视万物的神圣和警示之威。

"学达性天"和"道南正脉"鎏金木匾，依然傲岸地高挂于大厅中央。这就是清康熙和乾隆二帝所御赐的那两块金匾，看那神态，好像栩栩如生地要说出话来。

"忠、孝、廉、节"的石刻，笔法严谨雄健，仍然高大雄劲地峙立于前厅左右两壁。由于"忠"字的右上方刻有"晦庵朱子书"的款识，过去都以为是朱熹的手笔。近年来，专家考证，那其实是南宋名臣文天祥所书。这就把此碑初刻的时间，至少推迟了106年。

相关的考证文字是这样的——

岳麓书院位于岳麓山下，书院正厅即为旧时书院讲堂。左右壁分嵌"忠孝廉节"四字，字高213厘米，宽141厘米，由于"忠"字的右上方刻有"晦庵朱子书"的款识，相传为南宋朱熹手书。方志原袭其说，从无异议。1983年长沙市文物工作队发现是南宋名臣文天祥所书，这样把此碑初刻至少推迟了106年。

1983年夏天，蔡锷北路敦煌照相馆翻修时，在旧墙上拆下两块刻有"廉节"二字的大石碑。碑为青石琢成，字的体貌和尺寸与书院本完全一样。遗憾的是还有"忠孝"二石遍觅不得。经过一番洗刷，碑版焕然一新，石面莹净，字迹完好。在"节"字碑的左下方，镌有摹刻年月和书者的姓名。会款首行为"大清嘉庆二十年乙亥岁春月吉日摹刻"，第二行为"宋文天祥书于□□□□"。考《长沙县志》云："庙之左偏为明伦堂，高二丈六尺，阔三丈九尺，深三丈七尺，左右壁摹刻忠孝廉节四大字"，下有"宋文文山手书"注文6字，与碑面题款相符。

原来这4个大字，是文山先生当年为官湖南时书刻在长沙孔庙的遗迹。发现字碑的地点，正在市区蔡锷北路学宫街与红墙巷之间的长沙县学宫旧址上，证实《长沙县志》这条记载是可信的。《宋史》文天祥本传说："咸淳九年，起为湖南提刑。因见故湘江万里，万里素奇天祥志节，语及国事，愀然曰：'吾老矣……世道之责，其在君乎。'"这是文山第一次来到湖南，时年37岁，驻留湘潭仅一年，第二年就任赣州去了。10年之后，他又再次到过湖南，这是读了他的《湘江宿别》诗才知道的。全诗为：

潇湘一夜雨，江海十年云。相见皆成老，重逢便作分。

啼鹃春浩荡，回雁晓殷勤。江阔人方健，月明思对君。

从诗中看出，他二次到湖南已是10年后的春天，和旧友相见，有皆已成老之感。这次停留的时间更为短暂，可能是路过长沙，所以"重逢便作分"了。由此可以断定，题字长沙孔庙的事，只能是在他初次为官湖南的一年间。

朱、文二人都在湖南做过官，又都到过湖南二次，《长沙县志》说他们都曾写过这 4 个字，而现在刻本虽有两个，字迹并无二致，只能是一手所书。朱、文两人必有一虚一实是肯定的。为什么要肯定文山而否定朱子呢？还得从这 4 个字本身来说明问题。

南宋初年，在学术界形成了两个截然不同的主要流派，一个是以朱子为首的理学派，另一个是以陈亮为首的事功派。前者以阐扬儒学为旨趣，以潜移默化、影响社会为功用；后者以积极参加现实的政治活动为手段，以事功来改造社会、实现其学说为目的。到了南宋末年，文天祥受命于危难之际，只身系天下安危，一心致力于救亡图存的现实斗争，成为名副其实的事功派。他看到当时国势岌岌可危，大小官吏人自为计，置国家民族于不顾，投降变节不以为耻。他针对这种不可收拾败局，提出"忠孝廉节" 4 字，作为救世良策，正和春秋时管仲相齐，提出"礼义廉耻" 4 字作为治国纲领的用意不谋而合，同是出于当时国家形势的需要。他本人的一生，即是这 4 个字的活注脚。《宋史》文天祥本传说："天祥至潮阳，见张弘范，左右命之拜，不拜。弘范曰：'国亡，宰相忠孝尽矣，能改心事宋者事皇上，将不失为宰相也。'天祥曰：'国亡不能救，为人臣者死有余罪，况敢逃其死而二其心乎。'"由此可见不但故相江万里奇其志节，连元朝的劝降人员原为宋臣的张弘范亦有"忠孝尽矣"之叹。今读文山遗集，其忠孝思想，随处可见。从文文山所处的境地和他一贯的思想来看，这 4 个字正合乎他的身份和口吻。

"整齐严肃"的石刻，为乾隆时御史欧阳正焕所书，还是那样威武不屈地肃立于厅下左侧。

讲堂是一个高约一米的长方形讲坛，上摆两把红木雕花座椅，这就是当年朱熹和张栻会讲时所坐的座椅。讲堂原有李峨峥所撰楹联云：

> 陟此峰巅，看湖浪湘波，总是源头活水；
> 拜兹堂上，仰贤关圣域，无非心地严师。

讲堂的气氛，的确十分庄重严肃，学术风气分外浓厚穆淳，令人感到一种掷地有声、风雷激荡的庄严与豪迈，曾经有过的"马饮，则池水立竭；舆止，则冠冕塞途"的空前盛况，历历如在眼前。

伫立于厅中，思古之幽情勃发，神思飞越，视通万里，浮想联翩，朱、张先贤当年在此会讲，为格物求知而争辩"性命"，为传道授业而弘扬理学，为成就人才而呕心沥血，那种循循善诱、诲人不倦且不遗余力的场景，像电影一样，一幕一幕地映现在我们眼前……诚如前人所咏赞的那样——

　　春醉倚巉岩，倒松挂飞壁。虬影堕寒光，古色侵人慄。披襟一登临，苔藓封断石。隐隐数行字，宛如鸟兽迹。阙残不著代，引泉拭且惜。置身太古间，揣摩费搜觅。灵气想往还，烟云护成幂。（明·吴愁《书院读断岩残句》）

　　开荒不用买山赀，土老分明有梦知。迂径远通岳麓寺，颓基新筑古贤祠。吾儒事业聊存昔，圣学源流若在兹。何日松杉成拱把，神游重赴草堂期。（明·陈钢《岳麓书院》）

　　我思古圣贤，道义相绸缪。距兹数百载，尚有遗风流。相彼岳麓峰，山水诚清幽。筑舍自前代，堂室今重修。后学有遗范，鼓箧忻来游。白日丽青天，芳草满汀洲。去圣日已远，寡陋吾所忧。春风动幽谷，鸟声正相求。（明·陈凤梧《岳麓书院》）

　　翠鲜层层护讲堂，西征何幸抑辉光。湘江北去源流远，衡岳南来地脉长。昭代人文近荆楚，宋贤心学赖朱张。青衿指点峰头石，古刻相传夏禹王。（明·顾应祥《书院》）

　　书院伊谁开岳麓，使槎今我泛星沙。高台漫问朱张迹，香火翻依佛老家。天外群峰仍旧合，湘中流水自无涯。独吟圣地多寥落，风雨溟溟集晚鸦。（明·徐文华《岳麓书院》）

　　幽径纤迴苍翠浮，云峰飞动挟危楼。临流宛听当时讲，授简疑从昔日游。灵岳薜萝穿象外，道林钟磬落山头。不禁怀古江天暮，返照高窥大墼秋。（明·谭敬承《岳麓书院怀古》）

　　岸柳江烟碧草纷，危峦飞磴俯江濆。星当翼轸层宵出，峰自岣嵝一派分。秋水亭台高楚塞，春风法诵入湘云。残碑千载留神禹，苔藓年年长绿文。（明·车大任《游岳麓书院》）

一苇湘江我再来，遥峰峻绝倚云天。春闻鸟语绵青嶂，昼令虫书满绿苔。绝学此中洙泗地，名臣何处道乡台。流连几度斜阳下，漫与同人叹劫灰。（明·潘应斗《重经岳麓》）

　　青翠淡如许，门开罗远峰。传薪寻正脉，讲塾景遗踪。观水送遥碧，看山依古松。咏归吾兴发，何处起疏钟。（清·朱前诒《岳麓书院》）

　　高水流水发清音，好傍南窗拂素琴。壁嶂开时清昼永，图书拥处白云深。下帷遮莫窥三策，走笔犹惭赋上林。抱膝空斋何所有，松风谡谡伴毫吟。（清·刘大抚《读书岳麓院中》）

　　暖谷催梅雪在先，讲堂高据岳云边。名山久占关清福，旧雨重逢要夙缘。著述力争千古事，精神强胜廿年前。画图一幅湘西景，隔岸人呼访戴船。
　　绝磴霞关费仰窥，钟声送客出嵚崟。绛纱诸衍南轩脉，青玉书摩北海碑。泉石松窗诗并丽，文章芸笈岳争奇。学澜比似云澜阔，不到登峰那得知。（清·毕沅《访岳麓书院》二首）

　　咫尺名峦讲席崇，湘江隔岸仰清风。由来胜迹千年在，收入南楼一望中。（清·王愈哲《登档望岳》）

　　赫曦终古屹崔嵬，四座弦歌讲幄开。乔木百年思宿彦，名山一代养奇才。云端梵呗随风落，槛外泉声绕竹来。惆怅残碑兴废局，渊源谁溯道乡台。（清·郭祖翼《岳麓书院》）

　　雪霁春日丽，堂开两涧清。十年荒圮尽，此日美轮成。礼乐流风远，弦歌见化行。湘江留异绩，瞻眺不胜情。（清·李标《岳麓书院工竣志喜》）

　　这些诗句，真可以说是字字珠玑，或描写岳麓书院的风景名胜之美，或抒发对岳麓书院的仰慕情怀，或讴歌一代代先贤宿彦为建设岳麓书院所付出的辛劳，或盛赞千百年来书院培养奇才贤杰的贡献，或歌颂那些走出书院后

308

为国家兴盛而呕心沥血的先贤的业绩，或咏唱历代书院人才非同凡响的高风亮节……

说到建筑岳麓书院的贡献，这里值得一提的是，上面诸诗的作者中有个叫陈钢的，曾任长沙府通判，当年受命监修明吉王府第。朝廷对他的工作很满意，想给他加官，他说：我个人的事不劳朝廷费心，只是岳麓书院已经破败不堪，能把修造王府所剩的余材给我修岳麓书院就行了。不啻如此，他还自己掏出俸禄，建讲堂斋舍，立祠以祀朱张。他后来成为书院六君子堂祀主之一。还有一个小官叫彭琢，他没有陈钢的通天本领，只好变卖自己的全部家财，用以修葺岳麓书院。他死的时候已是一个穷光蛋，连殓尸的棺材都没有。书院的师生凑集点钱，才勉强把丧事办了。

尽管岳麓书院在历史上曾遭受过无数次毁灭的命运，但相对于一代又一代文化人顽强地重建精神来说，那就真可以说微不足道了。由此可见，在这座书院里，积淀有多少湖湘人的人格精神，书院本身不就代表或者说象征着某种特别的人格和精神么？

或许，正是因为这种人格和精神的延续与光大，才能不断地将那些学术界、教育界重量级的人物，吸引到这个讲堂上，将他们思想的光芒，放射在历史的星空，因而促使了办学的鼎盛，生徒的众多，学术的繁荣，教育的兴旺。

惟其如此，我们说，岳麓书院已经超越砖瓦木石构筑的范畴，它是一个传奇，是一处宝藏，是一种象征，也是一方神圣之地，甚至可以说是一种精神造像，因为它才使长沙这座古城被称为"潇湘洙泗"。

从旅游的角度上看，岳麓书院更不乏丰富的历史文化资源。因为除上述门阁和讲堂外，书院现存古建筑尚有御书楼、文昌阁、湘水校经堂、十彝器堂、六君子堂、濂溪祠、四箴亭、崇道祠、赫曦台、半学斋等，都是足以让人缅怀书院辉煌历史的遗迹。

书院的建筑格局，遵循左庙右学的礼规，左边是祠堂、庙宇，右边是讲堂、斋舍。按照中国的礼仪传统，先贤的灵魂始终居于尊位。这里所祭祀的对象，涵盖了孔子而卜历朝历代祀典所祀的先儒，以及这座庭院所尊奉的学派的代表人物、文化名流、建设功臣、有恩于书院的地方长官、著名山长和著名生徒。传说鼎盛时期，这里还有各种寺庙达30余处，受祀者多达百人。

理学是书院传播的主要学说，多数书院都有祭祀理学宗师的祠堂，岳麓书院自然也不例外，现存的濂溪祠、四箴亭、崇道祠里，就分别祭祀理学的开山祖师周敦颐，奠基人程颢、程颐，集大成者朱熹、张栻。以祭祀的方式，缅怀先贤的高风大德，既展示了理学的学术风采，又映示了其递进与变化的轨迹，也同时载记了后来者受教知恩、溯源追报的品行，这本身就是中华民族万古长青的一种青山文化。

一座楼阁，既然以书院命名，又因为书的缘故而灿烂千年，当然离不开藏书了。因此，走进岳麓书院，我们的视线，便一次又一次地停留在御书楼上。

御书楼也称尊经阁，就是张栻在《潭州重修岳麓书院记》中记载的："加藏书阁于堂之北。"元延祐元年（1314）重修书院，明弘治九年（1496）复尊经阁于杉庵旧址。清康熙二十五年（1686）丁思孔重建书院时，改建御书楼于圣殿右。此时，尊经阁由堂之北改建于堂后。翌年，御书"学达性天"匾额并赐十三经、二十一史等书 16 种珍藏于此，遂更名为御书楼。抗战时，被日机炸毁，1945 年后在原址建二层楼房，仍称御书楼以存旧址。1985 年重建四层楼房，恢复藏书。

国外有贤哲说过：书籍是人类进步的阶梯。书籍，对于文化人来说，更是他们心中的神圣之宝，乃至全部生命，只有愚昧无知者才会弃之若敝屣。文化人之所以看重书籍，一生中都怀着渴求的心情，向往和追念着书籍，手不释卷地孜孜以读，是因为他们从中所获得的，不仅仅是知识，而是思想，是精神。那是载入学术殿堂的飞舟，是登上理想峰巅的阶梯，是推动时代和社会巨轮滚滚前进的引擎，在那里不仅可以安身立命，而且足以安放人的灵魂。有哪一个文化人不爱书的呢？

所以，在岳麓书院，无论是楼阁的建设者，还是书籍的采购者、图书的管理者，都在以自己的方式，一代又一代地写着其中的篇章。楼阁被岁月剥蚀了，倒塌了，或者被暴徒和战犯罪恶地炸毁了，书籍因此流失了，陈旧了，甚至焚毁了，但新的文化人又会让楼阁矗立起来，又会有人不远千里万里，苦心孤诣地将书籍收集起来，拾遗补缺，抄录配套，校订为典，使之成为学者手中的珍本、秘本，文化因此而厚积，书院因此而兴旺，藏书因此而成为一项功德无量的春秋大业。今天的任何一所大学，其藏书是否丰富，也是鉴别其文化身份、地位和名气能否值得炫耀的一个重要条件。古代亦何尝不如此？从宋朝到清朝有七位皇帝给岳麓书院送书，地方官员因此将书楼改名御书楼，让岳麓书院的藏品在皇帝的庇护下存活下去。这座建于公元 999 年，公元 1000 年开馆的楼阁，至今存世已超越千年，这种藏书史，是国内外任何一座现代化图书馆所无法比拟的，它的价值正在于它的古老，它的点点滴滴的历史痕迹，它的整个生命所蕴涵的，是一种智慧之美，标示了人类在文化方面所能达到的深邃、完整以及对文化的惊人的韧性和不知疲倦的追求，因此也显示了湖湘文化的历史年轮及其文化的生命、价值和品位。

正因如此，才有这些名人丽句的描写和咏赞：

> 旧是谭经处，幽芳自不伦。
> 山空骈气霭，枝袅鸟声频。
> 圣道宁今古，亭台倏故新。
> 悠然归去晚，清兴隔江津。（明·陈大绣《尊经阁》）

> 故国岚烟别几秋，偶依文苑当山游。
> 白云出洞看成变，黄卷飞灰痛未收。
> 神禹碑前巢野鹤，李邕亭下卧群麀。
> 老僧不解兴亡事，夜夜敲钟上草楼。（明·周生文《尊经阁》）

> 高楼耸汉接蓬莱，鸟革翚飞拱上台。
> 入座江声春浩瀚，宿窗星斗夜昭回。
> 自来不少谈经客，此际还多作赋才。
> 端赖赐书堆积满，万年文运一时开。（清·刘光业《登御书楼》）

前面我们曾经引用过清代长沙人俞超的一首《岳麓八景》诗，其所谓八景，描写的就是岳麓书院美景。原来，罗典慎斋先生当年主岳麓书院讲席时，曾辟院旁隙地为园池，栽卉木，同人标以八景曰：柳塘烟晓、桃坞烘霞、桐荫别径、风荷晚香、曲涧鸣泉、碧沼观鱼、花墩坐月、竹林冬翠。俞超将这八景巧妙地嵌入其八句诗中，将一个原本壮阔的书院，描写得那么壮丽，那么旖旎。在三大主体建筑的周围，历代又建有许多配套的园林建筑，诸如爱晚亭、自卑亭、吹香亭、风雩亭、赫曦台、极高明亭、道中庸亭等等，这些建筑都为我们今天游览参观提供了景点资源，且每一处亭台都有历史故事、有名人诗文，既反映了古代文化人的儒雅，也凸现了岳麓书院的文化性灵和历史情调，确实很值得去潇洒走一回的。例如明代王守仁的《望赫曦台》，就很有感召力——

> 隔江岳麓悬情久，雷雨潇湘日夜来。

安得轻风扫微霭，振衣直上赫曦台。

书院的右侧，有个"半学斋"，那是书院主持人的住所。"半学"，就是半教半学，教学相长的意思。值得铭记的是，1918 年 6 月，毛泽东和蔡和森、张昆弟等，就是住在这里主编了《湘江评论》。第二年，毛泽东又在这里，主编《新湖南》，进行反帝反封建的宣传。

斗转星移，岳麓恒峙；盛世文华，书院放光。1982 年，廖沫沙特为岳麓书院题诗，中云："长岛人歌波荡漾，三湘子弟浴朝晖。"岳麓书院建院 1020 年之际，又有刘克醇赋诗以示祝贺："濂洛兴湘学，朱张育楚才，流风继洙泗，吾道久南来。"复有多副楹联，如周叔骏题"院以山名，山因院盛，千年学府传千古；人因道立，道以人传，一代风流直到今"；虞愚题"千百年楚材，导源于此；近世纪湘学，与日争光"；向鸿逵题"三湘隽土讲研地，四海学人向往中"……都将岳麓书院与湖湘学派相提并论。

这是必然的。历史本来就是这样——"岳麓书院"与"湖湘学派"，一脉相承，经久不息地在历史的长河里奔腾……

毫无疑义，作为古代书院，岳麓书院在历史上的卓绝贡献是教育。在张栻初创的宗旨里，这一点是确定无疑的。而这也正是这座书院千年放光的原因之所在。

咸丰十一年（1861），清朝官员冯桂芬在他结集出版的《校邠庐抗议》中写道：

今天下唯书院稍稍有教育人材之意，而省城为最，余所见湖南之岳麓、城南两书院，山长体尊望重，大吏以礼宾之，诸生百人列屋而居，书声彻户外，皋比之坐，问难无虚日，可谓盛矣！

这段文字，虽然不到八十个字，但却真实地记录了岳麓书院当时的教学情景。不管这个时期国家的状况如何，在潺潺清泉流淌、森森茂林包围的书院中，阵阵书声盈耳，琅琅回荡不息，书院里的这道景象，难道不让人心仪而艳羡么？应当承认，这正是千年学府锲而不舍的传道、育人的韧性和持之以恒的文化教育传统。也正是这种薪火相传、持续不断的韧性和传统，以其开风气之先的精神，起了"酵母"、"示范"的作用，领先了湖南教育前进的步伐，催放了湖南各类教育的百花。

谈到教育，人们首先想到的是孔子。孔子不愧是伟大的教育家。作为古代中国的伟人，与其说孔子创立了孔学，更准确或者更直接地说，是他在中国历史上首创私学。其划时代的意义，不仅在于中国教育制度的根本变革，更是中国文化发展史上的大事件。因为正是这种私学的开创，实现了高雅文化从官府向民间的转移。正是这种私人讲学的首创，开启了后来书院文化能够蓬勃发展的先河。如果将官学比喻为政府的规范园林，那么私学就可以视若民间的旷野青山。岳麓书院就是这种青山文化的圣殿。

翻阅湖南的古代教育史，不难发现，书院真可以说是布满全省。仅以长沙地区来说，浏阳先后有云居山书院、南台书院、围山学院，长沙县先后有旸谷书院、东岗书院、惜阴书院，宁乡先后有灵峰书院、南轩书院、玉潭书院、云山书院、宁乡学宫，望城有乔江书院，长沙城里先后有城南书院、求忠书院……此外，各县还有文庙……难怪北宋文学家王禹偁要这样说：

> 谁谓潇湘？兹为洙泗。
> 谁谓荆蛮？兹为邹鲁。

古代的湖南先贤们之所以如此重视教育，在官学、府学之外，到处创办书院，因为他们懂得："欲移风则先造士，欲造士则先崇学"（朱前诒《长沙县修学记》），"非是无以沃土风，非是无以臧作牧者，非是无以安弦理物。故飞王乔之舄，不如振文翁之铎也；看河阳之花，不如听武城之歌也"（胡尔恺《重修善化学记》）。这与当年张栻创办岳麓书院时提出的"盖欲成就人才，以传道而济斯民也"的办学宗旨，是一脉相承的。上述所有这些书院，又都无法比肩岳麓书院，所以清代王用锷在《重建南台书院序》中，以这样赞赏的口吻说——

> 讲学，旧称岳麓，岂山川之美、风月之富云尔哉？盖有由也。岳麓之为山，几千百年矣。当南宋时，朱子与南轩公先后师潭州，宾从门人皆一时之秀。晦明风雨，过从嬉游，一觞一咏之间，莫非所以阐性命天人之旨，修齐诚正之微。后人因之，故岳麓书院为南省最。

"岳麓书院为南省最"，正一语道出了这座庭院在湖南教育史上的地位与作用，与上述官员的见闻相联系，可以看到当时民间文化教育兴旺的景象。

应当承认，岳麓书院的成功与兴旺有其值得借鉴的宝贵经验，那就是合理的管理体制、经济来源与教学体制。在管理上，书院实行的是山长负责制，也就是今天所说的校长负责制，其山长的道德品质、学识水平和社会名望，都是出类拔萃的，因此就有相当的威望与魄力。在经济上，书院有自己的田产，通过将土地租给农民，形成独立的经济体系，因此又解决了其教育经费的问题，不至于有"无米之炊"的困境。在教学上，学生以自学为主，每隔十天半月，山长亲自授课。还有严格的办学规章制度，每月要进行考试，奖优罚劣。更难得的是，实行开门办学，常年接待访问学者，容许外来人员旁听，并且安排食宿。在这样的背景下，岳麓书院一直保持着较高的教学质量，其地位远在官学之上。北宋时期，王安石曾在地方推行"三舍法"，将学校分为三级，岳麓书院是潭州地区最高一级学府。

当然，在长沙的书院中，除"岳麓书院为南省最"外，还有一个城南书院，它不仅因"朱张渡"而闻名，也因"丽泽风长"而走向辉煌。

事实上，"岳麓"与"城南"，早就是一而二、二而一的事。

原来，清乾隆十年（1740）至道光二年（1822）间，几经辗转反复，城南书院终于回归其600余年前的创始地妙高峰，也以非凡的业绩，获得道光皇帝御书"丽泽风长"匾额，因此而蜚声湘楚。于是继南宋著名理学家之后，湘中一些知名之士如陈本钦、孙鼎臣、何绍基等，先后在此主讲。湘中大儒李元度、左宗棠，民主革命家黄兴、陈天华，著名教育家杨昌济、谭云山等，都曾藏修于此。

不知这是历史的巧合，还是历史的必然，一边是"文津"——妙高山，一边是"道岸"——岳麓山，都是藏龙卧虎、金光闪闪的"青山"。它们共同产生的榜样、示范、影响而形成的强大合力，推动和促进了湖南教育的发展，因此而酝酿出近代湖南新式教育浩浩奔流的高潮。其最初的滥觞，是谭嗣同、唐才常的"时务学堂"（1897）。这所湖南乃至中国教育史上特别的学校，虽然存在的时间很短，不满一年即停办了，但"这是东方的曙光，是林中的响箭，是冬末的萌芽，是进军的第一步，是对于前驱者的爱的大纛，也是对于摧残者的憎的丰碑"（鲁迅《白莽作〈孩儿塔〉序》）。其所产生的影响是无与伦比的，在116名学生中，出了许多人才，其中有蔡锷，还有语言大师杨树达，教育家范源濂、曹典球等。正是在时务学堂的感召下，在维新思想、民族危机和"欧风美雨"，特别是壮士笑洒热血的悲愤中，一批热血的先知先觉者——例如胡元倓、朱剑凡、陈润霖、何炳麟、曾宝荪、曹典球、徐特立、周方等，奋袂呼啸而起，为创办新学和培育人才，或东奔西走，或呕心沥血，或变卖家产，于是，仅是中等学校，便如雨后春笋般，在长沙城里联翩涌现，一批批英才，则在其中孕育，有的直到今天，还以名校的面目展现在世人面前。且看——

省立第一中学（1912，符定一、贝允昕等）（黎澍、孟少农、

陈述彭、廖山涛、唐稚松、周立波、康濯、周谷城、朱镕基、曹圣芬、楚崧秋、周策纵等）

明德中学（1903，胡元倓）（欧阳予倩、周谷城、刘佛年、李薰、萧纪等）

周南中学（1905，朱剑凡）（向警予、蔡畅、杨开慧、丁玲、劳君展、曹孟君等）

广益中学（1905，禹之谟）（朱镕基、何继善、张履谦、黎磊石、黎介寿、朱之悌等）

稻田师范（1911，吴庆坻）（杨开慧、向警予、缪伯英、杨德群、黄静源、许闻道、杨锡纯、何民逸、谭道瑛、赵绿吟、戴庆哲等）

长沙师范学校（1912，徐特立）（李维汉、田汉、许光达、廖沫沙等）

……

至于两座书院，也随着社会的发展和时代的进步，迈开改革的步伐，迅速地实现了顺乎时代新潮的嬗变——

清光绪二十九年（1903），城南书院与湖南师范馆合并，称湖南全省师范学堂，次年改为中路师范学堂，辛亥革命后改为湖南第一师范。

清光绪二十九年（1903），岳麓书院改为高等学府，后又变为高等师范学校，1925年改为湖南大学，1926年正式定名。

"千年学府，弦歌不绝。"千余年来，这所誉满海内外的著名学府，历经宋、元、明、清漫长的时势变迁，一批批深刻影响中国历史的人物，从这里走向社会。至今书院仍为湖南大学下属的办学机构，面向全球招生。占地面积21000平方米的岳麓书院建筑群，现已成为全国重点文物保护单位，是岳麓山的游览胜地之一。

今天，我们踏上岳麓山，悠闲地在山上漫步时，真有说不尽的快感。到处是茂林溪涧，泉水潺潺，密林森森，仰首不见青天白云，低头则见绿茵遍地。透过树隙叶缝，遥看对岸城区，市声断续，尘嚣起伏，车水马龙景象，隐隐约约。这里，则是　派静穆而幽谧。山上山下，林中溪边，曲径宛然，落叶层层，草香夹着花香，处处绿色植被，终年郁郁葱葱，空气清新。

每天都有来自各地的人，在这里或探访，或散步，或会友，或锻炼，或游览。当然，更多的是大学里的学子们。除湖南大学外，这里还有湖南师范大学，往南有中南大学，山下四周都有学校，山上山下的每一个景点里，又都藏有百读不厌的古典诗文。尤其令人艳羡的是，到处都有年轻的学子在读书，有的在溪边，有的在亭里，有的在草地上，有的在大树边，有的在宿舍里，有的在园中，有的在窗前，有的在花下；有的在默诵，有的在朗读。还有练声的，有舞蹈的，有写生的……真正不愧是一座文化青山啊！

风，徐徐地吹着，不时传来啾啾的鸟语，泉溪的潺潺，枯枝落地的脆响，乃至还有捉摸不定的山籁。当年张栻坐在爱晚亭前溪边读书时，随口吟出的那几句诗，"流泉清自泄，触石短长鸣。穷年竹根底，和我读书声"——正可以作为这时的写照。

突然想起历史上的两段记载：

——普法战争后，德国探讨制胜的原因，俾斯麦首相认为，这是普鲁士民族精神教育的武功；

——日俄对马海峡一战，俄国远东舰队全军覆灭，有人问东乡元帅胜利理由，东乡说，这是日本小学教师的功劳。

二说似乎有失偏颇，因为战争起作用的因素是复杂的，并非只是教育。但细想一下，又觉得有些道理。因为决定战争胜负的最后因素，是人而不是物，其集中的表现就是人的士气，也就是常说的精神。无论是对于军队，还是对于一个民族来说，精神的力量无疑是重要的。当年鲁迅先生为何弃医从文？因为他痛感国民精神的萎缩与麻木，要以文化唤醒民众。人的觉醒，人的觉悟，人的精神，人的力量，从根本意义上说，是来自文化教育，因此而有"教育兴国"的思想，这在今天，早已是国人的共识了。教育好比种树，但教育不是种树。因为"十年树木，百年树人"啊！然而，如果教育这块阵地，像青山那样，上上下下，大家都来爱护它，保护它，护山育林，使之常年郁郁葱葱，万古常绿，永恒不老——振兴民族的希望，舍此能有其他？想到这里，我们不约而同地朝向岳麓书院走去……

4. 哲学长河（上）

· 绿水长流，融溪汇涧，浩荡大海，波涛澎湃渊源
· 观念更新，承东取西，磅礴学林，脉搏跳动祖根

这里说的长河，就是滔滔北去的湘江。

湘江，是湖南境内的一条大江，是长沙的母亲河。关于它，清代王文清在其《湘水记》中是这样描写的——

> 潇湘、蒸湘、沅湘，三水皆纬流，而经之者湘水也。湘源出阳朔，至永州，潇水入焉，曰潇湘；至衡州，蒸水来会，曰蒸湘；卒与沅水合于沅江曰沅湘。此三湘之所由名也。……
>
> 潇水出九疑三分石，经零陵县西北入于湘。蒸水（《汉志》作"承水"），出邵陵界耶姜山，至重安县，又合界塘水；再经重安之南，又受零陵之武水；至湘东临蒸县（今为衡阳之北），注于湘谓之蒸口。志所称"水气如蒸"是也。沅水出益阳郡，经辰溪（今麻阳）诸溪洞，水若渐，辰、溆、沅、酉诸水俱附此。过武陵，东注龙阳，至沅江，与湘水合。此三湘之所由称。
>
> 此数水者，一经而三纬，皆出深崖幽邃中，行二千余里以合于江而达于海。其渊源有本，其流行有渐，其支派有条，其分合有序。夫三湘既合之后，固极浩荡之势矣。究其滥觞，不过三十步之潭。潭外洞不过尺余细流，而涓涓绵绵，遂至于此。天下事，由浅而深，积小成大，下而善受之不穷者，固如斯乎。

在现代湖南哲人的眼里，湘江，其实流的不是江水，而是乳汁。

那是文明的乳汁，是文化的乳汁，是精神的乳汁，也是思想的乳汁——湖南人亲昵而自豪地称之为"湖湘文化"。

湖湘文化是个大概念，其所包含的内容，有教育，有文学，有艺术，有历史，也有经济学、政治学和军事学，以及语言学、训诂学、宗教、建筑学、烹调学……但是，最核心也是最根本的，则是哲学。

我们之所以说湖湘哲学是湖湘文化的核心和根本，因为作为世界观和方法论的哲学，是思想的掘进器，是一切文化的统领、主脉与心脏。事实上，它也是湖湘文化发展的主流。如同湘江一样，有源有流，有支有派，有分有合，"其渊源有本，其流行有渐，其支派有条，其分合有序"，有悠远的"滥觞"，有"涓涓绵绵"的"细流"，也有令后人叹为观止的"固极浩荡之势"，形成了奔腾澎湃的地域文化的历史长河，最后归注于中华民族传统文化的大海。

现在，就让我们沿着湘江，去探索一番"湖湘哲学"的源流吧！

探源，当然要从"源"开始。然而，湖湘哲学最初的源头，却不在永州、潇水，也不在零陵、九嶷，而是自古"星分翼轸"的长沙。

有人可能会问：这不是很荒唐吗？长河之源不在潇湘而是在长沙，难道湘水倒流？

非也！湖湘哲学乃至整个湖湘文化之源，是屈原与贾谊。长沙自古就是"屈贾之乡"，不在长沙找又到哪里去找呢？

说到屈原，很自然会想起他那句名言——

"路漫漫其修远兮，吾将上下而求索。"

那么，屈原要"求索"什么，他为什么又是怎样去"求索"的呢？

原来，屈原不仅是伟大的诗人，同时也是一位具有远大政治理想而且十分热爱祖国——楚国的思想家。据《史记》记载，他出身于王族，早年受过良好的正规教育，"博闻强记，明于治乱，娴于辞令"。毫无疑问，他有很高的文化教养，是个"能读三坟、五典、八索、九丘"的百科全书式的人物。壮岁出仕，任楚怀王左徒，其职相当于副宰相兼外务大臣，"入则与王图议国事，以出号令；出则接遇宾客，应对诸侯"。他的政治理想是：对内主张"举贤才而授能"，以法治精神来刷新楚国的贵族领主政治制度，对外主张联齐抗秦，使祖国能立于不败之地，日益强大起来，使国民安居乐业。他的这些思想和主张，曾经一度为楚怀王所接受。

不幸的是，屈原所处的时代正是楚国中晚期。经过长期的兼并战争，春秋时代的一百多个国家，其数量这时已大大减少，最后形成了"七雄争峙"的局面。在齐楚燕韩赵魏秦七个诸侯国中，楚国的实力还比较强大。然而，其统治集团内部却腐败到了极点，"世溷浊而嫉贤兮，好蔽美而称恶"（《离骚》），信谗弃贤是当时政治腐败的重要标志。

面对楚国腐败的黑暗现实和国势颓败的危险局面，屈原经常长吁短叹，泪流满面，忧心如焚，苦不堪言。但是他决不同流合污，而要坚持真理，以改革图强为己任，表现出英勇奋斗的精神，与腐朽势力作殊死斗争，因而触犯了统治特权阶层的既得利益。以令尹子兰和上官大夫（靳尚）为首的顽固守旧派，既嫉妒屈原的才能，又害怕以屈原为首的改革派的举措成功，为了争得宠信，保护其狭隘的私利，便一次又一次地在楚怀王和顷襄王面前恶意中伤诋毁屈原，屈原因此几次被疏远乃至流放江南，"举世皆浊我独清，众人皆醉我独醒，是以见放"（《渔父》）。

但是，屈原"董道不豫"，坚持与楚国腐朽势力斗争到底，在正义与邪恶的较量、生与死的考验面前，他无所畏惧，视死如归，他不讳言死，亦不怕死，"亦余心之所善兮，虽九死其犹未悔"。即使是在流放期间，不管前方的道路如何漫长，他都百折不挠、不遗余力地去追求和探索，他"彷徨山泽，见楚有先王之庙及公卿祠堂，图画天地山川神灵，琦玮谲诡，及古贤圣怪物行事，因书其壁，何（呵）而问之，以渫愤懑"（朱熹《楚辞集注》，上海古籍出版社 2001 年版，第 49 页），著名的哲理长诗《天问》，就是在痛苦而执著的求索中写作的——

曰：遂古之初，谁传道之？上下未形，何由考之？冥昭瞢暗，谁能极之？冯翼惟像，何以识之？明明暗暗，惟时何为？阴阳三合，何本何化？圜则九重，孰营度之？惟兹何功，孰初作之？斡维焉系，天极焉加？八柱何当，东南何亏？九天之际，安放安属？隅隈多有，谁知其数？天何所沓？十二焉分？日月安属？列星安陈？出自汤谷，次于蒙汜。自明及晦，所行几里？夜光何德，死则又育？厥利维何，而顾菟在腹？女岐无合，夫焉取九子？伯强何处？惠气安在？何阖而晦？何开而明？角宿未旦，曜灵安藏？

不任汩鸿，师何以尚之？佥曰何忧，何不课而行之？鸱龟曳衔，鲧何听焉？顺欲成功，帝何刑焉？永遏在羽山，夫何三年不施？伯禹腹鲧，夫何以变化？纂就前绪，遂成考功。何续初继业，而厥谋不同？洪泉极深，何以填之？地方九则，何以坟之？应龙何画，河海何历？鲧何所营？禹何所成？康回冯怒，地何故以东南倾？九州安错？川谷何洿？东流不溢，孰知其故？东西南北，其修孰多？南北顺椭，其衍几何？昆仑县圃，其尻安在？增城九重，其高几里？四方之门，其谁从焉？西北辟启，何气通焉？日安不到？烛龙何照？羲和之未扬，若华何光？何所冬暖？何所夏寒？焉有石林？何兽能言？焉有虬龙、负熊以游？雄虺九首，儵忽焉在？何所不死？长人何守？靡蓱九衢，枲华安居？一蛇吞象，厥大何如？黑水玄趾，三危安在？延年不死，寿何所止？鲮鱼何所？鬿堆焉处？羿焉彃日？乌焉解羽？

禹之力献功，降省下土四方。焉得彼涂山女，而通之於台桑？闵妃匹合，厥身是继。胡维嗜不同味，而快朝饱？启代益作后，卒然离蠥。何启惟忧，而能拘是达？皆归射鞠，而无害厥躬。何后益作革，而禹播降？启棘宾商，《九辨》《九歌》。何勤子屠母，而死分竟地？帝降夷羿，革孽夏民。胡射夫河伯，而妻彼雒嫔？冯珧利

319

决，封豨是射。何献蒸肉之膏，而后帝不若？浞娶纯狐，眩妻爱谋；何羿之射革，而交吞揆之？阻穷西征，岩何越焉？化为黄熊，巫何活焉？咸播秬黍，莆雚是营。何由并投，而鲧疾修盈？白霓婴茀，胡为此堂？安得夫良药，不能固臧？天式从横，阳离爰死。大鸟何鸣，夫焉丧厥体？蓱号起雨，何以兴之？撰体协胁，鹿以膺之？鳌戴山抃，何以安之？释舟陵行，何以迁之？惟浇在户，何求于嫂？何少康逐犬，而颠陨厥首？女歧缝裳，而馆同爰止。何颠易厥首，而亲以逢殆？汤谋易旅，何以厚之？覆舟斟寻，何道取之？桀伐蒙山，何所得焉？妹嬉何肆，汤何殛焉？舜闵在家，父何以鳏？尧不姚告，二女何亲？厥萌在初，何所亿焉？璜台十成，谁所极焉？登立为帝，孰道尚之？女娲有体，孰制匠之？舜服厥弟，终然为害；何肆犬豕，而厥身不危败？吴获迄古，南岳是止。孰期去斯，得两男子？缘鹄饰玉，后帝是飨。何承谋夏桀，终以灭丧？帝乃降观，下逢伊挚。何条放致罚，而黎服大说？

简狄在台，喾何宜？玄鸟致贻，女何喜？该秉季德，厥父是臧；胡终弊于有扈，牧夫牛羊？干协时舞，何以怀之？平胁曼肤，何以肥之？有扈牧竖，云何而逢？击床先出，其命何从？恒秉季德，焉得夫朴牛？何往营班禄，不但还来？昏微遵迹，有狄不宁。何繁鸟萃棘，负子肆情？眩弟并淫，危害厥兄。何变化以作诈，后嗣而逢长？成汤东巡，有莘爰极；何乞彼小臣，而吉妃是得？水滨之木，得彼小子；夫何恶之，媵有莘之妇？汤出重泉，夫何罪尤？不胜心伐帝，夫谁使挑之？会朝争盟，何践吾期？苍鸟群飞，孰使萃之？列击纣躬，叔旦不嘉；何亲揆发，定周之命以咨嗟？

授殷天下，其位安施？及成乃亡，其罪伊何？争遣伐器，何以行之？并驱击翼，何以将之？昭后成游，南土爰底。厥利惟何，逢彼白雉？穆王巧梅，夫何为周流？环理天下，夫何索求？妖夫曳衒，何号于市？周幽谁诛？焉得夫褒姒？天命反侧，何佑何罚？齐桓九会，卒然身杀。彼王纣之躬，孰使乱惑？何恶辅弼，谗谄是服？比干何逆，而抑沉之？雷开何顺，而赐封之？何圣人之一德，卒其异方？梅伯受醢，箕子详狂。稷维元子，帝何竺之？投之於冰上，鸟何燠之？何冯弓挟矢，殊能将之？既惊帝切激，何逢长之？伯昌号衰，秉鞭作牧；何令彻彼岐社，命有殷国？迁藏就岐，何能

320

依？殷有惑妇，何所讥？受赐兹醢，西伯上告；亲就上帝罚，殷之命以不救？师望在肆，昌何识？鼓刀扬声，后何喜？武发杀殷，何所悒？载尸集战，何所急？伯林雉经，维其何故？何感天抑地，夫谁畏惧？皇天集命，惟何戒之？受礼天下，又使至代之？

初汤臣挚，後兹承辅；何卒官汤，尊食宗绪？勋阖梦生，少离散亡；何壮武历，能流厥严？彭铿斟雉，帝何飨？受寿永多，夫何久长？中央共牧，后何怒？蜂蛾微命，力何固？惊女采薇，鹿何祐？北至回水，萃何喜？兄有噬犬，弟何欲？易之以百两，卒无禄？薄暮雷电，归何忧？厥严不奉，帝何求？伏匿穴处，爰何云？荆勋作师，夫何先？悟过改更，我又何言？吴光争国，久余是胜。何环间穿社，以及丘陵？是淫是荡，爰出子文。吾告堵敖以不长。何试上自予，忠名弥彰？

屈原的《天问》，是一篇千古奇文，如大河奔涌，似狂飙掠空，并非仅仅是泄愤。屈原以他渊博的学识，超人的睿智，切身的痛苦体会，提出一系列问题，向天问难，是要上下探索宇宙和历史的奥秘，获得治国安民的方略。在这首长诗中，他所提出的 173 个问题，涉及天地万物、人神史话、政治哲学、伦理道德，可见他学问是多么渊博，思想是多么深刻，探求真理的愿望是多么强烈。诗一开始，他就问道："遂古之初，谁传道之？上下未形，何由考之？"这显然是对开天辟地的种种神话传说表示怀疑。这在两千多年前，是何等的胆识呀！又如，"夜光何德，死则又育？"问的是月光为何有盈亏圆缺。《天问》中所表现的古与今、明与惑的矛盾与斗争，莫不惊心动魄，震古撼今。在《天问》里，屈原对于神话性的自然观和社会观的怀疑与否定，正说明了他思想中进步的一面。

不仅是在《天问》中，就是在屈原其他的作品里，屈原也不但强烈地表现了对生活和政治的丰富情感，而且还表现了他政治理想的具体内容和愿为这理想而殉身的坚强信念。他从来没有希图过逃避现实，而是以积极的斗争精神，坚持以自己的理想改变现实，这一基本的政治态度，像一条红线一样鲜明地贯穿在他全部作品里。由于他处于一个"变白以为黑，倒上以为下"（《九章·怀沙》）的时代环境里，所以他就必须明辨是非，分清爱憎，他在政治上赞成什么，反对什么，他认为哪些是美的，哪些是丑的，表现得是很明确也很坚定。正由于此，他注重品德修养，孜孜不倦地自我教育精神，决不使自己在"芳泽杂糅"中污损了清白崇高的品质。

楚怀王三年（前296），怀王客死于秦国，秦国将其尸体送回楚国安葬，"楚国皆怜之，如悲亲戚"（《史记·楚世家》）。屈原和许多楚国人因此抱怨子兰劝怀王入秦，以致客死他乡。令尹子兰听到这些议论，气急败坏，遂唆使上官大夫在顷襄王面前诽谤屈原。顷襄王勃然大怒，又一次将屈原流放到江南。

屈原由郢都出发，"上洞庭而下江"（《哀郢》），"乘舲船上沅"，"朝发枉渚"，"夕宿辰阳"，"入溆浦"（《涉江》），辗转沅、湘一带，年复一年，日复一日，备受痛苦煎熬、折磨，"被发行吟泽畔，颜色憔悴，形容枯槁"（《渔父》）。

屈原在流放途中，听说鄢城、郢都失守，自感死期已近。就在他写《怀沙》之后不久，秦军很快又占领了黔中郡，楚国面临灭亡，万般无奈之下，屈原唯有以死来表达对楚国腐朽集团的强烈抗争。他知道为民捐躯的时候到了，遂于顷襄王十六年（前283）五月初五，抱石自沉于汨罗江，时年63岁。辞世前，他写下了这首绝笔诗《惜往日》——

> ……临沅湘之玄渊兮，遂自忍而沉流。卒没身而绝名兮，惜壅君之不昭。君无度而弗察兮，使芳草为薮幽。焉舒情而抽信兮？恬死亡而不聊。独障壅而蔽隐兮，使贞臣为无由。……

屈原之所以选择投水而死，是有象征意义的。就是为了表明自己的清白，表明自己和腐朽势力势不两立，赤条条地来，赤条条地去，葬身鱼腹之中，多么清白，多么干净，即使带有尘世的污垢，也被清清的江水洗刷得干干净净。总之，屈原举贤授能、修明法度的美政理想，忠于祖国、至死不渝的爱国热情，坚持真理、勇于求索的献身精神，代表着历史的进步要求，是中华民族的精神脊梁，千百年来哺育和激励了无数的志士仁人和进步作家，屈原精神已成为中华民族的代表，是永远值得我们骄傲的"民族魂"。

屈原的这种爱国主义精神，也是湖湘文化的核心。

屈原死后107年，即公元前176年，西汉初期著名的思想家贾谊来了。

同屈原一样，贾谊也是一个有思想有抱负的人。从他的《过秦论》特别是《治安策》等上疏中可以看到，他提出的一系列改革政治、发展经济的主张，对打击分裂割据的复辟势力和发展生产，是很有帮助的。例如，他十分重视道德教育的作用，认为"贵绝恶于未萌，而起教于微眇，使民日迁善远罪而不自知也"，因此能"以德去刑"。他认为一个社会的安危，都是由许多问题不断积累而造成的，"安者非一日而安也，危者非一日而危也。皆以积渐然，不可不察也。人主之所积，而其取舍。以礼义治之者，积礼义；以刑罚治之者，积刑罚。刑罚积而民怨背，礼义积而民和亲，故世主欲民之善同，而所以使民善者或异，或导之以德教，或驱之以法令。导之以德教者，德敬洽而民气乐；驱之以法令者，法令极而民风衰，哀乐之感，祸福之应也"。这些话就见于《治安策》。鲁迅称这篇文章为"西汉鸿文"，毛泽东称之为"西汉一代最好的政论"，此文是贾谊写给汉文帝的治国纲要，毛泽东赞赏说："全文切中当时事理，有一种颇好的气氛，值得一看。"又如：贾谊主张中央集权，维护国家统一，建议采取"众建诸侯而少其力"的办法，打击诸侯王的分裂复辟活动；他站在爱国主义的立场，坚持抗战，提出设立专门的官员对付匈奴奴隶主贵族的侵扰；他重视发展农业生产，主张打击工商奴隶主，强调"驱民而归之农"；他肯定了商鞅变法的进步作用，高度评价秦统一中国的历史功绩，虽然他对秦灭亡的原因，作了某些不正确的分析和评论，但他强调的"仁义"、"德政"和"礼"，是有针对性的，具有一定的历史意义。

在长沙期间，一个暮春的黄昏，一只猫头鹰飞入贾谊的住宅。这种鸟叫"鹏鸟"，长沙民间认为是一种不吉利的鸟，贾谊当即翻书，书上果然写道："野鸟入室，主人将去。"贾谊谪居长沙，本已郁郁不得志，加上长沙卑隰，自以为寿命不长，一只突如其来的鸟儿，掀动了他感情的波涛，于是提起笔来，与眼前的这只怪鸟进行了一番人生的对话，借此来宣泄自己的郁闷——这就是那篇千古流传的名作《鹏鸟赋》。

> 单阏之岁兮，四月孟夏。庚子日斜兮，鹏集予舍。止于坐隅兮，貌甚闲暇。异物来萃兮，私怪其故。发书占之兮，谶言其度，曰："野鸟入室兮，主人将去。"请问于鹏兮："予去何之？吉乎告我，凶言其灾。淹速之度兮，语予其期。"

> 鹏乃叹息，举首奋翼；口不能言，请对以臆，曰："万物变化兮，固无休息。斡流而迁兮，或推而还；形气转续兮，变化而嬗。沕穆无穷兮，胡可胜言！祸兮福所倚，福兮祸所伏，忧喜聚门兮，吉凶同域。彼吴强大兮，夫差以败；越栖会稽兮，句践霸世。斯游遂成兮，卒被五刑；傅说胥靡兮，乃相武丁。夫祸之与福兮，何异纠缠；命不可说兮，孰知其极！水激则旱兮，矢激则远；万物回薄兮，振荡相转。云蒸雨降兮，纠错相纷；大钧播物兮，块圠无垠。

天不可预虑兮，道不可预谋；迟速有命兮，焉识其时！

"且夫天地为炉兮，造化为工；阴阳为炭兮，万物为铜。合散消息兮，安有常则？千变万化兮，未始有极！忽然为人兮，何足控抟；化为异物兮，又何足患！小智自私兮，贱彼贵我；达人大观兮，物无不可。贪夫殉财兮，烈士殉名；夸者死权兮，品庶每生。怵迫之徒兮，或趋西东；大人不曲兮，亿变齐同。愚士系俗兮，窘若囚拘；至人遗物兮，独与道俱。众人惑惑兮，好恶积亿；真人恬漠兮，独与道息。释智遗形兮，超然自丧；寥廓忽荒兮，与道翱翔。乘流则逝兮，得坻则止；纵躯委命兮，不私与己。其生兮若浮，其死兮若休；澹乎若深渊之静，泛乎若不系之舟。不以生故自宝兮，养空而浮。德人无累兮，知命不忧。细故蒂芥兮，何足以疑！"

这篇短赋，与其说是一篇文学经典，不如说是一篇哲学杰作。贾谊巧妙地运用了人鸟对话的形式，依据道家关于一切事物都处于对立状态中反复变化的观点，对祸福、死生作了极其通达的评述。他认为，把身体付托给命运，不把它当作己有；活着好像寄托在世间，死了就像长久地休息；上德之人无所牵累，知道天命而不生忧愁；死生祸福，原属小事，又何足以疑惑挂怀！虽然他是想以此来求取自己精神上的解脱，实际上却提出了一个深刻的哲学思想，那就是：人生要随遇而安，不以物喜，不为己悲，"夫祸之与福兮，何异纠缠；命不可说兮，孰知其极！"据说，毛泽东十分爱读这篇赋，在1975年，曾对身边的工作人员说：《鹏鸟赋》读了十几遍，"还想读，文章不长，但意境不俗"。

特别值得注意的是，贾谊坚持了先秦朴素的唯物主义和朴素的辩证法思想，指出祸福"非粹在天"，"必在士民"，强调天下万物，千变万化，永无休止。他认为一切事物都是相辅相成的，遇到逼迫，就会引起动荡，互相转化。这些杰出的思想，对于正处于萌芽时期的湖湘哲学来说，无疑是有益的思想启蒙，对于催化湖湘哲学独立清晰的自我意识，是极为难得极为宝贵的思想营养。

要之，屈原和贾谊，都是伟大的文学家和诗人，同时也是杰出的思想家和哲学家。正是他们，在历史上最早将传统文化的种子、民族精神的种子、哲学思想的种子深深地撒播在长沙这片土地上，致使这块"荆蛮"之地，在远古时代便沐浴着华夏文明的光辉，因而最早开启了湖湘文化的渊源，奠定了湖湘哲学的"性命"，孕育了长沙乃至湖湘文化的精神——特别是屈原所代表的"民族魂"，则是湖湘哲学乃至整个湖湘文化自始至终所贯穿着的一条红线，难道这不是千真万确的历史事实吗？惟其如此，古代长沙人还建筑有屈原祠和贾谊祠，世世代代祭祀着他们。太平街上至今还有贾谊故居，每年的端午节人们也以吃粽子、划龙舟的方式，纪念着屈原。

《天问》给予我们民族最宝贵的东西是一种精神，一种蔑视权威、不苟世俗、敢于思索的精神，在中国古代思想史上产生了巨大的影响。屈原的这些思想和精神，震撼了一代又一代知识分子的心灵，为后来历代先进的知识分子所继承。比屈原出生稍晚、后来做楚国兰陵令的荀子有《天论》，汉代王充有《谈天》，唐代柳宗元有《天说》、《天对》，刘禹锡也有《天论》。明末的王夫之、黄宗羲、顾炎武等，也对屈原的精神有所继承和发扬。

从先秦到唐代的漫长历史时期中，虽然湖湘地区尚未出现过本土的哲学家和哲学著作，但是受爱国诗人屈原和贾谊的思想影响是很深刻的。特别是唐以后，大批的文人学者，如李白、杜甫、韩愈、刘长聊、王昌龄等等，或流寓，或路过，或旅游，都曾先后来到湖南，并且与湖南士人有过亲密交往和诗文活动，尤其是柳宗元与刘禹锡，在湖南长期生活，并著书立说、教授弟子，将中原文化传入湖湘。柳宗元和刘禹锡都是唐代著名的文学家、诗人，同时也是哲学家和思想家，并且都因为参加王叔文的革新运动而被贬谪至湖南。一个贬为永州司马，一个贬为朗州（今常德）司马。大概是柳宗元初到永州不久，韩愈写了一封信给柳宗元，提出说：人有痛苦的时候，仰面呼天，也许天听到喊声以后，就会赏功罚祸。柳宗元为此写了一篇《天说》，回答韩愈说：

> 柳子曰："子诚有激而为是耶？则信辩且美矣。吾能终其说。彼上而玄者，世谓之天；下而黄者，世谓之地；浑然而中处者，世谓之元气；寒而暑者，世谓之阴阳。是虽大，无异果瓜、痈痔、草木也。假而有能去其攻穴者，是物也，其能有报乎？繁而息之者，其能有怒乎？天地，大果瓜也；元气，大痈痔也；阴阳，大草木也；其乌能赏功而罚祸乎？功者自功，祸者自祸，欲望其赏罚者大谬；呼而怨，欲望其哀且仁者，愈大谬矣。子而信子之仁义以游其内，生而死尔，乌置存亡得丧于果瓜、痈痔、草木耶？"

柳宗元认为，天地就像瓜果那样，怎么能"赏功而罚祸"？"功者自功，祸者自祸"，与天没有关系。这种"天人不相预"的观点，与荀子的天人相分说和王充的天道自然论是一脉相承的，都是唯物论观点。柳宗元的朋友刘禹锡支持柳宗元"天人不相预"的观点，他认为论证还不充分，所以又写了三篇《天论》，作为补充论证。在三篇《天论》中，刘禹锡进一步提出了天人交相胜的观点，使天人关系学说又有了新的发展。在写作《天说》之前，柳宗元还就屈原《天问》中提出的一些问题，作出了自己的解答。他认为，世界是由元气构成的，在天地形成之前，只是一团混沌的元气，"庞昧革化，惟元气存"，根本不存在有意志的天帝。他说，"合焉者三，一以统同。吁炎吹冷，交错而功"，认为阴、阳、天统一而为元气，运动是元气本身对立"交错"的作用，世界万物的运动变化，是元气自身的阴阳二气相互作用的结果，阴阳二气之外，并不存在其他神秘的动力。虽然由于历史和认识的局限性，柳宗元对许多问题的回答缺乏科学根据，但这篇《天对》，在阐发唯物主义思想方面是有思想贡献的。

值得注意的是，唐代儒学虽然衰微，但是佛教却很兴盛，南禅宗分化到"五家七宗"时代，其宗派根据地几乎集中在今天的江西、湖南两省，以至在禅学史上，产生了"江湖禅宗"这样一个专门名称。禅宗虽是一种宗教，但蕴涵了极为深刻的哲学理念，唐代著名学者李翱的《复性论》就受到了湖南禅宗大师药山惟俨的启发。湖南的禅宗在这时期的兴盛，我们从宁乡的密印寺、浏阳的道吾寺的发展中都可以看到，宗教文化及其哲学思想确是早已深深地扎根于这片土地上，这对于湖湘哲学的兴起起到了重要的促进作用。事实上，后来理学的形成和发展，是与禅宗宗教哲学有密切关系的。此外，1973年马王堆汉墓出土的汉代帛书《黄帝内经》，也从另一个侧面说明，汉代道家系统的黄老学派，也曾在此地有所传播，其思想影响也不可忽视。正是因为有这样丰富的哲学文化思想的熏陶、滋润和催化，湖湘哲学的思想萌芽，终于在湘江之源的潇水河畔，破土而出了。

这个开湖湘哲学思想先河的人，就是永州道县的周敦颐。湖湘哲学的开山之作，就是这篇《太极图说》——

> 无极而太极，太极动而生阳。动极而静，静而生阴，静极复动。一动一静，互为其根。分阴分阳，两仪立焉。阳变阴合，而生水火木金土；五气顺布，四时行焉。五行，一阴阳也；阴阳，一太极也，太极本无极也。五行之生也，各一其性。无极之真，二五之精，妙合而凝，乾道成男，坤道成女。二气交感，化生万物，万物

生生，而变化无穷焉。

唯人也，得其秀而最灵。形既生矣，神发知矣。五性感动而善恶分，万事出矣。圣人定之以中正仁义而主静，立人极焉。故圣人与天地合其德，日月合其明，四时合其序，神鬼合其吉凶。君子修之吉，小人悖之凶。故曰："立天之道，曰阴与阳；立地之道，曰柔与刚；立人之道，曰仁与义。"又曰："原始反终，故知死生之说。"大哉《易》也，斯其至矣！

湘江之源的潇水，逶迤流淌到道县。离县城四公里处有个村子叫楼田村，村里有栋明清古民居，就是周敦颐的故居。由此再往前五公里，是道县著名的神秘天坑——月岩，地球上最大的一枚"月亮"。传说，周敦颐小时经常到这里来玩，正是这个月岩，后来启示他创作了《太极图说》。

周敦颐（1017—1074），字茂叔，号濂溪，世称濂溪先生，北宋著名哲学家、思想家，学术界公认的理学开山鼻祖。他出生于书香世家，自小喜爱读书，在家乡颇有名气，人们都说他"志趣高远，博学力行，有古人之风"。由于广泛地阅读，周敦颐接触到许多不同种类的思想。从先秦时代的诸子百家，一直到汉唐时代的佛家，他都有所涉猎，这为他精研中国古代奇书《易经》，创立宇宙论思想奠定了基础。

北宋天圣九年（1031），周敦颐14岁时，其父病逝了。其母带着他上京城，投奔舅父郑向，当时郑向是宋仁宗朝中的龙图阁大学士。舅父对周敦颐母子十分眷顾。少年周敦颐聪慧仁孝，深得郑向喜爱；舅父见他酷爱白莲，就在自家宅前西湖凤凰山下（今衡阳市二中）构亭植莲，周敦颐负笈其间，参经悟道。盛夏之夜，莲花怒放，香气袭人，美不胜收。周敦颐深悟其中之美，因此后来写出了千古名篇《爱莲说》，赞扬莲"出淤泥而不染"的高尚精神，成为中国文化中的瑰宝。

周敦颐20岁时，舅父为他谋到了一个监主簿的职位。他先后在江西、四川、湖南等地做了30年的州县官。任职期间，他尽心竭力，深得民心。周敦颐潜心研究《周易》，探究宇宙的起源和人生的真谛。经历一番艰苦的努力后，终于写成了哲学名著《太极图说》。

这篇著作虽然只有249字，却提出了"无极而太极，太极动而生阳。动极而静，静而生阴，极静复动。一动一静，互为其根。分阴分阳，两仪立焉"。所谓太级，指的是最原初的、绝对的实体，因它的一动一静而产生阴阳五行和宇宙万物。所谓无极，则是无形无象的，很难说得清楚。有的学者认为，无极便是太极。现在科学昌明，把有形的物质层层分析，而发现分子、原子以至夸克，不都是无形无象的吗？由此可见，周敦颐的观点有其合理的因素。《太极图说》是周敦颐理学体系的主体框架，其有图有文，以文解图，用图式和文字说明的方式，提纲挈领地对宇宙的发生、发展过程进行了抽象的概括，简明扼要地概述了他从宇宙自然到人道性命的基本思想。此外，他还写作有《易通》，与《太极图说》互为表里，共同构成了理学开山的经典。从宇宙观上来讲，以往的儒家学说基本上还没有从哲学的高度建立起一个比较完整的宇宙发生、发展模式，这项工作基本上是由周敦颐来完成的。

学界公认，周敦颐的著作《太极图说》与《易通》（又名《通书》）两书，融合了儒道两家的学说，以及道教的一些与之有关的思想资料，按照自己的构思，自成一家，是为"濂学"，集中体现了周敦颐所开创的宋明理学的思想基础，塑造了两宋理学的雏形，为尔后博大精深的宋明理学的建立提供了核心的骨架，被誉为"得圣贤不传之学"的理学开山之作。

"濂学"虽然是由湖南本土学者周敦颐创建并成为理学始祖的哲学思想流派，但在当时的历史条件下，并没有直接在湖南传播，而是通过其弟子二程创建的洛学，传入中原地区，从而为当时的思想界所认识和重视。

原来，周敦颐性情朴实，自述"芋蔬可卒岁，绢布是衣食，饱暖大富贵，康宁无价金，吾乐盖易足，廉名朝暮箴"；他从小信古好义，"以名节自砥砺"；平生不慕钱财，爱谈名理，认为"君子以道充为贵，身安为富"；虽在各地做官，但俸禄甚微，即使这样，到九江时还把自己的积蓄给了故里宗族；他一生都很低调，虽然"政事精绝"，宦业"过人"，尤有"山林之志"，胸怀洒脱，颇有仙风道骨。在他生前，其人品一直为人所敬仰，许多人都以他的行为为大儒风范，却没有人知道和理解他的理学思想。只有南安通判程太中，知道他的理学造诣很深，于是将两个儿子——程颢、程颐送到他门下深造。他的学问、气度，直接感染影响了二程兄弟。程颐后来回忆说，自己年少时，就是因为听了周敦颐讲道，因而厌倦了科举仕途、立志要学习和探索儒家的如何为圣之道的。所以周敦颐死后，随着程颢、程颐对他的哲学思想的继承和发展，其名声才逐渐显扬起来。理学集大成者朱熹对他评价很高，为他作事状，将其著作编为《周子全书》，又为《太极图说》、《易通》作注解。张栻也称他为"道学宗主"，其名声逐渐大起。南宋时，许多地方例如九江、道州、南安等，开始建立周敦颐祠堂或濂溪祠来纪念他，宋宁宗赵扩又赐周敦颐谥号为"元",因此又被称为"元公",到宋理宗时,从祀孔子庙庭,从而确定了周敦颐的理学开山地位,后世公认他为宋明理学的创始者,甚至把他推崇到与孔孟相当的地位,认为他"其功盖在孔孟之间矣",连帝王们都将他尊为人伦师表。

湘水滔滔,出道县,过永州,至衡阳,会合蒸水,直奔湘潭。

湘潭县西南,有一座海拔 437 米高的山。山上有碧泉,旧时传说有神龙隐居于此,故曰"隐山"。旧《湘潭县志》载:六朝时,佛教禅宗曹洞宗创始人洞山良价行脚到此,见灌木丛中蔬菜流汁,披荆而进,终见一奇形异貌老僧,搭讪间同入深山,不见后人,号曰"隐身和尚"。"隐山"一名由此而来。据传,明正德皇帝朱厚照南巡至此,因山中大雾,马失方向,辗转于山中,遂手书"天下隐山"。《长沙府志》、《寰宇记》等中都有"天下隐山"的记载。

北宋末年,黄河流域战争频频,中原士人纷纷南下。

据专家考证,南宋建炎三年,即公元 1129 年,胡安国为避战乱,携子侄胡宏等,由湖北荆门进入湖南,在其弟子长沙人黎明的引导下,来到湘潭隐山,见水好泉清,真有如归之感。遂征得土人同意,在碧泉附近购得山地建造房舍,定居下来,表其山曰"隐山"。又在这里建碧泉书院,著书讲学,从游弟子数十人,潜心续撰其《春秋传》。

胡安国(1074—1138),字康侯,号青山,学者称武夷先生,谥号文定,后世称胡文定公,宋建宁崇安(今福建武夷山市)人,南宋时期著名经学家。

胡安国是个传奇式的人物。宋哲宗绍圣四年(1097),进士及第;原定第一,但在策问中,因无诋毁元祐党人语句,遂改以何昌言列榜首;哲宗复试,亲擢第三,为太学博士,开始踏入仕途。他有思想,有抱负,志在以圣人为榜样,早就立有安民济世的宏愿;积极主张抗金,收复失地;为人处世素重操守,讲忠信;性格耿直,不趋炎附势。他目睹中原沦陷,生灵涂炭,常常感到切肤之痛,因此进言《时政论》、《治国论》等,又借《春秋》寓意,所以多次以罪错罢官,又屡次召迁,都婉而辞去。但其爱君忧国之心,却始终不渝。从登第到辞世,为官四十年,在朝时间其实不足六载。谢良佐评论他说:"康侯正如大冬严雪,百花萎死,而松柏挺然独秀也。"

胡安国少年时幻想靠文章成名,后学儒家大道,对文章之学不再经心。见到善事一定要去做,且必须要做成功;接受别人的东西,哪怕小如一根草芥，一定要合乎情理。为人恬静简单，寡于言行，公余闲暇之时，独自一人时，也是手不释卷。每天早晚弟子向他问安，而他必定要问弟子们正在干什么，有合乎他心意的，他就说："士子应当立下要成为圣人的志向，不能居高临下，就以为是在顶峰了。"看见懈怠疏慢而不愿意用心学习的，必然皱着眉头说："时光可惜，千万不要走上小人的归宿。"子弟要是到外面去赴宴，虽然已经夜深，也不会去睡觉，必定等到他们回来，检查他们是否喝醉酒，并且问与他们在一起喝酒的是什么人，都议论了些什么事。在《与子书》中，他说："应该把立志探索人间至道作为自己的人生目的，树立的人生准则，应该以忠实守信不欺为主干，自我形象应是端庄雅洁谨慎，以见操行，遇事必须机敏果断，能立即分清是非。又必须明了法律条文，考求立法之本意。这样才可以在政界做事，而且不比别人差。你要努力呀！修养自身的思想品德，陶冶身心，涵养德性，其实是以在饮食、男女之事上最要紧，古往今来的那些圣贤，都在这个地方暗自下工夫，岂能忽略了它？"

胡安国经常对子侄及弟子说："人应该是对所有世情都看淡了才好，不要有富贵相。孟子所谓：'殿堂有两三丈高，菜肴满桌，姬妾数百，我如果得志绝不这样干。'学者必须经常自我奋勉，就不会堕落。我最喜欢诸葛孔明，生逢汉末乱世，隐居南阳亲身从事农业生产，不求为世所知，后来虽应刘先主礼聘，分割山河，三分天下，身居将相，手握重兵，有什么东西不能得到？有什么欲望不能满足？他却对后主说：'成都有桑树八百棵，薄田十五顷，子孙的衣食应该是绰绰有余了。臣子征战在外，没有别的生财之道，又没有在别处购置产业以增加家里的收入。一旦有身死之日，必不会使谷仓里有多余的粮食，家里有过多的钱财，以至辜负了陛下。'等到诸葛亮去世，一切果真都像他说的。这样的人，才真称得上是大丈夫！"

胡安国常常背诵曾子的话："君子爱人以德行，小人爱人以姑息。"对待求学的士子，因其资质而加以引导，大都把确立志向放在首位；对待子弟与学者，都是一副严肃真挚的面孔，未曾降低自己的志向，藏起自己要说的话，假意附和别人的言语，以换取别人高兴；评论古人，则以诸葛武侯为第一，宋朝的人物，则以韩琦为首。他思慕他们的人格，向往他们的做派，言必称之。他性格本来刚烈急躁，年老时却变得中和淡泊，表情温文大方，年事已高，且多疾病，但对于礼仪仍是一丝不苟，和平常一样。家庭几世都很贫穷，身逢战乱，转徙流离，遂至一无所有。但是"贫乏"这个词，在他与亲戚朋友之间，不只是口中从来不会讲，也是从来不写的，他也从不向别人求告。他告诫子弟说："向人诉说贫穷的人，他的意志到哪里去了？你们必须记住。"

胡安国先是在碧泉书院，后来又建别居于衡山紫云峰下，一直到老，往来于衡山与湘潭碧泉之间，以讲学撰述为业。除自己的子侄胡寅、胡宏、胡宪等人外，还吸引了众多湖湘士子前来就学。其中仅长沙人就有治《春秋》和《资治通鉴》的谭知礼，以孝友信义著称的黎明等。1138 年（绍兴八年）《春秋传》书成，30 卷，进呈朝廷。宋高宗赞他"深得圣人之旨"，诏加宝文阁直学士。同年四月春，胡安国逝世，葬隐山，朝廷破格赐谥文定。所著《春秋传》成为后世科举士人必读的教科书，与《春秋》齐名，因此风行天下。明正统年间从祀孔庙。1706 年朝廷赐"霜松雪柏"匾额一方，1737 年拨内府库银建祠于隐山。

隐山时有四池八景，即莲花池、雷公池、化龙池、洗笔池、隐水桥、流叶桥、通济桥、珂理桥、粟成桥、神仙桥、狮成桥，又有濂溪祠、三贤祠、慈云寺。因其风景秀丽，富有文化底蕴，因而在古代成为历代文人雅士、迁客骚人游览的胜地。现在，那些都早已不存在了，但山还在，胡墓也保存完好。

胡安国墓坐落于隐山南麓，一个叫仙鹅孵蛋的小山坡上。墓联曰："秉春秋大笔，葬天下隐山。"其季子五峰公（胡宏）合葬于此。

除名著《春秋传》外，胡安国还著有《资治通鉴举要补遗》100 卷，《文集》15 卷。《全宋诗》卷一三七〇录其诗 22 首。《全宋文》卷三一四六收有其文。事迹见胡寅《先公行状》（《斐然集》卷二五）、《宋史》卷四三五有本传。《宋元学案》中有《武夷学案》记其事。其学也有传人：长子胡寅，官礼部侍郎，著《读史管见》数十万言，学者称致堂先生；次子胡宁，官祠部郎中，后辞职佐父修纂《春秋传》，著《春秋通旨》，学者称茆堂先生；季子胡宏传父学，讲学碧泉 20 余年，传学于张栻等，著《胡子知言》等书，学者称五峰先生，《宋元学案》中有《五峰学案》录其事；侄胡宪从胡安国学而不仕。门下朱熹从游最久，学者称籍溪先生。

胡安国是两宋时期著名的经学家、理学家和政治家。早年拜程颢、程颐弟子杨时为师，研究性命之学；入太学时，又从程颐之友朱长文、靳裁，得程学真传。其治学理念上承二程，下接谢良佐、杨时、游酢，在理学发展史上居于承上启下的地位，他对于心、理、性等理学范畴的研究，虽尚未形成规范的理论体系，但其以心为本、心与理一的思想，却对后学产生了重要影响，对两宋之际的政治和学术领域均有较大影响，尤其以其《春秋传》奠定了将心性之学与经世致用相结合的"湘派"学风，一方面为理学的发扬光大作出了重要贡献，也为统治阶级提供了一套有用的治国宝典，特别值得注意的是，他是湖湘哲学和湖湘文化的先驱。他未完成的事业，是由他的季子胡宏去完成的。

胡宏（1105—1161），字仁仲，号五峰，人称五峰先生。他是南宋初期一位具有爱国主义思想且影响较大的进步思想家。

胡宏受其父的影响很深，从治学到做人，几乎一脉相承，也是不慕权势却关心时政，致力于学问又忧国忧民，有官不做，只愿做个有道德、有大节、有助于治世安民的堂堂正正的大丈夫。

由于其父早年同秦桧有较好的私交，秦桧当权之初，曾致书胡宏之兄胡寅，"问二弟何不通书？意欲用之。"胡宏不愿与秦桧为伍，回信严词谢绝说："稽诸数千年间，士大夫颠冥于富贵，醉生而梦死者，无世无之，何啻百亿。虽当时足以快胸臆，耀妻子，曾不旋踵而身名俱灭。某志学以来，所不愿也。至于杰然自立，志气充塞乎天地，临大节而不可夺，有道德足以赞时，有事业足以拨乱，进退自得，风不能靡，波不能流，身虽死矣，而凛凛然长有生气，如在人间者，是真可谓大丈夫。"（《胡宏集·与秦桧书》）如此回书，表明他不阿奉权势、不随波逐流，不愿做官，不求功名利禄，立志专做学问。当时有人问他为什么这样做，胡宏回答说："政恐其召，故示之以不可召之端。"秦桧死后，胡宏又一次被召，他仍托病不出，以至终身不仕。其大节大义，真如他自己所说的"身虽死而凛凛然长有生气如在人间"。

生活于内忧外患时代的理学家胡宏，并不是一个只知闭门读书、不问天下事的人，恰好相反，他之所以做学问、求大道，不仅是为了做个有学问、有道德、有大节的人，同时还本着有道德足以赞时、有事业足以拨乱的理想和抱负，力图将其所学用于匡时救世。所以他身虽在野，心却系着社稷的安危，不忘抗金复仇、收回故土；他忧国忧民，反对苛敛，关心人民疾苦；对于如何抗金复仇，如何安邦治国，有成熟而系统的思考。从他的《上光尧皇帝书》中，可以看到他的一片赤诚的爱国之心。在这篇万言书中，胡宏向皇帝"陈王道之本，明仁义之方"，具体地提出了如何抗击金人和治国安邦的五条建议：兴兵北伐，施行仁政，关心民众，精选人才，裁兵屯田。可见他真不愧是个有忧国爱民之心和卓识远见的学者。但在那个权奸当道的时代里，他这些建议又怎么能实现呢？

胡宏一生，往来于碧泉书院与衡山五峰之间，前后二十余年，授徒讲学，潜心著述。主要著作有《知言》、《皇王大纪》和《易外传》及一些诗文，现代集为《胡宏集》，由中华书局出版。其理学思想在南宋理学中独树一帜，对嗣后的理学振兴，起到了承上启下的关键作用。

北宋理学在二程时代曾经显扬于时，但自程颐去世之后，其声势便日渐下降，虽有弟子杨时等数人继承师说，也基本上只能谨守师传，缺乏创新精神。特别是经过"靖康之乱"的冲击，理学便走入低潮。在南宋王朝处于内忧外患的情势下，不少理学传人虽然孜孜于其道，却并未出现冒尖的人物。例如，当时与胡宏同时从事理学活动的，还有李侗（朱熹是其学术传人）和罗从彦等人，其成就都不及胡宏显著。胡宏是这一时期理学阵营中居于重要地位的理学家，又是湖湘哲学和湖湘学派的开创者。因此，全祖望在《宋元学案》中评论说：

> 绍兴（指南宋初年）诸儒，所造莫出五峰之上。其所作《知言》，东莱以为过于《正蒙》，卒开湖湘之学统。

这个评论是公允的。胡宏的学生，南宋大理学家张栻，曾这样指出，先生"……力行所知，亲切至到，析太极精微之蕴，穷皇王制作之端，综事理于一原，贯古今于一息，指人欲之偏以见天理之全，即形而下者而发无声无臭之妙。使学者验端倪之不远，而造高深之无极。体用该备，可举而行。……是书（指《知言》）乃其平日之所自著。其言约，其义精，诚道学之枢要，制治之蓍龟也"（《胡子知言序》）。

那么，胡宏的学说有什么特点呢？

胡宏是二程的再传弟子，其师杨时、侯师圣是二程的高足，又承父学（其父胡安国所治也是程氏学）。胡宏的哲学思想虽然基本上是对二程学说的继承，其所探讨的主要范畴仍然不出道、理、心、性等内容，然而他对这些范畴的运用和发挥，却表现了许多独到之处。

例如，关于"道"体问题。

二程认为"理"或者说"道"是宇宙本体。胡宏认为"道"虽是最高范畴，它离不开具体的万物，"道外无物，物外无道。是天地之间，无适而非道也"。也就是说，物是有形的，并受道的支配，即"物不能无道而自物"，而道却是无形的，虽然也离不开物，即"道不能无物而自道"，但对物起支配作用，并且没有时间和空间的限制。胡宏认为，"道之有物，犹风之有动，

333

犹水之有流也，夫孰能间之？故离物求道者，妄而已矣"。这里强调不能离物求道，有唯物主义的思想，但他又把道比成风和水，把物比成动和流，这显然是以道为第一性，物为第二性的了，实际上还是没有摆脱唯心主义。然而，值得注意的是，程朱强调"存天理，灭人欲"，而胡宏却认为，"天理人欲，同体异用"，圣人"不去情"、"不绝欲"，关键在"发而中节"，具有进步的积极因素。后来由王夫之加以发扬，形成其唯物主义观。道学渊源于周敦颐的"太极"说。胡宏因此也谈到了"太极"这个范畴。他说："一阴一阳之谓道，道何也，谓太极也。阴阳刚柔，显极之机，至善以微……天成象而地成形，万古不变。仁行其中，万物育而大业生矣。"这同周敦颐的《太极图说》，基本上是作为本体意义来运用的，但在胡宏那里，"太极"和"道"或"性"，都是同等程度的范畴。

再如，"性"论。

胡宏既不同意张载的气本体论，也不赞成二程的理本体论，而是独树一帜，提出了他的性本体论。胡宏承认有"天命之谓性"的"性"，即"理性"。他说："形而在上者谓之性，形而在下者谓之物。性有大体，人尽之矣。一人之性，万物备之矣。论其体，则浑沦乎天地，博浃于万物，虽圣人，无得而名焉。论其生，则散而莫殊，善恶吉凶百行俱哉。"他认为"万物皆性所有"，甚至把性看成是气之本，说："气有性，故其运不息。"他这是把性看作脱离有形之物而存在的超时空的绝对观念，把气看作是非物质的。这与在他之前的二程所谓"在下无性外之物"和在他之后的朱熹所谓"未有此气，已有此性"、"性即太极，其中含具万理"的主张是一致的。实际上，胡宏所谓的性，与天命是相同的概念。因此，认为性能做"天下之大本"，他说："五典，天所命也；五常，天所性也；天下万物皆有则。"他这里所说的"万物皆有则"，如果解释为不同物质有不同的规律，那倒是唯物论思想，但胡宏却说每一人或物都有其秉承的天命，是对二程所谓"父子君臣天下之定理，无所逃于天地之间"的发挥，依然没有离开唯心论的窠臼。总之，胡宏把性、天命看作是"万化之原，至理之所在"。

又如，人性问题。

在这个问题上，胡宏和其他理学家的观点不同，也有自己的独立见解。他反对以善恶论性，也就是说，既不同意孟子的性善说，也不同意荀子的性恶说。他认为，性"具万理，天地由之而立"，孟、荀言善言恶，都只是"类指一理之，未见天命体也"。他说："性也者，天地鬼神之奥也，善不足以言之，况恶乎？"胡宏论性，有两点是值得称道的，其一，他认为好恶是有标准的，"小人好恶以己，君子好恶以道"，这种说法就很精彩。但他又说，"好恶以道"，也就是承认性外有道，这既违背了二程"性外无道"的论点，又与胡宏自己论性的基本观点相抵牾，说明了其思想中的矛盾，所以后来朱熹在《知言疑义》中就抓住这一点大加责难。其二，胡宏没有像二程、张载那样，把性分成"理性"和"气质之性"两种，即没有"人心"、"道心"之分，认为"天理人欲同体异用"，圣人和众人没有天然之别，这种思想是很卓绝的，这是对程氏学的反动，因而受到许多理学家包括他的高足张栻的责难。胡宏这个思想来源于常总，由常总传到杨时和胡安国，最终被胡宏所发挥，事实上胡宏是对的。

第四，胡宏的认识论。

胡宏的认识论有独到之处，可以说，这是胡宏哲学思想中的精华部分。虽然他的著作夸大了心的作用，但其心论中，也包括了一些闪亮的观点。例如，胡宏说："心涵造化之妙，则万物毕应。"这说法很有唯物论的反映论因素。又说："人心应万物，如水照万象。应物有诚妄，当其可之谓诚，失其宜之谓妄。物象有形影，实而可用之谓形，空而不可用之谓影。"他继承了程颐"格物穷理"的学说，认为"儒者莫要于穷理，理明然后物格而知至，知至然后意诚而心不乱"。穷理的方法是读书，是观察，是思索，是积习。

尤其值得肯定的是，胡宏不承认生而知之，他说："夫人皆生面无知，能亲师取友，然后有知者也。"又说，人"皆缘事物而知"。不管其知的内容如何，他所提出的这个"缘事物而知"的命题，人非生而知之的观点，显然具有唯物论的倾向。胡宏又说："夫耳目者，心之所以流通也；若夫图形具而不能见，耳形具而不能闻，则亦奚用夫耳目之官哉！"还说"耳目通则事情判矣"，等等，他肯定了通过耳目等器官去感知事物，了解和辨别事物的真相，肯定了感性经验在致知过程中的基本作用，这些思想都是很有见地的。

胡宏的认识论中，还有一点值得注意的是"循道而行"的思想。他说："夫事有缓急，势有轻重，知所先后，则近道矣。循道而行，则危可安，乱可治，悖道而行，则危遂倾，乱遂亡。"又说："人之道，奉天理者也……得其道者，在身身泰，在国国泰，在天下天下泰；失其道，则否矣。"又说："道可述，不可作。"胡宏这是说：作为客观规律的道，不以人的意志为转移，人可以认识它，但不可以制作和改变它，肯定了事物之规律的客观性，告诫人们：按规律办事则泰，违反规律则否，那就会失败，就会出乱子。这种思想的确不凡！

从上述思想出发，胡宏主张学者当以"实事自律"，反对"专守方册，口谈仁义"。他曾经对孙正孺"每言才亲生产作业，便俗了人"的论点进行了批评，他说："古人盖有名高天下，躬自锄菜如管幼安者，灌畦鬻蔬如陶靖节者。使颜子不治郭内郭外之田，饘粥丝麻将何以给？孔子犹且计升斗，看牛羊，亦可以为俗乎？"他告诫孙正孺，不可认为清高，"不可做世俗虚华之见"。这不仅说明他重视实际，也反映了他意识深处对劳动和劳动人民的尊重，表明他与那些空谈仁义、视劳动生产为俗的理学家，的确有所不同。

第五，关于治学思想。

胡宏是古代著名的学者，其一生的主要活动是从事教学和著述。所以在治学上有许多精辟的思想，是值得继承的。例如，他很重视学习，说："夫不学，则不能有立，不能有立，虽俊而贵，将焉用之？"关于学习的目的，他认为不是"美食逸居，从事辞藻，倖诙觊名第"，而是为了"身修"、"人伦明"、"人道立"。至于读书的方法，他反对"直守流行于数卷纸上语"，认为"读书一切事，须是有见处方可。不然，汩没终身，永无超载之期矣"。他强调学习"必至于能有所疑"，然后"亲师而问之，取友以磨之"，只有这样，才"大有益耳"。反之，"若见一义，即立一说，初未尝大体，权轻重，是为穿凿。穿凿之学，终身不见圣人之用"。胡宏不同意道家弃圣绝智的观点，认为"聪明智力在学者不当去，在圣人不去。去之，则必入于空，沦于静，又乌能有得而可以开物成务乎哉"。他指出，"道学须用博学、审问、慎思、明辨"，要实实在在地学习。胡宏曾针对黄祖舜"学道未至于无心，非善学也"的论点批评说："学道者，以传心为主，不知如何却要无心，心可无乎？"他很重视学识的积累，"须日知其所亡，月无忘其所能，汲汲焉如不及，然后可耳"，提醒"以速成为戒"。孔子曾就为政说过"无欲速，无见小利"的话，胡宏认为"不特为政，学亦如是也"。胡宏特别强调"行贵精进，言贵简约"，"学欲博，不欲杂；守欲约，不欲陋"，"学问之道，但患自足自止耳"。这些观点直到今天仍然是金玉良言。当然，其治学思想中也免不了一些糟粕，这是历史和认识的局限性，不足为奇。

由于历史的种种原因，学界乃至整个社会上，对于胡安国、胡宏都缺乏较多的了解。因此我们综合近年来学界关于胡氏父子的研究成果，在上面作了简要的介绍。事实上，胡氏父子在历史上的杰出贡献，并不是他们的学术思想，而是在开创湖湘学派的历史功德上。

众所周知，长沙乃至湖南，虽然历史悠久，文明发轫也比较早，但在学术文化上，特别是在哲学思想上，起步却是比较晚的。就是那些早现的文明或文化之光，虽然也曾灿然一时，也毕竟是零星的个案，并没有在湖南境内形成集群的学派或流派，如齐鲁文化、尹洛文化、稷下文化或苏浙文化那样。正因为此，湖湘学派及其文化在宋代的出现，并走向兴旺的峰巅，就显得引人注目和弥足珍贵了。这个开创的功绩，是胡氏父子发端而由其弟子张栻承传完成的。

5. 哲学长河（下）

- 吾道南来，虽是濂溪一脉，然百溪汇纳，势若排空巨澜
- 大江东去，已非湘水余波，正千里奔腾，壮如滔天沧海

黑格尔曾经说过："思想是一种结果，是被产生出来的，思想同时是生命力、自身产生其自身的活动力。这种活动力包含有否定性这一主要环节，因为产生也是消灭。当哲学自身产生出来时，是以自然的阶段作为它加以否定的出发点的。"（《哲学史讲演录·导言》）

如同湘水长河，前一段水是后一段水之源，相因不断，涓滴成流，哲学思想的发展，也是这样，前代思想就是后代思想之因，并且形成一定的思想体系，或者聚合为相应的地域宗派或学术流派，从而对应其时代，产生其必然的影响和作用。湖湘哲学的发展正是这样。

前面谈到，湖湘哲学的灵魂是屈原的"民族魂"。但其真正的本土思想祖脉，则是周敦颐的著作及其"濂学"。然而，湖湘哲学的诞生并形成正式的派别，则是直到宋代才开始的。南宋初年，"私淑二程"的福建籍学者胡安国父子，因避战乱来到湖南，在长期讲学授徒的过程中，逐渐开创了湖湘学派，湖湘哲学这才正式形成学派和自己的思想特色。胡安国虽然是湖湘学派的先驱，但他以《春秋》经学知名，很少触及心性哲学问题，与正统理学家还有一定的距离，所以归于经学家内。真正为"湖湘学派"奠定基础的，是其儿子胡宏及其弟子张栻。湖湘学派形成之后，湖南才有众多的杰出思想家及著作出现。

张栻（1133—1180），字敬夫，又字乐斋，号南轩，汉州绵竹（今四川绵竹）人，卒谥宣，后人尊称张宣公。南宋著名的理学家、哲学家和教育家，湖湘学派的主要代表人物和集大成者，与朱熹、吕祖谦齐名，时称"东南三贤"。著有《南轩易说》、《孟子说》、《论语解》、《南轩文集》等。现代集为《张栻全集》全三册，长春出版社 1999 年 12 月出版。

张栻出生于一个忠义之风十分浓厚的家庭，四岁时从父攻读经学，从小接受儒家传统思想的熏陶，"自其幼壮不出家庭而因以得夫忠孝之传"（《南轩文集·序》）。《神道碑》上记载他："生有异质，颖悟夙成，忠献公爱之，自其幼学，而所以教者，莫非忠孝仁义之实。"28 岁以前，没有做官，虽然随父东奔西走，一度迁徙于衡阳、永州、长沙，却都是在家读书，接受圣贤之教。年轻时即独立著述。

张栻早就听说五峰先生学问渊博，心里十分钦佩，师事胡宏之前，经常用书信方式向胡宏请教。绍兴三十一年（1161），遵从父命，从长沙赶到胡宏讲学的碧泉书院，拜胡宏为师。"五峰一见，知其大器，即以所闻孔门论仁亲切之指告之。先生退而思，若有得也。五峰曰：'圣门有人，吾道幸矣！'先生益自奋励，以古圣贤自期，作《希颜录》以见其志。"（《宋元学案·南轩学案》）虽然从师的时间很短（此后不久，胡宏就因病去世），但深得胡宏的言传身教。他终生遵师承教，以师为榜样，"反之吾身"，无论在治学还是做人方面，尽得师传，为他后来成为一位正统的理学大师，打下了坚实可靠的基础。

求学结束后，张栻回到长沙，邀集学者相与讲习，在自己居住的城南妙高峰寓所，创建了"城南书院"，其父还专为他题写了"城南书院"的匾额。张栻有一首诗，记录了城南书院初创时的情景——

> 积雨欣始霁，清和在兹时。
> 林叶既敷荣，禽声亦解怡。
> 鸣泉来不穷，湖风起沦漪。
> 西山卷余云，逾觉秀色滋。
> 层层丛绿间，爱彼松柏姿。
> 青青初不改，似与幽人期。
> 坐久还起步，堤边足逶迤。
> 游鱼伴我行，野鹤向我飞。
> 敢云昔贤志，亦复泳而归。
> 寄言山中友，和我和平诗。（《三月七日城南书院偶成》）

338

史载：城南书院旧时曾有丽泽堂、书楼、蒙轩、月榭、卷云亭、南阜、纳湖（纳湖中有听雨舫、采菱舟等）。但他在这里讲学的时间也不是很长，便因父逝而往宁乡奉孝了。

原来，张栻之父张浚（1097—1164）是南宋初年的显赫人物，"出将入相，中兴以来一人"。但在秦桧执政期间，却被排挤在外二十年，曾被贬于永州。虽然一度被起用，领导北伐抗金，发誓不收复失地，死不回乡，但因壮志未酬，愧对家乡四川父老乡亲，生前曾到宁乡龙塘（后改为官山），择定了墓址。当时，张栻同行，表示父亲死后，辞官不做，为父尽孝守坟。1164年，张浚病逝，张栻果不食其言。在此丁忧期间，创办南轩书院（后为官山小学），一边尽孝，一边读书。这就是宁乡南轩书院的由来。张栻逝世后也被安葬于其父墓旁。南轩书院则改为纪念张氏父子的祠堂。皇帝深感张浚父子忠孝可嘉，在其坟墓对面的官埠桥，御赐修建"大小文武百官，至此止步下马"的石碑，以示嘉奖，此碑现保留在宁乡茅坪村。1524年，明朝嘉靖帝为张浚、张栻父子诏修坟墓，建立祠宇，并下旨建南轩书院，御书匾额，南轩书院终于发展到鼎盛时期。遗憾的是，"文革"期间，该书院惨遭破坏，仅保存了基础及石雕刻。据说，海外有关人士（张南轩后裔）为纪念张氏父子，拟在大洋彼岸的美国亚特兰大，克隆一所南轩书院；湖南方面也拟以"南轩文化"为主题，修复宁乡"官山"这处文物保护单位。

1165年，福建人刘珙出任湖南安抚使兼潭州知州。他上任的第一件事，就是修复遭受金兵破坏的岳麓书院，并且聘请张栻为第三任山长。张栻因此得以在这里施展其才华和抱负，创建他一生中流芳百代的辉煌。

张栻毕竟是张浚的儿子，又是胡宏的面授弟子，不仅承继了父、师的遗志和学说，也承袭了他们爱国主义的思想。他所生活的时代，是那样一个血与火的年代，地处边陲的西夏、金王朝经常派出大军铁骑，不断地对中原进行掠夺性战争，践踏中原文化和人民生产。张栻在岳麓书院里，也总是常常想起来书院就职途中所见到的满目疮痍、生灵涂炭、山河破碎的景象……他忧愤交加，终于忍耐不住了，十万火急地请缨京都，带兵北伐。

山长身先士卒的消息传出，一时间，书院里志士云集，吴猎、赵方、游九功等人，聚集于张栻麾下，在抗金战争中奋力拼搏、屡建奇功——这是自屈原始便定格了的湖湘哲学的精神，是湖湘文化的灵魂，也是岳麓书院此后历史积淀的学人传统。在后来的抗元、抗清乃至反清反帝的斗争中，这种精神和传统便一次又一次地展示在历史舞台上，向世人震响着"长沙子弟最先来"的凌空雷鸣。

或许正因为此，后来当诗人周必大（1126—1204）捧读《南轩集》后，竟"夜梦赋诗"，既赞赏张栻的"道学"，更赞赏张栻的品行。其诗曰：

> 道学人争说，躬行少似君。
> 中悯惟至一，馀事亦多闻。
> 湖广规模远，濂伊讲习勤。
> 平生忠与敬，仿佛在斯文。（《读张敬夫〈南轩集〉夜梦赋诗》）

的确，张栻的品行是值得称道的。

其一，表里如一，尽于职守。

史载，张栻"表里之同然，每进对，必自盟于心，不以人主意悦辄有所随重"（《宋史本传》）。他光明磊落，勇于从义，没有一丝的迟疑。虽是以父荫补入官列，被征召为宣抚司都督府书写机宜文字，拜直秘阁。年纪很轻，却已在内帮助秘密谋划，在外参与诸多事务。他又善于全面谋划，幕府众人都自认为不如。一有机会，他就向皇帝直奏说："陛下上念及国家的仇恨和耻辱，下怜悯中原之地遭受涂炭，心中警惊，想着有所振作。我认为这种心思的萌发，就是因为天理的存在。希望陛下更进一步内省俯察，研习古事，亲近贤人来自相辅助，不要使它稍有止息，那么当今的功业一定能够成就，而因循守旧的弊端就可以革除了。"孝宗对他的话感到惊异，于是就定下了君臣之宜。他正直无私，每遇君臣问对时，不投人主之所好，不视君主之脸色行事，心里怎么想就怎么说，不会因为主上高兴就顺从其意。孝宗曾经说："伏节死义之臣难得。"张栻对答道："当于犯颜敢谏中求之，若平时不能犯颜敢谏，他日何望其伏节死义？"孝宗又说："难得办事之臣。"张栻又说："陛下当求晓事之臣，不当求办事之臣。若但求办事之臣，则他日败陛下之事者，未必非此人也。"他病重临终之前，还亲手写奏疏，劝导皇帝亲近君子、远离小人，防止以一己的偏见，去信任他人，要用天下的公理，去秉持好恶之心。

其二，一生忧国忧民，力主抗金。

因为从小就受到良好的教育和熏陶，张栻秉承父志，反对和议，力主抗金。1163年，孝宗继位，张栻"慨然以奋战仇虏，克服神州为己任"（《宗文公集》卷89，《右文殿修撰张公神道碑》）。这时他的父亲再次被起用，开府治兵，都督军事，张栻曾因军事入奏，进言孝宗，激励孝宗励精图治，革除因循之弊，报仇雪耻，匡复社稷。这一年，张浚再度被主和派排斥下台，于第二年含恨去世。张栻刚办完丧事，就上疏言事，鼓励孝宗坚持抗战决心，总结失败教训，明赏罚，悦人心，充士气。他指出，抗金之所以屡遭失败，是因为朝廷的抗战决心不坚定。他请求孝宗"誓不言和"，"虽折不挠"，表示了抗战到底的决心。张栻的主战，同那些不切实际空喊抗金或寄希望于侥幸取胜者不同，他认为，要取得抗金战争的胜利，必须增强自己的实力，"誓不言和，专务自强，虽折不挠"。其后，他又多次上疏，要求坚持抗金，反对和议。张栻说："自虏入中国，专以'和'之字误我大机……谋国者不可以不知也。"（《南轩全集》卷34）

其三，廉明清正，关心民生。

张栻深知民心的重要，曾对皇帝说："夫欲复中原之地，先有以得中原之心，欲得中原之心，先有以得吾民心。求所以得吾民心者，岂有它哉，不尽其力，不伤其财而已矣。今日之事，固当以明大义，正人心为本。"（《宋史》本传）这样的战略思想，从根本上说就是要得到人民支持，而要得到人民的支持，就须爱护民力，减轻其劳役负担，并且"不伤其财"，减轻其经济负担，让老百姓好好生活下去，如果不爱护民力，不减轻人民负担，使老百姓生活不下去，则大后方不稳，就谈不上抗金复仇。可见张栻的这个思想是很有远见卓识的。所以他居官期间，廉明清正，关心民生，每到任常"问民疾苦"，调查当地"利病"，认真改革地方弊政，减轻人民负担。1171年，湘中大旱，农民大量逃亡。张栻对此十分关心。当时朱熹正在兴办"社仓"（由封建国家的地方政府组织筹划，掌握部分必需的生活资料，在青黄不接之际贷给农民。年成不好，则利息减半，遇饥荒年则全免利息，然后用产品偿还）。他十分赞同这种做法，认为这样能减少农民流徙，还能阻止大地主的高利剥削和土地兼并。他提出了"薄赋宽民"的主张，1169年除知严州时，一到任就访民疾苦，发现丁盐钱捐太重，要求裁减；在江陵任职时，多次弹劾信阳守刘大辩"估势希赏，广招流民，夺户熟田"，冒着丢官的危险，要求朝廷论其罪，体现了他"勇于从义"的无私无畏精神。他对贪官污吏十分痛恨。在任荆湖北路转运副使、知江陵期间，竟"一日去贪吏十四人"。在做地方官期间，还取缔了一些有害于社会的恶劣习俗，例如知静江府时，刚上任即发布了《谕俗文》说："访闻愚民无知，病不服药，妄听师巫、恶僧邪说，以致害人致死。"明确地指出，对那些"班惑百姓"的"师巫"、"恶僧"，要重作施刑，对那些拐卖人口者，要"严行惩治"，还规定对婚丧葬礼中存在的"竭产假贷，以侈靡相夸"的有害风俗，要加以"制抑"，严申"若有不俊，当治其尤者以正风俗"（《南轩全集》卷15）。

其四，刚正不阿，敢于直谏。

乾道五年（1169），由刘珙推荐，张栻除知抚州，未及上任，又改知严州（今属江西），次年招为吏部员外侍郎，并暂时兼任起居郎侍立官、兼侍讲。在京一年，得孝宗召对达六七次之多，所言"大抵皆修身务学，畏天恤民，抑侥幸，屏谗谄"。在这段时间，他做了几件很出色的事。

第一件是，宋孝宗乾道元年（1170），虞允文认为敌势衰弱可图，建议派遣使者前往金国，以索取徽、钦二帝陵寝为名，要金人归还洛阳、巩县等失地，"士大夫有忧其无备而召兵者，辄斥去之"。独张栻不怕打击排斥，进见孝宗皇帝，陈述自己不赞同虞允文贸然出兵的理由。当时的孝宗本想支持虞允文的建议，他问张栻："卿知敌国事乎，金国饥馑连年，盗贼四起。"张栻对答说："金人之事臣虽不知，境中之事却知之矣。"孝宗又问："何也？"张栻答道："臣窃见比年诸道多水旱，民贫日盛，而国家兵弱财匮，官吏诞漫，不足倚赖，正使彼实可图，臣惧我之未足以图彼也。……今日当下哀痛之诏，明复仇之义，显绝金人，不与通使，然后修德立政，用贤养民，选将帅，练甲兵……且必治其实而不为虚处，则必胜之形隐然可见。"他分析了当时的形势，认为国内连年天灾严重，民贫日盛，国家兵弱财匮，官吏诞漫很不可靠。自己没有足够的力量，因而没有足以屈服敌人的实力。正确的做法应该是修德立政，用兵养民，选将帅，练甲兵，先做好准备，使自身有了足够的实力，才可战服敌人，收复失地。孝宗也为他的高见所折服，便否定了虞允文不切实际的错误建议。

第二件是，虞允文重用史正志为发运使，名为均输，实际上是大量掠取州县财赋，致使远近骚然，士大夫争相指责其为害。张栻也向皇帝陈述其害，但孝宗因受了史正志的蛊惑，认为只是取之于诸郡县的财赋，不是取之于民。张栻反驳说："现在州郡的资财赋税大体上没有富余，如果取之不止，而经费不足，那就不过是巧立名目来从百姓那里侵取罢了。"皇帝听了惊愕地说："如你所说，这是我借发运使的手来使百姓困苦了！"随即查核实情，果然如张栻说的那样，于是立即下诏书，罢免了史正志。

第三件是，朝廷准备用宦官张说除签枢密院事，张栻连夜起草奏疏，极陈其不可，并在第二天早朝中，当着宰相虞允文的面说："宦官执政，从蔡京、王黼开始；亲幸执政，是从相公您开始的。"虞允文听了，羞怒难当。

342

张栻接着又上奏说："文和武确实不可偏废，但现在想崇尚武功来均衡文武，可是任用的竟然是这样的人，这不只是不能使文臣心服，恰恰恐怕反而会激怒武臣。"孝宗为之感悟，命令得以中止。然而宰相虞允文实际上还是暗地里支持张说，第二年依然命令张栻出知袁州，重申张说原来的命令，朝廷上下一片喧哗，张说最后因为遭受贬谪而死去。

张栻就是这样，为南宋的振兴与富强，犯颜进谏，大胆说出自己的不同意见。在多次问对中，孝宗为他的忠义所感动，还赐手书进行褒奖。为官一方，身体力行，勤政爱民，颇得百姓的拥护与爱戴，甚至在临终前，还写了奏疏劝说孝宗"亲君子远小人，信任防一己之偏，好恶公天下之理，以清四海，克团丕图"，真正做到了"鞠躬尽瘁，死而后已"。但他也因此与虞允文等结下怨恨，最终被排挤出中央政府，除知袁州（今属江西）。淳熙五年（1178），又改知江陵（今属湖北）。淳熙七年（1180），迁右文殿修撰，提举武夷山冲祐观，同年八月，病逝于住所，年仅48岁。

张栻的忠义形象受到了世人的传诵。孝宗听说他去世后，深感痛悼，各地的贤士大夫都泪洒悼念，江陵、静江的百姓哭悼得尤其伤心。宋宁宗嘉定年间追赐之谥宣，理宗淳祐初再下诏从祀孔庙以示表彰。

在学术成就上，历史早有定论，张栻是南宋时期与朱熹、吕祖谦齐名的思想家，时人誉为"东南三贤"，在推动理学走向高峰的过程中，张栻占有极其重要的地位。

宋代理学到南宋前期，经过几代人的努力，终于发展到了最高阶段，出现了众多的学派。黄宗羲评论说，其中尤以"湖湘学最盛"。而湖湘学派的代表和创始者就是张栻。同时代的著名学者陈亮曾说："乾道间东莱吕伯恭（吕祖谦），新安朱元晦（朱熹）及荆州（张栻）鼎立，为一代学者宗师。"（《陈亮集》卷21）。全祖望评论说："南轩似明道，晦翁似伊川。向使南轩得永其年，所造不知如何也。"黄宗羲也说："南轩之学，得之五峰，论其所造大要，比五峰更纯粹。盖由其见处高，践履又实也。"又说："南轩受教于五峰之日浅。然自一闻五峰之说，即默体实践，孜孜勿释，又其天资明敏，其所见解，初不历阶级而得之，五峰之门得南轩有耀，从游南轩者甚众，乃无一人得其传，故道明晦，不在人之众寡尔。"连朱熹也承认："敬夫见识卓然不可及"，"学之所就，足以名于一世"，"敬夫学问愈高，所以卓然，议论出人表，近读其语，不觉胸中灑然，诚可叹服"。

张栻的哲学思想归纳起来主要是这几个特点：

第一，上承二程，基本上是沿着二程的思路前进的。但他对理学的发挥，又具有自己独自的特点。

在宇宙观上，他推崇周敦颐《太极图说》，以太极为万物本原。他说："太极动而二气形，二气形而万物化生，人与物俱本乎此者也。"又说："太极者所以生生者也，曰易有太极而作用一源可见矣。"在这一点上，他完全继承了周敦颐和二程的思想，认为太极的运动产生出阴阳之气。二气交感化生万物，所以太极是宇宙万物的本源。他强调太极是形而上的精神实体，说："所谓太极天地之性，语意未圆，不若云天地亦形而下者，一本于太极……有太极则两仪生生而不容焉。"因此他也肯定理的本体性。太极和理是同等的范畴，是精神性的，是宇宙的本体，也是宇宙万物之本源。

第二，在论述"心"的主宰性的基础上，提出了"仁学"。

张栻认为"心"也具有对万物的主宰性。他说："心也者，贯万事，统万理，而为万物之主宰者也。"又说，"宰事物，而敬者心之道所生也，则万理森然而万事之纲总摄于此。"还说，"人心也，中性立命知天下而宰万物者也。"所以他既主张理的本原性，又强调"心"的主宰性，张栻把主观精神的"心"提高到了与"太极"或"理"同为"万物主宰"的地位，这与程朱是有所区别的。程朱虽然在一定程度上强调"心"的主宰性，但他们不认为"心"是事物的"主宰者"，只认为是对性情的主宰性，是为"心主性情"和"心统性情"说。而张栻在"心"的主宰性问题上，表现了与程朱理学相离异的倾向，与陆九渊有相似之处，主张具有"心"和"理"等同论的思想。这一思想具体表现于他的"人心"即"天理"论中。他说："仁，人心也，率性主命知天下而宰万物者也……诚能存而识之，扩充而达之，生生之妙，油然于中，则仁之大体岂不可得乎！及其至也，与天地同德，鬼神同用，悠久无疆，变化莫测。"他在这里把"心"和"仁"说成是二而一的范畴，只要能扩充发挥心的作用，就可得到仁之大体，再加以扩充发展，使之达于极致，就可以与天地同德了。就这样，主观的"心"就和"天理"相一致了。他又说："乐天者，安天理也，畏天者，钦天命者也，其仁如天，则天下孰不归之。"这些思想，既是对程颢《识仁篇》的继承，又是对师传"孔学"的一个发挥。因为他入胡宏门下求学时，胡宏"即以所闻孔门论仁亲切之指告之"。由此看来，张栻的"仁学"是有师传的。他也把仁看作是道德的最高境界，并且通过对孔子"克己复礼为仁"的阐发，说明了"仁"是"人心"的体现，其实质就是"天理"。这样，他通过"仁"这个中间环节，把

"人心"和"天理"融为一体。"仁学"的提出，是张栻哲学思想上的一个显著特点。

第三，"人性本善"论。

张栻主张"人性为善"，认为人性就是"天命之谓性"，是由天命所决定的，一切都是"性自命出"。由于"天命之性"是至善而无恶的，所以人的本性也是至善而无恶的，人们所要做的，就是顺着自己的本性而去体会性善，就是要"顺性而从善"，"循其性之本然而发见者也。有以乱之而非顺之，谓之则为不善矣"。在他看来，人的"天命之性"就是儒家所提倡的"仁义礼智"，他说："仁、义、礼、知具于性，而其端绪之著见，则为恻隐、羞恶、辞让、是非之心。"他认为"性"是本体，是万事万物的根本来源，所以在他眼里"性"是静的，是未发状态，人们要顺性而发，"心"则是已发状态，是动的，"仁义礼智"是至善无恶的，人只要顺着这个本性发展，自然会发出"恻隐、羞恶、辞让、是非"之心，人一旦拥有这"四心"自然会修炼成圣贤，"故原其未发，则仁之体立而义、礼、知即是而存焉。循其既发，则恻隐之心形，而其羞恶、辞让、是非亦由是而著焉"。由于张栻认为人性是至善的，所以"恶"的由来是跟"气质之性"有关系，也就是气禀所造成的。"盖有是身，则形得以拘之，气得以汩之，欲得以诱之而情始乱。情乱则失其性之正，是以为不善也。而岂性之罪哉?""恶"是由气禀的不同而造成的，和"性"没有关系，气禀的清浊决定了人们的"恶"，"譬诸水，泓然而澄者，其本然也；其水不能不流也，流亦其性也；至于因其流激，汩于泥沙，则其浊也，岂其性哉?"所以人们要防止"恶"的产生，就是要控制好自己的"私欲"，欲望得不到控制就会发展成为不善，"恶"都是由"一己之私"所造成，"斯须之顷，意之所向，一涉于有所为，虽有深浅之不同，而其徇己自私则一而已"。人既然本性至善，那么通过后天的修养和调教就能成为圣贤，这就是所谓的"变化气质"，"困而学虽在二者之下，然其至则一者，以夫人性本善故耳。"在这里，张栻把孔子所区分的"生而知之者，学而知之者，困而学之者"三类人等同起来，因为人性本善，所以大家的基础都一样，没有什么上智和下愚的区分，谁都可以通过后天的努力而达到更高的成就，为此他说道："人所禀之质虽有不同，然有善恶之类一定不可变者，盖均是人也。"人人生来都是一样的，不一样的是后天努力的差别。在那个时代里，张栻能有这样的思想的确难能可贵。

第四，"知行并发"的认识论。

张栻发挥了二程的"格物致知"论，与一般理学家没有什么不同，但他对知行关系作了更为详细的论述，因此又具有自己的特色。在知行关系上，他不同意程朱的"知先行后"和"知主行次"论，提出了"知行互发"的观点。他清醒地看到，在当时的知识界普遍存在着"重知轻行"脱离实际的流弊。他说："近岁以来，学者失其旨，汲汲求所谓知，而于躬行则忽焉。本之不立，故其所知特出于臆度之见……盖忧此，特未知二者互发之故也。"（《论语解序》）这一看法同程朱的"知先行后"、"知主行次"论很不一致，这说明他虽然学承二程遗统，但不是盲目继承，而有自己的见解。虽然，他并未公开否定"知先行后"论，甚至也讲过"知先于行"，可是他却作了一些说明，使之与己说不相抵触。例如他说："所谓知之在先，此固不可易之论，但只一个知字，用处不同……譬如行路须识路头，诚是也，然要识路头，亲去路口寻求之方得，若只端坐在室想象路，而曰：吾识之矣，则无是理，元晦所论知字，乃是谓知至之知。要之，此非躬行实践则莫由至。"他认为朱熹讲"知先行后"的"知"，是指"知至之知"，即经过躬行实践之后所得到的真知。然而这种真知"非躬行实践则莫由至"。从根本上讲，真知灼见，仍然来源于"躬行实践"，所谓"知常在先"的"知"不是"端坐在室"所能得到的。人们的行动固然需要正确的思想作指导，但是这种正确的思想只能从"躬行实践"中得来。由此看来，张栻的"知行互发"论，是讲行可以得到知，知又可以指导行，知行相互推进。他对"知行互发"作了如下的阐述：力致圣贤之意，盖放使学者于此二端（指知与行）兼致其力，始则据其所知而行之，行之力，则知念进；知之深，则行愈达。……然则声色容包之间，洒扫应对进退之事乃至知力行之源也。"又说："盖致知力行，此两者功夫互相发也。"其意思是说：人们做事情在开始的时候，确实是用已有的知识为指导去行动，但在行动中还可以加深和发展自己的认识。反过来，又用这种发展提高了的认识，去指导行动，从而把事情做得更顺利。但归根结底，仍然是以实践为"致知力行之源"。所以他又说："君子主于行而非以言为先也。"这里所讲的"行"虽然仅指感性认识，即声色之间所得来的东西和洒扫应对中得来的体会，但毕竟还是指的实践活动。可知，张栻在知行观上的真知灼见，比起他的同辈来确实要高出一筹。这对当时士大夫中存在的空谈义理、不务实际的流弊应该说是一剂醒脑的良药。可惜张栻英年早逝，否则其哲学上的成就当不亚于朱熹，甚至可能较朱熹更出色。

尤其值得注意的是，张栻不仅是思想家、诗人，他还是一个杰出的教育家。其教育思想就是在今天看来也有合理的成分。

首先，在办学的指导思想上，张栻主张以"成就人材，以传道济民"为方针。

他在《岳麓书院记》中坚定地提出了办学宗旨，明确提出：办学不是为了科举，不能"为决科利禄计"；"亦岂使子习为言语之辞之工"。意即反对学校以缀辑文辞为教，而应注重学生的操行培养，根本目的是"传道济民"，学校要为社会培养经国济世的人才。他的这个思想是很杰出的，不仅在当时有针对性，对于当下的教育仍有启迪意义。

其次，在教学程序上，张栻主张由浅入深，由低到高。

他在《邵州复旧学记》中对教学程序进行了精练的概括。对学生首先灌输"小学"、"六艺"的教育，通过"洒扫应对"之类的日常锻炼，履行弟子职责，"习乎六艺之节"，参与各种儒家祭祀和实践活动；再加以"弦歌诵读"，使学生的学习达到高级阶段；然后再研修深造，进入《大学》里所提出的格物致知阶段。这套教学程序实际上已大大超出了知识教育的范围，而把道德教育和道德修养也囊括了进去。重视学生的品德培养是张栻教育思想的一个重要特点。

再次，在教学内容上，张栻强调以儒家经典为教学的基本教材。

他为岳麓书院亲自编写了教材《孟子说》，在其序中，他说："学者潜心孔孟，必求门而入，愚以为莫先于明义利之辨。"在中国封建社会，培养人才有赖于儒学，儒学的振兴则依赖于人才的培养，二者互为依托，缺一不可。张栻把官场腐败归咎于儒术不兴，所以他一方面批评"今日大患，不悦儒学"，另一方面大倡孔孟之道，训导诸生"先于明义利之辨"。

第四，在教学方法上，张栻主张循序渐进、学思并进和培养学生的独立思考能力。

他认为学习必须循序渐进，即所谓"学者之于道，其为有渐，其进有序"。在学与思的关系上，他主张"学思并进"，而不能偏废任何一方。他说："然徒学而不能思，则无所发明，罔然而已。思者，研究其理之所以然也；然思而不务学，则无可据之地，危殆不安也，二者不可两进也。学而思则德益崇，思而学则业益广。盖其所学，乃其思之所形，而其所思，即其学之所存也。用功若此，内外进矣。"他特别重视培养学生的独立思考能力，他虽极力推崇儒术，但不主张囫囵吞枣、盲目追从。他说："所谓观书，虚心平气以徐观义理之在。如其可取，虽庸人之言有所不废；如其可疑，虽或传以圣贤之言，亦须更加审择。"

张栻在教育上不仅有思想，而且重实践。他创办了城南书院，又主持岳麓书院，还先后在宁乡官山、衡山南轩、湘潭碧泉等书院聚徒讲学。他做地方官时，十分重视教育事业，积极兴办地方学校，其中以静江府为最。为倡办学校，他先后为地方州府撰写了许多《学记》，进行鼓吹。他认为兴办学校有益于国家，"有国者之于学"，"不可一日而忽"。不仅如此，他还亲身执教，带头示范。在主持岳麓书院期间，聚集了一大群弟子，例如胡大时、彭龟年、吴猎、游九功、游九言等，仅见于《岳麓学案》的就有 33 人之多。这些湖湘弟子都把重视"经济之学"作为践履的重要标准，后来也都成为湖湘学派的中坚力量，《宋元学案》中介绍南轩门人及再传弟子，成器者达数十人，其中有"开禧北伐"功臣吴猎、赵方，官至吏部侍郎的"忠鲠之臣"彭龟年，组织抗金、"锐志当世"的游九言、游九功兄弟，善于理财、整顿"交子"（纸币）卓有成效的陈琦，"光于世学"的理学家张忠恕等。他们都被称为"岳麓巨子"，真正践履了张栻的"传道济民"的理想，其学术和政治活动使湖湘学派更加流光溢彩。可见，历史上张栻的这个贡献是巨大的。因此，李肖聃在《湘学略》说："南轩进学于岳麓，传道于二江（静江和江陵），湘蜀门徒之盛，一时无两。"

令人遗憾的是，张栻所开创的湖湘学派虽然盛极一时，张栻死后却是很快地便衰落沉寂下去了。自此以后的元、明时代，悠悠几百年之久，长沙乃至湖南虽然也曾产生过几个著名的学者，例如宁乡的易祓、浏阳的欧阳玄、茶陵的李东阳等，但较之其他省市来说，毕竟显得太寥寥。究竟是什么原因使得湖湘学派这样快速地没落了呢？据有关专家学者分析，主要有以下三个方面的原因。

原因之一，张栻英年早逝，导致学派群龙无首。

张栻只活了 48 岁，这正是治学的盛年期，也是湖湘学派发展的关键期。然而，张栻不幸早逝，其思想没有充分地传授出去，波及范围太小。特别是湖湘学派中一些弟子，追随导师，放下书本而纷纷投笔从戎，奔赴前线，绝大多数都牺牲在战场上；还有许多湖湘学子不愿意和秦桧这样的奸臣同流合污，纷纷隐居山林。于是，死的死，隐的隐，走的走，没有了政治上的依靠，很难再继续向前发展。虽然朱熹后来曾一度想恢复往日的辉煌，却毕竟有限了。

原因之二，朱熹的影响。

宋朝学派林立，大师辈出，朱熹集理学之大成，成为当时学术的带头人，又被当时社会所利用，一时成为正统。朱熹为了建立自己的"道统"，难免会对其他的派别进行排斥，这在那个时代里也是很正常的。至少，朱熹比张栻多活了几十年，长时间里广招门徒，扩大其影响，这不得不对湖湘学派形成冲击。虽然朱熹曾表示过他对张栻的敬重，但是在张栻去世后，他为张栻整理文稿时，却将代表张栻思想的两篇重要文章《希颜录》和《言仁录》十分霸道地删除了，他甚至以自己的思想来注解《胡子知言》，可见其不正的学风与人品。何况张栻生前曾批评过他，他因此心存芥蒂和偏见，因此对湖湘学派进行排挤也是可想而知的。

原因之三，地理和文化上的劣势。

湖湘学派的思想传播、学术研究主要是在湖南一带进行的，而湖南在当时是一个经济文化都比较落后的地方，张栻之后盛极一时的三大学派，朱熹是在福建传教，陆九渊是在江西传教，吕祖谦在浙江传教，这三个地方都是江南地区，处于当时中国经济最发达的腹地，福建和浙江又是沿海，文化一向比较发达，历代科举人物、仕宦人物、文化人物很多，无论是地理还是文化上，湖南都有所不及。由此看出，文化底蕴的差距，给湖湘学派的传播带来了困境，人文资源的匮乏，使得湖湘学派的大众传播路线遭到了堵塞，文化素质的低下使得后继者难以理解先人的正确思想。正是这种种劣势，限制了湖湘学派的发展。湖湘哲学因此而"失音"。

有道是："水惟尚下方成海。"奔流而下是江河的本性。江河在奔腾的途中，也会遇到悬崖、峭壁，乃至崇山阻隔，因此而有洄流，甚至停滞的时候，但不会断流，除非那里是一片浩瀚的沙漠。任何悬崖峭壁和崇山峻岭，都阻挡不了它奔腾前行。停滞与洄流，乃是酝酿、积贮，是蓄势，从而激发为洪波涌起、一泻千里的狂澜。

湖湘哲学的长河，也是这样。

王文清在《长沙全郡形胜记》中曾这样写道：湘江，"滚滚滔滔由永州达衡山，而湘潭实全汇之，则为交广之门户者，非湘潭耶"。湖湘哲学好像与衡山—湘潭结下了不解之缘，它在这里创生，也在这里复兴——终于有一天，在沉寂衰落五百年之后，兀自冲破历史的闸门，腾涌起雷霆万钧的洪波巨澜，以其排山倒海之势，呼啸而来，从而将湖湘哲学也将湖湘学派和湖湘文化，都推向了前所未有的时代峰巅。

这个复兴湖湘哲学的哲人，就是衡山脚下的王船山。

王船山即王夫之（1619—1692），字而农，号姜斋，衡阳人，晚年隐居于船山附近，世称船山先生。他的哲学思想达到我国古代的最高峰。在政治上，他主张"循天下之公"，"不以一人疑天下，不以一人私天下"；在学术上，他立志"为往圣继绝学，为天下开太平"，对近代影响很大。岳麓书社上世纪90年代出版的《船山全书》，搜罗他存世的著作72种，约700万字，成为我国古代学术思想的一座宝库。他的故居"湘西草堂"和墓葬，都在衡阳县西北曲兰乡，至今保存完好。故居正厅悬有遗像，墓碑刻有他自题的墓志铭："六经责我开生面，七尺从天乞活埋。"这是多么伟大的抱负，这是何等坚定的气节！

谭嗣同曾这样评说道："五百年学者，真通天人之故者，船山一人而已。"

王夫之，这位明清之际的著名思想家，出身于一个没落的地主阶层知识分子家庭。自幼颖悟过人，从小便接受了传统文化教养。7岁读完十三经，14岁考中秀才，16岁从其饱学的叔父学诗研史，致力于音韵学，不到两年的时间，就阅读前人诗词10万首，对历代诗集及二十一史都十分熟悉，为他日后的学术思想的形成打下了坚实基础。同时，他关心现实生活，注重实际考察社会，喜欢向旁人询问四面八方的事情，对于江山地利之学、食货经济之学、典章制度之学，他都很感兴趣，着意研究，以求经世致用，施展抱负。

明末崇祯年间，王夫之求学于岳麓书院，师从吴道行。吴道行教以湖湘家学，传授朱张之道，王夫之因此较早地接受了湖湘学统中济世救民的基本思想，走读书、科举、入仕的道路，同时关心动荡的时局，与旷鹏升等订"行社，聚首论文，相得甚欢"。崇祯十一年（1638）肄业。崇祯十二年秋，赴武昌参加乡试，落第。是年十月，和郭凤躚、管嗣裘、文之勇等设"匡社"，慨然有匡时救国之志，在某种程度上已表现出试图突破传统樊篱的倾向。半个世纪后的康熙二十八年（1690），岳麓书院因此建有专祠，纪念这位不朽的大师。

崇祯十五年（1642），24岁的王夫之与其兄在武昌同中举人，以《春秋》试卷列第一。十二月到南昌等候会试。当时李自成的农民军已进入承天（今湖北钟祥），张献忠取黄梅。会试被迫延期，王夫之由南昌返衡阳。

1643年8月，张献忠率农民军攻克衡阳，招王夫之兄弟往投，拒不受聘，与其兄避匿衡山。翌年，李自成攻克北京，王夫之闻变数日不食，作

《悲愤诗》一百韵，吟已辄哭。同年，吴三桂在衡州称帝，其党强命王夫之写《劝进表》，遭严词拒绝。事后，逃入深山，作《祓禊赋》，表达了对吴三桂的蔑视。

清兵南下进逼两湖，王夫之只身赴湘阴，上书南明监军、湖北巡抚章旷，提出调和南北督军矛盾，力主联合农民军共同抗清，未被采纳。其二兄、叔父、父亲均死于战火。

1649年，清军南下，占领湖南，王夫之与管嗣裘、僧性翰等人在衡山揭竿而起，举兵抗清，战败退肇庆，任南明永历政权行人司行人，连续三次上疏弹劾东阁大学士王化澄等贪赃枉法，结奸误国，几陷大狱，经农民军领袖高一功仗义营救，方免于难，逃归湖南，隐伏深山。顺治八年，回原籍，誓不剃发，以示不容于清朝当局。1652年，李定国率农民军收复衡阳，又派人招请王夫之，他"进退萦回"，终于未去，为躲避清政府缉拿，不得不隐姓埋名，辗转流徙，四处隐藏，逃亡于湘南各地，过着流亡生活。变姓名扮作瑶人，寄居荒山破庙中，后移居常宁西庄源，教书为生。这十年曲折的生活经历，使他有机会接触下层社会，体察民情，并促成他为总结明亡教训而笃学深思。力图施展革除时弊，怀有反清复明政治抱负的王夫之，由于种种原因，最终不得不"悲愤有怀"地退出血与火的战场，带着壮志未酬的遗憾，"遁迹林泉"，转入文化思想领域，去从事另一种形式的斗争。他发愤著述，写出了《周易外传》、《老子衍》两部哲学著作，还写成《黄书》这部政论著作。

1660年春，举家迁居于衡阳金兰乡高节里，于茱萸塘（今船山乡湘西村）筑茅屋，名败叶庐。62岁以后，隐居衡阳金兰乡石船山麓，在衡山石船山麓、湘水西岸建湘西草堂以居，人称"湘西草堂"，"栖伏林谷，随地托迹"，"安之若素，终日孜孜不倦，刻苦自励，潜心著述"。晚年的王夫之，贫病交迫，连纸笔都靠朋友周济，每日著述，以至腕不胜砚，指不胜笔。

在他71岁时，清廷官员来拜访这位大学者，想赠送些吃穿用品。王夫之虽在病中，但认为自己是明朝遗臣，拒不接见清廷官员，也不接受礼物，并写了一副对联，以表自己的情操：

清风有意难留我，
明月无心自照人。

"清"指清廷，"明"指明朝，王夫之借这副对联表明自己的贞操晚节。

他同时又自题墓石："抱刘越石之孤愤"，"希张横渠之正学"，表明其政治抱负和学风取向。

为了事业与理想，为了保持自己的民族气节与情操，王夫之既不为利禄所诱，也不受权势所压，就是历尽千辛万苦，也矢志不渝。这就是历史上的王夫之，这就是哲学家王夫之，湖湘哲学中的人杰——像屈原一样，光耀千古。

清康熙三十一年（1692），正月初二，王夫之逝世于石船山草堂，时年74岁。

王夫之一生的大半岁月，都是隐居，为的是躲避当局的追捕、迫害和骚扰，也许还有潜心著述的需要。所以生前少有人知。待他去世后，打开他的箱箧，这才知道，在半个世纪中，他原来写了那么多的著作——

《读通鉴论》、《宋论》是其代表作。还有《周易外传》、《张子正蒙》、《尚书引义》、《读四书大全说》、《老子衍》、《庄子通》、《思问录》、《黄书》、《噩梦》、《楚辞通释》、《诗广传》等百余种。这些著作内容涉及哲学、政治、法律、军事、历史、文学、教育、伦理、文字、天文、历法、数学、地理及至佛道等方面，尤精于经学、史学、文学，以哲学研究成就卓著。

晚清重臣曾国藩极为推崇王船山及其著作，曾于金陵汇刊为《船山遗书》，凡70种，324卷，使王夫之的著作得以广为流传。

后人这才知道，原来王夫之的知识是那么渊博，如同一座宝库，可谓百科全书；他的思想是那么深邃、缜密、精湛，如高山，如大海，真是令人叹为观止啊！

中国哲学史因此要用整整一章的篇幅，论述和介绍其哲学思想；中国文学史也少不了他的地位，因为他善诗文，工词曲，所著《诗绎》、《夕堂永日绪论》等，论诗多见解独到，其诗作也是经典……

岳麓书院因此为他建立专祠，纪念一代宗师的伟业。

日本、苏联和欧美各国，都有他的论著、诗文译本，其学术遗产已成为人类共同的思想财富。

关于王夫之的学术成就，无须我们在这里赘述了，这不是几句话可以概括的。但是，为了向读者展示湖湘哲学长河中这一洪波巨澜的里程碑形象，我们还是不妨就王夫之的哲学思想，作点挂一漏万的概述——

王夫之的思想遗产，贡献最突出的首推哲学。其最具时代挑战性的，是对程朱理学的批判。他生活的时代，正当中国封建社会末期、资本主义经济萌芽之际。这时期伴随着社会经济的变动、生产力和科学水平的提高、阶级矛盾和民族矛盾复杂交错，国内思想界中一股以批判宋明道学为共同倾向的早期启蒙思潮应时而起，王夫之是其中最杰出的代表，与之齐名的，还有黄宗羲和顾炎武。王夫之继承张载的唯物主义思想，通过对宋明理学唯心主义的清算和批判，系统地总结了我国古代朴素唯物主义，并在自然观、认识论、辩证法和历史观等方面都有发展，将中国古代唯物主义推向到最高的阶段。

首先应当指出的是，王夫之对传统儒学有系统地研究，对老庄哲学、佛教理论也深入地研讨，特别是在岳麓书院还特别研修过朱张理学，对中国古代哲学思想可以说是了如指掌。这就为他"入其垒，袭其辎，暴其恃而见其瑕"，提供了天然的条件。也正如此，他的批判就能深入到敌人营垒中，夺取对自己有用的东西，抛掉其中的糟粕，来丰富和发展自己的唯物主义体系，并把它提高到新的水平，因而别开生面，"推故而别致其新"，显得更绚丽多彩。

王夫之有句名言："抱刘越石之孤愤而命无从致；希张横渠之正学而力不能企。"张横渠就是张载，北宋"关学"的代表人物，中国古典唯物主义哲学家。王夫之十分推崇张载，说张载的学说"如日月经天，无幽不烛，圣人复起，未有能易焉者也"。他并且以张载的继承者自居，事实上，也正是他继承和发扬光大了张载的思想战斗精神，高举着反程朱理学的旗帜，极大地扩展了朴素唯物主义和朴素辩证法的理论阵地，建立起他那"别开生面"的朴素唯物辩证法体系，为统治中国思想界数百年的宋明理学乃至整个古典哲学，都作了历史的总结和终结。因此，他不仅继承了张载，更大大地超过了张载。

例如，在本体论上，针对唯心主义的"虚无"观，他提出了"实有"的范畴。认为自然界的本质是"实有"而不是"虚无"。这就给了唯心主义和宗教以致命打击。因为无论王弼主张的"无"或程朱主张的"理"，都是虚构的精神实体。"世界的真正的统一性是在于它的物质性"（恩格斯语）。王夫之把自然界概括为"实有"，否定了物质之外别有精神实体存在，这就抽掉了唯心主义和宗教的地盘，使他在某些命题上接近了近代唯物主义哲学。王夫之的"实有"（物质实体）的思想，诚然是在总结古代唯物主义和自然科学发展的基础上提出来的，其中有张载的思想，但已经不是一般的元气本体论，他按照当时科学发展的水平，举例论证了"气"的永恒不灭性，认为这种永恒无限的"气"乃是一种实体，因而带有较多的实证科学色彩。

再如人性论。王夫之提出了具有独到见解的"日新日成"命题，明确地说："夫性者，生理也，日生则日成也。"认为人性是人的生理活动，它变化日新，生生不已。他特别强调后天环境的作用，反对先天的一成不变的人性；肯定道德与人的物质生活欲求有着不可分割的联系，认为物质生活欲求是"人之大共"，"有欲斯有理"，道德不过是调整人们的欲求使之合理的准则；他也反对把道德同功利等同起来的倾向，强调"以理导欲"、"以义制利"，认为只有充分发挥道德的作用，社会才能"秩以其分"、"协以其安"；特别是他对人民经济生活的重视，反对反动的"去人欲，存天理"的禁欲主义思想，这不仅在当时对于反动腐朽封建政治、抵抗外来民族压迫起了进步作用，而且对于后来进步的思想家像戴震反对"以理杀人"和谭嗣同主张"冲决网罗"，都发生了积极的影响。

又如认识论。王夫之坚持唯物主义反映论，认为感觉和思维的源泉在客观世界。他利用和改造了佛教哲学的"能、所"范畴，对认识活动中的主体和客体、主观认识能力和客观认识对象加以明确的区分和规定，强调"所不在内"，"必实有其体"和"能不在外"、"必实有其用"，二者不容混淆、颠倒。他认为"能"和"所"的关系，只能是"因所以发能"，"能必副其所"，主观认识由客观对象的引发而产生，客观是第一性的，主观是客观的副本。从而抓住了认识论的核心问题，深刻地说明物质第一性、精神第二性的唯物主义原理。他的认识论和自然观构成了较为严密的唯物主义体系。在知行问题上，他力图全面清算"离行以为知"的认识路线，注意总结程朱学派与陆王学派长期争鸣的思想成果，在理论上强调"行"在认识过程中的主导地位，提出了"行可兼知，而知不可兼行"的结论，这是过去的唯物主义未能达到的。因此，他更为有力地批判了"先知以废行"、"销行以归知"的唯心主义先验论。与此同时，他进一步提出了"知之尽，则实践之"的命题，认为"可竭者天也，竭之者人也。人有可竭之成能，故天之所死，犹将生之；天之所愚，犹将哲之；天之所无，犹将有之；天之所乱，犹将治之"。人可以在改造自然、社会和自我的实践中发挥重大作用。这种富于进取精神的朴素实践观，是王夫之认识论的精华。

尤其值得注意的是，王夫之的哲学体系中，包含有丰富的朴素辩证法思想。他发展了张载的"一物两体"思想，认为事物内部都包含固有的矛盾，并由矛盾对立推动其运动和发展，他特别强调，"天地之化日新"，"絪缊生

354

化"，"不滞不息"，物质元气是永恒的，运动也是永恒的，把荣枯代谢、推移吐纳看作是宇宙的根本法则，认为任何生命体都经历着胚胎、流荡、灌注、衰减、散灭诸阶段，前三者是生长过程，后二者是衰亡过程，而就在"衰减"、"散灭"过程中已经孕育"推故而别致其新"的契机，旧事物的死亡准备了新事物诞生的条件，"由致新而言之，则死亦生之大造矣"。这种变化发展观，后来为中国近代资产阶级思想家所吸取，用作维新变法的理论根据。

在历史观上，王夫之反对以朱熹为代表的复古主义唯心史观，提出在"势之必然处见理"，力图探寻历史的不以人的意志为转移的规律。他说："天下之势，循则极，极则反。"可见"极则反"是一种"天地之化日新"，人们不必害怕，而应"乐观其成"，这种思想对后来进步的思想家有重要影响。

当然，王夫之毕竟是旧时代的哲学家，虽然在中国哲学史上占有很高的地位，其思想也有一定的时代和阶级的局限性。但是在当时的民族危机中，他能以勇敢战斗的精神，在彻底批判封建政治赖以维持的唯心主义理论基础上，建立自己的唯物主义体系，并且从哲学世界观深处给人们注入新的思想力量，这对于唤醒人的觉悟，无疑是"黄钟大吕"。他生前鲜为人知，身后百年却震动了学术界。特别是经过一百多年以后，终于引起了近代资产阶级思想家的重视，成为启示他们民族民主革命思想的"酵母"。湖湘子弟中，有一个人对他推崇备至，因此其思想也深受其影响——这个人，就是浏阳的谭嗣同。

湘水滔滔，终于流出衡阳，流经湘潭，进入长沙，要与浏水汇合了。

浏阳河畔，耀然升起的谭嗣同这颗"晚清思想界之慧星"，是继王船山之后，湖湘哲学长河中，一道冲决历史网罗的滔天狂澜。

谭嗣同的哲学著作，没有王夫之那么宏富，他的思想，也没有王船山那样博大精深，然而他多年信奉王夫之哲学，自称"为学专主船山遗书"，运用了王夫之的朴素唯物主义哲学观点批判唯心主义，主张变法维新。在《仁学》这部哲学著作中，他从王夫之"日新"变化的思想出发，抨击封建专制及其纲常名教，提出"革去故，鼎取新"，认为"上权太重，民权尽失"；他继承王夫之"道不离器"的观点，认为"道，用也；器，体也。体立而用行，器存而道不亡"，强调"道必依于器而后有实用"，指出"世俗小儒，以天理为善，以人欲为恶，不知无人欲，尚安得有天理"，因而愤疾地批判

"存天理，去人欲"的说教；他将西方自然科学知识、基督教教义，以及中国的佛学和墨子、孟子，特别是王夫之的启蒙学说熔为一炉，提出了他的"以太"学说，表示世界本原，认为世界上各种现象的关联、变化和结合，都是"以太"的作用……虽然思想博杂，立论也不缜密，但是，《仁学》却敲响了封建制度必然灭亡的丧钟。特别是他那用热血书写的"仁学"，更是吹响了辛亥革命即将来临的号角。

也正是在晚清的这个时段上，湖湘哲学的历史长河上，百川汇集，湘资沅澧，四水奔腾，浩浩荡荡，汹涌澎湃，洪涛巨浪，波诡云谲。那"唯楚有材，于斯为盛"的壮阔，那"指点江山，激扬文字"的豪迈，那"若道中华国果亡，除是湖南人尽死"的呐喊，尤其是那"尽掷头颅颇不足惜，丝毫权利人休取"的奋斗，前仆后继，一往无前，排空而来的阵阵涛声，震响华林，久久不能静息。

于是，不仅是湖湘哲学，而且整个湖湘文化，湖湘学派，都向世界展现出其"星汉灿烂，若出其里"的辉煌。仅仅是钱基博《近百年湖南学风》一书所论列的名人中，就有汤鹏、魏源、罗泽南、李续宾、王鑫、胡林翼、曾国藩、左宗棠、刘蓉、郭嵩焘、王闿运、阎镇珩、邹代钧、罗正钧、谭嗣同、蔡锷、章士钊等。

事实上，当然不止这十几位。如果算上从辛亥革命前后直到新中国成立前夕这个时段上湖湘文化中涌现出来的名人，仅仅是长沙籍的，都列出名单来，那就有成百上千了！

海到极处天作岸，山临绝顶云为峰。穿流长沙的湖湘哲学长河，在湘江两岸，又将谱写什么样的"天问"、"天对"和"天论"呢？换言之——

问苍茫大地，谁主沉浮？

6. 长岛人歌

- 风起绿洲，吹涌一江流水，往事如烟，诗化乐园
- 雨落长岛，洗净满城铅华，风光若画，歌翻橘浪

湘水奔流，穿城而过。在城与山之间的湘江中心，挺起一片绿洲，将湘江一分为二。这刀一般的分水绿洲，就是橘子洲，也称水陆洲。明代的戴嘉

猷是这样描写它的——

> 城阙含风迥，波光荡橘洲。
>
> 水回疑让路，苹满欲迷秋。
>
> 山借靡微色，江分自在流。
>
> 木杯几能渡，隔岸唤渔舟。

与戴嘉猷的诗比较起来，清代郭焌的《橘洲赋并序》，似乎写得更有韵味一些。瞧他笔下的橘洲，如诗似画——

潭城之西，得洲者三焉，盖衡山湘水之吭嗌也。其最胜者，为橘洲，俗又谓之水陆洲。或曰："橘生其间，故名焉。"予谓是洲不必以橘传也。其吐纳风水，映带山郭，秀色绝人区。恍惚遇之，盖在蓬壶方丈间矣。乙卯秋半，与钟子下帷其中。流连光景，吟啸水曲，栩栩然不知身去尘寰远也。遂不揣而为之赋。其词曰：

緊湖窒之清绝，幻灵境于江汀。忽三洲之并峙，讶一水之中分。溯遗踪于志乘，有嘉橘之稜森；美媲湘妃之竹，甘齐楚子之萍。饱足秋霜，红透夕阳之照；舒残新叶，绿分杜若之春。惟此洲之绝胜，遂因之而著名。

尔其隔水盈盈，累石碌碌。城百雉以几横，水双流耳带束。恍玉案之浮青，类绮琴之结绿。映带洞庭，几八百余里，截湘流而独坐中权；瞻顾衡岳，七十有二峰，迤麓岭而长舒左足。怀瀛壶而不见，舟子难招；幸抵柱之犹存，龙门易凿。斯天巧之独钟，亦人工之最渥。

则有云台蠹蠹，月殿层层；南天高瞰，北斗遥撑。影倒族流，恍兮露蛟宫之隐隐；势凌绝汉，忽兮幻蜃气之腾腾。烟霭霭而宝鼎耀彩，风骚骚而铁马飞声。光灿灿而朱栏环绕，炳烺烺而金额标名。响动鲸钟，夜送重阳之雨；帘垂绮户，时栖渡水之云。

况复拨竹树之蒙密，带烟水以濛洄。千竿秀出，一径潜偎。作迎声兮风历历，抛碎玉兮月跑跑。闻语响兮人难觅，逗江光兮目易猜。或短吟而刻句，更长啸以浮杯。树垂垂以交密，路冥冥而忽升。尔乃见烟火之成村，值渔樵之错处。俨三市与六街，仍鹤汀而烟渚。尚得草屋万千间，土阶四五步，寒菜数十畦，柔桑百余树。岸多结网之渔人，檐有负暄之老父。三岔路口，交通水陆之行；十字街头，半杂乡城之语。

于是事与地殊，亦且景随时易。若夫水澄波，峰净色，和风翔，皎月出。鼓双飞之燕剪，渔艇斜骞；拖六幅之湘裙，风帆乱叠。瞩天宇之四垂，混水光于一碧。灿暮景之陆离，眩冰壶之明灭。半天霞起，江水都红，两岸沙明，芦花共白。灯悬十万户，清莹之波影俱摇；露下二三更，欸乃之渔歌未绝。若乃天惨惨耳云低，风冽冽而江寒。雨巡檐而箸下，浪净空而雪翻。声如裂石，势欲将残。系缆蒹葭之畔，卧舟杨柳之湾。仿佛乎落星之浦，依稀乎独石之关。

凡此皆兹洲之胜概，历游而方多；挽波靡以孤撑，叹人类其几何？

橘子洲，始见记载于西晋永兴年间（304—306）。它大约形成于一万年以前，系由江水带来的泥沙，经水力运动冲淤而成。西南向的靳江和东北向的浏阳河、捞刀河从两个不同的方向注入湘江，加之湘江河道弯曲而宽阔，水流平缓，流水形成回环运动，造成泥沙淤沉，以至在漫长的地质发育过程中，形成了独特的绿洲自然景观。北魏郦道元在《水经·湘水》中，也曾这样记载说："湘水又北径昭山西，山下有旋泉，深不可测，故言昭潭无底也。亦谓之湘潭洲。湘水又北径南津城西，西对橘洲，或作'吉'字，为南津尾。水西有橘洲子戍，故郭尚存。"清代时，在洲尾建有水陆寺，故又名水陆洲。南北长5公里，东西宽过百米，占地17公顷。

远在南朝时，因洲上盛产美橘而得名。因为它所属的亚热带季风性湿润气候，适宜橘树生长。晋罗含在《湘中记》中记载："昭潭无底橘洲浮。"南朝鲍照也有诗："橘生湘水侧，菲陋人莫传。逢君金华宴，得在玉几前。"（《咏橘》）每到"千树熟"、"一洲香"的收获季节，那洲心遍布的橘树，更让人想起"树树笼烟疑带火，山山照日似悬金"的诗句。从岳麓山头望去，它宛如彩带，风光迤逦，春天江鸥点点，夏秋林木葱茏，冬天白雪皑皑，为古潇湘八景之一"江天暮雪"之所在。古人有许多诗，专写此景——

襄笠无踪失钓船，彤云黯淡混江天。
湘妃独对君山老，镜里修眉已浩然。（宋·米芾《江天暮雪》）

长沙卷六花，汀洲白浩浩。

雁影不复见，千崖暮如晓。

渔翁寒欲归，不见巴陵道。

坐睡船自流，望深一蓑小。（元·陈孚《江天暮雪》）

孤舟三日住，不见有人家。

纷纷竹篱处，都恐是梅花。（元·揭傒斯《江天暮雪》）

长江浪滚雪，烟黑花争飞。

可怪横流者，孤舟一笠归。（明·李梦阳《江天暮雪》）

朔雪千里平，倦钓崖岸下。

醉起推篷窗，江城浑不夜。（明·吴道行《江天暮雪》）

关于橘子洲的诗文中最脍炙人口的，还是毛泽东那"独立寒秋，湘江北去，橘子洲头"的名句，橘子洲因此而名扬天下，成为中国第一洲。在势若游虹、雄卧西天的岳麓山的视野中，它就像一颗璀璨的明珠，绵延十里，逆水扬波，是长沙市人心中的一首诗，一幅画，或者说是孕育诗画的地方，现在更是长沙人的乐园。

毛泽东词里所写的"橘子洲头"，就在该洲南头迎江分水处。现在，我们就站在这里，看湘江从两旁缓缓地流过，思绪却溯江而上，在扑面而来的猎猎江风中，又想起了湖湘哲学那条历史的长河……

湘江，我们的母亲河。它源远流长，滔滔南来，汩汩北去。

源于九嶷，汇合潇水，流经永州、衡阳、株洲、湘潭，过昭山而入长沙，经三叉矶转向西北，至乔口而出望城，再过岳阳入洞庭，奔长江而归东海……流程 900 公里，沿途接纳大小支流 1300 多条，潇水、舂陵水、耒水、洣水、蒸水、涟水等，会聚其中，因此而波澜壮阔。在长沙境内，虽然只有25 公里，然而却在两岸留下了美丽如画的风光，赤壁如霞，白砂如雪，垂柳如丝，樯帆如云。

它流自远古的蛮荒时代，悠悠漫漫，日夜奔腾，终于进入了有文字记载的文明时代，进而进入唐的禅宗、宋的理学、晚清的今文经学。在三个峰峦上，次第写下宗教哲学、心性哲学和政治哲学，形成本土的哲学流派，在持续发展的历史时段上，对湖南和中国的学术思想、政治进程、社会结构都发生了重要的影响。

思想是人类必不可少的一种东西，亦是人类之所以异于禽兽之处。

思想，也像河流一样，不断地流动着，奔腾着。流动，奔腾，是一种精神状态，一种哲学，一种思想，一种意识流。

因此，它不仅是自然的，也是历史的，还是精神的——在它的河床上，流淌着哲学、文化、思想——正是这些乳汁，浇灌了湖湘人的思想、道德、情操、性格，培育了一代又一代……

有学者说，湖湘哲学是狭义的。湖湘哲学指的是胡安国胡宏父子创立、张栻传承的思想。以"性"为天下之大本，既区别于张载以"气"为万物本体的思想，也区别于程朱以"理"作为世界本体的思想，还区别于陆王以"心"作为万物本体的思想。胡宏虽然也以"性"为宇宙万物之本原，但在天理人欲问题上，却与宋代理学家绝对否定人欲的禁欲主义倾向不同，他提出"天理人欲同体异用，同行异情"的命题，以为天理人欲同以"性"为体，本质相同，无善恶之分……正是这个思想，为湖湘学派奠定了坚实的理论基础。弟子张栻薪火相传，创立著名的湖湘学派，也称"南轩学派"，扩展了湖湘理学思想规模，把内圣的道德精神和外王的政治功业统一起来，将"世之兴废"、"生民之大本"以及抗金复仇等等一切"天下之事"，作为学者必须学习的内容，使得湖湘学派的"实学"风格更加突出，更加鲜明。他与朱熹、吕祖谦齐名，但其思想却与他们有别。可惜他英年早逝，致使湖湘学派沉寂五百年之久，否则，湖湘学派肯定有非凡的历史绝响。

也有学者说，湖湘哲学是中义的。它由潇水边的周敦颐开其端，经胡安国父子及其弟子张栻等传延、王夫之呼啸而出，打破五百年的沉寂，拓展发挥，至魏源、曾国藩等发掘扩展，谭嗣同、杨昌济等以新的思想进行论述。这种一脉相承的历史传统，在湘江流域拓展出一幅斑斓的画卷。

周敦颐以"太极图说"开山，发挥《周易》的"阴阳和合"及《中庸》关于"诚"的思想，建构起一个儒家哲学的宇宙生成模式，并在《通书》中提出儒家心性论等许多概念命题。其学生程氏兄弟承传发展，创立宋代理学。胡氏父子又以二程的私淑弟子自居，奠定了南宋湖湘学派基础。胡氏父子的弟子张栻主持岳麓书院，传播周程理学，使之成为"道南正脉"。王夫之别开生面地批判总结上述先贤思想，在本体论、辩证法、认识论、价值论、历史论、人生论、道德论等方面，提出了一系列颇具创发性的理论命题和观点，形成了博大精深的哲学思想体系，把中国古代唯物主义哲学和辩证法思想推向最高峰。进入近代后，又有魏源、曾国藩、谭嗣同、杨昌济等光大弘扬。魏源是"睁眼看世界第一人"，首先发挥"公羊学"和《周易》，主张"变易"，倡导"师夷长技以制夷"，"以实事程实功"，开创近代中国哲学；"一宗宋儒"曾国藩，总结理学发展成就，会通汉宋学术，"崇宋学之性道，而以汉儒经义实之"，对乾嘉以来过分强调门户的学风予以矫正，推进了近代经学的发展；谭嗣同则以其《仁学》，发挥张载和王夫之的"气一元论"，提出了元气本原的观点，将仁释为"通"与"平等"，建立起一个融合中西哲学思想的体系；留学日本和英国归来的杨昌济，更提倡融合古今中西，建立新的哲学体系，正是这一思想，对毛泽东等人产生了深刻的影响。这种以实事求是和经世致用为价值枢纽，以革故鼎新、敢为人先和敢于担当为精神特质，集理学的精致超越与实学的关注现实于一身的思想体系，成为湖湘哲学的主脉，如湘水澎湃于湖湘学派和湖湘文化的河床上。

还有专家说，湖湘哲学是广义的。自古以来在湖湘土地上产生、传延直至当今的哲学思想系统。本源于炎帝和舜帝传播的思想观念，原初为楚文化积淀的神秘主义，在屈原、贾谊作品中昭示出来人文的忧思，汉唐时有儒佛道三教在此地传播时阐扬的义理，宋明理学在湖湘地区的独自发展和传播，明清之际的启蒙思潮，近代湖湘哲学派群体所阐发的各种哲学观，现代新民主主义革命时期以毛泽东、李达、刘少奇为代表的无产阶级革命家的哲学思想，金岳霖、杨荣国、李泽厚等现当代哲学家群体的哲学思想……都属于广义的湖湘哲学思想的体系。从哲学传统的绵延性与传播性来讲，广义的湖湘哲学虽然时有间隔，且体现学出多源，思想体系之中亦有斑驳杂陈之状况，但它却囊括了湖湘大地上传播和产生的各种各样的哲学思想，彰显了湖湘文化"道并行而不相悖"的开放性、兼容性，有如《中庸》所说的"大德敦化"的高明博厚现象。其所建构起来的精神气象，是一种宏大而超迈的，既圣贤又豪杰的气象，学做圣贤，气吞豪杰，是故"立德与立功"并重、内圣与外王合一、"忧国忧民不忧私"的显著特点。

三"义"说，恰如湘江的上游、中游与下游，既有一定的地域色彩，又有一种走向世界的主流、引领着湖湘的思想新潮，会聚着民族的智慧和时代的价值追求，是一种既源于湖湘大地又超越湖湘的哲学思想，陶铸和影响着后人的心胸与灵魂。古往今来，多少志士仁人，在这条河流上，孜孜不倦，世代相传，"究天人之际、通古今之变"，引领着三湘儿女，在精神和物质的世界里发愤图强。其中，有领袖，有志士，有名家，有学者，有工人，有农民，有企业家、文学家、作家、画家、诗人……有的死了，有的活着，死了的流芳百世，活着的在创造和发展着新的生活。

在波涛汹涌、动荡不安的人文大海中，唯一神圣而安全的港湾，就是对命运带来的一切处之泰然。能使灵魂泰然的是思想，哲学就是其永恒的栖息地。今天，我们就面对着这个全球文化中中西文化融合的哲学大海。

毫无疑义，大融合的结果，必然是以中国传统哲学为基础，以马克思主义哲学为指导，广泛地吸收自然科学和社会科学的新成果，融会世界上各种哲学的合理因素，经过长期消化、酝酿以及复杂的斗争、重组，最后形成有中国特色的哲学体系。

这个新的哲学体系，是中国传统哲学的现代化，也是马克思主义哲学的当代中国化，这才是真正的伟大时代及其时代精神的精华。

现在，有的哲学家在研究马克思主义哲学，有的哲学家在研究中国传统哲学，有的哲学家在研究世界各国哲学流派，还有的哲学家在研究哲学与各种人文科学之间的关系，有的研究自然科学中的哲学问题——这一切，都是为了新的哲学体系的诞生创造条件。

任何哲学，都是时代精神的精华，是时代的需要，是时代的鞭策。不管这个时代是富有的，还是贫困的，届时新的哲学体系必将诞生。

独立于湘江之滨，我们似乎听见了新哲学滚滚而来的潮声……

湖湘儿女们，我们应当努力！

站在橘子洲头，看落映在湘江中"如云但不流"的岳麓山，又想起了宋元之间那个平江人余嘉宾的《泊舟水陆洲望岳麓》诗——

> 一望苍烟阔，徘徊泊橘洲。
> 放兹舟内眼，看出岳山秋。
> 照水平分翠，如云但不流。
> 谁能生羽翮，吟笑最高头。

诗人笔下，与湘江"平分秋色"的岳麓山，是永恒不老的。那里，一年四季都是翠青色。这种翠青，是自然的，历史的，也是精神的——湖湘学派的特色，正是这样。

任何时代的哲学，都是其时代人的创造。如果说哲学是一朵花，那么种子就是人。每一粒种子，都有它自己的命运。所有的种子，不一定有同种命运。如果所有的种子，都是一个品种，由一个撒种人播下，其所开放的花，就注定是一样的收成，是为"种瓜得瓜，种豆得豆"。湖湘学派是南宋时期

362

那一特定历史时代里，由胡安国、胡宏父子开辟而由其弟子张栻播下的理学种群，所以，湖湘学派的子弟都有一致的品格。

其一，关心时势，忧国忧民。

湖湘学派的子弟并非"两耳不闻窗外事，一心只读圣贤书"，他们关心时势，忧国忧民。胡安国以研治《春秋》申大义于天下为己任，强调天有"乾元"，地有"坤元"，人须"体元"，认为"元"即是"仁"，即是"心"。胡宏承传其父，予以进一步发挥和阐扬，认为君心是亿兆之元，君心正则万民向礼而时风可救，臣心之邪是由君心不正所导致，风俗之坏亦是上行下效的结果，提出"治道以恤为本"，认为"治道以恤为本，而恤民有道，必除奸恶，然后善良得安其业，而除奸恶有道，则以得人为本也"，"养民惟恐不足，此世之所以治安也；取民惟恐不足，此世之所以败亡也"，把人民看成是国家的基础和根本，以体恤人民疾苦为己任，表现了儒者"居庙堂之高，则忧其民，处江湖之远，则忧其君"的社会责任感和使命感。因此，敢于痛陈时弊，对君不思救父兄于劫难，不拯救人民于涂炭和"柄臣擅国，违天逆理，专事阿党，利惑君心……戕伐国本，以奉事仇敌"的恶劣行径提出严厉批判，认为要挽救国家民族危亡，必须实行大变革。胡宏在万言书中极陈时弊，提出主抗战、罢和议、整饬朝纲、去虚文、务实用、拨乱反正等主张，表现了他一片爱国之心。关键时刻，湖湘学派更是挺身而出，张栻主动请缨北伐，弟子从师奋战。南宋末年，李芾领导下的长沙城抗元保卫战中，岳麓书院学生更是奋不顾身。明末清初的山长吴道行，在张献忠克长沙后逃往山中。清政权建立后又匿迹不出，最后不食而卒，其弟子王夫之曾举兵抗清，失败后蓄发隐居，至死不渝。其高风亮节，为后世师表。

其二，经世致用，不尚空谈。

宋代许多理学家都有空谈心性、不究实用的倾向。湖湘学派虽然也是理学中的一派，却自创立之初，就反对为学"不充实用，平居高谈性命之际，叠叠可听，临事茫然"的腐儒学风；重视经世济民，主张"通晓时务物理"，"留心经济之学"。胡宏说："圣人之道，得其体必得其用。有体而无用，与异端何异？"提倡实际生产劳作，主张学者不妨锄锄地、种种菜。张栻则提出，"士君子之学，不过一实学"，除经史之外，还必须致力于兵、农等经世实学，认为君子之学，最重要的就是一个"实"字。他们的著作里对这类知识多有涉及。这种经世致用实质上就是要关注民生，不能只会空谈，不能只坐而论道，不仅"指点江山"，而且"中流击水"，要做真正的实干派，着力解决民众最关心、最直接、最现实的利益问题。因此又有极强的爱国主义精神。张栻的父亲是抗金名将，他自己就曾随从父亲进行北伐，其弟子吴猎、赵方等众多的湖湘学子，都曾从岳麓书院放下书本，纷纷投笔从戎，奔赴前线，绝大多数牺牲在战场上，被世人称为"以儒臣亲临战场而屡得战功的典型"。还有许多湖湘学子，不愿意和秦桧这样的奸臣同流合污，纷纷隐居山林，过着"天下无道则隐，有道则现"的生活，充分显示了他们的民族气节。经世致用、不尚空谈、留心"经济之学"的精神，培养出强烈的经邦治国意识，魏源就是这样。他强烈要求，"以实事程实功，以实功程实事"，鼓励做实干家。梁启超因此感叹，湖湘之地到处是人杰，老翁小孩尚通政事。有点地位的人，如果不懂经世致用之道，就会被人耻笑。有则历史故事说，曾国藩曾戏说左宗棠："季子才高，与吾意见常相左。"左宗棠反唇相讥："藩臣当卫国，进不能战，退不能守，问你经济臆味何曾？"也正是左宗棠，常自诩"文章西汉两司马，经世南阳一卧龙"，以懂经济而傲立于世，年届四十，科举不中，隐居湘阴，自号湘上农，虽然此时对前途似乎并没有抱太大希望了，但仍与夫人日夜绘制地图，乐此不疲，为其以后出将入相打下了良好的基础。所以机会到来时，他便大显身手了。

其三，重行践履，求真务实。

湖湘学派的心性论观点，认为"性"为"体"是"未发"，"心"是"用"为"已发"，在工夫论上，湖湘学派讲究"察识"，主张"先察识，后持养"，认为未发的道德本体存在于已发的经验心理当中，所以要"只于已发处用工"，要在喜怒哀乐已发之后的生活实践当中去体验着道德的本体，然后再加以持养，就是要在生活实践中体验、把握天理，因此重行践履，重自身的道德修养，严于自守，苦行清修，注重内省，培养自身的高尚人格，"从人间问四方事"，注意读社会这本无字天书，从中增进才德，"不空谈玄妙"，"言必征实，义必切理"。胡宏说，学道"正如学射，才持弓矢，必先知的"。后来的魏源则说得更为透彻，披阅五岳名山的地图，以为知山，不如樵夫的一只脚；谈论沧溟的广阔，以为知海，不如立足海边的人看上一眼；读遍八珍食谱，以为知味，不如厨师品尝一口。左宗棠甚至认为，中国文化的主要危机是"实学绝少"，他在办洋务时感到，中国落后于西方的主要原因，是"中国之睿知运于虚，外国之聪明运于实。中国以义理为本，艺事为末，外国以艺事为重，义理为轻"。所以他强调，"以实事程实功，以实功程实事"。从认识论上着眼，王船山则形象地举例说："若从未尝食梅者，涎必不流。"而尝过梅子味道的人，"见人食梅，则涎流而不能自禁"。这让人想到毛泽东的"你要知道梨子的滋味，你就得变革梨子，亲口吃一吃"的说法。由此，在知行关系上，主张"知行互发"，特别注重"行"的作用，强调致知力行、知行互发，"知之非艰，行之惟艰"，注重实践，"若为今人践履，直是未尝真知耳"。这种重"行"的学风，也就是求真务实之风，力倡有真才实学，力主求新图变。正因为此，后人评价他们都是有用之才，而非"迂谈道学者"。曾国藩也曾在家书中说："近来带兵者，皆不免稍肥私囊，余不能禁人多苟取，但求自己不苟取。"这种贞介自持、不染污俗，以廉耻相尚，以清俭为高，虽造端甚微，影响却很深远。正是这种实践、现实、求真、务实的品格，滋养了一代代湖湘学人士子。

其四，兼收并蓄，开拓创新。

湖湘学派不存门户之见，对其他学派及其理论抱兼容并蓄的态度。例如，对程朱理学的陆九渊心学派、陈亮事功学派，并不一概否定，而是互为取舍。胡安国等人提出的"性，天下之大本也"的性本体论体系，就兼容了二程的理本论与陆九渊的心本论。理学的开山鼻祖周敦颐是湖南人，但他的主要活动不在湖南，他对于本土的影响也不大，而把他所开创的理学传到湖南并创立湖湘学派的，则是胡安国胡宏父子及其弟子张栻，他们在理学的各个领域都下了工夫，并有自己独到的见解。所以黄宗羲说，张栻所学"得之五峰，论其所造，大要比五峰理纯粹"，可以说是一位发扬和光大师门的人物。由胡氏父子创立的湖湘学派，经张栻之手得以向外传播，走向全国。如宋明理学大师魏了翁，通过张栻的蜀中弟子范荪，吸取了张栻一系列的学说，先后在四川蒲江和湖南靖州各办起一所"鹤山书院"，不仅使"蜀人尽知义理之学"，而且使"湖湘江浙之士，不远千里求书从学"，扩大了张栻思想的影响，沟通了湖湘与巴蜀文化的交流。张栻则主要以岳麓书院为学术据点，他的门人弟子中，有彭龟年、吴猎、游九言、游九功、胡大时等，都是湖南人，他还与闽学派理学大师朱熹建有很深的友谊，张、朱在岳麓书院会讲，切磋学问，取长补短，推动了学术的繁荣和理学的发展。这种兼收并蓄，为的是开拓创新。所以王夫之提出，"推故而别致其新"；魏源说，"三代以上，天皆不同今日之天，地皆不同今日之地，人皆不同今日之人，物皆不同今日之物"，"故气化无一息不变者也"。惟其如此，魏源放开了眼光，提出"师夷之长技以制夷"，因此又有曾国藩的创举，于清同治九年，与门生李鸿章一道给朝廷上了一道奏折："拟选聪明能干颖幼童，送赴泰西各国书院，学习军政、船政、步算、创造诸书，约计十余年，业成而归，使西人擅长之技，中国皆能谙习，然后渐图自强。"从此打开了出国留学的大门。无论是基于历史的考察，还是基于现实的提升转化，兼收并蓄、开拓创新的湖湘学风，始终是湖湘文化的价值命脉和精神魂魄。

其五，与时俱进，勇于探索。

王船山曾针对"法先王"、"祖宗之法，不可变也"的思想，提出"事随势迁而法必变"和"趋附更新"的政治主张，认为"祖宗之法，未可恃也"，不存在一成不变的制度和法令，"就今日而必尧舜，即有娓娓长言为委曲因时之论者，不可听也"。他认为，历史发展是有一定规律和趋势的，要顺"势"趋"理"，"顺必然之势，理也。理之自然者，天也"，"道盛于趋变"。这与商鞅的"汉世不一道，使国不必法古"和韩非的"世异则事异"，"事异则备变"的思想是一脉相承的。这种顺"势"趋"理"的思想，其实就是我们今天的与时俱进。"路漫漫其修远兮，吾将上下而求索"，顺应潮流，不是为了好看，更不是去随波逐流，而是为了探求真理，开拓前进的道路。所以历代湖湘学子，都有于无垠的世界穷研深究、探本溯源的哲思能力，从宏观上把握宇宙和人生的大本大源。湖湘学派主要人物的学术思想都直接渊源于程颐、程颢，胡安国就认为，自己的学问主要来自二程，因此他以二程的私淑弟子自居，张栻请朱熹来长沙会讲，此后湖南士人一直与朱熹保持着密切的学术联系。张栻去世后，他的许多学生都改从了朱熹，朱熹就任湖南安抚使期间，又致力于振兴岳麓书院，经常和生徒讲论问答，湖湘学派并不盲从，而是各有其探索发现，以其独立思考的姿态，立于学术之林。直到近代，湖湘士人中，从陶澍改革盐政、开创海运，贺长龄策划《皇朝经世文编》，到左宗棠创办马尾船政局；从郭嵩焘首开中国出使西方之先声，并勇敢地提出学习西方的政治制度，到彭玉麟为郑观应的《盛世危言》作序，替这部惊世之作鼓吹呐喊；从谭嗣同冲决罗网维新变法，到黄兴、宋教仁等集会组党，以革命手法推翻帝制，建立共和……湖湘士人在救国救民路上的每一个里程碑，都启示着"与时俱进、勇于探索"的真谛。湖湘文化的学林中，百多年来，不断地呈现出蓬勃的繁荣景象，养育了一代又一代勇于与时俱进、开拓创新、求索奋进的志士仁人。

湖湘学派是湖湘文化中的一粒种子，它的精髓是哲学，湖湘哲学的灵魂，则是屈原的"民族魂"。正是这颗种子，撒进了湘江流域广阔的土地，种子发芽成长，开花结果，又落地生长……年复一年，代复一代，湖湘文化因此呈现出不断荡漾着金穗的浩然景象。

不同的地域，不同的民族，不同的事件，不同的思想，不同的人物，构成了不同性质的文化。中国历史上因此有各种不同的文化。

按民族分，有汉文化和少数民族文化；按表现形式分，有诗词文化、小说文化、戏曲文化、民间文化；按美学范畴分，有喜剧文化、悲剧文化；按时代分，有秦汉文化、大唐文化、宋文化、明文化、清文化；按历史人物分，有屈原文化、岳飞文化、文天祥文化，也有秦桧文化、贾似道文化；按地域分，有齐鲁文化、吴越文化、荆楚文化、巴蜀文化、陕秦文化、三晋文化、燕赵文化、闽台文化、岭南文化、关东文化等，近代还产生了以上海、香港为代表的大都会文化，等等。中国历史上众多的区域文化，都是中华民族传统文化的重要组成部分。

自从汉独尊儒学开始，中华民族的传统文化中，儒学在长时间里占统治地位。但在两宋时期，随着书院的兴起，儒学却开始发生朝向"地域化"的方向演进，一些具有地方特色的区域学派崛起，到南宋时，就有了朱熹的闽学、胡氏父子及张栻的湘学等。湖湘文化是从湘学里衍生出来的，经过元明清漫长历史时代的磨合、会聚、容纳与积淀，如湘水一样不断扩流，终于发展为具有相当特色的区域文化，并且哺育了一批批富有创新精神的学者群的时代精英，诞生了数以千计的各类文化学术经典，对于近现代湖南，产生了功不可没的影响，陶澍、魏源、曾国藩、胡林翼、左宗棠、谭嗣同、唐才常、黄兴、陈天华、蔡锷、杨昌济……特别是毛泽东、刘少奇等，无不受到这种湖湘文化的深刻熏陶和滋养。

湖湘文化为何具有如此神奇的魅力？

因为它有自己独特的思想特色。湖湘地区自远古时代开始，就有三苗与尧舜文化的流播，然后是汉代道家系统的黄老学派和屈原贾谊，唐代则有元结、柳宗元、刘禹锡、怀素和禅宗文化的熏陶，自北宋周敦颐以来……湖湘文化终于聚溪为流，积流成河，因而浩荡奔流，晚清时成为恣肆汪洋、独领风骚的时代新潮。学界认为，上述湖湘学派的品格，也正是湖湘文化的基本特色，其最引人瞩目也最根本的核心，则是实事求是——

岳麓书院的历史功勋，在于它不仅承载了湖湘文化，记载了湖南人的心灵史，贡献了一大批杰出的人才，更为奇伟的，是它对近代以来中国哲学社会科学永恒不灭的贡献：中国共产党人的哲学指导理论中最重要的一句话"实事求是"，是在这里率先挖掘出来，而后由毛泽东准确阐释的，仅凭这一点，岳麓书院就堪称中国最杰出的哲学社会科学的殿堂。

由岳麓书院，又想起了与之齐名的城南书院。

湘江东岸，那有红色火炬的一排明清建筑，就是城南书院。当然，它早已改制为长沙第一师范了。青年时代的毛泽东，在这里求学和工作时，经常邀集志同道合者，到水深流急的橘子洲东侧搏浪击水，在洲边沙滩上做日光浴，交谈读书心得，纵论天下大事……

毛泽东信奉孙中山关于"文明其精神，野蛮其体魄"的宗旨。1916 年夏，他怀着喜悦的心情，模仿《离骚》写了首《游泳启事》诗，张贴在校内"揭示处"："铁路之帝兮，水面汪洋；深浅合度兮，生命无妨；凡我同志兮，携手同行；晚餐之后兮，游泳一场。"在他的倡导下，第一师范一度兴起"体育兴国"风，毛泽东与橘子洲头因此结下不解之缘。

1917 年至 1918 年，毛泽东担任一师学友会总务教育研究部部长时，主要倡导两件事：学术研究与体育锻炼。湘江和橘子洲头，几乎成为他灵魂的憩园和革命思想的磨砺场。

无论是深秋还是隆冬，他们从猴子石码头下水，游到岳麓山下的牌楼口岸，在中流击水中，磨炼意志，锻炼身体。罗学瓒在日记中曾这样写道：

> 今日往水陆洲头泅泳。人多言北风过大，天气太冷，余等竟行不顾，下水亦不觉冷，上岸亦不见病。坚固皮肤，增进血液，扩张肺腑，增加力气，不得谓非运动中之最有益者。

有一次，一场暴风雨后，江水暴涨，毛泽东又与同学来到湘江游泳。面对盈盈江水，同学们纷纷打退堂鼓："水太大，很危险。还是不游了吧！"毛泽东却说："在这样的水里畅游，才有味道呢！"说罢，率先跳入江中……同学游累上岸了，他却游兴更浓，连游两个回合后，又向对岸游去。回游中，风浪突起，一下失去控制，被巨浪压向江心激流，渐渐失去搏击之力，脑袋在风浪中时隐时现。一个姓陈的同学发现不对，大声呼喊："快救人啦！"在当地老排工的帮助下，同学们用一根长竹竿将面色苍白、眼睛紧闭的毛泽东救了上来，紧急拯救后，他终于睁开了双眼，慢声说："多亏了你们各位朋友！"一位同学乘机问他："润之，还游不游？"毛泽东说："游！明天再来游！"据《一师校志》载：1917 年，毛泽东主持学友会时，参加"游泳部"活动的同学达八十多人。他和蔡和森等不同于其他人的，就是不分春夏秋冬坚持到湘江游泳。

毛泽东对体魄的锻炼，也跟他的亲身体验有关。他 12 岁时害过一场大病，人很瘦弱。他到一师后对当时"徒有其名"的体育十分反感，认为体育的目的在于使身体平均发达，不仅要强筋骨，还要强意志，不仅在于养生，还在于卫国。为了倡导自己的体育兴国思想，毛泽东特地组织了一个类似"斯巴达"性质的团体，前后有一二十个同学参加。暑假，他们结伴寓居于岳麓山上，夕阳西下时，来到橘子洲游泳，在沙滩上或坐或睡或赛跑或对世事展开激烈讨论。他们经常到岳麓山和湘江两岸的山冈野游，有时天黑人乏，就在山中寺庙里借宿，露宿橘子洲更是平常事。有时也到近郊农村进行长途旅行，做忍饥、熬热、耐寒等种种锻炼。对于这段生活，张昆弟在 1917 年 8、9 月间的日记中曾这样记载——

八月二十三日，下午渡河至麓山下饮马塘民屋，蔡和森租住此也。闲谈后，同游麓山，下山日落……

夜与蔡君闲谈，不久兕临床睡。床即就长凳两条，门板一块。蔡君云自移居此地，未曾进房睡宿。

九月十六日，今日星期。约与蔡和森、毛润之、彭则厚（新民学会会员）作一二小时之旅行……遂由山之脊缘石砌而上，湘水清临其下，高峰秀挹其上，昭山其名也。山上有寺。寺内有和尚三四人。余辈以来竟时晚，欲在该寺借宿，和尚初有不肯意，余辈遂作露宿于丛树中之意，和尚后允借宿，露宿暂止。晚饭后，四人同由山之正面下，就湘江浴，浴后，盘沙对话，凉风暖解，水波助语，不知乐从何来也……

1917 年 11 月，毛泽东极力倡导夜校，以改变国民素质。起初，由于人们不理解夜校的性质，应者寥寥。他便亲自到铁路沿线、湘江边，甚至从朱张渡处涉江上橘子洲头，去宣传发动，与那里的群众建立了广泛的联系，建立了最初的感情，湘江边上的市民，因此对"毛先生"有十分深刻的印象。

1918 年 4 月 14 日，一个礼拜天，毛泽东邀集何叔衡、邹沸真、萧子升等 13 人，游过湘江，来到岳麓山下的蔡和森家，宣布了新民学会的正式成立，选举萧子升为总干事，毛泽东、陈书宏为干事。

这种近乎野蛮的锻炼，对于毛泽东日后参加革命，南征北战，二万五千里长征，打下了坚实的基础。直到抗日战争时期，他还喊出了"锻炼体魄，好打日本"的口号。许多年后，他回忆起自己"击水湘江"的经历，还掩饰不住兴奋与自豪——

> 我们徒步穿野越林，爬山绕城，渡江过河……在已经下霜的日子，我们就露天睡觉，甚至到了 11 月份，我们还在寒冷的河水里游泳。这一切都是在"体格锻炼"的名义下进行的。这对于增加我们的体格大概很有帮助，后来在华南多次往返行军中，从江西到西北的长征中，特别需要这样的体格。

1918 年 6 月，毛泽东在第一师范毕业了。他与朋友们寓居在岳麓书院的半学斋。虽然他们都很穷，常常吃了上餐没下餐，但精神十分振奋。在此期间，湘江和橘子洲差不多成为他们每日必到之所。朝看日出，晚观落晖，夜披月色……站在橘洲头，他同时也看到了：湘江河里到处停泊着"太阳旗"、"花旗"、"半子旗"，湘江边到处是"日清"、"太古"、"怡和"等外国公司的洋房，特别是 1917 年到 1918 年，军阀张敬尧进入湖南后，兵灾空前惨烈，他的心情，恰如江水奔腾——"四面云山来眼底，万家忧乐到心头"是他当时的心情写照。直到 1925 年，那正是阶级斗争异常激烈的时代，震惊中外的"五卅运动"和省港大罢工已经爆发，农民运动势如暴风骤雨，陈独秀这时又坚持其错误的路线，在这个紧要的历史关头，毛泽东又一次来到橘子洲头，触景生情，因此写下了脍炙人口的《沁园春·长沙》。

那一声"问苍茫大地，谁主沉浮？"如湘江的怒吼，不仅改写了中国历史的进程，也使橘子洲扬名大江南北。

三十五年后，毛泽东南巡来到了长沙，像当年一样，畅游湘江，登岳麓山，上橘子洲……顿时诗兴大发，作七律一首——

> 春江浩荡暂徘徊，又踏层峰望眼开。
> 风起绿洲吹浪去，雨从青野上山来。
> 尊前谈笑人依旧，域外鸡虫事可哀。
> 莫叹韶华容易逝，卅年仍到赫曦台。

周世钊有诗记其实：

> 滚滚江声走白沙，飘飘旗影卷红霞。
> 直登云麓三千丈，来看长沙百万家。
> 故国几年空兕虎，东风遍地绿桑麻。
> 南巡已见升平乐，何用书生颂物华。

据说，毛泽东十分恋旧。新中国成立后，几次回湖南视察，都要故地重游，曾七次到橘子洲附近游泳，九次登临橘子洲。下面所录，是他在湘江"中流击水"的几朵小小的浪花，是他在橘子洲上留下的几行深深的足迹——

1955年6月19日晚10点，毛泽东到达长沙。20日上午10点，在当时省委书记周小舟陪同下，前往湘江游泳。这是毛泽东新中国成立后第一次畅游湘江。其时，正值湘江涨"端阳水"，为安全起见，省委领导力劝他不游或改期再游。

"主席，今天江中水浊，似乎不适合游泳。"

"水清水浊，不是决定适不适合游泳的主要条件。"他笑容可掬地说。

"湘江水涨，水面又宽又深，游泳也许不便。"周世钊虽然熟知老同学的脾性，仍好意相劝。

"庄子不是说过吗，水之积也不厚，则其负大舟也无力。水越深，浮力越大，游泳起来当然便利一些。你怎么反说不便呢？"他有理有据地反驳。

10时30分，他从城北七码头乘船逆江而上，到达猴子石码头后，便侧身下水，像当年一样向橘子洲游来，时仰游，时而自由式，随着奔腾的江水，上下跳动，时而在浪尖，时而在波间。击起的水浪，好似黄白相间的彩龙，由东向西舞去。一小时后，到达河西，在牌楼口北侧登岸。上岸后，即乘车登岳麓山。省委领导特意准备了两乘轿子，欲请他乘坐，他心中反而不快，执意步行……

1956年5月30日，毛泽东又一次游湘江。上船后，到河中心时，便下了水，游过湘江，在橘子洲头上岸，岸边满是稀泥，他的浴衣下摆也拖满了泥巴。他兴致很高，赤脚在泥泞里走着，走到一农家，看见一些小孩子正在那里玩耍，就对身边的警卫人员说："给我一支烟。"孩子们一时没有认出裹着浴衣的毛泽东，仍然自顾玩他们的。毛泽东一边抽烟，一边叫警卫员搬来凳子坐下，逗一个小娃娃，那小娃娃手里不知拿着一个什么东西，毛泽东说："给爷爷看看好吗？"那孩子鬼机灵，双手捂得紧紧的，往上一举，说："你猜不着。"一刹那间，摄影师按动了快门，为我们留下了这个珍贵的镜头……

1959年6月24日，在公安部长罗瑞卿、湖北省委第一书记王任重的陪同下，毛泽东从武汉乘专列到达长沙。下午两点，他从湘江边登上轮船，稍事休息后便更衣下水。当时正值汛期，浊流湍急，波涛滚滚。他在江里一边游，一边与身边陪伴的游泳队员说话，鼓励他们勇于力争上游。游到橘子洲头分水处水流湍急的地方，他提出上橘子洲头看看。一位同志说，这里水流最急，请主席稍等一下。他说，这里水流最急，就是要从这地方上去。于是劈波斩浪，靠岸后，踏着荆棘杂草，上了橘子洲头。他身披一件蓝白条毛巾衣，步履稳健地走过一片菜地，到了一户农民家的门前，一位老人立刻认出了他，激动地搬来一条长凳。很快地，附近群众闻讯后蜂拥而来。他一一与他们打招呼。一位白发苍苍的老人含着热泪捧起一杯热茶，来到他面前，他连忙起身相迎……这天，橘子洲头完小的师生正在上劳动课，有两个学生眼尖，一眼就认出了他，"是毛主席"，同学们都围了上来，向他行举手礼，他亲切地问他们是那个学校的，到他们学校去参观好不好……于是，左手拉着一个男孩，右手牵着一个女孩，跨进了校门，亲切地与师生们打招呼，并与他们合影……

1960 年 5 月 18 日，毛泽东乘专列从武昌抵达长沙，正好此时周恩来、刘少奇、陈毅等同志先后来湘。因为周恩来对长沙情况不很熟，毛泽东便与他同乘一辆车游览市容。他特意要司机将车开上橘子洲头，两人下车后，看到江面上木船帆影，毛泽东回忆起青年时代在湘江中流击水、看百舸争流的情景，不禁感慨万千，因此提出要与周恩来互作对联。他即景吟出上联道："橘子洲，洲对舟，舟行洲不行。"周恩来对长沙景物故事不熟悉，一时应对不上，待车行到天心阁时，毛泽东介绍说，这里是他与同学们经常聚谈的地方，叫天心阁。周恩来忽然看到一群白鸽从阁内飞出，顿时随口对出下联说："天心阁，阁中鸽，鸽飞阁不飞。"对罢，两人相视而笑……

1974 年 10 月 15 日清晨，毛泽东在九所的第三天。因为工作了一个通宵，见窗外天色微明，忽然触动心思，放下手中批阅的文稿，起身踱出门外，朝 6 号楼外的空坪走去。机要秘书张玉凤与工作人员很快跟了上来，问道：

"主席，您要到哪里去？"

毛泽东信口答道："到橘子洲头看看。"

张玉凤知道橘子洲在哪里，连忙叫醒卫士长，又通知服务人员赶紧备车。

轿车驶过湘江大桥时，陪坐在身边的服务员高兴地对主席说：

"主席，我们现在修了湘江大桥，交通方便多了。"

他满意地点点头，脸上漾起了笑容。

轿车在橘子洲头水陆寺遗址处停了下来。此时云层低厚，江涛涌动，先下车的人感到一股寒意。毛泽东挪了挪身子，准备下车。在工作人员的力劝下，他犹豫了一下，终于没有下车。

但他坐在车上，若有所思地向四周久久地凝望着，就这样默默地坐看良久，然后吩咐司机顺原路返回。谁也没有想到，这竟是他最后一次凝望橘子洲头。

橘子洲啊，真不愧是中国第一洲，给我们留下了如此温馨，如此豪迈，如此众多而令人难忘的历史故事。

当然，我们也没有忘记，它也有另外的沧桑——

橘子洲的历史是悠久的，也是多彩的。它既有红色的记忆，也有令人心酸的往事。清朝末年，长沙被辟为商埠。橘子洲上，先后建有英国领事馆，日本领事馆，美国福音堂以及德国多福洋行、德孚洋行、开利洋行、德士古洋行、安利英洋行，英国的太古洋行、亚细亚洋行，美国花旗烟草公司、美孚洋行，还修建了万国球坪、日本海军俱乐部和各种别墅……这座江心岛一度被来自英、日、美、德、俄等国的官员、商家和传教士所独占，连洲上的南橘，也被伐光砍净，因此成为少数外国特权者的乐园。新中国成立后，它才重新回到长沙人民的怀抱，真正成为人歌动地的长岛。

橘子洲的文化是古老的，也是绚丽的。它既有现实的旖旎风光，也有历史悠久的文物古迹。早在元代，就有禅师在这里修建水陆寺，一时间高僧云集。该寺中的楹联，"拱极楼中，五六月间无暑气；潇湘江上，二三更里有渔船"，至今仍脍炙人口，其描绘的江上渔舟唱晚，橘子洲清幽凉爽的意境，让人心驰神往。古人还有诗道：

长沙沙上寺，突兀古楼台。
四面水光合，一边山影来。
静分僧榻坐，晚趁钓船回。
明日重相约，前村访早梅。（南宋·戴复古《岳麓水陆寺》）

寻幽为访云边寺，乘兴还临河上洲。
万里乾坤此江水，三湘烟雨共维舟。
怀沙不尽灵均恨，许国谁堪贾傅忧。
驰骑近闻多战骑，衔环那复对沙鸥。（明·刘道南《水陆寺》）

搴裳涉沙洲，泽国草萋碧。
湘柳摇青春，湘花照颜色。

森森烟波独倚楼，楚天望断木兰舟。

此间自古多离别，日暮江空我欲愁。（清·黄景仁《题橘洲僧楼》）

同为元代建筑的，还有拱极楼，原来就在水陆寺后，楼高七八十尺，在砖木建构时代，那确是一个了不起的杰作，远远超过了岳阳楼和黄鹤楼，古籍上描写它："西瞻岳麓，俯瞰湘江；草树参差，帆鸟映发；若出若没，亦近亦远；风纹霞绮，月练烟鬟；清光奔会，自然移情。"景象着实清幽。古人也有诗赞曰：

两岸垂柳护橘洲，中流倒影耸危楼。

二三更后渔歌起，惟写新诗在上头。（清·萧大经《拱极楼消夏》）

危楼悬百尺，四面敞檐楹。

雨重云连岳，江空浪撼城。

千樯收浦暗，一鹭立沙明。

清绝潇湘地，应深吊古情。（清·石承藻《雨中登拱极楼》）

此外，还有江亭、江心阁等亭台楼阁，将一个小小的绿岛橘洲，装扮得令人浮想联翩。它们虽然早已不存在了，但是湘水涛声依旧，橘子洲风光永恒。那浩渺的烟波，雨后的彩虹，风起绿洲的绵邈，白鸥竞飞的苍茫，岸边蒹葭的原始，远树缥缈的梦幻，渔舟唱晚的幽深，万家灯火的神秘……曾激发过多少诗人的诗情！而赏洲上橘红，看麓山红枫，眺天心飞阁，到中流击水……又何尝不是大众喜闻乐见的诗篇！

特别是在今天，橘子洲公园休整一新。伟人亲笔书写的"橘子洲头"巨型石碑屹立，新塑的青年毛泽东巨型石雕，格外引人注目。水陆亭、江心楼、洲头亭廊、紫藤棚架等建筑，焕然一新。长岛四周的长堤，宛如蛟龙戏水，还有那处处可见的橘树、修竹、杨柳、鲜花，把长岛映衬得四季如春。尤其是那面积3500平方米的纪念馆，陈列有毛泽东等老一辈无产阶级革命家的光辉事迹，即将设立的毛泽东诗词研究所，通过声、光、电等高科技手段颂扬毛泽东的丰功伟绩，还有地铁站、跨江隧道，等等，全部纳入岳麓山橘子洲风景区内，显山露水，处处透绿。一个集自然风景与人文诗词意境交融，以郊野游览、生态观光、徒步登山和假日休闲为主题，人歌动地的生态大公园，即将展现在世人面前。

7. 芙蓉国里

- 一叶绿岛，两岸荻花，江送涛声洞庭去
- 三湘首府，满城旗旌，山迎朝霞紫气来

从湘江大桥登上橘子洲，蜿蜒南行，尽头是一片青青的橘林，两三米高的橘子树，散发出幽幽的清香，沁人心脾。穿过橘林，尽头是廊亭，眼界豁然开朗。环绕成半圆形的岩岸，高出江面两丈有余。高台上，一棵古槐巍然屹立，树下一块天然青石，上刻"指点江山"。湘江从眼底绕洲流过，隐隐传来浪拍岩岸的声响。蓝天白云下，近处有渔舟、渡轮、集装货船，缓缓前行，远处有白帆，鹭鸟，水天一色……

立于橘子洲头，望湘江分水两股，滔滔北去，看白帆远影，鸟在高飞，鱼翔浅底，带点凉意的江风，不时扑面而来，空气清新，令人心旷神怡，又想起了熊瑾玎那首《游橘洲》——

偶趁清和到橘洲，洲依水面自沉浮。
水分二派随洲去，淘尽英雄日夜流。

是啊，屹立于青山绿水间的省会长沙，不仅是湖湘大地上的一颗明珠，也是"芙蓉国"里的一座英雄城。

在这座山水洲城里，山是"青山处处埋忠骨"，水是"淘尽英雄日夜流"，洲是"满城风气泳洲头"（李锐诗句），城则是"烈士园中浩气彰"，今天更是"红旗无处不飘扬"（熊瑾玎诗句）！当然，最令人难忘的，还是毛泽东《七律·答友人》中的名句："洞庭波涌连天雪，长岛人歌动地诗。我欲因之梦寥廓，芙蓉国里尽朝晖。"

不知是谁说过这样的话：一个没有历史的城市，是一个没有品位的城市；一个没有品位的城市，是一个贫血的城市。

长沙，不仅有山，有水，有洲，有城，而且有历史，有文化，因而被誉为中国著名的历史文化名城。她是富有的，那厚重多彩的历史文化，特别是她那日益靓丽的风采，正吸引和召唤着越来越多的朋友，络绎不绝地扑入她的怀抱……

第四章 | 屈贾之乡

唐代著名诗人、文学家韩愈调任江陵府法曹参军时，曾经路过长沙作短期停留。

一天，他登上峰峦峭拔的罗洋山，凝望星沙，顿时诗兴大发，写下了一首诗：

> 绕廓青山一座佳，登高满袖贮烟霞。
> 星沙景物堪凝眺，遍地桑麻遍围花。（《罗洋山》）

诗人笔下这片郭绕青山、遍地桑麻、云霞满天、遍地围花的土地，称为"星沙"，就是今天的长沙县。在友人的安排下，我们开始走访这方热土。

1. 凝眺星沙

- 绿水青山，滋养物华，精良种种连续
- 屈骚贾赋，催哺人杰，贤俊代代承传

星沙位于湖南省东部偏北，湘江下游东岸，在浏阳市和长沙市之间，面积 2101 平方公里，东西北三面环山，地貌以岗地、平原为主，水绕山环，山川秀丽。正如唐代另一位诗人王昌龄在《送万大归长沙》所描写的——

> 桂阳秋水长沙县，楚竹离声为君变。
> 青山隐隐孤舟微，白鹤双飞忽相见。

这里，古为楚南重镇。秦王嬴政二十六年（前 221）置长沙郡，为全国三十六郡之一；汉代，以长沙封藩，吴芮为长沙王，建长沙国，长沙成为国都，开始筑城。隋开皇九年（589）改长沙郡为潭州，改临湘县为长沙县，是为以长沙县名之始。当时，县域之大，辖今日之浏阳、醴陵、望城。其后，虽几经析合，而长沙县名依旧，至今已有 1400 余年的历史了。民国十一年长沙县直属湖南省，定长沙县城为湖南省会，故长沙县城又名"省城"。民国二十二年，市县分治，长沙县仍不失为三湘名邑，是湖南省首善之区。要之，长沙县自置县以来，境域范围几经变迁，名称多变，县市同城分治。直到 1993 年底，新县城迁入星沙开发区，才有了自己的独立县城。

弯弯的浏阳河，自东向西，穿过长沙县的腹心，注入湘江；湘江则由南向北，流经其西南边境，直下洞庭。这里还有捞刀河，属湘江流域，车对河、黎家嘴河、双江口河，则注入汨罗江，属汨罗江流域，虽不能通航，却灌溉了大片的沃土良田。

滔滔滚滚的浏阳河，流经㮾梨的一段，别称梨江。梨江因此也成为㮾梨镇的代称。镇临临湘山，山上古木参天，风景优美，西望长堤相撞，东眺则远山含岫，野树笼烟。旧时有小桥流水，野渡渔村，颇富江南水乡情趣。当年，薛岳将军在这一带指挥长沙会战时，竟也激情喷发，忍不住口吟一首：

> 东来浏水入山偎，潮杂人声势若雷。
> 两岸梨江双渡济，天将一水隔蓬莱。（薛岳《梨江双渡》）

诗里的"隔"字，字典里解释为"隔开"、"隔离"，在这里却应理解为"与……为邻"。就是说，梨江风光与蓬莱仙境，只隔一条河了，由此可见其风景之秀之美。所以，古时有"梨江八景"说。据旧县志载，这"梨江八景"是：

狮岭仙踪。临湘山势，宛若仰天狮子，故名"狮岭"，这里古木参天，钟灵毓秀，陶公庙巍峨耸峙，是长沙著名古迹。

鹅湖夕照。即对河黎家托，面积约 20 余亩，明代吉王朱见滩曾在此养鹅自娱，每到夕阳西下，白羽清波，霞光万点，归鸦绕树，牧笛催归，令人流连忘返。

梨江双渡。㮾梨镇街濒河而建，商户鳞次栉比，旧为通往省城的重要通道，两岸行旅东西过渡，熙来攘往，昼夜不息，是以分大小码头过渡，春雨烟云，凌波丽影，风景旖旎，目不暇接，当年，薛岳将军竟因此也动了诗情。

茆港孤舟。庙前洞水横过，其畔垂柳婆娑，鸣禽宛转，春风秋月，野渡孤舟，宛若画境。岸多芦茆，故称茆港。明嘉靖时始建木桥，清初由长桥柳氏出资造石桥，落成日有无数乌鸦步桥而过，于是取名"鸦林桥"。每到夕阳西下、倦鸟归林时，其宛转翱翔态，生机蓬勃。

撑云有笋。原横街尾白衣庵侧，有一天然玉晶石笋，拔地而起，峥嵘独立，上有司马头陀所镌铭记：石笋伴南地，高山落花平，明堂如仰掌，世代出其英。是为一景。

夹岸桃花。在未嫁桥洞水出口处，桃花夹岸，落英缤纷，徜徉其间，几疑武陵春色，此地平分。

东岗晚眺。原圆通寺与白衣庵之间，有座准提庵，元宰相许有壬（1287—1364）之父东岗先生曾讲学于此，后来建东岗书院以为纪念。准提庵即其遗址，院中原有压碑石二方，一云"东岗书院"，一云"准提大明府志许氏修建"。此处高阜开阔，凭岗晚眺，气象万千，夕照归鸦，晴岚古碣，景色尽收眼底。

古寺疏钟。新街有圆通古寺，传为唐代尉迟恭所建。原址山门濒河，后门接土地岭，建筑雄伟，香火极盛，寺内有古钟，传为唐代遗物，晨昏逸响，声闻数里，振聋发聩，醒觉迷津。1905年徐特立创梨江女校于此，百年弦歌不绝，桃李满天下。

"梨江八景"虽然已成过去，但㮾梨镇还在。今天的㮾梨镇，已按原貌修缮一新，那里正在建设着新的风景线。

王昌龄和韩愈的笔下，都曾写到星沙的"青山"。不错，长沙县的东南、东北、西北三面是山。由平江、浏阳入境东北的有龙华山，由平江入北部边境的有兴云山。由浏阳入东部边境的是乌川大山，由汩罗入西部边境的是明月大山。县东浏阳河北岸，则有沿江山、云盖山，县北有飘峰山，县西北有影珠山、汉家山诸山。虽是孤山，未及连绵，但风景不俗。例如与汩罗县交界的影珠山，高大挺秀，雄镇一方，上有狮子岩，高30余米，下有石洞可通往来，传陶真人曾隐居于此而得名。山上相传有48处寺庙，至今仍有人能指出20多个，仅山顶附近就有五六个之多。清末进士、官至吏部主事的黄兆枚有诗记其游：

> 看山人访在山人，与证方来过去因。
> 今古一般重九节，悲欢齐入大千尘。
> 黄花识我当前是，白发随年分外亲。
> 惟愧登高无脚力，眼前丘壑似胡秦。（《九日游影珠山》）

据旧县志载："云盖山在县西南四十里，峰峦秀丽，望之如盖，一名灵盖。"明人李永敷也有记游诗——

> 春色近山城，何妨载酒行。
> 云穿风转媚，溪暖日初晴。
> 洞里千年鹤，林间百转莺。
> 谈空逢老衲，半晌已忘情。（《春游云盖山》）

这里的山川之美，在清人喻之暹的笔下，那简直就是一首韵味浓浓的诗，是一幅生动迷人的水墨画——

> ……于是南望龙头，一峰翠矗；西窥白鹤，千尺悬泉。听暮雨于芭蕉，秋声滴滴；盼晓霞于桃洞，淑气融融。返照映披西山，秋叶飘乎金井。有时积雪满华山之墟，常年石壁列影珠之岸。岂特溶溶夜月，九溪之烟树连天；抑且冉冉飘峰，雁字之飘摇附日。景则十全，山符二酉，诚足以感发灵机，导宣歌咏者也。况乎日斜桑柘，牧童之笛遥吹；花满春林，樵子之歌载道。绿竹横窗，青葱绮陌。腴田数亩，学耕稼于崇岗；芳草一池，瞰文鳞于沼上。清幽比于崆峒，峻极可拟岣嵝。风雨出自半山，俯窥则踧踖无地；白云生于足下，仰探则呼吸通天。康成之子弟频临，阳明之故人命驾。酌金罍于翠岫之前，南山作席；理瑶琴于清溪之上，黄鸟成腔。乃有群儿绕砌，胜友如云。樵史耕经，共呀唔于子夜；敲诗限韵，偕占毕于云中。虽云引商寡和，惟冀流水知音。《凌云峰十景诗引》）

这里，地多肥沃，气候温和，雨水充足，适宜发展农副业，是物产富饶之地，有矿物资源和动植物数种，历代以农业为主。其开拓时间可追溯至新石器时代。据县境多处遗址出土文物证明，早在 7500 年前，先人就在这块土地上繁衍生息，辛勤开拓。4500 年前，这里的原始农业就已开发。春秋晚期，经济文化有较大的发展。商周时期，这里已能冶炼出有相当工艺水平的青铜器具。据考古工作者对发掘的暮云市镇三兴村"大塘遗址"和黄兴镇鹿芝新村"鹿芝岭遗址"（月亮山遗址）考证，前者距今约 7000 年，当时即有先民定居，繁衍生息，后者距今约 4500 年，已进入原始农业时期。远在春秋时，该地就以产粮著称，《史记》上有"楚之粟也"的记载。迄至民国时期仍是重要产粮地之一。所以，这里物产丰富。其著名特产有——

茶叶——长沙县产茶之地以高桥、金井一带为主。金井茶香味浓郁，茶水清亮，被湖南省政府评定为"湖南农产品十大品牌"、"湖南十大名茶"。高桥向来是省内外茶商云集之地，鼎盛时期，茶行48家，是为民间所传的"高桥四十八秤"，其主要产品有"高桥牌"工夫红茶、红碎茶、名茶、绿茶、花茶、乌龙茶及特种茶，产品远销俄罗斯、欧美等地，深受消费者喜爱。郭沫若有《咏高桥"银峰"》赞道：

芙蓉国里产新茶，九嶷香风阜万家。
肯让湖州夸紫笋，愿同双井斗红纱。
脑如冰雪心如火，舌不豆丁眼不花。
协力免教天下醉，三闾无用独醒嗟。

湘丰牌水晶粉丝——湘丰牌红薯、马铃薯水晶粉丝，采用高质量红薯、马铃薯淀粉精心制作，不含任何色素及人工添加剂，晶莹透亮，耐煮耐泡，质地细腻，筋道爽口。

谷塘鲤鱼——产于长沙县谷塘乡周围。据旧《善化县志》载："谷塘鱼头小尾细，呈淡黄色，尾鳍金黄，体短，腹面部圆实。肉厚质肥，细嫩无腥。"相传明清时期，曾作为长沙的"贡品"。

玉和酿造——"玉和"建于清顺治六年（1649），创始人董玉和，店址在小西门今坡子街，旧址仍有"董玉和酱园光绪贰年立"的碑文。玉和酱园几易其主，但牌名一直保存，新中国成立后玉和醋得到进一步发展。1983年更名为长沙玉和醋厂，产品营销全国17个省市（自治区）及东南亚各国。自20世纪80年代以来，玉和醋多次被评为部优、省优产品称号。2002年为适应企业发展的需要，长沙玉和醋厂改制组建成长沙玉和酿造有限公司，并迁址长沙县㮾梨镇，投资千余万元，建成占地面积53亩，年产酿造醋能力上万吨的现代化股份制企业。

此外还有北山贡梅、北山湘绣、回龙白鲢、青山铺水竹凉席等，后者曾于1914年在巴拿马万国博览会上获奖。

非物质文化遗产则有双江滚灯车、锣鼓亭子、捞刀河刀剪等。

双江滚灯车——双江滚灯车是一种生活习俗舞蹈，起源于明朝永乐年间，在车上表现纸扎、彩绘等民间手工，当时为庙会等祭祀活动表演。至现代，庙会活动不太盛行，双江滚灯车多在新春拜年、庆典喜庆等场合表演。双江滚灯车已列入长沙市非物质文化遗产保护名录。

锣鼓亭子——锣鼓亭子是流传于长沙县双江镇赤马村的民间音乐，起源于明朝永乐年间，主要用于庙会、婚丧、喜庆等各种活动。锣鼓亭子制作工艺独特、复杂，曲谱多样，对研究民俗、宗教等有重要的价值。锣鼓亭子已列入长沙市非物质文化遗产名录。

捞刀河刀剪——捞刀河刀剪是湖南省有名的工艺小商品，产于长沙县捞刀河镇。相传三国名将关公过此，坠刀河中，捞而复得而有其名。此地生产刀剪的历史悠久，早在明代就有生产"三刀"（剪刀、菜刀、剃刀）的作坊数百户，约占当时农户的五分之一。所产剪刀采用镶钢锻打工艺，锋利无比，不卷不崩，经久耐用，而且精巧合缝，松紧适宜，品种繁多，式样美观，清初就小有名气。康熙年间，当时长沙乡沙坪焦塘坡生产剃刀的手工匠董元春在小古道巷开设了一家董同兴剃刀店。该店开业不久就收购捞刀河剪刀坯，精制加工出售。每届全省乡试考生都要买把剪刀带回乡，"董同兴"得以声名远扬。后经"董同兴"几代人的努力，"董同兴"已与杭州"张小泉"，北京"王麻子"齐名，一并被誉为中国三大名剪。1956 年，"董同兴"实行公私合营，其技工先后归入捞刀河刀剪厂。捞刀河刀剪已列入长沙市非物质文化遗产保护名录。

这里，水陆空交通发达，百吨以上船舶可通长江流域各港口，铁路有京广复线和高铁，纵贯西南，公路有 309、107 国道与省道构成网络，民航有黄花民用机场，已开辟国内航线 37 条，至香港有定期航班往返。在历史上，由于物产丰富，交通发达，境内建有驿站，所以形成了众多的物质集散地，有大小农村集镇 50 多个，多分布在湘江、浏阳河、捞刀河及其支流两岸。这些村镇大多历史文化底蕴深厚，有的依托古寺庙而闻名，有的为古城、古战场遗址所在地，有的则为历史名人的故里或归葬地。墟场一般十天赶场一次。民国初年全县尚存 21 个墟场，民国三十年以后，由于日军几次侵入长沙县，墟场逐渐冷落。新中国成立后逐渐恢复和发展。1958 年曾一度被关闭。1960 年恢复，"文革"中又被视为资本主义而遭到批判，长期处于关闭状态。1982 年后，方迅猛发展，到 1989 年全县共有墟场 72 个。还有一种庙会风俗，清末及民国时期，庙会是本地物质交流的主要形式，一般按"菩萨生日"和节令举行，有二月、六月和九月的"观音会"，有五月的"磨刀会"，有六月的"天贶会"，有七月的"中元会"，有八月的"陶真人庙会"，有九月份的"灵宫会"，有十月的"十月昭会"，等等。庙会会期少则七日，多则十余天。历史上长沙县这种小镇经济和庙会经济特别繁荣。

这里名胜古迹众多。有距今 7000 年和 4500 年的大溪文化和龙山文化遗址两处，新石器时代后期和春秋战国时期古文化遗址 6 处，有五代后汉时期的龙喜县故城址和北宋常丰县故城址，有东汉墓群 17 处，明吉王和王妃墓葬及清左宗棠墓葬，有建于南朝梁代的"六朝遗庙"陶真人庙，有"莲经道场"明月庵，有建于唐代和元代的铁炉寺与河图观、铁炉寺、仙人石、飘峰塔、摩崖石刻，有影珠、明月、天华等名山，有金井、孚嘉井、麻林桥等名井名泉，有避暑胜地桐仁桥、乌川水库和鸭巢冲水库，有国家级文物保护单位黄兴故里，有省级文物保护单位杨开慧故居、徐特立故居、许光达故居、田汉故居、李维汉故居等历史文化胜迹，等等。

明代吉王陵墓葬——明代吉王陵墓群位于长沙县跳马乡跳马村、杨林村、三仙岭村、复兴村，在长沙城（南门口）东南 20 公里处，距浏阳河约 6 公里。吉王陵墓群分布在跳马盆地四周山脉的半山腰一带，其涉及范围南北长 9 公里，东西宽 5 公里，为明英宗朱祁镇第七子吉王朱见浚及其子孙们的陵园。迄今为止共勘探出大型砖室墓葬 18 座。

河图观——位于长沙县水塘乡鳌鱼村。该观为湖北武当山全真龙门派第十五代道士易本立（字竹心）于清朝同治二年（1863）创建。光绪十五年（1889）增修。民国二十二年（1933）重建。1982 年和 1986 年，政府两次拨款予以修缮。道观现占地面积 1400 平方米，建筑面积 800 余平方米，主要建筑有牌楼、山门、灵祖殿、丘祖殿、吕祖殿等。琉璃牌楼为 1986 年重建。山门额题"十方河图观"五个大字，山门左右侧有彩塑《河图》与《洛书》及三龙戏珠、鳌鱼吐水等图画，左右联云："紫气银河龙门洞天，奇经妙图琅嬛福地。"大殿内前栋，左为灵祖殿，中为殿厅，大殿后为正寮吕祖殿，是观内道士举行宗教活动的场所。正殿内有联："上界本自清虚，看仙人下救群生，跨来白鹤；中原各争雄气，愿先生都付一枕，睡熟黄粱。"此联为该观第二代当家陈合中（字松骨）所书。正寮外左右丹墀中遍种花木，尤以一株"雪里一点红"茶花为最名贵。观院内还有一株稀有的古木名曰"甜茶树"，饮此茶，使人顿觉甘润彻骨。观内还有"八仙过海"、"群仙祝寿"等大小浮雕。该观目前为坤道院，是我国仅有的坤道道观（女道观），观内有女道士，本着全真道北七真派"重清修，自食其力"的道旨，以编织手套为主，年产各类手套两万双。

天竺山道院——天竺山位于长沙县安沙镇鼎功乡花桥村。今殿分前后两栋，前殿中为山门，左为斋堂，右为寮房。四周有围墙，建筑面积 600 余平方米。"天竺"为印度的古称。欧阳询《艺文类聚》云："天竺国一名身毒，在大月氏东南数千里。"天竺山道院由罗慧元、杨性元等创建于清同治三年（1864）。光绪年间（1875—1908），长沙县高桥人罗永耀在天竺山传全真教派云麓支派，收鼎功桥人杨永明、杨永觉为徒。二杨又在鼎功桥清潭寺授徒，鼎功桥道众发展到30余人。1933年道院曾重修。"文革"中遭毁损，1985年修复扩建，恢复宗教活动。

铁炉寺——在捞刀河镇汉回村境内。相传建于唐代，是长沙县唯一有比丘（已具足戒的男僧，俗称和尚）、比丘尼（已具足戒的女尼，俗称尼姑）、优婆塞（受持五戒在家的男性信徒）和优婆夷（受持五戒的女性信徒）四众的佛教丛林。1979年重建大雄宝殿，新塑如来、弥勒等佛及观音、文殊、四大天王等菩萨像。1980年对外开放，到1989年共接待国内各地云游僧人数百人，其中港澳地区佛教徒近百人。

明月庵——位于金井镇观佳村仰山组牛形嘴山西麓山脚，是一座尼姑庵，西北距月形山200米。据考证，它重修于清乾隆年间。此前曾称石鼓庵，云雾庵，始建年代不详。该庵坐东朝西，呈长方形，占地面积2024平方米，整体为砖木结构，其中大雄宝殿屋顶为小青瓦，观音殿屋顶为琉璃瓦，皆为歇山顶，屋顶山花，四角高翘，大雄宝殿内供奉如来佛祖和观世音等十来尊菩萨。乾隆年间的一块青石碑刻嵌套入左侧墙壁，碑刻高1.35米，宽60厘米，石刻上涂黄漆，石刻简要记录了明月庵的历史沿革。庵的北部有一棵树龄百年、直径28厘米的银杏树，2004年被公布为县不可移动文物。明月庵年代久远，于群山掩映中，一直是当地著名的佛教圣地，对研究佛教文化、佛教传播等有一定意义。

飘峰塔——在开慧乡双华村飘峰山麓峡谷口侧。建于清光绪元年（1875），花岗石结构，呈六角锥体形，高25米，有9层，塔基高1米，直径3米。

洞泉冲塔——位于北山镇尜村洞泉冲组洋鼓岭上，修建于清同治六年（1867），塔底部直径2米多，占地面积390平方米。塔全部用麻石砌成，通高11米，分7层，每层高1.5米，从塔基到六层系五边六角棱形状，每边宽1.2米，塔顶呈锥形，原第五层六角卜分别有铜钟一个，现仅存六个挂钟钩，塔身第三层刻有"同治六年丁卯年"字样。1993年11月6日洞泉冲塔被公布为县文物保护单位。该塔是长沙县古塔建筑的重要遗存，整座塔造型别致，古朴典型。

摩崖石刻——长沙县共发现摩崖石刻10处，最著名的是天华山石刻和石仙庵山石刻。

天华山石刻位于长沙县青山铺镇天华村天华山上，共发现四处，分别为龙吟石刻、虎啸华山石刻、观音岩石刻和望麓台石刻。四处石刻均有数百年历史，其中，望麓台石刻年代为清乾隆十二年（1747）。龙吟石刻刻有"龙吟"二字，每字的大小为高26厘米，宽28厘米。字体为楷体。岩石质地为花岗岩石。该石刻西面与"虎啸华山"相距37米，东南与观音岩石刻相距16米。虎啸华山石刻面向南方，刻画于一块长1.9米、高2.7米、厚1.5米的巨石上，占地面积5平方米，共刻有"虎啸华山"四字，字体位于岩面中部，其中"虎啸"二字较大，为横排，"华山"二字较小，为竖排。字体为楷体，岩石质地为花岗岩。观音岩石刻面向西南，刻画于一块长12米、宽10米、厚1.5米的巨石上，边框右侧刻有"大显威灵"四字，左侧刻有"一见大吉"四字。望麓台石刻面向南方，刻画于长16米、宽8米的巨石上，占地面积128平方米，天气晴朗时可远望长沙，因而碑刻取名为"望麓台"，上面刻有"予尝读易此山每遇天朗气清，端立石山，南望麓峰，烟云缥缈，因思灵麓之下潮水之涯，于师友在马，庸镌斯石，有以志怀也。嘉靖辛亥晋山相延相，乾隆己卯七八世祠孙增洗"67个字，字体为楷体。

石仙庵山石刻位于长沙县北山镇官桥村闵家塘组石仙庵山山顶，共有两处。一处刻有"回头是岸"，年代为清同治六年（1867），刻字人屈家南，石刻面向东方，刻画于一块南北向的花岗岩上，占地面积10平方米。"回头是岸"四个字，形似草书，每字大小约高1.4米，宽0.8米，笔画深刻于岩石中，刚劲有力。现为县级文物保护单位。一处刻有"石仙庵山界"，石刻年代不清楚。

近年来，长沙县境内共发现东汉、唐、宋、元、明、清等朝代古墓群85处，各个乡镇内均有分布。除左宗棠墓外，最著名的是明代吉王陵墓群。后者是按照明代藩王葬制修建的大型贵族墓，陵墓区主要安葬七代吉王及其后妃、属官等。位于长沙跳马盆地为中心的低山丘陵区，南北长约9公里，东西宽约5公里，共发现大型砖室墓18座。其中包括明吉简王墓，明吉悼王次妃张氏墓，明吉王太子墓，明吉世妃饶氏墓等。

聚落遗址——鹿芝岭遗址和大塘遗址。

1958年，长沙市考古队在今黄兴镇鹿芝新村境内月亮山发掘出土新石器时代晚期的分布较广的聚落遗址，属龙山文化时期，距今约4500年，出土有石斧、石矛、石铲、石奔等石器70件及红陶、灰陶等残片。2005年鹿芝岭新石器遗址被公布为市级文物保护单位。

大塘遗址是 1985 年发现、1986 年 2 月发掘的。由市县多位考古者在今暮云镇三兴村大塘组湘江东岸河滩上发掘出的，这处重要的新石器时代遗址，距今约 7000 年，是目前长沙地区发现最早的新石器时代早中期遗址，遗址所在地为湘江东岸冲积平原，面积约 20000 平方米，发掘面积为 80 平方米，当时出土完整或较为完整的陶器约 40 件，主要有双耳彩陶碗、靴形陶支座、磨制石斧等。陶质以夹砂红陶和夹砂灰陶为主，陶器纹饰十分丰富，可分为戳印和彩绘两大类。戳印纹主要是在器表戳印或画出水波圆圈、雨纹、曲折、横人字、山峰、宝塔等纹饰和各种几何图案和鱼纹等写实性图案。2005 年 8 月 30 日大塘遗址公布为长沙市文物保护单位，该遗址为探讨湘江流域早期人类活动的社会、经济、生活面貌提供了非常重要的资料，具有极高的历史考古价值。

此外，还在全县境内发现宋、明时期古窑址 17 处，分布在路口、春华、㮾梨、黄花、白沙、金井、跳马等乡镇，至今窑址所在地仍可见残砖、瓦片、陶片等。

古城墙——在跳马乡跳马涧村跳马涧组，有一处规模较小的古城墙遗址，城墙年代为明代。城墙正前方台地为时时守卫跳马涧一带明王陵的吉王府驻军处，周围城墙环绕。墙体位于山麓东侧坡边缘，先呈南北向 15 米后，南端折向西南方向，依山坡西南侧边缘延伸，长约 300 米，占地面积 500 平方米。为黄色土夯筑城墙，墙体横截面呈梯形，夯土较纯较紧，前方台地长约 30 米，宽约 15 米，台面较平，台地局部有人工夯筑迹象，台面上可见到瓦片等。

历史纪念建筑有武塘纪念亭、影珠山抗战遗址、春华渡槽等。

武塘纪念亭——位于长沙县春华武塘村合兴组湖南橡胶厂仓库院内，是一座为纪念毛泽东对武塘所作重要指示而建的纪念亭。修建于 1969 年，1970 年全面竣工。建筑面积 200 多平方米，纪念亭主体通高 12 米，重檐，庑殿顶，黄色琉璃瓦，为单坡屋顶，黄色琉璃瓦，整座建筑物的梁柱、廊柱均为钢筋混凝土结构，呈现出传统的亭廊式建筑风格，亭内中央立有汉白玉石碑一通，高近 3 米，宽 1.4 米，正面嵌刻毛泽东 1955 年手迹"树立贫农和下中农的优势"字样，文字上方有毛泽东头像，阴刻毛泽东 1955 年对武塘村农业合作社经验做法所作的指示全文，计 1759 个字，现石碑保存完好。武塘纪念亭建筑庄重严谨，磅礴大气，实为长沙地区亭廊纪念性建筑的典范之一，2005年被公布为长沙市文物保护单位。

春华渡槽——位于长沙县春华山北侧，水源引自春华山的红旗水库，引水可供全春华镇和黄花镇的春华村、谷塘村、高丰村等地农业灌溉之用。渡槽动工于1970年春，1978年7月建成，是湖南省内最长最高的渡槽。东起武塘村夷山，经高山村徐家洲，跨捞刀河，越春华村港，止于高丰村天鹅山南坡。渡槽系双曲拱助下撑式钢筋混凝土薄壳结构，全长2公里，有槽墩96个，渡槽由98节分槽按合而成，每节槽长20米，重45吨，渡槽共108个桥面墩，每个重量不等。春华渡槽被公布为湖南省文物保护单位。

影珠山抗战遗址——影珠山遗址群位于长沙县福临镇影珠山村，略呈带状分布，南北长约7公里，东西宽约5公里，总面积约35平方公里，遗留有抗战工事遗址、抗战阵亡将士墓群、国民党第58军的指挥所遗址等。1942年1月4日，第三次长沙会战，进发长沙城的日军在中国守军的顽强抵御下全线溃退。为全歼入侵之敌，蒋介石决心以影珠山为隘，给日军以猛烈地最后一击，影珠山虽是一个关隘，却控制着长沙通往长乐街、新市的要道，是日军溃逃的唯一退路。因此，蒋介石严令："务须阻止、切断敌军退路，如敌从某军正面逃走，即将其军长枪毙！"南下接应日军第六师团的第九混成旅，及前来增援的日军第三师团，在影珠山下遇到中国军队第20军的顽强阻击，全线溃退。无法突围的日军剖腹自杀，没有自杀能力的由其他日军用刺刀捅死，除一名军曹侥幸逃脱外，包括大队长山崎茂大尉在内的其他日军全部被消灭。国民党第20军杨汉域将军在影珠山大捷后刻碑纪念："大中华民国卅一年一月聚歼倭寇于此蜀人杨汉域勒石。"

民居古建筑有棠坡民居。原名棠坡大屋，位于长沙县安沙镇和平村董家咀组，是一处规模宏大的传统民居建筑。据考证，该民居始建于清咸丰四年（1854），为朱玉棠家族所建。朱玉棠（1822—1912），为前国务院总理朱镕基之曾祖父，清末湖南臣商，晚年致力于地方公益事业，宣统二年（1910），诏授内阁学士衔。咸丰三年（1853），太平军进攻长沙，朱玉棠之父玉府君从长沙小麻园旧居携儿孙家小，奔走各地，几度迁徙，咸丰四年（1854）定居棠坡。1938年朱肖将棠坡祖屋花园部分改为校舍，后扩建为"时中学校"。民居坐西南朝东北，砖木结构，三进式庭院布局，共有大小房间50余间，总占地面积6000平方米，由棠坡、恬园、朱氏宗祠三部分组成，棠坡大屋由前厅、轿厅、戏台、正房、偏房、书屋、杂屋、储藏间组成。整个建筑宏伟、壮观，别具一格，2005年8月30日公布为长沙市文物保护单位，2006

年按原貌重新修复并开放参观。棠坡清代民居对研究朱氏家族源流、长沙近现代历史等有重要意义，此外，其典型的清末南方民居风格也具有重要的文物价值。

古泉井有孚嘉井、滂塘子泉井、泉井子、金井、甘露井等。

孚嘉井——在长沙县㮾梨镇横街北侧，唐昭宗乾宁元年（894）建，清同治八年（1869）加修，常年蓄水量11立方英尺，井水味纯清冽，四时不盈不竭，历供两百多户居民饮用。因靠近供奉"孚祐真人"的陶公庙，故名孚嘉井。

滂塘子泉井——位于长沙县望新乡桥陇村内，是一口暗井，元世祖至元间开始开发使用，泉水从山上岩石隙缝渗出，汇入泉塘，水质清凉，四时不竭，日可取水20吨。

泉井子——在㮾梨镇新街南侧，泉水源于土岭，水清纯正，终年不涸，有花岗石围砌井台，井内四周垒石，为全镇名泉之一。

金井——在金井镇金井村境内码头上，建于唐太宗贞观年间（627—649），井长4米，宽3米，深2米，青砖垒砌，大青石铺底，井底有4股涌泉，昼夜不息。

甘露井——甘露井位于跳马乡嵩山村嵩山寺组嵩山古寺内，是一口椭圆形的古井。建于清同治年间（1862—1874），是当时嵩山古寺的自用井，台面为花岗石平铺，井口下至1米处为青砖和花岗岩石护壁，再往下为椭圆形土壁，井台周围为花岗岩石围砌的井栏，井栏四角有立柱，立柱顶端雕刻有大象等动物。

还有仙人石，在仙人市乡仙人村境内狮子山上。清光绪《善化县志》载："二都滨河狮子山上有一石，方约七尺，下有石根，名棋盘石。相传仙人曾弈棋其上，又名仙人石。里许即仙人市。"仙人石居狮子峰顶，石面光滑，上有天然纵横线条，形如棋盘，石侧有小石横立，如几凳然。附近有烂牌湾、八仙台、回龙山、同到岸等名胜，相传为仙人弈棋、饮酒、降龙、竞渡之处。

这里扼华中华南之冲要，又处省会之近郊，历代为兵家必争之地。历史上多兵火交战，抗日战争时期著名的长沙会战中，这里曾是战场之一。由于日军入侵，飞机狂轰滥炸，加上其他种种原因，许多古迹名胜因此遭到破坏毁损，有的仅存残余，有的有其名而无其实了。

尤其令世人瞩目的是，汉代以后，长沙县都被称为"屈贾之乡"。

长沙县之所以有这一美称，因为这里曾与中国历史上两个名人结下了不解之缘。前为屈原，后是贾谊。

战国末期，屈原被楚怀王流放后，先后到达辰溪、溆浦等地，长沙是其滞留的主要地方。著名的《怀沙》，所咏唱的就是长沙。屈原的诗，特别是他那高洁的道德节操，以死殉国的行为，从古至今一直赢得长沙人民不尽的仰慕。毛泽东曾深情地对国外友人说："屈原生活过的地方我相当熟悉，也是我的家乡么。……我们就生活在他流放过的那片土地上，我们是这位天才诗人的后代，我们对他的感情特别深切。""屈原不仅是古代的天才歌手，而且也是一位伟大的爱国者：无私无畏，勇敢高尚……我们就是他生命长存的见证。"冯友兰先生也曾在《中国哲学史新编》中说，战国时期只有一个半爱国者，一个是屈原，半个是韩非。屈原对后来的贾谊产生过重大影响。"自屈原沉汨后百又余年，汉有贾生，为长沙王太傅，过湘水以吊屈原。"（《史记·屈原贾生列传》）

贾谊（前200—前168）是西汉初年著名的政治家、文学家。因遭权臣忌恨，于汉文帝四年（前176）来到长沙，此后谪居三年，世称"贾长沙"。他在这里写作的另一部重要作品是《鹏鸟赋》。1975年，毛泽东曾对身边工作人员说《鹏鸟赋》读了十几遍，"还想读，文章不长，意境不俗"。

屈原、贾谊是不同时代的两个人，但他们都有一个共同的特点，那就是：经历挫折，而不改初衷，忧国忧民，虽九死不悔。他们那种对君主的深切眷念以及对国家的赤胆忠心和坚忍不拔的精神，为后代士人树立了光辉的榜样。特别是当异国入侵、民族矛盾空前尖锐的时代，屈贾成为志士仁人高举的一面旗帜。朱熹到岳麓书院讲学时，在《九歌·序》中说，屈原"因彼事神之心，以寄吾忠君爱国、眷恋不忘之意"。

屈辞贾赋，遗风远播。这两个文化名人，最早在这片土地上深深地播下了忧国爱民的思想和传统文化的种子，因此哺育、陶冶了这里一代又一代人。

于是，我们看到了，在这片热土上，人才辈出，群星灿烂。

唐有怀素，狂草惊世；宋代易元吉之画，成翰墨精英，盛极一时；清代硕儒李文绍的《周易本义拾遗》等书，成一家之言；清代大臣张百熙所拟《学堂章程》，成为国家首次制定的学制。

更有黄兴及其创建和领导的华兴会，为推翻帝制、创立民国立下不朽功勋，世有"孙黄"并称；杨守仁奔走革命，蹈海殉国，唤醒国人。

特别是现代革命史上，毛泽东早期曾在这里从事活动，宣传马列主义，播下革命火种。因此而有工人运动、农民运动的勃兴，从而涌现出一批有志之士，成为新民主主义革命的中流砥柱——

有柳直荀、杨开慧、朱友富等先烈，宁死不屈，浩气长存；

有"革命的老战士"徐特立及其学生李维汉；

有为了中国人民的解放而投笔从戎、身经百战、荣膺中国人民解放军大将的许光达；

有新中国成立后成为国歌的《义勇军进行曲》歌词的作者田汉，他毕生从事新文化运动，创作歌剧、话剧、戏剧130余部，皆为振聋发聩之作；

还有清代官吏翰林院庶吉士瞿鸿礼，教育家杨昌济、彭海鲲、黄萱右，法学家周鲠生，实业家和慈善家朱昌琳（1822—1912），姜济寰（1879—1935）等等，他们都是成就卓著、英名远播的时代精英。

瞿鸿礼（1850—1918），善化县（今长沙县）人，字子玫，晚号西岩老人，生于道光三十年（1850）。同治十年（1871）为翰林院庶吉士，光绪二十三年（1897），由詹事府晋升内阁学士。中日甲午战争中，上四路进兵之策，未被采纳。八国联军进犯北京时，奉旨撰写谕旨，令奕劻、李鸿章等与八国联军议和，得任工部尚书、军机大臣，兼充政务处大臣。总理各国事务衙门改为外务部，任外务部尚书。后因故开缺回籍。回长沙后，与王闿运吟咏结社。曾被袁世凯聘为参政员，坚辞不就。民国七年（1918）卒于上海私寓。有诗稿4卷，其故居原址位于今长沙市开福区潮宗街。

朱昌琳（1822—1912），字雨田，晚年自号养颐老人。朱镕基的曾伯祖父，清末湘南著名的富商和慈善家。朱昌琳善于从事风险投资，并获利颇丰。朱昌琳投资办实业，曾入股长沙第一家近代工业企业湘善记和丰公司，与人合作创建了湘裕炼钢厂，在暮云市独资创办了阜湘红砖公司。朱昌琳热心公益事业，设"保节堂"、"育婴堂"、"施药局"、"麻痘局"，在城内向贫困者发放年米；乡下孤寡老人每年秋后可领稻谷6担。他还广置义山，给穷人施棺；在黑石渡修义渡；为长沙小吴门至青山铺的30公里古道捐资铺设麻石路面。他的私家园林——人称"朱家花园"的馀园，免费向游人开放。

姜济寰（1879—1935），号咏洪，湖南长沙人，是中国共产党的亲密朋友。他早年即投身于民主革命，加入同盟会，辛亥革命后担任长沙首任知事，积极从事教育事业，与徐特立共同创办长沙师范学校。1918年，毛泽东和何叔衡邀请时任长沙县知事的姜济寰支持他们创办长沙"文化书社"并担任理事。他不仅欣然同意，而且入股300块银元作为办书社的经费。1920年，毛泽东为打破军阀政府长期封锁俄国革命的真实情况，组织成立俄罗斯研究会，以研究苏俄的革命经验。筹备会议就是在长沙县知事衙门的会议室召开的。毛泽东请姜济寰出任总干事，姜济寰不仅爽快答应，而且又捐出100块银元作为研究会活动经费。他曾先后担任国民党湖南支部评议员、湖南省议会议员、湖南省财政厅厅长、湘军总司令部秘书长等。北伐战争时，随军进入江西，初任江西财政处长，江西省政务委员会副主任、代主任。同年4月武汉国民政府改组江西省政府时，他仍任原职。六七月间，江西省政府主席朱培德离开南昌，遂委托姜济寰代理其职。1927年参加中国共产党人发动的南昌起义，任江西省革命委员会主席。当时，有篇由江西省政府发布、题为《江西省政府代理主席姜济寰布告》，就是以他的名义发布的——

改造始自江西，原以攘除党贼。

实行三民主义，遵行三大政策。

武汉之与南京，背叛已同一辙。

仗我中央委员，以及革命贤哲。

并得二方面军，将士同心同德。

毅然决然改图，守我总理遗则。

……

其他一切事宜，政府概当负责。

力谋民众利益，实行应兴应革。

贯彻本党主张，不与民众相隔。

用特掬诚相告，其各努力团结。

这份珍贵的历史文献，现就陈列于南昌起义纪念馆里。

长沙县干杉镇百祥村杨树塘姜家大屋的一个山坡上，有姜济寰墓。墓前有新立的大理石墓碑，碑上刻有"姜济寰之墓"字样。

2. 骄杨永恒

- 百身莫赎，日月同晖骄杨风采，代代敬仰不已
- 一词长吟，天地齐颂烈士忠魂，岁岁弦歌不绝

这里属于影珠山脉。我们沿山麓而上，走过一级级的麻石阶。两边是武士般笔直挺立的青松翠柏，间植一丛丛杜鹃花。微风吹起，松枝绿叶婆娑起舞，不时响起阵阵低吟浅唱般的林涛声。

沿石阶拾级而上，感觉是步步登高。天气好时，抬头可见天空白云飘飘，似乎举手可摘。渐渐地可以看见，白云下面的绿树掩映中，展现出一块宽阔的平地，最先看见的是平地正中挺立的一座洁白的石雕像，接着又见雕像后面是一块硕大的大理石幕墙。雕塑和幕墙之间，静静地躺卧着烈士墓，墓前竖立着汉白玉双碑，在阳光下闪耀着夺目的光。

最醒目的，是大型幕墙上镌刻的那首脍炙人口的《蝶恋花·答李淑一》。无须走近，就可见那世人熟悉的字体，龙飞凤舞，行云流水，大气磅礴。默念中，你会感觉有龙吟虎啸，似乎有惊天动地之声，正隐隐排空而来。

这里就是开慧陵园中心地段——杨开慧烈士墓。

烈士墓的左下方山麓边，是开慧故居。

开慧故居，位于长沙县开慧乡开慧村，始建于1795年，又名板仓屋场。这是一处典型的清代南方地区田园式民居建筑。当时故居房屋以堂屋为界，北部为杨开慧一家居住，南部是其叔父家住所。此外，还有佃户用房、农具房、杂屋房。现主体建筑坐西向东，三面靠山，屋后有小山竹林，屋前是土坪池塘。故居为土砖木结构，分上、中、下三进和东、西两厢房，中辟天井。共有房间24间，粮仓2间，占地面积1400平方米。墙体土砖垒砌，三合土地面，小青瓦屋顶，大门为木门，有毛泽东手书的"板仓"二字。两侧为一副对联：

忠厚传家久

诗书继世长

1901 年杨开慧就出生于此。毛泽东同志曾三次来板仓并召集农民座谈会。1927 年大革命失败后，杨开慧在这里坚持开展了长达三年的地下斗争，直到 1930 年被捕牺牲。

杨开慧（1901—1930），号霞，字云锦，1901 年出生于长沙县板仓乡。杨昌济之女，毛泽东的第一任妻子，毛岸英、毛岸青、毛岸龙的母亲。1921 年加入中国共产党，一直追随毛泽东同志从事革命活动，在极为艰苦、险恶的条件下从事党的机要和交通联络工作，开展农民运动、工人运动、妇女和学生运动。在毛泽东率领红军第二次进发长沙后，杨开慧被国民党反动派逮捕。她拒绝退党或声明与毛泽东脱离关系，于 1930 年 11 月 14 日被杀害于浏阳门外识字岭，年仅 29 岁。1957 年，毛泽东为纪念杨开慧特写了《蝶恋花·答李淑一》词一首。

板仓屋场原为杨开慧之父、五四新文化运动著名学者、毛泽东的老师杨昌济的故居。

杨昌济（1871—1920），字华生，清光绪十五年（1889）进学，两次乡试未中，在家设馆授徒。中日甲午战争后，常与密友杨守仁讨论国是，认为"非改革不足以图存"。戊戌变法时，杨昌济就读于岳麓书院，不顾山长王先谦阻挠，毅然加入南学会，宣传新政、新学。对谭嗣同"以民为主"的政治思想非常佩服。戊戌变法后，杨昌济避居家乡，名书斋为"达化斋"，专心研究经世之学。其做人、为学，都有坚忍精神，尝曰："吾无过人者，惟于坚忍二字颇为着力，常欲以久制胜。"这种精神被学生称为"达化斋法门"，争相仿效。光绪二十九年（1903），杨昌济为寻求救国之道，以官费赴日本留学。去日途中改字怀中，以示不忘祖国。在日本曾参加抗俄运动。宣统元年（1909），由日转英深造，入苏格兰伯汀大学，攻读哲学、伦理学等，得文学学士学位。后又到德国考察教育。在英期间，闻广州起义失败，与杨守仁等十分悲痛。杨守仁蹈海殉国后，杨昌济写文悼念其舍身殉国、公而忘私的精神。民国二年（1913），杨昌济学成回国。他谢绝出任湖南省政府教育司长一职，专心从事学术研究与教育事业，先后在湖南省立四师、一师等校任教。曾营救被袁世凯迫害的杨德麟，又力劝杨度不要为袁氏复辟帝制张目，支持并参加新文化运动。为创建湖南大学奔走呼号，在舆论上、物质上做了大量工作。与黎锦熙、徐特立等组织编译所，编辑出版中小学教师各科教科书，翻译《西洋伦理学史》，编辑《论语类抄》、《教育学讲义》等，传世著作有《达化斋日记》，《杨昌济文集》。

杨昌济在教育上提出了许多有益观点。他主张知行统一，反对空谈，注重实践，主张以道德教育为中心，德、智、体全面发展。认为教育的目的是使人认识社会，养成在社会上自立和生存的能力，并关心社会进步。在德育方面，提出"立志、理想、爱国、殉国、勤勉、存诚、立功、勇敢、坚忍、贵我通今"等十个方面内容，鼓励学生立志做有益于社会的正大光明的人。主张教育普及要和提高相结合；一方面从"以民为主"的思想出发来普及教育，另一方面又关心提高。主张大力发展高等教育，反对赶时髦的留学风。他非常注重发现、爱护和培养人才，认为这是"悠悠万事，惟此为大"。他一生抱着"欲栽大木柱长天"的宏愿，培养了许多有志青年，对杨开慧，特别是对毛泽东、蔡和森等人影响很大。他学贯中西，既反对全部保存国粹，也反对全盘西化，其学风使毛泽东、蔡和森等受益甚深。民国七年（1918），杨昌济应蔡元培之聘，任北京大学伦理会教授。在北大，为赴法勤工俭学学生筹措经费，介绍毛泽东到北大工作，并独具慧眼，促成爱女开慧与毛泽东结合。他一生清贫，生病期间的家用开支和医疗费用靠蔡元培、章士钊、杨度等接济，逝世后，由蔡元培、胡适、马寅初、陶履恭、范治焕等联名发表启事，征求赙金，才得归葬于故里。

杨开慧两岁时，其父出国留学，随母亲乡居，在这里度过了童年，7岁时，入板仓杨公庙小学读书。杨昌济回信要妻子入学读书，开慧遂随母入衡粹学校（隐储女子师范学堂），母进实业班，女进附属小学。

民国元年（1912），杨昌济回国后在湖南省立第一师范任教。次年，杨开慧随母迁居省城，转入稻田女师附小。后停学在家，由父指导自学，长达四年。受父熏陶，即已形成坚忍刚毅的性格，并打下较好的文化基础。时在一师读书的毛泽东等一批进步青年，因常来杨家求教，杨井慧常听他们谈论治学做人和救国救民之道，敬服毛泽东的宏论卓识，心窃爱慕。

民国七年（1918），杨开慧随父赴北京，居家侍父病，仍在其父指导下自学。此时，毛泽东为组织赴法勤工俭学，也来到北京，常到杨家，杨开慧因此有机会进一步接触毛泽东，并深受他的影响。他们常一起阅读进步书刊和讨论问题，志同道合，感情日深。

民国九年（1920），杨昌济病逝，杨开慧同家人扶柩回长沙，不久进入福湘女中。她入校时，校长即注意其短发，说她男不男，女不女，是过激派，限期令其蓄发，她却一笑置之。当时杨开慧在省学联担任宣传工作，常在校刊上发表文章，抨击不合理的社会制度；揭露耶稣教义的无稽荒诞，公开正告校长："我不信教，不受洗礼！"周南女校学生袁舜英本为童养媳，因不堪丈夫虐待，投塘自尽。杨开慧得知后非常气愤，为伸张正义，带领同学上街宣传，在报刊上揭露真相，控诉封建包办婚姻的罪恶，号召妇女争取解放和婚姻自由。这事很快轰动全城，激起社会公愤。当时，男女禁止同校，为了打破这一陋习，杨开慧说服福湘、周南两校五个同学，一道毅然报考岳云中学，岳云中学也破例收取这几位开放女禁的"急先锋"。

1920年冬，杨开慧和毛泽东结婚，相约回板仓度岁，不做嫁妆，不坐花轿，不行婚礼。用他们的话说：就是"不作俗世之举"。

关于杨开慧与毛泽东的结合，及其婚后的生活，有许多生动感人的故事。

其实，年轻时代的毛泽东曾经抱过独身主义想法。那时他把恋爱和结婚看作是革命的拖累，曾与其好友宣称不恋爱、不结婚，尤其是他与蔡和森、蔡畅兄妹三人曾结盟誓约：为了革命，永不结婚。1936年，美国记者斯诺在延安采访毛泽东时，毛泽东说：年轻时"没有时间谈情说爱，认为时局危急，求知的需要迫切，不允许去谈论女人或私人问题"。毛泽东毫不隐讳地对斯诺回忆说，"我对女人不感兴趣"。他的话是可信的，萧三在一篇回忆中也曾谈及。可是后来的革命斗争中，蔡和森遇到志同道合的向警予，蔡畅遇到了志同道合的李富春时，他们兄妹首先违约，相继组成了革命家庭。

毛泽东与杨开慧的结合，又何尝不是如此呢？一来，他们早就相识相知，而促使他们相识相知的，首先就是杨开慧父亲杨昌济先生。

作为杨昌济的学生，毛泽东早在1914年就认识了老师的女儿杨开慧。那是他在湖南第一师范读书时，杨先生在这里任教。杨先生的家，就在南门口外的天鹅塘畔。那时天鹅塘还有垂柳和一汪碧水，杨开慧父亲把一块一尺长、三寸宽的"板仓杨"的铜牌钉在大门上。后来杨家搬到仰天湖，最后十多个第一师范的老师一齐租佃了定王台旁东庆街李氏芋园的一线平房居住。1914年、1915年是毛泽东来往杨昌济老师家最多的时候，当时毛泽东是杨昌济的学生，有时甚至就在杨家搭餐。杨老师吃饭的时候，禁止说话，毛泽东、萧子升等一批学生只顾拼命扒饭，杨开慧扑闪着眼睛，望着这些大哥哥们，想笑又不敢笑出来。

杨昌济特别重视人才。湖南学界名流、曾留学日本和英国十年的杨昌济教授认为，最好的学生是毛泽东、蔡和森二人，并说过："二子省内人才，前途远大。君不言救国则已，救国必先重二子。"杨教授对毛泽东的器重，当然影响到开慧，女儿因此也喜欢上了这个有才学、有抱负的好青年。后来，杨教授应蔡元培之邀，到北京大学任教。杨开慧随父住在北京。

1918 年，毛泽东为组织湖南学生留法勤工俭学赴北京做组织工作，在北京杨昌济先生家里，再次见到杨开慧时，她已长成一个亭亭玉立的大姑娘。这个姑娘在冬天竟也天天坚持"冷水浴"和体操锻炼，以磨炼自己的意志和体魄，这令毛泽东十分佩服。北京的冬天要比长沙冷好几倍，作为一个教授的千金小姐，如果没有鸿鹄之志是绝不会有这等不同常人之举的。毛泽东由此对杨开慧产生了一种由佩服到爱慕的感情。

第二年，也就是 1919 年底，毛泽东在北京再次与杨开慧相见。这一次，他发现杨开慧有了更大的变化，在经历过 1919 年五四运动洗礼后，她开始信仰共产主义，而且还认为在国内一边学习马列主义，一边开展革命运动，比去法国和苏联留学更重要。因此她要留在国内，这使毛泽东感到一种志同道合的欣喜。这种感情在过了二十年后，毛泽东还记得清清楚楚，他毫不隐讳地对斯诺说："我在这里还遇见而且爱上了杨开慧。"杨开慧也是这样，正如她在后来所写的那样："我是十分爱他，自从听到他许多的事，看见了他许多文章、日记，我就爱了他。不过我没有希望过会同他结婚。"

1920 年，杨昌济病逝，开慧回到长沙，就读于兴汉门外的福湘女中。同年 8 月，毛泽东在长沙成立文化书社，她参加书社的工作，并于这年冬加入中国社会主义青年团，成为湖南第一批团员。因追求男女同校，杨开慧后从福湘女中转到经武门外的岳云中学。杨开慧同时还在都正街担任过青年图书馆馆长。

那时，与毛泽东相识的女性中，还有个陶斯咏即陶毅，当时他们的交往也是比较密切的。据《毛泽东年谱》所载，1920 年 9 月 25 日，毛泽东曾邀一师附小文书张文亮、陶毅和杨开慧等到文化书社会见，下午还同游岳麓山。据说，这个陶斯咏长得十分美，人们认为她是与毛泽东互有情意的女子。因为陶斯咏爱慕毛泽东，而毛泽东也确是欣赏陶斯咏，但是陶斯咏信仰无政府主义，不主张共产主义，也不参加革命活动，并且身体多病，常常需要静养，陶显然不是毛泽东理想的选择对象。而杨开慧有非常人之举，她才是他要找的志同道合者。

可以肯定地说，当年毛泽东之所以选择杨开慧，其主要原因是两人志同道合，他们都是马克思主义的坚定信仰者。杨开慧在北京时，又遇到五四运动，父亲的教诲和环境的影响，使开慧有了许多新思想，看上去文静、贤惠，骨子里却是当时社会上少有的蔑视封建习俗的前卫开放的女性。她回到长沙在福湘女中时，是全校唯一剪短发的学生，校方认为这是"过激派"的象征，限令其三月内蓄起发来。杨开慧则坚持剪发是自己的自由。思想如此解放的女子，同毛泽东交往才有许多共同语言。这位站在时代前列的女性，确实无愧于"骄杨"之称！

然而，他们的结合也并不是一见钟情即定终身的，其间也发生有矛盾和曲折。因为男女恋爱毕竟是私密的情感世界，必有磨合的情感痛苦历程，何况俩人都有一种"傲"性格。正如杨开慧后来在其手稿中写的："我们彼此都有一个骄傲脾气，那时我唯恐他看见我的心（爱他的心）。""他因此怀了鬼胎，以为我是不爱他。但他的骄傲脾气使他瞒着我一点都没有表现……"

内心倔强的杨开慧当时对爱的认识是："因为我不要人家的被动爱，我虽然爱他，我决不表示，我认定爱的权柄是操在自然的手里，我决不妄去希求。我也知道都像我这样，爱不都会埋没尽了么？然而我的性格，非如此不行，我早已决定独身一世的。"

毛泽东对杨开慧却感到既自信又不自信。自信，是他感觉杨开慧是喜欢他的；不自信，是杨开慧有时对他又好像毫无那方面的意思，这使自尊又傲气的毛泽东陷入了苦恼。

这时的毛泽东为集合革命青年、宣传马克思主义，正竭尽全力办文化书社，因为经费困难，使他愁眉不展。杨开慧察觉以后，回家动员母亲杨太太拿出父亲逝世后的奠仪金，又动员大姨妈把绣花赚得的 100 块大洋，全拿出来支持毛泽东办文化书社。王首道、陈赓等革命青年就是读了文化书社发行的马克思主义书籍，通过文化书社结识毛泽东，最后追随毛泽东走上革命道路的。

文化书社办成了，杨开慧又积极组织当时女校学生开展妇女解放运动。她带领后来成为中国当代文学家的丁玲等六个周南女生，勇敢进入男校与男生们同校同教室上课，一举成为当时社会的头条新闻，杨开慧成为风云人物。她那现代的打扮、秀丽的面容、凛然的正气和勇往直前的精神，受到许多男生的追捧，其中就有杨开慧在后来的手稿中写到过的叫"三和君"的青年，他直接向杨开慧表示了爱意。

毛泽东当然等不及了，再骄傲就有可能失去杨开慧。于是，经过一番"江海翻波浪"似的失眠后，毛泽东开始了对杨开慧的追求和"进攻"。他先是给杨开慧写了很多信，并且用心地写了一首情诗——这就是 1994 年 12 月 26 日《人民日报》第一次公开发表的那首《虞美人·枕上》(1920)，迫不及待献给杨开慧，向她表达强烈爱慕之心——

> 堆来枕上愁何状，江海翻波浪。夜长天色总难明，寂寞披衣起坐数寒星。晓来百念都灰烬，剩有离人影。一钩残月向西流，对此不抛眼泪也无由！

杨开慧选择爱人是非常认真的。据她说，看到毛泽东的许多信"表示他的爱意"，才表示同意的。毛泽东对杨开慧虽然一往情深，不过她也听说，"风华正茂"的毛泽东也是长沙城内别的才女追求的对象，杨开慧因此非常不安。她当时的嫂子、杨开智的妻子李一纯（后又嫁给李立三、蔡和森），直接去向毛泽东挑明杨开慧的心思。毛泽东则说明心爱的人只有"霞姑"。据李淑一回忆，杨开慧随即就收到了毛泽东的这首《虞美人》。

杨开慧此刻真是被"炸"了，而且炸得她也清醒了。因为她知道，那时陶斯咏在暗恋毛泽东，而毛泽东似乎也在犹豫和选择。她被这件事"炸"开了"我的心盖"："……因此我们觉得更亲密了。"后来她把此事写进手稿中，说："一直到他（指毛泽东）有许多的信给我，表示他的爱意，我还不敢相信我有这样的幸运！不是一位朋友，知道他的情形的朋友，把他的情形告诉我——他为我非常烦闷……自从我完全了解了他对我的真意，从此我有一个新意识，我觉得我为母亲而生之外，是为他而生的。我想象着，假如一天他死去了，我的母亲也不在了，我一定要跟着他去死！假如他被人捉去杀了，我一定要同他去共这一个命运！"

杨开慧接受了毛泽东的爱，一对相互爱慕又志同道合的人，在 1920 年冬天终成眷属。从此，杨开慧把自己的生命和爱，全部交付给了毛泽东。

说起这首《虞美人·枕上》，还有一段故事。那是 1957 年 1 月，在长沙市十中任教的李淑一看到公开发表的 18 首毛泽东诗词，想起曾经和同学杨开慧一起走在留芳岭下，杨开慧给她看过的一首毛泽东写给开慧的情诗，但 37 年过去了，她只记得开头的两句。于是请求毛泽东补齐，并附赠自己写的怀念柳直荀的一首词作。毛泽东在 1957 年 5 月 11 日回信给李淑一，信中附有著名的"我失骄杨君失柳"的《蝶恋花》。他认为当年的情诗不好，不写也罢。同时，毛泽东在中南海却努力补齐当年（1921）写给杨开慧的《虞美人·枕上》(1921)。他在 1957 年手书后，又于 1961 年重作修改并再次手书交给身边卫士张仙朋，嘱其好好保存。这足见毛泽东内心看重自己与杨开慧的这段恋情。这枝毛泽东当年递给杨开慧的爱情"橄榄枝"，直到毛泽东逝世 18 年后才在纪念他 101 诞辰日公开与读者见面。

从某种意义上来说，结婚仅仅是爱情的开始。恋爱是浪漫的——那是园中鲜花的开放，那是东方朝霞的铺彩，那是远处醇酒的芬芳，那是镜中姣美的倩影，虽然其中会有曲折，有波澜，甚至是痛苦，却多是短暂而甜蜜的。婚后的家庭生活，就大不同了。

真正的爱情，是两个同心圆的磨合。而这颗"心"，不仅是"志"，不仅是"道"，更多的是思想、情感、性格、追求与爱好，还有生儿育女等等琐碎而屑小的事情，是漫长的，却不是短暂的，有朝夕的耳鬓厮磨，也会有牛郎织女似的隔河相望，甚至还有"天有不测风云"的磨折、打击与摧残……革命战争年代里，尤其是这样。即便是伟人，也毫不例外。

毛泽东与杨开慧 1920 年冬在第一师范附小主事室成婚后，暂住于此，后住自修大学。1921 年，毛泽东赴上海创立中国共产党，回湘后创建了中共湘区委员会，地址在现长沙市清水塘，杨开慧亦入党，同在湘区委工作，他们居住于清水塘，以夫妻为掩护从事党的地下秘密工作。杨开慧担任机关机要和联络，协助毛泽东工作，再一次动员其母将父亲逝世时亲友所赠奠仪捐出，作为革命活动经费，且将母亲接来，以便照顾工作和生活。

清水塘畔，22 号一栋小小的房子里，因此有了蓬勃的朝气和亮丽的灯火，有窗前脉脉的凝眸，月下双双的漫步，灯前通宵达旦的伏案……更多的则是不时来访的革命者匆匆的身影。那位背叛家庭的叶德辉外孙女朱舜华（张琼），当年曾住清水塘，亲眼目睹了杨开慧半夜里帮毛泽东煮面和誊抄文稿的相亲相爱的和谐与温馨。

不久，这里又响起了婴儿的啼哭，传来了摇篮边的儿歌——1922 年，杨开慧生下第一个儿子毛岸英。1926 年，宁乡人陈玉英来到望麓园 1 号毛泽东、杨开慧家里当保姆时，她也曾看见快要生小孩的杨开慧，依然还在帮毛泽东抄写整理农运调查材料，按其要求进行综合、选择、整理、分类、誊正，使《湖南农民运动考察报告》迅速脱稿。后来他们去了武昌，住在武昌农讲所,《湖南农民运动考察报告》刊发,他们的第三个孩子毛岸龙就是在那里出生的。当时,毛泽东忙于筹划中央农民运动讲习所开学,孩子出生三天后才去看妻子,见面时毛泽东表示歉意,她却说:"生小孩你在这里我要生,你不在这里我也要生,你工作要紧!"

1923 年 4 月,毛泽东离湘赴上海党中央工作时,把已经怀上第二个孩子的妻子留在家中。杨开慧生性要强,渴望独立工作,家中有幼儿,丈夫忙于革命事业,不仅要早出晚归,而且要奔波在外,离别的日子终于来临,这使年轻的妻子顿时感到了某种寂寞,她一时不好受了,因此有了对毛泽东的"怨言"或"误会",夫妻俩终于产生了"矛盾"。毛泽东《贺新郎·别友 (1923)》,以艺术的形式真实而巧妙地给我们留下了这段令人震颤的伟人情感生活的往事实录——

> 挥手从兹去,更哪堪凄然相向,苦情重诉。眼角眉梢都似恨,热泪欲零还住。知误会前番书语。过眼滔滔云共雾,算人间知己吾和汝。人有病,天知否?
>
> 今朝霜重东门路,照横塘半天残月,凄清如许。汽笛一声肠已断,从此天涯孤旅。凭割断愁丝恨缕。要似昆仑崩绝壁,又恰像台风扫寰宇。重比翼,和云翥。

这一年的 6 月,中国共产党第三次全国代表大会在广州召开,毛泽东出席了大会,当选为中央执行委员。大会通过了《关于国民运动及国民党问题的议决案》,决定同国民党合作,建立革命统一战线。9 月至 12 月,毛泽东在湖南从事党的工作,年底奉中央通知由长沙去上海转广州,准备参加国民党第一次全国代表大会。据此,毛泽东上面这首词,可能作于这年 12 年月底离开长沙的时候。词中所记即这次与杨开慧的第二次长沙离别。当时革命形势在上升,作者"割断愁丝恨缕"而为革命事业献出全副身心的豪情,以及作者所预想的未来革命的猛烈壮阔,这在词中"昆仑崩绝壁","台风扫寰宇"的比喻中得到强烈的表现。

毛泽东离开长沙后,杨开慧在清水塘居住到 1924 年 5 月。毛泽东在词里热情地期待着在将来的斗争中与志同道合的伴侣重新相会,双双展翅高飞——"重比翼,和云翥"。

"二七"惨案后,毛泽东走避上海。这年杨开慧回到板仓,生下毛岸青。不久又携岸英、岸青赴上海。此后三年,她奔波于上海、韶山、广州、武汉，和毛泽东在一起工作，直至 1926 年年底，才偕同母亲儿子回到长沙。

"八七"会议后，毛泽东秘密潜回湖南，奉命组织秋收起义。他开完改组后的中共湖南省委第一次会议后，星夜赶到板仓看望在此隐蔽的妻子和三个孩子。8 月 16 日，又在杨开慧陪伴下潜入长沙，住进岳父留下的那座挂着"板仓杨"匾额的房子，日夜进行暴动准备，杨开慧照料着丈夫的生活。8 月底，毛泽东去部署指挥秋收起义，行前嘱咐杨开慧照顾好孩子、参加一些农民运动。

第二天清早，杨开慧给丈夫带上草鞋，要堂弟杨开明送他一程，并叮嘱毛泽东最好扮成郎中（医生），依依不舍地目送着毛泽东匆匆离去——他们，谁都没有想到，这次话别，竟成为一生的永诀！

从此，她带着三个孩子，在家乡继续秘密从事党的工作。

当时，板仓周围环境十分险恶：南有张辉瓒的部队，东有四十八家大地主，北有罗定安的民团，清泰乡还有范庆熙、梁镇球等土豪劣绅。杨开慧处此虎穴狼窝之中，镇定自若，机智灵活，与郑家奕等人组成中共临时支部，领导长沙、平江、湘阴边界一带的地下斗争。

在那些寒冷难熬的日子里，在那种严峻而恐怖的现实面前，杨开慧在从事秘密革命活动的同时，日日夜夜，无时无刻不在深深思念着远方的毛泽东——

> 天阴起朔风，浓寒入肌骨，念兹远行人，平波突起伏。足疾已否痊？寒衣是否备？孤眠谁爱护？是否亦凄苦？书信不可通，欲问无人语。恨无妇飞翔，飞去见兹人。兹人不得见，惆怅已无时。

这是她写于 1928 年 10 月里的《偶感》诗——是她用心和血谱写的人间最美的绝唱。

这样的绝唱，不仅有新诗和旧体诗，有自传体散文，有杂文，还有没有寄出也无法寄出的书信……

1950 年、1982 年、1990 年，在修葺板仓烈士故居时，人们曾三次偶然发现杨开慧藏在卧室后墙泥砖缝中和故居墙壁隙缝中的手稿。这些写于 1928 年 10 月至 1930 年 1 月间近万字的手稿里，真实地记录了她与毛泽东的爱情故事，抒写了她对毛泽东的坚贞的爱情，表达了她对自己和润之的事业的自信——中国革命终将取得胜利的喜悦，展示了她对革命对毛泽东的忠贞不渝，也表达了她已做好随时为革命牺牲的视死如归的精神，交代后事时割舍不下三个孩子的依依不舍的母爱之情，要把与毛泽东别后三年的情况告诉毛泽东的情怀……且让我们听一听这位伟大女性离别人间之前的这段超越历史时空的绝唱吧——

　　自从我完全了解他对我的真意，从此我有一个新意义，我觉得我是为母亲生之外，是为他而生的……假如他被敌人捉着去杀，我一定要跟着他去共这一个命运！

　　我想假使是他死了，我的情丝将永远缚在他的尸体上，不会放松，可惜他还不知道我这番情景。

　　……我想象着，假如有一天他死去了，我一定要跟着他去死。假如能被人捉着去杀，我一定要同他去共这一个命运？

　　今天是他的生日，我格外不能忘记他，我暗中行事，使家人买了一点菜，晚上又下了几碗面，妈妈也记着这个日子。晚上睡在被里又伤感一回……

　　……我好像已经看见了死神——唉！它那冷酷的面孔！说到死，本来，我并不惧怕……只有我的母亲和我的小孩呵！我有点可怜他们！这个情绪缠绕得我非常厉害……前晚竟使我半睡半醒的闹了一晚。我决定把他们——小孩们托付你们。经济上只要他们的叔父（指毛泽民等）长存……而且他们的叔父是有很深的爱对于他们的。但是倘若真个失掉一个母亲，或更加一个父亲，那不是一个叔父的爱可以抵得住的。必须得到你们各方面的爱护，方能在温暖的春天里自然生长，而不至受那狂风骤雨的侵袭。

　　……

　　杨开慧的这些手稿，现就陈列在开慧纪念馆里，是来馆参观者人人关注的焦点和亮点。人们仅仅从这里就可以看到，这个富有崇高理想和才华，心思细腻、感情丰富的女子，在白色恐怖的年代里，如何因为孩子所牵绊而无法追随爱人的步伐，如何在从事秘密地下工作的间隙里，把所有的思念和热恋等情愫，用文字密密地记录下来的情景。她已经预感到了，敌人将会下最后的毒手，自己将不久于人世，为了交代后事，为了让爱人日后能看到这些书信，她把手稿分别藏进墙壁、屋檐甚至是菜地里——或许有的早已毁坏，或许有的还没有被发现吧，无论如何，我们终于看到和听到了：

　　"这样的爱情是千古绝唱，杨开慧是近代奇女子！"

"她是忠贞而刚烈的，是一个好妻子、好母亲，更是一个坚强不屈的革命者！"

参观者的这些赞赏和评价，一点也不过分！人们唯一感到万分遗憾的，是这些手稿在毛泽东逝世后才被陆续发现。他老人家生前一直在追怀"骄杨"，可就是看不到她的"遗言"，看不到她留下的点点"痕迹"，他老人家的心里，也是何等的寂寞和痛苦啊！如果他生前看到了这些手稿，心中不知又会"枕上"如何"江海翻波浪"呢！

果然，罪恶的魔手终于伸过来了。1930年，红军攻打长沙失败，10月中旬的一天，杨开慧刚从一个秘密联络点安排完工作回来，由于叛徒出卖而被捕，随即解押长沙。同时被捕的还有其保姆陈玉英和八岁的毛岸英。据说，当时杨开慧母亲曾找到蔡元培等人，请他们发电报保释，但军阀何键接电后，马上下令行刑，回复蔡元培等人诡称是接到电报时已经处决。在狱中杨开慧被五次过堂审问，虽被折磨得遍体鳞伤，但她坚贞不屈，大义凛然："你们要打就打，要杀就杀，要想从我的口里得到你们满意的东西，妄想！""砍头只像风吹过！只能吓胆小鬼，吓不住共产党人！"卑鄙无耻的叛徒、曾任湖南省委书记的任卓宣则向何键献策："杨开慧如能自首，胜过千万人自首。"敌人果真求杨开慧登报：只要宣布同毛泽东脱离关系，即可获得自由。杨开慧对此断然拒绝。敌人又以"你上有老母，下有孩子"来威胁，她也只淡然一笑。后不到一个月，即11月14日下午，杨开慧英勇就义于长沙市的识字岭。

> 杨开慧就义处——位于长沙市文艺路街道识字岭社区，为岭上的一片平地。清代和民国时期，识字岭上一块空地被辟为刑场。1930年11月14日，杨开慧在此英勇就义，年仅29岁。旧址面积约400平方米。后人为纪念杨开慧，其就义处保留纪念碑一座，简单介绍了杨开慧的生平。雕塑为一个手持鲜花的小女孩，低头缅怀革命先烈。毛泽东词石刻一块，上刻《蝶恋花·答李淑一》，表达了毛泽东对杨开慧的思念之情。

杨开慧牺牲时，才29岁，她留下的遗言，是其手稿里的这段话：

> 死不足惜。我死后希望家里人不作俗人之举，只愿润之革命早日成功！

其堂弟杨开明（1905—1930）年轻时参加革命，不久因叛徒出卖在汉口被捕，也牺牲于识字岭，年仅 25 岁。

1930 年 12 月，正在中央苏区部署并指挥反"围剿"的毛泽东，从毛泽覃在江西吉水缴获的敌人报纸上获悉杨开慧牺牲的噩耗时，顿时失声痛哭，悲痛地连念数遍："开慧之死，百身莫赎！"他当即写信给杨家亲属，托人送了 30 块光洋，安葬杨开慧。

新中国成立后，毛泽东数次接见杨开慧生前的亲戚朋友，只要谈到或想起杨开慧，就满脸悲戚，以至留下的所有照片，例如在长沙与杨开慧闺中密友李淑一的那张合影，其表情都凝重得没有一丝笑容。

1950 年 4 月，毛泽东在接见杨开慧烈士的堂妹杨开英时说："你霞姐（指杨开慧）那时是积极主张武装斗争的。"一再肯定和赞扬杨开慧与他的志同道合。

1954 年，毛泽东在中南海对身边卫士谈到杨开慧时说："她的牺牲，很大一个原因就是她是我毛泽东的夫人。我对她很负疚！"

1957 年 6 月的一天中午，毛泽东见到孙嫂陈玉英时，与之谈了两个多小时，多次问起杨开慧和毛岸英在狱中的情况。毛泽东总低着头，流着泪。孙嫂担心讲多了引起他难过，只说杨开慧经受严刑拷打，始终坚贞不屈，并谈到对毛泽东真挚的感情和对岸英兄弟的深切期望，毛泽东泪流满面。当他听孙嫂多次提到杨开慧与自己离别后，时常会在纸上写些东西，又了解到杨开慧故居旁的一片菜地，一位姓缪的人家曾挖出杨开慧埋的一个瓷坛，里面的纸张全部化为酱红色的纸浆了……他悲戚地凝思不已。

1957 年 5 月 11 日，在给李淑一的回信中，毛泽东附上了著名的《蝶恋花》一词，第一句就是"我失骄杨君失柳"。旧时对女子的雅称本应用"娇"字，毛泽东为何这里却用"骄"呢？据说当年推荐杨昌济去北京大学任教的章士钊，曾问"骄杨"当何解？毛泽东说："女子为革命而丧其元（头），焉得不骄？"

1962 年杨开慧的母亲杨老夫人去世时，毛泽东在致杨开慧的哥哥杨开智的信中说："开智同志：得电惊悉杨老夫人逝世，十分哀痛，望你及你的夫人节哀。寄上五百元，以为悼仪。葬仪，可以与杨开慧同志我的亲爱的夫人同穴。我们两家同是一家，不分彼此。望你节哀顺变。"信中"杨开慧同志我的亲爱的夫人"的称呼，更传递了他内心中难以言表的深厚感情。

此后，毛泽东一生念念不忘"骄杨"，一次次地追问杨开慧深沉似海的"爱的遗言"，总认为杨开慧应该会有交代，频频打听杨开慧在 1927 年与自已分别后至就义时的生活情况。

毛泽东曾四次接见与杨开慧一起坐牢的保姆——孙嫂陈玉英，此前更是写信，表明对孙嫂在狱中的坚强不屈很了解，并表示肯定。

直到1975年，那已是毛泽东的黄昏岁月了，老人家还希望身边工作的女同志，能剪个开慧当年的发型——

因为，在他心里，只有这个发型最好看；

因为，杨开慧的美丽，永远定格在29岁的年华中；

因为，正是这个发型，永远地定格在他的心里！

或许在他临终的那一时刻，也在思念着她吧！

杨开慧牺牲当天，韶山毛氏宗族派了族中最有名望的六叔公赶到长沙，找到收殓杨开慧遗体的杨开慧亲戚，沉痛代表韶山毛氏家族，请求将杨开慧遗体运回韶山安葬。杨家亲戚告诉他：开慧生前有交代，死后葬回娘家板仓，韶山六叔公只好黯然而归。亲友们冒着生命危险，连夜把烈士的遗体运回板仓，埋葬在青松环绕的山坡上。

杨母去世后，按毛泽东的嘱咐，将母女合葬；2007年毛岸青逝世，2008年韶华逝世，二人皆合葬于此；直到2010年，又将毛岸英塑像也树立于此，一家三代，终于"团圆"于板仓——杨开慧陵园。

据说，在安放毛岸英塑像的那天，当起吊机将塑像从山下送上去时，塑像在空中缓缓地转动着，渐渐地面朝母亲杨开慧，好长一段时间不动，后又转向面朝其弟毛岸青，也是静静地立定了一些时间不动，待到下放于基座时，人们都很担心，安放会费些时间，然而竟毫发不差地顺利安放于既定的基址位置。

又据说，此前这里每年每次举行纪念活动，几乎年年次次都要下大雨——那大概就是毛泽东词里所说的"泪飞顿作倾盆雨"吧？然而，自此以后，凡举行活动时，就再没有下过雨——或许，他们是真正得以"安息"了！

3. 魂兮忠烈

· 英烈创伟业，足迹踏遍大江南北，威名远播
· 忠魂归故里，仙音响彻万里长空，万古流芳

我失骄杨君失柳，杨柳轻飏直上重霄九。问讯吴刚何所有，吴

刚捧出桂花酒。

　　寂寞嫦娥舒广袖，万里长空且为忠魂舞。忽报人间曾伏虎，泪飞顿作倾盆雨。

这就是著名的《蝶恋花·答李淑一》。

词中的"杨柳"，指的是杨开慧和柳直荀。前者是李淑一的闺中密友，后者是毛泽东的战友。我们最早就是从这首词里认识革命烈士柳直荀的。

　　柳直荀（1898—1932），长沙县高桥镇中兰村人。1912年考入长沙广益中学，后入雅礼大学预科。求学期间，结识杨昌济、毛泽东、何叔衡、张昆弟等人，1920年10月加入中国社会主义青年团。1924年2月加入中国共产党。1926年7月，北伐军攻占长沙，柳直荀当选为新成立的省政府委员，并任省农民协会秘书长，为推动湖南农民运动蓬勃发展作出了重要贡献。"四一二"反革命政变后，他立即发出声讨蒋介石的联合通电，动员民众与国民党新军阀作坚决斗争。1927年"马日事变"发生当天，他迅速发动工农义勇军奋起抵抗，组织10万工农义勇军进攻长沙。同年7月，参加南昌起义。后被党派往上海、天津等地从事秘密斗争。1928年9月任中共顺直省委秘书长、中共湖北省委书记等职。1930年4月，受命到洪湖革命根据地工作，任红二军团政治部主任、军团前敌委员会委员兼红六军政委。与贺龙、段德昌等率部打退了敌人多次围攻。1931年6月，任鄂西北临时特委书记兼房县县委书记。此后，受命组编红二十五师、鄂西北独立团、洪湖独立团，后合编为红八师，柳直荀均兼任政委，为巩固和发展革命根据地作出了巨大贡献。1932年9月，在湖北监利因肃反扩大化被错杀，时年34岁。1945年4月，中共中央给柳直荀平反昭雪，追认为革命烈士。1957年5月11日，毛泽东复信柳直荀夫人李淑一，并附《蝶恋花·答李淑一》词一首，"我失骄杨君失柳，杨柳轻飏直上重霄九"，表达了他对柳直荀的怀念之情。

当年，在公开发表这首词时，对于柳直荀并没有这么详细的介绍，那时只是简单地注解为"烈士"，至于他是如何"烈"的，并没有点明。

后来，随着时间的推移，特别是党史中某些问题的解密，尤其是一些老同志的回忆和新闻记者的调查报道，柳直荀的革命经历和死因才渐渐大白于天下。今天我们来到柳直荀老家，路上不禁问起这件事。陪同的友人说，提起柳直荀之"被错杀"，话可就长了。

柳直荀的老家，在长沙县高桥镇高桥村花园坡一处叫方田冲的山坳里。那是一片低山丘陵地，位置比较隐秘，显得十分幽静，甚至可说是悠远的僻静。四面环山，山上是亚热带常绿阔叶林，有樟、枫、杉等，树木茂盛，一年四季绿葱葱的。旧时这里是长沙百里茶廊所在地，早在明清时就遍布茶庄，著名茶叶"高桥银峰"就产于此。现在，山外有207省道，距柳直荀故居大约2公里，有简易公路直通。

那是一座始建于清光绪年间，具有清末江南民居的典型样式建筑。小青瓦屋面，一层砖木结构，共有大小房间十间，正中上下两间为柳五亭家教之处，左为厨房杂屋，右为住房，最侧一间为柳直荀青少年时住房。大门上方有柳五亭先生书写的"黄棠山庄"四字，左右两侧有门联，曰"厚德载福，和气致祥"。门前有口小池塘，系山泉汇集而成。塘水清冽，塘边岩石地上有井一口，乃柳五亭设计开凿而成，泉水源自石壁中，冬暖夏凉，甘甜可口。土改时，柳五亭被划为封建地主，房屋被分为农民所居，室内物品被没收，后来居住在故居内的村民陆续迁出，并将自己所住的房屋拆除，致使故居受到损毁，只保留了中栋。故居曾于1988年、2004年得到了两次大规模的维护和修缮。现存建筑坐西朝东，大部分保持原样，占地面积200多平方米。2006年，柳直荀故居被公布为省级文物保护单位。

柳直荀出生在一个知识分子家庭。祖父柳正荣，字襄丞，中过清朝举人，在家乡教了几十年私塾。父亲柳五亭，在长沙县城教过几年家馆，后来被清政府选派去日本留学。在日本，柳五亭结识了中国民主革命的先驱者——孙中山先生。辛亥革命时期，柳五亭是革命党的热烈拥护者。后曾在日本陆军士官大学教书，并娶日本女子为妻。他学贯东西，还是湖南著名的体育家和武术家。毛泽东当年在第一师范读书时，听其老师杨昌济介绍后，专程到柳家访问并求教于柳先生。大革命时期，毛泽东为避开敌人追捕，曾在柳家躲过两天。临走的那天早晨，毛泽东不小心摔破了一片调羹，柳五亭先生认为兆头不太好，要留毛泽东多住几天，毛泽东婉言谢绝，后来的事实证明此事并无影响。又据说柳家世代学医，救死扶伤，不辞劳苦。柳五亭医术高明，医德高尚，乡间流传有他势力一方、保护一方、惠泽一方的感人故事。

1898年11月3日（清光绪二十四年农历九月二十），柳直荀即诞生于此，他又名柳克明。父亲为他取名"直荀"，就是取《荀子》中的"蓬生麻木，不扶而直"之意，期望儿子不随波浮沉，不同流合污。在波澜壮阔、泥沙俱下的大革命时期，柳直荀的一生是对此最好的诠释。

柳直荀自幼得到父亲严格系统的训练。辛亥革命爆发那年，13岁的他便走出家门，到长沙县高桥镇办的国民学校读书。1912年秋，考入长沙广益中学。其父与杨昌济为世交，他在广益中学读书期间，曾寄居在"板仓杨寓"——杨昌济先生家。当时在第一师范求学的毛泽东、蔡和森、张昆弟等人，常来杨寓请教，师生纵谈治学、救国之道，柳直荀参与聆听，深受教益。又听杨昌济说："毛泽东不比常人，与其交之，以其为榜样，当得大益。"遂与毛、蔡交往甚密，随即参加新民学会。

1916年柳直荀考入雅礼大学预科，后升入该校教育系。雅礼是美国人所办的教会学校。美国传教士艾迪博士劝其入教，柳直荀幽默地说："皇帝也好，上帝也好，都是帝制。中国人好不容易才推翻了皇帝，大可不必再来个上帝。"五四运动时，柳直荀组织进步同学在校内张贴"外争国权，内惩国贼"等标语，受到美籍教师哈尔辉无理干涉，说这是雅礼校区，不准胡来。柳直荀厉声反驳说："这个雅礼是在中国的土地上，我们在自己的国土上贴标语，维护国家主权，你有什么资格阻拦！"他组织同学上街游行，学监堵住校门，以开除学籍相威胁，柳直荀挺身而出，质问学监："救国图存，匹夫有责，你为帝国主义帮腔，岂能为人师表？试问，现在列强要瓜分我们国土，如果不进行反抗，国籍都难保，还谈什么学籍！"

这时期，柳直荀作为雅礼学生代表参加省学联，组织雅礼、湘雅的"救国十人团"联合会，被选为副总干事。1919年5月27日，毛泽东组织成立了长沙学生联合会，柳直荀被推选为评议部长，参与领导驱张运动。1923年与同学陈虔僧等创办协均中学。翌年2月，经何叔衡介绍，与毛泽东弟弟毛泽覃一道加入中国共产党。同年在雅礼大学毕业，获文学士学位，出任长沙师范学校教务主任，兼任协均中学校长。经杨开慧介绍，与李淑一结为夫妇。此后，柳直荀始终站在反帝反封建的前列，先后担任省教联、省外交后援会、青沪惨案雪耻会、反帝大同盟、非基督教人同盟等爱国群众组织的领导成员，组织罢市、罢工、罢课和示威游行。1926年7月，北伐军攻占长沙。柳直荀当选为新成立的省政府委员，并任省农民协会秘书长，同时按照党的要求，到湘潭等地开展农民运动。为建立农民革命武装，与省清乡督办署罗先岜、长沙团防局长萧蔚云斗智斗勇，接收了这两个反动武装组织，改编为农民自卫队，为后来秋收起义和建立工农红军奠定了群众基础。

1927年"四一二"政变后，柳直荀与省农会其他负责人联名通电声讨蒋介石，举行工、商、学各界十余万人的反蒋示威和铲除反革命示威大会，智擒"文妖"叶德辉。大会上处决了叶德辉和惨杀庞人铨、黄爱的凶手李佑文等。"马日事变"前，柳直荀曾提出先发制人、解除许克祥运动武装的设想，未被采纳。1927年5月21日，许克祥在长沙制造了震惊全国的"马日事变"，成千上万的共产党员和革命群众倒在血泊中。共产党人并没有被白色恐怖所吓倒，而是英勇顽强地展开了武装反抗反动派的斗争。事变当晚，柳直荀与夏曦等正在开会研究应变措施，准备发动农民自卫军奋起反抗，突被叛军包围，他突围得脱。旋即只身赴湘潭与中共湘潭地方执行委员会书记杨昭植等人取得联系。

5月23日，柳直荀（时为湖南省农协秘书长）在湘潭县召开军事会议，决定立即动员和集中各地工农武装，组织湖南工农义勇军，由柳直荀、王洪伦、王基永、杨昭植、韩伟等组成义勇军总司令部，柳直荀担任总司令，统一指挥平定长沙反革命叛乱的军事行动。

湘潭军事会议决议传达下去后，各地共产党组织和工会、农协分头动员群众，几天内便集结工农武装10万人以上。他们满怀豪情壮志，喊出了"梭镖亮堂堂，擒贼先擒王，打倒蒋介石，活捉许克祥"的口号。

5月28日，总司令部下达了分四路会攻长沙的命令。29日，柳直荀指挥湘潭、湘乡工农义勇军在姜畲迎头痛击来犯的许克祥叛军，揭开了围攻长沙的序幕。30日和31日，工农义勇军数万人在长沙和浏阳交界的永安一带会师，兵分两路进攻长沙。一路由东屯渡过浏阳河向长沙小吴门、浏阳门进攻，一路由永安、㮾梨渡河向长沙天心阁及南门口进攻。31日上午，工农义勇军前锋一路进至小吴门，一路进至南门口，击毙敌连排长3人、士兵数十人，敌军纷纷丢弃枪械，脱掉军装，化装逃窜。工农义勇军攻占了小吴门、韭菜园等地。此时，被围困在长沙城内的许克祥叛军，听说柳直荀率"十万农军"攻城，一夕数惊，哀叹末日即将来临。

可惜的是，当时在武汉的共产国际代表和奉行右倾机会主义路线的领导人鲍罗廷、罗易、陈独秀等，急忙下令"湖南问题应静候国民政府解决、农军不得进攻"，十万工农义勇军进攻长沙的斗争最后以失败告终。

尽管如此，此次工农义勇军围攻长沙的壮举，仍有其深远的历史意义。它把大革命时期的湖南农民运动推向顶峰，显示了工农群众的强大力量，是此后中国共产党领导发动历次武装起义的总预演。在这方面，柳直荀功不可没！

柳直荀卓有成效的活动引起了反动当局的注意。他们四处搜捕柳直荀等革命者。在敌人追捕的罗网中，多亏一个同情革命的绅士通风报信，他得以迅速烧掉手边的重要文件，后由两个工友带由小路逃出，几经辗转，安全脱险。同年6月至武汉，7月与郭亮等从武汉奔赴南昌，被党组织编入贺龙部二十军东征讨蒋，随即参加"八一"南昌起义。起义部队南撤广东时，在潮汕战役失败，柳直荀辗转至上海等地，从事中共地下工作。

在上海的时候，柳直荀曾得到在青帮大亨杜月笙公馆里寄身的同乡前辈杨度的全力帮助，被送到闸北青云里上海劳动大学教工宿舍区隐蔽了几个月才得以摆脱敌人的追捕。该校原为国共两党合办，瞿秋白曾任社会学系主任，兼党团负责人。

1928年3月，瞿秋白在沪西隐蔽地秘密约见柳直荀，告诉他自己即将去苏联向共产国际中央汇报工作，现正在苏联驻沪领事馆秘密办理出国签证。他已与周恩来、任弼时、李维汉（罗迈）商定，派柳直荀随尚未加入中共但矢志支持党的事业的杨度，潜往苏南太湖九县乡镇做联络革命力量的工作，争取打开局面，以作为以后对上海地下党工作的掩护和接应。瞿秋白因在前一时期作为党中央的主要领导人受到党内批评而不免有挫折感，虽感委屈，但他对革命事业仍充满了胜利信念。他告诉柳直荀，以后遇险危急时可去向自己表兄薛迪功求助，薛是地方开明绅士，国民党左派，"四一二"事变前就与当地中共党员恽逸群、杨锡类等同志关系密切，目前薛迪功任武进县教育会长，有一定的影响。柳直荀化名柳志远，扮作药材商，与大自己二十多岁的杨度秘密来到无锡，在杨度的旧友华振家处暂且住下。

华振家曾在北京北洋政府农村部当过官，为人较进步开明。他的兄长华振崔是无锡商会副会长，参与领导过无锡的五卅运动，出钱编印过声援上海工运的刊物《血泪潮》，与当地共产党人秦邦政是好友。华氏兄弟并不知道杨、柳两人来无锡的目的，亦不知道他俩的真实身份，但为他俩提供了许多帮助，还给他们介绍了地方上的政治情况。当时，蒋介石及其追随者也在苏南清党反共，查封工会、农会，逮捕杀害了一批中共党员和国民党左派，但白色恐怖气氛远没有上海、南京那么严重，严朴（陆定一岳父）、陈叔旋等共产党人仍坚持地下斗争。杨度年岁较大，体力也差，平日外出联络和发动民众的工作大都由柳直荀出面。不久，柳直荀和严朴、陈叔旋等同志都接上了头，几个月里就恢复了二十几个乡镇农会的部分活动，还在纺织工人集中的吴江县盛泽镇建立起三个工友文化补习班（实为我党的外围组织）。1928年秋，杨度因生病不得已而返回上海，仍住杜月笙公馆。杨度心里牵念着在无锡、苏州一带活动的柳直荀，两次寄去自己卖字画挣得的钱，供作活动经费。

1928年9月，柳直荀任中共顺直省委秘书长，在天津法租界开设小古董店，以商人身份做掩护，秘密开展活动。为便于掩护，他托人带信要李淑一去天津，并附照片一张，背面题唐人"何日平胡虏，良人罢远征"句，不幸信为敌人所获，李淑一被捕，柳直荀亦被迫转移至上海、武汉等地。

1928年10月，柳直荀又化名刘湘杰辗转来到武进漕桥镇，这儿靠近宜兴，又与无锡县雪浪乡等三个乡为邻，离太湖也只有七八里。镇边有河直通太湖，为一交通要道，商业繁荣。柳直荀与当地地下党小组很快接上关系，开展了发动民众的工作。柳直荀胆大机智，博闻强记，他在上海时曾听瞿秋白交代过，其表兄薛迪功是地方开明绅士，曾为湖广总督张之洞幕僚。柳直荀便找到中药店赵老板，称自己是薛会长久未谋面的朋友，因在上海原工作的公司得罪了有青帮背景的某老板，丢了工作又难以存身，只得前来武进投奔薛迪功，不想薛已去南京，就任江苏水上警察总队的文化教官，不在武进。他请赵老板帮帮忙。赵慨然应允，还让柳直荀在自己店后厢房暂住，又介绍他去私立吴氏小学代课。这样，柳直荀很快立下脚根。

原来，柳直荀在苏州吴江搞革命活动时就留心了解武进的情况。他打听到这个江苏第一大县里政治斗争错综复杂，较无锡、苏州更激烈，曾涌现出张太雷、瞿秋白、恽代英等几位共产党高级领导人，光是名门恽氏家族里就有恽逸群、恽雨棠、恽玉棠等20多个共产党员，前赴后继投身革命大潮。薛迪功资助过表弟瞿秋白，一年前又出面保释过被捕的恽逸群等友人，早上了当局的黑名单，南京的中统已派人来武进调查过。然而薛迪功的表舅是赫赫有名的国民党资深政要吴稚晖，是蒋介石的亲信。也正因有这层关系，一向"左"倾、同情共产党的薛迪功，尽管两次遭到武进反动势力的联名控告，但仍未被追究。虽如此，薛迪功仍感处境的危险，故听从好友劝告，去南京工作。柳直荀借了薛的名义，得以在武进立足，在漕桥、鸣凤、郑陆、皇塘、卜弋桥等乡镇摸底，联络进步人士和转入地下斗争的共产党员，重新集结革命力量。但他的活动很快引起武进国民党党部的注意。

1928年11月底，当地政府四处张贴告示悬赏缉拿危险分子刘湘杰。柳直苟为了不连累赵老板，悄悄离开漕桥，欲去宜兴九华山区隐蔽，但必经之地宜城镇（县城所在地）已四处贴有缉拿他的布告，军警设了三道卡子，严防他过境。不得已之下，柳直苟只好东行，前往瞿秋白十余年前教过书的无锡县溪桥私立杨氏小学堂，暂躲了几天。而后，他考虑再三，索性折回，化装为商贩后前往武进县城。城里也到处可见缉拿他的告示。他沉住气，装作若无其事的样子东拐西绕，来到城西早科坊 43 号薛迪功家门外。这是五进古老的宅院，大树参天，门前深巷铺着年代久远的青石板，显得很幽深。

说来也巧，薛迪功因不服南京水土，又不喜欢省水上警察集训总队的恶俗工作环境，刚刚辞职返回武进，与妻儿团聚。他在家里款待了前来探望的表弟瞿云白夫妇和来自上海的弟弟薛迪莽（为沪上一大公司高级职员、已成了"火柴大王"刘鸿生的二女婿）、刘宜静夫妇等亲戚，忙得不可开交。薛迪功见到素未谋面的柳直苟，感到吃惊，但仍请入客厅，以礼相待。听了柳直苟的介绍后，他二话没说，慨然应允相助，表示可以安排他几天后跟弟弟、弟媳妇一同乘坐沪宁列车回沪，眼下可暂住他家避开军警特务。柳直苟总算松了口气，当然他很感激瞿秋白，因为正是这位党的领导同志交代的几个关系，在关键时刻发挥了重要作用。次日，团防队带着中统驻武进工作站站长白某等特务前来薛家，称接民众举报，有一身份可疑男子可能躲在薛家，要求检查。薛迪功坦然表示，你等可以检查，但若查不出可疑男子，必得作出交代。那一队人马进来到处搜查无果，只好向蒋迪功赔礼道歉、怏怏而去。他们很狡诈，撤离后又在附近留下眼线，以监视薛家进出的人。

原来，薛迪功已事前有所提防，他特将柳直苟藏在后厢房停放着的一口空棺材里，这才躲过了一劫。薛迪功料知敌人不会善罢甘休，便临时改了主意，先安排弟弟、弟媳妇几天后准时乘坐马车前往火车站乘车回沪。又过了约一星期，才从后门送柳直苟登上附近古运河码头上的乌篷船，经水路至无锡北门码头再下船，去火车站登车去上海，逃脱了敌人的追捕……

1929 年冬，党中央委以柳直苟中央军委巡视员和长江局特派员身份，去鄂西革命根据地巡视工作，任湖北省委书记。1930 年 4 月，柳直苟受命到洪湖革命根据地工作，担任红二军团政治部主任、军团前委红六军政委。后来，红二军团改编成为红三军，柳直苟任红三军政治部主任和前委委员。曾因执行李立三攻打大城市的冒险计划，受挫后受到深刻教训。

1931 年，红二军团缩编为红三军，柳直苟任该军政治部主任。这年 5 月，红三军进军鄂西北，柳直苟任中共鄂西北临时特委书记兼房县县委书记、湘鄂西省苏维埃财政部长。在他的领导下，鄂西北根据地迅速发展，并开展了土地革命，建立了 14 个区、105 个乡苏维埃政府。红三军主力东下洪湖后，柳直荀仍留在房县，将留下的红军与地方游击队整编为红二十五师，继续鄂西北根据地的斗争。

1931 年 2 月，贺龙领导的红二军团经过多次恶战，边打边撤，一直退到湘鄂边的长阳县枝柘坪时，这支部队已由三万多人缩减到三千多人。在枝柘坪期间，柳直荀和时任红六军第十七师师长许光达同志一起，率领十七师的一支筹粮部队，进至公安县境内，以求与洪湖方面取得联系，但未成功。

在枝柘坪，柳直荀领导的红三军政治部根据中央分局的指令，将红二军团整编为红三军，贺龙任军长，邓中夏任政治部主任，同时由贺龙等 7 位同志组成红三军前敌委员会，柳直荀担任前委委员。红三军前委在整编后作出了"开辟荆（门）当（阳）远（安）地区，进逼宜昌、沙市，联系洪湖"的北渡军事计划。但由于敌人重兵围攻，这个计划未能实现。前委会于是商讨决定，在 1931 年 4 月进军鄂西北，打算在武当山地区的崇山峻岭中开辟出一块农村革命根据地。

进军鄂西北的第一个目标是均州。均州位于鄂、豫、陕三省交界处，南靠武当，北临汉水，城中住着国民党地方军阀张恒景的一个独立团和八家大土豪，当地人称"八大豪绅"。均州城墙高三丈六尺、厚一丈，四道城门均用铁皮包裹。

1931 年 5 月 21 日，红三军从浪河店（现丹江口市浪河镇）向均州进攻，经过一昼夜的攻击却未成功。柳直荀发动战士们献计献策并有所采纳。第二天，他们组织全军十几名特等射手专门打敌人城上的枪眼以压制敌人的火力，敢死队的战士们则把一捆捆干柴、棉絮纷纷堆到城门前，泼上煤油点燃。待大火把城门烧塌，红军战士一拥而上，攻破了均州城。紧接着他们又集中全部兵力，继续西进，攻打郧阳府。因为郧阳府守敌早有准备，红三军攻打了三天三夜，没能攻进郧阳城，只得撤回均州。

1931 年 6 月 10 日，红三军主力向武当山上转移。红三军司令部设在武当山的紫霄宫，在武当山道人的帮助下，红三军的伤病员留在武当山治疗。贺龙赠给了武当山一副对联，这副对联是柳直荀提笔写的："传人东来气尽紫，樵歌南去云腾霄。""紫霄"二字正好镶在对联中。

6 月 14 日，红三军前委会讨论决定，红军主力部队翻越武当山进入房县，建立以房县为中心的鄂西北革命根据地。

6月18日是农历五月初三，守卫房县城的国民党保安团听说红军要进兵房县城，马上望风而逃。房县城里，早在1926年就加入共产党的李明铨被鄂北特委安排在房县秘密开展革命工作，发展了30名地下党员。红军到达武当山地区后，李明铨亲自找到红三军同贺龙联系。原来，李明铨在加入中国共产党后，被派往黄埔军校政治大队学习。后来，黄埔军校政治部主任周恩来派李明铨和周逸群一起到贺龙的国民革命军第三师做政治工作。

贺龙的红三师来到房县后，很快建立了房县苏维埃政府，办公地点设在县城西街天主教堂。

根据中央分局和鄂北特委指示，中共鄂西临时分特委很快成立，柳直荀担任临时分特委书记兼任房县县委书记。

7月4日，鄂西临时分特委和房县苏维埃政府召开了房县苏维埃政府第一届工农兵代表大会，选举产生了苏维埃政府组成人员。这次会议在县高等小学召开，出席会议的代表有215人，其中工人代表50人，农民代表108人，知识分子代表7人，红军代表50人。红三军贺龙、邓中夏、柳直荀、孙德清等人参加了会议。这次工农兵代表大会选举产生了县苏维埃政府组成人员和机构。柳直荀除兼任县委书记以外，还被任命为湘鄂西省苏维埃财政部长。

房县苏维埃政府成立后，红三军前委派出大批红军干部，配合房县苏维埃地方干部深入全县各地组建区、乡苏维埃政府。到8月初，共建立14个区、105个乡苏维埃政府。柳直荀一边抓苏区政府建设，一边组建县、区、乡的总工会、农民协会、妇女协会、少年先锋队、童子军、红色补充军等，开展土地革命。

房县苏维埃政府成立后，北起均县武当山，南到房县泮水河，东到保康，西接竹山，形成了纵横五百公里的广大根据地。为了给革命战争提供物资保障，柳直荀积极组织房县人民搞活经济，恢复和发展农业生产。

8月，驻郧阳的国民党张连山部从房县大木厂进攻房县县城，当时城里留有卢冬生的一个团，贺龙就指挥着这个团加上房县新招的红色补充军出城迎战张连山，留下柳直荀负责后勤。

贺龙的部队刚一出发，干旱了半年的房县下起了大暴雨，瓢泼的大雨下了七天七夜，贺龙和张连山在城北的连山坡也打了七天七夜。柳直荀在后方安排政府工作人员组织妇救会，分头到老百姓家去发动群众，请他们先拿出自家粮食为红军做饭。柳直荀说："群众刚刚翻身，都不富裕，只做南瓜稀饭就行了。"老百姓听说要给前线红军送饭,家家都拿出最好的粮食做成大米饭、麦面馍。

由于后勤保障及时,前线战士没有饿到肚子,打起仗来精神百倍,而张连山的部队困在沙口河的小山沟里,没有饭吃,兵无斗志。不久,贺龙又调来红军第八师二十四团的许光达部队,从青峰翻过九里山,截断了张连山的后路。张连山在前后夹击中,带着残兵败将从磨石沟钻山林逃跑了。红军在这次激战连山坡中,打死敌人300多人,还俘虏了敌营长黄玉先。

连山坡战斗不久,柳直荀又协助贺龙在青峰镇的陡口打了一个大胜仗,消灭了国民党范石生五十一师的一个团。

陡口战斗胜利后,红三军迅速地解放了青峰镇。正在这时,红三军接到了湘鄂西分局给红三军的一封信,信中要求红三军立即撤回洪湖。红三军在青峰镇召开前委会议。会议决定,红三军主力撤回洪湖,房县苏区由柳直荀同志和汤慕禹为负责人,由军教导队、政治保卫队、军部特务营和分散在各地的红色补充军合编为红九军第二十五师,由汤慕禹为师长,柳直荀为鄂北特委房县执行委员会委员,负责全面工作。散会后,红三军在贺龙的带领下,从青峰镇过马栏河、经保康过南漳回到了洪湖。

国民党地方保安团团长程茂炳趁着红军主力在陡口打仗的空隙,集结了有3000多人的土匪部队攻进了房县,抓获了300多名为房县苏维埃政府办事的人员,并扬言在第二天正午全部杀掉。

柳直荀接到情报时,正在青峰镇龙王沟剿匪。他立即把第二十五师的七十三团化装成龙王沟李治成的土匪队伍,跑步从青峰镇出发,到了房县城的北门,以土匪李治成的名义骗开了城门。城门一开,柳直荀指挥七十三团战士一个猛冲,打跑了程茂炳3000多人的乌合之众,解救了被捕人员。时间刚好是正午。红三军主力部队一撤走,留下在房县的第二十五师实际上只有两个团,总共1000多人。

12月底,国民党地方军阀王光中的一个旅长刘正真,带了两个团准备从房县经过到四川去。听说刘正真要来房县,当地老百姓个个恨得咬牙切齿。因为刘正真去年路过房县时,在房县城烧杀抢掠了三天。老百姓找到柳直荀,要求红军消灭这支反动军队。

柳直荀接到老百姓的报告后,和汤慕禹师长商量了半天,虚张声势地把部队撤到北边八道河一带。红军撤退的消息一传开,老百姓纷纷逃难去了。狡猾的刘正真带着部队,顺南山边子上绕过房县城,驻扎在上达河。刘正真为了防止红军的袭击，把两个团分开，自己带着宋江楚一个团驻扎在上达河，另外一个团驻扎在化龙堰旁边的三教堂。

当天晚上，刘正真在睡梦中被枪声惊醒。原来，柳直荀对外放出的消息是撤到八道河，其实并没有走远，柳直荀和汤慕禹带着第二十五师又悄悄回来了。柳直荀带领七十三团摸进了上达河打响了战斗，敌旅长组织兵力朝大垭山上冲，却被早已守卫在大垭山的汤慕禹的七十四团给打了回来。

上达河战斗是柳直荀领导第二十五师打得最漂亮的一仗，这一仗消灭敌人一个旅部和一个团，并且俘虏敌旅长刘正真和团长宋江楚。

这次战斗胜利结束后，柳直荀诗兴大发，编了一首歌谣：

> 高高山上红军多，
> 红军个个是穷哥。
> 今日红缨拿在手，
> 明天红旗遍山河。

1932年2月，柳直荀接到湘鄂西中央分局的通知，要他火速回洪湖参加中共湘鄂西第四次党的代表大会。柳直荀把部队交给汤慕禹后，自己化装成商人，从兴山搭船到洪湖。

柳直荀回到洪湖时，湘鄂西"四大"还没开完。当时大家都不同意湘鄂西分局实际负责人夏曦推行的路线，夏曦又到上海找王明，王明派来的代表给了夏曦最强硬的支持，并宣布万涛、潘家辰、彭国林、戴补天、刘格非等为"改组派"，将他们全部杀害了。

王明、博古当政时期，夏曦因攀附米夫和王明而得势，成为党内一个炙手可热的权势人物，是所谓"二十八个半布尔什维克"之一。1932年，夏曦任湘鄂西苏区中央局书记，兼任肃反委员会书记。在此任上，他以抓所谓改组派、托派、AB团、第三党、取消派为名，杀害了大批红军将士，造成了湘鄂西苏区的极大危机。

1932年4月，柳直荀率部返回洪湖地区。当时的党内路线斗争十分激烈，在这年初的湘鄂西中央分局召开的党的第四次代表大会上，他坚决支持贺龙等多数代表的意见，与贺龙等同志对夏曦推行王明"左"倾机会主义坚决抵制，夏曦因此把目标盯上了柳直荀。闭幕时，柳直荀被任命为新成立的红八师政委。这支部队主力是原鄂西北独立团（全部是房县人）和红三军的一部分。柳直荀接到任命后，兴冲冲地赶到部队驻地，但出现在他眼前的却是另一番景象：和他一起并肩作战的亲密战友李明铨等一大批同志不见了。柳直荀向战士们打听情况，战士们告诉他，夏曦硬说鄂西北独立团里混入了许多反革命，在部队开到潜江的当天晚上，湘鄂西政治保卫局的人就包围了独立团，一下子把连级以上的干部全部逮捕并统统打成反革命，一个不留地杀掉。此后不久的一次战斗中，新成立的红八师几乎全军覆没，师长汤慕禹也壮烈牺牲。夏曦并不认为这场战斗失败了，而是大吹大擂地说是什么"国际路线的胜利"。他把失败的原因归罪于红八师官兵，并且在湘鄂西党组织中间"有计划、有系统地进行肃反工作"。他上报说："红三军二十五师回洪湖是柳直荀鼓励的，柳直荀是国民党改组派中的书记。"9月，柳直荀被夏曦诬以"国民党改组派"、"托派分子"等莫须有罪名逮捕下狱，不久在洪湖革命根据地监利县周老嘴被杀害。牺牲时年仅34岁。

临死前他留下遗言说："请把我的问题搞清楚之后，再把我的死讯告诉我的妻子，告诉她我是一个正直的共产党员！"

这催人泪下的遗言，充满了对妻子的无限深情和对党至死不渝的忠诚。

写到这里，我们禁不住感慨唏嘘，心里总有一种难以言说的滋味。夏曦，益阳桃花江镇（今属桃江县）人，早年在长沙第一师范读书时，曾和毛泽东一起参加湖南革命运动，是湖南群众运动的重要骨干，1921年加入中国共产党，同年秋参加莫斯科召开的远东各国共产党、民族革命团体第一次代表大会，曾亲耳聆听过列宁的教诲，为革命事业做过不少工作。不幸的是，1928年赴莫斯科东方大学学习期间，和王明走到一起，成为王明宗派小集团里的"二十八个半"之一。六届四中全会上，当选为中央委员，1930年3月前往湘鄂西就任中共中央湘鄂西分局书记并兼任肃反委员会书记，卖力地推行王明机会主义极"左"路线，给党的事业造成了惨痛的损失。

贺龙曾说，夏曦的"肃反杀人，到了发疯的地步"。那确实一点不假。据说，段德昌知道自己将被处死时，提出一个要求："如今红三军子弹极缺，杀我时，不要用子弹，子弹留给敌人，对我，刀砍、火烧都可以。"这是多么伟大的气概和人格，但这没能撼动夏曦，他竟然真的下令用刀把段德昌砍死了。王炳南、陈协平也在段德昌死后被立即处死。

夏曦还亲手杀人，身边4个警卫员，被他亲手杀了3个。贺龙曾一再哀求他："老夏，不能再杀了，再杀就杀光了。"夏曦听后，只是默然而已。

在被夏曦杀害的人中，单是师级以上的红军高级干部，就多达十一人，其中最有名的是段德昌和柳直荀。活跃在湘鄂西根据地的红三军，鼎盛时多达两三万人，经过夏曦"肃反"，加上牺牲和逃亡，只剩下几千人。夏曦还在红三军和湘鄂西苏维埃中进行"清党"，清到最后，只剩下"三个半党员"，三个党员是关向应、贺龙和夏曦自己，半个党员是卢冬生（因卢只是中央派的交通员，只能算半个党员）。夏曦在湘鄂西一共搞了四次"肃反"，本来还想搞第五次，但被中央发现并且制止了。据贺龙回忆，仅其第一次肃反"就杀了一万多人"（但夏曦却向中央报告说"处死百数十人"）。当撤离洪湖苏区时，夏曦下令政治保卫局将"肃反"中逮捕的所谓犯人一半枪决，一半装入麻袋系上大石头，抛入洪湖活活淹死。传闻当时吓得渔民不敢下湖捕鱼，因为常捞上死尸，湖水甚至变了颜色。解放后多年，洪湖里还能挖出白骨。

夏曦何以如此胆大妄为，一手遮天，无人能够约束？原来，按当时党内规定，夏曦有"最后拍板权"。贺龙后来说过一段很无奈的话："哪怕所有的人反对，只要中央分局一个人赞成，也必须按书记的决定执行，非服从不可。捕杀师、团干部，我和夏曦争，从来争不赢。"

薄一波后来曾在一本书中转述贺龙的话说："为什么党内会发生这样'左'得出奇的过火斗争和内耗事件？原因很复杂，有宗派问题，有路线问题，也有个人品质问题。而夏曦在这三个方面都有严重问题！"

所以，邓小平后来曾经慨叹说："左"的东西很可怕，好好的一个局面，也会让它给断送掉了。

夏曦的错误不是一般的错误。他给党的事业造成了极大的损失和极坏的影响。由于他曾四次推行大肃反，使湘鄂西根据地由原来的五万多人减员为四千人，杀得只剩下 5 个党员，直到 1934 年 10 月，当夏曦正准备发动第五次"肃反"时，中央察觉夏曦的问题，当即任命任弼时、贺龙、关向应三人统一指挥红二、六军团，夏曦终被免职。1935 年 1 月，全军召开扩大会议集中批判了夏曦的"左"倾错误。夏曦被撤销职务以后，为让他戴罪立功，派到红六军团做政治部主任。长征途中，死于溺水。

关于夏曦的死因，有若干种说法，比较可信的说法是：1936 年 2 月，在长征路上，夏曦因前去劝说一支离队的队伍，过河途中落水，有些战士看见了，本可相救，但因对夏曦的"肃反"乱杀人非常气愤，所以没人愿意去救他，终至溺水身亡，时年 35 岁。

1945 年 4 月，中共中央给柳直荀平反昭雪，追认为革命烈士。

或许真有"天人感应"吧，也许是忠魂归来的梦兆。就在柳直荀被害次年即 1933 年夏天的某个晚上，柳直荀夫人李淑一突然做了一个关于柳直荀的梦，醒来坐立不安，她思前想后，遂作《菩萨蛮·惊梦》，录其梦境——

> 兰闺索寞翻身早，夜来触动离愁了。底事太难堪，惊侬晓梦残。征人何处觅，六载无消息。醒忆别伊时，满衫清泪滋。

新中国成立后，她一直到处打听柳直荀的消息，曾写信给谢觉哉。谢老不忍心讲出实情，只是委婉地告诉她"克虏已平，良人不在"，赞誉柳是"临难不苟免"的好同志。1957 年 2 月，她把上面这首《菩萨蛮》词寄给毛泽东，5 月 11 日，毛泽东复信李淑一，托付她："你如去看直荀墓的时候，请为我代致悼意。"同时附了《蝶恋花·答李淑一》词一首，"我失骄杨君失柳，杨柳轻飏直上重霄九"，表达他对柳直荀的怀念之情。

1998 年柳直荀 100 周年诞辰，中共中央常委、国务院总理朱镕基致信烈士之子：

> 直荀同志钟三湘灵秀，成革命先驱，忠诚为党，奋不顾身，惨作王明路线牺牲，长令后人掩史太息。淑一同志忠贞不易，艰苦备尝，得毛主席《蝶恋花》一词，传诵国门，足慰忠烈。

4. 人民之光

- 志于革命，焉惧山高水低，坚贞终生无改
- 心在人民，毋论千磨百折，忠诚致死不渝

你是我二十年前的先生，你现在仍然是我的先生，你将来必定还是我的先生。当革命失败的时候，许多共产党员离开了共产党，有些甚至跑到敌人那边去了，你却在一九二七年秋天加入共产党，而且取的态度是十分积极的。从那时至今长期的艰苦斗争中，你比许多青年壮年党员还要积极，还要不怕困难，还要虚心学习新的东西。什么"老"，什么"身体精神不行"，什么"困难障碍"，在你面前都降服了。而在有些人面前呢？却做了畏葸不前的借口。你是懂得很多而时刻以为不足，而在有些人本来只有"半桶水"，却偏

要"淌得很"。你是心里想的就是口里说的与手里做的,而在有些人他们心之某一角落,却不免藏着一些腌腌臜臜的东西。你是任何时候都是同群众在一块的,而在有些人却似乎以脱离群众为快乐。你是处处表现自己就是服从党的与革命的纪律之模范,而在有些人却似乎认为纪律只是束缚人家的,自己并不包括在内。你是革命第一,工作第一,他人第一,而在有些人却是出风头第一,休息第一,与自己第一。你总是拣难事做,从来也不躲避责任,而在有些人则只愿意拣轻松事做,遇到担当责任的关头就躲避了。所有这些方面我都是佩服你的,愿意继续地学习你的,也愿意全党同志学习你。当你六十岁生日的时候写这封信祝贺你,愿你健康,愿你长寿,愿你成为一切革命党人与全体人民的模范。

这是徐特立在延安 60 岁生日时,毛泽东写给他的一封信。

这封信曾收入中学语文课本,想必很多人都读过。提起徐特立,估计大家都不会陌生,特别是长沙人,几乎人人都知道:他是毛泽东的老师。

> 徐特立(1877—1968),原名懋恂,字师陶,中国革命家和教育家。湖南善化(今长沙县江背镇)人。毛泽东和李维汉、田汉等著名人士的老师。1927 年 5 月,加入中国共产党,同年参加南昌起义,任第二十军第三师党代表兼政治部主任。1930 年任中华苏维埃共和国临时中央政府教育部部长,1934 年 10 月,他以 57 岁的高龄参加了中国工农红军二万五千里长征,抗日战争爆发后,以八路军高级参谋长的名义任八路军驻湘办事处主任。1949 年中华人民共和国成立后,历任中央人民政府委员,全国人大常委会委员,中共第七、八届中央委员等职。

毛泽东称赞他是"坚强的老战士"。

刘少奇评价他是"中国共产党的光荣"。

周恩来赞扬他是"人民之光,我党之荣"。

朱德称颂他是"现代圣人"。

其实,徐老头上最美最亮的光环,是中国杰出的无产阶级革命家、教育家。

迎着灿烂的阳光,我们来到了长沙县五美——徐老的家乡。乡亲们十分亲热,滔滔不绝地给我们讲述着有关徐老的动人故事。

徐特立最早也是最有名的故事是"断指血书"。那是辛亥革命前夕，徐特立在修业学校教书的时候，有一天，他对学生讲帝国主义侵华史，谈到外国列强对中国的侵略时，他悲愤填膺，怒不可遏，说着说着，竟泣不成声，拿出一把菜刀，把自己小指剁掉，写下血书矢志报国。徐断指血书这件事，曾经轰动全国，唤醒了许多热血青年的革命意识。毛泽东曾在一次谈话中说起这事对他的鼓舞。他说："辛亥革命前，我听说一位中年人演讲，并用刀割去一指以血书，这给了我革命的第一个感性认识。我来到一师读书，他做了我的老师，我才知道他就是徐特立。"这件事虽然已经过去一百多年了，但在今天的长沙市马王街一带，仍然广为人知。

然而，报国之路在哪里呢？

辛亥革命前，很多爱国志士都抱有一颗"教育救国"之心。徐特立也不例外。

要办教育，就得有经费。徐特立家里贫穷，直至九岁才入塾读书，后来过继给叔祖母为孙，弱冠办私塾，收教小学生，一边教书一边自学，订下了十年破产读书的计划，坚持"定量、有恒、不动笔墨不读书"的读书方法，博览群书，打下了坚实的基础。为了帮助更多的孩子求学，他决心省吃俭用，筹集教育经费，因此得了个"徐二叫花"的外号，又因为他支持并爱护和关心学生，被学生们称为"徐二外婆"。

徐特立曾参加清末的科举预考，在三千考生中名列十九。但由于他无意于功名富贵，便没有参加复试。因此一时名声大噪，各校都争相礼聘他，但他却放弃了高薪收入，毅然决定走教育救国之路，立志学习新知识，用新文化教育后一代，培养人才，振兴中华。

徐特立于清光绪三十一年（1905）进入长沙宁乡驻省中学速成师范班学习。他之所以进这个学校学习，还有一段故事呢。

那是1905年农历正月，周震鳞兼任望麓园的宁乡驻省中学校长。一个大雪纷飞的大清早，忽然有个与他素昧平生的不速之客求见。这人自报姓名叫徐特立，长沙五美乡人，求周校长收他为宁乡驻省中学速成师范班学生。周震鳞要他隔两天来补考。徐直截了当地说："我已考过三个学校，算术、博物两科都不及格。要考，我是考不上的。"周震鳞问他："考不取为什么又要求上学？"徐特立告诉他："家里穷困，父兄都是种田的穷苦农民，自己从9岁到15岁上过私塾，以后因家贫辍学，便读了些劝世文、歌本之类增进了知识，中间还学了几个月中医。到18岁在乡下教蒙馆，一直教了十年，四书、《尚书》都能讲解，也能吟诗作对写文章，篆书、隶书、楷体字也能写。"说着还从提篮内把自己的读书笔记、文稿和习字双手呈给周震鳞。周震鳞看了徐特立的文字，听了他的身世介绍，这位穷秀才出身的革命党人霍地站起身来，高兴地握着徐特立的手："原来你是考不中的高材，凭你的学识文章就能当我们学校的教员，何必再进师范呢？"徐特立也毫不掩饰地说："说实在话，我在乡下教蒙馆也有点小名气，以此谋生尚可混得下去，只是当今世界潮流日新月异，如果还用古旧的东西教授少年儿童，国家民族的前途岂不危殆？因此，我决计进新学堂，学新知识，用新文化教育后一代……"周震鳞看着这位比自己只小几岁（当时徐特立28岁）的温文尔雅的徐特立，忍不住称赞道："真有志气，我们办这个学校，不只为培养几个教员，而是要造就一批有才志之士，为国家民族干出一番事业。我破格批准你免试入速成师范班学习。"周震鳞随即向他的好友朱剑凡、黄兴、苏曼殊、胡元倓等说："我收了一名大学生，是一个可以当中学教员的高材生。"徐特立在这里毕业后，周震鳞帮助他先在乡下办新学，后又介绍他到周南女校教书，成为朱剑凡的得力助手。以后徐特立当湖南参议，办长沙女子师范，参加农运，都得到周震鳞的支持和帮助。1950年，毛泽东在北京中南海勤政殿接见周震鳞，热情地称他为太老师。徐特立当时在场作陪，席间还当着毛泽东、谢觉哉、李维汉、章士钊、周世钊的面，回忆了1905年和周震鳞先生的那次会见，并且称周为恩师。1964年，周震鳞在北京逝世，80多岁的徐特立扶病到灵前告别，又一次流着泪谈起周震鳞当年收他入师范的事。他始终称周震鳞为恩师，每次给周震鳞写信时，落款都自称"受业徐特立"。这事一直传为佳话。

从速成师范班结业后，徐特立将家中私塾（后改为五美学校），交给妻子熊立诚管理，聘人任教，他自己则与同学姜济寰、何雨农在槩梨创办了一所梨江高小。姜济寰、何雨农出钱，他出力，年俸只拿三十元。当时，他的妻子生产，家里还有个三岁小儿患病，无人照顾。为了不荒废学生课业，不得已只好上午上课，下午回家照料，第二天凌晨又步行五十里，赶到梨江上半天课。如此每日往返百里，坚持达十余天。后来，他的学生黎升洲在办学时，为了体验他的这段生活，曾特地带着怀表，从徐家出发，一步不停地连走五个钟头才到梨江学校。黎升洲感叹说："徐老为了不误学生课业，每日往返百里去上课，这叫什么精神？这叫徐特立精神。一个人只要有这种精神，什么学校都能办好，什么事情都能办好。"1962年徐特立回湘视察时，仍挂念着自己一手创办的五美学校，十分关心学生的成长，亲笔题写了"创业难，守业亦难，须知物力维艰，事事莫争虚体面，老老实实，勤俭建国，发愤图强"来鼓励大家，师生们都深受教育。

为了办学，徐特立下决心筹集经费。光绪三十二年，他进城任教于周南女中，还在修业、长郡、明德等校兼课，为的是每日多上两节课，一月多得六十元，可以分给梨江、五美两校作经费。他那时已经是长沙出了名的教师了，却不坐车轿，每天穿着钉鞋，打着雨伞，挟个讲义包，穿行于大街小巷，把教学得来的一点钱，都尽数地贡献于社会，他自己则过着极度清贫节俭的生活。他这种无私奉献的精神，为社会培养了无数英才。

1913年，徐特立出任长沙县师范学校校长。为了配合姜济寰兴办教育，他主持开办了短期师资培训班，培训大批师资。1919年，他已经43岁了，为了学习科学技术和新文化，还远涉重洋，赴法勤工俭学，以"老学生"自居，同学中按资排辈，称他为"太老师"。1923年学成回国后，创办了长沙县女子师范，录取湖南第一女子师范（稻田师范）落榜学生入学。他既当校长，又当教员，还做勤杂工，一身而三职。

1925年徐特立任稻田师范校长时，破格录取了已婚的女青年许德耀。这位女青年为了求学而隐瞒了已怀孕的实情，直到将要分娩时，他才知道。他安排女工为许德耀接生，同时披衣于寝室外徘徊，直到婴儿安全出生了才离去。次日，又召开师生员工大会，顶住来自社会上的种种偏见和压力，支持学生努力学习。

为了实现"教育救国"的理想，徐特立全身心地投入教育的事迹，这在当时就遐迩闻名。然而，腐败的当局却视若无睹。所以，他后来回忆说："长沙县的教育，民国八年以前差不多都是我一手办的。在长沙县教育界我应该是'长沙王'，但是反动势力到来以后，我在长沙县教育会都没有被选资格，我和旧势力势不两立。"

就在徐特立满怀"教育救国"之心，孜孜矻矻地扑在教育事业上奋斗不已时，接连而来的几个大事件，使他震惊，更使他陷入了痛苦的思索中……

那是1927年，先是"四一二"政变，全国一片白色恐怖。长沙的空气中也飘起了浓烈的血腥味，接着于5月21日，长沙城里发生了震惊全国的"马日事变"。到处都在搜捕共产党人，教育会坪前，识字岭上，一度成为国民党反动派屠杀共产党人和进步人士的刑场，不仅被杀害的共产党人和进步人士中有他的学生，而且在屠杀者中，也有他所办学校的学生……徐先生的头脑因此被震惊了——中国的"出路"何在，"教育救国"路在何方？

其实，这时候的徐特立，早已从共产党领导的革命中，特别是从他的许多走向革命的优秀学生中，看到了中国的前途，看到了民族的希望。他的心、他的思想、他的一些言论和行动，早已向着共产党。所以，在白色恐怖的日子里，他也成了反动当局追捕的对象，不得不东躲西藏，先是犁头街，后来转移到韭菜园，最后混出长沙城，躲到距城 20 里外的东乡黎家托、自己的女学生黎尚瑾家里。

据说，徐特立其实是可以不用躲藏的。因他已经是 50 岁的人了，又是湖南教育界有声誉、有地位的人士，反动派不敢捉拿他。相反，他们想要挟他，利用他，想尽一切办法拉拢他、利诱他，送他金钱，叫他不必离开长沙，仍在教育界做事（熊瑾玎语）。然而，历史给徐特立提供了一个脱胎换骨的机遇，也为他创造了一个中国共产党历史上广为人颂的奇迹——正是躲藏在黎尚瑾家，徐特立开始了一生中最伟大的转折。

原来，他在这里遇到了他在第一师范教过的一个学生——共产党员李维汉（罗迈）。

当时躲藏的环境并不好。黎家是个大地主，隔着房间的墙，李维汉和徐特立还能清清楚楚地听见，当地土豪劣绅叫嚣要杀尽共产党呢。但师生相见，却十分高兴。李维汉告诉徐特立，湖南省委曾指派薛世纶（后来脱党），要求他与徐特立谈入党的事，同时问徐特立，愿不愿意入党。

徐特立听罢，自然感到意外又振奋。他说他非常崇拜共产党，在大革命时期，亲眼看到共产党领导的农民运动，有成效地迅速清除了农村中偷盗、耍流氓、抽烟、赌博的恶习，打压了乡下恶霸的威风。徐特立说："我一直以为自己年纪大了，共产党不会吸收我这样老的人入党。"这时候的他，有说不出来的高兴，当即坚决提出了要求入党的申请。后经李维汉介绍，中共湖南省委彭公达同志批准，徐特立加入了共产党。在湖北武汉举行入党仪式后，随即受命从武汉赶到南昌，策反他当年从事教育时的同事——江西省代省长姜济寰，参加八一南昌起义。

在中国革命陷入低潮时，在长沙城乃至全国一片白色恐怖中，50 岁的徐特立坚定地走进革命的阵营，加入到中国共产党的队伍中来，大大地激励了共产党人的士气。所以，在 1937 年 1 月 31 日，毛泽东写信给徐老，祝贺他六十大寿时，热情洋溢地说了那段话。

虽已经是 58 岁年纪的人了，但徐特立仍以顽强的革命毅力，爬雪山，过草地，走完了二万五千里长征，毛泽东因此称赞他是"坚强的老战士"。到达延安后不久，党中央又于 1937 年 11 月委派他与王凌波回到长沙，建立八路军驻湘通讯处，他为八路军少将参议、驻湘代表，王凌波为通讯处主任，其主要任务是宣传中国共产党的抗战方针，开展统一战线工作，推动各界爱国人士参与到抗日战争中来，动员群众募捐物资支持抗战，同时，利用公开而合法的身份恢复与发展湖南党组织。

12 月 9 日，徐特立选定长沙东长街（今蔡锷中路）徐家祠堂作为八路军驻湘通讯处的住址，公开挂牌办公。消息传开后，一时轰动全城。听说八路军代表从革命圣地延安来到了国民党统治区长沙，每天前来拜访探望者数以百计。到达长沙后的第三天，徐特立就在银宫电影院宣讲《抗日救国十大纲领》，听众达三四千人，把整个电影院挤得水泄不通。当时的《观察日报》描述说："徐先生本来是深入民间的，以他那滑稽的口吻，把国家大事说得很周详，抢去了不少说书人的买卖。听众越来越多，徐先生讲了又讲……"当时正值日军占领上海，进逼南京，许多人对战争前途、民族命运十分担忧，希望听听共产党的看法和主张。

在八路军驻湘通讯处工作的短短 1 年多时间里，徐特立、王凌波与中共湖南省工委一道，根据党的一贯主张，在长沙城里开展大规模抗日救亡的宣传工作，努力开创国共合作抗日的政治局面。年已花甲的徐特立，风尘仆仆，经常深入街巷做社会调查，宣传党的抗日方针政策。他常常说："现在对日抗战，是一场关系到国家民族生死存亡的斗争，只要举国上下紧密团结，组成坚强的抗日民族统一战线，将抗战坚持到底，胜利是完全有把握的。""至于国共合作后，是否会再次分裂，我认为历史的发展是不会循环的，而是会不断前进的，谁再搞分裂，只能自取灭亡！"

"各位父老兄弟，我是共产党，过去国民党和共产党不和，我就跑了；现在又和好了，我就回来了。"这是徐老在演讲中经常使用的开场白。曾经是长沙教育界的"长沙王"的他，不仅在长沙拥有广泛的群众基础，而且非常善于演讲，根据不同的听众讲不同的内容，常常能引人入胜，让人深受启发。

他在长郡中学的演讲，联系其亲身经历现身说法，鼓励人们反封建、抗外辱、爱国爱民、团结抗战，很有感召力，他用"有关家国书常读，无益身心事莫为"的话启发青年学生，使大家受益匪浅。

当时，毛泽东的《论持久战》还没公开发表，但徐特立离开延安前，已倾听了自己学生的卓越见解，对于抗日战争战略问题有相当的理解，所以，他在演讲中常用毛泽东思想驳斥"速胜论"和"亡国论"：

"有人以为日本没有煤，没有铁，我们抗战六个月，日本帝国主义就必然崩溃。日本帝国主义存在着不可避免的危机是事实，可是把它估计得这样低，不但离开事实，而且是于长期抗战有害。"

"那些唯武器论者，对抗战前途悲观也是不当的。我们虽然没有大量现代化的武器，但我们可以从敌人那里夺取，我们可以从战争中补充。"

他的话深入浅出，通俗易懂，通过集会和报纸发表后，极大地鼓舞了全省人民的抗战斗志。

虽是国共合作时期，但在国统区长沙，共产党的革命活动仍然很受限制，动刀动枪，明里暗里的摩擦时有发生，在这样的环境下，从事抗日活动，依然需要有非凡的胆识、智慧和勇气。

当时，八路军驻湘通讯处关于开展统一战线工作的总方针是"不破坏统一战线和不丧失自己的立场"。徐特立自己生活艰苦朴素，率先垂范，出进从不乘车。他始终身穿八路军的粗布军装，撑一把雨伞，徒步在城中奔走，不认识他的人以为他是军中的老伙夫。有一次，张治中约见他，徐特立走到省政府门口，门卫挡住说："今天会见八路军代表，别人免进。"徐特立解释说自己便是八路军代表，门卫不信，把他轰走。张治中久等不至，派人再去相请，得知个中原委后，对比国共两党不同的干部作风，张治中对共产党更为钦佩，在释放政治犯、建立救亡团体等方面都给予了不少方便。

通讯处成立之初，正值张治中主湘。张治中属于国民党中的开明派，对徐特立也很尊重。通讯处利用这一有利条件，积极开展对湖南上层人士的统一战线工作，取得了很大成绩。

当时，作为抗战后方的长沙，曾一度名流云集。郭沫若、茅盾、黄炎培、张西曼等社会名流，还有国民党政府要员如刘岳厚、赵恒惕、赵君迈等人，都曾迈进过八路军驻湘通讯处的大门。在这里，共产党人和国民党人，在共同抗日上以诚相见，求得共识。抗战时期，条件艰苦，徐老秉承一贯艰苦奋斗的作风，招待只有清茶一杯，从不请吃，唯一的一次是会见法国记者，也只用了5块钱的招待费来请吃便饭。然而，就是在这里，徐老将来自省立第一师范、长沙周南中学、含光中学等处的大批进步学生和青年送往延安，分别进入抗大、陕北公学、鲁迅艺术学院学习，许多人成了优秀的革命骨干；也是在这里，徐老集结了湖南、广东等地民众以及海外侨胞捐献的衣物、药品、医疗器械等物资，还有八路军部队的军饷、被服、武器弹药等等，源源不断地输运到抗日前线。

八路军驻湘通讯处于 1937 年 12 月初建于长沙市东长街（今蔡锷中路）徐祠巷 19 号徐家祠堂，1938 年 2 月迁移至寿星街 2 号，1938 年 11 月，长沙"文夕大火"后，八路军驻湘通讯处迁移至邵阳路口。1939 年 8 月，国民党顽固派逼迫日甚，第九战区两次通令撤销八路军驻湘通讯处。1940 年徐特立、王凌波相继回到延安，八路军驻湘通讯处的工作结束。从建立到撤销近 2 年的时间里，徐老他们共招收赴延安的进步青年 680 人，培训人员 2220 人，营救共产党人和爱国人士 65 人，接待国内人士 20000 人，国外人士 20 余人，为抗战前线筹措、转运物资 50000 余件，为抗日救亡运动做了大量卓有成效的工作，八路军驻湘通讯处的历史功绩彪炳史册。

现在的长沙市徐祠巷 19 号，位于长沙市蔡锷中路徐祠巷内，原本是徐氏家族的公祠，始建于清末，坐北朝南，砖木结构，风火山墙，小青瓦硬山顶，有厢房和厅堂，现挂有"八路军驻湘通讯处旧址"牌匾。它见证了当年的烽火岁月，见证了老一辈革命家们在喋血孤城的岁月里奋斗的业绩，也见证了湖湘儿女从这里奔向抗日救国战场的情景。

在徐老的故事中，最感动人的，还是他尊妻爱妻。有人也许会觉得奇怪："这是人的本分，有什么惊奇之处！"其实不然，徐老的夫人跟一般的不同，她原是缠足的童养媳，也没有文化。当年留法时，同学经常于假日结伴上街看巴黎女郎，他从不参加，有人便笑他："路边鲜花全不看，家中还有一枝梅。"在延安时，也曾有人认为，小脚女人不配革命干部，劝他另娶。在法国勤工俭学期间，在中央苏区，在陕北延安工作期间，曾有不少人替"孤身"的徐老介绍对象，想让徐老找个伴，照顾生活，但都被徐老拒绝。在那时代里，确是有的同志当了干部，升了职务，就开始嫌弃原来的妻子"落后"，"抛恩断义，另求新欢"，然而徐老坚决反对这种思想作风。他严肃地说："我一辈子主张妇女解放并为之奋斗，我要是抛弃了自己的妻子，岂不又多了个受苦受难的妇女。"他认为：共产党人是为人类彻底解放而斗争，其中也包括妇女的解放。这种无缘无故的抛弃不仅损人害己。而且背离革命信仰。

他在给女儿的信中说："你母亲不独维持了一家，并且办高级小学共十三年，造就了许多学生。她没有念过书，却能替地方做了教育事业，许多读书识字的女人都不如她，我是很尊敬她的。……"

他对妻子非常恩爱，他一辈子记着她支持他破产读书、支持他毁家兴学的事，忘不了她一直在乡下勤俭持家、艰难扶养家小、默默地支持他投身革命事业的操守，他爱妻子到了令人难以置信的地步。

1927年，刚入党的徐老离开长沙即将去武汉前，特意秘密潜回长沙县五美乡家里，看望长年留在乡下种菜养鸡的妻子和两个孩子。离家的那天，徐特立已经走出了很远很远，但想到今后也许再也不能见到妻子和孩子了，又忍不住走回来，抚摸孩子的头，深情地看了又看妻子和孩子。一家人什么话都说不出，全都默默地流着泪。

1937年底，徐特立回湖南创办八路军驻湘通讯处后不久，妻子熊立诚带着孩子走了80里路，来到八路军驻湘通讯处。那天驻湘通讯处的客人特别多，徐特立根本无暇顾及妻子、儿媳和孙女。妻子熊立诚一直等到黄昏，还没有看到丈夫进来打招呼，误以为丈夫已经变心，就在八路军驻湘通讯处一隅的小屋里吞声哭泣，一家人顿时哭成一团。直到深夜了，徐特立送走最后一批来访的客人，走到房内亲热地与妻子熊立诚和儿媳谈话，抚摸着孙女的头，熊立诚才破涕而笑，她知道眼前这个不通音信十年的男人，依然是那个忠诚、爱家的丈夫。

徐老曾经写过一首《念长沙》的诗讲述自己的家庭——

> 妻老孙孤弱，长沙我有家。
> 寄书长不达，传说被搜查。
> 报国何年迈，思乡觉路赊。
> 尺书望转寄，藉以慰天涯。

新中国成立后，徐老将妻子接到北京，从此开始了老年夫妻的团聚，直到1960年妻子病故。徐老和妻子熊立诚爱恋70年，可谓白头偕老。虽然革命时期两人聚少离多，但1949年后，他和妻子长年住在一起，也算有了一个大团圆的结局。

徐老非常疼自己的妻子，家中有好菜都要妻子先夹；家中钢丝床坏了一边，自己就去睡坏的一边，而让妻子睡好的一边。第一个儿子徐笃本于1927年去世，徐特立的妻子十分伤心。二儿子徐厚本在1938年亦染病去世，徐老担心二儿子去世的消息会让妻子伤心过度，就千方百计地瞒着她，声称徐厚本留在苏联，另外找了苏联妻子，不能回国了。徐老还想方设法地托人以徐厚本的名义从苏联写信回国，善意地"欺骗"自己的妻子。熊立诚去世后，徐老一直把两人的合影带在身边，不时拿出来深情地凝视。

1951年7月1日，毛泽东主席举行宴会，座次安排上本是徐特立挨着主席，徐老却让妻子坐在安排给自己的位子上，自己则坐在远处，毛主席热情地招待了坐在身边的这位师母。

徐老对革命的赤胆忠心，对妻子的情深义重，得到朱德、康克清和周恩来、邓颖超等不少同志的好评。朱德曾送诗给徐特立，称颂说："现代圣人称颂久，德高望重公堪当。"

当然，作为人民教育家，在教育界广为传播的，还是他杰出的教育思想和为人师表的高风亮节。

他强调教师不仅要教书，还要教人。因此，他创造了"诗教"法。当年，他在稻田女师学生教室与饭厅走廊处，专设黑板一块，发现学生优点、长处就写诗赞扬，发现缺点、错误就写诗批评。有学生打烂了一篮碗，他就写诗进行委婉批评："我愿诸生青出蓝，人财物力莫摧残。昨宵到底缘何事，打破厨房碗一篮。"结果学生在"诗教"下，很快纠正缺点。值得一提的是，稻田中学在徐老过世很多年后终于在砂子塘恢复，今天该校校园内立有徐特立雕像。

他不仅注重言传，更注重身教。新中国成立后，他几乎每年都回长沙，在曾经工作过的长沙师范、修业学校、周南学校、第一师范里，都留有他的题词与合影。他题字从不作谀词，他给第一师范题写了"实事求是，不自以为是"后，指着题词说："这是马列主义的精髓，也是我做人办事的座右铭。"又写长信给周世钊解释说，教育是立国之本，要一辈子甘做人梯。因此，他一生不讲排场，当年出门走路，从不坐车轿，腋下常夹着一把红木蒂把纸伞。新中国成立后有一年回乡视察。76岁高龄了，当地政府负责人考虑到徐老年纪大，事先准备了一顶轿子去车站迎接，可他执意不肯坐，硬是步行20多里，从江背镇走到了五美。当天下午讲完话与师生合影时，有人为他搬来一张太师椅，他扭头一看见遮住了后面的学生，就换成了一张板凳。再一看还是觉得不行，就带头席地而坐……这一举动让在场的人备受感动。传说，当年他在稻田女师当校长时，长沙各所学校里流行吃蚕豆。一些女生在前面吃，他就在女学生的后面捡她们丢下的壳，最后搞得学生不好意思，自觉停止了这种行为。其他学校仍在吃蚕豆乱吐壳，稻田女师却因此刹住了这股风。

他还强调教学要讲究方法，要把书教活。在一次座谈会上，他曾语重心长地告诫大家："教书切记要把书教'活'，不能把人教'死'"、"要把钥匙给学生，让学生自己去开门，不要把学生教成书呆子。"上世纪 60 年代，他回湖南住在袁家岭九所宾馆，服务员发现他一早就不见人了，到处寻找。后来才发现他原来一大早就从袁家岭出发，穿八一路、小吴门、水风井，步行到荷花池长沙师范校内，听教员讲语文课去了。他看到教师对"飞翔"这个名词解释不生动，便自告奋勇地跑到讲台上，向"小老师们"讲解什么叫"飞"，什么叫"翔"，他展开双臂，作翅翼拍打状，对众人说，这就是"飞"，又张开双臂，作滑翔状，绕着课桌满屋子跑动，说这就是"翔"。

人民教育家徐特立离开我们这个城市将近半个世纪了，他的笑脸，他的那些题词，特别是他的故事，却永远像他的那些铜像一样，长久地留在我们这个城市里，留在他所教过的学校里，成为这个城市和许多学校里永不褪色的红色记忆。

作为教育家，徐特立的伟大，更在于他校园的"桃李"中，不仅产生了像毛泽东这样的伟人，还有众多的让后人仰视不已的人才——熊瑾玎、李维汉、田汉、许光达……他们像群星一样，永远闪烁在历史的天空。

熊瑾玎（1886—1973），长沙县河田乡人。10 岁入私塾，20 岁时入徐特立等人开办的师范速成班。后到长沙任小学教员，结识毛泽东、何叔衡等人，同时加入新民学会。北伐战争中，曾担任长沙县财产保管处处长，受托向工会和农民协会提供活动经费。1927 年国民党右派叛变革命后，潜赴武汉并加入了中国共产党。1928 年春，中共湖北省委遭破坏，熊瑾玎转移到上海，党中央任命他担任中央机关的会计，负责管理和筹措经费。他挂起一个"福兴商号"的牌子并自任"老板"。为便于掩护，周恩来又调来湖南籍女党员朱端绶当"老板娘"。经周恩来促成，两人结合为革命夫妻。在熊瑾玎主持下，三年多时间内党中央机关的财务和开会的安全均得到保障。1931 年春，熊瑾玎转移到洪湖苏区，任省苏维埃宣传教育部长和秘书长。1933 年春在法租界被捕，因宋庆龄出面营救免遭杀害，但被判刑 8 年。抗战爆发后，熊瑾玎出狱。翌年初，受周恩来委派任中央机关报《新华日报》总经理。新中国成立后，他担任全国红十字总会副会长。"文革"开始后，周恩来亲笔为他们夫妻写了一份证明材料："在内战时期，熊瑾玎、朱端绶同志担任中央最机密的机关工作，出生入死，贡献甚大，最可信赖。"

李维汉（1896—1984），化名罗迈，长沙县人。1916年，考入湖南省立第一师范学校。1918年4月，李维汉与毛泽东、蔡和森等创建新民学会。1919年赴法国勤工俭学，接受马克思主义思想。1922年底由毛泽东、蔡和森介绍加入中国共产党。1927年大革命失败时，和瞿秋白一道担任八七会议主席，为确定土地革命和武装反抗国民党反动派的总方针作出了重大贡献。1929年春起，历任中共江苏省委书记兼上海市委书记，中央组织部部长，军委二纵队司令员兼政治委员等职。1942年以后，任中央宣传部副部长，兼中央研究院新闻研究室和教育研究室主任，中共西北局委员、陕甘宁边区政府秘书长等职。1946年4月，参加政协中共代表团，在重庆、南京、上海等地广泛接触各方面的人士，协助周恩来做了大量工作。1946年底，担任中共中央城市工作部副部长、部长。1948年，任中共中央统一战线工作部部长。新中国成立后，历任中共中央统战部部长、政务院秘书长、全国政协秘书长、全国人大常委会副委员长、全国政协副主席等职，长期主管党和国家的统一战线工作、民族工作和宗教工作。

长沙县高桥镇维汉村新屋组有他的故居。那是一处典型的清代南方民居建筑。始建于清道光十八年（1838）。20世纪70年代，李维汉深受"四人帮"迫害，故居被拆，仅存门楼保持原样。2003年按原貌重新修建，对外开放参观。

田汉（1898—1968），原名寿昌，曾用笔名伯鸿、陈瑜、漱人、汉仙等，长沙县人。著名话剧作家、戏曲作家、电影剧本作家、小说家、诗人、歌词作家、文艺批评家、社会活动家、文艺工作领导者、中国现代戏剧的奠基人。早年留学日本，1921年回国，与郭沫若等组织创造社，后创办南国艺术学院、南国社，主编《南国月刊》，并从事话剧创作与演出实践，是中国现代话剧的开拓者之一。曾参加民权保障大同盟、左翼作家联盟和左翼戏剧家联盟。1932年加入中国共产党，任"左翼剧联"党团书记，中共上海中央局文化工作委员会委员。抗日战争时期，参加郭沫若主持的军委政治部第三厅。新中国成立后，历任中国文学艺术界联合会副主席、中国戏剧家协会主席、中央人民政府政务院文化教育委员会委员、文化部戏曲改进局局长、艺术事业管理局局长等职，是第一届第二届全国人大代表、第一届全国政协全体会议代表和第四届全国政协委员。他多才多艺，写有话剧、歌剧、戏曲、电影剧本 130 余部，被誉为中国的易卜生。主要有：《咖啡店之一夜》、《获虎之夜》、《名优之死》、《乱钟》、《扬子江暴风雨》、《丽人行》、《关汉卿》、《文成公主》、《白蛇传》等，并写有大量诗歌和歌词，其中有经聂耳谱曲的《义勇军进行曲》，该词曲曾唤起亿万同胞同仇敌忾，抗日救亡的斗志，现为国歌。1968 年 12 月 10 日，因遭受迫害在狱中逝世，遗诗云："先烈热血洒神州，我等后辈有何求。沿着主席道路走，坚贞何惜抛我头。"1979 年 4 月党中央为其平反昭雪。

田汉故居位于长沙县果园镇田汉村大屋组，是一处典型的清代南方民居建筑。2005 年完成修缮并对外开放。2007 年 7 月 10 长沙市政府公布为市级文物保护单位。

5. 一面明镜

- 将军百战，浴血奋斗，舍身只为酬壮志：救国救民
- 凯歌千曲，煮酒举杯，屈指岂敢争奇功：无愧无悔

长沙县也是一片赤诚的热土，它近邻省会，既是屈贾之乡又是首善之区。

它最早承受着屈骚贾赋瑰宝的熏陶，最先沐浴着时代进取的磅礴风雨，承载着湖湘文化薪火相传的濡染，因而名流辈出，俊杰争涌，英豪接踵，群星璀璨。他们各以自己手中的利器，在政治、经济、文化、军事等领域拓展起一片片亮丽非凡的世界，唱响了一曲曲壮烈高亢的凯歌，开创出一桩桩掀天揭地的事功……

军事上最杰出的代表，首推许光达。

当战争的硝烟早已风清云散，当人欲横流的沉渣甚嚣尘上，当争名夺利的时尚如潮水般汹涌澎湃的今天，回头看一看许光达，想一想他走过的道

路，翻一翻他立下的战功，谈一谈他的高风亮节，意义重大！

　　许光达（1908—1969），原名许德华，长沙县人。中国人民解放军高级将领，无产阶级革命家、军事家。中国人民解放军装甲兵第一任司令员，中国人民解放军十位大将之一。1925年加入中国共产主义青年团，同年转入中国共产党。1926年入黄埔军校第五期学习，曾参加南昌起义，因腰部负伤与部队失去联系，辗转数省，历经艰难寻找党组织。1929年7月到上海，后以中共代表身份进入洪湖根据地，先后任红六军参谋长兼红二纵队政委、红十七师师长、红八师师长等职，指挥多次战斗，不幸在应城之役中再次身负重伤。抗日战争时期，先后任抗日军政大学教育长、军委参谋部部长兼延安卫戍司令，晋西北地区独立第二旅旅长兼晋西北军区二分区司令员，为军队干部的培养和根据地巩固发展作出了积极贡献。解放战争时期，历任晋绥野战军代参谋长、第三纵队司令员、西北野战军第三军军长、第一野战军第二兵团司令员兼甘肃军区司令员等职，率部参加了绥远、榆林、清涧、宜川瓦子街、西府陇东、荔北、兰州等战役，为全国解放战争的胜利立下了功勋。新中国成立后，奉命组建中国人民解放军装甲兵。1950年4月，任装甲兵司令员兼坦克学校校长和装甲兵学院院长，致力于推进装甲兵的现代化建设。1955年被授予大将军衔。1959年9月被任命为国防部副部长，是第一第二第三届国防委员会委员，中国共产党第八届中央委员。"文革"中，遭到林彪、江青反革命集团迫害，于1969年6月3日含冤去世，终年61岁。许光达是杰出的无产阶级军事家，著有《战术发展的基本因素》（1939）、《论新战术》（1940）和《许光达论装甲兵建设》（1985）等军事著作。

长沙县黄兴镇的桂花村里，有许光达故居。故居最早建于清光绪三十四年（1908），原有两进共有房屋14间，上进倒塌于1954年的洪水。故居系砖木结构，青瓦脚，土砖墙，木格窗，木框大门，杉木前廊檐柱（左边一根用楠竹代替）。1908年11月19日，许光达就诞生于进门厅屋前房，并在此度过了童年和学生时代。2005年3月，时任中共中央政治局常委、国家副主席的曾庆红考察长沙县时，提出修复许光达故居为革命纪念地。长沙市因此将其故居原有14间民居土房按原样修复。故居大厅内挂了9幅许光达的生活照片，两间卧室存有床、衣柜等实物，一间厨房摆放了传统的蝴蝶灶，另一间杂物房摆放了纺车、蓑衣和拌桶等。现在，许光达故居及旁边的陈列室已成为爱国主义教育基地。

七月里的一个晴朗的日子，我们来到了将军的故乡。走近故居，一座"让衔碑"赫然展现在眼前——碑高2.5米，宽约5米，重30吨，是一面旗帜形的花岗岩麻石材质，碑上嵌有许光达大将的石雕像，有许光达当年上书毛泽东主席主动要求降衔的信（碑文由著名书法家李铎将军篆写）：

军委毛主席，各位副主席：

授我以大将衔的消息，我已获悉。这些天，此事小槌似地不停地敲击心鼓。我感谢主席和军委领导对我的高度器重。高兴之余，惶愧难安。我扪心自问：论德才资功，我佩戴四星，心安神静吗？此次，按新民主主义革命时期的功绩授勋。回顾自身历史，1925年参加革命，战绩平平。1932—1937年，在苏联疗伤学习，对中国革命毫无建树，而这一时期是中国革命最艰难困苦的时期：蒋匪军数次血腥的大围剿，三个方面军被迫作战略转移。战友们在敌军层层包围下，艰苦奋战，吃树皮草根，献出鲜血、生命，我坐在窗明几净的房间吃牛奶、面包。自苏联返国后，这几年是在后方。在中国革命的事业中，我究竟为党为人民做了些什么？

对中国革命的贡献，实事求是地说，是微不足道的，不要说同大将们比，心中有愧。与一些年资较深的上将比，也自愧不如：和我长期共事的王震同志功勋卓著：湘鄂赣竖旗，南泥湾垦荒；南下北返，威震敌胆；进军新疆，战果辉煌……为了心安，为了公正，我曾向贺副主席面请降衔。现在我诚恳、慎重地向主席、各位副主席申请：授我上将衔。另授功勋卓著者以大将。

许光达
1955年9月10日

站在"让衔碑"前，久久地凝视着将军，回味着他信里的内容，大家都肃然起敬。

原来，1955年人民解放军实行军衔制。在国防部举行的一次招待会上，许光达从老上级贺龙元帅那里得知自己将要被授予大将军衔的消息，心中深感不安。几经思考后，提笔主动给毛泽东主席写了上面这封信，要求降衔。

中央军委和毛泽东没有同意许光达的请求，他为此内心更不安，对妻子说："太高了！几十年来，有多少优秀的同志都在我身边牺牲了。没有他们的流血流汗，哪有我许光达的今天。想想他们，什么都没有得到，有的同志连一堆土包包（坟墓）也找不着，我却领受这么重的荣誉，心里实在愧得慌……"妻子建议他要求降低行政级别，以区别于其他大将。于是，他立即给中央军委打报告，要求行政降一级，报告被批准了。就这样，解放军10位大将中，其他9位都是行政4级，唯独许光达是行政5级。

许光达的让衔，反映了这位共产党员的高尚情怀。毛泽东因此欣慰不已。

在中央军委会议室里，红光满面的毛泽东手中举着许光达的申请书，高高一扬，并伸出一根手指说：

"这是一面镜子，共产党人自身革命的镜子！"

彭德怀插话："这样的报告，许光达一连写了三份。"

毛泽东点头会意，起身离开座位，边走边说："不简单哪，金钱、地位和荣耀，最容易看出一个人，古来如此！"

他越说越激动，大步走到窗下，双手用力一推，两扇窗户洞开。他豪情顿生，浓重的湖南乡音脱口而出：

> 五百年前，大将徐达，二度平西，智勇冠中州；
>
> 五百年后，大将许光达，几番让衔，英名天下扬……

尽管许光达一再谦让，他还是被授予大将军衔，同时还授予他一级八一勋章、一级独立自由勋章、一级解放勋章。

怀着敬仰的心情，我们缓缓地走进了许光达的故居。看见他当年出生的那间房间后面，有扇门直通外面的田野，远远望去，外面一片葱绿。讲解员指着这扇后门，向我们解说道："当年，许光达就是从这里逃走的。那时他刚结婚不久，敌人知道消息后，要来搜捕他，搭帮乡亲报信，他当机立断从这个后门逃出去了。从那以后，就与妻子和家里人断了音信……"

事情发生在1928年的10月。

许光达还在长沙师范读书时，教他国文的邹希鲁见他天资聪明、品学兼优，十分喜爱，便托人提亲，将二女儿邹靖华（原名邹经泽，乳名桃妹子）许配给许光达，许光达的父亲当然应允。这一年许德华14岁，桃妹子9岁，两人还不知道感情为何物，双方的父母却将他们的婚姻包办下来了。6年后，即 1928 年 9 月 28 日（农历 8 月 20 日），许光达回来与邹靖华完婚。

就在许光达结婚后的第十天，由于叛徒出卖，他的共产党员身份暴露，10 月 7 日，长沙警备队奉何键命令，缉拿许光达。他匆匆告别妻子，从后门逃了出去。谁知这一离别，竟长达十年。

两人别离后，相互杳无音信，都不知道对方是什么情况。许光达曾面对过许多年轻漂亮女性的追求，也有战友劝说他重新组织家庭。但他都婉言拒绝了，认为妻子为他作出了很大牺牲，他不该另娶他人。而实际上，桃妹子在家里也提心吊胆地为他担忧受怕，每天过着忐忑不安的日子。

直到 1932 年，许光达假借别人的名义给桃妹子写了一封信，得知确切情况后，马上又给她写了信，并付上 100 元钱。信中写道：桃妹吾妻，余一切皆安，勿念。托人寄上 100 元，以作求学之资……当这封信到达桃妹子手里时，她激动得再也控制不住感情了，竟呜呜地失声痛哭起来。几个月过去后，正当桃妹子为没有收到丈夫的回信而焦虑时，突然又收到了许光达的信——竟然是在苏联写的。

原来，许光达在一次战斗中负了伤，医院大夫正要给他做手术时，由于叛徒出卖，供出了这家医院是党组织秘密的联络点。组织上只好将许光达火速转移出医院，送往苏联治疗。许光达随信邮来了 10 张小纸条，上面用俄文写着收信的地址，告诉她只要把其中一张贴在信封上，他就可以收到。10 张纸条，寄托着对妻子细腻的感情。但他哪里知道，这时期由于国民党同苏联关系恶化，两国边境的邮路早已中断。从此，两人又隔绝了音讯。

许光达是 1938 年初伤愈后由苏联回到延安的，先任抗大总校训练部长，后来又任抗大教育长。这时候的许光达，正当风华正茂，又在苏联吃过"洋面包"，他的身影一出现在延安，立即引起了人们的注目。当时的延安，人们评议结婚的条件，有所谓"二八五七团"之说，即男方的条件须是：28 岁、5 年干龄、7 年军龄、团职干部。像许光达这样 30 多岁年龄，又是抗大教育长这样高的职务，自然也就成了许多年轻姑娘瞩目的对象。当时的抗大，是人才集中的地方，更不乏年轻漂亮乃至才貌双全的青年女性。其中也不乏勇敢者，向许光达求爱……然而都被他一次又一次地婉言谢绝了。因此，有些女同志私下议论说："教育长这个人太清高，难接近，不懂得感情。"

其实，许光达最懂得感情，也最珍重感情。他心里始终装着自己的结发妻子。从苏联回到延安后，他曾给妻子去过信，但根据地到国统区去的信根本就邮不到，所以一直未能联系上妻子。到抗大后，他曾查阅了学员的花名册，凡是从湖南省来抗大的学员，他都去问过，但就是没人知道邹靖华。当时，有人劝许光达："你同桃妹子离散都 10 年了，兵荒马乱的年月，倘若她不在人世了，你岂不是白等了？"

许光达毅然回答说："不，我要等。万一她没有死，我另娶他人，岂不伤透了她的心？这些年来，她在死亡线上苦苦地挣扎着，为我做出了那么大的牺牲，盼望与我团圆。假使她真的死了，我也要到她的坟上，添上一把土，否则，我是不会再娶的。"

1937 年，抗战爆发。举国上下，群情激昂，抗日活动风起云涌。邹靖华从师范毕业了，她也跃跃欲试……可她毕竟是受多年封建影响的弱女子，一时无法选择自己该走哪条路。这时，她父亲邹希鲁的老友徐特立来到她家，在得知她的情况后，将她引上了革命的道路，徐老当时并不知道她是许光达的妻子。1938 年 8 月，在徐老的指引下，邹靖华和许光达的妹妹许启亮毅然一起奔赴延安。

几天后，她们到了延安。远道奔波，十分疲劳，她们正想痛痛快快睡一觉的时候，一位小战士来到了她们的住处。

"谁叫邹靖华？"

"谁找我？"邹靖华站起身问。

"我们教育长。"

"你们教育长是谁？"

"许光达！"

话音刚落，一位高大的军人走了进来。借着微弱的麻油灯光，邹靖华一眼就看出，这就是自己思念多年的丈夫啊！她简直不敢相信，这会是真的。

许光达也难以抑制自己的感情，无声的泪滴落下来。

许光达是从林伯渠那里得知邹靖华要来延安的。邹靖华在西安时，曾向林伯渠打听过许光达的下落。林老认识许光达，又同情邹靖华，做事细心的他便先打了个电报到延安告诉许光达，邹靖华要去延安。当时，有的人参加革命后，解除了父母包办的婚姻而另组织了家庭。林老担心许光达也会是这种情况。

许光达接到电报后，又惊又喜。和妻子失去联系 6 年，她不但顽强地活着，居然还要来延安参加革命，这对他来说是喜从天降。他立即给林伯渠拍了回电，欢迎邹靖华到延安。可惜邹靖华没收到电报就乘车直奔延安了。

许光达夫妻重逢，在延安一时被传为佳话。从此，两人风雨同舟，相濡以沫，1938 年 11 月 14 日，许光达给妻子写了这样一首诗：

> 我俩结婚整整已经有了十年
> 然而相聚的时间仅仅只有两个月零二十一天
> 不知流了多少伤心的泪
> 也曾受尽了艰苦与辛酸
> 丝毫也不能摧毁我们铁的心愿
> 在生命的征途上还会遇着狂风巨浪
> 像从前一样的冲破
> 我们永远的骄傲自豪

这首诗，邹靖华一直珍藏着。

许光达与邹靖华之间的感情，不仅经历了战争年代艰难困苦的考验，也经受住了和平环境的考验。新中国成立后，许光达身居高位，在他参加的重大礼仪场合中，夫人本来可以陪同前往，但邹靖华不愿参加这种活动。因为她觉得自己出身清贫，以前得过肺病，身体受到摧残，参加革命后又随丈夫南征北战，艰苦的生活使她未老先衰，与那些又年轻又漂亮，在闪光灯前彬彬有礼、光彩照人的夫人相比，自然有些逊色。许光达却每次都硬拉着她去参加活动，他说："国家的威仪，不仅仅体现在外表上，而主要是看一个国家的国魂、士气、民风和人民的精神面貌。在这方面，你是可以把那些外国武官夫人比下去的。'糟糠之妻不下堂'，这是做人的起码道德，也反映了社会主义崭新的道德风尚。何况你我是多年的患难夫妻。"

自从 1928 年离开老家后，许光达再也没回去过，直到新中国成立初，他才在军委的催促下，回到阔别二十多年的故乡。但他也只是陪年迈的父母亲住了十多天，又匆匆地返回了部队。在这十多天里，家乡的亲戚们，每天都有人来探望他，向他提出各种要求，他们大多是希望这个当了大官的亲戚能为自己家里人在北京找份工作。对于亲戚们这些要求，他从人伦亲情上讲，心里实在无法拒绝，但是党的原则却必须坚持，怎么办？他最后把这些亲戚招来，开了个会，正式给他们一个答复，他说：

"你们谁也不能去北京。我谁都不管，因为我是共产党的官。但是，我可以保证供你们每一家一个孩子上学，从小学到考大学，我都负责。大学考上了，我还负责学费，直到毕业工作。如果考不上，那不要怪我，我不再管了。要求找工作的，我一个都不管。”

亲戚们虽然觉得这个当大官的亲戚很冷漠，却也实在，也就没有什么意见了。此后，许光达果然实现他的诺言，给九家亲戚的九个孩子上学提供了经济的支持，直到"文革"他被害去世为止。

许光达虽然官居高位，但他待人接物十分谦虚宽厚，处处为他人着想，从不摆官架子。1963年夏，他在体检时发现患有眼疾，医生拟对他进行治疗，虽然只是个简单的手术，但要对大将眼睛动手术，就显得非同一般了。医院经过研究决定，让该院眼科主任、一级教授张福星亲自动手术。张教授当时六十多岁了，在给许光达眼睛做手术时，尽管很小心，却还是碰伤了角膜，许光达的眼睛很快红肿起来，因此惊动了中央保健局。在那个时代，这事非同小可啊！中央保健局因此作了三条指示：一、许光达立即转到北京医院治疗；二、写出事故报告；三、调查主治医生背景。许光达知道这三条后，在回答中央保健局时也提出了三条意见：一、不转院，仍住解放军总医院；二、请张福星教授继续治疗；三、不追查责任。

其实，出了事故，张教授心里也很难过。因为新中国成立前他在上海开过眼科诊所，有不少亲戚家居国外……为此，他思想压力很重。许光达想到张教授心里有压力，就主动请张教授一家来自家吃了一顿饭，宽慰他们一番，张教授十分感动，放下了思想包袱。

由于眼睛红肿，疼痛厉害，许光达睡不好觉，又不愿深更半夜打扰医生和护士，他便忍着痛，在室内来回踱步。值班护士半夜查房，推开房门看到他手捂着痛眼，在室内不停地走来走去时，都忍不住流下了眼泪。在张教授的精心医治下，他的眼睛终于治好了。他说：

"医院的专家们为我们治病是尽了全力的，要对他们绝对信任才行，有这样或那样的疏忽是难免的，何况专家们年纪又那么大了，怎么能怪他们呢？如果你们保卫部门一插手，问题就复杂了，以后人家还怎么工作？"

这件事很快在医院传开了。他这种宽以待人的精神，感动了很多人。

这种精神特别贯穿在他带兵上。据他的儿子许延滨将军后来回忆说：父亲对自己要求很严，"但他对别人却总是想得极为周到。他的普通话不是很好，但是他会很多方言，全国各地主要地方话他都会说，他会当着不同的人说不同的语言。他说，战士们都来自五湖四海，讲着不同的方言，他们远离家乡，远离亲人，出了门最想听到的就是家乡话。如果你跟他讲他的家乡话，他会想：你是我的最高长官，你还是我的老乡。他一定会给你讲许多他的真心话，你也会成为他真正的朋友"。许延滨因此牢记在心，他说："父亲的人格魅力，不仅感动了别人，也影响了我的一生。"

新中国成立后，许光达奉命筹建我军历史上的现代化新兵种——中国人民解放军装甲兵。摆在他面前的任务是非常艰巨的，从接受命令的那一刻起，他满脑子想的都是坦克，全心全意扑在这个事业上。在调查研究的基础上，他很快便形成了装甲兵建设的具体方案，经过短短几个月的努力，就在全国各地区建立了坦克师、独立坦克团、独立坦克营以及坦克训练基地、修理厂及坦克学校。之后，又组建了华东、东北地区的摩托化装甲兵领导机关，中国装甲兵终于粗具雏形。在他的努力下，年轻的坦克部队迅速成长，在抗美援朝中初试牛刀，打出了国威。志愿军司令部在一份通报中赞扬说："凡有我坦克之地区，敌坦克不敢随便向我侧后迂回，给我作战以极大的便利。"1959年，当苏联专家撤走，技术和原材料全被封锁、国家的各个领域都受到严重损失的艰苦条件下，我国第一台五九式主战坦克诞生了。1959年国庆10周年大典上，由国产坦克组成的坦克车队隆隆地驶过天安门广场，接受党和国家领导人的检阅……

由于许光达在中国人民解放军和中华人民共和国的装甲部队建设中的杰出贡献，他被称为"中国装甲兵之父"。

不幸的是，因为他曾是贺龙元帅的老部下，在"文革"中遭到了林彪、江青一伙的残酷迫害。这位久经沙场、为共和国披肝沥胆、立下汗马功劳的赫赫名将，没有倒在枪林弹雨的战场上，却惨死在林彪、"四人帮"一伙的屠刀下。1969年6月3日上午十时，在忍受了长达18个月之久的摧残折磨后，他悲惨地死于北京，终年61岁。

在清理他的遗物时，人们发现他写在《毛泽东选集》扉页上的一首遗诗：

> 百战沙场驱虎豹，
> 万苦千辛胆未寒。
> 只为人民谋解放，
> 粉身碎骨若等闲。

许光达含冤去世后，林彪、江青一伙妄图将他的骨灰一扬了事，毛泽东得知后作出批示：

> 许光达同志的骨灰盒应该放它应该放的地方。

这样，许光达的骨灰盒得以放进八宝山革命公墓第一室，这是对死者的肯定，也是对生者的莫大慰藉。

后来，诗人赵朴初读到了许光达这首诗，极为动情。他欣然动笔，写下了长达28句的《许光达大将哀词》，表达了自己对许光达的崇敬之情，高度评价了他光辉的一生：

> 早步举赤帜，洪湖云从龙。
> 卅年历艰险，百战建殊功。
> 堂堂雄杰姿，落落坦荡胸。
> 桓桓装甲兵，保卫江山红。
> ……

在长沙县，像许光达将军这样"只为人民谋解放，粉身碎骨若等闲"的革命志士中，还有陈树湘、杨立三、缪伯英等，他们有的牺牲于战场，有的因工作积劳成疾而病逝，都为革命作出了杰出的贡献。

陈树湘（1905—1934），长沙县人。1919年参加新民学会发动的长沙反日爱国运动。1921年与在长沙清水塘从事党的秘密工作的毛泽东结识，受到马克思主义的启蒙教育。1922年秋加入中国社会主义青年团。1927年参加北伐军叶挺部，历任班长、警卫团排长。同年9月随部参加毛泽东领导的湘赣边界秋收起义，不久加入中国共产党。后上井冈山，历任红四军第三十一团连长、第三纵队大队长。参加了井冈山和赣南闽西地区的游击战争。1930年6月任红一军团总指挥部特务队队长，8月任红一方面军司令部特务队队长，负责对毛泽东、朱德等领导人的警卫工作。1931年后，历任红十二军团长、红十九军第五十六师师长、红五军团第三十四师第101团团长、第三十四师师长，率部参加了中央苏区历次反"围剿"战争。1934年10月，中央红军开始长征。陈树湘率领红三十四师担负全军后卫，掩护全军主力和中共中央、中央军委机关，同敌人追兵频繁作战。面对十几倍于己的敌人，陈树湘沉着果敢，指挥全师官兵顽强抗击，将敌击退。战斗日以继夜，红三十四师官兵付出了重大牺牲，全师由6000余人锐减至不足1000人。12月1日，中央红军主力和中共中央、中央军委机关渡过湘江。陈树湘指挥红三十四师完成掩护中央红军主力渡过湘江后，下令全师立即转入渡江的紧急准备工作。官兵们掩埋好战友的尸体，疏散安置了重伤员，派出先头部队前往湘江边侦察敌情，确定渡河地点。但此时北起湖南东安、南至广西兴安的整个湘江沿岸，都被国民党军重兵封锁。红三十四师数次企图强渡湘江，追赶主力，都先后失利，部队伤亡进一步增大。面对严重的形势，陈树湘向上级报告了当前情况并请示行动方向。不久接到回电，要红三十四师迅速退回群众基础较好的湘南地区，发动群众，坚持游击战争。陈树湘立即召集师团干部开会，布置了突围方案。按照计划，陈树湘和师参谋长王光道率领主力400人，经湖南道县进入江华境内。在战斗中，陈树湘腹部中弹，身受重伤。他用皮带压住伤口，躺在担架上继续指挥战斗，终于突出重围。部队到达道县泗马桥时，遇到国民党地方保安团的截击。危急时刻，陈树湘命令王光道率大部队突围，自己和两名警卫员留下掩护。经过激战，王光道率部突出重围，陈树湘不幸被俘。敌人为抓到一名红军师长而欣喜若狂，立即将他押往长沙。途中，陈树湘趁敌不备，忍着剧痛，从伤口处掏出肠子，用力绞断，壮烈牺牲，年仅29岁，实现了他"为苏维埃新中国流尽最后一滴血"的誓言。

杨立三（1900—1954），金井乡人。年轻时研究《易经》、《金刚经》等，1927年1月加入中国共产党。"四一二"政变后，他在金井南阳庙召开"克服沪宁祝捷、反蒋大会"，撰写对联"敢为天下大难事，不读人间无用书"，并说："国难当头，革命要紧，读死书有何用处？"从此抛弃钻故纸堆的爱好，一心转向革命。"马日事变"后，城乡一片白色恐怖，他出走武汉，行前对友人说："十年不做湖南人，革命不成功誓不还乡！"后参加秋收起义，随毛泽东上井冈山，参加长征，在中国工农红军、八路军、人民解放军中长期从事后勤和财务工作。1954年因病在莫斯科就诊时，不幸逝世，遗体运回北京，周恩来扶送其灵柩安葬于八宝山公墓。

缪伯英（1899—1929），长沙县人。1919年7月考入北京女子高等师范学校。有一次听李大钊讲课时，受到鼓舞，下课后找到李大钊，十分激动地说："您讲得真好，我不是北大学生，您能收我做学生吗?"李大钊见她十分诚挚,答应了她的要求。从此缪伯英经常到李大钊住处请教,并参加了"北京大学马克思学说研究会",潜心研读了油印本《共产党宣言》等进步书刊,积极参加讨论俄国十月革命的道路和共产主义的理论问题,在李大钊影响下很快接受马克思主义,世界观逐渐发生了根本转变,成为向往共产主义理想的女知识分子,是李大钊得意的女学生。同年11月,参加由李大钊组织的北京共产主义小组。1921年7月中国共产党成立后,转入中国共产党,成为中国共产党的第一位女党员,随即积极投身群众运动。1922年下半年,任中国劳动组合书记部女工部负责人,经常深入丰台、南口、石家庄等地,在工人和他们的家属中宣传马克思主义。同年8月,遵照党组织的决定,开展党外联合战线工作,负责筹备北京女权运动同盟会,推动妇女争取政治和经济上的平等权利的发展。1923年2月,参与领导了京汉铁路北段的总罢工,在罢工遭到北洋军阀政府的血腥镇压后,秘密主持编印了《京汉工人流血记》等宣传品,揭露军阀政府残害工人的暴行。此后,她为避开北洋政府的追捕,按照党组织的安排回到家乡湖南,1925年1月任中共湖南省委第一任妇委会书记、省妇女运动委员会主任。1927年8月,前往上海,在残酷的白色恐怖中开展地下工作。因积劳成疾,患伤寒病于1929年10月在上海不幸逝世,时年30岁。临终前她对家人说:"既以身许党,应为党的事业牺牲,奈何因病行将逝世,未能战死沙场,真是遗憾终生!你要坚决与敌斗争,直到胜利!"

缪伯英故居位于长沙县开慧乡飘峰村缪家洞枫树湾组,是一处典型的清代南方民居建筑。故居坐北朝南,平面呈长方形,共有十几间房,占地总面积530平方米,为土木结构,大三进,两天井,中间以过亭连接,墙面为石灰粉刷,屋面为小青瓦,地面为三合土,门窗等为木结构。2005年7月14日故居公布为市级文物保护单位,同年8月完成修缮并对外开放。

6. 为天下奇

- 无我，所以鞠躬尽瘁，人赞湖南骡子，功盖千秋于民国
- 笃实，因此谦虚宽厚，世称孙黄元勋，名垂青史在共和

我们离开许光达故居，东行不远，便到了凉塘——黄兴故居。

这是一栋典型的江南庄园式建筑风格的平房，主体建筑坐西北朝东南，硬山顶、小青瓦的土坯木结构，四角攀爪，雕梁画栋，主体两进夹正房，左右配有天井走廊、堂屋、轿厅、谷仓、厢房，室内走廊与八字槽门连接，整体布局严谨，结构合理，前有水塘，后有花园，左有枫树林，右有紫竹园。一条宽5米的护庄河环绕四周。除大门一个八字槽外，再无其他出入处。其规模之大，气势之足，方圆百里之内首屈一指。1980年成立黄兴纪念馆，1981年9月黄兴故居修葺后开放，全国人大副委员长廖承志为其题名。1981年黄兴故居被省政府公布为省级重点保护单位，1988年被国务院公布为全国重点文物保护单位。

这里是黄兴成长和立志的摇篮，他从1874年至1896年在此生活了22年。故居内陈列有大量黄兴用过的原物和一批晚清家具，有他年轻时写下的"无我"与"笃实"的字幅。东厢房开辟有黄兴生平事迹陈列室，该展览包括青年时代、革命前奏、染血吴荒、举义武昌、创立共和、讨袁护国、民生主张和魂归岳麓等，展示了黄兴戎马征战一生、组织参与辛亥革命的全过程。

黄兴（1874—1916），原名轸，改名兴，字克强，一字廑午，号庆午、竞武等。革命时期化名李有庆、张守正、冈本、今村长藏。清长沙府善化县高塘乡（今长沙县黄兴镇凉塘）人。近代民主革命家，中华民国的创建者之一，孙中山先生的第一知交。1893年入长沙城南书院，经武汉两湖书院毕业，后去日本留学，创立华兴会，发动多次起义，其中黄花岗起义最为著名。武昌起义爆发，曾任战时总司令。辛亥革命时期，闻名当时，和孙中山以"孙黄"并称。1916年10月31日，于上海去世。1917年4月15日国葬于岳

麓山。著作有《黄克强先生全集》、《黄兴集》、《黄兴未刊电稿》及《黄克强先生翰墨迹》刊行。

黄兴从5岁开始跟其父亲学习，8岁进私塾。听了很多关于太平天国的故事，读了不少有关著述，影响他最大的是洪秀全与杨秀清的内讧。黄兴后来说："我读史至此，不觉气愤填膺，为之顿足三叹……"其后，黄兴又拜新师周翰林，学习经史和作文，经常向老师询问中法战争期间清军失败的经过，又从经史中深受王夫之思想的影响，头脑里渐渐萌发了求新知与救亡图存的壮志。

据说，黄兴曾应县试，连写三文，第一篇让同去的邻居拿去，第二篇被姐夫抄去，他们二人双双得中，而自己最满意的第三篇，却使他名落孙山。回家后把三份草稿拿给在家教馆的父亲看，也认为第三篇写得最好，才稍释胸中块垒。两年后再试，这一次倒是中了，但22岁的黄兴已对科举不再感兴趣。他曾写过《笔铭》："朝作书，暮作书，雕虫篆刻胡为乎？投笔方为大丈夫。"在《别母应试感怀》诗中又写道："一第岂能酬我志，此行聊慰白头亲。"读书之余他最喜爱的是武术，曾拜浏阳拳师李永球学习巫家拳。可见他早已有了从武之心。

黄兴曾在湘学巨绅王先谦主持的长沙城南书院求学。1898年受时任湖广总督张之洞的推荐，入武昌两湖书院读书，被誉为"文似东坡、字工北魏"。在这里读书时，他的思想开始发生重大变化。开始时，他很同情维新运动、认同变法主张。随着阅读各类报刊、西洋革命史及卢梭《民约论》之类的书籍，与朋友交谈说，"始知世界趋势，绝非专制政体所能图强，亦非郁郁此间所能求学"，他已萌发了推翻专制统治、为民族独立而奋斗的志向。不久，义和团运动爆发，八国联军于1900年6月入侵中国。清廷流亡西安，俄国侵占东北，列强各国纷纷主张瓜分中国。国家大难当头，黄兴心急如焚，思图救国，经常与友人商讨对策。这一年的8月22日，张之洞在英国领事的配合下，破了英租界的自立军机关，20多名自立军人被捕杀。曾经寄希望张之洞奋起保国的黄兴，大为悲恸，多次私下大哭，既为战友遇难悲痛，更为中国未来前途忧伤。从此，他立定志向："益知专制恶毒，绝非革命不可。"

光绪二十七年（1901），黄兴从两湖书院毕业，次年被派赴日本留学，入东京弘文学院师范科学习。

当时，鲁迅也在这个学院的普通科里学习。据鲁迅后来回忆说：

而黄克强在东京作师范生时，就始终没有断发，也未尝大叫革命，所略显其楚人的反抗的蛮性者，惟因日本学监，诫学生不可赤膊，他却偏光着上身，手挟洋瓷脸盆，从浴室经过大院子，摇摇晃晃地走入自修室而已。

　　这位"未尝大叫革命"的"蛮性者"，其实已倾向革命。在弘文学院里读书时，就曾鼓动挺身杀敌，与陈天华等组织拒俄义勇队声讨沙俄侵华罪行。他喜好军事，课余曾请日本军官讲授军事课程，每天清晨必练习骑马、射击，为日后领导武装起义做准备。在习文演武中，他的眼界日趋开阔，志向更坚决。所以，毕业回国后，先后在上海、武昌、湘潭、长沙等地从事革命活动，于1903年底，邀集陈天华、宋教仁等二十余人集会，成立了革命团体华兴会，被公推为会长。随后联络会党，议定于次年秋趁慈禧过70岁生日时在长沙起义。

　　然而，一个严峻的现实问题却摆在了黄兴的面前——缺乏经费。他在聚会时，抨击清朝政治腐败，虐民以逞，剥民刮地，舞弊营私，无恶不作，盗贼横行，饥馑交侵，民不聊生，清政府接连失败，国家遭受瓜分之祸，迫在眉睫，非革命不可，但就是没有财团富豪支持，只能动员大家捐款。为此，他自己带头变卖家产，说服继母，将不知积累了多少代才拥有的300石谷田（约2000亩）的田产和故居那个占地30多亩的大庄园全部卖掉。妻子及家人没有半句怨言，都义无反顾地承担了此后的种种生活困难。

　　传说，这时的慈禧曾动过念头，想收买黄兴，特邀湖南巨绅王先谦代筹。因王先谦主管城南书院教育，黄兴在该院肄业5年，是王氏的得意门生，师生关系很好，不仅是同一个村子的人，而且还是邻居。王先谦便找黄兴谈话，经过两天的深入劝说，见黄兴没有表示，最后道出实情："是受朝廷之托，拟借重你出任两湖总督，以交换停止革命活动为条件，维护国泰民安，如蒙考虑，不费一兵一卒，等于收复半壁江山。"黄兴听后大感迷惑，原以为老师有心同情革命，岂料却站在对立面。为此，黄兴婉转回绝道：

　　"我哪有受命两湖总督的福分，天生我愚昧，没有赋予治理国家的本能。但推翻专制独裁与建立共和民主的新中国，乃是命中注定，乃是应尽之责……"

　　黄兴所谋划的长沙起义因王先谦向巡抚告密而落败。辛亥革命后，黄兴还乡，万人空巷，欢声涌动，也是这个王先谦，与叶德辉（叶德辉是毛泽东在《湖南农民运动考察报告》中所记的劣绅之一）等少数人暗中反对。

长沙起义败露后，黄兴受到清政府通缉而避走日本，继续联络留学生，组织革命同志会，立志推翻黑暗腐败的清朝帝制，挽救民族于危亡。

在日本经朋友帮助，黄兴与孙中山相会——两个革命家一见如故，很快便结为革命战友。

这次会见后不久，在黄兴与孙中山的共同努力下，兴中会、华兴会等革命组织联合起来，成立了"中国同盟会"，通过了"驱除鞑虏，恢复中华，创立民国，平均地权"的革命纲领，从而揭开了中国旧民主主义革命的新的一页。在成立大会上，黄兴提议选举孙中山为同盟会总理，大会推举黄兴为执行部庶务，协助总理主持本部工作。他们就这样肩并肩地投入战斗，终于掀起了一次又一次暴动，演出了一幕又一幕可歌可泣的革命活剧。

对于黄兴，时人及后来的历史学家中都有不同的评价。最典型的要数同盟会元老胡汉民这句话：

"黄兴是个标准的'湖南骡子'。"

黄兴作为"湖南骡子"，具有无私奉献、英勇无畏的奋斗精神。他是"一不怕苦，二不怕死"的英雄好汉，在辛亥以前发动的10余次起义中，例如从华兴会计划在湖南起事时，他即自任总指挥，后来的"潮州黄冈战役"，"惠州之役"，钦州、防城起义，镇南关起义，钦州、廉州、上思起义，云南河口起义，黄兴几乎"无役不与"。他身先士卒，喋血苦战，每次战斗都冲锋在前，抢着干，争着上，因此流血负伤、出生入死多回。

于右任诗云："开国之功未可忘，国人犹自说孙黄。"可见当时孙黄并称。一般认为，孙中山是思想家、先行者，黄兴是坐"第二把交椅"的人物，是实干家，许多重要的革命活动由他所发动并亲自参与。他自己也曾说过："趟有志气者，不必做官，即为一小学校长，年年替国家培植若干高尚纯正之人才，微特顾而可乐，功亦不鲜。"在一位法国人眼里，这个"中等身材，外表刚毅倔强，宽肩膀，体格强健有力，面貌丰腴，蓄黑髭"的湖南人，真是"中国革命之拿破仑"。

体现这"拿破仑"身份最典型的是黄花岗战役。1911年4月27日，黄兴领导黄花岗起义，亲任总指挥。但计划不如变化快，起义时十路兵马变成了四路，四路兵马变成了一路，八百名敢死队员也只有一百多人集结在他的左右。胆小鬼周来苏害怕海关盘查，竟然将好不容易从日本购得的七十余支精良步枪全部扔入近海，造成武器弹药匮乏，革命形势急转直下。面临如此严峻的局面，不少同志主张将起义延后，胡毅生、姚雨平等懦夫更是临战畏缩，猛敲退堂鼓，打算拍屁股走人。在间不容发的关键时刻，黄兴无暇审时度势，他凭着无私无畏的性格一锤定音，明知以卵击石，明知寡不敌众，明知凶多吉少，但为了向华侨立信、向同志立勇、向劲敌立威，他依然发出了起义的命令。战前，他给孙中山草写了一封"绝笔书"："今夜拟入，成败既非所逆睹，惟望公珍卫，成则速回，败亦谋后起。弟本不才，此次预备多有未周……"他奋不顾身地率领敢死队百余人，攻入两广总督衙门，发现总督张鸣岐已逃跑，出衙门后同清军遭遇，随即展开激战……起义终因弹尽援绝而失败，同盟会员、义士潘达微收殓殉难者，共得遗骸七十二具，合葬在广州城东黄花岗，史称"黄花岗七十二烈士"。黄兴自己持双枪左右射击，毙杀清军多人后，被飞弹打断了右手的食指和中指，人称"八指将军"，最后化装逃至香港治伤。后来，当辛亥革命在武昌爆发时，又是他立刻从上海赶到汉口，任战时总司令，亲临现场指挥民军同清军战斗，在汉口、汉阳苦战整整一个月，为各地纷纷独立赢得了时间。后来，南京临时政府成立时，他出任为陆军总长，随后又做南京留守，因为再没有比他更合适的人选来担当这一系列重要的职务了。黄兴之所以能身居高位，一方面固然是因为每次起义他都亲自策划，更重要的是他勇于身临前敌，敢于冲锋陷阵，具有异常勇敢奋斗的精神。但天妒英才，终致积劳成疾而中年逝世。

作为"湖南骡子"，黄兴笃实厚道，宽以待人，任劳任怨，不仅从无个人野心，而且根本就不计较个人得失，不计个人功劳。建立民国后，他初被推举为临时大总统，但并未接受，而是推举即将回国的孙中山。这是很令人惊讶的。尽管黄兴为国民争人权，争人格，但他从不为个人争名、争利、争权位，这种公则争、私则让的精神，在政界尤其难能可贵。

与孙中山相比，黄兴中过秀才，又是两湖书院的高才生，在留学日本之前，即已"字习东坡，文宗韩柳"，旧学的根基不浅，使同时代的读书人更容易接受他。他不仅具有卓越的政治和军事才干，还是一位诗人和书法家。后人评价他的诗词"苍凉不让陆渭南，雄健不让辛稼轩"，评价他的书法"笔力雄健遒劲，气魄宏大"。

人们不仅赞扬他的学识，而且敬佩他的为人。

胡汉民说："克强先生的本性，则是正直朴质的忠厚人物"，"其雄健不可一世，处世接物则虚衷缜密，转为流辈所弗逮。先生使人，事无大小，辄曰'慢慢细细'。传闻耳熟是语，以为即先生生平治己之格言"。

周震麟说：黄兴"光明磊落，敝屣权势"，"是一个爱国血性男儿，平居

447

沉默寡言，治学行事，脚踏实地，对待同志，披肝沥胆，因而能够得到一般同志的衷心爱戴"。

冯自由说："世称孙、黄为开国二杰，克强诚当之无愧矣。"

黄兴的幕僚李书城说："克强总是个最平实的人，做事有功不居，光明磊落，作战身先士卒，爱护袍泽，做人推诚务实，容忍谦恭，受谤不言诠，受害不怨尤，不道人之短，不说己之长。"

章士钊说："吾持以论交之武器，在'无争'二字，然持此以御克强，则顿失凭依，手无寸铁。何以言之？我以无争往，而彼之无争尤先于我，大于我……天下最易交之友，莫如黄克强！"他自称弱冠以来交游遍天下，最易交的朋友就是黄兴，在"无争"之外，"一切任劳怨而不辞"。

据说章太炎的外号"章疯子"乃出自于盛怒中的黄兴之口。但章太炎并不因此而生气，相反他很敬重黄兴，曾拥戴黄兴为同盟会领袖，在黄兴的追悼会上，他送的挽联很公允："无公乃无民国，有史必有斯人。"

蔡锷在日本疗病，得知黄兴不幸逝世时，悲伤中写下了挽联："以勇健开国，而宁静持身，贯彻实行，是能创作一生者；曾送我海上，忽哭君天涯，惊起挥泪，难为卧病九州人。"

少年时代在万人空巷时见过黄兴的王世杰，晚年在日记中说起黄兴，仍对其"忠勇谦和"倾慕不已。

连袁世凯也在亲信面前自信地评比孙黄："孙氏志气高尚，见解亦超卓，但非实行家，徒居发起人之列而已。黄氏性质直，果于行事……"

有人曾经指出：黄兴是一个具有强烈配角意识的历史人物，从未想要取代孙中山。在辛亥之际的历史转型中，他始终是孙中山的最佳配角。"湖南骡子"黄兴真是这样，他极力维护孙中山的领袖地位，鼎力相助，处处为他设想，孙中山才顺利地当选为临时大总统。就机会、威望、实力与才干来说，黄兴本可以当大总统，但他不仅不去争，相反处处相让，这在当时有口皆碑。

黄兴的笃实，最集中的表现是虚怀若谷，对孙中山特别尊重，几乎到了"毕恭毕敬"、"可谓'夫子步亦步，夫子趋亦趋'"的程度。孙中山虽为总理，但经常往来于欧美各国，同盟会中的许多事，主要是黄兴一手经办，他却从不擅自行动，而是处处维护孙中山的威信，心悦诚服地接受其领导，又雷厉风行地开展革命活动，这种虚怀若谷的精神那时确是难能可贵。

当时，同盟会中有些人如章太炎、张继、陶成章等，在某些问题上与孙中山有不同的看法，因此不服孙中山的领导。他们曾一度召开大会，要求罢免孙中山的总理职务，改选黄兴出任。黄兴知道后，当即制止说："革命为党众生死问题，而非个人名位问题，孙总理德高望重，诸君如求革命得有成功，乞勿误会，而倾心拥护，且免陷于不义。"

1907 年 12 月，在同盟会组织领导的镇南关一战中，孙中山和黄兴同时投入了战斗。据黄兴说："我也拿着枪射击了，命中得不错，可是我只能用枪打。孙先生和我们一道持枪作战，因为他是医生，当出现了伤员，就在附近进行抢救，他两者兼顾，忙得不可开交。加之这个炮台缺水，伤员要用的水，也由孙先生到隔几百公尺的溪谷里去取，所以他是最忙的一个人。"在著名的广州黄花岗战斗中，孙中山虽然没有直接参加，但对黄兴等革命者的顽强战斗精神极为钦佩，曾作了高度的赞扬。他说："是役也，碧血横飞，浩气四塞，草木为之含悲，风云因而变色。全国久蛰之人心，乃大兴奋。怨愤所积，如怒涛排壑，不可遏抑。不半载而武昌之大革命以成。则斯役之价值，真可惊天地，泣鬼神，与武昌革命之役并寿。"黄兴在战斗中，右手两个指头被打断，鲜血直流，仍率领队伍奋勇杀敌，且战且打……孙中山这时正在美国，他听到这一情况后，心里焦急万分，后来听说黄兴等安全脱险后，他才放心，高兴地对人说：有黄兴在，"天下事尚可为也！"在后来的一封信里，他还说："黄君一身为同志之所望，亦革命成功之关键。"由此可以看到，孙、黄这两位革命家是处处以革命为己任结下深情厚谊的。由于他们互相信赖，团结战斗，虽然一次又一次的武装起义都失败了，但他们不气馁、不失望、不悲观，经过多年的努力，终于于 1911 年 10 月组织发动了近代史上著名的武昌起义，最后推翻封建帝制，谱写了中国革命的新篇章。

辛亥革命后，革命党人拟在南京组织中华民国临时政府，因为孙中山时在国外，便一致推选黄兴出面代行。但在准备去南京的前一天晚上，他突然对人说：

"我明天不去南京了。"

"何故不去？"同事问他。

黄兴坦然回答说：

"顷接孙中山先生来电，他已起程回国，不久可到上海。孙先生是同盟会的总理，他未回国时我可代表同盟会；现在他已在回国途中，我若不等待他到沪，抢先一步到南京就职，将使他感受到不快，并使党内同志发生猜疑。太平天国起初节节胜利，发展很快，但因几个领袖互争权利，终至失败。我们要引为鉴戒。肯自我牺牲的人才能从事革命。革命同志最要紧的是团结一致，团结一致才有力量打击敌人。要团结一致，就必须不计较个人的权利，互相推让。"

黄兴的这一高风亮节，是何等感人肺腑！难怪孙中山后来特集古句书联以赠黄兴说：

> 安危他日终须仗
> 甘苦来时要共尝

从1905年会晤结识，到1916年黄兴病逝，孙中山和黄兴之间的关系总的来说是团结友好的。两位革命家的友谊令人钦敬，堪为楷模。但是，由于革命斗争的复杂性和艰巨性，尤其是各人思想、观点、性格上的差异性，他们也曾在某些问题的看法和处理上一度发生过争论、争吵，有过龃龉和斗争。庆幸的是，由于革命救国心切，两人都能顾全大局，克制自我，始终保持团结一致、共同对敌，因此而有光风霁月般的"十载同盟"。

孙、黄之间的矛盾龃龉，主要有两次。

第一次是在1906年至1907年间，争执的焦点是国旗图式的设计问题。

在1906年冬同盟会的一次干事会议上，大家集中讨论了中华民国的国旗式样问题。孙中山主张沿用兴中会的青天白日旗。他说：

"这种旗的图案是陆皓东所发明的。他和兴中会诸先烈及惠州革命军将士们先后为这旗流血牺牲了，我以为不可不为留作纪念。"

"依我看，这种旗形式不美。"黄兴说罢又补充道：

"而且还与日本旭旗相接近，所以……"

"那有什么紧！"孙中山不等黄兴说完，固执地反驳说。"我以为还是青天白日旗好。如果不太显眼，那就增加一种红色，改作红蓝白三色，以符合世界上自由平等博爱之真义。"

"还是不美！"

"……"

两个人就这样各持己见，你一言我一语地争得面红耳赤。后来，经章太炎、刘揆一出来调解，双方才平静下来。

几个月后，又围绕国旗问题展开讨论，孙、黄两人还是意见不一，孙中山一时急躁，讲话时口出不逊之言惹怒了黄兴，黄兴气鼓鼓地退出了会场。宋教仁等人连忙出来劝阻，黄兴最后虽然接受了孙中山的方案，但心里不愉快。他对人说："名不必自我成，功不必自我立，其次亦功成而不居。先生（按：指孙中山）何定须执著第一次起义之旗？然余今为党与大局，已勉强从先生意耳。"

第二次是在 1913 年 8 月以后。两年前的辛亥革命，推翻了封建帝制，建立了中华民国临时政府。由于资产阶级本身固有的弱点，革命的胜利果实很快被袁世凯窃取了。孙中山于是又发动革命党人组织领导了反对袁世凯独裁的战争，是为二次革命。这次革命不久又以宋教仁的被暗杀而告失败。在一次会议上，谈到这次革命失败的原因时，孙中山以为主要原因是党员不听他的命令，话中有暗暗责备黄兴的意思，黄兴虽然忍耐着没有说什么，但心里不痛快。后不久，孙中山不知为什么又当着别人的面，把黄兴痛骂了一顿，于是更激起了黄兴的反感，两人之间终于出现了裂痕。为了避免冲突，黄兴不久便到欧美去了。临走时，还是在寓所里宴请了孙中山，孙中山也写信给欧美的外国朋友，请求他们"遇及黄将军时"，"请……善待之"。孙中山对于黄兴之所以持这样一个态度，因为他深深体会到：在"公事"即革命的某些问题上，与黄兴虽然意见不合，"但私交上兄实为我良友"，所以他致信黄兴说："切勿以公事不投而间之也。"

1914 年 7 月，黄兴乘船赴美国考察，在旧金山接到一些人的来信，挑拨他和孙中山的关系，怂恿他另行组党。黄兴气愤地回答："党只有国民党，领袖惟有孙中山，其他不知也！"在美国各地，他向爱国华侨宣传孙中山的三民主义纲领，揭露袁世凯帝制的阴谋，并积极为革命募捐。

黄兴虽然身在欧美，心里一直想着革命"公事"。他并不因为与孙中山有分歧而忘却反袁，在这一点上，两人的心是相通的。所以，即使身在欧美也还在进行反袁世凯的革命活动。孙中山得知后，心里十分感动。1916 年，黄兴被战友召回参加讨袁护国战争，孙、黄二人终于摒弃前嫌，毫无芥蒂地团结起来共谋国事。但不幸的事，黄兴猝然病逝于上海。孙中山闻讯后悲痛欲绝，第二天即发函海内外哀告黄兴逝世的消息。过去讣告多由死者亲属发布，而黄兴逝世的讣告则由孙中山单独署名发布通令全国全党，以示创立之义举。孙中山发表署名通告说：

> 黄克强先生自创同盟会以来，与文同事奔走，艰难迄于今日。凡我同志，谅均知悉。……以克强盛年，禀赋素厚，虽此次讨贼未得比肩致力，而提携奋斗，尚冀诸异日，遽此凋谢，为国为友，悼伤百端！

又送一挽联云："常恨随陆无武，绛灌无文，纵九等论交，到古人此才不易；试问夷惠谁贤，彭殇谁寿，只十载同盟，有今日后死何堪！"

直到 1917 年 4 月 4 日，又作《祭黄兴文》以悼之——

> 惟公之生，为众所瞻仰，远迩所震惊，群竖所疑忌，国家所尊崇。惟公之死，疑者信之，亲者哭之，无老无幼，无新无旧，皆知今日中国不可无此人。呜呼！是非得丧，本无足论。公殚一生之心血，历二十余载之艰辛，身涉万险，政经三变，国势犹如此，将来或更止如是也。公虽赍志以殁，公之目岂瞑。文等今日遥望哭公，遵礼祭公，身虽衰老，志犹如昔。志四千余年之古国，挽四百兆涣散之人心，是犹赖公在天之灵。公志其可作耶，尚有以鉴之。呜呼，痛哉！尚飨。

黄兴是真正的"湖南骡子"，他坚忍不拔，屡败屡战，直至最后一口气。

说到"湖南骡子"，过去有人总爱用"霸蛮"两字来概括，但也用这个词来定位黄兴的思想和性格显然是不够准确的。即便要用，这个"霸"字，就应理解为雄心、傲骨、魄力、豪情，"蛮"则是勇猛、坚韧、执著、倔强、宁死不屈。总之，这是种以天下为己任的精神，是为了崇高的目的而坚韧与执著的意志，是明知山有虎、偏往虎山行的勇猛，是不达目的不罢休的坚持，是左宗棠所讲的"一意干将去"，是湘籍名家章士钊所说的"好持其理之所自信，而行其心之所能安；势之顺逆，人之毁誉，不遑顾也"，也就是说决不知难而退，更不半途而废，是宁肯断头不屈膝，是屡败屡战的顽强，是"泰山压顶不弯腰"，是孟子所说的"富贵不能淫，贫贱不能移，威武不能屈"的"大丈夫"精神，是在绝境中奋起，在没有路的地方杀出一条生路的硬骨头精神。

有人曾经说过，黄兴最了不起的地方就是他的坚韧：死不认输，永不言败。他一次次从沙场铩羽归来，又一次次向沙场拔足进发。例如，黄花岗起义失败后，他五内俱焚，肝胆俱裂，剖白心迹，句句掷地有声："此役明知不可为而为者，迫于革命存亡绝续之交，战则虽败，革命精神不死，国魂光辉照耀古今，是所以坚持否决展期之说，宁死于战场，决不未战先溃。"事实上，没有黄兴坚韧的精神，就没有黄花岗战役，没有黄花岗战役，就不会有后来的武昌起义。黄花岗起义是武昌起义的先声。这次暴动确实付出了惨重的代价，在同盟会内部引起了一些资深会员的质疑和指责，然而宋教仁却看到了这次起义的非凡价值，他作出的总结是："失败一时而收效甚远。"黄花岗起义发掘了中华民族的良心，弘扬了浩然正气，因此也鼓舞了革命党人前仆后继的奋斗精神。因此可以说，黄兴这个"湖南骡子"的坚忍不拔精神，"不到长城非好汉"的奋斗精神，是辛亥革命党人在长时间里持之以恒奋斗的根本，也是辛亥革命一举推翻封建帝制的根本所在。没有这种精神，黄兴就不是黄兴，民国也好，共和也罢，都只能是一句空话。正是这个意义上，章太炎先生那副挽联，可以说是最恰当精确的评价了——

> 无公乃无民国
> 有史必有斯人

虽然只有12个字，但对黄兴的历史地位及其"湖南骡子"精神，都作了充分实在的肯定。

因为黄兴是典型的"湖南骡子"，因此也成为"湖南第一奇人"。当然，这个"奇"，绝非"猎奇"之奇，也不是怪诞乖奇。黄兴曾为人撰联一副："古人却向书中见，男儿要为天下奇。"他当然不是要别人去做那种劣等"奇人"，他自己更不是那种怪奇之人。黄兴所说的"奇"，是指勇武，有韬略，一身侠气，待人平易，文武双全，品格高尚，顾全大局，光明磊落，不争功，不透过，有大德、大才、大智、大勇、大能、大胸襟、大抱负、大慈悲、大坚韧和大眼光。黄兴就是兼具上述品格而"为天下奇"的"湖南第一奇人"。

在长沙县，这样"为天下奇"的"湖南骡子"还有张百熙、郑先声、杨守仁等等。

张百熙（1847—1907），亦作冶秋，出生于长沙县大鱼塘洞田。清同治十三年（1874）中进士，历任内阁学士、左督御史、政务大臣、管学大臣等职。甲午中日战争起，为光绪侍读；弹劾李鸿章阳作战备阴实主和。1898年戊戌变法失败，因荐举康有为而被革职。《辛丑条约》后，疏请议官制，理财政，变科举，办学堂，设报馆，任管学大臣，主持京师大学堂，一生为创办近代教育事业作出了不朽贡献，被后人尊为"大学之父"。诗词书法均工，有忧国忧民心。其诗云："戎氛逼近姬周日，党祸分乘赵宋年。忧极真思蹈东海，时危忍见哭伊川。乾坤扰扰事未已，风雨潇潇秋可怜。万里敢忘心报国，诸君应有力回天。"1907年病逝，赠太子少保，同年八月葬于家乡。张百熙墓修建于光绪三十三年（1907），2010 年公布为省级文物保护单位。

郑先声（1865—1910），长沙县观佳民主村人。性峻急，重信义，有豪侠风。积极从事旧民主革命，同盟会会员，因被同乡出卖在上海被捕，死于狱中。孙中山追赠其为陆军上将衔，黄兴有挽联云："志士竟何如，忆论项谈荆，回首犹思五藏国；英雄今若此，对秋风黄叶，伤心怕上雨花台。"

杨毓麟（1872—1911），即杨守仁，长沙县高桥镇甘草坑人。中国同盟会会员，与于右任等创办《神州日报》，他所撰写的社论和"时事小言"，大胆泼辣，言人所不敢言，于右任先生曾著文盛赞杨毓麟为"祖国文豪"，他所发表的文章"欲天下哭则哭，欲天下笑则笑"。在辛亥革命准备阶段的革命宣传上，杨毓麟的《新湖南》与陈天华的《猛回头》、《警世钟》同样有名。1911 年 4 月 27 日，广州黄花岗起义失败后，留学国外的他心怀悲愤，为效法中国先贤屈原，他"以自沉来守护道义，以死亡捍卫尊严，以生命殉道文化"，于当年 8 月 5 日，在英国利物浦愤而蹈海自杀。

在他蹈海自尽之前，曾写信给吴稚晖和仅大他一岁的叔祖父杨昌济，告知自己恨不得觅得一支手枪，回国杀一二个民贼，现在关山万里，身上尚有 140 英镑。他嘱咐将其中 110 英镑捐给黄兴作革命经费，或建一小型炸弹厂，另外 30 英镑则寄回家中以慰倚间望归的老母亲。杨毓麟之死使孙中山和黄兴万分悲痛。黄兴闻讯更是心恸得几乎自杀。

吴稚晖和杨昌济接到信件后，急忙赶到利物浦。此时杨毓麟的遗骸已被渔民打捞起来。痛哭失声的杨开慧之父杨昌济写信回国，征求杨毓麟哥哥杨德麟的意见。杨德麟回信说：

"如中国有重见天日之时，则烈士英灵自当随怒潮东返；不然，则大陆沉沉，猿鹤虫沙，生者且不知所托，归骨又奚为乎？"

于是，杨毓麟就葬在英国。民国建立后，孙中山令陆军部将杨毓麟与同是湖南人的杨卓林、陈天华等崇祀于南京烈士专祠中。但政权很快为袁世凯篡夺，杨德麟本人不久也因反对袁世凯刺杀宋教仁发表评论而被军阀汤芗铭杀害。杨德麟亦曾策划和参与辛亥革命著名的滦州事变，在中华民国成立时，任南京留守黄兴的秘书，后回湖南担任湖南省财政司司长，与杨德麟同时就义贡院坪（今省农业厅门口）的还有后葬于岳麓山的易经羲。杨家先人一门忠烈。杨家三兄弟杨德麟、杨毓麟、杨殿麟中就有两位为创建自由独立的共和国殉身不恤。

杨毓麟在中国辛亥革命史上具有崇高地位，除了他的蹈海自杀和在报界的舆论宣传之功外，他的制作炸弹和组织暗杀的历史作用也不容忽视。

值得一提的是，长沙县的高桥镇，自古是"屈贾之乡"，这里不但产生了史书上能文善武的杨门忠烈，还出过无数名人如柳五亭、柳直荀父子、李维汉、李铁映父子，还有文化名人黄自元等。这里还是茶叶之乡，郭沫若当年曾为高桥银针题句；这里也是农业基地，袁隆平在高桥搞水稻研究，高桥的优质米正源源不断地端上全国人民的餐桌。

"湖南第一奇人"的黄兴，是值得大书特书的。这不仅因为他是中华民国的创始人之一，不仅因为他那"湖南骡子"的性格和奋斗不息的精神，更在于他那有功而不居的虚怀若谷的胸怀。也许正因为这样，时人及后人都特别崇敬他。诚如国民党元老于右任在《题张岳军藏黄克强先烈遗墨》诗中所写的那样：

> 开国之功未可忘，国人犹自说孙黄。
> 黄花满眼天如醉，猛忆元戎旧战场。

长沙市是黄兴最初从事革命活动的地方，因此留有他当年的"旧战场"，"华兴会成立会址纪念馆"即其一。

于2011年新修复的"华兴会成立会址纪念馆"坐落于长沙市湘春西路明德华兴中学最东边的一角，那是一座青砖黑瓦的小平房，朝南开的一个月洞门上刻着"龙府"二字。1904年2月15日（农历春节），黄兴、宋教仁、陈天华等100余人，在这里以聚餐为名，举行华兴会成立大会。也正是在这个成立大会上，黄兴等革命者第一次提出了"驱除鞑虏，复兴中华；同心扑满，当面算清"的革命口号。

华兴会成立后，黄兴等人策划了长沙起义，拟于11月16日（农历十月初十），即慈禧太后七十岁生日"万寿节"，于省城万寿宫乘机起事。由于计划泄露，官府开始抓捕黄兴等革命者，在胡元倓、龙绂瑞的帮助下，黄兴最终脱险，在朋友们的精心策划和掩护下得以安全离开长沙，转道上海东渡日本，在那里结识孙中山，开始了新的革命活动……

离开8个年头的黄兴，回到长沙后来到了位于明德中学里的这个小院。据说这个中华民国的开国元勋，在这里回忆起当年时，对于长沙、对于明德，对于这个"华兴会成立会址"的小院子，特别有感情，曾经激动不已……

1912年的10月25日，是黄兴39岁生日，这一天他从上海乘船回湘，途中触景生感，写下了《回湘感怀》一诗：

> 卅九年知四十非，大风歌好不如归。
> 惊人事业随流水，爱我园林想落晖。
> 入夜鱼龙都寂寂，故山猿鹤正依依。
> 苍茫独立无端感，时有清风振我衣。

黄兴当天到达长沙后，受到长沙各界数万人的热烈欢迎。长沙一女师附小学生谱歌欢迎，由此可见长沙民众对他的崇敬——

> 凉秋时节黄花黄，大好英雄返故乡。
> 一手缔造共和国，洞庭衡岳生荣光。

有道是："水惟善下方成海，山不矜高自极天。"由黄兴的故事想起这两句话，信然！

7. 临湘山上

· 浏水奔腾，涛声依旧，远去了，历代多少英雄事
· 青山屹立，翠色更新，迎来兮，今朝特别浪漫时

旧传长沙县著名的"梨江八景"中，第一景是狮岭仙踪。今天，我们寻踪而来。

狮岭，就是临湘山。因为其势宛若仰天狮子，故名之。这里，岭前有浏

水滔滔，日夜奔流，山上有参天古木，四季常绿。但最引人瞩目也最让人流连忘返的，还是那巍峨耸峙的陶公庙。

此陶公可不是彼陶公。

历史上，曾有几个著名陶公，但最早跟长沙有关的则是陶侃。

陶侃（259—334），是东晋一代名将，在东晋的建立和稳定东晋初年动荡不安的政局上，他是颇有建树的。他出身贫寒，靠平反"八王之乱"等战功得以在风云变幻且门阀制度森严的社会里顺利进入官场，当上了东晋炙手可热的荆州刺史，而且很有治绩，是一个颇有传奇色彩的人。《晋书》上有传，《世说新语》等史书中记载了不少关于他的遗闻轶事，长沙地区也曾一度流传有关于他的许多故事和遗迹，例如陶公祠就是。如果有兴趣翻阅《历代名人咏长沙诗词选》，还可以读到前人记游陶公祠的诗作。例如：

> 庙貌湘城侧，千秋俎豆临。
> 眠牛山岳降，射蟒鬼神钦。
> 素壁苔花暗，丰碑树影深。
> 风尘公不见，谁更惜分阴。（黄湘南《陶桓公祠》）

这里所咏的"陶公庙"或"陶公祠"，当然不是长沙县浏阳河边祭祀陶侃的那个"陶公庙"，不过也与陶侃有关。因为这里祭祀的，是他的孙子陶淡和侄孙陶亘。陶侃也是后来那个"不为五斗米折腰"的诗人陶渊明的曾祖父。

据《晋书·隐逸篇》记载，"陶淡字处静，晋太尉桓公侃之孙，夏公之子……结庐临湘山。"传为肉身坐化。原来，陶淡与陶亘叔侄二人，本是晋代官宦子弟，自幼好导引之术，且淡泊名利，又感于国仇家恨，晋亡之后，遂结庐于临湘山，偕隐潜修。后二人同时尸解，而肉躯不朽，遗蜕如生，乡民惊为异事，又感其遗德，由是讴思景仰，便于南朝梁天监六年（507），在临湘山东麓立庙以祀。清咸丰二年（1852）时任湖南巡抚的骆秉章奏请清帝加封陶公，清咸丰十一年（1861）封陶淡为"孚祐真人"，陶亘为"福祐真人"，准予列入祀典，由是陶真人庙遂闻名于世。清同治十一年（1872）又加封陶淡"昭星"、陶亘为"灵应"。民间传说该庙颇有灵验，因此一千五百年来，几经沧桑，历经劫难，而香火不断。历届巡抚、布政使、按察使、省长等，或题匾额，或作碑文，特别是清咸丰同治两帝两次加封、列入祀典后，更是声名远播。历来各界文人墨客，多有记游题咏，更使该庙文化品位日浓，香火渐旺。特别是每年春秋两季的陶真人庙会，善男信女络绎不绝，商贾摊贩，列肆盈廛，成为县内最有名的集市贸易场所。宗教文化与商贸经济如此圆满结合，这是最典型的一个例子。

陶公庙历史悠久，文化内涵丰富，其建筑规模宏大，结构纤巧，无论屋脊、爪角、照壁、墙头、照梁、吊檐、栏杆、藻井、斗拱、门窗，都恰到好处地运用了堆塑、雕刻、彩绘等多种艺术手法加以装饰，显得金碧辉煌，古色古香，堪称我国古代南方建筑之典范。对研究传统文化、民间信仰等都有重要的意义。

陶公庙几经扩建、修复，现在占地面积 5300 多平方米，建筑面积约 2000 平方米，因祭祀而形成的陶公庙会沿袭至今。省人民政府 1996 年公布为省级文物保护单位。

古庙位于长沙县榔梨镇，濒临浏阳河，枕靠临湘山，四周古木参天，风景十分优美。现存建筑系清光绪十九年（1893）重修。主体建筑依山势而建，坐北朝南，依次由山门、戏楼、前殿和后殿等组成，有的高大华丽，有的古朴奇巧。

山门系山字形宫墙建筑，有左、中、右三门，上首均塑有花草虫鱼、人物故事。正山门竖立着"临湘山"石匾，山门两侧联云："山中宰相，陆地神仙。"左右侧门为"丹台"、"紫府"，并嵌有"立德不朽，有仙则名"和"六朝遗庙，千年名山"的楹联。

戏楼高 14 米多，系木质结构，单檐歇山顶，檐下设如意斗拱并插有龙凤头饰，雕刻甚为精美，具有典型的清代江南风格。两侧有回廊、化妆室、道具室。舞台中央上方有八卦形斗拱和空心镶板。戏楼分上下两层，楼顶覆盖黄色琉璃瓦，四角飞檐有铁铸风铃，屋脊中央有陶制七级浮屠和兵书宝剑，为长沙地区仅存的木质结构古楼。戏楼前坪有石级三行，两侧石栏，嵌有石雕麒麟狮象。戏楼建于何时，已无可考。但知光绪二十六年（1900）曾重修。民国二十年（1931）地方人士捐资重建，1932 年竣工，楼名原为"大观"，此次重修后易名为"古楼"。

登上 48 级石梯，径登大殿。正殿大门有 3 组楠木雕花格门，上悬有宋代理学家朱熹和清代书法家翁同龢书写的"德化无疆"、"陶真人庙"、"仙骨佛心"等木质直匾。

大殿里供奉着陶公真人。此时，人来人往，穿梭不息，有游客，也有香客，神态或惊讶或虔诚，有的在端详凝视，有的在上香祭拜。大殿里香烟缭绕，氤氲若雾，正散发着浓烈馥郁的清香，令人真有一种腾云驾雾、飘飘若仙之感。我们的思绪顿时穿越时空，浮想联翩，陶公四代的影像，栩栩如生地展现在眼前⋯⋯

老陶公不愧是一代名将，虽贫寒出身，却以战功改变了身世，并以清名传播后世，陶淡、陶亘却淡泊名利，辞荣弃贵，耽寂忍寞，又是一种人生和境界，直到陶渊明"不为五斗米折腰"却以诗名扬一代，在中国文学史上占有重要的一页。都说"富不过三代"，陶氏却连出名人，这说明人生的路是自己走出来的，是宽是窄，固然有时代的因素，却也需要个人的奋斗。以眼前二位陶公来说，他们与世无争，绝非消极逃避，甘于沉沦。他们的十年面壁、百年修炼，坚忍不拔、持之以恒的毅力和为某种崇高理想而付出艰辛与努力的执著，不也令人敬佩么？千百年来，陶公以仙道的面目出现，被列入"三教"之中，因此而受到世世代代的祭祀，较之乃祖更名扬远播于人间。所以，陶公祠早已毁没，而陶公庙却香火绵绵不绝，这大概是陶侃将军所料想不到的吧？

由陶侃这位中兴名将，又想起了湖南的一位中兴名将左宗棠，因为附近的跳马乡白竹村泉塘坡上就有他的墓葬。

那是一座石质古墓。墓前有石砌平台，墓体由石桌、石鼓、石香炉构成，墓碑楷书阴刻"清太傅大学士属靖侯左文襄公之墓"，左右耳碑刻有重修年月和左宗棠生卒年。两侧华表刻联语："汉业唐规西陲永固，秦川陇道塞柳长青。"前坪下为花岗岩石台阶依次而下，台阶两侧植有万年青。庐前有一对花岗岩雕刻的石狮子，再往前为一花岗岩石铺成的坪地。该墓修建于清光绪十二年（1886）。1985年进行了大规模重修，1996年公布为省级文物保护单位。

来陶公庙前，我们曾在那里"浏览"过他的一番惊世业绩——

左宗棠（1812—1885），字季高，湖南湘阴人。他是清末湘军将领，著名的洋务派领袖，曾任两江总督，是近代湖南人的杰出代表。他的最大功劳是：在65岁时，以祖国安危为重，于1876年率六万大军横越沙漠，仅用两年工夫，平息了连续12年的变乱，收复了祖国新疆的大片河山。1881年曾纪泽以左宗棠的武力为后盾，经过艰苦卓绝的外交斗争，又从沙俄手中索还了伊犁。这期间的"大将筹边人未还，湖湘子弟满天山。新栽杨柳三千里，引得春风度玉关"之诗，就反映了其情其景，颇得后人敬仰。1884年中法战争爆发后，左宗棠、彭玉麟全力支持湘军宿将王德榜，配合老将冯子材，取

459

得震惊中外的谅山—镇南关大捷。左宗棠又以 73 岁高龄，亲赴福建前线督师，指挥防务，增援孤岛血战中的台湾军民反侵略战争，护卫国土的神圣。不幸于 1885 年 7 月 27 日病逝于福州军中，临终前还自责说："未大伸挞伐，张我国威，遗恨平生，死不瞑目"，其爱国之忧，感人至深。所以，有历史学家评价说："唐太宗以后，对于国家领土东风压倒西风最大的人物，当首推左宗棠，实非过誉。""中国历史上有四个永远打不败的将军，汉朝的韩信、唐朝的李靖、宋朝的岳飞和清朝的左宗棠。"这些话可能有些言过其实，但左宗棠之为清末的中兴名臣和一代名将，则是毫无疑义的。令人费解的是，他逝于福州，故居在湘阴县城南 10 余公里处的柳庄，却不知为何归葬于长沙县境内。这个问题，只好留待历史学家去考证了。

走出陶公庙，登上临湘山。放眼四周，林木葱郁，风景不俗。浏阳河水从庙旁静静地流过，紧靠江水，庙前有片偌大的广场。据说，当地民间为纪念陶公庙两位陶公生日，分别于农历正月十三、八月十七日举行拜祭活动，后来渐渐演变为盛大的庙会。庙会每次时间长达 10 天左右。最为壮观的是，庙会期间，除祭拜活动外，各种民间技艺竞相出场，人们借庙会之时，结庐成市，商贾云集，人流涌动，买卖兴隆，商贸经济十分发达，有民谣云："槊梨街上不作田，两个庙会吃一年。"

改革开放后，长沙县在发展经济中充分利用各种商机，努力发展县域经济，特别是县城迁入星沙后，依托星沙经济开发区先后通过实施"产城融合"、兴工强县等战略，大胆招商引资，一大批重量级工业、现代服务业等项目相继落户，"星沙商圈"崛起，星沙大地掀起了一场场动人心魄的财富风暴，庙会经济因此也更红火了。

离开临湘山和陶公庙时，正是近午时分，七月的阳光如火，广场上正隐隐地腾起阵阵热浪……

"星沙"自古以来就是一片热土，在改革开放的今天，相信这片土地会更加红火。想到这里，大家都觉得释然，欣然！

第五章 ｜ 江城入望

张应塾，字菊村，号东门，是进士张承炜第四子，由廪生中乾隆丙辰（1736）恩科经魁，曾任绥宁教谕。他有一首《再登黑麋峰》的五言诗——

> 峭壁横今古，登临不计年。
> 苔痕移石磴，日影散峰巅。
> 倚树浮云合，遥天孤阁悬。
> 江城入望里，怀古意何先。

诗人站在长沙市北最高的黑麋峰上，极目远眺，兀自跳入他视线里的，竟是一座令他"怀古意何先"的"江城"。

这"江城"，就是今天的望城。

1. 湘江北去

- 日夜江声，呼波唤浪，滔滔不绝，洞庭去也
- 春秋画卷，绿水青山，永永无穷，柘城来兮

望城的母亲河——湘江，自湘南滚滚而来。

它绕过昭山以后，便进入长沙市区，至白泉乡鹅洲先进入望城，在炭塘子有白泉河自西南注入，至巴鸡洲南端有观音港自西注入，至坪塘镇与长沙市郊分界处有靳江河自西南注入，至市郊溁湾镇西纳入龙王港水，至市郊东北，相继又有浏阳河、捞刀河汇入。捞刀河出口处是市郊与望城、长沙县交界处，西岸是三汊矶，湘水自此折向北流，至回龙洲，西纳大泽湖（一名大塞河）水系，至霞凝港有沙河从东北方向注入，至同福垸北端，有马桥河自西南注入，至新康又汇纳沩水和八曲河，至石渚垸有石渚河自东注入，至铜

官花果垸有黄龙河自东注入，至北境门户乔口镇有烂泥湖撒洪河自西注入，湘水自此又折向东北流，从东城乡鱼尾洲出境，一路上带着欢快的浪花，经湘阴奔腾汇入南洞庭湖。

湘江在望城纵贯南北，境内流程有五十多公里，河宽千米，水流平缓。湘江沿岸，历史上曾形成众多大大小小的湖泊，随着岁月的推移，或因外力的作用造成地表搬迁，或经人工围垦，已使某些湖滩演变成了耕地、荒坡或道路。多条支流呈叶脉状向东西两侧展开，斜贯全境。

望城地处湘中东北，湘江下游两岸。东与开福区、长沙县相邻，南与岳麓区毗连，西与宁乡县交界，西北至东北与益阳赫山区、湘阴县、汨罗市为邻，属长衡丘陵向洞庭湖平原过渡地带。地势由南向北倾斜，西北部为滨湖冲积平原，中部多为丘陵山冈，东北部群山绵亘，层峦叠嶂，黑麋峰为其最高峰，山脉向西南延伸，止于湘江东岸，隆起麻潭山雄峙江滨，俯视江流。湘江在境内有一级支流 9 条，二级支流 13 条，团头湖为境内最大湖泊，湛湖海拔仅 23 米多，为境内最低处。全区面积 954 平方公里，属亚热带和风性湿润气候，年平均气温 18 摄氏度，降雨量 1335 毫米，无霜期 274 天。主产稻米，盛产鲜鱼，素称鱼米之乡。植被以亚热带常绿阔叶林、针叶林为主，地下矿藏已探明的有金、铁、锰、石灰石、花岗石、陶土等 30 多种。有京广铁路、石长铁路、长常高速、319 国道以及正在规划建设的京珠高速西线等穿境而过。千吨级货轮可常年通航。

若论自然风景，望城的确不俗。境内峰峦起伏，茵围翠绕，平畴连绵，江水奔流，既有绿野山色，又有旖旎湖光，还有良田千顷。湘江两岸，稻花飘香，土产食粮，水载百舸，江湖呈鱼，古镇献宝，可以说是一座瞩目而望的滨江之城。

这里，历史悠久，自秦设郡、县，经三国、晋、隋、唐及五代，历为长沙郡、长沙国、长沙县辖境。因此，望城的名胜古迹，也是丰富多彩的。经 1987 年普查，发现有新石器时代遗址 31 处，商周时代遗址 4 处，汉代城址 1 处，唐宋窑址 26 处，古墓群 25 处，清代官僚墓 57 座，古建筑 21 处，古石雕石刻 22 处，现代纪念地 3 处，其中国家级文物保护单位 1 处，省级保护单位 2 处。但经数年变迁，历尽沧桑，受自然和人为的破坏，文物名胜受到了不同程度的损毁。

这里有高峰，有天池，有湖泊，有洲岛，还有古寺、古塔、古墓、古碑亭、古泉、古石、古村、古港，特别是沿江岸立的几座古镇，各以其独特的色彩，使望城成为名副其实的滨江而望之城。

高峰——长沙市区内的岳麓山是国家级重点风景名胜区，其主峰云麓峰曾是长沙城区的最高点。但是望城入城后，这个"至高"被海拔 590.5 米的黑麋峰主峰取代了。黑麋峰位于望城东北角，因曾有黑麋出没而得名。黑麋峰森林公园是长沙城区最大的省级森林公园。

天池——黑麋峰因独特的自然资源和区位优势，特别是抽水蓄能电站落户公园后，成了"长沙的天池"。这里生态环境优美，山高林密，溪美水甜，既有秀美的自然景观，又有绚丽多姿的季节性变化。有历史悠久的宗教圣地洞阳古寺，丰富的古代石刻，优美的民间传说，纯朴的乡俗风情，是长沙周边难得的一块宝地，将成为长沙乃至湖南极具特色的旅游景区。

湖——望城境内湖多。最著名的，一是团头湖，二是千龙湖。团头湖长达 8800 多米，宽约 600 米，不仅是长沙城区，也是整个长沙地区最大的天然湖泊。湖岸曲折多弯，相传八仙之一的吕洞宾，飞渡洞庭湖时，到达团头湖观其山清水秀，环境优美，便停下来歇息，从其木屐上掉下一块泥土至团头湖中，便成了今日的仙泥墩。乔口镇还有另一个湖泊叫湛湖，海拔 23.5 米，为长沙地区海拔最低点。在靖港，有约 3000 年以前的团头湖遗址群。千龙湖位于格塘镇，距长沙市区 40 公里。同治十年《长沙县志》曰："格塘在新康都三甲，周围数里，塘中有两洲，塘水灌田数百公顷。"千龙湖原为格塘水库。1950 年冬，因宁乡县沩丰坝灌渠入塘，将塘基裁弯截直，加高培厚，蓄水量增至 233 万立方米，成为小型水库。1958 年冬，两次对格塘水库进行改造，堤高增至 8 米，总长 5771 米，成为中型水库。现水面为 187 公顷，库容增至 1083 万立方米，集雨面积 41 平方公里，灌溉面积 3.7 万亩。水面由三方围住一个 24 公顷的半岛，留有千年井遗迹，生态环境优良，已开发成生态旅游度假区。

岛——望城境内洲岛众多。月亮岛、蔡家洲、香炉洲、冯家洲和洪家洲，五大江心洲就像五颗珍珠，散落在盈盈湘水间。特别是月亮岛，长约 5000 米，东西平均宽约 400 米，总面积 2490 亩，位于长沙市区西北，分属望城区星城镇的三个自然村。因形如弯月，静静地躺在湘水中流，渐有了这个迷人的雅称，是长沙城区第一大岛，比著名的橘子洲还要大，岛上仍保留着它"森林草原"的景观，杂花生树，芳草铺洲，1985 年已辟为度假村。

古寺庙——望城境内，寺庙特别多，有黑麋寺、洗心禅寺、杲山寺、戴公庙、辖神庙，等等。

黑麋寺位于黑麋峰上，建于明朝万历四年（1576），群山朝拱，气象万千。

洗心禅寺位于望城区黄金镇金坪社区。据《善化县志》记载，该寺原名洗心庵，建于泰昌元年（1620），为清初汉月法藏禅师创建，至今已有386年历史。开山以来，寺院佛事兴隆，高僧辈出，如清末开福寺的方丈体辉大和尚，现任中国佛教协会会长的一诚长老等都出自洗心禅寺。民国年间，寺院规模宏大，殿堂屋宇建有三进107间，住僧70余人，置水田200亩，山林菜地200余亩，实为长沙河西的一大寺宇。由于历史原因，洗心禅寺被毁，后重建。新修的洗心禅寺占地面积500多亩，主体建筑12栋，建筑面积逾3万平方米。

在坪塘则有桐溪寺，位于伏龙山下，那里古木参天，绿荫蔽日。

呆山寺位于望城区乌山镇团山湖西侧山麓处，相传为两晋时代僧人紫鹤禅师创建。呆山寺历史悠久，闻名遐迩，旧志载："寺东有井，水甚清冽，绕寺有壕，壕外田三十八石，又培寺湖田十五石，下侧围田三十五石，莲湖田十二石。"民国年间，寺宇失修，遂被陆续拆除。1996年呆山寺恢复为宗教活动场所。

戴公庙位于望城区星城镇七峰村。据清同治十年（1871）《长沙县志》记载，戴公庙始建于唐朝，迄今有1300余年历史。相传戴公三圣（戴宗德、戴宗仁、戴宗义三兄弟）均武艺超群，有将帅之才，见义勇为，先后七次受皇封。戴公三圣曾两次于严实风雨中在洞庭湖临资口下水救船，搭救55人；还擅长医道，施财舍药、普济众生，做了无量功德，被当地乡民歌颂，尊称为戴公三真人。于是"乡人感思立祠祀焉"，于七封山中修建戴公庙。该庙原有戏台、正殿等，规模宏大，近似东乡陶公庙。戴公庙弃于土改，毁于"文革"，后逐步恢复，世称老戴公庙。戴公庙虽历经沧桑，几经沉浮，但戴公三圣深得人们敬仰、崇拜，特别是农历八月初一前后，香客不分昼夜，不管风雨，不论老幼，络绎不绝地汇集于戴公庙，每天游人信士万人以上，其影响远播三湘大地。

辖神庙位于望城区新康乡沱市集镇，据说元朝时即有此庙，是管辖这里的"官人"建的"人庙"，清乾隆五十二年（1787）正式建成。清咸丰四年（1854），湘军靖港败后，增派军力追剿太平军未果，一怒之下将辖神庙付之一炬。清咸丰六年（1856），邑人肖彩堂组织信众集资重建。庙会时，省城长沙的湘剧名角，如小生吴始芝、老生欧云霞、花脸廖松柱、小丑李少成、老旦盖梅先和花旦"六岁红"都是这里的常客，观者如云。1958年拆除辖神庙全部设施投入水利建设。现在的辖神庙是1993年由信众自发组织人力、物力、财力所建。北为正堂，南为戏台。戏台设计巧妙，音响效果好，使得艺人们的道白、唱腔都非常洪亮。每年农历7月12日为辖神庙会，按庙规每个香客朝拜之时，都得先在庙门前杀一只公鸡敬神。每逢庙会唱戏10天，白天10台戏由庙开支，晚上9台戏由行会开销。

古塔——茶亭乡有惜字塔，塔顶长树，枝叶四季常青，宛如华盖。东城境内有文星石塔，耸立田野，秀如鞭铜。

古墓——坪塘伏龙山下桐溪寺后，有曾国藩墓，墓前石人石兽，刻工精巧，栩栩如生。西湖文家坝有郭亮墓，1957年由国家拨款修建。

碑亭——白泉荷叶碑亭，是纪念清时两广总督谭忠麟的墓碑亭，亭中有长达千言的碑文，是清代书法家黄自立手迹。碑亭结构严谨，造型殊异，镌刻清秀，独树一帜。亭东有石桥流水，北面翠柳垂杨。

古泉——最著名的是洗笔泉，在丁字镇书堂山上，传为唐代大书法家欧阳询、欧阳通父子习字洗笔处，墨云浮水，景物依然。现遗址不在。欧阳询是史上著名楷书大家之一，楷书代表作有《九成宫醴泉铭》、《皇甫诞碑》、《化度寺碑》、《兰亭记》，行书有《行书千字文》。其书法见解独到，有书法"八诀"。欧阳通为唐代官员、书法家，工于楷，书得父法而险峻过之，父子齐名，号"大小欧阳"。明人曹廷用曾题诗："洗笔迹存人去远，墨云浮水尚依然。临池欲写当年事，碧草萋萋锁暮烟。"清人郑板桥也有《书堂山》诗咏道："麻潭长耸翠，石案水摊书。双枫今夹道，松柏古连株。稻香泉水涌，洗笔有泉池。书堂称故址，太子号围圩。"

古街——望城古街很多，乔口、靖港、铜官和丁字镇等镇上都存有古街。清朝康熙年间，湖北修建舵公洲大堤，派了很多人来丁字湾大量开采麻石，丁字湾老街粗具街市雏形。雍正年间，为修建洞庭湖等伴洲、舵杆洲两座人工石山，来到丁字湾开采麻石的人成百上千。运输船只云集，此处遂成港埠，进而形成了较为繁荣的集镇。随后，修建了一条麻石铺就的长约200米、宽近4米的南北走向长街，共用去长1.2米、宽0.35米的条石板材1810块。民国三年（1914），丁字湾码头已有长湘浅水汽船停靠。民国八年（1919），老街上有麻石店30多家。进入上世纪30年代中后期，丁字湾老街宽度未变，却延长到260多米。南头约50米是半边街，全是石店。1978年，丁字湾老街改成混凝土街面，拓宽成7米，改直加长到360米。

古窑——以釉下彩瓷器闻名于世的长沙铜官窑，在石渚湖畔，为国家重点文物保护单位。其中龙窑遗址46处，采泥矿遗址19处。铜官窑鼎盛于中晚唐时期，五代后渐趋衰落，前后经历了200多年，距今已有1000多年的历史。长沙铜官窑制作工艺特别，其釉下彩技术被称为"陶瓷史上的里程碑"。鼎盛期产品不但畅销于国内，而且远销东亚、南亚、西亚地区。

古石——黑麋峰乡寺冲道旁斜石一方，为寿字石，上镌楷书"寿"字，传为欧阳询手笔，年代久远而历经风雨，笔画清晰可见。

古村——乔口有筑于春秋战国时期的楚国村落遗址。

古城——谷山有建于两汉时的北津城。

古镇——湘江两岸有历史名镇，分别是乔口、靖港、铜官、丁字湾、坪塘、桥驿、霞凝……虽经历代变迁，历尽沧桑，但在改革开放的东风吹拂下，正以她们日新月异不断进步的风采雄姿，屹立于长沙的北大门。

镇南将军府遗址——镇南将军府为南北朝镇南将军欧阳危的府第。陈永定年间欧阳危避石崇之祸遁及潭州临湘（今望城区丁字镇），永定三年（559）修建该将军府。遗址在书堂山南麓会子塘，建筑坐西北朝东南，占地约1800平方米，府前即长岳驿道。府第前后四进，高大巍峨，院墙坚固，气象森严。正门前一对石狮，威武雄壮。遗址现已不存。欧阳危（498—563），字靖世，长沙临湘人，当地望族。父亲之死对欧阳危的打击很大，全部家产让给兄长，多次辞官不就，隐居在麓山寺边，专心研习学业，通晓诸子百家。30岁的时候，受兄长逼迫，出任信武府的中兵参军、平西邵陵王的中兵参军事。

梅园中学——嘉庆六年（1801），谭大光、谭大奇在今望城区茶亭镇谭家园合建谭氏家庙。同治七年（1868），左宗棠部将提督谭仁芳捐资创办梅园义塾，建有学舍一幢，延请名儒担任塾师。两江总督曾国藩题赠"湘衡萃秀"金字巨匾。

纪念馆——1966年建有雷锋纪念馆，每年前往参观的人络绎不绝。纪念馆坐落于望城区雷锋镇，为省级文物保护单位，是中央、省、市三级爱国主义教育基地和全国颇具影响的精神文明建设阵地。全馆展室陈列面积1500平方米，共分三个部分，四个展室，通过文物和照片全面系统地介绍了雷锋同志生前的模范事迹和全国人民学雷锋的典型事例。

惟其如此，历代名家如杜甫、刘长卿、范成大、文天祥、王夫之、姚鼐、郑板桥等，都曾流寓境内，有感于望城的山川壮丽，留下许多精美的题吟之作。

望城人杰地灵,名人志士代不绝书。唐代四大楷书家之一的欧阳询就诞生在这里。欧阳询（557—641），字信本，唐代潭州临湘（今望城区丁字镇书堂乡）人，出身仕族。欧阳询聪敏勤学，少年时博览古今，后出仕隋太常博士。唐代累官至给事中、银青光禄大夫、太率更令、弘文馆学士，封勃海县男。欧阳询书法造诣很深，正楷、小楷、行书、草书、飞白、大小篆八体皆精，楷书成就尤为突出，称为"欧体"，平正中见险绝，精丽俊逸，而又法度森严，自成面目。唐时即为一绝，不仅盛传国内，亦名扬海外，当时高丽（位于今朝鲜半岛朝鲜境内）竟派使者前来求购他的墨迹，日本人也争购欧书，竞相效仿。今日本《朝日新闻》的报头题字就是从欧书《宗圣观记》中选用的。其书对后世影响甚大，与虞世南、褚遂良、薛稷并称唐初四大书法家，又把他和颜真卿、柳公权、赵孟頫并称为我国四大楷书家。书堂乡之书堂山曾有书堂寺，传为欧阳询父子读书习字处，今山半尚存"洗笔泉"遗迹。他还精于诗文，编撰大型类书《艺文类聚》。传世楷书之作主要有《九成宫醴泉铭》、《姚辩墓志》等。所撰《传授诀》、《用笔论》、《八诀》、《三十六法》是我国书法理论的珍贵遗产。

清道光时有丁取忠，他潜心钻研数学，集成《白芙堂算学丛书》，为楚南绝学倡导者。

咸丰年间有李篁仙，工诗文，尤长联语，世称"湘中才子"。

还有陈运溶，他毕生致力于辑录湖南古地理佚书，所著《湘城访古录》，足以补史之无，匡志之误。

民国时期，有与齐白石深交的著名画家夏士兰。

现代则有研究"诗""骚"卓有成就的专家陈子展，有著名神经解剖学家欧阳翥，有教育家李肖聘。还有学者程千帆，古琴研究家顾梅羹，植物学家周庆年，小麦改良专家邹应斌等，他们都为望城历史增添了光彩。

宗教界有名人释一诚，其俗名周荣生，1927 年出生于望城乌山镇乌山村。1949 年 6 月在湖南望城洗心庵出家，法号一诚，字悟圆。1957 年被授予正法眼藏，赐法号衍心，列为沩仰宗第十代传人。1987 年至今先后担任中国佛教协会第五届理事，第六届理事会副会长，江西省佛教协会理事会会长，江西省政协常委，中国佛教协会理事会会长兼中国佛学院院长，2003 年选为第十届全国政协常委，10 月任北京法源寺方丈。他以弘法利众为己任，实践着苦行关陀之志向，声誉极高，深受教内外尊重。

尤其值得骄傲的是，这里是郭亮的故乡，也是雷锋的故乡。

望城的非物质文化遗产，有民间剪纸、皮影戏、陶瓷烧制技艺、丁字湾麻石技艺等。

望城民间剪纸——望城剪纸是长沙地区流传甚广的民间工艺，早在清代以前已经流行，内容纯朴，风格粗犷，干净洒脱，多以禽兽为题材，饶有乡土气息，不需画稿，信手剪来，生活气息浓郁，是湘中一带民间剪纸艺术的代表。以湘江为界，望城剪纸分河西、河东两大风格。河西的剪纸与凿花皆兼，多人物剪纸，富有装饰图案美。河东剪纸是不打画稿，信手剪来，具有简练朴实、干净洒脱、对称均匀的特点，追求意境。望城剪纸的传统题材广泛，多采用寓意、象征、比喻、衬托的手法，取材于常见的花、草、虫、鱼、兽、人物等，并进行多层次的思想感情表述，如祝愿夫妻感情和谐，祈望吉祥如意、幸福安康等。望城剪纸造就了一批颇有成就的艺人。清代剪纸艺人文正钦能画会剪，有《二十四孝·八仙人物》画谱传世。文震坤，是望城河西流派代表，在湖南剪纸界早有盛名，1984 年她创作的《热闹的端午节》入选全国农村画展。中国剪纸学会创作部副主任、湖南剪纸研究会会长秦石蛟，有 200 多幅作品入选全国美术展览，1984 年赴日本表演被评为"神技"。邹易氏是河东流派代表，在剪纸园地耕耘了 80 年，有《鹊立枝头》、《七鸭游湖》等作品获奖。望城民间剪纸已列入湖南省非物质文化遗产保护名录。

望城皮影戏——望城皮影的造型颇有独特之处，其他地方皮影"靠子"是前脚长，望城则是后脚长，操作表演起来更显武将威风凛凛；其他地方皮影脸谱大都采用只看到一只眼睛的"五分式"，望城皮影则是可看到一只半眼睛的"七分式"，故而人物基础表演更加逼真。民国时期，望城全境皮影艺术良好的氛围造就了一批在国内外颇具影响的皮影艺术家。1949 年组建的湖南军区洞庭湖湘剧团灯影队（今湖南省木偶皮影艺术团前身）的皮影艺术骨干，大都为望城人。长沙市望城区白箬铺镇皮影艺术家何德润，1949 年入湖南军区洞庭湘剧团灯影队后，主持改进皮影人物造型、窗幕和光源，开创皮影表演寓言、童话新路。20 世纪 50 年代曾两次被选调参加中国木偶皮影艺术团赴欧洲 10 多个国家演出。他制作的一些皮影人物今天仍收藏在莫斯科木偶剧院博物馆里。何德润曾任中国木偶皮影艺术学会副会长，被国外誉为"东方杰出的傀儡艺术家"。曾任省皮影队队长的夏少春，所制作的《鹤与龟》、《两朋友》、《背老婆》是湖南皮影的代表作。1958 年，他受聘蒙古人民共和国传授皮影艺术，获"蒙古人民共和国荣誉奖"，他是新中国委派出国任教的第一位皮影艺术家。

陶瓷烧制技艺——2010年，"长沙铜官窑陶瓷烧制技艺"入选第三批国家级非物质文化遗产名录，目前正组织申报世界文化遗产。

丁字湾麻石技艺——产于湘江东岸丁字湾一带，其麻石的开采史上溯到西汉。据对我国一些古寺碑塔的取样分析，所用石料多取材于此。该麻石为中颗粒浅白色结构耐温耐磨耐腐蚀，质地坚硬，色泽鲜明，是雕塑和建筑的上乘材料。我国首都天安门广场、中国革命军事博物馆、武汉长江大桥、黄鹤楼、岳阳楼等建筑都使用了丁字湾麻石。近年来这种石料还销往欧洲的许多国家，真所谓丁字湾的麻石铺天下。丁字湾麻石开采加工已有近千年的历史。清康熙年间，此地采石不断；雍正年间已形成较为繁荣的集镇，故有"十里古城"、"麻石之乡"的美称。民国元年（1912）石工多达500余人，年采麻石收入在20万担谷以上。沿街有石店30余家，本地专用船30余艘。据中南权威勘探专家实地勘探考察，花岗石矿区达20平方公里，花岗石储量达37亿立方米，现已规划立项的"湘楚石材陶瓷城"建设项目，是集开发、加工和经营一体的全国一流现代化大市场。近几年来，为了探索麻石综合开发之路，麻石企业不断更新工艺，引进设备进行深加工，开发出板材、酸洗池、荒料坊、工艺石雕等新产品，成套引进道砟、板材等建材产品的机械化流水作业生产线，年产量和产值成倍增长。

望城是鱼米之乡，其特产因此也很多。较著名的有——

靖港香干——其香干细嫩而紧凑，色鲜而香浓，微咸带甜而其味醇正，非一般豆制品可比，食之唇齿留香，余味无穷。靖港香干开封可吃，下酒尤妙，烹调成菜肴熟吃最佳。

河西园茶——该园茶人工拼揉，茶叶鲜嫩，别具风味，20世纪70年代后推广机制茶。河西园茶主销长沙、武汉，部分远销港澳地区。

棕编——这是长沙地区的传统工艺品，系用棕榈叶编成各种动物，如鸟、虫、鱼、虾、鹤、蛇等，形象逼真，栩栩如生，成为"江南一绝"。

湘粉——望城制作湘粉已有400多年的历史，它与山东的龙口粉、北京的清河粉同享盛名。

格塘毛尖——产于格塘乡，此茶在谷雨前采摘鲜叶，色泽翠绿，白毫显露，叶片柔软，香味持久。

如同浏阳市、长沙县和宁乡县一样，望城也是一片热土，具有光荣的革命传统。早在 1917 年，毛泽东在境内白箬铺等地进行社会调查时，就曾播下革命火种。1921 年 10 月，郭亮经毛泽东介绍加入中国共产党，为境内第一名共产党员。1922 年郭亮组织领导 3000 多铜官陶业工人取得抗"窑门捐"和"窑货税"斗争的胜利。1923 年 1 月郭亮陪同毛泽东在铜官进行调查访问，3 月铜官陶业工会成立。随后，郭亮培养发展一批工人加入中国共产党，春夏之际中共铜官支部建立，是全省工人中最早建立的中共基层组织之一。在革命战争年代，望城人民百折不挠，功绩不可磨灭，涌现了郭亮、李灿英、刘人瑞、叶魁、周炳文、周以粟、袁仲贤、刘畴西、佘利亚、何章杰、陈锡纯等革命志士。

这里因此也留下革命纪念遗址。例如：

湖南省委秘密机关——1930 年 7 月 27 日，中共湖南省委机关由益阳迁至长沙县杨桥照霞村（今属望城区桥驿镇）省委委员周炳文家，省委书记宁迪卿、省委委员王首道等都住在这里。当时，省委领导还有蒋长卿、张学琅等。8 月 22 日，省委在照霞村召开会议，根据中央指示，决定由省行动委员会指挥全省工作，准备配合红军再次攻打长沙。为安全起见，中秋刚过，省委机关迁至望城区铜官马厂坪郭仲甫家，王首道主持日常工作。不久，省委机关再次迁至铜官对河的靖港半边街碓坊（米厂）。时任省委委员的王首道的妻子王绍坤和另一省委委员郭立三的妻子王绍兰两姐妹在这里"守家"。她们是靖港人，公开身份是附近望江楼鞋厂的女工。11 月底，省委机关迁回益阳。在转移途中，王绍兰和王绍坤被捕牺牲。

湖南和平解放秘密电台旧址——该址位于望城区桥驿镇洪家村付家组，是湖南和平起义时中共与国民党湖南当局联络所设置的秘密电台所在地。1949 年 5 月底至 6 月初，中国人民解放军对外联络部负责人周竹安领导的秘密电台，负责程潜起义与中共中央的联系，是年 8 月 4 日，程潜、陈明仁领衔发布起义通电，宣布湖南和平解放，秘密电台完成了历史使命。旧址由办公用房（周商农家）和后山用以防范突发事件而建的多处防空洞组成，占地面积约 3000 平方米。

这里还是"革命母亲"陶承的故乡。陶承于 1956 年写成的《我的一家》深受青年喜爱，曾发行 600 多万册，后改编为电影《革命家庭》。由她口述的革命回忆录《祝福青年一代》是共青团中央列入的"全国青年振兴中华读书活动"推荐书目之一。

1951 年 5 月，政务院批准置望城县，县政府驻地当时初设于岳麓山西北隅的望城坡。那里，在古代是长沙至宁乡驿道的必经之地，扼省西北门户，两侧店铺密集，夹道成街，县机关驻此后，更增添了几分繁荣景象。因为站立此坡，可以直望长沙城，故县名定为"望城"。

自此以后，望城县又经过了几次变迁。1952 年 3 月县城迁至高塘岭，此地东濒湘江，北临新康，系冈丘，东北为河谷小平原，地势较平坦，赖湘江水运与外界沟通，于是修建有望城码头于湘江边。1959 年并入长沙县，1977 年又复置望城县，县城仍设高塘岭。

2011 年 6 月经国务院批准，望城县改为长沙市望城区。

为了追寻她的昨天、今天与明天，怀着悠悠的心情，我们一行来到了望城。

2. 巍巍丰碑

- 志存高远，誓为前驱，热血铸就丰碑，代代敬仰
- 心怀大众，甘为孺子，英雄创造历史，人人拜颂

北伐军来满地红，
长沙谁不识英雄。
未闻革命悬头退，
鲁迅声音夜半钟。

这是原中顾委委员李锐（1917—　）写作的一首诗。诗的标题就是《郭亮》。

走进铜官镇，人们可以看见，街头上有座别致的亭子，上下两层，重檐，内外装饰均选用了铜官彩瓦陶瓷建筑，前后嵌有陶塑，亭内设陶桌、陶凳、陶鼓，四周是陶栏杆，雅素端庄，别具一格。这就是郭亮烈士纪念亭。

郭亮，不仅是永远耸立在望城和望城人民心中，而且也是高高地耸立于我们心中的一座巍峨的丰碑。

郭亮（1901—1928），又名靖嘉，长沙铜官射山冲上文家坝（今望城茶亭镇郭亮村）人。1920 年秋，郭亮考入湖南省立第一师范，经常向在一师附小任主事的毛泽东求教，并经其介绍加入新民

学会。1921年冬，由毛泽东介绍加入中国共产党。此后，郭亮主要从事工人运动，成为著名的工人运动的领袖。1927年5月任中共中央委员，后任湖南省委代理书记。随贺龙第二十军参加了八一南昌起义。同年11月任湖北省委书记，1928年任湘鄂赣特委书记。3月27日，因叛徒告密，被捕，28日午夜在长沙英勇就义，时年27岁。他给妻子李灿英写了一封遗书："望善抚吾儿，以继余志！"毛泽东在延安谈起郭亮时，赞扬郭亮是"有名的工人运动的组织者"。

郭亮是我党早期无产阶级革命家，著名的工运领袖和农运先驱。1901年12月3日，他出生于西湖乡思量桥村上文家坝。原名靖嘉，因仰慕诸葛亮的足智多谋，读高小时自己改名郭亮。6岁时，在父亲郭弼林的学馆里发蒙读书。12岁时就读于西湖寺高等小学。他勤奋好学，善于思考，富有正义感，读高小时就以文章出众，且多针砭时弊之作。西湖寺学校老师李锡林赏识其人，时常予以指教，还把女儿灿英相许。1915年考入长沙长郡中学初中部，因家庭经济不支，两年后休学，回乡执教于本地郭家祠堂小学。

1919年，五四运动波及全国，郭亮眼界大开，兴奋不已，立即邀集一些同学，带着从北京、上海、长沙等地散发来的传单和小报，到铜官、靖港一带进行爱国反帝宣传。一次，他从当时出版的《湘江评论》上看到毛泽东主编撰写的《发刊词》和《民众的大联合》等重要文章，十分钦慕，深受启迪。于是特地前往长沙，有幸结识了毛泽东。

1920年秋，郭亮考入湖南省立第一师范。这时，毛泽东在一师附小任主事，他与毛泽东过从甚密。在毛泽东的帮助下，他开始学习马克思主义，并参加由毛泽东、蔡和森、何叔衡等人发起的新民学会、湖南马克思主义研究会，后加入中国社会主义青年团。1921年10月，由毛泽东介绍加入中国共产党。

1922年5月，中共湘区执行委员会成立，郭亮任委员，分管工人运动。8月，被派到岳州从事铁路工人运动。他发动组织工人成立粤汉铁路岳州工人俱乐部，发展一批共产党员，建立岳州站支部。同年9月，为抗议鄂段铁路局（岳州站属其管辖）虐待工人，以郭亮等为首领导发动了震撼全国的粤汉铁路大罢工。在罢工斗争中，铁路当局利用工头拉拢后进工人上工开车，妄图破坏罢工。郭亮带领工人两次卧轨阻车，第二次卧轨时，车轮快要挨近他的身躯，他面无惧色，沉着而坚定地向司机喊话，晓以正义。司机终被感动，毅然扳倒车闸徐徐后退。鄂段铁路局局长恼羞成怒，勾结军警，对工人开枪镇压，造成当场死 6 人、伤 70 余人的流血惨案，郭亮和 30 多名工人也同时被捕。惨案发生后，毛泽东在长沙组织群众声援，各地工人团体纷纷通电，敦促军阀政府答应粤汉铁路工人要求，否则即举行全国性罢工。军阀政府在舆论和工人的压力下，被迫答应罢工工人所提出的条件，革除了局长等人的职务，并释放郭亮和所有被捕工人，粤汉铁路大罢工取得胜利。11 月，粤汉铁路总工会成立，郭亮被推选为主席。同月，湖南省成立省工团联合会，毛泽东和郭亮分别当选为总干事和副总干事。

1923 年 1 月，郭亮回铜官。他先后担任铜官陶业工会名誉委员长、中共湘区委员会委员、工农部长、湖南外交后援会主席，积极创办《救国周刊》，领导陶业工人抗税斗争，组织群众向省长赵恒惕请愿，开展查禁日货、对日经济绝交的爱国活动。他领导的陶业工人抗税斗争，迫使长沙知县周瀛干取消"窑门捐"、"执照税"。3 月，郭亮以陶业工会筹备主任身份，在铜官东山寺召开有 3000 多陶工参加的大会，宣布铜官陶业工会成立，郭亮被选为名誉委员长。接着，在铜官创办第一所工人子弟学校和工人夜校。郭亮非常重视在陶工中发展党员，建立中共铜官陶业工人支部，成为全省最早建立的党的基层组织之一。是年夏，毛泽东去中央工作，郭亮接任湖南省工团联合会总干事，还担任中共湖南省委员会委员兼工农运动部部长。6 月 1 日，长沙码头发生日本水兵枪杀工人和学生的事件，翌日，郭亮带领数万群众，抬着"六一"惨案遇难者的遗体，举行游行示威，发动各界罢工、罢课、罢市、号召民众抵制日、英货物。这次斗争，遭到省长赵恒惕的武力镇压，郭亮被当局通缉，便转回老家铜官，不久又转湘阴等地从事秘密活动。

1924 年，国共第一次合作，郭亮根据党的指示，以个人名义加入国民党，并被选为国民党临时省党部执行委员，负责工农运动。上海五卅惨案发生后，他联络各界成立青沪惨案湖南雪耻会，被公推为主席，组织长沙两万多人举行夏节（农历五月初五）总示威，宣布对英、日的五项经济绝交公约。12 月，又联合各公法团代表火烧日本商船，要求收回长沙大金码头，长沙人民的反帝爱国运动热情再度高涨。

1926 年，北伐前夕，赵恒惕与吴佩孚力图阻止北伐进军。郭亮参加湖南讨吴委员会，发动驱赵运动，相继赶走了赵恒惕和叶开鑫。这一胜利，为迎接北伐军入湘创造了有利条件。是年 5 月，郭亮赴广州出席第三次全国劳动大会，当选为中华全国总工会候补执行委员。不久回到衡阳，同何叔衡、夏曦、曾三、熊亨瀚等组成了国民党湖南省党部特别委员会，大力声援北伐。

8月，省工团联合会改名为湖南省总工会，郭亮当选为委员长，他用很大精力训练工运学员，为工会起草《工人武装自卫案》，扩建工人纠察队，还从理论上认真总结工人运动的经验与教益，写成《湖南工人运动之过去与现在》一书，于1927年1月出版。以指导当时的湖南工运。

1927年4月27日，中国共产党第五次全国代表大会在武汉举行，郭亮出席大会并当选为中央候补委员。其时，湖南形势十分严峻。5月21日，在新军阀何键策动下，独立三十三团团长许克祥在长沙发动"马日事变"，向各革命机关、团体进行突然袭击，捕杀共产党人和革命群众，革命受到严重挫折。事变发生之前，郭亮被临时省委推选为代理书记，曾与柳直荀等同志发动和组织10万农民军围攻长沙。当晚10时许，省总工会突然遭许部包围，郭亮和柳直荀等机智脱险，事后郭亮辗转到达武汉，出席第四次全国劳动大会，当选为全国总工会执行委员。

南昌起义前夕，周恩来派郭亮和柳直荀等人到贺龙部队做政治工作，参与拟订武装起义的作战方案。起义爆发后，郭亮被任命为工农委员会委员，并参加南昌起义军南征。在广东潮汕地区失利后，郭亮经香港到上海找到党组织，年底，受中央派遣，去武汉任中共湖北省委书记。

1928年1月，又被任命为新组建的湘西北特委书记，由于工作需要尚未启程，改任湘鄂赣边特委书记，到岳州化名李材在翰林街开设一家"李记煤栈"作为特委机关，又另开一处饭铺做地下秘密交通站，恢复和发展党组织，发动工农开展武装斗争。由于他的努力工作，湘鄂赣三省边界的党组织得到恢复和发展。不久，派去长沙联络工作的苏先骏被捕叛变，出卖了郭亮。3月27日，何键派侦缉处长龚澍和苏先骏带一个手枪连乘专列到岳州，于深夜包围煤栈，郭亮不幸被捕，警卫员郭尚武为保卫郭亮当场壮烈牺牲。

第二天郭亮被押往长沙"铲共法院"。反动当局深知郭亮决不会屈服，且害怕民众劫狱，便于29日凌晨2时，慌忙将他秘密杀害于长沙司门口湖南"铲共法院"前坪，牺牲时年仅27岁。就义前，郭亮给妻子李灿英留下一封遗书：

> 灿英吾爱：亮东奔西走，无家无国，我事毕矣，望善抚吾儿，以继余志！此嘱。临死日，郭亮

反动当局杀害郭亮后，还将郭亮头颅悬于闹市中心司门口。三天后又将郭亮头颅运到铜官，挂在郭亮家乡铜官镇东山寺戏台檐柱上，乡人见之，无

不掩泣。

也就是郭亮遇害的这天晚上,铜官亲友和群众得知消息后,悄悄潜入长沙,用木匣子将无首遗体抢运回文家坝,安葬于郭亮旧居后山刘家坡,与早年亡故的大哥郭砚章合冢。

据说,1916年,年仅15岁的郭亮曾在长沙街头看见过被杀害的革命党人头颅,他回来后悲愤地写了这几句诗——

> 湘水荡荡不尽流,
> 多少血泪多少仇?
> 雪耻需倾洞庭水,
> 爱国岂能怕挂头!

没想到,12年后郭亮被国民党当局杀害,他的头颅不仅被挂在长沙司门口示众三天三晚,还被移至他的老家铜官东山寺戏台示众。然而,反动派岂能知道,烈士当年早就立定了这样的誓言——

"爱国岂能怕挂头!"

事实上,郭亮自参加革命的那一天起,就将个人的安危与生死置之度外了。1921年经毛泽东介绍加入中国共产党时,他就十分反感那种唱着高调却又贪生怕死的投机者,因而斩钉截铁地表示:"有的人入党,只是献出一张空嘴皮,我郭亮甘愿为党献头颅。"所以,毛泽东称赞说,郭亮是"有名的工人运动的组织者",是"提着脑袋干革命"的!

远在上海的鲁迅,从报刊上看到关于郭亮就义的消息时,愤慨不能自已,当即提笔,在报纸上发表了著名的杂文《铲共大观》。他庄严地指出:

> 但是,革命被头挂退的事是很少有的,革命的完结,大概只由于投机者的潜入。也就是内里蛀空。这并非指赤化,任何主义的革命都如此。但不是正因为黑暗,正因为没有出路,所以要革命的么?倘必须前面贴着"光明"和"出路"的包票,这才雄赳赳地去革命,那就不但不是革命者,简直连投机家都不如了。虽是投机,成败之数也不能预卜的。(《鲁迅全集》第4卷第85页)

郭亮的英名和业绩在全国广泛地流传开来。当时的中共中央理论刊物《布尔什维克》发表文章称:

> 郭亮是湖南职工运动的开创者。江西之安源,湖南之水口山、

长沙，横亘湘鄂赣三省之粤汉、株萍两路，这些地方工人及其他产业职业工人，都是在他的直接和间接指导下而组织而斗争的。

郭亮是望城人民心中的英雄。他虽然只活了27岁，但是却给后人留下了可歌可泣的故事。这些故事直到现在，还在望城特别是在他的故乡铜官一带流传着。

有道是："自古英雄出少年。"据说，郭亮小时就很不凡。他在西湖寺小学读书时，看到周围许多小朋友不能上学，家里没饭吃，人人缺衣少穿，很不理解。一天放学回到家里，问父亲为什么老百姓总是受苦，父亲回答他说："命里生来有数，人之富贵在天。多读孔圣之书，必达周公礼。"郭亮的父亲郭弼林是个老秀才，回答不了郭亮的问题，只好这般搪塞一番。郭亮听了这番冠冕堂皇的话，心里的疑团并没消除。回到学校，便写了一篇《问社会》的文章。文中这样写道："为什么种田的农民无食粮？为什么泥工木匠无住房？为什么织布的人缺衣裳？为什么织草席的睡光床？……"过了不久，上面派的一个视学员来到了西湖寺学校。检查作文时，发现了郭亮的这篇《问社会》，视学员大发脾气，除了把学校的老师臭骂了一顿外，又把郭亮的文章交到了自治所。自治所的所长忙派人把郭亮叫了去，离开麻将桌，板起那副胖脸，恶声恶气地问道："郭亮，你小小年纪，不好好读书，尽跟老子捣蛋！"郭亮是什么角色，所长这几句话哪能吓得倒他？他挺了挺胸脯，大声说："我一不吃鸦片烟，二不打牌赌钱，三不挖墙凿洞，四不男盗女娼，五不仗势欺人，六不拿枪害人，我老老实实读书，怎么说我捣蛋！"所长气得胖脸变成了紫茄脸，结巴了半天，也没说出个道理来，只得将作文本往地上一摔，吼道："以后不准再写这些狗屁文章了，滚！"郭亮回家后，很不服气，便写了一副对联，晚上偷偷地贴到自治所门口。第二天，人们都围拢去看，只听有人念道："鱼所、肉所、麻将所，所内者甜，所外者苦；猪公、狗公、乌龟公，公道何在？公理何在？"人们听了，个个拍手称快，从此，郭亮的名字就传开了。

郭亮生活的这个时代，正是中华民族灾难深重的时代，也正是十月革命的"炮声"唤醒中国人民觉醒的时代。同革命队伍中的许多革命者一样，郭亮从一开始便自觉地接受马克思主义，加入中国共产党后，积极奋勇地投身于人民的解放事业，表现出他非凡的才干和智慧，更展现了他忠贞不渝的奋斗精神。据说，郭亮能说会道，善于做鼓动宣传工作，而且有勇有谋，是个智能双全的杰出人物。"郭亮带兵抓郭亮"的精彩故事，就真实而生动地反映了他的这一品格。几十年来，郭亮的这个故事，代代相传，望城人家喻户晓。郭亮纪念园中，有座造型别致的亭阁，名为"睿智亭"。亭内有组雕塑，人物造型栩栩如生。这组雕塑表现的正是脍炙人口的郭亮故事——"郭亮带兵抓郭亮"。故事就发生在郭亮烈士旧居前的那片稻田里。

那是1925年春，根据毛泽东的指示，郭亮回到家乡铜官镇一带开展农民运动。一天，一身农民打扮的郭亮正在田间和农民谈话时，突然来了四条汉子，说是要去文家坝买猪，问怎么走。郭亮看出这四人是来抓他的，可是想走已经走不脱了。于是，郭亮就主动自我介绍说，他姓周，和郭亮是邻居，早上还看见郭亮在家里，愿意带他们去找郭亮。

郭亮带着这四条汉子来到自家门外，见二嫂和母亲正站在门口，怕露了马脚，老远就喊道：

"二嫂，你家郭亮在家没有？这几位客人从乡里来，说是郭亮的朋友，专程来找他的。"

这二嫂是个机灵人，听郭亮这么一说，她就明白是怎么回事了，于是急忙答道："郭亮在后头山上，请你帮忙去喊一声吧！"

说罢，她麻利地起身，把几个"猪贩子"迎进屋里，又泡茶又让座，稳住了他们。

郭亮走到房后山上喊道："嫂子，你让客人坐一下，我到后山去把郭亮叫回来。"喊罢，自己吹着口哨从容不迫地往后山走了。

从此，铜官一带便传开了这样两句顺口溜："郭亮带兵抓郭亮，买猪的人就是猪。"

但最能显示这位革命先驱大公无私精神的，则是那个毅然铲除李石卿的事。

那是1927年1月4日，根据全省第一次工农代表大会惩治土豪劣绅的会议精神，湖南成立了"审判土豪劣绅特别法庭"，由郭亮担任特别法庭主席。1月19日颁布了《湖南省惩治土豪劣绅暂行条例》。下旬，全省各地迅速展开了镇压土豪劣绅和反革命分子的运动。铜官陶业工会成立了工人纠察队，李龙住队长，刘月轩任副队长。3月上旬，纠察队一举抓获了铜官的大恶霸、大奸商李石卿，押送到省特别法庭，经法庭主席郭亮亲自审判，作出死刑判决。这件事给郭亮带来了公与私、情与法的考验。原来李石卿是郭亮妻子的叔父。李石卿的弟弟李绥益闻讯后，连忙找到郭亮妻子李灿英说情，遭到了李灿英的严词拒绝。李家不死心，又请求郭亮的岳母到长沙求情。郭亮义正词严地拒绝了岳母，毫不犹豫地挥笔在判决书上写下了"枪决，立即执行"六个大字。消息传开后，铜官人民拍手称快，赞扬革命力量的伟大和郭亮秉公无私、大义灭亲的精神。

敌人抓到郭亮后，深恐发生意外，用手铐脚镣，将郭亮押回长沙。在火车上，郭亮对押送者宣传共产主义理论，谈世界形势、中国前途和人民的命运。他滔滔不绝地谈着，押送者无不为之钦佩，于是给他解松了镣铐，还供给他茶水喝。

车到长沙，反动派立即出动军警，戒备森严。郭亮气宇轩昂，坐在人力车上穿城而过，到"铲共法院"时仍谈笑自若。

当时"省总工会委员长被捕"的消息传遍全城，整个长沙顿时人心震动。"铲共法院"监狱更是惶惶不安，如临大敌，重兵把守，三步一岗，五步一哨，把整个监狱围得水泄不通。全城因此宣布特别戒严，敌人更不敢拖延时间，当晚就开始审问郭亮——

"你是郭亮吧？"

"你们难道不是把我作郭亮抓来的吗？"

郭亮当场义正词严地揶揄，审判者被讽刺得满面通红。

审问者进一步追问他共产党的组织，郭亮断然回答道："共产党人是抓不尽的，要杀就杀，不必多问。"并且幽默地说："你问我共产党组织？开眼尽是共产党人，闭眼没有一个！"

这就是当时流传至今仍一个字不差地留在人们记忆中的郭亮的"口供"。

反动派非常害怕地下党和游击队会来劫狱，国民党武汉机关给反动头子何键发来加急电："立即处决。"

……

郭亮的故事，在他的家乡望城，代承代人传人地传扬着，因此立下了令后人仰视不已的丰碑。

说到郭亮，忘不了他的妻子李灿英。当年郭亮在西湖寺高等小学读书时，在李锡林先生辅导下，读了许多历史书籍，他揭露时弊所写的诗文，也深得李锡林的赏识，因此将女儿李灿英许配给郭亮。李灿英1903年5月28日出生于铜官涂家屋场。8岁到东山寺读小学，后又入铜官西湖寺小学读书。1921年她由罗学瓒介绍加入社会主义青年团，在长沙进行工人、妇女运动。1922年底，她学习缝纫，为她今后的革命活动提供了很好的职业身份。1923年2月26日与郭亮在上文家坝老屋结了婚。同年，她由夏明翰、罗学瓒介绍加入中国共产党，1925年6月生下儿子郭志城。在大革命的岁月中，共同的志向让李灿英与郭亮结为革命伉俪，她始终是郭亮革命的坚强后盾和得力助手。郭亮牺牲后，她继承其遗志，继续投入革命斗争。在白色恐怖的环境中，她坚强勇敢，携子几度辗转迁移。她聪明机智，多次化险为夷，她坚持不懈，几次在与党组织失去联系的情况下独当一面继续发动群众，发展党员，积极坚持开展地下工作，为衡阳顺利解放作了大量铺垫工作。衡阳解放后，她领导妇女群众，为衡阳的经济社会发展作了重大贡献。1950年4月7日，李灿英因积劳成疾不幸逝世。在《回忆与研究》一书中，李维汉对李灿英等给予了"党通过他们在世界开展工作"的高度评价。后来，铜官人民用当地特制的陶瓷，为郭亮、李灿英修建了合葬墓。李灿英作为湖南早期的女党员之一，作为妇运先驱，继承和实现了郭亮的遗志，其不畏牺牲不懈奋斗的革命精神，永远受到人民的尊敬与爱戴。

为了让革命先烈的精神长存于望城大地，望城人民1957年正式修建了郭亮烈士陵园。又建起了郭亮烈士纪念亭、郭亮烈士生平事迹陈列室、郭亮中学、郭亮中心小学，命名了郭亮村、郭亮路，编辑出版了《大革命时期杰出的党的活动家——郭亮》，拍摄了电视剧《郭亮带兵抓郭亮》等。

郭亮烈士纪念亭在铜官镇街东山寺。该处原有守风亭。原来，唐大历四年（769）诗人杜甫溯湘江经铜官时，写有一首著名的《铜官渚守风》诗："不夜楚帆落，避风湘渚间。水耕先浸草，春火更烧山。早泊云物晦，逆行波浪悭。飞来又白鹤，过去杳难攀。"后人因此在此建了一座守风亭。清光绪三十年（1904）改建为东山寺。因为郭亮幼年曾就读于东山寺小学，1923年郭亮任中共湘区委员会委员时又在东山寺创办了工人夜校，建立境内第一个党支部，开展革命活动。郭亮英勇就义后，国民党反动派将他的头颅悬挂在东山寺戏台"示众"三天。所以，1963年对东山寺戏台进行修理，为纪念郭亮，遂将此亭改名为郭亮亭，1964年公布为长沙市重点文物保护单位，1981年拆除原来戏台，改建成一座二层陶亭，更名为郭亮烈士纪念亭。

郭亮烈士陵园包括郭亮墓和郭亮烈士生平事迹陈列室。郭亮陵园依山而建，面积虽然不是很大，但是布局紧凑巧妙，处处彰显着浓浓的江南水乡风情。

郭亮墓在西湖乡思量桥村上文家坝。1928年3月29日郭亮在长沙就义后，其亲属和家乡群众星夜冒险运回其遗体，为免遭国民党反动派破坏，秘密安葬在其大哥郭砚章墓堆中。1950年，郭亮夫人李灿英逝世，与郭亮合冢。1957年望城县人民委员会拨款重修了陶墓，石碑镌刻"中共党员烈士郭亮、李灿英墓"，郭砚章的墓碑仍立其旁。1959年公布为湖南省重点文物保护单位。1964年征购墓周20多亩山林，辟为烈士陵园，并在墓左下方修建了墓庐。1995年郭亮烈士墓被公布为湖南省第一批爱国主义教育基地，2001年望城县人民政府对烈士墓进行了保护性修缮，2002年烈士墓及陈列室被重新公布为湖南省爱国主义教育基地。有王首道题写的"郭亮墓庐"和"郭亮同志千古，革命先烈浩气长存"的匾额。苍松翠柏之中，琉璃陶砖砌成的陵墓熠熠生辉。后人有《题郭亮烈士墓》一联云：

> 浩气壮古今，少年头掷地有声，问天下英雄有几；
> 丹心照日月，七尺身捐躯无悔，唯男儿作事无他。

郭亮烈士生平事迹陈列室位于纪念园的旁边，是纪念园的主体建筑，白墙灰瓦，砖木结构，典型的江南民居特色。由于郭亮牺牲过早，在当时历史条件下，留存下来的纪念物也不是十分丰富，但是，陈列室内的展陈，却也很精致，图文并茂，加以实物，并且运用了浮雕、壁画、动画、声像等多种艺术手段，生动地反映了郭亮短暂而光辉的一生。

今天的望城，真可以说人人知郭亮，处处有郭亮。郭亮的名字和故事家喻户晓，连小学生都会演讲"郭亮带兵抓郭亮"的故事。正如望城的同志所说：

——郭亮是我们望城人民的骄傲，是望城一盏永不熄灭的灯。尽管沧海桑田，但没有改变这方水土的人，郭亮精神在望城变得很具体，也很深入人心。郭亮不怕困难、敢为人先的精神，多年来一直影响着家乡人。郭亮心怀民众、敢于拼搏、行重于言的高尚品格深深地影响着他的家乡人。郭亮精神永远是我们望城人民巨大的精神动力。

——烈士的鲜血染红了望城沃土，郭亮的精神薪火相传。今天，我们缅怀郭亮烈士，就是要学习郭亮"到中流击水，浪遏飞舟"的"舍我其谁"的担当和大无畏进取精神。在那硝烟弥漫、战火纷飞的岁月，这种精神像嘹亮的号角，鼓舞着人民去奋勇杀敌；在当前建设有中国特色社会主义现代化的历史阶段，这种精神则像振奋人心的金鼓，催促着人民去乘风破浪，锐意改革，创造奇迹。我们要把这种精神转化为建设郭亮家乡的强劲动力，与时俱进，开拓创新，为建设开放、繁荣、幸福的新望城而努力奋斗！

七月里的一天，我们怀着敬仰的心情，来到了郭亮陵园。沿着陵园的台阶，徐徐地拾级而上。虽是盛夏，但周围大树遮阴，故而显得特别阴凉、静谧和安详。阵阵微风带着田野里常有的清新的气息，轻轻地拂动树叶，发出阵阵轻盈的飒飒声，好像是恋人的絮语，又像是战友、乡亲在交谈……

拜祭了郭亮、李灿英墓，肃肃地走下山来。一路上，我们的心中久久不能平静，一些杂乱而莫名的思绪，不时地萦回在心头。

历史发展到今天，世情、国情、党情、省情、县情、乡情，都发生了深刻而巨大的变化。像郭亮当年那样，"提着脑袋干革命"的时代，当然是一去不复返了。但是，走过近百年历程的中国共产党，无论是在国际还是在国内，依然面临着严峻的考验和挑战。毫无疑义，我们今天的成就是辉煌的，旧时那个被列强瓜分欺凌、积贫积弱的苦难中国，经过几十年的奋斗，特别是经过三十几年改革开放的建设，正在迅猛地崛起于世界民族之林，成为世界第二大经济体，尽管人均 GDP 还在世界后列，但这仍然是一个震惊世界的奇迹。这是世界人民有目共睹的，也是任何人都无法否认的。

但是，在另一方面，我们当下还存在不少问题。正如专家们所深刻指出的，当前最突出的问题是四大失衡：一是权力失衡，其中最典型的是官员腐败；二是分配失衡，即常说的贫富差距越来越大；三是社会心理失衡，社会上和党内一些人或群体缺乏法治意识，缺乏敬畏心和廉耻心，没有道德底线；四是生态失衡，即一些地区由于种种原因，造成自然生态的严重破坏和生活环境的严重污染。这四大失衡中，最根本、最危险的是权力失衡，这是党内和国内大家最关注也是议论最多的话题。这个问题解决了，其他问题都好解决。这个问题解决不了，其他问题只会愈演愈烈。诚如邓小平所说："中国要出问题还是出在共产党内。"因为"堡垒是最容易从内部攻破的"——其最危险的"炮弹"，就是腐败。正是这个腐败问题对我们党构成了最致命的威胁。可以这样说，没有任何外部力量能打倒中国共产党，最能摧毁中国共产党的就是自身的腐败。因此，必须加强党的建设，特别是党的干部队伍建设，其中最根本的，就是要继续坚决预防和惩治腐败，要以雷霆霹雳的手段最大限度地消除腐败。

正是在这个意义上，郭亮是永远屹立于我们共产党人面前的一座巍峨高大的丰碑，是我们共产党人的一面旗帜，也是一面明净的镜子。还是那句老话——

以革命的名义，想想过去……

忘记——就意味着背叛！

3. 神雕不朽

- 是战士也是凡人，因道德而四海扬名，为人无愧
- 非英雄亦非烈士，藉精神而青史流芳，为党增辉

在望城，还有一座永恒而不朽的精神雕像——他就是共产主义战士雷锋。

> 雷锋（1940—1962），原名雷正兴，望城区安庆乡（现雷锋镇）简家塘人。1947年家人先后悲惨去世。在人民政府的关心下，雷锋进入学校读书，参加工作，表现积极。1960年1月在辽宁营口入伍，同年11月加入中国共产党，多次立功受奖，并当选为抚顺市人民代表。他对新社会充满感情，并热心服务社会，他在日记里写道："人的生命是有限的，为人民服务是无限的，我要把有限的生命，投入到无限的为人民服务之中去。"1962年8月15日，因公殉职。毛泽东于1963年3月5日亲笔题词"向雷锋同志学习"，此后3月5日定为雷锋纪念日。雷锋已经成为热心服务他人、不求回报的代名词。

雷锋，1940年12月18日出生于望岳乡（今望城雷锋镇雷锋村）简家塘一贫苦农家。是年为农历庚辰年，家人因此给取乳名"庚伢子"。

新中国成立前，雷锋一家处境十分悲惨。三岁时，祖父雷新庭因长年劳累，积劳成疾，年关时节又被地主逼债，含冤去世。两年后，父亲雷明亮因为在湖南农民运动中当过自卫队长，被几名国民党士兵打成内伤，日本侵略军侵占长沙时，被抓去当挑夫时又遭毒打，病势日益严重却无钱医治，最后含恨离开人世。这年初冬，年仅12岁的哥哥雷正德迫于生计，到津市新胜机械厂做童工，饱受资本家折磨，在贫病交加中身亡；不久弟弟小三明连病带饿，也夭折在妈妈的怀抱里。母亲张元满忍痛含悲，苦苦挣扎，维持家庭，去给地主家当佣人，不幸遭地主凌辱，悲愤不能自已，遂于雷锋7岁那年的中秋之夜悬梁自尽。短短五年里，一家三代五位亲人相继病死、饿死或受辱致死，雷锋因此成了孤儿。六叔祖母虽然自己家境也很清贫，但同情正

兴，将他收养下来。他见六叔祖母家人口多，生活也很艰难，在家常帮着六叔祖母做些事，也常瞒着外出乞讨。1948年立夏日，他约了同伴去蛇形山砍柴，被财主徐二婆发现，徐二婆硬说是偷砍了她家山里的柴，上前抢柴抢刀，雷正兴不服，与之抗争，被地主婆用柴刀在左手背上连砍三刀，因此留下了三条刀疤。所以，他从小对黑暗的旧社会充满了刻骨铭心的仇恨。

幸运的是，雷锋的苦难很快便结束了。

1949年湖南解放前夕，雷正兴与伙伴受地下共产党员彭德茂指派，曾往溁湾镇等交通要道，秘密张贴革命标语，迎接解放。这年秋，湖南和平解放，共产党和新中国的阳光，开始照亮了雷锋成长的道路。

人民解放军南下时，部队在望岳乡宿营，雷正兴拉住连长的手，诉说他一家的血泪，强烈要求参军报仇。连长没有同意，但把一支钢笔送给了他，劝说他年纪还小，待将来长大参军不迟，同时说参军到前线打仗，消灭反动派，是为受苦难人民报仇，留下来在本地党组织领导下，清匪反霸，征粮支前，同样是为受苦人民报仇。雷锋心里牢牢地记下了这些话，于是积极地投身于当地的土地改革运动。他当了儿童团长，常手持梭镖站岗放哨巡逻，防止坏人破坏。土改中，人民政府按政策给他分了田，分了房屋、家具和衣服。

同年夏天，乡政府又保送他到龙回唐小学免费读书。乡长彭德茂亲自送他入校，勉励他发愤学习，学好本领，将来为建设祖国出力。雷锋又一次牢牢地记住了这些话，努力克服学习上的困难。1951年2月至12月转入上车庙小学学习，1954年秋考入清水塘完小五年级，邻里闻讯祝贺，都说："雷家后代有希望了！"入清水塘学校后，每天上学往返20多里路程，他早起赶往学校，从不迟到，放学摸黑回家，还得自己造饭。他刻苦学习的精神，赢得了师生赞赏，在评定学杂费减免学生名单时，大家一致通过雷正兴学杂费全免，学校筹建少年先锋队组织时，他被批准第一批入队。这年冬，修南洞庭湖时，一直受政府关爱的正兴想为这一建设作出自己的贡献以报政府的养育恩情，便利用课余时间编草鞋送给乡政府。在学校里，他关心同学，校前有条坝是石桥，长而狭窄，每逢刮风下雨时，他主动接送同学，年纪小的同学总是被他一个个背过石桥。

1956年夏天，他小学毕业了。安庆乡政府安排他当通讯员，送公函发通知。11月刚满16岁的他被调往望城县委担任公务员，县委张书记特地送他《为人民服务》的单行本，又借给他《把一切献给党》、《钢铁是怎样炼成的》

等书。张书记带他下乡时，他看见路上有颗螺丝钉，便一脚踢开，张书记不声不响地过去拣起，装进口袋里。过了几天，雷正兴到一个工厂送信，张书记从口袋里掏出那颗螺丝钉说："小雷，把它带到工厂去吧，咱们国家底子薄，要搞建设，只有艰苦奋斗啊！"接着又说："一颗螺丝钉，别看它东西小，缺了它不行。"这件事在他心里留下了难忘的印象。在县委机关工作时，他三次被评为模范工作者，是一名出色的公务员，并于1957年加入共青团。

1958年春，雷锋到团山湖农场，只用了一周的时间就学会了开拖拉机。这年的8月，鞍山钢铁公司到望城招收工人，经组织同意他报了名，并将雷正兴的名字改为"雷锋"，意在为建设祖国立志打先锋，并去韶山参观了毛泽东同志旧居。同年9月，他到鞍钢做一名推土机手。翌年8月，又来到条件艰苦的弓长岭焦化厂参加基础建设，曾带领伙伴们冒雨奋战，保住了7200袋水泥免受损失。当时的《辽阳日报》上还报道了这一事迹。在鞍钢化工厂工作了14个月，他三次被评为先进生产者，5次被评为红旗手，荣获"鞍山市青年社会主义建设积极分子"称号。1960年1月8日光荣入伍。

当年雷锋报名要求参军时，焦化厂领导舍不得放他走，要挽留他，他跑了几十里路来到辽阳市兵役局（现人武部），一次又一次地表明参军的决心。部队见他身高只有1.54米，体重不过55公斤，均不符合征兵条件，但见他参军决心很大，又因政治素质过硬和有经验技术，最后还是破例批准他入伍了。成为解放军战士后，在部队这个大熔炉里，他接受党的教育，入伍两年多时间里，曾荣立二等功一次，三等功二次，先后被评为学习毛主席著作积极分子、节约标兵、模范共青团员、优秀少先队辅导员。

1962年8月15日上午8点多钟，雷锋和助手乔安山驾车从工地回连队车场，不顾长途行车的疲劳，立即去洗车。当时，战士们在路边栽了一排约两米高的晒衣服的木杆，顶上用8号铁丝拉着。雷锋让乔安山开车，自己下车引导、指挥乔安山倒车转弯。汽车的前轮过去了，但后轮胎外侧将一根木杆从根部挤压断，受顶部铁丝的作用，木杆反弹过来，正好击中雷锋的右太阳穴，当场就打出血来。雷锋昏倒在地。战友们立即用担架把他送到抚顺矿务局西部职工医院抢救，副连长又开车飞速赶到沈阳202医院请来医疗专家。由于颅骨损伤，脑颅出血，年仅22岁的雷锋便以身殉职。两天后，在抚顺市望花区政府礼堂召开了隆重的追悼会，近十万普通市民自发地护送雷锋的灵柩向烈士陵园走去，很多人泣不成声。其遗体安葬在抚顺市葛布烈士陵园，后迁入望花公园。1963年1月沈阳军区给雷锋所在的班命名为"雷锋班"。

雷锋被人们称为共产主义战士，因为他有着高尚的理想、信念、道德和精神。他的价值，在于他把自己火热的青春全部献给了党，献给了人民。他常常说："革命需要我去烧木炭，我就去做张思德；革命需要我去堵枪眼，我就去做黄继光。"他干一行爱一行，入伍时由于身小臂力弱，投手榴弹不合格，他天不亮就悄悄地出去练习，终于在考核中取得优秀成绩。

雷锋入伍后，被编入工程兵某部运输连四班当汽车兵。1960年11月，他加入了中国共产党。因为表现突出，沈阳军区《前线报》开辟了"向雷锋学习"的专栏。在不到三年的时间里，他荣立二等功一次、三等功两次，被评为标兵，荣获"模范共青团员"称号，出席过沈阳部队共青团代表会议。1961年雷锋晋升为班长，被选为抚顺市人民代表。

雷锋成了模范之后，有些人不服气。有一次卸车时，有人指着装满200斤高粱米的麻袋让他扛。他心里很不好受，事后却心平气和，暗中为自己加力："我虽然扛不动200斤的麻袋，但我能干好能干的工作，并且比别人干得更出色。"

有关雷锋做好事的故事很多，多少年来都脍炙人口，他的名字成了做好事的象征。例如，有一次他因腹疼到团部卫生连开了些药回来，路上见本溪路小学的大楼正施工，便推起一辆小车帮着运砖。当市二建公司敲锣打鼓送来感谢信时，部队领导才知道这件好事。雷锋是孤儿又是单身汉，在工厂工作时有工资，入伍后，当年每月有6元津贴，他很少花费，自己的袜子补了又补，平时也舍不得喝一瓶汽水，渐渐地积蓄有200元。后来，他把100元捐献给公社。辽阳地区遭受水灾时，他又将另外的100元寄给了辽阳市委。一次，雷锋外出换车，发现一个背着小孩的中年妇女车票和钱丢了，就用自己的津贴费，买了一张去吉林的火车票塞到大嫂手里。

在部队里，雷锋对待同志像春天般温暖，帮助同班战友乔安山认字、学算术，为小周病重的父亲写信寄钱，为小韩缝补棉裤。每逢年节，雷锋想到服务和运输部门最忙，便叫上同班战友直奔附近的瓢儿屯车站，帮着打扫候车室，给旅客倒水。孩子们学雷锋做好事，曾受到一些人在背后非议。不少同学不解，问雷锋为什么做好事这么难？雷锋朴实地说："做好事就不要计较别人说什么，只要对人民有益，就应当坚持做下去。"

雷锋的故事不胜枚举。从1961年开始，他经常应邀去外地作报告，无论是在车上，还是在路上，只要有机会，他就会主动、自觉、积极地去"做

好事"——帮助需要帮助的人。所以,当年群众中流传着这样一句话:

"雷锋出差一千里,好事做了一火车。"

这位年轻而普通的解放军战士,在党的培养下逐渐地成长为全军全国人民的好榜样,他身上的魅力不仅是共产主义精神的体现,同时也是对中华民族传统美德的最好诠释。

当年,雷锋的事迹公开报道后,在全国引起了极大的反响。一本薄薄的《雷锋日记》,曾印刷数千万本,日记里的许多警句,曾一度脍炙人口,也深深地教育了了全国几代人。毛泽东当年看后也称赞说"此人懂些哲学",并且挥笔题词——

向雷锋同志学习

1963年3月5日,人民日报发表了毛泽东题词,接着刘少奇、周恩来、朱德、邓小平、董必武等党和国家领导人都为雷锋题词。谢觉哉同志还写了一首诗《咏雷锋同志》——

有众读毛选,雷锋特认真。

不惟明字句,而且得精神。

阶级观清楚,勤劳念朴纯。

螺丝钉不锈,历史色长新。

所作平凡事,皆成巨丽珍。

普通一战士,生活为人民。

一个学雷锋的热潮,因此在全国蓬勃兴起。自1963年以来,近半个世纪了。时光流逝,斗转星移。然而,"学习雷锋好榜样"的歌声,年年如阵阵春雷,响遍全国,"学雷锋,做好事"的人和事,岁岁如雨后春笋,不断涌现。

为了纪念和学习雷锋,在抚顺市望花公园里,人民为雷锋立了墓碑,著名书法家舒同为墓碑题字,名作家周而复书写墓志铭。墓碑为长方体卧碑,采用青岛产花岗石,高2.5米,宽6.2米,厚0.7米。汉白玉石卧雕刻花环置墓冢前方,花环由迎春花、荷花、菊花、梅花组成,四季花开,以示人们对雷锋的敬仰之情,四季花香,寓意雷锋同志流芳百世,千古不朽。

在湖南望城,雷锋家乡人民于1967年将其母校荷叶坝完小更名为雷锋学校,将其家乡更名为雷锋镇,并且建设了雷锋纪念馆,纪念馆前宽阔的前坪,塑立有雷锋的塑像。每年来此参观学习的人络绎不绝。今天,这里已成为湖南爱国主义思想教育基地。

一个年仅 22 岁的青年战士，他没有郭亮那些可歌可泣的浴血奋斗的事迹，却得到了与郭亮一样的殊荣，成为不朽的丰碑。这是为什么？

我们带着这个问题，走进了雷锋故乡，走进了雷锋广场，走进了雷锋纪念馆……

站在雷锋塑像前，我们思绪万千……想起台湾作家笔下的《百合花》——

一株生长在山谷悬崖边上的百合花，从出生就认定自己不同于杂草，因此努力地"吸收水分和阳光，深深地扎根，直直地挺着胸腔"，努力地、全心全意地开花，直到"成为断崖上最美丽的颜色"。年复一年，竟开得漫山遍野，赢得了人们的尊敬和喜爱。

由这个美丽而又感人的故事，又想起著名诗人臧克家那首诗——

　　有的人活着
　　他已经死了；
　　有的人死了，
　　他还活着。

　　有的人
　　骑在人民头上："呵，我多伟大！"
　　有的人
　　俯下身子给人民当牛马。

　　有的人
　　把名字刻入石头想"不朽"；
　　有的人
　　情愿作野草，等着地下的火烧。

　　有的人
　　他活着别人就不能活；
　　有的人
　　他活着为了多数人更好地活。

骑在人民头上的
人民把他摔垮；
给人民作牛马的
人民永远记住他！

把名字刻入石头的
名字比尸首烂得更早；
只要春风吹到的地方
到处是青青的野草。

他活着别人就不能活的人，
他的下场可以看到；
他活着为了多数人更好活的人，
群众把他抬举得很高，很高。

雷锋和郭亮，都是被党和人民群众"抬举得很高很高"的人物，原因就在于，他们活着，不是为了个人，而是为了社会，"为了多数人更好地活"。

早在19世纪末，德国著名哲学家尼采就曾说过这样的话：现代人迷失了方向。是啊，进入21世纪后，当中国人民开始摆脱"短缺经济"，相当一部分人渐渐富起来之后，人们发现，我们这个社会似乎"短缺"一种什么东西。有人曾经就这一问题在大学生中做过调查，虽然答案各有不同，但有一点却是共同的，那就是普遍认为，中国人目前面临着"信仰真空"，即没有理想，没有信仰。因为"信仰"的"迷失"，或者说信仰的渐渐"短缺"，社会伦理道德失范，一些人的胆子越来越大，什么事都敢做，不仅是制假、贩假、造假，卖假药、假酒、假食品，甚至铤而走险，横刀灭亲，杀人越货……究其原因，利益至上固然是个方面，更重要的原因是：他们无慈悲敬畏之心。按老百姓的话说，就是不怕报应，无法无天，说到底就是因为没有信仰。

国外有先贤如是说——

人是为了某种信仰而活着。（克莱尔）
信仰不是一种学问。信仰是一种行为，它只在被实践的时候才有意义。（罗曼·罗兰）

信仰是个鸟儿，黎明还是黝黑时，就触着曙光而讴歌了。（泰戈尔）

信仰问题，看起来好像很复杂，很神秘，很难理解，说白了其实很简单，那就是：人活着为了什么？

人活着究竟为了什么？忙忙碌碌的现代人感到越来越迷茫。要回答人活着为什么的问题，就必须先弄清人到底是什么？在历史上，对于这个问题，有各种各样的回答。例如，有的人是为了肉体存在（生命）而活，有的人是为金钱而活，有的人是为感情而活，有的人是为意志（出人头地）而活，有的人是为思想（理性）而活，有的人是为灵魂而活，有的人是为社会而活……

为社会而活，就是马克思所说的"为人类工作"，也就是我们共产党人强调的"全心全意为人民服务"——这是人生的最高境界。前面的几种人生态度，实际上都是为了自己，而只有这最后一种，才真正超越了自我，共产主义者即属此列。

信仰之于民族，是一个民族的民族精神和价值理念；之于人，则又是一个人生活下去的精神支柱，以及终生的追求目标，说穿了，信仰就是我们每个人要守住的精神家园。

一个人如果没有自己的家园，注定了要四处漂泊，四处流浪；同样，一个人如果没有自己的精神家园，他的灵魂也会四处漂泊，四处流浪；他活着，就会因为没有目标而空虚，而无意义，就像老百姓田地里的那种"稻草人"。

在我们的人生旅途上，却是有很多人因为外界种种的诱惑，而偏离了原来的人生轨道，误入歧途，最后也成了"走不回来"的人。可见，倘若人生没有信仰，没有目标，我们将会误入歧途而迷失方向。

"富"起来怎么办？再多的金钱也买不来灵魂的安宁。因为物质财富无法代替人的精神家园。灵魂得不到安宁，找不到精神家园，找不到生活的目的和意义，于是富人们迷惘，骚动，怎么办？富人们只好以手中大把大把的金钱去满足感官的享受，在纸醉金迷中寻求刺激，麻醉自己。

人活着，必须有信仰，有崇高的理想。理想和信仰就是我们的精神家园。有了精神家园，有了崇高的理想，你就能经受得住外界种种的诱惑和考验，你也才会如虎添翼，守住真正的自己，守住心中的一片"净土"。同时，你也就会有极大的勇气，去面对生活中的种种磨难和逆境，你就会在不平等的人世间更大胆地去体验，去生活，去追求。这样，你就会比别人获得更多的自由和幸福。

那么，中国人应该有什么样的信仰，或者说我们究竟为什么而活呢？为生命？为感情？为意志？为道德？为灵魂？还是为社会？

我们的回答是：为社会——这就是共产主义的信仰。这并不是唱高调。为生命、感情、意志、道德、思想乃至灵魂而活，实际上都是为了个人，个人的价值毕竟是有限的，只有融入到社会中，才能创造无限的价值。雷锋很懂得这一点，他就是这样生活的。正如大科学家爱因斯坦所说：

> 个人之所以成为个人，以及他的生存之所以有意义，与其说是靠着他个人的力量，不如说是由于他们是伟大人类社会的一个成员，从生到死，社会都支配着他的物质生活和精神生活。

个人的价值，只有在社会活动中才能体现出来，当社会认可你的价值时，你一定会感到莫大的幸福。反过来，如果你种的粮食，你做的衣服，你盖的住房，你写的书籍等等，倘若没有人要，你会是什么感觉呢？不被社会认可，是个人最大的悲哀。难道你不想让别人认识到你的存在和价值吗？那你就尽可能多地为"别人"创造财富与价值吧。

雷锋，这个只活了 22 岁的年轻人，他没有轰轰烈烈的事迹，也没有担任过显赫的职务，更没有留下什么物质遗产，但我们今天一提起他的名字，就会感到一种温暖，一种力量，一种希望，一种欣慰，一种快乐。

正是在这个意义上，我们说，雷锋他没有死。雷锋作为一种精神、一种道德，永远活在人们心中，永远激励着我们做一个对社会有用的人。诚如雷锋所说：

> 我活着只有一个目的，就是做一个对人民有用的人。
>
> 人的生命是有限的，可是，为人民服务是无限的，我要把有限的生命投入到无限的为人民服务之中去。
>
> 如果你是一滴水，你是否滋润了一寸土地？如果你是一线阳光，你是否照亮了一分黑暗？如果你是一颗粮食，你是否哺育了有用的生命？如果你是一颗最小的螺丝钉，你是否永远坚守在你生活的岗位上？

毛泽东同志说过——

一个人做点好事并不难，难的是一辈子做好事，不做坏事，一贯的有益于广大群众，一贯的有益于青年，一贯的有益于革命，艰苦奋斗几十年如一日，这才是最难最难的啊！

"做一个对人民有用的人"，用毛泽东的话和雷锋的行动结合起来解释，就是——

"一辈子做好事，不做坏事。"

今天，常常听到有人说"雷锋精神过时了"。

雷锋所生活的那个经济短缺时代，的确是过去了。现在的商品经济大潮，汹涌澎湃，也的确有人遗忘了雷锋精神。时代场景发生的巨大变化，社会生活的变革，深刻地影响着一个民族的道德取向和精神建构，也影响了相当一部分人的价值观念，于是有道德失范，有人伦沦丧……但是，无论社会如何变化，时代如何革新，总有一个主导的潮流，有一个共同的呼号，有一个共同的信念，有一种共鸣的心声。那些与雷锋具有同样精神内核的人们，依然把社会的价值呼唤、时代的道德理想，以全新的形式赋予"雷锋"，让雷锋精神焕发出夺目的光彩。

所以，在中国社会经济文化发展的进程中，我们依然清晰地看到，50年来，雷锋从未离开我们，他一直就在时代前进的行列之中，在共产党人的理想和信念中。50年来，雷锋精神从未消失，更没有停顿，它就在社会变革的意识深处，就在人民群众的心中。

所以，每当社会出现不良风气时，人们就用"雷锋叔叔不在了"来表达强烈的忧患和追寻的呼号；每当社会风气健康文明时，人们会用"雷锋叔叔又回来了"表示他们欣慰的祝福和由衷的赞叹。

事实上，雷锋早已成为一种时代精神的磁场，成为一种凝聚力。它早已将那些最能体现民族特质、顺应时代潮流的思想观念、行为方式、价值取向和精神风貌纳入其中，在不断丰富、不断完善甚至吐故纳新中发扬光大，也在一代又一代人的雷锋精神接力路上，化入到中华民族的精神力量中，不断地攀登抵达到一个又一个新时代的高地。

马克思说过：人是人类历史的前提和产物，既是历史的剧作者，又是历史的剧中人。雷锋所提出的人生命题，是他所处时代的"特殊剧情"，也是人类生存与发展必须面对的"普遍剧情"，更是一个人的生命价值的"终极剧情"。雷锋精神的价值，不仅在于他给出了"为人民服务"、"助人为乐"、"当好螺丝钉"等人生答案，更在于他以"一辈子做好事"的行动与思考，提出了一个"怎样做人、为谁活着"的人生价值追问。也正是在对这个人生课题的科学追问和正确回答上，人才真正实现了其不仅是作为社会人也同时是其自然人的自我价值的完成。被某些人搞得神秘和高深莫测的这个"人生价值论"和"自我价值实现论"，其实早已为雷锋所破译。

雷锋的一生是做好事的一生；郭亮的一生，也是为人民做好事的一生。雷锋与郭亮，他们虽然各有不同的人生道路，但其生命价值是相同的。他们因此而成为我们这个时代，我们这个国家，我们这个民族，我们这个社会不朽的精神雕像，永远地耸立在一代代人的心中。

4. 边镇风情

· 寿写渔都，看众商会馆，柳林江上从此舟帆共旗飘
· 诗咏边镇，读群贤步韵，团头湖边自古风情随歌扬

唐大历（769）三年春，年近花甲的诗人杜甫自白帝城放船出峡，次年春过洞庭湖，经岳阳入湘，直奔潭州而来。路经乔口时，船遇大风，遂停舟上岸，在乔口住了一个晚上。在这里，他诗兴大发，写作了五言诗《入乔口》——

> 漠漠旧京远，迟迟归路赊。
> 残年傍水国，落日对春华。
> 树蜜早蜂乱，江泥轻燕斜。
> 贾生骨已朽，凄恻近长沙。

于是，乔口就这样从大诗人杜甫那里，得到了一张响当当的历史名片。

在这张名片上，不仅书写有乔口的政治、经济、文化、商贸、军事，而且书写有蜚声中外的名胜古迹，动人的历史传说，还有别具一格的渔都风貌、水国传奇和边镇风情。

坐落于洞庭湖畔的乔口镇，是望城北端第一古镇，是长沙城北门户和水上交通枢纽。它因位于益阳乔江之口而得名，是望城、宁乡、益阳、湘阴四县的交界之处。这里有丰富的历史文化积淀。境内团头湖发现有新石器时代遗址群，总面积约 20 万平方米，16 处文化遗址，有大量磨制石器和陶片出

土，距今约 5000 年，对研究洞庭湖平原地区早期人类活动及文化发展演变具有重要价值。有位于大垅围村的大垅围故地湖尾遗址，面积约 32000 平方米，采集的标本有灰陶、罐、铁矛、铁鼎、石斧等，是一处面积较大的战国时期遗址。这里还曾是当年吴越两国相争的交界地，因此历史上也有吴根越角之称。

以江河为主要运输通道的古代，乔口便凭着其水上交通枢纽的天然优势，以跨三地四县的特殊地位，成为一方军事要地，是历史上兵家逐鹿的战略重镇。郡城长沙如果遭逢战事，北、西、西南三个方向的水上军事力量，都必经乔口。所以，只要守住了乔口这道门户，郡城长沙就安全无虞了。因此，在南朝宋齐交替之时（479），这里就设立有高口戍。戍，是指军队驻防。唐高祖武德六年（623）置潭州长沙府，长沙府有乔口镇兵。对此，历史上是有记载的，如《新唐书·地理志》上载说："长沙有乔口，花石二戍，有桥口镇兵。"后周太祖（951—953）鉴于潭州扼控湘江，兵力不可削弱，遂在乔口设立巡检司，以加强防务，兼有巡河、扼控要塞之重责，有巡检一人，兵十数人。到了明代，虽然乔口地区人口减少，但仍然沿袭前朝的防务体制。据《明史·卷四十四》载："（长沙）西北有乔口巡检司，乔口与资江合流处。"到了清代，这种防务体制更进一步加强，康熙《长沙县志》上载："国朝设长沙协镇，多处派兵立塘。"塘的意思为专事紧急军情报告、维护地方治安的防备单位。在靖港地区还有新康塘、靖港塘等处。由此可见，自古以来，乔口便是著名的戍边的要镇，是为"边镇"。

"乔口以杜显，浯溪以元名。"新化名人邓胜逵题为《宿吟道观并序》诗里的这两句，又将乔口与"浯溪"并列，再一次把乔口推上了湖湘名胜的金榜，因此而显扬于世。

可别小看乔口是个小镇，其名胜古迹还真是不少，深厚的文化底蕴自古以来便深深地浸润着乔口世世代代的人民。据当地初步调查，这里有杜甫码头和杜甫客栈，有三贤祠和乔江书院，有乔口巡检司和新安益会馆，有供奉妈祖的天后宫，有万寿宫和百岁牌坊，有渐源寺和鬼街，后者现在已改为宗教街了，还有革命烈士刘宜民故居，等等。可惜大多都已毁坏。近年来，经过当地修复，可以对外开放参观的，只有下面几处：

杜甫码头——《新唐书·杜甫传》载说，唐大历三年（768），"甫以其家避乱荆、楚，扁舟下峡，未维舟而江陵乱，乃溯沿湘流。"次年春到乔口，舟泊乔江岸边，写下了他进入长沙境内的第一首诗《入乔口》。此后，先后有薛宣、唐仲冕、范成大等数十人步杜甫韵写乔口诗数十篇，使乔口名闻遐迩。后人便在当年杜甫泊船上岸处，修建了码头并命名为"杜甫码头"。

杜甫客栈——杜甫舟泊乔口时，突遇大风，无法继续南行。小舟被风浪击打得摇摇晃晃，不能入睡，只得上岸投客栈住宿。他找到离江岸不远的一个摆摊处的乔江客栈，住了一晚。入睡前还与店家促膝交谈，了解乔口的历史渊源和民情风俗、人间疾苦等。这家客栈是一个不大的平房，只有四间客房，为木质结构，店家从与杜甫的谈话中知道他是一位著名诗人，便安排了一间最好的客房给他，并换了一套洗得干干净净的垫被和盖被，免使杜甫受寒。杜甫在客栈舒服地睡了一晚，第二天一早起床，见北风停了，于是告别店家，乘船继续溯江南行。此后，店家借杜甫之名，将客栈改名"杜甫客栈"。

三贤祠——公元前 295 年，屈原被贬放逐沅湘之时，曾流寓乔口。公元前 177 年，贾谊被谪为长沙王太傅，经湘水到长沙，途中作《吊屈原赋》，以表达对屈原的崇敬之心，抒发自己的怨愤之情。杜甫一生郁郁不得志，晚景凄凉，漂泊异乡，唐大历四年（769）从川入湘泊乔口，在乔口写下了《入乔口》一诗。为纪念三位先贤，乔口于宋代建立三贤祠，祠内立屈原、贾谊、杜甫像，供后人瞻仰祭拜。

乔江书院——据《大明一统志·卷之六十三》记载："乔江书院在长沙县西北九十里。乔口镇旧有三贤祠，祀屈原、贾谊、杜甫。元统（1333—1335）间，邑人黄澹因设义学于此。诏赐今额。"书院遗址今已无存，具体位置据说在大码头，又说在古正街菜市场，尚未考定。由于最高统治者的大力提倡和奖励，元代各地书院发展很快，到元末顺帝时，更是遍地开花。乔江书院则是那个时代的历史产物。乔江书院的教学方法，主要是依据程端礼的《程氏家塾读书分年日程》，以宣传程朱理学为主课，讲授的内容是儒家经典的《四书》、《五经》和朱熹等理学家的注解。乔江书院是长沙地区除岳麓书院外建立最早的书院。

渐源寺——渐源寺位于今乔口镇政府后面西边，天井湖畔。坐北朝南，最前面是戏楼看台，原寺庙有三进两亭，头进为关公殿，东边有火宫殿、龙王殿、祖师殿，西边为僧人宿舍、食堂等杂屋。该寺始建于唐朝，传为尉迟恭监修。但 1954 年遭特大洪灾时，寺庙坍塌，现仅存遗址。其门联为：

水国旧金沙，九百载源流胜迹
山门新玉带，入千家渐秩重兴

其戏台联是：

> 看这里替古人写照传神，莫道衣冠是假
>
> 到此间劝诸君设身处地，要知善恶皆师

关于渐源寺的修建，当地民间还有一个"鬼闹唐朝"的传说。说的是唐朝初年，唐高祖次子李世民为争夺皇位继承权，发动了玄武门事变。武德九年六月四日（627年7月2日），李世民先发制人，率尉迟恭等伏兵玄武门（长安太极宫北面正门）发动政变，世民射死太子建成，尉迟恭杀齐王元吉，击败东宫和齐王府的卫队，并杀建成、元吉诸子。高祖无法，遂立世民为太子，二月后传位给世民，自称太上皇。李世民登基不久，夜间经常做噩梦，梦见兄长建成、弟弟元吉及众多卫队兵士阴魂不散，在地府大吵大闹，找着自己要钱用，吵得李世民夜夜不得安宁。他想，我刚登基，哪有那么多钱给他们呢？国库的银两又不能私自乱用，怎么办？急得夜不能眠。一天夜里，阎王爷给李世民托了一个梦，要他到潭州乔口去找一个叫尹长安的老人，他们婆婆老倌有许多钱，可以向他们借用。于是，李世民便派曾在玄武门事变中为他夺取皇位建立了功勋的尉迟恭前往乔口探访。尉迟恭不远万里，从长安来到乔口，寻到了尹长安老人，向他说明了来意。尹长安老人说，我婆婆老倌靠打草鞋度日，哪有什么余钱啊！因为我们没有子女，卖草鞋的钱除度日所需之外，都买了纸钱烧到了阴间地府。尉迟恭听后，速回长安将在乔口探访的结果如实向唐太宗李世民作了禀报。这天夜里，李世民又做了一梦，梦到阎王爷告知他，尹长安虽然没有现实的余钱，但却在地府存了两仓库纸钱，可以借来分发给那些闹事的鬼魂，以安君心。李世民答应了。自从将这些纸钱分发给那些鬼魂后，李世民真的不再做噩梦了。李世民为感激尹长安老人，便颁下圣旨，在乔口建筑一座渐源寺，并派遣尉迟恭前往监修。唐贞观八年（634）九月，渐源寺竣工，十月，李世民亲临乔口，送来"报恩流芳"大匾，挂在渐源寺大门之上，并将一颗夜明珠嵌在渐源寺屋顶的宝葫芦上。这颗夜明珠每个时辰可以变换一种颜色，即每天变换12种颜色，系稀世珍宝。与此相关的，还传说渐源寺周边菜园里种的韭菜，叶片是四方形的，味道香嫩鲜美；种的红萝卜，切断后的断面呈菊花形。因其建寺的灵异传说，与渐源寺有关的一切也都披上了一层神秘的色彩，其名气也随之远扬。

大概是由于渐源寺的缘故吧，乔口自宋以来，建有23座寺庙和三个祠堂。抗日战争时期，日本鬼子侵占长沙时，曾数次用飞机投弹轰炸乔口，这些庙宇祠堂都被摧毁了。

"鬼街"——是一条保存有清代古建筑的老街，街上一色的小青瓦青砖木架屋。这条老街不知道什么时候开始叫起了"鬼街"，并不是说街上闹鬼，只是这里几乎家家户户都立了神龛，正中有"天地国师亲"的牌位，旁边配享观音、城隍土地、关公等菩萨，还立有长辈逝者的遗像，有的还把逝者生前有特征的用具也作为祭品供奉。街上大多人家开店做些香烛冥钱之类宗教文化用品的生意罢了。所以，"文革"时也叫"迷信街"，改革开放后改叫"宗教街"，近年来又叫"民俗街"，据说还将更名为"百寿街"，因为街头当年有座百寿牌坊。

天后宫——天后无极圣母在福建沿海一带称为妈祖，乔口天后宫始建于元末明初。

万寿宫——又名江西会馆，坐落在乔口镇乔口社区古正街中段，北临柳林江，南接古正街边，东面俯视毛家湖。它是清乾隆十三年（1748）由江西人林、谢、敖姓联手修成。万寿宫前面是高大的门楼，殿前有石狮一对。中间是中国名将关羽，东边是火公殿，西边是药王殿。二进是三间殿堂，中间坐中军菩萨，东边是玉王菩萨，西边坐的是财神菩萨。三进是"三佛"大雄宝殿，两边坐的二十四位天藏王菩萨，东边有观世音菩萨，西边坐的地藏王菩萨。四进是厨房、食堂等杂用之屋。庙内什物毁于 20 世纪 50 年代初。办过小学，粮食部门做过仓库，还曾做过电影院，"文革"中的主要功能是开批判会。现在可见的万寿宫为 2011 年在原址上重建。重建后的万寿宫面积减少，也只有一二三进，布置与原来一模一样，四进厨房、食堂等杂用之屋被省去。

百岁牌坊——原址在古正街万寿宫前面，朝南向，为刘姓所建，今海华酒家处。建于清乾隆五十七年（1792），系刘光任百岁牌坊。牌坊是刘光任（1690—1790）身历五代 100 岁后由皇帝赐建。原有四柱三层，最上层镂有两条龙抱着"圣旨"二字，二层上镂"百世流芳"四字，第三层镂"刘光任百岁坊"六字，并有"长邑"二字。牌坊有四柱，中间两柱下有两只石狮，两边柱下有两只麒麟。旧时有句俗话："山中少有千年树，世上难逢百岁人。"当时皇帝要显示自己开明，赐坊以示尊老。该牌坊在"文革"时拆毁。近年修复，当地政府有"记"如下：

百岁牌坊记

乔江之口得江湖之润，有阡陌之腴，宜作宜居，古今长寿者众。

清同治《长沙县志·耆寿》载：刘光任，生康熙庚午（1690），至乾隆庚戌（1790），实年百有一岁，身兼五代……乾隆五十七年（1792），刘光任后人奉旨建百岁牌坊。选址古正街万寿宫前，石立四柱三层，上镌"圣旨"二字，左右盘龙；中刻"百世流芳"；下书"刘光任百岁坊"；坊前有狮象各二尊虎踞。尽显结构严谨气势恢宏。惜于1966年坍圮。此后，有王兆志（102岁）、郭喜珍（105岁）、邓杨氏（101岁）等续录于《望城县志》。

时值盛世，古迹新辉。中共望城县委、望城县人民政府立项开发乔口，乔口人劲挥手笔，以重建"百岁牌坊"为开篇。新坊立于镇区入口大码头上，形制仿古入时。巍然俯视江流，欣然迎纳来客。诚为长寿之乡、文化古镇之标志也。是为记。

中共乔口镇委员会

乔口镇人民政府

公元 2010 年立

高口戍——南朝宋齐交替之时，在乔口设立了高口戍。

戍守御——唐高祖武德六年（623）置潭州长沙府，在乔口设镇兵。《新唐书·兵志》载："唐初，兵之戍兵者，大曰军，小曰守捉，曰城，曰镇，镇将掌防戍守御，品秩与县令相等。"

巡检司——后周太祖鉴于潭州扼控湘江，兵力不可削弱，遂在乔口设立了巡检司，以加强防务。明代沿袭了前朝的防务体制。

水矶塘——清代的防务体制进一步加强，《长沙县志》载"国朝设长沙协镇，多处派兵立塘"。塘又称塘汛或塘报，意为专事紧急军情报告，维护地方治安的防备单位。该区域设有新康塘、靖港塘和水矶塘。

商贾会馆——商家们为了联络乡情，制定行规，维护利益，在乔口设立了多家会馆，较著名的有新安益会馆、江西会馆（万寿宫）等。

刘宜民故居——刘宜民又名刘绍樵，1894年3月生于湘阴县沙田围万子塘，1902年迁入乔口居住。在乔口读书达十年之久，1913年考入湖南省立第一师范，与毛泽东交谊甚厚，并在毛泽东介绍下加入中国共产党。他创建了直属湖南省区委领导的中共湘阴县中心支部，曾任第一任书记，北伐时期任中共中央组织部部员，1927年被国民党右派势力杀害于南昌，时年33岁。其故居在衣铺巷古正街西口，为一间三进，前有地坪，后有小院。

乔口还有秀丽的自然景观。

其一是团头湖。那是一个天然湖泊，湖岸曲折多弯，东起靖港樟木桥，西至马转坳，南连宁乡左家山果园，总水面8000亩，长达8800多米，宽约600米，相传为南洞庭湖汊口之一，是长沙地区最大的湖泊。团头湖历史悠久，是望城主要的历史文化遗址之一。据1987年文物考察发现，团头湖共有16处文化遗址，15处窑址，文化内涵丰富，延续时间长，有大量的磨制石器和陶片，距今有3000年以上。湖内原有仙泥墩、塔山咀、樟木咀、黑公咀等48咀，有美女晒羞、河螺晒孔、兔子望月等自然景观，有关刀山、熊虎山威猛突出，还有团洲、长洲静卧湖中。关于该湖，还流传有许多美丽的传说，相传八仙之一的吕洞宾，飞渡洞庭湖时，发现团头湖山清水秀，环境优美，便停下来歇息，从其木屐上掉下一块泥土到团湖头中，便形成了今日的仙泥墩。民间流传有这样的说法，"团头湖四十八咀，如果葬得起，代代有人在朝里"。该湖水系发达，与撇洪河相通直达湘江，附近无任何工业污染。湖区四季风景宜人，南部群山绵延，林峦攒秀，湖内碧波荡漾，水天一色，湖内的自然景观和人文景观交相辉映，风光甚是优美。

其次是甑皮洲。它如一条永不沉没的绿色舰艇浮在湘江边上。这个洲名还有一个美丽的传说。据说有一年湘江涨大水，乔口人民为了保卫家园，驻守在湘江一线大堤上，仍然没有能够阻挡住汹涌的水势，引发了大的管涌，无论是填沙袋还是堵木材都无济于事。这时，集镇上有一个白点世家的师傅，手提甑皮跳到管涌中，管涌慢慢退去，师傅却再也没上来。他用其大无畏的牺牲，换来了全镇人民的安宁，乔口人民也深受感动，就给这个洲取了一个"甑皮洲"的名字来纪念他。现在，甑皮洲上绿意葱葱，生机盎然。

既是具有千年历史的湖湘古镇，其历史文化肯定也是十分厚重的。乔口的文化底蕴丰富多彩，是湖南境内任何一个小镇都无可比拟的。

（1）以杜甫为代表以诗词为主要形式的旅游文化。中国的文化人士都有一个特点，或者说有一种癖好，那就是每到一个地方，常常容易被那里秀丽的田园风光所吸引所陶醉，因此诗兴大发，往往情不自禁地吟诗作赋——或抒怀，或记游，或述事，或以书信向远方的亲友报告行踪。当年的杜甫正是这样。他的《入乔口》，虽然只有五言八句四十个字，但是将他来到乔口的所见、所感淋漓尽致地表现出来了。时间是春天里的一个傍晚，太阳下山，快要落进湖里去了，湖边农家院子里，蜜蜂绕着绿树飞，燕子匆匆衔泥造窝，远方落日映照下的湖水，苍茫见不到边，更使诗人有一种残年迟暮之感，诗意因此穿胸而来……

乔口本是水上南北交通要道，历代名人或旅游，或被贬谪，或送亲友他去，或者入港避风，一来为这里的江湖风光和民俗所感动，二来受杜甫诗的感染，因此也就步其韵和其作了。于是，随着岁月的推移，就给乔口留下了数以百计的诗篇。在唐代有齐己、李群玉、刘长聊，在宋代有范成大、惠洪、文天祥，在明代有薛宣、唐士懿、王夫之、陶汝鼐，在清代有江闿、徐则伦、孙良贵、唐仲冕、黄本骐、胡光泮、范秉秀、吴耘、贺熙龄、毛国翰、高层云、杨超、杨瑞、徐受、吴淮等，都步杜甫之韵，作有写乔口的诗词。其中描写乔口风光和渔家景象的诗中，有不少令人吟诵不已的丽句。例如——

　　玉湖流水倒涵天，旅泊凉生乔口船。（清·高层云《乔口夜泊》）

　　空岸随烟断，孤帆引雨斜。（清·江闿《过乔江口》）

　　市舶喧朝集，江村哄日斜。（清·孙良贵《入乔口步杜韵》）

　　吟情半湘水，古木满寒山。（清·张问陶《乔口》）

　　千里平湖水，支分六六湾。风横帆影乱，篸断橹声闲。南北迷乡望，纤回滞客颜。湘灵愁倚瑟，徒倚碧云间。（明·王廷聘《过三十六湾》）

　　落日洞庭霁，霞边卖酒家。晚虹桥口市，秋水月中槎。江白鱼吹浪，滩黄雁踏沙。相将楚渔父，招手入芦花。（明·邝露《洞庭酒楼》）

　　落照浸湖天，沙明月在船。鸟栖临水树，人语隔林烟。（明·憨山大师《宿乔口》）

　　日丽乾坤芳草碧，地分吴楚晚霞红。行吟泽畔襟怀异，笑傲烟波意兴同。浪说洞庭围八百，无边光景乐融融。（清·曹贤祚《洞庭春·乔口》）

　　春山如画拥烟螺，立马危桥唤渡河。杨柳人家烟里住，杏花时节雨声多。余霞未散鱼堆市，新水才生鸭踏波。（清·徐受《渡乔口》）

画阁闻遥吹，帆停一水澄。村霜鸣宿犬，渔火上秋灯。寺古疏钟度，烟寒野树凝。（清·胡光泮《泊舟乔口》）

泽国淹晨夕，茫茫发旅愁。湘云迷北望，湖水涨南流。市有鱼虾集，人为雁鹜谋。（清·吴耘《乔口》）

其实，杜甫除《入乔口》外，还有《酬郭十五判官》诗，对乔口还曾有这样的描写——

才微岁老尚虚名，卧病江湖春复生。
药里关心诗总废，花枝照眼句还成。
只同燕石能星陨，自得隋珠觉夜明。
乔口橘洲风浪促，系帆何惜片时程。

历史上来过乔口的著名诗人中，除杜甫外，唐代还有刘长卿，宋代则有范成大，他们也都曾留有让乔口人世世代代难忘的诗篇。瞧——

洞庭何处雁南飞，江菱苍苍客去稀。
帆带夕阳千里没，天连秋水一人归。
黄花襄露开沙岸，白鸟衔鱼上钓矶。
歧路相逢无可赠，老年空有泪沾衣。（刘长卿《青溪口送友归岳州》）

马首欲东舟欲西，洞庭乔口暮寒时。
三年再别子轻去，万里独行吾早衰。
遥忆美人湘水梦，侧身西望剑门诗。
老来不洒离亭泪，今日天涯老泪垂。（范成大《乔口市别游子明》）

今天，读着这些诗句，真正是一种美的文化艺术享受。真想不到，历史上竟有这么多的诗人墨客，倾倒在小小的乔口风光上，为它吟诗作词。乔口真该为此而感到一种永恒的骄傲！新化名人邓胜逯说"乔口以杜显"，其实，杜诗不仅显扬了乔口，更是给乔口带来了亘古未有的传统文化——正是这种文化，使乔口人代代受益无穷。

（2）以渔俗为中心的民间文化，我们称之为"渔文化"。其最集中的，一是民间故事，二是传统民俗，三是口头谚语。乔口的渔猎历史悠久，在长

500

期的历史发展中，形成了具有湖区水系特色的渔俗文化风情。

渔文化是乔口文化的重要内容，也是乔口文化的本土文化，或曰"草根文化"。从团头湖新石器时代遗址群中出土的渔猎工具证明，乔口的渔业生产源远流长。从历代描写乔口的诗词中，可以看到当年乔口"古柳江边枕断槎，横篙挂网几渔家"的捕鱼、钓鱼、养鱼、购鱼、赏鱼等等一系列活动的场景。

就捕捞渔具而言，其花样之繁多，对于普通人，那可真是见所未见、闻所未闻的。捕鱼有网业、钩业和杂业三大类。网业类有拖网、撑篙网、抛网、大网、嫩网、扯网、丝网、撒网、巴网、高网、百袋网、布网、跳网、霍网、吊网、夹网、绠网、稀密溜网、大小爬网、三层挂网、趟网、缯网、围网、刺网、张网、歼网等；钩业类有铜钩、藤钩、划钩、介钩、卡钩、牛尿钩、鸟鱼钩、蚌壳钩、挂钩、搭钩、盘扒钩、绷钩、大钩、小钩等；杂业类有堑湖、开港、装笼、围滩、沉权船、撑白船、摸脚迹、放鱼鹰（鸬鸟）、缭鱼、钗鱼、吊鱼、摸蚌、罩鱼、拾螺、捉脚鱼、捞螃蟹等。值得注意的是，在每一类中，几乎都有民间故事或传说。例如，有个故事说，乔口天景湖北岸的龙眼边，住着一户刘姓渔民。该夫妇以撒网捕鱼为生，每天早出暮归，如果哪天捕鱼不多，估计难以维持本日的基本生活时，那再晚也要到龙眼撒几网，一来洗网二来补充一日的不足。在龙眼湖里打鱼虽然从未落空，但年复一年这样，其收获也不多，生活过得仍然非常艰辛，难以养家糊口，住的依然是茅房草舍。有一天，夫妻在外捕鱼极少，回来就顺便在屋边的龙眼里将网撒开，收网时只见一条金丝鲤鱼装入网内。夫妻看了又看，这条鱼确实与众不同，就用洗脚桶装好放清水养了，准备明早去卖。半晚间妻子偶得一梦，金丝鲤鱼对她说："你们不要将我卖了，也不要经常在潭里撒网捕鱼了。三天不撒网，鱼在潭里长。三年后，我会给你们回报的。"妻子醒来后将梦告诉丈夫，夫妻商量好，当晚就将金丝鲤鱼放进龙眼里。从此以后，夫妻言而有信，就算在外没捕到鱼，也不在龙眼撒网。三年过去了，那年正是大旱，多少沟、港、塘、坝都因缺水无鱼，鱼价顿时高涨。腊月的一天晚上，妻子又得一梦，金丝鲤鱼要她趁市场鱼价好迅速捕捞。湖区的风俗习惯是，过年时再穷的人家都必须买两条鲤鱼，一条做过团圆年的敬神鱼，一条是正月初一至十五元宵晚的发财鱼。第二天他们夫妇就开始起鱼，直至大年三十，所捞的鱼变卖后，发了大财，建起了一栋本地第一流的房屋，据说从樟木桥至南湖木坝咀一带，都成了他们的地产。

既然是渔文化，当然就离不开吃鱼。置身于乔口这个开阔的原生态自然环境中，品尝新鲜、无公害鱼美食，追求渔家鱼宴口味的地道，那是很惬意的。然而，在乔口，渔民吃鱼却不刮鳞，因为吃了刮鳞的鱼，鱼鳞会去报信，下次就会打不到鱼了。还有，吃鱼时不能把鱼翻边，否则捕鱼的时候，就会翻船。渔船出湖下水捕鱼叫"出山"，开始"出山"一定要放鞭炮，预祝丰收，大型渔猎"出山"，还要打牙祭，有的要买猪头，贡献"平浪王爷"和"杨泗将军"等菩萨，以求平安。在鱼舱内放鱼时，要先放鞭炮，预祝鲜鱼满舱。

乔口的渔文化中，还有一种是诗词歌赋，或咏渔家生活，或咏渔猎活动，或咏渔村景象，或咏渔具、渔时，等等。虽然其原始创作可能来自群众，却已经不是群众口头文化，而是经过文化人士的润色，或者完全就是文士的独创了。这种文化在许多名人作品中屡见不鲜，这里就从略了。

总之，乔口的渔俗文化丰富多彩，美不胜收。在这个被称为"渔都"的天地里，人们抬头可以仰望蓝天白云，侧耳可以倾听渔歌互答，放眼可以目睹渔船在湖面上穿梭往来，看渔家捕鱼养鱼，随时都可以吃到香味扑鼻的鲜鱼——各种各样，色香味齐全的，甚至可以自己动手，或捕或烹，自由选择。既可以享受远离城市喧嚣的宁静，又可以享受各种鱼的美食，那真是人生的赏心乐事啊！

乔口人世世代代年年月月进行渔业活动，自然也就产生了有关捕鱼、养鱼、食鱼、卖鱼特别是钓鱼等内容的群众口头谚语。这是群众从事渔业生产活动及其生活经验的结晶。这种"草根文化"因为来源于生产和生活实践，言简意赅，朗朗上口，不仅很有语言艺术性，而且充满了生活情趣和哲理，耐人寻味。

或总结捕鱼经验的——

> 大网打过江，天天喝米汤，细网打只眼，天天没鱼买。
> 一网丢过河，丢到河下卖老婆。
> 三天不下网，鱼在河里长。
> 出门不问风浪事，怎能打得大鱼归。
> 打鱼靠网，打狼靠棒。
> 头网打乌龟王八，一屋人莫想鱼吃。鱼死眼不眯，偷鱼佬没发迹。
> 打鱼防备晒网时。
> 打鱼不到早收网。

打鱼摸虾，耽误庄稼。

打脚鱼头痛，敲冰水手痛。

大头菜，小头鱼。

大鱼跑了摸虾米。

钓鱼不在急水滩。

钓鱼要忍，拿鱼要狠。

钓鱼有三得：跑得，等得，饿得。

或概括渔猎规律的——

七上八下九归窝。

涨水鱼，退水虾，不涨不退捕毛花。

不因渔夫引，怎得见波涛。

船有船帮，客有客帮，渔有渔帮。

打鱼不在急滩上，退后一步自然宽。

打鱼的不离船边，打柴的不离山边。

打鱼胜打猎，无一盘，有一碟。

放长线，钓大鱼。

高山没有不长草的，大海没有不生鱼的。

近水知鱼性，近山知鸟音。

满湖撒下金丝网，哪怕鱼儿不上钩。

红灯启挂鱼汛来。

道州发水慢慢悠，七日七夜到潭州。

水面无风起浪，其中必有大鱼。

草变青，鱼儿新，草变黄，鱼儿忙。

水面有鱼浪，鱼在水中藏。

水面多鱼浪，定是有鱼相。

清明到，钓翁笑，麦子黄，钓鱼忙，钓鱼钓顶风，顺风必落空。

会看风向，鱼儿勤上。

风动鱼儿动，风停鱼儿静。

水至清无鱼，水太浑走人。

清明前后，百鱼抢钩。

或报告渔家生活的——

打鱼人家，白米红虾。

河里无鱼市上有。

开塘养鱼，一本万利。

临渊羡鱼，不如归家织网。

没吃鲜鱼口不腥，没有做贼心不虚。

外家不是生根处，急水不是养鱼塘。

鲜鱼要烂先从肚子里起。

咸鱼送饭，炉锅刮烂。

鱼吃跳，猪吃叫。

一丘芋头要当一仓谷，一塘鲜鱼要吃一仓谷。

六碗菜出鱼，画夫子办厨。

虾子煎蛋是夹晕。

不做贼，心不惊，不吃鱼，口不腥。

咸鱼咸肉，见火就熟。

好吃公鸡腿，尝鲜鲤鱼腰。

或报告钓鱼生活或方法的——

一竿在手，其乐无穷。

钓鱼钓鱼，十钓九娱。

钓鱼钓兴，怡情养性。

垂钓垂钓，切忌烦躁。

钓鱼雕意，心神专一。

春钓滩，夏钓潭，秋钓阴，冬钓阳。

春钓阳，冬钓午，夏钓两头，秋钓全天。

春钓雨雾夏钓早，秋钓黄昏冬钓草。

水清如镜，钓鱼不行，水呈泥浆，钓鱼泡汤。

一日三迁，早晚钓边。

早晚钓近午钓远，天阴下雨钓边边。

方池钓四角，长池钓两腰。

宽钓窄，窄钓宽，不宽不窄钓中间。

桥梁水闸旁，鱼儿排成行。

风前雨后，钓鱼丰收。

雨季鱼靠边，打窝撒池边。

早晨钓黎明，傍晚钓黄昏。

鱼儿露头，收竿快走。

钓鱼不撒窝，大都钓不着。

浮子频点头，准要上泥鳅。

老手凭经验，新手图方便。

上午钓西，下午钓东，要想多钓钓下风。

早晚钓近，午钓远，天阴下雨黑夜钓边边。

慢提轻请动，鱼儿上钩多。

急抖竿，慢引遛，钓得大鱼不会走。

钓鱼钓静切忌动，多蹲下，少站立，背身影。

增氧机响得欢，鱼儿爱向那里钻。

钓鱼钓鱼，烦恼离去。

天悠悠，地悠悠，钓鱼的人儿无忧愁。

金风飒飒，鱼肥水清，静坐凝视，胜似练功。

人人都说神仙乐，我说垂钓乐更高。

细其纶，小其钩，垂钓鲫鱼必丰。

鱼儿顶浪游，钓鱼要钓风浪口。

进水口，鱼上走。

水下小鱼多，大鱼不在窝。

小鱼惊慌跳，大鱼快来到。

水底泛青苔，必有大鱼在。

河边水腥气，钓者好运气。

涨钓河口，落钓深潭。

急流钓边，缓流钓边。

浮子横着爬，不是螃蟹就是虾。

春风送暖，柳绿化红，举竿垂钓，旷身怡情。

草角，银边，金中央。

无风不钓鱼。

雨后放光，给垂钓帮忙。

遛鱼遛鱼，千万莫急。

春虫夏面秋蚯蚓，冬钓唯有用红虫。

软钓竿，细钓线，小钩小漂配小坠。

西朝阳，没身影，钓的鱼儿没处盛。

轻提钓饵动一动，鱼儿上钩勤又勤。

清水钓素饵，深水钓荤饵，静水钓素饵，流水钓荤饵。

夏季鱼找食，冬季食找鱼。

鱼食不对口，回家必空手。

水库钓沟汊，浮钓钓靠坝，深浅钓交会，陡坡钓坡下。

水下瓦砾多，钓鱼不打窝。

食饵不对口，鱼儿摇尾走。

水面鱼泛花，钓鱼不想家。

水深钓浅，浅钓深，水缓钓急，急钓缓。

钓鱼不钓午，钓午白辛苦。

阴天钓鲶，收获可观。

无月钓鲶，月夜钓鲤。

昼钓鲫鱼，夜钓鳖鲶。

鱼儿嚼水，下竿白费。

（3）宗教文化。这种文化遍及中国城乡，是中国传统文化中最神秘的一部分。乔口的宗教文化自然与全国的宗教文化脉络相承、息息相通，但是由于其地处湖滨，也就有其水乡的特点。其一是庙宇多，有资料说，乔口在清末民初沿岸庙宇达23座。因为靠湖靠水，因此产生一系列有关水文化的寺殿、庙宇等物化形态，其核心是"水神"崇拜。根据文物部门考古发掘的资料证实，乔口先人生息繁衍的历史，可上溯到新石器时代，这里的人与生活在其他地区的原始人一样，对自己生活的自然环境，如团头湖四周的莽莽群山、中流的滔滔湘水，以及风雨雷电、洪水地震等许多自然现象，无不充满着神秘感和恐惧感。因此，原始的拜物教、生殖崇拜、祖先崇拜等，成为主导原始人的精神支柱。出于祭拜神山圣水的需要，神庙就应运而生。尔后，乔口人崇信的神鬼范围也不断扩大，相继出现了家神、门神、土地神、龙王爷、玉皇大帝等神名仙号，名目十分繁多。其中最著名的是渐源寺和天后宫（祭祀妈祖）。一般老百姓家里，则几乎家家正房墙面上都立有神龛，神龛下挂着逝者的遗像，每逢传统节日即烧香、供品、祭祀。

按照传统，祭祀活动要用一定物品，因此又给当地商品零售业带来了商机，所谓"鬼街"便应运而生。其实，这条街主要是经营宗教文化用品而已，无非是香烛和为逝者制作的纸衣、纸钱等冥器之类用品。据说每年七月十五民间鬼节，附近四面八方的群众来此购买，街上因此水泄不通，热闹非凡。

在乔口，宗教文化又泛化到民间观念和各种活动中，因此无不带上祭祀的神秘色彩，从而成为一种社会和地方习俗了。

例如，春节里就有一些非常讲究的习俗。腊月二十三这晚，家家祭送灶神。二十四日以前各家要大扫除，浆洗衣被等物。二十四日这天备酒菜"过小年"，晚上迎灶神入户。远方的亲人要赶在新年前回来与家人团聚。岁末之日即大年三十，家家户户要贴春联、年画、剪纸，张灯结彩。中午或晚上，全家团聚，祭祖之后，吃"团年饭"。晚上通宵不睡要"守岁"，家长给小孩发红包叫"压岁钱"，当晚与邻居互相串门送"恭喜"辞岁，回家后半晚要闭府关"财门"放鞭炮，天亮向吉方三揖打开大门"出天行"，并在大门两旁贴上"出行大吉"、"对我生财"的吉词。有的怕小孩说出不吉利的话，还在堂屋东边墙上贴上"童叟之言，百无禁忌"的红纸字条，以避忌讳。初一早饭前，全家祭天地，拜祖宗；饭后，晚辈向长辈拜年，亲友互相登门拜年。拜年的规矩是："初一崽，初二郎，初三初四拜地方。"初五忌讳拜年。初一至初五，扫地要向内，不宜向外倒垃圾，不宜挑水进屋，等等。这些习俗在长沙地区也都普遍流行，只是因地域不同而有所变更罢了。

此外，还有一些习俗，有的是长沙地区的"共性"，也有的是乔口的"个性"。例如，有事出门，忌半途打转。每年年初，逢七不出外，逢八不回家，否则不吉利。在地里劳作回家不能肩扛锄头，要手提着进家门，否则被寓意为埋"化生子"（小孩）。早晨起来不能说鬼，否则不吉利。床铺不能向北开，寓意"喝北风"。夫妇客宿他家，不宜同宿一床。身死外地，尸体不能进入家内。抬病人要头在前，抬死人要脚在前。乌鸦叫预示凶兆，喜鹊叫预示吉兆。除夕晚上听见猫叫，预示凶兆。晚上听见猫头鹰叫，预兆将会有人生病或死亡。煎中药的药渣要倒在路上，让人踩去"凶煞"。吃饭时忌踩邻座的凳脚。打红包，份额不能用"8"数。家猫死后，用草绳挂在树上，说是可转世超生人间。男人忌在晒有女人小裤的竹竿下通行。水乡离不开船，而船在水乡，犹如马在草原上一样，不可须臾离开。人们劳作、出门、祭祀、娱乐以及人们的衣食住行都与船关联。所以，在乔口千百年来形成许多船俗，延续形成一种特殊文化。旧时在江湖上行船，开船要敬菩萨，上船要绕船头，说话要避禁忌，睡觉要分高低。从造船到开船，不管是平常日还是庙会日，都要敬神灵。下湘江开船，要准备一只大红冠公鸡，在船头杀了敬洞庭王爷。敬了菩萨方能开船。在锣鼓、鞭炮声中，船老板念诵祝词："有请洞庭王爷，开船不遇风暴，不出险滩，一路平安！"锣声停下，祷告结束。船已开出，不能随便往回划。如有事需要返回，即被认为不顺利，当天便不行船了。行船途中，见庙必敬，由船老大净手祭祀。船头摆上条盘，内放供酒、供饭，焚香点烛，撒斋饭，望庙遥拜。行船时不能哼唱《牧羊调》，否则河里就会拱出"屋角"，有碰撞船只的危险。每停靠一个码头，船老大都要上岸进庙祭祀。船平安抵达码头，被认为是"菩萨的神灵保佑"。尔后，船工们吃上比平时丰盛的"牙祭"，叫做"到岸神佛"，如此等等。

因为立有庙宇，又有祭祀的观念和习俗，这又形成了富有经贸色彩的庙会文化。庙会的时间、地点是长期约定俗成的，一般是在某菩萨的诞辰，或寺庙节日，或农闲季节规定的日期，多在兴旺的寺庙内或其附近，故称庙会。会期一到，周围的民众，甚至邻近数县的农民、小贩、商贾和手工工匠等，背笼肩担，携子带妻，来到庙会烧香拜佛，求神问卦，买卖东西，消闲游玩。规模大的庙会要搭台唱大戏酬神。规模小的有跑竹马、舞龙灯、耍狮子等民间文艺活动，如同过年一样热闹。实际上，这种庙会文化，在长沙乃至湖南的许多地方，已演化为一种集市贸易，因此也称之为"庙市"。对商业网点极少的农村来说，倒也是方便群众进行商品和信息交流的一种好形式，与传统的宗教文化已相去甚远了。

（4）综合性的水乡文化。因为是湖乡水国，出门见水，行远靠水，住房防水，饮食离不开水产，所以，处处表现出适应滨湖生活的本土水文化。集中表现在衣、食、住、行和生活娱乐以及社会交往等各个方面。

例如，居住中的建筑文化，乔口具有其明显的水乡特征。首先是在选址上，大多临江顺势而建，或随坡就湾，或临河亲水，高低错落，各有个性。其次是在用材和建筑结构上，无论是商铺还是民居，一般都比较简单，用材主要是青砖小青瓦和木材，造型和结构是砖砌"风火墙"加木架排栅的建筑，其工艺也是以泥木匠为主，木构件则用榫卯结合的传统简易连接，既美观又坚固，门窗也不雕镂，只有少数富有人家才用上雕工。为防洪水冲垮和雨水侵蚀，多采用在木材上涂漆和抹桐油的办法，以保护木质。再次是在建筑物的色彩方面，多用白墙、灰瓦和栗黑、墨绿等色，形成秀丽淡雅的格调。这种色调在比较炎热的夏天里，给人一种清凉感，不像强烈的颜色容易令人烦躁。各种建筑物，如旧时的亭、台、楼、阁、廊、榭、轩、舫、馆、桥等，多结合自然的水、石、花、木等，其所构成的艺术形象和艺术境界，都具有一种水墨画的情调。在大街小巷里行走，如果留意的话，可以看到一些白色的墙面上常有吉祥物装饰，使一个个各不相同的图案在墙面上形成一幅幅精美的装饰。整个小镇的景色，因此很有立体感，与水乡是和谐的，显得十分生动灵巧。

再如饮食上，最典型的是饮茶。像各地一样，这里茶文化的历史也很悠久。望城的乔口、铜官、靖港一带，流行喝一种"豆子芝麻茶"，是用茶叶、姜、盐、豆子和芝麻冲开水配成的。炒熟的黄豆和芝麻格外香，再佐以磨细的姜丝，既有盐味又有姜味还有香味茶味，香喷喷的，可解渴驱寒解暑，很适应湖区水乡的特点，常用以招待左邻右舍、亲朋好友。平常人家历来有"客来敬茶"的习惯，充分反映了本地的文明和礼貌，渐而演变为茶道。茶道是一种以茶为媒的生活礼仪，通过沏茶、赏茶、饮茶增进友谊，同时喝茶又能静心、静神，有助于陶冶情操。像江南水乡一样，旧时乔口也多有会馆式的茶艺馆，通过品茶活动进行社交、商贸，显示一定的礼节、人品、意境，因而形成了一种特别的饮茶艺术。

此外，乔口还有会馆文化和码头文化，因为紧靠益阳，受其影响还传播有梅山文化等等，其中大都离不开水乡渔俗的特点，这里就不细说了。值得注意的是，在乔口这样一个弹丸之地，史载建有"三贤祠"（祀屈原、贾谊、杜甫），还诏赐建有"乔江书院"，说明自古以来，乔口的文化教育的确发轫比较早，其深厚的历史文化底蕴可想而知。虽然就其延续发展来说，可能由于社会经济发展的种种原因，其中特别是陆路交通的日趋发达和战争的因素，使之曾经断裂、停滞乃至衰退，这也不足为奇。至少我们由此可以知道，在历史上，乔口不仅在军事上，而且在文化上特别是经济上，都曾有相当出色的时期。

文化是经济的集中表现。文化底蕴的深厚，离不开经济的支撑。

说到经济，乔口历史上确曾有过辉煌的时代。

诗人杜甫在其《入乔口》诗中，将乔口描绘为"水国"，不是没有道理的。

这里，土地膏腴，物产丰富，是洞庭湖滨一个交通发达、物产丰富、历史悠久的"鱼米之乡"。特别是其地处三地四县交界，水系发达，交通便利。在水上运输时代，乔口既是跨三地四县的交通要道，又是长沙西北境的水上交通枢纽。南来北往的船只很多，或运载货物，或载送官员、游客商贾，早晚云集于此，下船上岸，停留食宿，因而刺激和促进了当地客栈、会馆、寺庙诸行业的勃兴和发达。

例如庙宇，据说从清代至民国时期，祠堂庙宇之多，成为境内之最。旧传有寺庙23座，建筑面积一万四千多平方米。祭祀的神灵有关羽、财神及行业诸神。每到一定时间，例如或诸神的诞辰庙会，或民间的节庆，都有祭祀活动，几乎从一月到十二月，月月都有。每逢祭祀又有各种庆典，酬神与典庆结合，法会与演艺相伴，灯火通宵达旦，香烟缭绕不绝。

又如码头，历史上的乔口，柳林江上挤满了乌篷船。至今柳林江边的小街上，还保留着麻石板以及石码头，有斑驳青瓦下铺满青砖和石头的老街痕迹。

再如会馆，是客籍异乡人的聚会场所，集商务和文化交流为一体。当年，乔口会馆或联络乡谊，或会聚公议，或维护同乡或同行商人的利益，或公议行规监督执行，或定期祭祀神灵，等等。著名的新、安、益三县就曾合资在乔口雷家巷建有"新安益会馆"，还有江西人建的会馆（现在恢复的万寿宫）。江西会馆巍峨壮丽，布局严谨，装饰华丽。会馆前圆拱门上雕"二龙戏珠"，两旁墙壁上雕塑"八仙过海"及人物、山水、花卉、鸟兽等大大小小吉祥物。南向中间有小戏台飞檐相错，斗拱互交。后栋有正殿、配殿。殿楼内外有浮雕、透雕。江西商人把乡土题材融于建筑艺术中，使人触景生情，亲切异常。由于江西会馆占据了好的风水位置，乔口本地刘姓人嫉妒，暗地要阻断其"龙脉"，于是就在江西会馆正门前筑了一高台，建了百岁牌坊。真是"你方唱罢我登场"，好不热闹！

在历史上，乔口河网密布，水运发达，不仅充分发挥了本地优势，促进了本地经济发展，更重要的是它集纳了宁乡、安化、益阳、湘阴、新化等外来优势资源，甚至是福建、江西、湖北等地的客商资源，形成了乔口独特的商贸经济。例如，新化、安化、益阳所产的竹木，结排经资江放流至乔口，一部分在乔口销售，另外销往长沙、汉口等地。旧朝代虽然兵灾战火不断，但乔口本地的商贸始终长盛不衰。清代至民国前期，乔口的蛋行、粮行和铁、木、篾、伞铺等十分发达，最多时有70余家，商业繁荣，经济活跃。到1949年，有居民3500多人，工商业300多家，其中粮行9家，造船业18家，圆木、铁、木业各20多家，伞铺3家，粽业5家，共有房屋面积47975平方米。到1952年，仍有商店107家，摊贩42家，手工业72家，是望城境内的繁荣集镇之一。

乔口商贸经济繁荣鼎盛时期，外来船只穿梭进出，游客商贩往来不绝，商贸交易日夜不息。码头上，会馆中，寺庙里，客栈内，到处都是人流，喧哗夜以继日，有史载说："长沙十万户，乔口八千家，朝有千人作揖，夜有万盏明灯。"乔口因此而有"小汉口"之美称。

后来，因公路运输业的快速发展及其他方面的因素，乔口的水路运输渐渐失去了优势。

尽管如此，自新中国成立到今天，乔口的经济特别是商业街区，与望城的其他集镇相比，一直处于领先地位。

盛世春光美。乔口迎来了再造辉煌的时代。短短几年，一个"秀美的水乡古镇、繁荣的商贸名镇、宜居的风情小镇"，正以新的面貌出现在我们眼前。走进乔口，团头湖、柳林湖、天井湖、青草湖沟渠相连，公路旁绿树成荫，一派怡人的水景。远离城市的喧嚣，没有工业带来的污染，保护完好的原生态湿地，宁静、清幽的秀美水乡，原始的自然环境，让人流连忘返。以前水患严重的团头湖，如今高柳夹堤，湖中碧波荡漾，小岛、浅滩野鸟翔集，天井湖、青草湖一带，堤边杨柳依依，仪态万方，环湖游道更增几分情韵。柳林湖边，杜甫码头、渔家码头、油坊台码头、亲水平台等各具奇趣。历史悠久的千年古镇，在水景的映衬下，江南水乡的灵动洒脱尽显不凡。百岁坊、渐源寺和乔江书院等已经恢复如初，万寿宫、三贤祠、刘福泰行、杜甫客栈等傍水而建，曾经千百年的乔商文化、民俗文化、渔文化特色，正在逐渐地恢复起来。

在乔口的建设中，渔文化被提到了极高的位置。乔口镇三面环水（湘江、撇洪河、团头湖），养殖水面广阔，除面积8000多亩的团头湖外，另有青草湖、南湖、湛湖等大小湖泊池塘共近20000亩，是长沙市"百里水产走廊"的核心区，也是长沙市"百里优质稻走廊"的主产区。乔口人正规划依托广阔的水面，力争把乔口打造成秀美的水乡古镇、繁荣的商贸名镇、宜居的风情小镇、发展中的旅游重地，使之成为集休闲、娱乐、垂钓，特别是将吃鱼、赏鱼、玩鱼等结合为一体的新"渔都"。

千百年来，传统文化给这个"水国"注入了不朽的血脉，厚重的历史又给予古镇以众多的人文景观，当年繁华的商贸特别是富有本土民间特色的风情，动人的传说、故事及神话，更给这个边镇以神秘的色彩，乔口肯定会以其崭新的面目出现在世人的面前。正如望城区委书记谭小平在其《乔口赋》中所描写的那样——

……赫赫斯土，莘莘斯民，欣逢盛世，虎步龙骧。长毫在手，挥写奎章，九天凤舞，正道弘扬。歌曰：乾坤朗朗兮，护祐众生；长河迢迢兮，润泽十方；宏图精进兮，渔都恒昌；和谐共享兮，福祉绵长！

5. 古港新姿

- 小镇千秋，笙歌曾伴硝烟，逸事风传，功罪史上有评说
- 古港百态，美食弥香游船，韵味水生，妍嬿路边见口碑

　　咸丰四年三月，金陵贼分党复犯长沙，先踞长沙城北七十里之靖江，凭水结寨，步贼循岸而南，潜袭上游湘潭县城。县城繁富，廛市鳞比，贾舶环集，贼速至据之。文正闻贼趋湘潭，令署长沙协副将忠武塔齐布公等率陆军、杨干总岳斌、彭秀才玉麟等率水军往援。侦贼悉锐攻湘潭，靖江守寨之贼非多，遂亲率存营水陆各营击之。战事失利，公麾从者它往，投湘自溺。随行标兵三人急持公，叱其去，不释手。章君瞰公在舟时书遗属寄其家，已知公决以身殉也，匿舟后，跃出援公起。公曾戒章君勿随行，至是诘其何自来，答以适闻湘潭大捷，故轻舸走报耳。公徐诘捷状，章君权词以告。公意稍释，回舟南湖港……

　　这是清代著名爱国将领、湖南湘阴人左宗棠（1812—1885）撰《〈铜官感旧图〉序》中的一段话。文中所写的主人翁"文正"即曾国藩，"靖江"就是靖港。

　　靖港，原名芦江，又名沩港、沩水港，系沩水入湘江之三角洲地带。位于望城西北，地处湘江西岸，是湘江与沩水交汇处，东面隔湘江与铜官镇相望，南部、西部和北部分别与新康、格塘与乔口相邻，西接宁乡双江口，西北一角抵益阳，北隔烂泥湖撇洪河界湘阴。旧时多洲滩，其两岸生长大片芦苇，芦花丛生，故名。距离长沙城区约为30公里，市区的高等公路雷锋大道、金星大道直接延伸至此，交通便捷。昔为天然良港，水路特别畅通，早晚帆影不绝。顺江而上，可直通岳阳进入长江，沿江而下可至广西。

512

靖港是湖南境内三大临水名镇之一，与津市、洪江齐名。

在古代，靖港还是湘北重要的军事重镇，历来为兵家必争之地。相传公元621年，唐朝大将李靖南下征讨萧铣，横刀立马于沩水河畔，官兵驻扎靖港，对百姓秋毫无犯。萧铣战败被俘，后送至长安处斩。此役之后，李靖一路征战，直至桂林，恢复了整个湖湘地区。后来，李靖离港，远征漠北。"百姓德之，将其水曰靖港，以志不忘"。靖港之名由此而来。老百姓为感佩李靖的功德，又在靖港镇修建了李靖祠以祀。旧时筑有戏台，其对联这样写道：

溯湘水南来，百里河山，仗此楼台锁住；

唱大江东去，九天烟云，好凭弦管吹开。

这里也曾一度耸立过太平军的水寨，游弋过湘军的战舰，演绎了一段传播久远的历史故事，即前文左宗棠所记述的，曾国藩兵败后投水自尽的那场战事。

那是1854年4月（咸丰四年三月）初，太平军石祥贞、林绍璋率部从岳州挥师南下，拿下靖港，攻克宁乡、湘潭，对长沙形成钳形包围之势。曾国藩率湘军增援。太平军寡不敌众，向北撤退，回师岳州固守。同年四月底，太平军卷土重来，在湘阴铁角嘴处渡过湘江。从乔口向靖港方向猛攻。四月二十八日，曾国藩再次率战船40艘，陆勇兵卒800人，直逼靖港太平军。二十九日激战，湘军陆师有靖港团练张丙南率乡勇助战，从晨至午，激战半日，湘军伤亡惨重，张被炮击身亡，乡勇先溃，陆师随溃，争相逃命，抢渡浮桥，桥被挤塌，溺死200人。其时，战船全遭覆灭，水师亦被太平军火炮击中，遁形船落帆上窜，牵缆水手被歼。时南风陡发，水师窜逃铜官渚，又遭太平军小划船纵火袭击，风盛火急，船只不易回驶，水师全覆于洪家洲战地。曾国藩坐在上游的帅船上，眼见水陆两军蜂拥溃退，心焦目焚，急使人于隘口处竖立一帜，上书"退而此旗者斩"。然而，兵败如水，曾国藩制止不住，羞愧惝极，写下遗书，两次跳水自尽，被部属救起，身穿湿衣，蓬头跣足，狼狈不堪，逃回长沙。此役湘军惨败，沿岸河堤陈尸遍地，地方将尸体丛葬于靖港挖口子，遗址至今仍可寻辨。好在水师彭玉麟、陆师塔齐布等部闻讯救援，击败太平军挽回战局。靖港水战，是湘军的转折点，也可以说是曾国藩人生的转折点。曾国藩此后虽然"屡败屡战"，他却终于领导湘军成就了大业。因此又给清港增添了一层浓厚的历史文化色彩。

但靖港人永远铭记着的，却是南宋时农民起义首领杨幺。建炎四年（1130），杨幺从钟相起义，因在首领中年龄最幼，故名。钟相牺牲后，与夏诚、周伦等建大寨于子母城，被推为总首领，称"大圣天王"，并用以纪年。当时他在湖南境内曾拥众20万，曾一度征战南北，在洞庭湖上驰骋，兵农相兼，陆耕水战。势力东起岳阳，西到鼎、澧，北抵公安，南到长沙界内，屡破宋军。绍兴五年（1135），因被叛徒黄佐、杨钦出卖，投水未死，被擒牺牲。因杨幺屡行"等贵贱、均贫富"的主张，很受人们尊敬，又因其曾投湖不死而敬为水神，立庙祀奉。

还有现代革命战争史上八路军南下支队夜渡湘江的情景，靖港人更是刻骨铭心。当年那一阵阵枪炮声，打破了黑暗沉沉静谧的靖港的宁静，两岸人至今忘不了当年八路军急匆匆行军的脚步。感谢当年的随军作家周立波，给这一历史军事事件留下了名篇《湘江一夜》，现在读来还是那么温馨动人。

在历史上，靖港不仅是历代兵家必争的"军"港，更重要更辉煌的是它的商贸经济。如同乔口一样，这里也曾是经济发达的重要口岸，一度成为湖南最繁华的商贸中心之一，除长沙市、乔口、津市和洪江外，没有能与之相比的。

这首先要得益于其区位优势。

翻阅历史，人们很容易发现，一个古镇，或者说一个城市的命运，是与交通息息相关的。人们今天常说，"要想富，先修路"，这是有历史事实根据的。道路交通是一个地域和经济的命脉，决定着城镇是繁荣昌盛还是萧条没落。

众所周知，20世纪70年代以前，中国的大部分城镇，水运占有很重要的位置。在湘江一桥尚未建造的时候，长沙人要渡过湘江，每天都少不了轮渡。至于冷兵器时代，水运左右着中国大部分城镇的命运，因而成为南方交通的主要命脉。历史上的这种情况，人们还可以从京杭大运河中有所见识。中国古代史上京杭大运河这一项伟大的水利工程，可以说是世界上开凿最早、里程最长的大运河。它南起浙江杭州，北至北京通州北关，全长1794公里，贯通六省市，流经钱塘江、长江、淮河、黄河、海河五大水系。京杭大运河畅通了数百年，对促进大江南北经济文化的交流、解决南粮北调等问题均发挥了重要作用。在那些历史年代里，北京以及运河沿岸的城镇，是历史上较为繁荣的时期。19世纪后，由于南北海运开辟，津浦铁路通车，加之黄河改道淤塞运河中段，部分河段被阻止无法通航，只有江浙一线仍畅通无阻，并成为旅游热线。乔口和靖港在历史上曾经一度繁盛和辉煌，也是这样的历史事实。

靖港的区位优势决定了它的水运优势，而水运优势因此也成就了它的贸易经济的发达。它坐落于湘江西岸，地处沩水入湘江之三角洲地带，经沩水入宁乡，经湘江南通省会，北上乔口出洞庭湖，近可通湘阴、益阳、湘乡，远可航武汉、重庆、南京、扬州、上海等大城市，因此而为天然良港。其时，水路之畅通，帆影之不绝，成为靖港码头一道最亮丽的风景。

史载：清光绪二十四年（1898），即有客轮停靠于靖港，在此设洋棚子接送旅客。往来于沩水、湘江的宁乡"乌舡"船（乌篷船），有3000多艘。平日停靠的船只也达千艘。这些船只或载客或载物，多的是南北城乡货物，如棉纱、布匹、食盐等工业品和农产品，尤以粮米为最。湘阴、益阳、宁乡及本地的粮食和各种土特产，更是多在这里集散，靖港因此成为湖南的四大米市之一，又是省内淮盐主要经销口岸之一。清末民初，有粮行50多家，粮栈、米号各20余家，还有一批其他工商业。民国中期，其与津市、洪江同为湖南省繁盛三镇。民国二十二年（1933），建置为长沙县直属镇。同年，设长沙县靖港民众教育馆。民国二十四年，设长沙县卫生院靖港分院。民国二十七年长沙大火后，投奔靖港经商者大增，工商业发展到500多户……商贾云集，市场活跃，买卖兴隆，为境内第一繁荣集镇。当时流传着一句民谣："船到靖港口，顺风也不走。"因此有"小汉口"之称，足见靖港当时之盛。

现在，这里有上年纪的老人还经常想起和谈起靖港古镇曾经有过的辉煌。在某些"老长沙"的回忆中，甚至还流传着这样的民间逸事：有长沙"老口子"会吹胡子瞪眼地为自己的"见识"夸口说，"嘿嘿！没到过香港还到过靖港呢！"靖港在民国时期因此又有"小香港"之称。

在旧中国那个满目疮痍、民不聊生的年代里，劳动人民曾经在靖港创造过那么繁华的场景，这场景在老辈人的眼里见过，心里又留下有很深的印象，曾让他们打心眼里有　种"曾经来过"和"曾见识过"的优越感，是实实在在的，并非什么人故意捏造和杜撰，因此他们又怎么能够忘记——

"当年，那里曾经是人间天堂，那里曾经让人神往。"

是啊！

——那里有香气扑鼻的美食，有火焙的河鱼，有甘醇的甜酒，有爽口的李氏香干，有猪腰形的油坨，有集香甜酥软于一体的烧饼，有芝麻豆子茶，还有"八大碗"……

李氏香干——李氏香干细嫩而紧凑、色鲜而香浓，微咸带甜而其味醇正，非一般豆制品可比，食之齿颊留香，余味无穷。靖港香干可生吃，下酒尤妙，烹调成菜肴熟吃最佳。其制作主要是经验，凭手感去做，要练基本功，练到一定程度才能做出快刀切香干——两面光的靖港香干。李氏香干不但精工细作，工序也十分繁复，有选豆—磨豆—打浆—打包—压包—下卤锅等七道工序。李氏香干是靖港有名的豆制副食口，有百多年的历史了。原来，明清时期，靖港有十三家制作香干的作坊，唯一保存下来的就只有李氏这一家。这家作坊位于靖港镇保粮街。清光绪十二年（1886）由李瑞林始建，后传子李长荣，现在传人李鑫明，是李氏香干第五代传人。李氏香干作坊1988年以前为纯粹手工制作。1988年起，仅磨豆一道工序采用电力机械外，其余工序无多大改变。李氏香干作坊现每天生产1000片左右，除供应华天紫东阁、小银洲外，还供应附近的农家乐餐馆以及街坊邻居。

油坨——猪腰形的油坨属于靖港小吃的"煎货"，因为是油煎炸出来的。油坨主要用糯米，掺些粳米，比例适当，具体掺多少则全凭经验。如果糯米过多，炸出来的油坨会软乎乎的抓不上手，并且腻人，粳米掺得过多则硬邦邦的如同果子，碜牙齿。掺好的米要用冷水浸泡一天一晚，再湿磨成浆，装进布袋，用石头压干水分。然后揉捏至黏，做成一个个猪腰形的半成品，摆在案板上备用。有食客需要时，再下油锅煎炸，这后一道工序最要技术也更要经验。炸油坨和炸油条不同，单单用菜油是炸不出的。菜油里边要掺红糖，得先把红糖放在锅里熬成稀状，再把菜油倒进去，接着把半成品入锅，这才开始在锅下边加火升温。在升温过程中，红糖会往油坨上黏，到得油沸滚时，红糖会和油分离而几乎全黏在了油坨上，这时油坨也浮起来了，捞上来就可以食用了。猪腰形的油坨黄中透红，油光锃亮而悦目赏心，吃起来格外软和爽口。

烧饼——北方烙饼是不包馅的，烙饼烙熟后，吃时再卷馅。靖港烧饼则把馅包在内里。其馅料相当丰富，有红糖、五香、玫瑰、菊花粉、胡椒粉和少许猪油等，因而集香、甜、酥软于一体。把馅包起来，用手拍成一个脚板状的饼，然后一个个贴到陶缸内壁上，盖上盖。陶缸的下方有一添木炭的空洞，底部燃起温炭火，不多时辰，缸壁上的烤饼渐熟，香味开始弥漫出来。从前，食客买烧饼时，还可要求烤饼摊贩在饼上放些小麻油和醋，以添其味美。

芝麻豆子茶——这道茶文化，在靖港也盛行，上一节已作介绍。这里要补充的是其用料和制作。上品芝麻豆子茶，茶叶必用"明前云雾毛尖"。所用豆子，川豆、黄豆都可以，但最好是望城乡间田埂上随手撒下长出的本地青皮豆。沏茶时，把茶叶和已捣碎的适量鲜姜末、精盐，一齐放入铜官窑精制的陶瓷或瓦钵茶罐，再用湘江活水或乡间井水烧开，即时沏上，再抓一把豆子和芝麻放进茶罐，盐和姜都要放得恰到好处。本地人称之为"筛茶"，筛时，得抓住茶罐把手，轻晃茶罐，用筷子在茶罐中搅拌，使罐内芝麻、豆子、姜末均匀悬浮于茶水表面，再倾斜茶罐注入茶杯。吃这道茶也有技巧的，茶呈上来一会，芝麻豆子渐渐沉入杯底，在接近杯底三分之一处，要轻轻晃动茶杯，使杯底茶叶豆粒漂浮起来，才能将杯里的姜盐芝麻豆子吃得利索干净。

——那里有茶楼戏台的鼓乐笙箫琵琶的弹唱，有湘剧、花鼓戏的锣鼓叮咚和韵味浓浓的唱腔或乡音……

——那里有可以早晚祭拜祷告求福消灾解难的观音菩萨和"水神"、财神……

——那里有旧中国畸形时代都市里常见的"宏泰坊"，那些艳丽的风尘女子，为了谋生，她们不得不用其软语呢喃的温情，一度醉倒过多少寂寞远行的商旅和流泪汉……

——那里还有许许多多令靖港人自豪的"望城之最"，望城的首个国外轮船票代售点、邮局、警察分所、机械大米厂家（兴记米厂），都是在此兴起，望城的第一部电话也是在此响起，还有望城的第一盏电灯，亦是先在这里亮起……

滚滚北去的湘江之水呀，宁静如碧空的沩水呀，它们也是靖港的历史见证，它们曾经见识过短暂的繁华，当然也目睹了旧时代漫漫无尽的沧桑，它们虽然无言，但是有诗人和历史的记载……

因为靖港，也是古代骚人墨客的流连之所。这里曾漂泊过杜甫的孤舟，留下有陶之典和释敬安的诗篇……

公元 769 年阳春三月，诗圣杜甫泛舟湘江与沩水交汇处，忽然江风大作，波浪滔天，行船紧急靠岸，停宿新康江口。杜甫伫立沩水，倚靠靖港，眺望江对岸闻名遐迩的唐代清瓷名窑——铜官，不禁诗意益然于胸，朗朗地吟诵道——

不夜楚帆落，避风湘渚间。

水耕先浸草，春火更烧山。

早泊云物晦，逆行波浪悭。

飞来又白鹤，过去杳难攀。

这首名诗《铜官渚守风》，是一代诗圣杜甫与靖港和铜官结缘的见证。

还有清代陶之典，他的《立秋日抵靖港口》，更是这样深情脉脉地咏怀着靖港——

林叶飞官渚，商飙转日车。

只疑鼙鼓壮，吹出古云沙。

诗人笔下的这片土地，在历史上也是一片热土。人杰地灵，英才辈出。这里曾诞生了黄埔第一期学生、红十军军长、抗日先遣队总指挥、独臂将军刘畴西。这里是被称为"革命母亲"的陶承（1893—1986）的故乡，她在丈夫欧阳梅生和长子欧阳立安为革命牺牲后，依然忍痛把两个孩子送去参加革命。小儿子欧阳稚鹤也在抗日战争中牺牲。她化悲痛为力量，投入延安大生产运动。她写作的《我的一家》，后被改编为电影，其后还出版了一本革命回忆录《祝福青年一代》。这里还曾是当年中共湖南省委临时办公地，它就坐落在靖港半边街上，那是一栋"一担柴"式灰墙红瓦的老平房，人称碓坊。这座平凡的小屋就是 1930 年中共湖南省委机关办公旧址。时任省委委员的王首道的妻子王绍坤和另一位省委负责人郭立三的妻子王绍兰两姐妹，在这里"守家"。她们都是靖港人，公开身份是附近望江楼鞋厂的女工。两姐妹后来双双被捕，英勇牺牲。上个世纪 80 年代，时任全国政协副主席的王首道来到这里追思当年，还为望江楼鞋厂题写厂名，表达他深深的怀念之情。这里还有'98 抗洪英雄侯德仁，有全省十大藏书家胡应龙，等等。

历史悠久、文化深厚的靖港，其名胜古迹因此也很多。

八元堂——靖港古镇保健街 90 号，有一幢两层楼的房子，灰瓦青砖，古色古香，即为宁乡会馆。宁乡会馆，初名八元堂，又名八音堂，是宁乡县水上埠在靖港的主要活动场所。宁乡会馆始建于清道光年间，由于靖港本地豪绅阻挠施工而一波三折。咸丰十一年（1861），宁乡船民经多方争取，获咸丰皇帝的御批，才使宁乡会馆得以复工建成。会馆占地面积 1200 多平方米，整个建筑的墙和地面都用青砖铺砌，会馆高约 4 米，厅中有两根四方形花岗石柱，四面有浮雕图饰，会馆大厅能容纳百人，后有 20 多平方米的木楼戏台。

宏泰坊——位于靖港古镇保健街，建于清雍正十年，是长沙地区最后一个清代妓院，迄今有 300 多年历史。现已将其改建成一座青楼历史文化博物馆。

杨泗庙——建于清雍正七年。位于沩水之滨、保粮街街头，与观音寺比邻。是靖港镇内唯一保存完好的庙宇，祀南宋农民起义首领、被百姓誉为"水神"的杨幺。洞庭湖一带此庙众多，遍及洞庭湖滨各县，其中靖港之庙规模最大，香火最旺，场面壮观，据称"朝有千人作揖，夜有万盏明灯"。每年农历六月六是杨泗将军的神寿，这一天靖港民间为纪念杨泗将军自发组成规模宏大的民间集会活动——庙会，当时百姓都要沐浴洁身，以洁净之躯来到杨泗庙焚香拜祭以示虔诚，来此参拜者数以万计。每日有众多信徒来此礼佛，许多游客前来参观、朝拜。因修建湘江大坝被拆除后仅剩内殿。内殿单体砖木建筑，正中供奉三身佛，佛像左右为陶制二十四尊诸天菩萨。

曾国藩靖港水战遗址——曾国藩靖港水战古战船展示基地，位于古镇的老沩水入湘江处曾国藩文化公园内，为纪念一个半世纪以前的"靖港水战"。这次战役是曾国藩人生的转折点。

中共湖南省委旧址——靖港半边街上有栋"一担柴"式灰墙红瓦的老平房，这便是 1930 年中共湖南省委机关的办公旧址。

"革命母亲"陶承故居——陶承（1893—1986），原名刘桃英，1893 年出生于靖港，上世纪 20 年代投身于革命，著有《我的一家》等。

走进靖港，可以参观游览的地方还有——

恐龙化石馆。在恐龙化石馆，游客除了可看到南孺丰龙化石、贵州龙化石，还可看到三叶虫化石、珊瑚化石等。从地质学角度展示远古时代生物和地理变迁，带给游客智慧的启迪。

靖港族谱陈列馆。族谱陈列馆集中展示了靖港地区 139 个姓氏的源流、派语（字辈）、迁徙等情况。游客可去看看其中是否能找到自己的姓氏族谱。

锄禾源。从靖港地区的农民家里收集来各种曾经使用，甚至有些目前仍在使用的农具、渔具以及一些农村生活用具，集中陈列，意在让游客亲身体会农民的辛苦与智慧，感受靖港人的淳朴、勤劳，以及靖港的稻作文化和渔民文化。

陨石博物馆。陨石被称为"天外来客"。该馆有一千多平方米，一楼展览陨石，二楼展览古代青花瓷，具有很高的艺术鉴赏价值。

江南民俗文物馆。靖港民俗文物馆的馆藏以明清文物为主，可上溯至唐朝五代，总计上万件。民俗文物多为古代百姓喜庆、祭祀等大型活动中的常见物品，如花轿、面具、佛像等，勾勒出鲜活的先民生活场景。

靖港国防教育基地。曾服役于南海舰队的021型导弹快艇现泊于芦江之畔，成为中南五省最大的国防教育基地，为靖港军事重镇的历史地位再添一笔。

毛泽东手迹展览馆。在这里你不仅可以看到毛泽东、郭沫若、周恩来等书法大家的书画真迹，还可以欣赏到贺龙、朱德、彭德怀等30多位先辈珍贵的书法手迹，有的甚至是其平生唯一流传的墨迹。

"文革"时期物品陈列馆。该馆通过展示"文革"期间的布票、粮票、邮票和红卫兵袖章、红卫兵大旗等近5000件"文革"珍藏品，让游客亲身感受当年。

半边街。这条"半边街"是长沙地区保存下来最完整的一条古街之一。从紫云宫到杨泗庙，是曲折迂回的麻石路，全长约1000米，因街中段南临沩江，北设街坊，故名。临街大多是清代建筑，少有民国时期和明代建筑，曾有银行、南货铺、竹木店、金银首饰店、药铺、红粉楼、槽坊酱园等。街西还有一庙叫杨泗庙，庙址保存较好。据考证，半边街的名字早在民国初期就已经确定下来，已有近百年的历史。

2009年9月，靖港古镇经过全面修葺，重新开街。清朝重臣曾国藩迎战太平军的古战场遗址、白色恐怖时期湖南省委旧址、"革命母亲"陶承故居、聚集商贾旅人的宁乡会馆八元堂、中晚清青楼建筑宏泰坊、祭祀农民起义将领杨幺的杨泗庙以及麻石街、古建筑、老店铺、名作坊、乌篷船等已基本恢复原貌。原有的"八街四巷七码头"、民居1008栋，主街道长1275米，还有"当铺"、"育婴堂"，镇内远近闻名的还有"复兴塔"、"观音庙"、"紫云宫"等数处明清古建筑，原临河所建独具江南水乡特色的吊脚楼，均修复完好，蔚为壮观。小镇居民纷纷回归，古镇又重新恢复了繁华。

靖港镇因此荣获"长沙地区历史文化村镇"称号，2008年9月被国家住房和建设部、国家文物局评为"中国历史文化名镇"。

作为中国历史文化名镇，靖港的发展目标为国家5A级旅游景点，成为长株潭城市群中独具特色的都市型休闲度假基地。

迎着七月的骄阳，我们兴致勃勃地走进了这座历史文化名镇，目睹了有名的"麻石街、古建筑、老店铺、乌篷船"等"八街四巷七码头"的风采。

我们一行人徜徉在石板路铺成的古街上，目不暇接地观看着和欣赏着，街道两边，那或明代或清代或现代不同风格、式样的建筑，有的是店铺，有的是民居，有的是会馆，有的刚刚修复，有的则是原貌。看了东又要看西，看了上又要看下，就像是在看一幅动画片。

走出古街，踏上一座小桥，一条临河小街展现于眼前。一边是街，一边是水——那就是有名的沩水即芦江啊。水面上停泊着游艇，河中央有几只乌篷船，船上的年轻人正欢快地摇着橹，或者用手拍打着水花嬉戏个没完呢。临河半边街，店铺一字儿排开，倒影落在水里，随着波浪而荡漾。另一头则是背街的建筑物，多是吊脚楼，还有宝塔和石拱桥，也都清晰地倒映在水里，好一幅悠悠的"清明上河图"——明清时代那幅水乡生活的淡彩画卷，仿佛就在眼前。

登上游船，缓缓地在江面上玩赏，又是一番风味。

当然，最好是几个人，驾只乌篷船，摇起弯弯的木橹，在江上来回地悠荡。船上放着轻松的音乐，最好是竹笛或民歌。这时你可以抬头仰望蓝天白云，低头俯瞰水中倒影，或者溅起一阵水花，将眼前这幅画面捣碎再"画"……让绿的水，白的墙，黑的瓦，重新组合为"水彩画"，或者什么也不做，只是仰面躺着，看天上的流云，听古港的天籁，脑子里无边无际地想象……

湘江和沩水从远处流淌而来，把一座千年军港古镇柔情地揽在怀中。它给人以舟楫之利，也给人以渔捕之乐。千百年里，这里的渔民朝迎日出，暮送落晖，桨声橹影，穿梭其间。细密的渔网，腥鲜的气味，世代繁衍，无止无息，孕育了这里灿烂的水乡文化和渔业文化，酝酿出避风港里一页页关于水的传奇。

在水运唱主角的那些年代里，人们从这里坐上船，上宁乡，去长沙，走湘潭，下岳阳，在湘阴、益阳、安乡、岳阳之间，往返不绝，多少南来北往的商旅，曾流连于此。港内江边百舸停留，古街小巷人声鼎沸，码头上堆满了货物，或搬运上船，或肩扛上岸，人群如流，有的穿行于茶楼酒馆，有的流连于青楼戏台，远远的，什么地方传来了忽高忽低的花鼓调的清唱……那是哪个，从戏园子里回来了——哦，原来天已经不晚了，落霞早已沉江，古港之夜即将来临。

据说，靖港之夜，景象比白日里和黄昏时更美！特别是节假日里，古镇老街上，家家店铺和娱乐场所都敞开了大门。入夜后的古镇，较之白天要更热闹喧腾。麻石路上，沿江小街，茶楼酒肆餐馆里，本地人和游客都在挥洒豪情，或购物，或品茶，或会饮，或晤谈，或闲聊，觥筹交错的声音，呼朋唤友的叫嚷，窃窃喁喁的私语，灯光与渔火交晖，夜色与月色相伴，不时传来一二声狗吠，或远或近，或大或小，是杂乱的也是清晰的，交织为情调粗犷而幽婉的古港夜曲。

至于临江的半边街上，这时又是另一番情景。夕阳西沉，夜幕降临，江面上清风习习，古镇缓缓地褪去喧哗的外衣，渐渐展示出月上梢头的宁静和安谧。柳荫下，柔风中，早有人选定了位置，拉开了夜生活的序幕。劳累了一天的本地人，前来休闲度假的外乡客，这时正围着桌子，尽情地享受都市中少有的闲情逸致。有的在静静地探看夜幕下的清江幽幽流淌，有的在品饮各色菜肴香茗美酒，有的正与朋友聊天谈笑，有的则是一个人与世无争地独饮，有的抱着吉他低吟浅唱，有三五成群的在有节奏的音乐声中跳健身舞或交际舞……各色各样的人群，在这里选择和展示着他们自己以为娱乐、放松、抒情的形式，尽情地享受着人生中一段美好的时光。

靖港之夜中，最浪漫的场景还是在江面的乌篷船上。

水是靖港之魂。古港因水而兴，江水是她的血脉。古港夜幕下的江水，如今都成了年轻人的天堂。临街的江面上，此时此刻，正在真实全面地展示着她特别的静谧与恬淡，在街灯映照下是那么温婉可人。天上的明月，近处的街灯，远处的渔火，或许还有从镇街上隐隐传来的笛声、歌声，儿童的追逐与欢叫，全都渐渐消退，眼前的年轻人，或成双成对，或三五一伙，正在乌篷船上，演绎出一幕幕多姿多彩的人生长剧……江水将小镇古港打扮为多情的精灵，月色又把江水映衬得如梦如幻，对于即将走向新生活的少男少女，特别是对于正在热恋或正在享受生活的年轻人来说，还有什么比靖港夜幕的江水更温柔可爱的呢！

带着对靖港美好的祝福，也带着靖港在我们心中留下的多姿多彩的画面，我们情趣益然地匆匆而去，一如我们情趣益然地匆匆而来。

6. 陶都铜官

· 泥塑百器，刱釉下彩，火中飞出金凤凰，域外翱翔
· 瓷铸辉煌，从海上漂，考古发掘铜官窑，陶都再现

与靖港隔江相望的，是铜官。

铜官，也是一座历史文化底蕴深厚的古镇。较之靖港，非但毫不逊色，而且更有漂洋过海的精彩故事和贡献天下的奇观。

铜官之奇，首先是其名称之由来。铜官从来就不出铜，在古代历史上也没有查出有什么人做过大官，因何得有此名？

对此，曾有多种不同的说法。其一是"官署名"。有人说，西汉时代曾在丹阳郡（治今安徽宣城）设置过"铜官"，其职守是掌管铜矿开采（安徽省铜陵市是有个区称铜官，不知是否与此有关，有待考证）。可北方的"官名"如何用作南方的地名呢？此说缺乏史据，不足为信。此外，还有"铸钱说"，"采铜说"，"感恩说"，"信誉说"，等等，前几说都没有说出个子午寅卯丑来，倒是"信誉说"既有史载，又有故事流传，是有其来龙去脉的。

清同治《长沙县志》上有这样的载说："三国时，孙、刘拒曹，程普与关羽谋，共铸铜棺以为誓。"

原来，三国时代，魏蜀吴三分鼎立，为争大统之业，战争频繁。雄踞中原的曹操，在破袁绍之后，对大将夏侯敦说："吾所虑者，刘备、孙权，余皆不足介意，今当乘此扫平江南。"夏侯敦附和道："吾愿为前哨！"于是，曹操统领80万大军，挥师南下。其时，驻守江夏的刘备与驻守江东的孙权，由于大兵压境，遂制定了联合抗曹的军事战略。孙权手下大将程普和刘备手下大将关羽，当时受命镇守江南要塞。铜官是吴、蜀分界处，一天，在湘江东岸的石渚湖畔，两军会师了。二位将军都是忠义之士，为表守土卫国，共拒强敌之决心，于是商定共铸铜棺一口，立誓永不侵犯，要与曹兵决一死战。

"铜棺立誓"这件事，影响很大，后来又有赤壁之战等许多精彩的战争故事，渐渐地也就演变成了地名。后人因忌讳"棺"字，为吉利，去掉"木"字旁，将"棺"字改为"官"，成了"铜官"。

铜官也是千年古镇。

古时，铜官即为临湘县属地。位于湘江下游东岸的三角地带，东端一角毗连汨罗市高家坊镇，南接霞凝，西隔湘江与靖港镇、新康乡相望，苏蓼垸一角对湘阴岭北沙田乡，北界湘阴樟树镇，南与丁字湾镇接壤，湘江水域有洪家洲和沱洲。三面环山，一面临水，依山傍水的铜官古镇，在历史上，凭借湘江天堑与靖港同是进出长沙的水驿要站和历代重要的军事要地。镇里的两条老街，记载着她悠久而沧桑的历史。

一条是铜官老街。位于古镇南端，南北走向，街长1200米，宽6～8

米。此街依山傍水，在唐代就已形成。街上房屋铺面多系砖木结构，街面为麻石铺垫。街的北端有云母寺，云母寺临湘江，下方有一个近 1000 米长的港湾，名曰"铜官潭"，是船只停泊、装卸货物及避风、休整的理想处所。唐代大诗人杜甫于唐大历四年二月路过铜官时，遇大风曾在此避风，写下了著名的《铜官渚守风》，后人在云母寺旁建有"守风亭"，以示纪念。原守风亭是铜官镇最有名的建筑，为双层砖木结构亭阁，采用木雕和陶瓷浮雕技术装饰，有人物山水，龙凤鸟兽，给人以艺术享受。清康熙十三年（1674），在铜官老街南端建寺，光绪三十年（1904）改建为东山寺，建有石木结构戏楼，规模宏伟，工艺精致。（新中国成立后，当地为纪念革命先烈郭亮，将该处改建为"郭亮亭"。）沿铜官老街自北向南相继建有李氏家庙、王爷庙、东山寺等庙宇。街上有各行各业手工作坊和各类老字号商铺店馆 100 余家，大部分是前店后厂。新中国成立后的铜官老街古时的风貌有所改变，但寺庙的遗址还在，部分铺面和木楼建筑有一定保存。现老街仍在，经过修缮，街市更繁荣了。

另一条是誓港老街。位于古镇北端，与靖港镇隔河相望。街长约 700 米，宽 5～7 米，街市仅次于铜官老街，也是铜官地区的重要商埠。誓港老街最有特色的是街中段的渡船亭，又称"义渡亭"，始建于光绪七年（1881），是铜官、靖港方圆几十华里东西交往的水上交通码头。街上有名气的铺面有毛乾丰、郭万和、蔡万和、黄俊泰等。在街的北端有袁姓造纸作坊，利用农村稻草制作专供包装和卫生用的黄草纸。后来，由于沿河公路的修建，原誓港老街仅保留一截，街面的麻石大部分被破坏，但在草丛深处，还会依稀看见长约 50 米的麻石街的痕迹。春秋时期，誓港的吴楚桥为吴、楚两国分界处，现在桥的遗址上仍勘有清光绪年间重修吴楚桥时的功德碑。誓港有泗洲寺，是世代陶工祭祀陶始祖舜帝的地方，每年六月初六，各窑代表齐来祭拜，并游行、唱戏，热闹非常。

铜官地下水源丰富，古井较多，四季不盈不竭，大都有几百年的历史。现保存较好的有沙湾古井、六家冲古井、杜家冲古井。这三口古井水质清澈见底，清凉甜美，长年累月地用甘甜的"乳汁"滋润着千家万户，被群众誉称为铜官的"白沙井"。同时，还有明清时期的建筑 30 余栋，保存面积达 5000 余平方米，保存完好程度达 80%。古遗址则有吴楚桥、泗洲寺、云母寺、王爷庙、庆云宫等。至于流传于民间的传说、传奇、故事、民风民俗、山歌小调、诗词对联等，那可就无计其数了。

例如，在新康镇就流传有一个"洪兰桂打酒"的传说。说的是，旧时的新康乡集市里，有家叫"裕源"的糟坊，东家兰正庭，酿酒闻名遐迩，酒香飘溢湘江。乾隆年间，两朝元老洪建章与当年15岁的孙儿洪兰桂避难洪家洲。那年端午节，洪建章带孙儿洪兰桂划船从洪家洲来到新康渡口。近午时，新康渡口渐渐人山人海，鼓声震天，水中龙舟飞桨逐浪，热闹非凡。洪建章顿时烦恼全无，酒兴大发，便将十文铜钱和酒壶交给洪兰桂到新康裕源糟坊打酒。此时兰正庭正在河边看热闹，只留14岁的闺女兰翠英在店打理。洪兰桂进店时，兰翠英听到有人进来，抬头一见，顿时心中一惊，好个少年书生，眉清目秀，绝非等闲之辈。她心想，这人可是自己可以终生依赖之人。她给洪兰桂装满酒后，又偷偷地把十文铜钱放入酒壶。洪建章喝完酒后，见十文铜钱还在酒壶之中，心里大惑不解，忙问洪兰桂是怎么回事。洪兰桂也是一头雾水，只告诉爷爷打酒的是一位大姐。洪建章仔细想想，猜中机关八九分，又叫洪兰桂再去打酒。这一次，兰翠英把洪兰桂的身世和婚姻情况问了个遍，与洪兰桂交换了生辰八字，送下定情信物，许下终身。次年，洪兰桂改名换姓，进京赴考，状元及第，后迎娶兰翠英为妻。

2004年，铜官镇被定为"长沙地区历史文化村镇"。

距离长沙市城区约30公里，位于湘江东岸的铜官小镇，在水运盛行的年代里，由于水陆交通方便，一度很有名气。明清时与靖港、南岸堤、誓港三个重要集市，形成湘江下游类似武汉三镇的"小汉口"。

昔日，陆地公路不发达，水上很少机船，物流多靠帆船运载。湘江河上，有乌舡子船、小驳子船、倒把子船、乌篷船、麻阳船等行走，小的可载货物8至15吨，大的可载二三十吨不等。这些船只穿行于湘江中，每条船上都竖有一根笔直的桅杆，有的桅杆上配有风帆，叫风篷船。每当旭日东升时，千帆竞发，有上有下，有南有北。向北走向的，如遇南风，则北去者顺风顺水，长驱直下；往南者则逆风逆水，行进艰难，为能借助风帆，于是把船头忽转向东，忽转向西，呈"之"形缓缓行进。当年，洪家洲的居民靠捕鱼为生，虽然也曾有过"清早船儿去撒网，晚上归来鱼满舱"的时候，但渔民生活毕竟是很艰苦的。现在，这些渔民早已上岸，告别当年，住进了当地政府安排的新居。明清之际的王夫之，有一首题为《铜官》的诗，这样写道：

湘近波千缬，湖余势一青。

自然成气象，终古幻苍冥。

影转帆随曲，苍来岸落汀。

正余吟兴好，新发洞庭舻。

其实，在历史上最早将铜官写进诗词里的，还不是王夫之，而是唐代的大诗人杜甫。

唐大历四年二月，诗人杜甫离岳阳乘舟赴潭州，经乔口至铜官时遇大风受阻，只得停舟避风，写下了《铜官渚守风》这首诗。

此后一千多年，历史上的文人墨客，因此特别钟情于铜官。他们像杜甫这样，或路过铜官，或停宿铜官，或舟上望铜官，留下了许多佳作名篇。如唐代的李群玉、僧护国，宋代的文天祥，明代的詹士懿、王夫之，清代的易宗瀛、唐仲冕、贺熙龄、吴敏树等，都在这里留下了脍炙人口的诗文。例如——

潇湘一夜雨，江海十年云。

相见皆成老，重逢便作分。

啼鹃春浩荡，回雁晓殷勤。

江阔人方健，月明思对君。（宋·文天祥《湘江宿别》）

老杜题诗处，今来一棹过。

晓山红不定，秋水澹初波。

浪迹愁鸥鹭，高吟记薜萝。

布帆风正便，回首白云多。（清·易宗瀛《舟过铜官渚》）

落漕浦淑出，掞舵浅深间。

风送黄陵庙，烟横紫气山。

病嫌船偶侧，欢怪酒常悭。

云母堪为饵，停桡欲一攀。（清·唐仲冕《铜官渚用杜韵》）

当然，铜官人骄傲的，不仅在于她悠久而深厚的历史文化，曾经人文荟萃，一度蜚声于古代诗坛，更在于这里曾是一片红色的热土。思想的闪电，随着中国共产党的诞生，很早便射入到这里，被唤醒的铜业工人追随共产党，早早投入到争自由求解放的斗争中。1923 年 1 月，毛泽东在郭亮的陪同下，曾来到铜官考察工人运动，在袁家湖的刘家大屋里住过两晚，是望城县毛泽东唯一住过的地方。经毛泽东批准，成立了铜官陶业工会，于 1923 年夏，建立了中共铜官陶业工人党支部，是全省最早建立的基层党组织，从此掀开了铜官革命波澜壮阔的新篇章。1930 年 8 月，中共湖南省委迁到铜官，同年冬，中共南县县委、湘阴县委联络处也搬到了铜官，铜官成为当时全省革命斗争的指挥中心和红色摇篮。1935 年 5 月，经湘鄂赣省委批准，在铜官成立了中共湘江特委，领导长沙、益阳、湘阴等地的革命工作。1944 年，八路军南下支队从延安出发，突破敌人重重包围，转战千里，于 1945 年 7 月 24 日到达铜官。当夜，部队登舟经洪家洲过湘江，遭到国民党反动当局的武装阻击。支队前卫队奉命还击，将其击退，部队顺利渡过湘江，继续南下。这片红色的土地上，薪火相传，英才辈出，涌现出了一批像郭亮、文淑益、杨春林这样的革命先驱，培育了袁仲贤、谭希林、李灿英、杨东贵、谢介眉等老一辈无产阶级革命家。周庆云、周汉清、朱绍箕等同志响应"抗美援朝、保家卫国"的号召，赴朝参战，牺牲在异国他乡，还有中国人民解放军战士张淳在参加贵州剿匪时，被土匪杀害，他们都被追认为革命烈士。

然而，千年古镇铜官最早以本土特产"陶"享誉于世，有唐代著名诗人李群玉的《石渚》诗为证——

> 古岸陶为器，高林尽一焚。
> 焰红湘浦口，烟浊洞庭云。
> 迥野煤飞乱，遥空爆响闻。
> 地形穿凿势，恐到祝融坟。

公元 847 年，诗人路过铜官，触景生情，撰写了这首诗。他以凝练的语言，生动形象地描述和展现了一千多年前，工匠们泥洞深掘，旋胚彩绘，龙窑长宽，柴火烧瓷，焰炽冲天，瓷业繁盛等景象。如此大气磅礴的陶业生产盛景，把人们带入到那个"焰红湘浦口"、"遥空爆响闻"的十里陶都。

且让我们步入陶城，去领略那由水、土与火所谱写的交响乐吧。

原来，铜官自古以来就是一块盛产陶瓷的沃土。据《鉴略妥注》载："舜陶于河滨，而器不苦窳。"指的是殷商之前，舜帝就带领先民在湘江河畔组织制作陶器，而且技艺已相当成熟。铜官的民俗特别是陶业工人，一直尊舜帝为陶业的拓蒙祖师。誓港泗洲寺就是世代陶工祭祀陶始祖舜帝的地方。铜官镇区的"外兴窑"、"范家窑"出土的碗类文物系唐代的碗形，出土的唇坛系初唐时期的器物，还有马王堆汉墓中出土的陶器，都证明：早在 2100多年前的西汉，铜官一带就有陶器生产。《水经注》上也曾如此载说："铜官山，亦名云母山，土性宜陶，有陶家千余户，沿河而居……"这里指的就更具体了，那是铜官镇至石渚湖一带的制陶场景。

本来，湖南的陶瓷业起源很古，规模也大，声名甚远。湖南早在新石器时代末期即有黑陶，商代有硬陶，战国时有涂锡陶，东汉时有红胎绿釉陶，并出现了白珠瓷。唐代，岳州窑已成为全国六大瓷窑之一，其中的长沙窑更是驰名中外。长沙窑就是铜官窑，是唐朝至五代时期的有名古窑之一，中国陶瓷釉下彩的发源地。

铜官陶土蕴藏丰富，陶业发达，陶瓷产品远在唐代就驰名海内外。史载，清代铜官就有陶家千余户，沿河而居。民国初年，有陶窑160多，窑工近万，民国二十七年（1938）设铜官镇后，开通了铜官至靖港客运轮渡，陶业本应发达，但因军阀混战，后又是国民党反动派的统治，资本家的残酷剥削，铜官陶瓷生产长期处于低谷，陶业工人生活贫苦，民不聊生。新中国成立后，铜官陶瓷业才得以新生。1987年，成立了湖南省铜官陶瓷总公司，现有职工近万，主要产品有日用陶瓷、建筑陶瓷、工业陶瓷、艺术陶瓷和炻瓷五大类共1700多个品种，产品畅销全国，远销美国、日本、荷兰、澳大利亚、中国香港等27个国家和地区。2005年，铜官陶瓷产值过亿元。

现在，湖南的陶瓷主要是三大产区，一是醴陵（1906年熊希龄在醴陵创办瓷业公司和瓷业学校，生产釉下五彩细瓷，曾在巴拿马世界博览会获奖），二是界牌（位于衡阳县境，当地高岭土资源丰富，瓷质白，透明度好，产品达900多种），三是长沙市。长沙市区虽有建湘瓷厂，但历史和声名都远逊于铜官，其生产的日用陶、建筑陶、工业陶，用途广泛，美术陶中的人物及动物造型优美，深受欢迎。这里还产生了一批陶瓷艺术家，如"泥人刘"刘子振，民间艺人周和生，陶瓷工艺美术大师雍起林、刘锡武，陶瓷造型、模具大师冯炳坤，"泥人刘"传人刘昆庭，铜官窑传人胡武强等等，他们是铜官陶瓷艺术的精英，也是铜官人民的骄傲。

千百年来，代代相传，沿袭至今，形成了一种历史久远的共识，铜官因此有"十里陶城"的美称。这里依山傍水，其山不高，却很秀丽，满山青翠；铜官与靖港之间，是烟波浩渺的湘江，通江达海。镇上有铜官老街，沿山蜿蜒，店铺林立，商品琳琅满目，街上车水马龙。陶砖陶瓦的建筑随处可见，房屋琉璃瓦盖，烟囱高低错落，窑场、路边、空坪隙地上，陶器产品五颜六色，俯拾皆是。每天来这里购买陶瓷的人络绎不绝，走的人带走了陶器，留下了金钱，因此成就了这里的繁荣，也形成了其独特的风情。在很长一段时间里，小镇全国有名。走进铜官，如入陶瓷世界，铜官真不愧是"十里陶城"。

尤其令人振奋的，还是铜官的陶文化考古或者说考古"铜官窑"文化。"铜官窑"文化不仅在铜官也在长沙和湖南，甚至可以说在中国的"陶文化"历史上，都曾经产生了罕见的辉煌，她那传统文化与民间文化和异域文化融为一体所产生的独特而富有创新的魅力，一度远播海外，成为湖湘文化中一朵璀璨的奇葩，是人类社会发展史上划时代的标志，也是中华民族对世界文明的伟大贡献。

"铜官窑"古陶文化的发现，始于上世纪50年代。

上世纪50年代前后，长沙近郊曾经发掘出不少隋唐两宋墓，出土有大量陶瓷器，其中包括青瓷、白瓷和青釉多彩瓷等，引起了有关部门的注意。1956年，湖南省文物部门在文物普查中又在铜官瓦渣坪一带发现大量带彩瓷的标本。这年冬天，一支由专家组成的特殊队伍，从长沙出发，顺流而下，经陶瓷出名的铜官，到湘阴的乌龙咀，直至洞庭湖口。其中丁字镇彩陶源村瓦渣坪一带亮丽的彩陶片和精美的完整器物，让专家们认定，这是一处成功烧制釉下彩瓷的唐代窑址。

第二年夏冬，国内著名的陶瓷专家又进行了二次复查，对铜官窑烧制出的釉下瓷器给予了极高的评价。认为它所采用的装饰方法，超出了当时的一般规律，突破了传统的单色釉。高温釉下彩的成熟，特别是铜红釉的发明，改变了以往以造型和纹饰为主的装饰手法，它以明亮的颜色打破了"南青北白"的单调格局，这说明中国的陶瓷产业自此真正迎来了一个绚丽多姿的世界——它开创了世界釉下彩的先河，独树一帜，刻下了陶瓷史上的里程碑。

为了摸清这些陶瓷器的烧造地点，1958年湖南省文物管理部门又派人从长沙出发，沿湘江顺流而下，在望城铜官，湘阴县的铁角咀、乌龙咀，以及洞庭湖虞公庙、云田等地均发现了古窑址。铜官附近的瓦渣坪（石渚）一带发现的为彩绘陶瓷器。经过研究鉴别，初步确定，长沙铜官窑兴起于8世纪中后期，至中晚唐为鼎盛时期，而衰于五代。该瓷窑在地下尘封了千余年，到这时终于被省考古工作者调查发现。后来，文物部门又于1961、1978、1983和2006年数次调查发掘，发现遗址区域内的龙窑遗址、采泥矿遗址、文化堆积层、码头遗址、货藏区及同时期的墓葬区等文化遗址保存较好。通过2006年的全面调勘，发现龙窑遗址46处，采泥矿遗址19处，文物遗存面积达800亩（其中200亩有待进一步考古勘探确认），涉及七个村民小组。

长沙铜官窑遗址地处望城区丁字镇彩陶源村，南距长沙市 27 公里，北距陶都古镇铜官镇 5 公里。该遗址遂于 1988 年 1 月被国务院确定为全国重点文物保护单位，2006 年被列为全国 100 个重大遗址保护项目。

最有说服力也最让人惊喜的是，1998 年 9 月，德国打捞公司在印尼勿里洞岛海域发现并打捞出里面载有 9 世纪中晚唐陶瓷产品的沉船——"黑石号"，船体里完好地保存着 67000 多件唐代瓷器，其中长沙铜官窑瓷器达 6 万（56500）件，占瓷器总数的 84％。一些瓷器带有明显阿拉伯风格，是长沙铜官窑工匠们为满足阿拉伯地区的需要而专门设计的产品。这批瓷器明确无误地证明了长沙铜官窑在外销上的庞大市场。据不完全统计，有 13 个国家的地区出土过长沙铜官窑瓷器，如朝鲜、日本、印度尼西亚、伊朗、巴基斯坦和肯尼亚等。大量实物证明，长沙铜官窑是唐代最为活跃的商业性外销瓷窑之一，长沙铜官窑产品开辟了一条往南亚、通北非的"海上陶瓷之路"。

长时期的考古发掘研究，铜官窑陶文化的历史脉络渐渐地被人所认识。原来，它始于初唐，盛于中晚唐，衰于五代。

《水经注》载"铜官山，亦名云母山，土性宜陶；有陶家千余户，沿河而居"就是铜官镇至石渚湖一带的制陶产业景象。李群玉的诗对此也有纪实。在一片丘陵起伏的古城村，远近燃起冲天大火。窑工们依山挖出龙形的窑场，用山柴烧制瓷器。这一烧，成就了永不磨灭的长沙窑，长沙窑成为了世界釉下彩的创烧地，开创了陶瓷业一个伟大的时代。那时，长沙古城村方圆 30 万平方米，巧匠云集，才气横溢，古城友好开放，通达世界，是一方欢欣鼓舞的乐土圣地。石渚湖区的谭家坡，铜官镇区的蔡家段、沙湾寺、誓港街泥土中积淀的深厚的青釉玉璧足碗系陶瓷片，充分说明 6 世纪至 9 世纪的唐代铜官日用瓷产量之巨大。专家考证，铜官窑是世界陶瓷釉下彩的发源地，开辟了陶瓷历史新纪元，而唐代也成了铜官窑陶瓷生产量最兴盛的时期。

在唐代末期，长沙窑面对如越窑、邢窑等地的瓷器竞争总能扬长避短。比如窑工们在胎土不如别的厂家时，生产市场没有的瓷玩具便能扭亏为盈，如生产湖区劳作生活的小件产品网坠油灯。窑工们按用户要求随意制作，始终走着一条人无我有，物美价廉的生产销售路线。他们在市场上生机益然，红红火火，不虚骄，不执拗，表现着灵活实际的智慧。当代著名陶瓷专家冯先铭老师认为长沙窑"天下第一，也不过分"。"黑石号"沉船佐证了铜官在唐代已是中国陶瓷三大出口基地之一。此前，世间只有青、白单色瓷器，而长沙窑的技工们在瓷器上创立了釉下多种色调,尤其是在唐代惊现于铜官窑的红色,虽然极少,也许生产时出于偶然,但毕竟是堂堂正正地诞生了。从现在发现的陶片中可以看到,虽然历经千年,但釉下红色不曾褪去。

天下第一的长沙窑,烟火历经百余年进入唐代末年,黄巢起义爆发,腥风血雨,历史飘摇,在混乱中进入五代。燃烧了150余年的长沙窑烧尽最后一把干柴,火灭烟尽,窑冷人散。

五代十国时,楚王马殷与南唐不睦,"陶瓷之路"必经的扬州被南唐阻塞,长沙铜官窑的产品无法出口,顿失国际市场。南唐之后,由于各地瓷窑的兴办,不断提高胎质和机械强度,甚至生产出"薄如纸,白如玉,明如镜,声如磬"的高档瓷器,而铜官的胎质保持了百年一贯制的方式,吸水率偏高,热稳定性偏低,类似今天的低档炻器。加之高岭土匮乏,难以改善配方,产品在国内市场上也缺乏竞争能力,铜官窑的石渚湖区、古城区未能继续发展,沉睡至今,但铜官镇区发挥本地陶土多的优势,不烧瓷器烧陶器,终于使以生产民用陶器为主体的多处窑区,所以承前启后。据铜官南端的窑头冲古窑址和北端的花果古窑址出土的宋代和元代陶瓷文物和地层中深厚的碎片证明,其产品完全为适应民间的蒸、煮、盛、洗的需要而制作。从工艺技术的角度考察,虽逊唐时,但铜官陶瓷在铜官镇区得以延续。

从宋元至明清,中国的陶瓷业迅猛发展,铜官陶瓷生产避短扬长,压缩了胎质难与外地相比的壶碗之类瓷器产品的生产,扩大了胎质粗犷、不易变形的大件陶器产品的生产,特别是铜官地处洞庭湖平原,农民浸种、酿酒、盛水对大缸的需求,提供了广阔的市场。这种大件产品,对原料占有量大,烧成设备龙窑占有量多,水上运输资源要求发达,瓷器是难以胜任的。但铜官充分具备了这些条件,至明清、民国一段时期,铜官镇区的大货龙窑多达70余座,至今还保存下来的"外兴窑"、"贡兴窑"、"义光窑"、"仁兴窑",就是当时担纲的大型龙窑。

民国时期,铜官陶瓷生产曾一度萧条。新中国成立后,经过40多年的恢复、改造和发展,生产规模和制造技术都有了飞速发展。至20世纪80年代,产品由粗陶到细陶,由内销到出口,实现了新的飞跃。武汉长江大桥墩上的陶瓷花缸,人民大会堂湖南厅的陶瓷雄鹰,郴州女排训练基地的大型陶质壁画"中国姑娘"等均系铜官产品。

这就是铜官陶文化由兴到衰直到复兴的历史脉络。

虽然如此,铜官窑对于我们来说,毕竟还是一个未能完全被认识和掌握的谜。自 1956 年被发现以来，出土文物已过万件。但由于各种局限，对于铜官窑的面貌至今依然尚未被充分揭示。例如，原料是怎么粉碎的，从原料到生产再到出口，这里有什么样完整的产业链，从原料到产品再到商品，其交易市场在哪里，产品上船的码头在哪里，进入市场流通，这个过程如何，等等，这一系列的未知数，还需要更多的实物证据，还要进一步通过考古发掘方能全面揭示，从而进一步了解铜官窑的原始面貌，找出与烧窑活动有关的遗迹，复原陶瓷器的原料采集、筛选、淘洗、泮和、制作生产及其拉坯、晾干场地、道路、烧制流程。而复原瓷业生产、储存、销售的过程，建立铜官窑瓷品的年代序列，重建铜官窑的生产组织和贸易形态，为全面研究和展示长沙铜官窑提供了学术支持。铜官窑文化的考古发掘研究工作刚刚开始，关于铜官窑的谜团还有很多，也许需要几十年乃至上百年，才能一一解开。

但有一点是可以肯定的，即是对于铜官窑陶文化的准确认定。正是其典型的特点，决定了对铜官窑陶文化的质的规定性。有人曾将铜官窑陶文化的特色简要概括为"14 个最"：最早发明釉下彩、最早发明铜红釉烧制、最早的釉下彩绘、最早开创模印贴画、最先创釉下彩诗文题记、最先涉足商业广告语、最先涉足货主订购题记、最先涉足商品价值铭文、最先涉足姓氏铭文、最早吸收外国文化、面积最大的古文化遗址、保存最为完整的唐代古龙窑、最早对外开放的口岸、最早的"股份制"合作。归纳而言，铜官窑陶文化的基本特征主要体现在以下六个方面。

（1）釉下两奇。釉下多彩，高温铜红，都是世界之最。长沙铜官窑是釉下多彩的发祥地，这种将彩绘于釉下，使其永不褪色的创新工艺，在唐代就突破了当时"南青北白"一统天下的局面，极大地丰富了陶瓷装饰艺术。

唐代以前的瓷器多为青瓷单色釉。而自唐代以后，人们开始使用釉下彩技法，就是将铁、铜等呈色剂掺入颜料，用毛笔在未烧制的瓷器上绘饰图案，然后再覆盖上一层釉并焙烧，使色彩从釉下呈现，大大提升了美观度。这种技法是陶瓷制作和装饰技法上的一次重大进步，在中国陶瓷史上具有重要的意义。但在长沙窑发现以前，人们只能找到最早为宋代生产的此类瓷器。而长沙窑出土的一些釉下彩瓷器都有铭文标示"元和三年"（808）、"开成三年"（838）、"大中九年"（855）等纪年，因此可将釉下彩出现的最晚年代前推至唐。

长沙窑釉下彩绘有两种。一是用彩色直接在坯胎上作画，然后加盖一层青釉在上，入窑高温煅烧而成。二是先在坯胎上刻画出花纹，在其上施彩色，然后罩上青釉，最后入窑烧成。彩绘的色彩，常见的有褐色、绿色、粉蓝色、褐绿色或白色等。长沙窑胎釉特征明显，初唐时产品胎质较粗糙，欠坚硬，呈暗红色，有微微灰黄灰青色，釉层显薄，釉色青中发黄，有姜黄色倾向。唐中后期，胎色基本为深灰色或浅灰色，胎质较前坚硬精细，胎和釉黏结程度有了很大的提高，瓷化程度已相当高。长沙窑的胎体和同时代的邢窑胎骨相比，差异明显，更加粗厚。釉色主要是青色釉，除此还有白釉和褐色釉等。青色釉中又分为青黄色和青绿色两种，釉质精细莹润，观察釉面可见表面布满无色细碎片，它细密、均匀、柔和分布，而这也是真品的特征。釉的表面往往是不均匀的，一个器物中可见釉层厚薄不匀现象。

长沙铜官窑釉下彩绘以氧化铜、氧化铁做呈色剂，绿色是氧化铜，红色、褐色是氧化铁。氧化铁在釉下呈褐色，在釉上呈红色。呈红色的器物长沙窑出土有十几件，纹饰有花卉、禽鸟、动物、龙纹。铜官窑器物的釉以磷灰石、方解石为熔剂，即以氧化钙为助熔剂。由于釉层较厚，器物下部的釉多呈现滞流现象。施釉方法主要是荡釉、浸釉、淋釉、滴釉和涂釉，有些产品还兼用数种手法施釉。釉面莹润光泽。另外，长沙铜官窑瓷器的釉色虽然未达到宋代的成熟，但已经开始研制出多种色釉，这种探索和尝试对后来釉的研制作用重大。除青釉之外，当时还出现了白釉、酱釉、绿釉、蓝釉、红釉等多种，还有黑釉和黄釉，突破了"南青北白"的格局，促进了制瓷技艺的发展与融合，以丰富的釉色加强了瓷器的表现力。绚丽斑斓的釉色出现，是制瓷工艺技术的进步，是科学技术与艺术结合的结果。

这里，特别要指出的是铜红釉彩，开创了中国陶瓷史上铜红装饰瓷器的先河。它如鲜血一般的通红，似夕阳的彩霞一样的飘逸，令人怦然心动。长沙窑的花鸟用绿彩勾勒轮廓，填以红彩，呈色艳丽，极具装饰效果。唐时的长沙窑工匠只有熟练地掌握了氧化铜的呈色原理，才能烧制出这种呈色纯正的铜红彩釉并运用自如。唐代铜官窑的技艺中，铜红釉是由铜分子在高温时产生窑变而形成的，是偶然与必然的融合，是人力与自然力的默契，系世界首创，为我国元明清时期的釉里红、釉里红、郎红以及后来的祭红、中国红的产生和发展奠定了基础。这种高温铜红传袭至今仍不失它的高贵与珍奇。因红色热烈、高贵、吉祥，是中国人最喜爱的色彩，近两年，一种釉色鲜红、胎体洁白的"富贵红"得以迅速风卷市场。这种高温红釉瓷在中国陶瓷大观园中独树一帜，成为人们馈赠、收藏的新目标。在国外，虽然1919年德国就发明了令人惊喜的唯一能呈现大红颜色的色料，然而与此前所有的红色釉料一样，这种颜料对气温非常敏感，高温稳定性差，在800℃高温下便开始分解，因此它也无法满足烧制瓷器必须经过1200℃以上高温的基本条件。瓷器的红色釉料不耐高温这一特点，成了世人无法逾越的障碍。而在1100多年前，铜官窑就能烧制出世界上最早的铜红釉执壶，成为世界彩釉尤其是红釉的开创者。由此可见，湖湘文化重量级瑰宝的长沙铜官窑，不愧为唐朝至五代时期的有名古窑之一，不愧是中国陶瓷釉下彩的发源地。长沙窑以开创陶瓷史上釉下彩绘先河而名扬天下，它体现了湘人惊世骇俗的创造力与敢为天下先的个性。

（2）装饰多样。长沙铜官窑瓷器装饰极为精彩，有很高的审美价值。从大量的长沙铜官窑瓷器装饰表现形式来分析，陶瓷匠师们开始便根据工艺材料的属性以及装饰与造型结合的特点，脱开了纯绘画的制约，寻求瓷器绘画类表现形式和独特的装饰语言，这也是陶瓷装饰发展中弥足重要的观念，是值得强调和重视的。长沙铜官窑装饰手法多样，除彩绘工艺创新之外，其他装饰工艺技法也有所发展，应用较普遍的还有从金银器捶叶和压印移植过来的模印贴花，从波斯金银器的压印工艺借鉴而来的印花，还有刻花、堆塑等多种。

最具特色的是点彩装饰。例如，扬州出土的青釉褐绿点彩纹罐，最具创意，它以褐色为主调，集点成线，连贯自然，辅以绿彩渲染，形成丰富的装饰意味，称得上是精美绝伦的作品。在"黑石号"沉船的瓷器中，碗类内表面装饰图案构成形式是典型的圆形适合纹样，四边施以褐色彩条，使中间形成近似于方形的空间。在其中描绘纹样，运笔轻松自如，蕴涵着韵律感。纹样大多介于抽象和具象之间，给人以发挥想象的余地，耐人寻味。

彩绘作品题材多样。釉下彩绘装饰纹样的运用具有独创性，山水、人物、花鸟大都是湘江两岸极平常的景物，窑工随手拈来，画上器具立即变得生动而有趣，既是湘江两岸自然风情的写照，也是窑工生存智能与意趣的遗存，表现了率真、质朴的美感。在这个古城村一带，还生产了许多反映北方生活和西亚文化的瓷器。如骆驼、大象，还有胡人骑射。有的瓷器上用阿拉伯文写着"真主真伟大"，有的彩绘瓷盘则完全是西亚文化的图案，无疑是为出口而生产。当时的长沙窑瓷器的运输是从湘江起航进入洞庭湖顺长江出海远达非洲的。可见在唐代，长沙已连接通往南亚北非的海上丝绸之路。现在东欧西欧先后发现的长沙窑瓷器，成为我们友好交往千年的铁证。

彩绘最富创造性，在釉上和釉下绘出各种花纹。这种釉上彩绘不是在烧好的有白釉的瓷胎上绘彩，而是将釉施在坯胎上，待釉阴干之后，直接在上面作彩画，入窑煅烧，一次性完成。这种釉上彩绘一般是绘彩云、彩山、彩带、彩斑、彩树叶等纹饰，由于彩、釉交融在一起，所以显得自然、生动、流畅，有水墨画淋漓尽致的生气。瓷壶上的釉下彩绘花鸟是唐代时尚。从铜官窑某些产品上的花鸟图案来看，它的技法已比较成熟，笔法流畅，一气呵成，生动自然。如青釉红绿彩花鸟壶，釉色青中泛绿，釉层较薄，主题图案为一展翅飞翔的雀鸟，下有花草衬托，雀鸟体态丰满，作俯冲状，尖喙直抵地面的花叶，似在觅食。彩绘的纹饰常见有几何纹，如四方形、六方形、菱形、圆形等，还有云带纹、山峰纹之类。这种纹饰多用点彩而成，有的还绘成各种飞鸟、游龙、走兽、鱼纹、花卉、人物等。这些绘画，用笔简练，自然洒脱，具有浓厚的民间生活气息，开创了瓷器装饰艺术的新天地。长沙窑把绘画、剪纸、雕塑等工艺都运用于陶瓷的装饰中。其次，由于出口到西亚等地，因而就有一些如椰枣纹等异国风格的装饰，甚至出现了金色卷发女郎、异国情侣等人物形象。此外，还有反映马球等运动场景的纹饰。另外，一些哲学格言、民间谚语也在长沙窑产品中有出现。

模印、贴花也是长沙窑特有的风格。模印往往是先刻画需要的花纹，制成模子。有的是用刻有花纹的模子直接拍打在器物的坯胎上面，现出图案；有的是在薄泥片上压印出花纹，然后再施青釉，图案常有飞凤、飞雁、花蝶、狮子、走鹿、双鱼、武士等等。这些图案构图简洁，线条粗细得体，均匀有力，没有繁杂多余、呆板堆砌之感。贴花是以雕刻了纹饰的印模制成的薄薄的花片贴于壶流、壶系的下方或洗腹，一般是对称相贴。在其上再施褐色釉斑，一次高温烧成，加强装饰，突出效果。纹样大致为人物、几何图形、植物、动物等几大类。其中外销阿拉伯地区的产品以其特色图样桫椤树、椰枣纹、胡人的各式表演而显得最有时代风格。在湖南省博物馆陶瓷馆的展品，是目前所见最早的剪纸贴花工艺作品。展示的青瓷剪纸贴花飞蝶纹枕，是以剪纸图案贴于枕面，施底粉后，揭去贴花再罩上透明釉制作而成。

雕塑艺术非常成功，有人物也有动物。人物有贵妇人、胖小孩、弹琴仕女、吹箫少女、持物的男女老少、骑狮、骑马人等等。各种动物也很多，有威武的狮子、笨拙的大象、善走的奔马、勇猛的小狗、机敏的小兔、肥笨的小猪、温顺的绵羊、欢跃的小鸟等等，还有鸡、鹅、鸭等。这些雕塑都以简练手法塑造，虽然精细不足，但神态活现，令人喜爱。

在装饰纹样题材上有人物纹样如有婴戏、竹林七贤、外国女郎、异国情侣、祖腹者；动物纹样如飞禽有雀鸟、长尾鸟、凤鸟类、雁、鹭、鹤、孔雀、鸳鸯等，走兽有狮、豹、鹿、獐、羊，象征性的动物有鱼龙、龙、摩羯；植物花草类纹样如莲花、蔓草、水草、芦苇、宝相花、菊花、紫槿、石榴（状）、菠萝（状）、兰草或芝草、折枝（茨菰、羽状叶、荷花、蒲葵、牡丹等），是釉下彩绘中最多的一种，常画于壶流下碗、盘内底中心、枕面等，绝大多数为褐绿彩绘莲花；云气山水画类纹样有云山、帆船、树木、茅庐；图案画纹样由圆斑点组成方块形、斜十字形、菱形、桃形、圆形以及云霞、水波等图案。多见于壶、罐上，尤以罐为多，线画图案多为荷莲，主要绘于盘内底中心，非点非线、略同剪贴的图案，多见于唾盂上。

（3）诗文题记。最能代表铜官窑陶文化特色的，不仅是釉下彩绘山水、人物、花鸟，更杰出的是那些装饰在釉下褐彩壶体上的诗文题记，其中既有诗歌、民歌，还有谚语、格言，甚至有广告等，诗歌不仅有盛唐文学的精品唐诗，而且有民间艺人或者是陶工自己的即兴创作，或者是模仿当时著名诗人作品的习作或打油诗，内容十分丰富，并且与书法艺术有机地结合起来，形成了一种特有的文化，开创了陶瓷器物装饰艺术的先河，成为铜官窑陶文化的一大亮点。

1983年铜官镇遗址出土的器物近两千件，不仅首创釉下彩，而且有诗文题于瓷器上，内容丰富多彩——

例如："自从君别后，日夜苦相思。不见来往岁，肠断泪沾衣。"（《自从君别后》），表现的是妻子因身处异地的丈夫长年不归所产生的痛苦心情。

又如："人生一世，草生一秋"，"高山之树，苦于风雨"，"好酒无深巷"，"富从升合起，贫从不计来"，"君子喻于义，小人奇于利"等，这分明是流传民间的格言、俚语。

再如："买人心惆怅，卖人心不安，题诗安瓶上，将下买人看。"显然含有广告的作用，向顾客保证自己产品的可靠。

有一壶上有诗文一首："男儿大丈夫，何用本乡居。明月家家有，黄金何处无。"从诗的体裁上看，不拘泥押韵对仗，文字通俗易懂，可以说是一首五言绝句类的打油诗；从内容上看，吟咏志向，字里行间流露着一股好男儿志在四方的豪迈气势。

尤其值得注意的是，从这些瓷器上搜集到的数十首五绝，都是《全唐诗》失收的唐代民间歌谣。例如，有人珍藏有一把长沙铜官窑诗文壶。其壶下赫然有褐彩诗文："岁岁长为客，年年不在家。见他桃李树，思忆后园花"，估计是一位徽商定做的，他的独在异乡常思亲之情跃然壶上；"一别行千里，来时未有期。月中三十日，无夜不相思"，这首诗是用釉下褐彩书于另一把壶壁上，诗中描述了妇人惦念丈夫或心上人的质朴情愫。这首诗还是《全唐诗》所未收录的，起到了"拾遗补缺"之功。有人作过研究，在铜官窑出土的器物中，题写各种诗文的，计有62首之多，诗的内容大部分反映了盛唐和中唐时期中下阶层人民的生活情景和思想感情，语言纯朴，感情真挚，具有浓厚的乡土气息。如果把这些诗文作一番收集和研究，应是一个不错的题材。

总之，铜官窑瓷器上的诗文题记，有的写俗语民谚，有的写处世哲学，有的写婚姻爱情，大都明白晓畅，通俗易懂。其窑器因诗文的点缀，粗放而不失典雅，古拙而不乏灵气，文化韵味大大提高，是一个杰出的创造，一种空前的艺术创新。它张扬了湘人的智慧与审美的魅力，透出一缕大唐民俗文化的清新气息，被认为是继岳麓书院之后的湖湘文化第二瑰宝，既展现了民俗文化的风采，又凝结了唐代湖湘文化的精华。可惜的是，这种意境极佳的诗文壶或罐，今日已难得一遇。特别是由于历史的原因，长期以来铜官窑在国内的知名度和美誉度都还没有达到与之文化历史价值相匹配的程度，这种现状应当改变了。

（4）品种多样。铜官窑是唐代南方规模巨大的青瓷窑场之一，时间延续300多年。其烧制出来的瓷器器型达70余种，品种多样，丰富多彩，美观精致，实用性强，有日常生活用品（无论是内销还是外销）、文房用具、祈祷用品和玩具等。其造型善于随形变换，创造出许多美观实用的器皿，其中数量最多的是壶、碗、罐、洗、盒、瓶、盘、碟、水注、灯、烛台、盂、杯、盏、枕、盆、杯、唾盂、炉等和各种瓷塑鸟兽、人物等。不仅种类多，式样繁杂，而且器形极富变化。

壶是长沙铜官窑产品中数量最多、装饰内容最为丰富的品种，其造型有20多种形式。器物造型除圆形器外，还出现了花形、瓜蒂形、仿动物形和金属容器式样，表现了铜官窑鲜明的时代风貌、民间特色和地方特点。它最常见的造型为撇口、直颈、溜肩、长腹，腹至脚底渐收，身有瓜棱形和长圆形，底足有一圈外撇，底可分平底、璧底、圈足。平底的是早期产品，璧底的略后，圈足最后。肩部设流，流分长曲流和短流两种，短流刀削六面或八面，显得古拙而富有民间气息，很有时代特征。这种形式的短流，在同时代的越窑壶中也常有出现，流下的腹部往往绘有各种花纹，流的对称位置在颈的上端和肩之间设一扁形把。整个壶的造型给人以古拙大方、实用美观的感觉。

文房用具和玩具类也比较多。文房用具有镇纸、笔洗、笔添、砚等。玩具类有动物、玩具式水注、鸟、兽、人物等，多随手捏出，姿态万千，无一雷同，在唐代首屈一指。

（5）市场开拓。铜官窑的产品有两个市场，一是国内市场，一是国外市场。外销市场的开拓，是铜官窑划时代的创举，是真正意义上最早走向世界的文化使者。铜官窑产品不仅在朝鲜、日本、伊朗和东南亚、西亚等许多国家都有出土，而且是大批量地出口东南亚远至阿拉伯国家，可见其流传之广。据初步统计，国内有 14 个省，境外有朝鲜、日本、泰国、菲律宾、印度尼西亚、斯里兰卡、巴基斯坦、阿曼、沙特阿拉伯、伊拉克、肯尼亚、坦桑尼亚等 29 个国家和地区出土了长沙铜官窑的瓷器。

铜官窑产品远销国内外，在唐代繁荣的商业城市扬州和对外贸易港口明州（今宁波）出土最多。也就是说，铜官窑以其较大的产量和极高的艺术技术质量，成为当时重要的出口基地，它是唐代对外贸易的重要商品之一。可见铜官窑在当时就以其瓷器的釉下彩、多种多样的装饰艺术和品种等特色，冲破了唐以前单色青釉一统天下的局面，走出了一条崭新的发展之路。这的确是我国釉下彩绘的第一个里程碑，为唐以后的彩瓷发展奠定了基础，是我国彩瓷工艺的骄傲。

（6）最早吸收外国文化。铜官窑的陶文化中，还有一个特别显著的特色——引进和吸收了外国文化。这是国内其他任何一个民窑和官窑都没有的，至少是至今尚未发现有的。唐代长沙铜官窑的产品，主要销往西域大食诸国，所谓大食，原系波斯的一个部族名称，唐代以来，阿拉伯帝国则称大食。大食吸收希腊、拜占庭、波斯、印度等先进文化，形成了多民族的阿拉伯文化。铜官窑为适应外销需要，引进阿拉伯文化，创造出了很多新产品，例如人物釉下彩绘中有"外国女郎"、"异国情侣"，模印贴花中人物有骑士、胡人吹笛者和舞蹈者；植物有葡萄纹、棕榈树、铁树、椰枣等；动物有摩羯和特殊装饰的狮子，摩羯是梵语译音，或作摩伽罗，人们将它视为河水之精、生命之本。还有抽象几何图形，给人以自由欢乐、奋发向上之感和潜在的美，这些都使阿拉伯人十分感兴趣。引进外国文化是一大创举，给外销增添了活力，促进了市场的繁荣，从而开辟了海上"丝绸之路"——经由湘江，入南洞庭湖，沿长江出海，再南下通往南亚，经马六甲海峡前往西亚和北非。这条海上"陶瓷之路"的开拓，使铜官窑不仅在中国陶瓷发展史上占有重要地位，同时也是研究历史上中外文化交流的生动例证。

自 20 世纪 50 年代起，经过多次的调查和考古发掘，人们终于对铜官窑及其陶文化有了较为全面的认识，基本搞清了唐代铜官窑区的范围。其遗址北起望城区的铜官镇，沿湘江东岸的十里河滨往南延伸至石渚湖一带；在望城铜官镇至石渚湖，两端相距约五公里的地域内，分为 3 个窑区：铜官镇窑区、古城窑区、石渚窑区。至于名称，过去曾多次称为湖南长沙铜官窑、长沙铜官窑、铜官窑、瓦渣坪窑……现在则统一称之为长沙铜官窑。

鉴于长沙铜官窑在历史上所创造的辉煌，特别是今天它所具有的历史价值、艺术价值、科学价值和社会文化价值，1988 年 1 月，长沙铜官窑遗址被国务院公布为全国重点文物保护单位，2000 年被列为全国 100 个重大遗址保护项目。

走进铜官窑遗址区，参观了那里一座正在建设的仿唐龙窑，也观看了录像，对于铜官窑终于有了初步的认识。令人欣慰的是，历史的发展，虽然淹没了铜官窑曾经有过的罕见辉煌，但时代的进步，却给了铜官窑一个"复活"的机遇。现在，长沙铜官窑国家考古遗址公园已正式立项投入建设。长沙铜官窑遗址主任告诉我们：如果考古过程进展顺利，公园两年内就能实现部分开放。

到那时，遗址公园将在不影响正常考古计划及秩序的前提下，让观众体验考古现场"进行时"；其核心外围还将建立考古体验区，结合旅游项目，对考古爱好者进行考古知识普及，让观众在考古人员的指导下，进行部分的考古发掘体验，提高民众参与考古的热情；在陶艺区，将出售陶瓷纪念品，甚至可进行仿制品烧制体验，让游客自己动手，设计制作陶艺作品，也可以观赏公园所邀请的国内外陶艺名家现场表演和展览。至于谭家坡古龙窑、陈家坪古龙窑、采矿洞（挖泥洞）、古作坊遗迹、古码头与市场遗迹、古墓葬、文化堆积标志等 46 处烧窑遗址和 19 处挖泥洞等等，也都将陆续地推出并有所展示。更令人鼓舞的是，公园内将建立起一座遗址博物馆，让游客从那数不胜数的陶瓷物件中，看到整个"陶文化"最精彩的面目，充分了解中国传统民族文化中这种"陶文化"的历史形象、文化内涵和时代价值。

7. 峰上望城

- 登临放目，慨江山如画，先行因此抛头洒血，气贯长虹
- 回首扪心，看前程似锦，后来理当戮力拼搏，志存高远

　　汽车在弯弯的山道上盘旋而上。山道两边，是一片泼墨的青翠，绿色的山野间，不时跳出一丛丛迎风摇曳的翠竹，那像狗尾巴似的芭茅花，不时从青绿中探出头来，在烁目的日光和飘浮的白云下，将这一片处女地似的原始粗犷的山野，衬托得格外引人注目……这让人想起清代乾隆年间，那个历官耒阳县教谕、来宾县知县的李光尧所写的《游黑麋峰记》——

　　郡城出湘春门外六十里，群山绵亘，势若浪涌，其魏峨而杰峙者黑麋峰，盖群山之冠，一邑之镇也。顾黑麋峰所自名不可考，或曰古号洞阳山，今寺额"洞阳古刹"可验也（按《一统志》："洞阳山在浏阳县。"云"洞阳古刹"者谬也）。

　　乾隆戊子暮春，偕从弟往游。越深涧，涉巉岩，历虎牙、鹰嘴，攀萝扪筱，始跻其巅。至，则异境劈，眼界扩，乾坤端倪，恍若呈露。西望衡岳，俨来朝拱，潇湘之水环焉。北顾洞庭，波光明灭，远在烟云仿佛间。东南之山若远若近，或见或隐，山光岚色，深翠浅碧，远与天混，极目无涯际。俯瞰峰下素所登眺、称奇峭者，若覆杯然。人物往来阡陌，如蚁走盘中。峰之下穷岩绝谷，辽邈幽邃，横岭纵巇，攒簇累积。倏阳倏阴，或雾或霁，顷刻变化不一。峰四偶各有井，广盈尺，深倍之。水清澈见底，有物焉，状类蜥蜴，稍短，乌黑，腹正赤，金光晃目。天将雨，群自穴出附石上，俗名汉金龙。山之产，古松老桂，枫杉楮槲，离披虬结而连蜷；草则朱兰崇蕙，葛蒲紫茸，随足所诣，幽香袭鼻。其他嘉葩怪卉得诸睹记者，不尽识其名。寺墩橡规制甚朴，栋牖榱桷多为云气剥蚀，率二三年一易。寺侧数石柱屹立，云是刘仙姑飞升处，遗蜕藏焉。

　　入寺而憩，寺僧供茗饭果蔬，甚芳洁。已而日双西昃，犹踟蹰顾恋不忍去，及寻归路，则半归隐远山矣。因喟然曰：是峰也，轩

昂磊落，缭曲往复，其诸柳子所谓"奥如旷如"者夫。惜僻处险远，探奇者少，其胜弗传也。山固有遇不遇哉！虽然，王公贵人不一践其区，无羁臣逋客以予唏嘘感涕，而后台榭之宏侈、碑碣之填砌、丹碧之涂泽，不以累其真。独葆其元气与太虚往还，兴云出雨，以福我生民，则兹山之所全不小也！弟曰："匹夫砥行，不彰于时，大率类是。"余甚诧焉，爰述所历为记。

正当我们凝神地欣赏着窗外这一片城里少见的景致时，汽车已爬上了山顶。

这里，就是李光尧笔下所描写的黑麋峰。

黑麋峰，古称洞阳山，旧时因山中有黑色鹿形动物叫麋而得名。位于湘江东岸，望城东北角的桥驿镇境内，东接长沙县，南临开福区，北抵汨罗市，西傍京广线，处于长沙县、汨罗市、望城区三县（市）区交界的地方，距省会长沙仅30公里。

黑麋峰系幕阜山脉余支，向西延伸为罗家大山，再西为曾家山，东北部群山绵亘，山脉向西南延伸，止于湘江东岸，区域内岗地面积较大，岗顶多为平展伸延，地表缓和起伏，引人入胜。主峰海拔590.5米，是长沙城区第一高峰。

这里是典型的火成岩地貌景观，地形地貌独特而复杂，峰峦起伏，岭谷纵横，在局部形成险峻的悬崖峭壁。山路弯曲延伸，自然景观、景点较多且比较集中，有各具神采的天然洞穴、象形山石和自然景点。已发现有景点108处，其中自然景点70处，人文景点38处。经专家评价分级，有一级景点28处，二级景点50处，三级景点30处。因她风景秀丽，气候宜人，自古号称"洞天福地"。又因她是长沙市的最高峰，登临绝顶，群山莽莽，奔来眼底，清风扑面，令人心旷神怡。朝可赏日出，暮得观晚霞，真正是长沙市民"享受绿色，回归大自然"的绝好去处。

这里山高林密，云雾长封，翠光四滴，峰峦绵亘，巍峨杰峙，境内植被丰富，森林覆盖率为83%，气候适宜，为野生动物提供了较好的栖息环境，曾因有"麋鹿满坡"而得名。据调查境内有野生动物71个种群673种，列为省级和国家级的有34种，其中兽类28种，鸟类25种，爬行类11种，两栖类7种。列为国家保护的有8种。

这里夏无酷暑，冬无严寒，是典型的森林小气候，年平均气温14摄氏度，夏天平均气温28摄氏度。此地空气清新，鸟语花香，有山有水，山高林密，水质优良，被誉为都市人的大"氧吧"。面积达25万平方米，水深达

25 米的湖溪冲水库，积雨面积达 44 平方公里，是建设水上乐园和避暑山庄的好地方。

这里还是湖南省登山协会户外运动基地，有攀岩、登山、速降、滑索、探洞、野营等活动，又是湖南省青少年科普教育基地，有被称为"湖南明珠"屹立峰顶高达 45 米的气象预警雷达塔。

这个长沙市近郊最大的省级森林公园，近年来采取多途融资、多方出资等形式，初步完成了 6 公里又黑公路，3 公里麋峰公路，15 公里对外连接公路及上、下库连接公路拓宽硬化工程，新建了一批景观景点，修建游道近3000 米，新建改造宾馆 3 家，农家乐 10 家，提高了公园接待水平和能力，完成了管理处办公楼的维修改建，目的是完善休闲旅游环境的服务设施，给人们提供安全舒适健身娱乐和亲爱大自然的优美环境。现在正在为申报国家级森林公园积极准备。

黑麋峰历史悠久，同岳麓山、谷山、神鼎山一道，并称为长沙佛教四大名山，被道家人列为三十六洞天胜境之一。其人文景观资源丰富，久以人文鼎盛著称。特别是宗教兴盛，自唐代始，释道名家在此传法布道，曾经寺庙林立，名传远近。至今仍有寺、庙、庵等宗教场所遗址 20 余处。唐代高僧及书法名家怀素、明正德皇帝朱厚照都曾慕名游历黑麋峰，至今存有墨迹，留有传说。唐大诗人刘长卿曾入山寻幽访胜，有诗《过洞阳山》纪行曰：

> 旧日仙成处，荒林客到稀。
> 白云将犬去，荒草任人归。
> 空谷无行径，深山少落晖。
> 桃源几家住，谁为款荆扉。

黑麋寺是黑麋峰上最古老的名胜。位于黑麋峰顶开阔处，始建于唐玄宗年间（712—755），初为黑麋古观，属道家三十六洞天之第二十四位。明万历四年（1576）改建成佛寺，名洞阳寺，香火兴旺，盛名远播，为禅宗南派临济宗，尊为长沙地区佛教四大圣地之首。清同治三年（1864）添建后栋。整个建筑皆石梁石柱，殿宇轩昂。1958 年拆毁西厢，前、中栋和东厢毁于"文革"，仅存汉白玉石狮一对、后栋等文物。面阔三间，长 8 米多，进深二间，深 7 米多，屋面盖黄色琉璃瓦，枋上浮雕人物山水，工极精。1985 年作了局部修葺。后又在长沙市望城区佛教协会的主持下，多方努力，于 1997 年 10 月对黑麋寺大雄宝殿、三圣殿、弥勒殿等进行了大面积修复，新建了七佛塔，成为古刹的七颗璀璨明珠。该寺的正殿两旁，旧时金柱正面镌有一副寺联：

> 有仙则灵，听暮鼓晨钟，逸响遥分蓬岛外
>
> 引人入胜，看岳云湘水，普天齐付图画中

正殿中悬"道高云洞"一匾，相传乃怀素所书。当地传说，怀素曾经广植芭蕉，以蕉叶代纸练字。练字间隙，他也有些嗜好，尤其是饮酒，常常狂饮达旦，兴到运笔，其字宛如游龙，牵丝映带，浑然一气。史上因此而有"癫张醉素"之说。传说有一天怀素来到黑麋峰境内，忽然闻到一阵酒香扑鼻而来。他抬头一看，见是一位樵夫休息饮酒。怀素不好开口讨酒喝，谎称自己与樵夫有缘，樵夫便邀请其到自己家歇息。后才知道樵夫姓罗，是这里一位落榜的秀才，无意仕途，勤习书法。秀才得知眼前的便是怀素大和尚，一定要拜怀素为师。两人酒后同去拜访"周公祠"道观的老道，请教书法。那老道也久闻怀素大名，吩咐徒弟摆上美酒果实招待客人。怀素不禁赞不绝口："好酒！好酒！"老道说："此酒是贫道十几年前酿制而成，专为同道之人准备。今日幸会于此，应开怀畅饮！"酒过数巡，老道拿出书法作品，以供两人品评，并取出笔墨纸砚，自己亲手研磨墨汁，请他们留下墨宝。罗秀才挥笔而就："三教一家。"怀素拍手称好。老道便要怀素下笔，怀素酒兴正酣，又遇知己于此，便将杯中之酒一饮而尽。怀素远见群山云雾飘荡，如入洞中，一时诗兴大发，拾起笔来，"道高云洞"四个大字如行云流水，一挥而就。老道仔细端详，赞不绝口："好字！好字！"罗秀才也佩服得五体投地。老道随即找来木匠，将怀素字迹雕刻成匾，悬于大殿之上。"道高云洞"实为黑麋峰一道景观，后因为"文革"时，知识青年上山下乡，将此匾砍作柴块烧掉了，致使真迹失传。然而，这个故事却流传下来，为人传诵。

据传八仙之一的吕洞宾曾在黑麋峰上修道，今有"寿"字石刻、洞宾岩、鞋子石等十多处吕仙遗迹，故道家称此山为"洞阳山"。说的是吕洞宾用诚心觅得"长寿丹"之后，又从太上老君处求得炼丹秘诀，于是决定在黑麋峰潜心炼制丹药。他四处寻找，想找一处好地方。一日清晨，他见前方不远处，一块巨石斜立而上，像一顶帐篷，罩在头顶。他想，这么一个好地方，我何不就在此炼制丹药。于是，准备好炼丹器具，便施展法术，在此炼丹。吕洞宾炼制好丹药后，一日与太上老君下起棋来。正下得起劲时，忽有仙童来报，说岳阳有一个清官病危，吕洞宾于是辞别太上老君，带上炼制丹药，前往岳阳救人。临走时，与太上老君约定，治好病之后再继续下完这盘

棋。于是，信手捡起旁边一块石头，盖在棋盘上，避免别人弄乱了棋子。后来，这块石头就变成了今天的"棋盘石"。

与吕洞宾相关的，还有两块传说他手书的"佛"、"寿"字石。寿字石在黑麋峰乡寿字石村路边。那里有斜石一方，上镌一个"寿"字，字长1.88米，宽1.07米，阴刻楷书。无始刻年代记载。原在其旁立一碑，原碑文称："有人睡得寿字了，可与寿字同到老。"当然，来参观者，从未见卧其上而身长适之齐的。但其笔画清晰，是长沙地区保存较好的石刻之一。佛字石在黑麋峰乡洞阳村，是一圆形花岗石，上镌一个"佛"字，字高1.77米，宽1.6米，阴刻楷书，古朴端庄，在"佛"字上方刻有"洞阳"两小字，也无始刻年代记载，是长沙地区保存完好的最大石字刻之一。据考察，这里的古代石刻、石雕，数量多、分布广，书法艺术高超，雕刻工艺精湛，是长沙地区最大的石刻群之一，有较高的学术研究与文化旅游价值。

黑麋峰上，还有悠久的民间文化，以及淳朴的风俗民情。其中流播最广的是神话传说。例如，山上原有仙姑庙和刘仙姑梳妆台，古寺周围有刘仙姑所开东、西、南、北四口井，甘露不断。仙姑庙中还有谭延闿书的"与天地参"匾重新悬挂，刘仙姑梳妆台及黑麋寺之祖普光和尚墓等文物也得到了抢救性保护。峰上的名胜古迹还有蛤蟆石、垛石岭、雷打泉等，其中都有不少优美动人的传说。

有道是："山不在高，有仙则灵。"由此看来，黑麋峰虽然没有岳麓山那样遐迩闻名，但其文化底蕴倒也是深厚的。诚如现代一位作者在其《题望城黑麋峰联》（作者余德泉，原载湖南日报2002年3月1日）中所描写的那样——

> 古刹越千年，历几度沧桑，依然矗立。想基开天宝，寺扩洞阳，也尝孤阁霄悬，宏椽彩焕。寂寂灵麋护法，翩翩雪鹭参禅。列塔雄标，众比丘虔心奉祖；群山秀拱，诸檀樾带绿行香。玉宇本无稽，何存仙女飞升处。

> 危巅凭四顾，将万般气象，悉与收来。看鹰嘴狮牙，筠亭石井，不尽新枫老桂，怪卉嘉葩。坡坡镜叠林丛，舍舍篱编瓦复。南陈衡岳，七二峰梦岫烟云；北附重湖，八百里波光明灭。星城差可掬，总在江声仿佛间。

关于黑麋峰的自然风景之美，旧时传说有"黑麋峰八景"，可惜无法查考了。但是，从古人流传下来的诗文中，还是能够领略到一点的。例如，清代毛国翰的这首《黑麋峰》就是实景记录——

> 峰前支遁宅，春尽不开关。
>
> 石蹬扪萝上，风门见鹤还。
>
> 晴天空翠合，远色夕阳殷。
>
> 盛夏想飞雪，松亭好待攀。

其实，今天的黑麋峰上，风景最美的，还不是传说的"黑麋峰八景"，而是人造的"高山平湖"即被誉为"长沙天池"的长沙黑麋峰抽水蓄能电站。湖南省五凌公司在这里建造的长沙黑麋峰抽水蓄能电站，是中南五省最大的抽水蓄能电站。这个电站建在半山腰中，其蓄水池是座人工湖泊，不仅可以提供电力，而且使长年缺水的黑麋峰解除了缺水之忧，因此成为黑麋峰上最亮丽的一道景观。这道"天池"的独特景观，极大地提升了公园的价值。由于黑麋峰山高林密，溪美水甜，既有秀美的自然景观资源，瑰丽繁茂的森林景观，丰富的野生动物资源，绚丽多姿的季节性变化，良好的森林生态环境，又有民间传说与乡俗风情增色添彩，黑麋峰因此将成为长沙乃至湖南极具特色的旅游景区，成为长沙近郊民众"享受绿色，回归大自然"的绝好去处，吸引众多不同类型的游客前来旅游观光、科学考察、寻幽猎奇，因而与浏阳的大围山和宁乡的大沩山争奇媲美。

站在黑麋峰上俯视，只见南有凤凰山、石峰山、大凰山、金牛岭，脉承衡岳，秀溢湖湘，西南部嵇珈山，群峰耸翠，层峦叠嶂；西部为湖区，土地平旷，渠沟纵横；北有团头湖为境内最大湖泊；中部多丘陵岗地，林木苍翠。母亲河湘江，像一条银色的飘带，从望城境内逶迤穿过，以她"乳汁"般的江水灌溉着这里的良田，哺育着这里的人民，年复一年，世世代代，孕育了美丽的望城。两岸风光秀丽，山水洲城并立，或风情雅致，或幽静空灵，或古意盎然。在水运时代，两岸一个个码头蓬勃地发展起来，成为著名的滨江历史名镇，不论是"江泥轻燕斜"的乔口渔都，散落千年繁华旧梦的靖港古镇，还是馨香萦绕、暮鼓晨钟的洗心禅寺，自然与历史巧妙交融的陶都铜官，以石头闻名于世的丁字镇，乃至后来划入长沙市区的霞凝港，都曾一度让人心如行云，乐而忘返。自古以来，这个鱼米之乡就是著名的粮仓，北部一带号称"吨粮田"。滨江滨湖之农业县的望城，半个多世纪以来，一直以其独特的魅力屹立于长沙市的北大门。在深入改革开放的时代，这块"风水宝地"终于要迎接更大的变革了。

猎猎的山风，迎面拂来，放目远眺，心旌飘扬，不由得又想起了张应螯那首《再登黑麋峰》。

但此时此刻，我们却不是要"望"城，更不是去"怀古"，而是畅想着望城入城后更美好的未来。因为就在我们登临黑麋峰时，从媒体里传来一个消息说：2011 年 6 月 20 日，湖南省政府正式发文，望城撤县设区。至此，始于 1951 年的望城"县"史，从此画上了句号。从这天开始，望城再也不是"望"城，而是"进城"了。真是——

"雄关漫道真如铁，而今迈步从头越。"

望城"入城"成为长沙市的第六区，对于长沙市来说，其城区面积将由原来的 969.28 平方公里扩大为 1915.28 平方公里，是原城区面积的 2 倍，极大地扩展了城市发展的空间，使原有"山、水、洲、城"的格局进一步提升，从而使"沿江建设、跨江发展"的战略思路得以实施，实现从"五一大道时代"走向"湘江时代"的愿景。对望城来说，则是突破了原有的瓶颈，使 35 公里长的湘江岸线，真正担当起"湘江时代"的主力军，从而加快城镇化进程，提升"滨水新城"的招商引资影响力，促使经济更快发展。总之，无论是对于望城还是对于长沙市，都具有划时代的意义。

历史的机缘创造历史的辉煌。历史上前所未有的发展机缘，今天终于落到了整个望城。

看吧，新的发展战略在确立，一系列规划在构思，在谋划，在实施：

——"建设新城、强工兴园、城乡一体。"这个发展方针，将加快推进望城的新型城市化、新型工业化和农业现代化。

——"沿江建设、跨江发展。"这意味着望城发展理念将有新思维，城市建设将有新标准，产业发展将有新突破，社会管理将有新水平，人的观念和素质也将有新的提升。

——"打造滨水新城区，建设幸福新望城。"这无疑是望城城市化的引擎，经历"望城"、"融城"、"变城"三部曲后的望城，将以其雄心勃勃的建设，直接地凸显发展的新格局，使这里的山水特色、城市建设与产业发展协调联动，人文景观与自然风光融为一体，城市功能与城市形态完美结合，实现与长沙已有城区的全面对接和深度融合为基础，以保护生态环境为前提，以加快现代产业发展为依托，代表长沙城市建设的新形象，彰显长沙城市发展的新特色，引领"两型社会"建设的新趋势，从而成为"现代化省会新城区"。

美国城市规划学家沙里宁说，"城市是一本打开的书，从书中可以看到它的抱负"。最先体现上述发展"抱负"的是湘江长沙综合枢纽库区工程的实施。

据媒体报道，这个"一蓄两通"（蓄水、通航、通桥）的大工程，正在有序地推进中。它位于蔡家洲，距橘子洲大桥 26 公里。该工程建成后，湘江城陵矶经长沙至衡阳段通航能力将由 1000 吨级提升到 2000 吨级，有利于保障供水，改善湘江风光带滨江环境，开发旅游资源，提升城市品位，增强长株潭经济整体竞争力，加快长株潭城市群"两型社会"建设步伐。工程自 2009 年 12 月开工以来，进展顺利，距离舶闸通航的日子不远了。

随着这一工程的顺利完成，湖南人的莱茵河之梦将成为现实。对于望城来说，更无疑是个福音，她将因此享有得天独厚的优势，使之近期即可获得一个发展的机缘：以湘江为自然轴线，东西两大区域全面推进，充分发挥"两岸四镇"的自然资源、交通区位等优势，实施错位互补发展，着力打造"东方莱茵河的节点城镇"。

在这样的规划布局下，望城将形成以"古镇文化"、"陶瓷文化"、"渔文化"、"石文化"为特色而极具魅力的品牌，雄踞于湘江之滨，自豪地屹立于长沙市的北大门。至于四镇以外的高塘岭、星城、黄金、乌山、白箬、东城、桥驿、茶亭、格塘等镇，亦将以其独特的风情和特色，打造各自的品牌和名声，使整个望城形成"一核多点、梯次推进"的城镇发展新格局。

时机终于到了！改革开放的大潮卷得更急了！望城大发展的闸门动了，且开了！

浩浩荡荡的新思潮，业已奔腾澎湃于湘江两岸了！

面对望城如此热气腾腾的今天和明天，我们真想为她放声歌唱——

> 滔滔湘水北流欢，
> 鱼波推涌稻浪。
> 名镇岸立好风光。
> 郭亮英雄地，
> 是雷锋故乡。
>
> 盛世创举宏图展，
> 滨城再铸辉煌。
> 天上人间齐歌唱。
> 生命在奉献，
> 青史留芬芳。

第六章 | 歌唱浏阳

浏阳河，

翻过了九道湾，

五十里水路到湘江……

那好像是一种永恒悠扬的天籁，又像是 6900 多万湖南人共鸣的心声，长久不息地回荡在浏阳河畔，回荡在大围山上。正是这曲《浏阳河》，唱红了三湘四水，唱红了大江南北，唱红了华夏神州，也唱红了浏阳市。

今天，我们就是听唱着《浏阳河》，风尘仆仆地踏上这块红色土地的。

不仅是因为这里是花炮之乡，不仅是因为这里有风景秀丽的大围山和道吾山，不仅是因为这里有清亮的浏水和浏水边那奇特的菊花石。尤其让我们神往的，是这块土地上代代传颂的红色歌谣，那惊天动地的秋收起义的雷鸣，那中国革命中第一面工农红军迎风飘扬的旗帜，那为挽救中国危亡奋袂而起的英雄的故事，那些虽然已经不断远逝然而令人可歌可泣的先贤、壮士、烈士、英雄、将军等前辈们不朽的事迹和业绩，那长久地回荡于天空和宇宙间的"永不消逝的电波"……

1. 历史拐点

- 这是历史的拐点——中国革命的历史在这里拐了一个大弯
- 这也是历史起点——中国革命的道路从这里开始新的里程

走进浏阳，就是走进历史，走进中国革命的历史，走进毛泽东同志等老一辈革命家，在中国革命的紧要关头，力挽狂澜去开辟革命道路的那个辉煌的历史拐点。因为这个划时代的拐点，是历史地定格在浏阳市境内一个叫

"文家市"的小镇上。

那是1927年——

正当国共合作、大革命轰轰烈烈地进行的时候，蒋介石叛变革命，在上海发动了"四一二"政变，紧接着在长沙也发生了"马日事变"。白色恐怖笼罩着全国，笼罩着长沙，千百万革命者遭受反动派的搜捕和屠杀，中国共产党及其领导的中国革命，眼看着就要被绞杀。正是在这生死攸关的时刻，这一年的8月7日党中央在汉口鄱阳街139号秘密地召开了紧急会议，这就是党史上著名的"八七会议"。毛泽东出席会议，并在会上作了重要发言。他从党领导中国革命需要解决的根本问题方面，总结了大革命失败的教训，第一次提出了"枪杆子里面出政权"的思想。他指出：

"秋收暴动非军事不可，此次会议应重视此问题，新政治局的常委要更加坚强起来注意此问题。湖南这次失败，可说完全由于书生主观的错误，以后要非常注意军事，须知政权是由枪杆子中取得的。"

这次会议，彻底清算了大革命后期陈独秀的右倾机会主义路线，确定了土地革命和武装起义的总方针，决定在工农运动基础较好的湘、鄂、赣、粤四省举行秋收起义。

会后，毛泽东以中央特派员身份回到湖南领导湘赣边界秋收起义。他告别了杨开慧，告别了家人，日夜奔走于浏阳、株洲、安源等湘赣边界各地，进行秋收起义的军事部署。

> 军叫工农革命，旗号镰刀斧头。匡庐一带不停留，要向潇湘直进。
>
> 地主重重压迫，农民个个同仇。秋收时节暮云愁，霹雳一声暴动。

1927年9月9日，34岁的毛泽东领导的秋收起义在湘赣边界爆发。

10日，前敌委员会书记毛泽东来到铜鼓，将浏阳工农义勇队编入工农革命军第一军第一师第三团。

次日清晨，在毛泽东指挥下，秋收起义部队第三团从江西铜鼓向浏阳进军，进攻白沙，于壕溪与敌激战，毙敌连长以下十余人。当日占领白沙镇，在那里处决了大恶霸帅尚奎和反革命分子李和国、李宗兴等，首战告捷。

12日下午，乘胜攻克东门市，处决了团总赖南秋，反革命分子赖宴初。第二团从江西萍乡出发，攻克醴陵。起义部队一鼓作气向西挺进，目标直取省城长沙。

惶恐震惊的军阀政府立即调遣反革命军队，分三路大举进剿，企图将工农革命的火种扼杀在摇篮之中。14日上午，敌周倬营向东门市反扑。激战 6 小时，第三团战斗失利。三营营长汤采芝冲锋陷阵，腹部中弹，仍盘肠大战，壮烈献身。

14日起义部队在东门受挫，同时传来了其他各路起义部队也相继失败的消息，毛泽东率部退往白沙上坪。当晚，毛泽东在上坪主持召开了第三团连以上干部紧急会议，毛泽东毅然作出决策，决定暂时放弃攻打长沙计划，命令各路起义部队迅速到文家市集结，然后再定去向。

第三团突出重围后，退驻白沙上坪，继而经江西排埠，浏阳铁树坳、双坑、田心、火厂、蒋埠江等地，于 9 月 19 日到达文家市。第一团 9 月 11 日在平江金坪战斗失利后，由总指挥卢德铭、团长余洒度率领退向平浏边界，接到毛泽东的指示后，也于 19 日到达文家市。

第二团从江西萍乡出发，攻克醴陵。9 月 16 日攻克浏阳县城。17 日，国民党军张国威部一个团的兵力从醴陵尾随而至，驻浏阳东部的周倬营与驻平江的新八军张南轩营分别进攻浏阳。第二团团长王新亚麻痹轻敌，猝不及防，一战即溃。王新亚、潘心源等突围后，收集余部 120 人，退到文家市附近岩前宿营。当晚，王新亚携枪出走，不明下落。少数战士闻讯赶到文家市。

终于，在 9 月 19 日这一天，中国工农革命军第一军第一师一、三团和二团部分指战员 1500 余人相继到达文家市，实现文家市胜利会师，亮出了工农革命军的第一面红旗。

> 秋收起义文家市会师旧址——旧址位于浏阳市文家市镇人民路33 号，原为一座古老书院，创办于清道光二十一年（1841），初名文华书院，1908 年改为里仁学校。其结构和布局具有清代中晚期书院型建筑风格，前后四进，有大成殿、接龙桥、文昌阁、魁星楼、武昌庙等。1927 年 9 月 9 日，毛泽东领导的秋收起义爆发，9 月 19日起义各部先后到达文家市。毛泽东在此召开了前委会议。第二天，起义部队 1500 多人在学校操坪召开会师大会，之后部队向罗霄山脉中段挺进，从此展开了开创井冈山根据地的艰苦斗争。

9 月 19 日晚，毛泽东在里仁学校后栋教室主持召开了前敌委员会会议。

会议一开始，大家就围绕起义十天来的战斗情况，你一言我一语议论开了。在讨论下一步"全军进军的方向"这一中心议题时，展开了激烈的辩论。时为师长的余洒度与前敌委员会书记毛泽东意见完全不一致，他认为应继续攻打长沙。毛泽东在会上力排众议，耐心说服不同意见的同志。他精辟地分析了当时的形势，指出敌强我弱，革命暂时处于低潮，再攻打反动力量强大的省城长沙，无疑是"鸡蛋碰石头"。他认为，部队应保存实力，再图发展。他力主实施战略退却，退到敌人统治力量薄弱的农村去，退到湘粤赣三省边境去，坚持农村武装斗争，建立农村革命根据地。经过耐心说服，毛泽东的主张得到了总指挥卢德铭等大多数前委委员的支持。面对桀骜不驯的军官们，毛泽东手一指地图：

"我们就到这眉毛画得最浓的地方去当'山大王'去！"

原来，地图上显示的罗霄山脉弯得像眉毛，毛泽东的手指压着它的中段——日后才知道，这里有座井冈山。

于是，会议作出了放弃攻打长沙的计划、沿罗霄山脉南下、退到湘粤赣边境、向敌人统治力量薄弱的农村进军、坚持斗争的正确决定。

9月20日晨，嘹亮的军号声将1500多名工农革命军官兵召集到了里仁学校的操场上，举行会师大会。会上，毛泽东同志进行动员讲话。

毛泽东站在操坪前的台阶上，面对工农革命军战士大声说：

这次秋收起义虽然受了一点挫折，但算不了什么，重要的是我们要从失败中总结经验教训。反动派并不可怕，只要我们团结得紧，继续勇敢地战斗，最后的胜利一定是我们的。

讲到这里，毛泽东打了一个比喻：

我们好比一块小石头，蒋介石好比一口大水缸；但只要我们团结紧、打仗勇，我们这块小石头总有一天要打烂蒋介石那口大水缸的！

中国有句老话，万事开头难，要革命就不能怕困难，只要我们咬咬牙，挺过这一关，革命总有出头的一天！

说到这里，战士们拼命地鼓掌，一股几天来笼罩在这支队伍头上的迷雾，霎时被吹散了。

据当年起义部队胜利会师的见证人、文家市社区93岁的张荣甫老人回忆：那时他才9岁，出于好奇，和很多乡亲一同趴在学校墙头往里看。当时，和他一起看热闹的，还有年长他几岁后来成为中共中央总书记的胡耀邦和胡耀邦的表兄开国上将杨勇……他说：我可是从门缝中挤进去听的——

"那天一下子看到好多戴红星帽，肩扛梭镖、红缨枪的人，聚集在学校操坪上，站得整整齐齐。我就踮起脚尖，钻到门缝里看热闹，看见了毛主席穿着土布褂子，打着绑腿，脚穿草鞋，站在前面的台阶上讲话。"

会后，在毛泽东、卢德铭率领下，队伍沿湘赣边界的罗霄山脉，向南实行战略转移。

途中，部队在江西永新县三湾村进行了著名的"三湾改编"，在军队中实行民主制度，连以上建立士兵委员会，把党的支部建立在连上，实行党代表制度，确立了党对军队的绝对领导，为建立新型的人民军队奠定了基础。

秋收起义是以革命的武装斗争推动农民土地革命的壮举。正是秋收起义，打出了中国共产党领导下的人民军队第一面军旗。特别是文家市会师，确定了起义队伍上井冈山的战略部署，为中国革命由城市转向农村、实现革命力量的战略转变明确了方向，从此开辟了一条农村包围城市、武装夺取政权的正确道路，一举扭转了中国革命的命运，从而迈出了中国革命走向成功至为关键的一步，在中国革命史上写下了辉煌的篇章。秋收起义开始了以毛泽东为代表的中国共产党人将马克思主义普遍真理与中国革命具体实践相结合，探索农村包围城市革命道路的伟大征程，具有划时代的意义。

正如一位采访者所说："文家市会师后的战略转移，体现出毛主席是一个最讲究'实事求是'的人！只要发现了错误，就一定要立即改正，不唯上，不盲从。如果没有他及时纠正错误的决策，星星之火就不知什么时候可以燎原了。"

海伦·斯诺是首位访问文家市会师旧址的外国记者。她也曾这样写道：

"在文家市这所学校里，人们能感觉到深邃的毛泽东神话。正是在湖南浏阳这所古老的宗祠里，毛泽东于1927年召集了一千名英勇青少年，把他们武装起来，他们的武器主要是红缨枪和红色思想。这个会议投票通过继续蔑视一切上帝、所有的地主、所有的反革命势力——向客家人聚居的绿林——井冈山根据地进军。"

海伦·斯诺的这段话，有几处明显的错误，但是她对秋收起义和文家市会师向井冈山进军是中国革命发展道路战略性转折这一意义的描述，还是符合历史真实的。

在浏阳，与文家市齐名的，还有永和镇。

那时的永和镇，往上可到张坊、大围山的深山里，往下可进攻浏阳，可攻可守可进可退，是一个较好的战略要地，又是群众基础比较好的革命根据地。

1927年10月7日，毛泽东率领部队到达江西宁冈茅坪，开始了创建井冈山革命根据地的斗争，为各地起义部队树立了"工农武装割据"的榜样。第二年（即1928年4月28日，农历三月初九），朱德、陈毅领导的湘南起义和贺龙领导的南昌起义部分部队也上了井冈山，这就是党史上著名的"朱毛井冈山会师"，是中国人民解放军建军史上的重要历史事件。根据中共湘南特委决定，两军会师后，合编为工农革命军第四军。毛泽东并豪迈地在井冈山的八角楼里发出了"星星之火，可以燎原"的伟大预言，在革命者的心中燃起了新的希望。

1930年8月，红军取得浏阳文家市大捷后向东乡进发，驻守张坊的国民党陈光中部不敢应战，闻风逃窜。8月22日，毛泽东、朱德率红一军团进驻永和镇。

此时，彭德怀、滕代远率领的1928年12月平江起义中创建、正驻守在平浏的红三军团得知消息后，也立即向永和镇进发。他们突破敌人的围追堵截，于8月23日在永和镇与毛泽东、朱德领导的红一军团胜利会师。

老战友的手又紧紧地握在一起了。

两大军团会师后，经两军团前委联席会议决定，正式合编成立中国工农红军第一方面军（简称红一方面军），朱德任总司令，毛泽东任总前委书记兼总政委，彭德怀任副总司令，滕代远任副政委，辖第一、第三两个军团，近4万人，成为当时最大的红军主力部队。

> 红一方面军成立旧址——李家大屋位于永和镇石江村，原为李氏宗祠，始建于清末，原有大小房屋100余间。1930年8月23日，毛泽东、朱德等率红一军团与彭德怀、滕代远率领的红三军团在永和镇会师。8月24日，在李家大屋召开了两军团指战员和中央湘东特委、浏阳县委、县苏维埃政府领导人参加的会师大会。会议根据中央指示精神，决定成立中国工农红军第一方面军和总前委，由朱德任总司令，毛泽东任政治委员兼前委书记和工农革命委员会主席。第一方面军下辖第一、第二两个军团，拥有4万余人，3万条枪，是当时全国最大的一支人民军队，对后来的中国革命的发展发挥了巨大的作用。

红一方面军的成立，影响了一大批浏阳工农干部和青年骨干，他们踊跃参加红军，有的一家四口都参加了红军。

8月23日，中国工农红军第一方面军的创建，使其成为当时全国红军中最强大的一支武装部队，正是这支部队，在中国革命史上写下了光彩夺目的篇章。

当晚，红一方面军盛大的成立大会在李家大屋前坪举行。除红一方面军部分指战员外，中共湘东特委和中共浏阳县委、县苏维埃政府领导人及当地群众数千人涌进会场，见证了中国红色革命史上的这一盛事。

当地96岁的黄金吾老人是其中一个见证人。那年他13岁，就住在李家大屋附近。在他的印象中，会师的部队从东、北两面开来，来往的部队足足走了三天，李家大屋的前坪到处插着红旗，稻田里架着枪。"他们穿着黄色的服装，个个手里拿着长枪、梭镖，威武得很！"老百姓都争抢着让官兵住到自己家里，并拿出家里所有能够吃的东西招待红军。有一些老百姓还洗脚上田，放下手中的锄头扁担，走进了红军的队伍。

成立大会后，军民一起进行了热闹的联欢，举行了文艺演出。村民还放飞了数盏用蜡烛点燃的孔明灯。明亮的灯火，在李家大屋上空闪亮，将红军军旗照耀得鲜艳夺目。

秋收起义——永和会师——红一方面军成立，在风雨如磐的革命低潮时，恰如乌云翻滚的天空放射出一缕明亮的阳光，在中国革命和红军发展史上，都具有里程碑的意义。

中国工农红军红一方面军，是当时最为强大的一支中国工农革命武装力量，这就是历史上常说的"朱毛红军""中央红军"。从此以后，朱毛红军便名扬天下了。正是这支部队，在日后血与火的磨砺中，培养了一大批享誉中外的政治家和军事家，仅开国十大元帅，就有八位是从红一方面军走上历史舞台的。所以，有人评价说：

"红一方面军的成立，就像在革命的土壤里播撒了一把红色的种子，生根、开花、结果，光辉照耀着整个中华大地。"

历史恰如长江大河，奔腾澎湃，波卷浪翻，虽然已经一去不返了，但是，在江流淌过的河岸上，总是留有难以磨灭的痕迹。正是这些历史痕迹，有的以"故事"、"歌谣"流传着，有的以"文物"存留着……一代一代的人，通过这些"故事"、"歌谣"和"文物"，去聆听那大江东去的历史涛声，去领略和见识那洪波激流的壮烈场面，无论是工农商学兵，还是党政工青

554

妇，是中国人还是外国人，是男是女，是老人还是少年，面对这些"革命历史文物"，都会产生或敬仰或好奇或追寻或留恋等种种深深的情感。

走进文家市和永和镇，我们参观了纪念馆，在那里看见了红军当年的许多"文物"，也听说了关于毛泽东等老一辈革命家和工农红军的许多动人的故事。

浏阳人至今常常津津乐道的，是毛泽东曾经三顾文家市——

原来，在毛泽东的革命生涯中，与文家市有着不解之缘。包括秋收起义文家市会师在内，毛泽东曾经先后三次来到文家市。

第一次是在1917年。当时在长沙一师读书的毛泽东，应浏阳籍同窗好友陈昌、陈绍林之邀，到文家市进行社会调查。当他来到文家市楼前村铁炉冲时，在陈绍林家门前，亲手种下了两棵板栗树，并且风趣地说："前人种树后人吃果嘛。"如今，两棵小树苗早已成长为参天大树，年年硕果累累。

第二次是1929年9月19日。这一年的9月9日，毛泽东领导工农革命军在修水、铜鼓和安源三地举兵起义，分三路会攻长沙，震惊全国的湘赣边界秋收起义正式爆发。这是继南昌起义后中国共产党领导的又一次重要的武装起义，它第一次打出了工农革命军的旗帜，坚决有力地回击了国民党的血腥屠杀政策。这次起义，是毛泽东一生军事生涯的开端。当时，毛泽东率部队来到文家市后，就住在里仁学校那间简陋的小屋里。当晚，毛泽东同志用耐心的解释，说服了广大干部战士接受他作出的正确主张。第二天一早，他站在里仁学校操坪上，向起义部队作了精辟的讲话，提出了共产党"这块小石头总有一天要砸烂国民党那口大水缸"的著名论断。

第三次是1930年8月。当时，毛泽东、朱德率红一军团一路转战，到达湘赣边界。毛泽东根据红三军团一度打进长沙又退出来并受敌追击，其中特别是敌军戴斗垣旅进驻文家市的形势，决定配合三军团的军事行动，歼灭文家市之敌。8月20日，红一军团在文家市高升岭四面合围，将敌军上至旅长下至士兵4500人全部歼灭，取得了红一军团战斗史上第一次歼灭敌人一个整旅的辉煌战绩，给国民党反动派以极大的震撼。

当年，毛泽东因母亲姓文，曾把"文家市"称为自己的"外婆"家。现在，不少文家市人仍然亲切而温暖地称自己是"毛主席外婆家的人"。

在文家市的里仁学校和永和镇的李家大屋墙壁上，还留有"打倒帝国主义"、"活捉何键"、"工农专政"、"红军不乱烧、不乱杀、土地革命"等红军标语和关于蒋介石与何键的漫画像等。现在有的被当做珍贵文物保护起来，有的按原貌恢复修缮了。只有李家大屋前，原来有一块黄色的大卵石，当年毛泽东曾头戴斗笠、脚穿草鞋，踏在上面发表激情洋溢的讲话，如今早已杳无踪影。纪念馆里，现在摆放有许多珍贵的历史文物，供游客参观、瞻仰、学习、研究……

温故而知新——我们一代又一代人，将从这里学习和领悟到许许多多做人做事的真理。

2. 永不消逝

- 群星应时渐落，灿亮的光芒却永恒地闪烁在历史的天空
- 生命虽然远逝，辉煌的灵魂仍持久地启示着人间的心田

走进浏阳，就是走进历史，走进无数革命志士用热血和生命谱写的奋斗史。这部奋斗史的每一页上，都写满了这样惊天动地的文字——

革命何须泪湿襟，
抛头洒血为苍生。
今日英雄饮刀去，
创业自有后来人。（彭澜征《就义诗》）

青天白日，遍地是红。
以我热血，洗涤山河。（朱三锡《诗一首》）

牺牲换人群幸福，革命是吾侪生涯。
且将点滴血和泪，浇灌天下自由花。（吴厚观《题壁》）

浏阳是一块自古以来便充满了热血与烈火的热土，是一个历史悠久、富有革命传统的地方。据县志载，在元、明、清时代，浏阳爆发了多次农民起义，起义均遭受了镇压。

明隆庆二年（1568）间，有大围山的石马洞农民李大蛮、马保等人，在当政者横征暴敛，致使人民生活极其悲惨的情况下，举起了义旗。他们招兵买马，占山立寨，反抗朝廷，农民纷纷参加，持续时间达十年之久。

清道光十四年（1834）间，三口郭家亭有位名叫周国愚的传奇式人物，能言善辩，精通武术，行侠仗义，因愤于官贪民困，遂组织农民，多方征集义士，抗暴锄奸。

清咸丰三年（1853），有征义堂起义。周国愚等人为响应太平天国革命，率领三千余人高举"官逼民反"的旗帜起义。清军因招抚不成，发兵围剿，征义堂军陷入重重围困之中，周国愚率军分股突围，杀出一条血路，直奔湖北、江西投靠太平军……

清同治六年（1867）五月七日，哥老会首领姜守东、张以喜于姜卢（今官渡乡云山）聚众起义，他们劫富济贫，惩办作恶多端的豪绅。与此同时，文家市和突石的黄教会，西乡大栗坪邱志儒领导的哥老会，县城陈裕和领导的哥老会，奋起响应姜守东的反清斗争，纷纷举起义旗……

光绪三十二年（1906），浏阳、醴陵、萍乡大起义，两个首领龚春台、姜守旦都是浏阳人，因为有同盟会员领导，打出了"共和民主，建立民国"的旗号，在中国历史上写下了光辉灿烂的一页，成为辛亥革命的前奏……

然而，这些此起彼伏、波澜壮阔的农民起义，乃至后来谭嗣同、唐才常倡导的维新变法和焦达峰、陈作新领导的光复运动，虽然也曾风起云涌，前仆后继，一时震撼全国，惊动世界，但最后都因为没有革命理论的指导和无产阶级革命政党的领导而归于失败。

"十月革命"的炮声，震撼了布满干柴枯薪的华夏神州。

先是"五四"运动，吹响了挽救中华民族危亡的号角，接着便有中国共产党的诞生。中国革命的航船，终于从南湖起航……于是，有"五卅运动"，有轰轰烈烈的农民运动，有国共合作，有震动全国的北伐战争，在湖南长沙，则有驱张运动，有泥木、码头、织造、印刷等行业工人的罢工斗争……革命声势波及三湘四水。

浏阳毗连长沙，当时在长沙读书的人很多。这些驻省学友如陈章甫等，积极参加省会和毛泽东同志领导的革命活动，并且把革命思想的火种传回到家乡，浏阳的革命活动因此进行得早，开展得也很红火。早在1925年就建立了党的组织，进行革命斗争，特别是农民运动如火如荼，建立了自己的武装力量——工农义勇队，参加南昌起义和秋收起义，追随毛泽东上了井冈山。

秋收起义既是中国革命的基石，又是革命人才的摇篮。起义的烽火，造就了罗荣桓、谭政、宋任穷等一大批革命家，在艰苦卓绝的战争年代，他们或横刀立马，或运筹帷幄，用鲜血、智慧和汗水，为中国革命的胜利立下了汗马功劳。

在1955年授衔的元帅将军中，参加过秋收起义的就有元帅1名（罗荣桓）、大将1名（谭政）、上将5名、中将9名和少将5名。

在永和镇成立的红一方面军中，人们从纪念馆的墙壁上挂满一屋的红军将领和革命先辈照片中，看到了下面这一列列长长的名字，那是何等令人震撼的辉煌啊——

第一方面军总前委委员：毛泽东、朱德、彭德怀、谭震林、周以栗、黄公略、林彪……

中国工农革命委员会：毛泽东、朱德、曾山、李文林、刘士奇、邓子恢、黄公略、彭德怀、王怀、林彪、彭清泉、伍中豪、谭震林、陈毅、段月泉、方志敏、邵式平……

红军军政指挥员：滕代远、朱云卿、杨岳彬、蔡会文、周子昆、曾士峨、谭政、邓萍、袁国平、何长工、罗瑞卿、萧克、罗炳辉、彭雪枫、黄克诚、粟裕……

浏阳籍著名领导者中有王震、宋任穷、杨勇、张启龙……开国上将唐亮，中将孔石泉、张翼翔、饶子健、张藩，还有一批少将包括中国第一位女将军李贞等，都是当时从浏阳的赤卫队加入红军的。据统计，从浏阳走出了30位开国将军，如此众多的浏阳将星，真是璀璨夺目，光照千秋。

看，这是王震（1908—1993）——他字余开，号震林。伟大的无产阶级革命家、政治家、军事家，坚定的马克思主义者，党和国家的卓越领导人。于1927年5月加入中国共产党，湘赣苏区主要创始人之一。先后担任八路军120师359旅旅长兼政委、八路军南下支队司令员。1949年3月，他主动请缨率部进军新疆，为解放大西北、巩固祖国的统一做出了重大贡献。1975年王震任国务院副总理，1988年当选为中华人民共和国副主席，1993年3月12日因病在广州逝世，遵照他的遗愿，骨灰撒在新疆天山。

看，那是宋任穷（1909—2005）——他原名宋韵琴，中国共产党的优秀党员，伟大的共产主义战士，杰出的无产阶级革命家，政治工作的卓越领导人。1927年加入中国共产党，参加秋收起义，三湾改编后跟随毛泽东上井冈山，1934年10月参加长征，在八年抗战中他领导冀南军民为夺取抗战的全面胜利做出了突出贡献。1955年被授予上将军衔，历任中央政治局候补委员，中央书记处书记，中央顾问委员会副主任，政协第四、五届全国委员会副主席，2005年1月病逝于北京。

看，那是杨勇（1912—1983）——原名杨世峻，是我党久经考验的忠诚的共产主义战士，党和国家优秀领导人，上将。1912年8月出生于浏阳县（今浏阳市）文家市镇。1927年4月加入中国共产主义青年团。1930年参加工农红军，并转入中国共产党。参加了中央苏区历次反"围剿"和长征，历任团政治处主任、师政委。1937年后，任八路军第115师868团团长兼政委、独立旅旅长兼政委，鲁西军区司令员，冀鲁豫军区副司令员。解放战争时期，任晋冀鲁豫野战军第七、第一纵队司令员，第二野战军五兵团司令员。率部参加过多次重大战役，功勋卓著，成为令敌人闻风丧胆的解放军名将。新中国成立后，先后任贵州省军区司令员、省人民政府主席，第二高级步兵学校校长，志愿军第二十兵团司令员，志愿军副司令员兼参谋长、司令员，北京军区司令员，沈阳军区副司令员，新疆军区司令员，解放军副总参谋长，中央军委副秘书长，全国人大常委，中共中央书记处书记。1955年被授予上将军衔，荣获一级八一勋章、一级独立自由勋章、一级解放勋章。是中共第八届候补中央委员，第十、十一、十二届中央委员，五届全国人大常委会委员，在中央十二大上被选为中央书记处书记。1983年1月6日，杨勇在北京逝世。

看，这就是李贞（1908—1990）——少将，中国人民解放军第一位女将军。1908年2月出生于浏阳永和小板桥。她因为家贫，幼年丧父，6岁就被迫当童养媳，饱受凌辱。1926年，浏阳掀起工农运动，李贞剪掉辫子，参加了妇女会，被选为妇女协会委员长。1927年加入中国共产党，参加了湘赣边界秋收起义。随后，任浏东游击队士兵委员长、浏阳县苏维埃执行委员会主席、平江县委军事部长兼妇委书记等职，参加过二万五千里长征，在长征途中与丈夫甘泗淇经常把马让给伤病员和小战士骑，把帐篷让给他们住。在抗日战争和解放战争中做出了卓越贡献。新中国成立后担任西北军区政治部秘书长、解放军军事检察部副检察长、解放军总政治部组织部顾问。1951年，李贞入朝作战，任志愿军政治部秘书长。1990年3月11日病逝于北京。

看，那是唐亮（1910—1986）——上将，杰出的政治工作者。1930年参加中国工农红军，同年加入中国共产党，一直在部队从事政治工作。长征期间，建议将"士兵委员会"更名为"革命军人委员会"，缓和了官兵关系。抗日战争和解放战争时期，曾任冀鲁豫军区政治部主任、山东滨海军区政委、第三野战军政治部主任等职。尤其善于鼓励士气，瓦解敌军。新中国成立后，任华东军区政治部副政委、南京军区政委、解放军军政大学政委等职，是第一至第三届国防委员会委员、中共第八至第十一届候补中央委员、中央顾问委员会委员。

看，这是李志民（1906—1987）——他也是上将，军队杰出的政治工作领导者。1927年加入中国共产党。以善打政治战出名，他领导的"肥羊克城堡"广为流传。其故事说的是，1936年9月上旬，李志民所在部队红81师奉命南下，围攻易守难攻且有团重兵把守的李旺堡。充分分析敌情后，时任红81师政治部主任的李志民建议采用军事压力与政治攻势相结合的打法，一面积极准备攻城，一面开展政治攻势。经过几天喊喇叭对敌宣传，守城敌军对红军态度越来越友好。李志民认为时机已经成熟，立即写了一封致守城敌团长暨全团官兵的公开信，晓以抗日救亡之义，还随信送给守城部队几头肥羊，表示慰问。第二天，守城部队即派代表与红军谈判，同意撤出李旺堡，返回原驻地。当守城部队撤离时，李志民亲率部分队伍，列队吹起庄重的欢送礼号热情送行，使守城官兵深受感动，频频挥手告别。因此赢取了"肥羊克城堡"的军中佳话，一度传为美谈。早在土地革命时期，曾任第81师政治部主任，红27军政治部主任，抗日战争、解放战争时期，曾任第四军分区政委，冀中军区副政委兼政治部主任、第19兵团政委。参加抗美援朝，任志愿军政治部主任、副政委、政委。后任解放军高等军事学院政委、福州军区政委、中央军委委员。是中共第八届候补中央委员，第十、十一届中央委员，中央顾问委员会委员，著有回忆录《革命熔炉》。

看，那是张启龙（1900—1987）——人称"开国省长、书记"，曾用名张复生、佐平，1925年加入中国共产主义青年团，1926年3月转为中国共产党党员，大革命时期任中共湖南浏阳永和区委书记。大革命失败后，参与组织工农武装，参加湘赣边秋收起义。1935年11月参加长征。1946年1月起任中共吉辽省委、中共吉林省委副书记、书记，1949年5月任中共黑龙江省委书记，1977年12月任江苏省政协副主席，1978年12月任中共中央纪律检查委员会副书记。1956年9月被选为中共第八届中央候补委员，1984年3月起享受中央国家机关正部长级待遇。1987年6月3日在上海逝世。

这里值得一提的，还有彭士量（1905—1943）。他是抗日名将，国民党陆军中将，黄埔四期生。1932年，彭士量被选派到陆军大学第十一期学习。1926年参加北伐战争，1943年任陆军73军暂编第五师师长，少将。率部在鄂西、湘北一带驻防，曾多次同日军交锋，给敌以沉重打击。1943年5月，日军发起鄂西会战，相持经月，日军几无进展。当年 11 月，日军集结约 10 万兵力再次进攻，双方相持八昼夜，暂五师伤亡十之八九。15 日拂晓，彭士量率部突围，遭遇日军飞机的轰炸，负重伤，随后殉国，留下遗言："大丈夫为国家尽忠，为民族尽孝，此何恨焉！"时年 38 岁，国民政府追授其为陆军中将。

这里还有文化艺术战线上的名人——欧阳予倩与王人美。他们虽然不是战场上的骁将和建国的功臣，却是文化战线上卓有成就的名流。欧阳予倩（1889—1962）出生于浏阳县城营盘巷。他是著名的现代剧作家、戏剧表演艺术家，中国话剧运动创始人之一，原名欧阳立袁，号南杰，艺名莲笙、兰客，笔名春柳，别名桃花不疑庵主。15 岁时去日本留学，期间加入新剧团体春柳社。1916 年起参加京剧演出达 15 年，与梅兰芳并称"南欧北梅"。1919 年创办南通伶工学社及更俗剧场，用新的方法培养戏曲人才。他担任过话剧演唱、编剧和导演，其中《天涯歌女》等影片成为艺术上的经典。1949 年 11 月，任中国戏剧学院首任院长，历任剧协副主席、文联副主席、舞协主席。1962 年 9 月 21 日，因病在北京逝世，享年 73 岁。王人美，浏阳籍人，著名电影演员，参加《青春之歌》、《花儿朵朵》等电影拍摄。她的丈夫是著名画家叶浅予。

"生的伟大，死的光荣。"

浏阳市革命奋斗史上，为挽救民族危亡，为人民解放事业而牺牲的先烈壮士，那可就数不胜数了。他们中间有的是父子，有的是兄弟，有的是姊妹，有的是同学同乡，有的则是夫妻……许多先烈甚至连姓名都没有留下，有的则是在黎明即将到来时，或者倒在敌人的屠刀下，或者在枪林弹雨中流尽了最后的一滴血……其中影响最大、最负盛名的是——

田波扬、陈昌甫夫妇——田波扬（1904—1927），又名佐储、佐渠，笔名易水，出生在浏阳县北盛区乌龙乡良陂村。陈昌甫（1905—1927），字爱贞，生于今浏阳市沙市区秀山乡。他们于 1921 年新春结合，夫妻俩不但性格爱好相似，而且志同道合。陈昌甫在长沙读书时，常去毛泽东所办文化书社读书，结识郭亮等共产党员，因此投入革命活动，随后不久加入中国共产党。田波扬 1923 年 5 月经郭亮（湖南省委书记）和夏明翰（省委常委兼平浏两县的特委书记）两人介绍，加入中国共产党。1924 年冬受中共湖南省委的派遣，回到浏阳北区，开展农民运动和从事农村基层党组织的筹建工作，在当地农民和小学教员中发展了一批党员，成立了浏阳第一个农村特别支部，曾任共青团湖南省委书记。陈昌甫任团省委通讯处联络员。"四一二"政变后，长沙接着发生"马日事变"。5月30日晚，因叛徒出卖，夫妻俩同在学宫街被捕，于6月6日就义于长沙。夫妇合葬于北盛马栏冲，时年仅23、22岁。

寻淮洲（1912—1934）——湖南浏阳人。1927年加入中国共产主义青年团。同年9月参加秋收起义。1928年转为中国共产党党员。先后任中国工农红军第4军排长、连长，红1军团第12军34师营长、团长。1930年11月，在中央革命根据地第一次反"围剿"作战中，指挥部队坚守龙冈主峰，打退敌人18次进攻，保障了整个反"围剿"作战顺利进行，并在组织部队打扫战场时活捉国民党军前线总指挥张辉瓒。后被任命为红12军35师师长。随后，他率部参加了中央革命根据地的第二、三次反"围剿"作战，屡建战功。1932年12月任红21军军长。1933年在第四次反"围剿"作战中，他率部牵制国民党军几个师的兵力，保证了红一方面军主力取得黄陂、东陂战役的胜利，获中央军委特别嘉奖。1933年10月，被任命为红7军团军团长，成为红军中最年轻的军团长。1934年1月，被选为中华苏维埃共和国中央执行委员。同年7月，红7军团奉命组成中国工农红军北上抗日先遣队，他任军团长兼抗日先遣队总指挥。同年11月，率部进入闽浙赣苏区，与方志敏领导的红10军合编为红10军团，任第19师师长。同年12月14日，在安徽太平县谭家桥战斗中，他指挥部队同数倍于己之敌展开激战，不幸腹部中弹，壮烈牺牲。

在浏阳众多的革命志士中，不仅有战场上的英雄，还有在另一条重要而隐蔽的战线上默默奉献者，他们也是"永不消逝"的英雄。李白就是其中令人可歌可泣的典型。

李白（1910—1949），曾化名李霞、李静安等。因为从小失学，13岁便入染坊当学徒。1925年加入中国共产党，1930年秋参加中国工农红军，随部队转战于赣南、闽西。1931年6月，被部队选送去瑞金红军通信学校第二期电讯班学习无线电通讯技术，从此开始从事党的通讯工作，是红军早期的报务员之一。同年12月结业，分配到红五军团13军任无线电队政委，后调任红五军团无线电队政委，参加了长征。到陕甘宁根据地后，调任红四军无线电台台长。全国抗战爆发后，党中央为及时了解和掌握全国抗战形势，加强对敌占区的秘密工作，决定派他到南京、上海等地建立党的秘密电台。李白化名李霞，先到南京，在周恩来身边工作。1937年奉命赴上海筹建党的秘密电台，后在上海、浙江、江西等地从事地下秘密工作。1948年12月30日凌晨，在与党中央电台通报过程中因被叛徒出卖而被国民党特务机关抓捕，于1949年5月7日遭国民党特务秘密杀害，牺牲时39岁。2009年9月，李白入选"100位为新中国成立作出突出贡献的英雄模范人物"。

关于李白，知道的人可能不多。但是，有一部电影《永不消逝的电波》，在20世纪那可是家喻户晓的一部热片。

真实的故事是这样的——

1937年党组织决定，派李白到上海建立地下电台，随时同中央联络。

李白刚到上海时是单身汉，租房子容易引起怀疑，党组织便调绸厂年轻女工裘慧英与他扮作假夫妻。两人开了一个电器修理店，白天揽生意，晚上和延安总部电台通报联络。裘慧英出身"包身工"，在斗争中入了党。她很快受到李白工作精神的感染，工作中逐渐产生了爱情。她与李白成了真正的夫妻和生死与共的战友。

1942年中秋节前夕的一个夜晚，李白又和往常一样，关好阁楼的窗户，戴上耳机，开始集中精力向延安总部发报。每天这个时候都是李白最兴奋的时候，因为他可以直接与党中央联系，听到来自延安的声音。突然，传来一阵猛烈的砸门声，是敌人发现了电台的位置，并包围了李白的住所。

李白和裘慧英被捕了。他们被押到日本宪兵队，分别关在两个屋子里进行拷问。日本特务审讯时，不仅给李白上老虎凳，还用钳子把他的指甲一片片拔下来。李白忍受剧痛，一口咬定自己是为阔佬在战时沟通商业情报。每次提审时经过裘慧英的牢房，他总要用眼光暗示妻子坚持斗争。当时，地下党组织设法出具了假证明，加上敌特分析了电台的功率后也认为不具备同延安通报的能力，后来才同意保释出狱。

党组织又安排他打入国民党国际问题研究所做报务员。他化名李静安离开上海，往返于浙江的淳安、场口和江西的铅山之间，利用国民党的电台，为党秘密传送了日、美、蒋方面大量的战略情报。直至1945年抗日战争胜利，他又重新战斗在"上海—延安"的空中通信线上。

1948年12月29日晚上，李白正在发一份非常重要的电报，他的住所再次被敌人包围。李白镇静地发完了电报，处理了电报稿纸，隐藏好发报机。这一次，他又再次被捕了。在国民党警备司令部，再一次受尽了种种惨无人道的酷刑，但他没有吐露任何情况，使上海地下党仍能同中央继续保持联络。

1949 年 5 月 7 日，解放军已渡江并接近上海，李白因被赶来坐镇指挥的蒋介石亲批"坚不吐实，处以极刑"而遭国民党特务秘密杀害。

新中国成立后，以他为原型，拍摄了故事片《永不消逝的电波》。电影中的李侠真实地再现了共产党员李白烈士的一生。

"革命何须泪湿襟，抛头洒血为苍生。今日英雄饮刀去，创业自有后来人。"

这是浏阳烈士彭澜征的《就义诗》，他所表达的也正是千千万万已经牺牲了的浏阳儿女的心声。正是因为有了他们的流血奋斗，才换来了我们的今天。

当我们站在纪念馆里，听着解说员介绍这些英雄的故事和业绩时，耳边总是回响起这些用血和生命写下的就义诗篇……

那哪里是诗，那是革命时代震天的雷鸣，那是革命历史澎湃的涛声！

重温先贤那些慷慨悲歌的壮丽篇章，最为痛心的是，先烈们牺牲时正当青春英年，他们有的才 22、23 岁，还不到"而立"之年。李白 39 岁，距离上海解放也只有 20 天，距离全国解放还不到半年呀！

在革命战争年代，这样的英雄烈士又岂止李白一个呢？！江竹筠、刘胡兰，她们为真理献身时不也只有 29 岁和 15 岁？！还有"四八烈士"王若飞、"八路军炮兵司令"朱瑞、"农民运动大王"彭湃，他们壮烈牺牲时，分别也是年仅 50、47、33 岁啊！他们都将自己那无比美好的青春年华和爱憎分明的满腔热血，全部献给了中国人民的解放事业。

据民政部资料证实，自革命战争年代以来，先后约有 2000 万烈士为中国革命与建设事业献出了自己宝贵的生命，而且绝大多数没有留下姓名。目前有姓名可考、已列入各级政府编纂的烈士英名录的仅有 180 万人左右。浏阳市在这几十年艰苦难忘的岁月中，被追认为烈士的达 2 万余人。革命先烈不仅从未享受天伦之乐，有的竟连姓名都未留下，这令后人在追思怀念时，感到刻骨铭心的痛惜、遗憾和愧疚……

我们曾不止一次地仰望星空，想从那满天星斗的闪烁中，寻找那些英灵的思想，从那些"永不消逝"的闪烁中，获取生命的意义。因为我们在现代人的生活道路上，看到了"异化"的轨迹，听到了阵阵令人惊悚的沉渣泛起，什么"活着就是为了钱"，"谁的钱多，谁的身价就高"……为了捞取更多的钱，有的人因此无视党纪国法，非贪即盗，因此而搞什么权钱勾结，狂贪暴敛，立潜规则，铸腐败链，如此等等，不一而足，因此或年纪轻轻或正当盛年或日在中天时便丢掉了个人的前途或生命——这是烈士们毕生所最疾恶的呀！倘若他们真有在天之灵，对此岂能容忍！

写到这里，突然想起那句名言——"忘记过去，就意味着背叛"！

忘记先烈——践踏他们牺牲的意义，不也是一种"背叛"么？

3. 风范长存

- 做人修为如此厚德亮节，纵矮亦高
- 做官练达这等清明廉正，虽死犹生

这是一栋普普通通的浏阳农村民居二层楼房，土木结构，小青瓦顶，呈凹字形布局，建筑在一个小小的山包上。房子的下左方，筑了一道边门，门前是条斜坡路，直通下面的大道。从下面大道远远望去，只能看见斜开的边门和后面房子的大概轮廓，在绿树掩映中，显得格外别致和宁静。

距离文家市7公里，地处中和镇苍坊村的这栋普通的乡间民房，就是胡耀邦同志的故居。迎着灿烂的阳光，我们走进了这栋农家小舍。

> 胡耀邦故居——位于中和镇苍坊村敏溪河畔，始建于清朝咸丰年间，坐北朝南，土木结构，小青瓦顶，为典型的清末浏阳农村民居建筑。目前所有房屋为胡耀邦曾祖父和其兄当年所共有，占地面积450平方米，共19间房。1915年11月20日，胡耀邦在此出生。1930年10月调任湘东儿童总局局长时，才离开故园。1995年胡耀邦同志诞辰80周年之际，浏阳市按照原貌对故居进行了修复，并对外开放。

胡耀邦同志12岁在文家市里仁学校高小部读书的那一年，毛泽东率领的秋收起义部队，在文家市会师。9月20日早上，毛泽东站在里仁学校操坪边石阶上，面对1600名红军指战员讲话时，他和表兄杨勇站在围墙外。因为个头矮小，杨勇便用肩膀将他扛起来，扶在围墙上，因此第一次看到了正在讲话的毛泽东，脑海里留下了深深的印象。1928年秋，考取浏阳县立中学，刚进入二年级，因时局动荡，学校停课了，只好辍学回家。1929 年冬他秘密地参加了共青团，担任文家市儿童团长，协助红军传达命令，侦察敌情，宣传鼓动……翌年，毛泽东和朱德领导红军打回浏阳，在永和镇与其他部队大会师，年仅 15 岁的胡耀邦毅然参加红军，跟随红军奔赴井冈山。

胡耀邦（1919—1989），原中共中央委员会总书记，伟大的无产阶级革命家、政治家。1933 年参加中国共产党，1934 年 10 月随中央红军长征。新中国成立后，曾经担任川北区党委书记，共青团中央第一书记，中央政治局委员、中央纪律检查委员会第三书记，中央宣传部部长，中央秘书长，中央委员会总书记等职。他组织和推动了关于真理标准问题的讨论，组织和领导了平反冤假错案，主持制定和执行了发展农村经济的一系列方针政策。1989 年 4 月 8 日，在出席中央政治局会议时突然发病，4 月 15 日早晨 7 时 53 分在北京医院逝世。终年 73 岁。

在耀邦同志故乡，现在建有纪念馆。出纪念馆沿大道拐个弯，踏上那条斜坡路走进边门，迎面是个小院子。楼房不是很高，屋檐甚至显得有些低矮，两扇大门上贴了一副褪了色的旧对联——

屋矮能容月
楼高不染尘

站在院子里，面对着这副对联，我们正若有所思时，随行一位同志解释：这对联是过去就有的，有位大学教授来参观，读后在门联左右头一个字，各改了一个字："身"与"位"。大家认为改得好，很符合耀邦的风范。顿时，我们的思绪像那开了闸的江水——耀邦同志的许多故事，恰如滚滚波涛，在我们的脑海里奔腾起来……

光繁同志并党支部同志：

现在耀筒（注：胡耀邦的堂弟）先回来，耀福（注：胡耀邦的胞兄）过四五天后也就回来。不久前，我曾经给公社党委详细地写了一封信，请求公社和你们一定要坚决劝止我哥哥、姐姐和一切亲属来我这里。因为：第一，要妨碍生产和工作；第二，要浪费路费；第三，我也负担不起。但是，你们却没有帮我这么办。这件事我不高兴。我再次请求你们，今后一定不允许他们来。

这次他们来的路费，听说又是大队出的，这更不对。中央三番五令要各地坚决纠正"共产风"，坚决严格财政管理制度，坚决赔退一平二调来的社员的财物，你们怎么可以用公共积累给某些干部和社员出外作路费呢？这是违反中央的政策的呵！请你们党支部认真议议这件事。一切违反财政开支的事，万万做不得。做了，就是犯了政治错误。

送来的冬笋和芋头，这又是社员用劳力生产出来的东西。特别是现在的困难时期，大家要拿来顶粮食，你们送给我也做得不对。但是已经送来了，退回来，又不方便，只好按你们那里的价值，退回24元，交耀简带回，请偿还生产这些东西的社员。在这里，我一万次请求你们，今后再不许送什么东西来了。如再送，我得向你们县委写信，说你们犯了法。

我哥哥带来的德滋（注：胡耀福的二儿子）我这里也不能留。因为一切城市都在压缩人口回农村，这也是中央的政策。我们这些人，更应该以身作则遵守这个政策。

……

这封信，我请你们转给县工作组和公社党委同志看看，以便使他们知道我对上面一些问题的意见。

再三地希望你们搞好社员的生活和全队的生产。

胡耀邦

一九六一年一月十二日

这是耀邦同志当年写给家乡龚光繁同志的一封信。关于它，有一段故事呢——

1961年，龚光繁在金星大队担任党总支书记，想为队上购台发动机，可当地又买不到，便找到胡耀福和胡耀简，请他兄弟俩赴京向胡耀邦同志求助。党支部研究决定请他们顺便带点家乡的冬笋和芋头去，以表达家乡人的一番心意。他们到京见到耀邦后，直截了当地谈了大队想买电机提高生产一事。耀邦认为这是好事，答应替他们买，但对于耀福和耀简用公款作路费及带来冬笋芋头这两件事，却非常生气。他当即提笔给龚光繁及大队支部同志回信，并按当时的市售价将这次和前次的东西一并折成人民币共51.9元，让耀简、耀福带给了龚光繁。龚光繁和党支部收到信后，都敬佩耀邦这种廉明的精神和作风。

至于信中提到的"德滋",那是胡耀福的儿子胡德资,耀邦的亲侄儿。胡耀福当时将儿子带去耀邦那里,求他帮侄儿找个工作,竟被耀邦同志拒绝了。

这件事并没有完。事隔多年后,兄弟俩为胡德资的事几乎吵架了。那是1981年,时任岳阳物资局经理的胡政因公到了中和大队。当他知道耀邦老家的亲人都在家里务农,即向当时的岳阳县委书记许志农汇报,请求为胡德资安排个工作。耀邦当年兼任湘潭地委第一书记时,许志农时任湘潭毛田区委书记,两人不仅很熟,而且关系很好,许也很关心耀邦的亲人。因此当即批示将德资调到洞庭氮肥厂,将其爱人调到县委招待所。后来,许的爱人去北京治病,在耀邦家里无意间提及此事,他一听便很生气,立刻打电话给许志农,要他赶紧将德资退回到老家生产队。

此后不久,耀福上京看耀邦,谁知刚一踏进他家门,就被弟弟一顿狠批:

"哥哥你搞么子名堂嘛?德滋在乡里待得好好的,你把他搞出去做么子嘛?"

胡德福顿时也火了,他理直气壮地反驳道:"我没搞么子呀,是别个帮的忙。"因为岳阳那边调德资的事,事先他并不知道,于是向弟弟解释。耀邦似乎不相信,仍然严厉批评道:

"如果人人都不愿留在农村,都想去当国家干部,那么谁来种地?十亿人吃什么?"

胡耀福不耐烦听这些,冲弟弟嚷了起来:"人家的崽当得干部,我的崽何解(湖南方言'为什么'的意思)就当不得?他多少也是个中学生呀!"

由于耀邦同志的干预,胡德资和爱人不久就又回家当了农民。耀福又一次上京,想把误会说清楚,同时告诉弟弟,德资已经退了回来,在家务农了。耀邦听哥哥说明情况后,当面检讨了自己的态度,说:"现在说清楚了,也就不怪你了。"他还嘱咐侄子,要安心在家乡务农,要做出成绩,当上劳模。

至今,胡德资仍然是一个普通农民。

这件事,后来一直在耀邦家乡和他的亲人中间流传着,他们知道,这是耀邦同志一贯的思想作风。他从来就不给亲戚找工作,不用特权为亲属谋利益。1980年出任党的总书记后,当天就给老家浏阳县打电话"约法三章":一不开庆祝大会;二不得因此而在乡里大兴土木;三不许挂他的像。

几年前，深圳梅岗路口有个书报亭，它的主人是浏阳人曾维信，已在深圳卖报 17 年了。鲜为人知的是，曾维信的奶奶胡菊花，是胡耀邦的亲姐姐。按曾维信风趣的说法："放在封建社会，我们也算是皇亲国戚，其实没沾过一点光。"据她回忆说，有一年姐姐高中毕业没考上大学，就到北京去找耀邦，想让老人家安排个工作。耀邦拒绝了，他说："虽是我亲外甥的女儿，但我不能够用我的特权。"曾维信说："从我姐姐以后，我们这些亲戚家人再没对他抱过任何幻想，舅爷当总书记那些年，亲戚朋友没办过一个农转非。"

这是千真万确的，既不是谎话，更没有夸张。

胡耀邦担任中央委员会主席和当选总书记后，曾立下规矩，不许上京找他或打他的招牌干私事。他打电话给家乡所在的中和公社党委和大队及其家属，要求做到"三不准"，不准开祠堂门，不准放鞭炮，不准搞庆祝活动。他对赴京看望的家乡人说："我是全党的总书记，不是家乡的总书记，不能为家乡谋特殊利益。"有一年，中和公社要建造一个发电能力为两百千瓦的水电站，急需一批水泵和其他设备。公社党委书记直接进京找到了耀邦同志，想请他给批个条子。耀邦同志热情地接待了这位公社党委书记，并诙谐地批评说：好啊，你把"后门"开到我这里来了，这个条子我不能批。他说服这位公社书记回湖南，通过正当手续，由省里根据实际情况解决。他离家数十载，只在 1962 年秋回过一次家。有一年，他在浏阳搞"四查四清"，跑遍全县 50 多个乡，进行考察，最后才顺便进家门看望了兄嫂。1988 年 11 月，他到了长沙，浏阳县委党政领导向他汇报家乡情况，他对家乡建设提出许多建议，勉励党政干部发扬民主，实事求是，联系群众。

相反，对于那些有困难需要帮助的同志，不管他认识不认识，交往深还是不深，他总是关心爱护他们，即使曾"批判"过他，也不记"仇"，而是给予热情及时的帮助，或从政治上，或从思想上，或从经济上帮助他们渡过难关。这里有两个故事，听来也是很感人的。

有个叫王金锐的，曾回忆他受耀邦同志帮助的一段经历，他说——

我 17 岁时参加地下组织，1949 年初即进入北京市公安系统工作，不久入了党。但在"文革"中被打成了"特务"，又因为帮遭残酷迫害的局、处级领导说了几句话受到牵连和迫害，遭到批斗毒打，被送进看守所押禁 3 年。因证据不足没有定成"反革命"，却因为家有 8 间自住房，母亲在房产继承人上写了我的名字，因此又被定为"吃剥削"的"阶级异己分子"，开除党籍和公职，勒令退职，押送回原籍农村，成为"四类分子"被"专政"，连工资与养家生活费都没有了。后经朋友帮忙，在街道找点杂活才得以养家糊口。那时内心痛苦难言，看不到前途和出路。有一天，打听到耀邦住的地方，便去看他。只见他家那里的一个小门半掩着，便进了小院，见里面有间房，屋内书橱里放满了书，有个小写字桌、一把椅子，果然是耀邦同志在那里聚精会神地看书。我怕搅了他看书，轻声地说："您是胡耀邦同志吗?"他放下书说："我是。"我想将自己的情况对他谈谈，又怕打扰了他，担心地问："您是党内、团内深受敬重的老同志，和您说说心里话，不知您是否有空儿?"我从没见过耀邦，心里紧张。耀邦同志拉过一个椅子，让我坐他旁边，倒了杯开水，和气地说："不用急，我们慢慢谈。"我便将自己的情况简要地给耀邦同志谈了。他耐心地听我说，也不打断我，听后沉默了良久，严肃地说："我与你不在一起工作，也没有工作的接触，具体事我不好表态。但我可以相信你，我可以以一个老党员、老同志身份来劝你，你要听我诚心的奉劝。"接着充满深情，一再地劝我说："一定要挺过来，顽强地活下去! 眼界放宽些，想事想得更宽些。"并以他当时的处境开导我说："不要忘记自己的责任，位卑不敢忘忧国，要有忧国忧民之心。不让我去团中央上班工作了，干校也下放完了，给了我时间，我就读马列书，想天下事。"有一段农闲时间，我回到北京的家里照看孩子，6岁多的三女儿突然高烧，咳喘很重，服感冒药不见效，背她去东单三条儿童医院，诊断为急性肺炎，必须住院治疗，约需几百元。当时难坏了我。在瑟瑟的西北寒风中犯愁地往回走，路过耀邦家那条胡同时，又想去看他，不是去向他求援，只是想看看他，听他说几句话，回家去再想办法。踌躇了一阵不敢去，天色渐晚了，还是跨进了他家小院……当听我说三女儿急病住院，回去要安排家里两个孩子，晚上还要回医院守护时，耀邦同志当即说："孩子住院，需要不少钱吧? 你现在没工作，哪儿来那么多钱，我们支援一下。"说罢，他让李昭同志拿出一个信封塞给我："你拿去，我们现在也不富裕，但一定支援一下。"我还想推辞，可耀邦同志说："你赶快走，救孩子命要紧，急性肺炎有危险的。"我谢了他们，出来打开信封，见内装有 400 元——那时的 400 元，价值不菲呀，孩子住院的诊治费够了，在寒冷的西北风中，我顿时热泪滚滚……

另一个故事说的是——

豫西有个全国闻名的小麦育种家叫李德炎，早在1958年出席全国青年社会主义建设积极分子代表大会时，就与时任团中央书记的耀邦同志攀谈过，1964年的全国团代会上，胡耀邦又接见了他。1975年胡耀邦主持中国科学院工作时，非常重视李德炎这个农民育种家，特邀他参加《小麦育种学》一书的编写。但在1976年耀邦同志被打成科学院"右倾翻案风"的总后台时，在一次千人批判会上，李德炎被指定为农民代表上台重点批判发言。他言不由衷，但是调子高昂，神态狂热，俨然是一个大批判的英雄。粉碎"四人帮"后，人们自然要把他团团围住，"坚决要给胡耀邦同志出气"，连他老伴郭玉香也骂他是"忘恩负义，没良心"。有了这条"罪行"，再加上其他错误，他的党籍被开除，育种权利被取消，撵出了科研站。

李德炎从此背上了沉重包袱。思前想后，他决定给耀邦同志写封信。1977年10月13日胡耀邦同志给他复信说："德炎同志：你九号的信，我看过了。大概你是考虑了很久才写的，因此，我要随即给你写个回信。去年你在科学院那个大会上的发言，当然，缺点是有的，教训也是有的，但问题并不很大。至于对我个人那就更没有多少问题了……你说，那次你被人当枪使了。这个认识已经很深了，用不着再作什么检讨了。如有工作机会来京，欢迎你来我家谈谈。"李德炎于是在1977年11月10日，迫不及待地去了北京。

耀邦听说李德炎来了，立即接见了他，见面后问寒问暖，尽量避开那个老话题。李德炎绕过耀邦同志的问话，执著地说："您就让我把心窝里的东西倒出来吧，我不该在科学院那个会上对您面对面……"耀邦接过话来说："在那种形势下，人家叫你批判发言，你能顶住不干吗？你一个农民能顶住吗？这件事，我在信中给你谈，这与你没有多少责任，还要纠缠它干什么？"说罢顺手搬个小凳子，坐在李德炎的对面，同这位农民促膝畅谈起来。"你记得吧，在那次批判会上，当你讲到土包子要占领科学阵地时，我还放声笑了。我那时就没把这些事往心里搁嘛。人，总不能让过去了的事缠住双腿不走路，要向前面看，要往前面走。"两人整整谈了两个小时。临走时，李德炎掏出背来的那个提包，怯生生地说："孩子他娘硬要我装点花生给您，想让您尝个新鲜……"耀邦同志笑了，爽朗地对秘书说："倒下，倒下。背来的土特产嘛，还能让他背回去？"然而李德炎回乡后，并没有摆脱困境。不仅继续受到审查，连科技站的工作也没有恢复。万般无奈，他只好另找土地去作育种试验。

转眼到了 1981 年 8 月。一天，几辆小车突然开进李德炎住的小村子——是国家科技局王若林处长专程找李德炎来了，他亲切地对李说："耀邦同志派我来解决你的困难。"原来，耀邦同志一直关心着李德炎，他从一份内部材料上看到一条消息：《偃师县长不让农民小麦育种家李德炎参加国际科技会议》，遂亲笔批示："请方毅同志处，同河南做点核实工作，然后按情况给予实事求是处理。"总书记的关心，使李德炎情不自禁地哭出声来……

耀邦同志严于律己、不利用手中权力谋私利、不搞特殊化，这方面的故事还有很多很多。这里再讲一个发生在他家乡的事——

那是 1963 年 7 月上旬，时任团中央第一书记、湖南省委书记处书记兼湘潭地委第一书记的胡耀邦，前往家乡浏阳调研。县委立刻忙碌起来，派办公室主任坐镇公社，准备午餐及其他事项，县委书记率常委一班人在家等候。可是将近 10 时了，还不见耀邦踪影，电话联系得知他早上 6 时就出发了。湘潭距浏阳不足百里，怎么还没有到呢？

此时，胡耀邦正顶着烈日，头戴一顶麦秆编织草帽，身着蓝布衣，往北盛公社走去。原来，他在途经永安岔路时，下车步行了。当走到北盛公社门口时，已是大汗淋漓，举目一看，见公社大院有大幅标语："热烈欢迎中央首长莅临视察！"大院右侧厨房屋顶的烟囱正冒出滚滚浓烟，屋内人声嘈杂，酒肉飘香。他不由得皱了皱眉头，一路深思，不进大门，径直向厨房走去。

厨房里，七八位厨师忙忙碌碌，案上摆着各类菜肴。耀邦进门待了片刻，问道："弄这么多菜，搞什么？"当时他那副装束和一口纯正的乡音，没有引起厨师注意。有人扫了他一眼："你不认得字呀！墙上写着哩！"

"是招待胡耀邦的吗？"

"那当然啦，中央首长回家乡，还是为了工作，做几样家乡菜是应该的呀！"一位厨师高兴地回答。

耀邦用竹棍指了指待杀的鸡说："胡耀邦不吃鸡！"

那位厨师一怔："什么？他不吃鸡？"

胡耀邦又指了指案板上的一条大鲤鱼说："胡耀邦也不吃鱼！"

一位年纪大些的厨师挥手示意，欲将胡耀邦赶出去，说道："同志，你出去好啦！这儿忙着哩！"

耀邦上前拍了拍他的肩膀，说："大师傅，胡耀邦和你一样，都是人民勤务员，有什么好招待的？"

大师傅有点生气地说："人家老远跑来能不招待吗？家里来了客人也要准备几道菜嘛，何况他是中央领导！你是什么人，怎么把他比作一般的勤务员！"

胡耀邦给师傅递上一支烟，一边给他点火一边说："鸡不要杀了，我就是胡耀邦啊！"

"啊？"师傅们不相信自己的耳朵，都睁大了眼睛，望着胡耀邦，半晌说不出话来。

县委办公室主任赶来厨房检查备餐情况，见是耀邦，立刻向前几步，惊讶地叫道："胡书记，您就来了！"

厨师们个个目瞪口呆，异口同声说："真没想到，原来您就是胡书记啊！"

俗话说，"一滴水可见太阳"。从上面的这"几滴水"中，我们看到了耀邦同志为人做官的品格。他身居高位，手中拥有很大权力，却从不滥用权力，更不搞什么权钱交易，的的确确是"一尘不染"！因为他深深明白，手中的权力是人民赋予的，只能用来为人民谋利益。行使权力就必须为人民服务、对人民负责并自觉接受人民监督，决不能把权力变成牟取个人或少数人私利的工具。因为他知道，身为党的高级干部，要讲党性、重品行、作表率，做到立身不忘做人之本、为政不移公仆之心、用权不谋一己之私，永葆共产党人的政治本色！

他坚持实事求是，坚持真理，在"文革"开始时，林彪、江青反革命集团出于篡党夺权的阴谋，罗织罪名，对他进行残酷打击和迫害，他不顾个人安危荣辱，与之进行不懈斗争。1975年邓小平主持中央工作时，他奉命担任中国科学院领导，认真贯彻全国整顿方针，领导起草了《关于科技工作的几个问题》的汇报提纲，正确反映科技战线实际情况。粉碎江青反革命集团后，他于1977年3月任中共中央党校副校长，12月任中共中央组织部长。1978年12月在中共十一届三中全会上当选为中共中央政治局委员、中央纪检会第三书记。任中共中央秘书长兼宣传部长期间，他提出了以实践为检验真理、辨别路线是非的标准，为组织与推动关于真理标准问题的讨论，为重新确立中国共产党的马克思主义思想路线作了理论准备，后来又为平反冤假错案做了大量工作。他坚持实事求是、有错必纠的原则，提出了凡是不实之词，凡是不正确的结论和处理，不管什么时候，什么情况下搞的，不管是哪一级，什么人定的和批准的，都要改正过来，坚决地组织与领导平反冤假错案、落实干部政策的工作，为大批遭受冤屈和迫害的老革命家、干部、知识分子和人民群众平反昭雪，表现出非凡的革命胆略和勇气，立下了不可磨灭的功勋。

他敢于直言，也鼓励大家讲真话，不讲假话，不是那种见风使舵的人。1958年秋，在那个"火红的年代"里，各地迅速贯彻中央关于"人民公社化"的决议，全国很快就实现了"人民公社化"。那时强调"一大二公"，大呼隆干活，吃大锅饭，说是"跑步进入共产主义"。对于这些不科学的提法和失实的浮夸，干部群众多有不同意见。为了压制这些意见，有关部门还提出了"树红旗，拔白旗"的措施，对不跟他们走的群众进行批判和斗争。当时任共青团中央第一书记的胡耀邦到湖南进行调查研究。一次，他问一位农民兄弟对人民公社的看法，被问的这位社员直率地说："一块钱的共产主义？老子不干。"在旁陪同的干部听罢，都大惊失色，胡耀邦却很欣赏这句大实话，还以同样坦率的口吻说："好！你不干，老子也不干。"此后，来到广西，有一次接见共青团骨干时，在讲话中又坦率地转述了这个细节。他说：人民的事业需要人民讲真话，讲真话是符合人民利益的。

他作风民主，平易近人。凡与胡耀邦同志接触过的人无不交口称赞他这种好作风。他让人说话，动员大家直言，一再强调："不戴帽子，不打棍子，不抓辫子，不装袋子"——这是他一生身体力行的名言。凡是他主持的会议，与会的人都比较轻松，发言热烈，有时甚至争论得面红耳赤，也全不在乎。1985年6月，劳动人事部副部长严忠勤在向书记处汇报工资改革方案时，因为与耀邦同志理解不一致，便争论起来了。事后耀邦同志对当时曾目睹他们争论的一位同志说：严忠勤这人不错，敢于直言。在中央工作的人，包括一些老同志，都认为胡耀邦同志主持中央工作期间，是中国共产党最民主，政治生活最正常、最活跃的一个时期。

他谦虚谨慎，敢于自我批评，有错误就承认，决不文过饰非。据朱尚同回忆说——

1988年冬，他在向胡耀邦同志谈到农村教育的情况时说，上面热衷于加快九年制义务教育进度，下面就报假数字对付检查，可见讲真话真不容易，还是周小舟同志说过的"上有好者，下必甚焉"。对此，耀邦同志深有感慨地说，我也讲过违心的话。我这个人做过些工作，也犯过错误，就不说了。但回顾一生，有两件事是难以原谅自己的，提高来看，也是做人道德的问题。一件是 1959 年庐山会议批判彭老总，我明知彭老总是对的，心里很矛盾，但因为相信中央，也举了手。第二件是 1968 年党的八届十二中全会，大多数中央委员都被打倒了，为了凑足到会人数，我被匆忙解放出来，出席会议。一看到说少奇同志是"内奸"的材料，根据我的政治经验，就知道是不可靠的，这时我已经并不以为上边说的一定正确了，而是抱着夫复何言和不得已的态度，勉强举了手。会议公报虽然说是"一致通过"，但是就有那么一个老大姐，敢于冒天下之大不韪，没有举手，这就是陈少敏同志。在表决前，她说自己心脏病又犯了，伏在桌上，拒绝举手，真是难能可贵。为什么那么多人不得不举手，这当然是由于长期缺乏民主，容不得不同意见，加上"四人帮"实行顺我者昌、逆我者亡的高压手段，使党内普遍形成一种奴化思想意识的结果。我过去讲过，也是从马列著作看来的，在奴隶社会中，大多数人是"奴隶"，极少数是"奴隶主"，也有少数"奴才"。过去到现在，这种奴化思想都是有的，程度不同而已。

据一位新闻记者回忆，1983 年 6 月 1 日中共中央召开的民主协商会议上，耀邦听了大家的发言后说："这次会上同志们发表的意见、提出的建议，中共中央深表欢迎，我们还要认真研究采纳，但是有一句话提出来同大家共勉——毋忘团结奋斗，致力振兴中华！"这位记者赶紧记下这句话，会后他问耀邦："您最后讲的那副对联可不可以写到新闻报道中？"

"什么对联？"胡耀邦问。

"'勿忘团结奋斗，致力振兴中华'呀！"

耀邦笑了笑说："那算什么对联哟。我不过总结了大家发言的意思，顺口说了这么 12 个字罢了。你们要写在新闻消息中也可以，你们自己决定吧，文责自负嘛。"

这位记者将这句话写在纸上递给耀邦审核，他接过笔记看了看，开玩笑地说："哈，你给我写对了 11 个字，有一个字写得不对。"

"哪个字不对？"

"不是'勿'忘，是'毋'忘。"说罢，他要过记者手中的笔，在笔记本上边改边说："是'母'字撇出尾巴的'毋'，不是'忽然'的'忽'字没有'心'的'勿'。"

"'勿'、'毋'通用。"记者解释道。

"嗬，错了还不承认。你们这些同志是解放后上学的吧？"他开玩笑似的说，指着写在本子上的"毋"字说："还是用这个字吧。"当记者答应后转身离去时，耀邦又叫住记者：

"我想了一下，这两句话我改两个字好不好？"

"改哪两个字？"

"把'致力'振兴中华，改为'务期'振兴中华好不好？"

"不好。"记者说。

耀邦见记者不同意改，便开玩笑说："你这个记者这么厉害呀？我讲的顺口溜，我自己要改都不行吗？版权是我的嘛。"

因为耀邦同志向来平易近人，平时见了记者也爱说笑，所以在他面前谁也不拘谨的，这位记者便直率地说："这两句话中，第一句'毋'字打头，第二句是'务'字在先，'毋、务'字音重复，放在一起念起来不如原来的好听，还是不改为好。"

就在这时，杨尚昆、陈丕显、胡启立等领导走了过来。爱开玩笑的陈丕显风趣地扭扭这位记者的耳朵说："你这个记者好，好大胆！敢与总书记吵嘴，该揪耳朵。"

记者笑着向这几位领导汇报了与总书记"争论"的内容，杨尚昆、胡启立、陈丕显都主张不改为好。

"好，那就不改了，这也是大家的意见。"胡耀邦笑着说。

作家张扬还回忆了这样一件往事：1981年春天，张扬途经浏阳，一位领导陪他在城郊漫步时兴奋地告诉他：这儿要修一条高质量的"主席路"，直通文家市（胡耀邦家乡），还说要在文家市建一座大型纺织厂。张不知所说"主席"是谁，对方答："胡主席！""胡耀邦主席！"张不免困惑，胡耀邦当时的职务是党中央总书记，并非主席呀！但那位县领导说："他快当主席了！"虽然"快当主席"是事实，张扬对这件事还是很不以为然。于是他给胡耀邦写了一封信，将有人要修"主席路"和建纺织厂的事告诉了他。事后得知：胡耀邦对此事迅速作出了反应，他给省委写信，坚决制止了这两件事。张扬说："我之所以给胡耀邦同志写那封信，并非因为我人格高尚，而是因为他人格高尚。"

是啊，他正是这样人格高尚的领导者！正如群众后来在为他送行的一幅巨幅标语中所写的那样，"你心装着人民"。在他担任党和国家重要职务的那些日子里，常常夜以继日地工作。尽管他家有门与中南海（办公处）相通，也常常一两个月不回家。在日理万机的情况下，还要挤时间阅读群众来信。他说："每个领导干部平均每天要看一两封有典型意义的群众来信，首长的秘书不能借口爱护首长而任意扣压。"有人约略计算，自1979年1月至1985年7月，他一共批阅2000多封群众来信，主持制定了农村问题的一系列方针政策，多次长途跋涉，深入革命老根据地、少数民族地区、贫困地区、边远地区，调查访问，与当地干部群众促膝谈心，共商脱贫致富计划，促进这些地区的经济开发。他还多次深入祖国边陲和海防前线，慰问人民子弟兵，到过1500多个县、市，足迹几乎遍中国。五年总书记，四年春节在民间，同群众一起度过。他所到之处往往不是大中城市富庶之地，而是"老少边穷"地区。他深入矿山井下、穷僻山乡、牧民帐篷……一头扎进老百姓中间。自胡耀邦开始，这种春节下到基层访问、给群众拜年的工作方法，逐渐作为一项党和国家领导人的工作制度延续了下来，胡耀邦"重民、爱民、亲民"的领导方式也渐成定制。1981年的2月4日是大年三十，中央书记处需要有领导同志值班，胡耀邦说："大家辛苦一年啦，都要回家和老婆孩子团聚，值班的事就由我来吧。"虽然大家与他争了一番，让他也回家过年，可他说什么也不肯，说："服从安排，争也无用。"就这样，他让别的同志都回家了，自己在勤政殿值班守夜。秘书梁金泉说："本来是大年五更，值班就趁机休息一下吧，可他不，还是材料、文件铺了一大堆，伏案工作到深夜，谁劝也不行，凌晨四点多钟才躺下睡着。"这样的共产党员，这样的领导者，真的令人崇敬，在今天越发使人感到高尚，感到亲切。随着时间的推移和岁月的流逝，人们对他的怀念因此也越来越深。每天，特别是节假日里，来他故居和纪念馆参观的人，络绎不绝。

"以铜为鉴，可正衣冠；以人为鉴，可明得失；以史为鉴，可知兴替。"

在20世纪的百年历史中，无数革命志士，以其博大的胸襟、豪迈的气魄、无私无畏的精神、不折不挠的奋斗，为创造我们这个社会主义中国和人民民主的世界，做出了卓越的贡献，有许许多多的革命者流下了宝贵的鲜血乃至牺牲了无价的生命，因此也留下了一座座不朽的历史丰碑。在这些丰碑上，赫然地铭刻着他们崇高的理想和高尚的人格，展示出令后人仰视不已的道德情怀和精神魅力，永恒地向后人启示了"做官"和"做人"的风范。

耀邦同志就是这样一座不朽的丰碑——他的风范与日月齐辉！

4. 笑傲刑场

- 奋袂而起，冲决网罗，意在挽救中华于危亡
- 仰天而笑，临刑壮辞，旨归唤醒东方之雄狮

走进浏阳，就是走进历史——在这部历史中，有浏阳乃至湖南和中国近代史上，那"我自横刀向天笑"的壮烈一幕。

是 1898 年 9 月 28 日，清光绪二十四年（戊戌，1898）八月十三日。下午，阴霾笼罩下的北京宣武门南菜市口——

当监刑官刚毅一声令下，刽子手举起寒光闪闪的屠刀，砍向那正笑傲刑场高呼"……快哉快哉！"的头颅时，一腔热血冲天奔涌——刹那间，中国近代历史的天空上，顿时升起了一颗璀璨的"慧星"。

那是一颗"慧星"，一颗光照千秋的"晚清思想界之慧星"。他的光辉，不仅照亮了中国近代思想界，也照亮了近代湖湘子弟，照亮了近代浏阳的革命志士。

这颗"慧星"，就是时人称为"谭浏阳"的谭嗣同。

> 谭嗣同（1865—1898），字复生，号壮飞，湖南浏阳人，是中国近代资产阶级著名政治家、思想家，维新志士。1898 年初，受湖南巡抚陈宝箴之邀，办《湘报》与时务学堂，后与唐才常等创建了南学会，自任会长，宣扬"爱国之理，救亡之道"，又倡导开矿山、修铁路，宣传变法维新，推行新政，使湖南成为全国最富有朝气的一省。1898 年谭嗣同奉旨入京，以四品卿衔军机章京参与新政。慈禧太后于 9 月 21 日发动政变，谭嗣同拒绝出走，24 日被捕下狱，28 日在北京菜市口被杀，与杨深秀、杨锐、刘光第、康广仁等同被杀害，世称"戊戌六君子"。其著作编为《谭嗣同全集》。

在谭嗣同故乡，在谭嗣同故居，在谭嗣同祠堂，在谭嗣同墓前，我们一次又一次地翻阅着近代史上那壮烈的一幕，谭嗣同的一生，就像电影和电视片一样，清晰而亮丽地浮现在我们的眼前——

外穿一件月白色的长衫，内着玄色的武士装，左手叉腰，右手持剑，浓

眉俊目，闪闪似电，一股立如山岳、傲视死神的凛然正气，仿佛呼之欲出——这是谭嗣同 32 岁时摄于南京的一张照片。

他的老家，在浏阳城北正街大夫第。清同治四年二月十二日（1865 年 3 月 10 日）生于北京，5 岁启蒙，10 岁受教于名儒欧阳中鹄。12 岁结识大刀王五等，开始学剑习武。13 岁回到浏阳老家，传说曾大病一场，几天不省人事，家里正准备为他处理后事，要入殓时他却醒来了⋯⋯病前有些迟钝，醒来病愈后特别聪明，于是取"复生"为字，再师从欧阳先生，与同乡唐才常十分友契。后来又从师于涂启先先生深究诗文。但是，他对八股时文和做官都不感兴趣，身为巡抚的公子，从小生活在士大夫阶层的圈子里，父命难违，不得不勉强应付。曾六赴省试，因不喜科举时文，屡考不中，常有"一生才力尽消磨"之叹。少年时便博览群书，好任侠，喜辞章，富于思想，并致力于自然科学的探讨，喜好今文经学。

光绪三年（1877），其父谭继洵外任甘肃秦巩阶道。翌年夏，谭嗣同与兄、侄同到甘肃秦州（现天水市）。时值大旱，鲁、豫、陕、甘数省，赤地千里，饿莩遍野，时疫流行。谭继洵到任后，在兴修水利、发展蚕桑、严禁鸦片的同时，十分重视疫病防治。为了预防天花，在秦州城内设置了牛痘局，配备专职医官，每年春季谷雨后为儿童施种牛痘，并用自己的俸银购买牛痘苗。然而，当时秦州百姓不相信，谭继洵再三倡导，老百姓仍不信。少年谭嗣同深知父亲苦心，虽然自己在北京已经种过牛痘了，为了现身说法，又带头在自己身上种牛痘。老百姓见状，这才消除了畏惧心理，牛痘在秦州终于普遍推广。《秦州志》上曾这样记载说："时地方尚不知有牛痘，公设局劝种，民不之信，以己子先之，有从之者，奖以彩帛，遣人日往看问，民感其诚，久之始兴。"

谭嗣同一生几乎三分之一的峥嵘岁月，是在甘肃度过的，他的足迹，遍及陇东、兰州、河西⋯⋯后来又漫游苏、皖等十多省，纵马习武，诗酒酬唱，议论今古，比试武艺。一年隆冬，他驰马射猎七昼夜，行程 1700 多里，粮尽则"斧冰作糜"，归来时"髀肉狼藉，血染裤袄，犹怡然自乐"⋯⋯由于广泛地接触下层社会，目睹了清王朝统治的腐败和各地饥民的惨状，立志救民于水火，所以又自号"壮飞"。

光绪十五年（1889）春，谭继洵升任湖北巡抚。谭嗣同随去武昌，时与唐才常、刘松芙等相聚，交流济世救国救民思想。不久，中日甲午战争爆发，清政府与日本订立丧权辱国的《马关条约》。谭嗣同思想因此受到极大刺激，他忧愤交加、饱含深情，写下了这样的诗句，道出了千千万万爱国者忧愤觉醒的心声——

> 世间无物抵春愁，合向苍冥一哭休。
> 四万万人齐下泪，天涯何处是神州？

在给朋友的信中，他还悲愤地写道："这个条约（指《马关条约》）真是将中国的生死命脉尽授予人，全国没有一家一人不亡了。"在《莽苍苍斋诗自叙》中，又这样抒发他心中的愤恨说："天发杀机，龙蛇起陆，犹不自惩，而为此无用之呻吟。抑何靡矣？三十年前之精力，敝于所谓考据辞章，垂垂尽矣；施于今，无一当焉；愤而发箧，毕弃之。"在空前严重的民族危机面前，他猛然惊醒，痛感自己的精力多敝于考据辞章，无补于事，愤而尽弃旧稿，不肯为此无用之呻吟，他想建立新文学，所以试作"新学诗"，倡"诗界革命"，想建立新政治，决心致力于维新，研究维新之道。

1896 年（光绪二十二年），他北游访学，遍交维新之士，对资本主义生产方式和自然科学发生兴趣。就在这时，他结识了康有为的大弟子梁启超，两人谈得十分相投，结为莫逆之交。通过梁启超，进一步接触了解到康有为的维新思想观点，十分敬佩，于是自称为康氏的"私淑弟子"。

1896—1897 年，他以父命入资为候补知府，在南京待委。然而，他无意谋官，更不喜欢官场那些应酬，一心一意广交朋友，不时往北京上海与梁启超讨论学问，研究变法理论，潜心读书，又与杨文会研讨佛学。经过一番探索后，写成了代表性著作《仁学》。

这部著作，集中地反映了他的哲学思想和政治抱负。他提出，要冲决"利禄、君主、人伦"网罗，宣扬"天理即在人欲之中"，认为世界是由物质的原质所构成，其本体是"仁"，世界的存在和发展都是由于"仁"的作用，故称其哲学为"仁学"。"仁"是万物之源，它"以通为第一义"，"以太"是沟通世界成为一个整体的桥梁。由于"以太""不生不灭"，所以就肯定了自然界和人类社会不是静止、停顿而是不断运动、变化和发展的。他批判"天不变道亦不变"的顽固思想，从变易中论证其改革社会制度的政治理想。又以"冲决网罗"的精神，对封建纲常名教，展开了全面而系统的批判，猛烈地抨击历史上的专制统治，指名抨击当时的清朝封建统治，对西方列强的侵略，只知"图自全而已"，全然不顾中华民族的利益，进而大声疾呼：如果"华人不自为之，其祸不胜言哉"？——这一主张，已明显超出了改良派思想的藩篱。正因为此，当 1899 年《仁学》由《清议报》在东京印行时，遭到了康有为的干涉，其中某些激进的言论被康梁擅自删改，邹容和陈天华等民主革命派人物，则从《仁学》中受到启迪，自勉要做谭嗣同的"后来者"。谭嗣同在批判封建专制制度的同时，还提出了鲜明的发展资本主义的主张。从对君主政体的批判中，得出结论说："中国所以不可为者，由上权太重，民权尽失"，进而主张"废君统，昌民主"……当然，其思想的局限性也是显而易见的，例如他认为中国人多"愚"、"贫"、"弱"、"死"，实行民主制度的条件尚未具备。因此，尽管其社会政治思想闪烁有民主革命的光彩，在批判专制制度的同时，提出了发展资本主义的政治、经济以及变法等主张，但在政治实践中，他却始终是康有为维新主张的崇拜者和实行者。梁启超称赞他，"其尽脱旧思想之束缚，戛戛独造，则前清一代，未有其比也"，倒也是实话。

《仁学》的完成，使谭嗣同的思想步入了一个新的阶段，他对中国的命运、前途，思索得更多，也更深入更迫切了。他认为向西方学习，变法改革，才是出路，于是在光绪二十一年（1895）与唐才常等共议后，回到家乡"小式于小县"，先后在浏阳兴办算学馆，开湖南新学之先河，受到社会关注。1897 年应湖南巡抚陈宝箴的邀请，与唐才常在长沙创办《湘报》与时务学堂，创建南学会，自任会长，起着总负责人的作用，经常进行慷慨激昂的演说。他的讲演，气势磅礴，观点新颖，语言铿锵犀利，道理清晰明确，深受听众的欢迎。又成立图书室，捐献藏书 101 种 557 册，倡导开矿山、修铁路，推行新政，使湖南成为全国最富有朝气的一省。这时期，他发表了《中国情形危急》、《论今日两学与考古学》等文章，宣扬"爱国之理，救亡之道"，提倡学习西方社会政治理论和自然科学知识。虽然屡遭顽固派攻击，但他决不动摇，自云："平日互相劝勉者，全在'杀身灭族'四字，岂临小小利害而变其初心乎！"

1898 年 4 月，在戊戌变法的高潮声中，经翰林院侍读学士徐致靖（字了静，别号仅叟，意谓六君子被害，刀下仅存的意思）的推荐，被光绪征召赴京，以四品衔在"军机章京上行走"，与林旭、杨锐等人参与各项新政，在皇帝左右处理奏折，忙于变法事宜。

在离开湖南去北京的前夕，好友唐才常特为他饯行，两人曾仔细地分析过局势。这时的谭嗣同，头脑是比较清醒的。虽然他对光绪帝抱有很大希望，幻想通过皇帝的支持，实现自上而下的改良，以避免剧烈的社会动荡。

但在他的骨子里，其实充满了对君主制的憎恶，他曾说过："誓杀尽天下君主，使淤血满地球，以泄万民之恨"，直斥"君为独夫民贼"，还把一切封建皇帝视为"大盗"，把历代为封建统治服务的思想家皆骂为"乡愿"，认为正是这些"大盗"与"乡愿"，互相利用，互相勾结，才形成了一张"尽窒生民之灵思"的封建天罗地网。他认为天地万物无不处在变化日新之中："天不新，何以生？地不新，何以运行？日月不新，何以光明？四时不新，何以寒暑发敛之迭更？草木不新，丰缛者歇矣；血气不新，经络者绝矣；以太不新，三界万法皆灭矣。"所以，他意识到，此去并非坦途，估计到变法维新的路上，布满了荆棘，前途并不乐观。他曾对爱妻李闰说：此次赴京，吉凶未卜，要"视荣华为梦幻，视死辱为常事，无喜无悲，顺其自然"。又对时务学堂的师生说："我不病，谁当病者？"这说明他多少是有思想准备的，且早已将荣华富贵、生死存亡置之度外，决心为变法图存、为国家昌盛，贡献自己的一切力量，乃至自己的生命。

1898年6月11日，光绪帝在维新派支持下，开始推行一场资产阶级改良运动，其内容是：在政治上，提倡广开言路，官民均可上书言事，不许任何人阻挠，撤掉闲散衙门，裁减多余人员，人可以自由谋生；在经济方面，设工商局，支持搞实业，提倡发明创造，设铁路矿务局，鼓励人民修铁路、开矿山，设邮局、撤驿站，编制国家预算、设立国家银行；文化教育方面，废八股科举制，设立新式学堂，可以自由办学会、创报馆、设立翻译局，可以出国游学留学；军事方面，裁绿营，采用新式办法训练军队，建设新式海军。为了推动变法，光绪任命康有为、梁启超、杨锐、刘光第、谭嗣同、林旭等具有维新思想的知识分子到中央工作，同时罢黜一批旧官僚……正是因为这些激进的措施，触犯了以西太后为首的顽固派的利益和权威，因此遭到了他们的反对。他们躲在黑暗中，密谋政变。光绪皇帝得到这个消息后，惶惶不可终日，接连下了两道密诏，要康有为、谭嗣同等急筹对策。

在紧迫的形势下，谭嗣同思前想后，觉得只有找救助，于是在9月18日夜间，独身前往袁世凯处，企图策动手握兵权的袁世凯围禁颐和园，杀荣禄，囚慈禧，以解皇上危难。

谭嗣同来到袁世凯住处，未及通报，便径入其屋，寒暄几句之后，直接谈到了正题，急切地对袁世凯说：

"听说太后与荣禄密谋，10月天津阅兵，将废光绪，取消新政。"

袁世凯是个滑头的政客。他本是李鸿章提拔的洋务派官僚，虽然曾经参加过康有为办的强学会，那只不过是借此沽名钓誉，赶潮流给人看罢了，他哪里有什么变法要求。表面上，他装着拥护皇帝、拥护变法，实际上不仅不敢反对以慈禧太后为首的顽固派，且骨子里头与他们本来就是一丘之貉。听了谭嗣同的话，袁世凯故作惊疑之态，随即说道：

"此种传闻，断不可信。"

"今天能救皇上的，只你一人了。你如果愿意救，就请救之，如不愿意救，你可以到颐和园去向太后告发我，可以得到荣华富贵。"谭嗣同的脸涨得通红，情绪激昂地说。

狡猾的袁世凯，当面没有拒绝，他故作姿态，慷慨地说："'圣主'是我们大家共同拥戴的君主，你我同受皇上特殊的恩宠，救护皇上的责任，并非只你一人，也是我的责任，你有什么吩咐，我愿洗耳恭听，万死不辞！"

谭嗣同觉得一切如愿，便轻信了袁世凯的话，满意地告辞，冒着凄风冷雨，回转向康有为等人"报喜"去了。他哪里料到，袁世凯奸诈狡猾，心毒意狠。在光绪和慈禧这两派之间，他深知慈禧力量比光绪的力量大得多。他早就想好了，只有投靠慈禧，才能实现其更大的野心。所以，他根本就没有想去履行自己的诺言，而是将全部秘密向荣禄报告了。荣禄是慈禧身边的一条走狗，他立即面见慈禧，一五一十地报告。慈禧听罢，十分恼怒。一番密谋之后，赶回北京，进入宫廷，先是逼光绪下诏"请太后训政"，接着查抄皇帝住处，搜去所有文件，之后又将光绪皇帝囚于中南海瀛台，搜捕维新派人物。举国瞩目的维新变法，终于成为泡影。从1898年6月11日光绪帝发布《明定国是诏》开始，到9月21日，西太后发动政变为止，历时103天。这就是历史上的"百日维新"。

从9月21日到24日，慈禧派出官兵，大肆搜捕帝党人物。形势大变。维新派被捕的被捕，逃亡的逃亡。康有为乘船逃走，梁启超暂避日本使馆，准备去日本避难。

谭嗣同本来是有条件逃走的。当时，有日本朋友数次苦劝，谭嗣同却置若罔闻。再三强之，他傲然宣称："各国变法，无不从流血而成；今中国未闻有因变法而流血者，此之所以不昌者也；有之，请自嗣同始！"梁启超在《戊戌政变记》中这样记载说："时余方访（谭）君寓，对坐榻上，有所擘划，而抄捕南海馆（康先生所居也）之报忽至，旋闻垂帘之谕。君从容语余曰：'昔欲救皇上既无可救，今欲救（康）先生亦无可救，吾已无事可办，惟待死期耳！'君竟日不出门，以待捕者。"

一连三日，谭嗣同和江湖侠士谋求解救囚禁中的光绪帝，仓促间不能成事。24 日黎明时分，他命仆人敞开浏阳会馆大门，自己安然品茶，坐等官兵拘捕。他是个爱吃辣椒的浏阳人，在北京住在浏阳会馆，离此后就义的菜市口不远。他的居所，曾自题为"莽苍苍斋"，门联是"家无憺石"，下联是"气雄万夫"。康有为认为此联锋芒太露了，他便改成"视尔梦梦，天胡何罪？于时处处，人亦有言"。

这时的谭嗣同，决心殉国。然而，他却一再地敦促梁启超"试入日本使馆，谒伊藤氏，请致电上海领事而救（康）先生焉"。

在静候被捕的三天中，他先是伪造了很多封父亲谭继洵写给他的信，信中充满了反对维新的论调。果然，这些信后来被搜去后，清廷认为谭继洵与谭嗣同的活动无关，对于谭继洵处罚很轻，只是驱逐回原籍而已。

嗣后，谭嗣同静静地在自己住处收拾东西，将多年来所写的诗文稿件、来往书信，装了满满一箱子，来到梁启超避居的日本使馆，托付给梁启超说："不有行者，无以图将来；不有死者，无以召后起。程婴杵臼，月照西乡，吾与足下分任之。"两人相与一抱，离别时，又对梁直白地说："各国变法，无不从流血而成，今日中国未闻有因变法而流血者，此国之所以不昌也。有之，请自嗣同始！"他坚定地要以自己的死唤醒后来有志图强的人。

谭嗣同虽然对光绪皇帝有看法，憎恶古来的暴君，在《仁学》中痛斥"彼君之不善，人人得而戮之"，要变法，就要冲决君主、伦常、利禄、俗学、天命等网罗，但他也感激光绪的知遇之恩，因此在追捕前三日，依然不顾自己的安危，找到江湖侠士，希望能够救出被囚禁的光绪帝。

被捕前一天（八月初八日），他先到皮库营看林旭，随即由后门到上斜街徐宅看望徐致靖先生（时为翰林院侍读学士）。徐老留他吃饭、饮酒，他对徐先生说：

"变法维新失败了，任公我已托日本使馆，掩护他到津，由海道赴日，贼党追捕康先生甚急，吉凶未卜。"

徐老问他："你作何打算？"

谭嗣同用筷子在头上敲了一下说："小侄已经预备好这个了，变法、革命，都要流血，中国就从谭某开始。"

徐老后来对人说："谭先生在临危时，谈笑自如，慷慨激昂，真豪杰之士。"又说："我对不住谭浏阳，如不保他内调，不致被害。"

9 月 24 日，谭嗣同在"莽苍苍斋"被捕。由于王五给狱中官吏送了钱物，才使谭嗣同免受许多皮肉之苦。在狱中，他大义凛然，神情自若，视死如归。抚今思昔，眷念祖国和水深火热中的人民，忧愤地在狱壁上写了一首绝命诗：

> 望门投止思张俭，忍死须臾待杜根。
>
> 我自横刀向天笑，去留肝胆两昆仑。

28 日，北京城笼罩在一片阴沉昏暗的风沙里，宣武门外菜市口刑场上，竖立着六根木桩，木桩上绑着谭嗣同、刘光第、杨锐、林旭、康广仁、杨深秀六位爱国志士。以慈禧为首的顽固派，怕夜长梦多，怕外国干涉，怕人民起而抗议，便急匆匆地处决这些人以绝后继，下令于下午四时行刑。

行刑前，"六君子"面不改色，横眉冷对。刘光第提出质问："吾辈纵不足惜，如国体何？如祖制何？"监斩官刚毅无言以对。谭嗣同昂首对刚毅："我要讲一句话。"刚毅还是不听，他于是仰天大呼：

"有心杀贼，无力回天；死得其所，快哉快哉！"

呼罢，哈哈大笑，从容就义。

此情此景，使围观的人，无不潸然泪下。据说，后来当刘光第的灵柩船运回故乡四川，过三峡时，沿江人民结队相送，百余人相助拉纤，各码头纷纷燃香设供，临江祭奠……

谭嗣同死后，大刀王五为他收尸。另有一说，收尸的是老管家刘凤池。他后来说谭嗣同死状极其惨烈，刽子手一连三刀，都没有将头颅砍断，刚毅惊惶失措，命令将谭嗣同直接按倒在地，刽子手又连续剁了几刀……到下半夜时，老管家花了十多两银子，雇了几个苦力，从刑场上将遗体抬回，放在浏阳会馆谭家后院的老槐树下。当人们缝合头颈时，发现肩胛上也留下了深深的刀痕，大殓入棺时，还发现谭嗣同仍两手攥拳，紧不可解，满口银牙已尽数咬碎，颈间的血流积胸前，竟凝成一碗口大的"刀"字……

第二年，谭嗣同的骨骸运回原籍湖南浏阳，葬于城外石山下，后人在他墓首华表上刻上一副对联，以表扬英灵：

> 亘古不磨，片石苍茫立天地；
>
> 一峦挺秀，群山奔趋若波涛。

梁启超后来说，谭嗣同是"中国为国流血第一烈士"，并指出："谭浏阳之《仁学》，以宗教之魄，哲学之髓，发挥公理，出乎天天，入乎人人，冲重重之网罗，造劫劫之慧果，其思想为吾人所不能达，其言论为吾人所不敢言，实禹域未有之书，抑众生无价之宝"，不愧是"晚清思想界之慧星"。其著作，后经整理出版为《谭嗣同全集》。民国二年（1913）在县城建烈士专祠；后又以嗣同为县城一路名。1983年湖南省政府拨款修谭嗣同墓，并建谭嗣同纪念馆，对外开放。

谭嗣同的妻子李闰，生长于诗书家庭，少即好学，博览群书，擅胜诗韵，被推列为晚清"湘中五子"。18岁时嫁给谭嗣同，生有一个儿子，不幸早年夭折。谭嗣同冰雪情操，著文反对纳妾，而且严于律己，和李闰相敬如宾，伉俪情深。据说，赴京前夜，夫妇俩曾灯前夜话，对弹谭嗣同亲制的"雷残琴"与"崩霆琴"，暗示"江湖多风波，道路恐不测"。在长沙时，谭又写信给李闰，称谓是亲切的"夫人如见"，并以"视荣华如梦幻，视死辱为常事"相劝勉，似乎有某种预感，想让妻子李闰有思想准备，更有珍重与托付之意。所以，谭嗣同北上后，她牵肠挂肚，对月焚香，祈求远行的丈夫顺利平安，"如有厄运，信女子李闰情愿身代"。

谭嗣同就义时，李闰陪同谭父（继洵）正在南归浏阳的道路上。当她得到这个噩耗时，心都碎了，当即惊起，由船首跃入湘水，幸被救回。苏醒后，即乘轿赶到长沙巡抚衙门。当时的巡抚是同情变法的陈宝箴，陈将李闰让进内室，方欲宽言劝慰，李闰已如山崩岳颓般伏地恸号，俄尔悲声道："吾先曾谋虑如何救谭君，现在唯愿朝廷速治罪捕吾。如此，则吾与谭君即可相会于地下矣。"言犹未了，但见寒光闪处，李闰从袖间抽出匕首，抹颈自刎！鲜血喷溅巡抚一身，衙中诸人莫不惊骇，慌忙唤来医生，包扎伤口，把李闰小心翼翼护送到谭府……

李闰决心继承夫志，因此自号"臾生"，表示自己含悲忍辱暂且苟活之意。她养亲抚侄，含辛茹苦，热心社会公益事业，创办了浏阳前所未有的女子师范学校，为人民做了许多令人怀念的好事，康有为和梁启超因此赞之为"巾帼完人"，并且书写一匾赠之，现仍挂于大夫第厅堂上。

李闰1925年逝世，享年60，安葬在谭嗣同墓地一侧的山冈上。其墓几年前曾加修葺并新立一碑。生前，她年年在谭嗣同忌日作悼亡诗，其一是："前尘往事不可追，一成相思一层灰。来世化作采莲人，与君相逢横塘水。"据说她有悼亡诗一卷，留于浏阳谭家祖屋，可惜"文革"中下落不明。流传至今的还有一首七律：

　　盱衡禹贡尽荆榛，国难家仇鬼哭新。
　　饮恨长号哀贱妾，高歌短叹谱忠臣。

已无壮志酬明主，剩有史生泣后尘。

惨淡深闺悲夜永，灯前愁煞未亡人！

谭嗣同的墓，在浏阳郊区半山坡上，上下两段圆弧状的石板，组成眼睛状的围栏，墓占地面积不大，其表面用指头大小的卵石，一颗颗地镶嵌而成。百年风雨，卵石已经变成了黑土的颜色，远远看去，浑然一体，只有走到近处，才会发现个中奥秘。墓后是三块相对独立又合在一起的雪白的碑石。最右边的辅碑，写着立碑的时间："光绪二十七年辛丑夏"。中间的主碑写着"清故中宪大夫谭公复生之墓"。最左边的辅碑，则写着立碑人的姓名："兼祧子谭炜立"。据说，谭嗣同死后的第二年，也就是1899年（光绪二十五年），谭氏家族就将他的尸骨收殓埋葬，因后党势力猖獗一时，对维新人士继续采取高压手段，为了避祸，谭家没敢立碑。直到1901年义和团运动后，清廷被迫更弦易辙，谭家这才公开为谭嗣同立了碑。因为谭嗣同生前无子嗣，谭家遂让他的侄子谭炜，充当其"兼祧子"，为其继承香火。

站在墓前草地上，望着烈士墓，我们想起了王船山曾经说的，"历忧患而不穷，处生死而不乱"，这是对人的胸襟和气量的最高要求。自古以来，能够做到这两点的人却不多，谭嗣同则是其中的佼佼者。康有为曾这样赞扬谭嗣同："挟高士之才，负万夫之勇，学奥博而文雄奇，思深远而仁质厚，以天下为己任，以救中国为事，气猛志锐。"

是的，"以天下为己任"——中国古代先哲这种以道自任的精神，不仅在谭嗣同身上，而且在湖湘子弟的思想中，都是表现得最为强烈的。在中国近代史上，湖湘子弟曾经为伟大而崇高的历史文化使命，呕心沥血，奔走呼号，抛头洒血，"天下有道，以道殉身。天下无道，以身殉道"（《孟子·尽心上》），正是这种精神的光辉写照。其中最杰出的代表和典型，当然是谭嗣同了——那惊天地、泣鬼神的一句"我自横刀向天笑"，像春雷一样震响在阴云沉郁的天空，向瑟缩在"残冬"里痛苦呻吟的人们，报告了"长沙子弟最先来"的信息，首次揭开了湖湘子弟奋斗不已的救国救民的历史序幕，因此而昭示了后来者——

生命不怕死，在死的面前笑着跳着，跨过了灭亡的人们向前进。（鲁迅语）

谭嗣同诚然不是近代最杰出的人物，但他却是最有警示意义的先驱者。作为浏阳人，他的鲜血，凝聚了太多的湖湘子弟的特征。他的血性的形象，穿越了时代和历史的沧桑，永久地启示着后人。正是烈士"我自横刀向天笑"的鲜血和"以道殉身"精神的感召，湖湘子弟的后继者们，为求取救国之"道"，前仆后继而来了——

先是谭嗣同的好友唐才常，从谭嗣同的牺牲中认识到了，非暴力不足以改革旧制度，因此决心"剩好头颅酬死友"，发愤"树大节，倡大难，行大改革"，于1900年举行自立军起义。这是从改良走向革命的开端，虽然很快失败了，却为后来的辛亥革命树立了榜样——改良派和革命派终于分道扬镳，革命此起彼伏。

> 唐才常（1867—1900），湖南浏阳人，字伯平，号绂丞，后改为佛尘。清末维新派领袖，自立军首领。光绪二十三年（1897）举拔贡，与谭嗣同一道，主笔《湘学报》，参办时务学堂，创办南学会、《湘报》，成为南方维新变法的重要人物。维新失败后逃往日本，1899年回国。次年，在上海组织正气会，旋改名自立会，拥护光绪帝当政，组织自立军七军，自任诸军督办，拟于8月9日起义，因待康有为汇款未到延期。8月21日晚被张之洞逮捕，次日被害于武昌紫阳湖畔。遗著有《唐才常集》。

禹之谟领悟到幻想清廷实行改良是"与虎谋皮"，转而"大声疾呼，唤醒世人无为奴隶"。焦达峰少年时就表示，"吾唯有从谭嗣同、唐才常之后耳"，因此而成为辛亥革命中的杰出人物。

> 焦达峰（1886—1911），浏阳人，辛亥革命元勋，中华民国军政府湖南都督府都督。少时深受谭嗣同、唐才常思想影响，倾向进步。1903年加入哥老会，1906年参加萍、浏、醴起义，后赴日本学习，加入同盟会，被推为调查部长。1909年归国，设共进会总会于汉口，并于浏阳普迹市开山堂，充龙头大哥。1911年春图谋响应广州起义，事败避居汉口。武昌起义爆发时，率湖南会党及新军积极响应，10月攻占长沙，赶走巡抚余诚格，被举为湖南省军政府都督。同月湖南立宪派发动兵变，与副都督陈作新同时被害。后赞二人为"三湘二杰，十日千秋"。

此后，更有黄兴、杨毓麟、蔡锷等等湖湘子弟"尽掷头颅不足痛"，在资产阶级民主革命史上，写下了新的悲壮的一页。此后，浏阳乃至湖南近代历史的天空上，不断地升起一颗又一颗耀眼的明星。这情景，诚如一首纪念谭嗣同的词所描写的那样——

> 书剑情怀家国，经纶抱负河山。纵马风尘磨侠骨，对策朝堂砺铁肩。兴亡谈笑间。
>
> 碧血染红青史，丹心照亮郊原。但得兆民醒百世，何憾人生三十三。名随星火传。

5. 围山道吾

- 登山览胜，概风光神雕仙造，因得抒怀
- 入水漂流，叹人生波起浪涌，惟有奋进

> 大围山高高几许，绝顶嵯峨载林坞。
> 石隙花开自夏春，地炉僧拥无寒暑。
> 清流白鹇涤毛距，绿树黄熊引筋膂。
> 山腰日午婴儿啼，知有雷公出行雨。（元·欧阳圭斋《大围山》）

> 道吾高不极，雄镇古潭州。
> 绝顶终朝到，群峰一望收。
> 寺残谁失火，僧老自悲秋。
> 未尽登临兴，重来此地游。（明·肖敷《登道吾山》）

把这两首诗引在这里，前者写的是大围山，后者咏的是道吾山。这两座山，都是浏阳市的风景名胜。旅游浏阳，两座山是不能不去登览的。

浏阳，不仅是一块热土，还是一片神奇的土地，既有光照千秋的红色文化，有名垂青史的志士仁人，有溢香流彩的地方特产，有世人称道的非物质文化遗产，还有数量众多的名胜占迹，特别是那山清水秀的生态文化，真让人如临仙境，美不胜览。走进浏阳，登山能够览胜，临水可以漂流，但见人文与自然交融，现实与历史承续，特别是登攀大围山和道吾山时，一路上，有故事、有传说、有神话、有歌谣，有诗词、有游记，从奇松、怪石、溪水、风涛、云海、"佛光"等风景名胜中，不时被"释放"出来，令人应接不暇，置身其中，大家情不自禁地引吭高歌……

浏阳的名胜古迹很多。自古以来，由于这里素为兵家必争之地，自唐至清，战乱迭起，特别是历次更换朝代，战事无不波及浏阳，劫后均有移民入浏，尤以宋末元初为最，四境风俗因此各异，仅是语言，就有湘、赣、客家之分。民国前期，南北军阀交相袭扰，"十年九遭"，土地革命时期，国民党"围剿"苏区，实行"三光"政策，抗战时日本鬼子五次侵犯，给浏阳极大的破坏，许多文物古迹名胜可惜有其名而无其实了。然而，仅从现存的上百处名胜中，人们还是可以得览其胜的。

　　例如，革命历史文物甚多，这是浏阳的骄傲。因为浏阳是革命老根据地，中国共产党早期活动地之一。1918年起，就有十余名浏阳籍进步青年，先后在长沙参加新民学会。1920—1921年，浏阳罗章龙、李梅羹、陈昌等先后在北京、长沙参加共产主义小组，他们利用各种机会，向家乡传播马列主义，为浏阳建党奠定了思想基础。1921年10月中共湖南支部成立后，潘心源、田波扬、欧阳晖、陈作为等一批浏阳籍学生，相继在长沙加入共产党，他们奉组织派遣，在浏阳发展党员，创建党的地方组织。1925年4月，潘、田等在北区毛公桥创建了中共浏阳特别支部，这是县内最早的中共组织。浏阳的革命历史文物保护单位因此很多，据查实有43处，包括全国重点文物保护单位3处，省级文物保护单位11处，市县级文物保护单位29处。其中既有重大革命历史事件旧址，也有党和国家领导人的故居和革命烈士纪念场所，有大革命时期保存下来的红军标语，有将军墓。我们一一走过浏阳文庙、锦绶堂、王首道故居、王震故居、宋任穷故居、李白烈士故居、胡耀邦故居，秋收起义文家市旧址，等等。

　　锦绶堂——位于浏阳市东门集镇楚东山下，始建于清光绪二十三年（1897），坐北朝南，三进院落，砖木结构，总占地面积4000多平方米，原有大小房屋、楼舍100余间。其建筑布局谨严，雕饰、绘画工艺精美，具有较高的艺术价值。1931年3月，以王首道、杨幼麟为首的湖南省苏维埃政府在此办公。同时进驻的还有共青团湖南省委、中共湘东特委、省总工会、省反帝大同盟、省妇联、省工农银行及下属造币厂等单位。当年11月，湖南省苏维埃奉命撤出锦绶堂，转移至万载小源，与新的省苏维埃机关合并。

　　浏阳文庙——位于浏阳城东圭斋东路，始建于宋元间，其址初在县城东面，兴毁多次。明弘治末年（1505）迁到县城西，后经过十次修葺，历经数百年的风雨。清嘉庆二十三年（1818）迁建于今址。1986年国家文物局拨款大修。于1988年10月10日公布为湖南省级文物保护单位，1991年在此建立了浏阳县博物馆。文庙坐北朝南，周围筑有高墙，早先占地面积 6000 多平方米，现占地面积 1783 平方米，庙长 147 米多，宽 42 米多。其建筑布局严谨，结构合理，雕作精细，气势宏伟非凡，是浏阳古乐的发源地，具有很高的历史和艺术价值。中轴线上由南向北，依次为万仞宫墙、泮池石桥（状元桥，已毁）、棂星门（已毁），经七级石阶进入大成门，过长甬道，上阶梯，经露台到达大成殿，殿后为御碑亭。奎文阁则位于文庙后山。民国以前，这里每逢春秋两季和孔子诞辰时，必举行隆重祭典，奏祭孔古乐。至民国时，文庙辟为县立初级中学，胡耀邦、杨勇、李志民等先后在此就读。1926 年中共浏阳县第一次代表大会在此召开，成立了以潘心源为首的首届委员会。庙内原有全国唯一完整的"八佾古乐"一套，并有乐谱、舞谱，这套古乐谱被视为世界文化瑰宝，乐器现存于湖南省博物馆内。

奎文阁——奎文阁坐落于浏阳文庙之樟树坪，始建于清道光二十三年（1843），是全木结构的两层青瓦楼阁式建筑，建造精细而颇有讲究。谭嗣同、唐才常与其师欧阳中鹄等于清光绪二十一年（1895）在此创办中国近代第一个科学技术团体算学馆。其时，谭嗣同邀约 16 人，每人出制钱 50 缗（一千文为一缗），组成中国第一个数学馆——"算学格致馆"，浏阳新学由此产生。谭嗣同亲自授课，讲述算学的用途，并从中灌输变法思想，使浏阳充满了勃勃生机。当时，算学馆以培养"诣极精微"的数学专门人才为己任，规定生员须在 30 岁以下，肄业三年，主修数、理、科学等课。此外，馆内还备有社会科学和自然科学方面的"西书"，订有《申报》、《汉报》、《万国公报》等报刊，供生徒课余"阅看外国史事、古今政事、中外交涉、算学、格致诸书及各新闻纸"。浏阳算学馆规模不大，存在时间也不长，戊戌变法后，即无形停顿了。自浏阳算学馆开设后，各府、州、县纷纷仿而效之，在书院中添设算学，研习算学之风渐起。唐才常曾说："湘省直中国之萌芽，浏阳直湘省之萌芽，算学又萌芽之萌芽耳。"奎文阁作为中国近代史上第一个科技群众团体活动旧址载于《中国科学技术团体》一书。

围山书院——围山书院位于浏阳市东门集镇东隅，左依虎行岭，右傍浏阳河，始建于清光绪二十四年（1898），为浏阳名儒涂启先（谭嗣同老师）等为首创建，是浏阳境内八大书院现存二座之一。书院坐东南朝西北，门向 260 度，砖木石结构，风火墙，硬山顶，三进五开间，两侧各有三开间建筑一栋相连，共占地 880 平方米。进门是一宽大的操场，柏树和落叶松昂然而立。书院前栋有一天井，植有 100 多年的罗汉松、蜡树各两棵。书院开设天文、地理和物理、化学课。民国初年，该书院更名"上东围山高等小学校"。新中国成立后，书院一直为该地的中小学校使用。书院周边陆续建有教师宿舍、教室、厨房及运动场所等。书院创始人涂启先（1833—1899），字舜臣，晚年自号"大围山人"，东门都佳墈人，清同治癸酉科优贡，与欧阳中鹄相交甚笃。他博学多才，因见国事日非，无意仕途，屡次辞官不受，曾先后执教于岳麓书院、浏阳南台书院，曾为谭嗣同的老师。书院建成后不到两个月，涂启先因过度操劳，肺病转重，便与世长辞了。

浏阳古代最著名的历史文化人物，是欧阳玄。

欧阳玄（1272—1357），字原功，浏阳人，文学家、史学家。幼年聪明异常，母李氏亲自课读经传，日能记诵数千言。随南宋遗老学辞章，凡经史百家无不研习，于宋理学源流尤为精通。延祐二年（1315）中进士，授岳州路平江州同知，历官国子博士、翰林院侍制兼国史院编修官、翰林直学士兼国子祭酒、翰林学士承旨、辽宋金三史总裁官，特授湖广行省右丞致仕。仕途通达，以布衣跻高位，是著名的文人、史学家，人称"一代宗师"。著有《圭斋文集》16卷，入《四库全书》。

还有宗教文化，这在浏阳，也是有悠久历史的。仅是著名寺庙，就有石霜寺和兴华寺，以及失马桥、仙姑岩、白茅尖等等。

麻衣庙——又名杨孝仙庙，位于浏阳市白沙镇河西，清咸丰五年（1855）始建上栋，光绪时增建前栋、戏台、吊楼等。相传唐玄宗天宝年间（742—756），浏阳有孝子杨耀庭，家贫事医自远归，母已病逝，自惭不能救母，遂沉水以殉。时邑东县演武场之左塘中不时现莲花，士人疑而掘之，见孝子麻衣溺，面如生，乃祀之。此后历朝皆称为麻衣神，病祷每灵。清咸丰年间（1851—1861），当地刘某身患沉疴，后诣浏阳孝仙庙祷之而瘥，故梓里人士便迎香火于白沙。此后香火日盛，特别是在孝仙七月初八寿诞之期，从初一至初八，形成传统庙会，信士商贾数万人聚集白沙。

玉皇殿——玉皇殿高踞于浏阳石柱峰西坡海拔 1059 米处，坐东朝西。玉皇殿原名樱桃观。专家考证，此处是东晋许逊所创婴母教的发祥地。宁康三年（374）许逊举家 42 口，从南昌西迁至浏阳县金顺山石柱峰，在山腰一酷似女阴的桃形石（名樱桃石）旁掘穴结庐，诵经立说。殿内今存明朝花岗石碑，竖刻"前朝开立后宣和重修当今万历二十五年丙申岁修"等字，可见此观最迟建于唐代（618—907），是浏阳县志所记明代 6 个古观之一。今存建筑为清光绪二十四年（1898）重修。玉皇殿面阔五间，进深三间，中有过亭戏台，风火山墙全为花岗石砌成，相传部分石料系唐代遗物。前殿存嘉庆十六年（1811）所铸五爪钮铁钟一口，殿左侧天井有"百汇泉"及光绪十七年（1891）所刊关于此泉历史的青石碑。据《浏阳县志》记载，该泉系明嘉靖二十七年（1548）县丞李潜命名。

石霜寺——又名崇胜禅林，也称为霜华寺，位于金刚村霜华山上，依山坡分台阶而建，是座历史悠久的佛教建筑，浏阳"四大祖庭"之一。石霜寺创建于唐僖宗时期（874—888）沙门庆诸之手，由唐宰相裴休监建，被赐为"唐代国寺，仰食皇恩"。鼎盛时期，占地面积1万多平方米，今存3646平方米。千百年来，高僧辈出。该寺坐北朝南，砖木结构，布局匀称，中轴线自南至北，依次有大雄宝殿、观音殿、卧佛殿，两侧有禅楼、禅堂、祖堂、关圣殿、三圣殿、斋堂、客堂、方丈室等。正殿高九丈，主佛高七丈，房屋建筑18栋。前部设山门，门内后增建天王殿、钟鼓楼等。该寺历经唐、宋、元、明、清各代，几经兴毁，屡经修葺。原始建筑损毁殆尽，现存建筑大都为清代修建，今存大雄宝殿、关圣殿、云水堂、洪音阁、祖堂、方丈室、客膳厅、花蓼阁等。另有部分石碑木匾幸存，其中如"裴休遗笏"等，是研究石霜寺佛教渊源历史不可多得的实物资料。大雄宝殿居建筑群中心位置，占地面积764平方米，高18米，建于花岗石台基之上，重檐歇山顶，副阶周匝，在长沙寺庙建筑形制中规格较高，方丈室居全寺最高处，结构比大雄宝殿较矮小，面积250平方米，高11米，硬山屋顶。庆诸居石霜寺30年，僧众追随者上千人，其中十之七八参禅长坐不卧，谓之"枯木禅"，名声远扬。相传唐僖宗的第三个儿子，即普闻禅师，在石霜寺出家，法号"龙湖"，山涧旧有"太子桥"遗迹。唐代高僧慈明、楚圆，其弟子慧南、方会，在黄龙山、杨岐山布道讲经，创立黄龙、杨岐两佛教流派。后又有日本国高僧明庵西荣和俊芴来此学法，回国创立了日本佛教中的临济宗、中严宗两派系。所以，该寺不仅是佛教黄龙和杨岐两宗的发源地，同时也是日本主流佛教的祖庭，俊芴等的师傅，都是该寺高僧慈明、楚圆的弟子，曾被誉为"楚南道场明珠"，具有重要的研究价值和历史价值。1988年7月，浏阳市政府将其公布为县级文物保护单位，2005年8月，长沙市政府将其公布为市级文物保护单位。古人曾留有诗文，咏记其游，如清代韩景有《石霜寺记》，宋代长沙人毕田和南宋四大中兴名将、曾任潭州知州的刘锜等，都有诗作记游。

例如宋代长沙人毕田有诗："石上泉华喷猛霜，境奇因此辟禅房。使君环笏留何用，枯木千余满一堂。"（《石霜寺》）

最有意思的，是宋代刘锜那首《憩霜华山寺》，具有鲜明个性。瞧他：

> 净扫妖氛六合清，匣中宝剑血犹腥。
> 夜观星象鬼神泣，昼会风云龙虎惊。
> 重整山河归大宋，两扶社稷定东京。
> 山僧不识英雄汉，只管叨叨问姓名。

有失马桥。这是道吾山半山腰上的一处名胜古迹。相传沙伽龙得道成仙后，落户于道吾山，得到经常上山采药的药王孙思邈的点化，治好唐文宗李昂的病。文宗为感谢他，应沙伽龙要求，派钦差骑御马，火速赶到道吾山，敕建龙神庙。钦差将马拴到此处，步行上山，待返回时，发现坐骑不见了，"失马桥"由此得名。

有仙姑岩。在张坊集镇以南，崖石嶙峋，主峰突耸，登绝顶可以俯瞰全区，既是游览胜地，又是防空哨所。绝顶有石洞，旧时曾祀女神七尊名七姑。有座石炉，刻明正德年月。下有围子岩，周围砌石，传说是明末避乱者的建筑。

有白茅尖。位于普迹与醴陵交界处，距县城 90 里，构成一道天然屏障，海拔 597 米，与黄茅、乌峰组成为三尖峰。原先有碑，上镌"第一峰"三字。下数十丈也曾有庵，庵前有孔道，绕峰腰而过，可达醴陵北境。庵右有泉，水甚甘洌，这里所产的茶叶，也与别处不同．麓口有观音洞，旧时代有人患病时，常常来此祈祷，传说有白茅道人居此，故名。

有"浏阳八景"。据旧县志载，浏阳有著名的"八景"：相台春色、枫浦渔樵、鸿客斜阳、飞亭芳草、药桥泉石、巨湖烟雨、吾山雪霁、中州风月等。这八景主要集中在县城及其附近，每一景都包含有一个典故，其中有裴休、杜甫、杨时、孙思邈等名人流寓浏阳的轶事、传说。仅仅从其名称来看，那已是美轮美奂极了。清代浏阳人周忠信有《浪淘沙》八首，专题咏这八景。其中如——

《相台春色》——"烟树霭朦胧，缀绿飞红，真儒元老旧游踪。弃笏投簪从此遁，千古高风。一片晓云封，人去台空，莺花三月艳芳丛。载酒徜徉闲拾翠，逸兴偏浓。"相台也即"隐相台"，位于浏阳城南天马山西麓，相传唐代宰相裴休曾筑台隐居，人称宰相台。传说裴休夜读，屋侧池中有蛙鸣噪耳，裴休以墨砚投于水中，蛙声顿止，水变墨色，于是有"哑蛙池"之称。元代欧阳圭斋（1272—1357），也有《隐相台》诗："旧是东南裴相台，绿溪

594

一径绕苍苔。此日城阉人少到，当年公府弃官来。禅床牙笏留花雨，书沼蛙声噤鞠灰。泉石至今有神气，山林应解识三台。"其诗中的"噤鞠灰"，指的就是上面这个典故。

《吾山雪霁》——"一夜朔风高，六出花飘，吾山万叠砌琼瑶。石径莲峰无觅处，白缀林梢。五老倚寒霄，皓首相招，水帘千尺卷冰绡。漫道峨嵋多胜概，此亦堪描。"

《药桥泉石》——"洞曲水云连，仿佛桃源，杏林井迹犹传。洗濯临流香泽泛，龙虎堪痊。羽化已千年，销尽炉烟。丹台何处问神仙。惟有溪桥泉石在，灵气悠然。"原来，城东有座孙隐山，相传系唐代大医学家孙思邈隐居之处，山左有洗药桥、洗药井、洗药台等胜迹。

《枫浦渔樵》——"村落隔江城，沙草寒汀，石桥烟冷两枫青。临水登山堪托业，宠辱无惊。钓艇手支撑，樵斧腰横，垂纶伐木和歌声。千古兴亡成佚事，尽付闲评。"浏阳城南有水自南而北，流入浏阳河，当时有大枫两株，矗立于河的两岸，故名双枫浦，夏日黄昏，渔樵问答，为浏阳八景之一。大诗人杜甫曾经到此，并有诗作《双枫浦》。

此外，还有九溪洞、石牛寨、天岩寨等。九溪洞是一处天然的岩洞，又名龙洞或九鸡洞，在砰山乡境内的鲤鱼山下，距县城50余里。洞长一里许，洞口分别在西、北，有小溪穿洞而过。传说有龙伏洞中，因病求医于孙思邈，遵其嘱化作九只鸡飞出。洞北有石数丈如鸡立，少翅，传说是被击落的一只。洞中有各种形状的巨石，有像钟鼓的，有像乌龟的。稍东有一孔，可盘旋而上，有罗汉，有蹲狮，有床有枕，都是象形之石。又有物横亘洞顶，闪金光，遂名金梁。洞之左右壁上有鳞痕，传说是龙舔之痕。有石悬于洞顶，称"龙心石"，水自石上滴下，称"子午水"。洞中又有支洞，洞左有炼丹台，一石白，传说是孙思邈医龙所用之物。右有读书台，高数十丈。有朝斗石、淋浴盆等。洞南口有龙灵山寺，祀观音神。每年农历六月十九日，邻近数县前往游览者数以千计，此日寺内酬神演戏，热闹非凡。该洞因被利用，不再开放了。石牛寨在泮春、大洛两交界处，距县城90华里。山形似牛，悬崖峭壁，有窄径可上。上有平野方塘，又有赤脚寨。南宋开庆元年己未（1259）立石碑，镌避乱记。民间流传有许多关于前人结寨于此避乱的神话故事。天岩寨在高坪境内，海拔451米，距县城大约40里。四壁峭岐，高六七里，坐落于大小两溪之间，昔时也曾有人结寨避乱于此，上有天然的城墙壁、炮墩坡、竹箭坪、官坡和点将台等。山麓有清澈的"龙泉"，水从洞口向上涌出，长流不息，冬暖夏凉。还有古风洞，又名仙人洞，洞深莫测。大洞中又有九个小洞，游者持火炬可入，但至四五洞即返。洞侧也有一股清泉涌出。洞口有天然石柱，上有孔，名天窗，高约四五丈，宽可容百人。

常说"水是农业的命脉"。其实，水也是自然风景名胜中最不可缺少的因素。浏阳市既得名于"浏水"，当然最美的绿水风光，要数浏阳河了。浏阳河发源于浏阳县东大、小二溪河，皆出于湘东大围山，由东北流向西南，二溪汇合于双江口，再流经县城，入长沙经㮚梨市、东屯渡、黑石渡入湘江，全长220公里，沿途名胜很多。提起浏阳河，除了那首著名的红歌外，还有两首诗，也是值得一读的。一首是欧阳圭斋的《浏水》——

> 浏江江水色幽幽，两岸青山云木稠。
> 一自寻钦载源委，曾留孙盛作春秋。
> 猿岫风为起波浪，龙湫日出见汀洲。
> 下流两度翠华过，光气至今浮牛斗。

还有一首就是《浏水棹歌》了——

> 源头路远夹清溪，
> 河底沙明净浊泥。
> 江海狂澜尽东倒，
> 却输浏水尚能西。

诗的作者，是浏阳人刘腴深（1884—1949），曾任清华大学教授和湖南大学教授，是"麓山诗社"的创始人。

此外还有捞刀河、南川河（又称渌水）和官庄水库等。后者位于醴陵官庄，1958年动工，先由醴陵县主持兴建，后由浏阳县派人与醴陵商定建坝。这是20世纪50年代浏醴的跨县协作工程。

山无水不活，水无山不壮。浏阳不仅有绿水欢歌的浏阳河等江河，还有更多更美的青山，例如：大围山、道吾山、蕉溪岭、连云山、九岭山、天马山、石柱峰等。连云山以高连云霄之意命名，系九岭山西南延伸的分支，与幕阜山南北对峙，从东北向西南斜贯县境北部，绵延300余里，为浏阳、平江分界岭，也是浏阳河与汨罗江的分水岭，形成浏阳北部一道天然的屏障，对北来的冷空气有阻挡的作用。九岭山由江西修水和锦江间向西南延伸至浏阳县境，境内起于张坊区边沿，斜贯于南区，绵延至西南边境，为天然藩篱。天马山在浏阳河畔，为县城南面屏障，由东迤南，张屏展翼。山麓原有欧阳玄祠，其侧有猿啼山，因夜间有猿啼，遂取其名。前面说的裴休隐居读书处，就在于此。山上原有隐相台，可惜早已毁弃。石柱峰在县境北部，与龙头尖遥相对峙，分布在大洛、泮春两乡，东连古港区，北界平江，海拔1359米多，为连云山第二高峰。峻峭如柱，是捞刀河的发源地。峰顶上长年山岚弥漫，数十里外可见，蔚为壮观。据说视其气可判晴雨。海拔1059米处从前还有一座龙王庙，有小径连东北两乡，山顶上有井，水极清冷，明代嘉靖时曾命名为百汇泉。蕉溪岭位于东南，距县城约10公里，西距长沙市约30公里，是古时浏阳至长沙和平江的要道，由山麓至峰顶，南北各有七、八华里，当地人有七上八下之说。阴雨天时，峰顶白云缭绕，咫尺莫辨，天朗气清时，又可眺远。山顶原有亭称遗爱亭，明嘉靖年间凿级并建亭，崇祯初依级铺石，清康熙五十七年（1718）铲低两尺左右，道光间再砌石级。亭的旁边，有大芭蕉树，故名蕉溪岭。分水处以南有风门洞，洞口有"飞仙古井"，其泉不涸，行人至此憩息饮泉，虽盛夏而颇觉凉爽。行人在此歇脚、解饥渴者络绎不绝，其水南入浏阳河，北入捞刀河。1958年开修公路，1974年浏平公路经此通车，于是古道渐废。但是，明代攸县人王伟（世居长沙，官至兵部右侍郎）那首《蕉溪岭》诗，至今仍为浏阳人代代传颂着。诗曰——

> 万峰环绕叠周城，绝顶中间一径行。
> 片片白云迎马足，离离黄叶助诗情。
> 江南五岭当为最，海内三山让汝清。
> 两手托天惟咫尺，似闻仙乐耳边鸣。

当然，浏阳风景最美最有名气的，还是大围山。

大围山又名首禅山、首裨山，位于浏阳市东北部，矗立于湘赣交界处，距浏阳城50公里，距省会长沙118公里，东临江西铜鼓，南接万载，北邻平江，群峰逶迤，层峦叠嶂，盘绕四周150余公里。旧志载："岗峦围绕，盘踞四县，因名大围"，大围山因此闻名天下。其最高峰七星岭，海拔1600多米，周围300余里，是浏阳的最高峰，有"拔地通天"之势。1992年经林业部批准为国家森林公园，是湖南省级风景名胜区。

境内群山环抱，峻立挺拔，土地肥沃，雨量充沛，植被丰富，种类繁多，尤以森林最为茂盛，因此风景秀丽、气候宜人，被称为"湘东绿色明珠"。其森林面积 7 万余亩，原始次生林和人工林浑然一体，形成一片绿色的海洋。植物种类有 23 个群系、3000 多种，列入国家一、二类保护树种有 17 种，已发现野生动物 60 余种，列入国家一、二类珍稀保护动物达 14 种；森林中繁殖的彩蝶 1200 多种。在神奇的森林风光中，还可以看到许多珍贵的野生动物，诸如云豹、山牛、猿猴、红毛狗、花面狸、穿山甲、还有巨蟒、白蛇、鸡冠蛇、五步蛇、眼镜蛇等，堪称"天然动植物博物馆"。

大围山海拔 1300 米以上的峰间谷地，地势平缓、宽坦而又开阔，形成一个纵横一二十公里的小平原，面积超过 13 公顷的草场就有 48 处，最大的一块总面积 2323 公顷。

山顶小平原上，有天星、黄牛、野猪、金钟、长湖等十几个大小湖泊，如绿宝石一般，静静地镶嵌其间，总面积达 26 公顷。小平原东北方，原有玉泉寺，现仅留遗迹，相传火烧红莲寺的故事，即来源于此。西南为船底窝，洞口有石如门立，其北为西岭龙须漕，中挂瀑布，飞珠溅玉，声响数里；沿船底窝溪流直下，道旁有"夫妻松"，两株高大的古松依偎在一起：一为马尾松，粗犷劲拔；一为黄山松，婀娜多姿，真是天作之合，耐人浪漫寻思。

大围山素有"小九寨"之称。其峡谷是浏阳河的发源地之一，森林公园南麓，山峦跌宕、雾绕群峰、鸟语花香、曲水回环，瀑泻千尺、碧波幻影、谷深通幽，风光无限。有人以一个"秀"字称其美，那真是再恰当不过了。

石秀——在崇山峻岭和茂密森林之间，镶嵌着无数奇峰异石，如神工雕琢，似群峰献秀。人们可能见识过桂林石山，见过张家界的石峰，见过昆明的石林，那里固然以状貌奇特而为人叹赏，其实大围山的圆石较之更引人注目。这里有一个圆石的世界，其千姿百态，或如钓翁，沿溪而列，或如耳鬓厮磨的情人，并立林间，或如"思想者"的头颅，独处水边沉思，或如睡龟伏于溪中，或如武士昂立山头，或如捕鱼郎溪边作跃出态……星罗棋布，层层叠叠，争奇斗艳，各显其能，令人惊叹造化的神奇，不知它们是天上掉下，还是巨风从远处吹来，抑或真是神仙手造，鬼怪塑形，真让人遐想联翩。山中一处奇秀的石头中，有块很大的"冰臼"，那是远古自然变迁史的见证。据说，这些石头还有个传说。说是唐代道吾山的兴华寺里，有个圆智禅师游大围山时，曾杖点圆石，以一首"千难万劫后，始得无棱石，风雨台上立，无意看落花"的偈语，点化了山上玉泉寺一名和尚，使之见石顿悟，成为得道高僧。又据说，当年红军在大围山上打游击时，有一次被敌人围在山顶，弹药用尽了，战士们便推石下山，击退了敌人的数次进攻，终于等来援兵而获救。

洞秀——山麓上有两个岩洞：一为风洞，冬暖夏凉，可容纳百余人；一为云洞，每逢洞内云起，就会下雨。待在这种自然的山洞里，比待在空调房里要舒服多了。西边还有雷打石，有一间房子那么大。神话中传说，它是被雷神劈开的。再往西行一点，又有一山谷，矗立着十余丈巨石，顶部削平，呈现一块块白斑，名曰"白面石"，两面有山将大石环拱。据说从前有很多山里人，常到这里来祭祀祈雨。

水秀——山上有湖十几个，又有100多处流泉飞瀑，峡谷还有10公里长的漂流河道，高空俯瞰，就像一条玉带被深深嵌入山谷。沿途有48个潭，48个滩，39道湾，有龙王潭瀑布、琵琶漕瀑布、情人谷、殉情岩、龙虎滩、龟形旋涡、美女梳妆等神奇的景致和传说。置身于其中，真有"人随山水转，心往画中游"的美妙境地，备感"船到山前疑无路，潭过湾转又一滩"的神怡。当然，最能刺激人的，还是那有惊无险的激情漂流：乘上一叶无动力的小船，穿峡谷，渡险滩，过怪石，越激流，转旋涡，冲浪尖……迂回于雄伟壮丽的山光水景中，那可真是惊心动魄，令人备感大围山峡谷澎湃激昂的心灵震撼，既能体验驾驭的乐趣，又能感受与大自然挑战的快感，因而成为繁忙工作后休闲缓冲，人生道路上的修炼加油，情感生活中的耳鬓厮磨……如此漂流，如入仙境荡舟，似在画中畅游，于激流险滩中"冲锋陷阵"，既刺激又逍遥，真有说不尽的快乐！

四季秀——大围群山环抱，方圆数百公里，山连山，山套山，山接山，山望山，真像是个天然的山围子，一年四季，风景秀美。春天，花开朵朵，鸟鸣林间，清香扑鼻，流水欢歌，一派生机盎然。夏天，林茂荫浓，花草铺地，是绿色的海洋，尤其是那排空而布的苍茫云海，云蒸雾绕的朦胧山野，堪称大围一绝。深秋，枫叶红了，层林尽染，与青松翠竹相辉映，如五彩纷呈，令人陶醉不已。秋高气爽时，倘若伫立海拔1607米高的七星岭顶峰，极目远眺，又见天高云淡，群山莽莽，层峦叠嶂，晨起观东山日出，晚坐看西岭落霞，放眼都是壮丽景色，令人心旷神怡，豪情壮志满怀，纵然无诗也要歌唱。冬天，飞雪悄悄来临了，突然，一夜之间，千花万瓣飘落，一早开窗，只见遍山玉树琼枝，银装素裹，恰如一派北国风光……

由于山高林密的地理特点，构成"夏无酷暑，冬无严寒"的森林小气候，使大围山具有"天然空调"、"大氧吧"的优势。这里年平均气温11.4

摄氏度，年相对湿度 85％以上，夏天平均气温 20～28 摄氏度。特别是空气清新，馨香沁人，水质优良，能满足人们保健、美容、延年益寿和回归大自然的渴求，真是一处理想的休闲、度假、旅游、会议的胜地。

花秀——大围山镇有桃林近万亩，桃园不仅给当地农民带来了丰厚的收入，也为大围山风景增添了特色鲜明的内涵，每逢阳春三月，桃花竞相开放，围山桃园里，更是春意盎然，次第开放的桃花争奇斗妍。当然，更秀美的，还是那野生的、满山遍岭的杜鹃花了。盛夏时节，登临海拔 1500 米高的五子石峰，放眼一看，遍山遍岭的杜鹃花，一片花的海洋。大围山上的杜鹃花品种繁多，其中以映山红、紫花杜鹃、云锦杜鹃最为常见。大范围连绵不断盛开的杜鹃花，红遍群山，这景象，即使在湖南，也是极罕见的。还有茂盛的原始森林中，那些自由开放的绿草野花，散布在深山密林中，展示着郁郁葱葱，给人满眼的秀色，灌木丛丛，绿野深深，芬芳袭人，连绵起伏的崇山峻岭上，到处是绿色的植被，清风扑面，香气扑鼻，其"秀"之美，之丽，之亮，真不愧是一颗绿色的明珠。难怪谭仲池先生当年游过大围山之后，竟情不自禁地挥笔写下了《走向大围山》的诗——

> 披着银色的月光
>
> 走进黑夜的雾帘
>
> 云湖的玉泉闪着深情的眼波在遥望
>
> 云开日出的晴天
>
> 你挽起浏阳河的浪花去编织生活的彩练
>
> 你用葱绿的情爱
>
> 滋润出富饶美丽的家园……

如果这时，站在浏阳城区最高处，向北远眺，又可见层峦叠嶂、群峰鼎峙，那是浏阳的第二座名山——道吾山了。诚如清代韩爌《道吾山记》中所写的："环浏皆山也，峻特奇耸，望而知为灵岫绝峤者，则惟道吾。"

道吾山古称白鹤山，又名赵王山，位于城北约 8 公里集里乡道吾村境内。自古以来，就是一座名山。旧县志载："道吾山东达宝盖，西迤蕉溪，列峰七十一，为县北屏蔽。"犹如一道天然屏障，逶迤于城区北面，与天马山遥相呼应，将城区轻拥于怀抱之中。

跟大围山一样，道吾山也是山峦重叠、群峰竞秀，风景绮丽、古今驰名。据说，山中有二湖、三洞、六泉、十潭、十三溪、二十八岩、七十一峰等美景，神、奇、幽、秀、犷俱备，旧时有祖师岩、冷泉井、回龙桥、引路松、挂剑泉、老龙潭、明月湖、龙卷田、虎爬丘、莲花峰、兴华寺、白龙泉、五老峰、罗汉洞、白鹤山（又名白果山）、挂榜山、吾山雪霁、失马桥、龙形石、棋盘石、雷劈石、定心桥、裴休亭等二十四景，虽然大部分景点现已不存，但道吾山水库却增加了几分湖光水色，尤其是"吾山雪霁"一景，更是名列"浏阳八景"之首。每当隆冬腊月，登高远眺那冰清玉洁的世界，诚如清代诗人周忠信的《浪淘沙》中所描写的那样，真的让人流连忘返。

事实上，道吾山上最亮丽的一道美景，还是那弯弯山道上的"引路松"或"迎客松"。沿山麓曲折的小径而上，直至兴华寺处约 2.5 公里，不时可见两旁松柏，这就是引路松。相传为明代兴华寺中 365 名僧人，各植一松于山路旁，后来长为郁郁苍树，构成著名的"引路松"胜景，直到 1930 年以前，尚存 200 余株，后因国民党军队陈光中部驻此，为阻止红军进攻，伐去古松 100 余株，构筑工事。其后又陆续遭人滥伐，现在仅存百株，却依然生气勃勃，每株径粗两三人合抱，高达十米有余，皆苍劲挺拔，如巨人立。

道吾山七十一峰中，以五老、玳瑁、卓锡、西来、万寿、象王、狮子、望日等八峰为高。其中五老峰是群峰中之最高者，海拔 780 多米，传说"晴日无云，登五老峰绝顶，可望长沙岳麓"，有清嘉庆时浏阳县令赵嘉程的诗可证——

> 闻道吾山胜，寻幽一揽奇。境随九坂折，势压万山卑。
> 灵迹昭龙洞，禅关证虎池。凭高为四望，岳麓暮云垂。

登道吾山游览的人，自古以来很多，因此也留下了许多诗词美文。例如谭嗣同，曾作有《登道吾山》。其诗曰：

> 夕阳恋高树，薄暮入青峰。
> 古寺云依鹤，空潭月照龙。
> 尘消百尺瀑，心断一声钟。
> 禅意渺何着，啾啾阶下蛩。

这里写的"古寺"，就是道吾山上著名的兴华寺。

有道是，"天下名山僧占多"。大围山和道吾山也不例外。大围山曾是湘东最大的佛教圣地，唐朝时佛教文化大量传播，留下了玉泉寺、七星庙、白面将军庙、陈大真人庙、红莲寺等大型寺庙遗址，历代曾有高僧和文人学士慕名来此云游求学。老一辈无产阶级革命家毛泽东、王首道、胡耀邦等曾在扁担坳、桃树岩一带留下有光辉的足迹。

较之大围山，道吾山的宗教文化，要更悠久而驰名。相传唐大和年间（827—835），有僧名宗智者，入山未及顶，为巨石所阻而坐石穴。忽有白衣老人自称沙伽龙，近前致礼说："师为开山祖，待师久矣。"宗智答道："吾志唯此，道成吾矣。"语毕，风驰电掣，石裂道开，宗智从此割茅斩棘，辟地开山，并以"道吾"名此山，这就是"道吾山"的由来。传说唐文宗有一次患病，虽经太医诊治，但终未能病愈，于是出榜求医。忽一日有白衣老人入朝奏道："我潭州道吾山沙伽龙也，帝疾明日自愈。"说罢腾云而去。文宗之病次日果愈，乃遣大臣至道吾山，敕建护国兴华大禅寺，封沙伽龙为"白衣龙王"。后改为护国兴华大禅院。该寺位于集里乡道吾村境内，坐落在二十四景之一的莲花峰的平坦幽谷之中，距城区七八公里，一个小时的山路可从容登上峰顶。

据旧志载，原寺平面作回字形，前后共三栋。山门额书"兴华禅寺"，并有"湖山胜迹"横匾。东、西另建有伽蓝、土地两祠。中为正殿，高约 12 米。正面三开间，宽 26 米，进深 20 米。殿内供木雕释迦牟尼坐像，旁塑伽叶、阿难像，两侧另立二十四诸天、十八罗汉泥塑像，正中悬"海印流光"匾。殿内金柱和檐柱均为径约 1 米的木柱，屋面覆铁瓦，每瓦正面铸"大明"字样。后为方丈室。大殿里有副对联："道吾胜境山灵水奇伽龙护法感圣恩，兴华禅寺古德后贤祖师道场传法脉"。该寺创建后 1100 多年中，宗风大畅，唐宋时期香火最盛。不但众僧来朝，更有不少游人慕名前来，因此四壁题有古今游人诗句不少。

20 世纪 50 年代中期，道吾山兴建水库，兴华寺正在水中。佛家最高的追求是获得不朽的精神，灵魂的永生。兴华寺的兴起、毁灭，正像得道的高僧，一生清修，寂然归去；也像火中涅槃的凤凰，再次获得新生。今天，道吾山的绿荫中，依稀可见红柱飞檐，新建的兴华寺，重现昔日辉煌，其美妙的民间传说甚多，大殿对联依然如故，为丰厚的历史文化留下了隽永的记忆。特别是旁边的水库，为山为寺，都增加了几分湖光水色，依然令游者兴趣盎然。

"山岭巍峨势接天"的道吾山，是驰名中外的中国佛教禅宗圣地，历来有"雄镇古潭州"之称。据旧县志载："按沙门（佛门）称道吾、石霜、宝盖、大光为四大祖庭，其盛尤推道吾。"据说，日本有两支佛教派系即分别源于道吾、石霜，可见该寺对中国和日本佛教都产生过重大影响，历史地位重要。1983年，有日本佛教代表团特来浏阳朝祖，道吾山作为佛教圣地，原来早已扬名中外。

6. 璀璨奇花

- 簇簇菊花，在河为石，出水是宝，藉雕琢方成精品
- 阵阵焰火，凌空爆彩，映地生辉，逢庆典而献喜礼

在地理环境上，浏阳地处长沙东部，属长沙市管辖。东邻江西省铜鼓、万载，南接江西省萍乡及湖南省醴陵、株洲，西倚省会长沙，北界岳阳市平江。境内有大围、道吾、连云、九岭诸山绵延起伏，成为天然屏障。全境山地、丘冈、盆地交错，形成多类地貌。有浏阳、捞刀、南川等河流，或发源或穿流境内，接纳了大小支流236条，分途汇入湘江，因县治在浏水北岸而得名。古代浏阳地属荆州，东汉建安十四年（209），划为东吴将领周瑜"俸邑"，浏阳建县至今已有1800年。1991年8月，永安镇中学基建工地出土的旧石器时代中期打制石器证明，在15万—20万年前，境内已有人类活动。在这块神奇的土地上，历代人民不仅创造了辉煌的历史，而且创造了举世瞩目的物质文明。新中国成立后，在中国共产党领导下，更发生了翻天覆地的变化。

浏阳因此而物华天宝，也因此而人杰地灵。

浏阳属于综合性农业经济区。山多地少，人均耕地不足一亩。种植业以水稻为主，是国家商品粮基地之一。林业资源丰富，是全省重点产材县之一。历史上，农民习惯家家养猪，1986年被列入全省商品瘦肉型基地之一。最令人惊叹的是，浏阳有两个"全球一"，还有许多享誉国内市场的地方特产。

提起浏阳特产，长沙和湖南人很自然会想到浏阳豆豉、浏阳黑山羊、浏阳夏布、"浏阳河"酒与"湘黄鸡"……

浏阳豆豉——是一种风味独特的调料，以泥豆或小黑豆经过发酵精制而成，具有颗粒完整匀称，色泽绛红或黑褐，皮皱肉干，质地柔软，汁浓味鲜，不仅色泽好、豉香浓郁，而且营养丰富，含有蛋白质、脂肪、糖类、钙、磷和维生素，是烹饪菜肴的调味佳品、其精品很多，尤以"一品香"驰

名。据记载，清道光年间，浏阳有人发明制作豆豉，曾被列为朝廷贡品，皇帝将此赐给一品官用，故名"一品香"，至今已有200多年的历史。麻辣豆豉、窠心豆豉分别荣获湖南省新食品"芙蓉奖"和国家优质产品奖，深受民众喜爱，远销日本、新加坡、港澳、东南亚等国家和地区。

浏阳黑山羊——是经长期驯化选育出来的地方良种羊之一，具有滋阴壮阳、补虚强体、提高人体免疫力、延年益寿和美容之功效，特别对年老体弱多病患者，有明显的滋补作用。

浏阳夏布——是以苎麻为原料，手工纺织而成的纯纤维制品，织造精致，具有轻薄细软、凉爽透气、易洗易干、越洗越白等经久耐用的特点。

浏阳河酒——浏阳酒厂始建于1956年，1998年"浏阳河"商标加盟"五粮液"，采用五粮液的基酒，以优质高粱、大米、糯米、小麦、玉米为主要原料，结合传统工艺与现代高新技术精心配制而成。

浏阳茶叶——烟茶是浏阳的传统特产，明清时期曾运销西北各地。清咸丰七年（1857）浏阳开始制作红茶，其产品被列为"湘红上品"，年销售量居湘省第五。

德胜斋浏阳茴饼——德胜斋创建于清光绪二十三年（1897），于2009年成功申请"中华老字号"。德胜斋茴饼采用糖皮包酥、缸隔炉烤的独特制作方法制作。其成品外表美观，金黄光亮，表面起酥，里皮燥脆，内馅丰满，松泡爽口。已获得国家发明专利。

蜜蜂哥哥——蜜蜂哥哥由浏阳市大围山人何鸿益于清光绪十五年（1889）创立。第五代传人何国华先生2000年成立湖南蜜蜂哥哥蜂业有限公司，集养蜂教学，蜂产品生产、科研、深加工于一体，主营产品有蜂蜜、蜂王浆、蜂花粉、蜂宝酒、蜂产品系列化妆品等，被评为中国蜂农示范合作社和无公害蜂产品基地。2009年成功申请"中华老字号"，并入选2010中国上海世博会，已注册"大名围山"和"蜜蜂哥哥"等四个商标，产品已经出口到日本、巴西、中国台湾、中国香港等地。

红檵木——红檵木系金缕梅科，檵木属，叶、花均为红色，如果水肥培育得当，一年四季有花开，是赏叶观花、制作盆景的珍贵花木，为植物中的"熊猫"。

浏阳还有许多非物质文化遗产。例如：

浏阳文庙祭孔古乐——浏阳文庙祭孔古乐在中国音乐史上占有重要的地位。浏阳文庙祭孔古乐于清道光年间诞生，专用于孔子祭祀礼式，主要包括

"祭孔乐舞"、"律音汇考"和"风雅十二诗谱"三个部分。祭孔乐舞是祭孔典礼时的音乐和舞蹈。律音汇考是创始人浏阳邱之稑花费毕生的精力研究古乐最主要的部分，包含了他的全部乐理思想和器乐理论，并围绕"风雅十二诗谱"展开。"风雅十二诗谱"是中国音乐史上现存最早的可译乐谱。浏阳古乐类似于宫廷御乐，乐有"八音"，用匏、土、革、木、石、金、丝、竹等八种原材料制成，有匏埙、土埙、革鼓、石磬、编钟（金属）、琴瑟、箫笛等乐器，通过打击、吹弹调和音阶汇合演奏，音律雅淡，静穆温和，令世人回味无穷。浏阳祭孔古乐活动，始于民国初年，止于1952年，经几代浏阳文化人的努力，已收集整理全套资料。浏阳文庙祭孔古乐已列为湖南省非物质文化遗产保护名录。

浏阳皮影艺术——浏阳皮影始于明末清初，融唱、打、念、做、吹、拉、演、文学、影像、剪纸、雕刻等为一体，一人多角，艺员精干，设备轻装，演出灵活，是当今罕存的原生态古朴艺术。浏阳皮影分为登台戏、正本戏和杂戏三种，遍布浏阳市东南西北四乡，尤以西北乡为盛。浏阳皮影活动足迹还遍及境外周边地区，如湘潭、长沙市的湘江沿岸以及湖北武昌、汉口、沙市，江西的宜昌、万载、萍乡等地。浏阳皮影已列入浏阳市非物质文化遗产保护名录。

浏阳客家山歌——浏阳客家山歌是客家人一种口头咏唱文学，极具山区特点。浏阳客家山歌主要分布在浏阳境内的大围山、张坊、官渡、文家市四区十八个山乡，素有"九岭十八坡，坡坡都有客家歌"的说法。浏阳客家山歌的基本特征为：长期口头流传，每一位客家人都是歌手，大家在劳动中传唱，在生活中传唱，没有阶级性、地域性、时间性；唱词长短灵活，不受拘束，一歌多韵，生动顺口；形式多一，主要是敲锣打鼓的伴唱和一人领唱、众人和声的唱法。搜集整理成集的3000余首浏阳客家山歌中，包括十余部歌类，有情歌、赞歌、盘歌、骂歌，内容涉及爱情、劳动生产、生活、时政。浏阳客家山歌已列入长沙市非物质文化遗产保护名录。

浏阳北乡夜歌——浏阳北乡夜歌又称浏阳北乡挽歌，明代形成雏形，清末民初最为盛行，流传已有400余年，流传于浏阳沙市、淳口、龙伏、社港等捞刀河流域。唱歌目的是悼念亡者，总结亡者生平，为亡者歌功颂德，教育后人，化解婆媳之间的矛盾。北乡夜歌，作为独特的民间习俗，突出体现了中华民族的忠、孝、礼、义、信的儒家核心内涵。夜歌分为开歌场、对歌场、赞歌场、谢歌场。歌词随心创编，脱口而出，即兴演唱，曲调介于吟诵与演唱之间，委婉、深沉、平衡。歌词一般为五言句、七言、三句半。文词韵律讲究，主题广泛，通俗易懂。浏阳北乡夜歌已列入浏阳非物质文化遗产保护名录。

浏阳方言——又分为客家方言、湘方言和赣方言。在浏阳，相邻的乡镇，甚至隔座山、过条河，其语言发音都不一样，生活在同一个城市，语言南腔北调，这在全世界语言现象中，也属罕见。2009年列入浏阳市"非遗"保护名录。

浏阳夏布制作技艺——浏阳夏布，为一种天然苎麻用手工加工的纱，再通过手工织布机纺织而成的一种纱布。纱布织成后，通过河流自然流动的清水加工业漂白粉，反复漂洗，又通过夏天太阳照晒消毒，直至成为洁白的布匹。用其纱织做成蚊帐，透气，经久而耐用。做成夏服，穿在身上吸汗、凉爽、舒适，故以"夏布"命其名。浏阳夏布的生产主要分布在浏阳河上游的高坪、永和，及捞刀河流域的浏阳永安、沙市、北盛、社港等少数农家。近年来，夏布逐渐替代宣纸，成为书法和中国画的书画载体，效果极佳，普受喜爱。鉴于其独特工艺与濒危状况，浏阳夏布制作技艺已列入浏阳市非物质文化遗产保护名录。

浏阳麻衣庙孝子传说——相传浏阳有个著名中医杨耀庭，时逢瘟疫，热心救人，疏于照顾母亲，以致母亲染病未治而亡。他悲痛愧疚，投水自尽，死后口吐莲花，人们感其恩，念其孝，立庙宇纪念。每年七月初八，抬其雕像，点香火绕城游行，该项目于2007年列入浏阳"非遗"保护名录。

浏阳素食菜——浏阳素食菜加工工艺起源于唐代，将蔬菜、瓜果通过清洗、发酵、腌制、风吹、日晒、包装等不同工序加工而成，既可佐餐，又可作主菜，有些素食菜还具有药理保健功效。浏阳素食菜已经逐步产业化。浏阳素食菜已列入浏阳非物质文化遗产保护名录。

浏阳西乡锣鼓——这是一种民间打击乐，系清末民初的枨冲乡人李田甲祖传。其演奏方式独特，鼓点密集，钞腔急促，激越不失清亮，铿锵而不失悠扬，急促而不失酣畅，听来神清气爽，催人奋进，有很强的感染力。西乡锣鼓已列入浏阳市非物质文化遗产保护名录。

江氏骨科医疗技术——始于清末，其正骨法稳准快捷，历来有"法使骤然人不觉，病人疾痛骨已合"之说。其术治疗愈合快，少有并发症、继发症发生。江氏骨科素以德为重，讲究师传身教、童子功练习，注重传统与现代相结合，中西并重，列为浏阳"非遗"保护名录。

普迹牛马会——是浏阳规模最大的墟场之一，每年农历八月初十至十五为墟期。牛马会由"狗会"（狗交易会）发展而来，后加入骡马和毛驴的交易，随之周边地区的特产也加入交易。在墟场上各类牲畜多由"经纪"从中撮合交易，集市有专人管理，将各种物品分开放置，井井有条，列入浏阳"非遗"保护名录。

在浏阳，最有历史价值，也最使浏阳名扬海内外的非物质文化遗产，还是花炮工艺和菊花石雕工艺：

菊花石雕刻技艺——菊花石为天然形成，又名石菊花，是天青石中含凸镜状灰岩经数亿年地质演化而成，独产于浏阳市永和镇大溪河底与浏阳河畔的岩石中，分为山石与河石，石腹内核见乳白天然花形，酷似朵朵菊花，纹理清、界限明、质地坚，千姿百态，蔚为可观。菊花石雕刻工艺始于清乾隆年间，先是宫廷贡品，后在民间流传，已故工艺大师戴清升创作的"映雪花瓶"和"梅兰竹菊"，1951年在巴拿马万国博览会上双获"稀世珍宝"金奖，并获"全球唯一"美称。浏阳菊花石雕畅销美、日、港、澳、台及五大洲、四大洋的国家和地区，浏阳已于2004年被国家文化部列为"中国民间艺术之乡"。浏阳菊花石雕刻技艺列入国家级非物质文化遗产保护名录。

浏阳花炮制作技艺——花炮是浏阳鞭炮的简称，是火药文明的产物。浏阳花炮制作技艺发源于唐代，一直尊李畋为始祖，成熟于明清，盛于清末民初。采用传统的手工技艺，使用就地取材的土纸、土硝、硫磺、炭末、红白泥土等作为加工原料，总共有12道流程、72道工序。现已研制成功无烟烟花、冷光烟花、日观烟花、室内和舞台烟花等高科技新产品，并已达到世界领先水平。花炮燃放也由传统的手工点火改为遥控点火，燃放程序全部由电脑编排操控。浏阳花炮已外销五大洲100多个国家和地区，内销则达于全国32个省市自治区，其品种发展到13大类3000多种。从1990年开始，每两年举行一届的浏阳国际花炮节和花炮始祖李畋先师的盛大公祭活动从未间断。浏阳花炮制作技艺列入国家级非物质文化遗产保护名录。

607

正是这两道工艺，产生了浏阳的两个"全球一"。

第一个"全球一"，是菊花石雕。

湖南有多种石雕，如桃源石雕、洞口墨晶石雕、长沙墨晶石雕等，都是有名的，较之浏阳菊花石雕来说，又都逊色了。

菊花石雕源自菊花石。菊花石又名"石菊花"，独产于浏阳县东永和镇的大溪河中，石上有菊花纹，天然形成，酷似异彩纷呈的秋菊，呈乳白色，纹理清晰，界线分明，神态逼真，玉洁晶莹，蔚为奇观。花小者不足 5 毫米，大者超过 200 毫米，有含苞待放者、娇羞半吐者、全绽盛开者；花型有竹叶菊、蟹爪菊、绣球龙葵菊、金钱菊和蒲叶菊之分，亦有单蕊、双蕊、三蕊与无蕊之别。菊花石形成于二亿年前，是十分珍贵的石料，因其罕见稀有，神奇且天然，具有很高的欣赏和收藏价值，现已被国家地质矿产部命名为"玉叠妃"，列入玉石类。

菊花石雕始于清代乾隆年间。据传，距浏阳县城 60 余里的永和镇附近，有民众在河床取石砌坝，发现一种青灰色岩石，具有形如菊花的白色花纹，十分奇美，因名菊花石。当地秀才欧锡藩择石雕砚，亦发现磨出的墨汁久润不干，具有"奇石质润，色紧而声清"的特色。欧锡藩于是便与木雕艺人程维达合作，雕成石砚，成批生产，开始了浏阳菊花石雕的初制阶段。雕琢艺人利用菊花石这些特点，精工雕琢，理出花瓣，添枝加叶，浮雕成丛丛菊花。近年来，突破平面造型，发展到立体多层花样，并使人物进入这种独特的工艺品。

光绪年间当地有人开设"补天石"菊花石雕作坊，经艺人努力，由平雕浅雕发展为浮雕、圆雕和镂空，产品由砚石发展到椅靠、花瓶、屏风、茶具、酒杯、茶几、桌面、假山、花瓶等，花形由简到繁，如"梅兰竹菊"四君子、蝴蝶采菊、蜜蜂采花、金鸡采菊等工艺美术珍品。清宣统二年（1910），在清政府举办的南京南洋劝业展览会上，戴清升创作的"仿古假山"参加展出，荣获"稀世珍品奖章"，与湘绣同获殊荣。1915 年艺人戴清升的梅兰竹菊横屏和精雕花瓶，在巴拿马万国博览会上获金质奖，并被誉为"全球一"。民国十七年（1928）戴清升等三人在长沙市开"全球一"菊花石雕作坊，1929 年英皇二世受冕盛典庆祝大会上，中国政府赠送的菊花石工艺品，博得英国女皇和各国公使的高度赞赏。

新中国成立后，戴清升从广西回浏阳，又和徒弟合作，组建了菊花石雕生产合作小组，制成大型菊花石雕《争艳》，献给北京人民大会堂。他享寿

98 岁，从艺 85 年，作品达 1600 件。菊花石雕后来一度停产。1971 年恢复生产，1973 年建工艺厂。1987 年该厂创作的"春风又绿浏阳河"盆景，参加中国首届花卉博览会获盆景佳作奖。

第二个"全球一"，是花炮。

花炮，是从鞭炮发展而来的。鞭炮原为编炮，意为编结起来的爆竹。旧时称"爆竹"，有古诗为证。"爆竹一声除旧，桃符万户更新。""爆竹"者，实为将火药塞入竹节之中，用引线点燃起爆，其响声洪亮，且散发出沁人心脾的香气。传说爆竹的发明者为唐代的李畋，这倒也是有史记载的。唐人所著的《异闻录》上说："李畋居中，邻人仲叟家为山魈所祟，畋命旦夕于庭中用竹著火中，鬼乃惊遁，至晓，寂然安贴。"看来最早的爆竹，大抵是经火烧竹子所发出的爆裂声，以驱鬼魅的。待火药发明后，才有了纸卷爆竹。事实上，史载放爆竹习俗的，最早还是南北朝期间成书的《荆楚岁时记》。其中曾这样记载说："正月一日是三元之日也，春秋谓之端月，鸡鸣而起，先于庭前爆竹以辟山魈恶鬼。"这又一次证明，爆竹的起源，是用来惊魈驱鬼的，后来才渐渐演变为营造喜庆快乐氛围、逢年过节、婚丧嫁娶、竣工剪彩、开业志庆之类，为的是以那震天的音响，振奋人的精神，或者是驱除邪恶吧。野史上所载的这个李畋，据说是浏阳人，现在浏阳的麻石小街田家巷里，就存有宋代所建的"祖师庙"。他在浏阳一直被奉为花炮业的祖师，所以，浏阳人常说，1800 年前浏阳正式建县，1410 年前浏阳人李畋发明火药爆竹，花炮在浏阳已有 1400 多年历史。这种就地取用土纸、土硝、硫磺、炭末、红白泥土等为原料制作花炮的工艺，成了浏阳的传统产业。有人戏称，如果不懂花炮，就不懂浏阳。花炮，是浏阳递向世界的一张靓丽的名片。

湖南的鞭炮生产始于浏阳。旧志上有记载。例如，清康熙《浏阳县志》载说："后人卷纸作筒，实以硝磺，名为大爆竹，馈遗者，号曰春雷。往岁小除夕，响声不绝。县有彼此竞爆者，以鸣豪举。"次见于民国时期出版的《中国实业志》和《湖南省经济调查丛刊》："湖南省爆竹创造，始于唐代，发达于宋末"，而"湖南鞭炮之生产，最初发源于浏阳，后随该业发达，产地逐渐推于邻县"。现代文艺评论家端木蕻良在其著作《曹雪芹》一书中，亦有"雍正元年闹元宵，海南子行殿前，各地贡来的鞭炮堆积如山，有从浏阳来的"的记述。清乾隆年间，渐臻发达，并成为"湖南爆竹制造之中心地"。至嘉庆初年，年产逾 14 万箱，值白银 12.9 万两。咸丰五年（1855），县内爆竹商设庄于省内外诸埠，并开始出口。同治十一年（1872）形成大行业，县城的南市街，南乡的大瑶铺、金刚头、文家市和杨花一带，"十家九爆"，建有鞭炮作坊300多家，拥有制作工人5000名，最高年产25万箱，值白银22万多两。此时，粤、晋、鲁诸省客商，纷纷入境采购。于是，"浏阳爆竹作坊，咸集于城市。制作日精，声誉远播。邻县醴陵、萍乡的鞭炮亦经浏阳运销，均以浏阳爆竹名之，故世人只知浏阳鞭炮"。光绪初年，湖南及湖北汉口、新堤等处商人，"竞将浏阳鞭炮向外推销"。从此，浏阳鞭炮成为驰名中外的湖南传统特产和主要出口商品之一。浏阳制作的烟花爆竹久负盛名，因此而有"中国烟花之乡"的美称。

新中国成立前，浏阳花炮确曾以其精湛的工艺，一直饮誉商界，因此有过辉煌。例如民国十八年（1929）8月，参加"中华国货展览会"展出，获一等奖；民国二十二年（1933），参加美国芝加哥博览会展出，又获优等奖。那时所生产的花炮，行销国外的多为顿鞭、彩炮、电光炮，行销国内的多为快引、牛口、寸金、战炮，其中顿鞭是鞭炮中的精品。清末民初，有大叶兰花、大叶菊花、二梅花、连升三级等烟花，后又研制出地老鼠、二龙戏珠、滴滴金等玩具型烟花。民国五至六年（1916—1917），"广庄"鞭炮生产鼎盛，全县从事鞭炮生产的工人逾20万，年产达20万余箱，值银元160万。民国十二年（1923）作坊掺杂使伪，质量下降，销路锐减，生产连续三年萎缩。民国十九年（1930），国民党派兵"围剿"苏区，鞭炮输出受阻，生产作坊和生产工人分别减至200余家、568人，年产仅4000余箱。民国二十一年（1932），国民党政府指鞭炮为迷信品，禁止产销，并对成品课以重税。后经邑人刘元葆具文加以驳斥，县城同行齐起抗议，政府才被迫收回成命。以后，鞭炮生产逐年好转，至民国二十五年（1936），年产量又恢复到20万箱。抗日战争时期，出口口岸断绝，内销市场日益缩小，产量大幅度下降，至民国二十九年（1940），年产不到4万箱。战后，爆业复苏，民国三十六年（1947）回升到8万多箱。民国三十七年（1948），湖南省财政厅加征鞭炮特捐，群情激愤，奋起抗争，特捐被迫取消，年产始得维持在14.5万箱左右。

新中国成立后，浏阳花炮生产虽然一度有过曲折，但是，经过不断科学研究和创新，品种由50种200多个规格，发展到2000多种花色品种，以造型新奇、质量特佳而称雄国内外。值得一提的是，1965年9月，浏阳花炮在香港"中秋节迎月烟花欣赏会"上燃放后，打破了日本烟花在港九地区的垄断地位。1966年12月文家市镇出口花炮厂建成投产，此后陆续有其他出口的花炮厂建成投产。浏阳花炮素以花色品种多样，构造新颖，响声清脆，气味芬芳而享誉天下。至1987年止，在国际比赛中，一次获得银奖，一次获得世界第一；在国内比赛中，先后有58项次获部、省、市优质产品奖。外销市场拓展到60多个国家和地区，内销市场遍及全国1700个县市。年产量、销售量和出口创汇均雄居全省、全国行业之首，被誉为地方产品中的一朵奇葩。据有关方面统计，1949—1987年，花炮总产值为12.91亿元，分别占同期工农业总产值和工业总产值的13.83％和35.44％。1987年突破2亿元大关，占同年工农业总产值和工业总产值的22.87％和38.69％。花炮生产的发展，同时也带动了全县化工、塑料、造纸、包装、印刷、机械、运输等行业的发展。花炮业因此成为该县三大经济支柱之一，其产品主要是鞭炮和烟花。

浏阳花炮业的极盛期，是20世纪80年代开始的。1980年，鞭炮烟花被列入农业规划中四大经济优势之一，因此获得了大发展的机遇，县里不仅加强了生产指导和管理，而且成立了研究所。经多方反复的研究和创新，花炮名目、花色品种各异，五彩缤纷，五光十色，有普通烟花、大型烟花和特种烟花三大类，每一类里又分有许多种类。

改革开放，给浏阳花炮的长足发展，提供了足够的机遇和空间。随之而起的三次革命，使浏阳花炮从极盛走向辉煌，因而成就了"花炮之乡"走向并且征服世界的历史性跨越。

通过产权转换、工厂建设和开拓国内市场，直到加速科研发展和机械化进程，不仅奠定了浏阳花炮健康快速发展的基础，而且加强和加速了产品研发的力度，从而做大做强，既扩大了国内市场份额，又打入并抢占了国际市场，连美国人都羡慕地说："现在世界上没有任何一个国家的花炮能与浏阳花炮相比。"正是三次革命，使浏阳的花炮生产，终于发生了历史性的变化。其主要特点有四：

一是在经营规模上，由单一分散的个体生产走上了产业化道路。现在的浏阳花炮生产，已结束"户户开工，家家冒烟"的状况，由传统的手工业走向现代工业。虽然很多环节还靠手工操作，但事实上已进入大工业范畴。花炮的产业化经营正不断向工业化迈进，规模进一步扩大，机械化和自动化程度在提高，已有卷筒机、结鞭机、烘干机、全自动装药机、监控设备、全自动插引机等，品质也稳步提高。目前有烟花爆竹生产企业954家，占全国产能的70％，其中具有出口资质的花炮生产企业283家，有花炮原材料企业

926家，有近40万从业人员。2011年上半年，浏阳花炮产业实现销售产值63.45亿元，预计全年产值将达到140亿元。

二是带动促进效应。浏阳花炮产业的转型升级，不仅加快了花炮经济的强势崛起，也带动了与之相关的造纸、交通运输、文化、城建等方面的重大基础设施一体化建设及其他产业的蓬勃发展。长沙国家生物产业基地、浏阳制造基地、浏阳农业科技园等专业园区应运而生，电子信息、生物医药、机械制造三大新兴产业异军突起，城市建设加快，"高速浏阳"跃然而出——长浏、大浏、浏醴高速建设顺利推进，永盛大道竣工通车，浏永高等级公路、浏大公路完成改造，畅通内外、辐射周边的大交通格局初步形成。电力、水利、信息、环保等基础设施逐步走向完善，为经济社会发展提供了坚强保障，一个以主城区为中心，工业新区、中心镇为支撑的全新城市格局开始出现。

三是在品种品质上，从娱乐喜庆的粗放型，走向了大型、审美、艺术性的经典盛会型。就品种来说，浏阳不仅生产有传统的普通烟花和"特种烟花"（用于军工的夜间空降信号弹，人工降雨，防雹用的气象火箭，电视电影用的烟火效果，森林杀虫的杀虫药炮，炼油企业高烟囱高空点燃瓦斯防爆的"管道火箭"等），而且生产有大型烟花，可供大型焰火晚会欣赏，例如"焰火字幕"、"礼花弹"、"盆花"、"火箭"、"大彩火轮"、"架上烟花"等，每种都有数十上百个品类和规格。在品质上开发有高空、定向、定位、无烟等一批高科技含量的环保、安全烟花。

四是在花炮效应上，从参赛夺奖，到抢占国际市场，直至征服、走向世界。

先是1986年，浏阳烟花参赛组代表中国参加摩纳哥第21届国际烟花大赛。在这次世界上规模最大、时间最长、要求最高的烟花大赛中，浏阳烟花以魔幻般的奇迹，一次又一次凌空辉映，以其耀眼宫灯、彩响飞花、旋花飞车、红霞紫雾、赤树银花、金焰蓝火、碧海星灯……的独有魅力和奇思异想，及其摄魂的斑斓和夺魄的亮丽，一夜之间征服世界，荣获第21届烟花大赛第一名。

随后几年，浏阳人曾赴美国为纪念华人到夏威夷200周年庆祝会进行焰火表演，在日本淡水湖之首琵琶湖夏季庆典的花炮大会上又一次大展风采，于阿曼国庆20周年暨国王50寿诞，燃放了一场大型焰火，还在鹿儿岛、堪培拉等异国的上空，染上了绚丽的色彩，可谓绵延不绝、蜚声宇内。

接着而来的，是国际花炮节。自从1998年第四届国际花炮节上，浏阳花炮从电视走向观众，引起轰动后，从此便一发而不可收。也正是从这时开始，一届又一届盛会上的精彩亮相，使浏阳花炮经历了从商品向文化艺术品的转变，从中国驰名商标向著名文化品牌的提升，直到焰火与音乐艺术的结合，淋漓尽致地展示出世间最美妙的音符和绚丽多姿的画卷，成为一场场、一幕幕全球性的视觉文化盛宴，让世人看到浏阳花炮，不再是简单地燃放到天上，而是能在焰火与音乐的艺术结合中，有故事地呈献在高远的夜空。天上人间那美轮美奂的仙宫花地，我们在 2008 年奥运会上见过，在 2009 年国庆 60 周年晚会上见过，在 2010 年上海世博会上见过，在 2010 年广州亚运会上也见过。也正是这四大庆典，为浏阳烟花魅力的绽放，提供了一次又一次舞台。其所展示的，已不仅仅是花炮，而是浏阳的经济文化，是浏阳人的精神风貌。于是，浏阳花炮以其世界文化盛宴的名目，从极盛走向世界，走向辉煌，也使浏阳奇迹般走进世界，并将走向新的辉煌！

7. 红歌悠扬

- 一歌一历史，谱写了翻天覆地的革命华章
- 一花一世界，描绘着繁荣昌盛的世纪宏图

离开浏阳的头天晚上，我们是在大围山上度过的。

原想在大围山顶，遥望当晚县城的烟火盛景，仰望天上的星斗明月，俯览夜幕笼罩下的山林奇观，没想到车到半山腰时，却下雨了。

夜里，雨越下越大。山下和城里，这时正是七月流火，山上却冷得要穿毛衣，看来夜景是看不成了，只好瑟缩在房间里看电视。

幸运的是，电视里正好播放本地节目。最先进入我们耳鼓的，就是那首脍炙人口的《浏阳河》——

在悠扬的歌声中，画面上出现了一只小船，船上坐着男女二人，划着小桨，从浏阳河上悠然地穿城而来，那歌就是由他们领唱的。

啊！那就是浏阳河呀，她又名浏渭河，原名浏水。浏者，清亮貌也，因县邑河位其北，故称浏阳。浏水又因浏阳城而名浏阳河。她位于长沙市的东部，是湘江的一级支流，发源于罗霄山脉的大围山北麓，有大溪河和小溪河两个源流，全长 222 公里，流域面积 3211 平方公里，流经浏阳市、长沙县

市共 10 个乡镇。其河源至大溪河小溪河交汇处，杨潭乡（现高坪乡）双江口河段为上游；双江口到镇头市河段为中游；浏阳河下游从镇头市起始，最后在长沙市的陈家屋场注入湘江。

浏阳河十曲九弯，清波荡漾。两岸青山翠枝，紫霞丹花。用浏阳河的水漂洗的夏布洁白如银，是著名特产；河道中所产菊花石，为世界一绝；浏阳河畔，还有湘绣、花炮、豆豉、茴饼、纸伞、竹编等等特产，都饮誉海外。

浏阳河又是一条挂满了珠宝的彩带，在她下游的两岸，有开福寺、马王堆汉墓、陶公馆，有许光达故居、黄兴故居、徐特立故居、谭嗣同故居，有浏阳文庙、浏阳算学馆、孙隐山等文物，都曾在这条彩带上熠熠生辉。特别是优美动听的《浏阳河》的歌声，更是穿过了历史的时空，掠云越波，不时地飘然而来。

随着歌声，不时地腾涌起亮丽长空的火树银花，次第出现了：清亮碧绿的江水，翻腾滚滚的波浪，巍峨挺秀的山峰，森林，翠竹，飞瀑，流泉，文家市纪念馆，李家大屋，胡耀邦故居……

与此同时，画面里传来了铿锵如诗的画外音，报道的是浏阳市关于发展旅游业的新设想。

原来，浏阳的特色旅游，资源十分丰富，既有红色旅游，又有绿色旅游，还有宗教旅游和历史文化旅游，构成了一个十分壮观的整体，对于发展当地经济，建设新的浏阳，满足广大人民不断增长的物质和文化需求，都有十分广阔的前景。

报道说，近期，浏阳市拟先打造一条以东南干线为主线的红色旅游线路，这就是：大围山—沿溪—永和—中和—文家市……

近年来，红色旅游不断升温，使得前来秋收起义会师纪念馆瞻仰、参观的游客成倍增长。浏阳拟在文家市、永和镇等地，在构建和谐社会、建设社会主义新农村的过程中，通过科学合理的规划，将文家市、永和镇建设成为经济繁荣、景观丰富的红色旅游型城镇，塑造融革命纪念、爱国主义教育、历史文物保护、参观、旅游为一体的开放型红色旅游经典景区，为世人提供优秀的精神食粮。以后，还将陆续打造和推出绿色旅游、宗教旅游、历史文化旅游……

听着听着，我们竟情不自禁地浮想联翩了……眼前，四周，乃至整座山上，似乎到处响起了《浏阳河》，歌声是那么悠扬，那么悦耳，那么洪亮，那么动人心魄。

第七章 | 沩水长吟

　　常在心头流淌的，第一要数沩江。她是宁乡河流的主轴，湘江的一级支流，发源于宁乡西陲的沩山。少时，我与村童们常在双江口那段沩江边戏水、摸鱼。在沩江边听到的故事很多，比如，煤炭坝的煤，要供半个湖南烧火；草冲的仔猪，宋朝就出了名，畅销邻近几省；还有沩江源头的沩山毛尖茶，明、清时候推为贡品，名著一时。

　　……

　　宁乡这块宝地开发很早，物阜人勤，文明进步。在这不到三千平方公里的土地上，发现了多处新石器时代以来的文化遗址，发掘出惊动世界的商代青铜器四羊方尊，曾吸引胡宏、张栻、朱熹这些历史文化名人来办书院或听讲。宁乡留给我的记忆，永远是美好的，不能忘怀的。

　　这是宁乡籍中国科学院院长周光召为《宁乡县志》所写的序言中的一段话。

　　正是这充满浓浓的乡情和诗意的话，将我们旅游的足迹，带进了宁乡，带到了宁乡的"主轴"——沩水之滨。

1. 沩水东流

· 沩水滔滔东流，如歌如诉，吟诵着历史的精气神
· 沩山巍巍西耸，若隐若现，演示出人间的真善美

宁乡境内河流很多，但最有名气的是两条，一条是靳江，一条是沩水。

靳江发源于宁乡县白鹤乡寨子冲，自西向东流经宁乡县、湘潭县、望城，然后于长沙市岳麓区的柏家洲村附近汇入湘江，全长87公里，流域面积781平方公里。据明朝《一统志》记载说："靳江在善化县西二十里，一名瓦官水口，一名剑江，源出湘乡大凫塘，东北流经宁乡麻山，至黑石头注入湘，过楚大夫靳尚墓前，因名。"靳尚在楚怀王时为上官大夫，与令尹子兰向怀王谗屈原，致屈原被贬。靳江流域相传为楚大夫靳向的封地。靳江上游之靳江桥附近"大夫堂"屋场前的田垄中有一高大土堆，传为"靳尚墓"，又称"靳冢"。曾任宁乡书院主讲的清代宁乡人周存吾有《靳尚墓》诗曰：

> 得宠休为恶，争功莫害能。
> 一抔黄土在，千秋骂不停。

现代版的传说是：靳江河边以前有个姓靳的和尚。因为靳江里有条青龙，这条龙经常兴风作浪，靳和尚奋力擒龙，却是两败俱伤。最后，靳和尚不治身亡了。人们为了纪念他，就将这条河叫做靳江，那条兴风作浪的小青龙呢，流至靳江到湘江口时，也断了气，化身为现在的柏家洲。当然，这是传说，后人也没有谁去考证其真假。或许后人之意，是对史上的屈（原）靳（尚）之争的寓意，才有上述那个故事吧。这些都不得而知了。有一点可以肯定的，源远流长的靳江，现在是湘江长沙段支流中"鱼最多、最干净的一条河流"。

沩水，旧名新康河，古名玉潭江，因其源出于宁乡西部的沩山而得名。有南北两源。南源出沩山西麓大托里，叫石板水；北源出灯窝寨北麓大沙坪。两源会于黄材水库，向东奔流，带着欢腾的浪花，经双凫铺转向东北，浪涛滚滚的，横穿几个区镇乡，至双江口的团湖村，分左右两支出境，于望城的新康镇与高塘岭镇交界处流入湘江，全长144公里，总流域面积2750平方公里，流经宁乡县境一百多公里，在宁乡境内流域面积2125平方公里。黄材水库以上为上游，水库至县城为中游，县城以下河床平均宽108米。上游小龙潭和黄材水库建有水电站，黄材以下，坡度平缓，河道弯曲多滩。20世纪50年代中期仍可通航，后因修了几座水坝，航运受阻。其中主要支流有12条，以乌江、楚江二江为大。

据《名胜志》说："四方皆水，故曰大沩。"

"大沩"，被誉为宁乡的母亲河。她不仅养育了两岸的人民，灌溉了两岸的良田沃土，滋润了林木绿草，在古代还是宁乡境内除驿道外水上交通运输的大动脉。清代长沙学者罗鉴龟，曾在《沩水舟行纪略》一文中，有如下生动翔实的描写——

　　沩水源发黄材，势如建瓴而下……其流萦回，绕山曲折，舟行如游沼池，不见其出也。郁积蟠结，土膏肥美，素封之家，望衡对宇。……垒石为坝者百有余，坝端倚岸留洪，以水为机，以转筒车。筒车形员如车轮，断木为轴辐午贯之内盘，十六重为外盘，参差置辐承其杪，数五倍之。斜系筒数十于辐颠之间，筒长三尺余，有底，旁掩以箦，纵稍缩于筒横尺许。岸植木为二架，盛轴之两端置水中，水与箦薄击而旋转，筒饮水满，以次沥出如酽。架有曲尺枧接以灌田，坝之中则留洪以通舟。舟名乌舡，莫解其命之义也。闻造于黄材者良。

　　宁地沃饶，足谷米、烟铁、薪炭诸货，懋迁有无，资其般运，而安、益、湘乡之界宁者亦如之。故樯影上下如栉如堉，欸乃行歌，宵旦响答。河身宽者数十丈，隘者数丈，风帆不利也，而洪狭流急。即篙师之能者，篙稍失，势虽将上犹复从流而下。二人不足，增数助之，甚必减载，然后克济焉。邪许谝舆，一登则訾謷笑噱，靡所不有。而自上而下者，稍左右分寸，则舟为杙损，糜碎沙沈。故沩水之舟子，乘风破浪或非所长也。至行舟以力，实捷而有神，又能使水如傭。方其溯洄而上也，火伴开头，后者呼取盘盂之属，前舟举投之水，虽相距寥廓，流触其舟，绝不他适，俯而搴之，如拾地芥。舟首有孔，维以索钩贯之。其上洪也，一舟既登，以钩挽后舟连之，不烦号召也，即杳不相识者，无德色无倦容。维舟食息，邻舟素未谋面，妮妮剧谈，坦然不疑，虽击鲜烹羔，亦会食无猜。受者初不以为惠，何人我之见交相忘也。此二者，殆风俗之醇美者欤！

　　……

　　若夫鲜明如镜，游鱼鳞鬣可数；渔舟一叶，散布瑟瑟澄潭，密纲截围没水箬刃者，时攫巨鳞于绿波翠溦中，泼刺而出。而流溦触杙从罅隙进涌，望之皑然而白，如置身于雪碗冰壶，水晶宫殿，景光尤不易觏焉。

从作者的描写中，我们可以看到，沩水是旧时人们出入宁乡的水上大

617

道，担负着物资运输交流的繁重任务。舟行沩水，或载物，或载人，出入湘江，走安化、娄底、湘乡、益阳、长沙，直到省内外的各个地方去。那时的情景，当然是今天想象不到的了，焉知在旧时代，她却是很值得回味的一道壮丽的风景线呢？

作为母亲河，沩水还是一位历史老人，见证了宁乡远古丰腴浪漫的昨天——那些在宁乡大地上发生的种种变迁、事件、故事：远古文明的荟萃，青铜时代的辉煌，千年古邑的沧桑，绵绵不绝的鱼米之乡的芬芳，湖湘文化的书香，深山古刹的暮鼓晨钟，农民义军的旗幡，野兽铁蹄践踏的创伤，特别是"宁觉支部"领导下的农民运动的呐喊，尤其是红旗飘扬下天翻地覆的城乡巨变……

提起宁乡的"远古"时代，那可真是让人惊诧不已——

在6亿多年前，这块土地还沉浸在一片汪洋大海之中，直到2亿多年前，才结束了这段海浸的历史；

7000年前，当湖湘文明还处于沉睡的时候，宁乡这块土地上的先民，已成规模地创造了自己的石器文明；

3000多年前，当蛮荒的荆楚刚刚苏醒的时候，宁乡使用着令后人震惊的精美的青铜器。

早在春秋战国时，这里属楚之黔中，秦属长沙郡，汉为益阳县地，三国时为吴国新阳县，晋太康元年改名新康，隋开皇九年（589）并入益阳，唐武德四年（621）复析益阳置新康，贞观元年（627）以"乡土安宁"之意置宁乡，宋太平兴国二年（977）析益阳、长沙、湘乡部分地始置宁乡县，隶属潭州长沙郡，迄今已有1000多年的历史了。元隶湖广行中书省湖南道宣慰司天临路。明隶湖广布政使司长沙府。清隶湖南省长沙府。千余年来，行政隶属多次更迭，境地析划，几经变化，县名却沿袭未变，文明进程的跫音，始终在沩江靳江水间留下了不绝的回声。由是而观，宁乡不愧为千年古邑、湘中名城。在清代，有古驿道东西北三路。东路进入望城，西路进入安化，北路进入益阳，总长110公里，

宁乡是省会长沙的西大门。就其地势来看，她介于雪峰山东端与衡山山系北端之间，山脉分属两大山系余脉，西部属雪峰山余脉，东部属衡山余脉。境内以丘陵为主，兼有山地、平原。襟湘江，面洞庭。东北境内又有少数湖泊，良桥乡东北是团头湖，与望城共有，为两县界湖，与南洞庭湖相通，是天然渔场。闸坝湖在朱良桥乡，为县境最大内湖，与团头湖毗连，中

有湖堤相隔。所以，自古以来，宁乡便藏衡岳、雪峰之奇秀，又焕湖湘之灵光。东和东南与长沙、望城、湘潭、韶山毗连，南和西南与娄底、湘乡接壤，西与涟源、安化交界，北与桃江、益阳相连。总之，西屏张家界国家森林公园，南接韶山名人故里，北望浩渺八百里洞庭，是长（沙）株（洲）（湘）潭金三角、武陵源、洞庭湖三大旅游圈的连接地带，出入长、株、潭、益的咽喉，水陆相畅，具有良好的区位优势和便捷的交通条件。境内玉潭、黄材、双江口，在古代还是历代兵家必争之地。

沩水经双凫铺、回龙铺，缓缓流到玉潭（即今天的宁乡县城）。

玉潭原指宁乡县城南门桥旁的一处深水潭，因其水晶莹澈亮如玉而命名。据传五代时有马希广、马希华两兄弟诱引溪洞蛮寇进犯长沙，至玉潭，两侧预先埋伏的七千步卒予以夹击，获全胜，从此玉潭之地开始出名。玉潭自明代起就有南门桥，明清文人们在《西宁十咏》中所赞颂的"玉潭横秀"就是指的这一景观。清乾隆《宁乡县志》记载："薜花岩阳春台之下，石壁澄潭，岸松映碧，渔家十数，垂柳临矶，旧所建玉潭桥也。"南门桥，旧为县南北交通之要冲，该桥全用麻石建筑，磉墩用石砖垒砌，高两丈多，桥面用长条石铺成，每块一尺见方，长二丈多，重数千斤。雄跨桥端的石狮，口内含珠，造型生动。坐镇桥头的两头铁牛，铸造精巧，姿态肖妙，栩栩如生。这座桥建成后，为沩江中下游第一座大石桥。玉潭横秀，长桥卧波，绿水荡漾，翠柳依依，美不胜收。"玉潭环秀"，还是古宁乡十景之一。

宁乡十景除此外，还有飞凤朝阳、狮顾岚光、楼台晚色、天马翔空、南门夜月等。

飞凤朝阳——县城化龙溪之北，有一山如凤凰两翼伸展，似飞凤朝阳。

狮顾岚光——县东三华里，有一座石山，名狮顾，状如雄狮蹲踞，每逢朝旭夕曛，多有岚光。

楼台晚色——县城东门有楼台山，山上有楼台遗迹，传为明代宁乡王所建。

天马翔空——宁乡夏铎铺有天马山，山高势挺，有如天马翔空。

沩水中有个小沙洲，叫做鳝鱼洲，在今319国道楚沩西路段沙河市场一侧。这个小沙洲稳卧河心，翠柳垂枝，风景优美，是人们纳凉垂钓的理想之地。关于鳝鱼洲，当地还有个美丽的传说呢。相传在很久以前，乌江河里的乌龙潭中躲着一条凶恶的乌龙，每到春秋二季，这条乌龙就拱出来兴风作浪，造成洪水为灾，冲堤倒屋，淹死人畜。有一年，这条乌龙又窜出龙潭，振开黑鳞黑甲，卷起狂澜恶浪，把两岸成千上万的善良人民卷入河底，喂了河虾。乌龙顺流而下，从南太湖闯进了沩江，气势汹汹地快要冲到玉潭镇了。这时藏在沩江底下修行千多年的一条鳝鱼，为了保护全镇人的安全，勇敢地从河底冲出来，拼命地阻住乌龙的前进。凭力气鳝鱼斗不过乌龙，但它能吐出一层又一层又黏又腥的白沫，喷起一层又一层的蒙雾，弄得乌龙张不开鳞甲，睁不开眼睛，逼得乌龙倒游回去。可是乌龙回过头去洗净了鳞甲上的白沫，睁开凶眼以后，更加愤怒地卷起汹涛恶浪，又猛冲过来。眼看玉潭镇快被淹没了，全城百姓奔走呼救的悲急叫声，激起了鳝鱼舍死战退乌龙的勇气。它不顾自己的死活，将身一滚，就地化成一块沙洲，盘踞河中挡住了乌龙的去路。乌龙涨水，沙洲也上升，水势一落，沙洲也下降，不管乌龙如何弓身扬角，使尽全身力气，但总是铲不掉这块沙洲。从此，玉潭镇转危为安，可是鳝鱼化成沙洲以后再也不能变成原身了。人们在沙洲上栽花植树，把它打扮得青春常在，并且叫它鳝鱼洲，永远纪念鳝鱼的功劳。

沩水过玉潭，占地 2000 亩的金洲湖湿地公园宛如一只大眼睛，春水盈盈含情，这里渐近湘江，毗邻长沙，成为省会长沙宁静的后花园。

宁乡是千年古邑，又很早便沐浴着中华文明的曙光，所以，这里的名胜古迹很多，大多散布在沩水流域，如千年佛教道场密印寺，高僧云集，名流往来，远者如齐己、朱熹，近者如毛泽东、何叔衡等。还有国家级考古遗迹炭河里遗址，先后惊现提梁卣、虎食人卣、兽面纹铜瓿等大批青铜国宝，成为南中国的青铜器之乡。可惜的是，由于岁月的尘封，战火的毁坏，以及其他说不清道不明的种种原因，展现于我们眼前的，不是很多了。有的有名而无实，有的既无名又无实，有的有名有实却不完整，当然也有正在修复中的。这里写到的，仅是其中的极少部分。

下葮坪——下葮坪在大沩山东麓，离沩山腹地十五六公里，地处今黄材水库坝旁，唐宋时代这一带的水田都是归属密印寺的。相传灵祐建成密印寺后，创宗立派，弘传佛法，一时四方僧众来投，不几年，寺院就增加到了1500 多人。这么多人，如何养活呢？灵祐秉承师父百丈怀海衣钵，进一步健全了"百丈清规"，实行农禅制度，也就是带领修行的僧人自己下地劳动，自己养活自己，自食其力。然而，自食其力也得有一个最基本的条件，那就是寺院必须要有足够生产供养本寺 1500 僧众和外来挂单和尚的田地。灵祐为此备感焦急。相国裴休知道灵祐心思，问灵祐道："你要多少田地？我给你去购买捐集吧。"灵祐见问，微微一笑道："有劳相国关怀，贫僧其实也要不得许多地方，不过一袈裟之地足矣！""一袈裟之地？"裴休甚为不解。灵祐道："我说的一袈裟之地，就是由我脱下袈裟，向天空抛去，如今正好红日当空，万里无云，看我的袈裟能遮住多远的太阳就将袈裟遮盖而荫去的这部分田给我寺院也就功德无量了。""原来如此。"裴休大笑道："这有何难，你一袈裟能遮盖多远？请大师抛吧！"灵祐闻言，脱下袈裟一抛，一时荫去了一大片太阳。裴休派人四边去寻找边缘，东面竟一直荫到了黄木江边头，计算一下，竟有数千亩地。裴休当然没有食言，立即奏请朝廷募集资金，购置了这一片田地。以后东麓被袈裟荫了的这一边被称作下荫坪。现在这片田地已处黄材水库之中了。

官山——宁乡县的罗带山，俗称为龙塘。之所以叫官山，是因为南宋抗金名相和他的儿子——宋代大理学家张栻埋葬在这里。埋了大官就叫官山，这里的两个小山头上，分别有用花岗石片砌成，以三合土封顶的两冢墓葬，右边山头的墓碑上刻的是"宋元辅封魏国公德远之墓"，葬的便是张浚；左边山头的墓碑上刻的是"宋大儒张南轩先生之墓"，葬的是大理学家张栻。张栻世称南轩先生。罗带山有幸，龙塘有幸。由于埋葬了当时有名的父子俩，人们渐渐地把这里叫做了官山。

候旨亭——在白马桥乡万寿山村境内，古代通往安化的驿道旁边，即现在的宁横公路一侧，曾建有一亭。此亭为歇山式，四角出爪，琉璃覆瓦，中间有接旨台，旁设茶房，后面有关圣祠。相传，唐穆宗太子李固得了重病，方士说要削发出家，才能延年益寿。宰相裴休奏建大沩山密印寺，并愿意用自己的儿子，代替太子李固出家。于是，他便带着自己的儿子先行。可是，他父子俩到了这里的万寿山地域，圣旨还没有到，只得住在驿道旁的民家候旨。后来，圣旨到了，裴休的儿子终于在密印寺削发为僧，赐法号为法海。另有一说，则认为与裴休候旨无关，认为此亭原名古侯亭，意指关亭侯关羽。清康熙时，邑人曾永益捐田三亩，请僧人圭峰建造茶亭，乐善好施，让过路行人有个歇息喝茶之处。因为此茶亭紧邻后面的关圣祠（即关羽庙），关羽当年曾被刘备封为"关亭侯"，为表达对关羽的仰慕，而取名古侯亭。古代人对名人尊称皆加"子"，如"孔子"、"孟子"、"老子"、"韩非子"，故而在"侯"字后也加个"子"，又名"侯子亭"。因为"侯子"与"候旨"谐音，变成了"候旨亭"，与前一称呼吻合，所以今人都叫候旨亭。"候旨"也罢，"侯子"也罢，两说皆为美意，以其作为地名，皆表达了世人对真善美的褒扬。

十三洞——位于县城西 60 多公里的崔坪乡石龙庵村，洞内钟乳石千奇百怪，蔚为壮观，形成蜷曲溪流，深者达 4 米多，颇具旅游价值，产黄色无鳞鱼，味道鲜嫩，今主洞口崩塌，洞口旁的石龙庵已毁。

天马山——位于夏铎铺乡境内，两山突兀，形同双马骧道腾空，南曰石仑，北曰天马，故有"天马翔空"之称。相传蜀汉关羽曾驻兵于此，以拒孙吴，又称石楞关，今石山依旧，遗迹尚存。

麻山宝塔——在今麻山乡，为明末清初建筑，塔形为 7 级 6 面空心楼阁式砖石结构，通高 17 米，第二层有额书"湖山保障"。

周堪赓故居——周堪赓，字仲声，宁乡县西冲山乡平岗村人，生于 1590 年。少年时刻苦好学，明天启五年（1625）得中进士，旋即委任为福建省福清县县令。福清县地处海滨，当时海盗横行，杀人越货，为害乡邻，民不堪其扰。周堪赓决心平靖海患，使生民安居，社会稳定，便密令数名机智勇武的衙役，混入海盗群中，作为卧底，摸清盗群情况。旬日之后，便对盗群人员火力了如指掌。于是趁其集结动作之际，一举而全歼之，将其头领正法。多年海患，得以清平，民心大快。周堪赓也以政绩显著，授任吏部尚书。他生性忠鲠，不善逢迎，因此难见宠于上司，也受到同僚们的谗间。晚年以"言不见用"为由，挂冠辞职，回到故里。他沿途不事张扬，谢绝迎送，也不惊扰地方与乡党。回乡后，先租赁沩山僧舍一间，隐居度日，后在董家村修筑数间茅舍，过着清贫淡泊的日子。顺治十一年（1654），湖广云贵经略使洪承畴来宁乡特地看望周堪赓，洪问知县："周尚书何在？"知县不知有此人，更不知何在，茫然不能答，急令人十万火急查访，才知沩山董家村。洪承畴忙往探视，但见周堪赓已卧病在床，气息奄奄，三间草屋，一盏孤灯。洪承畴不觉凄然泪下，问周："有何所需？"堪赓默然不答。问："有何所求？"堪赓只恳陈宁乡一带频遭战火兵乱，田园荒芜过半，而催逼田租地税，百姓苦不堪言，坦言能为减免田租，其愿足矣！洪承畴允诺所求，减免宁乡田租百多万担。县人闻之，无不感激涕零，谢解民困之大德。周堪赓察民情，善文章，遗著有《巡畿治河诸疏》、《黄河记》等。公元 1654 年病逝于家乡，临终前作有绝命诗两首，其一云："六十三龄非夭寿，但怜子丧又孤孙。田园荒废家萧索，清白如今有定论。"其二云："君恩臣罪信伤神，坐阅沧桑老此身。幸视故园无一物，九泉聊以慰先人。"周堪赓勤政为民、清廉自律的美德，在封建社会的官场中，堪称难能可贵，令人敬仰。自隋唐实行开科取士以来，士子们的唯一出路就是通过科举考试，少数幸运者"金榜题

622

名"，从而踏上仕途，走向升官发财的殿堂。这就是所谓"学而优则仕"。民谚云："三年清知府，十万雪花银"，便是对这些官宦们的写照。但也有例外，个别为官者"出淤泥而不染"，政风人格都相反，明代周堪赓便是其中之佼佼者。

周达武石家湾故宅遗址——周达武石家湾故宅位于宁乡县屯营乡，原是清朝大将（后加尚书官衔）周达武的住宅，因屋外有高大的石砌高墙，故曰"石家湾"，当地叫大屋场，有三排九栋一百间房子，装饰豪华。大屋场房屋与廊道亭榭纵横交错，晴雨无忧，现房屋仅存遗址。周达武系明代吉王后裔，本姓朱，为避清廷迫害，改姓周。其子周家纯，辛亥革命胜利后，复姓朱，取名剑凡，曾东渡日本求学。回国后举办女学，将父亲周达武在长沙占地 80 亩的园林私宅，辟一半为校舍，创办了湖南第一个女子学堂——周南女学堂，为扩大办学规模，变卖了宁乡大屯湾的祖业田产。

杨林桥伞店——清代道光二十年（1840）宁乡人杨桂普在杨林桥开设"张恒顺"伞店，用沩山楠竹、草冲纸皮作原料，制成黑、黄油纸伞，轻便、美观、耐用，年产 5000 余把，称为杨林桥伞，在南洋劝业会上参赛获得奖牌。后参加南京手工业赛会被评为全国同类产品第一名。

民生工厂——新中国成立前宁乡唯一的地方工业，它的前身是贫民习艺所。为使城乡赤贫儿童学艺就业，1921 年，同盟会会员文经西和黄渐之等人倡办民生工厂。设有纺纱、织布、织毛巾、织袜子、缝纫、漂染、木工、篾工、铁工等车间的综合工厂。厂址设在县城东门外杨家亭子（玉潭书院后）。织布车间有铁挺子机 4 台，四、六、八皮枞木的织布机 40 多部，织袜机 20 多部，木纺纱机 60 部，缝纫机 10 部。产品除土产棉大布、细纱棉布外，还能织出浮花丝棉绢缎。由于经营管理、外国产品竞争、战争等因素，几经波折、历经兴衰，于 1945 年倒闭。民生工厂历来的宗旨是培养、扶植城乡贫困青少年并使之学艺就业。不少青少年男女学得一技之长，有的成了技艺精湛的高师。它在当时确有利于国计民生。

鹿角窑陶瓷厂——地处西冲山乡，距县城约 50 华里。明崇祯三年（1630）宝庆陶瓷工人唐有龙携眷避兵祸来到宁乡西冲山，见此地陶土色质均佳，便取土试烧，获得成功。于是，居于此，以炼制陶瓷器为业。后因业务拓展需要，便带了学徒，传授炼制技术。1820 年，还和当地陶器技师陈坤、杨以贤合资建窑炼制钵、坛、壶、罐 4 种产品，年产量 3 万筒（筒，陶器计量单位，一筒的陶钵，相当于一只菜碗的体积）。1860 年，鹿角窑生产陶器的业主，已有4家，拥有手模车盘8个，年产量也增达6万余筒，产品运销宁乡、湘潭、湘乡等地。1862年，制陶专业户已达15家，品种也增加瓮坛等8种，年产量迅猛增至45万筒。鹿角窑陶土泥质好，做出的坛体器皿能煮饭，也能烧开水，还能腌菜。夏天盛水，数日水不馊。如陶制沟瓦，夏日暴晒，冬日冰冻，不会开裂，深受用户好评。远销长沙、望城、益阳、桃江、华容等地，著名陶艺工人有赵伯勋、钟才胜、刘枚生、刘义升、唐健、钟才升等，手艺精湛，享有盛名。

1031军事工程——这是近年文物普查时新发现的现代军事工程遗址，位于宁乡县双凫铺镇麦田村曹家组狮子山山体内，是一处具有特殊时代背景的军事战略工程。该工程始建于1967年，历时三年至1969年完成，80年代末期逐渐废弃。该工程由墙垣、发射塔、洞口、岩室、水塔、长桥等多部分组成，墙垣仅剩20米左右，砖石砌成，发射塔离主体部分约100米，原为150米的铁塔，现仅存塔基；出口共三个，分布于狮子山山表不同位置，洞内面积近800平方米，在主干道两侧分布作战室、变电室、指挥室等房屋40间。工程外围有平房二栋、楼房一栋，供警卫、后勤人员居住。20世纪60至70年代中苏关系破裂，为落实中央备战、备荒、为人民的精神，出现了举国备战、全民皆兵的景象。1031军事工程旧址为研究我国20世纪80年代前的军事分布提供了重要依据，是我国特殊年代的重要历史见证。

值得注意的是，宁乡是来自中原的华夏文化最早渗透的地区之一，也是湖湘文化的重要发源地之一。所以，这里富有厚重的历史文化，境内名胜古迹、文物极多。仅仅是古代书院，先后就有灵峰书院、南轩书院、云山书院和玉潭书院、宁乡学堂（文庙）等，与省内其他县相比，是十分特别的。

灵峰书院——宋代建于宁乡县城东北朱良桥乡灵峰山下，为胡安国、胡宏父子的讲学处。要想揭开灵峰书院神秘的面纱，就必须探究书院的创办人胡安国。

胡安国（1074—1138），字康侯，号青山，学者称武夷先生，谥号文定，后世称胡文定公。宋建宁崇安（今福建武夷山市）人。早年拜程颢、程颐弟子杨时为师，研究性命之学。入太学时，又从程颐之友朱长文、靳裁，得程学真传。绍圣四年（1097）进士，为太学博士。北宋末年，黄河流域战争频频，中原士人纷纷南下，给长江流域的文化兴盛创造了机遇。胡安国也于南宋建炎（1127—1130）年间，抵湘潭，至碧泉定居，遂落籍湘潭。在潭州湘潭建碧泉书院，"前后居潭三十余载"。著书讲学，从游弟子数十人，潜心续撰《春秋传》。其志在经世济民，感于时事，往往借《春秋》寓意，不拘章句训诂，成为宋代理学家以义理治《春秋》的代表作。然后又在衡山山麓办文定书院，以讲学撰述为业，除自己的子侄胡寅、胡宏、胡宪等外，还吸引了众多湖湘士子前来就学。其中仅长沙人就有治《春秋》和《资治通鉴》的谭知礼，以孝友信义著称的黎明等，从而开始奠定了一个在中国古代学术史上具有特殊地位的理学派别——湖湘学派。1138年（绍兴八年）书成30卷，进呈朝廷。宋高宗赞他"深得圣人之旨"，诏加宝文阁直学士。同年四月春，胡安国在湖南逝世，葬湘潭县隐山，朝廷破格赐谥文定。所著《春秋传》成为后世科举士人必读的教科书。又著《资治通鉴举要补遗》100卷，《文集》15卷。《宋史》立传，《宋元学案》中有《武夷学案》，明正统年间从祀孔庙。1706年朝廷赐"霜松雪柏"匾额一方，1737年拨内府库银建祠于隐山。

胡安国是南宋时期著名经学家和湖湘学派的奠基人之一。他有子三人，都很有成就。长子胡寅，礼部侍郎，著《读史管见》数十万言，学者称致堂先生。次子胡宁，官祠部郎中，后辞官佐父修纂《春秋传》，著《春秋通旨》，学者称茆堂先生。季子胡宏传父学，讲学碧泉20余年，传学于张栻等，著《胡子知言》等书，学者称五峰先生。

这位五峰先生，是一个具有爱国思想的学者。他生活于内忧外患时代，却不是一个只知闭门读书、不问天下之事的人。恰好相反，胡宏之所以做学问、求大道，不仅是为了做一个有学问、有道德、有大节的人，同时还本着有道德足以替时，有事业足以拨乱的理想和抱负，力图将其所学，用于匡时救世。身虽在野，心系社稷安危，不忘抗金复仇，收回故土。他反对苛敛无已，关心人民疾苦，对于如何抗金复仇，如何安邦治国，都有一套系统的思考。他在《上光尧皇帝书》中，详尽地表达了自己的意见。在这封万言书中，他一开头就说："臣闻二帝三王，心周无穷，志利虑天下而己不与焉，故能求贤如不及，当是时，公卿大夫体君心，孜孜尽下，以进贤为先务。是时，上无乏才，而山林无遗逸之士，士得展其才，君得成其功名，君臣交欢而无纤芥，形迹存乎其间。"其意是要求宋高宗效法二帝三王之为政，第一要出于公心，志利天下，第二要广求贤才，使人才不被埋没于村野，使他们充分施展才能，辅助人君成其功业。接着，他不无针对性地说："这后世衰微，心不及远，志不周物，据天下势利而有轻疑士大夫之心，于是始有遁世不返，宁贫贱而轻世肆志者；于是始有奔走名利之途，纳交于权势之门以侥幸高贵者。"他这里所指的"后世"，显然主要是指当世，在当时的南宋王朝，上至皇帝，下至各级文武官吏，多是文恬武嬉的势利之徒。他指出：当时那些"奔走于名利之途，纳交于权势之门"，以侥幸谋取富贵者比比皆是，这话是说得够厉害了。与胡宏同时代的岳飞，在当时也很有感慨地说：若要天下太平，除非"武官不怕死，文官不爱钱"。他们二人都是爱国志士，自然具有共同思想。胡宏的万言书，主要是向皇帝"陈王道之本，明仁义之方"，要求高宗施行仁政，并具体提出了如何抗击金人和治国安邦的策略——因此而开启了后来"湖湘学派"的思想先河！

南宋绍兴年间，理学家胡安国偕儿子胡宏游学来到宁乡。他们看见朱良桥道山灵峰境地清幽，就地讲学，首创灵峰书院。

南宋抗金名将张浚出镇潭州时，其子张南轩也曾讲学于灵峰书院。后来，大理学家朱熹也曾慕名来此授业。宁乡因此有幸得到这几位理学大师的文化滋育。

说到张浚，他可是一个很有骨气的著名人物，他死后就葬在宁乡。

张浚（1097—1164），字德远，四川绵竹人，徽宗时进士，力主抗金，公元1135年任宰相，与岳飞、韩世忠合称抗金三大将，官至枢密院使。因为重用岳飞、韩世忠抗金，又废黜庸儒刘光世，被秦桧贬为潭州安抚使，排斥在外20多年。1161年复出，封魏国公，主持北伐，不幸于1164年客死于江西余干。病时手书付二子："吾当相国，不能恢复中原，雪祖宗之耻，即死，不当葬我先人墓左，葬我衡山下足矣。"由此可见其抗金宏志。其子张栻及著名爱国词人知州张孝祥护其灵柩，遵其嘱葬于宁乡。乾道三年（1167）八月，朱熹从福建崇安出发，专程来访张栻，与之进行学术交流，同游南岳，著名的"朱张会讲"流芳百世。

张栻（1133—1180），字敬夫，一字钦夫，又字乐斋，号南轩，世称南轩先生，张浚长子。他幼从师胡宏，得理学真传，后执掌长沙城南书院。孝宗乾道元年（1165），受湖南安抚使刘珙之聘，主管岳麓书院教事，苦心经营三年，使书院闻名遐迩，从学者达数千人，初步奠定了湖湘学派规模，成为一代学宗。与朱熹、吕祖谦时称"东南三贤"、理学大师，是湖湘文化的继承和发扬者。逝后葬其父张浚墓左。

张氏父子墓合称为张南轩墓，在今巷子口镇官山村罗带山（又称龙塘），相距60米的两个小山头上。两墓皆用花岗石片砌成。墓冢为三合土封顶，张浚墓有碑刻"宋元辅封魏国公张公德远之墓"（即张浚），前有华表。张栻墓在其父张浚墓左，有碑刻"宋大儒张南轩先生之墓"。宋代在此敕建"圣旨碑"，刻有"大小文武官员至此止步下车"两行楷书。明嘉靖三年（1524）明世宗又敕建张浚祠及南轩书院，命其墓地为"官山"，明末时废。所以，"张南轩墓"实际应为张浚墓、张栻墓和南轩书院三部分。至于南轩书院当年的具体讲学情况，史料语焉不详，我们也不得而知了。

云山书院——位于宁乡县西水云山下，清同治四年（1865）邑人刘典倡建，同治六年（1867）落成。它三面环山，佳木葱茏，绿野扩展，沩水流经楼西，步云桥横越其上。天马山左右环抱，成为书院天然护卫，双乳峰与水云寺遥遥相望。"山水之胜，无殊岳麓"，"斋舍之制，全效城南"。书院名字的由来就是因为它坐落在群山环绕、风景优美的水云山下，环境清幽，适合教书育人。因为云山书院不是国家开设的，是相当于乡学一类初级教育机构，所以没有那么大的规模，但鼎盛的时候，也有斋舍十间，比一般的书院规模稍大，宅地雄伟巍峨，建筑古朴大方，有讲堂、文昌阁、先师堂等。虽然是县以下书院，却一直坚持"修书院，广育婴"的宗旨，让更多的乡民子弟，有了读书的机会。山长为士林楷模，秘择本邑宿学名儒，对学生要求"贵博学、审问、慎思，明辨以析其理，笃行以践其慎"。现校内存有刘典写的"倡建云山书院碑"，碑高1.85米，宽0.8米，厚0.025米，为青石阴刻。学校正房前有谢觉哉题写的"云山完小"四个大字，校周围有王凌波、谢觉哉当年种植的"黄金树"等树木，山清水秀，风景优美。有谢老在1945年写的《忆云山》一诗为证：

> 女峰螺岭记寻春，竹翠桃红掩映新。
> 应识殷生昔栽树，难逢向氏旧游人。
> 长溪鱼跃花飞柳，夹岸莺啼芽绽春。
> 载得东风归故里，青山白发两情亲。

在宁乡的文化教育史上，云山书院是有伟大贡献的。清政府废除科举制度后，云山书院改为高等小学堂，推民主革命前辈文经酉担任堂长。由于受维新变法影响，教学内容开始掺杂自然科学和社会科学知识课程，学堂附设半日制学习班，大力提倡科学与民主和劳动教育，开业余教育之先河。特别是1909年春以后，"宁乡四髯"何叔衡、姜梦周、谢觉哉、王凌波先后在这里同窗共读、同校任教或担任校长，他们提倡科学与民主，倡导勤工俭学活动。1917年7月，毛泽东来宁乡做农村调查时，曾在云山书院住过；1921年，何叔衡参加"一大"回湘后，偕谢觉哉来云山书院进行革命讲演，积极宣传马克思列宁主义，进行反帝反封建的爱国主义教育。他们不仅使云山学校成为"五四"前后宁乡新文化运动的中心，而且成了宁乡人民的革命摇篮。同年冬，王凌波在这里办全县教师讲习所，传播革命道理。1924年后，52名优秀青年被选送黄埔学校，7人后来为革命而献身。云山学校为我国新民主主义的革命运动，培养了大批人才，甘泗淇、萧述凡、谢南岭、尹澍涛、喻东声、胡辉、余喜文、林蓴生、严岳乔等俊杰，在中国人民的革命斗争中做出了巨大的贡献。所以，新中国成立后，云山书院列为省级文物保护单位。

玉潭书院——原名玉山书院，因在宁乡县治右侧的玉几山而得名，明嘉靖二年（1523），由知县胡明善在县衙右侧的玉几山创办，系当时宁乡的最高学府。清乾隆间改建于县南玉潭镇，因此改为玉潭书院。时聘周子采为山长。嗣后知县王纲、汪大壮等相继捐膏火田，兴学不断。清顺治四年（1647）毁于兵火。乾隆十九年（1754）邑绅邓竹林等，捐资重建于东门汊水边，乾隆二十二年（1757）山长刘绍濂首刊《玉山书院志》，二十五年（1760）山长王文清辑补之。王文清还定学规、读书、读经、读史诸法及勉学等劝诸生。乾隆三十二年（1767）改名"玉潭"，并新修《玉潭书院志》10卷，额定每年招生50～60名，每日课文3次，每月晨起、早读、讲书、晚读，皆以击梆为节。1912年以后改为玉潭学校。1913年7月，刘少奇以第一名的成绩考入该校，在学业期间，受梅冶成等进步老师的影响，多次参加反对袁世凯卖国和驱逐湖南都督汤芗铭的罢课游行活动，为他后来投身无产阶级革命事业奠定了思想基础。玉潭书院与云山书院为宁乡近代教育的兴起和发展，做出了贡献。后玉潭书院搬迁至龙凤山童家大屋，即今龙凤山中学——该中学现位于宁乡县夏铎铺镇凤凰山国家森林公园内。

宁乡学堂（文庙）——位于宁乡迎宾馆（县招待所）所在地。文庙最先建在县城南门原玉潭湾，占地宏广，庙宇宽阔。唐末毁于兵火，后唐同光二年（924）迁至飞凤山，元末又遭兵毁。明代曾六次重修，弘治十二年（1499）确定地基，前至化龙溪，后至山顶，又为居民侵占。正德九年（1514）教谕张清立界石于山顶后，明末又毁于兵火。清时建学宫在飞凤山中，后曾做过16次重修，最后才成固定格局。清道光二十八年（1848）又建邑士阁（即文昌阁）于山顶。学宫因与庵子冲结合，后来这一带便被称作了"学庵"，今学庵社区即袭此名。1944年，日寇侵占宁乡，文庙文物及其设备被洗劫一空，庙宇被烧毁。抗战胜利后，宁乡师范由云山搬至文庙，新中国成立后又在此创办宁乡中学，后改为宁乡二中。二中搬迁后，拆建为宁乡招待所，即当今的迎宾馆。

"书院，古之乡举也。所以培植人才者，莫大乎是。"（刘典《云山书院记》）在一个县里，仅是书院前后就有三四个，这说明宁乡的文化教育事业，自古以来就很发达，所以旧传"宁乡人会读书"。在旧时代，这里曾出了几个"会读书"的名人。

第一个是宋代状元易祓。

易祓（1156—1240），字孝章，号山斋，今巷子口镇人，著名经学家，因博学多才，素工诗词，被尊为布衣居士。易祓8岁会吟诗，15岁通晓四书五经，就读于张栻的长沙城南书院和岳麓书院。南宋淳熙十二年（1185）荐于朝，殿试第三名探花，皇帝十分欣赏，赐封释褐状元。曾任宋宁宗的老师，讲授《论语》。历任江州知州、枢密院检讨、右司谏侍讲，开禧元年（1205）任礼部尚书。后被贬于广西全州、融州，60岁回到故乡，研读经籍，著述颇丰，有《周易总义》、《周官总义》、《周礼释疑》、《山斋集》、《识山楼集》等。1225年，宋理宗即位时被重召入京，授职朝议大夫。1226年封"宁乡开国男"，食邑千户。1238年，82岁的易祓告老还乡，两年后在故里病逝，宋理宗传旨厚葬，并亲撰祭文。

说到易祓，就不得不说状元楼。此楼系明成化六年（1470）县府为"宁乡开国男"、"释褐状元"宋臣礼部尚书易祓而立。状元楼又叫状元坊，位于玉潭中路原县政府的门楼处。易祓29岁时进京赴考，夺得南宋淳熙十二年（1185）状元后，历孝宗、光宗、宁宗、理宗四代皇帝，官至礼部尚书，为国为民，功劳卓著。故而在宋理宗登基后的第二年（1226），特地赐封易祓为"宁乡开国男"。清康熙《宁乡县志》曾清楚地记载了这一史实。明朝成化六年（1470），当时县令特在县衙前为易祓建一门楼，取名状元楼，鼓励重教修文，让世人褒扬"宁乡开国男"的业绩。此后一直为县府的门楼，至1996年拆除。2010年县政府择地鳝鱼洲新建状元楼，2011年正式开放。

第二个是明清之际的著名学者陶汝鼐。

陶汝鼐（1602—1683），字仲调，一字燮友，号密庵，明崇祯举人，又两中会试副榜。选广东新会教谕。明亡，先后投福王、唐王政权，授五省监军等职。曾出家为僧，号忍头陀，又号鞠延。后参与抗清起事，曾被系狱，获释后还籍。他工诗、文、书法，有"楚陶三绝"之誉。晚年以修志为事，纂《宁乡县志》、《长沙府志》、《沩山志》，曾任《湖南通志》总裁。著有

《广西涯乐府》、《嚏古集》等。

第三个是清代经学大家王文清。

王文清（1688—1779）。字廷鉴，号九溪，今金州乡龙桥村人。5岁发蒙，10岁能文。雍正二年（1724）进士。早年历任九溪卫学正、内阁中书舍人、宗人府主事等。以父老乞归，于乾隆十三年（1748）和二十九年（1764）两任岳麓书院山长，直至85岁坚辞续聘，始归故里。他治学严谨，曾手写《岳麓书院学规》，门下有成就的学生达400多人，是岳麓书院历史上最有名望的山长之一。嘉庆二十年（1815）入祀岳麓书院山长祠。他是著名的经学家，成就甚大，著有《考古源流》、《典制大文考》、《历代诗汇》、《考古略》、《锄经余草》等55部著作，有近千卷之多。《长沙府志》称王文清"其文章品行，望重乡国者，咸为足下首屈一指"。《湘略》中则称他"治学朴学，淹贯群籍，卓然为一代鸿儒"。学术界以王文清与王夫之、王闿运、王先谦并称"湖南四王"。因其成就和影响，当时湖南巡抚陈宏谋命刻"经学之乡"碑，立于其故居前，以示褒扬。

或许是文化教育很早便启蒙并且教化了这里的先人，或许是文化名人的典范，为这里一代又一代人树立了文化的榜样，或许是历史文化的种子，早已深深地撒播于这片土地，这里的文化因此特别发达，特别厚重，而且十分普及，以至深入民间。其中最有意味也最有文化色彩的，主要是两大类。按其表现形式分，则为语言类和演唱类。语言类又分有文人诗词、楹联和民间对联、谚语等，说唱类有花鼓戏、围子戏和故事会等。

诗词和楹联，主要是在文人中流行的。这种诗词楹联，要求比较严格，不仅要讲韵律，而且讲究对仗，是具有一定文化水准的人，才能胜任的一种雅文化。宁乡的文化名人比较多，因此留下有许多诗词或楹联，其内容或为应酬，或写山水，或记游，或抒怀。例如：

西风吹短发，复此过长桥。木落波空阔，亭孤影动摇。徘徊念今昔，领略到渔樵。傥有山中隐，凭谁为一招。（宋·张栻《过长桥》）

一宵风雨送春归，绿暗红稀。画楼镇日无人到，与谁同捻花枝？门外蔷薇开也，枝头梅子青时。玉人空自数归期。翠敛愁眉。塞鸿不到双鱼杳，叹楼前流水难西。新恨欲题红叶，东风满院花飞。（宋·易袚《风入松·春晚》）

山外如何便识山，白云出岫鸟知还。更看面目如端的，却在先

生几杖间。（宋·易袚《题识山楼》）

万重云捧古人坟，花木争奇紫翠纷。神气丽天经夜月，山光映水渡秋雯。田犹荷锸耕罗汉，法有金城赖相居。掷却金鱼逢佛选，至今完璧颂元勋。（宋·易袚《裴休墓》）

家近双江口，双江古今流。溪光秋不断，风气午方收。市逐鱼盐利，人荒稼穑谋。少微星的的，十里到莬裘。（清·王文清《双江口》）

大沩十万丈，上与浮云齐。山势长不改，云飞东复西。云去山有风，云来山有雨。风雨无定期，云情竟如许。（清·周在武《大沩凌云》）

得宠休为恶，争功莫害能。一抔黄土在，千秋骂不停。（清·周存吾《靳尚墓》）

素患难行平患难，得高歌处且高歌。弓长跃跃谋阴射，真铁铮铮耐苦磨。鲁仲岂甘帝秦者，匡人怎奈孔徒何。死尸抛弃太平海，生面别开安乐窝。（清·周汉《狱中诗》）

打破诗成与酒城，万家忧乐最关情。欲除封豕长蛇患，忍听哀鸿嗷雁声。冀北何人嗟李牧，天南有鬼泣田横。问谁能有回天力？四海齐声唱太平。（清·成邦杰《抒怀》）

工农遭难我心愁，何惜为民把血流。革命从来不怕死，还有英雄在后头。（曾鼎山《就义诗》）

歌谣或对联，虽然属于民间文艺，但也需要有一定的文化素养。这种文化形式，在宁乡民间也很流行。据有关人士采风，宁乡大成桥一带，有的乡间文人学士和一些虽无高深文化却善于编诵韵话的人才，他们编造有很多诸如"赞狮子"、"赞土地"、"赞新娘"等美丽的乡土歌谣。如欧阳汉民先生收集整理的四门诗，集大成桥周围地名，以韵律相拼集，很有独特风味：

东门一出月形山，泉塘湾里水翻翻。黄猫福履石狮子，四路煤夫运上滩。

南门一出星星街，五墩桥连马鞍滩。铜鼓金盆凫翼段，遇到干旱下黑潭。

西门一出景致巧，石龟扫墓金鸡晓。虎形山映玉泉清，怡神今

631

昔相思了。

北门一出远逍遥，草子黄泥独木桥。江界龙沟斗气岭，只见樵
夫过路高。

对联如：

做个好人身润心安魂梦稳
行些善事天欢地喜鬼神钦

三年三处过年甘肃干州马底驿
一世一生做事凭心乐善不贪财

谚语是民间文艺中最普遍的一种语言艺术，是群众中流传最广的一种语言形式，它言简意赅，富于哲理。宁乡地区民间谚语的内容是多方面的，反映了现实生活的各个方面，是指导劳动群众进行社会斗争和生产斗争的重要工具，按其所表达的内容来看，主要有以下几类：

一类是政治谚语。或反映尖锐的社会矛盾和阶级压迫，如："地主花样多，诡计几篾箩"，"刮别人的油，长自己的膘"，"做年长工呷年亏，没到五更地主催"，"地主心，毛铁钉；有好长，钉好长"等，一针见血地揭露出地主对农民的残酷剥削；或反映社会斗争的经验，教导劳动群众对阶级敌人不能有任何幻想，如"救了落水狗，反被咬一口"、"三日不害人，走路没精神"、"牛角越长越弯，地主越大越贪"、"只有蛮官，没得蛮百姓"等；或讽刺反动统治阶级，揭露他们的丑态，如"上官放只屁，下官唱台戏"，"乌鸦笑猪黑，自己不觉得"，"文官三只手，武官四只脚"，"狗不咬屙屎的，官不打送钱的"等。

另一类是劳动和道德谚语。劳动谚语主要是教导人怎样工作和劳动，如"牵牛要牵鼻子，捉猪要抓尾巴"，"捉哒（了）鸡婆生不得蛋"，"不怕难就怕不耐烦"等；有教导人工作要认真细致的，如"里手怕大意，外行怕过细"等；有教导人做事不要斤斤计较的，如"男不记事，女不记养"等；有教导人劳动知识的，如"生意无巧，人齐货跑"，"大生意要做，小生意要守"，"问不烦来挑不厌，买卖兴隆客满店"等；有教导人学习要一步一步进行的，如"才学走路先扶墙，才学讲话先喊娘"；有教导人学习要注重有形和无形的，如"文章要写好，腿脚要多跑"等。道德谚语则表现了劳动群众为人处世、待人接物中的品质和感情，如"修桥铺路，子孙大路"，"做好事

632

积公德，人不晓得天晓得"，"茄子不开虚花，细伢子不讲假话"，"君子不跟牛斗架"，等等。

第三类是保健和药物谚语。这类谚语很多，因为旧时代劳动群众贫穷请不起医生，只能靠自己掌握一些保健药物知识来保证健康。保健方面的谚语，如"冬吃萝卜夏吃姜，不劳郎中开药方"，"药补不如食补"，"月里病难得好，月婆子少洗澡"，"小病不治，大病难医"，"痘要结，麻要泻"，"活动活动，没病没痛"，"三月三，九月九，无事莫到江边走"等。药物方面的谚语，如"有哒半边莲，敢于同蛇眠"，"识得山里草，一世吃不了"，"打得爬，离不开七里麻"，"泻药轻煎，补药浓熬"，"两脚不敢移，离不开五加皮"，等等。

第四类是风物特产谚语。主要表现劳动群众对家乡自然环境和生活特色的描述，如"宁乡好米，其香五里"，表现了宁乡作为"四大粮仓"的特色；"黄春和的粉，半雅亭的饺，火宫殿的臭豆腐香又辣；杨裕兴的面，徐长兴的鸭，柳德芳的汤圆真好呷"，"赶得南门的包子，丢了北门的豆腐"等，表现了劳动群众对乡土的爱恋。特产谚语，表现了劳动群众对自己劳动经验的总结和描述，如"寸长鞭炮，七十二套"，"爆竹噼呖啪，少不得黄泥巴"，"爆竹变烟花，搭帮硫磺和铁砂"，"爆竹能开花，搭帮氯酸钾"，等等。

第五类是情趣谚语。这类谚语比重很大，是劳动群众为丰富自己的生活，从许多有趣的生活现象中，总结概括出来的形象短语，具有很强的艺术感染力，表现了劳动群众的生活和幽默。如"装三根香，放九个屁，菩萨不做声，自己过不得意"，"三只蛤蟆闹一塘，三个堂客闹一房"，"公不离婆，秤不离砣"，"岳母看见了郎，又是粑粑又是糖"，"家娘一面鼓，出门讲媳妇；媳妇一面锣，出门讲公婆"，等等。这些谚语，既充满着劳动人民的生活情趣，又充满着宁乡地区的乡土气息，因此最为劳动者所乐道。

总之，宁乡人经常挂在嘴边或放在心里所念叨的这些，都是千百年来形成于宁乡地区劳动群众中的民间谚语，是长期广为口头流传的定型化的艺术短语，形象地总结了人们的生产经验、生活知识和道德规范，以惊人的准确性，道出了事物十分复杂的本质，是带有讽劝、训诫、经验和哲理性特征的语言结晶，不仅内容丰富，而且思想也深刻。它以自己深刻的哲理性和生动的形象性，影响和哺育了一代一代的宁乡人，成了宁乡地区民间乡土文化中一种独特的民间格言。这种宝贵的文化财富，至今仍在影响着宁乡人。

宁乡的非物质文化遗产很多，比较著名的是：宁乡花鼓戏、"围鼓子戏"、宁乡周氏双龙舞蹈、宁乡麻乡锣鼓、宁乡灰汤杂技等。

宁乡花鼓戏——是劳动人民创造的一种民间小戏剧。它大约形成于清代，流行于湘中、湘东和洞庭湖滨一带，是一个艺术风格独特、群众基础深厚、地方色彩鲜明、生活气息浓郁的地方小戏剧种。其演唱，最初是一旦一丑的"两小"戏（小旦、小丑），因此又称对子戏，由歌舞形式的地花鼓发展为较有故事情节的对子花鼓。后来，渐渐地吸收劳动山歌、走场牌子和其他剧种的腔调、伴奏和表演等艺术手法，发展为"三小戏"（小旦、小生、小丑），成为具有地方特色的戏曲剧种。它的产生和形成都在民间，不像其他剧种那样先由宫廷、上层社会提倡然后再传到民间，因此极具群众性，又因不同地方随着艺人的创作实践逐渐形成许多路流派，其中以宁乡、浏阳、益阳、西湖、醴陵等五路为主要流派。浏阳路以"采茶调"为代表，多演《雪梅教子》、《孟姜女》等正剧；宁乡路因出入城乡，不得不致力于声腔音乐的创新，因而以小调见长，处理细腻，字正腔圆，委婉清新，真挚动听，并发展了弦乐伴奏。各路花鼓戏经过近百年来的艺术交流，相互融合，形成了今天较为完整的宁乡花鼓戏体系。上述五路花鼓戏因为都以宁乡话为统一的舞台语言，所以通称为宁乡花鼓戏。

围鼓子戏——"围鼓子戏"，又称"坐堂戏"。表演者少则四五人，多则上十人，既是演员又是乐手，一人一角或一人多角。演唱时不化装，也无表演动作，全凭唱腔、道白表现戏曲故事；采用民间小调或地方戏曲的音乐。多受聘于民间红白喜事，亦有逢节日临时定点演唱者。新中国成立后，这种艺术活动继续流行，且注入不同时期的新内容。1956年宁乡曾组织民间文艺汇演，大成桥的"围鼓子戏"获得两个一等奖。

此外，还有"故事会"等等。故事会中有个传统节目叫《高堂冲》的，具有一定的现实教育意义，因而代代流传下来。限于篇幅，这里就不详述了。

宁乡周氏双龙舞蹈——相传清代湘军名将周达武为排解四川籍妻子姚氏思乡之苦，将在四川的一支双龙舞队带回宁乡，每逢春节组织表演，成为闹新春的一种传统文娱活动。双龙舞表演，每年正月十二或十三出发，每户人家都要耍到。元宵节那天，在大屋场耍"火堂"为高潮，要上四五个小时，要将所掌握的故事全部耍完，观者如潮。周氏双龙舞不仅在春节期间耍，也在国庆节、新婚庆典，甚至在举办丧事时也耍。随着节日庆典方式逐渐演变，双龙舞已逐渐淡出人们的视野。双龙舞已列入长沙市级非物质文化保护名录。

宁乡麻山锣鼓——宁乡麻山锣鼓是湖南境内流传的一种吹打乐，是类似于宗教音乐和民歌的曲牌。因发源于宁乡县麻山而得名。最初形成于明末清初。相传由一云游僧所传授，是当时作为庙宇文化用的礼乐。清光绪、宣统年间，麻山锣鼓的音乐得到大幅度的发展和完善，形成了一个拥有丰富曲牌的乐曲体系，具有独特的演奏形式和音乐名称、乐器形制、曲目内涵，并在湖南几个县境内流传开来。宁乡麻山锣鼓曲牌格调清高，秀雅大方，节奏变化多样，富有一定韵律，并且每个曲牌都冠以形象生动的名字，或记事，如《接姐》、《放风筝》，或叙景，如《茶花出水》、《雪花飘》。无论其名称或音乐内涵，都表现了浓厚的乡土生活气息，表现出劳动人民对大自然的描述，以及对美好生活的热爱和向往。

宁乡灰汤杂技——20 世纪 50 年代，宁乡灰汤狮桥村民周延胜在外学成杂技后回乡所创。以家庭成员为主体，表演杂技魔术。灰汤杂技的主要节目，除借鉴移植外地节目如走钢丝、蹬技之外，还在长期的演出实践中形成了特色节目，如双人刺喉、双人顶碗、空中咬花、轻功踩蛋、顶杯顶凳、砍砖、武术杂耍等等。节目惊险刺激，滑稽搞笑，受观众好评。1996 年，湖南省文化厅授予灰汤镇"杂技之乡"的匾牌。灰汤杂技已列入宁乡县非物质文化遗产保护名录。

宁乡四碟——宁乡传统民间食品产品砂仁花糕、刀豆花、盐姜、紫苏梅，被誉为"宁乡四碟"，为待客馈赠之佳品。远在明末清初，民间即以刀豆做原料，切成薄片，编织成兰花、竹枝花、龙、虾等式样的刀豆花上市。县城北郊农妇尤擅制作，产品色红艳，味甘美。道光年间，食品作坊用黏米、茶油、白糖为主料制作砂仁糕，质地酥脆，香甜可口。盐姜，又名冰姜，多为民间制作，曾销往新疆、甘肃等西北地域。20 世纪 50 年代末，刀豆花参展全国食品展览会，远销日本、美国与南洋群岛等地，被湖南省授予"传统名产"证书。80 年代末，砂仁糕荣获省颁芙蓉奖。20 世纪 60 年代末，砂仁糕年产 30～70 吨，刀豆花年产 10 余吨，冰姜年产 40 余吨。

最后，说说"宁乡里手"的故事。旧时，宁乡人在外买东西，总要跑三四个店子，先问问价，又比比货，然后再择其中一家买。其理由是："货比三家不吃亏"，"不怕不识货，就怕货比货"。这"买三家"，"货比货"，使宁乡人在外进货购物时，很少吃亏。宁乡人不管在哪里上学读书，大都勤学好问，争强好胜，其理由是："学问学问，勤学好问"，"多读书，不得输"，因此，宁乡学子的学习成绩大都引人注目。宁乡人成了名人或是大人物，穿着上仍很随便，不修边幅，其理由是："秀才不怕衣服破，就怕肚子里没得货"等等。宁乡人干什么都爱说个理由，或者是说上两句。譬如鼓励你学手艺，就会说："草鞋没样，边打边像"；批评学习不求真懂的人就说："不懂装懂，一世饭桶"；对旧的师徒关系不满，就说："徒弟徒弟，三年奴隶；呷（吃）不得饱饭，打不得臭屁！"因为宁乡人外出或在外乡人面前总好讲理由，称能干，所以外乡人就送给宁乡人一个绰号："宁乡里手"。

当然，这些都是历史了。然而，正因为其文化是历史的，无论有文字还是无文字，也不论是物质的还是精神的，抑或是记载于史册的还是流传于民间口头的，更不论是口说的还是演唱的，都是时代和历史的积淀，也是智慧的结晶，像河水一样长流不息，因此也长久地滋养和灌溉着人的心田。宁乡历史文化的智慧，是宁乡人的又一条"母亲河"，恰如眼前这滔滔东流的沩水。

2. 大写的人

· 日月经天，乾坤朗朗，光明磊落，忠奸自古凭史记
· 江河行地，神州莽莽，大浪淘沙，善恶历来由民说

曾经在网上看到署名"楚沩"、题为《沩水颂》的几句诗——

载去了多少峥嵘岁月
扬起的白帆，
飘去了多少困惑忧伤
不愿重温旧梦，
往事还是历历缭绕心头。
奋起你手中的笔吧！
唤醒你心中的良知吧！
拉开一幕幕的帷帐
人世间的沧桑尽显眼前……

不知道为什么，每当走进宁乡，总会想到这几句诗。并非因为诗写得特

别好，而是它所表达的一种情怀，老引起共鸣。

走进宁乡，站立在沩水河边，听江水汩汩流淌，好像是在吟唱，又好像是在诉说，那吟声令人感到低沉，而诉说却让人感到激昂。难道说

——那是一个说不完的故事

——那是一种神秘而悠远的传说

——那是一段难以忘怀的历史

——那是一些惊心动魄的故事

——或许那是一首史诗，是时代的歌谣，是民间的谚语，是宁乡群众中流行的花鼓戏剧……

说什么"子在川上曰：逝者如斯夫……"，然而，我们之"思"并没有"逝"去，相反，"思君如流"，正如眼前这滔滔不绝的沩水。

走进宁乡，站在沩水河边，"思"之心是沉重的，总是充满了挥之不去的那些"故事"。那是关于共和国主席的"历史"啊——他的足迹，他的功绩，他的风范，他的思想，他的教诲，还有他的冤屈……就像浪涛日夜不停地拍击着岩岸，令人久久都不能平息……

历史的帷帐，就是这样拉开的，一幕幕地展现在我们眼前——

清光绪二十四年十月十一日（1898年11月24日），他出生于花明楼乡炭子冲一个农民家庭。原名绍选，字渭璜、卫黄，兄姐六人，在叔伯兄弟中，他排行第九，人称"九满"。少小时就有热爱劳动、怜贫恤寡的品质，看牛、割草、家务劳动样样都做。长兄墨卿开了一个杂货店，有一次由他照管生意。有个朱姓孤寡婆婆，提着桶来店里买米，他在量米时，将朱婆婆买米的铜板，放进了米桶里。老人回家倒米时发现了，非常感动，常常对人说："九满真好。"

光绪三十二年（1906）起，他先后在柘木冲、罗家塘、洪家大屋等地私塾读书，常到曾留学日本的老同盟会员周瑞仙家看书求教。他六哥刘云廷辛亥革命时参加过光复长沙、支援武昌起义军的战斗，将《辛亥始末记》等书送给他阅读，对他的思想启示很大。后来，他在给刘云廷写的悼词中称其他为"幼年时期学习和活动的第一个帮助者"。

1913年7月，他以第一名的成绩考入玉潭高等小学。在求学期间曾赋诗一首："小树两边栽，浓荫绿上阶。他年成大树，便是栋梁材。"其立志救国救民的远大理想，跃然纸上。

1915年5月听到袁世凯接受日本帝国主义提出的丧权辱国的二十一条不

平等条约时，他义愤填膺，将名字"渭璜"改为"卫黄"，表示誓死捍卫炎黄尊严、振兴中华民族的雄心斗志，并带领玉潭同学罢课游行。胸前挂着"毋忘国耻"的牌子，手里举着"内除国贼、外抗强权"的旗帜，走在队伍的前面，高呼着"惩办卖国贼"、"誓雪国耻"等口号，随后和一些同学到商店查出并焚烧一批日货。翌年1月，袁世凯称帝，他发动同学罢课，声援蔡锷等人的讨袁斗争，直到袁世凯宣布取消帝制才复课。这年上学期，他在玉潭高小毕业，以优异成绩考入宁乡驻省中学二年一期。1917年春考入湖南讲武堂学习军事。翌年3月，皖系军阀、湖南省督军张敬尧下令解散讲武堂，他未能完成军事学业。1919年毕业于私立育才中学，申请赴法勤工俭学，9月到保定育德中学附设的留法预备班半工半读。1920年秋返回长沙，加入了中国社会主义青年团。

1921年夏天，他与罗亦农、任弼时、萧劲光等湖南同乡从上海启程，赴莫斯科东方共产主义劳动大学学习。时值共产国际召开第三次代表大会，他列席聆听列宁的讲话。同年冬转为中国共产党党员，从此走上了职业革命家的道路。翌年从莫斯科回国，先在中国劳动组合书记部工作。夏天，他奉党中央之命回湖南，任中共湘区委员会执行委员，与中共湘区委员会书记毛泽东相识，参加领导了长沙的工人运动、粤汉铁路工人罢工斗争，随后又接受任务，9月去湘赣交界处的萍乡安源路矿，协同李立三参与领导了闻名全国的安源路矿工人大罢工，任安源路矿工人俱乐部代主任、主任。

此时，李立三在隐蔽地点担任总指挥，让刚到这里而不被当局熟悉的刘少奇作为工人俱乐部全权代表。9月14日，随着汽笛长鸣，路矿1.3万工人为争取改善生活和工作条件发起大罢工。经商会居中调解，24岁的他，代表工人去戒严司令部与矿局谈判。当他穿过两侧全是长枪和刺刀的走廊，进入办公大楼后，矿长和戒严司令以审问的口气质问："你们俱乐部为什么要鼓动工人作乱？"他义正词严地讲明了工人为什么要罢工，戒严司令李鸿程听后威吓道："如果坚持作乱，就把代表先行正法！"面对死的威胁，他严正地回答说："万余工人如此要求，虽把代表砍成肉泥，仍是不能解决！"这时，大楼外数千工人大喝："谁敢动刘代表半根毫毛，我们就打得路矿两局片瓦不留！"在此声势下，路矿当局不得不同意工人的条件。当时，许多工人都对这个"刘代表"敬佩不已，有的说他有十三块金牌护身，有的说他一身是胆。他则归功于工友团结的力量。工人争取到一定成果后，他也注意适可而止，反对提出无限的、资方不可能接受的条件，从而使他主持的"安源工会"在两年多的时间里以不流血的方式得以开展活动。

这个"刘代表",就是刘少奇同志。

刘少奇在20世纪20年代就以工人领袖扬名于当时社会,最早就是由于他在安源路矿担任工会的领导。在近三年的时间里,他肩负起领导安源工人运动的全面工作,安源路矿工人俱乐部和汉冶萍总工会,是当时全国最大的产业工会组织。在"二七罢工"失败后的低潮中,安源地区成为继续激励全国工人运动的一面旗帜。他也因此成为著名的工人运动领袖。1925年,在第二次全国劳动大会上,他当选为中华全国总工会执行委员会副委员长。此后在上海、广州、武汉参加领导了五卅运动、省港大罢工和武汉工人群众收回汉口英租界的斗争,1927年在中央第五次全国代表大会上当选为中央委员。

大革命失败后,他先后在河北、上海、东北从事党的秘密工作。1928年7月,在中共第六次全国代表大会上当选为中央审查委员会委员。1929年以后任中共满洲省委书记、赤色职工国际执行局委员、中共中央职工部部长、全国总工会党团书记、中共中央政治局候补委员,与党内的"左"倾错误进行坚决斗争。

1930年夏出席在莫斯科召开的赤色职工国际第五次代表大会,当选为执行局委员,留在赤色职工国际工作。1931年1月在中共六届四中全会上当选为政治局候补委员。同年秋回国,任中共临时中央职工部部长兼中华全国总工会党团书记。他在白区工作中逐渐认识到党在国民党统治区的工作,应该实行深入群众、长期隐蔽、积蓄力量的方针,并对当时中共党内关门主义和冒险主义的"左"倾错误进行过某些抵制。1932年冬进入中央革命根据地,领导职工运动。1934年7月任福建省委书记。

他受命于危难之际,从瑞金来到省委驻地长汀。这时,国民党对中央苏区的第五次军事"围剿",已经持续了九个月,苏区正处于极为艰难困苦的时期。为了节约粮食支援前线,他作出决定:改省委机关干部吃大锅饭为草袋蒸饭,每人发一个草袋,袋口挂着姓名牌子,要吃多少自己量米,每次量米时,少量一把米,节省下粮食让前方战士吃饱肚子。一天中午,有人从前线赶回来找不到他。大家忽然不约而同地发现,自从改吃草袋蒸饭后,每天中午都不见他在饭厅里吃饭。有个别人在嘀咕:"人家是省委书记,该吃小灶了!"但大多数同志都说:"刘书记工作作风踏实,而且一切以身作则,和干部群众同甘共苦,是艰苦奋斗的模范。你不相信?那我们来打个赌。""赌什么?""谁输了,罚一餐不吃饭,把米省下来支持前线。"于是,同志们分头去找,从饭厅找到办公室,又从办公室找到宿舍,最后在机关的小灶厨房里找到了他。他这时正用清水煮了碗番薯叶子,向炊事员要了点盐巴拌着,正大口大口地吃呢,看见大家进来,已来不及把它掩藏起来。同志们见了,一下子全都傻了眼。大家想不到他会吃这样质量的"小灶"。炊事员告诉大家:"刘书记每天只吃早、晚两餐米饭,中午就煮些番薯叶子充饥。"同志们立刻感到了眼酸,喉咙口阵阵发哽。此情此景,大家哆嗦着嘴唇想说什么,又都说不出来,个个热泪盈眶……这时,前方来的那位同志也来了,他向刘少奇敬礼报告说,他是奉命回来提运粮食的,问粮食是否已准备好。刘少奇说:"为了打胜仗,我们保证让战士吃饱饭。"打赌打输了的人马上说:"从今天开始,我每天都只吃两餐。"打赌赢了的人也说:"吃两餐米饭、一餐代食品,勒紧肚子省下粮食供应前方。"于是节食支前便成了省委机关干部的自觉行动。刘少奇同志担任福建省委书记的时间虽然只有短短的三个月,但他留下的这段感人的故事,却久久地在干部群众中传诵着。

10月参加长征,任红八军团、红五军团中央代表和红三军团政治部主任。

1935年1月,在贵州遵义召开的中央政治局扩大会议上,他坚定地支持毛泽东的正确主张。10月,随红一方面军长征到达陕北后,任中华全国总工会西北执行委员长。

1936年春赴天津,先后任中共中央代表、北方局书记,坚定地执行中央关于建立抗日民族统一战线的政策,很快打开了华北党的工作新局面。他总结党在白区工作的经验教训,从思想上理论上清算"左"倾关门主义和冒险主义的错误,提出白区工作的正确方针和策略,对遵义会议后党在白区工作的历史性转变起了重大指导作用。因此,他是"正确路线在白区工作中的代表"。

1937年抗日战争爆发后,他坚决按照党中央、毛泽东关于开展独立自主的敌后游击战争的战略方针,深入敌后,放手发动群众,卓有成效地领导了华北抗日根据地和山西抗日新军的创建工作,组织建立了华中抗日根据地。1938年11月,任中共中央中原局书记,随后组织力量深入华中敌后,开展游击战争。

在延安时,刘少奇在理论工作上的最突出贡献,是他在延安马列学院作了《论共产党员的修养》的报告。

那是1939年7月8日和12日,在延安蓝家坪马列学院窑洞外广场上,他作了两次演讲，在广大学员中产生了强烈反响。张闻天对刘少奇的演讲特别重视，认为这正是当时广大共产党员，尤其是新党员迫切需要解决的问题。于是，请刘少奇将演讲稿整理成文。刘少奇将48000多字的《论共产党员的修养》文稿交给了张闻天。张闻天非常高兴，即转《解放》周刊责任编辑吴黎平。吴黎平呈送毛泽东审阅。毛泽东看完即给吴黎平回信："少奇同志的文章我看了，写得很好。这篇文章提倡正气、反对邪气，是一篇很重要的文章，应该快登。"1939年8月至9月，《论共产党员的修养》连续在《解放》周刊分三次连载，文章发表后，引起强烈反响。这年年底在延安出了单行本，成为根据地和解放区党员党性锻炼的学习范本，在延安整风运动中被中共中央列为干部必读的整风文献之一。后来一版再版，历时几年经久不衰，先后印行数十次，总印数以千万计，还有英文、日文、捷文、荷文、西班牙文等多种译本在数十个国家发行，在马克思主义政党建设史上占有重要地位。正如一位当年曾在延安学习过《论共产党员的修养》的老干部所回忆的："一想起少奇同志，就会想起我们曾经熟读的《论共产党员的修养》。这是一本深入共产党员之心的书。我们这一代，谁没有受过它的熏陶和教育啊！"

1940年11月初，八路军南下部队拿下了苏北盐城，把它移交给陈毅同志领导的新四军苏北指挥部，新四军军政机关随即从海安转移到盐城。与此同时，刘少奇同志也从延安来盐城指导工作。据当时在新四军苏北指挥部的政治部宣教科工作的任溶溶同志回忆说——

> ……转移到盐城不久，就开始每天上午听刘少奇同志作有关制度改变的报告，差不多整整延续了一星期。
>
> 天天听报告，印象很深。刘少奇又高又瘦。开始做报告时，总是先干咳几声，然后点烟卷。每天报告三个多小时，他手上的烟卷一支接一支，不用再点火，一直吸到报告结束为止。报告中间没有休息。
>
> 首长做报告，旁边总坐着两位速记员。她们是我们宣教部的。那时候没有录音机，全靠当场速记。下午我就看到她们在办公室里把速记符号译成汉字，互相核对。我还记得，这两位女同志一位是上海人；另一位是我的广东同乡，海陆丰人，讲广东官话。后来读刘少奇同志的名著《论共产党员的修养》，我忽然明白了，这一定也是做了许多天报告，速记下来整理成书的。那时党的领导们全有

这种出口成章的做报告的本领。

1941年元月初的一个晚上，通知我们到盐城大戏院去开紧急大会。这里原先是戏院，这时则只是一间很大的空屋，屋顶让日本飞机炸出了一个大洞，一根梁木还悬挂在上面。这次大会气氛非常严肃，刘少奇、陈毅、粟裕等同志来了。陈毅同志一上来就义愤填膺地告诉大家，国民党反动派制造了皖南事变，新四军正在奋勇反抗。接着刘少奇同志讲话。我记得其中有一句是："谁笑到最后，笑得最开心。"这句话我以后还听到过多次，但这是第一次听到。大会上还有新四军副军长项英同志的夫人发言，她从皖南先行转移到了苏北。已经到达苏北的皖南同志还有一些，如新四军军歌的作者何士德等。在海安一个晚会上，何士德同志曾给我们唱过他创作的《过长江》。

不久以后，在这个盐城大戏院又开了一次大会，这次是宣布陈毅同志担任新四军代军长，刘少奇同志担任政治委员。过了些日子，我们清早在盐城一个大操场上列队欢送陈毅同志和刘少奇同志去延安开会。他们两位带着随员在我们面前走过，微笑着向我们挥手告别。(《文汇报》2011年6月27日)

1941年，国民党阴谋制造的皖南事变使新四军蒙受惨重损失，党内群情激愤，要对国民党反攻。刘少奇同志被任命为新四军政治委员和中共中央华中局书记，提出政治上取攻势、军事上取守势，不宜借此与国民党分裂。他同陈毅等一起扭转新四军的困难处境，恢复和发展长江中、下游地区的抗日武装力量，扩建华中抗日根据地。实践检验证明了刘少奇同志的意见是正确的，因此在党内渐渐确立了"二把手"的地位。

1942年底回到延安。1943年3月任中共中央书记处书记和中央革命军事委员会副主席。

1943年春出任中共中央书记处书记和中央军委副主席，进入中央领导核心。在中共七大上当选为中央委员，在七届一中全会上当选为中共中央政治局委员、中央书记处书记，成为毛泽东的一位主要助手。

七大是中国共产党历史上划时代的大会，它以确立毛泽东思想在全党的指导地位而载入史册，这一功绩是和刘少奇的名字紧紧连在一起的。几十年后，邓小平同志在总结这一段历史时，深情地指出："七大规定毛泽东思想为全党的指导思想。我们党用毛泽东思想教育了整整一代人，使我们赢得了革命战争的胜利，建立了中华人民共和国。"

此后 20 多年，他一直工作在中共中央的领导岗位上。抗日战争胜利后，毛泽东赴重庆谈判期间，他代理中共中央主席，主持制定了"向南防御，向北发展"的战略方针，适时指导在东北实施"让开大路，占领两厢"的战略部署。1947 年 7 月，在西柏坡主持召开全国土地会议，制定《中国土地法大纲》，推动解放区土地改革运动的发展，为全国解放战争的胜利提供了广泛的群众基础和物质力量。

1949 年 9 月在中国人民政治协商会议第一届全会上，他当选为中央人民政府副主席。1954 年在第一届全国人民代表大会第一次会议上当选为全国人民代表大会常务委员会委员长。1956 年 9 月在中共第八次全国代表大会上代表中央作政治报告并当选为中共中央副主席。1959 年 4 月在第二届全国人民代表大会第一次会议上当选为中华人民共和国主席、国防委员会主席，担任这个职务直到逝世为止。

总之，在新中国建立后的几十年里，刘少奇同志一直协助毛泽东主持中央的全面工作，参与制定了中国社会主义革命和建设的各项重大决策。特别是在党中央领导工作分一线、二线以后，他主持一线工作，在经济建设、政权建设、党的建设、国防建设、文化教育事业和外交工作以及探索适合中国国情的社会主义建设道路诸方面，都做出了重大贡献。他不愧为一位伟大的革命家、政治家、理论家，不愧为伟大的马克思主义者。

宁乡人最不能忘怀的，是 1961 年。那是我国经济最困难时，身为国家主席的刘少奇回到了宁乡。他既不是因怀念故土家园而来，不是为访亲问友而来，也不是为游山玩水而来，更不是像旧官僚那样衣锦还乡而来，他是为了国家、为了民族、为了人民而来做调查研究的。

那是 1961 年的 4 月。他 63 岁了，时任国家主席，带着党中央新制定的《农村人民公社工作条例（草案）》，偕夫人王光美一道，回到家乡农村，进行深入的调查研究，听取基层群众对政府工作的意见，为纠正"大跃进"以来的错误打基础。

4 月 1 日，出发前他就对原中南局和湖南省委负责人说：这次去湖南乡下，采取过去老苏区的办法，直接到老乡家，睡门板，铺禾草，既不扰民，又可以深入群众。人要少，一切轻装简从，想住就住，想走就走，一定要以普通劳动者的身份出现。到湖南后，又向陪同的工作人员重申了这条纪律。

4 月 2 日到 8 日，第一站来到距他家乡炭子冲只隔十多里的东湖塘公社王家湾生产队，住在原生产队养猪场的一间破旧空房里。一张铺着稻草的旧木架床，两张油漆剥落的方桌和四条长木凳，构成了他的"卧室"兼"办公室"，窗户漏风就用雨布遮住，没有电灯就用蜡烛照明。他在这间破旧屋子里，一住就是5天。

他身着蓝布衣，脚穿青布鞋，深入社员家里，看社员锅里煮的什么，床上盖的什么，或请乡亲们到他住所谈心。他前后察看了炭子冲附近的5个公共食堂，揭开灶上的锅盖，看社员吃些什么，走进社员住房，掂掂床上的被子，问盖得薄不薄，还亲自给来访的乡亲们沏茶敬烟，态度和蔼可亲，没有一点架子。与群众谈话时，满口乡音，帮乡亲们解决了一个又一个难题。

看到部分社员少住房，缺用具，口粮不足，缺医少药，他心情沉重地说：

"我们没有把工作做好，乡亲们受苦了，我这次回来就是向乡亲们检查错误的。"

"造成这种局面的根本原因，不是天灾，而是人祸，是违背了客观经济规律，违背了人民的心意。"

"如果真正听了群众的话，就不会犯'五风'错误。因此，无论何时何地我们都必须尊重人民的民主权利，发扬民主，走群众路线。"

他特别强调，今后一定要坚持按劳分配，要保证生产队的所有权和自主权，要给社员一点小自由。"要刻石立碑，子子孙孙不要再刮'五风'了。"

当他得知当地有人向上级反映情况的信件被扣压后，在一次干部会上，他严肃地指出：

"任何一个人或一个党员，都有权利向上级党委告状，这是宪法、党章规定了的。"

"随意打人、骂人，是违法乱纪行为，今后不管什么人打死人、打伤人，都要受到审判，包括我这个人民共和国主席在内。"

在一次视察途中，他见路旁一所茅屋前有位妇女拉着几个小孩在哭泣，随即下车了解。得知这位妇女丈夫因病逝世后，独自抚养三个孩子，没有房住，立即找来当地干部，经过商议终于帮助她解决了困难。

当时，花明楼完小有个学生年幼无知，在电线杆上写了"打倒刘少奇"五个字，被定为"书写反革命标语罪"。刘少奇知道后，认为这只是发发牢骚，是我们工作没有做好，不要给孩子定罪和处分，及时地纠正了这件错案。他谆谆教导干部："要真正民主，就要由社员当家做主。干部是社员的勤务员，应该好好为社员办事。"他亲自督促有关部门纠正了这个冤假错案。

他先后在东湖塘、花明楼、双凫铺等地进行农村调查考察，4月8日离开王家湾，到韶山毛泽东旧居参观后返回长沙。途经炭子冲时，只在车上扫视了一下久别的旧居，却没有停留，又匆匆忙忙地赶往长沙县的农村调查去了。

在炭子冲和赵家冲，刘少奇挨家挨户地串门，看到农户家中的油盐罐子里只有盐，没有油，看到锅里烧的是野菜。他还看到患水肿病的不但有老人，还有许多青壮年；看到原本是郁郁葱葱的青山，连树都被砍光了；看到鱼米之乡的湖南老家，连铺床的稻草也找不到。在王家湾大队的"万头猪场"，刘少奇看到的是：猪舍都是空的。院内有一些空房子，是放饲料和饲养员住的，阴暗潮湿，乱七八糟地堆放着满是尘土的杂物，角落里到处是蜘蛛网。在天华山上，他看见路边有一堆已经风干了的人粪，便走过去，用脚搓开，蹲下身来，细细地瞅了瞅，见里面有不少纤维梗子。对此，刘少奇不由得感叹说："你们看，这里面多是粗纤维，是粮食吃得少、野菜吃得多的缘故。要是吃的是细粮，就不会是这个样子的。可见这里农民吃饭成问题。"在调查中，刘少奇很善于体察群众情绪，常常不声不响地仔细观察人和事，从对方是笑脸还是苦脸，是鼓着眼睛还是眯着眼睛，是昂着头还是低着头，去探求他们的真意。如此深入的调查，使刘少奇强烈地感觉到：农村困难的严重性，远远超出了他下乡前的预料。

4月12日，经当时湖南省委推荐，他来到当时全省的红旗单位长沙县广福公社天华大队（现在的青山铺镇天华村）。在天华大队部所在地王家塘生产队两间低矮潮湿的土砖青瓦平房里，他一住就是18天。在这里，与干部群众座谈达15次，就当时人们十分关注的公共食堂问题、粮食问题、社员住房问题、山林问题、民主法制问题，进行了广泛深入的调查研究。15次座谈会，记下的文字有175页共十多万字。

当时的天华大队，是湖南省著名的先进单位、"红旗人队"。在刘少奇到达之前，由胡乔木负责的中央调查组（对外称中央办公厅派出的工作组）在这里已搞了近两个月的调查。他们得出的结论是：天华大队是生产生活搞得比较好的典型，并向中央写了报告。然而，刘少奇在18天的蹲点调查中，通过深入农户，细心观察，听取各种意见，多方了解真实情况，发现群众反映和干部谈的不一样，和大队书记汇报的更不一样。

为了弄清这里的真实情况，到天华大队的第二天，他就开始了紧张的工作，邀请天华大队干部召开座谈会。在这 18 天里，除了两次回长沙处理国事，接见外宾外，其他时间他都在不分白天黑夜地工作。他每天的时间安排得非常紧凑，上午看文件、汇报材料，还要挤出时间找基层干部个别谈话，找社员群众个别了解情况；下午和晚上开调查座谈会，或找大队干部座谈，或找小队干部座谈，或找社员群众座谈，或听取工作组汇报。由于听不到实情，4 月 15 日下午，他不用社队干部陪同，径直到了王家塘。

那天，他头戴蓝布帽，身着蓝色棉大衣，穿一双套鞋，踏着泥泞小路，住进了王家塘屋场的一间简陋的小房。当时有人曾建议是否检修一下，他说："社员们不都是住这样的房子？有的比这还差。人家住得，我住不得？"

就在这老屋里，石头砌的火塘边，晚上，屋里煤油灯深夜还亮着光。白天，门前的小坪上，他一次又一次地与社员们拉家常，问生计，亲切交谈……

一个下午，19 岁的施家冲食堂的司务长李正球，和彭一英、彭德三等 7 位社员代表，被少奇同志接去开座谈会。他想，今天我可是要去见国家主席呀，瞧我这身粗布大褂，赤脚草鞋地走进去，行吗？正在他犹豫不决时，刘少奇同志快步来到大门外迎接，笑容可掬地把大家请进屋里，乐呵呵地为大家端茶递烟。大家围坐在小屋的八仙桌旁，听着他那平缓而抑扬顿挫的宁乡口音："只怪我们没下来了解情况，害得同志们受了苦。今天接大家来，就是听你们的意见。"他环视一下四周，见大家都沉默不语，便亲切地说："我们先交代三条：一是不抓辫子，二是不打棍子，三是不戴帽子。大家讲心里话，好啵？"

小屋的气氛一下轻松许多，但在领袖面前大家多少还是有些拘谨。这时，少奇同志点将了，他指着李正球，风趣地说："你是食堂的小司务长，管柴米油盐的，公共食堂办好，还是不办好呢？"见大家还是沉默，他把目光又落在小李身上说："社员天天都盯着你，时时盼着钵满盆满。你最了解情况，我要好好听你的意见啰！"

小李见国家主席如此恳切，心怀感激与信任，索性竹筒倒豆子，把心里话全倒了出来：

"一个劳动力一餐才三两小秤的米，妇女小孩、老弱病残就更莫谈了。菜用清水煮，半年不见油荤，就吃就饿，谁还受得了？好多人得了水肿病，全是'五风'造的孽，食堂还是散了好！"

听到这里，少奇同志高兴地点头称赞："好哇，就是要讲真话！只有了

646

解真实情况，明了是非，才能办好事情。"

小屋里的气氛渐渐地轻松暖和起来，大家敞开心扉，坦诚直言。在热烈的气氛里，他将和蔼的目光落在彭一英身上，轻缓地说："你叫彭一英，爱人在长沙民生床单厂，妹子在福临铺机械厂，细崽在影珠中学读初中，你在生产队喂牛，是吗？"

彭一英一听，又惊又喜，泪水禁不住夺眶而出……

座谈会从下午一直开到黄昏。刘少奇同志神情专注，一直专心致志地听完大家的发言。最后，他语重心长地说："我们要立碑明示，告诫我们的子孙，今后，任何人不准再刮'五风'！"

几经曲折，终于发现，这个"红旗大队"也存在严重问题：粮食连年减产；平均主义、虚报浮夸严重；群众生活非常困难、不愿意办食堂；全队得水肿病的超过100人。刘少奇还发现，天华大队有一个篾席厂，是大队干部的吃喝点，干部经常晚上去吃喝，因此不得水肿病。

得知刘少奇找人谈话，天华大队大队书记很不高兴，处处刁难，设置障碍。还骂刘少奇"刘胡子"，说"刘胡子"把天华大队搞乱了。对此，刘少奇不仅没当回事，反而专门约她谈话，苦口婆心地教育她，摆事实，讲道理，劝她"不要图那个虚名"。最后，她终于心服口服，诚恳地作了自我批评，说出她虚报了什么、隐瞒了什么。为什么对同一对象的调查却得出两种相反的结论？原因是：当地干部采取统一口径、弄虚作假等手段，隐瞒实情；当地群众迫于大队书记等人的压力，也迫于"红旗大队"荣誉的压力，不敢反映实际情况，因而使中央调查组得出一个与事实不相符的结论。对于这段工作经历，刘少奇在离开天华大队时（4月30日）就深有感慨地说："真正把情况调查清楚，每一个问题的各个方面都调查清楚，我看不是一件容易的事，要经过一个过程，甚至是一个曲折的过程，才可能对客观实际认识清楚。"

结束天华调查后，5月3日，他才踏上故土。

路上，他谢绝了县里为他在花明楼公社安排的住所，回到故居，一头便扎进旧居他小时候住过的屋子里。这里是他出生和度过青少年时期的地方，1920年他经上海赴俄学习投身干革命后，只在1925年因为在长沙养病回过一次故乡。阔别36年了，炭子冲的山水、草木，引起他深深的回忆，但是，他更关心的，还是故乡人民的生产和生活。因此，在5月7日下午，他请了炭子冲部分农民和基层干部，来到旧居堂屋里座谈，最后诚恳地对家乡农民说：

"这里是我的故乡，省、县、社对这里可能有照顾。照顾多了不好，不照顾也可以搞好嘛，要靠自己努力。大家努力事情就可以搞好，千万莫要用我家乡的名义去要求别人照顾。这里还有的亲属，也不要因为我的关系特别照顾他们。"

为了解决社员住房的困难，他提出来故居停止对外开放，将房子分给社员住，还将陈列展出的桌子、凳子、锅子、炉灶、家具什物等退赔给社员，特别对住进去的社员说："你们在这里可以住上10年、20年，等你们有了房子，比这个房子好，愿意搬再搬。"

最后，他利用工作间隙，祭扫了母亲的坟墓，看望了从小一起长大的六姐。5月9日没有惊动下田劳动的乡亲，他悄然地离开了炭子冲。他的家乡之行，虽然时间很短，却给乡亲们留下了难以磨灭的印象，人们从中看到了一位共产党人体恤民情、心系群众的精神和实事求是、有错必改的襟怀。1962年七千人大会期间，宁乡县领导受炭子冲乡亲委托，向他汇报家乡的变化，转达了盼望他再回故乡的信息，但谁也没有想到，他这一去竟是永诀。

由于众所周知的原因，他在"文革"中，不仅受到了无情的批判，而且惨遭林彪、江青一伙的摧残与迫害，不幸于1969年11月12日在河南开封蒙冤致死，时年71岁。直到1980年2月，中共十一届五中全会终于作出《关于为刘少奇同志平反的决议》，这才为他平反昭雪，并且充分地肯定了他光辉的一生——

> 刘少奇（1898—1969），原名绍选，字渭璜、卫黄。湖南省宁乡县花明楼镇炭子冲人。刘少奇同志是伟大的马克思主义者，伟大的无产阶级革命家、政治家、理论家，中国共产党和中华人民共和国的主要领导人之一，中华人民共和国开国元勋，是以毛泽东同志为核心的党的第一代中央领导集体的重要成员之一。曾赴俄留学，长期从事工人运动及地下工作。1934年10月参加长征，1936年先后任中共中央代表、北方局书记，抗日战争爆发后，领导开展华北敌后抗日根据地的工作。作《论共产党员的修养》等著名演讲，丰富了党的建设理论。1945年中共第七次全国代表大会上作修改党章的报告，对毛泽东思想作了完整概括和系统论述，并当选为中央政治局委员、中央书记处书记。解放后，历任中央人民政府副主席、全国人大常务委员会委员长、中央副主席、中华人民共和国主席、

国防委员会主席。他为党的巩固和发展，为新民主主义革命、社会主义革命和社会主义建设事业的胜利，为反对帝国主义、殖民主义，为国际共产主义运动的开展，进行了不懈的斗争，建立了不朽的功绩。"文革"时，林彪、江青一伙蓄意对刘少奇进行政治陷害和人身摧残。刘少奇于1969年11月12日在河南开封不幸病故。1980年2月中共十一届五中全会作出《关于为刘少奇同志平反的决议》，刘少奇的主要著作收入《刘少奇选集》一书，有《刘少奇传》上下卷。

沩水东流，滚滚向前。思绪的帆船，又将我们载入了他的故乡和他的故居。

今天的花明楼和炭子冲，当然都今非昔比了。故乡人民为他修好了通向故居的道路，修缮好了他的故居。

刘少奇故居位于花明楼镇炭子冲，屋场坐东朝西，前临水塘，后倚青山，为土木结构的四合院农舍。清嘉庆元年（1796），刘少奇的曾祖父刘再洲建茅草屋数间，后人数次扩建后共计房屋21间半，占地面积800多平方米。正堂屋往右第二间为刘少奇青少年时期的卧室。1961年，刘少奇偕夫人王光美回故乡作农村调查时，住过此室。刘少奇并曾在旧居多次召开农民座谈会。1959年，旧居公布为湖南省重点文物保护单位，悬"刘少奇同志旧居"匾额，对外开放。"文革"初期，炭子冲屋场横遭破坏，文物散失，1966年10月31日被封闭。1980年2月，刘少奇冤案平反昭雪后，故居得以修缮，同年3月5日，对外开放。1982年冬，邓小平题写"刘少奇同志故居"匾额。1988年1月，国务院公布炭子冲刘少奇故居为全国重点文物保护单位，刘少奇纪念馆现为4A级景点。

在刘少奇故居旁，还建筑了一栋纪念他的楼馆，并在纪念馆的广场前，为他树立了7.1米高的铜像。同时，将他与夫人王光美同志一道合葬于故居附近的山坡上。这里，现已成为湖南省进行爱国主义思想教育的课堂。

每天，来自四面八方的人，既有国内的，也有国外的，人们怀着崇敬的心情，来到这里，瞻仰、参观、学习、缅怀、留影……

阳光艳艳，清风习习。伫立在刘少奇铜像前，我们的心情恰如沩水河的波涛，空中仿佛隐隐地响起了伟人那浓浓的乡音——

"好在历史是人民写的。"

"我们的党员，不但要在艰苦的、困难的、以至失败的革命中来锻炼自己，加紧自己的修养，而且要在顺利的、成功的、胜利的革命实践中来锻炼自己，加紧自己的修养。"

"任何一个政党，任何一个政府，必须取得绝大多数人的拥护、赞成，才能巩固。"

"我们是跟人民在一起的！"

……

故居的一草一木，故居里的一桌一凳，纪念馆里陈列的一件件文物、一尊尊塑像、一幅幅展板、一帧帧画片……都雄辩地印证着：

他是湖南人中的杰出代表，是中国人民的儿子。他是实事求是的模范，是密切联系群众、与群众心连心、全心全意为人民服务的模范，是言行一致、以身作则的模范，是对人民无限忠诚、为真理而献身的伟人，他是严于律己、宽以待人的模范……总之，他是一个大写的人。诚如朱德同志诗中所赞扬的，他——

……

> 幼年学马列，辩证启新思。
> 献身于革命，群运见英姿。
> 人山人海里，从容作导师。
> 真理寻求得，平生能坚持。
> 为民作勤务，劳怨均不辞。
> 党中作领袖，大公而无私。
> 群众欣爱戴，须臾不可离。
> 修养称楷模，党员作范仪。

……

他的丰功伟绩，他的道德情操，与山河同在，与日月同辉！

3. 赤胆忠心

· 草长一秋，栉风沐雨任自然，虽有清气芳原野，何足道哉
· 人生一世，鞠躬尽瘁为念想，已留英名壮青史，岂不伟欤

沩山脚下、沩水流域的这片土地，历史上也是一片热土。

这里，不仅最早沐浴着中华民族古老文明之光，最早分享到近代史上民主共和之光，尤其值得注意的，这里还是湖湘大地上最早射入马克思主义思想光芒的地方。

文明和进步之光，是历史的推进器和加速器，也是历史的精气神。其光芒照耀到哪里，哪里就会生长出自强不息的根，那里的人民就会弘扬起为争自由解放而奋斗不息的灵魂，在民族存亡、神州陆沉的危急关头，尤其是这样。

所以，走进宁乡，也是走进辉煌的历史。在这块美丽、神奇而神秘的土地上，我们看到了当年血与火浇铸的痕迹，看到不同历史时期和历史领域中涌现出来的人杰，他们或为伟人，或为英雄，或为猛士，或为专家，或为学者，或为烈士，或为诗人……虽然各有自己不同的足迹，各有自己不同的喉音，在历史的洪波大流中，都各显身手，以其非凡的业绩、威望、道德、文章，给宁乡这片土地增添了永恒不朽的华彩，树立起一座座让后人仰视不已的丰碑。

这里有——

明清时代率师抗清、所向披靡的太平天国孝天义王朱衣点

口诛笔伐反"洋教"、揭露帝国主义借传教实行文化侵略罪行的周汉

艺甲江南、刻虫鱼花树出神入化的雕刻家周义

设馆传技、开中国画与民间刺绣结合之先河的画师杨世焯

民国时主修时誉全国最佳公路即潭（湘潭）宝（宝庆）公路的公路建设专家欧阳镜寰

设计出我国公路史上第一座系杆拱桥的桥梁专家周凤九

被称为"针神"、留芳湘绣发展史册的女绣工萧咏霞

笔走烟霞、作品饮誉三湘的美术家杨应修

随宋庆龄、鲁迅等发起组织自由运动大同盟，兴师育才、师表长存的教育家朱剑凡

毛泽东同学、著名教育家周世钊

著名科学家、航天功臣周光召

这里有——

陈家鼎（1876—1928）、周震鳞（1875—1964）与黄钺（1869—1943），他们都是辛亥革命名重一时的仁人志士。

黄钺，字幼蟾，宁乡东湖塘镇方塘村人。光绪二十六年（1900）任职北京虎军营处，参加抗击八国联军战争。光绪三十年（1904）在湖南组织华新会虚无党支部，谋划长沙起义，未果。1906 年加入同盟会。宣统二年（1910）赴兰州，任督练公所总参议，发展反清革命力量。1912 年 3 月，率军在秦川成立甘肃临时军政府，任都督。1916 年在湘参与讨袁驱张斗争，1926 年参加北伐战争，任鄂豫边防司令。1928 年任南京政府行政院参议，后隐退还乡。抗日战争时期，在湘与共产党组织游击队，赞助共产党，后卒于家。

洪行将军（1900—1944），他是让日本鬼子闻之丧胆的抗日喋血将军，英名永在人间。

年轻的共产党人黄冠群（1907—1931），他于 1931 年 8 月 7 日被杀害于长沙浏阳门外识字岭，临刑前从容地写下了这样的遗诗：

酸辛遍体尽伤痕，骨肉行抛杂草丛。
记取浏阳门外血，他年化作杜鹃红。

曾鼎山（1878—1932），长期从事教育工作。在反对袁世凯复辟帝制和工农大众的革命中奋起参加战斗，"马日事变"后，以"通匪"罪被逮捕，在审讯时痛斥敌人是"枉读诗书"的衣冠禽兽，临刑前面对故人的嘲笑："你这个读书明理的共产党同路人，今日如何？"他厉声斥道："吃人的豺狼，看你们横行到几时，我生不能啖你的肉，死当摄你的魂。共产党员也好，同路人也行，总有一天叫你们这些乌龟王八一齐完蛋！"说毕，他英勇就义。

刘石三嫂（1902—1932），16 岁时嫁给贫困农民为妻，故称刘石三嫂。1926 年夫妇俩都参加农民协会，积极投入革命斗争。"马日事变"后，刘石三嫂任红二师交通站站长，加入中国共产党。她以"悦来客栈老板娘"身份开展工作，机智、勇敢，及时收转来自益阳、安化、湘乡、湘潭的情报，并

从过路的清乡队、保安团人员中为地下党获取重要敌情，还以客店收入支援红二师经费，被捕后受尽酷刑，几次昏死，仍怒骂敌人，于1932年3月被杀害于流沙河。新中国成立后，宁乡县人民政府追认她为革命烈士。

陶峙岳（1892—1988），又名陶纪常、陶锄，号岷毓，宁乡人，上将，爱国民主人士。1982年，以90高龄加入中国共产党。1911年参加武昌起义，次年加入同盟会。1916年毕业于保定陆军军官学校。1937年任第七十七军军长，参加淞沪抗战，在蕴藻浜一带，坚守阵地22天。后任第三十四军集团军副总司令，三十七集团军副总司令、总司令，新疆警备总司令等职。1949年率部队在新疆起义。新中国成立后，一直任新疆军区副司令员等职。曾在全国政协、湖南省人大、国防委员会、全国人大担任重要职位。

陶晋初（1902—1976），1932年8月，就读于南京陆军大学。1937年任第八师参谋处长，卢沟桥事变后奉命南调，参加了著名的淞沪保卫战。抗日战争与解放战争期间多次与共产党人接触，并产生了敬仰之情。1948年应堂兄陶峙岳之邀，入疆任国民党新疆警备总司令部参谋长。1949年9月25日协助陶峙岳力主和平起义，起义后任二十二兵团参谋长，1950年加入中国共产党，1964年任新疆军区生产建设兵团党委常委、副司令员。

甘泗淇（1903—1964），宁乡人。原名姜凤威、姜炳坤，上将。1926年加入中国共产党，1927年入莫斯科中山大学学习，改名甘泗淇。长征途中，他担任红二方面军政治部主任，却亲自试尝野菜，然后通知部队采集。抗日战争时期，任八路军120师政治部主任、晋绥军区政治部主任等职。解放战争时期和抗美援朝期间，曾任第一野战军政治部主任、志愿军副政委兼政治部主任，为中国人民的解放事业、抗美援朝的胜利做出了重大贡献。夫人李贞也是将军，两人没有孩子，却抚养了20多个烈士遗孤。中共第八届候补中央委员。

屡立战功，新中国成立后又建功北国的欧阳钦（1900—1978）。

当然，这里还有共和国的主席刘少奇和著名的"宁乡四髯"。

⋯⋯

数以千计的宁乡英雄儿女，为了中国人民的解放事业，或战死于沙场，或就义于刑场，在民主革命和社会主义革命与建设中，都做出了巨大的贡献⋯⋯

沩水因此骄傲地日日夜夜为他们而歌唱，沩山因此自豪地为他们年复一年地壮色！

他们的先驱之业、伟人之风、志士之德，英烈之魂、爱国之心，山高水长，光风霁月，名垂青史。

宁乡友人给我们谈得最多的，是"宁乡四髯"。

"髯"是两腮的胡子。"宁乡四髯"是指宁乡的四个大胡子，即宁乡籍革命家何叔衡、姜梦周、王凌波、谢觉哉的合称。五四运动前后，宁乡旧派人物传言，革命者都是年轻人，他们四个人于是都把胡子留着，借以掩护革命活动。1926年大革命期间，四个人同在长沙从事民众运动，曾合摄一影，谢觉哉在照片上题了"宁乡四髯"四个字。

何叔衡是"宁乡四髯"中最年长者，为清末秀才，比姜梦周大7岁，比谢觉哉大8岁，比王凌波大12岁。"四髯"早年就读私塾时，就成为好友，何叔衡和谢觉哉在清末还中过秀才。辛亥革命前后，又都先后进入新式学堂读书，后相继走上职业革命道路。长沙市和宁乡不少地方，都留下了他们的足迹，他们的革命友情像火焰一样燃烧，并肩携手，奋发向上，永不落后于时代。"宁乡四髯"因此成了后人吟诵不已的革命和友谊的典型。

"宁乡四髯"是从教育救国起步的，而且都曾在云山学校任教。他们的教育生涯和革命活动，都与宁乡云山学校有密切的关系，因此又有"云山四友"之美称。

1909年，何叔衡先到云山学堂担任教员。虽然他曾中过秀才，但清王朝的腐败统治使他产生了强烈的反抗意识。当时云山学堂校长文经西是同盟会会员，他利用云山学堂"暗输革命学说"，宣传孙中山的三民主义思想。何叔衡进校任教后，与文经西关系甚密，开始接受旧民主主义革命思想。云山学堂藏书很多，何叔衡阅读了大量宣传资产阶级思想的书刊，思想上进一步解放，因此致力于传播"新学"，教学内容上，除了讲授儒家经典外，还对学生进行爱国主义教育，培养学生反帝、反封建的思想，很快赢得广大进步教师的支持。学生们耳濡目染，颇受熏陶，思想认识逐渐提高，毕业后参加革命的不在少数。1911年，辛亥革命爆发，何叔衡在云山学堂带头剪掉辫子，并号召学生也剪辫子。暑假回到家中，看到家里的仆人还裹着脚，就操起菜刀，将家中的裹脚布和尖脚鞋全部搜出来，当众砍烂。

1912年春，姜梦周和王凌波也来到云山学校任教。何叔衡和他俩一起试图对云山学校的旧教育进行改革。他们发动学生成立学生会；提倡写应用文；反对尊孔读经，主张废除读经课，学习西方科学知识；收穷生，聘明师，办农村夜校，推广白话文，使学校成为关心时事、提倡劳动与教育相结合、反对封建伦理道德教育的重要场所。他们的这些建议遭到了守旧势力的激烈反对，引发了宁乡地方的新旧党派之争。旧派人物攻击他们"大逆不道"，说何叔衡是"三无党"（无圣君、无父母、无王法）的首领。何叔衡愤而于1912年辞去云山学堂教职，赴长沙寻求新学。

何叔衡离开云山学校后，谢觉哉又于1913年秋到云山学校任教。于是，姜、谢、王一起继续在云山学校坚持教育改革，并以此推动整个宁乡的教育改革。在十多年的时间里，姜梦周、谢觉哉、王凌波和宁乡进步人士梅冶成、欧阳健、王一凡、林若虚、李甲农、夏元彬等人对云山学校进行了多方面的改革，培养了一代新人。

何叔衡离开云山后，来到长沙，考入湖南第四师范，后并入第一师范，结识比他小17岁的同学毛泽东。两人同校不同班，但交往十分密切。1917年夏天，毛泽东和萧子升不带分文，游学到宁乡何叔衡家。

> 何叔衡（1876—1935），原名启璇，字玉衡，号琥璜，学名瞻岵。湖南省宁乡沙田杓子冲（今沙田乡长冲村）人。中共一大代表，中国共产党创始人之一。5岁丧母，7岁开始看牛，做田间农活，11岁起断断续续读八年私塾。1902年考中秀才。县衙请他去担任主管钱粮的官吏，他激愤于衙门腐败，甘愿在家种田、教私塾，乡里人称之为"穷秀才"。光绪三十二年（1906），宁乡饥荒严重，饥民排队索粮遭到官绅残酷镇压，他深为愤慨，与好友谢觉哉、姜梦周、王凌波等结盟，同心协力反对豪强。1909年任教于云山高等小学堂。辛亥革命后，决心在云山学堂革新教育，被当地土豪劣绅攻击为"学匪"和"三无（无圣君、无父母、无王法）党"首领，愤而去长沙寻找新的革命道路。1913年考入湖南省立第一师范讲习班，与毛泽东、蔡和森等同学志同道合，成为最好的朋友。在第一师范结业后，先后在长沙楚怡学校和第一师范附小任教，同时积极参加毛泽东、蔡和森等组织的革命活动。1918年4月，他与毛泽东、蔡和森等发起组织成立新民学会，曾任执行委员长。五四运动中，他与长沙的进步教师支持学生反帝爱国行动。1920年3月，参加驱除皖系军阀张敬尧的斗争。1920年夏，他与毛泽东等发起组织湖南俄罗斯研究会，确定以"研究俄罗斯一切事情为宗旨"，提倡赴俄勤工俭学，先后介绍刘少奇、任弼时、萧劲光等进步青年到上海外国语学校学习俄语及赴俄留学。1920年冬，他与毛泽东共

同发起成立湖南的共产党早期组织。1921年7月，与毛泽东一起出席中国共产党第一次全国代表大会，成为中国共产党的创始人之一。10月，参与组建中共湖南支部，任支部委员。1922年任中共湘区执行委员会委员。在湖南大力发展党员和基层组织，开展革命活动。"马日事变"后，在上海为党创办地下印刷厂，开展党的地下工作。1928年赴苏联莫斯科出席中共"六大"，会后到莫斯科中山大学，与徐特立、吴玉章、董必武、林伯渠等编在特别班学习。1930年7月回国，在上海负责全国互济会工作，营救被捕同志，组织革命者去苏区。1931年11月，何叔衡到中央革命根据地，与毛泽东等参加了中央工农政府的领导工作。历任中华苏维埃共和国中央政府执行委员、中央政府检察部部长，临时最高法庭主席、内务部代理部长等职。1934年红军主力长征后，被留在根据地坚持斗争。1935年2月24日，途经福建上杭县濯田区水口镇附近的小径村时，不幸被敌人发现，英勇牺牲。时年59岁。

何叔衡报考"四师"时，已37岁了。校长陈润霖问他，为什么这么大年纪还出来读书。何叔衡说："深居穷乡僻壤，风气不开，外事不知，耽误了青春。旧学根底浅，新学才启蒙，急盼求新学，想为国为民出力。"

1918年4月，他与毛泽东一起创建新民学会。翌年，被选为该会执行委员长。当时统治湖南的皖系军阀张敬尧，对参加"五四"运动的革命者横加镇压，激起湖南人民极大的愤慨。毛泽东和何叔衡发动驱张运动。何巧妙地策动驻衡直系军阀吴佩孚和驻郴州湘军谭延闿对张敬尧施加压力，并广泛发动群众，大造驱张舆论，迫使张敬尧于1920年6月狼狈地离开了湖南。毛泽东称赞说："叔翁办事，可当大局。"

8月，又协助毛泽东在长沙创办文化书社。毛泽东十分敬重何叔衡，特别是为他的办事热忱、感情热烈所感动，常说："何胡子是一条牛，是一堆感情。"不久与毛泽东、彭璜等发起组织俄罗斯研究会，建立共产主义小组、社会主义青年团。9月，省教育委员会任命他为湖南通俗教育馆馆长，编辑出版《湖南通俗报》，宣传革命思想。

毛泽东早就看准了何叔衡。毛泽东常说："何叔衡做事可当大局，非学问之人，乃做事之人。"毛泽东早期的革命活动，何叔衡是得力助手。何叔衡的革命行为，毛亦常支持。当时有同志称道："毛润之所谋，何胡子所趋；何胡子所断，毛润之所赞。"

在湖南早期建党过程中，何叔衡做了大量工作，如驱张运动成功后把《湖南通俗报》办成提高人民觉悟的有力宣传工具，利用通俗讲演所培育党的干部等。在1921年新年的文化书社讨论会上，何叔衡认为中国革命应走十月革命的道路，赞成布尔什维克，表示了他对马克思主义的坚定信仰。

1921年6月，省长赵恒惕以"提倡过激主义"的罪名将何叔衡撤职，他旋与毛泽东同登一条轮船赴上海，参加中共建党的第一次全国代表大会，成为中共一大代表。会后，回湘建立党的组织，10月成立中共湖南支部，翌年5月建立中共湘区执行委员会，毛任书记，何任组织委员。8月与毛泽东一起利用小吴门附近船山学社社址和经费作为掩护，又发起创立湖南自修大学，何任学校主事（校长），招收有志青年业余前来学习。学校被军阀封闭后，何叔衡又创立湘江学校并任校长，一度名满三湘，并在校内引导不少人秘密参加了党组织。北伐军占领湖南后，他公开了身份，一面担任《民报》馆长宣传革命，一面在惩治土豪劣绅特别法庭工作。

1922年9月粤汉铁路武长段工人罢工，遭到镇压。他代表党组织援救被捕工人，又与中国劳动组合书记部湖北部联系，组织两省工人共同战斗，终于取得罢工斗争的胜利。

翌年11月，自修大学被赵恒惕封闭，何接任湘江中学校长。自修大学、湘江中学曾被誉为"湖南革命的汇总站"。1924年底，根据党的指示，与夏曦等在湖南重建和发展国民党组织，第二年在长沙秘密召开第一次全省代表大会，成立国民党湖南省党部，他与李维汉、夏曦、郭亮等共产党员，被选为第一届执行委员和监察委员。1926年8月，当选为第二届监察委员，先后任湖南省法院陪审员、惩治土豪劣绅特别法庭成员、省中山图书馆馆长、水口山矿务局监理、《湖南民报》馆馆长。

1927年长沙"马日事变"发生后，何叔衡在宁乡一听到消息，不仅没有畏缩躲避，反而以赴汤蹈火的勇气，直奔白色恐怖笼罩下的长沙，寻找党组织。他不顾危险，经长沙前往上海，为党创小地下印刷厂，坚持秘密斗争。他因为当了几十年的教书先生，常穿长衫，即使参加共产党后，仍是一副旧式学究模样。深入了解他的人，却知道他全然没有旧学者的迂腐气息，不仅精明而且办事热忱。何叔衡在上海时，被临时中央某些领导人误认为带有旧式文人习气，于是派他到街头进行宣传活动，作为参加第一线斗争的锻炼。当时警察密探到处抓人，何叔衡不会上海话，也不熟悉当地情况，很快便同街头宣传的其他几个人一起被捕了。他们被押解到警察局审讯时，何叔衡的相貌和随机应变却救了他。当时，参加共产党的几乎都是热血青年，审讯官反复端详了何叔衡后，觉得此人不像是个革命者，而是抓错了的"老学究"，于是便试探着问他："你知道什么是共产党，什么是国民党吗？"何叔衡故意摇头晃脑，以抑扬顿挫的声调回答："吾乃学者，岂能不知？共产党三民主义是也，国民党五权宪法是也！"接着，又讲起孔子的《论语》来。话还没说完，便听上面惊堂木一拍喝道："快滚！"何叔衡不紧不慢地走了出去。随后，审讯官通过拷问别人，才知道刚放走的人是中共的元老之一，其头颅有上万元的赏格，再派人去追，却已找不到任何踪影了。

翌年，何叔衡奉派赴苏联学习，与徐特立、吴玉章、董必武、林伯渠等编在特别班。他还参加了在莫斯科召开的中国共产党第六次全国代表大会。在苏联学习期间，他对苏联教育事业进行深入考察。其间他写回家书对后人说："我绝对不靠你供养，且我绝对不是我一家一乡的人。我的人生观，绝不是想安居乡里以求善终，绝对不能为一身一家升官发财以愚懦子孙。此数言请你注意。"这些至今看来仍充满以身许国豪情壮志、掷地有声的话语，成为何氏一门重要的家训。在他壮烈牺牲几十年后，依然激励着他的后人：自食其力，友善待人，坚守勤勉家风。

1930年7月何叔衡从苏联学习回国后，在上海担任共产国际救济总会和全国互济总会主要负责人，组织营救被捕同志，将暴露身份的同志转往苏区。1931年11月，奉命进入中央革命根据地，与毛泽东等参加中央工农民主政府的领导工作。参加中央苏区中华苏维埃第一次全国代表大会，被选为中央政府执行委员会委员，任中央政府工农检察部部长、中央政府临时最高法庭主席，代理内务部长工作，为巩固和建设中央苏区做了大量艰苦细致的工作，创造性地制订人民自己的一套法规，如《惩治反革命条例》、《优待红军条例》、《婚姻条例》、《刑法》、《惩治贪污条例》等。

何叔衡出身于农民家庭，其父是位勤劳朴实的农民，在做事做人方面都对他产生了很大影响。7岁那年，由于家中孩子多，父亲就在饭量上对孩子们进行限制。何叔衡每餐只有一碗饭，因此常常饿着肚子。一天，放牛回家，几下子就将饭吃光了，但还是感觉很饿。他对父亲说："吃饭要是能像牛吃草那样，能放肆吃饱就好了。"父亲当即告诉他："你长大了只要像牛一样做事，一定会吃得饱的。"他因此牢牢记住了父亲的这句话。1927年，在被白色恐怖包围的上海，何叔衡胆大心细、机智果敢地应对国民党特务的破坏与盯梢，以极大毅力坚持党的地下工作。1930年7月，面对两个女儿及次女何实嗣的爱人杜延庆被捕，长女何实山的爱人、已是湘东南特委书记的夏尺冰被敌人杀害于长沙街头，何叔衡强忍悲痛，教育家人要抱定舍身忘家的决心。他说："一个共产党员不应该死在病床上，他一定要死在大马路上。"他一生中始终"像牛一样勤勉做事"，担任苏维埃中央政府工农检察部部长等职时，工作内容繁杂，他夜以继日地工作着。

他为人耿直，无私无畏，很受毛泽东欣赏。1931 年在毛泽东的举荐下，他担任了苏维埃中央政府工农检察部部长。1932 年 5 月，有人向何叔衡举报瑞金县委组织部长陈景魁滥用职权，欺压群众。何叔衡亲自带人调查。50 多岁的寡妇李秀梅向何叔衡哭诉道："陈景魁见我儿媳长得漂亮，就进行调戏，还用酒将她灌醉，然后实施强奸。我儿去区里告状，竟在路上被陈景魁派来的一伙打手打伤，手臂和腿骨均被打断。"何叔衡听了非常生气，结果发现陈景魁不仅欺压民妇，还拉拢一伙恶棍，经常在一起打牌、酗酒、强摊款物，对不服从者打击报复。何叔衡以临时最高法庭主席的名义，签发了对陈景魁的逮捕令。此时，何叔衡收到了一封装有子弹的恐吓信。有人劝何叔衡说："陈景魁手下有一帮黑势力，你千万要小心！"何叔衡轻蔑地笑道："共产党人生来就是与黑势力作斗争的！这帮恶棍若不除掉，民众何以安宁？"何叔衡决意要将陈景魁枪决。后有人传言："中央某领导人讲了，陈景魁不能杀。"何叔衡坚定地说："我身为执法干部，要排除干扰！没有胆气和硬劲儿，就难以主持公道！没有公道，民众如何生存？革命如何发展?！"他速战速决，将陈景魁公审后枪决，其他恶棍与打手也受到了严惩。李秀梅为感谢何叔衡主持公道，特地酿了一壶米酒送去。何叔衡婉言谢绝："我本来就是专门与坏人作斗争的，怎么能反过来收受你们的东西呢？""何青天"的美名，因此在苏区传开了。毛泽东高度评价他的革命精神和工作能力。

在中央苏区，他主持中央临时政府检察、内务和最高法庭工作时，事无巨细，均审慎细致，实事求是，注重调查研究，对工作严肃认真，一丝不苟。他白天和群众在田间地头边干活边交谈，晚上召集干部群众座谈，了解掌握了大量的第一手材料，发现有相当一部分干部，靠行政命令去推行工作，有的甚至贪污腐化，如不及时克服，将直接威胁苏维埃政权的巩固。随即向毛泽东、项英等中央政府领导汇报，以求及时解决问题。

王明"左"倾路线剥夺毛泽东在党的红军中的领导职务后，引起何叔衡的强烈不满，对"左"倾错误发表了一些批评意见，并在实际工作中予以抵制。在主持司法工作中，他坚持实事求是的原则，力求罪证确凿，量刑准确，重罪不轻判，轻罪不重判，抵制当时过"左"的肃反政策，尤其反对过多地判死刑，因而被"左"倾错误领导指责为"严重的官僚主义者"、"政治动摇分子"，被诬为右倾而被撤销全部职务。但他始终以一个共产党员的党性原则严格要求自己，坚持从大局出发，忍辱负重，努力做好组织分配给自己的工作。

1934年10月，中央红军主力长征后，何叔衡奉命留在中央革命根据地坚持游击战争，心里虽然难过，仍每日口无怨言地早出晚归，为党工作。1935年初中央苏区陷落，组织上派便衣队护送他与瞿秋白等人，向闽西突围。他们一行昼伏夜行，2月14日凌晨到达了长汀县水口镇附近。不太熟悉陌生环境的便衣队一时大意，天亮后在小村做饭冒出炊烟，结果很快保安团二营发觉便包围上来。几十个便衣队员用驳壳枪且战且走，冲到村南的大山上，匪兵紧追不舍。何叔衡气喘吁吁奔跑困难，又不愿意拖累同志，面色苍白地向带队的邓子恢喊："开枪打死我吧！"邓子恢让警卫员架着他跑，到了一个悬崖边，何叔衡突然挣脱警卫，纵身跳了下去……敌人进行搜索时，在山崖下边发现了一个躺着的老人，头破血流。敌人开始搜身时，老人突然苏醒，抱住敌人的腿搏斗……1935年2月24日，何叔衡就这样在与敌人搏斗中英勇牺牲，实践了"我要为苏维埃流尽最后一滴血"的誓言，时年59岁。1937年在延安纪念中国共产党成立16周年大会上，毛泽东在为牺牲同志默哀的名单中念到何叔衡的名字时，大家莫不为这位党内革命长者的牺牲而深感悲痛。

在"新民学会"时，何叔衡就以性情刚毅著称，临终坚贞不屈正是他这种品格的表现。当年的知己、诗人萧三为此作诗《怀念何叔衡》称赞道——

> 夔铄老翁何叔衡，建党初期立殊勋。
> 作事不辞牛荷重，感情一堆烈火腾。
> 平日能谋更善断，赤胆忠心无与伦。
> 铁骨铮铮壮烈死，高风亮节万年青。

念着萧三的诗，轻轻地，我们走进了何叔衡的故乡——沙田乡长冲村杓子冲。一条由两座山谷夹着的山路，弯弯曲曲向大山深处延伸，沿山路拾阶而上，在山坳中央有一栋普通的农家小院，这就是何叔衡的故居。它坐落在群山怀抱中，坐东朝西，共有平房23间，平头槽门土砖围墙。槽门上方悬挂着时任中共中央总书记的胡耀邦1984年3月24日题写的"何叔衡同志旧居"横匾。堂屋门上悬有"开国元勋"的黑底金字匾额。1876 年 5 月 27 日何叔衡就诞生在故居正房右侧一间卧室中，卧室后小房是他的书房。1917 年毛泽东与萧子升到宁乡考察农村时，第一站就到了何叔衡家，特来看望何叔衡，在这里住了三晚。故居始建于清乾隆五十年（1785），泥砖砌墙，泥浆混合稻谷壳粉墙，屋顶覆盖青瓦，是座 19 世纪典型的南方乡村民居。故居前有条溪流，发源于七里山下，经杓子冲而后下五里堆、井冲，于黄材流入沩江。溪水清澈见底，蜿蜒流去，也许是取涓涓细流之意而名曰涓水，何叔衡小时候放牛、割草，常常就活动在这溪岸上。故居里遗物不多，每间房内只有几把旧椅，或一张旧方桌，或几个竹筐，黄褐色的土墙上甚至结有蜘蛛网。透过这些斑驳残旧的遗物，我们仿佛感觉到何叔衡当年的生活……

据《谢觉哉日记》记载，何叔衡在"一师"读书时，开始接触新知识，将《每周评论》、《新青年》借给谢觉哉看。参加党的"一大"回湖南后，又于 1922 年至 1925 年，先后介绍姜梦周、王凌波和谢觉哉参加了中国共产党。大革命失败后，他们都走上了职业革命的道路。

距离何叔衡故居和谢觉哉故居不远的五里堆乡，有姜梦周墓。墓围用花岗石砌成，青石碑刻横书"俎豆千秋"，其下直书"姜公梦周大人之墓"，1986 年春宁乡县委和政府另立一碑，书"革命烈士姜梦周同志之墓"，为县级文物保护单位。

姜梦周（1883—1929），名瑞姬，字肖崖。自幼随父读书。18 岁起，就读近邻李藕苏执教的小金陀馆，与同馆的谢觉哉、王凌波、何叔衡志趣相投，结为好友。1904 年，他拒绝参加科举考试，回到家中种田。1907 年秋，考入长沙宁乡驻省中学。1910 年长沙爆发抢米风潮，他是学校第一个剪掉辫子、手持铁棒去捣毁米店的学生。此后，他积极参加了保路爱国运动。1911 年武昌起义爆发后，他加入学生军，奔赴武汉作战。南北议和后，他退出兵营，回到家乡。1912 年春，受聘于宁乡云山高等小学堂，担任国文、史地教员，与何叔衡、谢觉哉等进步教员一道，改革教学方法和内容。1914 年出任该校校长，大力推行新学。袁世凯与日本签订卖国的"二十一条"后，他率领学生分赴宁乡各地进行爱国宣传。1917 年冬，因顽固势力的造谣中伤，被县政府撤销校长职务。五四运动后，他受聘为宁乡县劝学所劝学员，致力于改造乡村私塾，成绩显著。同时，在何叔衡影响下，他在宁乡积极参加了反对张敬尧的斗争，并于 1921 年 3 月创办宁乡文化书社，推销新书刊，向各校师生宣传革命思想。1922 年 5 月辞去劝学员一职，来到长沙，经何叔衡介绍，进入湖南自修大学学习，并加入中国共产党，成为早期党员之一。同年 9 月，自修大学附设补习学校开学，他兼任该校教员和管理员。1923 年 11 月，湖南自修大学被赵恒惕政府封闭后，中共湘区委员会为继续培养干部，又筹办了湘江中学，由他担任管理员，实际负责学校的日常全面工作。为了办好这所学校，他付出了巨大心血，不惜变卖家产支持办学。该校培养了一批优秀人才，其中包括一些乡村教师，仅宁乡一县就有 28 人，"此在湖南教育界为破天荒之第一举"。1927 年 3 月湘江中学停办后，他任湖南省教育厅第三科科长。大革命失败后，改名换姓来到益阳达人工厂，以做工为掩护，从事党的地下工作。1928 年 10 月 15 日，因叛徒出卖而被捕，受尽酷刑，坚贞不屈，于 1929 年 3 月 28 日在长沙被杀害，终年 46 岁。

姜梦周出身于一个乡村塾师家庭。自幼随父读书。18 岁起，就读于近邻李藕苏执教的小金陀馆。他读书非常用功，夜读倦了，靠桌子打个盹；夏夜，饱受蚊虫叮咬；冬夜，手足冻得僵木。豆大的灯火，直到天明。他做功课非常认真，书摊满一桌，这里翻翻那里看看，然后静坐构思，胸有成竹才下笔。人家一天交卷，他要两天，但内容则常常高人一等。

光绪三十二年（1906），姜梦周考入驻省宁乡中学。自幼秉性正直，好打抱不平，同学们称他为"梦四挺子"，对他很信任，遇到危难"找挺子"，行动"看挺子"。

1904 年，他拒绝参加科举考试，回到家中种田。是年冬，姜梦周与何叔衡、谢觉哉、王凌波、何梓林、夏果雅等人结盟为兄弟，以见义勇为相勉。他做事埋头苦干，不计报酬，做好事从不声张，一向以为人豪侠、敢作敢当而著称。当时，附近有个叫姜洪辉的农民，被姓岳的豪绅地主骗去四亩土地的契约，姓岳的又诬其为偷牛贼，将他毒打致死，埋尸荒野。姜梦周闻讯，极为愤怒，与几位盟兄弟商量后，串联一千多族人，挖出姜洪辉的尸体，抬进岳家。岳家向县衙告他"纵贼惑众，闹匪暴于乡里"；而他则告岳家"杀人夺产，为族人所不容"。这场官司由县打到省，一直打了两年，最后由官府关押岳家三个家丁收场。姜梦周打赢了这场官司后，被姜氏族人夸为"族中之雄"。

1910 年长沙闹饥荒，米店囤积居奇，酿成抢米风潮，他是学校第一个剪掉辫子、手持铁棒当武器，带头参加捣毁米店斗争的人。1911 年 5 月间，他积极参加了保路爱国运动，反对清政府出卖铁路主权，不幸被捕入狱，辛亥革命爆发后才获释。

出狱后，他立即加入学生军，开赴武昌前线作战。在告别谢觉哉时，他说："即将出发，不一定活着回来。"在武昌保卫战中，左腿负伤，南北议和后退出兵营，回家治疗。

1912 年春，受聘于宁乡云山高等小学堂，担任国文、史地教员。与何叔衡、谢觉哉等进步教员一道，改革教学方法和内容。1914 年姜梦周出任该校校长。他大力推行新学，改学堂为学校，同谢觉哉等毁掉"孝悌忠信"横匾，代之以"务勤崇朴，尽忠尚公"的校训，废止跪拜孔夫子，禁止尊孔读经。学校采用设补习班的办法，招收年龄大的学生，扩大生源，发展教育事业；侧重应用文、史地、自然学科的教学；规定教员除教室讲课外，还要个别教授，每年必须上足 42 周课。尤其注意对学生进行道德品质和爱国主义思想教育。他教修身课，向学生提出"勤俭公正，切戒邪行"的做人要求。在教历史课与作时事报告中，他常以顾炎武"天下兴亡，匹夫有责"的名言，联系中国历史上的盛衰荣辱，教育学生关心国家大事，立志改革，救国救民。为了改变学生轻视体力劳动的旧观念，姜梦周常赤脚草鞋带领学生修操坪，对不愿参加劳动的学生说："参加劳动，一方面可以锻炼身体，使自己发育得强健起来；一方面可以操出本事来，免得养得像少爷公子一样讨厌。"同时，向学生家长宣传教育与劳动相结合的重大意义。

1916 年 1 月，袁世凯妄称帝，封湖南督军汤芗铭为"一等侯"，汤即下令各县"尊孔"，大修"孔庙"，宁乡县知事甘鹏展强制全县民众大修"孔庙"和"祠宇"。姜梦周却反其令而行之，率领学生拆毁"尊孔"的"仰极台"，填平"尊孔"的"大泮池"，用以扩大操坪，便利学生锻炼身体。当时，该校一个学生的作文写道："甘知事修庙忠袁贼，姜校长拆台为民国。"充分体现了爱国主义思想扎根于学生。当袁世凯同日本帝国主义签订"二十一条"的消息传到云山时，他马上召开学生和教职员工大会，揭露日本帝国主义妄图霸占中国和袁世凯一心想做皇帝的罪恶阴谋，号召师生发愤图强，学越王勾践"卧薪尝胆，洗雪国耻"，并组织师生分赴横市、黄材、五里堆、双凫铺、老粮仓等地，开展爱国宣传，声讨袁世凯的卖国罪行。1917 年，因顽固势力的造谣中伤，他被当局诬以"通匪"，撤销了校长职务。

1919 年，姜梦周受聘为宁乡县劝学所劝学员。在新文化、新思想的影响下，他大力改革全县乡村私塾，亲自修改作文和上示范课，从而改变了私塾师生一年四季生活在故纸堆中、老气横秋的状况，使乡学为之一振。他巡视学校时，一反过去乘轿视学惯例，赤脚草鞋下乡，每到一校亲自上课，批改作文，为教师示范，学校有困难，尽力解决，农村教育日有起色。同时，在何叔衡影响下，他还在宁乡积极参加了反对张敬尧的斗争。

1920 年 9 月，毛泽东等创办了长沙文化书社，推销进步的书刊报纸，广泛宣传马克思主义。姜梦周对此十分羡慕。他在劝学所所长喻棣芳的支持下，并得到朱剑凡的资助，又与何叔衡和玉潭学校校长萧淑沩一起，集资 50 大洋，于 1921 年 3 月 28 日在宁乡创办文化书社，推介何叔衡主办的《湖南通俗报》，推销新书刊，传播新文化、新思想，启迪民智，成了后来宁乡农民运动的催化剂。

1922 年 5 月，姜梦周辞去劝学员一职，来到长沙。经何叔衡介绍，姜梦周进入湖南自修大学学习，正式接受马克思主义的观点和方法，并经何叔衡介绍于 1922 年加入中国共产党，时年 39 岁。

9 月，自修大学附设补习学校开学，他兼任该校教员和管理员。次年 11 月，湖南自修大学被赵恒惕政府封闭后，中共湘区委员会为继续培养干部，又筹办了湘江中学，由他担任管理员，实际负责学校的日常全面工作。校长何叔衡在党内外兼职多，未住校，姜梦周名为管理员，实际肩负办学全责。他发扬自修大学传统，以"启迪学生，使为健全的战士，为国民除障碍，为民族争自由"为宗旨，"特别注意培养学生的民族独立思想与革命精神"，除增设近代国耻史和有关农民运动的教学内容外，还组织学生参加爱国反帝活动。

赵恒惕两次企图封闭湘江中学，学校被迫一次又一次迁址。当时办学经费极端困难，为了这所学校，姜梦周呕心沥血、费尽周折，在白色恐怖和无校舍、无经费的条件下，始终不渝地坚持为党办学。他不仅任劳任怨，不屈不挠地克服了在三次租房、三次迁址和两任校长相继离职后所遇的种种困难，而且在经费极端困难的严重关头，毅然回乡变卖自家六分水田，换取稻谷 30 石，解决了学校"无米之炊"的难题。

由于他的苦心支撑以及大部分教职员工的艰苦奋斗，这所学校克服了许多困难，为党的事业培养了新生力量，仅宁乡一县就有 28 人被誉为"湖南革命的先锋"，推动了全省工农运动的发展。湘江学校一次又一次地抵制了赵恒惕的封闭命令，顶住逆流，战胜困难，于反动政局时期独树一帜，一直坚持到 1927 年 3 月，在湖南教育界誉为破天荒之第一举。

1927 年 3 月，湘江中学停办，姜梦周任湖南省教育厅第三科科长。正当他规划如何改革与发展湖南全省教育时，反革命的"马日事变"发生了。"事变"后第二天，他离开长沙，在家乡隐蔽了五个多月，并在"甲师"（宁乡甲种师范讲习所）、唐市等地建立宁乡文化书社分社，为"宁觉"支部筹措活动经费。因为受到通缉，他改名换姓到益阳达人工业社，以产品收发员职务作掩护，开展地下工作。1928 年 10 月 15 日，在宁乡县城因叛徒何实佑出卖而不幸被捕，虽然受尽酷刑，却英勇不屈。

当年有一种说法：宁乡年轻共产党员几乎都与姜梦周培养有关。所以，姜梦周临刑前，宁乡五镇七乡开明士绅各界人士，纷纷联名呈文，详述姜梦周讲道德、不要钱、不害人事实，一再要求保释。

谢觉哉写道：农民和工人说："姜先生是共产党，那么共产党是好的。"

中间人士说："共产党我不知道，但姜梦周确实是好人。"

顽固人士说："共产党应当办，但姜梦周似又当别论。"

而何键却顽固地说："真正的道德家，才是真正的共产党，你们不明事体，无保的余地。"

1929 年 3 月 28 日下午 4 时，姜梦周被绑赴长沙浏阳门外识字岭刑场，临刑前他高呼："中国共产党万岁！""打倒背信弃义的国民党！"时年 46 岁。

姜梦周之死，宁乡大恸。1944 年，谢觉哉在延安作诗赞之说：

> 梦周蹇蹇人中圣，圣者遭屠奸者庆。
>
> 坟荒草陈血尚新，三楚遗黎长饮恸。

姜梦周是被何叔衡的侄儿何实佑出卖的。姜梦周牺牲后，何氏家族认为出了叛徒何实佑是奇耻大辱，派人四处暗杀何实佑。何实佑从此不敢在宁乡，甚至不敢在湖南落脚，最后死于广西。这就是叛徒的可耻下场！

"宁乡四髯"中，年纪最轻的是王凌波，他的故居稍远一些。

王凌波（1888—1942），名恕平，字抚之。出身于清八部八区陈家塘（今洞庭桥乡袁河村）一塾师家庭。宣统三年（1911）毕业于湖南高等学校，精通英语。1921 年秋任云山学校校长，1925 年秋经何叔衡介绍入党，时年 37 岁，1930 年在沪西主持党中央秘密印刷厂，9 月遭国民党特务破坏被捕，被判刑一年半。1935 年 2 月上海中央局机关遭到破坏再次被捕，被判刑七年，押于苏州陆军监狱。1937年10月同徐特立回到长沙，任八路军驻湘通讯处主任兼新四军驻湘办事处主任，1940年12月返回延安，任延安行政学院副院长，1942年9月3日晨因脑出血逝世。

王凌波早年曾在云山高等小学堂、云山高等小学校和益阳等地任教三年。1915年去广东，先后任河源县署、高雷镇守使署、高雷道尹公署科长、秘书等职。他在自传中写道：

"由于受社会上'读书做官'的影响，原想'矢勤矢慎'，做个好官。自化州之役，鉴于殉名殉利的朋友，多死于非命，从此不想做官，只想做好人了。"

1918年仍回云山学校任教。1921年被推为校长，在何叔衡的影响和支持下，坚持民主办学，传播新文化，教学质量高。他主办的云山学校培育出不少革命人才，被誉为宁乡的"革命摇篮"。

1924年，第一次国共合作，经何叔衡介绍加入国民党，1925年担任国民党宁乡支部书记。翌年，复经何介绍加入中国共产党。入党后，他"才知道单是做个好人，还不够做人的意义。从此，便想努力做一个为大家服务的革命者"。

1926年，北伐军攻克长沙后，他担任国民党湖南省党部书记长和国民党省部内的中共党团副书记。"马日事变"后，辗转于益阳、常德、沅陵之间。化名在国民党部队岳森部某团当上尉书记官，用以掩蔽身份。半年后，遭何键通缉，离开部队。年底，到达上海。

1929年2月，与党取得联系后，王凌波被派往法租界赖斐德路开设天生祥酒店，掩护党的地下工作，很快在同行中树立信誉，被推为酒店行会"会首"。翌年春，党调他到沪西主办秘密印刷厂，负责印发党的机密文件和报刊。同年9月，王凌波等17人被捕，他化名黄德宣，被判刑一年半，关押在上海提篮桥西牢。他组织难友，反对克扣囚粮，进行绝食斗争，秘密宣传革命道理，在狱中多次遭受酷刑，右眼重伤，身体受到严重摧残。1932年4月刑满出狱后，被党组织安排到中央技术部工作，负责刻写钢板。年近半百的王凌波，右眼受伤后视力严重衰退，但他埋头苦干，毫无怨言，天天流着眼泪，伏案刻写一张张工工整整的蝇头细字；遇到紧急任务，就通宵达旦地工作。1935年2月，上海党的机关被破坏，他再次被捕，被特务分子拷打审问达12次，受尽酷刑，他正气凛然，坚毅不屈，从未泄露党的机密。后经淞沪警备司令部军法处判刑 7 年，交苏州陆军监狱执行。他把服刑看做是"过熔炉生活"，做各种健身活动，常用"留得青山在，最后胜利是我们的"勉励自己和难友；还帮助难友学文化，并讲述历代英雄人物事迹和革命理论。对看守人员，他推诚相见，做转化工作。一个士兵说："看来，你们都是好人，是为国家大事吃官司的。"

1937 年，抗日战争爆发，王凌波经党组织营救出狱，获释后即往延安。10 月间又与徐特立一道被派往长沙，任八路军驻湘通讯处主任，后兼新四军驻湘办事处主任。在宣传党的抗日方针、政策和筹措军需物资支援前线、与国民党顽固派作斗争方面，做过大量的工作，取得了显著成绩。1938 年 10 月后，率领工作人员辗转于沅陵、邵阳、衡阳等地。八路军驻湘通讯处和新四军驻湘办事处相继被迫撤销后，王凌波留长办理善后工作。

1940 年 8 月，徐特立被迫离湘返回延安，王凌波在危难中坚持工作。9 月中旬，国民党顽固派突然派兵逮捕王凌波及其妻姜国仁，关押在长沙警备司令部地牢。他们没有被反动派的凶狠行径所吓倒。在牢中，久经考验的王凌波将生死置之度外，夫妇两在狱中联句作诗：

> 莫伤一己生与死，
> 且喜红潮浪击天。

不久，被武装押解离湘赴桂。在轮船上王凌波滔滔不绝地向旅客、士兵宣传抗日救亡的道理和毛泽东的《论持久战》战略战术思想，听者无不为之感动。到衡阳改乘火车时，押解的青年连长说："我们原来不知道你们是抗日前线的八路军长官，使你们受委屈了。我们不再送，你们的行动方便些。再送，老百姓看了也不好。"说毕，便把队伍带走了。

王凌波到桂林八路军办事处工作两个月后，1940 年 12 月，奉调回到延安，任延安行政学院副院长。当时，学校初创，困难很多，他依靠群众，发扬民主，校务很快走上正轨。陕甘宁边区政府主席兼行政学院院长林伯渠曾称赞说：

"行政学院初开办，困难很多，我挂名正院长，凌波同志从没推过责任，也不肯告苦。"

由于操劳过度，王凌波于 1942 年 9 月 3 日晨因脑出血逝世。陕甘宁边区政府主席兼行政学院院长林伯渠在悼词中说：

"旧的学问和革命学问相结合，和最新学问——马克思主义相结合，蔚然发出奇光，凌波同志即是其中之一。"

许多人为他的离去深感痛惜。谢觉哉有诗颂赞之——

> 海仇山恨累年年，誓作人谊不作仙。
> 学得屠龙才待用，惯于履虎气无前。
> 横流共击祖生楫，避难曾分鲍叔钱。
> 我已鬓霜君又死，天涯垂泪哭乡贤。

1962 年，徐特立为王凌波墓重写碑文，称"凌波同志足为党员的模范"。

距离何叔衡故居不远的沙田乡堆子村肖家湾坐落着谢觉哉的故居，谢老的故居后迁至附近南山坡上的南馥冲。故居坐东朝西，始建于 1821 年，房屋四周筑有围墙，堂屋里挂着谢老的大幅画像，堂屋右边是谢老当年的卧室，里面的文物大都是当年的原物。书房中旧式大柜里放着一只黑漆小木箱，里面曾收藏过谢老的文凭、早年诗文手稿、日记和党的秘密文件。谢老的卧室，当年曾是"宁乡四髯"经常集会的地方。

谢觉哉在此度过了他的青少年时期，1957 年和 1961 年，谢老回湖南视察时，也曾在这里会见群众和基层干部。他的夫人老红军战士王定国也曾多次来过。这里现在四周古樟杂树环绕，东北山脉连绵，风景优美。

谢觉哉是"宁乡四髯"中最具才气者。

> 谢觉哉（1883—1971），字焕南，别号觉斋。今沙田乡人。无产阶级革命家、社会活动家、人民司法制度的奠基人。与何叔衡、姜梦周、王凌波并称"宁乡四髯"。又与徐特立、吴玉章、林伯渠、董必武有"延安五老"之称。1905 年考中晚清秀才，后任教云山学校。1919 年参加五四运动，1920 年加入新民学会，1924 年加入中国国民党，1925 年加入中国共产党。大革命时期和大革命失败后的一段时期里，在湖北、上海、湘鄂西苏区，主要从事党的宣传教育工作，先后任《大江报》、《红旗》、《工农日报》主编。1933 年 4 月到中央苏区工作，担任省委政治秘书长兼文化部部长、毛泽东的秘书。1934 年参加长征。红军到达陕北后，担任中央政府西北办事处内务部长兼秘书长，后又任司法部长兼陕甘宁边区高等法院院长。"七七事变"后赴兰州，任党中央驻兰州办事处代表。后历任陕甘宁边区政府高等法院院长、中共中央党校副校长、陕甘宁边区参议会副议长、华北人民政府司法部部长。新中国成立后担任中央人民

政府内务部部长。1959 年 4 月任最高人民法院院长。1965 年担任政协第四届全国委员会副主席。在中国共产党第八次全国代表大会上，当选为候补中央委员。他长期从事人民司法工作，是人民司法制度的奠基者之一。1971 年 5 月病逝。

谢觉哉出身于一个农民家庭。少读诗书，中过秀才，教过私塾，行过医，因为深感"社会的病大于人体自身的病"，于是弃医从教，到云山学校和同校教师姜梦周、王凌波革新教育，引导学生关心政治，接受新思想。

五四运动后，受《新青年》、《湘江评论》等进步书刊思想影响，到长沙主编《湖南通俗报》，极力宣传新思想、新文化，揭露帝国主义侵略阴谋和官僚军阀的罪恶。后因该报被赵恒惕查封，遂离开报馆，到湖南省立第一师范附属小学任教，并协助毛泽东、何叔衡办平民夜校、工人夜校。1921 年 1 月加入毛泽东等创办的新民学会，旗帜鲜明地主张用俄国十月革命的方法来改造中国与世界，1925 年加入中国共产党。大革命时期，任国民党湖南省党部常委兼工人部长、党校秘书长、省党部机关报《湖南民报》总编辑等职，积极推进国共合作，大力开展农民运动。

"马日事变"后，党组织通知他速离长沙。他晚上 11 点在中共湖南省委开完会后，才化装离开，辗转到达上海。1928 年春与党取得联系，负责主编中央机关刊物《红旗》、《上海报》、《工农小报》等多种刊物。当时，环境险恶，条件困难，采稿、编辑、校对任务都由他一人承担。

1933 年调入中央苏区。这一年的 11 月，担任苏维埃临时中央政府秘书的谢觉哉，来到瑞金县检查政府工作。他对瑞金县苏维埃主席杨世珠开门见山地说，这次时间很紧，只有半天工夫，所以只能听听汇报，了解主要情况，但是汇报要实事求是，不能有半点虚假。可是，杨世珠在汇报时，只谈工作成绩，闭口不谈存在的问题，还一口一声"老首长"、"德高望重的老领导"，一个劲地讨好奉承，套近乎。谈及财政收支账目时，杨世珠或所答非所问，或前后矛盾，语焉不详，这不禁引起了谢觉哉的怀疑。

中午，瑞金县苏维埃政府财政部长兰文勋大摆酒席，说是为中央领导接风，谢觉哉当场给予了严厉指责。他说，在苏区谁也不准搞特殊，更不允许用公款吃喝。他见杨世珠、兰文勋等一脸慌乱神色，心中的疑问更多了。为了弄清真相，趁午后休息时，他走访了两位老干部，果然发现问题严重，于是马上派人向中执委作了口头汇报。

下午，谢觉哉在县苏维埃常委座谈会上突然宣布：延长检查时间。

翌日，中执委派来工作组进行突击查账，发现会计科科长唐仁达侵吞各基层单位上交款项，共有34项之多，合计大洋2000余元。还顺藤摸瓜挖出了集体贪污款，数额高达4000余元大洋。

谢觉哉这个平时慈眉笑眼的"好老头"，在县苏维埃常委会上对杨世珠、兰文勋等呵斥道："你们称得上是共产党员、苏维埃干部吗？当前战争够残酷的了，大家都在千方百计节省每一个铜板、每一斤口粮支援前线，想不到瑞金县竟有用群众血汗养肥的贪官污吏！"接着，谢觉哉代表工作组责令杨世珠、兰文勋停职检查，并宣布将唐仁达逮捕法办。

结束检查后，他立即向毛泽东作了汇报。毛泽东十分赞赏谢觉哉的果断措施，认为惩贪治腐就必须这样雷厉风行，当机立断。为了从根本上铲除丑恶，谢觉哉又对毛泽东建议："必须立法建规，昭示天下，以便广大群众监督。"毛泽东听了，沉思片刻说："好，你谢胡子敢于开刀，我毛泽东决不手软！"

几天后，谢觉哉便按毛泽东的指示，与项英、何叔衡等人讨论研究，起草了中央执行委员会《关于惩治贪污浪费行为的训令》。这是共产党领导下的人民政权最早制定和颁布的法制条文。

他曾任毛泽东秘书和中央政府秘书长兼机关总支书记，后当选为中央工农民主政府秘书长、内务部长。任内务部长时，还主持和参与起草了《选举法》、《土地法》、《劳动法》、《税收条例》、《惩治反革命条例》、《惩治贪污犯条例》等法规法令和条例。

1934年10月参加长征。与徐特立、董必武被尊称为"修养连三老"。到达陕北后，历任中央政府西北办事处内务部长、秘书长、司法部长、代理最高法院院长和审计委员会主席等职。创造了一套新的法规和审判形式，制订了适合边区实际的司法条例。他举办司法训练班，为中国革命政权培养了第一批司法人才。

抗日战争爆发后出任中央驻兰州代表，利用甘肃代主席贺耀祖（宁乡人）的乡情旧谊，做贺的思想转化工作，建立一批抗日救亡团体，营救出一批被羁押和失散的红军西路军干部和战士，输送大批进步青年到延安参加革命，还协助党中央派去的孙作宾在甘肃发展党的地方组织。1938年9月回到延安，担任中央党校副校长，编写《中国共产党》、《党员》、《党支部的工作》、《民主集中制》等教材和讲稿。1939年任中央党校副校长，在延安时与董必武、林伯渠、吴玉章、徐特立合称"延安五老"。

1940 年后，相继担任西北中央局副书记、边区政府秘书长、参议会副议长、党团书记，广泛团结党外人士，与著名民主人士李鼎铭、李丹生、续范亭等亲密交往，对建设和发展"三三制"抗日民主政权做出了重要贡献。他在《参议会发言提纲》中，建议把参议会改为人民代表会议，要求"运用民主到人民大众的各个生活部分去"。毛泽东回信说："关于参议会改为人民代表会议，我想对内对外都是会有好影响的。"从而使人民代表大会制度成为我国根本性的民主制度。

解放战争期间，中共中央法制组成立，任西北局组长，负责起草各种法律法规。

新中国成立后，被任命为第一任内务部长，历任最高人民法院院长、中国人民政治协商会议副主席等职，对社会主义法制建设做出了重大贡献。1956 年 9 月，在中共第八次全国代表大会上，当选为候补中央委员，后递补为中央委员。1959 年 4 月，第二届全国人民代表大会第一次会议当选为最高人民法院院长。为纠正"左"的错误，他 20 多次到各地视察，指导纠正一些冤假错案，并建立健全各项法规。他强调要依法办事，人民法院应该独立行使审判权，反对有法不依、执法不严和以言代法。1964 年当选为全国政协副主席。在林彪、江青反革命集团横行期间，他忧国忧民，心情抑郁，1971 年 6 月 15 日病逝，终年 87 岁。

谢觉哉一生对自己要求很严，特别是十分注意对子女的教育。他深知干部子弟容易产生优越感，常常对自己的孩子们说，"内省是无止境的"，并要他们把这句话作为做人的座右铭。

他的一个儿子上中学时，在学校违反了纪律，一位教工批评了，儿子不服气，不以为然地顶撞起来。谢觉哉得知后非常生气，把儿子叫到身边，用拐杖指着他的脑袋说："太不像话了，学会瞧不起人啦！人家批评你，你还和人家顶嘴，你有什么值得骄傲的?!"孩子从来没有见过父亲发这么大火，吓得一句话也说不出来，心中感到有愧，就躲到一边哭起来。谢觉哉见他已经开始认识错误，便把他拉到身边，和蔼地说："不要以为爸爸是国家干部，你就可以自高自大、目中无人，要知道只有谦虚谨慎，才能使你进步啊。俗话说：知错改错不算错，你要拿出行动来改正错误。"当天晚上，儿子写了份检查。谢觉哉看后，高兴地鼓励他："好啊！要学会做自我批评；不肯做自我批评的人，永远不会进步，也永远不会成为高尚的人。"平时，在给子女的书信中，曾多次提醒孩子要谦虚谨慎，老老实实，讲到哪里就做到哪里。他说：只有谦虚，才有可能学到点东西。不耻下问，老老实实，才是聪明人。

新中国成立后，谢觉哉的孙子谢金圃在湖南宁乡一所小学教书。听说祖父在北京做了大官，谢金圃高兴地给祖父谢觉哉写信，希望祖父出面，让他踏上仕途。接信后，谢觉哉很快给谢金圃回信说："……你的身体长得不强壮，体力劳动不大行，做一个人民需要的小学教师，也是好的。当然不是说一点体力劳动也不要做，做些不大吃力的体力劳动，于生产有好处，于身体也有好处……"谢金圃接到祖父的来信，虽有所触动，但还是来到北京，当面求祖父为他捞个一官半职。谢觉哉耐心开导他说："你呀！莫说当干部，就是做个合格的小学教师也有一定的距离，我看了你的来信，就知你根底并不厚，还须努力学习，不然会误人子弟。"在谢觉哉的教育下，谢金圃安心从事小学教育，直至退休。

1957年春，谢觉哉回到家乡，亲属们来到他的旧居看他，谢觉哉说："我这次回来，你们请了厨师做饭，还杀了一头猪，这样不好。当然，我离家几十年，热情接待一下，这个心情是可以理解的。你们要知道，现在老百姓吃肉还有困难，可你们杀猪招待我，老百姓一定会说，谢胡子是做大官了，衣锦还乡了。"谢觉哉看着大家，神情严肃地说："从明天早上起，大师傅一定请回去，不是你们亲手做的饭，我不吃。今后，你们作为我的亲属，一定要老百姓都讲你们做事说话像个谢胡子的亲属，我才承认你们。所以，你们千万不要向政府要补助，不能给我脸上抹黑。"

谢觉哉有三个姐姐、一个妹妹，都不幸去世了。家庭会上，妹夫提出要谢觉哉为他找个工作。妹夫失去妻子多年，谢觉哉十分同情，亲切地安慰了他后，严肃地说："人事安排是组织部门的事，我无权过问，共产党的干部政策是任人唯贤，而不是任人唯亲。如果要我安排，除非你去当部长，我回家种田。我看你还是在家种田为好。请你们记住，今后谁要我安排工作，都是这个答复。"

1961年12月6日至8日，谢觉哉第三次回到宁乡。孙媳曾文义见到祖父谢觉哉十分高兴，同他聊起了家乡的情况。谢觉哉问到她个人的工作情况时，曾文义忧心忡忡地说："现在正在精简城镇人口和职工，我可能属于精简对象。"曾文义是公社医院的药剂师，1958年后才参加工作，属精简对象。谢觉哉关爱地说："按理，我要为你说句话，保住你的工作，但我是你的公公（即祖父），是党的高级干部，只能带头执行党的方针政策，所以，文义呀，你要带头响应党的号召，主动申请回乡！"后来，曾文义主动向有关部门递交了回乡申请，告别了她心爱的药剂师工作，当上了农民。

谢觉哉就是这样，公私分明，一丝不苟。在晚年，他曾作诗自咏道——

> 百经万里身犹健，历尽千辛胆未寒。
> 可有尘瑕须拂拭，敞开心肺给人看。

这几句诗，可真是谢觉哉一生的真实写照。他文采出众，留下许多诗歌文稿，已经整理出版的有《谢觉哉文集》、《谢觉哉日记》、《谢觉哉杂文选》、《谢觉哉诗词》、《谢觉哉书信集》等，其中相当一部分是谢老逝世后，由其夫人王定国整理出版的。

王定国也是个传奇式的革命老人。她1913年出生于四川营山县安化乡，因为家里贫穷，妹妹饿死，为安葬父亲，三岁半的二弟被卖掉，换回四块做棺材的木板和两升麻豌豆，王定国不得不早早地挑起了生活重担。还在六七岁时，就到面馆推磨挣钱，15岁时被送到一户姓李的人家当媳妇。后在地下党员舅舅及其同志杨克明等的帮助下，解除了旧式婚姻，剪了长发，放开了刚裹不久的双足。1933年10月，许世友率红九军解放营山后，她毅然参加了红军。在长征途中，敌人的弹片击断了她的腿骨，过雪山又断了一根脚趾，但她坚强地迎来了革命的胜利。她本是个文盲，14岁参加革命后，刻苦学习，从一个目不识丁的农家女成长为能著书立传、诗书绘画集一身、很有影响的社会活动家，整理谢老遗著500多万字。当年，西路军战斗中任红五军政治部主任的杨克明同军长董振堂率领3000将士英勇战斗，在高台战役中牺牲，杨、董二人的头颅被敌人砍下邀功。1983年，她到高台烈士陵园凭吊良师益友，当场挥毫写下"烈士陵园物候新，巍峨遗像见成仁。将军虽死山河在，留取丹心照后人"四句诗。她曾在92岁高龄时重走长征路，探望健在的老战友和房东乡亲，参与发起"中国老年文物学会"，促成了《国家文物保护法》的颁布，倡导成立"山海关长城研究会"，促进了对长城的宣传保护。她还积极投入挽救失足青少年的活动，足迹遍布全国。她与谢老于1937年结婚，共有七个子女，个个淡泊名利。这与他们的家教是分不开的。

我们走出谢老故居，回头望着这栋普通农舍，又想起了"宁乡四髯"。

他们是从旧式封建科举的"酱缸"中脱胎出来的。谢觉哉在回忆自己是如何在何叔衡带领下走上革命道路的经历时，曾感慨地说："我们两个秀才，不为革命者打倒的对象，而自己成为革命者，算是人生幸事。"这当然是因为他们没有被旧思想束缚头脑，没有因为当上秀才而堕落，正如何叔衡早年所说，"自己拟作教育上的事业，期得低额报酬，以资生活，至于别的不正当的发财路子，无论如何，不愿意干"，所以后来成为坚决的革命者。更重要的是，他们是在马克思主义思想引导下，走上革命道路的。这又一次证明，在那个风云激荡的大时代里，即使是老式秀才，其中一些勇敢者也会因为理想、因为信仰、因为主义而锐意革新、阔步进取，因而成为时代的先锋，甚至为了革命不惜抛头颅、洒热血，这就是我们从"宁乡四髯"身上所看到的信仰的力量。

"信仰"是什么，信仰就是念想。"人为万物之灵"的根本，在于人有思想、有念想。为一种高尚的念想或者说信仰而活着而奋斗，纵然一生含辛茹苦，纵然前面是枪林弹雨，纵然要粉身碎骨，也在所不辞。这就是中国共产党人、中国革命者的精神之所在。毛泽东说，"主义譬如一面旗帜"；邓小平说，"对马克思主义的信仰，是中国革命胜利的一种精神动力"。"宁乡四髯"的故事，又一次深刻地揭示了中国共产党近百年历史所证实的这条真理：

信仰的力量是强大的，信仰的生命力是永恒的。

4. 液寿苍生

· 天赐灰汤，因物益寿，得休征景福，勿忘先辈恩德
· 地涌温泉，借水致富，谋大烈鸿猷，当思后来生态

地处湘中东北部的宁乡，是雪峰山余脉向东北滨湖平原过渡地带，境内地貌多为丘陵，山地、平原、江河相映成趣，地表轮廓大体是北、西、南缘山地环绕，东南丘陵起伏，北部岗地平缓，东北低平开阔，整个地势由西向东呈阶梯状逐级倾斜。境内除有沩水外，还有乌江、楚江、靳江几条河流，其中沩水、靳江为湘江一级支流，楚江、乌江是沩水一级支流，黄材水库为全国三大土坝水利工程之一。有山，有水，有湖，湖光山色，风光旖旎。

这里属于中亚热带向北亚热带过渡的大陆性季风湿润气候，四季分明，寒冷期短，炎热期长，雨水充足，气候宜人，植被丰富，其自然资源因此十分丰富，境内已探明的地下矿产有40多种，开发利用的主要是煤，此外还有铁、锰、铀、金刚石、海泡石、花岗岩等20多种。其文明的起源，是很

久远的，特别是自三国时代开始，这一片文明热土，便成为闻名天下的"鱼米之乡"、"生猪之乡"、"茶叶之乡"。因此，今天的宁乡的特产，较著名的是生猪、茶叶。县内各地均产茶叶，尤以沩山所产的"沩山毛尖"，不让武夷、龙井，畅销甘肃、新疆等地。宁乡猪是当地的良种猪，已有300多年历史，原产于流沙河、草冲一带，故名流沙河猪或草冲猪。先后被列为全国优质米、瘦肉型猪、水产品生产基地，生猪和粮食产量分列全国第五位和第九位。

然而，提起宁乡"特产"，最负盛名的则还是温泉。至少从晋代开始，就闻名遐迩了。特别是唐宋以来，诸多名人例如唐代力主削藩的宰相裴休、宋代的大理学家朱熹、张栻，状元易被以及明代翰林院士陶汝鼐等都曾在这里拂汤游览，沐风吟咏，留下了大批诗词曲赋。

晋代诗人薛宣游览至此，曾留下"水饮温泉分地脉，雨来云涌抑神功"的名句。

宋代著名理学家朱熹偶游于此，沐浴后大发感叹，写就《温泉》诗："连山西南来，中断还崛起。干霄几千仞，据地三百里。飞峰上灵秀，众壑下清美。逮兹势力穷，犹能出奇伟。谁燃丹黄焰，暴此玉池水。客来争解带，万劫付一洗。当年谢康乐，弦绝今久矣。水碧复流温，相思五湖里。"

明代刘绚拿它与华清池相比："华清胜迹传千古，此地相将伯仲间。"

明代文人薛瑄留下了"水饮温泉分地利，雨来龙洞仰神功"的佳句。

清代文人廖森的诗句"我亦欲寻沂水乐，山氓错比华清宫"，实在是脍炙人口。

周在京的"汤泉何沸沸，不随世态惊"等，也是世人久经传诵的佳句。

清代王文清等在这里举行鸭酒会的故事，更是家喻户晓。原来，王文清十分喜欢风味独具的灰汤胜景，多次来灰汤游览沐浴。特别是他从岳麓书院辞职回故乡铜瓦桥养老时，曾应紫龙寺方丈之约赴灰汤主持鸭酒会。当时，很多著名文人参加盛会，大家品汤鸭，咏温泉，实为千古难得之盛会。据说，王文清在鸭酒会上写了西宁十景诗，大家极为钦佩。其中《汤泉沸玉》一首云：

云蒸霞涌乱溪横，翻笑寒泉只浅清。
不见素车乘玉女，长流琼液寿苍生。
出山冷后鱼龙浴，煮石潜收霹雳鸣。
悟得五行颠倒意，始知水宅火来成。

他还有一首曰：

历乱珠玑洒涧边，天公酝酿此山泉。

炎州脉旺蒸珠沫，水宅胎深沸玉涎。

可惜流膏调鼎鼐，岂从寒井吐云烟。

不贫不醴成千古，炉灶横空不计年。

王闿运也曾有诗咏灰汤。原来，廖树蘅与王闿运为多年文朋诗友，过从甚密。1907年，王闿运应廖树蘅邀请同游灰汤。见灰汤温泉水自洞穴源源流出，旁边养有很多鸭子，人称"汤鸭"。当地人介绍汤鸭骨髓特多，味道鲜美，王闿运很感兴趣。廖树蘅便邀王闿运到紫龙寺去买鸭。当时汤鸭的买卖由紫龙寺和尚专营，约一千钱一只鸭子。宁乡县当局以肥大的汤鸭供给官府。其实汤鸭真品是个小髓满而肉不腥的那种。当时，廖买了四只鸭送给王闿运。王闿运非常高兴，反复研究"冬雾"与"冬鹜"的关系，汤鸭是否"异种流传"等问题，十足学者风范。当晚王闿运写诗回赠廖树蘅，廖也和诗一首。在紫龙寺买鸭后，两人又一同去游览蒋琬祠。廖介绍说，蒋祠同祀者还有泉陵（现零陵）刘敏。刘敏是蒋琬中表兄弟，为左护扬威大将军，封云亭侯。两人都是望重一时的名人。蒋刘同祀在乾隆、嘉庆、同治三县志中早有记载。当晚，王廖二人住在关公祠里。第二天是十五元宵节，一清早王闿运便与廖告别，各自回家。王闿运是经冷水井直接回湘潭的。王闿运咏灰汤的诗，见于他的《湘绮楼诗文集》中。其中有一首是：

东鹜山前冬鹜肥，汤泉温暖养毛衣。

久闻下箸胜鹅炙，莫惜随笔别鹜矶。

旧便珍馐烦驿致，新河余粟损戎机。

老来补骨须真髓，犹恐摩尼见火飞。

廖树蘅用《汤泉鸭一首次湘绮韵》诗答之云：

汤泉温暖渚云肥，鸭浴晴波刷羽衣。

不道笼鸭僧院客，却来东鹜钓人矶。

· 新河座上曾分胾，洄曲军中大合围。

养髓不应频折箠，由来囚鸟不忘飞。

当地著名才子陶汝鼐的《汤泉赋并序》，更将我们带进了一个美妙的温泉世界——

676

汤泉，水之变性也。寰中称温泉者十数处，而古今以骊山为最。以其芳清，又迩宫阙，承恩赐幸，宠艳斯极，然亦其所生之幸也。其次则歙之黄山、滇之安宁，并称朱砂泉。黄山松云名胜，超然玄圃，非高人隽游不得致，可以无憾。安宁则滇之鄙郡，近代杨升庵迁谪其间，始著于书。然则此三泉者，骊山廊庙也，黄山仙隐也，安宁幽谷也。生幽谷中，后骊泉二千余年，赖文人以传，亦遇矣。彼浃渫而沦草莽者，何限乎？

或谓温泉不甚沸，而无硫黄气，故别以朱砂目之，馀不得拟也。予曰然。汤泉沸激，沦物蠲疴，功德被幽，独先寒贱。此何异士君子负烈正之行而严气，善事溉于乡里者哉！

予家深山之内，去溪江二里许，有汤泉焉。出于江干，石为之釜，烀不可手。上有方塘，则熬波清澜，可盥，可掬，可垂钓，可引灌我田，东坡所谓"饮食沐浴俱在"矣。盛宏之《荆州记》曰："新阳县惠泽中有温泉，冬日未至，数里遥望，白云浮蒸如烟，上下采映状若绮疏。又有车轮双辕形，昔传玉女乘车投于此泉。"今人时见女子姿仪光丽，倏忽往来，正此处邪。惜邑志不考，姑传流俗，曰浣纱夫人。旧有庙。予居其里数年矣，被泉之赐不得如安宁之遇升庵乎，于是感而为之赋。赋曰：

夫何衡泌之勺波，兼水火之令德。匪鉴此以涓涓，畴相之而溇溇。同为山下之豪，迥别溪中之色。观其膴沸乎古今，得无怨天壤之见抑异哉？此泉相对叹息。吾闻玄夷导坎，渊益清冷；百川灌河，流皆寒碧。今乃易冰为炎，改澜为炽，五行之变，于斯为极矣。

然亦尝思之，岂无海潜阴焰，野汇焦渊，岱舆之渍石烂，宛渠之础波然。莽煌沾衣而愈烈，金泥沸水以如煎。白玉为樊，乃得然邱之国；黄金薄底，方浮沸海之船。至使汉苑缣绅，标奇火浣；秦台沙树，最侈洪烟。广异闻于域外，觊一觌于神仙。爰有衰禅神井，咫尺西都；华清宝落，翠辇金吾；沉香爇火，天帝所娱。又有新安黄海，烁玉翻珠；云霞逸客，冰雪藐姑；浴不待赐，酣卧蓬壶。并擅珠沙之誉，分专清艳之殊。乃若匡泉汤，若汉水沸，如莱波烂乌，灵谷游鱼。访火井于临邛，志阳泉于天余。事或近而有征，史尝阙而不书，得无沧桑之换世，而空识于虞初也。

眷滋惠泽，近我柴门，山江之氾，汤出云根。蒸鹜岭，燠狮仑，迷鱼濑，鼋鸡园。流卑潴高，蓄清泄浑，如煎如熬，不崩不骞。类曹家之豆釜，比管氏之盐盆。春浪滚则桃花别色，冬霜赤而柴燎同燔。允辞冰雹，偏沃禾苏。亦有赤鳞潜而吹泳，朱鸟过而消魂。炎液暄波，匪因人之热；捐痾荡秽，欲绝俗而奔。然而投闲率野，润庇孤村，无绮阑与玉砌，足石户之陶尊。将以沤麻，将以浣纱，时蓬采葛之女，聊俱抱布之娃。

岭上之白云常暖，池中之明月偏华。是以天姬翠盖，神女云车，欻然下凤，冉冉如霞。每蹒跚而至止，倏香雾以周遮；疑玉皇之赐浴，列云母兮障花。庶几幽光承乎玄鉴，游眺绝于狭斜矣！

云何胥涛欲绝，娲墓曾沉，望失江皋之珮，虚存捣练之砧。然而烟霞吐其直气，风雨助其枯音。虽山川之陈迹，终万古以常烔。是谓至变者不变，而谁能测其阳阴。于是池上主人缨足并濯，洗耳而吟，薇可沦兮，泉可以斟，有温泉而无寒火，悟天地之长存于水心。

这里所写的"汤泉"，就是著名的灰汤温泉。

灰汤温泉在今灰汤镇境内，紧偎乌江。三国两晋时期，宁乡地域隶属荆州所辖之新阳县。晋盛宏之《荆州记》："新阳县惠泽中有温泉。冬日未至，数里遥望，白云浮蒸如烟，上下彩映，状若绮疏，又有车轮双辕行也。传有玉女乘车，自此投泉。今日时见女子姿仪光丽，倏忽往来。"这里，有东鹜山四山耸翠，山上湖泊众多，绿水相依，无数奇岩怪石掩映在密林巨树之中，构成一幅大自然山水画。森林苍翠，湖水澈蓝，湖山呼应，山水媲美，光影可鉴，楚楚生情，令人感受到大自然幽静的原始情调。这里雨量适度，日照充分，空气清新，气候宜人。尤其引人注目的，是那被誉为"汤泉沸玉"的温泉。据宁乡旧县志载，灰汤泉池数孔，主泉宽 2 米，长 8 米，自乌江河畔涌出，水珠成串，晶莹洁白如玉，稍带硫磺气味，常年涌流，久旱不竭。伫立远望，青烟缭绕，有如仙境；临近则热气撩人，溅玉飞珠，故有"南泉沸玉"之美名，旧时为"宁乡十景"之一。优美的自然风光，山水和谐一体的田园画面，"长流琼液寿苍生"的温泉，组合成为一处难得的世外桃源。

陶汝鼐赋里所写的"玉女投车"，当然是传说。不过，在灰汤，关于"温泉"的确是有许多美丽的传说。例如：

传说王母娘娘派玉女给南岳的圣帝和南海的观音赠送蟠桃尝鲜，玉女跪而受命，却迟迟不肯起身。王母盘问其故，玉女说："怕遇妖魔！"王母便送她一只金簪护身，并告诉她这是紫龙所变，可降一切妖魔，唯独不能落地，否则，它就会变回紫龙入地，再难收回。

　　玉女遵嘱带蟠桃而行。时值寒冬，玉女脚踏祥云，行至宁乡东鹜山一带，但见乌江两岸光山秃岭，百姓无柴可烧，户户断绝炊烟，家家饥寒忧愁，村有小儿哭，路有冻死骨。玉女不由悲天悯人，犹豫再三，取出金簪，念咒施法，然后将它往空中一抛。金簪立即化成一条金光闪闪鳞甲冒烟口吐烈焰的紫龙。头一摇，尾一摆，钻进乌江西岸的地下，往上张口喷吐，滚滚龙涎变成炙烫温泉，从地下源源而出，百姓浴泉暖身，取泉烫食，以解温饱。温泉汽腾如灰雾，竟使天地回暖，草木复苏，当地因此变成了一个山清水秀、田园丰裕的世外桃源。此后，玉女虽在去南岳、南海的途中，多次遇妖孽拦劫蟠桃，但她都不战而胜。原来，她抛簪救民的举动，感动了王母娘娘，觉得此女心地善良，无私无畏，于是另派侍卫沿途暗中保护。当地百姓为了感谢玉女施救和紫龙化泉的恩德，在乌江西岸建了一座寺庙，名曰紫龙寺，寺内塑立玉女像，世代供奉，启迪后人也像玉女一样善良无私，心怀恩德。

　　旧时，灰汤附近的东鹜山上，的确曾有三寺四十八庵，巨幅石刻"胜景天然"，遗迹依稀可见。例如，其中一座古寺叫紫龙寺，历代还有许多文人墨客曾雅集于此，吟诗作赋，留下了一篇篇杰作。上述廖树蘅之子廖基械就有两首这样写道：

　　"古寺一溪隔，遥祝千嶂分。秋声凉在树，人意懒于云。落叶不可扫，疏钟时一闻。雏们解迎客，茶话对斜曛。"

　　"昔贤枉隐处，境僻少人知。殿古残碑在，窗虚独鸟窥。谈经僧拂尘，论世佛低眉。莫数前朝劫，于今已乱离。"

　　关于灰汤，还有八洞神仙等传说，耐人寻味，"一里三台"的故事，更显得人文荟萃，人杰地灵。

　　不啻如此，灰汤温泉还有更丰沛鼎盛的人文遗迹。据说，三国蜀相蒋琬诞生于此，其故居泉湾紧邻汤泉。屋后的竹林、前门的小桥就是他少时常常埋头苦读的地方。他往后功成名就，衣锦还乡，又曾在吴江河畔饮马、濯缨，故而留下了相公潭、相公桥、相公庙等名迹，灰汤温泉还曾有过"饮马泉"之称。

值得一提的是，清代中兴名将曾国藩曾于此疗养疮疾。在现代，将军王震、王首道、乌兰夫、张震都曾于此久居休养伤病，留下了著名的"将军楼"及诸多佳话。奥运冠军熊倪、李小鹏、杨霞等湘籍运动健儿也曾在灰汤疗养保健。

　　原来，灰汤之"盛"之美，是它的天然功能——养生保健医疗。就是王文清诗里所写的"长流琼液寿苍生"啊！

　　灰汤温泉是我国三大著名高温复合温泉之一，已有2000多年的历史。温泉区8平方公里，温泉水量丰富，目前已初步开发，日供水3500吨，尚有日供水量10000吨以上的温泉有待开发。灰汤温泉资源得天独厚，具有极为广阔的开发前景。从20世纪60年代开始至今，先后建成了多座温泉山庄和度假村酒店，集温泉养生、运动休闲、会议培训、疗养体检于一体。依山构筑，风光秀美，景色十分宜人，被誉为"新潇湘八景之一"。

　　经地质勘探，查明温泉自然出口水温达88摄氏度，钻口自流水温超过89摄氏度，孔内水温近百摄氏度，其中有一孔一百多摄氏度，是世界上温度最高的温泉。灰汤温泉有温泉、冷泉、氡泉三种泉型，同出一地，是其他温泉景区所没有的独特的地质资源现象，因此最负盛名。

　　泉水产自地下5000米的燕山、沩山花岗石基的岩浆余热，泉眼处水温达百摄氏度，因其泉沸如汤滚，其汽腾如灰雾，故名灰汤。

　　灰汤水质奇妙，清澈见底，甘甜爽口，沁人心脾，用以泡茶，清香可口。当地百姓将鸡蛋放入冷泉，可使鸡蛋冷熟，这种超物理、生物学的奇异现象，至今尚无科学解释。此汤最大的特点是，富含锌、镁、钾、锗、钙、钠等29种微量元素，具有镇痛、消炎、脱敏、改善血液循环、增强体质等多种保健疗养奇效，素有"天然药泉"、"神水圣泉"之美誉，于心血管病、风湿类疾病、腰腿痛以及神经炎、关节炎、神经痛和皮肤病均有显著疗效，并有催眠、镇静和镇痛作用。氡浴对人体内分泌功能也有良好影响，能使妇女恢复通经、延缓衰老和男子回复青春，故有人称之为"返老还童泉"。

　　据当地医疗部门对近4万例患者临床观察验证，灰汤温泉外用沐浴，对皮肤病、类风湿性关节炎有特效，对其他风湿病、肩周炎、骨质增生、结肠炎、神经衰弱有显著疗效。具有消炎、镇静、安神、调节生理机能、改善心血管功能等药物无法替代的神奇功效，对皮肤病、运动消化、血液循环、神经系统的多种慢性疾病具有独特的疗效。经地质工程勘探，它既是宝贵的热能资源，又是一种"优质的、低矿化度的含锂和偏硅酸的饮用天然矿泉水"。

当地水产也很奇特，养殖的汤鳖、汤鸭肉嫩骨酥，髓多味美，为历代皇家贡品。温泉附近的池塘，冬春水暖，所养鱼、鸭、鳖、蛙，肉嫩骨酥，髓多味美，鸭则更兼有滋阴补肾益肝润肺的功效，"汤鱼"、"汤鸭"、"汤鳖"、"汤蛙"，并称"汤泉四美"，1998年，灰汤温泉成为湖南唯一入选的"中国旅游业面向21世纪优先发展的项目"。资源之宝贵可见一斑。

利用灰汤温泉得天独厚的自然资源，进行合理的科学开发，最大限度地转化为产业优势和发展优势，最终造福于地方、造福于民众，这是宁乡人民一直以来的梦想和追求。

虽然，温泉早在20世纪60年代就开发利用，初步建成了省职工疗养院，但由于种种原因，其规模过小，人群的受益面也不大，一般只是有限地接受极少部分人来此疗养。20世纪80年代中，建有湖南电力温泉疗养院这样一所现代化的疗养院，也毕竟影响不大，资源还是没有充分利用，当地人民受益度仍然甚微。

从20世纪70年代开始，有关部门组织地质勘探队伍对灰汤进行过四次大规模水文地质勘探工作，投入勘探经费共三千多万元，圈出地热异常范围约8平方公里，终于查明灰汤地下热水的温度、贮存规律、水量、水的物理化学特性、开发利用条件等。随着改革开放力度的加大，国家又为大力开发灰汤提供了相关政策，灰汤温泉终于迎来了历史上最好的发展时期。

机遇终于来了！为了充分利用地方资源，让灰汤这股独有的"神水"和"魔汤"，在新的时代大放奇光异彩，宁乡县经过调查研究和科学规划，决心造城、造势，发展"养生保健，娱乐休闲，度假体验"等为主题的复合型温泉旅游业，力图将温泉旅游项目与旅游地产、旅游商业、休闲娱乐等有机结合，彰显灰汤温泉景点的内在魅力，将灰汤温泉建成为立足湖南、面向全国、具有世界性影响，集养生健身、休闲度假、商务会议等功能为一体，宁静、温馨、自然、生态的现代温泉和国际旅游度假区，使之成为具有温泉文化、生态湖泊、森林氧吧、风情小镇四大景观，中外游客神往的旅游胜地。

为大力开发灰汤，将资源优势转化为发展优势，创造良好的社会经济效益，省市批准设立了灰汤特别招商区，列入省市对外开放重点，高起点制定了开发建设规划，出台了一系列招商引资优惠政策。1998年，国家旅游局批准灰汤为"面向21世纪中国旅游业43家优先发展项目"之一，这是湖南省唯一入选的项目。2000年灰汤温泉开发纳入了国家计委首批旅游国债基础设施建设资金扶植的重点项目。

经过几年的努力，今天的灰汤建设，已初步形成规模和档次，有大大小小的温泉宾馆二三十家，其中上档次的达四五家。例如：

——自然环境幽雅宁静的湘电温泉

——有现代农庄特色的金太阳温泉

——硬件设施比江西明月山更完善的紫龙湾温泉

——斥资 40 亿元在建中的超豪华国际会议中心华天城

……

今天，宁乡南部乌江岸边的灰汤镇，再不是 20 世纪 60 年代那个"灰姑娘"了。"钟灵秀丽吐阳泉，从此灰汤承天俯。"灰汤至长沙的高速公路即将开通。不久后，从韶山、娄底、长沙等地出发，都只需要半小时就能到达灰汤。五星级酒店在建中。购物一条街，酒吧一条街，餐饮一条街，夜市一条街等特色商街，使这里成为独特的风情小城，吃、住、娱、玩、购、一条龙服务逐步到位，将为游客带来丰富多彩的旅行生活。

灰汤风光绮丽，植被良好。温泉旁有紫竹林，有东鹜山，山谷幽深，泉水潺潺。既有宜人的自然风光，又有怡人的田园景色，还有动人的神话传说，有三国时代蜀相蒋琬的读书处，有他当年的洗马、垂钓故地相公潭、相公桥，人文景观与自然景观浑然一体，交相辉映，还有汤鱼、汤鸭，肉嫩骨酥味美，汤蛙、汤鳖更是宴席珍肴，真是一处难得的世外桃源，这里已建成一座多功能的旅游城。

东鹜山景区是灰汤温泉城的一大亮点。这里林深、石奇，洞幽、水秀，主峰海拔 487 米，古为禅林圣地，山上原本多庙，旧有三寺四十八庵之说，至今遗迹可寻。山内藏洞，南宋皇子刘浚路经此曾作《东鹜山石洞》说："满山云雨蛟龙走，万壑风烟虎豹通；岩窦石泉流出冷，草庵禅影坐来空。"山峰"鹰嘴石"，独石凌空，形奇势险，数十里外均可见。名胜古迹也很多，主要有锣鼓石、开口石、禹王冢、冷水井等，沿游道一一探访，真有"山重水复疑无路，柳暗花明又一村"的幽深异趣。尤其是东鹜山下，那一汪碧绿湖水，恰如一面硕大无比的镜子，在阳光下泛起粼粼的波光，这就是灰汤镇紫龙湖。虽说没有洞庭的连天波涌，也没有鄱阳的浩渺烟波，但一眼望去，在花岗岩石桥、原木沿湖游道和芦苇丛的掩映下，别有一种"疏影横斜水清浅"的小巧和细腻。更有那栈道、荷叶、白鹭和清澈的湖水，交相辉映，浑然一体，成为拍客们镜头下最好的景观。春秋时节，晴空丽日，花红柳绿，鸟鸣莺舞，清风拂面，游人幢幢，笑语朗朗，笙歌嘹亮……那景象，是何等地令人陶醉啊！

可以想象，往后人们来到灰汤温泉城，那就不是一种单一的"泡"了。直白地说，那是一种旅游，可登山览胜，可赏湖观鱼，是寻幽探奇的好去处，还有汤鱼、汤鸭之肉嫩骨酥味美，汤蛙、汤鳖的宴席珍肴，更让人垂涎。"泡"也不是旧式的"泡"了，狭义地说，那是一种身心合一的享受，不仅能享受泉水的温暖舒适，而且能消除身心的疲劳，享受身心的自然和谐与统一。在浸泡中，你当然可以闭上双眼，以冥想的心情，缓缓地深呼吸，伴着叮咚的泉水，体会山的奇秀，水的清韵，林的葱郁，石的灵秀……你还可以去登山，去赏湖，去漂流，去小镇购物，在山水森林的旅游中，在湖边的漫步里，在漂流的惊险中、购物的快乐里，将自己或置身于花木掩映的美景，或融入湖光山色的辉映，或陶醉于有惊无险的激流，你可以尽情地张开双臂，敞开心扉，将压抑已久的心灵彻底地释放……或许，只有在这时，你才会隐约感觉到，走进大自然，在人与大自然的灵动与和谐交融中，你已经不再是游客，而像是其中的一泓清流，或者是一片林木，或者是一方紫石，或者是一滴温泉……

春秋有春秋之美，冬天也有冬天之趣。在冰冷的冬季或寒夜里，灰汤温泉又是另一番令人迷醉的景象。"泉沸如汤滚，汽腾如灰雾"，躺进泉池，静静泡养，可以消疲驱倦，可以去寒疗疴，让几十种微量元素，将我们的身心调养得舒筋活血，泰然自若。

今天的灰汤，是理想的旅游休闲健身地。

西藏高原固然有神秘的羊八井温泉，宝岛台湾也有可爱的北投温泉，还有云南和黄山上的温泉，的的确确也是美妙无比，可是，那都离我们太遥远了。对于我们长沙市民来说，近在咫尺的灰汤，才真是最好的选择。

那里是理想，并非神话。

5. 好好保护

• 遍阅人间，识冷暖悲欢无常，众善多为招福
• 备尝世味，知酸甜苦辣有限，诸恶勿作去祸

宁乡的文物古迹中，较为著名的，还是宗教中的佛教文物古迹。

在历史上，传入宁乡的宗教，有佛教、道教、天主教、基督教，但主要还是佛教。佛教的传入，有说是在汉朝，但兴盛时期则是唐代，这大概与裴休有些关系，因为他家世代奉佛，到他时尤甚，密印寺就是经他捐资为灵祐禅师奏建的。

据说，在唐代，宁乡境内寺观多达 1700 所，著名的有密印、同庆、香山、紫龙、齐己、普济、石立、上流等寺。密印寺僧灵祐，首创沩宗，为佛教南宗一派，并有《陶神论》行世。其徒如慧，一名慧寂，后迁至江西仰山，与师齐名，教派称为仰宗。到宋代时，境内佛教香火依然鼎盛，仅密印一寺，僧众多时达 3000 人。明初，县置僧会司（又名翊法禅林），掌管佛教事宜，始设县城香山寺内，寺毁后撤销。清嘉庆年间，境内寺庙尚有 1570 所，僧万行重修僧会司公署，知县授为僧官，管理教事，曾为寺院僧众严立规约 12 条。尔后，佛教渐趋衰落，到民国初年，庵寺仅存 248 所，除 30 多所有僧尼外，其余均为地方香火庙。随着洋教的传入和国民教育渐兴，佛教影响日益缩小，到 1949 年上半年，全县仅存庵寺 13 所，僧尼 52 人。新中国成立后，僧尼纷纷还俗、就业。残存寺庙，或被撤除，或改作他用。"文革"中，庵寺遭受严重破坏。三中全会后，政府多次拨款维修了密印寺，群众集资又重修了白云寺。宁乡的寺庙，历来较著名的是——

香山寺——位于宁乡小西门香林山之间，即今县人民武装部所在地。清乾隆《宁乡县志》载："香林山，古旃檀生处，当县治之西。隔有霜钟洪响，昏晓落烟寰间，晴雨异音，架上金栏复之。"宁乡十景中的"香山钟韵"，就是指的这一景观。香山寺乃南宋淳祐年间建，元末毁，明洪武十五年（1382）重修，宣德七年（1432）再建。前有大雄殿，后有观音阁，旁有地藏殿，前后门及回廊、僧舍俱齐。清康熙四年（1665）重建观音后殿，同治又重修，并于寺前建妙香亭。院内地势平坦，占地宽广，寺院显得极为宽敞。古木参天，绿荫蔽日，亭台殿阁，各显丽姿。晨钟暮鼓，悠悠远扬，旋律悦耳，摄人心魄，不逊于姑苏城外寒山寺。前门额题"楚沩第一景"，游览观光的人络绎不绝。解放初期，大雄殿、观音殿犹存，而今仅存少量古樟。

福音堂——位于宁乡县梅家田东沩南路，原址在县城南门桥沩水河畔。始建于 1903—1904 年间，由挪威信义会传教士戈德白、艾香德主持修建。1906 年前后，女传教士哈思白在教堂内筹办了西药房。福音堂建成后不久，被人烧毁。当时传教士艾香德等坐绿呢大轿，闯入县衙，胁迫惩办肇事者，县令被迫杀了一个姓周的悬头示众，并勒令赔款修复好教堂。1944 年，县城沦陷，外籍传教士此前回国，教堂房屋全被日本飞机炸毁，所有什物被抢劫一空，教会人员和教友四散避难。1948 年后，由宁乡西冲山人熊楚林牧师在城区主持教会活动并在废墟上又重建福音堂。1950 年教会事务由陶达生牧师等人负责接管。1959—1979 年教会活动停止，教堂所属房屋被县财政局和县人民医院占用。1980 年后落实宗教政策，教会利用旧房恢复活动。1991 年新建一座 324 平方米的教堂及 2 屋 5 间门面的商业楼，以解决教会自养。重建后的福音堂采用哥特式建筑，堂内宽敞、明亮，显得富丽堂皇又让人肃然起敬，具有浓厚的宗教氛围。

白云寺——位于宁乡西南麦田乡回龙山山顶的天然盆地。白云寺是全国百所名寺之一，素来香火旺盛，民间有"南岳山的香，回龙山的烛"之称。始建于唐宣宗大中十二年（858），为佛教禅宗寺院，主要供奉释迦牟尼佛祖、观音大士和诸天菩萨。白云寺规模宏大，共有大小寺屋 300 多间。香火旺盛时，有僧人 300 余人。寺中共有大型佛像 30 多尊。旧时寺前井中有数十只刻有明、清年号被寺中和尚放生的乌龟，一听到公鸡报晓或僧敲木鱼开餐时，便结队而出，食取施舍的饲饵。白云寺山门正中顶上石额镌刻清代名臣左宗棠题写的"南楚灵山"四大字，两旁刻有民国时湖南省政府主席何键题写的对联。大殿上方"回龙古寺"四字系国民党元老于右任的笔迹。这些古迹在"文革"中毁灭殆尽。20 世纪 80 年代宁乡人民政府决定恢复白云古寺，经过多年的建设，白云寺于 2001 年举行了盛大的开光典礼。1989 年定为县级文物保护单位。

密印寺——该寺不仅是宁乡也是中国南方的一大名寺古刹。

密印寺在沩山毗庐峰下，唐大中三年（849）正式建成，占地面积近 40 亩，建筑面积 11000 平方米，是一个规模宏大的建筑群。万佛殿左边是"五观堂"，右边是"选佛堂"。万佛殿后面并排三座建筑，分别是"观音殿"、"藏经殿"、"祖堂"。"藏经殿"和"祖堂"匾额据传都是出自大唐宰相裴休手笔。山门高 20 余米，宽 27 米，呈三层牌楼式，正中拱门上方嵌一方巨石，镌刻"密印寺"，字体遒劲，据传是唐大中三年裴休奏请宣宗皇帝御书。密印寺建成数年后，僧众多达 1500 余人。灵祐创立了一个独具特色的佛教宗派即南禅五派之一的沩仰宗。这里先后走出了灵祐、齐己等大批高僧，裴休、朱熹、张栻都在这里留下了足迹。1917 年毛泽东和萧子升结伴游学到宁乡，曾在密印寺食宿了两晚。

我们乘坐的汽车沿着宁乡—涟源公路西行，一路上绿野苍苍。大概要下雨了，云层很厚，天显得很低，因此也有些阴暗。渐渐地进入一片林地，远处隐隐约约可见山峰挺立。待爬上葱翠的大沩山时，进入一个盆地。虽然四面青山环绕，气象顿时豁然开朗，一座宏伟的古寺庙映入眼帘，这便是坐落于毗庐峰下有名的密印寺，峰上新立的观音像，不时从云雾中现身，更增添了一种神秘的色彩。

这里虽是山腰，却纵横数里绿野平畴，山环水绕，灵秀所钟，一年四季，流水淙淙，清风习习。青松、翠竹、银杏、枫叶，相映成趣，景致不凡。据说寺外原有十景，尤为独特。这十景分别为：回心桥，接龙桥，来木井，仙人献宝，油盐石，龙王井，美女枧，芦花水，镜子石，白果含檀。

白果含檀是这里的十大奇景之一，的确不凡。它位于密印寺后，本是一棵巨大的银杏树，传为灵祐手植，树干高大中空，有棵檀树寄生其中，春夏之交，杏枝檀叶，相互峥嵘，确为罕见。

据说寺内斋堂后，有块天然顽石兀立。是块高五丈、围二丈的黑石，上面有二孔，相传一孔出油，一孔出盐，人称"油盐石"，是裴休之妻陈夫人捐资修建的。传说当年建庙时，僧众成千上万，全靠这石头上不断涌出来的油和盐养活。石上还有两个似鞋印的痕迹，传为裴休之妻陈夫人之足迹。工匠们用了数百块凿有小槽的石头互相黏接，从殿后一里以外的龙王井引水入寺内厨房，很是壮观。或许是没有注意，或许是早毁了吧，我们没有看到这块神奇的"油盐石"。

据说，在沩山高处界庐峰的山腰上，还有一块"牧牛石"，长宽各数丈，传为当年灵祐禅师坐禅之地。关于这块石头，还有一个传说呢——

说的是，灵祐初上沩山之时，每出外弘传佛法都得靠自己双脚爬山，出入十分艰难。有一天，灵祐从山下讲经说法回来，路过九折仑山坡时，刚过山坳便见一只花豹在追赶一只小白牛。花豹从山冈上俯冲下来时，小白牛顽强抵挡，但小白牛哪是花豹的对手，体力不支，伤痕累累，步步败逃。眼看就要成为花豹的口中之物了，"孽畜不得无理！"灵祐正好看见了这一幕，他一声断喝，挥起手中禅杖冲了过去，对花豹吼道："都是佛祖生灵，岂能如此无理！"花豹见灵祐手挥禅杖，声若洪钟，立即停止行凶，夹起尾巴逃之夭夭。

小白牛得救了。它跑到灵祐面前，后腿双双跪下，两行泪水直往外涌，礼谢灵祐救命之恩。这时，从山头上走下来一位白髯老者，虽农夫打扮，却鹤发童颜，仙风道骨。他对灵祐说："我就是这条小白牛的主人，谢谢你救了它，现在我就把它送给你吧！"灵祐道："利济众生，原是佛家本分，我若见死不救，还当什么和尚呢？如此说实不敢当！"老者道："这小白牛原本是你的坐骑，你日后乘起它更方便去弘法利生，就不要客气了吧！这也是你的缘分了。"说罢扭头就走，倏忽间不知去向。灵祐心下颇有些疑惑，看着小白牛已在山边吃草，若不将小白牛带回去，又恐花豹再来攻击，就把小白牛带回了寺院，然后关入一个石屋饲养起来。以后白天灵祐一有闲暇，便牵着小白牛上山放牧，自己就在一旁石头上打坐，冬天夜晚亲自出来给小白牛加些草料给它食用和御寒。日子一长，小白牛看着长成大牛，和灵祐的感情也日益加深。灵祐外出，本不忍心骑上白牛，但白牛跪在灵祐面前，灵祐不骑，它就不起来。就这样，白牛终于成了灵祐的坐骑。灵祐骑上白牛，上山下坡、过河涉水，安安稳稳、如驭春风，出入十分方便。

数年一日，白牛和灵祐十分投缘，配合默契，始终亲密如初。灵祐圆寂后，白牛突然不见。和尚们到石屋一看，只见石屋里面有一块白色大石头，匍匐地上，其状俨如白牛。

故事就这样一直传了下来。到了明末崇祯年间，翰林检讨、乡贤公陶汝鼐偕尚书李腾芳同游沩山，寻找密印寺大火之后的遗迹，听寺院住持讲述开山祖师灵祐和小白牛结缘的故事，大为感慨，当即捐钱数千，嘱咐住持为白牛立庙，供人祭祀，并由李腾芳亲笔题写了"白牛精舍"匾额。如今，白牛精舍仅有遗址，但九折仑上的牧牛石却完好依然。

新中国成立前，中国佛教协会会长太虚和尚曾为此石题过诗：

> 千百年前水牯牛，耕云犁月太风流。
>
> 如今骨肉臊天地，殃及儿孙更几秋。

此外这里还有祖塔、裴休墓等古迹。裴休当年在完成修建密印寺使命后不久，即在沩山去世，葬于此地附近。

密印寺是禅宗五派之一的沩仰宗发祥地，其建筑十分宏伟。坐北朝南，布局严谨，规制完整，属于典型的佛教建筑，是我国古代建筑中很重要的组成部分，布局是四合院式建筑群。整个庙宇高大巍峨，格局完整，万佛殿是其主要的建筑物，1933 年曾经重修，重檐歇山顶，高约 27 米，精美玲珑的飞檐翘角，金色的琉璃瓦，殿基和殿内外有 38 根柱，全为白色花岗岩。屋檐下有繁缛的如意斗拱装饰，使大殿既具磅礴气势，又有结构美线条美的感觉。该殿是密印寺内最著名的建筑，仿南岳大庙大殿建造，金色琉璃瓦顶，墙砖高尺余。大殿里有模制贴金佛像，共12218尊，镶嵌于四壁，备极庄严，在柔和的光线下，殿内金光闪闪，令人目眩，"万佛殿"之名即源于此，堪称海内第一。殿中有雕刻十分精美的神龛，龛上立三大尊佛像，威严、庄重。

密印寺创建一千多年来，历经朝代更迭，屡遭兵火，又多次重建。现存建筑有山门、大殿（万佛殿）、后殿、配殿、禅堂、祖堂等，环绕万佛殿有东、西配殿，斋堂，法堂，功德堂，涅槃堂，寮房等一群古建筑物。占地共9000多平方米。

密印寺山门高大雄伟，白石柱上刻有联语："法雨来衡岳，宗风启仰山。"横额题"十方密印寺"。山门外为莲池，入门为天王殿，前殿为祖堂，中殿为大雄宝殿，东、西为大小禅房、客舍，后为法堂、方丈阁、延寿堂、藏经楼，最后为"忘山阁"。前殿之左建有"心印楼"。

密印寺俗称头陀寺，创建于唐代。相传唐代著名风水大家司马头陀云游到宁乡，见沩山峰峦奇伟，林木茂密，是一福地，就上江西百丈山，告知百丈禅师。百丈禅师派灵祐到沩山开拓。灵祐来沩山禅坐七年，沩山毫无变化，便怅然下山。当他走出数里停步小憩时，忽然从山上窜出一群虎豹，阻住去路，灵祐只得转回沩山。现山上留有回心桥，相传就是灵祐当年的遗迹。灵祐禅师于唐宪宗元和末年（820）来到沩山结庐为庵，传经说法。不久，百丈禅师也到沩山，见这里林海苍茫，绝非几个僧人所能济事，就上疏朝廷，请求派人开拓。当时，正是唐代佛教昌盛时期，唐皇即命丞相裴休召各大寺庙僧众，聚集沩山，辟山开田，兴建庙宇。唐宣宗大中三年（849）经宰相裴休申奏，御赐寺额"密印禅寺"，乃立寺。"密印"源出古印度密教，"口诵真言（语密），手结契印（身密），心作观想（意密），三密相印，即可成佛"。灵祐在沩山坚持"一日不作，一日不食"，过着农禅并重的生活，晚年因裴休、李景让等人的推崇和支持，受大量土地布施，禅众日增。后灵祐禅师又传法仰山（在今江西宜春），创立了沩仰宗，遂使它闻名全国，远及东南亚和日本。据史籍记载，唐宋时，密印寺占地广阔，殿宇宏伟，僧众多达3000余人，寺田3700亩，盛极一时。传说当时寺内铸有千僧锅，可用来做1000人的饭。宋大观元年（1107），铸5048斤大钟一口，涂以黄金，置之钟楼，晨敲夕叩，声闻数里，加之寺里原藏经文5048卷，原有田租

5048 担，遂有"密印三藏"之称。

关于密印寺，历史上还流传有许多传说和故事，其中有个鲜为人知的传说，是关于"法海"的故事。

原来，裴休的二公子名叫裴文德，本来已高中状元，被皇帝点为翰林，按理说其锦绣前程就在眼前了，却不料要代病快快的皇子出家。最初出家的寺庙，就是其父所奏建的这个密印寺。不知道他当时是自愿的，还是被迫的，反正其所梦想的一切，最后竟变成了镜花水月，从此一天到晚，与古佛、青灯、木鱼、袈裟相伴了。于是，大沩山中的这个密印寺，成了裴文德僧侣生涯中的第一个驿站。现在走进密印寺，据说还可以从寺碑上简单的说明中看到这样的记载：唐宣宗大中三年（849），宰相裴休捐建密印寺。时年，皇子得恶疾，看尽天下名医均不奏效，裴休便送自己的儿子代皇子出家解皇子难，密印寺住持灵祐禅师为其赐法号为"法海"——裴文德就这样成为了让后人如雷贯耳的法海，这大概是他自己没有想到，给他取法号的灵祐禅师也没有想到的吧。后来，这个法海云游大江南北，在杭州西湖留下了与许仙和白娘子的民间故事。于是，虔诚的和尚几经蜕变，成了举世闻名的妖魔——或许这正是裴文德当年从繁华跌入枯寂后再没有锦衣裘马的生活因此而发生"变态"，在《白蛇传》里终于成为"恶魔"的原因吧。试想，如果裴文德安安心心在密印寺修行，也许天下会多一个默默无闻的高僧，少一个声名狼藉、遭人唾骂的和尚吧？如果不是出现了一条白蛇，如果不是有一座雷峰塔，如果不是鲁迅的一句"法海多管闲事"的话，也许法海会受到公正的尊重吧？总之，因为一部为女性鸣冤叫屈的《白蛇传》，将法海搭了进来，使他从此堕入了万劫不复的境地，其名声当然是一万年都难恢复了。不过，千年密印寺作为唐代胜迹，倒是因为有了这个"法海"，更具一种传奇的色彩而引人注目了。

密印寺的创建，与裴休有很大关系。裴休逝世后，因此葬于沩山。现在那里还有他的墓葬。

　　裴休墓——裴休，字公美，唐河内济源（今属河南）人，进士及第，曾以兵部侍郎进同中书门下平章事。大中十年（856）改任节度使。晚年被贬为湖南观察史（今长沙岳麓山金牛冈有其读书堂遗址），能文章，工书法。家世奉佛，裴休尤甚。节镇潭州时，捐资为灵祐禅师奏建沩山密印寺，殁后葬于寺侧清溪村端山。该墓用花岗石、青石砌成，坐西朝东，墓后有"唐故相国裴休之墓"石碑，墓门石栏有"二龙戏珠"、"双凤朝阳"等图案，墓前石柱刻有墓联："亮节高风乾坤并老，慈怀道气天地长春"。宁乡才子易祓有《裴休墓》诗咏之曰："万重云捧古人坟，花木争奇紫翠纷。神气丽天经夜月，山光映水渡秋雯。田犹荷锸耕罗汉，法有金城赖相公。掷却金鱼逢佛选，至今完璧颂元勋。"1959 年 11 月公布为省级文物保护单位，"文革"中墓石雕碑刻被毁，1982 年修复。

密印寺的寺僧直到 1940 年以后，尚有常住百多人，曾先后邀请长沙开福寺宝生和尚及全国著名法师发舫等为住持。在密印寺历代沙门中，不仅有灵祐开山祖师，而且有慧寂、法闲、真如、五峰、慧山等得道高僧和著名诗僧齐己等，共有语录、诗稿、论卷 25 种传于海内外，1937 年到 1939 年间还曾在该院开办过"沩山佛学社"，培养僧才。

该寺在历史上曾五次被毁，数度重兴。第一次是宋崇宁三年（1104）遭火焚，大观三年（1109）僧空印修复。第二次是明洪武三年（1370），寺又被火焚，僧彻堂自修大殿。后彻当法师重修万佛殿。第三次是明神宗万历四十七年（1619）再度被烧，清顺治十二年（1655）由慧山祖师修复，并扩建寒山殿、警策殿、藏经阁。第四次是 1918 年 3 月 9 日佃农张三元反对寺主逼租，怒而率众举火焚寺，1933 年由僧宝募捐重修。第五次是"文革"初期，该寺横遭洗劫。1972 年湖南省革委会将密印寺确定为省级重点文物保护单位。十一届三中全会后，占用的寺院房屋陆续退还，政府连年拨款重点修复万佛殿和山门，并作出逐年对全寺进行重建规划。至此，密印寺再度进入发展盛世。是年，日本某佛教史迹参观团一行 14 人曾来此参观。

密印寺自创建以来，历代名人或涉足或隐居沩山，如温庭筠、刘长卿、陶之采、陶汝鼐、齐己、易祓等，他们均留下有大量诗词作品。自清代以来，历代县志均对其有大量记载。例如，陶汝鼐有篇《密印寺记》，从中人们可以看到该寺当年的盛况——

盖闻宇宙之内，名山数千，最上者长菩提七叶；海印之中，释迦百亿，住世者入《宗镜》、《五灯》。故四方有圣，其事征于仲尼；惟优波乏缘，此士付诸迦叶，与金仙为梵刹，皆华藏之灵区。因宾称寺，始隶鸿胪；扫教立禅，仍存白马。则宰官为之檀护，帝后命其精蓝。隋唐之间，于斯为甚。

楚潭州大沩山，唐灵祐禅师行道处也。时使相裴相公休好浮屠法，觐承殊胜，奏建厥寺，赐额曰"密印"。金襕坐腊，供出天人，宝所扶云，官犹帝释。盖青莲掬水，从声闻而得肉山；白牸当家，以雄力而嗣心印。云中千顷，遂名罗汉之田；海内双林，共举净瓶之案。然且屡传真子，代翊皇图，中兴于宋之崇宁，增构于明之正统。迨法堂深草，珠已去而椟存；莲社或墟，冈再炎而玉尽。良由人弃梵行，火焚禅天，神庙末年，遂婴坏劫。至崇祯戊辰，有圆上座者，骑犊披榛，把茅晏坐，觇枯杏复芽之异。明年，大宗伯李公腾芳来访白牛，寻源黄木，与圆公一宿树下而去。属同游者陶子汝鼐作记，胡子懋选作庵，得前令周公瑞豹所清复官田三十余亩作常住。咸钦聚石之风，颇忆画灰之语。

嗣圆至者，五峰学禅师也，才举南京，遽还中印。时有金铜瑞像、宫绣幢幡，赍自行僧，出于大内，诸方闻者咸谓复兴。师乃亲付养拙明公嗣其法，继席十余载，尝数百人俱，顿成师子之林，大践象王之迹，以致天童遐慕，雪窦举扬。而十年之间，刀涂火涂，众苦方炽；欲界器界，六度不行。聊藉草以安禅，就钁边而说法尔。然石虬吐水，依然优钵罗华；银杏胎莲，更长栴檀香树。时节因缘，于斯肇矣。

嗣喻后起者慧山海公，抗彼前修，转不退轮全身担荷。大行黄檗之棒头，高揭溏泇之正眼者，而随众作务，不碍悲流。广阐一音，径赢山子。楗槌之筵，常围四众；昆尼所摄，岁集千徒。暝蛾不灾其界中，魔军自摧于境上。以是因缘重修胜境。

顺治乙未秋，采轮困于芙蓉，得良工于忍草。绣柱柏梁，如从海涌；郢斤输墨，即出蒲团。甘殿屹乎齐云，琳宫焕而丽日。度其高峻，视昔由旬；规此正中，亦云方广。而妙相嵯峨，丈六符于汉梦；铃音缥缈，大千眇若陶轮。则祖庭之雄刹也。

明年秋，于殿后故址建警策院，用承《记莂》，念续灵文。林间宝月，更开选佛之场；象外潘风，直冠诸天之表。由是龙藏象负，标厥《珠林》；鹿苑鸡园，总为兰若。袈裟器钵，尽菩萨之威仪；音乐华香，满天人之床座，则密邱之肯堂也。

又明年夏，建三门，于中肖关夫子像。示忠义乃正觉之因，表英雄为成佛之品。作镇名山，无烦宝带；坚持愿海，即见玉泉。则梵天之象魏也。

然世无须达，家尽黔娄，诸上人不求擅施，而坐招提；不离将作，而持梵行。用戒为甚，栋即波罗之木；因禅立壁，堵皆成镜之砖。邪许无非佛声，饮食皆同法喜，故能转移劫土，卓立化城。岁月无多，山川增概，昔所称菩萨放光，资藉长康之画；山祇捧足，神移嵩岳之林。未免有为方斯蔑矣。

县令蒋公，燕山人也。金吾世胄，玉尺仙姿；政治鸾祥，功存象教。两行雕字，实抒赞叹之忱；一片闲田，特免租庸之役。

……

承慈悲护，得遂庄严。戊戌夏，工既竣，求文逸史，勒石山庭，谨作记铭，用彰师鉴。

陶汝鼐还有一首《沩山密印寺》诗，虽然只有四句，却很有气势和情趣。诗曰——

法雨来衡岳，宗风启仰山。

什方密印寺，飞落白云间。

陶文和陶诗，都提到"仰山"，那就是仰山宗灵祐，在佛教历史上，密印寺及开山祖师灵祐禅师，都是很有名的。

灵祐（约 771—853），俗姓赵，福建省霞浦县人。15 岁出家，23 岁到江西百丈山参拜怀海禅师。唐元和二年（807），来沩山弘法。后在时任荆南节度使的裴休和山民的支持下，共置饭僧田 3700 亩。唐武宗灭佛时，灵祐曾下山裹首为民。唐宣宗大中初年开禁，灵祐再度出家，住持沩山。大中三年（849）建成密印寺，壮丽辉煌，僧众云集，名播九州。灵祐对六祖慧能传承下来的顿悟法门有许多新的发展，形成自己的风格，因而成为禅宗"一花五叶"中沩仰宗的祖师。圆寂后葬沩山之东同庆寺后院。

据说，灵祐 23 岁到江西百丈山参拜怀海禅师时，百丈一见到他，就允许他出室与黄辟同为门人。《景德传灯录》卷九中，记载有沩山灵祐的开悟经过——

有一次，沩山侍立在百丈的旁边，百丈问道："谁?"

沩山答道："灵祐!"

"你拨一拨炉中，看看有火没有?"

沩山拨了一拨，答道："无火！"

百丈亲自起来，走到炉边，深深地一拨，拨出一点火星，取出来给沩山灵祐看，然后说道："你说无，这个是……"

沩山从此发悟，礼谢百丈，并且陈述自己的所见。

百丈说道："这只是暂时的歧路，经典上说，要了悟佛性，当观时节因缘。时节到了，如迷忽悟，如忘忽忆，才知道自己本来一切具足，不是从外而获得的。所以，祖师说：悟了同未悟，无心亦无法。只是无虚妄凡圣等心，本来心法原自备足。你现在已经如此，好好地保护并把握它吧！"

第二天，沩山跟百丈入山做工，百丈问道："带火来了么？"

"带火来了！"

"在什么地方？"

沩山捡起一枝柴，吹了两下，然后交给百丈。

百丈说道："如虫御木，偶尔成文。"

传说，当年司马头陀从沩山到江西会见百丈时，百丈对他说：

"我想迁往沩山，可以吗？"

司马头陀也是参禅的人，并且精于鉴人，兼通地理，诸方创建寺院，大多听从他的意见。他就回答百丈说："沩山的形势奇绝，可以聚合到 1500 左右的禅人，但不是师父所应该住的地方。"

百丈问道："为什么？"

"师父是骨形的人，那是丰满的山形，你如果去住，门人不能满足一千之数。"

百丈又问道："我的门人之中，有没有可以住得的？"

司马头陀说道："等我一个一个地看看吧！"

百丈就叫侍者去叫第一座华林来，问司马头陀道："这人怎么样？"

头陀令他咳一声，走几步路，然后说道："这人不可以。"

百丈又令叫典座灵祐来，头陀一见，便说："这人正是沩山主！"

晚上，百丈在方丈室召见灵祐，吩咐说："我弘扬禅教大法的因缘在这里，沩山的胜境，应该是你去住，承继我们的禅教大法，广度后来的人。去吧！"

华林听说要派灵祐住持沩山，就提出意见："我是首座。祐公怎么可以去住持？"

百丈说道："如果谁能下语超出常格，就给谁去住持！"说完之后，就指着净瓶，问道："不得唤作净瓶，你唤作什么？"

华林答道："不可唤作木突！"

百丈问灵祐。灵祐一声不响地走去，踢倒净瓶，便出去了。

百丈笑着说道："第一座输给山子了！"

那时，大概是唐宪宗元和二年（807），灵祐遵百丈怀海嘱咐，从百丈山来到沩山弘法，辛苦地经营了六七年，赖安上座带同几个僧人，从百丈处来辅助，以后来的人才越来越多，风动天下。后来又在裴休和当地山民的支持下，置饭僧田3700亩。唐武宗灭佛时，灵祐曾下山裹首为民。唐宣宗大中初年开禁，灵祐再度出家，住持沩山。大中三年（849）建成密印寺，壮丽辉煌，僧众云集，名播九州。

沩山灵祐还有一个著名的"水牯牛"公案，曾经一度哄传后世，限于篇幅，这里就不多说了。

禅教在梁武帝时代，自印度东传而来，初祖是菩提达摩，他是印度禅宗第二十八祖，到中国弘法，成了初祖。再经二祖慧可，三祖僧璨，四祖道信，五祖弘忍，直到六祖慧能，终于形成中国禅学世界——这已经是中国化的佛教了。

禅宗自六祖开创以后，四传到沩山灵祐，就创建了沩仰宗，五传到临济，又创立了临济宗。这两宗，都是从南岳到马祖而百丈的系统。灵祐对六祖慧能传承下来的顿悟法门有许多新的发展，形成自己的风格，因而成为禅宗"一花五叶"中沩仰宗的祖师。灵祐大师圆寂后葬于沩山东侧。

沩山寺僧中，还有一个著名的诗僧齐己。

齐己（约860—937），五代和尚，俗姓胡，名得生，大沩山人。祖祖辈辈都是沩山同庆寺佃户。齐己自小为同庆寺牧童。小时因家贫不能上学，便趴在学堂外偷听，又经常用竹枝在牛背上写画。寺僧觉得他年轻有志，就把他收入寺院，法号齐己。从此，他更加酷好读书写诗，时人尊其为"诗僧"之首。著有《白莲集》传世，《全唐诗》收录其诗作数百首，就数量而言在《全唐诗》里名列第五。齐己还写了《风骚旨格》《新定诗格》等诗歌理论著述。齐己在沩山生活了20多年，而后云游各地，曾驻锡衡岳寺，晚年为荆州僧丘。今沩山尚有齐己庵遗址。

关于齐己的籍贯，据说目前有些争论。有说他是益阳人，也有说他是大沩山人。这个说法大概出于宋人陶岳所作《五代史补》。该书卷三中有《僧齐己》说道："僧齐己，长沙人。长沙有大沩同庆寺，僧多而地广，佃户仅（几乎）千余家。齐己则佃户胡氏之子也。七岁与诸童子为寺司牧牛，然天性颖悟，于风雅之道，日有所得，往往以竹枝画牛背为篇什。众僧奇之，且欲壮其山门，遂劝令出家。"这段记载，大概是可信的。

齐己诗风清润，语言简淡，多是些登临、唱和、酬答之作。唱和酬答的对象除一些僧人、处士、乡间秀才外，也有一些官场人物，其中交谊最笃的，恐怕要算那位袁州郎中郑谷了。他们之间，还有一段"一字师"的轶事呢。

说的是，齐己出家在同庆寺时，有一年，一场大雪过后，大沩山上一派琼妆玉琢，同庆寺覆盖在大雪之中。清晨，齐己出来赏雪，一声鸡啼，把他的注意力吸引过去。他眼前一亮，见雪地里灿灿地开出了几枝红梅，顿时诗兴大发，回到禅房，欣然提笔，写下了《早梅》一诗：

> 万木冻欲折，孤根暖独回。
> 前村深雪里，昨夜数枝开。
> 风递幽香去，禽窥素艳来。
> 明年如应律，先发映春台。

齐己对诗中的"前村深雪里，昨夜数枝开"这两句很满意，便高兴地拿着这首诗去请教诗友郑谷。那时，郑谷正做着袁州郎中。袁州即今江西宜春，仰山就在那里。恰好当时齐己有个机会去仰山，于是便去拜访当时被称为"一代风骚"的袁州郎中了。他驾着一叶扁舟，趁着阳春三月的四野青葱出发，不数日就到了袁州，见到了郑谷，将诗呈了上去。

郑谷读罢齐己的《早梅》，微微一笑道："数枝梅花开已经相当繁盛了，不足以说明'早'，不如把'数枝'改为'一枝'更贴切，更显其早了。"

听郑谷把"数"字改为"一"字，齐己叹服不已，顿时撩起法衣，倒地便拜。这就是文坛上有名的"一字师"的故事。后来，郑谷先于齐己逝世，得知郑谷去世，齐己写了一首五言律诗，纪念他的"一字师"："朝衣闲典尽，酒病觉难医。下世无遗恨，传家有大诗。新坟青嶂叠，寒食白云垂。长忆召吟夜，前年风雪时。"

作为同庆寺僧，齐己信奉的是沩仰宗。沩仰宗的主要特点就是师徒唱和，互相默契。诗才横溢的齐己，在寺院里当然是为众僧瞩目的，但作为诗人的齐己，不愿死守一山一寺。他是个云游和尚，要读万卷书，走万里路。所以，这位诗僧，大概在同庆寺也没有待上很久，从他的诗中我们可以看出，他是居住过很多寺院的，直到最后在荆州寿终。

齐己离开湖南去江西宜春时，曾写了一首题为《行次宜春寄湘西诸友》的诗："幸无名利路相迷，双履寻山上柏梯。衣钵祖辞梅岭外，音灯社别橘洲西。云中石壁青浸汉，树下苔钱绿绕溪。我爱远游群爱住，此心他约与谁携。"诗中湘西当不是今日湘西的概念，应是指湘江之西，即诗中的"橘洲西"——今岳麓山、宁乡一带。他还有几首诗，都提及别"湘西诸友"，指的大概就是岳麓山上的道林寺僧。其《谢橘洲人寄橘》诗，当然就是指的橘子洲了：

> 洞庭栽种似潇湘，绿绕人家带夕阳。
> 霜衰露蒸千树熟，浪围风撼一洲香。
> 洪岩遗后名何远，陆绩怀来事更长。
> 藏贮待供宾客好，石榴宜称映丹光。

齐己在沩山生活了20多年，后云游各地，曾驻锡衡岳寺，晚年为荆州僧正，今沩山尚有齐己庵遗址。作为诗僧，齐己有《白莲集》、《霁雪集》传世。《全唐诗》中收录其诗作十卷数百首，就数量而言，在《全唐诗》里仅次于李白、杜甫、白居易、元稹而位居第五。别说是湘楚大地，就是中华大地上，有几个这样的诗僧呢？作为土生土长的宁乡人，齐己在《辞海》上还占有一则词条，这更是全国诗僧第一。由是而观，齐己真正是宁乡古代文化名人中的第一人了。

跟密印寺有关的名人中，人们更忘不了伟人毛泽东。1917年，毛泽东、萧子升、萧蔚然徒步"游学"，进行农村社会问题考察时，曾经到过密印寺，并且在寺里住宿了两晚，还与方丈讲论经义，与当时密印寺住持虚云大师长谈，因此顿悟"救国救民在于找到大本大源，而大本大源在于工农大众"。他曾翻阅了寺院中的佛经和《老子》《庄子》等书。1956年，他回湖南视察时，曾在火车站接见了当时的宁乡县委书记张鹤亭，曾郑重地嘱咐说：

"沩山是个好地方，有个密印寺，一定要好好保护。"

走进密印寺，往寺后上山瞻仰观音大士的山坡边，人们一眼便可以读到毛泽东的这段话。

站在刻写着毛泽东这段话的山坡前，我们一次又一次地默读着，反反复复地思考着伟人半个世纪以前关于"要好好保护"的嘱咐……

突然间，不知为什么，我们对于宗教，特别是对于佛教的认识，顿时进入到一个新的境界——当然，这是后话了。

6. 黄材之谜

- 尘封土掩，历史涛声在漫漶中回荡，偶然展示奇观
- 云遮雾障，庐山面目于隐约间闪烁，赫然启迪人生

在湖南的历史上，宁乡不仅是一片热土，而且还是一片神秘的土地。

在这块不到三千平方公里的土地上，由于岁月的尘封土掩，历史的帷幕从一开始便被深深地封闭着。由于文字和纸张发明之晚，远古先人开辟草莱、迁徙奔波和建设家园的奇功伟业，也是自原初时代便被岁月的风雨销蚀着，时空的流转又总是以"功利"和"追求"的欲望，不断地加固和加速着历史的凝固，因此而不知埋藏了多少神秘历史的奇观——

先人的足迹，他们的奋斗，他们的劳作，他们的争战，他们的创造，连同他们辛劳的汗水、辛酸的或欢乐的泪水，乃至争战的热血，都被岁月掩埋和揩抹了，也被滔滔东流的沩水卷走和冲刷而去了。

也许有一天，当科学的发展可以从"一叶"而知"秋"，

当考古的不断发掘，终于可以从"文物"中"认祖归宗"，

当寻觅旧踪的探头，终于可以从众多的"青铜器"里"正本溯源"，

当人类智慧的眼光，终于像"佛眼"一样，可以上下窥视大千世界的堂奥时，

宁乡，或许可以向我们揭示和报告出让后人惊心动魄的奇迹，因此而不断地改写和刷新着远古的历史。这并非是我们在这里想入非非，痴人说梦，而是有所根据的。

这种根据，就是宁乡一系列令人瞠目的考古发现。

宁乡的考古发现，最早是在 1938 年——

这一年的 4 月里，宁乡县月山铺（今月山乡龙泉村）一位名叫姜景舒的农民在山上挖土种红薯时，一锄头挖出了四羊方尊。尊作方形，高 58.3 厘米，重 34 公斤，颜色漆黑光亮，四肩饰浮雕蟠龙，肩腹饰四羊，羊角弯曲，

耳斜竖，尊体造型奇特生动。尊身集多种纹饰，层次、线条分明，整体纹饰繁复细腻，巧妙精致，有强烈的立体感，系用普通分块陶范法分铸而成，反映出当时高超的铸造工艺。现珍藏于中国历史博物馆，为国内绝无仅有的珍品，成为该馆的镇馆之宝，多次在国外展出。

20世纪50年代后，又陆续地发现了一系列的青铜器。例如——

1955年——于黄材寨子山出土了兽面纹铜垒。

1958年——黄材镇炭河里乡一个叫新屋湾的小地方，一位农民在刨地时发现了一件奇怪的事：土里居然有件青铜做的人面鼎。挖出来后，他把这件器物连同家里的一堆废铁卖给了废品收购站。当时，正处于全国大炼钢铁的年代，这件器物很快被当做废旧金属制品分类集中到了废铜仓库，差一点就扔进了熔炉。幸运的是，这件器物的一块残片被湖南省博物馆派驻到废铜仓库拣选文物的工作人员发现了。于是，他们跟踪追击，找到了十多块，经初步拼对与研究，发现只缺一条腿与底部。隔了两年，残缺的一条腿也找到了。这件曾经命悬一线的器物，就是全国唯一以人面纹为饰的鼎——大禾方鼎。这种方鼎约成于商代晚期，通高38.5厘米，口长29.8厘米，宽23.7厘米。颜色碧绿，器身略呈矩形，两耳直立，四足柱状，足上部有兽面纹，器身外表四周饰半浮雕的人面。人面周围有云雷纹，人面的额部两侧有角、下巴两侧有爪。据专家介绍，因鼎腹内壁铸"大禾"两字铭文，因此该鼎就被称为"大禾方鼎"。在商、周时期，青铜器以兽面纹作主题纹饰较为常见，而这种人面纹饰则特别稀有珍贵，此鼎以四个相同的人面纹装饰器体的主要部位，更加奇特。从艺术价值上看，此鼎运用反复、对称的装饰手法，布局严密，写实与抽象纹饰结合。四组相同的纹饰集于一身，不仅强化了装饰主题，而且给人视觉上以强烈的冲击，达到特定的装饰效果。然而，鼎腹内为何刻"大禾"铭文？人面图像又有何图腾象征？半个多世纪以来，考古界对此一直众说纷纭。现在，它就静静地躺在湖南省博物馆的展厅里，等待着人们去揭示其所隐藏的几千年前的神秘。

1962年——黄材人民公社栗山大队张家坳出土了兽面纹分档鼎。

1963年——有一次洪水过后，当地村民在黄材河与段溪河交汇处的河滩上，发现了一件青铜提梁卣。

1970年5月——黄材炭河里出土了兽面提梁卣，卣身青灰色，通高25.9厘米，内贮玉珠，现存1172颗，上述诸件均收藏于湖南省博物馆。

1975年3月——五里堆人民公社坝塘大队藏家生产队出土了西周晚期青

铜器铜编钟。

1976 年——分别于回龙铺人民公社洋泉河附近和黄材人民公社葛藤大队木梆子山出土了铜提梁卣和铜瓹。此外，还有巨型青铜火铙、鹗卣、戈卣、饕餮纹瓿等，均属罕见的稀世珍宝。

1983 年 6 月——月山人民公社龙泉大队茶园生产队挖掘出土了商代大铜铙，在宁乡一次出土近 20 件，最大的重 221.5 公斤，高达 1.03 米，最轻的也有十多公斤，是我国目前出土的商周时期最大铜铙。据武汉音乐学院教授测试，每个铜铙有现代音阶 1～3 声，组合起来，能演奏现代音乐。铜铙比湖北出土的曾侯乙编钟早 1000 余年，其年代之久远，数量之多，器物之精美，令人叹为观止，惊动了文物、考古界。上述诸件珍品均收藏于长沙市博物馆。

1993 年——出土有一套编铙，共九件，五音俱全，长沙市博物馆已编成歌舞诗剧《大铙颂》，公开演奏，效果很好。它的年代比湖北随州出土的战国时期的编钟约早一千年，可能是世界现存最早的成套乐器了。

宁乡县文物管理所库藏的出土文物中，尚有新石器时代的石斧、石镞、石箭、石镰等 51 件，殷商青铜器 130 件中，先秦两汉时期的戟、戈、矛、斧等 67 件，隋唐时期的铜海马、葡萄镜，明清时期的陶瓷器物和古铜币 806 件，其他文物 824 件。其中尤以西周时代的青铜器最为引人注目。

近几年的考古发掘，又陆续发现了一些意想不到的城址遗迹，多为新石器时代、商周时代、春秋战国时代——

浮公岭遗址——在今双江口镇草溪村境内。主要遗物有励石、石斧和陶器残片，器形无法辨认，灰陶、红陶为主，少量为黑陶。泥质有粗泥、细泥、夹砂三类。纹饰有绳纹、凹玄纹，为商代早期遗址，面积约 3 万平方米，文化层 10～80 厘米，保护状况良好，为县级文物保护单位。

景德遗址——在今青山桥乡景德村月形山。地形为一小盆地，总面积为 20 万平方米，文化层约 580 厘米。采集出土的陶片有夹砂红陶、夹砂灰陶、黑陶、泥质黑皮红陶、细泥红陶、印纹硬件陶等。器形难于辨认，仅见圆锥鼎足、敛口折唇器、大口缸，纹饰以方格纹、绳纹、篮纹为主，其次为弦纹和锥刺纹。为新石器时期遗址，现定为县级文物保护单位。

横市遗址——在今横市乡向阳村境内，东西长约 150 米，南北宽约 100 米，文化层约 1 米。采集的陶片为夹砂红胎陶片，器形有鼎、壶、鬲等。石器有石斧、石磷、石刀等。为商代遗址。

宁乡出土的商周时期的青铜器，其数量之多、器形之美、花纹之精，在我国南方居于首位。其中特别是"人面纹方鼎"，系有玉质感翠绿色青铜器，四方形，立耳，深腹，柱足，四面皆以人面孔为纹样，在商周器物中尚属孤例。对于"大禾方鼎"，有关青铜器研究专家认为，"大禾"或许与禾侯国有关，在殷墟甲骨文中，就有"上丝禾侯"的词句，这句话的意思是上丝这个人会见禾侯。大禾方鼎出现在宁乡县表明这儿曾是商周一个诸侯方国。至于人面纹饰，有专家认为很可能就是禾国信仰的神明或统治者形象，从纹饰宽圆的脸庞，弯如新月的眉毛，丰厚而无胡须的嘴唇，可以推断其为女性。把女人塑成神明，学术界一般认为与女权有关。也许，当时大禾方国就是女权的天下，其统治者就是一个女人，关于她的一切往事早已无凭可考，唯一留下的，便是这件精美绝伦的青铜重器。

　　总之，一个四羊方尊，震惊了世界；一个人面方鼎，揭开了尘封几千年的古代方国的面纱。300多件商周时期神奇的青铜器似乎在向后人述说着宁乡炭河里曾经有过的辉煌。那么，在3000多年前炭河里那张表情生动的"脸"上，到底发生了什么？宁乡自古不产铜，这里也不曾有过炼铜的记载，这些青铜器又是从哪里来的呢？

　　自从1938年黄材月山转耳仑出土四羊方尊后，"黄材青铜器群"就开始被提出，并且进行研究。50年代以来，又有一系列商周青铜重器在宁乡绵延不绝出土，震惊了国内外，布下了"宁乡青铜器之谜"——这个"谜"一直困扰着世人。1963年5月，沩水流域大水过后，村民姜某在黄材河与段溪河交汇处河滩发现一件商代青铜提梁卣，并上交湖南省博物馆。7月，湖南省博物馆前往当地调查发现该遗址，并认为遗址年代为商周时期。1973年，湖南省博物馆有关专家等对遗址进行了小规模发掘，面积约20平方米，确认遗址年代为商末至西周早期。1994年夏，省市县有关单位对炭河里遗址进行了重新调查，为日后进行的科学发掘奠定了基础；2001年，省文物考古研究所对炭河里遗址进行试掘，发现这里有大型土台建筑遗迹，同时，在胜溪村新屋组调查发现西周遗址并进行发掘，清理出西周晚期以前的大型壕沟一条；2003年冬至2004年4月，省市县有关单位开始对炭河里遗址进行大规模发掘，发现和清理了西周时期墓葬7座；2006年5月25日国务院发布文件公布炭河里遗址为全国重点文物保护单位；2009年5月9日，灰黄公路施工从炭河里保护范围经过，致使炭河里遗址遭到严重破坏，后在各方要求下，对道路进行了改线，但调整后的线路仍经过炭河里遗址的建设控制地带；2009 年 7～10 月，湖南省考古所对灰黄公路两侧进行了调查，并在通过遗址的线路上分三处进行了抢救性发掘。三个发掘区中，两个为 400 平方米，一个为 200 平方米，共 1000 平方米，各相距数百米。在一个发掘坑内，两件残破的陶制釜形鼎静静地躺在那里。釜形鼎是 3000 年前西周时期人们用来煮饭的生活用具。此处是个灰坑，也就是当时的垃圾堆。在灰坑的旁边，还有当时人们居住的房屋的基脚，可见此地在西周时期就是人们的生活居住区。在距此处不远的一个发掘区，发现了唐代水渠遗迹。古人们用木棍插成两排木桩，再用木板隔成水槽，形成水渠。在发掘现场，一块木板还比较完整，用木棍插成的两排木桩也非常清晰。据专家介绍说，这个水渠使用了很多年，最晚使用的时间为唐代，说明当地最迟在唐代就是重要的农业生产区了。同一地点遗留的玉璧碗底，也证明了这个年代推断。在另一个发掘点，则发现了宋代堆积层。专家介绍，此堆积层下，应该有更早时期的遗迹，可以由此推断黄材盆地的地质变迁。由于时间紧张，还来不及继续发掘。三个发掘点的发掘证明，炭河里西周方国都城遗址与黄材河南岸的平原同为炭河里遗址，可能是平民居住区的"河边上遗址"和"大树堆遗址"两个规模较大的聚落，具体面积尚待进一步发掘考证。

据此，终于初步确定了"炭河里遗址"的区位与遗迹本体，也初步摸清了其所在位置的环境现状。

炭河里遗址位于宁乡县黄材镇栗山村沩河组、炭河组、新屋组境内，地处湘江支流——沩水上游黄材盆地的西部（沩水发源于雪峰山东北麓海拔 700 余米的沩山。其上游正源为黄材河，当地俗称"炭河"），现存主要部分为黄材河北岸与段溪河交汇处的扇形地带，城墙西南和东北两端分别靠近两条河的河岸，城内保存面积约 23000 平方米，为原有城址的西北部一部分。城外新发现保护面积为 21 万平方米，建设控制地带达 40 多万平方米。早在 1963 年便被确认为西周遗址，是独立于西周王朝之外的地方方国，因人面方鼎镌有"大禾"二字，经考古证实，这里曾有 700 多平方米的宫室，故有学者推测此处曾为一个名叫"大禾"的西南方国。2001 到 2005 年，经国家文物局批准，湖南省文物组织又进行了几次主动性考古发掘。通过考古勘探发掘，发现了西周大型宫殿遗址 6 座（已发掘清理 4 座），出土了商周时期近 400 件青铜器及大量的陶器、玉器和贵族墓葬。该遗址距今为 3000 年，是一处独立于西周王朝之外的地方方国都城所在地。遗址本体面积达到 2.3 万平方米。通过考古发掘，证明炭河里遗址，是目前全国发现的为数不多的西周城址，是南中国青铜文化中心之一。由此找到了破译"宁乡青铜器"之谜的钥匙，是湖南由原始社会向奴隶社会及国家社会初期形成过渡的重要界标。炭河里遗址的科考成果和考古文化，产生了唯一商周时期的文化——炭河里文化，奠定了一个新的考古平台，具有极高的历史文化价值。因此被评为2004年中国十大考古新发现之一，并被国务院公布为全国重点文物保护单位。

遗址隶属黄材镇粟山村的炭河、沩河、新屋三个村民组，西距宁乡县城65公里，东距黄材镇政府3公里，南接黄材镇胜溪、葛藤村，西临黄材水库2公里。遗址所处的黄材盆地地势平坦，土壤肥沃，具有良好的农业生产环境，炭河里遗址正处在黄材河、段溪、胜溪三条小河交汇处的北岸。黄材河、段溪河是破坏遗址历史环境的最主要原因，这两条河流不断移动，导致大部分城址被破坏，现存面积只有原城址的七分之一。1969年洪水前，黄材河的破坏较为严重，1969年洪水后，沿河筑堤，河道的移动有所控制，现段溪河的破坏较黄材河更为严重。这里属河流一级阶地，现为农田，主要种植水稻和棉花，城墙残段被作为菜地使用，周围山上为常绿阔叶林带。遗址周围未建任何工业企业，环境优美。

黄材古名黄木、黄才，在县城西44公里沩水河畔。唐司马头陀有记，"潇才江曰客民广集"。传说，这个司马头陀当年去沩山时，路过黄材，见沩江尽飘黄木，遂口占一绝云："黄木古矶头，香泉日流注。闻禅悟吾生，水作中流柱。"后来这个镇上有条老街，就取名为"黄木街"，东起于灵宫庙（现清洋山一组地），西至胡财源（客栈，现社区居委会五联组地），一条麻石和鹅卵石铺成的街道长约一华里，宽约1.5米，东西各设城门牌楼（俗称榨子门）。东牌楼在慈善堂（现国土所），西牌楼在天主堂西侧（现芦花泉厂），东牌楼上住有更夫，负责开关城门和打更事宜。东西城门内，至1956年有字号商家56户及居民100多户。东西在外称下边街和上边街，共有旅店14家，钢铁店7家，米行2家和泥木工人、箩脚夫（码头工人）、农民等100余户，全镇商店昼夜营业，迎来送往，秩序井然。1956年之前还有这条老街。

据明崇祯年间《长沙府志》所载：黄材市，旧名黄才、黄木，古代有宁乡通往安化的驿道，明清时代设有公馆。历为区乡镇机关驻地，曾置大沩镇。新中国成立后一度置黄材镇，1958年改黄材公社，1983年复置黄材镇。现有黄材大桥连接沩水东西岸，镇西有黄材水库、黄材林场。1949年春，湘中游击队在黄材、唐市同时起义，史称黄唐起义。

这是黄材河中段一个不大的山间盆地——黄材盆地，略呈椭圆形，东西长，南北窄，面积数百万平方米，盆地中央为冲积平原，地势平坦，海拔约115米，周围被相对高度200米以上的高山环抱。段溪、胜溪、蒿溪等几条小河分别从北、南、西三面冲出山口，在盆地西部汇入黄材河，遗址正处在黄材河、段溪、胜溪三条小河交汇处的北岸，属河流一级阶地。著名的"四羊方尊"就出土于黄材。新中国成立后，在镇西2公里寨子、栗山等地出土宝钟、九乳钟等西周文物。特别是1959年修建黄材水库以来，在盆地周围台地、低山和河滩等处陆续出土的商周青铜器近300件，是湖南境内出土商周青铜器最密集的地区。1973年在镇西3公里炭河里发现古文化遗址。该遗址始建于3000多年前的西周时期，复建于隋末唐初，重修于南宋，扩建于明朝成化年间，兴盛于清代乾隆年间。因历史久远而具有重大的考古价值，被评为2004年全国十大考古发现之一。

一直以来，商代文化的中心在河南一带，一般认为商朝文化是不过长江的。虽然湘江流域有不少地方也出土过商周青铜器，但宁乡位于长江以南，境内却有大量珍贵的青铜器出土，而且分布极为密集，从铜器本身的规格、等级和艺术价值来看，也是首屈一指的。因此，学术界往往将宁乡青铜器作为湘江流域出土商周铜器的典型代表，称之为"宁乡铜器群"，宁乡县也在国内外赢得了"南中国青铜文化中心"的美誉，从此击破了"青铜文化不过长江"之说。为什么这里会出土这么多罕见的精美青铜器？它的主人是谁？是外来种族还是本地人……这一连串的问号，交集成一个个难以解开的谜团，始终在困扰着人们，因而成为中国史学界的一个还没有解开的谜。学者专家们沿着"宁乡青铜器"——"黄材之谜"——"炭河里遗址"这条线索，企图找到解开谜团的一把钥匙。

近年来，史学界主要提出以下三种解释，即：商朝人从中原带来说、商朝人在本地铸造说和商朝时期其他民族在本地铸造说。随着讨论的深入，越来越多的意见是倾向于"外来民族"说。对此，也有几种不同的观点。

第一种观点认为，是外来民族带来了罕见的青铜文化。有学者认为，正是外地先进文化与本地土著结合，才形成了今天看到的炭河里曾经灿烂的文化。据分析说，商代晚期甚至西周时期湖南土著文化并不具备铸造四羊方尊等精美重器的技术条件，而宁乡、长沙等周边地区没有发现古铜矿遗址，也没有丰富的铜矿资源，这些青铜器很可能来自于外面。由于当时战乱不休，原住中原的江汉地区的政治集团或方国商人中的一支部落因受到强大的周王朝势力压迫，便携带象征国家政权的青铜器，在其首领的率领下，与部分被灭国南逃的商朝遗民一起南下，沿洞庭湖东岸进入湘江流域，来到了宁乡，与当地土著民族融合交流，创造了独特的青铜文化。他们在南下途中可能遭到了地方力量的抵抗，湖北崇阳、湖南平江、长沙浏阳等地出土的大量青铜器，应该有一部分是他们沿途被劫或主动弃埋的。为了生存，他们不得不入乡随俗，改变原来的生活习俗，与宁乡本地土著民族密切结合，在这里修造城池、建筑宫殿，也铸造青铜器，从而创造了独具特色的"炭河里文化"。

第二种观点认为，是三苗方国先民创造了灿烂的青铜文明。有的学者则根据有关考古发掘资料、青铜器的发现以及历史文献记载，并结合当地民俗、地名变迁，就黄材炭河里古文化，提出了与"外来民族带来说"不同的看法。他们说，黄材一带与我国古代传说中的蚩尤有关，进一步说，黄材很可能就是蚩尤和蚩尤部落的发祥地。蚩尤部落向北方扩张并在江汉平原形成九黎部落联盟，后进入中原，与黄帝部落联盟在今河北涿鹿展开了原始社会末期规模空前的部落大战——"涿鹿大战"。最后九黎部落联盟被打败，余部退回到江汉平原，演变成了新的部族集团——三苗。原始社会末期，大禹对三苗进行了大规模的征讨，三苗受到重创，其势力退出了长江以北。三苗夏商时期地域东至赣鄱平原，西至资水下游，南至湘水下游与赣水中下游，北至长江。最晚于商末周初，三苗部落联盟变成了三苗方国，其都邑就在宁乡黄材炭河里——2001 年至 2005 年对炭河里考古发掘，推测炭河里城址始建于商末周初。明代成书的《名义考》云："三苗建国在长沙，而所治则江南荆扬也。"有学者论证说，古梅山峒区域是上古蚩尤部族的世居地之一。"黄材井冲有一个'九牯洞'，据考古发现，在这里有七千年前的人类活动的踪迹。相传蚩尤有八十一个兄弟，其中第九个兄弟曾在此洞内生活过，因蚩尤兄弟均是牛首人身，故其叫'九牯洞'。"还有的学者进一步据历史地名分析指出，黄材镇曾经有个青羊村，这是一个姓氏，为炎帝后裔的一支，青羊一族应该是在炎黄之战后，为避战来到黄材并建立了一个方国。据有的专家通过研究，铜在古代是战略物资。中国古代有三大铜都。一是北方的中条山铜都；二是以湖北大冶、江西瑞昌为中心的荆州铜都；三是以南陵大工山、铜陵凤凰山为中心的扬州铜都。在这三大铜都中，北方的中条山铜都比较贫乏，而主要的产铜区还是在长江以南，其中荆州铜都就在三苗范围内。据考古发掘，荆州铜都从商代开始开采，扬州铜都到西周时期才开采。所以，三苗有足够的理由铸造青铜器并通过贸易的方式不断地向北方的商王朝提供所需的铜。"炭河里出土的青铜器形制独特、纹饰别样、冶铸精致，具有鲜明的地方特点，完全有理由说，是三苗方国先民创造了灿烂的青铜文明。"

持这种观点的学者根据近年来湖南许多考古发现的资料，特别是湘西里耶出土的秦代竹简有关内容，进一步分析说，西周晚期，三苗方国解体。这个时期，楚国势力到达湘西北地区。湘西北地区即洞庭湖西部、澧水流域和沅水下游地区，隔江与楚郢都相望。直到春秋晚期，楚国才完全征服湘西北，在这个基础上，设置了黔中郡。

据考古发掘，在益阳发现400多座楚墓，其年代上限为春秋中期，表明楚国于春秋中期开始控制了资水下游。但自此以后楚国势力在洞庭湖西并没有继续向南推进，楚人进入长沙地区大约是春秋晚期。而在炭河里古城外西周墓葬发掘区发现了春秋时期的"越人墓"。所以，长沙地区在秦代以前的历史脉络大致如下：炎黄时期，蚩尤九黎；尧舜禹时期和夏代，三苗部落；商代和西周时期，三苗方国；战国时期为楚国，唯独春秋时期是空白。考古专家研究发现，春秋时期长沙地区存在一个新型的政治实体，即虎方。历史学家也从甲骨文中考证出商代有一个方国叫虎方，是一个以虎为图腾崇拜的氏族。原本在淮水上游南岸的虎方被商王朝征伐，被迫越过长江后，沿赣水而上，征服了居住在新干牛头城的当地土著人。商周之际，虎方攻破了三苗东部军事重镇——吴城，占领了原属三苗的当今江西的赣鄱平原。西周晚期，三苗方国解体后，虎方完全占领了三苗地域，进入了长沙地区。我国目前发现春秋铁器最多的地方是长沙地区，当时当地应有成熟的冶铁业。现在一般认为是楚国创造了铁器文明，但迄今为止，楚地还没有发现先秦时期的冶铁遗址，"如果长沙地区春秋铁器出自黄材一带符合史实，那此地冶铁术的发明者当属于虎方"。春秋中期，渐渐强大的楚国分西、中、东三路南下扩张。西路从洞庭湖西部向虎方渗透，控制了资水下游；中路从洞庭湖东部进入了今湖南岳阳和汨罗一带；东路南下占领了长江以南的鄂东南以及赣鄱平原。虎方被迫将都邑迁到了黄材一带（包含横市）。春秋晚期，虎方被楚国所灭亡。2002年，龙山里耶出土的秦简中有"洞庭"与"苍梧"两郡名。而在此前，今人还不知道中国历史上曾经出现过一个"洞庭郡"。专家认为，楚国灭亡虎方后，于战国初期建立了洞庭郡，其郡治就在黄材一带。据《史记·苏秦列传》中，苏秦云楚"西有黔中、巫郡，东有夏州、海阳，南有洞庭、苍梧，北有陉塞、郇阳"。黄材一带即战国秦汉文献中赫赫有名的"青阳"。黄材过去就叫"青羊镇"，现在黄材镇还有一个青羊村（古时"羊"与"阳"相通）。史书记载，宁乡有一座古"青羊山"，又称"青阳山"，距离四羊方尊出土地不到一公里，比沩山还高。还有的专家根据里耶秦简考证说，湘西在秦代应属洞庭郡地。秦灭楚后，楚洞庭郡就落入了秦的版图。秦始皇将黔中郡（早被秦占领）与原楚洞庭郡合并，以黄材一带为郡治，设立新的秦洞庭郡。炭河里古城运用至西周晚期就废弃了，而春秋时期虎方方国至秦代的洞庭郡共计500多年，一直以当今黄材一带为中心。据此，黄材一带至少还有一处古城遗址尚未被发现。

对此也有不同的观点反驳说，据考证，宁乡在夏代属古三苗之地。但三苗在商代就不存在了，湖南地区在楚国势力进入前是"蛮荒之地"。然而，为什么却在炭河里及其周边出土了那么多的商周青铜器呢？经考古发掘证明，炭河里是一处西周时期的地方国的古城址。由于历史变迁，到汉高祖五年（公元前202年）封吴芮为长沙王，西汉长沙国的都邑在当今长沙，从此，长沙才逐渐取代了黄材成为湖南地区的政治中心。2000多年的岁月，掩饰了黄材的辉煌，也淹没了黄材的历史。然而，如果我们有一天，拨开历史的浮云，就会发现，黄材作为长江中游尤其是湖南在汉代以前的政治、经济、文化中心，其影响之广、历史之久，是绝无仅有的。因此有学者大胆推测说，黄材是长江中游汉代以前的文化中心。

各种争论当然还在继续着。无论如何，有一点是无可否认的：炭河里遗址的发现颠覆了"湖南是蛮荒之地"的观点，同时也清楚地勾画了湖南尤其是长沙地区从夏商周到秦代的历史，长时期以来，史学界所一直坚定的，关于"湖南是没有经过奴隶社会直接过渡到封建社会"的传统观点，看来要被新的历史事实所否定了。当然，定论还有待于继续考古论证。

炭河里遗址的重大价值，吸引了美国、日本、法国、澳大利亚、中国社会科学院、故宫博物院、上海博物馆、北京大学、清华大学、湖南大学等国内外专家学者的高度关注。2004年炭河里遗址考古发掘被评为全国十大考古新发现，2006年炭河里遗址由国务院公布为第六批全国重点文物保护单位。

2011年炭河里遗址保护工程建设项目已被列入国家和湖南省"十二五"发展规划，一项重点推进的大遗址保护项目——总投资约30亿元的炭河里国家考古遗址公园，已经开始投入建设，其内容包括遗址本体保护展示馆、湖南青铜文化博物馆、商周文化演示馆、远古文明体验区等项目。在公园外围，建设青铜文化城，包括商周文化创意园，省内旅游文化、工艺、美术、古玩、珠宝等产品展示和销售中心，具有特色的乌木林展示馆及乌木家具产品生产基地、湖南民俗、农耕文化馆、美食村、农家特色旅游等项目。宁乡县人民政府下发了有关文件，划定了保护范围和建设控制地带，并以炭河里遗址进入国家大遗址保护和国家考古遗址公园建设为契机，全面启动炭河里遗址保护发展的黄材集镇建设，把保护、发展文化遗产与促进县域经济发展结合起来，打造国内外知名的文化和旅游品牌，使炭河里遗址这一珍贵的文化遗产成为促进经济发展的新亮点，将黄材镇建设成为商周古镇、商贸重镇、国内外知名的旅游目的地。

我们站在黄材大桥上，一边倾听着炭河里遗址保护区负责人的介绍，一边鸟瞰遗址周围的山岭，对于这片神秘的黄材盆地，大家都情不自禁地感慨万千。

炭河里遗址出土器物主要有铜器、玉器、陶器三类，现大部分藏于省博物馆、省考古所、长沙市博物馆，中国历史博物馆也有少量收藏，也还有部分流失海外。无论是从历史的，还是科学的，还是艺术的，抑或是社会学的角度上看，都具有无与伦比的价值。

20世纪30年代以来，炭河里遗址区内出土的大量青铜器，是精美的艺术品。这些器物无论在造型设计的奇巧，装饰风格的华丽，还是铸造工艺的精湛和体型的硕大气派诸方面均较商周王朝腹心地区出土的青铜器丝毫也不逊色，让人赞叹不已。我国古代筑城艺术的典范——炭河里遗址现存城墙平面形状呈圆弧形，根据城墙的弧度对城址进行复原，城址呈圆形，这样的西周城市格局在国内绝无仅有，是我国古代筑城艺术的典范。先人们的这些创造，反映了中国古代文明的灿烂，其艺术价值是无与伦比的，既是我们后人珍藏的精品，更是我们学习的典范。

炭河里遗址作为南方青铜文化中心之一，已为国内外大多数学者所承认，在主张中国古代文明多元起源的学术气氛中，炭河里遗址的地位日益重要。炭河里遗址是我国南方发现的唯一一座西周遗址。就目前所见，南方地区商周古城发现有湖北盘龙城，江西吴城、牛头城和三星堆等数座，还没有发现西周时期的城址，炭河里当为首次发现。炭河里遗址是我国南方发现的最重要的商周文化遗址。考古发掘证明，炭河里遗址不仅有西周时期的城墙、城壕、大型建筑基址和贵族墓葬，还出土大量的珍贵文物，这些都表明这里是一个商周时期区域文化的中心聚落，并可能是西周时期独立于西周王朝之外的某个地方国的都城所在地。炭河里遗址对湖南地方史、地方青铜文明和早期国家社会形成等的研究具有非常重要的意义。从文化面貌来看，炭河里文化为西周时期独立于西周王朝之外的地方国青铜文化，该文化虽然以地方因素居主导地位，但与商也有一定渊源关系。炭河里文化的确立，填补了湖南西周时期考古学文化的缺环，对湖南地方史、地方青铜文化和早期国家社会的形成等问题的研究有非常重要的意义。

炭河里城址的选址，很有科学性。首先在于其"因天时，就地利"，充分考虑了政治、军事、经济、环境等多方面的因素，具有较高的科学性。炭河里城址在选址上南临黄材河，东临段溪河，西临胜溪河，北靠寨子山、栗山，具关河之险，有利于军事上的攻守。炭河里城址所处的黄材盆地，土地肥沃，水源充沛，适于农业经济的发展，良好的自然条件为这里的经济繁荣奠定了重要的环境基础，同时也成就了炭河里高度民主繁荣的青铜文明。炭河里遗址发现了三条壕沟，城内一条，城外两条。城内早期壕沟是现存城墙修建之前炭河里遗址的外围环境，是城墙未修建之前的防御性壕沟。城内晚期壕沟和城外侧壕沟的形成与城墙修建取土有关，炭河里城墙修建采取了两边取土的方式，不仅解决了城墙修建的取土问题，而且解决了城外护城壕的城内外排水的问题，一举多得。炭河里遗址对于研究南方地区商周时期古城有重大价值——炭河里城址与以往发现城址的重要区别是城内也有壕沟，这固然与该地区地质、水文等自然条件有关，也为古代城址建造及结构、布局特征的研究提供了一种新的类型，对南方地区早期国家文明和中国古代城市的研究有重要意义。炭河里宫殿修建的程序、用材、布局、规模等也有自身的特征，对研究南方地区古代建筑发展史也有非常重要的价值。炭河里遗址为"宁乡铜器群"性质的解决创造了前所未有的条件——炭河里遗址和城外西周贵族墓葬的发现，不仅将"宁乡铜器群"与一个特定的考古学文化联系起来，而且为相关研究提供了大量素材，为备受学术界关注的"宁乡铜器群"性质问题之重大课题的解决创造了前所未有的条件，炭河里城址及以其为代表的考古学文化的确立无疑为宁乡铜器群的研究建立了坚实的平台，必将推动宁乡铜器群研究进入新的阶段。炭河里遗址曾获"20世纪中国100项考古大发现"提名，"20世纪中国100项考古大发现"是通过专家视角权威眼光，来看待中国百年来最具华夏文明符号意义的100个中国考古大发现，获得"20世纪中国100项考古大发现"的提名，充分说明了炭河里遗址的科学研究价值。

对于我们后人来说，炭河里遗址无疑是进行爱国主义教育的重要基地。

炭河里遗址是我国南方具有代表性和典型性的历史文化遗产之一，这不仅在湖南文明发展史上具有不可替代的地位，而且在中华文明史上也具有极为重要的地位，它代表了中华文明在传播过程中辉煌的一页，是一部活生生的历史教科书，对它的保护和利用，可以促进人们对历史的了解，增强中华民族的自尊心和民族凝聚力，对当代社会主义和谐社会和精神文明的建设产生了十分重要的社会影响。炭河里遗址是有待开发的旅游观光地。宁乡县旅游资源丰富，旅游业发展迅速，其中位于炭河里遗址西北部的沩山被定为长沙市重点开发的三大名山之一，西部的黄材水库是全国三大土坝水利工程之一，也是旅游的热点地区。炭河里遗址靠近沩山和黄材水库，且在它们和县城之间，具有和其连成一线的可能，如果进行合理有效的旅游开发，必将产生较高的旅游经济效益。炭河里遗址的保护与利用，可以促进当地的经济发展。在整体保护的基础上，对炭河里遗址进行展示，不仅可以发挥其社会教育功能，而且可以使其成为当地旅游发展中的新的亮点，从而带动与旅游相关的其他产业的发展。

文化遗产是我们民族悠久历史的见证，是民族智慧的结晶、民族精神的象征，是民族生命力和创造力的重要体现。保护好、传承好，利用好、发展好这些文化遗产，具有十分重要的意义。令人兴奋的是，宁乡人民正为此而努力谋划和工作着：

——通过山水交融和古今交融，突出炭河里文化内涵，展现古城遗韵，使其成为特色鲜明、国际知名的大遗址公园；

——在保护好遗址的基础上，将遗址打造成一个文化熏陶、科普教育、旅游度假、休闲娱乐的5A级风景名胜区；

——填补宁乡县旅游资源片区结构的空白点，使炭河里大遗址成为宁乡县新兴的旅游景点，同时提升沩山风景区的文化品位；

——带动炭河里周边产业的繁荣，尤其是黄材镇及周边区域产业的发展，成为宁乡县社会经济发展的新的增长点；

……

"不管是本地人创造了炭河里的青铜器文明，还是外地人带来了炭河里的青铜器文明，古人留给我们后人的文化震撼，都远远超过了对于地域的争论。也许，古人的在天之灵，正在警示我们：抛开地域的界限，抛却传统历史的偏见，保护、建设和利用好眼前这片悠久灿烂的历史文化宝地，才是最为关键的。这正是我们今天的事业。"

离开黄材镇时，遗址保护区负责人的这段话，一直在我们的耳边回响……

7. 沩山遥望

· 登山视原，觉天高地宽，胸中恩怨是非俱谢
· 临海观涛，悟波诡云谲，眼底物我得失两忘

宁乡古代著名的文人中，陶汝鼐不愧有"楚陶三绝"之誉。他的诗文确实写得非同一般。前一节我们曾经引过他描写密印寺的诗文，这里，且让我们再欣赏他的《游沩山记》吧——

衡岳之下，山之大者以数十，而沩最著。其山水之源出于岷峨，居然嶙峋天半也。山去邑郊才百五十里，以其荒久而远，游屐不到。然心企之，未尝一日忘此游。

大宗伯湘潭李公腾芳欲揽沩山之胜，今秋八月，慨然来游。骖御简略，馆于香山寺，召鼐及胡子懋选从。越一日，即戒装往公，选健隶舁篮舆负橐，予二人跨蹇驴，出郊，直西行。轻阴凉籁，甚与游宜。行三十里，为回龙铺，小石桥亭憩而茗。午抵玉潭铺，少息，俟仆夫饭。公曰："驿耳。曷为名玉堂？"胡子曰："昔南宋时殿元易公祓，家在沩源，此其出入之路，曾建玉堂坊于此，后因以名其驿"云。又三十里，入五龙寺。僧朴甚，然不寒，乞能办青刍白饭。计抵沩道里适中，遂宿焉。旦起，四山明窗，游兴益惬，行益早。至长桥，田中获者初集，桥畔一穹碑肖然。公下舆，拂碑观之，是宋南轩张公过此桥之诗刻于石，有"徘徊念今昔，领略到渔樵"之句。公顾予二人曰："昔魏公父子尽瘁国事，愿死葬衡湘间，今读其诗，尤令人慨然起敬。"相与徘徊，久之而后去。一路望沩峦，郁苍天表，篮舆、驴背上，人心目总在千岩万壑之上。由是循沩江行至黄材，崇甍巨闳，与数百户村廛相错，嚣然有市气。然岩苍霭白，已逼落游人襟袖，若未始与市遇也。

逾数里，经得胜寨，危峰拔地突起道旁。前代士人尝据绝顶筑

710

垣，避兵于其上，因以寨名。山径由此入。李公曰："此沩山最初门户，宜有是以捍之。"自此皆悬壁绝渠，径险仄，舁者兢兢，率步过险处，萦回渡大小溪，乃入鄢家湾。平畴修曲，农世其阡，意乃坦然，夹涧林木，且蓊蔚。境幽人淳，鸡犬桑麻，如一小桃花源。若卜隐结茅，可以投老。涧流清彻，多见游鳞白石。土人指涧上三里许，且有洞壑岩壁之胜。李公欲谒灵祐祖师塔，土人导而前，迤至塔所，草深一丈，巢鸟飞翔，久乃定。周视山水，峰合而泉流，高篁古松，荡摩云际，是大沩门户上第一殊胜之地。寻同庆寺遗址，仅瓦砾在翳荟间，一二老僧缚茅居之。

日未晡，视梢下别有民居。公曰："可还就之宿。"养步陟巘，遂以诘朝升梢岭，悬磴盘旋，约六七里。半舆半步，行两岩中，俯瞰山洼，小畦如掌大，人家如帱。更逾黄土仑，远不过百余步，而峭甚如梢岭。既降，平衍可十数丈，一溪绕西出梁，以砖曰回心桥，谓是祖祐回心还山处。隔溪，一峰独秀，桥边人指是端山，云裴公墓在其下，因立吊望之。逾是，上下小坡几数里，路稍坦，壁上渐多樵径，隐疏柯短树间。俄峙两山如阙，阙内顿开，平畴如游广陌。独插汉一峰卓出千幛，乍接之悚然，此所谓毗卢峰。峰下密印寺荒址在焉。予与胡子纵驴，先寻田家敞洁者作炊。既就，李公与后人亦至。甫之入，公叫"快"，曰："四十里绝巘之上，忽开此平野奇观哉！"有顷，饭罢。相率过寺基，周览良久，数草间巨础，存者尚数百。想见当时规模壮侈之慨。旧殿址上新支一草庐，聚三四百人僧而农者。询圆禅师所在，排闼通名，旋具蔬茗浃谈，徐导视镜池、油盐石诸迹，与所传甚殊异。祐祖昔植银杏树在西偏，大数十围，久枯，著叶可荫七八亩，察其木润甚，似将复荣者。去树数十笏，上石龙椸，在林薄间，潊潊注流泉如故。此外遗迹，多湮不复问。

李公数仰伫毗卢峰，憾榛莽久封，不可以陟徙，倚树石间，呼同游者藉草坐，顾东西列幛如卫，对面诸峰如觐。拊掌曰："吾颇解相择此毗庐一峰。百里外蜿蜒而至，特立云中，尊如万乘，千峦围绕之，如臣如仆，群壑且汇流于前，形家所谓法王地也。试观其贡形呈象，应现历然。如禅衣岭，不俨挂僧伽黎乎？天人石，不俨献宝供乎？象卫峰，不俨示法门雄力乎？其他义龙、神木之迹，且

711

不必惊其常也。吾见海内名山多矣，未有若此山之奄罗宏博、厚载不匮者。"

是夕，仍聚一处。明日，往寻香严岩。岩距密印寺南五里。沿溪深入，两岩夹畦，半道即闻瀑声。至岩处，石壁直立，草树蒙茸。度岩之虚邃处，可坐十数人，香严祖师静室其遗址隐然。瀑布自高峰下，如挂晶帘，倾流到渊，作大朵昙花散落，是谓优钵泉。然溅雪飞霆，声撼林谷，断人语笔。是时方清秋，泉瀑之气寒若严冬，不可久对。公连呼返。

至三塔寺遗址，前望西南诸峰绵邈，曰沩山峦岫，多严重不妖，具有道气，其形表类然。还至寓，与圆师别。师径往寺，予二人随公取道九折岭下官山，一谒魏公祠而归。予幸从公，得抒游沩之愿也，是为记。

作者以其轻松谐熟的笔墨，像画山水画一样，详略分明地描写了他们一行游览沩山的所见所闻所感，使我们对沩山的面貌——那山，那水，那瀑，那树，那岩，那壑，那寺……都有了一个身临其境的认知。虽然，其间某些名胜古迹，现在是看不到了，但沩山之险、之峻、之奇、之美、之幽，却是历历如在眼前。正如清代另一位宁乡举人周在武《大沩凌云》诗中所描写的那样——

大沩十万丈，上与浮云齐。
山势长不改，云飞东复西。
云去山有风，云来山有雨。
风雨无定期，云情竟如许。

大沩就是沩山。按《明胜志》上解释说："四方皆水，故曰大沩。"于是有人以为，沩山之所以叫沩山，是因为该山盆地原有一个小石山，居一水田包围之中，故称沩山；还有人说，沩山原本就是围山，就是包围的意思，是后来逐步演变，写作了沩山的。

此外，还有另一说。这一说认为，沩是由妫（guī）演变而来的，因为早先的沩也是读作 guī 的，即是《康熙字典》上的注音，也作"居为切"。于是就有了民间传说舜的幼女下嫁沩山而使此地得名的故事。

舜晚年依旧坚持到南方各地去巡视。最后一次出巡南方时，死在了苍梧（九嶷山）。他的两个爱妃娥皇、女英还有舜的一个掌上明珠——小女儿妫一起，去南方寻找舜帝。传说舜帝有好几十个子女，妫是谁的女儿，难以考证。妫来南方寻父后，很快就与娥皇、女英分了手，独自一人四处寻觅。妫走着走着，看见一座秀美的大山，田间往来的人们也怡然自乐，这就是现在的沩山了。妫看到一位年轻汉子，长得很是英俊，就与这位汉子私订了终身，在这山上结婚生子了。也就是因为妫的下嫁，这座山就叫做了妫山。由于当时的文化还不发达，教育也不普及，山民们只知道读妫，并不知道这妫字如何写法，口口相传了一个时期，后来就有误把"妫"字写成了"沩"，从此，以讹传讹，一个错写的"沩"字反倒约定俗成了。

沩山耸立于宁乡西北，东与祖塔乡连壤，南和巷子口镇毗邻，西跟安化县交界，北同黄材镇相接，方圆几十公里，包括原宁乡沩山区、黄材镇的十多个山乡，拥有山地面积达 48000 亩，群山翠绿，树木茂盛，主要树种有竹、樟、杉、桂及灌木等，野生动物特别多。在四周海拔 800 米左右的崇山中，隐藏着一块 2 平方公里海拔 500 米的平川，这就是沩山乡，自古以来就有长沙的"柴达木"之称。沩山民风淳朴，至今有"路不拾遗"之良好风俗。

沩山自唐以后即名传四海。这主要是因为有个密印寺，还有个诗僧齐己及其故居——齐己庵。密印寺之闻名，一是因为裴休，二是因为开山祖师灵祐禅师及其法体之塔——祖塔。现还发现有"十三洞"（千佛溶洞）等溶洞。新中国成立后因为修建了可蓄水 1 亿多立方米的黄材水库，更给沩山增添了一道美丽的景观。湖光与山色交辉，自然景观和人文景观荟萃。炎夏气温比长沙低 5 摄氏度，年平均气温为 12 摄氏度。因为地处宁乡、安化、桃江三县交界处，接近安化暴雨中心，常年云雾腾绕，气势磅礴。旧传有"沩山十景"，"大沩凌云"即其一。

1917 年，青年毛泽东游学宁乡时，不仅慕名拜访了密印寺，与住持深谈两天三晚，而且徒步登沩山，俯览过沩山风景。所以，1956 年在长沙火车站接见当时的宁乡县委书记张鹤亭时，曾赞美说："沩山是个好地方。"

伟人的赞美和古人优美的诗文，像磁石一样，长时间地吸引着我们的心。

爱山、崇山、畏山、敬山、登山、游山——这是人皆有之的一种共同心理，古今中外，概莫能外。但是，世界上恐怕没有哪个民族的人，能像我们中国人这样，对于山充满了说不完道不尽的迷情。古人留下的浩如烟海的诗文和画中，就有关于山的大量名言、丽句和佳作，咏山绘山因此成为中国文化奇葩——诗、词、画中的一绝，并且开创了中国绘画史上举世无双的"山水国画"，又因此而形成了中国独特的"山文化"，成为中国传统文化中最具精气神也最有中国文化特色的血脉。直到今天，仍然长久不衰地滋润、哺育和陶冶着一代一代的中国人。所以，我们在游山中所看到的，就不仅是攀登，是敬畏，是热爱，也不仅是欣赏自然，是浪漫休闲，是体魄锻炼，更直白地说，那是一种高品位的文化活动和精神盛会，是人生中终生必修的功课——其内容当然有自然学，有文艺学，有历史学，有哲学，也有科学，甚至还有政治学、经济学和法学……

在中国数以千计的名山中，沩山虽然比不过"五岳"，它诚然没有泰山之雄，没有华山之险，没有黄山之奇，没有衡山之幽，也没有峨眉之秀，但是，正如宁乡人说的：沩山也有其令世人刮目相看的"六彩"——是天下任何名山都无法比拟的。

这"六彩"是——

绿，金，褐，青，碧，红。

沿着这"六色"铺垫的山路，在七月里的一天，我们一行终于登上了久仰的沩山。

正如古人所说："中华大地，无山不美，无水不秀。"置身于沩山中，满目青山翠林，浓荫匝地，山岚缥缈，葱茏幽谧，令人赏心悦目，登山的疲倦顿时消释，全身腾涌起一股与大自然亲近的快感。待站到沩山高处一个山口上时，真有一种"千山万山朝沩山，人在沩山不见山"的感觉，阵阵清风扑面而来，风里带着山里特有的草香、松香和花香，耳畔不时传来山鸟歌唱般的啁啾，想起那"鸟鸣山更幽"的名句。回头东望，阡陌纵横，展现于眼前的仿佛是幅水彩画。举目远眺，一个大写的"绿"字，兀自跳将出来——

绿是生命的本原，是沩山的自然面貌，也是宁乡的本色。沩山有奇峰、怪石、悬崖、峡谷、溶洞、古道、雨雾、祥云、寺庙、民居、集市、茶林、田园，最让人瞩目的，是一眼望不到边的绿树和满山遍岭的绿色植被，还有飞瀑、清泉、溪流、异水……组合为一幅绿色的画图。宁乡人告诉我们，上沩山有三条路——沿着祖塔、月山、巷子口至九折仑，在这三条不同的登山线路上，更是画在身边过，人在画中游。月山之路，是沩山最险峻秀美的一段风光。齐己的《听泉》中"落石几万仞，远声飘冷空"，"只有照壁月，更无吹叶风"，写的便是这里。这里有三福门巨石迎客，三张天然的山门分段相接，形成三个坡度，突出三段景象。怪岩嶙峋，伏势竞上。三门之上，百叶坡峡谷陡峭，乱石如流，激浪成花，是沩山漂流的最佳处，沿东向山坡，分为四脉溪流，奇险峻美，各有特色，是都市年轻人探险涉奇的好地方。三福门以东10公里，有著名的千佛洞。这是喀斯特地貌所形成的天然大溶洞，经地下河划桨入洞，如临仙境，洞内钟乳石遍布，笋林柱峰一应俱全，造型惟妙惟肖，形象栩栩如生，变幻莫测。千佛洞传说从前居住有千名神仙，共有十三个溶洞，依次相连，纵深数十公里，现只开发到第七个溶洞。这段路景观之绝美，一是三福门、百叶坡、千佛洞的鬼斧神工，二是千手千眼观音、万佛殿的巧夺天工，让人称绝。沩山最雄迈的一段风光，是在巷子口至九折仑。从古镇巷子口出发，向九曲回肠的九折仑跋涉，最后登上毗庐峰顶，是易被笔下"沩山在望"的垂直路径，也正是宁乡母亲河沩水的发源处，自古以来称作"沩源里"。选择这条路径，踏上茶马古道，途经献宝台、龙王塘、深坝坑、芦花水、狮子岩、镜子石等胜迹，直插九折仑，登临毗庐峰，一路上树木葱茏，遮天蔽日，林中鸟语阵阵，使人有远离尘嚣、绝世独立之感。再往上走，山花烂漫，满地芳菲，涧水潺潺……这是唐宋元明清出入沩山的唯一茶马古道，现在倒因人迹罕至而成就了其无言的静谧和温馨。九折仑上回头复望四周，林中松篁交翠，空中云雾烟笼，四面山河齐收眼底，更觉沩山巍然卓尔。从祖塔进沩山的线路，虽平实却又独成秀美。驾驭清风，翻越青峰，穿过山塘溪流，可达沩山腹地，远远地可见高耸入云的千手观音。

"沩山好，水库说黄材"——这是老一辈革命家谢觉哉吟咏家乡的诗句。这是"宁乡绿"的又一胜地。

黄材属古驿道上的青羊湖，黄材水库因此又称青羊湖，距县城40多公里，是沩山中壮阔优美、明净澄澈、秀甲一方的高峡平湖，宛如一面晶莹的宝镜，镶嵌在素有长沙"柴达木"之称的沩山之南，于寨子山和桂榜山处拦腰截断，是沩水上游和中游的分界线。水库以灌溉为主，兼有发电、防洪、养殖等综合效益，灌溉宁乡、望城、益阳三地的29个乡镇42万多亩农田，是一座以工补农灌溉为主，防洪、发电为辅，兼水产养殖、城乡供水等综合利用的大型水库。

这座绿色的人工湖，始建于1958年，是全国著名的三大土坝工程之一，和北京的十三陵水库齐名。大坝建设期间，中国人民解放军上将甘泗淇及夫人李贞将军，农业部长廖鲁言，"延安五老"中的谢觉哉和徐特立，原湖南省委书记周小舟等亲自到工地指导并参加劳动，原国家主席刘少奇及夫人王光美也于 1964 年 5 月 9 日回宁乡时曾到水库工地视察，慰问建设者，并参加建坝劳动，给广大干部、民工极大鼓舞。主坝高 61 米多，坝顶长 36 米多，大坝横跨寨子山、烈马山，真是"高峡出平湖"。四周青山环抱，奇峰耸秀，湖面烟波浩渺、鸟飞鱼跃。临堤远眺，只见青山倒映，碧波千顷，湖天一色；栋栋红楼掩映在绿树丛中，交织为一幅宁静的美景。入夜，华灯初放，平湖映月，如镜里藏娇，仿佛是一个神话的梦境。天晴时，蓝天白云，湖光山色，构成"秋水共长天一色，落霞与孤鹜齐飞"的佳境；下雨时，云遮雾绕，则烟雨朦胧，有幸荡舟于湖中，更有"青水碧于天，画船听雨眠"的胜景。特别是尾部的茅坪村一带，依山傍水，风景秀丽，当地称为长江小三峡。从入口到尽头，约有 5 公里长的水路，两旁奇峰突兀，风景秀丽，景随船移，美不胜收，被誉为"水乡十里回廊"。

不啻如此，在黄材水库的周边，还有着深厚的多色文化底蕴。其一是以密印寺为代表的金色即宗教文化；其二是以炭河里为中心的青色即青铜文化，其三是以易袯为代表的褐色即历史文化。这三种色彩悠久而驰名的文化，于今正耀目地闪烁在"宁乡绿"的山水之间。

黄材水库的上方，有一代诗僧齐己和唐宰相裴休墓，如果是驾舟游湖，船至沩水南北二源之水交汇处的黄材水库中心，往西可至同庆寺旧址，参观灵祐禅师的肉身殿——祖塔墓塔，沩山主峰毗庐峰中，千手观音像屹立，峰下就是千年古刹密印寺。原先大雄宝殿背门上悬挂着的"万佛殿"的匾额，据说系一代枭雄蒋介石亲笔书写。他少年时代随母信佛，在抗日战争时期、华夏烽火正炽时，把他祈求保佑的目光也曾交付给沩山。可行"正义"的菩萨并没有保祐他。晚唐著名诗人温庭筠，宋大理学家朱熹，晚清名臣曾国藩和陶澍，近代文化名人王闿运、杨度、李叔同（弘一法师）等，都曾流连至此，留下有耐人寻味的传奇。金色文化的厚重积累，使密印寺成为南方名刹，曾与杭州灵隐寺齐名。20 世纪 80 年代初，密印寺被列为湖南省重点文物保护单位后，日本、东南亚、港澳台和内地佛教界人士纷至沓来，时任中国佛教协会会长赵朴初、台湾著名佛学家星云大师等纷纷题匾留念。现今悬挂寺门的"密印禅寺"金漆寺匾和"万佛殿"匾，就是赵朴初先生的手笔。近年来，当地政府对文化遗产的保护与开发力度进一步加大，沿着万佛殿和千手千眼观音的中轴线，已实施密印禅寺改扩建工程，建成了主拜道、主拜场以及吉祥、如意、莲升、平安四个佛文化广场。其中拜道融合自然山势，呈菩提树状，为国内外独创。主拜道向上，分为五条大道，寓意为菩提树

716

"一花开五叶"和中国禅宗分沩仰、临济、曹洞、云门、法眼五家。在此基础上，沩山进一步规划开发的万佛灵山主题文化公园更加令人神往。由此，普度众生的佛教，化外之民的僧侣，将与现代尘世生活相契合，在沩山构建其文化传承载体——金色的密印寺、千手千眼观音、文化公园和佛文化节。

驾舟游湖，船抵官山，舍船登岸，至官步桥，可凭吊南宋抗金名相张浚及湖湘文化的杰出代表、宋代理学家张南轩墓。在宋金对峙、宋处于下风的特殊形势下，张浚把职守所在地湖南视为其第二故乡，谢世前交代儿子"吾不能恢复中原以雪祖宗之耻，死不当归葬先人墓左"，死后父子俩因此双双长眠在沩山的龙塘地区，使这一带被后世称为"官山"。

但是，宁乡褐色文化的乡土代表，首先还是易祓，其次是陶汝鼐、王文清等文化名人。

易祓——这位曾官至礼部尚书的宁乡才子，也是当时对金主战的重要官员，因韩侂胄事件拖累，几度宦海沉浮，贬谪辗转多地，晚年回归故里沩山巷子口，朝廷赐爵"宁乡开国男"。他曾师从张栻，并与朱熹相识，是当时重要的经学家和理学家，其作品《周官总义》在学术史上与王安石所著《周官新义》齐名，被《四库全书》收录，其文化成就也被当代《湖南通史》专项记载。易祓的个人魅力还是他晚年回归沩山。恰如苏东坡在庐山留下了"不识庐山真面目"的智慧诘问，回归沩山的易祓，也曾有这样的理性追问："山外如何便识山，白云出岫鸟知还。更看面目知端的，却在先生几杖间。"易祓终年85岁。宁乡古镇巷子口有易祓墓，当地人称"尚书坟"，高36级台阶，12尊石牛石马立于两侧，与裴休墓、张浚墓、张栻墓并称为"沩山四大古墓"，均被列为湖南省重点文物保护单位。在宁乡的历史文化中，这里还值得一提的是，易祓夫人肖氏也是当时有魅力的文学家。夫妇俩诗词一唱一和，被《全宋词》留存。早年，易祓成为状元在京城杭州做官后，留在沩山老家的肖氏曾写给夫君一首《一剪梅》："染泪修书寄彦章，贪却前廊，忘却回廊。功名成就不还乡，石做心肠，铁做心肠。红日三竿未理妆，虚度韶光，瘦损容光。相思何日得成双，羞对鸳鸯，懒绣鸳鸯。"易祓则回给妻子一首《喜迁莺》："帝城春昼。见杏脸桃腮，胭脂微透。一霎儿晴，一霎儿雨，正是摧花时候。淡烟细柳如画，雅称踏青携手。怎知道，那人独倚阑干消瘦。别后。音讯断，应是泪珠，滴遍香罗袖。记得年时，瞻瓶儿畔，曾把牡丹同嗅。故乡山遥路远，怎得新欢如旧。强消遣，把闲愁推入，花前杯酒。"这种精巧的唱和，在《全宋词》乃至整个中国文学史上，并不多见，沩山却默默地见证了宋词中这朵奇葩的绽放。

黄材水库大坝下面最大的集镇——黄材镇的炭河里一带，是中国南方青铜器出土最多的地方，是商周时期南中国青铜文化的又一个中心所在地，是国务院授牌保护的国家级文明遗址区。以闻名世界的"四羊方尊"为代表的宁乡"青色"即青铜文化，以其青铜饕餮所展示的狞厉美，宣告了文明宁乡曾经有过的古文化重量，报告了先民曾经驻足沩水之滨的历史履痕。这种"青色"，不仅把沩山，把黄材，更把宁乡厚重悠远的历史底蕴，推进到中国通史的第一时阶，使这片曾经水火交融的土地，终于涌动起寻根文化的民族血脉。

"六彩宁乡"中，还有碧色——那就是以灰汤为代表的温泉文化。这种碧色文化，是大自然的恩赐，它以其养生保健治疗的功能，给宁乡带来了科学发展的天然商机和滚滚奔流的财富。科学有序地开发它，充分综合地利用它，将使宁乡锦上添花。

当然，宁乡最骄傲最有魅力也最持久的色彩中，还是"红色"。这就是以刘少奇故乡花明楼炭子冲和"宁乡四髯"故居及革命烈士何南薰等革命志士故居为代表的革命历史文化，即通常所说的"红色文化"。红日高照，红星闪闪，红旗飘飘，红歌嘹亮，热血沸腾的宁乡前辈，从1840年鸦片战争以来的百年奋斗中，用他们的血肉之躯和赤诚的心，所谱写的这种"红色文化"，早已化入中华民族的时代洪流，早已成为中华民族薪火相传的血脉，它是永存并且永续的，是随着时代进步和社会发展而不断丰富与壮大的。这是中华民族的共同财富，是真正的"中国红"。

绿，金，褐，青，碧，红——宁乡的这"六色"，现在，在改革开放的背景下，正以它独特而神奇的自然风情与文化生态，书写着湖湘经济社会和文化发展中最精彩的一笔，那就是综合性旅游业。宁乡的朋友告诉我们：

宁乡绿中，最美的是一山，一水，一湖。

水，就是沩水；湖就是青羊湖即黄材水库。特别是后者，它关系着宁乡、望城、益阳三地几十万亩农田的灌溉和库区数十万人民的生活安全，中央、省、市、县各级领导非常关心和重视。一道集防洪、保安、观光于一体的绿色屏障，将平稳地在峡湖中屹立。同时，黄材水库作为整个沩山风景点的核心和重点所在，要规划建设好景点的各个旅游项目，这对于整个沩山风景区的旅游发展具有举足轻重的地位和作用。现正紧锣密鼓地开展黄材水库旅游开发工作，将把它建设成为一处春可游山、夏能避暑游泳、秋可观景、冬能避寒的生态旅游点，使之成为带动沩山风景旅游区发展的重点和龙头。

　　山，就是沩山。2007 年已被省人民政府公布为省级风景名胜区。要加紧建设成为一个集礼佛、度假、休闲、探险于一体的综合旅游景区：拥有以千年古刹密印禅寺为核心的佛教文化区，以青羊湖为中心的青羊湖水上区，以黄材炭河里西周古城遗址为中心的青铜文化区，以黄材千佛洞为中心的千佛洞景区等四大核心景区。目前，山上初建有沩山度假山庄，距长沙 89 公里，距千年古刹沩仰宗的祖庭密印寺仅百米之遥，坐落于世界第一千手千眼观音佛像的莲花座畔，占地 80 多亩，是集住宿、餐饮、娱乐、休闲度假于一体的大型高档酒店。在这里，可赏参天古木、灵山秀水，可闻潺潺溪水、鸟语花香，可悟禅心佛意，涤荡心胸，可品沩山贡茶、田家风味。要进一步使建筑与自然环境和谐融成一体，宾客与绿水亲密合而为一，可远离喧嚣纷扰，亲近大自然，让人的心灵感受一种净化，灵魂得到一种升华。

　　过去，只是孤立地局限于灰汤小镇，眼光狭小于"温泉"，也曾一度囿于红色文化，还曾畏缩于金色文化与褐色文化，甚至也只注目于青色文化，局限在炭河里那个"遗址"上。现在则要把眼光放大放远，将灰汤与宁乡的其他名胜古迹，如密印寺、千佛溶洞、四羊方尊、刘少奇故里，还有以黄材水库为中心的沩山风景区，乃至炭河里遗址等五大旅游景点整合起来，成为集"养生之奇，万佛之奇，造化之奇，国宝之奇，伟人之奇"的"五大奇"旅游品牌，同时充分整合本地资源，将历史文化与财贸文化融入新的大旅游业中，从而，不仅使沩山的山水更加秀美，沩山的豆腐更加鲜美，沩山的毛尖更加甘美，沩山的擂茶更加香美，沩山的人民也更加俊美，让整个宁乡成为湘中大地上一颗无愧于前人也无愧于后人的璀璨的明珠。

　　这时，从新闻媒体中传来一条新闻说——

　　　　沩山、炎帝陵、凤凰、白水洞 4 个湖南省级景区名胜已原则通过国家住建部组织的部级联席会议审查，这意味着湖南国家级风景名胜区在现有 16 个的基础上有望再添 4 个。

　　　　湖南正在加快构建世界遗产和风景名胜区体系，引导湖南由风景名胜区资源大省向资源强省转变。目前湖南省拥有风景名胜区 55 处，其中世界自然遗产 2 个、国家级风景名胜区 16 个，拥有"国"字号风景名胜区的数量排名全国第三。据湖南省住建厅世界遗产与世界风景名胜区管理办公室负责人介绍，沩山、炎帝陵、凤凰、白水洞（新邵境内）等 4 个省级风景名胜区正在申报国家级风景名胜区……

　　站在沩山上，望着眼前的绿野平畴，想起这片以"沩山是个好地方"、如此鲜艳夺目的"六色"装扮起来的宁乡大地，我们真为宁乡的明天，感到自豪，感到欣慰，也感到兴奋。

第八章 | 天人合一

前面，我们用了七章的篇幅，记述了我们对长沙一次"走马观花"式的游览，接触的多是长沙的历史文化。大家可能会问：在现代化建设的今天，长沙有些什么样的变化和新动作呢？

在最后一章，谈谈我们的感受和体会。为此，且让我们从"宜居城市"谈起吧。

1996 年，联合国第二次人居大会提出了城市应当是适宜居住的人类居住地的概念。此概念一提出，就在国际社会形成了广泛的共识，成为 21 世纪新的城市观。2005 年，国务院批复的《北京城市总体规划》中，首次出现了"宜居城市"的概念。中国城市竞争力研究会连续多年发布了中国十大宜居城市排行榜。在 2009 年的排行榜中，长沙被排在第 6 位，其前五位分别是：青岛、苏州、泰州、厦门、宁波。但此后的几次排行中，长沙则不再榜上有名了。这次排榜，仿佛给了长沙一次"甜头"，刺激长沙从此铆足了劲，向着这个"宜居城市"的目标和方向努力奋进。

这倒是件好事。人是为理想而活着的，一座城市亦何尝不如是?! 城市建设也同人一样，如果没有理想，没有目标，没有方向，这样的城市建设会走向哪里，倒是令人忧心的。何况我们大家就生活工作在这里，谁能不关心呢?!

"宜居城市"是个好概念，也是个很有吸引力的目标。那么，"宜居"之"宜"的标准和内容是什么呢？

依据中华人民共和国建设部批准立项的《宜居城市科学评价指标体系研究》中提出的标准，所谓"宜居城市"，是指那些社会文明度、经济富裕度、环境优美度、资源承载度、生活便宜度、公共安全度较高，城市综合宜居指数在 80 以上且没有否定条件的城市。如果低于这个标准，也就是说，城市综合宜居指数在 60 以上 80 以下的城市，则称为"较宜居城市"；城市综合宜居指数在 60 以下的城市，为"宜居预警城市"。原来，宜居城市指的是经济、社会、文化、环境协调发展，人居环境良好，能够满足居民物质和精神生活需求，适宜人类工作、生活和居住的城市。也有一种意见说，宜居城市有广义和狭义之分。广义的宜居城市是一个全方位的概念，强调城市在经济、社会、文化、环境等各个方面都能协调发展，人们在此工作、生活和居住都感到满意，并愿意长期继续居住下去；狭义的宜居城市指的是气候条件宜人、生态景观和谐、适宜人们居住的城市，在实践中，有的城市还把生态环境建设放在宜居城市建设的首要位置，突出园林绿化的作用。还有一种意见说，宜居城市有宏观、中观、微观三个层面的含义。从宏观层面来看，宜居城市应该具备良好的城市大环境，包括自然生态环境、社会人文环境、人工建筑设施环境在内，是一个复杂的巨系统；从中观层面来看，宜居城市应该具备规划设计合理、生活设施齐备、环境优美、和谐亲切的社区环境；从微观层面来看，宜居城市应该具备单体建筑内部良好的居室环境，包括居住面积适宜、房屋结构合理、卫生设施先进，以及良好的通风、采光、隔音等功效等。

总之，随着经济和文明社会的不断发展，人们对于与人居环境相关问题的关注角度、深度、广度包括对城市的环境、资源、生态、安全等内容，都在不断地丰富和发展着，"宜居城市"的概念因此进入人们的视野，成为全社会关注的热点，终于使我们的城市建设有了一个长远的目标和奋斗的方向。这些年来，长沙的城市建设，无论是棚户改造，或是拓城融城，或是开辟新的领域和项目，都朝着这个目标和方向，倒是令人释然的。因为，一个走向现代化的城市，一个正在融入国际社会的城市，不仅是一个地方，更是一种姿态，一种心理，一种精神——像人一样，人是要有点精神的，现代化的城市更应当有现代高度文明的精神。因为——

选择一座城市，就是投奔一种生活。

规划一座城市，就是设计一种生活。

建设一座城市，就是创建一种文明。

这是社会主义的新文明、新生活、新时尚、新格局、新精神。它不是跟风的，不是趋时的，不是短暂的，不是复古的，也不是欧化的，而是中国特色的——既有不断发展的物质文明，也有不断提高的精神文明两个方面的内容。

1. 再造长沙

- 借东风扬新帆，鹏程万里，脚踏实地，再奔东海去
- 迎时雨植绿林，功德千秋，高擎旗帜，又向星沙来

据媒体报道，长沙市的"十二五"发展战略中，有项重要任务是：着力打造"千年古城，人文长沙"的城市品牌，力争将长沙建设成为具有历史文化特色的"国际文化名城"。

这是一项"再造长沙"的系统工程。这一工程的实施，将使长沙这座著名的历史文化名城更上一层楼，成为新的湖湘明珠。那将不仅会使现在的山水洲城增添异彩，还将使长沙成为南中国更美更亮丽的山水城市，成为真正魅力四射的国际旅游文化名城。

由于历史的原因，长沙城的规划和建设一直处于落后状态。新中国成立后的几十年时间里，城市规划虽然数易其稿，但成绩还不能令人满意，同其他许多城市一样，城市建设始终面临着水、电、路、房四大基本矛盾的困扰，在相当长的时间内受到"先经济后环境"、"先建设后治理"的思想束缚，在规划和建设中，片面追求直接经济效益和短期效益的现象时有发生，资源闲置浪费现象严重，空间布局杂乱无章，功能低俗、品格粗浅，既缺乏湖湘文化的品位，又失落现代文化活力的支撑，建设短视，布局滞后，既失权威，又丧持久。尤为刺眼的，是那些随处可见的违规行为和现象，成为城市健康发展的最大障碍，加上粗放型低层次的管理，直接导致了城市的脏、乱、差。"一江两岸、山水洲城"的特色，在湘当长的时间里，没有得到充分的展现，理当美丽的城市，处处老气横秋，一年四季土头灰脸的，哪里有亮丽的明珠风采？比起大连、青岛、珠海的整洁，杭州、苏州、厦门、昆明的秀美，哈尔滨、沈阳、长春、成都、西安、南京的大气，长沙成了一个没有特色的城市，不仅不能与上述城市比，也不能与广东、江浙等沿海地区某些城市相比，甚至也远远落后于同是内地、同是高山大湖环境的江西、安徽等地的某些城市。改革开放的时代，给长沙带来了发展建设的历史性机遇。经过多年努力，古城长沙新貌渐显，终于初登 2009 年全国"宜居城市"榜，不久又被评为"文明城市"。虽然如此，长沙的建设依然远远赶不上时代的

步伐和社会发展的需要，若不奋起努力，将有落伍的危险——那将不仅有愧于后人，也有愧于古人。经过多年的反思，历经多方的比较与调研，"再造长沙"的宏图规划，终于破格而出了。

世界上有许多令人神往的国际大都市。它们各有自己不同的经济领域和城市特色，无论以何业为主的都市，都有其各自不同的风格和气派。只要一提起这些城市的名称，人们虽然没有去旅游过，却都能说出它们的特色、风格与气派，因而心向往之。

驰名世界的城市，并不是一蹴而就的。不论其为商业城市、工业城市、铁路城市、金融城市、旅游城市，还是名曰水城、汽车城、石油城、钢铁城、机械加工城、橡胶城、大学城、电影城、国际港口城，抑或称为宗教圣地、人间天堂，等等，那都是人类文明发展到一定重要历史阶段的时代产物和地方标志，是那里人用双手建造起来的，既不是神仙的恩赐，更不是"大跃进"的产物。驰名城市的出现，更是文明发展到一定程度和阶段的划时代的巨大飞跃，因而成为一个国家，一个地区的政治、经济、文化的中心，成为那里物质财富与精神财富最为集中之地，终于形成它们的特色，以其炫目的风采和气派迷人。那不仅是其经济发展的结果，而且是文明进步的见证，是人的汗水与智慧的结晶，更是历史文化积淀和传承的标志。马克思在谈历史发展时，曾经说过："人们自己创造自己的历史，但不是随心所欲地创造，不是在他们自己选定的条件下创造，而是在直接碰到的、既定的、从过去继承下来的条件下创造。"世界名城的建造也是这样。

建造一座新城，或许不是很难，也不一定要花很长的时间，在我们湖南，不是就有像株洲、怀化那样短时期里建筑起来的城市吗？但要建造一座名城，特别是国际驰名的城市，那可不是简单地建筑几座摩天大楼，开辟几条地铁，建设几个高尔夫球场，多搞一些旅游景点，或者通过媒体多搞一些宣传，甚至多喊一些响亮口号，就可以成功的。诚然，发展要有战略，要有雄心壮志，要深谋远虑，要有目标方向，但更重要的，是从本地实际出发，立足优势，盘活资源。否则，就会陷入"盲人骑瞎马"的境地。这里，资源优势是最重要的，只有立足优势，才有实力，也只有盘活资源，才能积聚资本。离开这两点，一切努力都是白费力气，一切奋斗都会落空，以至成为"放空炮"，落为世人的笑柄。过去几十年岁月里，我们留给后人的"笑柄"，难道还少么！

那么，将长沙打造成为国际文化名城，凭借的是什么呢？

长沙是幸运的。它不仅时逢盛世，更有马克思所提示的"直接碰到的、既定的、从过去继承下来的条件"。

倘说，"直接碰到的……条件"，乃是改革开放时代给予长沙的发展机遇；

倘说，"既定的……条件"，乃是驰名神州独一无二的山水洲城；

那么，"从过去继承下来的条件"，就是厚重的历史文化遗产。

马克思这里所说的世界名城建设的三个条件——直接机遇、既定优势、历史资源，长沙都具备。这可真是不仅符合马克思的论证，而且应了中国的一句古话：

"万事俱备，只欠东风。"

瞧，楚汉名城，屈贾之乡，潇湘洙泗，宗教圣地，革命摇篮——如此源远流长的历史文化，加上山水洲城浑然一体的自然风光，如果用两个字来概括，那就是："文化"——自然文化与历史文化，前者是绿色的，后者则是多姿多彩的——赤橙黄绿青蓝紫，七彩俱全。

"赤橙黄绿青蓝紫，谁持彩练当空舞？"

如此斑斓的七彩文化，是长沙的，也是湖南的，还是中华民族的。将这个湖湘文化推向世界，使之成为国际的，让全世界都来共享这片美轮美奂的文化盛宴，这就是"再造长沙"的真正目的，是高雅的，也是豪迈的，却也是艰巨的。

无论如何艰巨，都难不倒"心忧天下，敢为人先"的长沙人。机不可失，时不再来，蓝图已经绘制，航向已经指明，"只欠东风"么？"东风"就是我们自己，就是奋斗努力。

既然"再造长沙"是造福长沙，又造福湖南，也造福中国，还造福世界，如此功德无量的文化事业，岂能不为之奋力拼搏?!

拭目以待将来的长沙，风景这边独好。

2. 山水城市

• 山峙绿水柔情，巍峨文化，千年永续，不衰也不败
• 水得青山骨气，蹈砺精神，万代亘传，无休亦无止

725

> "有山有水、依山伴水、显山露水；要让城市有足够的森林绿地、足够的江河湖面、足够的自然生态；要让城市富有良好的自然环境、生活环境、宜居环境。"

这就是著名科学家钱学森生前描绘的未来中国的"理想城"——"山水城市"。

这个"山水城市"的构想，是很有价值的，对我国的城市建设产生了深远的影响。

其实，早在 1958 年 3 月 1 日他在《人民日报》上发表的题为《不到园林，怎知春色如许——谈园林学》的文章里，就提出了"山水城市"这个概念。但直到 80 年代后，他才有时间开始考虑建设山水城市的问题。从 1992 到 2000 年的九年中，他先后写作了有关城市、建筑科学的书信和文章 156 篇，可见他关于山水城市建设的理论与模式，是从研究园林城市开始，逐渐形成和发展起来的。1984 年 11 月 21 日，他写信给《新建筑》编辑部说："为了 2000 年，我想到的两件事……都是关系到 2000 年我国建筑事业的，关系到 21 世纪我国建筑事业的，但我想我们现在就动手，不然就晚了，会误事。"信里说的"两件事"中的第二件事，就是构建"园林城市"问题。1990 年 7 月 31 日，因为读到《北京日报》、《人民日报》上关于菊儿胡同危房改建为北京四合院的报道，引发了他多年来的想法，于是给吴良镛写了一封信。他在信里说："我近年来一直在想一个问题：能不能把中国的山水诗词、中国古典园林和中国的山水画融合在一起，创立'山水城市'的概念？人离开自然又返回自然。"1992 年 10 月，他收到《奔向 21 世纪的中国城市——城市科学纵横谈》一书后，在给编者、建筑学家顾孟潮的回信中，再一次表达了他对社会主义中国要建"山水城市"的迫切愿望。他不无忧虑地说——

> 现在我看到，北京兴起的一座座方形高楼，外表如积木块，进去到房间则外望一片灰黄，见不到绿色，连一点点蓝天也淡淡无光。难道这是中国 21 世纪的城市吗？

国际学术界对钱学森先生提出的山水城市理论，给予了高度的评价。1995 年世界公园大会宣言中强调"需要建设山水城市"的观点；法国、意大利等国召开的有关城市学的国际会议上介绍了"山水城市"的理念，受到了与会者的热烈欢迎；著名德国城市生态专家 Frederic Vester 教授说："'山水城市'不仅在生态、社会、文化方面有巨大的效益，而且还有巨大的经济效益。"

钱学森先生是中国航天科技事业的先驱和杰出代表，被誉为"中国航天之父"和"火箭之王"。他在晚年，时刻关注着中国城市的建设，一次又一次反复提出建设山水城市的思想。他说：

> 我设想的山水城市是把微观传统园林思想与整个城市结合起来，同整个城市的自然山水结合起来。要让每个市民生活在园林之中，而不是要市民去找园林绿地、风景名胜。所以我不用"山水园林城市"，而用"山水城市"。

钱学森关于山水城市的构想和全国性的山水城市讨论，对我国城市规划建设理论与实践产生了极大影响。北京、上海、广州、武汉、重庆、自贡等城市在远景和近期规划的修订上，普遍重视了规划对经济、社会、文化、生态协调和谐发展的重要作用。不少城市还明确地把建设山水园林城市、生态城市作为自己的奋斗目标。1992年，当时的建设部在全国范围内开展了创建"国家园林城市"的活动，据2000年统计，已有北京、合肥、珠海、杭州、深圳、中山、威海、马鞍山、大连、南京、厦门、南宁等12个城市获此殊荣。这些城市中有些后来又获得联合国颁发的适合人类居住的"宜居城市"的称号。

长沙市在建设"宜居城市"的同时，提出了建设"国际文化名城"的构想，其核心或者说其根本点，其实也就是钱氏的"山水城市"观。

长沙的城市建设规划中，有五个方面的内容。如下所述：

一是以史为轴，整合历史品牌集群。具体内容有：

——镀亮"汉"文化品牌。塑造一批汉文化品牌景观，推进马王堆物址合一，全面展示已出土的3000多件珍贵文物；打造马王堆汉墓遗址公园，主动发掘1～2座汉长沙国王陵；结合已出土的汉代文物精品，形成"汉文化艺术精华展"；建设好长沙汉王陵保护遗址公园；全面恢复贾谊故居，重筑定王台；加强走马楼出土简牍的挖掘整理工作，抓好长沙简牍博物馆配套设施建设，争取挂牌为"中国简牍博物馆"；重视支持汉文化研究，召开国际学术研讨会，形成"秦文化看西安，明文化看南京，清文化看北京，汉文化看长沙"的格局。

——重塑"岳麓书院"金字招牌。全面提升岳麓山风景名胜区整体规划水平，恢复岳麓书院原有规模。从岳麓书院山门至湘江边古渡口，建设一条具有湖湘文化特色的历史文化走廊，使云麓宫、麓山寺、爱晚亭、岳麓书院、橘子洲、朱张渡、天心阁串珠成线，成为集中展示长沙历史文化精粹的景观轴线。加强朱熹、张栻理学思想研究整理，积极开展理学思想研究，发掘岳麓书院文化精髓，汇聚全国理学知名专家学者和研究群体，主办"岳麓书院千年文化论坛"，形成"儒学中兴在长沙"的态势。

——包装铜官窑遗址品牌。加大长沙铜官窑国家级遗址公园建设力度，按照"打造湖湘文化名片，建设国家遗址公园"的思路，推进保护开发建设，努力将长沙铜官窑建设成为国家"五W"级旅游景区，形成历史文化、民俗文化与旅游产业结合的铜官窑遗址公园金字招牌。

——发掘"明吉王陵墓群"遗址品牌。加强对位于长沙县跳马乡的明代吉王陵墓群的研究保护工作，制定《长沙明代吉王陵园文物保护规划》，将其保护工作纳入长沙市总体发展规划，积极申报国家级考古遗址公园。

二是以人为本，打造名人景观品牌集群。也有四个方面的设想：

——依托岳麓山高标准建设"辛亥革命人物纪念馆"，集中展示黄兴、蔡锷、蒋翊武、陈天华等辛亥革命先烈的革命事迹；

——与岳麓山辛亥革命先烈陵墓紧密呼应，打造全国知名的辛亥革命历史教育纪念基地；

——以橘子洲、湖南第一师范、新民学会旧址等为依托，打造"毛泽东成长之路"的红色文化招牌；

——与韶山毛泽东故居、花明楼刘少奇故居、乌石彭德怀故居联合，实施整体策划和包装升级，打造"革命伟人故里"品牌。

三是以"特"引领，建设城市特色标志品牌。力争在城市规划建设中高起点深谋划，围绕体现湖湘文化特色和现代创新理念的思路，建设一批具有国际影响力、号召力的文化标志性建筑。其具体方案是：

——以岳麓山为重点，高标准建设岳麓山风景区，创建国家"五A"级旅游景区，做足长沙城市标志的"山"文章；

——以湘江为主轴，以浏阳河风光带、梅溪湖国际新城、松雅湖湿地公园为重点，高起点规划展示长沙建筑的"水"魅力；

——以橘子洲为主体，以月亮岛、傅家洲、柳叶洲等为补充，使长沙城市建筑体现自然风景与现代建筑相映成趣的"洲"特色；

——突出长沙悠久文化和厚重历史，在各历史遗迹旧址、学校、广场、主干道旁，机场和车站旁，建设一批凸显长沙历史文化的雕塑和建筑，尽显长沙的"古城"风采。

四是以文强市，壮大现代文化产业品牌。在这方面，有三点构想：

——壮大现代创意品牌，进一步提升产业实力，突出产业特色，加快产业集聚，优化创业环境、品牌效应，着力培育优化文化企业；

——通过政策引导、项目带动和环境营造，支持音乐湘军、电视湘军、演艺湘军、出版湘军、书画湘军，做大做强，走出国门，走向世界，加大对动漫产业的扶持力度，使长沙成为国内重要的文化内容生产和创新基地；

——充分整合全市文化教育资源，建设岳麓山大学城，鼓励歌厅酒吧文化、城市休闲文化发展，进一步壮大长沙城市快乐品牌。

五是以遗为贵，培育好非物质文化品牌。也有三个方面的实施方案：

——因为非物质文化遗产是人类历史的DNA，为了在全社会倡导"非遗保护，人人有责"的良好风尚，要尽快制定出台《长沙市非物质文化遗产保护办法》，使非物质文化遗产保护在政策、法规的框架内有序进行；

——加强非遗传承人的申报与认定工作，为传承人开展传习活动创造良好条件，特别是对湘剧、花鼓戏、长沙弹词等濒危非物质文化遗产给予特别扶植；

——继续走生产性保护的路子，将花炮、湘绣等做大做强，积极搭建"好戏天天演，欢乐满星城"等平台，为湘剧、花鼓戏的保护、传承和发展提供展示和发展的舞台。

此外，还将整合自然和历史文化资源，打造国际知名旅游线路，也有下列几点构想：

一是以岳麓山风景名胜区、橘子洲风景区、天心阁、开福寺、太平街、王陵公园为依托，打造一条5公里长沿湘江的精品旅游展示带；

二是以马王堆遗址公园、长沙铜官窑遗址公园、宁乡炭河里国家考古遗址公园、明代吉王陵墓群、靖港古镇、贾谊故居为载体，打造历史文化精品线路；

三是以灰汤温泉、沩山风景区和大围山国家森林公园为重点，打造自然生态精品线路；

四是以毛泽东、蔡和森、刘少奇、胡耀邦、彭德怀、何叔衡、谢觉哉等老一辈无产阶级革命家早年革命活动和生活地为依托，打造红色旅游精品线路；

五是以密印寺、麓山寺、开福寺、云麓宫、洗心禅寺、陶公庙等为重点，挖掘宗教旅游资源，着力打造宗教旅游精品线路；

六是坚持在"挖掘、提升、吸纳、创新"中发展湘菜产业，把长沙打造成为以湖湘文化为底蕴、湘菜名品为标志、美食街（城）为支持、品牌企业为主导、荟萃国内外特色的"美食之都"；

如此等等。

上述几个方面的内容，归纳起来其实就是三个方面：一山水，二历史，三文化。要而言之，就是两个字：文化。诸如绿色文化、红色文化、汉文化、湖湘文化、宗教文化、非物质文化、美食文化、旅游文化、休闲文化、现代文化……是以文化为依托，也围绕文化而展开的。所以，将建设"国际名城"定位于"文化"，有根有据，也的确有声有色。其根据，就是自然与历史文化资源。自然资源是世界独一无二的山水洲城，历史文化资源则更是取之不尽，因为长沙市本身就是个历史大遗存，城市中心位置几千年不变的城市，在世界上也是少有的。国家重点保护文物就有7处，其数量超过周围的省会城市。举世瞩目的有马王堆西汉文物，走马楼三国孙吴简牍，商代大铜铙和四羊方尊，举世闻名，还有源远流长的湖湘文化，哺育出灿若群星的历代名人，形成有影响中国历史进程的五大人才群体，成为近现代中国一个极为独特的历史奇观。

至于有声有色，那当然是长沙的青山绿水了。具体地说，还是离不开山水洲城。"洲"其实也就是水，无水则不成洲。所以，长沙国际文化名城的一系列建设规划中，都是围绕着建设山水城市而进行的。请看，下面这一幅幅何等令人振奋的景象——

"山"的文章——长沙山水城市中这篇大文章的中心和重点，当然是岳麓山了。它是长沙的地理标志，更是长沙的文化名片。它之所以驰名，首先在于其风景名胜。这个风景区里，周边有凤凰山、天马山和梅溪湖，不远处有谷山，还有望城的黑麋峰，宁乡的沩山，浏阳的大围山和道吾山，其浓郁苍翠的绿色文化，历来是旅游登山休闲的好去处。特别是岳麓山，更是民众心中的一片福地，外地人来此游览名胜，本地人到此登山健体，感受大自然的气息，接受绿色文化的陶冶。每到日暮黄昏时，岳麓山上到处是登山的市民，节假日里，更是人满为患。聚焦于岳麓山，创新其文化布局，在岳麓书院重新打造的金光闪闪招牌映照下，未来的岳麓山将增添更亮丽的绿野风采。

尤其让人欣喜的是，岳麓山北面十来公里处，还有一座更高更大的山，同样林木茂盛、风光秀丽，那就是谷山。谷山原称云母山，因明朝时谷王朱穗被封为长沙王而得名。传说，洪武皇帝驾崩后，燕王夺位，诛杀非亲信王子，派兵讨伐谷王。谷王精通文武，又深得民心，率三子三郎等将兵抗之，因为众寡悬殊，三子三郎和另外两位将军相继阵亡。谷王最后只好服朝，但不再过问国事，终于出家宝宁寺，该寺后又叫谷山寺，谷山因此而得名。解放初被毁了的谷山寺，已经批准在修复中，恢复其名为宝宁寺。这一带现在尚存有与上述传说有关的许多古迹地名，如将军庙（坳）、三郎庙、白马庙、烈马抬头、金甲村（水库、坊等）等等。山上盛产青纹花石，据清乾隆《长沙府志》载："谷山盛产青纹花石，可制砚……与庐山石砚媲美，扣之无声，发墨有光。"当地小孩经常到山上玩，还拣些石板回家做写字画画之用。谷山地处金星大道以西、雷锋大道以东、黄金东路以南、杜鹃路以北，由五座山峰组成，最高峰海拔 362.2 米，比海拔 300.8 米的岳麓山还高出 60 多米，周围还有许多小山环抱。几座山峰静静地矗立在那里，远远望去，山上林木郁郁葱葱，秀美无比，清新的空气更让人惬意醉心，尚处于"养在深闺人未识"的状态。随着长沙的发展，不久将在这里兴建谷山森林公园，使之成为岳麓山的姊妹山。

"水"的魅力——长沙山水城市这篇大文章中，浓墨重彩的大手笔，是强化水的魅力。它将以母亲河湘江为主轴，围绕它建设浏阳河风光带、梅溪湖国际新城、松雅湖湿地公园，修复美化城区十几座小水库，同时弘扬"洲"的特色，以绿岛橘洲为主体，将附近的月亮岛、傅家洲、柳叶洲，纳入新的绿水画廊。

水，是人类生命的摇篮；乐水不仅是智者也是人的天性；临水而居，更是人人向往的佳处。因此，湘江两岸，一座座滨江新城应时拔地而起，成为长沙新地标的聚集之所，使湘江之滨初现一派"外滩"风范，长沙东重西轻的城市格局在迅速改观。

城区水体除了穿城而过的湘江、浏阳河等江河外，还有山塘、水库、湖泊。小水库如星罗棋布，这里有：位于雨花区香樟路的北冲水库，位于天心区青园路的红星水库，位于天心区木莲冲路的石人冲水库，位于芙蓉区远大路的红旗水库，位于芙蓉区东岸乡的泉坝垄水库，位于开福区新港镇的枫树湾水库，位于岳麓区岳麓街道的顺塘水库与斜塘水库，位于岳麓区梅溪湖街道的洪世庵水库与石塘冲水库，位于岳麓区尖山脚下的鱼婆塘水库，位于凤凰山脚下的桃子湖等，都已成为社区市民心中的"明珠"。尤其是烈士公园里的跃进湖和年嘉湖，还有城郊的同升湖、青竹湖、石燕湖、千龙湖、月湖和西湖渔场，特别是湘江风光带与浏阳河风光带以及橘洲公园，更为市民休闲提供了绝美的绿水乐园。

在上面一片片绿水盈盈的生命摇篮边，岳麓山的后山下面，赫然展现一片绿水盈盈、碧波荡漾的梅溪湖，既神奇又浪漫，长沙山水的魅力，又一处以超然的活力，振奋人心。

早先，这里原本就不是"湖"，既没有水，更没有梅，仅仅是岳麓山下一片低洼地带。所谓"溪"，原先也只不过是一条污水充斥且辨不出水色的龙王港，算是一条排污的小溪吧。春夏之际多下几天雨，"港子"涨水，周边农田便会遭灾。大概是因为土壤中硒的含量高，种出的葡萄味美香甜，几年前被开辟出一片稀有的葡萄园，因为葡萄节盛会锣鼓彩球的渲染，在长沙才小有点名气。经过几年的建设，当年的葡萄园，今天变成了泱泱湖水，漫无涯际的青山绿水，让人忘了这是在城市，宛如梭罗笔下的瓦尔登湖。随着国际设计大师竞相角逐，一座梅溪湖国际新城，悄然浮出湖面。这片占地一万余亩、规划中的绿色、低碳、现代化新城，开始聚焦全长沙乃至中部城市的目光。

这是长沙又一道美丽的风景线，不仅让河西也让长沙感受到了依山傍水的真正魅力。从西二环拐进梅溪湖，映入眼帘的，是一条宽广的六车道马路，这是梅溪湖大道。它环湖而建，逶迤伸展，恰如系于岳麓山脚的银链，给人一种别具一格的湖山意境。根据规划，梅溪湖片的桃花岭、梅岭、节庆岛、龙王港河道、梅溪湖人工湿地公园等景观工程，将于不久的将来，陆续地展示于蓝天白云下，给长沙市民一个又一个惊喜。

梅溪湖片区建设有一个亮点，那就是最大限度地考虑节能低碳、绿色环保。区域内生活用水，将全部采用直饮水，所产生的污水进入污水处理厂后，再送回城市，用于冲洗厕所、灌溉公园和城市绿地。还将兴建一个中央垃圾处理中心，各地垃圾运抵中心后，将分类处理，其中的有机垃圾经处理后转化为沼气，再转化成电能，自建发电站，自给自足。

梅溪湖国际新城以"造城"的恢弘手笔，联手众多国内外知名城市规划机构和建筑设计事务所，打造出一个以"湖"为中心、"山"为依托、"河"为脉络的小型城市。这一国际新城致力于创建环保节能的低碳城市，未来将成为长沙形象的代名词，并为未来中国城市建设、区域运营树立全新典范。

难怪国际知名建筑大师要对梅溪湖连称三个"完美"!

随着梅溪湖国际新城的环湖而起,洋湖垸也将逐渐揭开其华丽的面纱,中部最大的松雅湖湿地公园亦将展现其无比诱人的绿水风姿。

如果人们不健忘的话,宁乡神奇的灰汤温泉水,早就在那里展现其绰约的温情了。

尤为浪漫的是,处于望城高塘岭镇附近的湘江长沙综合枢纽工程完成后,一座拥有1750米长的坝顶公路桥在内的湘江大坝将截断湘江水,长沙市区南北这段湘江将成为一片湖,一年四季都能保持其山光水色。那时,橘子洲、月亮岛、傅家洲、柳叶洲将连成一线,成为水上休闲旅游的绿岛乐园。其情,其景,其色,宛如银河落九天,上下风光,不是龙宫,胜似龙宫……那才更美呢!

"再造长沙"的规划中,还有一个引人入胜的工程,那就是再造一座山水城。其山是鹅羊山,其水是圭塘河。这一山一水,其实早就历史地躺在长沙市的东南郊,长期处于自然原始形态,一直没有开发出来。

近几年的长沙融城,向南发展成为不可避免的趋势。60多公里的一条芙蓉南路,将直接连通株洲、湘潭主轴线,这意味着长沙市的空间在扩大,表明融城除了道路的融合、经济的融合、行政的融合外,也同时进行着旷日持久的人居转移与融合。不论是长沙原住民,还是新迁入居民,在这一次变迁中,都将感受到深刻的变化。正是因为融城,使长沙东南一片秀美之地,突然呈现于人们的眼前。

原来,这里有座近千万平方米的天际岭国家森林公园,是长沙南城核心最大的城市绿肺,也是长株潭的"绿心"。仅仅是几年的时间里,时代阳光大道、天际岭隧道、湘府路、万家丽路、红旗路,便纵横交错于这片土地,汽车南站、火车南站、武广高铁、新机场航站楼、沪昆高铁,也在这里交会,红星商圈早已在这里扎根。这里,将是未来"长株潭"城市群的商业中心。谁能料到,也就是在这里,竟然埋藏着一颗即将放亮的绿珠——

那,就是正在建设中的圭塘河生态景观区。

据《湖南通志·堤堰》引《异录记》注释,圭塘原名龟塘。汉武帝太始年间(前96—前93年),此地"有神龟,皎然白色,长四五尺,出水中,巡行岸上,因名龟塘"。龟塘开凿于五代马楚时期,《宋史》之《食货志·农田》载:"五代马氏于潭州东二十里,因诸山之泉,筑堤潴水,号曰龟塘,灌溉万顷。"圭塘河以诸山之泉筑堤储水以作水利,清康熙年间生员王自拔呈请废塘作田，经知县丈承粮册，名圭字区，龟塘遂改名圭塘。新中国建立后，此处大兴水利建设，曾经修有环山灌渠一条。1974年又开凿长7公里、宽30米的圭塘河，千年水利工程于是死而复苏。但是，在20世纪末，圭塘河由于长期供水不足，自净能力差，受城市生活污染，沿线生态环境恶化，又因地处偏僻，人们便渐渐地将它遗弃了。

是金子，总会闪光；是明珠，就要放亮；圭塘河——这只深隐两千多年的"神龟"，终于"出水"了。因为，它遇上了千年未有的盛世。

其实，圭塘河只不过是长沙城内唯一的内河，西望岳麓山，北枕鹅羊山，在长沙东南静静地流着，蓬头垢面，脏兮兮的，自古以来依靠的是石燕湖及上游和周围的雨水污水汇流，干旱时节枯涸为不毛之地，积水多了又泛滥成灾，谁能想到其中藏有千年"神龟"呢？

多年的融城之举，"再造长沙"的紧锣密鼓声中，"神龟"终于被唤醒，在雨花区殷切而周密的谋划中破水而出……

圭塘河是建设中的圭塘河生态景观区的轴心。这条市内唯一的内河，发源于长沙县跳马乡，汇入浏阳河，全长约30公里，在市内的长度约为14.7公里。生态景观区正处于圭塘河的中游，它北起香樟路，南至湘府中路，总长3.2公里，沿河展幅约200米，已于2011年启动河道整治和道路建设等项目。

河道整治首先是截污。在东西两岸各有一根截污干管，东岸管线经木莲冲路汇入西岸截污干管，送至花桥污水处理厂。其次是整治河道，清除重金属淤泥，挖出后的污泥加药搅拌、风化后，填埋于河的东岸，同时提高其防洪能力，从三十年一遇提高到百年一遇。再次是设计水源。为了保证圭塘河常年水深1米左右，在水源问题上特别作了精心的设计：一是从石燕湖引来自然活水，二是从上游及本区域60平方公里收集雨水，三是新开铺污水处理厂一级B标准排放尾水，枯水期从浏阳河引水的方案尚在论证中。上述三个洁净水源，将确保圭塘河生态景观区水量充足。在景观区内还将计划设置三座景观跌水坝，进行自然曝气、水体充氧，沿线污水处理还将全由东西两岸截污管送入花桥污水处理厂，确保圭塘河水质不再受到二次污染。到那时，一湾清澈纯净的圭塘河，将以科技的手段得到保障，然后悠然自得地绵延28公里，一路欢歌，欣然汇入绿波荡漾的浏阳河。

到2014年，一泓清波，两岸绿柳，将成为长沙东南城区一道美丽的水岸线，连接雨花、天心两区，与120公顷湖南森林植物园隔路相望。该景观区将建成可与橘子洲媲美的长沙市第二大生态、体育、休闲公园，成为闻名的"城市绿肺"和"天然氧吧"。其整体布局的"一带四区"（"一带"即圭塘河湿地景观带，"四区"乃是由北向南依次为生态示范区、运动休闲区、文化艺术区、城市河流体验区和基础设施建设等），最先由硬质广场、软硬结合逐步过渡到自然生态景观，向天际岭森林公园逐步延伸，形成由城市喧嚣向宁静生活的动人转变。

到那时，与浏阳河、捞刀河相比，圭塘河体验式生态景观区，将以其得天独厚的条件，将河水蓄积起来，改造成供小型船只"漂流"的景观河流。

到那时，湘江风光带在不断变换美的姿容，浏阳河风光带在逐渐地变绿，而圭塘河沿岸则将以其特别的秀色，共同为长沙这座山水城市增添新的非常美景。

3. 拥抱森林

· 树林蕴天地灵气，蓬蓬勃勃，层层翠绿，福荫绵绵
· 花草藏日月精华，郁郁葱葱，阵阵芬芳，瑞气盈盈

谈到城市建设，毋庸讳言，早几年的长沙，同全国许多大都市一样，是经历过一些曲折，走过一些弯路，也的确有些教训的。

且不说，街市道路周而复始地"开膛破肚"，也不说高架桥建了拆、拆了建，更不说"牛皮癣"与"违章建筑"，像割韭菜似的，仅仅是城市建设的目标方向上，就曾长时间捉摸不定。国内有的城市，据说有的要建成为北方的香港，有提出要建成为东方的芝加哥的，有的则要建成为某某贸易中心，总之它们赶超的目标不是外国某大都市，就是国际知名的城市。在许多决策者的眼里，似乎唯有满城高楼大厦，遍地车水马龙，烟囱林立，市声如潮，那才叫繁华，那才是新城，那才是城城奋斗的目标，市市努力的方向。于是，高层建筑攀比，这一届与上一届竞争，走马灯似的，"你方唱罢我登场"，不仅将一些大树、古树、风景林、标志树砍得一干二净，而且也将某些具有历史价值的文物建筑，例如寺观、坛庙、园圃、古塔、牌坊、华表、亭台、殿阁、民居、街坊、巷井、城墙等文物或遗址，都毁于一旦。如此等等，不一而足。此类现象，长沙也曾一度出现过的。

当然，还有另外的一面，那就是：或胸无大志，无所作为；或鼠目寸光，短视行为；或故步自封，自以为是；或满足现状，得过且过；或求政绩，急功近利……不是错过了发展的大好时机，就是浪费了许多宝贵资源，终至怨声载道，后患无穷。例如，专家呼吁了多年的融城，直到20世纪末方才蹒跚起步，因此而有长沙市贯穿南北的芙蓉大道；而当五一大道要拓宽时，不仅许多群众想不通，某些领导也是牢骚满腹……或许正是这一大手笔，闪耀出城市建设的新曙光，终于觉悟了罢？于是，全市来了一次文物大普查，在弄清家底的基础上，有计划的棚户改造，渐渐地拉开了持续不断的城市化的序幕。

应当承认，长沙城市化建设，近十年特别是最近几年的步子是比较快的，的确初现成效，初现规模。之所以有这样的发展，主要是以下几个方面的因素：

——经过几年的经济发展，积聚了相当的经济实力。这些年来，长沙一直在努力追赶，在蓄积提速发展的内生力量。"十一五"期间，长沙经济总量在全国省会城市排名中由2005年的第12位上升到第7位，在中部省会城市雄踞第2位，顺利跻身于国内具有一流影响和极具发展潜力的城市之列，并且在某些领域取得了较好成绩，甚至走在全国前列。这是长沙的实力突破，也是中西部城市实力日益强大的表现。它的发展前景吸引了全国的目光。

——国家建设特别是交通大动脉的开辟，给长沙带来了机遇，也使长沙的区位优势得以充分利用和发挥。国家经济的大发展，特别是武广高铁和沪昆高铁及高速公路等大动脉的开辟，在长沙区位上构筑成黄金十字架的交汇点，使长沙成为南中国的高铁高速中心。长沙的中部区位优势，终于使之跻身于与广州、深圳、武汉并列的南中国高铁经济带，千万级大都市的崛起势在必行。一百多年来，国内外经济发展的事实证明，一个优质城市的发展，总是从最具优势的交通等经济资源开始起步的。

——周边几大城市突飞猛进的发展，给予长沙以发展的楷模和突进的助力和鞭策。南中国广州、深圳、武汉等城市突飞猛进的发展，上海浦东建设的示范作用，对于长沙是一种鞭策，也是一个楷模，还是一种助力。具有三千年悠久历史文化的古都，人文底蕴如此深厚，本身又是省府城市，一省政治经济文化中心，有着得天独厚的发展基础及优势资源，如果不思进取，抓住机遇，谋求发展，将何以立足，有何面目"见江东父老"?!

——多年特别是近几年城市化的实践和摸索，积累了经验，打通了道路，也打开了思路。长沙的城市化建设，可以说是"摸着石头过河"的。虽然很早就喊出了"想致富，先修路"，却也是在曲折的摸索中悟道。先是市内几条南北、东西大道的开辟，接着是市外高速公路的建筑，湘江两岸风光带的建设，长株潭三市融城后的金三角区位优势的逼迫，国家级、省级交通大动脉的打通，由东到西，从南到北，从城外到城内，从地上到地下，从空中到水路，都给长沙的腾飞，插上了雄健的双翼。于是，新的发展思路，终于豁然开朗，因而有"长沙市城市总体规划"——"沿江建设，跨江发展"成为长沙可持续发展的大方向，一系列建设方案所绘制的蓝图，是长沙历史上前所未有的！

　　这个"前所未有"，要用四个字来概括，就是"大化长沙"。

　　"大化"之一是"大长沙"，于2011年6月望城撤县设区，使长沙城区面积增加969平方公里，从以前的954.6平方公里扩大到1923.6平方公里，一夜之间"长大"了一倍。到2020年，面积还将扩大到4960平方公里。促高铁、地铁对接，使空港、新港牵手，让公路、铁路相拥，长沙城将昂然地挺起脊梁，宽宏地伸展骨架，自由地畅通血脉，在中部的版图上崛起一个生机勃勃的时代雄姿。

　　其次，是大定位于国际舞台，即建设国际文化名城，向国际化城市之林挺进。

　　再次，是发展大格局，东西南北都有近期和长远规划，但首先锁定于跨江发展，先导向河西，从望城区由北至南，沿湘江建设好望城滨水新区、金霞港区、滨江新城、新河三角洲、河西、河东、岳麓大学城、南湖新城、洋湖垸湿地及总部经济区等重点片区，未来的湘江两岸，将形成长沙核心城市功能的主要承载空间。

　　在此基础上，力争用十年左右的时间，打造好能代表长沙形象、辐射和带动全省乃至周边地区的金融功能区。当然，这个区域性金融中心，在国际化程度方面会与沿海地区的金融中心有所差别，但其要求还是很高的，例如必须有实体经济的支撑，有广阔的腹地，包括人口范围、服务的体量要比较大，还要有利于金融企业发展的环境和金融人才，困难肯定不少。但长沙雄心勃勃，决心筑牢金融业发展的经济基础，做大做强实体经济，提升经济总量，让金融业有充分的盈利来源。同时加大政策扶持力度，提高政策的精准性，帮助企业寻找优质资源，确保金融安全，同时联合高校加强金融人才的培养与使用，吸引优质金融人才，加速提升城市品位，吸引优质企业参与，助推金融业发展。

第四，是大文化，也就是前面所说的"千年古城，人文长沙"。将国际文化名城定位于人文，集绿色文化、红色文化、汉文化、湖湘文化、宗教文化、非物质文化、美食文化、旅游文化、休闲文化、建筑文化、现代文化……于一城，将长沙历史文化名城的自然—历史资源优势盘活、重组与升华，使之成为世界重量级综合性旅游的目的地。

在"文化"和一切"化"的后面，都要贯穿和坚持并且做好一个"绿化"，最终让森林拥抱城市，使长沙真正成为生态风景优美、风光秀丽的山水洲城，成为钱学森先生所构想和企盼的那种"有足够的森林绿地、足够的江河湖面、足够的自然生态；要让城市富有良好的自然环境、生活环境、宜居环境"，"把微观传统园林思想与整个城市结合起来，同整个城市的自然山水结合起来。要让每个市民生活在园林之中"的名副其实的"山水城市"。

这才是"大长沙"中最精彩也最有魅力、令国内众多大都市都无法匹比的一化。

落笔到此，突然想起了世界著名的维也纳森林。

维也纳森林位于奥地利的首都维也纳市，其面积据说有 1250 平方公里，是一片保持原始风貌的天然林，从西、北、南三面环绕着奥地利的首都维也纳市。那里有笔直参天的山毛榉，有红叶如火的灌木林，有许多清流小溪、温泉古堡以及中世纪建筑遗址。走进森林，林海散发出来的清新、湿润、充沛的氧气，让人感到整个身心都被净化了似的，因而有"城市的肺"之美誉。每到假日，许多维也纳人及周边游客，都会来到那里，享受大自然给予他们的恩赐。如同施特劳斯那脍炙人口的乐曲《维也纳森林的故事》，维也纳森林带给那里人的，是一种快乐如神仙般的享受。

我们长沙的周边，甚至长沙城里，应当有这样的"维也纳森林"——但愿这不是我们天真的梦想，而是翘首可待的现实。

4. 爱我山河

· 仁者乐山，山间修仁育德，护山如宝，方为圣德
· 智者乐水，水中求智增慧，惜水若金，乃是大智

虽然可以"再造长沙",大化它,美化它,亮化它,金化它,乃至文化它,但是,我们毕竟只有一座岳麓山,一条湘江,一个橘子洲,一座星沙城。

如果有一天,岳麓山的泥土流失了,树林枯萎了,只剩下光秃秃一堆石头;湘江水干涸了,断流了,或者流的是污泥浊水乃至是臭水毒流;橘子洲也成了被污水包围的、到处臭气熏天的垃圾场;星沙全城亦如是……

那么,长沙还会是长沙么?

这并非我们杞人忧天。事实上,岳麓山在呻吟,湘江水在哭泣,橘子洲在叹息,星沙全城更是忧心忡忡,以至连天上那座"长沙星"也常常在掩面饮泣,因此时见暗淡……

呻吟是隐隐约约的,哭泣是断断续续的,叹息是时有时无的,忧虑在其心中,长沙星的饮泣则是在高远的天空。所以,人们听觉不到,听觉到了也不在意,有的即使看到听到感觉到了,却只为了他们的一己私欲薄利,而任意凌辱和摧残它们……

这也并非是我们胡编瞎说。事实胜于雄辩,且让我们看看事实吧。

近年来,岳麓山风景破坏的现象,是够令人触目惊心的。某些绿地、风景点,不同程度地受到破坏,某些历史文化资源在逐渐流失。有的在岳麓山建房,蚕食风景名胜区,有的经常上山取土回家种花,有的在山边挖土种菜。在凤凰山、天马山和石佳岭景区,山脚间各类房屋林立,有的还形成了不小的生活区,并有由山脚向山腰蔓延的态势。位于岳麓山风景区范围内的多所高校规模不断扩大,征用的土地增多,特别是高校"扩招"后,学生住房、餐饮短缺,附近居民纷纷在景区周边占地建房,搭棚摆摊,为学生提供住宿、餐饮设施、娱乐,不仅空气污染十分厉害,而且污水横流,垃圾到处都是。虽然不时有些整治,但也只是好过一阵子,事后又故态复萌了。尤为痛心的是,前几年山上还发生过火灾,将一处树林烧成焦土,有一年冰冻,断折不少大树,所以,现在山上的树,一年比一年少。

母亲河湘江的情况,尤其令人触目惊心。据媒体报道,2011年9月,湖南有关方面曾组织了一支漂流考察队,从湘江的源头广西灵渠开始,顺江而下,经过永州、衡阳、株洲、湘潭、长沙、岳阳,至岳阳城陵矶,全程817公里。漂流考察者每隔一公里取水样一瓶,全程共取水817瓶,用以拼成一个直观的湘江水质示意图。

漂流考察队员们抱着看看母亲河有多美丽的想法,沿湘江而下,开始倒是还令人惬意，在潇水源头到永州那段流域，水依然是那么蓝，让所有的人都感到十分欣慰。特别是潇水与湘江合流处，被称为萍岛的那一段，自古便被誉为佳处，来往船只如梭，风帆与河洲相映，橹声与鸟语共鸣，诗情画意，风物宜人，潇湘八景中的"潇湘夜雨"即指于此——

> 潇湘秋水澈底清，碧山如带照波明。
> 随波转望忘世情，翠鸟趁鱼时一鸣。

古诗所描绘的湘江美景，让漂流考察队员们流连忘返。时隔千年，这里涛声依旧，小岛四周环水，高洁幽静，岛上古木参天，竹蕉繁茂，风光俊美。大家都希望，母亲河湘江永远能像潇水源头那么清澈、那么美丽。

可是，此后的水路上，他们的心情就越来越沉重了。

原来，渐渐地看到了不愿看到的景象：白色垃圾，企业排污，农业污染，无序挖沙，电打鱼……层出不穷，沿岸工厂废渣废水肆意注入，沿途居民生活垃圾随意倾倒，挖沙船凿出的千疮百孔，不时可见，原本美丽的湘江，伤痕累累。潇水源头，乱砍滥伐现象严重，大部分山体上只有单一的植被，原生林和原生态系统已经慢慢消失。湖南省人大环境与资源保护委员会办公室某副主任在微博上曾这样描写说：

"昨天到雁峰区湘江乡幸福河调研污染情况。该河 2001 年全省生态环境调研时我察看过其污染，2005 年环保执法检查又到过。昨天下午再到一看，仍然是臭气熏天，水葫芦遍河。"

至于肉眼看不见的水质污染，情景就更让人惊心动魄了。由于长期缺乏对流域内工业生产排污的有效监督，湘江已成为我国重金属污染最严重的河流之一。

湘江流域面积占我省国土总面积的 40% 以上，沿岸有约 2000 万人以湘江水体为直接饮用水源。现在，这条母亲河的水质却越来越糟，据考察队员说，"有些地方的水真的很臭"。古诗人笔下秀丽的湘江，今天已不复存在，有的河段被污染破坏得几乎惨不忍睹。

"如果我们不保护湘江，30 年后湘江就是这样的。"某漂流考察队员指着手持的一瓶黑色的污水告诉人们，说罢又指着另一瓶透明洁净的水说："但如果我们从现在行动起来，改变制造污染的不良习惯，湘江就会变得清澈、美丽！"

嗣后，湖南开始实施《湘江流域重金属污染治理实施方案》，虽然取得

740

了初步的成绩，总体来说，湘江流域生态环境整体情况有所好转，但局部问题依然严重。保护湘江，保护母亲河，依然任重而道远。

她从长沙城区缓缓穿流而过。古城得此天赐，因此美如明珠。她给这座千年古城所带来的，不仅有湘江北去的碧波、垂柳，沙滩、绿洲，百舸争流的画面和"到中流击水，浪遏飞舟"的瑰丽诗篇，还有"再造长沙"更为宏大而壮丽的灿烂前程。

所以，无论是今人，还是后人，在对湘江开发、利用的同时，切勿忘记了对她的保护、爱护与珍惜。但愿保护湘江母亲河的行动，恰如湘水奔腾不息；希望越来越多的人投入到环保事业中来，就像那一路奔腾的波涛，滔滔不息。

橘子洲也是这样。其最大的污染，是餐饮与游览丢弃的垃圾。这里的饮食，本来就有历史。早在 20 世纪 20 年代，随着洋人别墅的日益增多，特别是北伐名将唐生智公馆开设之后，洲上的吃喝就开始出名了，东安子鸡，湘菜名肴。郭沫若在《洪波曲》中，曾记载抗战时期，唐生智在水陆洲设宴招待他的情景，宴席上就有永州东安县的名菜东安子鸡。20 世纪 50 年代，毛泽东登上橘子洲，还盛赞过当地农民的苋菜和豆角种植得好，并且富有感情地说："湘江水真的好！"

饮食虽有历史传承，时尚却是如流水转。到 20 世纪 80 年代末，直到2009 年橘洲公园建成前，洲上吃喝最有名气的，早已不是东安鸡，当然也不是苋菜和豆角，而是黄鸭叫和水煮鱼了，那时橘子洲上甚至还有夜宵。

橘子洲现在不仅是著名的旅游景点，而且是市民休闲的乐园，还是组织某些大型娱乐公益活动的重要场所，特别是在节假日里，这里更不愧是人歌动地的长岛。曾记否？早些年那一幅因为游览餐饮到处是垃圾的景象，尤其是每到夏天，橘子洲周围湘江两岸游船上的吃喝拉撒等造下的恶果，于今想起来，还是记忆犹新。直到今天，每到周末，洲上所举行的焰火晚会，那惊天动地的轰鸣，像地震一样，不仅震得全岛都动荡起来，就是周边的居民也是心惊肉跳，坐立不安啊！

所以，有见识的市民，就曾一次又一次地呼吁：

"橘子洲是上天赐给长沙的一份大礼，是自然的美景，不应该有太多的餐饮娱乐来污染这一片自然和文化景观，更不应该有其他人为的破坏和地震似的震荡。"

但是，凡有人活动的地方，就一定有吃喝拉撒呀，所以饮食和游览污染是必然的。长沙"长大"后，旅游业发达了，来洲上游览活动的人越来越多，也是要吃喝拉撒的呀，不可能没有一些餐饮设施，某些大型活动，也注定会在这里频频地举行……作为特殊的历史地理文化景点，橘子洲上的餐饮业也好，公益的或者是节庆等种种活动，都必须环保化、规范化和有序化，因此就有许多工作要做。凡事预则立，不预则废。与其破坏后再建设，不如从现在开始就未雨绸缪，关键的关键，是如何坚持保持这一片绿色的土地，使之永远不要受到污染和损害。这正是橘子洲所喟然长叹的原因啊！

如果说岳麓山在呻吟，湘江水在哭泣，橘子洲在叹息，那还只不过是因为其局部受到了污染或破坏所导致，星沙城的忧伤，则是因为全局，因为天下苍生了。直白地说，因为她得了全世界都有的"城市病"，而且正日益蔓延和发展着，不仅威胁到城市本身，更直接危害到地球和人类自己。

所幸的是，长沙的"城市病"，还刚刚开始，尚处于发病早期，要救治还来得及。

我们这样说，并非危言耸听。欲知个中原委，还得慢慢道来。

所谓"城市病"，据说最早发源于工业革命后期的英国，其英文名称是"city disease"。当时英国的经济史学家哈孟德夫妇把英国工业革命后由于城市爆炸而产生的一系列问题称之为"迈达斯灾祸"。"迈达斯"是古希腊神话中的人物，他梦想点石成金，后来有了这个能力，结果却坏了事。试想，当你周围的一切东西，都变成黄金了，会怎么样？黄金既不能吃，不能穿，也不能住，带来的是灾祸，而不是幸福。哈孟德夫妇用"迈达斯灾祸"比喻城市发展中的问题，意思是说，随着城市化的快速推进，人类财富不断增加，但是人类也同时丢掉了许多比黄金更宝贵的东西。他们最初是从经济史上来解释城市病，但此病症在后来的发展，远远超出了他们的预见。因为这是一种由于城市人口、工业、交通运输过度集中所引起的社会矛盾而产生的一系列疾病，是城市规划和建设盲目向周边摊大饼式地扩延而产生的，主要表现在资源短缺、人口膨胀、交通拥挤、环境污染、城市贫困、社会犯罪等方面。早期资本主义国家为治理"城市病"采取了一系列措施，却往往效果不佳。"他山之石，可以攻玉。"及早注意这个问题，积极采取相关措施，对于发展中国家和发展中城市来说，是很有借鉴意义的。

事实上，这种"城市病"，在我们长沙，早就存在了，只是没有引起大家特别是有关领导决策部门高度注意和重视罢了。例如，公共交通拥挤问题，就一直是长沙市的通病。最近几年，因为道路有所改善，公交投入比较多，加上多途径参与，拥挤现状稍有缓解，上下班出行乘车比较过去是宽松了一些，却也只是相对而言，并不十分令人满意。将来随着地铁、轻轨的开通，可能会有较大的缓解，但也不能过分乐观。在这个问题上，有人主张发展小汽车，以为现代化就是小车化，这几年长沙城里私车发展因此几乎连年翻番，可是又出现了新的拥挤、停车难、频发交通事故等等问题。日本人称小汽车是"奔跑的凶器"、"奔跑的棺材"，不是没有道理的。所以，国外某些专家研究说，未来的城市，代替汽车的主要将是地铁、高架电车、单轨铁路等公共交通，"公交优先"因而成为一种城市交通发展战略。但在长沙，并没有引起太多的关注和重视。现在这个"城市病"可能还不很重，一旦发展为"重病"甚至是"癌症"时，那就太晚了。这就是长沙城之一大"忧"。

又如环境污染，这更是直接危害城市和民众健康的流行病，长沙城里司空见惯。

对于这种城市病，大家是比较熟悉的，如环境严重污染、大气污染、土壤污染、水污染等，与此相关的还有食品卫生、环境卫生，烟尘、噪声，乱穿马路、乱吐痰、乱扔垃圾，乱摆摊、乱建房，有看得见的，也有看不见的，都是长沙城里城市病比较严重的表现。

有人说，城市在长大，经济在发展，人口集中膨胀，污染当然严重了。如果把城市病界定为是在城市膨胀过程中出现的问题，那么，我们可不可以不要发展呢？那当然是不可能的。在现代城市化的今天，城市不可能不长大，因为这里面不仅有时代趋势，有社会经济发展的必然，还有广大人群的呼唤，尤其是各地官员们创造政绩的需要。据说，全国有183个城市，都提出要建"国际大都市"。由此看来，未来一波又一波造城的新潮，肯定风起云涌，圈地规划不厌其宏大，地标建设不厌其豪华，高层建筑不厌其高耸，城市病的表现症状注定了就是那么惊人的一致，其特征和流行传染的速度及后果，是不难想象的，也是不堪想象的。由此所产生的环境恶化等社会问题，以及由上述问题引起的城市人群易患的身心疾病，又会在一定程度上制约城市的发展。这个矛盾的二律背反，能不让人深思么？！

值得注意的是，据有关专家研究说，近百年来，以全球变暖为主要特征，全球的气候与环境，都发生了重大的变化，例如水资源短缺，生态系统退化，土壤侵蚀加剧，生物多样化锐减，臭氧层耗损，大气化学成分改变，等等；而且，未来全球还将以更快的速度持续变暖，未来100年还将升温1.4℃～5.8℃，这对全球环境将带来更严重的影响，比如农作物将减产，病虫害发生频率和危害速度将明显增加，水资源短缺将恶化等。环境污染，使得城市从传统公共健康问题（如水源性疾病、营养不良、医疗服务缺乏等）转向现代的健康危机，包括工业和交通造成的空气污染、噪音、震动、精神压力导致的疾病，等等，人们能够视而不见？！须知：环境污染的后果，且不说对人的危害，就是对于城市经济发展本身，其影响也是很大的。据世界银行对此所做的估算，由于污染造成的健康成本和生产力的损失，大约相当于国内生产总值的1％到5％。

所以，无论从近期还是从长远，从宏观还是从微观的角度上看，城市病的蔓延发展，对于长沙城来说，能不忧心忡忡吗？！

还有资源危机，则更是不可忽视的大问题。众所周知，资源是发展的资本。俗话说："巧妇难为无米之炊。"没有资源之"米"，哪能有发展之"炊"？

过去，人们总认为，我们的资源丰富。其实不然。且不说别的，就拿普通的水来说，我们有条湘江，大家可能没有"水荒"之忧，不仅用水浪费，而且任意污染湘江。人们可知道，世界上，闹"水荒"的国家和城市不少，在那些缺水型国家或地区中，许多大城市的水资源紧缺问题，严重到难以生存。据联合国有关机构预测，目前全球一半的河流水量大幅度减少或被严重污染，世界上80多个国家或占全球40％的人口严重缺水。如果这一趋势得不到遏制，今后30年内，全球55％以上的人口将面临水荒。所以，2002年在南非召开的可持续发展世界高峰会议上，一致通过了将水资源列为未来十年人类面临的最严重挑战之一。

"水荒"问题，其实大家是有所耳闻的，仅是我们中国，北方缺水就是不争的事实，国家因此在实施"南水北调"工程。

关于水资源危机问题，归纳起来，无非是三水：一是污水，二是雨水，三是饮水。所谓污水，就是污染水源和如何净化排污的问题；所谓雨水，就是城市里的下水道如何排泄因暴雨所造成的积涝问题，因为这个问题事实上已成为许多城市的公害，如果从长远的角度上考虑，则还有将来如何收集和储存雨水的问题；所谓饮水，就是如何保护好我们的水源，如何节约用水，具体地说，就是如何保护和治理好我们的母亲河湘江。

如果有一天，湘江干涸了，或者被污染得不能饮用了，我们一代一代人，将如何生活？

所以，我们呼吁：爱我山河，爱我湘江，爱我岳麓山。这不仅是为了今天，更是为了明天，为了持续发展和众生的生存。

5. 天人合一

> - 山高哪有人心高，天人合一，和谐世界，民生有幸
> - 水深焉比城府深，心身均衡，平安宇宙，众乐无边

在长沙市走访的日子里，我们一直在思考着两个问题。

——在浏阳市的道吾山上，

——在长沙县的陶公庙里，

——在宁乡县沩山密印寺，

——在望城区的洗心禅寺，

——在开福区的开福古寺，

每次想起，或者谈起这两个问题时，都有许多说不完的话，也有许多说不清楚的疑问。

这第一个问题，就是宗教，具体地说，是宗教里的佛教。

我们是唯物主义者，我们共产党人，当然是不信仰宗教的。但是，我们对于宗教，特别是佛教，都有一种特别的情怀。因为，在佛教的教义中，有一种崇高的理想或者说理念，那就是"善"与"和"。

"善"与"和"，其实也是中华民族传统文化中两个重要的人文思想和哲学范畴。

即以"善"来说，在中国古代哲学家那里，有许多精辟的论述，因此而有唯物与唯心之辩。但在老百姓辞典中，"善"其实就是三个字："做好事"。这与佛教里的"行善"意义相同，是慈悲之心引导下的一种行为准则。佛教要求"行善"，时时刻刻"善哉善哉"，多做好事，不要做坏事，一辈子做好事，不做坏事。这有什么不好？！毛泽东不也说过："一个人做点好事并不难，难的是一辈子做好事，不做坏事，一贯地有益于广大群众，一贯地有益于青年，一贯地有益于革命，艰苦奋斗几十年如一日，这才是最难最难的啊！"

现代旅游，走进名山大川，不难发现建筑修缮一新的庙宇，人们也总是要进去参拜一番菩萨，有的可能还会求求神、拜拜佛，信仰自由，无可厚

非，悉由尊便。但就是那些真心诚意拜佛求神的人群中，也是求达其目的者多，一心行善者少，如果真是人人学佛行善，人世间也许就不会有那么多丑恶的事情了。当然，并不是要大家都去求神拜佛，问题是，现在真正的佛教精神太少。在许多人那里，头脑里根本就没有"行善积德"的观念，他们不仅不信这些，而且几乎无敬畏之心，不仅不畏天，不畏地，不畏鬼神和一切权威，甚至不畏党纪国法，所以他们不会"行善"，只会"行恶"，其作恶多端的结果，自然是身败名裂。

我们也曾就宗教特别是佛教中某些问题，请教过寺院里的住持或道长，例如：宗教特别是佛教，能不能进行"革命"，或者说"改革"，让宗教或佛教中一些有益于人的身心健康和国泰民安的理念、教义，深入到世间，让宗教贴近点人间烟火，教化世人，学会做人。事实上，佛教与哲学最近，因此有"佛教是哲学之母"的说法。佛教最重要的是重视实践，也就是"修持"。修行要守住几个原则：要放下，要看破，要自在，要随缘，要念佛。修行就是对于宇宙、人生错误的看法、想法、说法、做法，加以修正。佛教还有一种说法：学佛的人不变坏。诸恶莫做，众善奉行，让慈悲充满世界。这些，在宗教的许多教义里，是比较多的。佛学界和学术界还有一种观点，认为禅宗、禅法传入较早，但形成相对独立的佛理纲骨和组织形式而自立为宗，则始于六祖慧能，故有一说是：六祖之前无禅宗。慧能开创的南宗禅与前五祖的祈求法确有不同，慧能以后的晚期也另有特色。在称谓上，前五祖之禅称为如来禅，六祖之禅称祖师禅，六祖之后称分灯禅。禅的真髓是祖师传法之所在。此前也有强调，"直指人心，见性成佛"，通过观自性清净，得悟。真正在佛性问题上有所发展，将禅的真髓发扬光大者当属慧能，他对中土禅的最大贡献之一，是强调了即心即佛的佛性说，因为佛性问题是佛教思想的核心。慧能因此有"六祖革命"之功。所谓六祖"革命"，也就是禅宗的中土化，为什么很快就产生了广泛的影响，而且占据了佛教的主流？个中原因可能很多，其中最根本的一条就是，以即心即佛和顿悟见性为旨要的南宗禅，将中土佛教改造得简而易行。早期佛教经典之多，戒律之繁，修持之难，使之难于向社会上广泛普。南宗禅却告诉人们佛性本自具足，众生自心就是佛，只要能够悟解，无须观壁苦修，所谓道由心悟，迷则为凡，悟则为圣。而且，解脱依靠自度，又不离世间，又可以不坐禅、不诵经、不求功德，所有这一切都使得作佛之道，变得不那么遥远和艰难。从繁难到简易，南宗禅为佛教的中土化和世俗化，开通了道路，使得禅宗的信徒众多，门派日增，影响广泛，压倒其他宗派而一枝独秀。现代佛教，能不能也来一个"与时俱进"，在"人间佛教"上多做点文章，进行一番"革命"，像六祖慧能那样呢？

至于宗教慈善，在现代社会里，当然也是值得提倡的。从临终关怀、人性诉求、语言表述、组织方式、价值观念等方面，都可以看到，其信仰的力量、宗教的传统，仍然在我们这个社会的世俗性慈善活动中，不断地延续着，特别是在重大的灾害中，还常常获得其广泛的援助。中国本为"仁义之土"、"礼仪之邦"，有悠久的慈善传统和丰富的慈善实践，因而成为一种民族传统美德。儒、道、佛三教虽然各有自己的信仰特征，在具体表现上有所不同，但恰恰是在"慈善"这个问题上，"三教"甚至表现出更强的特征。尤其值得注意的是，近十年来，"慈善归来"已经不是什么稀奇事，甚至更不是什么宗教信仰，其中许多"慈善"行为已被接纳为社会主流价值，"慈善"事业也日益恢复并不断发展着，早已不是旧时代天经地义和一成不变的信念、信仰和伦理，而是一个在变革和变化中需要澄清和重新界定的新概念，需要我们从心理、伦理、信仰和宗教的多重角度去理解，才能看清并且理解我们身边发生的重大变革。事实上，"慈善"说在西方心理学和伦理学上，所指乃是一种"利他主义"（altruism）行为。一般地说，"利己主义"倾向于"性恶论"，而"利他主义"则导向"性善论"。据说，法国社会学家哲学家孔德（1798—1857）持有理性主义的立场，一直反对用天主教会和基督教神学来管制社会，但他仍然认为："利他主义"需要有宗教的情感和伦理来支撑，以克服人性的自私，也就是说，在一个理性的社会里，仍然需要宗教信仰来维持人性的完整。这倒也是有意义有远见的见解，值得人们深思。

如果从学术的角度上看，那么无论是佛教，还是其他宗教，学问都是很深奥的，尤其是其中的哲学思想，很值得研究。宗教中最令人费解的是，它何以"长存"？著名文化人类学家基辛的回答是：

"宗教强化了人类应付人生问题的能力，这些问题即死亡、疾病、饥荒、洪水、失败等等。在遭逢悲剧、焦虑和危机之时，宗教可以抚慰人类的心理，给予安全感和生命意义，因为这个世界从自然主义的立场而言，充满了不可逆料、反复无常和意外的悲剧。"（《当代文化人类学概要》第215页，浙江人民出版社，1986年版）认真研究宗教特别是佛教，从其中吸取有益的营养，用以发展我们的新文化，是很有必要的，过去那种"左"的思想和做法，应当彻底摒弃。

再如"和"字，则完全是中华民族传统文化和文明的一个十分重要的人文理念。

众所周知，中华民族传统文化博大精深，但如果有人问，其精髓是什么？可能有一半人回答不上来。著名学者季羡林说：

> 自古以来，中国就主张"和谐"，"礼之用，和为贵，先王之道斯为美"。和谐这一伟大的概念，是我们中华民族送给世界的一个伟大的礼物，希望全世界能够接受我们这个"和谐"的概念，那么，我们这个地球村就可以安静许多。从中国文化的传统来说，我们是不讲弱肉强食的。张载在《西铭》中说："民，吾同胞；物，吾与也。"民，都是我的同胞兄弟；物，包括植物都是我的伙伴。这就是中国的思想。"和谐"这个概念，有助于全世界人民互相理解、互相尊重、互相爱护。

他经常说："我很喜欢陶渊明的四句诗，实际上这也是我人生的座右铭，即：'纵浪大化中，不喜亦不惧。应尽便须尽，无复独多虑！'我觉得这首诗中就充分展现了顺其自然的思想。我觉得'顺其自然'最有道理，不能去征服自然，自然不能征服，只能天人合一。要跟自然讲交情，讲平等，讲互相尊重，不要讲征服，谁征服谁，都是不对的。"

原来，季先生的"和谐"论，有三个层面的内容，即人与人和谐、人与自然和谐、人内心和谐。现在，人们对于"和谐"的理解，还只局限于前两个层面，罕见有人关注到"和谐"的真正基础，是"人内心和谐"。季先生就深知"人内心和谐"的艰难不易。有一次他与友人谈到这个问题时，慈眉善目的他瞬间变得严肃起来，略带忧虑地说："和谐是一种文化。我要讲的是天人合一，人人合一，个人合一，三个层次，缺一不可。而个人合一很重要，讲的是个人修养。读小学的时候，我就上过一门课，叫'修身'。修身、齐家、治国、平天下，这是中国人传统的道德理想。"

可见，哲学上的"和"，或者说"和谐"，意义是十分深刻的。从指导中国人的社会理想，到个人形象要"和气待人"、"和蔼可亲"，到家庭团结"家和万事兴"，处世准则"君子和而不同"，到商务活动"和气生财"，到治国理念"和为贵"，一直到人类理想境界的追求"世界大同"……和的理念无所不在，贯彻始终。这与西方的"物竞天择，适者生存"的斗争哲学、

"弱肉强食"的丛林法则是完全不同的。中国人对大自然的赞美是"和风细雨"，甚至转义到人们不同意见的争论也要求"和风细雨"。我们今天就是要吸收"和"这一中华文明的重要元素，以建设一个"和谐社会"、"大同世界"。

"和"的最高境界，或者说其终极理念，是"天人合一"。对此，季羡林也有一个完整的解释。他说：

> 我不把"天"理解为"天命"，也不把"人"理解为"人生"。我认为"天"就是大自然，"人"就是我们人类。天人关系是人与自然的关系。我理解的"天人合一"是人与大自然合一。同大自然交朋友，彻底改恶从善，彻底改弦更张。只有这样，人类才能继续幸福地生存下去。人与自然相亲和。这不是要铲除和消灭西方文化，而是在西方文化已达到的基础上，更上一层楼，把人类提高到一个前所未有的高度。

这也就是说，"和"还包括有人与自然的关系，中国人自古强调的"天人合一"、"道法自然"，都是说人与自然是结合为一体的，人要按照自然规律行事。

据说，国学泰斗钱穆先生在台湾去世前，提出中国文化最具价值，并且最能够贡献于世界的，就是这个"天人合一"观。

长沙的奋斗目标是以"千年古城，人文长沙"为城市品牌，坚持实施文化强市战略，弘扬"心忧天下，敢为人先"的长沙精神，突出国际文化形象基地、国际文化创意基地、国际文化旅游基地、国际文化交流基地、国际文化娱乐基地、国际文化人才基地建设，形成与全面小康社会相适应的文化大繁荣大发展的新格局，建成具有深刻历史内涵、崇高精神追求、强大文化实力和广泛影响的国际文化名城。这里说的"人文"，内容固然是多方面的，我们认为，归根结底，还是"天人合一"观。其中至少有这三个"和谐"：

一是人与自然的和谐；

二是人与人的和谐；

三是个人和谐即人的内心和谐。

一言以蔽之，是以科学发展观为指导，坚持经济、政治、文化和社会诸方面的可持续协调发展，为努力构建"和谐社会"与"和谐世界"做出应有的贡献。

构建社会主义的和谐社会，是科学发展观的直接指向，就是要以人为本，全面、协调、可持续发展，是"天人合一"观在社会建设层面的必然要求和逻辑展开，拓展了新的历史阶段我国社会主义现代化建设的总体新格局。

按照"天人合一"观，人与自然的和谐，就是要求按自然规律办事，不要违背自然规律。一般认为，人类经济发展与自然生态的关系，大体经历了三个阶段：第一阶段是人类开展简单的生产活动，对生态环境影响较小；第二阶段是人类对自然进行掠夺式开发，使生态环境遭受严重破坏；第三阶段是人类在适应自然规律的前提下，把发展经济与修复和保护生态环境统一起来。目前我们正在由第二阶段向第三阶段过渡中，需要注意着力研究如何在修复和保护生态环境中发展经济，实现二者的统一。

生态系统是包括人类在内的生物的"衣食父母"。但在过去很长的历史时期内，人们企图主宰自然界，出现了不少违背自然规律的行为，使生态遭受了严重的破坏，反过来也使人类自身受到了自然界无情的惩罚，不仅遭遇了大大小小许多灾害，而且导致了今天所面临的严重资源和生态危机，这是大家都记忆犹新的。前事不忘，后事之师。在现代化建设的今天，我们必须以清醒的头脑，高度地认识和警惕这个问题，在发展经济的过程中，时刻遵循"天人合一"观，不可任意妄为，不可随心所欲，不可头脑发热。须知，保护生态与发展经济是可以统一的，并不是对立的，但这要有个前提，那就是适应自然的要求，按照自然规律去发展经济。人类生存、发展都要依靠生态条件，据科学家考证，从约 35 亿～40 亿年前地球上生命产生起，各个生命体之间、生命与周围环境之间就建立起生态系统，历经长久进化、演变和复杂的相互作用，形成了全球性的生态系统——生物圈。直到今天，人类和整个生物界都必须依赖它而生存。在发展经济与保护生态方面，历来存在有两种绝对化的错误观点：一种是把保护生态绝对化，主张放弃经济发展，完全退回到原始状态；一种是把保护生态边缘化，仍然坚持先经济后生态。这两种观点都不科学。事实上，发展经济与保护生态之间，有一个兼容的范围，在这个范围内，可以在适应生态要求的条件下开展生产活动，改善生活条件。这个范围被称为"生态—经济兼容阈际"，在这个阈际范围内发展经济，就形成了生态生产力。生态生产力有两个特点：一是要在"生态—经济兼容阈际"范围内发挥功能，超越了这个阈际，就会遭受到破坏。在这个阈际范围内发展经济，就可以实现经济和生态双赢。二是不能孤立地发挥作用，而需要同科学技术及物质生产力相耦合，形成"全元生产力"系统。所以，我们既要按经济规律办事，又要按自然规律办事，实现人与自然和谐发展。

依托和运用生态生产力，开拓新的经济增长点的基础形式，实际上就是把遵循自然规律与遵循经济规律统一起来的循环经济。从宏观上看，人类是在与自然界不断进行物质和能量交换和循环中生存和发展的，经济发展、社会进步都必须以一定的物质和能量消耗来支撑。循环经济就是人工再造一个生态循环圈，从中可以开拓出新的经济形态。在这方面，我们目前还刚刚起步，但前景是极其广阔的，当然需要研究解决的问题也不少。具体地说，包括以下几个方面：根据生态要求进行产业和产品创新，大力修复生态环境，例如发展环保产业，延长产业间、企业间的生态产业链；用生态理念提升传统产业，改造恶劣的生态资源，例如治沙、治水，节约资源，发展生态型消费品，特别是食品药品，等等。当然，在发展生态生产力的过程中，同样有许多问题需要研究解决，其中首要的是正确处理利益关系。眼下，很多人把生态和经济对立起来，过于看重短期利益，认为生态工程、生态产业、生态产品成本高、效益低。实际上，这是不全面的。科学发展的效益应该包括经济效益、社会效益、生态效益，从时段上说包括长期效益、中期效益、短期效益。虽然生态项目的效益多数是中长期效益，相对而言要多花一些成本，但它夯实了可持续发展的基础，因而是值得的。有的也有短期效益，如回收废料、生产生态食品等。发展循环经济，既有长期效益，又有短期效益。这里的关键是，要牢固地树立"天人合一"观，算好生态成本和经济成本的大账，自觉地走科学发展之路。（参阅 2011 年 10 月 21 日《人民日报》关于"生态生产力"的论述）

按照"天人合一"观，人与人的和谐，首要条件是，要有一个好的能够给人们提供幸福感的健康的社会生态。任何社会都是人的社会，人与人的和谐，是建设和谐社会、和谐世界的必要条件。没有人与人的和谐，焉能有和谐社会与和谐世界？人活天地间，无非一要生存，二要发展。人的生活状态如何，能不能在生活中获得一种幸福感，与社会生态的状况有着直接关系。因此，积极社会管理的一个重要目标，就是要营造一种好的、健康的社会生态。

首先，它应该也能够给人们提供机会和希望。好的社会生态最基本的含义，就是能够给更多的人提供生存的机会，即具有一种热带雨林效应，能够凭自己的辛勤劳动，谋得生活下去的机会。这些年的城市建设，往往不是在保护这个生态，不是在改善这个生态，而是在破坏这个生态。某些地方，城市越来越漂亮，但那里人找口饭吃的机会却越来越难。高楼大厦拔地而起，马路越修越宽，现代化设施越来越多，人们要在这里找口饭吃，尤其是穷人在这里找口饭吃，可能还不如从前。许多城市的就业问题突出，与城市社会生态的状况是联系在一起的。有数据显示，中国大学生每年选择创业的比例为5％，创业成功率平均为3％，而美国的大学生创业成功率为20％，两者的差距高达7倍。可见这是个多么重要的问题。

其次，它应该也能够鼓励人们遵守规则和维护社会生活的秩序。在一个社会里，人们会不会遵守规则，不仅仅是个道德或规则意识的问题，在很大程度上取决于其社会生态的状况如何。有的社会生态中，遵守规则会受到鼓励，破坏规则会受到惩罚；有的社会生态中则完全相反。这些年来，人们最头痛的问题，就是食品安全问题，吃什么都不放心，类似"毒奶粉"那样的严重事件，层出不穷。这已经不是什么道德问题，早已成为我们这个社会里最让人恶心的"毒瘤"，其背后的原因往往就是社会生态的恶化，其结果之一就是非制度化生存现象的出现。非制度化生存，指的是一个人、一个企业甚至一个行业，如果完全遵守规则就不能生存，而只能靠违反或破坏规则才能生存。可见，只有营造一种健康的社会生态，才是解决这个问题的根本出路。

再次，它应该也能够给人们提供安全感和确定性。安全感是人们的基本需求之一，由不确定性造成的焦虑感，则是导致安全感降低的重要因素。旧社会里，虽然社会黑暗，但在某些城乡，还是有"日不关门，夜不闭户"的现象存在，现在的城市里却经常有青天白日下的道路抢劫和入室盗窃等等恶劣犯罪事件发生，以致夜出不安全，凡事生焦虑。所以，一种好的社会生态，要能够通过制度的确定性和可预期性，降低人们的焦虑感，这也是提高人们幸福感与和谐度的一个重要方面。经济社会环境的确定性，涉及社会保障制度、财富的稳定性、职业和收入预期的稳定性以及货币稳定性等诸多因素，所有这些，都只有一种好的社会生态才能提供。

值得注意的是，我们现在这个社会里，普遍存在的问题是分配不公、贫富不均，官本位所导致的"要官""跑官"，特别是个别官员的贪污腐败，还有好逸恶劳、浮躁及违法犯罪等现象，更是屡见不鲜，这都是社会生态不良的表现。所以，当前建设和谐社会，不仅要继续切实抓好经济增长方式的转变，倡导科学的生产和生活方式，加强环境保护和污染治理，实现人与自然的和谐发展，还要切实做好改革开放成果让全体人民共享的工作，切实缩小收入分配上存在的两极分化趋势，特别是要规范收入分配的秩序，坚决调节由于垄断等因素产生的不合理收入，采取各种措施提高低收入者与弱势群体的收入。

当然，人与人的和谐，有个共同基础问题。在我们这个社会主义社会里，实现社会人群和谐的基础，就是常说的思想共识。这种思想共识，具体表现为共同理想与核心价值观。俗话说："人上一百，各样各色。"同是中国人，有男有女，有老有少，东西南北，各有特点，当然各有思想。但同是中国人，都是炎黄子孙，又有共同目标和共同理想，只要目标相同，理想一致，就有和谐的基础。想当年，当中华民族面临危亡的时候，在救亡图存的目标下，全国人民不是团结一致，最后抗战胜利了吗?! 今天，我们共同的理想和核心价值观是什么，不就是振兴中华、实现四化? 所以，大家都有这样的共同理想和价值观，和谐就有基础。

按照"天人合一"观，实现个人内心的和谐，有许多因素和条件，但关键却是人的精神素质，这就是常说的人的现代化问题。

人的现代化，比起城市现代化来说，要显得更为切实而重要，也更复杂。因为城市的主角是人，如果没有人，现代化的城市也只不过是一座空城。但如果这里的人，不是现代化的，即没有现代化的素质，那么这个现代化的城市里，人与城就会发生矛盾，这种矛盾不仅不能协调，反而会产生破坏作用，即使有很好的现代化设施，最终也只不过是一堆废品。所以，专家认为，人的现代化，至少要与城市现代化同步进行。因为，人的现代化不仅需要一定的文化素质，更需要一定的心理素质。后者鲜为人知，也常常被世人所忽视，事实上，现代许多疾患，相当一部分是属于心理疾患，或者说由心理疾患所引发的。文化素质与心理素质，也统称为精神素质。这种精神素质可不像建筑物那样，可以一天两天，一个月两个月，乃至一夜之间，就可以培养建设起来的，它需要文化的教养和时间的锤炼。社会主义精神文明建设，就是要用新的"人文"思想和精神培育人。现代新人文思想的精髓或者说指导思想，就是马克思主义。

前面谈到人的理想和价值观，这里说的精神素质，都属于"心"的范畴，是人的意识形态，或者说是精神状态的东西。人们常说的"身心健康"，"身"是身体，"心"就是指人的精神素质。后者可不是一朝一夕能够形成的，它需要时间，需要一定的文化培育。这种培育人的文化，我们称之为"人文"。

中华民族的传统文化中，"人文"思想是很丰富的，儒家文化几乎就充满了人文思想，湖湘文化亦然，不过都已经是旧"人文"了。长沙所要打造的文化品牌中的"人文"，固然要继承其中的精华，但较之旧"人文"要更宽广，更成熟，更先进，更具有时代精神，因为它是与时俱进的现代新人文精神。但无论是旧人文还是新人文，都离不开文化。

6. 文化之力

· 道德修身，利家利人利国，生命高歌，智慧登攀极致
· 文化立市，自觉自信自强，星沙腾飞，国际驰名更著

文化这个主题，是我们走访长沙一路上思考得最多的问题。这不仅因为它无时不有、无处不在，与我们的生活息息相关，更在于它是长沙这座历史文化名城的核心和长沙市正在打造的"千年古城，人文长沙"这一文化品牌的题中应有之义。

文化这个词，在英文里写作"culture"，其最初的含义是指耕耘土地。到了16世纪，其字面意思逐渐演化为对心灵和智力的培养。从19世纪初开始，含义变得更加宽泛，意指整体上的智力文明进步和精神文明发展。"文化"其实是个外来词，中国最早的创造则是"人文"说，中国人自古就强调并且十分重视人文价值。几千年前中国最早的学术著作《易》经上就提出：

> 刚柔交错，天文也。文明以止，人文也。观乎天文，以察时变。观乎人文，以化成天下。

这里讲的就是，观察研究人文，用以教化天下人，才成其为人类社会。中华民族五千年漫长的历史发展中，形成和积淀了中华文明十分厚重的人文理念和优秀的民族文化传统，是我们宝贵的历史财富。湖湘文化就是以之为思想核心的地域性文化，同样是宝贵的，仍有其现实性的价值。

文化在今天，就像一个大箩筐，几乎什么都可以放进这个"筐"里，不仅包括精神层面的生活，而且包括一个民族或社会的全部生活方式，甚至包

括了"地球上被人类创造而存在的每一个事物"。不过，在一般的意义上，人们所理解的文化，还是有广义与狭义之分。广义指的是人类社会在历史实践过程中所创造的物质财富和精神财富的总和，狭义指的是社会的意识形态，以及与之相适应的制度和组织机构，是一种历史现象。每一社会都有其相应的文化，并随着社会物质生产的发展而发展。作为意识形态的文化，是一定社会的政治经济的反映，又作用于一定的社会政治和经济，在有阶级的社会中，它具有阶级性。随着民族的产生和发展，文化具有民族性，通过民族形式的发展，形成民族传统。文化的发展还具有历史的连续性，社会物质生产的发展连续性是其发展历史连续性的基础。文化内涵的这种丰富性，是人类追求自由、自觉实践活动本质的显现，也是文化自觉与自信的结果。

历史和现实一再表明，一个民族的觉醒，首先是文化上的觉醒；一个民族、一个国家乃至一个党的力量，很大程度上取决于其文化自觉和文化自信的程度。是否具有高度的文化自觉和文化自信，不仅关系到文化自身的振兴与繁荣，而且决定着一个民族、一个政党的振兴和发达，关系着国家的前途和命运。一个社会如果没有文化上的充实和丰盈，就谈不上有真正美好的生活。我们今天讲改善民生，如果不改善文化条件与环境，那么这种改善必定是粗鄙的、浅层的和片面的；讲幸福指数，如果没有文化这个举足轻重的重要元素，那么这种幸福指数也就可能是失去内在特质的低层次的生存指数。从这个意义上说，文化是一个民族生生不息的血脉与灵魂。社会的发展，最终要以文化的概念来界定，文化的繁荣是社会发展的崇高标尺。由于它以向往高尚和追求文明为宗旨，以文化主体自身的强壮和武装为特征，因此必然会成为推动文化发展和繁荣的思想基础与先决条件。文化的本质是思想，而思想总是同一定的价值取向联系在一起的。不管是哪一个共同体生产出来的文化，从根本上说，都是维护其共同体利益的。所以，我们要有高度的文化自觉，确立文化主体意识，形成我们自己的核心价值体系。一个国家和民族，如果丧失了文化自觉和文化自主，总是跟在别人后面跑，那是十分危险的，其文化安全也不可能有保障，对于一个省、一座城市来说，亦何尝不如是?! 一种文化也只有真正强大起来，才会有真正意义上的自觉和自信。要之——

文化是一种人生，应当拥有；

文化是一种智慧，应当获取；

文化是一种责任，必须担当；

文化是一种表达，要学会演绎；

文化是一种生活方式，要争取自觉养成；

文化是一种力量，文化的自觉、自信与发展，将为我们提供足够的精神动力和持续强大的智力支持。

由是而观，打造"千年古城，人文长沙"的文化品牌，是顺乎时代新潮、适乎人群需要的必然选择和最佳方案。

文化之所以有力量，是由其性质、内容和功能所决定的。

文化的第一功能，是规范管理和自我管理。规范一个社会秩序有两个东西，一是刑法，二是文化。文化是一个民族的精神规范，它虽然不是刑律，但已经成为精神意义上的刑律。其与法律刑制一起，担当着社会秩序的管理工作，其所起到的社会约束作用，有时甚至超过刑律。后者是物质法制，前者是精神法制；后者是表层法制，前者是深层法制；后者是强制管理，前者是自我管理。例如，中国传统中的"义文化"与传统伦理理念，就是这样的精神法制、深层法制与自我管理。

中国传统文化的核心价值，用现代语言来表述，就是强调自我管理。这在儒家经典《论语》、《大学》、《中庸》、《孟子》"四书"中，表现得最为充分。古人常说的"正心诚意修身齐家治国平天下"，所强调的就是个人修身的重要性。至于道家和佛家，关于个人修行的论述那就更多了。佛家自不待说，且说道家吧，强调活好当世，认为人生在世，不如意事常八九，不开心是很自然的，关键是自己追求怎样的人生，如何做好名利追求与物质享受之外的心理平衡。著名的庄子"逍遥游"，更是一种高级的自律，他提倡物我两忘，顺遂天地万物之本性，通过成就他者的逍遥而获得自己的逍遥，这种逍遥不同于一般人的逍遥，它能够游于无穷、无所依恃，达到最高意义上的自由。当然，这方面论述最多，要求最严格的，则还是儒家，其"礼义廉耻"、"忠孝节义"、"仁义礼智信"等"义文化"为核心的伦理观念，普及于全民族。自古便有"四维不张，国乃灭亡"说，"何谓四维？一曰礼，二曰义，三曰廉，四曰耻"。这些，在旧时代里，几如铁的精神刑律。虽然深深地打上了旧时代的烙印，但其中某些积极合理的因素，是直到今天仍有借鉴和继承意义的。即以"耻"来说吧。中国历史上不是宗教立国的国家，也不是"神"的国家，而是"人"的国度，所以"耻"文化尤其突出，被"神"责难，会有"罪"的感觉，被"人"耻笑，会有"耻"的感觉。典籍中关于耻的论述比比皆是，《论语》上就强调"行己有耻"，孟子教育其学生"不可以无耻"，说的都是作为"人"要有自尊自爱之心，以知耻之心管理好自己的言行。人与禽兽，虽皆是动物，但差别却如霄壤，最大的差别就是人能"知耻"，"羞耻之心义之端"、"立人大节为廉耻"，而禽兽无。人生道路上有许多陷阱，人类性格中有许多弱点，要时刻管好自己，不要做出令人羞耻的事情，丧失了耻辱心，否则就等同于禽兽了。《论语》上又说："道之以政，齐之以刑，民免而无耻；道之以德，齐之以礼，有耻且格。"可是，现代的贪官犯赃，怕的是刑法，就是不怕"羞耻"二字。虽说法网恢恢，却也有漏洞，而道德自省则是无处不在。由是而知，只靠刑法而不教育人明德知耻，就不可能从思想根子上拔除腐败。康有为说"风俗之美，在养民知耻"。纠正社会风俗，提升民族素质，要从知耻做起。

"八荣八耻"就是由此发展起来的一种现代道德自律思想。大家都知道，市场经济社会中，市场有一种调节功能，那就是市场调节，由市场供求规律起作用。但仅靠市场调节是远远不够的，还必须有政府调节，要依靠政策法律法规加以贯彻。此外，还有第三种调节，那就是道德力量的调节。在没有市场调节和政府调节的时候，道德力量的调节是唯一的调节；有了市场力量调节和政府力量调节以后，仍然需要道德力量的调节。如果市场调节下缺失了道德力量的调节，那市场调节就是缺乏效率的。政府调节也一样，仍然离不开道德力量的调节。这种道德调节的力量，就是人的自律。没有自律，谈不上道德力量的调节。自律又分两种：自我约束和自我勉励。光有自我约束还不够，人处在消沉、失望甚至绝望时，要有自我勉励的能力。自律的本质，就是自我管理。发展文化的目的之一，就是要不断提高全社会道德自律的自觉能力。

文化的第二功能或者说目的是"教化"。

文化这个概念常常意指为精神文化，它包括世界观——哲学思想、科学、艺术、道德、教育、社会的风俗习惯、民族和阶级、法律等人类精神活动及其产物等等，文化的发展和性质，不仅取决于经济基础，而且随着经济基础的变化而变化、发展而发展。

任何文化，都是人创造的，人又为文化所创造。就是说，人创造了丰富多彩的文化，文化也创造了人。所以，要了解文化，必须了解人和人的本质。

马克思说，人是社会关系的总和，从这点上说，人是社会动物。人与动物的区别在于，人有文化，动物的行为是本能，而人的行为选择标准是文化。正如威尔海姆·奥斯托瓦尔所说："人种区别于所有其他动物的这些特殊的人类特性，只有在文化内才能被理解。因此，把研究特殊的人类行为的科学称为文化学，也许是最恰当的。"

文化是社会进步的阶梯，也是人类进步的阶梯。文化既是人类进化的产物和结果，又是人类进化的手段与过程，文化通过培养思想实现进步，文化又是思想发展的手段，人类之所以成为人类，就是因为人有思想、有目的、有欲望、有需求地学习。所以说——

"人是文化动物。"

人靠文化站立起来，并在文化中生活。人如果没有文化，就像失去空气一样无法生存。因为人不是生活在一个纯粹的自然世界中，而是生活在一个历史的世界中，生活在一个文化的世界中。如果解剖"文化"，不难看到，文化本身有其特定的结构、内容、形式与功能，是一个有机的组合，并非一大堆事象的杂乱丛集。各种文化，无论是中国的，还是外国的，也不论是古典的，还是现代的，乃至后现代的，它们都不是各自独立、片段地存在和发展着，而是组合、从属于一个有机的整体。在这个整体中，人是文化的核心。

文化的范围，可真是包罗万象、涵盖万有，但在实质上，又都统归于一点，那便是"人"。文化时时处处离不开人——哪里有人的活动，哪里就有文化的踪迹。反过来说，一切文化现象的根本意义，都在于指向创造它的人，各种文化现象都映现着人的本性及其价值与追求。就是说，文化是人的本质的展开、表现和人的本质形成的原因。人通过创造，使自己主体的意识客体化为一些对象，也通过创造使客观的物质符合自己的主观要求，因此而创造出一些东西，创造出一些方式，来满足自己的需求。正是在这个创造的过程中，人把自己塑造成为文化人。所以，有人说：文化是"人的本质力量的显影"，是从人的需求与能力生发出来，并围绕着人而展开的，各种文化成分有其共同的根子和相互的联系。

上引《易经》上那段话告诉我们，以文明使人止于应有的分际，这是人的文饰。观察天的文饰，以明察四季时序的变化；观察人的伦常秩序，以教化天下，达到转移风俗的目的。由此可见，文化的含义本质上就是"文治"与"教化"，其核心正是人自己。所以，有人说："文化"就是"人化"，或者说"人类化"，是人类价值观念在社会实践过程中的对象化，是人类创造的文化价值经过"文化符号"在实践过程中进行传播的。这一实践，既包括内在文化产品创制，也包括人自身心智的塑造。西方文化中，有"上帝造人"的宗教，中国传统文化中，也有女娲造人的神话。科学史证明，人的生命是自然发展的产物，但人不是生活在一个纯粹的自然世界中，而是生活在一个历史的世界中。因此，人的建设与发展，是历史文明的造化，归根结底是人自己，绝不是上帝。人不是神，也不是仙，人就是人，"人是文化的存在"。人类创造文化既把自然人化，同时也把自身更加人化，从而把人和动物从根本上区分开来，人类在创造文化的同时，文化也日益完美而丰富地塑造了人类自身。总之，是人创造了文化，文化也塑造了人。这个世界上，无论中外，都没有与人无关的文化，也没有与文化无关的人。人是与文化同在的，在人类不同的历史发展阶段上，都有相应的文化存在。文化的累积，就是文明的发展，都是人的创造的产物。人的创造活动，构成了一个"人的世界"。这个"人的世界"，随着人的创造活动的发展和提高，也随着文明的发展和提高，不断地完善和发展着。所以，文化是"人的世界"不断走向文明和完善的原动力。正因为文化具有这种"教化"和"文治"的终极功能和内在动力，所以，发展文化的终极目的，就是使人自身得到全面的解放和发展，这也正是马克思和恩格斯企望的"人的解放"。

文化的第三功能是引导我们学会做人、学会做事、学会生活。

有位哲人说过：

> 种下一种思想，收获一种行为；
>
> 种下一种行为，收获一种习惯；
>
> 种下一种习惯，收获一种个性；
>
> 种下一种个性，收获一种命运。

人人都想有个好的命运。但好命运却并不是从天上降下来的，也不是神仙或者是什么人可以恩赐的，那得靠个人努力奋斗。因此，要学会做人，学会做事，学会生活。只有学会做人，才能立足于天地之间，立足于社会之中；只有学会做事，才有生活的基础和资本；只有学会生活，才能享受生活。而要获得这三个"学会"，固然需要父母、家庭、学校、社会的教育，但在根本上，却是源自于文化。因为文化不仅是知识，也是思想、品德、智慧，还有技术、技艺、能力、方法……它是包罗万象的。古人的"修身，齐家，治国平天下"，将"修身"放在第一位，就是要求先要学会做人。如此，做事和生活才有根本。这是中国人文思想中的精华，也是湖湘文化的思想核心，还是岳麓书院的办学宗旨"盖欲成就人才，以传道而济斯民也"（张栻语）中之"道"。

可惜的是，现代教育忽视了这个问题。我们现在的学校教育，虽然指导思想是德智体美全面发展，但在实际上，却往往注重于智育，往往更多的是教学生以知识，如何升学，例如从升中学到考大学考研乃至考博，都有考题和答案，而且还有"模拟训练"，还有如何找个好工作，所学的也多是谋生的知识、技能、智慧，比较而言，品德的教育不太重视。结果很多学生谋生的本领、竞争的能力很强，但是道德修养不够，目空一切，非常自我，做人自私自利。整个社会，从物质财富、经济水平角度来看，确是发展得非常迅速，但在其他方面，比如思想品德或社会公德水平上，普遍有所下滑，就是人们常说的"道德失范"或"道德滑坡"。这种社会发展就不是一种平衡的发展，这种社会进步就不是一种健康的进步。温家宝总理有一次在答记者问时谈到，中国的现代化绝不仅仅指经济的发达，它还应该包括社会的公平、正义和道德的力量。把我们的下一代教育成为有公德心、有道德感的一代，这是攸关国家生死存亡的大事。国家非常强调弘扬爱国主义、集体主义、社会主义思想，强调增强诚信意识，加强社会公德、职业道德、家庭美德、个人品德教育，发挥干部模范的作用。其实，这些精神理念，在我们五千年传统文化中都有很多体现，而我们现在对传统文化的弘扬却远远不够，许多人对自己优秀的民族传统文化特别是如何修身做人的文化，丝毫没有兴趣，这是多么危险啊，后果真不堪设想。

且看现实吧！现在，整个社会存在严重的拜金主义倾向，大家都在追逐名利，连昔日神圣的大学都安放不下一张做学问的宁静书桌了。钱当然是重要的，但是钱不能买来真正的快乐。想想 20 世纪 60 年代吧，那时，经济没有起飞，生活非常艰苦，吃得不好，穿得也不好，但人们很快乐。现在虽然经济水平提高了，可是许多人却越来越忙，家人在一起的时间也是越来越少，这难道就是幸福？追求个人的利益和更美好的未来，这是应该的，也无可厚非。但我们在充实自己的硬实力、提高我们的竞争能力的同时，也要提升软实力；在追求名利的时候，要手段合法、奉公守法。当今社会某些有钱人，赚钱手段不合法，或贪污，或盗窃，或欺诈，或蒙骗，无所不为，他们或许真是风光一时，一旦东窗事发，却什么都没有了——赚的钱没有了，名没有了，利也没有了，结果不是身陷囹圄，就是身首异处。即便没有落到这个地步，但在他们的生活和家庭中，却有许多家庭矛盾、财产纠纷，甚至是家庭暴力；很多年轻人精神空虚，毫无高尚追求，社会上充满种种不良的信息或暴力，如此等等，各种各样的问题层出不穷。所有这些，都根源于什么，难道不应当深长思之么？

不错，人皆有趋乐避苦之心。趋乐避苦也是不同文明用来定义自身的另一个判断标准，几乎所有在文明史上具有重要影响的宗教，都思考过痛苦以及排除的方法。宗教对其信徒的主要吸引力，是承诺他们在未来的天堂里可以摆脱痛苦、得到真正的快乐。但是不同的宗教在分析人的状况方面，却也有着重大的区别，这方面的区别解释了各种文明的特性差异。但无论任何一种宗教，都有其关于"有意义"或"理想"生活的界定和追求。我们不是宗教徒，我们有自己人生的理想和对美好生活的追求。为此，确实需要一定的收入，来保障我们的生活。但是对于金钱（还有权力），我们却应该采取一个正确的态度，否则物极必反。追求名利（或权势），容易缺少智慧。要将金钱放在恰当的位置，不要成为金钱的奴隶。因为，对于人来说，除了名利之外，还有很多值得追求的东西，比如学问、知识、技术、良知、道德，还有观察力、判断力，等等。如果单纯去追求某一样，很容易走向极端，即使有智慧，也会陷入"聪明反被聪明误"的泥坑。

现代社会，人们经常用硬实力、软实力来比较一个国家、地区或城市的强大与否。硬实力指什么呢？从国家层面来讲，指的是国家的经济、军事力量，从个体层面来看，则是每个人的学问、能力、技术、社会地位和竞争力等等。软实力，从国家层面来讲，指的是整个国民素质与人的和谐，社会、文化传统以及国际影响力等等，从个人的层面来看，就是诚信、慈悲、正确的价值观等等。一个人、一个企业、一座城市、一个国家的实力，必须建立在道德文化的软实力的基础上，重视对人的人格品德的培养，让每个人都学会做人、学会做事、学会生活，这是现代社会最重要的基础。

"君子之德如风。"着眼于塑造高尚的道德与人格，以榜样的力量鼓舞人、引领人、塑造人，由此深入推进民族灵魂、民族信仰、社会公德、家庭美德、个人品行的建设，形成高尚的文化追求、健康的生活方式与良好的社会风尚——这就是文化的功能发挥，是当今文化建设的神圣使命。

文化的功能当然不止这些，但仅从上面几点来看，文化之力确是十分神奇的。

人们不是十分爱好旅游吗？从旅游中人们不难体验到文化的功能和力量。从恩格斯的一则故事里，不难发现绿色文化的魅力——

那是 1841 年的夏天，年轻的恩格斯曾经因为失恋而感到十分痛苦。为了尽快地摆脱这一痛苦，他"带着一个月前还是无限幸福，而现在则感到被撕坏了和荒凉了的心"，去外地旅游。他翻越阿尔卑斯山，登上禹特利山顶峰，欣赏了苏黎世湖的秀丽景色。在壮阔优美的大自然的怀抱里，原先那由于失恋所引起的不平衡心理，终于调谐平衡了，因而满怀轻松愉快的心情，"揩拭"了"爱情的痛苦"，诚如他自己所写的那样：我在那里——

> 更深地沉浸在情感的海洋……个人的悲伤和痛苦涌上心头，但仅仅为了在大自然的壮丽景色中得以怡然开脱，溶化在温暖的生活协调之中。……在带有个人色彩的痛苦中，还有什么样的痛苦比最高尚和最崇高的痛苦——爱情的痛苦——更有权利向美丽的大自然倾诉呢？（转引自海因里希·格姆科夫等著：《恩格斯传》，三联书店 1980 年版，第 42 页）

所以，恩格斯旅游归来后，专心致志于读书学习，还写出了一篇文辞优美的游记。至于失恋后的"爱情的痛苦"，早就丢到九霄云外去了。

恩格斯的这则故事告诉我们，旅游是一种高尚的文化活动。大自然里的五颜六色，那巍峨挺秀的青山，那蜿蜒晶莹的绿水，那树木葱葱的森林，那绿草茵茵的原野，那芳香馥郁的山花，奇石，溪涧，流云，红霞……就像传说中的"神药"，它能激发人的情感，陶冶人的情性，疗治人的创伤，诚如古人描写的："登山则情满于山，观海则意溢于海。"人们在游山玩水之中，尽情地享受着自然的美，常常陶醉于青山绿水中，流连忘返，不知不觉地受到了大自然美的洗礼，因而焕发出一股新的精神和力量，视野开阔了，胸怀扩大了，几乎每个旅游者，都会有这样的感受。在绿色文化上，长沙为人们所提供的绝妙的青山绿水，难道还少吗？岳麓山，黑麋峰，大围山，道吾山，沩山……湘江，浏阳河，沩水河……梅溪湖，橘子洲，月亮岛……长沙市的建设规划中，要将它们连成一条绿色文化旅游线。

还有红色文化。这更是长沙得天独厚的优势了。长沙城里的毛泽东早期革命活动纪念地，连缀为一条金色的"毛泽东成长之路"，浏阳的文家市和胡耀邦故居，记载有红军的诞生史和中国革命道路的开辟，长沙县的杨开慧、徐特立、许光达、柳直荀、李维汉……的故居，留下了中国革命历史和伟人毛泽东一家奋斗牺牲弥足珍贵的记忆，宁乡刘少奇故居和纪念馆，望城的郭亮陵园和雷锋故居……还有辛亥革命历史人物馆，特别是周边著名的伟人毛泽东故居、彭德怀故居，也将连接为一条红色文化旅游线，因而组合为渊博而浩大的中国革命历史文化的博物馆。它所记载、所展示、所论证的"为有牺牲多壮志，敢教日月换新天"的革命英雄主义和长沙精神，将会使每个旅游者从这里获得精神的力量和思想的滋补。这一红色文化的价值和功能，是世界上任何文化都无可比拟的。

至于历史文化，当然也是长沙这座历史文化名城的强项了。这里，有宁乡炭河里西周青铜文化，以马王堆历史文物为标志的灿烂汉文化，早在初唐便兴盛并且闻名于世界的铜官窑陶文化，兴于宋代的岳麓书院和城南书院的湖湘文化，还有三国简牍文化，古建筑文化……丰富多彩的历史文物遗迹，雄辩地印证了马克思恩格斯在《德意志意识形态》一书中这样精辟的论述，将使每个参观者受到深刻的马克思主义历史唯物主义的思想教育——

"历史不外是各个世代的依次交替。每一代都利用以前各代遗留下来的材料、资金和生产力；由于这个缘故，每一代一方面在完全改变了的环境下继续从事所继承的活动，另一方面又通过完全改变了的活动来变更旧的环境。"

"历史的每一阶段都遇到一定的物质结果，一定的生产力总和，人对自然以及个人之间历史地形成的关系，都遇到前一代传给后一代的大量生产力、资金和环境，尽管一方面这些生产力、资金和环境为新的一代所改变，但另一方面，它们也预先规定新的一代本身的生活条件，使它得到一定的发展和具有特殊的性质。由此可见，这种观点表明：人创造环境，同样，环境也创造人。"

同时，也将更切实更深刻地感受到中华民族悠久灿烂的文明，从而激发出华夏民族的自豪感和爱国主义精神。

"摇啊摇，摇到外婆桥……"或许，旅游参观者们，会触景生情，即兴唱起歌来，回味着历史的滋味，回味着人类的童年，也同时回味着自己的故乡和往事——在那里，外婆早已不在了，但那条河还在，那座桥还在，多少美好的记忆，会激起人们心中滔滔如流的多重深爱的诗情，从而持久地保持着昂扬向上的精神状态，投入到或开拓或创新的各项事业和更加朝气蓬勃的新生活中去……

还有宗教文化。宗教里的佛教、道教还有基督教、天主教、伊斯兰教等，在长沙都留存有大量历史文化的遗迹，现实生活中则有宗教的各类活动，特别是每当菩萨诞辰或某种节庆时，寺庙里的各类佛事，更是热气腾腾，香烟袅袅。现在一些年轻人，特喜欢在教堂里举行西式婚礼，那场面，那景象，倒也是十分壮观的。当然，长沙城里的宗教文化，在信仰自由的今天，也早已发生变化，或者说正在演化中。人们在旅游中，走进寺庙，踏入教堂，因此各有其表情或动作，这是必然的，不足为奇。人心各有所求，愿众心慈悲为怀，与人为善，多多行善，如然，"善哉善哉"！

此外，还有非物质文化、现代文化和饮食文化，长沙城里更是如火如荼。

文艺上的湘剧、花鼓戏、长沙弹词，充满了浓浓的湖湘特色；工艺中的湘绣、花炮，早已蜚声中外；饮食中的湘菜、美食，也是盛名远扬；近年来崛起的电视、出版、动漫、音乐、演艺、书画、歌厅、酒吧文化……亦开始崭露头角。

当然，亦毋庸讳言，在文化上，无论任何方面，长沙都远不能满足日益提高的大众需求，尤其是短缺精品，尚无有能走出省门、国门的经典。唯其如此，长沙在奋斗，在追赶，力争用几年的时间，矢志以文化立市和强市，让"千年古城，人文长沙"以崭新的面目屹立于华林，以融入世界的姿态，展露于国际文化的舞台。

如果说，有一种文化叫遗产，长沙人则要努力全面科学地保护好这个遗产，使之在新的时代里发扬光大；

如果说，有一种文化叫创造，长沙人则要让崇尚创造成为社会风尚；

如果说，有一种文化叫经典，长沙人则要培育出经典去追求文化的进步；

如果说，有一种文化叫潜能，长沙人则要将这种潜能转变为显能，把提升文化的能力，具体化为感知历史的能力，不惧艰辛与时俱进的能力，向科技借力不断创新的能力，让文化的春风化为充满人文关怀、忧患之心、爱国之情、文明之举的天人合一的新的时代精神。

因此，今天的长沙人，没有陶醉于曾经辉煌过的历史文化，正踏实稳健地去创造更加美好灿烂的未来。

这当然不是梦，而是必将到来的现实。

所以，我们歌唱长沙的过去，但十倍地歌唱她的未来！

7. 诗意栖居

- 东奔西走寻寻觅觅，人生得一佳处生活足矣，夫复何求
- 南来北去求求索索，斯世当以诗意栖居乐之，岂有甚望

　　湖南的建设规划中，有个宏伟的蓝图，那就是：要将母亲河湘江打造为东方的莱茵河。这对于长沙和湖南人民来说，无疑是一个令人振奋的福音。

　　莱茵河是欧洲一条著名的国际河流，德国称之为"父亲河"，是其境内最长的一条河流，也是仅次于伏尔加与多瑙河的欧洲第三大河，全长1320公里，发源于瑞士境内的阿尔卑斯山北麓，流经瑞士、德国、法国、荷兰等国家，在荷兰的鹿特丹附近注入北海。

　　"莱茵"这个词，在公元前4世纪居住在那里的凯尔特人的语言中，恰如我们的"浏阳"一样，是"清澈明亮"的意思。在历史上，它是一条充满着浪漫气息和神奇色彩的河流，是德国诗人梦中的人间乐园。歌德誉之为"上帝赐福之地"，剧作家克莱斯特称之为"大自然的乐土"，古罗马的一种钱币可能就是莱茵河最早的纪念品，刻有"莱茵之乐"的传奇。其优美的景色，曾吸引过19世纪英国著名画家、印象派先锋特耐尔，他于1817年带着素描本，从科隆一直画到美因茨，这些画如今价值千金；在著名作家、诗人和政论家海涅的笔下，那真是充满了绵绵的诗情与浓浓的画意，其所描写的莱茵河上的罗雷莱传奇，更是家喻户晓。"不知缘何我竟如此悲伤，古老传说始终萦绕心上……"，他的这一名句，早已成为多部歌剧的主题歌。

　　但是，这条美丽的河流，在二战结束后，却一度被破坏和污染得几乎成了"废水"。原来，随着德国等国开始大规模重建，大量取水排污，使得莱茵河承受了不能承受之重，不仅河水水质急剧恶化，而且周边生态也遭受到几乎是毁灭性的打击。其污染最严重的20世纪70年代，河水闻上去是"一股苯酚的味道"，自美茵茨至科隆这段约200公里的河段里，鱼类完全消失，局部地区水中溶解氧几等于零。

　　严重的污染，终于警醒了人们。莱茵河流域的国家，一致联合起来，以发展旅游业为契机，先后采取了构建水环境综合治理模式、制定紧密一体的规划体系、建设便捷通畅的交通网络、打造复合多元的旅游产品、建立高效

的旅游管理模式等五大措施，综合治理莱茵河，加快了产业转型、促进了国民经济增长，旅游产业的发展获得了巨大成功。

即以德国的鲁尔工业区来说吧，这里原本是欧洲最大的工业经济区域。从 19 世纪中叶开始，凭借其丰富的煤炭资源、离铁矿区较近，又有莱茵河这样充沛的水源、便捷的水陆交通等优势，把煤、钢、机械制造等作为该区域的支柱产业，奠定了德国经济的重要基础。然而，在 20 世纪 50 年代末 60 年代初，鲁尔工业区却步入了衰落期。其主要原因，一是煤炭资源逐步枯竭，开采成本高于同期的其他国家；二是空气污染严重。同时，工业化和城市化的发展，到一定程度时对钢铁的需求也相对下降了。为此，德国对鲁尔工业区的整治改造，被提到了议事日程，此后，通过发展文化创意产业，着力改造这一钢铁煤炭基地，促进经济结构多样化，在传统产业的基础上派生出新的产业，如工业设计、工业文化旅游等等。于是，鲁尔区 80％的劳动力逐渐地转向从事旅游、商业、服务等第三产业。尤其值得注意的是，该区在产业转型中，有效地嫁接了文化创意产业，形成了广受国际关注的鲁尔模式。文化创意产业因而成功地将鲁尔从一个重工业污染严重、只适合生产不适合生活和居住的场所，终于变成人们可以安居乐业的旅游型城市。例如，当地民众充分发挥想象力和创造性，将废弃的矿井和炼钢厂，改造成博物馆，将废弃的煤渣山，改造成为室内滑雪场，甚至还利用废弃的煤气罐、矿井等，开发出了一条别具特色的文化旅游路线。由此可见，文化创意产业与旧城区的改造有机结合起来，不仅可以避免城市文脉的中断，能够保留具有历史文化价值的建筑，而且通过历史与未来、传统与现代、东方与西洋、经典与流行在这里的交叉融会，为城市增添了历史与现代交融的文化景观，对城市经济的发展产生了巨大的推动作用，也使城市更具魅力，既给人以城市的繁华感，又给人以文化底蕴的厚重感和时代的生机感。

类似这样例子还真不少，"鲁尔模式"是其中一个典型。综合治理，使莱茵河又恢复了原来的模样，而且变得更加亮丽迷人了。

莱茵河自古就是欧洲交通最繁忙的水上通道，两岸遍布田园诗般的小城镇，一望无际的葡萄园，以及森林田野深处的农舍和古堡，沿河两岸风光无限。流经德国的部分长 865 公里，流域面积占德国总面积的 40％，是德国的摇篮。其中，从美茵茨到科隆的近 200 公里的河段，是莱茵河景色最优美的流域。莱茵河由此进入山区和峡谷地段，河道蜿蜒曲折，水流虽然湍急，但河水清澈见底。坐在白色的游艇上，极目远望，两岸风光之美，令人目不暇接，一处处如诗如画的中世纪古罗马风格城镇，大片大片碧绿的葡萄园，层次有序地排列在两岸。几乎在每一处山坡、高地上，都能看到一座座傲然屹立的古城堡和引人注目的宫殿遗址，点缀在青山绿水之中。这里，每一处景观，每一块土地，都已经是人化了的自然。特别是那一座座耸立于高山上的城堡，让人们想起莱茵河领域曾是城邦林立、诸侯称雄的天地。这些城堡，或是海关收税的关卡，或是抵御进攻的堡垒，或是瞭望用的烽火台，或是导航的灯塔，大部分高踞于垂直的峭壁上，尽管凋敝破败，但仍不失昔日傲然的风采。尤其是那些代代流传下来的古老传说，不时把人们的思绪，带向那遥远漫漶的过去，人们深深地陶醉在这充满浪漫情趣的多姿多彩的莱茵河美景中。如今，许多修葺一新的城堡已被改为旅馆、旅舍和餐厅。

法兰克福至科布伦茨一段，被认为是莱茵河风景最美的一段。对一般游客来说，一大早从法兰克福出发，乘汽车走高速路到市郊美茵茨登船，到科布伦茨上岸，是个很好的选择。美茵茨至科布伦茨这一段，称为罗累莱航程。因为这段路上，有一处被称为"罗累莱山崖"的地段，地势十分险恶而狭窄，右边有巨石赫然突起，直刺云天，崖高 132 米、宽 90 米，陡峭的岩壁像个美丽的少女，亭亭玉立于莱茵河的弯角处。每当河水下降时，人们还可以清楚地看到危险的"七少女"暗礁，传说它是由铁石心肠的美女变成的。这些奇特的暗礁，在落日余晖的照耀下，就像少女在梳妆打扮，姿态妖媚迷人。自古以来，这里暗礁林立，旋涡四起，给无数的船夫带来了灾难，并由此产生了船夫被妖女罗累莱的美姿及动人的歌声所迷惑而葬身江水的动人传说，这是莱茵河浪漫色彩的象征。这里，当然听不到女妖那诱人的歌喉，但那传奇般的身形，却被人们塑成雕像，立于河流中间的礁石上，过往船只上的水手们，不用抬头便可一睹其迷人的容颜。船毁人亡的灾难也当然不会再有了，每当游船经过此地时，"罗累莱之歌"却会悠悠地响起。美妙的歌声，把人们带进了童话般的梦境……

从鲁德斯海姆到科布伦茨 50 多公里的莱茵河段，最能代表莱茵河独特的自然和人文景观，被联合国教科文组织列为世界自然文化遗产。为了保护自然风景的原貌，这一段莱茵河上没有架设桥梁，往来两岸都靠轮渡。这一带有几个德国最重要的工业区如鲁尔区，河上可以见到 20 多个国家的航船，运输都是静悄悄地，人们甚至听不到一声汽笛，也听不到马达声，看到的只是一条静谧的、浪漫的河流。

船到科布伦茨，河边的人行道繁花似锦，拥着静静流淌的莱茵河水，对岸的城堡在空气中透着异样的神采，林立的咖啡馆和酒馆，供应着本地区最为著名的葡萄酒。科布伦茨附近有一村，直截了当地名为"酒村"，是适合人们大杯痛饮美酒的绝好去处。这段河流最精彩的部分，是散落于岸边的古堡和村镇。古堡陈旧而残破，村镇却显得很明亮。这些小镇都安静地守着各自的葡萄园，安详静谧。不多的几幢建筑被打扫得干干净净，每个窗口都摆放着一丛丛怒放的鲜花，鲜艳的红色屋顶映衬着湛蓝的天空，美丽得像童话一样。沿岸平缓的谷地里，隐藏了无数田园风光小镇，两岸沿河的屋宇，都浮漾着湿润的流光。若恰逢雨季，雨点敲在瓦片上，由远及近，渐次沿屋檐落下，在那屋顶和葡萄叶上叮咚敲将过去，仿佛是有韵律的琴声，在暗夜里一波一波地回响。

莱茵河上还有一处著名的"四湖景"。由于莱茵河宽阔的河面被绿洲分隔，曲折而蜿蜒，远远望去像是一个连串的湖泊而得名。这里还有一处重要的古迹，那就是立于河岸小丘上的普法战争纪念碑。纪念碑最上端的胜利女神在张开双翅，迎接普鲁士的胜利。其下是威廉皇帝、俾斯麦首相以及战争中其他人物的塑像，两岸还有串串传奇童话般的美景，在阴晴不定的天空中展现出来时，远远望去，真如天边童话，白云飘飘，清风徐来，不知倾倒了多少天下来客……

莱茵河两岸有许多重要的城市，如美茵茨、科布伦茨、波恩、诺伊斯和科隆，它们原本是从军事基地变为贸易场所，而后又渐渐发展成为现代化城市。莱茵河两岸至今仍保留着五十多座城堡、宫殿的遗址，每座城堡都有它们自己的名称，也都有其古老动人的故事和传说，记载着英雄们气吞山河的业绩及幽幽的儿女恋情。古老的城堡，迷人的传说，自然美丽的风光，就这样伴随着游者，愉快地走完整个旅程。

莱茵河之美，融汇着自然与人文，厚重与轻灵，历史与童话，现实与浪漫，这大概就是莱茵河之所以被德国人称为"父亲河"、"命运之河"的原因吧。游过莱茵河，人们不难感觉到，它的确是德国历史文化与德国浪漫主义精神的至上精髓。

我们之所以用这么长的篇幅，引用这么多资料介绍莱茵河，为的是给湖南打造"东方莱茵河"，提供一个样板。"他山之石，可以攻玉"，且让莱茵河这个现实的标本，成为湖南、长沙人治理湘江的楷模吧。

湘江与莱茵河，无论在长度、流量、通航期上，还是在悠久的历史文化、丰富的旅游资源等方面，确实具有极其相似之处。千里湘江，以穿越千年的流淌，滋养出湖湘大地鱼米之乡的富饶与美丽，孕育了深邃而精湛的湖湘哲学与湖湘文化，哺育了两岸雨后春笋般层出不穷的杰出人才和英模，也造就了省会长沙这座"山水洲城"俱备的历史文化名城。站在现代科学发展新的起点，依托湖湘文化的深厚底蕴，实施四化两型的战略，突出"绿色、哲学、创新、艺术、人才"的特色，把湘江治理建设成为一条生态优化的绿色长河，持续流淌先进思想的哲学长河，充满活力的创新长河，赐予湖南长沙人共享改革开放成果的艺术长河，滋育代代人才辈出和现代人才云集的人才长河，那该有多美呀！

打造这条"东方莱茵河"，应当不是梦想。因为，思想的闸门已经打开，战略在实施中，湖南人和长沙人都早已被"污染"所惊醒，并且终于行动起来了。

当然，这是一项宏伟、浩大而又艰巨的系统工程，不仅需要有现代商品经济头脑，要有系统论观点，要有顾全大局的胸怀，要有届接届和代连代薪火相传的努力，还要科学地处理好密集产业带的建立、陆运和水运、航运和发电、灌溉，特别是发展过程中的环境保护与旅游等问题。总之，科学、协调、持续发展，应当是这一美妙梦想的基石，而一切的一切，都必须指归为一个思想命题，那就是——

"天人合一"！

感谢19世纪的荷尔德林，给我们概括和提示了一种回归自然的生活标准——

"诗意地栖居"。

"诗意地栖居"，就是"天人合一"地栖居。那是一首田园诗，一幅山水画，是庄子笔下的"逍遥游"，顺遂天地万物之本性，实现人与自然、人与人、人心内部的和谐，是个和谐的社会，也是一个和谐的世界。

中国传统的居仕方式受"天人合一"的人生观与自然观影响，自古便有一种回归自然的传统和对诗意栖居的渴望。陶渊明的诗，"久在樊笼里，复得返自然"，是一种呼唤；文心与画境结合的中国园林文化，创造了诗情画意的居住环境；钱学森将这种传统与现代文化相结合，提出了"山水城市"的新构想；联合国的"宜居城市"论，为世界确定了一种新的居住观；近年来，某些城市又提出了"智慧城市"的新标准，在中国社会主义精神文明的建设中，则是创造了"文明城市"的实践……或许还会有新的构想、新的标准、新的名词，但无论什么样的构想、标准和词汇，都离不开"天人合一"

的思想"基因"。

诚如法国地理学家潘什梅尔所说:"城市既是一个景观、一片经济空间、一种人口密度,也是一个生活中心和劳动中心,更具体地说,也可能是一种气氛、一种特征或者一个灵魂。"这里所说的"灵魂",在我们看来,应当就是"天人合一"的思想。因为,只有"天人合一",才有诗性,有景观,有文明,有智慧,有人文,有生态,才会宜居、安居、乐居和"诗意地栖居"。

居住在这样的城市或者说这样的环境里,所有的人流、物流、信息流、价值流……无论是智能化、现代化、数字化、网络化,还是食文化、酒文化、茶文化、服饰文化、建筑文化、传统文化、现代文化……都将是高度的文明化和生态化。

在那里,既没有一切危害人的污染,没有烦恼的喧嚣聒噪,没有大雨后下水道积涝的苦恼,更没有人口膨胀、交通拥挤、街头抢劫、入室盗窃之类社会犯罪等"城市病",也没有甚嚣的扬尘与汽车尾气,没有千篇一律的高层钢筋水泥建筑和玻璃幕墙,当然更没有乱扔垃圾、随地吐痰、恶语伤人的恶劣现象……肉体是灵魂的居所,灵魂是精神的居所。居住在这样的城市和环境里,是个物质丰富的世界,也是精神文明的世界,而物质与精神的结合也是"天人合一"的,那里有山有水有树有花有草蓝天白云青山绿水处处层林拥抱四时花香鸟语,是城市的景观也是田园的风光。

感谢上苍的赐予,给长沙一座山一条河一个洲一座古城。现在,在这座城的历史文化上,将出现一座现代化的国际文化名城。

或许有一天,人们登上岳麓山顶,在眺望长沙;站在湘江之滨,在静观长沙;伫立橘子洲头,在凝视长沙;站在天心阁上,在环视长沙……呈现于眼前的,将是一个真正的"大长沙"。但无论如何大如何新如何变化,其自然景观和人文景观如何交相辉映,所留予世人和每个参观旅游者的,都将是"天人合一"的完美印象。

这就是长沙,是湖南的,也是世界的!

这就是长沙,是不断现代化的,也是创新民族化的!

在这个世界上,再也没有比选择一个宜居的地方,更令人费心的事了。昔日,孟母为儿子选择邻居,费了不少心思。今天,人们为选择自己宜居的城市而费尽心机。如果有一天,湘江真的建设成"东方莱茵河"了,那湘江两岸的湖南人长沙人,就真的是有了"诗意栖居"的机会和佳处了。

由是而观,"诗意栖居"是宜居城市的一首诗,是山水城市、智慧城市、文明城市的一幅画，世世代代新新旧旧的长沙人，将在这里以自己充满诗意的创造与生活，不断地谱写出更新更美真正"天人合一"诗意栖居的新乐章。

写到这里，我们都情不自禁，要为长沙高歌咏唱了。

我们要歌唱你不平凡的过去，更要百倍地歌唱你灿烂的未来——

　　登临放目，楚南明珠，千年古城，诵伟人诗词，豪情滚滚；屈贾文赋，忧魂铮铮。湖湘哲学，辛亥革命，秋收起义创纪元。谱新篇，谋改革开放，星沙巨变。

　　科学发展启程，看省会潮涌再奔腾，建小康社会，四化两型；人文共进，奋勇直前。绿水青山，和谐世界，智慧文明更精神。俱欢颜，有宏图美景，壮丽明天！

参考文献

[1]《毛泽东诗词集》，中共中央文献研究室编 1996 年版

[2]《毛泽东选集》，人民出版社 1991 年版

[3]《历代名人咏长沙诗词选》，黄纲正主编，湖南文艺出版社 1996 年版

[4]《历代名人记长沙文选》，郑佳明主编，湖南文艺出版社 1998 年版

[5]《刘少奇传》，中央文献出版社 2008 年版

[6]《罗哲文历史文化名城与古建筑保护文集》，中国建筑工业出版社 2003 年版

[7]《楚辞》，岳麓书社 2011 年版

[8]《楚辞选》，马茂元选注，人民文学出版社 1958 年版

[9]《贾谊集》，上海人民出版社 1976 年版

[10]《贾谊》，吴松庚著，岳麓书社 2008 年版

[11]《贾太傅新书》，湖南人民出版社 2006 年版

[12]《永远的叔衡》，湖南人民出版社 2006 年版

[13]《乔口历代诗文选注》，袁慧光编注，湖南人民出版 2011 年版

[14]《铜官古韵》，刘铁柱著，湖南人民出版社 2008 年版

[15]《湖南人凭什么》，周兴旺著，新华出版社 2002 年版

[16]《人杰地灵话湖南》，谌震著，湖南文史研究馆，内刊

[17]《城市与人》，韩作荣著，作家出版社 1996 年版

[18]《中国哲学史》，任继愈主编，人民出版社 1966 年版

[19]《中国传统哲学》，周桂钿编著，北京师范大学出版社 1990 年版

[20]《中华的智慧》，张岱年主编，上海人民出版社 1989 年版

[21]《胡宠集》，中华书局 1987 年版

[22]《理学与中国文化》，姜广辉著，上海人民出版社 1994 年版

[23]《历史的意义》，[俄罗斯] 莫尔嘉耶夫著，学林出版社 2002 年版

[24]《生态城市论》，董宪军著，中国社会科学出版社 2002 年版

[25]《生态城市》，[美] 瑞吉斯特著，社会科学文献出版社 2002 年版

[26]《宋元学案》

后　记

　　我俩都是永州人，但长期生活工作在长沙。长沙，是我们的第二故乡。几十年风风雨雨，几十个春夏秋冬，我们走遍了长沙市区县。2011年，我俩相约相伴，又一次到长沙市区县走了走，看了看。各地的自然景观、人文景观让我们赏心悦目，全市翻天覆地的变化更让我们自豪。对长沙了解更全面更深刻，对这方热土更加热爱。旅途归来，整理成《这就是长沙》，表达对长沙深深的爱，并与读者共享。

　　关于长沙的历史文化资料，真可以说是汗牛充栋。可惜由于多方面的原因，未能全面收集研究。本书在写作过程中，除了参考和引用参考文献中列出的文献外，还参考采用了"湖南日报"、"长沙晚报"、"潇湘晨报"、"人民日报"等新闻媒体的有关报道，"湖南日报"曾爱武同志为本书收集了部分长沙旧照片，在此表示深深的敬意和诚挚的感谢。

　　行走长沙市各地，受到了中共长沙市委、长沙市人民政府和各县区党委、人大、政府、政协和有关部门的支持、帮助，在此表示诚挚的感谢！老领导熊清泉书记十分关心，欣然提笔题写书名；刘夫生主席、夏赞忠书记、秦光荣书记欣然为本书题词，予以鼓励；陈润儿书记亲自为本书作序，并组织安排出版事宜；中共长沙市委宣传部部长张湘涛同志和湖南大学党委书记刘克利同志等全力支持本书出版，在此，表示衷心的感谢！本书的出版得到了省新闻出版局、中南传媒出版集团、湖南大学出版社社长雷鸣和天舟文化股份有限公司董事长肖志鸿等的大力支持；此外，还有我们的亲属和朋友，也都为本书的写作出版付出了许多辛苦，在此一并表示谢意！

　　由于时间紧促，许多重要资料未能全面细致研究，因此难免有挂一漏万之蔽，敬请读者批评指教。

唐之享　周鼎安